현대 개혁주의
교회론

2

현대 개혁주의 교회론 2

발행 2023년 8월 19일

지은이 김재성
발행인 윤상문
디자인 박진경, 표소영
발행처 킹덤북스
등록 제2009-29호(2009년 10월 19일)
주소 경기도 용인시 기흥구 동백동 622-2
문의 전화 031-275-0196 팩스 031-275-0296

ISBN 979-11-5886-284-8 03230

Copyright ⓒ 2023 김재성
이 책은 저작권법에 따라 보호받는 저작물이므로 무단전재와 복제를 금지하며,
이 책의 내용의 전부 또는 일부를 이용하려면 반드시 저작권자와 킹덤북스의
서면 동의를 받아야 합니다.

※ 잘못된 책은 구입하신 곳에서 교환하여 드립니다.
※ 책 가격은 표지 뒷면에 있습니다.

킹덤북스(Kingdom Books)는 문서사역을 통해 하나님의 나라를 확장하고,
한국 교회와 세계 교회를 섬기고자 설립된 출판사입니다.

현대 개혁주의 교회론 2

THE DOCTRINE OF CHURCH:
THE NEW COVENANT COMMUNITY OF THE HEAVENLY GATHERING

김재성 지음

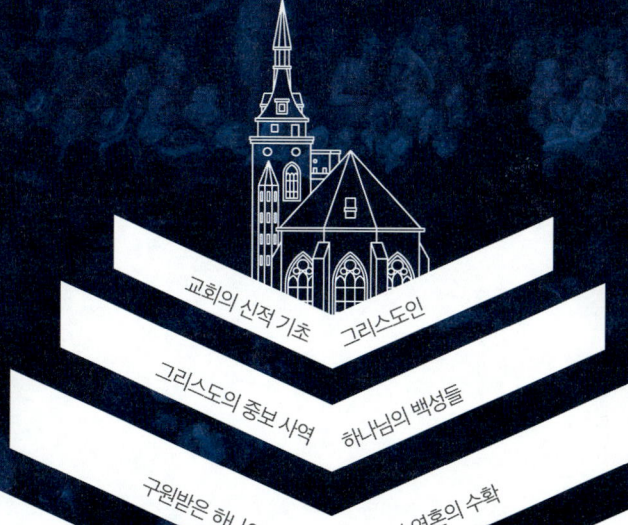

교회의 신적 기초 그리스도인

그리스도의 중보 사역 하나님의 백성들

구원받은 하나의 공동체 오순절과 영혼의 수확

정통 교리 체계의 핵심, 삼위일체 하나님 하나님 나라의 공동체로서 교회

언약의 통일성과 유기적 연속성 성령 강림은 예수님의 특수한 임재 방식이다

킹덤북스
Kingdom Books

"너희가 이른 곳은 시온 산과
살아 계신 하나님의 도성인 하늘의 예루살렘이라.
너희는 천만 천사와 하늘에 기록된 장자들의 모임과
교회와 만민의 심판자이신 하나님과 및 온전하게 된 의인의 영들과
새 언약의 중보자이신 예수와 및 아벨의 피보다
더 나은 것을 말하는 뿌린 피 앞에 온 것이라"

(히 12:22-24)

차 례

머리말 | 참된 교회를 향한 열망   9

제 4 부
교회의 사역들

제15장 교회의 사명   **18**
    1. 구원의 방주   20
    2. 세상의 소금   23
    3. 세상의 빛   29
    4. 불행의 근원적 해결   35

제16장 교회의 기능
    44
    1. 공적인 예배의 모임   45
    2. 예배의 방식   61
    3. 하나님의 특별하신 임재   76
    4. 종교개혁자들의 예배 회복   87
    5. 예배 개혁과 칼빈의 노력들   101

제17장 은혜의 방편들   **143**
    1. 성경 말씀의 선포   150
    2. 은혜의 수단으로서 성례   203
    3. 세례   227
    4. 성만찬   269
    5. 기도   376

제18장 교회의 직분   **449**
    1. 예수 그리스도의 소유권과 통치권   450
    2. 천국 열쇠를 받은 사도들   454
    3. "사도"라는 특수한 직분   457

4. 사도적 교회의 특징들　　　　　　　　　　　463
　　5. 장로의 직분　　　　　　　　　　　　　　　467
　　6. 집사의 직분　　　　　　　　　　　　　　　480

제19장　교회의 통치 체제　　　　　　　　　　　**486**
　　1. 예수 그리스도가 다스리는 교회　　　　　　488
　　2. 통치 체제의 세 가지 유형들　　　　　　　　491

제20장　교회의 영적 권세와 권징　　　　　　　**518**
　　1. 교회의 영적 권세　　　　　　　　　　　　　520
　　2. 교회 운영의 주체: 다수의 장로들에 의한 교회 정치　525
　　3. 제네바 당회와 권징 제도의 정착　　　　　　530
　　4. 권징의 시행　　　　　　　　　　　　　　　536
　　5. 개혁교회 권징의 구체적인 사례들　　　　　563

제21장　교회와 국가　　　　　　　　　　　　　**568**
　　1. 세속 권세에 관한 성경적 교훈들　　　　　　570
　　2. 로마 가톨릭의 세속화된 권력　　　　　　　574
　　3. 중세 시민주의와 사회적 언약론　　　　　　579
　　4. 루터의 두 왕국론　　　　　　　　　　　　　581
　　5. 칼빈의 정치 사상과 교회의 독립성 확보　　583
　　6. 세속 정부를 향한 개혁교회의 저항권 확립　598
　　7. 하나님의 왕국에 속해 있는 교회와 국가　　607

제22장　교회의 정치 사회적 역할과 참여　　　**618**
　　1. 세속 정치에 관련한 교훈들　　　　　　　　619
　　2. 왕권신수설에 맞선 청교도와 개혁교회들의 저항　631
　　3. 새뮤얼 러터포드, "법과 군주"　　　　　　　635
　　4. 정치적 행동주의와 반혁명 운동　　　　　　638
　　5. 한국 교회의 선지자적인 사명들　　　　　　649

제23장 교회와 전교 — 654
1. 세상을 향해 파송하는 교회 — 655
2. 보내든지 가든지 하라 — 656
3. 교회론의 대변혁과 선교학의 도전 — 658
4. 선교적인 관점에 관한 논쟁 — 662
5. 선교사들의 눈물과 희생으로 세운 한국 교회 — 666

제24장 교회의 부흥 — 674
1. 부흥이란 무엇인가? — 677
2. 교회 성장학과 목회 성공에의 반성 — 681
3. 교회 부흥의 사례들 — 694

맺는말 | 교회를 살리는 길 — 720
1. 교회를 세우느냐, 무너뜨리느냐 — 720
2. 교회를 허무는 속임수들 — 721
3. 교회의 회복과 갱신 — 730
4. 참된 교회의 분별과 종교개혁의 유산들 — 760
5. 문화의 세속화와 신학의 변질 — 769
6. 20세기 교회론의 변질: 에큐메니즘 운동과 교회 분열 — 829
7. 교회의 변질에 대한 통찰 — 842
8. 포스트모더니즘의 성혁명 — 856
9. 교회 밖, 부흥 운동들과 선교적인 갈등 — 864

한국 교회를 살리는 길 — 880
1. 최초 새벽기도의 눈물과 감동을 회복하자 — 880
2. 상한 심령을 위로하시는 하나님 — 891
3. 뜨거운 심장으로 복음을 전하자 — 896

머리말

참된 교회를 향한 열망

교회의 주인은 예수 그리스도이다. 교회는 예수 그리스도에게 속한 공동체이다. 누가 언제 교회를 세웠든지, 예수 그리스도께서 베푸시는 은혜와 축복으로만 지탱된다. 피 값으로 이 땅 위에 교회를 세우신 예수님께서는 모든 보배를 아낌없이 부어주시고 보호하신다. 오래전에 선교사들이 세웠을지라도, 개척 목회자가 시작했을지라도, 교회는 예수님만이 주인이시다. 따라서 교회 안에서는 그 누구도 사람이 영광을 받을 수가 없다. 사람은 다 거짓되나, 오직 하나님 한 분만이 참되시다. 교회는 목회자의 꿈을 이루는 개인 사업체가 아니기에 가족 회사처럼 운영되어서도 안 된다.

자신의 무가치함을 처절하게 인식하는 성도라야만 교회의 소중함을 인식할 수 있다. 세상 지식이나 학문을 조금 안다고 하는 사람들은 허망한 산을 높이높이 쌓아올리려고 한다. 세상을 사랑하는 자들은 교회를 순결한 마음으로 섬기지 않는다. 세상의 것들을 조금이라도 가진 자들은 교회를 위해서 희생하지 않는다. 자신 안에 아무 것도 선한 것이 없다는 고백을 하지 않는 자는 더 큰 자랑거리로 허망한 탑을 높이 높이 쌓으려 한다. 오직 자신의 본성이 얼마나 부패하였는가를 날마다 인식하는 죄인들만이 하나님의 은혜와 긍휼하심이 얼마나 깊고 넓으며 놀라운 것인가를 고백하며 살아간다.

세상 사람들은 교회를 중심으로 펼쳐지는 인류 구원의 역사를 이해하지 못한다. 역사의 중심은 예수 그리스도이시고, 인류 역사의 진행 방향은 그의 복음 선포를 통한 구원 사역과 재림이다. 인류 역사의 진정한 통치자요, 지배자는 하나님이시다. 결코 대통령이나 권세자들이나 무슨 유명한 천재들이 세상을 이끌어나가는 것이 아니다. 역사의 주인이신 예수님께서는 교회에 초점을 맞춰서 계획을 따라서 운행하신다. 사도 베드로는 곳곳에 흩어져 살던 나그네들, 성도들에게 "하나님 아버지의 미리 아심을 따라, 성령의 거룩하게 하심으로 순종함과, 예수 그리스도의 피 뿌림을 얻기 위하여 택하심을 입은 자들"에게 은혜와 축복을 선포했다^{벧전 1:1-2}. 베드로 사도는 세상의 중심이 로마 제국과 황제가 아니라, 하나님의 나라가 그 백성들을 통해서 이뤄져서 나가는 것이기에 은혜와 축복을 선포한 것이다.

교회에는 "은혜와 평강이 주어지며" 세계 인류 역사에서 가장 중요한 곳이다. 진리의 빛을 어두운 세상에 전파하고, 하나님의 통치를 드러내는 기관은 오직 교회뿐이다. 사도행전에 소개된 복음 전파와 사도들의 선교 여정을 읽어보면, 교회를 중심으로 살아가는 초대 교회 성도들이 나온다. 당시 막강한 권세를 갖고 세상을 통치하던 로마 제국의 황제라든가, 정치와 권세를 장악하고 있던 자들의 음모와 횡포와 전쟁에 관한 언급이 전혀 없다. 오히려 사도들과 성도들의 교회에 대해서만 자세하게 증거하고 있다. 바로 역사를 주관하시는 하나님의 나라가 교회를 통해서 펼쳐지고 있음에 집중되어 있다. 우리가 알아야 할 참된 지식과 지혜는 교회를 통해서 전파되는 복음의 역사인 것이다.

그런데 지금 교회를 아주 가볍게 여기는 위기 상황이자, 초비상 사태가 발생했다. 코로나 바이러스 펜데믹으로 "비대면" 영상 예배가 일상화 되면서, 모이기에 힘쓰는 교회가 되라는 히브리서 10장 25절 말씀은 무참하게 짓밟히고 말았다. 집회를 계속하려던 교회의 주장과 결정은 방역 당국의 강압 조치에 속수무책으로 제압당하고 말았다. 일부 연약한 믿음을 가진 성도들은 당장 해결해야 할 의식주가 더 급하다고 판단하여, 아예 교회 출입을 포기하였다. 코로나 바이러스의 영향이 이처럼 교회의 집회를 초토화시키고 말았다. 2020년부터 2022년 말까지 우리는 죽음의 공포와 사회적 격리 상태에서 일상을 잃어버린 채 살아오고 있다. 가공할 코로나 바이러스가 퍼져나가면서, 일상적으로 교회에 출석하여 다 함께 올려 드리는 대면 예배가 전면 중단되었었다. 2023년 초에야 서서히 복구되는 중에 있다.

이미 서구 유럽의 교회는 2천 년대로 접어들면서 급격히 무너지고 있었다. 급진적인 포스트모더니즘 현상들이 종교 다원주의, 개인주의, 쾌락주의를 부채질했다. 아무도 예상치 못한 일이 서구 유럽 교회에서 벌어졌다. 교회 침체와 어려움은 급격한 인구 감소에다가 개인주의를 주장하는 풍조와 세속화로 인해서 가속화되고 있다. 급진적인 세속화의 세태들 속에서, 디지털 영상을 즐기는 새로운 세대가 등장하였다. 교회의 가르침을 중요시하던 유럽의 전통적인 체제가 엄청나게 큰 변화를 겪었다. 그러는 사이에, 기독교 신앙은 무참히 공격을 받았다. 유럽에서는 교단과 교파를 막론하고 교회에 출석하면서 하나님을 섬기는 신앙을 가진 노인층 성도들이 사망하면서, 서서히 문을 닫고 말았다. 교회는 건물 유지 비용이 없어서 지역 사회의 단체들에게 넘겨졌고, 모슬렘 교도들이 인수하는 사례들도 있다. 세계 최고의 학문성을 자랑하던 독일의 저명한 대학교 신학부에는 교수도, 학생도 거의 없는 지경에 이르렀다.

한국 교회는 이제 무엇부터 다시 해야만 할 것인가? 한국 교회를 살려낼 대책과 부흥 방안이 시급하다. 그동안 상업적인 거품과 세속화된 허상이 교회 안에 들어와서 나쁜 씨앗을 뿌려 놓았다면, 이제는 순결하지 못한 관행들을 완전히 걷어내야만 한다. 소수가 모일지라도, 진실하고 경건한 믿음의 토대 위에 교회를 세우도록 해야 한다. 한국 교회의 모든 구성원들이 올바른 교회의 기초를 새로이 다지려는 계획을 다시 세워야 하고, 이를 위해서 간절히 기도해야 한다.

> 너희는 너희의 지극히 거룩한 믿음의 위에 자기를 건축하며, 성령으로 기도하며, 하나님의 사랑 안에서 자기를 지키며 영생에 이르도록 우리 주 예수 그리스도의 긍휼을 기다리라(유다서 20-21절).

한국 교회는 성경에서 가르치는 거룩한 믿음의 토대 위에서 "교회론"을 정립해야만 한다.

이 세상에서 완벽한 교회는 찾을 수 없다. 사도행전에 소개된 교회들, 특히 요한계시록 2장-3장에서 일곱 교회에 대한 염려와 경고와 질타는 오늘도 살아있는 메시지들이다. 모든 교회는 거룩한 성도들로서 밝고 건강한 목양 활동을 하지만 고전 1:2, 동시에 인간의 본성에 깊숙이 파고 들어오는 죄악의 영향들로 인해서, 어둡고 썩어가는 모습과 부정적이고 어두운 면들에 대한 책망이 수반될 수밖에 없다 고전 1:8. 영적인 무능력을 벗어나서 새사람으로 거듭난 자가 되었지만, 아직도 남아있는 옛사람의 미성숙한 모습들이 교회 안에서 발견된다. "광야 교회"에서는 허물 많은 사람들이 불법을 자행하기도 하고, 부패와 타락을 완전히 떨쳐버릴 수 없다. 일부 교회의 목회자들 중에서는 자신의 남다른 성공을 자랑하면서, 헛된 야망을 펼치기도 했었다. 각 교단의 총회장이나 기독교 연합 단체의 대표회장에 오르고자 하는 이들의 대립과 갈등, 심지어 부정한 뇌물을 살포하는 일들이 만천하에 드러나지 않았던가! 명예와 권세라는 미혹에 빠진 일부 교회 정치가들의 오만과 오판이 빚어낸 교단의 분열, 신학대학교의 재단과 관련된 쟁투들도 많았다. 곳곳에 뿌려진 죄악의 씨앗들이 독버섯처럼 자라나더니, 결국은 교회를 허무는데 일조를 하고 말았다. 교회의 부패와 타락을 철저하게 회개하지 못했기에 살아계신 하나님께서 공의로운 채찍으로 사랑의 매를 때리시는 것은 당연하다.

살아계신 하나님은 공의로 철저히 심판하시되, 회개하는 자에게는 자비를 베푸신다. 우리가 당하고 있는 슬프고도 처참한 일들은 회개를 통해서만 해결할 수 있다. 불과 한 세대를 넘기지 못하고 교회가 쓰러지게 되는 것은 결코 우연한 일이 아니다. 교회와 관련된 사건들이 각종 매스컴과 사회단체들의 지탄을 받는데, 므낫세의 죄악을 응징하시는 하나님께서 어찌 현대 교회의 방종에 대해서 그냥 못들은 체 하시겠는가! 그러나 한국 교회가 그냥 이대로 무너지는 것을 방관하거나, 패배의식에 빠져서 포기할 수는 없다. 세상 사람들로부터 외면을 당하고 있는 교회를 어떻게든 다시 회복시켜야 한다. 한국 교회의 허물과 상처를 치유하고, 더욱더 온전하게 세워가기 위해서는 철저히 반성해야 한다.

필자는 이 책에서 현대 당면한 교회의 문제점에 대한 해답을 성경적이며 복음적으로 정리하되, 고전적인 교회론을 찾아보고자 한다. 특히 교회의 목양과 목회적인 실천 분야에 대해서도 정통 개혁주의 신학에 근거하여 살펴보고자 한다. 먼저 성경적인 교회에 관해서 총체적인 모습을 제공하려고 한다. 특별히 종교개혁의 전통에서 나온 모든 개신교회의 수많은 열매들 중에서 공통적인 유산들을 할 수 있는 한 많이 모아서 재구성하려고 한다. 필자는 장로교회에 소속하여 있고, 개혁신학을 신뢰하고 있지만, 단 하나의 교단이나 교파의 입장만을 제시하려는 것은 아니다. 필자는 보다 보편적이고 광범위하게 전체 개신교회의 핵심적인 교리들과 교회론적 주제들을 모두 다 모아서 재구성하고자 노력하였다. 개혁주의 신학과 교회는 여러 다양한 교단들이 서로 존중해야 할 중요한 가르침들을 공유하고 있다.

한국 교회는 각자 어떤 기준과 신학을 바탕으로 교회를 세우고 이끌어가고 있는지, 성경에 비추어서 재점검해야 할 절실한 상황이다. 우리가 관계한 사역들이 헛된 일에 빠지지 않으면서, 열매 맺는 교회가 되고자 한다면 참된 교회에의 확신이 필요한 시대에 처해 있기 때문이다. 목회자 개인의 감정이나 기호나 취미나 확신이나 신학적 신념으로만 치우쳐서는 안 된다. 이 책을 통해서 한국 교회를 섬기고 있는 분들이 스스로 재검토하는 성찰이 있게 되기를 소망한다. 또한 작은 모임, 소수의 개척 교회, 농어촌 지역에서 사역하는 분들에게 격려와 용기를 제공하였으면 좋겠다. 한국 교회의 미래를 책임지게 될 신학생들에게 더없이 좋은 지침으로 활용되기만을 간절히 기대한다.

끝으로, 필자의 신학적 성장에 도움을 주신 분들에게도 충심으로 감사를 드리고자 한다. 루터, 칼빈, 그리고 여러 종교개혁자들, 존 오웬을 비롯한 청교도들, 게할더스 보스와 코넬리우스 반틸, 존 머레이 교수의 저서들은 이 책의 기초를 이루는 신학자들이다.

스위스 제네바에서 개최된 "칼빈 탄생 5백주년 기념 학술대회"2009년 7월에서나, 한국에서 개최된 "종교개혁 오백주년 기념대회"2017년 10월에 참여한 세계적인 신학자들과 국내 신학자들, 목회자들과의 교류를 통해서 지혜와 자료들을 충당할 수 있었다. 필자가 직접 수업을 받았거나, 교제를 나누었던 신학자들에게서도 큰 영향을 받았다. 미국 리폼드 신학대학원 존 프레임, 개혁장로교 대학원 포드 루이스 배틀즈, 리처드 갬블, 웨스트민스터 신학대학원 리처드 개핀, 싱클레어 퍼거슨, 윌리엄 바커, 칼빈신학대학원 안토니 후크마, 프레드 클루스터, 존 볼트, 리챠드 멀러 교수 등이 필자의 학문에 큰 영향을 주셨다. 현재 왕성하게 저술 활동하는 개혁신학자들과의 교제를 통해서 얻은 통찰력과 지식에 감사드린다; 죠엘 비키, 마이클 호튼, 칼 트루먼, 윌리엄 에드가, 번 포이트레스, 더글라스 캘리, 그레고리 비얼, 피터 릴백, 케빈 밴후저, 마크 놀 등 여러 신학자들의 많은 저서들에서 좋은 관점과 정보들을 얻어서 활용했다.

한국 교회를 위한 교회론 교과서의 집필이 마무리 되기까지 힘을 불어넣어 준 많은 분들에게 감사드린다. 필자가 국제신학대학원에서 마지막으로 가르쳤던 강의에서 만난 신학 석사와 박사 과정 학우들이 앞으로 저술 활동을 위해서 새로운 노트북 컴퓨터를 선물해 주었다. 가르쳐 준 것보다 더 넘치는 사랑을 받았기에, 필자가 합동신학대학원과 국제신학대학원에서 교회론을 강의할 때에 함께 했던 모든 신학도들에게 감사드린다.

항상 곁에서 기도와 헌신으로 동행해온 아내 조소양 사모와 세 자녀들, 선혜, 선민, 선아에게도 감사한 마음이다.

　이 책의 저술 과정에서 긴밀히 협의하면서, 발간에 이르기까지 많은 수고를 아끼지 않은 킹덤북스Kingdom Books 대표 윤상문 목사님에게도 감사드린다.

　오직 성 삼위 하나님의 권위와 위엄을 찬양하오며, 주님의 영광스러운 빛을 드러내는 한국 교회가 되게 하옵소서! Soli Deo gloria!

2023년 8월
저자 김재성 씀

제4부

교회의 사역들

교회의 사명

교회는 그리스도의 몸이요, 그리스도에게 속한 공동체 가운데는 충만하게 역사하시는 은혜가 함께 한다 엡 1:23. 교회는 죄악된 세상에서 구원을 얻도록 택함을 받은 자들의 모임이자, 또 다른 사람들을 구원하는 사명을 부여받은 방주와 같다. 이 땅에 수없이 많은 단체들이 있지만, 교회보다 더 중요한 역할을 하는 기관이나 조직체는 없다. 주님 예수 그리스도께서는 오직 교회만이 자신의 것이라고 말씀하셨고, 영광스러운 하나님의 은총이 함께하는 곳이다.

하나님을 믿는 신실한 성도들과 복음의 충성스러운 사역자들은 이 세상에게 주신 가장 위대한 보물이다. 이 세상 속에서 가장 중요한 존재가 바로 교회이다. 주 예수 그리스도가 피를 흘려서 세운 곳이 교회이기 때문이다. 교회는 세상 속으로 들어가서 모든 나라들에게 복음을 전하고, 빛을 비춘다 마 28:19. 그리스도를 모르는 대부분의 인생들은 죄악의 어둠 속에서 앞 뒤를 가늠하지 못한 채 살다가, 어느 날 홀연히 끝이 난다. 불쌍한 사람들에게 오직 성령의 비춰심으로 그리스도에 대한 믿음을 갖게 하는 하는 곳이 교회다. 교회는 그냥 숨어서 있으면 안 된다. 믿음을 가지지 못한 영혼은 불행스럽게 실패로 끝이 난다. 예수 그리스도를 만나지 못한 사람은 반드시 실패하고 만다. 소금처럼 부패하는 음식에 녹아 들어가야 하고, 맛을 내기 위해서도 뒤섞여야 한다.

하나님께서 주 예수 그리스도 안에서 자기 백성을 택하셨고, 성령의 임재 가운데서 지키고 계신다. 일시적이나마 교회가 퇴락할 수밖에 없는 경우도 있지만, 그러나 결코 교회는 무너뜨리지 못한다. 이 지구 상에는 국가, 학교, 자선단체, 병원, 군대, 등등 중요한 기관들이 많지만, 교회보다 더 중요한 곳은 없다. 교회가 세상에서 구원해 낼 영혼의 요람으로서 사역을 감당하는 길은 인간의 비참함을 정확하게 인식케 하고 대안을 제시하는데 있다.

그리스도의 몸된 교회를 운영해 나가기 위해서, 지상 교회에는 "목사"shepherds와 "교사"teachers를 세우도록 하셨다. 에베소서 4장 11절에 나오는 이 직분들을 사용하셔서, 비록 불완전한 죄인들이 모이는 교회이지만, 그곳에서 하나님께 가까이 갈 수 있도록 허용하셨다.[1] 전능하신 창조주 하나님께서 피조물인 사람들의 수준으로 낮아지신 것이다. 사람들의 귀에 이해되는 말씀으로, 사람들의 눈에 직접 보여주시는 증표들을 사용하였다. 이들 직분자들에게 그리스도의 교회를 돌보는 일을 하도록, 권위와 사명을 부여하신 것이다. 복음의 선포를 위해서 특정한 사람을 세우도록 하셨고, 성도를 돌보는 임무도 수행하게 하였다. 하나님이 세우신 직분자들을 교회를 지켜나가는 최상의 방책을 확고히 하려는 조치였다.

---

1 Mark D. Thompson, "Calvin on the Mediator," in *Engaging with Calvin: Aspects of the Reformer's Legacy for Today*, eds., Mark D. Thompson (Nottingham: Apollos, 2009), 106-135. Jon Balserak, *Divinity Compromised: A Study of Divine Accommodation in the Thought of John Calvin* (Dordrect: Springer, 2006).

1. 구원의 방주

예수님께서는 교회의 기초석으로 세운 제자들에게 온 천하에 나가서 영적으로 죽어있는 사람을 건져내어 살리는 방주로서의 사명을 수행하라고 하였다 마 28:19-20. 이미 아주 오래전에 이러한 계획을 보여주셨다. 노아가 홍수 가운데 멸망 당한 인류 사회에서 유일하게 구원을 받을 수 있었던 것은 방주를 지으라는 말씀에 순종하여 믿음으로 살았기 때문이다. 노아의 방주는 구원선이었다. 노아의 세 아들, 셈, 함, 야벳 족속들 사이에 분열이 일어났다. 노아의 자녀들이고 해서, 모두 다 구원을 얻은 것이 아니고, 다시 또 선택받은 자들만이 구원을 얻었다. 하나님께서는 셈의 후손, 아브라함과 언약을 맺으셨고, 그의 자손들을 통해서 할례의 표식을 간직하게 하셨다. 구약 시대 족장들의 광야 교회는 구원의 방주였다.

오늘의 교회는 구원을 받은 족장들처럼, "새 언약의 공동체"로서 세상과 구별되는 표식을 지니고 있다. 아브라함의 후손들은 출애굽 후에 시내산에서 모세의 지도하에 민족전체가 참여하는 국가 언약을 다짐했다. 이스라엘의 전체 삶을 관장하는 것은 하나님의 율법이다. 히브리어 "카할"이라는 단어는 이스라엘 백성들이 예배를 위해서 모인 "집회"assembly 혹은 "회중"congregation을 의미하는 단어이다. 교회의 기초는 바로 참된 이스라엘, 순전한 마음으로 하나님의 영광을 높이며, 찬양과 경배를 위해서 한 자리에 집회를 열고 다 함께 모였다.

하나님께서 아브라함을 택하신 후에, 이삭과 야곱의 열두 아들을 통해서 번성하는 민족을 이루게 하였는데, 사백여 년 동안 애굽에서 풍요한 의식주 생활을 영위한 덕분이었다. 출애굽 사건은 민족구원의 약속이었다. 하지만 모세를 통해서 하나님의 율법을 받은 축복을 누렸으나, 번영을 맛본 자들은 머리가 곧고 마음이 둔하여 반항하였다. 아브라함의 후손들 중에는 언약의 준수자들과 언약을 파기하는 자들이 항상 공존해 있었다. 아브라함의 조상들로 거슬러 올라가면, 가인의 후손들과 여러 종족들이 있었는데, 셋의 후손들만이 여호와 하나님의 이름을 불렀다 창4:26.

그러나 이스라엘 백성들은 가나안 땅에 들어간 후, 주변의 우상 숭배를 따르게 되었다. 하나님의 초청과 부름심을 거역한 북이스라엘 왕국은 앗시리아에게 멸망을 당하였고, 남유다는 바빌로니아로 끌려가서 칠십 년 동안 노예가 되었다. 그 후에도 하나님께 예배를 올리기 위해서 모이는 집회"카할"는 선지자들의 가르침대로 유지하지를 못하였다. 선지자들이 아무리 외쳤어도, 모두 다 외면당하고 말았다.[2]

예수님께서 세상에 사람의 몸을 입고 오셔서 인류 구원의 모든 구속 사역들을 완성하시고 승천하신 후에, 성령을 부으시고 교회를 세우셨다. 구원의 은총을 세상에 전달하는 교회의 중요성을 어떻게 다 풀이할 수 있을까? 한마디로, 교회는 예배와 영광을 받으시고자 하나님께서 세상에 세우신 가장 중요하고도 필수적인 기관이다. 하나님께서 만물을 어떻게 운행하시는가를 알고, 기독교를 바르게 이해하기 위해서는 이 땅 위에서 하나님의 교회를 중심으로 하는 교리를 파악하는 것이 결정적으로 필수적이다. 모든 성도들이 건전한 영적 삶을 유지해 나가고, 복음을 전파하기 위해서도 교회에 관해서 성경적으로 이해하

---

2 Frederik A.V. Harms, *In God's Custody. The Church, a History of Divine Protection: A Study of John Calvin's Ecclesiology based on his Commentary on the Minor Prophets* (Göttingen: Vandenhoeck & Ruprecht (December 31, 2010), 12.

지 않으면 안 된다.

사도 바울은 교회가 얼마나 결정적으로 중요한가를 극명하게 설명했다. 목회자들에게 교회에 대한 안목을 열어주시는 대목이 바로 "살아계신 하나님의 교회"는 "하나님의 집"이요 "진리의 기둥과 터"라는 강조이다.딤전 3:15. 칼빈은 "택함을 받은 성도들의 공동체"라는 중요성을 간과해서는 안 된다고 지적하였다.[3] 이것이 바로 교회가 무엇이냐에 대한 아주 적절한 표현이다. 진리에 관하여 관심을 가지는 성도라고 한다면, 교회의 중요성을 무시할 수 없다. 기독교의 전체 체계를 정립하기 위해서는 교회에 관한 가르침을 근간으로 삼아야 한다.

교회가 무엇인가를 알게 될 때에, 성도로서 살아가는 동안에 우리들이 누리는 특권들과 감당해야 할 의무들에 대해서도 바르게 인식할 수 있다. 교회는 하나님의 나라가 펼쳐져 나가는 광활한 무대이다. 교회는 신약 성경 전체의 계시 가운데서 특별계시의 정점에 위치한다. 하나님의 교회는 "우리들의 어머니"로서갈 4:26, 성도들에게 조언하며, 바로잡아주며, 경고하며, 심판하는 사역을 감당해서 마지막 승리로 이끌어 준다.

예수 그리스도의 승천 이후에 지상에서 사역을 시작한 교회는 오순절 성령강림에서 예수님의 재림 사이에 있는 현시대의 기간 동안에 세계 복음화의 기지이다. 교회는 모든 방언과 모든 민족들에게 구원을 선포하는 직무를 수행한다. 조직된 교회는 수없이 많은 하나님의 구속적인 섭리들을 수행하여 나간다.

그리하여 신약 성경에는 교회가 어떤 곳인가를 자세하고 풍성하게

---

3   Calvin, *Institutes of the Christian Religion*, IV.i.1.

가르치고 설명한다. 교회의 실패를 말하는 세상 사람들의 비평과는 달리, 요한계시록 1-3장에서는 예수님께서 천사들과 함께 교회와 사역자들을 붙들고 계신다.

성경에서는 교회가 위로부터 내려주신 하나님의 주도적인 은혜의 산물이자, 동시에 초월적이며 초자연적인 하늘나라에 속한 "천상공동체"로서 영적인 교통을 근간으로 하고 있음을 강조하고 있다계 21:9-27. 교회는 어떤 사람이 예수 그리스도를 따르고자 하여 주변에서 동조하는 사람들을 모아서 세운 집합소가 아니다. 그런 형태의 교회들은 어떤 특정한 사람의 모순과 부족함이 드러나게 될 때에 결국 역사 속으로 사라지고 말았다. 참된 교회는 하늘로부터 초자연적인 은혜의 공급이 이뤄져서, 성령의 강권하심 가운데서 세워졌고, 지탱되어 왔었다.

교회는 이 세상 속에서 만들어지는 과정이 있기는 하지만, 결코 위로부터 세워진 초자연적인 하나님의 선물이다. 마찬가지로, 죄인으로 살던 우리가 성도로 부르심을 받아서 믿음을 가지고 은혜 안에서 살아가는 것도 역시 초자연적인 선물이지 결코 우리 인간의 노력이나 결단에 의해서 일어난 일이 아니다. 각각 성도들의 구원은 하나님의 은혜로운 계획의 결과이며, 교회로 모이게 하시는 것도 역시 하나님의 주권적인 은혜로 이뤄진 것이다. 교회는 결코 사람들의 자발적인 노력으로 빚어낸 산물이 아니다.

2. 세상의 소금

"너희는 세상의 소금이다"마 5:13라고 예수님께서 제자들에게 사명을 주셨다.[4] 이 구절에서 "너희"는 과연 누구를 지칭하는 것이냐를 놓고서 해석자들의 견해가 다양하다. 어떤 이는 사도들과 복음의 사역자들이라고 아주 좁혀서 해석하는 경우도 있다. 또는 목회자와 모든 기독교인을 다 포함한다는 넓은 해석도 있다. 마태복음 5장의 맥락에서 볼 때에, 필자는 모든 참된 제자들과 하나님 나라의 상속자들로 범위를 넓히는 것이 바람직한 해석이라고 본다.

제자들은 전혀 그러한 능력이나 재능을 갖고 있지 못하던 자들이었지만, 예수님의 지혜와 교훈을 가지고 나아가는 것이다. 세상 속에서 소금의 역할이 중요하듯이, 예수님의 제자들이 감당해야 할 사명도 역시 필수적이다. 다시 말하지만, 그들 스스로의 능력을 발휘해서 영적인 소금의 역할을 할 수 있는 것이 아니다. 다만 그들이 하나님의 불변하는 말씀을 따라서 말하고 행동할 때에는 소금이 될 수 있고, 빛의 역할도 감당할 수 있다. 예수 그리스도의 은혜와 진리의 말씀에서 떨어진 상태로 살아갈 때에는 결코 영적인 소금이 될 수 없다.

이처럼 예수 그리스도는 자신의 제자들을 격려하시고, 세상 사람들 속에 들어가서 해야 할 임무와 책임을 맡기셨다. 비록 어떤 때에는 세상이 교회를 핍박하더라도, 교회는 이 불의하고 부도덕한 세상 속에 배치해 놓은 가장 소중한 보배가 된다. 비록 아주 작은 소금이라 하더라도, 맛을 내고 부패를 방지하는데 반드시 필요하다. 소금이 없이는 생존이 불가능하다. 마찬가지로, 교회가 없으면 세상은 죄악으로 진동하게 되며, 벗어날 수 없다. 때로는 어느 성도의 가정에서 모이는 매우 작은 교회가 외적으로는 보잘 것 없이 보일 때도 있다. 참여하는 성도들

---

4   Benjamin Keach, *Exposition of the Parables in the Bible* (Grand Rapids: Kregel, 1974), 52-61. Joel Beeke, *Puritan Reformed Theology*, 401, n.3.

의 숫자가 적어서 미미한 교회라고 무시를 당하기도 한다. 더구나 사악한 세상에 비교해 보면, 경건한 성도들은 존재감이 별로 없다. 하지만, 경건한 성도들은 반드시 필요한 사람들이요, 존귀한 자들이며, 그들의 숫자에 비해서 훨씬 더 큰 영향력을 발휘하고 있다.

이 세상은 죄악으로 뒤덮여 있으며, 영원히 참되고 순결한 진리가 없다. 오직 참되고 순수한 것들은 하늘로부터 내려온다. 초자연적인 계시로 내려 주신 진리의 말씀 뿐이다. 하나님께서는 모든 성도들의 믿음을 지켜내도록 하기 위해서, 말씀에 기초한 은혜의 수단들을 교회에다가 설정해 놓으셨다. 교회는 어두운 세상에 빛을 비춰주는 곳이다. 교회에서는 예수 그리스도께서 십자가상에서 모든 피를 쏟아부으시고, 하나님께 속죄 제물로 바쳐짐으로써 용서를 받게 된 성도들을 보호하고 인도한다 벧전 1:2.

다만 우리는 지금 위기에 처한 교회가 다시 살아나려면, 어디에서부터 무엇부터 노력할 것인지 찾아야만 한다.

첫째, 영적인 소금의 역할을 교회가 감당해서, 세상을 온전케 보전해 나가야 한다.

이 세상은 죄로 인해서 부패하고 타락해 있어서, 선하고 착한 것 goodness을 찾아볼 수 없고, 의로움 righteousness도 없다. 오직 하나님만이 선하신 분이라서, 악한 일을 도모하지 않으신다. 순진하고 사려깊은 목회자들과 거룩하고 진실되게 살아가는 성도들이 하나님으로부터 받은 순수함과 진실한 것을 드러내야 한다.

하나님께서는 인간들의 무관심, 나태함, 무지함, 연약성, 부패함을 잘 알고 계시기 때문에, 교회라는 외적인 도움을 통해서 내적인 믿음이 유지될 수 있도록 장치를 해 놓으셨다. 칼빈은 "교회는 성도들의 어머니와 같다"고 했다.[5] 갓난아이로 태어난 후, 만일 어머니의 사랑스러운 돌봄이 없다면 우리가 어떻게 사람다운 모습으로 성장할 수 있겠는가? 교회는 인간이 하나님의 은혜를 수용할 수 있도록 하나님께서 친히 낮춰지셔서 도움을 주시는 기관이다.

우리의 믿음을 강화시키기 위해서 복음의 선포와 성례의 시행을 통해서 은혜를 베풀고자 하셨다. 하나님께서는 자신의 백성들이 그리스도와 연합을 이루며 교통을 하도록 교회를 사용하셔서 설교 말씀, 세례, 성만찬을 시행하게 하셨다. 그리스도의 몸을 세워나가는 교회야말로, 지상에 존재하는 유일한 하나님의 대행 기관으로서 빛을 발휘하는 곳이다.

둘째, 영적인 소금이 되려는 교회는 은혜와 거룩함을 보여줘야만 한다.

소금도 그 맛을 잃어버릴 수 있고, 빛이라도 대낮에 찬란한 태양 아래서 존재감이 미미하게 된다. 우리 주님은 마태복음 5장 13절에서 우리에게 경고하셨다. 쓸모가 없으면, 버림을 받고 짓밟히고 마는 것이다. 그리스도의 이름으로 기독교인이라 불리더라도, 주님의 이름을 가지고 세워진 교회라 하더라도, 저절로 사명을 감당하게 되는 것은 아니다.

우리가 모든 인간관계 속에서 구원받은 성도의 아름다움과 성품들을 발휘해야만 한다. 성도는 온유하고, 자애로우며, 항상 평화를 만들어내는 사람이 되어야 한다. 마가복음 9장 50절에서도, 다른 모든 사람들과 할 수 있는 대로 평안을 도모하라고 말씀하셨다. 무한 경쟁사회에

---

5   John Calvin, *Institutes of the Christian Religion*, IV.i.1.

서 양보하고, 손해를 보는 것이 결코 쉬운 일이 아니지만, 다른 사람들에게 손해를 끼치는 일은 결코 삼가야만 한다. 우리를 구원해 주신 은혜를 입은 사람답게, 다른 사람과 은혜를 나누면서 살아야 한다. 받은 은혜가 없는 사람은 남에게 나눠줄 것도 없다.

지구상에 교회가 세워진 후, 2천 년의 역사를 돌아볼 때에 지금처럼 세계 교회의 기초가 무너지고 있는 것을 본 적이 없다. 특히 한국 교회가 무너지기 시작한지 거의 이십여 년의 세월이 흘러가고 있다. 외적으로 드러나는 개척 교회 설립과 출석 교인 수의 감소, 신학교에 지원자 감소 등 통계 숫자만이 아니라, 목회자들에 대한 신뢰와 존경도 역시 크게 후퇴하고 말았다. 분쟁하는 교회들의 증가로 인해서, 사회적인 영향력도 약화되고 말았다. 다시금 무너진 토대를 세우기 위해서, 비상한 하나님의 은혜와 놀라운 능력을 힘입지 않으면 안 된다.

교회가 주님으로부터 받은 은혜의 본질적인 모습을 회복하는 길과 지속적으로 갱신을 도모하는 일은 결코 분리할 수 없으며, 간과해서도 안 된다. 종교개혁 시대에 크게 개혁을 실현했다고 해서, 오늘날 모든 현대 교회가 무사하게 태평할 수 없다. 모든 지상의 교회에 속한 목회자들과 성도들은 항상 교회의 퇴락과 부패와 변질을 경계해야만 한다. 이미 구약 성경에서 이스라엘의 왕국시대에 예루살렘 성전이 무용지물이 되어버렸고, 선지자들이 아무리 외쳤어도 우상 숭배가 극에 달했던 점을 결코 잊어서는 안 된다.

셋째, 영적인 소금의 원천은 하나님의 말씀에서 제공된다.

교회가 세상에 나눠줄 고상한 지혜와 교훈을 어디에서 얻을 수 있을까? 무엇으로 교회가 세상을 이롭게 만들 수 있는가? 종교 사회적인 수요를 충족하게 되면 교회가 다시 일어나게 될 것인가? 아니다. 교회가 소유한 모든 지혜는 오직 구약과 신약에서 나온다.

> 외인에게 대하여는 지혜로 행하여 세월을 아끼라 너희 말을 항상 은혜 가운데서 소금으로 맛을 냄과 같이 하라 그리하면 각 사람에게 마땅히 대답할 것을 알리라(골 4:5-6).

세상 속에 들어가서 소금의 역할을 감당하는 길은 하나님의 지혜에서 나오는 말을 하는 것이다. 욥기서 6장 6절에서도, "싱거운 것이 소금 없이 먹히겠느냐 닭의 알 흰자위가 맛이 있겠느냐"고 질문한다. 소금은 음식에 좋은 풍미를 제공하여서, 먹기에 적당하게 만들어 준다. 하나님의 말씀에서 나오는 선한 것을 세상 사람이 맛보게 되면, 달걀에다가 소금을 가미하여 먹는 것과 같은 기쁨과 즐거움을 준다.

신약 성경에서 가장 중요한 구속 역사의 초점은 예수님의 은혜가 멸망하는 자들에게 주어진 복음이다. 예수님은 교회를 세우시고 세상과 다른 기준으로 영향력을 발휘하도록 만들었다. 예루살렘 교회처럼, 어떤 한 지역에 모이는 "성도들의 영적인 공동체"로서 사람의 눈으로 보는 가시적인 모습으로 드러났는데, 여기에는 차별이 없었다. 세상에서는 민족적 차별, 인종적 구별, 성별의 차등이 존재하지만, 교회는 넓은 안목으로 모두 다 받아들였다. 창조 이후부터 택함을 받은 성도들 전체를 아우르는 무리들로서, 거대하고 엄청난 하나님의 나라이기도 하다. 넓은 의미에서 볼 때, 참된 교회는 사람의 눈에는 전혀 보이지 않지만, 하나님께서는 모두 다 알고 계신다. 참된 교회는 그리스도의 몸에 연합된 지체로서, 택함받은 자들의 영적인 공동체라는 특징을 지니고 있다.[6] 하나님의 지혜와 은혜가 아니면, 이런 공동체는 불가능한 일이다.

3. 세상의 빛

예수님께서는 "너희는 세상의 빛이다"마 5:14라고 말씀하였다. 이것은 오래전에 이사야 선지자를 통해서 전해진 말씀을 기억하도록 만드신 것이다. 이사야는 그리스도가 어둠의 땅에서 솟아오르는 위대한 빛으로 보았다사 9:1-7. 말라기 선지자는 "의로운 빛"으로 묘사했다말 4:2. 예수님께서는 스스로 자신이 "세상의 빛이다"라고 선언하였다요 8:12. 그리고 이제는 제자들에게 너희들이 세상의 빛이라고 말씀하였다.

첫째, 영적인 빛은 진리에 대한 이해와 기쁨을 밝혀준다.

빛은 기쁨과 자유함을 의미한다. 빛은 진리를 밝혀준다. 빛이 있어야만 두 눈으로 볼 수 있기 때문이다. 어둠은 슬픔이요, 두려움을 상징한다사 5:30, 8:22. 예수 그리스도의 말씀과 행동은 즐거움이요, 감격스러운 일이다. 하나님의 백성들에게 주시는 가장 위대한 축복이다. 예수 그리스도께서 살아가신 방식과 태도는 기쁜 소식이다.

그리스도께서는 제자들의 속 사람 안에 말씀과 성령으로 임재 하신다. 성도들이 세상에 나가게 되면, 다른 사람들에게 빛의 반사체로서

---

6 Herman Selderhuis, "Church on Stage: Calvin's Dynamic Ecclesiology," in *Calvin and the Church: Paper's Presented at the 13th Colloquium of the Calvin Studies Society*, May 24-26, 2001. ed. David Foxgrover (Grand Rapids: Calvin Studies Society, 2002).

어둠을 밝혀주게 된다엡 5:8, 13. 인간의 불행은 하나님을 거역하고 불순종함에서 시작되었고, 죄가 얼룩진 국가와 사회의 구성원으로 살아야 하기에 피할 길이 없다. 여전히 지구상에 살아있는 모든 인생들은 고단하고 힘들다. 아무리 과학이 발전하여 기술 문명이 생활의 편리함을 가져다주었다 하더라도, 우울함과 슬픔을 벗어나지 못하고 있다. 자살하는 사람들은 더 늘어나고, 부부갈등과 이혼 등으로 가정은 더욱 더 파탄에 빠지고 있다. 사회와 국가를 돌아볼 때에도 역시 범죄의 증가와 마약과 도박의 성행, 성적인 타락에서 나온 부패함으로 가득 차 있다.

둘째, 영적인 빛은 보이는 교회에서 광채를 발휘해야 한다.

예수님께서는 "언덕 위에 세운 도시는 감춰질 수 없다"고 말씀하였다마 5:14. 여기에서 예수님이 하신 말씀의 내용의 핵심은 교회가 높은 언덕 위에 세운 도시라는 것이다. 청교도들의 꿈이 바로 "언덕 위에 높이 드러난 교회"를 세워서 세상을 비춰도록 하는 일이었다.[7] 지리적으로 볼 때에, 예루살렘은 시온 산이라는 언덕 위에 세워진 도시로서 전체적인 모습이 아름다운데 높이 솟아 올라있는 형세다. 높은 산이 없는 이스라엘에서는 흔히 볼 수 없는 곳이 예루살렘이라는 도성이다. 남서부 쪽에 있는 시온 산과 그 위에 세워진 예루살렘 성전은 백성들에게 즐거움을 주는 성소였다시 48:2.

하나님께서는 우리 믿는 성도들을 높은 곳에 세워서 모든 세상에 보여주시고자 계획하셨다. 이를 위해서 하나님의 영광으로 그의 교회

---

[7] John Winthrop, "A Model of Christian Charity," in *A Library of American Literature:* Early Colonial Literature, 1607-1675, Edmund Clarence Stedman and Ellen Mackay Hutchinson, eds. (New York: 1892), 304-307.

를 덮으셨다. 교회는 언덕 위에 세워진 하나님의 도시이며, 성도들은 그 안에 거주하는 자들이다. 그 도성 안에 있는 시민들은 거룩하게 살아야 한다. 다른 사람들에게 어떻게 살아가야 하는가를 모범적인 생활로 보여주어야만 한다. 그러나 세상 사람들은 자신들이 어떻게 살아가는지를 감추려 하는데, 사람들이 자신에 대해서 보고 있다는 사실을 망각하기도 한다.

우리 인간들 스스로 가지고 있는 능력으로는 영적인 빛이 될 수 없다. 오점과 죄악으로 얼룩진 인간에게서는 아무 것도 기대할 것이 없다. 오직 교회의 일원이 되어질 때에만 비로소 그리스도의 몸에 연결된 지체로서 그분의 진리를 드러내 빛이 되는 것이다.

바울 사도가 오랫동안 심혈을 기울이던 에베소 교회에 보낸 서신은 매우 중요한 교회론의 압권이다. 하나님께서는 그리스도를 만물의 주님으로 지정하여 통치하게 하고, 그 위에 뛰어난 이름을 주셨다. 그런데 그 만물을 발아래 두시고 통치하면서 충만하게 하시는 분이 교회의 머리가 되시며, 모든 것들을 여러 가지 방식으로 채우시는 분의 충만함이 교회에 주어지는데, 그분의 몸이기 때문이다 엡 1:21-23.

조금 더 나아가서, 오묘하신 섭리 가운데서 만물을 창조하신 하나님의 정의와 지혜가 감춰져 있었는데, 교회를 통해서 권세들과 정권을 가진 자들에게 알려 주신다 엡 3:9. 그리스도는 교회를 사랑하셔서 영원토록 돌보신다 엡 5:25. 교회 안에는 성령의 관심과 사역이 지속되는데, 교회의 회원들은 약속된 성령으로 인침을 받았다 엡 1:13. 그리스도의 화해사역에 근거하여, 성령을 통해서 모든 성도들은 하나님께 나아간다 엡 2:18. 성령은 성도들 안에 임재하시면서 열매를 맺게 하시는데, 모든 착함과 의로움과 진실함이다 엡 5:9.

요나단 에드워즈1703-1758는 언덕 위에 도시라는 이미지를 그저 한 개인적인 사람으로 생각하지 말고, "신앙을 고백하는 공동체"a professing society 혹은 "함께 교제를 나누면서 살아가는 그리스도인들의 무리"a group of Christians living in fellowship together라고 그려보라고 촉구했다.[8] 에드워즈는 그리스도에게로 회심을 고백한 자들이 모이는 교회 안에 있는 자들에게는 선한 영이 비춰주신다고 지적한다; 무엇이 선한 행동이며, 어떻게 자신을 부인할 것인지, 무슨 방법으로 선한 계획을 실천할 것인지, 어떻게 남을 도울 것인지, 하나님께 예배를 올리기 위해서나 가난한 자들을 구제하는 일들을 어떻게 진행할 것인지 등등. 교회와 성도들이 영적인 빛으로 드러낼 것이 무엇인가? 예수님은 요한복음 13장 35절에서, "너희가 서로 사랑하면, 이로써 모든 사람이 너희가 내 제자인 줄 알리라"고 말씀하였다.

셋째, 영적인 빛은 선한 행동을 통해서 드러나야 한다.

밤이 되면 등불이나 양초를 사용하던 시절에, 그 누구도 그 등불이나 촛대를 책상 아래에 감춰놓지 않았다. 예수님께서는 이러한 상황을 언급하면서, 빛이 드러나야 한다고 말씀하였다.

> 사람이 등불을 켜서 말 아래 두지 아니하고 등경 위에 두나니 이러므로 집안 모든 사람에게 비취느니라. 이같이 너희의 착한 행실을 보고 하늘에 계신 너희 아버지께 영광을 돌리게 하라(마 5:15-16).

---

8   Jonathan Edwards, "A City on a Hill," in *Works*, 19:540-557.

하나님께서는 목회자들과 성도들에게 은혜를 많이 베풀어주셨는데, 그들만 특권과 행복을 누리게 하시려는 것이 아니라 이웃들에게 나눠주도록 기대하신 것이다. 성도들은 사람들에게서 헛된 영광을 구하지 말고, 착하고 거룩한 행실을 이웃들에게 보여주어야 한다. 하나님의 영광은 그의 백성들의 선행을 통해서 밝히 드러난다.

교회는 착한 행실로 빛을 발휘해야 한다. 성도들에게는 자유함이 주어져 있지만, 그 자유함을 개인적인 쾌락으로 사용할 것이 아니다. 하나님께서는 성경의 기준에 따라서 선행을 명령하셨는데, 그것이 하나님을 영화롭게 하는 길이기 때문이다. 위에서 인용한 마태복음 5장 16절에 나오는 "착한 행실"에서, "착하다"는 헬라어 '칼로스'kalos라는 단어는 종교적인 행위를 의미하는 것이 아니다. 실제적으로 이웃을 돕는 사랑의 행위를 의미한다. 성령의 감동으로 믿음을 가진 성도가 다른 사람을 돕고 섬기는 행위를 의미하며, 이를 통해서 하나님이 영광을 받으시게 된다.

교회는 이웃 사랑을 실천하면서 빛을 발휘한다. 사랑은 친절함을 의미하면서도, 정의와 공정한 행위가 포함된다. 우리가 일상 생활에서 물건을 사고 파는 행동을 할 때에도, 공정하고 진실하게 해야 한다. 어떤 절박한 상황을 이용해서 이익에만 집착하는 행동을 해서는 안 된다. 사람들과 사람들 사이에서 우리가 공정하게 약속한 바에 따라서 신실함을 지켜야 한다.

그리스도의 교회가 이웃에게 빛을 발휘하지 못하게 되면, 세상은 어둠이 지배하게 되고 만다. 교회에 속한 사람들이 심각하게 도덕적인 죄악을 범한다거나, 교회 밖에 사람들과의 차별을 하는 경우에, 또한 교만하거나, 속임수를 쓰거나, 술 취하거나, 중상모략하거나, 험담을 일삼는 경우에 하나님의 영광을 가리게 된다.

넷째, 영적인 빛을 발휘해서, 하나님께 영광을 돌려야 한다.

성도들의 빛이 착한 행실을 통해서 광채를 발휘하게 되면, 하나님께 영광을 돌리게 된다. 사도 바울의 권면이 모든 교회에서 지켜지면, 하나님을 기쁘시게 하는 놀라운 역사가 일어나게 된다.

> 그런즉 너희가 먹든지 마시든지 무엇을 하든지 다 하나님의 영광을 위하여 하라 유대인이나 헬라인에게나 하나님의 교회에나 거치는 자가 되지 말고 나와 같이 모든 일에 모든 사람을 기쁘게 하여 나의 유익을 구치 아니하고 많은 사람의 유익을 구하여 저희로 구원을 얻게 하라(고전 10:31-33).

영적인 빛은 선행을 통해서 드러나야 하며, 이는 하나님께 영광으로 귀결된다. 현대 사회는 극도의 개인주의와 쾌락주의에 젖어있어서, 선행이 경멸을 당하기도 한다. 하나님의 교회가 선행과 사랑을 격려하면, 아름다운 결과가 주어진다. 예수님께서는 "서로 사랑하라"는 새계명을 주셨는데요 15:12, 이를 통해서 "너희가 과실을 많이 맺으면 내 아버지께서 영광을 받으실 것"이라고 말씀했다요 15:8.

교회 안에 있는 사람들 사이의 선행과 사랑이 드러나게 되면 하나님께 영광이 된다. 왜냐하면, 그들의 선행은 하나님께서 그들 가운데 이미 심어놓으신 은혜로부터 나오는 것이기 때문이다요 15:13. 모든 성도들은 그리스도 예수 안에서 선한 일을 위해서 지으심을 받은 자들이다엡 2:10. 세상 사람들이 교회와 성도들의 선행을 통해서 하나님을 알게 된다. 그 모든 선한 일의 근원적인 힘이 하나님의 은혜로부터 주어졌기 때문이다.

그리스도인이라는 이름을 갖고 살아가는 사람들에게는 위대한 책임이 주어져 있다. 세상 사람들이 드러난 행실을 보고서 평가할 것이므로, 그리스도의 자취를 따라서 살아야 하는 것이다. 그리스도인들이라고해서 완벽한 사람이 될 수는 없다. 그러면 어떻게 하여 그리스도를 따라가는 삶이 이뤄지는가? 그리스도인들도 죄를 범한 자들이지만, 그들의 잘못된 행실에도 불구하고 은혜로 구원을 받았다. 따라서 세상 사람들도 죄인이지만 하나님의 은혜로 구원을 얻게 된다는 점을 알게 되어질 것이다. 인생들은 모두 다 하늘나라를 향해서 가는 나그네요, 행인들이라는 것을 알아야 한다. 고난과 박해 속에서 죽음을 맞이한 성도들은 그들의 선한 행동을 통해서 악을 이겨낸 사람들이 되는 것이다.

4. 불행의 근원적 해결

교회가 세상에서 빛과 소금의 역할을 다하게 된다면, 인생의 불행을 헤쳐나가는 해답을 제공하게 되어진다. 다시 말하면, 교회는 우리 인간을 미혹하는 유혹이 무엇이며, 치명적인 약점이 무엇인가를 깨우쳐 준다. 단언컨대, 사람이 우상 숭배와 허망한 욕심에 빠지지만 않는다면, 일평생 불행한 인생으로 전락하지 않는다. 문제는 그 누구도 모든 욕심들이 솟구치고 있는 시기에 자신을 절제하지 못하는데서 발생한다. 현대인들은 "힐링"을 원하고 있는데, 무슨 의약품이나 식품 섭취나, 명상이나, 자연 속에서 생활하는 방법으로 치유가 되는 것이 아니다. 영혼의 치유는 오직 예수 그리스도의 형상으로 충만케 되어져야만 가능하다. 온전한 치유가 이루어지면, "깨끗함과 참된 지식과 오래 참음과 자비함과 성령의 감화와 거짓이 없는 사랑과 진리의 말씀과 하나님의 능력"고후 6:6-7으로 충만한 사람이 된다.[9]

교회에 열심히 참여하면서, 성실하게 주일을 성수하며, 기본적으로 부모에게 효도하는 성도는 하나님의 축복을 누리게 되어 있다. 그러나 모든 사람은 세상에 살아가는 동안에 죄악의 영향으로 빚어지는 것들, 즉 근원적인 문제로부터 벗어날 수 없다. 하나님을 거역한 아담처럼, 모든 인간은 탐욕과 우상 숭배에 사로잡혀 있다. 로마서 1장 21절에 "하나님으로 영화롭게도 아니하며, 감사치도 아니하고, 오히려 그 생각이 허망하여지며 미련한 마음이 어두어졌다"고 지적했다. 하나님을 경외하기보다는, 허망한 우상을 숭배하고, "마음의 정욕대로 더러움에 빠져서" 살아간다.

예수님께서는 불행한 인생에 대해서 근원적인 처방을 내려주셨다. 어느 청년이 자신의 형이 차지한 부모의 유산을 공정하게 나눠달라고 예수님께 간청했다. 그는 예수님을 잘못 인식하고 있었던 것이다. 예수님은 공정한 분이시지만, 물질을 더 얻도록 도와주는 해결사가 아니시다. 예수님은 생명의 주인이시오, 사람의 심리상태를 모두 꿰뚫고 계신 전능하신 하나님이시다. 그는 예수님에 대해서 착각하고 있었고, 허망한 욕심을 버리지 못하고 있었다. 예수님께서는 형제 우애보다는 재산을 더 차지하려는 그 청년의 탐심을 질타하였다.

> 삼가 모든 탐심을 물리치라, 사람의 생명이 그 소유의 넉넉한데 있지 아니하다(눅 12:15).

---

9 김재성, 『하나님의 위로와 힐링』 (킹덤북스, 2015), 23.

그런데도 어리석은 부자는 더 큰 창고를 짓고, 어리석은 영혼은 자기를 위하여 재물을 쌓아두기에 여념이 없다. 많이 가진 사람이나 적게 가진 사람이나, 만족하는 사람은 없다. 더 크게, 더 많이 차지하려는 자들은 두려움, 염려, 불안함을 벗어날 수 없다. 예수님께서는 부자든지 가난한 자든지, "무거운 짐"을 지고 가는 불쌍한 인생이라고 여기시고, 편히 쉴 곳으로 불러내셨다.

우리가 각자가 살아가는 일상생활에서 도저히 벗어날 수 없는 것이 탐욕과 정욕과 욕심이다. 이런 욕망으로 뒤엉켜 있는 사람들은 스스로 자제하거나 조절할 수 없다. 세상을 창조하시고, 다스리시는 전능하신 창조주, 하나님의 권능에 의해서만 욕심의 문제들이 해결될 수 있다.

예수님께서는 모든 세상 근심을 하지 말라고 가르치셨다. "무엇을 먹을까, 무엇을 마실까 염려하지 말고,… 오직 너희는 먼저 그의 나라와 의를 구하라" 눅 12:31. 참된 길은 의롭게 사는 것이다. 하나님의 나라는 정의롭고 공평한 나라이다. 오직 한 분 예수 그리스도이며, 사는 길은 하나님께로 돌아오는 것밖에 없다 눅 15:11-32. 교회는 사람을 살리고 생명을 불어넣는 예수 그리스도에 관한 참된 지식을 제공하도록 세워졌다. "하나님이여 위엄을 성소에서 나타내시나이다 이스라엘의 하나님은 그 백성에게 힘과 능을 주시나니 하나님을 찬송할지어다" 시 68:35. 기도하는 가운데 지속적으로 하나님을 향한 믿음으로 살아가는 자에게는 능력을 입혀주신다.

> 나의 구원과 영광이 하나님께 있음이여 내 힘의 반석과 피난처도 하나님께 있도다. 백성들아 시시로 저를 의지하고 그 앞에 마음을 토하라 하나님은 우리의 피난처시로다 시 62:7-8.

교회가 삶의 문제를 근원적으로 해결하는 사례를 살펴보자. 스위스 제네바 교회에서 칼빈이 목회하는 동안 유럽 각 지역에서 사람들이 몰려 들어왔다. 6천여 명 살던 도시 인구가 갑자기 피난민들의 유입으로 두 배로 불어나고 말았다. 건축공사가 대대적으로 촉진되었고, 모두 다 함께 살아갈 방안을 강구했다. 칼빈은 제네바 교회에서 헌신적으로 복음을 전파해서, 도시 전체의 성도들에게 순결하고 경건한 삶을 유지하도록 가르쳤다. 칼빈은 하나님을 아는 지식과 인간을 아는 지식을 갖는 것이 참된 지혜라고 제시했다.[10] 제네바 교회는 다소 엄격한 규칙을 준수하도록 하였는데, 그래야만 본성적으로 부패한 인간들이 자극을 받아서 바로 설 수 있었기 때문이다. 칼빈은 인간의 심령이 성령으로 거듭나서 변화를 받아서 창조주 하나님을 아는 지식을 가져야만, 타락한 인간이 실패와 절망을 벗어날 수 있다고 역설했다. 인간은 원래 피조물임에도 불구하고, 자신을 우상하거나, 다른 것들의 지배를 받는 타락한 상태에 놓여있다 롬 1:18-25. 따라서 창조주이신 하나님께서는 예수 그리스도 안에서 구세주가 되셔서 자신을 사람들에게 나타내셨다.[11] 절망에 빠져있는 자들은 하나님을 인정하고 알아야만 자신의 비극을 파악할 수 있게 된다.

교회를 떠나서는 그 어디에서도 욕망에 휩싸인 인간들에게 진리의 빛을 발견할 수 없다. 흔히 세상에서는 최고의 학문으로 철학을 추구하여왔다. 안타깝게도 철학에서는 세상의 원리와 인간의 본질에 대해서 명쾌한 해답을 찾을 수 없다. 예를 들면, 소크라테스는 델피 신전의

---

10 John Calvin, *Institutes of the Christian Religion*, tr. Ford L. Battles, 2 vols., (Philadelphia: Westminster, 1960), I.i.1. *"congnitio Dei et nostri"* (that in knowing God, each of us would also know himself).

11 Calvin, *Institutes of the Christian Religion*, I.ii.1.

문구를 활용해서 "너 자신을 알라"$_{γνῶθι\ σεαυτόν}$는 명제를 던졌다. 하지만, 소크라테스 자신마저도 아테네시에서 인정을 받지 못했다. 그의 제자 플라톤과 아테네 학당에서는 인문학을 공부하여 인간의 본성을 탐구케 했고, 르네상스 인문주의도 이러한 흐름을 받아들였다. 그러나 플라톤주의자들은 인간 본성에 대해서 아무런 변화를 만들어내지 못하였다. 수많은 철학자들이 각종 이론들을 제기했지만, 부패한 인간은 전혀 변화되지 않았다. 도리어 세상은 점점 죄악으로 더럽혀지고 있을 뿐이다.

교회는 어둠 속에 빛을 비춰서, 갈 길을 잃어버린 인간을 인도하는 곳이다. 인간의 본질이 무엇인가를 가르쳐주는 곳은 오직 성경밖에 없다. 그 성경의 진리를 펼쳐주는 곳은 오직 교회 뿐이다. 시편 139편에서 우리는 다윗의 개인적 체험을 통해서 고백되는 설명만으로 충분하게 설득을 당하게 된다. 여기에서 인간의 모든 진면목을 다 알고 계시는 하나님의 지식을 발견하게 된다. 인간은 하나님의 면전에서 아무 것도 감추거나 숨길 수 없다. 하나님의 지식은 무한하고 초월적이되 세밀하고 정확하기에 심판자로서도 공정하다. 사람이 자기 자신을 아는 것보다, 하나님께서 그 사람을 아는 것보다 더 월등하다.

> 여호와여 주께서 나를 살펴 보셨으므로 나를 아시나이다 주께서 내가 앉고 일어섬을 아시고 멀리서도 나의 생각을 밝히 아시오며 나의 모든 길과 내가 눕는 것을 살펴 보셨으므로 나의 모든 행위를 익히 아시오니 여호와여 내 혀의 말을 알지 못하시는 것이 하나도 없으시니이다 …… 이 지식이 내게 너무 기이하니 높아서 내가 미치지 못하나이다 내가 주의 영을 떠나 어디로 가며 주의 앞에서 어디로 피하리이까.

사람이 자신을 알고 계시는 하나님에 대해서 파악하게 되면, 헛된 우상과 종교에서 벗어나서 살아갈 수 있다. 인간이 어둠에 사로잡혀 있을 때에는 미신과 우상을 붙잡고 불행을 피하려 하게 되지만, 이제 하나님을 아는 지식을 갖게 되면 참되고 건전하며 든든한 언약의 관계 covenantal relationship를 맺고 살아갈 수 있게 된다.[12]

필자는 현대 지식과 과학적인 성취들, 그리고 탁월하다고 자랑하는 지성인들의 오만과 무지함을 성경에 비춰서 적나라하게 드러내야만 한다고 확신한다. 부패하고 타락한 인간이 자신의 진면목을 말씀의 빛에 비춰주어야만 비로서 어둠 속에서 볼 수 없었던 부끄러움을 이해하게 된다. 또 다른 표현을 하자면, 말씀의 저울 아래에 매달아 놓아야만 제대로 자신의 문제점을 발견할 수 있다는 말이다.

성경에는 아담 이후로 이 땅에서 살았던 사람들, 그 누구도 예외 없이 부패했음을 증거하고 있다. 심지어 최고의 성공자들, 다윗과 솔로몬의 성공과 실패가 적나라하게 성경에 기록되어 있다. 그들처럼 살아가는 인생들이라면 하나님의 책망을 피할 길이 없다. 하나님께서 일반 은총으로 주신 인류 역사 속에서도 충분히 교훈을 얻을 수 있건만, 진시황의 몰락을 알면서도 인생들은 여전히 강퍅하기만 하다. 중국 삼국지에 나오는 인물들이나, 수호지에 나오는 영웅들이라는 자들도 모두 다 자신들의 욕망과 죄악을 벗어나지 못하였다.

사람이 살 수 있는 길은 먼저 창조주 하나님을 인정하되, 계시로 주신 하나님의 말씀을 통해서 마음을 경작해야만 한다. 인간이 만들어

---

12 Eric Kayayan, "Revisiting Calvin's *Cognitio Dei et Nostri* in the light of the French Editions of the *Institutes* and his Commentary on Psalm 139," *Westminster Theological Journal* 81:2 (2019 Fall), 256.

내는 그 어떤 사상이나 지혜를 가지고는 평화와 정의를 기대할 수 없다. 오직 성경만이 사람의 지능을 능가하는 초자연적 특별한 계시이자, 믿음과 생활의 표준이요 정확 무오한 정경canon이다. 이런 기준을 인정하지 않는 신학에 기초한 교회론을 갖게 된다면, 믿음의 기초를 올바르게 유지하면서 교회를 세워나갈 수 없다.

교회를 위한 신학을 정립하기 위해서는 먼저 겸손한 자세와 겸허한 반성의 태도를 가져야만 한다.

> 신학의 유일한 책임은 하나님의 사상들을 하나님을 따라서 생각하는 일이요, 신앙의 눈으로 발견하도록 성경에 보존되어 있는 통일성을 재현하는 일이다. 신학자의 임무는 종으로서 감당하는 것인데, 겸손이 요구된다. 신학자의 자신감은 하나님이 말씀하셨다는 것에 대한 확신에서 나온다.[13]

하나님에 대한 지식은 하나님께서 친히 하신 말씀에 담겨져서 교회에 주어졌다. 교회의 임무는 하나님에 대한 지식을 세상에 선포하는 것이다. 온 우주 만물이 하나님의 이름을 영화롭게 하도록 가르치고 실천하게 하는 일이다.

참된 지혜와 영원한 진리는 오로지 하나님의 계시인 성경에서만 나온다. 친히 말씀을 주시고 계시해 주시는 하나님이 없다면, 이 땅 위에 그 어떤 학문이나 이론이라도 아무런 의미가 없다. 하나님 앞에서 모든 사람이 죄인이라고 선언하는 말씀을 인정하지 않는다면, 인간의 자랑과 성취가 허망한 교만이라는 것을 제대로 분별조차 할 수 없게 된

---

13 Herman Bavinck, *Reformed Dogmatics*, I:8.

다. 사람은 얼마동안 개인의 헌식적인 노력으로 자신의 명예와 지위를 축적해 나갈 수 있지만, 어느 한 순간에 그 욕망을 제어하지 못하여서 결국 자신이 성취한 모든 것들을 다 무너뜨리고 만다. 완벽하게 온전한 사람도 없고, 지혜로운 사람도 없다. 세계적인 신학자라고 하는 수재들도 계시의 말씀에 의존하지 않는다면 헛수고에 불과하다. 한동안 사람들의 박수를 받을지 몰라도, 결국은 바벨탑을 쌓기 위해서 연구하고 글을 쓰는 것에 지나지 않을 것이다. 결국 자기중심으로 살다가 흙으로 돌아가게 된다. 저명한 대학교에서 박사 학위를 받고 지적인 엘리트가 될 수는 있지만, 자기 영광을 추구하는 학문적인 활동을 고집하면서 한없이 교만하게 된다. 결국 하나님을 망각한 인생이란 평생 동안 자기 자신을 섬기는 일에만 몰두하다가 허망하게 끝이 난다.

> 너는 마음을 다하여 여호와를 신뢰하고 네 명철을 의지하지 말라 너는 범사에 그를 인정하라 그리하면 네 길을 지도하시리라 스스로 지혜롭게 여기지 말지어다 여호와를 경외하며 악을 떠날지어다(잠 3:5-7).

창조주 하나님으로부터 나온 지혜와 진리가 없다면, 아무리 천재적인 두뇌를 가진 사람들의 머리에서 나온 것이라 하더라도 그런 사상은 공허한 가설일 뿐이요, 전혀 의미가 없다. 초월적이면서도 동시에 "지금 여기에" 내재적인 하나님께서는 모든 인류에게 복을 주시기도 하고 저주하시는 분이시다.[14] 그 누구도 하나님으로부터 도망하거나 피할 수

---

14 John Frame, *The Doctrine of God* (Phillipsburg: P&R, 2002); 『신론』, 김재성 역 (서울: 개혁주의신학사, 2014), 159-167.

없다.[15] 진리를 가르쳐주시는 하나님이 없다면, 모든 것 안에 그 어떤 의미도 없으며 그 어떤 중요성이나 목적도 다 허사일 뿐이다. 그러므로 우리 삶에 있어서 가장 중요한 것은 하나님과 함께 좋은 관계를 갖는 것이다. 지금 세상에서 최고의 학문과 신학이라는 영역을 들여다보면, 사람의 지식이나 이성적인 개발에만 의존해서 제멋대로 가설들을 만들어서 하나님의 말씀을 부인하고 있다. 신앙에 기초하지 않고, 비뚤어진 인간의 지성을 가지고 제멋대로 평가하여 거부하는 것이다. 그러나 성령 하나님의 감동으로 기록된 히브리와 헬라어 원문 성경 속에는 신적 계시의 통일성과 연속성이 있다.

---

15 Peter Toon, *Our Triune God* (Wheaton: Victor Books, 1996), 89.

교회의 기능

교회는 하나님의 제도이고, 그리스도는 교회의 머리가 되신다. 교회의 기능들은 그리스도에 의해서 명령된 것이고 그 범위가 정해져 있다. 교회가 확실히 담당해야만 할 최우선적인 기능은 말씀 안에서 계시된 것들을 엄격하게 고수하여 나가야 한다. 예배는 교회의 최우선적인 기능에 해당한다. 교회는 하나님을 중심으로 하는 기관이고, 사람의 최고 목적은 하나님을 영화롭게 하는 것이다. 교회는 명령에 따라서 예배를 올려야만 한다. 사람이 중심이 되는 예배가 되어서는 안 된다.

예배에 대해서 생각할 때에, 포괄적인 의미의 예배와 특정한 의미의 예배로 나눈다.[1] 먼저 포괄적인 의미의 예배, 또는 넓은 의미의 예배는 그리스도인이 생애의 모든 삶의 부분을 하나님께 헌신하는 것을 말한다. 하나님께서는 우리가 가지고 있는 모든 것에 대해서 소유권과 주권을 갖고 계신 주관자이시며 주인이시다. 우리가 무엇을 행하든지 모든 면에서 하나님의 뜻에 헌신해야 하고, 순종해야 한다. "그런즉 너희가

---

1 J. Murray, *Systematic Theology*, I:163.

먹든지 마시든지 무엇을 하든지 다 하나님의 영광을 위하여 하라"고전 10:31. 그리스도께서 우리의 모든 삶의 영역에서 통치하시기에, 평소에 하는 일상생활은 주님과의 관계성을 맺고 있다. "무슨 일을 하든지 마음을 다하여 주께 하듯 하고 사람에게 하듯 하지 말라 이는 유업의 상을 주께 받을 줄 앎이니 너희는 주 그리스도를 섬기느니라"골 3:23-24.

특별한 의미의 예배, 혹은 좁은 의미의 예배는 공적인 모임을 통해서 거행되는 예배의 의식을 말한다. 기도, 감사, 말씀 봉독, 설교, 찬양, 성례의 시행 등을 성도들이 모인 공적인 집회에서 거행하는 것이다. 우리는 특수한 의미의 예배에 대해서 살펴보려고 한다. 개인적으로나 사적으로 드리는 예배가 아니라, 교회 공동체가 공적으로 드리는 예배에 한정하여 살펴볼 것이다.

1. 공적인 예배의 모임

신약 성경에서 가장 명백하게 모이는 예배를 언급한 내용은 다음과 같다.

> 모이기를 폐하는 어떤 사람들의 습관과 같이 하지 말고,
> 오직 권하여 그날이 가까움을 볼수록 더욱 그리하자(히 10:25).

교회는 예배를 통해서 하나님을 경외하는 모임이다. 고린도전서 11장 17절, 18절, 14장 26절, 야고보서 2장 2절에서도 이러한 공적 집회에 대해서 명백하게 언급했다. 이미 구약 성경에서도 시내산에서 하나

님의 영광스러운 나타나심 앞에서 집회를 가졌다. 신약 성경에서 교회라는 단어는 "집회" 또는 "모임"을 배경으로 하고 있다. 이 집회의 의미는 그리스도의 몸으로서 교회가 예배를 올린다는 뜻이다.

교회에서 예배보다 더 중요한 일은 없다. 교회는 하나님의 이름을 높이고 찬양하고 감사하는 예배 공동체이다. 참되고 올바른 예배는 성경에 지시된 내용들을 가지고 하나님께서 받으시기에 합당한 방식으로, 적합한 장소에서, 경외하는 마음으로 올려야 한다. 모든 믿는 성도들은 자신이 속한 지역 교회의 집회에 성실하게 참여하여, 성도 간의 교제와 격려를 나누는 가운데서 힘을 얻는다. 서로의 교제를 통해서 심적인 지원을 받으며, 영적인 성숙과 도덕적 덕을 함양하도록 하기 위해서는, 먼저 교회를 통해서 성경적 교훈을 받아야 한다. 모든 능력의 원천은 하나님으로부터 나오기 때문에, 계시의 말씀인 성경의 가르침에 의존하는 것이다.

코로나 바이러스가 수없이 많은 생명을 앗아간 시기에, 교회에서 모이는 공적인 예배가 심각한 타격을 입었다. 21세기에 등장한 영상매체들을 통한 비대면 예배는 성도들로 하여금 "나쁜 습관"에 빠지도록 중독을 시켰다.[2] 히브리서 저자가 그토록 철저히 경계했던 일들이 상습화되고 말았다. 지난 20세기에 벌어진 두 차례의 세계 대전에서 수많은 생명을 잃었지만, 교회도 큰 타격을 입었었다. 그런데 이번 코로나 바이러스는 세계 대전보다 더 많은 사람을 죽였고, 교회를 초토화했다. 이 두 가지, 전쟁과 질병은 교회의 기초를 허물었다. 자유주의 신학이 기존의 정통 신학을 파괴하였고, 교회와 예배를 경시하도록 급진적인 사

---

2 김재성, 『하나님은 참된 예배자를 찾으신다: 코로나19 시대 우리는 어떻게 예배를 드려야 하는가?』 (킹덤북스, 2021).

상을 풀어 놓았다. 교회의 신학을 무너뜨리려는 무신론자들과 사회주의 혁명가들의 선전과 책동이 확산되었다. 기독교의 기본 신학이 침탈을 당했고, 자유주의 신학이 번성하는 계기가 되고 말았다. 우리는 모이기를 폐하려는 자들의 음모에 속아서는 안 된다.

우리가 예배를 드리는 시간에 그리스도의 몸으로서 교회에 참여하여, 우리의 존재 전체가 하나님 앞에 있는 것이다.[3] 참된 성도들은 오직 우리 주 예수님의 말씀만을 따르는 양들이다. 예수님께서는 두세 사람이라도 주님의 이름 아래 모이는 곳이라면 어느 곳에서도 함께 하시며, 그리스도가 머리가 되시어서 교회를 이끌어 주신다. 모이는 습관을 실천하는 참된 성도들은 그리스도 안에서 살아갈 수 있다. 교회에 모이는 성도들은 서로를 격려하고, 지원하며, 양육을 받는다. 이로 인해서 성도는 영적인 양분을 공급받기도 하고, 다른 성도들에게 선한 영향력을 발휘하기도 한다.

하나님께서는 모세에게 십계명을 주시면서, 제1계명과 제2계명에서 올바른 방법으로 예배하라고 명령하였다. 하나님 이외에 다른 것들에게, 우상에게 마음을 빼앗긴 자들은 심판을 받게 된다. 이 심판에서 하나님의 음성을 들은 자들은 선한 목자에 의해서 구원을 받는다. "양은 목자의 음성을 듣는다. 목자는 자기 양들의 이름을 부르며, 이끌어 나가는데, 양들이 목자의 음성을 알기 때문이다 요 10:3-4.

예배는 매우 특별하다. 예배에의 의무가 성도들에게 주어져 있지만, 억지로 강요할 사항이 아니다. 기쁘게 자원하는 마음으로 하나님의 위대하심과 영광 앞에 경배를 올리는 일이다. 하나님께서는 사람의 인격

---

3 John M. Frame, *Worship in Spirit and Truth* (Phillipsburg, N.J.: P&R, 1996), 11.

을 존중하되, 믿음의 반응을 보여달라고 요청하였다. 절대로 강압적으로 예배를 드리도록 겁을 주거나, 압박을 하시지 않으셨다. 진심으로 받은 바 은혜가 넘치고, 헤아릴 수 없어서, 하나님을 영화롭게하고 경배를 올리는 것이다. 성령의 인도하심 가운데서 범사에 감사하고 즐거워하여 하나님을 향해 영광과 감사를 올리는 것이다. 각자 소속된 지역 교회에서 모이는 공예배에 참석하는 것도 역시 기계처럼 시간표에 따라 나아가서 단지 출석했음을 확인받는 사항이 아니다. 또한 반드시 주일날 오전 시간에만 어떤 형태로든지 참가해야만 하는 의무사항도 아니다. 일주일의 첫 날, 주님의 부활을 증거하는 사도들의 전통을 이어가는 것뿐이다.

신약 성경이 증거하는 바, 초대 교회 성도들은 미래를 기대하면서 다시 오실 주님에 대한 "소망"hope을 품고 살았다. 그들은 예수 그리스도의 육체적 재림이 임박하였음을 굳게 확신했고, 최후 심판을 준비하면서 죄를 멀리하고, 날마다 깨어있으면서 경건한 삶을 추구했다. 이들의 종말론적 신앙은 하늘나라에서의 영생을 소망하는 것이다. "그 날"이 도적같이 올 것이라고 믿었기에, 승리의 소망을 가진 성도들이 교회에서 집회로 모이는 일에 최선을 다했다.

성도들이 가진 참된 '소망'은 세상에 있는 것이 아니다. 오직 선하시고, 전능하신 하나님께만 소망을 두는 것이다. 이러한 성도의 영적인 소망은 호흡을 주관하시는 하나님과의 관계를 유지하는 가운데서 주어지는 것이다. 예수 그리스도의 재림은 성도 각자가 가지고 살아가는 "소망"이요, 삶의 이유가 된다. 성도의 희망은 하나님께서 펼쳐나가시는 위대한 미래의 정점에 있다. 참된 소망은 믿음과 사랑으로부터 분리할 수

도 없다. 그것은 하나님의 선물이기 때문이다.[4]

성도들은 가슴에 미래의 소망을 품고 확신하는 가운데서 살아간다. 신약 교회가 처해있던 정치적 상황은 매우 열악했지만, 성도들은 부정적이거나, 체념적이거나, 패배주의에 빠져서 소극적으로 살았던 것이 아니다. 오히려 주님의 재림을 긍정적이며 적극적인 마음으로 기대하면서, 내일에의 선한 소망을 품고 살았다. 장차 올 선하고 기쁘고 밝은 날에 대해서 즐거운 기다림으로positive expectation of good future 가슴이 벅찼다.[5]

마치 신랑을 기다리는 신부의 마음 상태와 같았다. 다만, 신랑이 더디 오게 되면서, 졸기도 하고 나태하게 될 수 있는 것이다마 25:5. 종말론적 신앙을 나누던 초대 교회 성도들은 "그 날"을 향한 설레임을 갖고서, 함께 예배를 올리고 서로 신앙과 사랑을 나누는 교제와 교육을 위해서 모이기에 힘썼다. 그러나 신랑이 더디 오면서, 매일같이 동일한 종말 신앙을 가지고, 일상생활을 버티며 살아가는 과정은 결코 쉽지 않았다. 성도들이 하늘나라에서의 영생에 대해서 헛된 의구심이나 왜곡된 미혹에 빠져서는 안 되기 때문에, 예배를 통해서 바른 교훈을 전달하면서 힘을 얻었다.[6]

히브리서는 초대 교회 성도들에게 종말 신앙을 가장 잘 설명해 주는 말씀으로 특별하다. 종말론적 희망을 품고 살아갔던 초대 교회 성도들의 모습들을 우리에게 모범된 신앙인의 모습으로 보여준다. 특히

---

4 Paul S. Minear, *Christian Hope and the Second Coming* (Philadelphia: Westminter, 1954), 17-29.
5 G. K. Beale, *A New Testament Biblical Theology: The Unfolding of the Old Tesatment in the New* (Grand Rapids: Baker, 2011), 248. 성경을 연구하는 성도들은 누구든지 이 책을 통해서 구약과 신약의 연속성을 다루는 성경신학의 안목을 배우도록 추천한다. 현대 신약학자들의 각종 해석학 이론들을 종합하고 있어서 학문적으로도 탁월한 지식을 얻을 수 있다.
6 H. Bavinck, *Reformed Dogmatics* (Grand Rapids: Baker, 2006), 3:641.

히브리서 3장에 이르러서 강력한 종말론적 비전이 펼쳐져 있는데, 예수 그리스도의 인격과 사역이 얼마나 뛰어난가를 풀이한다. 유대인들은 메시야 대망의 신앙을 가지고 있었으나, 그들의 종말사상은 지극히 현세적이요 정치적이었다. 이러한 유대인들의 왜곡된 개념을 깨트리고, 예수 그리스도는 종으로 오셨다. 바로 여기에서 종말론적인 신앙의 본질이 제시되는 바, 장차 오실 예수 그리스도께서도 역시 사람들의 기대치를 깨트리고 오실 것이다. 또한 그를 기다리는 성도들에게는 결코 실망시키지 않으실 것이다. 따라서 성도들은 교회에 모여서 예수 그리스도를 믿으며 소망 가운데 미래를 바라보고 나아가라고 가르친다.

첫 서두에서부터 히브리서는 예수 그리스의 탁월함을 논증한다. 그리스도는 "하나님의 영광의 광채시요, 그 본체의 형상이시라 그의 능력의 말씀으로 만물을 붙드시며 죄를 정결케 하는 일을 하시고 높은 곳에 계신 위엄의 보좌에 앉으셨느니라"히 1:3. 이러한 예수 그리스도를 성도들이 "깊이 생각하여야 하며"히 3:1 또한 "바라보자"히 12:2고 권고한다. 유대 전통과 구약 성경에 근거하되, 예수 그리스도의 놀라운 인격과 사역에 대한 탁월한 해석이 제시된 것이다. 예수 그리스도가 다시 오실 것을 바라보는 미래의 희망이 기독론과 종말론의 결합된 형태로서 선명하게 제시되고 있다.

히브리서의 저자는 "그 날"이 바로 가깝기 때문에, 예배의 모임에 열심히 참여하라고 권면한다. 참되고 온전한 믿음을 가진 성도들은 하나님 앞에 나아가서, 함께 모인 성도들과 다 같이 서로 사랑과 선행을 격려하는 것이다. 이런 예배와 집회를 거부하는 자들은 잘못된 습관에 빠진 자들이다.

> ... 참 마음과 온전한 믿음으로 하나님께 나아가자 ...
> 우리가 믿는 도리의 소망을 움직이지 말고 굳게 잡아 ...
> 오직 권하여 그날이 가까움을 볼수록 더욱 그리하자(히 10:22-25).

교회의 모임은 예배에 초점이 있다. 예배를 위한 모임은 평안의 매는 줄로 성령이 하나되게 하신다. 그리스도의 몸에 속한 성도가 하나가 되어서 주 하나님을 섬기는 것이다. 좋은 습관이기에 모이는 것이 아니다. 하나님께로 향하는 예배가 없다면, 교회의 건물이 아무리 화려하고 아름답게 꾸며졌을지라도 그곳은 실제로 그리스도의 몸된 교회가 아니다. 성도가 다른 기독교 신자와 인간적인 접촉 혹은 친교 모임을 더 많이 하라고 촉구하거나, 차를 마시고 담소하면서 친숙해지기 위한 모임이 아니다. 더구나 교회의 성도들이 모여서 먹고 마시고 놀고 즐기라는 것이 결코 아니다. 식사를 자주해서 깊이 사귐을 갖도록 하라는 것도 아니다.

"주 너의 하나님께 경배하고, 다만 그를 섬기라". 이것이 우리가 예배하는 대상이다. 주 예수 그리스도는 다시 오실 것이므로, 그 날을 예배하는 종말 신앙을 배경으로 삼아서 예배의 모임을 갖도록 촉구하는 말씀이다.[7] 예수 그리스도의 재림을 바라보는 성도들이 낙심한 영혼들과 고난과 박해 속에서 흩어진 성도들을 격려하여 함께 하나님께 나아가는 인내와 영적 투쟁에 관련되어 있다.

---

7   Geerhardus Vos, "Eschatology of the New Testament," in *Redemptive History and Biblical Interpretation: The Shorter Writings of G. Vos*, ed. Richard B. Gaffin Jr., (Phillipburg: P&R, 1980), 25-58. 보스 박사의 여러 저서들을 접하면서 깊은 감동을 받는다. 그의 저서들 속에는 기독론 (예수 그리스도의 인격과 사역)과 종말론 (재림과 심판에 이어지는 천국의 영생)이 성경적으로 제시되어 있다. 보스의 모든 저술들을 최고의 신학 서적으로 강력히 추천한다.

교회에서 예배의 모임을 가져야 한다고 강조하는 이유는 지금은 우리가 이 세상에 살고 있지만, 정작 우리가 바라보는 것은 다가오는 세상이기 때문이다. 히브리서에는 "이 세상"과 "다가올 세상"의 대조를 통해서 이를 가르쳐 준다.[8] "옛 언약"은 이 세상에 관계된 것들이다. "새 언약"은 장차 다가올 세상에 관련된 것이다. 예수 그리스도의 이름으로 세례를 받은 성도들은 "새 언약"에 참여한 자들이다. 성령의 감동으로 받은 믿음을 간직한 성도들은 새롭게 된 마음을 가지고 장차 올 세상에 참여하면서 살아간다히 6:5, 9:11, 10:1. 그리스도의 죽으심과 부활과 승천은 이 세상의 자연 질서를 깨어버리고 들어온 종말의 시작이었다. 예수님의 모든 구속 사역들은 자연법칙으로 움직이는 세상의 질서 속에 비상적인 긴급조치들이 개입한 사건들이다. 바울 사도의 서신들에 보면, 현재의 세상은 악하지만 장차 올 세상은 순결하다고 대조하였다. 히브리서에서도 불완전한 이 세상과 완전한 미래가 대조적으로 나온다.

성도들의 예배 모임은 새 언약 공동체의 생존에 필수적인 과정이다. 옛 언약과 새 언약, 이 세상과 다가올 세상의 대조 속에서 성도들의 모임에서는 장차 오실 소망의 그리스도를 바라본다. 유대인들은 조상들로부터 물려받은 구약 시대의 모든 특권들에만 젖어있었다. 그러나 더 이상 이런 혈통주의와 민족사상은 아무런 의미가 없다. 마침내 예수 그리스도께서 오셔서 새 언약으로 모든 하나님의 약속을 갱신하였다. 이제는 어디에 흩어져 있든지 간에, 성도들은 새 시대, 새 언약에 참여해 살아가고 있다.[9]

---

8   Geerhardus Vos, *The Teaching of the Epistle to the Hebrews* (Grand Rapids: Eerdmans, 1956), 49.
9   Vos, *The Teaching of the Epistle to the Hebrews*, 12.

보스 박사는 히브리서에 담긴 대조적 구조 속에서 연속성과 특수성을 지적하였다. 옛 언약 속에 새 언약이 미리 제시되어 있었다. 깊은 연속성이 담겨 있다. 구약 언약에는 하늘나라의 실체가 표상적으로 제시되어 있고, 새 언약의 시대에 도래하는 것들과는 대조를 이루고 있다. 미리 예표적으로 보여주신 구약 시대의 언약들은 훨씬 더 탁월한 새 언약으로 연결되었다. 구약 시대의 것들은 매우 열등한 것들이고, 예수 그리스도의 속죄와 구원 사역의 탁월함을 통해서 언약의 본질을 드러내 주셨다.[10] 히브리서의 마지막 장, 13장 10-12절에서 종말론적 전망을 확고히 심어주었다. 구약 시대의 성막과 제단에서 올린 제물보다 위대하신 예수 그리스도의 속죄 사역을 강조한다. 그리하여 그 사역을 성취하신 주님을 다시 만나고자 기다린다. 여기에는 영원한 도성이 없고, 장차 올 것을 찾는다. 보스 박사는 옛 언약과 새 언약을 다음과 같이 요약했다.

> **첫째, 장소:** 옛 언약은 땅 위에서 이뤄진 것이다. 새 언약의 중심지는 하늘나라다.
> **둘째, 본질:** 옛 언약의 본질은 육체적인 것이다, 새 언약의 본질은 영적인 것이다.
> **셋째, 효력:** 옛 언약은 움직이지 못하는 것이고, 희미하여 실패했다.
> 　　새 언약은 역동적이며, 영원히 함께 한다.

이러한 기본적인 안목을 갖고서, 교회의 모임을 강조하는 히브리서

10　Vos, *The Teaching of the Epistle to the Hebrews*, 91, 117.

10장 25절을 살펴보야만 한다.

초대 교회의 신앙생활은 성도들의 열정적인 모임을 통해서 유지되었다. 그렇게 모이는 이유는 종말을 향한 신앙인의 태도와 자세를 갖추도록 은혜를 맛보며 위함이다. "그 날이 가깝다"는 인식이 가장 중요한 열쇠를 갖고 있음에 주목해야만 한다. 가장 정확한 영어 성경번역으로 알려진 ESV 신약 성경에는 "그 날이 가깝다"는 구절을 "아주 가까이 다가오고 있는 그 날"the day drawing near이라고 번역되었다. "아주 가까이 다가오고 있는 그 날"을 대비하려는 성도가 깨어서 준비하려고, 다 함께 모이는 일에 열심을 냈던 것이다. 초대 교회는 종말 신앙으로 젖어있었고, 교회에 모이는 예배가 생활의 중추신경처럼 작동하고 있었다.[11]

머지않아 곧 재림하실 것이라고 믿었던 기대가 성취되지 않자, 차츰 늦어지게 되면서 일부 믿음이 약한 성도들 사이에서는 예배의 모임을 등한시 하는 등 신앙생활이 흐트러지는 경향이 나타났다. 일부 성도들은 교회의 예배 모임에 나오지 않으면서, 아예 "습관"habit이 되어서 교회에 전혀 나오지 않는 자들도 있었다. 그들의 신앙은 돌처럼 굳어져 버렸다. 그러한 자들은 성도들의 모임에 결석하는 일이 그만 습관이 되어 버렸다. 참석을 중단한 자들의 경우에는 믿음이 작동 중지 상태에 빠지고 만 것이다.

초대 교회 성도들이 다 같이 한자리에 모이는 데에 힘을 썼던 이유는 "말세"가 가까이 온다고 생각하면서, 철저한 준비를 실천하고자 노력했기 때문이다. 이들이 가졌던 재림신앙은 생활의 전반에 영향을 미치고 있었고, 매우 역동적인 삶을 영위하는 원천이 되었다. 이 세상에

---

11 Vos, *The Teaching of the Epistle to the Hebrews*, 11, 27.

서의 부귀영화보다는 주님의 나라에서 살아갈 소망을 더욱 더 확실히 하고자, 모여서 힘을 잃지 않도록 기도하면서 신앙 교육을 받았다.

예수님께서 마태복음 24장 43절에 언급하신 바와 같이, 사도들은 "도둑같이" 아무도 모르는 순간에 찾아올 재림의 날을 준비하도록 교육을 받았다. 재림 신앙을 확고하게 정립하기 위해서는 함께 그 소망을 나누는 성도들 사이의 격려, 신앙 공동체인 교회의 모임이 중요하였다.

베드로는 초대 교회 성도들이 재림을 바라보면서, 긴장감을 가질 것을 촉구했다.

> 주의 약속은 어떤 이의 더디다고 생각하는 것과 같이 더딘 것이 아니라
> 오직 너희를 대하여 오래 참으사 아무도 멸망치 않고 다 회개하기에 이르기를 원하시느니라 그러나 주의 날이 도적같이 오리니…
> 하나님의 날이 임하기를 바라보고 간절히 사모하라(벧후 3:9-12).[12]

초대 교회 성도들은 영광스러운 그리스도의 재림이 곧 이뤄질 것으로 기대했었다.[13] 곧 주님이 재림하시는 "날이 임한다"는 사도 바울의 종말신앙은 그의 전체 서신 속에 광범위하게 스며들어 있는 중요한 교리였다. 사도 바울은 로마서 8장 19-23절에서 피조물의 질서가 회복되는 새로운 날에 대한 소망을 강력하게 피력하였다. 데살로니가전서 5장 2절에서는 "주의 날이 도적같이 이를 줄을 너희 자신이 자세히 앎이

---

12 Simon J. Kistemaker, *New Testament Commentary: Exposition of Peter and Epistel of Jude* (Grand Rapids: Baker, 1987), 335. 베드로 후서 3장에 나오는 "아무도 멸망치 않고 다 회개하도록 원하신다"라는 의미는 하나님께서 만인 구원을 선포하셨다는 식으로 왜곡해서는 안 된다. 하나님께서는 죄인들을 자극하여서 죄를 회개케 하기를 "원하신다" (wish)는 의미이다. 이것을 위해서 우리가 할 일은 부지런히 복음의 약속을 선포하고, 영혼을 두드리며 격려하는 일이다.

13 Henry Chadwick, *The Early Church* (London: Penguin, 1967), 20.

라"고 하면서, 사도 바울은 "멸망이 홀연히 저희에게 이르리니 결단코 피할 수 없으리라"고 경고했다. 초대 교회 성도들의 종말론에는 영원한 구원이라는 소망이 광범위하게 자리하고 있었다. 때로는 핍박과 비난이 가해져도, 참음으로 기다리자는 격려를 서로 간에 나누고 있었다. 특히 바울 사도는 몸 안에 영혼이 깃들이듯이, 교회 안에 그리스도의 영이 내재하시면서, 이 땅이 영원한 나라가 아니라는 점을 깨우쳐주신다고 하였다.[14] 주의 영은 우리를 새 하늘과 새 땅을 바라보도록 인도하신다.

> 우리 주 예수 그리스도의 강림하심과 우리가 그 앞에 모임에 관하여 혹 영으로나 혹 말로나 혹 우리에게서 받았다하는 편지로나 주의 날이 이르렀다고 쉬 동심하거나 두려워하거나 하지 아니할 그것이라(살후 2:1-2).

초대 교회 성도들의 예배와 모임은 종말신앙에 깊이 관련되어 있었다. 데살로니가 성도들은 심각한 배교의 상황에 직면하였다. "불법의 사람"(살후 3:3)이 예수님의 재림 이전에 나타나서, 자신을 스스로 하나님이라고 높이고, 숭배하라는 명령을 내렸기 때문이다. 성경주석자들은 로마 황제 칼리굴라가 주후 40년에 자신의 얼굴을 황금 신상으로 만들어서 예루살렘 지성소에 세웠던 것을 지적하고 있다.[15] 로마 제국의 황제 숭배가 절대 신앙으로 강요되면서, 교회는 큰 위기를 맞이하였다.

초대 교회 성도들이 예배의 모임을 유지하려고 격려했던 이유는 믿

---

14 G. Vos, *The Pauline Eschatology* (Princeton: Princeton University Press, 1930).

15 R. Aus, "God's Plan and God's Power: Isaiah 66 and the Restraining Factors of 2 Thess 2:6-7," *Journal of Biblical Literature* 96 (1977):538. Herman Ridderbos, *Paul: An Outline of His Theology* (Grand Rapids: Eerdmans, 1975), 512.

음의 다짐을 새롭게 하고, 격려하고, 위로하고, 교육하고, 양육하고, 온전케 하려는 의도에서였다. 그리스도에 대한 지식과 믿음에 관한 교훈들을 더욱 더 확신하기 위해서였다. 히브리서 10장 25절에서, 성도들은 다시 오실 주님을 기다리며, 준비하려는 마음으로 모임을 갖고 있었다. 예수 그리스도의 부활과 승천은 승리하신 주님의 왕권을 초대 교회의 신앙내용으로 각인되었다. 바울 사도는 에베소서 1장 20-23절에서, 부활하신 그리스도가 교회의 머리라고 가르쳤다. 비록 복음이 완전히 세상을 정복하는 시기에 대해서는 낙관을 하지 못하고 있었지만, 그리스도가 성도의 완전한 성화이자 구원받을 성도의 모델이라는 점을 확신하였다. 그들이 사회적인 차별과 정치적인 압박, 재물이 없어서 고난을 당하는 가운데 있더라도, 최후 심판에서 의로우신 재판장이 의인으로 인정할 것을 확신하면서 서로 격려하였고, 승리를 고대하였던 것이다.

예수 그리스도를 바라보는 종말론적인 모임을 강조하는 이유에 대해서 히브리서 10장에 소상하게 설명하였다. 예수 그리스도의 대제사장 사역과 속죄는 옛 언약을 성취하신 예수 그리스도 안에서 새 언약으로 전환하였음을 설명하였다. 예수 그리스도께서 구약 시대의 모든 제사 규정들, 즉 제사장들의 제도, 회막, 동물제사 등 여러 요소들 가운데 상징적으로 담겨져 있던 제사장의 임무를 완전히 성취하셨다. 예수 그리스도가 성취하신 것은 하나님께서 우리들의 죄를 위해서 예비해 놓은 것이다. 그리스도가 성취하신 것들은 결코 쉽게 이루신 것이 아니기에, 우리 성도들도 고난에 직면할지라도 믿음을 굳게 지켜나가야 한다.

교회가 예배의 모임을 갖지 않으면, 우리의 재림 신앙과 하나님 중심의 삶은 황폐한 상태로 변질될 것이다. 반대로 어떠한 상황에서도 흔들리지 않고, 예배와 경건한 모임에 힘쓰며, 간절히 기도하는 자들에게는 하나님의 은혜가 주어진다. 하나님께서는 자기 백성들을 마냥 고난과 슬픔 속에 버려두시지는 않는다히 13:5.

히브리서 10장 25절의 모임을 "가정집에서 모이던 교회의 집회", "가정교회"house church라고 할 수 있다. 초대 교회 시대에는 교인들의 규모가 아주 작았을지라도, 또한 그들이 모이던 장소도 역시 비좁고, 열악한 곳이었든지 간에, 혹 신앙심이 돈독하면서도 약간 넉넉한 중산층의 집이었을지라도, 하나님께 예배하기 위해서 공적으로 인정된 장소였을 것으로 본다.[16] 초대 교회는 "가정교회"였다. 사도 바울은 "아시아의 교회들이 너희에게 문안하고 아굴라와 브리스가와 및 그 집에 있는 교회가 너희에게 간절히 문안한다"고 하였다고전 16:19. 로마서의 말미에서는 "그들 집에서 모이는 교회"에도 문안했다롬 16:5. 초대 교회 시대에는 수천 명, 수만 명이 모이는 대형 교회는 없었다. 각 지역마다 여러 곳에 흩어져서 모이던 작은 교회들이 있는데, 일부 성도들은 각기 다른 지역에 모이던 모임을 무시해버리는 경우가 있었다.[17] 예루살렘에 세워진 최초의 교회도 마가라 하는 요한의 어머니 마리아의 집에서 모였다행 1:13. 예루살렘 교회는 베드로의 체포에도 불구하고 지속적으로 기도하였는데, 그가 석방된 직후에 제일 먼저 찾아간 곳도 역시 그 작은 교회였다행 12:12. 가정에서 모이는 교회는 비록 작지만, 이처럼 강력한 힘을 발휘했다. 두세 사람이 모여서 기도할 때에 하나님의 놀라운 응답을 체험

---

16 Philip Carrington, *The Early Christian Church:* Volume 1, The First Christian Century, (Cambridge: Cambridge University Press, 2011), 41–42. Floyd V. Filson (June 1939). "The Significance of the Early House Churches," *Journal of Biblical Literature*, vol., 58 (2): 105–112.

17 Glenn F. Chesnut, *The first Christian histories: Eusebius, Socrates, Sozomen, Theodoret, and Evagrius* (2nd ed.). Macon, GA: Mercer University Press, 1986). Eusebius, *The History of the Church from Christ to Constantine*, tr. G. A. Williamson (New York: Dorset Press, 1984).

하였다.

초대 교회가 가정에서 모이는 경우에, 가정교회는 숫자는 대략 오십여 명 안팎으로 추정할 수 있을 것이다.[18] 어느 가정의 헌신으로 마련된 예배와 기도의 집회 장소들에 모여서 서로 돌아보면서 격려하고, 소속된 성도들끼리 긴밀한 연대를 갖고 있었다. 비록 건물은 웅장하지는 않았지만, 각 도시마다 은혜를 입은 성도가 제공하는 가정교회가 왕성하게 세워져 나가고 있었다.[19] 여러 곳에서 작은 가정에서 모여서 차츰 구체적으로 형성되어진 초대 교회의 본질은 예수 그리스도의 십자가와 부활을 믿는 신앙에 기초하였다. 그 도시 안에 거주하는 성도들 사이의 교제와 연대의식이 매우 긴밀하였다. 때로는 전체가 큰 규모로 모여서 예배와 교훈을 듣기도 했다 행 5:12, 19:9.

가정교회의 집회에서 가장 핵심이 되는 일은 하나님을 향한 예배였다. 예배는 하나님에게 영광을 돌리는 일에 초점을 두고 시행되는 경배의 시간이다. 하나님께서는 예배하는 자를 찾으신다. 따라서 예배는 철저히 하나님 중심적이다. 또한 이렇게 예배로 부르시는 가운데서 하나님께서는 죄인들에게 은혜와 복을 내려주시고자 하심이다 히 11:6. 예배에 참석한 성도가 생명의 은혜를 입게 되는 경건의 체험 현장이기도 하다.[20]

참된 성도는 교회에서의 예배로 나아가 함께 경배를 올리는 모임을 포기할 수 없다. 히브리서에서 지적한 바, 아주 오래전부터 거짓 신앙

---

18 Hitchcock, *Geography of Religion* (2004), 281, quote: "By the year 100, more than 40 Christian communities existed in cities around the Mediterranean, including two in North Africa, at Alexandria and Cyrene, and several in Italy."
19 Wolfgang Simson, *Houses that Change the World* (Authentic Media, 2005), 79–101.
20 Ralph P. Martin, *The Worship of God* (Grand Rapids: Eermans, 1982), 17.

을 가진 자들은 함께 모이는 성도의 교제와 공적인 예배 모임을 포기해 버렸다.

교회 안에서 교제는 하나님과의 만남이라는 수직적인 차원과 동료 성도들과 만남을 통해서 수평적 교제로 이뤄진다. 성도는 세상 속에서 살아가고 있지만, 세상에 속한 사람들이 아니다. 이 땅 위에 살아가는 동안에 육체의 더러운 것과 인생의 자랑과 안목의 정욕으로 휩싸여 있다. 성도는 이런 것들에 빠진 자들과 확고하게 단절해 버리고, 오직 믿음을 가진 자들과 교제를 통해서 하늘나라의 위로와 상급을 소망해야만 한다.

믿음의 공동체는 사탄의 계략 때문에 거짓 교훈들로 속임수에 넘어가기도 하고, 함정에 빠지기도 하고, 심각한 위험에 처하기도 한다. 이단들이 감언이설로 속이는 자들에게 넘어가기도 한다. 성도들은 영적인 성장을 하지 못하고 침체에 빠지거나 영적인 무력증에 휩싸일 수도 있다. 불신앙의 미혹에 넘어가게 되면, 처음 사랑을 잃어버리거나, 은혜의 감격이 소멸되어지는 것이다. 이런 자들은 그리스도의 몸인 교회의 예배 모임에 참석하지 않는데, 이런 것들이 습관적으로 되어 버린 자들도 있다.

주님의 재림이 가까이 오고 있을수록, 이러한 이유들로 인해서, 교회에 모이는 집회를 멀리하는 자들이 늘어날 것이다. 주님께서는 "인자가 올 때에 세상에서 믿음을 보겠느냐" 눅 18:8 라고 탄식하였다. 초대 교회의 모임은 이러한 주님의 경고를 기억하고 깨어있으면서, 믿음을 강화하는 일에 최선을 다했다. 말씀에 따라서 예배하고, 교제를 나누던 공동체였다.

2. 예배의 방식

우리는 어떻게 하나님을 예배해야 하는가?

내가 무엇을 가지고 여호와 앞에 나아가며 높으신 하나님께 경배할까?

(미 6:6).

예배에 관한 지침들은 하나님이 누구인가를 아는 지식에서 나온다. 우리가 예배하는 하나님은 만물의 주인이시다. 신실한 예배는 반드시 성경이 가르치는 교훈들로 구성되고, 진행되어야 한다.[21]

1) 하나님의 엄중한 지시들과 예배의 "규정적 원리"

땅 위에 있는 교회가 공적인 집회로 모여 예배를 올리는 것은 그 예배 장소와 관계없이 하늘나라에 연결되어 있다. 승천하여 지금도 우편 보좌에 앉으사 우리를 위해 기도하시는 주님에게 속한 공동체이다. 히브리서 12장 18-21절에 설명된 바와 같이, 지상의 교회가 드리는 예배는 온 우주 만물의 통치자에게 올리는 것이요, 하늘에 속한 천상 공동체로서의 예배에 연결되어 있다.

예배의 성공 여부를 판단하시는 이는 하나님이시다. 하나님께서는 마음을 다하고, 성품을 다하고, 뜻을 다하고, 힘을 다하고, 목숨을 다해서 예배하고 경배하기를 원하신다. 창세기 35장 7절에서, 야곱의 예

---

21 Gamble, *The Whole Counsel of God*, II:815.

배 행위는 하나님께서 지정하신 내용 안에서만 예배하여야 함을 강력히 제시하여 준다. 레위기 10장 1-3절에서는 아론의 아들들, 나답과 아비후가 하나님께서 지정하시는 방법대로 불을 사용하지 않았다가, 즉석에서 죽임을 당했다.

거룩하신 하나님께서는 친히 예배에 있어서 진심을 다하라고 지침을 주셨다. 이사야 1장 12-13절을 읽어보라.

> 너희가 내 앞에 보이러 오니 그것을 누가 너희에게 요구하였느냐
> 내 마당만 밟을 뿐이니라 헛된 제물을 다시 가져오지 말라
> 분향은 나의 가증히 여기는 바요 월삭과 안식일과 대회로 모이는 것도
> 그러하니 성회와 아울러 악을 행하는 것을 내가 견디지 못하겠노라.

하나님께서는 참된 예배, 순종하는 예배, 진지한 예배를 드리도록 촉구하신다. 그러나 위대하신 하나님께서는 형식적인 모임과 제사를 받지 않으셨다. 아무리 많은 사람들이 모여도 결국 헛된 예배가 되고 말았다.

> 내가 너희 절기들을 미워하여 멸시하며 너희 성회들을 기뻐하지 아니하나니, 너희가 내게 번제나 소제를 드릴지라도 내가 받지 아니할 것이요.
> 너희의 살진 희생의 화목제도 내가 돌아보지 아니하리라.
> 네 노랫소리를 내 앞에서 그칠지어다. 네 비파 소리도 내가 듣지 아니하리라
> (암 5:21-23).

참된 예배는 피조물이 하나님께 무릎을 꿇고 경배하며, 엎드려서 창

조주께 영광을 돌리는 것이다. 또한 우리 성도들은 하나님이 기르시는 양들이므로, 그의 음성을 듣는 것이다시 95:6-7. 결국 우리는 예배를 통해서 말씀을 들어야 하고, 모든 예배의 내용들은 말씀에 따라야 한다.

청교도들은 바른 예배를 올리기 위해서 "규정적 원리"를 제정하였다. 우리들의 모든 삶을 지배하는 최고의 원리는 하나님의 말씀이다.[22] 특히 신앙과 예배에 관한 것에 대해서는 오직 말씀과 양심에 따라서 살아간다. 종교개혁자들은 이것이 최고의 원리라고 불렀다. 우리의 행동은 성경 이외의 그 어떤 다른 원칙들이나, 어떤 지배자를 따라가지 않는다. 성도는 하나님의 권위만을 높이며, 오직 말씀과 양심에 따라서 살아간다. 종교개혁의 신학과 예배 조항들을 발전시켜온 개혁주의 교회와 장로교회에서는 야고보서 4장 12절, 로마서 14장 4절에 따라서 "웨스트민스터 신앙고백서" 21장 1항, 2항에 정리된 것을 예배의 "규정적 원리"Regulative Principle라고 부른다.

> "참 하나님을 예배하는 합당한 방법은 하나님께서 스스로 제정하셨고, 하나님께서 계시하신 뜻 안에 제한하셨다. 사람이 하나님을 예배한다고 자신이 정해주셨다. 어떤 인간의 상상이나 의향에 따라서 예배하거나, 가견적인 조형물이나, 성경에 기록되어 있지 않는 그 어떤 방법을 통하여 사탄의 지시에 따라서 예배하지 못하게 하기 위하여, 하나님은 자기의 계시하신 뜻에만 따라서 예배하도록 정하셨다."

> "종교적 예배는 하나님 곧 성부, 성자, 성령께 드려야 하며 오직 그에게만 드

---

22   Bryan Chapell, *Christ-Centered Worship* (Grand Rapids: Baker Academic, 2009), 36.

려야 한다. 천사들이나 성도들이나 그밖에 다른 어떤 피조물에게 예배해서는 안 된다. 인간 타락 이후에는 중보자가 없이 또는 다른 어떤 중보자를 통해서 예배드려서는 안 되고 오직 그리스도의 중보를 통해서만 예배드려야 한다."

이러한 예배의 "규정적 원리"는 개혁교회와 청교도 예배의 특징으로 나타났는데, 지금도 이 원리들은 유용하게 지켜지고 있다. 루터파 교회와 영국 성공회의 전통과는 확연히 구별되는 입장이다.[23] 루터교회에서는 성경에 금지되지 않는 것들은 허용한다는 원리를 갖고 있다. 명시적으로 성경에 기록된 것이 아니면, 용납한다. 그래서 루터교회 예배에는 여러 가지 내용들을 허용하고 있으며, 그 범위와 차원들이 굉장히 넓다. 성도가 일상 생활의 영역에 대해서는 다른 원리들을 따라간다 하더라도, 공적인 예배를 구성하는 내용들을 결정할 때에는 어떻게 해야 할 것인가를 오직 성경에 비춰서 판단한다는 것이다.[24] 웨스트민스터 신학자들은 성경에 나와 있는 내용들 가운데서 예배에 관한 지침을 찾아보려는 특별한 관심을 가졌다.

예배는 하나님의 영광을 높이려는 것이다. 하나님의 영광을 위한 열심이 밖으로 드러나야만 하고, 영혼을 교화시키는 역할을 한다. "규정적인 원리"는 교회의 축복에 대해서 방해물이 아니다. 성경적으로 지지를 받고, 역사적으로 검증이 된 "규정적 원리"는 하나님의 영광을 추구

---

[23] Derek W. H. Thomas, "The Regulative Principle; Responding to Recent Criticism," in *Give Praise to God: A Vision for Reforming Worship, Celebrating the Legacy of James Montgomery Boice*, eds., Philip Graham Ryken, Derek W. H. Thomas, J. Ligon Duncan III (Phillipsburg: P&R, 2003), 85–89.

[24] J. Ligon Duncan, "Does God Care How We Worship?," in *Give Praise to God*, 21.

하는 교회에 매우 중요한 방법을 제공한다.[25]

예배는 하나님의 영광에 관한 것이지, 우리들을 행복하게 하려는 것이 아니라는 점을 상기시킨다. 우리가 존재하는 이유를 드러내기 위해서 예배를 통해서 자기 실현을 하는 것이 아니다. 우리가 믿지 않는 자들을 위해서 기도를 올리지만, 불신자들이 예배에 참석해서 얻어갈 것은 아무 것도 없다. 우리는 오직 하나님이 우리들을 창조하셨기에 그분께 영광을 돌리는 것이다. 이 규정은 우리로 하여금 우상 숭배에 빠지지 않도록 지켜주는 조항이다.[26]

청교도들의 "규정적 원리"가 제정되기까지, 종교개혁의 첫 세대들로부터 흘러내려 온 순결한 예배의 원리들이 있었다. 마틴 부써[1491-1551]는 『하나님의 성경으로부터 갱신의 이유들과 근거들』Grund und Ursache에서 하나님의 뜻에 따라서 원리들을 규정해야만 한다는 당위성을 거듭 강조하였다. 그가 교회의 예배 원리에서 가장 중요하게 생각한 성경 말씀은 사도행전 2장 42절, "그들이 사도의 가르침을 받아 서로 교제하고 떡을 떼며 오로지 기도하기를 힘쓰니라"였다.

바젤의 개혁자, 외콜람파디우스[1482-1531]는 성경에서 어떤 특정한 예배의 형태만을 엄밀하게 추출해 내기는 어렵지만, 교회는 성경에 근거하여 가장 합당한 예배 원리들을 정립하는 것이 필요하다고 보았다. 예수님의 생활에서 보여주신 것처럼, 예배를 규정하는 원리들도 호화롭고 찬란하게 꾸미지 말고 단순해야 한다고 주장했다.

---

25 John Frame, "Some Questions About the Regulative Principle," *Westminster Theological Journal* 54, no. 2 (Fall 1992): 357-366. idem, "A Fresh Look at the Regulative Principle". Third Millennium Ministries. 다수의 전통적인 보수주의 신학자들과는 달리, 프레임 교수는 예배 시간에 몸을 사용하여 율동(춤)을 하는 것과 시편 찬송 이외에 현대 음악과 악기 등을 허용할 수 있다는 입장이다.

26 D.G. Hart and John R. Muether, *With Reverence and Awe* (Phillipsburg, New Jersey: P&R Publishing, 2002), 13.

『벨직 신앙고백서』 32조에서는 "우리는 모든 인간적인 고안들을 배제한다. 사람을 하나님께 예배하도록 인도하는 모든 규칙들은 그 어느 형식이든지 양심에 따라서 지켜져야 한다"고 하였다.

『하이델베르크 교리문답서』는 96문항에서 "제2계명에서 하나님께서 원하시는 것은 무엇입니까?"라고 질문하는데, "어떤 형태로든 하나님을 형상으로 표현하지 않는 것이고, 하나님이 그의 말씀에서 명하지 아니한 다른 방식으로 예배하지 않는 것입니다"라고 가르쳤다. 근거가 되는 성경 말씀은 신명기 4:15-19, 12:30-32, 삼상 15:23, 로마서 1:22-24, 사도행전 17:29, 마태복음 15:9 등이다.

웨스트민스터 교회에 모인 청교도 지도자들이 예배 규정과 찬송에 대한 규정들을 만들 때에, 칼빈에게서 받은 영향이 가장 크다.[27] 칼빈은 그들의 영적인 지도자로서 받아들여졌고, 성경의 충족성에 대한 확신과 원죄의 교리를 전수 받았다. 청교도들이 하나님의 말씀에 따라서 잉글랜드 교회의 예배를 갱신하고자 하면서, "단순성, 순결함, 그리고 초대 교회의 경건성"을 중요시했다. 이런 것들은 이미 칼빈이 성경에서 주목한 하나님의 명령들이었다. 따라서 청교도들은 칼빈의 견해를 받아들여서 신약 성경과 초대 교회로부터 얻은 예배의 형태들을 채택했고, 성도들에게 이를 지키도록 요구했다. 칼빈은 십계명에서 제2계명이 "우상을 만들지 말고, 그것들에게 절하지 말며 그것들을 섬기지 말라"는 부분에서 예배의 원리를 풀어냈다. 남편과 아내 사이에 사랑과 혼인의 순결이 요청되듯이, 하나님께서도 우리의 영혼을 사탄이나 정욕과 더러운 욕심에 내어 맡겨서 더럽히지 말라고 요구하신다.[28] 아래 항목

---

27 Horton Davies, *The Worship of the English Puritans* (Morgan, PA: Soli Deo Gloria, 1997), 7.
28 Calvin, *Institutes*, II.viii.18.

에서 종교개혁자들과 칼빈의 예배 개혁에 관련한 노력들을 자세히 살펴볼 것이다.

2) 예배의 의무와 태도

예수 그리스도 안에서 부름을 받은 성도들은 단순히 개인적으로 구원받은 삶을 살아가는 특권만 누리는 것이 아니라, 교회라는 집단 공동체를 통해서 하나님께 영광과 감사를 돌려드리는 의무를 동시에 갖고 있다. 모든 그리스도인들은 공적인 예배에 나아가서 믿음을 통해서 순종하도록 훈련을 받는다. 목이 곧은 백성으로 교만하게 우월의식을 갖거나, 혹은 개인적인 이득을 취하고 누리기에 함몰되어서, 연합된 공동체의 일원임을 잊어버린다면, 맛을 잃어버린 소금과 같다.

하나님께서 사람을 지으신 이유는 하나님께 경배하고 영광을 돌리도록 하려 함이다. 창세의 첫 부분에서부터 계시록의 마지막 부분까지 성경이 가르치는 가장 중요한 핵심이 예배와 찬양이다.[29] 땅 위에 내려와서 살아가고 있는 전 인류에게 있어서 예배가 얼마나 중요한가를 알려주는 첫 이야기가 가인과 아벨의 제사이다 창 4:3-5. 그리고 마지막 천상에서의 참된 예배들이 보여졌는데, 찬양과 각종 다양한 이미지로 표현 되어졌다 계 4-5장.

사람들이 살아가는 집은 스스로의 설계와 손으로 지은 것이지만, 하나님을 예배하는 성전과 교회는 실제로 하나님께서 건설하였다. 하나님께서는 다윗에게 말씀하시기를, "내가 영원히 그를 내 집과 내 나

---

29 예배에 관하여 성경적으로 조명한 교과서를 참고할 것. Robert E. Webber, *Worship: Old & New* (Grand Rapids: Zondervan, 1994); 이승진 역, 『예배학』 (서울: CLC, 2011).

라에 세우리니, 그 위가 영원하리라"고 하였다 역대상 17:10-14. 하나님께서 스스로 자신의 집이요, 자신의 나라를 세우셨다. 그 집에서는 그의 백성들이 모여서 하나님께 경배와 예배를 올리는 장소로 사용될 것이라고 말씀하였다.

솔로몬은 성대한 낙성식에 언약궤를 좌정시켰고, 하나님의 이름을 위한 집이라고 아홉 번이나 반복하였다 왕상 8장. 성전이라는 명칭은 없고, 하나님의 집이라고 계속해서 강조하였다. 이 집이 하나님이 거주하시는 장소라는 의미가 아니라, 비록 하나님은 하늘에 임재하시지만, 그의 백성들이 그분께 영광을 돌리고 예배를 올리는 곳이라는 의미이다.[30] 하나님께서는 역사적으로 이스라엘 민족을 지배하는 왕들을 통해서 다스리게 하셨지만, 성전을 초월하여서 온 우주에 펼쳐진 하나님의 나라를 다스리신다 시 87:5.

하나님께서는 구원받은 백성들에게 끊임없이 믿음의 반응을 드러내어 예배의 자리에 나아가 순종하도록 요구하였다. 수많은 구원사건들 중에서도, 이스라엘 백성들을 애굽에서 구출해 낸 사건이 매우 중요한 전환점이었는데, 예수 그리스도를 통한 구원 역사의 본질을 보여주셨기 때문이다. 예배와 믿음의 반응은 구원을 받은 백성들과의 언약 관계를 표현하는 일이었다.[31] 언약에 기초한 예배, 예배를 통해서 하나님의 백성으로서 정체성을 유지하는 방식, 예배의 언약적인 성격은 이스라엘의 역사 속에서 일관되게 지속되어졌다.

인간의 반응으로 드리는 예배는 전인격을 모두 다 바쳐서 온전히 드

---

30 이와는 대조적으로, 사무엘상 5장 1-5절에 보면, 다곤의 신전은 그가 사는 집이라고 표현되었다.
31 W. J. Dumbrell, *Covenant and Creation: A Theology of the Old Testament Covenants* (Carlisle: Paternoster Press, 1984), 36. Michael S. Horton, *Covenant and Salvation* (Louisville: Westminster John Knox Press, 2007), 8.

리도록 요구되었다. 마음을 다하고, 뜻을 다하고, 성품을 다하고, 힘을 다하고, 목숨을 다해서 하나님을 사랑하여야 한다 신 4:29, 6:5, 11:13, 26:26; 막 12:30, 33; 눅 10:27, 마 22:37. 예배에의 부르심에서 하나님은 종교적 의무를 이행하는 식으로 나가는 반심이 아니라, 전심을 다 드려야만 한다고 요청하였다.

구약 성경에서 예배를 중심적인 신앙 행동으로 규정하신 하나님의 인도하심을 볼 수 있는데, 어떤 사람이 인도할 것인가에서부터 어떤 장소와 순서로 진행될 것인가를 소상하게 가르쳐주셨다. 출애굽기 24장 1-8절에 보면, 하나님과 그의 백성 사이의 만남이 일어난 집회가 기술되어 있다. 출애굽 직후에 시내산 기슭에서 시작된 공식적인 예배는 하나님과의 성도들과의 만남을 보여주는 결정적으로 중요한 장면이었다.

하나님과 이스라엘 백성들 사이의 공적인 만남은 가장 중요한 기본 구조적 요소들이 제시돼 있다는 점에서 매우 중요하다. 출애굽기 19장에서 24장까지에 기술된 이스라엘 백성들과 훗날 기독교인들의 공적인 예배에서 본질적인 요소들이 제시돼 있다. 출애굽 사건과 예수 그리스도의 구속 사건들 사이의 연관이 강조되었다. 베드로 사도는 신구약의 핵심적인 두 내용을 다음과 같이 요약했다.

> 오직 너희는 택하신 족속이요, 왕 같은 제사장들이요 거룩한 나라요 그의 소유된 백성이니 이는 너희를 불러내어 그의 기이한 빛에 들어가게 하신 자의 아름다운 덕을 선전하게 하려 하심이라 딤전 2:9.

출애굽 사건에서처럼, 어둠 속에 살던 자들을 밖에 있는 빛의 세상으로 불러내어서 하나님을 찬양하게 하셨다. 이스라엘 백성들이 바로 왕에게 속박된 노예로 살다가 구출된 것처럼, 신약 시대의 성도들도 사악한 권세 아래에 놓였던 자들이었으나 주님께서 구출해 내었다 엡 2:2.

예수 그리스도와의 새 언약을 맺은 성도들은 교회를 이뤄서 하나님의 나라를 드러내게 되었다. 구약 시대의 맺어졌던 모든 언약의 조항들은 그리스도 예수 안에서 새롭게 갱신되었다. 이스라엘 백성들은 조상과 자신들에게 맺어진 언약을 지키는데 실패하였다. 이스라엘은 거듭해서 후손들의 시대로 내려가면서 언약의 파기자들이 되어버렸다. 그러나 예수 그리스도는 완전히 다른 내용으로 지켜질 새 언약을 맺으셨다. 우리들도 스스로의 힘으로는 결코 하나님과의 다짐이나 맹세를 지킬 수 없다. 그리스도 자신이 하나님과의 언약을 완전히 성취하셨다. 온전한 순종, 죽으심, 부활을 통해서 구속 사역을 완성하신 예수님은 자신을 믿는 자들 가운데 성령으로 임재하시면서 하나님과의 영원한 관계를 유지하시는 것이다.

신약의 교회와 그들의 예배는 구약 성경에서 이어져 내려온 메시야의 대망과 재림의 소망을 지속적으로 공유한다는 연속성이 있다. 그러나 신약 교회에서는 예배와 성례에 있어서 구약의 의식들과는 완전히 다르다. 신약 교회에서는 더 이상 아들을 위해서 할례를 시행하지 않으며, 동물 제사를 드리지 않으며, 유월절 절기를 예배의 일부로 지키지도 않는다 고전 7:17-21. 구약 성경에서는 성전이 예배의 중심 장소였으나, 그리스도가 지상에서의 구원 사역을 완성하신 이후에는 성소의 휘장이 찢겨졌다. 더 이상 그곳에서의 예배란 무의미하다는 하나님의 뜻이 선포된 것이다.

하나님께서는 예배의 원형으로서 구약 시대에 제사의 제도 system를 명쾌하게 제정해 놓으셨다. 제사장 마음대로, 혹은 바치는 사람의 뜻대로 제사를 올리는 것이 아니다. 예배의 본질이 무엇인가를 이해하기 위해서 먼저 구약 성경에 강조된 희생 제사를 간략히 살펴보아야 한다. 구약 성경에서 하나님과 그의 백성들 사이에 맺어진 언약 관계들이 그들의 신앙적 정체성을 구성하는 매우 중요한 요소였다. 그리고 지속되어 내려온 언약 관계는 항상 희생 제사를 통해서 확정되었다.[32]

하나님께서는 예배자의 적극적인 반응과 겸손한 태도를 매우 중요시 하였다. 아벨은 겸손하고 신실하게 "믿음으로" 제물을 바쳤다히 11:4. 우리는 동물을 희생시키는 제사의 근원에 대해서는 잘 알 수 없지만, 하나님께서 기뻐하셨음을 알게 된다. 그 후로 노아는 단을 쌓고 정결한 짐승을 바쳤다창 8:20-9:17. 아브라함은 삼 년 된 암소, 암염소, 수양, 산비둘기, 집비둘기로 번제를 드렸다창 15:9-21. 이삭은 브엘세바에서 단을 쌓았다창 26:24-25. 야곱은 벧엘에서 단을 쌓았다창 35:6-12.

우리는 하나님께서 아브라함에게 유일한 아들, 이삭을 제물로 바치라고 명령하였던 사건을 매우 특별한 사건으로 대하게 된다. 아브라함이 모리아 산에 올라갔을 때에, 이삭이 아버지에게 질문했던 것이 매우 인상적이다. "여기에는 나무와 칼이 있는데, 양은 어디에 있나이까?" 이 질문에서 우리는 이미 아브라함이 양을 잡아서 하나님께 제사를 올렸음을 짐작할 수 있다.[33] 아브라함의 행동은 훗날 예수 그리스도가 갈보리 산 위에서 어린 양으로 바쳐질 사건의 예표였던 것이다.

출애굽 이후에도 번제물을 바치는 희생 제사가 언약을 지켜나가는 이스라엘 백성들의 예배 행위에서 가장 중요한 내용이었다출 24:5-6. 하

---

32 Richard C. Gamble, *The Whole Counsel of God*, vol. 1. God's Mighty Acrts in the Old Testament (Phillipburg: P&R, 2009), 438-42.
33 B. B. Warfield, "Christ Our Sacrifice," in *The Person and Work of Christ* (Nutley: Presbyterian & Reformed, 1970), 396-97.

나님께서는 친히 희생 제사의 절차와 그 시행을 담당하는 제사장에 관한 모든 규정도 알려주셨다. 번제를 드리는 제사의 의미는 속죄의 피라는 중요한 뜻이 담겨 있었다. 일 년에 한 차례 정한 날에 이르러서 제사장이 동물의 피를 제단에 뿌리고 민족의 죄악에 대한 속죄를 선포했다 레 16:1-34. 희생 제물을 바치는 행위는 이스라엘 민족의 죄악에 대한 대속 제물을 드리는 것이다.[34] 제물로 바쳐지는 동물에게서 흘리는 피는 이스라엘의 죄악에 대한 상징적인 피 흘림이었다. 비록 이스라엘의 죄는 여전히 남아있을지라도, 희생 제물의 피에 의해서 가리움을 받게 되어서, 하나님께서는 더 이상 그들의 죄를 추궁하지 않으신다.

희생 제사는 신약 성경에 등장하는 교회의 예배에서도 핵심적인 내용이었다. 히브리서는 예수 그리스도의 피가 대속적인 희생 제사였고, 대제사장의 사역을 감당한 것이라고 명쾌하여 풀이하였다 히 9:11. 예수 그리스도가 흘리신 피는 화목제물이다 롬 3:25. 그리스도는 하나님과 자기 백성들 사이에 중보자이시다. 그리스도의 희생은 언약 백성들을 위한 속죄 제물인 것이요 사 53:4-5, 그 백성들의 죄악을 가리우는 것이어서 더 이상 반복될 필요가 없다.[35] "다 이루었다" 벧전 2:24고 선언하였다.

교회에서는 새 언약에 속한 자들이 예배 가운데서 성만찬 예식을 통해서 그리스도의 희생을 통한 감사와 은혜를 맛보게 된다. 악한 세력을 이기고 승리하시려고 몸을 바친 주님을 찬양하고 감사와 축하의 잔을 나눈다.

---

34 David Gibson and Jonathan Gibson, eds., *From Heaven He Came and Sought Her: Definite Atonement in Historical, Biblical, Theological, and Pastoral Perspective* (Wheaton: Crossway, 2013), 227. Robert Peterson, *Calvin and the Atonement: What the Renowned Pastor and Teacher Said About the Cross of Christ* (Mentor; Revised edition (March 20, 2009).

35 Paul Wells, *Cross Words:: The Biblical Doctrine of the Atonement* (Fearn, Ross-shire: Christian Focus, 2006), 139.

3) "성령의 인도하심과 진리 안에서"

사람들이 모였다고 해서, 그 모든 예배가 다 하나님께 합당한 제사라고 할 수는 없다.

참되고 순수한 예배는 오직 예수 그리스도께서 가르쳐주신 바를 따라서 올려드려야 한다. 예수님은 "영 안에서 그리고 진리 안에서" 하나님을 예배하라고 하였다 요 4:20-24.[36] 한국어 옛 번역에는 "신령과 진정으로"라고 되어 있었다. 헬라어 본문에 따르면, "영 안에서, 그리고 진리 가운데서"in the spirit and in the truth이다. 여기서 소문자 '영'the spirit은 "성령"the Spirit의 인도하심과 임재하심 가운데서"라고 풀이할 수 있다.[37] 성도들은 하나님을 "영적으로, 그리고 진리의 인도하심 가운데서" 예배해야 한다. 진리는 오직 예수 그리스도 한 분뿐이다. 이 구절에서 예수님이 강조하신 점은 참된 예배라는 것은 오직 하나님께서 제정하신 원칙들에 따라서 순종하는 가운데 거행하라는 것이다. 사람들이 만들어낸 교리나 지침들에 의존하지 말라는 것이다. 예배에 관련한 모든 사항들을 제멋대로 정해서는 안 된다. 예배의 내용과 절차라는 이유를 내세우면서, 거대하게 사람들의 잔치를 꾸며내서도 안 된다.

구속 역사의 진행 과정에 따라서 회막과 성전에서의 제사시대가 지나가고 교회로 모여서 예배를 올리는 신약 시대의 새 언약이 전개되었다. 여기서 우리가 주목할 것은 예배의 장소와 본질의 전환이다. 구약 시대의 신실한 임무 수행자들처럼, 신약 교회의 예배도 하나님의 명령

---

36   Gamble, *The Whole Counsel of God*, II:821.
37   John Murray, "The Worship of God in the Four Gospels," in *The Biblical Doctrine of Worship*, ed. Edward A. Robson (Phittsburgh: RPCNA, 1974), 96.

에만 따라야 하는데, 목회자들과 성도들이 모두 다 청결한 양심으로 나아가야 한다. 하나님이 받으시는 제사를 영원한 제사장이신 예수 그리스도가 완성하였다. 예수님께서도 역시 오직 하나님만을 예배하라고 명령하였고, 또한 자신에게 경배를 올리는 것도 허락하였다_{마 4:10, 눅 4:8, 요 20:28-29}.

경건한 이스라엘 사람들은 항상 정해진 절기에 제사와 경배를 드리러 모이는 일에 힘썼다. 시편기자는 하나님의 집에서 날마다 진행되는 예배에 참석하기를 사모하였고, 기쁘게 노래했다_{시 122:1}. 이 기쁨은 구약 시대에나 신약 시대에나 모든 예배자가 갖추고 있는 마음 상태이자, 태도이다.

하나님께서는 구약 시대에는 안식일에 대한 규정을 통해서, 사람이 마땅히 지켜야할 온전한 예배를 요구하였다. 신성한 율법의 내용 가운데서 가장 중요한 사항은 하나님에 대한 예배이다. 안식일 규정을 통해서 엄숙한 지침이 주어졌으니, 아담 이후로 모든 인간들은 창조주 하나님께서 하신 일에 대한 영광과 찬양을 올려야만 했다.[38]

안식일은 첫째로 하나님의 창조를 기억하는 날이요, 둘째로 언약적 행동으로 하나님께 반응으로서의 예배를 올리고, 믿음을 나타내야만 하는 날이다. 안식일 준수는 결코 폐지될 수 없다. "안식일을 제정하신 것은 행위로 의를 성취하라는 지시가 아니다. 이스라엘 백성들에게 있어서 안식일의 참된 의미는 어떤 행동을 금지하는 조항들에 그치는 것이 아니다. 안식일의 깊은 의미는 사람에게는 휴식이 필요하다는 사실을 인식케 하시면서, 하나님의 임재하심 가운데서 살아가는 거룩한 구

---

38 John Murray, "The Sabbath Institutions," in *Collected Writings of John Murray* (Edinburgh: Banner of Truth, 1977), I:206.

별을 상징적으로 드러내시고자 함이요, 이방인들에게 하나님을 증거하는 날이다."³⁹ 야고보는 이러한 행동들을 믿음에 수반 되어지는 행함으로 강조하였다 약 2:17-26.

안식일에 금지한 일은 요즈음 언어로 표현하자면, 이기적이고 탐욕적인 마음으로 이 세상이 있는 것들에 매달리는 노예적 비굴함servile이다. 안식일이라고 해서, 가정과 일터를 보존하는 일상적 활동을 전면금지한 것이 아니다. 그런데, 유대인들은 제멋대로 금지 사항들을 만들었는데, 고기 등의 음식을 먹으려고 불을 피우거나, 그것을 위해서 나뭇가지를 모으는 행위를 금지하였던 것이다. 이런 자들은 중한 처벌을 피할 수 없었다. 그러나 다시 말하지만, 그냥 생명을 보호preservation는 허락되었다. 예수님이 말씀하신 대로, 양들이 위기에 처했을 때에는 구출해 내야하고, 불이 나면 당장 진화작업을 해야만 한다. 이런 행위들은 재물이나 재산을 증식하려는 행위라고 할 수는 없다. 성막에서도 일하는 행위를 금지했는데, 다른 날들에도 얼마든지 수행할 수 있기 때문이었다.

구약 성경의 시대에 주신 안식일 제도, 성전의 제사 규정과 형식들은 점차 타락한 백성들이 우상을 숭배하면서 모두 다 파괴되고 말았다. 예수님의 시대에는 성전 제사의 "형태"만 남았고, 안식일 준수의 "본질"도 모두 다 사라져 버렸다. 오늘날 이스라엘 사람들은 그 누구도 동물 제사를 시행하지 않는다. 오늘날의 유대인들은 성전의 제단이 파괴되었기에, 더 이상 제물을 드리지 못한다고 변명하고 있다. 성전 시대가 지나가고 회당제도로 모였는데, 그 예배 내용은 성전과 대동소이했다.⁴⁰ 지금도 이스라엘에서는 엄격한 유대주의를 따르고 있다. 유대인들

---

39 Gamble, *The Whole Counsel of God*, I:412.
40 Peter Leithart, "Synagogue or Temple?, Models for the Christian Worship," *Westminster*

은 금요일 저녁에 해가 진 후에, 등불을 켜는 행동을 하지 않는다. 모든 대중운송을 포함해서, 차량도 전면적으로 운행금지다.

그러나 신실한 신약 시대의 성도들은 즐겁고 충실하게 안식일을 활용하고 있다. 토요일에 관련된 금지 사항들을 지켜야만 구원에 이르는 것이 아니다. 구약 시대의 속죄 제사는 예수 그리스도께서 십자가와 부활과 승천을 통해서 완성하였다. 신약 시대의 성도들은 예수 그리스도의 이름으로 모여서 공개적인 대중들의 기도, 찬양, 금식, 성경낭독, 설교를 나누면서 주일 날을 거룩하게 지키고 있다. 세례와 성찬을 거행하면서, 다시 오실 예수님을 기다리며 사모한다. 우리가 지금까지 살펴본 히브리서 12장 22-29절은 그리스도의 구원 사역을 통하여서 예배를 올리는 교회의 모임이 형성되었음을 확인하였다.

3. 하나님의 특별하신 임재

교회의 예배는 주님이 부활하신 일요일에 모인다. 초대 교회가 부활의 날에 모여서 예배를 올렸다. 주님께 예배를 올리는 공동체가 모여있는 곳에는 하나님의 특별하신 임재가 함께 한다. 부활하사 승천하신 예수 그리스도는 놀랍고도 초월적인 방법으로 성도들의 마음 가운데 임재하고 계신다.

> 그의 영광의 풍성함을 따라, 그의 성령으로 말미암아, 너희 속사람을 능력으

Theological Journal 64.1 (2002): 120-23.

로 강건하게 하시오며, 믿음으로 말미암아 그리스도께서 너희 마음에 계시게 하시옵고(엡 3:16-17).

위에 성경구절은 바울 사도가 에베소에 있는 성도들을 위해서 간구한 내용이다. 우리 속에 계시는 성령의 역사로 인해서 우리는 하나님의 위대하심과 영광을 풍성히 알게 된다. 우리에게 주신 믿음으로 그리스도의 임재를 느끼되, 그의 엄청난 사랑과 넘치는 은혜를 깨닫는다.[41] 우리의 삶 속에 그리스도의 살아계시는 임재를 느낄 때에, 순결하고도 완전한 하나님의 사랑을 받는다.

부활하신 예수님께서는 엠마오로 가는 두 제자에게 구약의 말씀들을 풀어주실 때에, 그리스도의 성령이 작동하시는 것을 뜨겁게 느꼈다. 식탁에서 감사기도를 올린 후, 다시 한번 눈으로 확인할 수 있었다 눅 24:25-27. 성경의 말씀을 통해서 소개되는 사건과 이야기 속에서 하나님의 위대하심과 말씀이 육신이 되어서 오신 그리스도의 사랑을 느끼고 하고, 알게 하신다 요 5:39.

어느 교회에서나 예배를 강조하지만, 찬송, 성경봉독, 기도, 설교, 성례의 시행 등에서 다소 교단마다 신학적인 해석의 차이가 있다. 그러면, 대부분의 교회가 예배를 진행하면서 이런 내용들을 포함하는 이유는 무엇인가? 참된 내용으로 하나님께 올려지는 공적인 예배는 그냥 사람들만 모였다가 흩어지는 공허한 행사가 아니다.

예배에 임재하시는 하나님은 비록 사람의 눈으로 볼 수는 없으나, 저 멀리 높은 곳에 떨어져 있지 않다. 하나님께서는 긴밀하게 자기 백

---

41 Daniel Vestal, *Being the Presence of Christ* (Nashville: Upper Room Books, 2008), 30-31.

성들의 예배를 받으시고, 사랑으로 지켜보시며, 은총과 긍휼하심으로 모든 것들을 들어주신다.[42] 찬양을 받으시고, 기도를 들어주신다. 성례에 순종하면서 참여하는 자들의 심령을 헤아리신다. 하나님께서는 성도들의 간증과 고백을 받으신다. 하나님의 말씀이 선포되는 가운데 함께 하신다. 신실하고도 정확하게 말씀이 선포되어지도록 확신을 주시고, 듣는 자에게나 전하는 자에게나 힘을 주신다.

참된 예배는 어떤 특별한 종교적인 감정에 사로잡히는 특이한 행사가 아니다. 이단 종교들은 극단적인 장면을 연출하면서 감정적인 만족과 체험을 하도록 유도하는 경우가 많다. 하나님의 임재하심은 그러한 신비적 체험으로 느끼는 것이 아니다.

물론 참된 예배에서 성도들은 하나님과의 영적이며 인격적인 교제를 나누고, 따뜻한 심정을 회복한다. 임재하시는 하나님께서는 기쁘게 경배를 받으시고, 성도들에게 영감을 주시며, 부흥이 일어나게 하신다.

다시 강조하자면, 성도가 다 같이 모인 공적인 예배에는 하나님의 특별하신 임재가 함께 한다.[43] 참으로 하나님께서 그곳에 계시면서 들어주신다. 자기 백성들이 찬양을 올리는 것과 기도로 아뢰는 내용들을 들어주신다. 동시에 하나님께서는 말씀의 사역자를 통해서 자신의 뜻을 선포하신다. 성례와 말씀 가운데서 장엄한 하나님의 의지와 계획을 들려주신다.

교회 안에서 예배를 올리는 자들 사이에 직접적으로, 또 즉흥적으로 계시를 내려주시는 것은 아니다. 그런 내용들은 주로 퀘이커파에서

---

42 W. Robert Godfrey, *Pleasing God in Our Worship: Biblical Principles for Entering His Presence* (Wheaton: Crossway, 1999).
43 Frank J. Smith, "What is Worship?" in *Worship in the Presence of God*, eds., Frank J. Smith & David C. Lachman (Greenville: Greenville Sminary Press, 1992), 11.

주장했었다. 하나님께서는 은혜를 내려주시는 수단들을 사용해서 말씀하신다. 교회 안에서 친히 이런 수단들을 미리 지정해 놓으셨다. 말씀이 선포되어지는 가운데서, 합당한 설교와 축도가 시행되어지는 경우에, 하나님은 친히 말씀하시는 것이다. 루터는 1521년에 바르트부르크 성에서 숨어 지내면서 신약 성경을 독일어로 번역했고, 이는 유럽 전체 세계에 완전한 복음을 증거하는 결정적인 계기가 되었다.[44] 칼빈과 대부분의 종교개혁자들은 하나님의 말씀에 입각해서 전달되는 설교를 하나님의 말씀이다고 강조한 바 있다.[45] 그냥 성경을 읽는 것으로 끝나는 것이 아니었고, 성경에 따라서 예배의 모든 내용을 결정하였다.

하나님께서는 성례가 진행되는 가운데서도 임재하시고 말씀하신다. 세례와 성찬은 수많은 논쟁을 거치면서 더욱 더 예배의 핵심 요소로 자리 잡히고, 그 내용에 있어서도 점차 더 성경적으로 정립되었다. 칼빈은 우리 영혼이 천상으로 올려져서 sursum corda, "Let us lift up our hearts" 참여하는 바, 영광스러운 하나님의 우편 보좌에 계신 예수 그리스도의 영적인 임재에 함께 참여하게 되는 성례를 강조하였고, "이해하기보다는 오히려 체험한다"고 고백했다.[46]

예배에서 가장 중요한 행동은 사람들에게 얼마나 영감을 가져다주었느냐에 달려있는 것이 아니라, 예배를 받으시는 하나님의 계시된 말씀에 대해서 얼마나 신실하느냐에 달려있다. 우리는 하나님이 기뻐하

---

44 Heinrich Bornkamm, *Luther's World of Thought*, tr. Martin H. Bertram (Saint Louis: Concordia, 1958), 282.
45 Calvin, *Institutes*, IV,x,30.
46 Calvin, *Institutes*, IV,x,32; "Now, if anyone should ask me how this Christ lifting believers up in the Supper to heaven to commune with him] takes place, I shall not be ashamed to confess that it is a secret too lofty for either my mind to comprehend or my words to declare. And, to speak more plainly, I rather experience than understand it." Joan Huyser-Honig, "Lord's Supper Practice in the Reformed and Presbyterian Tradition," https://worship.calvin.edu/.

시고 즐거워하시는 방식으로 만나고 경외심을 표현하여야만 한다. 두려움과 기쁨으로 가득 찬 우리의 심령이 살아계신 하나님의 임재하심 가운데 참여하도록 말씀하시는 것에 주목하여야 한다.

물론, 성도들은 그리스도 안에서 자유함을 누리고 있다. 그러나 우리는 하나님의 말씀에 따라서만 예배를 올려야 한다는 점이 그리스도인의 자유함과 서로 충돌하지 않는다고 확신한다. 말씀에 기초한 예배의 원리를 정립하는 것에 대해서 부정적인 시각이 있는데, 이런 입장에서는 예배의 조항들과 규정들에 대해서 율법주의적이라고 비판하고 있다. 그러나 예배는 하나님이 정하신 바에 따라서 내용과 방법과 시간이 설정되어야 한다. 성경에 명시적으로 예배의 내용으로 규정되어 있지 않은 사항들은 금지하는 것이 마땅하다.[47]

예배는 "하나님의 특별한 임재하심 가운데서 God's special presence 성도들이 다 함께 같이 교회에 모여서, 주님의 말씀을 듣고, 명령에 따라서 찬송과 고백과 기도와 성례 등으로 믿음과 사랑의 반응을 나타내는 것이다."[48] 예배는 기본적으로 성도들이 교회라는 신앙 공동체에 참석하여, "여호와께 성결하라"는 말씀을 실천하고 시행하는 것이다 슥 14:20.

하나님의 특별한 임재에 대해서 강조할 때에, 성경에서 말하는 "교회"란 예배를 드리는 건물을 의미하는 것이 아니라, 하나님을 기쁘시게

---

47 Frank J. Smith, "What is Worship?" 17.
48 John Calvin, *Commentary on the Book of Psalms* (Grand Rapids: Baker, 1979), vol. 1:. 122; "let us know and be fully persuaded, that wherever the faithful, who worship him purely and in due form, according to the appointment of his word, are *assembled together* to engage in the solemn acts of religious worship, *he is graciously present, and presides in the midst of them*." (칼빈은 예배의 모임에 하나님의 임재하심을 강조한다). Calvin and Jacopo Sadoleto, *A Reformation Debate*, ed. by John C. Olin (New York: Harper and Row, 1966), 59. Hughes Oliphant Old, *Worship: Reformed According to Scripture* (Louisville: Westminster John Knox Press; Revised and Expanded ed. edition 2002), 2: 휴즈 올리판트 올드, 『성경에 따라 개혁된 예배』, 김상구 배영민 역 (서울: 기독교문서선교회 CLC, 2020).

하려는 의도를 가지고 경배를 올리는 "성도들의 모임"을 뜻한다. 예수님께서는 "두세 사람이 내 이름으로 모이는 곳에는 나도 그들 중에 있느니라"마 18:20고 하셨다. 여기서 두세 사람의 모임은 심각한 문제를 다루는 교회의 치리, 성도의 권징 문제를 다루는 모임이었다. 그러나 예수님이 교회의 재판 과정에만 특별히 임재한다고 제한할 수는 없다. 예배로 모이는 모임은 권징을 위하여 모이는 지도자들의 회의보다 훨씬 더 높은 질서가 요구되었고, 훨씬 더 많은 지침들이 언급되어져 있다.

고린도전서 5장 3-4절에 보면, 음행한 자의 문제를 다루는 성도들의 모임에 예수 그리스도의 권능이 임재한다고 지적했다. 여기에서도 마찬가지로, 교회의 중요한 회의 시간에 하나님의 영이 임재하신다는 것으로 축소시킬 근거는 전혀 없다. 사도 바울은 하나님의 임재와 권능을 풀이하면서, 고린도 교회의 여성도들이 머리에 수건을 쓰거나, 긴 머리를 하므로써, "권세 아래 있는 표"고전 11:10를 외적으로 드러내도록 조언하였다.

우리가 무엇을 하든지 특별한 섬김으로 하나님을 영화롭게 하는 것이라고 스가랴는 강조했다. 요한복음 4장에서도 예수님은 이 산에서도 말고, 예루살렘에서도 아니라, 하나님께 드리는 합당한 예배를 드리는 장소를 설명하였다. 예수님은 참된 예배의 장소에 대해서 기초적인 진리를 풀이하였는데, 하나님의 임재 가운데 있는 교회에서 예배를 드려야 할 것과 각자 성도들이 성령의 전들이라고 말씀하셨다.

여기서, 한 가지 분명히 해야 할 것이 있다. 교회 공동체의 특별한 예배와 일반적인 개인적인 경건 생활을 확실히 구별해야만 한다. 이 두 가지 사이에는 연속성도 있지만, 구별되는 요소들이 있다. 종교개혁자들의 시대부터 참된 예배를 회복하였고, 그들은 넓은 의미에서 예배를 촉구하였다. 넓은 의미에서 보면, 삶의 모든 부분들이 다 하나님을 향한 봉사가 되어야 하고, 모든 믿는 자들은 하나님께 예배를 드리는 왕 같은 제사장들이다.

그러나 특별한 임재하심이 있는 예배의 집회 specific worship와 넓은 의미의 봉사 개념 general service에 대해서 좀 더 정교하게 세분화 될 필요성이 있다. 우리가 일상생활을 영위하는 가운데 일어나는 소소한 사항들, 아침에 일어나서 양치질을 하고, 세수를 하고, 청소와 세탁을 한 뒤 음식을 먹고, 자동차를 운전하고, 직업적인 일들을 분주하게 하루 종일 감당하는데, 이러한 일상의 소소한 일들이 모두 다 합당하게 시행되어서 하나님께 영광이 되고, 명예를 돌려드리는 일로 귀결되어야 한다. 이것은 넓은 의미에서 볼 때에, 하나님께 향하는 봉사이자 섬김의 행동인데, 그 안에는 예배의 요소가 담겨져 있다. 이러한 일상의 모든 행위들은 넓은 의미에서 예배 행위로서, 하나님을 향한 존중과 경배가 되어야 한다. 이러한 행동들의 근거는 믿음과 생활의 기준이 되는 하나님의 말씀에 따라서 판단해야 한다. 하나님을 사랑하는 마음에서 출발하여야만 올바른 동기가 된다. 그리고 모든 행위의 올바른 목표는 하나님의 영광이다.

다시 분명히 말하자면, 일상생활을 다 포함하는 일반적인 봉사와 특별한 예배를 구별하여야 한다. 예배는 하나님의 "특별한 임재" special presence 가운데서 지시된 방식과 내용 안에서만 하나님을 영화롭게 하는 섬김이다.[49] 일반적인 봉사와 특별한 예배는 "하나님의 특별한 임재"라는 사실에 의해서 구별되어진다.

---

49 Frank J. Smith, "What is Worship?" 12.

성경에서는 예배 가운데 시행되는 "주님의 만찬"을 매우 존중하는 내용들로 풀이하고 있는 바, "그리스도께서 특별하게 임재하시는 은혜로운 사건"이다. 이러한 내용도 모른 채, 마구잡이로 음식을 먹고 마시던 고린도 교인들에게 사도 바울은 고린도전서 11장에서 상세한 지침을 제시하였다. 바울 사도는 고린도 교회의 성만찬이 죄와 불순종으로 더럽혀진 것이라고 지적했다. 그러나 우리가 참된 믿음으로 참여하면, 세례와 성찬은 은혜와 축복의 수단들이다.

성도들이 다 함께 모여서 드리는 공적인 예배는 "하나님의 특별한 임재하심"이 있다. 신명기에 살펴보면, 영광스러운 구름이 이스라엘 백성들에 대한 축복으로 떠올라서 보게 하였다. 교회에서 예배의 가장 중요한 내용들로 시행되는 말씀의 선포, 성례들, 기도, 이 세 가지는 은혜의 수단들인데, 하나님의 특별하신 임재가 함께 하기 때문이다. 그러나 합당하게 참여하지 않는 자들에게는 이들 세 가지는 저주의 수단이 된다. 마음에 할례를 받지 않은 자들이 그저 종교적인 예식에 참석하는 것들은 결코 하나님께서 받아들이지 않으셨다 고후 2:16-17.

하나님의 특별한 임재를 말할 때에, 우리는 하나님의 전지전능하심과 무소부재 God's omnipresence 와의 관계성을 잘 이해하여야 한다. 하나님은 어느 곳에나 어느 때에나 통치하시고 권위를 갖고 계시면서 임재 하신다. 인간사를 포함하여 전 우주의 모든 일은 하나님의 주권 아래서 시행되어지는 것이고, 하나님의 목적과 뜻을 성취하도록 진행되어 나간다. 하나님께서는 "나는 스스로 있는 자이다"는 이름을 알려주시고, 만물의 절대적 주권을 가진 통치자라는 것을 알려주셨다 출 3:14. 성경의 하나님은 현존하시고, 임재 하신다.⁵⁰ 결코 떠나 있거나 없는 것이 아니라는 것을 모세는 깨달았다.

또한 우리는 하나님의 특수하고도 위대한 임재를 보여주는 예수 그리스도의 인격과 사역에 주목해야만 한다.⁵¹ 존 머레이 교수는 오직 제2위격이신 성자 하나님만이 사람으로 나타난 것에 대해서 아름다운 표현으로 설명한다: "하나님의 아들이 그 순수함 가운데서 사람의 본성을 취한 것은 신성과 인성의 부분에서라도 그 어떤 손상을 입은 것이 아니다."⁵² 하나님의 특별한 임재하심은 성육신하신 예수 그리스도 안에서 입증되었다.⁵³ 하나님의 특별한 계시가 때가 이르러서 결정적으로 그리스도 안에서 인간의 시간과 장소 안에 제시되었다. 예수님을 통해서 하나님의 임재와 성품이 제시되어졌다요 14:9,10, 20. 부활하시고 승천하신 예수님은 성령의 내주하심과 역사하심 가운데서 교회 안에 있는 성도들에게 임재 하신다.⁵⁴ 예수 그리스도를 믿음으로 고백하는 성도들은 성령이 각각 그들 안에 머물러 있는 성전이temple 되었다요 14:17.

교회에서 공적인 예배에 함께하시는 하나님의 특별한 임재는 성도와의 특별한 교제를 통해서 지속적으로 능력을 공급한다. 이것이 기독교 신자가 교회에 모여서 공적인 예배를 힘써야 할 가장 근본적인 이유이다. 성도가 다 함께 교회로 모여서 드리는 예배는 "하나님과의 직

---

50 Douglas F. Kelly, *Systematic Theology*, vol. 1, Gounded in Holy Scripture and understood in the light of the Church (Ross-shire: Mentor, 2008), 318-9.
51 Thomas R. Schreiner, *Magnifying God in Christ: A Summary of New Testament Theology* (Grand Rapids: Baker, 2010), 19.
52 John Murray, *Collected Works of John Murray*, vol. 2, *Selected Lectures in Systematic Theology* (Edinburgh: Banner of Truth, 1977), 136.
53 G. K. Beale, *A New Testament Biblical Theology: The Unfolding of the Old Testament in the New* (Grand Rapids: Baker, 2011), 543-4.
54 E. Clowney, *The Church* (IVP,), 52-57.

접적인 교제"direct fellowship with God를 갖게 하는 특별한 성격과 기능이 있다.[55] 예배의 가장 기본적인 요소는 하나님의 특별한 임재하심 가운데서 진행되어지는 상호 교통과 교류이다. 교회 안에서 성도가 하나님과의 나누는 교제의 방법은 하나님의 위로와 지적들과 권고의 말씀을 듣는 시간들을 통해서 이뤄지는데, 단순히 신학 사상이나 지식적인 정보의 전달 수단이 아니라, 인격적인 교제personal fellowship의 기회를 갖게 된다.

하나님을 향한 공적인 교회의 예배는 하나님과의 특수한 교통이요, 특별한 소통의 방식이다. 일반적으로 성도들은 하나님이 하신 일들을 서로 나누며, 주님께서 자신들에게 얼마나 놀라운 일들을 행하셨는지에 대해서 말하는 즐거운 교제를 나눈다. 구약 시대에 광야에서 생활하던 모세와 이스라엘 백성들에게는 하늘에서 날마다 일용할 양식을 내려주셨다. 그것은 장차 예수님께서 교회와 함께하시는 성령님을 통해서 은혜를 부어주시어서, 영혼의 만나로 먹여주심을 예표한 사건이다. 교회는 영혼의 어머니로서 생명에 필요한 모든 것을 공급하여 준다.[56]

예배는 매우 독특하다. 예배는 주님에 대한 경외심과 경건함을 특징으로 한다. 하나님과 성도 사이의 교제는 사람들 사이의 동등한 대화가 아니다. 예배에서 오고 가는 영적인 교제의 모습은 두 가지이다: 오직 하나님께서만 말씀하시고, 사람은 듣는 가운데서 반응을 드러내는

---

55 Frank J. Smith, "What is Worship?" 14.
56 Calvin, *Institutes*, IV.1.1. 칼빈은 눈에 보이는 교회를 영혼의 어머니로 표현했다. Joel Beeke, "Glorious Things of Three Are Spoken: The Doctrine of the Church," in *Onward, Christian Soldiers: Protestant Affirm the Church*, ed. Don Kistler (Morgan: Soli Deo Gloria, 1999), 23-25.

방식의 교제이다.[57]

공식적인 모임으로 다 함께 나아가는 것은 구약 시대에서부터 내려온 언약적 모임의 특징인데, 하나님께서 자기 백성들을 만나고자 직접적으로 시간과 장소를 정하셨다. 하나님께서는 율법을 내려주셔서 규정해 놓으셨고, 하나님의 백성들은 돌아와서 그 이름을 축복하였다. 교회가 공적인 예배를 정하여 발표하고, 교회의 주보에 공식적으로 널리 알려서 약속된 시간과 장소에 모이도록 하는 것은 예배에 대한 준비를 하도록 함이요, 교회의 회원들에게 반드시 참여할 것을 규칙으로 제시하는 것이다.

하나님 앞에 나아가서 말씀에 삼가 귀를 기울여서 진지하게 듣는 것이 예배자의 경건한 자세이다.

> 들으라, 이스라엘아! 우리의 하나님 주 여호와는 오직 한 분이시다(신 6:4).

> 너는 하나님의 전에 들어갈 때에 네 발을 삼갈지어다
> 가까이 하여 말씀을 들은 것이…제사 드리는 것보다 나으니라(전 5:1-2).

지혜자는 함부로 입을 열어서 급한 마음으로 말하는 것이 어리석다고 가르친다. 지혜로운 자는 값비싼 제물을 바치는 행위보다, 더 중요한 것이 말씀을 듣는 것이라고 역설한다.

예수님께서는 요나의 이야기를 예로 들었다. 악한 세대에게 주시는 징표라고 설교하였다. 도무지 하나님의 말씀에는 귀를 기울이려고 하

---

57 Frank J. Smith, "What is Worship?" 14.

지 않았다. 오늘의 시대도 역시 마찬가지로 하나님의 말씀에 대해서는 흥미가 없고, 눈과 귀를 돌려서 세상의 오락에 빠져버렸다.

역사적으로 개혁주의 신학과 교회가 회복되어지던 16세기와 청교도들이 헌신했던 17세기를 통해서 하나님의 말씀을 중심으로 하는 예배가 정착되었다. 칼빈은 하나님께서 첫 번째 돌판으로 주신 계명들은 기본적으로 예배에 대한 명령이라고 해석하였다.[58] 십계명의 첫 돌판에 새겨진 계명은 보이는 우상을 섬기지 말라는 금지 조항이 핵심인데, 특히 이것은 보이지 않은 하나님에 대해서 귀담아 경청하고 잘 들어야한다. 그 누구도 하나님의 얼굴이나 존재를 볼 수 없다는 사실이 수많은 선지자들을 통해서 누누이 강조되어졌다.

오늘날 개인주의적인 환경과 흐름 가운데서 살아가고 있는 성도들은 종교개혁자들이 제시했던 "은혜의 수단들"means of Grace로 말씀과 성례와 기도를 강조했음을 기억해야만 한다. 그중에서도 기본이 되는 것이 하나님의 말씀이다. 계시된 성경 말씀을 통해서, 기록된 말씀과 함께, 또한 전파되는 말씀으로 역사하시는 성령의 임재와 조명에 대해서 살펴보자.

4. 종교개혁자들의 예배 회복

다시 한번 더 강조하지만, 우리가 오늘날 드리는 예배의 내용들이 정착되기까지는 수많은 종교개혁자들의 희생이 있었다. 종교개혁에서

---

58 Hughes Oliphint Old, "John Calvin and the Prophetic Criticism of Worship," in *John Calvin and the Church: A Prism of Reform*, ed. Timothy George (Louisville: Westminster John Knox, 1990), 230.

부터 시작해서 웨스트민스터 예배 모범이 나오기까지 하루 아침에 이뤄진 것이 아니다. 어느 날 갑자기 하늘로부터 내려온 어떤 천재 신학자가 하루 아침에 모든 교회의 예배를 완전히 바꾼 것이 아니다. 수많은 종교개혁자들이 여러 지역에서 참된 예배를 회복하기 위해서 로마 가톨릭에서 시행해 오던 미사와 외적인 예식들을 바꾸는데 모든 노력을 기울였다. 로마 가톨릭과의 민감한 대립적 상황에서 각종 예배에 관련한 문제들이 발생할 때마다, 칼빈은 개혁주의 진영을 대표하여 정확한 가장 성경적인 대안을 제시했다.

칼빈은 당시 로마 가톨릭에서 시행하던 미사에는 그저 헛된 종교적인 행위를 반복하고 있음을 일일이 열거하였다; 두 손을 합장하는 것, 성만찬을 받기 위해서 무릎을 꿇는 것, 제단에 나와서 무릎을 꿇는 것, 제단의 귀퉁이에 입맞춤을 하여 존경을 표현하는 것, 손으로 십자가 성호를 긋는 것, 두 손을 높이 들어서 크게 펼치면서 외적으로 신앙심을 드러내는 행동, 양손을 접어서 살아있는 자를 언급하며 높이는 것, 손으로 진행자를 향해서 높이는 것, 성물이나 거룩하다는 제단에 펼쳐진 헝겊을 손을 닦는 것, 두 손을 높이 올리는 것, 가슴을 한 번이나 세 번 때리는 것, 성물과 성배의 잔을 덮었던 것을 열어놓는 일, 성만찬에 제공되는 빵에다가 세 번 성호를 긋는 것, 제병을 담은 그릇의 밑바닥이나 중간이나 또는 윗부분에 손을 대거나 입과 두 눈을 비벼대는 것, 등등.[59]

어떤 이들은 예배에 참여한 기독교인들이 이런 식으로 특별한 종교적인 행동과 몸짓을 하는 것에 대해서 무관심하거나, 아무렇지 않

---

59   Ibid. 7:610, 650; *Selected Works of John Calvin*, 3:314-15.

게 생각할지도 모른다. 그러나 하나님을 경외하는 예배의 본질을 벗어나서, 그저 각 사람의 지극히 피상적이며, 감상적이며, 주관적인 행위들을 부추기는 것은 그냥 묵과할 수 없다. 이것은 예배의 본질을 심각하게 왜곡하는 것이기 때문이다. 행위를 통해서 어떤 공로를 쌓아가도록 부추기는 것은 마음에도 없는 헛된 야심의 발로일 뿐이다. 하나님을 향한 겸손과 진심에서 우러나오는 통회함이 충만하지 않은 상태에서, 그야말로 남들을 따라가는 몸짓을 한다거나, 그저 남들에게 보여주려고 몸을 움직이는 갖가지 종교적 제스처를 하는 것은 허세에 불과하다. 이런 행동들에 대해서 종교개혁자들과 청교도들은 그냥 무심히 넘어갈 수 없었다.

다시 말하지만, 칼빈을 비롯한 종교개혁자들과 청교도들은 이러한 행위들과 각종의 예식들에 참여하는 자들의 제스처를 철저히 금지시켰다. 예배 당에 설치된 여러 가지 장식물들과 제단들 위에서의 어떤 종교적인 신념을 표출하더라도, 이런 행동들을 위선적이요 가식적인 것에 불과하다. 매일 수백 번, 수천 번 행동에 옮겼을지라도, 하나님과 사람 사이의 언약을 유효화할 수 있는 경외와 경건의 발로가 아니기 때문이다. 예배는 그저 "입술"로만 하는 것이 아니라, "마음"을 드려야 하기 때문이다. 로마 가톨릭 신부들은 외적인 것들을 시행하는 일에 무게 중심을 두고 있었으나, 칼빈과 종교개혁자들은 성경에서 가르친 예배의 "본질적인 것"에 대해 차별화된 안목을 제시했다.

지금 우리가 참된 예배를 회복하는 것은 너무나 중요하다. 지금도 세상의 여러 종교 행사들을 살펴보거나 직접 방문해 보면, 욕심과 욕망을 채우고자 하는 동기에서 나오는 주술적인 행동들을 따라서 답습하고 있는 장면들을 목격하게 된다. 물을 떠 놓고 합장한다거나, 향불을 피운다거나, 앞에 걸려있는 그림이나 거대한 불상을 놓고 무릎을 꿇고 소원을 빌기도 한다. 그런데 반드시 돈과 물질을 함께 바쳐야만 정성이 담기는 것이라고 착각하고 있다. 동남아시아에서는 중국, 태국, 인도 등에 있는 각종 불교 종파들, 힌두교와 도교 등 거대한 사원이나 높은 산에 세워진 조각상들과 관련된 곳들에 가 보면, 둥그런 북을 돌리면서 그들의 경전 앞에서 소원을 빌기도 한다. 모두 다 허망한 생각을 따라가는 일시적 요행술에 불과하다. 가짜 종교는 사람들의 헛된 욕망을 부추겨서 생각을 마비시키고, 재물을 받아가려는 것뿐이다.

시대마다 약간의 차이가 있지만, 참된 예배는 하나님을 아는 지식을 바탕으로 하는 경건한 경배를 의미한다. 일찍이 솔로몬은 사람들의 허망한 마음을 탄식한 바 있다: "여호와를 경외하는 것이 지식의 근본이어늘 미련한 자는 지혜와 훈계를 멸시하느니라"잠 1:7. 마침내 예수님께서 온전한 예배의 지침을 확실하게 제시하셨다:

> 너희는 알지 못하는 것을 예배하고, 우리는 아는 것을 예배하노라...아버지께 참으로 예배하는 자들은 신령과 진정으로 예배할 때가 오나니...곧 이때라 아버지께서는 이렇게 자기에게 예배하는 자들을 찾으시느니라 하나님은 영이시니 예배하는 자가 신령과 진정으로 예배할찌니라 (요 4:22-24).

기독교 신자의 삶에서는 다 함께 모여서 드리는 공적인 예배가 모든 활동 가운데서 가장 중심에 위치한다. 참되고 살아있는 예배란 하나님과 인간의 관계를 유지하는 방법이자, 인격적인 교통을 유지하면서 살아가도록 돌보는 은혜가 제공되어지는 방편이요 채널이기 때문이다. 오늘날 한국 교회에서 채택하고 있는 예배의 내용들은 칼빈의 예배 모범과 웨스트민스터 예배 모범에 크게 의존하고 있다. 따라서 이러한 예배가 형성되어진 역사적 과정들과 그 원천에 관련한 탐구를 하면서, 우리에게 중요한 교훈들을 발견하고자 한다.

1) 마틴 부써: 『근거와 이유』 (1524년)

종교개혁의 예배 회복에 선두적인 역할을 감당했던 마틴 부써1491-1551는 종교개혁의 초창기에 스트라스부르크에서 매우 중요한 역할을 감당했다. 그는 도미니크파 성직자였다가, 1518년 하이델베르크 논쟁에 참석하여 루터의 주장을 듣고 그 자리에서 종교개혁 진영에 가담하기로 결심했었다. 이 토론을 통해서 여러 로마 가톨릭 성직자들이 루터의 편에 가담하였다.[60]

부써는 초대 교회의 예배 개혁을 본받아서 새로운 개혁주의 예배 방식을 시행하였다. 부써는 예배의 개혁을 호소를 하면서, 『근거와 이유』 Grund und Ursach라는 책자를 1524년에 스트라스부르크에서 출간했다. 그 당시 새롭게 종교개혁을 받아들인지 얼마되지 않았던 스트라스부르크의 목회자들과 주변의 교회들에게 예배의 개혁을 설명하는 저서였다.[61] 로마 가톨릭에서는 부써의 예배 개혁을 변질이라고 비난했지만, 그는 초대 교회의 신앙을 따라서 "바른 것, 옛날 것, 영원한 것을 회복하는 것"이기에 가장 필수적이며 환영해야 할 개혁이라고 주장했다. 그 이후로, 예배 시간에 참석자들이 모두 다 함께 부르는 대중찬송을 도입하

60　김재성, 『종교개혁의 신학 사상』 (서울: 기독교문서선교회, 2017), 165.
61　Ottomar Frederick Cypris, "Basic Principles: Translation and Commentary of Martin Bucer's 'Grund and Ursach,' 1524" (Th.D. Dissertation: Union Theological Seminary, 1971).

였고, 찬양곡을 새롭게 창작하거나 모아서 출간했다. 그가 편집한 경배의 찬송이 오늘날까지도 사용되고 있다.

2) 불링거: 『옛 신앙』(1537년)

스위스 취리히에서 종교개혁의 정당성과 보편성을 옹호한 하인리히 불링거1504-1537는 로마 가톨릭의 오류를 지적하면서 상당히 논쟁적인 내용으로 『옛 신앙』이라는 저서를 발표했다.[62] 이 책의 목적은 창조 이후로 지속되어온 기독교를 다시 복구하고, 참된 신앙을 재발견하려는 운동으로서의 종교개혁을 옹호하고자 함이다. 그 당시 로마 가톨릭은 허구적으로 개발된 것들을 따라가고 있음을 비판하였다. 불링거는 구원의 역사를 간추려서 정리하였고, 구약의 성도들은 자신들의 공로와 종교적 기여에 근거하지 않고, 구원의 주님이신 예수 그리스도만을 바라보았다는 것을 강조했다. 따라서 종교개혁자들이 믿고 설교하는 교리는 신앙의 선조들을 따라가는 것이기에, 그들은 참되며 보편적인 기독교 신자들이다. 이 책은 1547년에 영어로 번역되어 많은 이들에게 영향을 주었다.

불링거는 에덴 동산에서 하나님이 아담에게 약속하신 영생은 순종의 조건이 결부되어 있었음을 지적하면서, 하나님께 순종을 했었더라면 성례의 하나로서 주신 축복된 생명의 나무를 소유할 수 있었음을 강조했다. 그러나 아담은 사탄의 속임수에 넘어가서 하나님께 순종하지를 못하였다. 하나님께서는 실패한 아담과 그에게 속한 후손들인 우

---

62 Cornelius P. Venema, "Heinrich Bullinger's *Der Alt Gloub* (The Old Faith): An Apology for the Reformation," *Mid-America Journal of Theology* 15 (2004):16.

리들까지도 버릴 수도 있었을 것이다. 그러나 하나님께서는 그리스도 예수 안에 있는 자들을 구원하신다는 복음을 전파하였다.창 3:15.

불링거가 열거한 옛 신앙의 선구자들은 노아, 아브라함, 모세, 다윗, 선지자들이다. 이들은 그리스도 예수 안에서 오직 믿음으로 의롭다 하심을 얻는다는 것을 선포하였다. 불링거는 로마 교황이 주도하는 성례들로 대체시켰고, 선조들의 옛 신앙을 팽개쳐 버렸다고 비판했다. 불링거의 대표적인 공헌은 성경과 초대 교회의 오래된 보편적 신앙을 모아서 "제2 헬베틱 신앙고백서"를 1561년에 발표한 것이다.

3) 버미글리: 『분열과 참된 교회』(1524)

피터 마터 버미글리Petery Martyr Vermigli는 이탈리아 출신으로 종교개혁에 가담했다가, 에드워드 6세 시대에 영국에 초청을 받아서 케임브리지 대학교 교수로 사역하면서 청교도들에게 큰 영향을 끼쳤다. 버미글리는 복음을 선포하는 종교개혁 운동이 분열이 아님을 역설했는데, 자신의 책 『분열과 참된 교회』1524에서 열세 가지 근거들을 제시하였다.[63]

첫째, 로마 가톨릭은 말씀이 가르치는 신앙을 전통으로 대체시켰다.

둘째, 로마 교회는 복음의 자유로운 설교와 성례들의 시행을 금지했다.

셋째, 교회의 참된 표지들은 세 가지말씀의 교훈, 성례들, 권징인데, 로마 교회에서는 오직 믿음으로 얻는 칭의를 거부하고, 성례들을 마음대로 추가했으며, 선한 것을 악한 것으로, 악한 것은 선한 것으로 변질시켰다.

---

63 Peter Matry Vermigli, "Schism and the True Church: Whether Evangelicals Are Schismatics for Having Separated from the Papists," in *Early Writings: Creed, Scripture, Church*, tr. Mariano Di Gangi and Josheph C. McLelland, vol. 1, The Peter Martyr Library (Kirksville: Sixteenth Century Journal Publishers, 1994), 195.

넷째, 로마 가톨릭에서는 보편적 교회를 지역화해서 오직 로마에 있는 교회로 국한시켰는데, 이것은 도나티스트들이 범한 잘못과 동일한 것이다.

다섯째, 로마 교회는 미사에 참석하지 않는 사람들에게는 예배를 금지시켰다.

참된 교회를 복구하는 것이야말로 종교개혁의 핵심이라고 역설했다. 그러나 로마 가톨릭에게는 멸망의 날에 유대인들에게 하신 말씀을 적용하는 것이 타당하다. "너희는 여호와의 전이라, 여호와의 전이라 하는 말을 믿지 말라"렘 7:4. 로마 가톨릭에서는 외적인 것들을 신뢰하고 있기 때문에, 유대인들의 율법주의적인 종교행사와 유사했다.

더구나 로마 교황만이 참된 신앙의 조항들을 가지고 있다면, 이런 제도가 존재하지 않던 시대에 살았던 사람들은 모두 다 멸망한 것일까? 버미글리는 사도적 신앙의 계승에 참여하는 것은 하나님의 말씀에 따라서 바르고 진실하게 믿는 것이라고 주장했다.[64]

4) 프랑크푸르트 난민 교회

영국에서 메리 여왕이 1553년에 즉위하여 로마 가톨릭으로 교회 체제를 완전히 재구성하려 하자, 이를 거부하는 운동이 일어났다. 그녀의 박해를 피해서 바다를 건너서 유럽 대륙으로 피신을 갔던 청교도들은 그 수를 다 헤아릴 수 없을 만큼 많았다. 로마 가톨릭의 예식들을 거부하다가 수많은 지도자들이 순교했고, 살아남은 지도자들도 결코 타협

---

64 Vermigli, "Schisma and the True Church," 218.

하지 않았다. 1558년에 여왕이 병으로 사망하기까지, 청교도들의 희생과 수난이 지속되었다.

이런 가운데, 잉글랜드에서 종교개혁의 수레바퀴를 전진시켜온 지도자들 상당수가 박해를 피해서 유럽으로 피신했다. 일부의 성도들이 1554년 6월 27일, 독일 프랑크푸르트로 건너갔다. 이들은 로마 교회의 미사와 각종 예식들, 성공회의 타협적인 예배 내용들을 전면 거부하였다. 오직 성경 말씀에 따라서 자신들의 선한 양심을 다바쳐서 하나님의 영광만을 추구하는 예배를 드리고자 노력했다.

독일에서는 이미 루터파의 개혁 운동이 확산되었기에, 다양한 개신 교회의 모임들을 허용하고 있었다. 특히 프랑크푸르트 시 당국에서는 프랑스 난민 교회도 허가해 줘서 정기적으로 예배 당The Church of the White Ladies에서 집회를 갖고 있었다. 하지만, 잉글랜드에서 온 청교도들은 프랑크푸르트에 있는 루터파 교회들이 자신들이 추구해온 예배 방식과 상당히 다른 것들을 포함하고 있음을 곧바로 발견하게 되었다. 잉글랜드에서 건너 온 피난민들 중에는 성공회 국가교회 체제를 따르고자 하는 사람들도 있어서, 청교도 신앙을 가진 지도자들과의 논쟁이 점차 가열되었다. 프랑크푸르트에 머물던 잉글랜드 피난민들이 잠정적으로 채택한 주일 공예배의 내용들은 매우 단순했다.[65]

<u>성경 본문의 낭독과 권고</u>

<u>죄의 고백</u> (칼빈주의적 기도-성공회 예식서와는 다름)

<u>시편 찬송-평범한 곡조</u>

---

65 William D. Maxwell, *The Liturgical Portions of the Genevan Service Book* (Edingurgh: Oliver & Boyd, 1931), 4.

성령께 대한 기도

(성경 봉독) **설교**

일반 기도

사도신경

시편 찬송

축도

위에 예배의 순서는 다분히 아래에서 살펴보려고 하는 칼빈의 제네바 교회 주일예배의 내용과 거의 비슷하다. 다만, 일부 내용에 성공회의 기도서에 나오는 예배 순서들이 있는데, 성만찬과 세례식의 내용에서는 칼빈의 제네바 교회와는 상당히 차이가 났다. 유럽 각 지역마다 개혁주의 교회라 하더라도, 성만찬에 대한 신학이 서로 달랐는데, 이로 인해서 예배의 구성 요소들이 차이가 난다. 영국 성공회에서는 가톨릭의 '화체설'과 루터파는 '공재설' 중에서 중간 입장을 채용하고 있었고, 개혁교회와 청교도들은 칼빈의 '영적 임재설'을 채택했었다.

마침 이들 프랑크푸르트 난민 교회의 목회자로 존 낙스가 청빙을 받아서, 1554년 12월 초에 부임했다. 낙스는 이미 여러 차례 죽음의 공포와 질병을 넘겼고, 수 년 간 프랑스에 저항하다 체포된 죄수의 신분에서 풀려나서, 잉글랜드에 피신해 있었다. 그러나 메리 여왕의 통치를 비판하였기에 더 이상 잉글랜드에 남아있을 수 없었다. 1554년 9월 24일, 프랑크푸르트 난민 교회의 초청을 받아서 건너올 수 있었다. 프랑크푸르트 난민 교회에서는 성공회 예배의 순서를 변경해서 채택하고 있었기에, 낙스는 청빙을 받아들였다. 훗날 스코틀랜드 전체를 장로교회로 바꾸는 결정적인 기여를 남기게 되는데, 개혁 신앙으로 회심한 초기부터 낙스는 성만찬의 집례에 있어서 현재 채택된 성공회의 예식 순서를 그대로 따르기를 거부하였다. 잉글랜드 성공회는 로마 가톨릭과 루터파의 예배 내용을 절충한 형식이라서, 여전히 다양한 예식들을 포함하고 있었다. 따라서 프랑크부르트 난민 교회 안에서 성공회파와 낙스를 지지하는 개혁파가 한치의 양보도 없이 대립하였다.

이러한 예배의 내용을 놓고서 양측이 격돌하는 매우 난감한 상황을 타개하고자, 이들은 주변의 이웃 도시들에 있는 교회들에게, 즉 스트라스부르크, 엠덴, 취리히, 제네바 등 다른 곳에 있는 개신교 교회들에게 의견을 청취하자는데 합의하였다. 이처럼 매우 민감한 때에, 『1554년 프랑크푸르트에서 시작된 논쟁의 개요』라는 제목의 책이 나왔다. 당시에 가장 열열한 장로교회 소속 목회자였던 윌리엄 휫팅햄이 쓴 것으로 추정되는 책자가 발간된 것이다. 그러자 반대파에서는 영국 왕권의 권세를 활용하여 휫팅햄을 체포하여 본국으로 송환하려고 하였다. 이 책자의 발간으로 인해서 휫팅햄은 더 이상 그곳에 머물러 있을 수 없게 되었다. 낙스를 도와서 영어권 교회를 든든히 세울 수 없게 된 것이다. 그는 황급히 스위스 제네바로 피신할 수밖에 없었다. 훗날 그는 제네바에서 매우 중요한 청교도 교회의 지도자가 되었고, 영어로 번역된 『제네바 성경』을 출판하는데 결정적인 공헌을 남겼다.

1554년 말에 이르자, 성공회를 지지하는 잉글랜드 출신 성도들이 프랑크푸르트로 대거 몰려 들어왔다. 리차드 콕스Richard Cox, 1500-1581가 앞장을 서서 낙스의 예배개혁을 거부했고, 왕권의 후원을 얻어서 행동하던 자들은 위세가 등등했다.[66] 가까스로 청교도들과의 협상을 위해

---

66 W. Stanford Reid, *Trumpeter of God* (New York: Charles Scribner's Sons, 1974), 123-127; MacGregor 1957, pp. 72-77.

서 양 측 대표자들이 선정되었다. 낙스, 횟팅햄 등은 이런 상황 하에서 "성공회 예식서"the Book of Church Prayer의 라틴어 판을 칼빈에게 보내어 조언을 구했다. 당시 칼빈은 유럽의 최고 신학자이자, 거의 모든 개신교회의 대변인이었다. 이들에게만이 아니라, 칼빈은 수많은 지도자들과의 교류하면서 지혜로운 영향력을 발휘하고 있었다.

칼빈은 잉글랜드 난민 교회의 성도들을 향하여 서로 화합을 촉구하는 매우 부드러운 답변서를 보냈다. 1555년 1월 13일자로 칼빈이 쓴 편지에는 실제적으로 그가 교회의 개혁을 위해서 제언하는 목양적인 내용들이 가득 담겨 있다.[67] 여기서 필자가 이 편지를 단순히 번역하기 보다는, 핵심 내용을 충실히 소개하고자 한다.

칼빈과 청교도 지도자들이 주고받은 편지의 내용을 통해서, 개혁주의 예배의 내용들이 정리되어가던 과정을 확인할 수 있다. 특히 칼빈이 단지 하나의 도시, 제네바에 있는 교회만을 위한 목회자로 그친 것이 아니라, 소용돌이치고 있던 당시 유럽 지역의 거의 모든 지역들을 지도하면서, 종교개혁의 예배 원리와 목회적 적용을 위해서 헌신했다. 루터와 츠빙글리가 서거한 후, 다음 세대의 지도자로서 유럽 여러 지역들의 문제들에 대해서 칼빈이 자문하고 조언하였고, 그의 결정적인 기여로 인해서 가장 성경적인 예배내용들이 정착되었다. 특히 칼빈이 남긴 가장 결정적으로 중요한 공헌은 잉글랜드와 스코틀랜드 청교도들의 교회 개혁에 있어서 원천이자 모델이 되었다는 점이다.[68]

---

67 *Calvini Oprera*, 9:98. "To the English at Frankfurt," *Selected Works of John Calvin*, 6:117-119.

68 John T. McNeill, *The History and Character of Calvinism* (London: Oxford University Press, 1954), 237-330. Simon Kistemaker, *Calvinism: History, Principles, Prespectives* (Grand Rapids: Baker, 1966), 34-36. Robert V. Schnucker, ed., *Caviniana: Ideas and Influence of Jean Calvin* (Kirksville: The Sixteenth Century Journal Publisher, 1988), 131-194. W. Fred Graham, ed., *Latehr Calvinism*, International Prespectives (Kirksville: The Sixteenth Century Journal Publisher,

성경에 기초한 순결한 예배를 주장하는 청교도들과 로마 가톨릭의 예식들을 따라가려는 성공회측이 격돌하고 있던 프랑크푸르트 난민 교회를 조정한다는 것은 불가능한 일이었다. 이처럼 교착상태에 빠진 예배의 내용들과 형식을 해결하는 중재자로서, 칼빈은 그들이 취해야 할 입장을 명확히 진단했다. 무엇보다도 먼저, 칼빈은 그들이 지금 직면한 문제의 핵심을 지적했다. 칼빈은 지금 그들에게는 종교개혁을 더 진전시키느냐 마느냐의 선택이 아니라는 점을 분명히 했다. 칼빈은 양측이 교회 개혁이라는 목표를 완성하기 위하여, 어떠한 전략을 가지고 있느냐를 깊이 생각하라고 지적했다. 답변서에 담긴 칼빈의 조언은 두 가지로 압축해 볼 수 있다.

첫째는 "제네바 당"이라고 알려진 청교도들에게 열심히 지나쳐서 잘못된 길로 들어가지 말라고 조언했다. 지나치게 엄격한 예배 형식을 추구하지 말라는 것이다. 칼빈은 교회를 세워 나가는데 있어서 "무조건적인 고집"stubbornness을 부리는 자들을 상대할 때에 그들의 무지함에 대해서 너무 비난을 하지 말라고 신신당부를 하였다. 아주 작은 것들로 인해서 갈라지지 말라고 조언했다.

둘째로 칼빈은 잉글랜드 국교회의 예식서에는 하나님만을 열망하는 순수함이 담겨 있지 않으며, 결코 받아들일 수 없는 "작은 오류들이 많다"many silly things 고 비판했다. 로마 가톨릭에서 익숙해진 것들이 담겨 있어서, 앞으로 더 순결하고 합법적으로 고쳐 나가야 할 것이 많다. 칼빈은 종교개혁이 이제 겨우 시작 단계에 불과하다고 판단했다.

1994), 447-543. Anderew Pettegree, Alastair Duke, Gillian Lewis, eds., *Calvinism in Europe* (Cambridge: Cambridge University Press, 1994), 231-273. Phillip Benedict, *Christ's Churches Purely Reformed: A Social History of Calvinism* (New Haven: Yale University Press, 2002), 120-254, 384-428.

프랑크푸르트에 있던 청교도들 Knox, Whittingham 과 성공회 지도자들 Parry, Lever 등은 1556년 2월 6일, 스프롯 박사가 작성한 "타협의 예식서" The Liturgy of Compromise 를 받아들였다. 그러나 성공적인 타협안을 시행한 지 불과 두 달여 만에, 잉글랜드에서 온 성공회 목회자들이 낙스를 쫓아내는 음모를 꾸며서, 교회는 갈라지고 말았다. 칼빈주의자들 중 일부는 바젤, 취리히, 제네바 등 다른 도시로 떠났다. 프랑크푸르트 시 당국에서는 낙스의 팜프렛에 담긴 내용들이 황제의 권위에 도전하는 내용들이라는 점을 지적하면서, 조용히 떠날 것을 권고하였다. 결국, 그는 3월 26일 제네바로 떠나야만 했다.

프랑크푸르트 난민 교회의 분열을 경험한 후 낙스는 참담했지만, 제네바의 영어 회중들은 1555년 11월 1일에 그를 청빙하기로 결정했다. 1556년 6월 칼빈의 초청을 받아들였고, 아내와 장모 등 가족들을 대동하여 9월에 도착했다. 당시 제네바에는 전 세계에서 신앙의 자유를 찾아서 몰려든 사람들이 많았다. 그중에는 영어권에서 피신 온 사람들이 많았는데, 그 회중의 목회자로 낙스가 부름을 받은 것이다. 제네바는 청교도들의 요람이 되었다. 낙스의 회중은 약 186명 정도였고, 그 후 4년여 동안 가장 행복하고 즐거운 시절을 보냈다. 다시 1559년에 스코틀랜드로 돌아간 낙스가 종교개혁의 횃불을 높이 들고 전체 국가를 일시에 바꿔놓게 되었다. 그리고 장로교회의 예배를 확실히 세우는 기초를 놓았으니, 그것이 바로 "스코틀랜드 예배 모범"이다.

훗날 휫팅햄도 잉글랜드로 돌아가서 장로교회의 예배 형식을 정착시켰다. 칼빈에게서 깊은 영향을 받은 이들이 다시 잉글랜드와 스코틀랜드로 돌아가서 예배를 갱신하였다. 훗날 웨스트민스터 신앙고백서를 작성하기 위해서 모인 청교도들이 예배의 기초적인 내용으로 정리한

것들은 거의 다 칼빈에게서 나온 것이다.[69]

5. 예배 개혁과 칼빈의 노력들

종교개혁의 대열에 가담한 초기부터 칼빈은 예배의 개혁을 중요시했다. 개혁주의 예배 원리는 하나님이 받으심직한 방식을 찾아서 오직 성경에 규정한 대로 따라가려 하는 것이다. 교회의 개혁과 바른 예배의 정착을 위해서는 오직 성경에 규정된 것들만 따라가야 한다.

1) 첫 시도는 좌절되다

예배의 모든 방식과 요소가 하나님의 말씀으로부터 인정을 받아야만 한다는 점을 역설하면서, 칼빈은 말씀에 따르는 예배를 시행하고자 노력했다. 1536년에 칼빈이 펴낸 『기독교강요』에서 기도, 설교, 주일 시행되는 성만찬에 관해서 예식적 개혁을 주장했다.[70] 칼빈은 교회의 건설을 위해서 공적인 예배의 예식들을 오직 성경에 지시된 하나님의 명령에 따라서 구성하고자 대안을 제시하였다.[71] 『기독교강요』 초판본에서는 간략하게 성례에 관해서 설명하되, 피터 롬바르드의 『명제집』에 있는 다섯 가지는 모두 다 거짓 성례들이라고 배척하였다. 칼빈은 세례와 성만찬을 다루면서 적어도 매 주에 한 번은 시행해야 한다고 주장

---

69 Derek Thomas, "Calvin on Reforming the Church," in *Calvin for Today*, ed. Joel Beeke (Grand Rapids: RHB, 2009), 157, n. 7.
70 Calvin, *Institutes of the Christian Religion* (1536), tr. Ford Lewis Battles (Grand Rapids: Eerdmans, 1986), 122.
71 Rodolphe Peter, "Calvin and Liturgy, according to the *Institutes*," in *John Calvin's Institutes: His Ophis Magnum* (Potchefstroom, 1986), 239-65.

했다. 특히 교회 안에서 주일에 시행되어야 할 예배의 순서에 대해서 설명하였고, 성만찬의 중요성을 강조하였다.

종교개혁자들은 예배의 핵심 사항이던 성만찬 신학을 정립하고자 노력했다. 거의 미신적으로 "실재적 임재"real presence를 가르치는 로마 가톨릭 미사를 우상 숭배로 규정했다. 칼빈은 루터의 공재설과 츠빙글리의 기념설에 대해서도 차별화 되는 성경의 가르침을 제시한다: 곧 성령의 역사를 통하여 그리스도의 "영적 임재"spiritual presence를 강조한다.[72] 칼빈은 처음 성례 신학을 정립하고 서술할 때부터, 매우 목양적으로 전개하였다. 사람의 연약함과 부족함을 채우기 위하여 주시는 영적인 음식이라는 점을 신약에서 인용하면서, 성례가 주일 오전 예배 설교 후에 집례 되어야 할 것과 예식이 시행되는 도중에는 혹 시편들 중에서 선별된 곡을 찬양한다거나, 아니면 성경을 읽어야 한다고 제시 했다.

1536년 5월 21일, 기욤 파렐Guillaume Farel의 지도력에 따라서 제네바는 도시 전체가 종교개혁을 받아들이게 되었다. 1536년 여름부터, 파렐의 강권으로 제네바에서 설교자로 봉직하게 된 칼빈은 종교개혁이 교회의 공예배에서부터 성취되도록 모든 노력을 쏟아부었다. 그러나 제네바에서의 예배의 개혁은 결코 순탄치 않았다. 1537년 1월 16일, 제네바의 목회자들파렐, 칼빈, 꾸롤은 『제네바에서 예배와 교회의 조직에 관한 규칙들』Articles concerning the Organization of the Church and of Worship in Geneva 시의회에 제출하여 큰 어려움 없이 채택되었다.[73] 이 글에서, 제네바 목회

---

72 Calvin, *Institutes* (1536), 109-110, 144. B. A. Gerrish, *Grace and Gratitude: The Eucharistic Theology of John Calvin* (Minneapolis: Fortress, 1993), 9,n.28.

73 *Calvini Opera: Corpus Reformatorum*, 10a:5-14. Articles conernant l'organisation de l'église et du culte à Genève, proposés par les ministres: 영어 번역본, Calvin: Theological Treatises, ed. J.K.S. Reid (London and Philadelphia, 1954), 48-55.

자들은 도시 내에 있는 모든 교회들을 확고하게 개혁해 나가야 한다는 것이 얼마나 중요한가를 역설했다. 이를 위해서 교회의 법령과 질서를 제정하여 구체적인 사항들을 실천하고자 했는데, 성만찬을 자주 실행하는 것, 교회의 거룩성을 지켜나가기 위해서 출교까지를 포함할 것, 시편 찬송을 부를 것, 자녀들에 대한 교육, 그리고 결혼에 관한 규정들을 제정할 것 등이었다.

제네바 종교개혁의 기본 구조를 보여주는 이들 규칙들 중에서 주목할 부분들이 있다. 하나는 교회가 성만찬 예식을 적어도 매 주일마다 시행해서 성도들에게 영적인 양식을 제공해야 한다고 강조했다는 사실이다.[74] 다른 하나는 시편 찬송의 회복이다. 중세 말, 로마 가톨릭에서는 평신도들은 회중 찬송을 전혀 부르지 못하도록 금지를 당했었다. 그러나 종교개혁자들은 예배 시간에 부르는 회중 찬송을 신앙적인 형태로 접목시켰다. 특히 칼빈은 제네바에서 다수의 합당한 자녀들을 선별해서 시편 찬송을 부르는 중에 회중들을 인도하게끔 하였다.

종교개혁의 선구자 루터가 시편 찬송과 다양한 찬송들을 가장 먼저 도입해서 예배 시간에 사용하였다. 츠빙글리는 예배 시간에 음악의 사용을 금지시켰다. 스트라스부르크에서 종교개혁을 이끌었던 마틴 부써와 매튜 젤은 다양한 회중 찬송을 개발했고, 인쇄해서 보급하도록 했으며, 가장 널리 사용하였다.

그러나 제네바 시의회는 매주 성만찬을 시행하자는 칼빈의 제안을 끝내 받아들여지지 않았다. 하지만, 이러한 급격한 변경을 향해서 경과조치로서 제네바에 있는 3개의 교회들에서 매달 한 번씩 돌아가면서

---

74 W. de Greef, *The Writings of John Calvin*, tr. Lyle D. Bierma (Grand Rapids: Baker, 1993), 123.

성만찬을 집례하도록 제안했다. 모든 성도들이 적어도 한 달에 한 번은 성만찬에 참여할 수 있게 되어야 한다는 것이었다. 교회가 시행하는 성례로부터 금지 조치를 받지 않으려면, 그리스도에게 속한 성도로서 거룩한 삶을 실천해야만 되었다. 이러한 것들은 마태복음 18장, 디모데전서 1장, 고린도전서 5장에 의거하여 제안된 것이다. 그러나 시의회에서는 일 년에 네 번 성만찬을 시행하는 것으로 결정했다.

2) 스트라스부르크에서 정립된 개신교 예배

칼빈은 제네바에서 하지 못했던 것을 스트라스부르크에 가자마자 즉각 시행했다. 비록 피난민들의 처지에서 생명의 위협을 당하고 있었지만, 올바른 예배를 지켜나가려는 열정은 식지 않았다. 1538년 11월, 프랑스 피난민 교회의 목회자로서 획기적으로 예배를 갱신했고, 매달 1회 성만찬을 거행했다.

스크라스부르크는 당시 독일 남부지방에서 가장 종교개혁에 앞서 나갔다. 1521년부터 루터파 종교개혁이 시작된 스트라스부르크에서는 매튜 젤1477-1548과 마틴 부써1491-1551의 지도하에 독일어로 예배를 진행하면서 마리아상과 성상들을 제거하였다. 칼빈은 이들과 함께 실제 목회적인 방법들과 예배 형식들에 대해서 교류하였는데, 칼빈은 부써의 강권으로 여러 차례 목회자들과의 회합의 참가하여 종교개혁의 원리들과 예배의 개혁, 특히 가장 논쟁이 많았던 성만찬에 관한 견해를 피력하였다. 칼빈은 성만찬에 참여하기를 원하는 성도들을 더욱 교육하고, 권고하고, 위안을 얻도록 하는 내용으로 강화시켰다.[75] 루터파 교회에서는 각 지방 언어로 시편, 성경적인 소곡들_{솔로몬의 아가 등}, 여러 종류의 시들을 사용했다. 그러나 츠빙글리는 공예배에서 전혀 악기와 음악을 사용하지 않았다.[76] 이런 상황에서, 스트라스부르크에서는 1537년 이후로 점차 다양한 찬송이 확대 되어졌다. 시편 찬송 이외에도, 새해를 시작하는 찬송, 성탄절, 세례식, 고난절과 부활절, 승천절 등에 부르는 찬송 등이 추가되었고, 영적인 노래들이 사용되었다.

> **하나님이여 내가 늙어 백수가 될 때에도 나를 버리지 마시며 내가 주의 힘을 후대에 전하고 주의 능을 장래 모든 사람에게 전하기까지 나를 버리지 마소서**(시 71:18).

개혁교회의 특징으로 간주되는 시편 찬송은 이처럼 그 근원이 스트라스부르크에서 머물던 시기에 칼빈을 통해서 도입된 것이고, 차츰 제네바에서 정착 되었다. 칼빈은 스트라스부르크에 있는 동안에 한층 성숙한 목회자의 모습을 갖추어 나갔다. 특히 독일어권 종교개혁자들과

75　Charles Garside, *The Origins of Calvin's Theology of Music: 1536-1543* (Philadelphia: 1979). 독일어 중에서도 남부 지방 사투리를 사용하던 스트라스부르크에서는 마틴 부써가 예배를 갱신하여 평신도들이 참여하는 시편 찬양을 하게함으로써 개혁주의 교회에 큰 영향을 끼쳤다. 1523년에 성 로렌스 교회의 설교자로 매튜 젤이 부임한 후, 그의 아내 캐터린이 편집한 찬송집이 보급되었다. Elsie Anne McKee, *Reforming Popular Piety in Sixteenth-century Strasbourg: Katharina Schütz Zell and Her Hymnbook* (Princeton, N.J.: Princeton Theological Seminary, 1994), 3.
　　스트라스부르크에서 진행된 종교개혁은 예배 갱신과 찬송 보급으로 영향을 끼쳤다. Daniel Trocmé-Latter, *The Singing of the Strasbourg Protestants, 1523-1541* (Farnham: Ashgate, 2015; reprinted Routledge, 2016). G. J. van der Poll, *Martin Bucer's Liturgical Ideas* (Groningen: 1954). René Bornert, *La réforme protestante du culte à Strasbourg* (Leiden: Brill, 1981).

76　Markus Jenny, *Luther, Zwingli, Calvinin ihren Liedern* (Theologischer Verlag, 1983), 17-29. 츠빙글리의 초기 사상에 영향을 끼친 로마 가톨릭 철학자 에라스무스도 교회에서 음악의 사용을 극히 비판했다. 로마 가톨릭의 경우, 오직 베네딕트파 대학에서 남학생들이 아침에 마리아를 칭송하는 노래를 사용했을 정도다. 그러나 츠빙글리가 모든 음악을 다 금지한 것은 아니다. Charles Garside, *Zwingli and Arts* (New Haven: Yale University Press, 1966).

의 회합에 참여하여 필립 멜랑톤과 직접 만나서 성만찬에 관한 탁월한 학식을 인정받았다.[77] 개혁주의 예배에서 사용되는 다양한 형태의 기도들과 세례 예식의 순서를 정립하였다. 회중들이 시편 찬송을 부르는 것은 당시 상황에서 매우 논쟁거리였는데, 결국 스트라스부르크의 다른 교회들도 따라오게 되었다.[78]

1539년, 스트라스부르크에서 프랑스 난민 교회를 섬기고 있던 칼빈은 기욤 파렐1489-1565에게 자신의 심경을 털어 놓았다. "마틴 부써가 복음을 확신시키려는 열정이 매우 강렬해서, 가장 중요한 일들이 진행되는 것에 만족을 느낍니다. 그는 자신이 덜 중요하다고 생각하는 것들은 관대하게 처리하고 있습니다."[79] 칼빈은 한 달 후에 다시 파렐에게 보낸 편지에서, "부써는 루터의 예식들을 원리에서 벗어나지 않고 지켜나가고 있습니다. 또한 그것들을 소개하려는 열정도 없어 보입니다"고 썼다. 부써는 라틴어로 된 찬양곡을 사용하는 것에 반대했고, 그런 이미지들을 싫어했다. 칼빈은 앞으로도 부써는 한번 폐지한 이런 의식들을 다시 되돌리려 하지 않을 것이라고 확신했다. 부써는 예배의 개혁에 있어서 루터의 입장을 채택하고 있었는데, 칼빈은 이를 더욱 바꿔보려는 마음을 품고 있었다.[80]

칼빈은 초대 교회의 모범 사례들과 바울 사도의 서신에 근거해서 회중 찬송을 예배의 중요한 구성 요소로 정착시켰다.[81] 스트라스부르크

---

77 김재성, 『나의 심장을 드리나이다: 칼빈의 생애와 신학』 (개정증보판, 킹덤북스, 2014), 1538년 4월 23일에 추방당한 후, 3년 만에 다시 돌아와 달라는 초빙을 받았을 때에 백 번 죽음을 당하더라도 가지 않겠다고 완강히 거절하였다. 하지만, 파렐과 주변의 간청으로 목숨을 바친다는 각오로 제네바 교회로 돌아가게 되었다.
78 W. de Greef, *The Writings of John Calvin*, 127.
79 *Selected Works of John Calvin*, ed. Henry Beveridge (Grand Rapids: Baker, 1983), 4:125.
80 *Selected Works of John Calvin*, 4:137.
81 *Calvin: Theological Treatises*, 53: "On the other hand there are the psalms which we desire to be sung in the Church, as we have it exemplified in the ancient church and in the evidence of Paul

의 성 토마스 교회에서 오르간 연주자로 재직했던 볼프강 다흐쉬타인이 작곡한 여러 시편 찬송 곡들과 파렐을 통해서 클레몽 마로가 편집한 13편의 시편 모음곡들을 칼빈 자신이 프랑스어로 번안해서 소책자 Aulcuns pseaulmes et cantiques mys en chant를 발행했다.[82]

이처럼 칼빈은 제네바 교회와 스트라스부르크에서 사역하던 초창기부터 공예배의 내용과 형식을 성경적으로 정립하려는 노력을 엄청나게 쏟아부었다. 공적인 예배의 개혁에 중요한 역할을 감당했음을 확인시켜 주는 중요한 문서들이 1530년대 후반부터 1540년대에 나온 것들임에 주목해야 한다.[83] 중요한 문서들 속에 담겨있으며, 또한 예배의 개혁을 원리적으로만 제시한 것이 아니라, 실제로 현장에서 일어나는 작은 사항들에서 어떻게 목회적 적용들을 했던가를 추적하여 볼 것이다.

3) 로마 가톨릭의 예식들을 거부하다, 『샤돌레에게 보낸 답변서』 (1539)

종교개혁 이후로 오늘날에 이르기까지 거의 대부분의 개신교회가 공적으로 드리는 예배의 내용들은 칼빈이 실행한 것들이고, 그로 인해서 주변으로 확산된 것들이다. 칼빈은 제네바의 목회자로 부름을 받아서, 설교의 사역에 모든 초점을 맞추면서도 가장 성경적인 예배의 구성요소들을 회복해 냈다. 로마 가톨릭의 미사와 성례를 철저히 폐지한 후, 경배를 받으시기에 합당하신 하나님의 말씀에 따라서 그리고 초대

---

himself, who says it is good to sing in the congregation with mouth and heart."
82 *Calvin's First Psalter*, ed. Richard R. Terry (Lonodn: 1932).
83 Robert Kingdon, "Worship in Geneva Before and After the Reformation," in *Worship in Medieval and Early Modern Europe: Change and Continuity in Religious Practice*, ed. Karin Maag and John D. Witvliet (Notre Dame: University of Notre Dame Press, 2004), 41-60.

교부들의 근거에 의거하여, 공적인 예배의 내용들을 개혁하였다.

불링거의 소책자 『옛 신앙』을 발표할 무렵에, 칼빈은 파렐과 함께 제네바에서 종교개혁의 기초를 다지고자 노력하였으나, 워낙 오랫동안 로마 가톨릭의 관행에 젖어있던 까닭에 기존 세력에게 반격을 당했다. 제네바 교회의 혁신적인 예배개혁이 좌절되었고, 추방을 당한 칼빈은 스트라스부르크로 올라가서 프랑스 피난민들을 맡았다. 그러자 이 때를 틈타서, 로마 가톨릭 추기경 야곱 샤돌레가 제네바 시의회를 향해서 초대 교부들의 전통을 계승한 로마 가톨릭으로 돌아오라는 공식 서한을 보내왔다.[84] 칼빈은 제네바 시의회의 요청에 따라서 답변서를 작성했다.

칼빈은 『샤돌레에게 보낸 답변서』Reply to Sadoleto에서 로마 교회야말로 교황과 허구적인 소설로 가득 미신 숭배에 빠져있음을 지적했다. 칼빈은 종교개혁자들의 노력이 순수한 성경 말씀과 교부들의 신앙유산을 따르는 것이라고 주장했다. 그는 초대 교회의 유산을 버렸다는 비판에 대해서, 크리소스톰, 바실, 키프리안, 암브로스, 어거스틴의 교훈들을 선포하려는 것이라고 명쾌하게 응수했다. 그러나 로마 가톨릭의 예식들은 성경에도 없는 것이요, 교회사 속에서 찾아보아도 초대 교부들도 글에 전혀 나오지 않는다.[85]

특별히 로마 가톨릭의 성만찬 교리가 하나의 지엽적인 장소에다가 그리스도의 임재를 묶어놓는 왜곡을 범하고 있다고 칼빈은 비판했다. 연옥 교리의 허구성, 죽은 자를 위한 기도의 허망함, 면죄부, 형상들에

---

84 John Calvin and Jacopo Sadoleto, *A Reformed Debate*, ed. John C. Olin (Grand Rapids: Baker, 1976), 30-43.
85 Ibid., 63-64.

대한 숭배, 기독교인의 자유함 등에 대해서 거침없이 비판했다. "이런 문제점들에 대해서, 초대 교회는 분명히 우리의 편에 서 있으며, 당신이 하고 있는 것을 거부할 것이다"고 칼빈은 종합적으로 결론지었다.[86] 종교개혁의 순수한 정신은 초대 교회의 전통을 계승한 것임을 역설하면서, 어거스틴의 글을 인용하였다.[87] 칼빈과 종교개혁자들이 추구한 것들은 단순히 보이는 예배 행위 혹은 예식의 갱신으로 그친 것이 아니다. 종교개혁자들이 로마 가톨릭을 거부한 것은 성경을 통해서 터득한 교리가 완전히 달랐기 때문이다. 칼빈이 성경적 신학 사상 중심축으로 하는 종합적인 교리 체계가 뒷받침을 하고 있었기에 가능했던 것이다. 칼빈이 지속적으로 참된 예배의 회복을 주장할 수 있었던 것은 순수한 신앙과 단순한 성경적인 신학을 확고히 정립하였기에 가능하였던 것이다.

4) 공적인 예배의 원리들

예배의 개혁에 있어서, 칼빈이 가장 강조하고자 했던 부분은 경배를 받으시는 하나님에게 합당하게 공적인 예배를 드려야 한다는 점이다. 하나님을 아는 지식에서 자라가고, 우리의 경건이 실천에서 진보를 나타내는 가장 기본적인 길은 공적인 예배에 출석하여 하나님의 말씀을 듣고, 성례에 참여하는 것이다. "분명히, 우리가 의로움을 얻는 가장 중요한 기초는 하나님을 예배하는 것이다. 만일 이것이 뒤집혀 버린다면,

---

86 Ibid., 74. G. S. M. "Calvin and the Church," in *Readings in Calvin's Theology*, ed., Donald K. McKim (Grand Rapids: Baker, 1984), 212-230.
87 Ibid., 70.

마치 건물들이 서로 떨어져서 붕괴하듯이, 모든 의로움의 회중들이 파괴되고, 깨어지며, 산산조각이 나고 말 것이다."[88]

1541년, 제네바에 복귀하자마자, 칼빈은 시의회에 교회가 출교권을 독립적으로 시행하도록 하는 "교회 법령집"을 제출했고 긴장과 대립된 논의가 지속되었다. 그 해 11월 11일, 시의회는 수요일을 기도의 날로 정하였다. 오늘날 수요기도회의 첫 시작이었다.

다시 제네바에 돌아온 후, 칼빈은 집중적으로 왜 성경적인 예배가 중요한가를 설파했다. 칼빈은 십계명 해설에서, "예배가 의로움의 기초이고, 시작이다"고 강조했다. 이는 "마음을 다하고, 힘을 다하고, 뜻을 다하여 주 너희 하나님을 사랑하라"눅 10:27, 마 22:37,39 는 총강령의 근본 취지가 된다고 역설했다.[89] 하나님에 대한 참된 지식에 근거하여, 칼빈은 예배를 올리는 사람의 문제점이 무엇인가를 설파하였다. 타락 후에 사람의 본성은 하나님의 위대하심을 탈취하고, 헛된 우상을 마음에 두고 살아가게 되었다. 일반적으로 사람은, 라헬이 아버지의 우상을 훔치는 행위를 하는 것이다창 31:19.

칼빈의 설교와 주석에는 참된 예배와 거짓된 우상 숭배를 구별하는 교훈들이 많다. 구속의 역사를 읽어보고, 날마다 일상에서 경험하는 것들을 종합하면, 인간은 결코 정욕적 불법이 그칠 줄 모른다. 하나님의 관점에서 보면, 인간은 죄의 영향으로 모든 유혹에 넘어가게 되어지고 말았다. 사람은 "우상의 공장"이 되고 말았다.[90] 오늘날 인간의 자율주의에 대한 낙관적 견해가 만연해 있는데, 성경에 입각한 칼빈의 인간

---

88 Calvin, *Institutes* (1559), II.viii.11.
89 Calvin, *Institutes*, II.viii.11.
90 Calvin, *Institutes*, II.viii.11.

이해와 충돌하게 되는 부분이다.

예배의 방식과 내용을 정립함에 있어서, 칼빈이 루터와 다른 차이점이 바로 여기에서 드러나게 된다. 루터는 유대인의 율법준수와 같은 엄격한 의무조항과 복음 안에서 자유함을 대조시킨다. 루터는 구약 성경에의 율법 조항과 복음 아래서 보다 자유로운 입장과를 대조시켰다.[91] 루터는 1.형상이나 형태를 숭배하지 말라고 하는 것이지, 그 계명의 금지 조항에 어떤 형상 자체를 거부한다는 것이 아니라고 보았다, 2. 복음으로 대체된 후에는 갖가지 조형물들과 형상들이 교육적으로 유익한 도구들이 될 수 있다는 것이다, 3. 이미 그들의 마음 속에 우상을 갖고 있지 않은 사람들은 그 어느 누구도 상처를 받을 수 없다고 주장했다. 복음의 기본들을 훼손시키지 않는 한에는, 형상들을 파괴시킬 필요가 없다는 것이다. 루터는 교회 당 안에서 각종 형상들을 사용하는 것에 대해서, 1520년대 중반에 칼 쉬타트와 논쟁을 벌였다. 성상물들과 형상에 대한 루터의 기본 입장은 로마 가톨릭과 별반 차이가 없으며, 단지 적용에서만 차이가 날 뿐이다.[92] 왜냐하면 루터는 믿음으로 은혜에 의하여 구원을 얻는다는 참된 교리를 근거로 삼기만 한다면, 나머지 적용의 문제는 포용적이었다. 행위가 아니라 믿음으로 의롭다하심을 얻는다는 원리에 거슬리는 것들은 제거하지만, 그 외에 것들은 대부분 허용했다.

그러나 칼빈의 예배 신학은 매우 엄중하게 성경의 교훈을 따르고 있다.[93] 기본적으로 루터를 깊이 존경했던 칼빈이지만 예배의 구성 요소

---

91 Carlo M. N. Eire, *War Against Idols: The Reformation of Worship from Erasmus to Calvin* (Cambridge: Cambridge University Press, 1986), 65-73.
92 *Catechism of the Catholic Church* (1994), 132.
93 John D. Witvliet,"Images and Themes in Calvin's Theology of Liturgy: One Dimension of Calvin's

들에 대한 생각은 많이 달랐다.[94] 칼빈이 쓴 『세례 시행에 관한 규칙』 (1542)의 마지막 결론에는 당시 로마 가톨릭 교회와 다양한 상황들에 대해서 단호하게 비판했다.

> 우리는 다른 곳에 시행하는 여러 가지 예식들에 대해서 알고 있는데, 그것들이 오래된 것이 아니라서 우리가 거부하는 것이 아니다.
> 그것들은 그 사람들의 즐거움을 위해서 고안해냈거나, 적어도 하나님의 말씀으로부터 나온 권위도 없이 개발해낸 것들이기에 거부하는 것이다. 그들로부터 미신적인 것들이 많이 창출되어 나왔는데, 성도들이 예수 그리스도에게 직접적으로 나아가는 것들로부터 방해받지 않게 하려면, 그것들을 폐지하는데 조금도 주저함이 없다고 판단한다.
> 첫째로, 명령으로 주어지지 않는 것들은 그 무엇이든지간에, 우리가 그것들을 선택할 자유가 없다.
> 둘째로, 건덕을 가르치는데 도움이 되지 않는 것들은 교회 안으로 받아들여져서는 안 된다. 만일 그 어떤 종류라도 받아들여진 것이 있다면, 바로 제거해야 하고, 그저 추문만을 일으키는것들은 무엇이든지간에, 더 강력한 이유로 없애야 한다. 그것들은 우상 숭배와 거짓된 의견의 수단이기 때문에, 조금도 관용을 베풀 이유가 없다.[95]

칼빈은 성경의 권위로 명령을 받은 것만을 예배 시간에 시행해야 한

Liturgical Legacy," in *The Legacy of John Calvin*. Calvin Studies Soceity paper 1999 (Grand Rapids: Calvin Studies Society, 2000), 130-52.
94 김재성, 『루터와 칼뱅』 (서울: 세창미디어, 2018).
95 Calvin, "Form of Administrating the Sacraments" Composed for the Use of the Church of Geneva," in *Selected Works of John Calvin*, ed. Henry Beveridge (Grand Rapids: Baker, 1983), 2:117-18.

다고 엄격하게 천명했다. 루터는 로마 가톨릭에서 시행해 오던 성상 숭배는 반대했지만, 성경에서 금지하지 않으면 다양한 찬송들과 예식들을 예배의 내용으로 허용하는 입장이었다.

칼빈은 하나님께서 명령하신 예배의 내용으로 신명기 4장 15절-24절에 담긴 "규례와 법도"를 매우 중요시했다. 예배자들은 아무 형상의 우상이든지 조각하거나 만들지 말라는 하나님의 명령 앞에서 삼가야 해야 한다. 하나님에 대한 아무런 형상도 인간이 목격하지 못하였기 때문이며, 이런 말씀을 하신 하나님은 소멸하는 불이시오, 질투하는 하나님이시다신 4:24, 5:8-10. 그래서 칼빈은 공적인 예배 시간에 예수 그리스도의 그림이나 형상을 사용하는 것에 대해서 철저히 반대했다.

종교개혁의 핵심으로 삼았던 예배의 개혁은 유럽 전 지역에서 로마 가톨릭과의 대립과 갈등이 고조되는 가운데 논쟁의 핵심에 놓여있었다. 칼빈은 당시 유럽 개신교 진영의 선두에 서서, 성경적인 예배의 정립을 위해서 혼신의 노력을 다하였다. 양쪽 진영이 격론을 벌이고 있던 중, 오래 동안 기다려온 "스파이어 회의"the Diet of Speyer가 교황 바울 3세의 주관 하에 트렌트에서 열리게 되었다. 1543년 10월 23일, 마틴 부써는 칼빈에게 이 회의에 제출할 청원서를 작성해 달라고 요청했다. 로마 가톨릭을 지지하는 찰스 5세의 권세는 절정에 있을 때라서, 종교개혁을 후원하는 독일 군주들의 동맹인 '스말칼틱 진영'에서는 의구심이 높았다.

5) 『교회 개혁의 필요성』 (1544)

칼빈은 종교개혁 진영에 위기가 닥쳐오는 상황에서 로마 가톨릭에 반대하는 비판과 함께, 초대 교회의 신앙을 따라가는 입장을 변호하는 글을 신성 로마 제국의 황제, 찰스 5세에게 제출하였다. 칼빈은 『교회 개혁의 필요성』에 대해서 쓴 것인데, 『겸손한 청원서』라고 하는 이름을 붙였다. 이 글에서 칼빈은 로마 가톨릭의 교회 정치 제도가 성도들의 인준 절차가 전혀 없고, 이는 사악한 것이라고 비판했다.[96]

스파이어 강화 회의는 신성 로마 제국 황제 찰스 5세와 일곱 선제후들 사이에 정치적 간담회 형식으로 모인 것인데, 1525년에 독일에서 처음 소집된 후로 간헐적으로 모였다. 그 후로도 여러 차례 지속되었으나 타협이 실패했고, 독일 군주들의 스말칼트 동맹군이 패배했다. 그러나 완전히 다 장악을 당한 것이 아니어서, 개신교 군주들이 지배하는 지역에서는 그 군주들의 종교를 따르도록 하는 타협안을 만들어냈다.

칼빈이 작성한 이 『교회 개혁의 필요성』은 겸손한 청원서의 형식을 갖추고 있는데, 핵심 내용은 교회론에 관련된 내용들로서 "종교개혁의 정당성"을 자세하고도 탁월하게 피력한 것이다. 이 글은 그 당시 유럽 개신교 진영의 대부분의 교회와 지도자들로부터 높이 평가를 받았다. 칼빈은 이 청원서를 작성하는 일에 너무나 부담감을 크게 느껴서, 파렐에게 도움을 청했다. 제발 빨리 제네바로 와서, 이번에 자신이 맡은 문서 작성에 자문을 해 달라고 간청했다.[97]

『교회 개혁의 필요성』을 전체적으로 간추리면 교리, 성례의 형태와

---

96 *Calvini Opera*, 6:453-534. *Supplex Exhortatio ad invictissimum caesarem carolum quintum*; "The Necessity of Reforming the Church," in Henry Beveridge and Jules Bonnet, eds., *Selected Works of John Calvin: Tracts and Letters* (Grand Rapids: Baker, 1983), 1:123-234. 라틴어는 1543년에, 프랑스어 번역본은 1544년에 출판됨. de Greef, *The Writings of John Calvin*, 160-61. Stewart MacDonald, *Charles V: Ruler, Dynast and Defender of the Faith, 1500-58* (Hodder Arnold H&S; 2nd edition, 2000).

97 *Calvini Opera*, 2:642-44. 1543년 11월 10일자, 칼빈이 파렐에게 보낸 편지.

예배, 교회를 통치하는 방법 등 세 가지 사항들에 대해서 로마 가톨릭의 다양한 악행들을 지적하였다.

첫째로, 구원의 교리에 대해서 언급하면서, 칼빈은 어떻게 죄의 용서를 받는 것인가를 지적했다. 공로를 보물로 여기는 로마 가톨릭과는 반대로, 오직 은총에 의해서만 오직 그리스도의 공로에 의존해서 죄 사함에 이른다는 종교개혁의 교리를 재천명했다.

둘째로, 성례들과 예배의 왜곡된 행태들이다. 이들 로마 가톨릭에서 시행하는 것들은 "하나님의 말씀에서도 기준을 찾을 수 없고, 초대 교회에서도 찾을 수 없는 것들"이라고 지적했다. 칼빈은 참된 예배에 대해서 시편 115편의 교훈에 주목했다. "저희 우상은 은과 금이요 사람의 수공물이라 입이 있어도 말하지 못하며 코가 있어도 맡지 못하며 손이 있어도 만지지 못하며 발이 있어도 걷지 못하며 목구멍으로 소리도 못하느니라"시 115:4-7. 초대 교부들의 모범으로는 이탈리아 밀라노의 암브로스와 어거스틴의 사례들을 제시했다.

> 이런 형상들로 하나님께 예배를 올려드리는 것은 하나님의 이름에 대해 허구적인 예배를 드리는 것입니다. 기원할 때에 성자들의 형상들에게 올리는 것은 하나님의 명예를 죽은 사람의 뼈에다가 바치는 것입니다. 우리는 이런 것들과 비슷한 역겨운 행위들, 자신들의 색깔을 칠해 놓고서 참된 것이라고 설명하는 것에 대해서 반대합니다.
>
> 교회에 의해서 오랫동안 인정을 받아온 것들로서, 하나님께 예배드리는 것을 감히 폐지한 자들이 도리어 우리의 교리를 싫어하여 이단적이라고 우리

를 비난하는 것 입니다."[98]

칼빈은 하나님께서 충분히 경배를 받으시게 되는 조항들을 설명하면서, 바른 예배의 방식이야말로 하나님을 인식하는 원리적인 기초라고 강조한다. 하나님은 모든 덕, 의로움, 거룩함, 지혜, 진리의 유일한 원천이시다. 따라서 그 모든 선한 것들에 대해서 원천이 되는 오직 하나님 한 분만을 영화롭게 해야만 한다. 이런 모든 것들이 그분에게서만 나오기 때문이다. 이러한 실재들을 이해하는 상황에서 기도가 그분을 향하여 나오는 것이다. 이러한 예배 행위야말로 "하나님의 이름에 담긴 참된 거룩함이다"고 칼빈은 역설했다.

참된 예배가 기독교의 본질이다. 진정한 경건은 겸손하고 순수한 예배를 통해서 발휘된다. 성령은 자신을 높이려는 교만을 부인하게 만들어서, 오직 하나님을 참된 마음으로 찬양하게 한다. 여기서 칼빈은 예배의 방식에 대해서 중요하다고 강조했다. 청원서의 후반에 보면, 칼빈은 공적인 예배의 개혁을 어떻게 해야 하느냐에 대해서 세밀히 접근하였다. 칼빈은 참되고 진정한 예배라야만 하나님께서 기쁘게 받으신다는 사실을 성령이 성경 안에서 가르치고 있음을 상기시킨다. 그것이 바로 요한복음 4장 23절이다; "진리 안에서, 그리고 성령 안에서" 참된 예배를 올려야 한다는 것이다.[99]

칼빈은 참된 예배의 방식과 일반적인 규칙들을 구별하고자 하였다. 하나님을 사모하는 것만으로는 충분하지 않다. 참된 예배는 확실한 형식을 취하여야만 한다. 성경에는 분명하고도, 단순하게 참된 예배를 가

98　Calvin, "The Necessity of Reforming the Church," 1:128.
99　Calvin, "The Necessity of Reforming the Church," 1:128

르친다.

예배와 관련하여, 칼빈은 성경 두 곳을 제시하였다. 하나는 "순종이 제사보다 낫다"삼상 15장 22절라는 말씀이고, 다른 하나는 마태복음 15장 9절, "이 백성이 입술로는 나를 존경하되 마음은 내게서 멀도다 사람의 계명으로 교훈을 삼아 가르치니 나를 헛되이 경배하는도다."[100] 결국, 우리가 하나님께 예배를 드림에 있어서 어떤 방식으로 나아가야 하는지를 사람들 스스로 결정해서는 안 된다는 것이다. 칼빈은 바른 예배를 올려드리고자 한다면, 경배를 받으시는 하나님의 계시된 뜻에 따라서 복종해야만 한다는 점을 강조한다. 참된 예배는 그래서 제사가 아니라 순종이라는 것이다.

성례들의 시행에서도 문제점들이 많이 있음을 지적하였다. 세례에 사용되는 물은 아무런 신비적 현상이 수반되는 것이 아니요 그저 하나의 재료에 불과한 것이고, 본질은 성경 말씀에서 주어진다고 강조했다.

셋째로, 칼빈은 교회의 통치에 관해서도 매우 많은 양을 할애하였다. 칼빈은 로마 가톨릭에서 주장하는 '사도적 계승'apostolic succession이 끊어지지 않고 연결되어져 왔다는 자랑에 대해서 비판했다. 그러나 초대 교회에서는 주교의 직책을 맡은 자에게는 엄격한 생활과 교리에 대해서 점검이 있었다. 칼빈은 레오, 키프리안, 그레고리, 제4차 아프리칸 공의회를 증거로 지적했다. 따라서 로마 가톨릭에서 주장하는 로마 주교의 연속성은 안개 속에 있는 것이고, 사도들이나 교부들의 목양을 전혀 따르지 않고 있다고 비판했다.[101] 성직자들의 독신제도, 고기를 먹는 규정, 교황청의 호사로움 등에 대해서 지적하면서, 순수한 초대 교회의

---

100 Calvin, "The Necessity of Reforming the Church," 1:129.
101 Calvin, *Institutes of the Christian Religion*, IV.2.9. "로마 교회는 타락했으므로, 거부해야 한다."

아퀼라 공의회the Council of Aquila, 칼타고 공의회, 그레고리, 제롬, 암브로스의 사례를 제시했다.

참된 교회는 전적으로 머리가 되시는 그리스도와 함께 하는 교회이다. 오직 그리스도만이 교회 안에서 가장 높은 권위를 가지신다. 그리스도는 사람들의 행동과는 별도로 기적적인 방법으로 자신의 교회를 보전하고 지켜나가는 분이시다. 따라서 키프리안이 말한 것처럼, 참된 교회는 그리스도에게 속한 회원이 되어야 하는 것이다. 결코 교황의 무리에 들어가는 것이 아니다. 종교개혁자들은 교회를 분열시키려는 것도 아니요, 거룩한 공동체로부터 이탈하려는 것이 아님을 칼빈은 역설했다.

이 청원서의 마지막 구절은 매우 간절한다: "만일 귀하께서 더 이상 머뭇거리신다면, 우리는 독일에서 더 이상 이런 가시적인 교회를 볼 수 없다는 점을 저는 분명히 말씀드리고자 합니다."

> 우리 가운데서 기독교 종교를 유지하고, 또 그 진리를 지켜나가기 위해서 가장 중요한 것들이 무엇이냐는 질문을 받는다면, 가장 원리적인 위치를 차지하면서 그것들 아래에서 기독교의 전체 진리들을 깨달을 수 있게 하려면, 두 가지 사항들이 확실하여야 합니다.
>
> 첫째는 그것은 하나님께서 충분히 경배를 받으셔야만 하는 방식에 관한 것입니다.
>
> 둘째로는 우리가 구원을 얻게 되는 원천에 관한 것입니다.[102]

---

102 Calvin, "The Necessity of Reforming the Church," 1:126.

당대 유럽에서 최고의 권력자, 신성 로마 제국 황제 찰스 5세가 독일 여러 군주들과 같이 교회의 회복을 수행해 나가달라고 청원하였다. 그러나 찰스 5세는 긍정도 부정도 하지 않았다. 교회의 회복을 염원하는 수많은 경건한 성도들과 함께 군주들과 국가들이 참여해 줄 것을 간청하면서, 심각하게 병든 교회에 대해서 모든 사람들이 다 알고 있지 않느냐고 반문하였다. 또한 루터와 다른 개혁자들이 이미 시작한 것들을 확실하게 고쳐나가자는 것이니, 더 이상 지체하지 말고 즉각적인 도움을 달라고 간청했다.

1544년 4월 21일, 칼빈은 이 청원서를 멜랑톤에게 먼저 검토해 달라고 보냈다. 비록 이런 청원서를 제출하여 황제에게 호소를 하더라도 별로 큰 효과가 없을 것임을 짐작하고 있었을 것이다. 다만 칼빈은 이 글을 읽은 멜랑톤으로부터 비텐베르크 시민들이 생각하는 것들을 배우고자 했던 것이다.

1544년 6월 10일, 강화 회의에서 결론이 내려졌다. 찰스 5세는 개신교 지도자들에게 보편적이고, 자유로우며, 기독교인들의 종교 회의를 소집해 주겠다고 약속하였다. 이에 대해서 교황 바울 3세가 8월 24일에 "아버지와 같은 충고"를 보냈는데, 자신에게 상의도 없이 먼저 임의적으로 개신교 진영에게 회합을 허용한 것과 임시적으로 합의를 이룬 것 등을 비난했다. 교황은 황제를 가르치려고 쓰는 것이 아니라, 혜택을 주려는 것이라고 적었다.

황제의 약속과 조치에 따라서 양 진영이 다시 상의하는 모임을 개최해야 했지만, 교황이 주도권을 가지고 "트렌트 종교 회의"가 1547년 3월 3일에 회집된 후, 1551년까지 일곱 차례의 모였다. 루터가 95개 조문을 발표한 지 거의 삼십 년이 다 되어가는 무렵에, 교황이 일방적으로 주도하는 회의가 열린다 하니, 개신교 진영에서는 공평한 조건이 아니라는 이유로 참가를 거부했다. 곧바로 로마 가톨릭 측에서는 개신교회의 칭의론을 이단으로 정죄하는 "트렌트 선언문"을 발표했다.

6) 구원론의 정립과 『트렌트 선언문』에 대한 반박

중세 말기에서 종교개혁이 전개되던 시기에, 잘못된 예배에 대해서 철저히 거부하게 된 것은 그 배면에 작동하던 로마 가톨릭의 신학 사상 때문이다. 특히 가톨릭의 예배는 공로를 쌓아가는 선행을 강조하고 있기 때문이다.

파렐과 비레와 다른 목회자들의 요청에 따라서 칼빈은 트렌트 선언문을 비판하는 반박문 Acta Synodi Tridentinae cum antidoto 을 1547년 12월에 발표했다.[103] 로마 교황청에서는 루터와 종교개혁자들을 향해서 저주를 선언하는 내용을 1545년에 공포하였다. 사실 여기에 담겨있는 주장들은 오늘날까지도 로마 가톨릭의 구원론으로 각 성당에서 가르쳐지고 있는 실정이다. 칼빈의 반박문에는 우리가 지금 관심을 갖고 검토하는 교회의 예배 개혁에 관한 내용이 핵심 사항은 아니지만, 종교개혁의 구원론과 신학적 원리들이 탁월한 논지로 열거되어 있다.

1547년부터 다음 해까지, 찰스 5세와 루터파 군주들 사이에 "스말칼트 종교 전쟁"이 벌어져서, 양측은 처절한 댓가를 치렀다. 찰스 5세가 대체로 승리를 했지만, 독일 등 유럽 전 지역에서 완강한 저항을 했기에 결코 완전히 장악할 수는 없었다. 1548년 5월, 황제 찰스 5세는

---

103 *Calvini Opera*, 7:365-506. "Canons and Decrees of the Council of Trent, with the Antidote," in *Selected Works of John Calvin*, 3:17-188.

트렌트 종교 회의가 개신교 진영에 의해서 철저히 거부되고 있는 상황이 되자, 매우 못마땅했다. 그는 1548년 5월, 아우구스부르크에서 다시 종교 회의를 소집하였다. 종교개혁의 원리들과 예배에 관한 긴장이 절정에 도달하였다. 로마 가톨릭 율리우스 프룩Julius Pflug과 마이클 헬딩Michael Helding이 루터파 요한네스 아그리꼴라Johnnes Agricola와 함께 작성한 임시합의서가 나오게 되었는데, 양쪽 진영의 회합에 가서 추인을 받아오도록 제출되었다.

7) 성도의 자유에는 한계가 없는가?

칼빈은 1549년 봄, "아우구스부르크 종교 회의"에서 다뤄진 나온 내용들을 비판하는 문서를 작성했다.[104] 황제는 이 문서에 대한 비난을 금지시키면서 이를 어길 경우, 사형의 고통이 따를 것이라고 공표했다. 그러나 하인리히 불링거와 마틴 부써가 칼빈으로 하여금 이를 비판하는 글을 쓰도록 강권했다. 이에 따라서 칼빈은 구원의 은택이란 칭의와 성화라는 이중적 혜택이라는 내용을 강조하였다. 로마 가톨릭 측에선 칭의를 구성하는 요소로 사람의 공로와 선행을 강조하고 있었는데, 칼빈은 가장 핵심에 해당하는 구원론의 왜곡에 대해서 로마 가톨릭의 교리를 신랄하게 비판했다.

또한 아우구스부르크 종교 회의에서는 예배의 내용에 있어서 양심적인 자유의 범위, "아디아포라"adiaphora를 너무 광범위하게 적용하고자

---

104 *Calvini Opera*, 7:545-674. *Interim adultero-germanum, cui adiecta est Vera Christianae pafificationis et ecclesjae reformandae ratio*. English translation, "The Adultero-German Interim: The Interim, or Declaration of Religion of His Imperial Majesty Charles V." in *Selected Works of John Calvin*, 3:190-239.

했다. 그러나 칼빈과 동료 종교개혁자들은 하나님 자신에 의해서 주어진 말씀에 따라야만 한다고 주장했다. 성경에서 가르친 것만을 예배 시간에 실천하자는 것이다. 따라서 찬양곡의 선정에 있어서 오직 성경에 있는 시편 찬송만을 사용하여야 한다고 주장했다. 예배의 내용들과 절차들은 할 수 있는 한 성경 본문에 근거하여서만 규정해야 한다는 것이다. 이처럼 칼빈은 거의 십오 년 여의 투쟁에서 성경과 예배에 대한 일관된 입장에 있음을 보여주었다.[105]

"아우구스부르크 종교화의"는 거듭 회의를 지속하던 중, 1555년 2월에서야 작은 성과를 냈다. 이뤘다. 문서에 대한 비판서를 발표한 후에, 칼빈은 자신의 상세한 견해를 담아서, 『교회개혁과 기독교 세계에 참된 평화를 가져오는 방법』이라는 책자를 출간했다.[106] 이 글에서 칼빈은 중세 시대를 통해서 서서히 퍼져나간 로마 가톨릭 교회의 타락에 대해서 조목조목 비판하였다. 칼빈은 갈등을 겪고 있는 기독교 세계에 평화를 가져오는 참된 기초는 "하나님의 말씀에 따르는 순수한 개혁"이라고 규정했다. 모든 규정들을 성경에 따라서 개정을 한다면, 갈등을 넘어서서 평화가 찾아온다. 그러나 로마 교회의 문제는 교회의 개혁과 참된 평화에 대해서 도무지 "진정한 관심이 없다"는 점이라고 칼빈은 정곡을 찔렀다. 종교 화해를 도모하는 기간에 그 어떤 양보를 한다 하더라도, 그것들은 단지 전략들과 지연 전술에 불과한 것이다. 칼빈은 다시 한번 개신교 교리들을 오직 은혜와 오직 믿음에 기초한 칭의라는 점을 예배의 개혁에 임하는 근거로 제시했다.

105　Herman J. Selderhuis, *John Calvin: A Pilgrim's Life*, tr. Albert Gootjes (Downers Grove: IVP, 2009), 90.
106　John Calvin, "The True Method of Giving Peace to Christendom and of Reforming the Church," in *Selected Works of John Calvin*, 3:240-343.

칼빈은 교회의 개혁과 평화를 유지하는 방법은 "참된 신앙의 회복"vera religio이라고 확신했다. 가장 기본은 하나님을 향한 예배가 얼마나 순수하게 진행되느냐에 달려있는데, 이는 구원이 시행되는 수단들이기 때문이다. 예배의 타락은 단순히 그 시대만의 문제가 아니었기에, 오직 하나님의 말씀에 따라서 진행되어만 한다.

1550년에, 칼빈은 『교회 개혁의 방법에 대한 추가적인 논의』를 발간했다.[107] 칼빈은 두 가지 예배 중에 하나를 선택하라고 제시했다. "합법적인 예배"legitmum cultum를 드리든지, 아니면 "자의적 예배"will worship를 드리면서 죄를 범하든지 하라는 것이다. 이것은 모세를 따르든지, 바울을 따라가든지 하는 선택의 문제가 아니다. 하나님이 금지하는 예배는 모세에게도 분명했고, 바울 사도 역시 자기 의욕에 따라서ad eius voluntatem 제멋대로 예배를 드린 것이 아니다롬 12:1. 그리스도 한 분이 드린 희생 제사로 죄인의 속죄가 충분하기에 더 이상의 "중보 사역"은 없다. 로마 가톨릭에서는 신부들의 미사를 통해서 아직도 속죄제사를 반복하고 있다는 것은 비성경적이며, 어리석은 예배 행위이다.

8) 실제적인 예배 규정들

칼빈은 종교개혁의 성취를 위해서 무엇보다도 예배의 개혁을 가장 전략적으로 중요한 사항으로 간주하였다. 중세 말기부터 로마 가톨릭 교회에서는 미사를 시행했는데, 회중의 전혀 이해할 수 없는 라틴어로

---

107 *Calvini Opera*, 7:675-86. *Appendix Libelli adversus Interim adultero-germanum.* "Apendix to the Tract on the True Method of Reforming Church: in which Calvin refutes the censure of an anonymous printer on the Sanctification of Infants and Baptism by Women."

진행되었기에, 아무런 감동이 없었다. 로마 가톨릭의 예식은 성경 말씀의 제시와 성만찬의 시행으로 구성되어 있었으나, 제단의 사제가 중심이라서 일반성도들에게는 종교적 행사에 지나지 않았다. 중세 로마 가톨릭 교회에서 미사는 구원의 신비를 시행하는 핵심적인 예식으로서, 대속의 재현으로서 십자가의 희생을 제시하는 것으로 간주하였다. 칼빈의 예배 개혁이 어떻게 이뤄졌는지를 비교해 보면 쉽게 알 수 있다.

칼빈은 모든 예배의 전체 내용들과 항목들을 성경에 따라서 온전하고도 순수하게 구성하였다:

> 실제적으로, 칼빈은 교회 건물을 정화시켰는데, 모든 종교적인 형상들과 상징물들을 제거했다. 심지어 십자가마저도 그 어느 곳에 내걸지 않았다. 칼빈은 성경봉독과 설교를 회중들이 이해하는 언어를 사용하여 예배의 중심에 위치하도록 하였다. 그는 성경에 없는 의식들과 예식 절차들을 모두 폐지했다. 또한 칼빈은 예배에서 음악적인 악기들의 사용을 금지했으며, 회중들이 시편 찬송을 부르도록 했다. 그는 하나님의 말씀, 곧 그리스도의 복음을 회복했으며, 하나님과의 만남이 깊이 있게 이뤄지는데 예배의 중심이 위치하도록 이끌었다.[108]

칼빈의 예배 신학은 교회론의 중심 부분이기에, 먼저 칼빈이 교회의 개혁을 어떻게 규정하고 있는가를 살펴보는 것이 필요하다. 공적인 예배는 눈에 보이는 교회 활동에서 가장 중요한 은혜의 수단들이 작동하

---

108 W. Robert Godfery, "Calvin, Worship, and the Sacraments," in *Theological Guide to Calvin's Institutes: Essays and Analysis*, ed. David W. Hall and Peter A. Lillback, The Calvin 500 Series (Phillipsburg: P&R, 2008), 369.

는 곳이다. 말씀의 명령 앞에서 성도가 열정적인 반응을 드러내어서 하나님을 존경하는 마음과 경건을 증진시켜나가는 믿음의 연습이기도 하다.

첫째, 삼위일체 하나님의 택함을 받은 자들의 공동체

종교개혁자들의 교회론이 활발히 정립되어가고 있을 때에, 칼빈은 교회란 삼위일체 "하나님의 택함을 받은 백성들의 모임"이라는 개념을 근원적으로 중요시했다. 칼빈의 선택 교리와 예정론이 훗날 수많은 논의의 대상으로 전개되었지만, 교회는 "하나님의 택하심을 받은 자들"이라는 근거를 중요시했다.[109] 하나님의 택함을 받은 백성들이기에, 성도들은 그리스도의 참된 지체로서 확신을 가질 수 있고, 덧없는 인간의 판결을 넘어서서 참된 교회의 궁극적인 영역이 자리할 수 있는 것이다. 칼빈이 교회론에을 전개할 때에, 그의 선택 교리가 가장 근본적으로 자리하고 있으며, 이는 삼위일체 하나님의 경륜에 따라서 일관성있게 추진되어진 것임을 제시한다.[110] 교회의 본질을 규정하면서, 칼빈이 가장 먼저 하나님의 택하심이라는 것을 말했다고 해서, 칼빈이 무조건 선택론과 예정 교리만을 강조하는 것이라고 할 수 없음에 유의하기 바란다.

---

109 Wendel, *Calvin*, 264-71. E. Buess, "Pr destination und Kirche in Calvins Institutio," *Theologische Zeitschrift* 12:3 (1956), 347-361. Geddes McGregor, *Corpus Christi: The Nature of the Church According to Reformed Tradition* (Philadelphia: Westminster, 1958), 1-65. John Burkhart, *Kingdom, Church, and Baptism: The Significance of the Doctrine of the Church in the Theology of John Calvin* (Ann Arbor: Univestiy of Michigan Microfilms, 1959), 92-163. Kilian McDonnell, *Calvin, the Church, and the Eucharist* (Princeton: Princeton University Press, 1967). Benjamin Milner, *Calvin's Doctrine of the Church* (Leiden: E.J. Brill, 1970). David N. Wiley, "The Church as the Elect in the Theology of Calvin," *John Calvin and the Church: A Prism of Reform*, ed. T. George (Louisville:WJK, 1990), 96-117.

110 Philip W. Butin, *Reformed Ecclesiology: Trinitarian Grace According to Calvin*, Studies in Reformed Theology and History, Vol. 2, N. 1, (Princeton Theological Semianry, 1994), 10.

> 아버지 하나님의 친절하심에 의해서, 성령의 유효적 작용을 통해서, 그리스도와의 교제에 들어오게 된 모든 자들은 하나님의 보화이자, 인격적인 소유가 된 자들이다.[111]

위 문장과 연결된 부분에서, 칼빈은 믿는 자들은 "우리의 이해 범위를 넘어서서 신적으로 한 교회 안에 회원됨으로 세워진다"고 규정했다. 그것은 우리들의 손으로 만져본다거나, 눈으로는 확인해 볼 필요가 없다. 교회를 보다 폭넓은 맥락에서 볼 때에, 사도신경의 문구로 고백하는 단어가 "성도들의 교통"이라고 할 수 있다. 역시 같은 맥락에서, 칼빈도 하나의 외적인 교회에 대해서 적용하고 있다.[112] 칼빈은 한편으로는 보이지 않는 참된 교회를 말하면서도, 보이는 교회에 대한 강조를 소홀히 하지 않았다. "마지막으로 우리에게 이런 약속들이 적용되어진다는 것을 느낄 때에, 하나님의 공동체 안에서 우리를 지키고자 열정적으로 참여하게 된다."[113]

하나님의 예정에 따라서 택함을 받았다는 교리는 칼빈이 타락 후, 죄의 영향하에서 영적 무능력 상태에 있는 인간의 본성을 정확히 꿰뚫었기에 나오는 신학적 해답이기도 하다. 우리는 칼빈이 교회란 하나님의 택하심 속에서 예정함을 받은 백성들이라고 설명하는 것의 배경으로 그의 신론, 인간론, 구원론에 연결되어 있으면서, 전체를 아우르는 하나의 일관된 안목에서 근원적으로 작동하고 있음을 확인할 수 있다.

---

111 John Calvin, *Institutes of the Christian Religion*, IV.i.1.
112 Alexander Ganoczy, "Observations on Calvin's Trinitarian Doctrine of Grace," tr. Keith Crim, *Probing the Reformed Tradition*, eds., E. McKee and B. Armstrong (Louisville: WJK, 1989), 96-107.
113 Calvin, *Institutes*, IV.1.3.

교회가 성삼위 하나님의 택함을 받은 공동체로서 세워졌다면, 그 내적인 생명의 교통은 예배를 통해서 제공되는 은혜로 인하여 작동하게 된다.

신학적으로 말하자면, 칼빈의 교회론에서 모든 성도들이 다 함께 모여서 드리는 예배가 핵심이요, 근간을 이룬다. 믿음의 공동체가 함께 모이는 곳에서 드려지는 공적인 예배는 하나님의 은혜가 작동하는 가장 집중되는 장면이기 때문이다. 하나님과 인간 사이의 관계성의 유형적인 모체가 바로 "보이는 교회"인데, 가장 진정한 형태가 예배이다.

성도들이 공적인 예배를 통해서 은혜와 도움을 얻는데 다른 방법과는 비교할 수 없다. 하나님께서는 한걸음씩 자신이 양떼들을 예배를 통해서 이끌어 가신다. 성령의 권능이 임하여 성도들에게 능력을 부어 주시며, 양심을 밝혀서 조명하심으로 말씀을 받게 하신다. 여기서 칼빈은 성령에 대해 강조하는데, 하나님의 은혜에 대해서 반응하도록 하는 원천적인 능력을 주시기 때문이다.

칼빈은 참된 교회의 표지로 하나님의 말씀의 순수한 선포와 예수님이 제정한 바에 따르는 성례들이라고 규정했는데, 이런 것들을 식별하는데는 눈에 보이는 "교회의 얼굴"을 보면 바로 알 수 있다고 보았다. 보이는 교회를 대해서 칼빈은 이처럼 매우 적나라한 표현을 사용했던 것은 로마 가톨릭 교회나 제세례파의 왜곡됨을 보다 분명히 알리고자하는 의도였다. 이처럼 누구나 참된 교회를 알 수 있다는 것을 시각적인 언어를 채용해서 부각시킨 것이다. 그러면 참된 교회임을 확인하는 표식이란 무엇인가?

> 하나님의 말씀이 순수하게 선포되고, 들려지며,
> 그리스도가 제정하신 대로 성례가 집행되는 곳이 참된 교회다.[114]

칼빈이 단지 두 가지 표지만을 규정한 것은 루터파 신앙고백서 중에서 초창기에 나온 "아우구스부르크 신앙고백서"Augsburg Confession, 1530에 담겨있는 것과 비교해 볼 때에, 큰 차이가 없다.[115] 칼빈이 강조한 참된 교회의 두 가지 표지들은 루터, 멜랑톤, 부써 등 다른 종교개혁자들과 동일한 내용이다. 이들 표지들을 통해서 하나님께 올리는 예배가 가장 신실하게 진행 되어질 때에, 참된 교회의 여부가 외부적으로 드러난다.[116] 칼빈은 최소한의 표지들로서 두 가지를 언급했지만, 교회의 본질the church's esse을 설명하는 부분기독교강요, 4권 12장에서는 가장 중요한 표지로서 "권징"discipline을 강조했다. 또한 칼빈은 성도들이 동일한 하나님을 고백하는지의 여부를 판단할 수 있는 보다 특정한 표지들로서는 1. 믿음의 고백, 2.삶의 모범, 3.성례들에 참여함이라고 규정했다.[117]

참된 교회인지 아닌지는 공적인 예배의 내용에 달려 있는 것이다. 참된 교회를 구별해 볼 수 있는 가시적인 표지들이 실현되는 곳은 예배가 진행되는 현장에서다.[118] 참된 교회의 핵심적인 표지들은 성도들이 모여있는 가운데 진행되는 예배에서만 구체화된 표현들을 볼 수가 있다. 참된 교회는 예배의 핵심적인 구성 요소로서 모두가 볼 수 있는

---

114 Calvin, *Institutes*, IV.1.9.
115 Paul Avis, *The Church in the Theology of the Reformers* (Atlanta: John Knox, 1981), 29-35.
116 Avis, *The Church in the Theology of the Reformers*, 45-63.
117 Calvin, *Institutes*, IV.i.8. W. Neuser, "Calvin's Teaching on the *notae fidelium*: An Unnoticed Part of the *Institutes*, 4.1.8," tr. M. Burrows, *Probing the Reformed Tradition*, ed. E. McKee and B. Amstrong (Louisville: WJK, 1989), 79-95.
118 Calvin, *Institutes*, IV.1.16. "*symbola ecclesiae dignoscendae*".

특징을 드러낸다. 반대로 말하자면, 교회의 모임이 없는 곳에서는 말씀, 기도, 성례, 구제 등의 일들이 일어날 수 없다.

참된 예배는 먼저 말씀에 중심을 둔다. 그리고 성례를 시행한다. 이들 두 가지 내용들은 성삼위 하나님의 은혜가 가시적으로 시행되는 현장이며, 예배하는 공동체는 하나님의 임재 가운데서 믿음으로 그 자리에 참여한다.

> 주님의 거룩한 말씀과 성례, 이들 두 가지 가운데서 주님께서 우리에게 자비와 그의 은혜의 보증을 제공하신다는 것이 확실하다.[119]

말씀은 믿는 자에게 은혜를 내려 주시는 하나님의 은혜의 수단이다. 그 어느 것보다도 말씀의 선포, 복음의 합당한 설교는 교회의 중심으로서 그리스도의 권위와 임재 가운데 있다는 것을 가장 신뢰할 수 있도록 지적해주는 표지이다.

> 설교를 통해서 전달되는 은혜의 복음만이 교회를 세우고, 성도들을 하나로 묶어주며, 배움과 진보를 통해서 공통된 마음을 갖게 하고, 하나님에 의해서 제정된 교회 질서를 지켜나가는 것이다.[120]

---

119 Calvin, *Institutes*, IV.14.7.
120 Calvin, *Institutes*, IV.14.5-6. 칼빈의 설교에 관한 해설을 참고할 것. T. H. L. Parker, *The Oracles of God: An Introduction to the Preaching of John Calvin* (London: Lutterworth, 1947); idem, *Calvin's Preaching* (Louisville: WJK, 1992). Ronald Wallace, *Calvin's Doctrine of the Word and Sacrament* (Grand Rapids: Eerdmans, 1953). John Leith, "Calvin's Doctrine of the Proclamation of the Word and its Significance for Today," in *John Calvin and the Church: A Prism of Reform*, 206-229.

설교에 대한 설명에서, 칼빈은 "하나님께서 친히 회중들 가운데서 말씀하신다"고 하면서, 우리들이 이러한 것들을 알도록 하시고자, "땅에 있는 도구들을 통해서 우리에게 측량할 수 없는 보화를 주신다"고 하였다.[121] "하나님의 얼굴이 우리를 향해서 교훈 가운데서 비치신다"고 하면서, "성소에서 하나님의 얼굴을 찾으라"고 하신 구약 성경의 경계하심과 같은 이치라고 설명했다. 이와 유사하게, 신역 성경에서도 사도 바울이 "그리스도의 얼굴 안에서 비추던 하나님의 영광이 그의 말씀 안에서 빛난다"고 지적했다. 하나님께서는 항상 자신을 영적으로 알게 하시고자 그의 교훈들의 거울 속에서 계시하신다. 유효적 설교와 교훈은 실제로 교회 안에서 보이는 은혜가 표현되어진 것이라는 칼빈의 강조는 매우 인상적이다. 말씀과 성령의 역동적인 상호 작용에 의해서, 하나님께서는 마치 친히 말씀하시는 것처럼 자신의 사역자들이 증거하는 것을 듣게 하신다.

예배의 핵심 내용이자, 종교개혁 시대에 가장 큰 신학적 논쟁은 성례들에 관한 교리적 정립이었다. 칼빈에게 있어서 성례들은 "경건의 총체"이자, "거룩함의 요약"이다. 성례들은 하나님으로부터 온 "보이지 않는 은혜"가 실재이고, "상징적인 형태"를 보는 것이요, "거룩한 은혜의 외적인 상징"이라는 개념이 칼빈의 기본 입장이다.[122] 이런 해설들은 칼빈이 어거스틴과 피터 마터 버미글리 등의 글에서 인용하기도 하고, 참고한 것들이다.[123]

---

121 Calvin, *Institutes*, IV.1.5.
122 Calvin, *Institutes*, IV.14.1.
123 Joseph McClelland, *The Visible Words of God: An Exposition of the Sacramental Theology of Peter Martyr Vermigli* (Edinburgh: Oliver and Boyd, 1957), 128-138. B. A. Gerrish, *Grace & Gratitude: The Eucharistic Theology of John Calvin* (Minneapolis: Fortress, 1993).

성례들은 선포된 말씀에서 이미 약속하신 것을 "인치"는 것이다.

> 성례들은 분명히 약속들을 가져온다; 이 특징이 말씀에 이어서, 넘어서서 인생으로부터 하나의 그림 안에 채식화 되듯이, 우리를 위해서 제시된다.
> .. 참으로 신자들이 자신들의 두 눈으로 성례들을 보고 있는 그 때에, 물체적인 현상에서는 아무 것도 볼 수 없지만, 성례들 가운데 감춰져 있는 그 고상한 신비로움들에 깊이 젖어서 묵상하면서 한 걸음씩 올라가는 것이다.[124]

칼빈은 이러한 성례에서의 은혜 주심에 대한 모든 신비로움을 자신이 모두 다 이해 한다기 도리어 믿음으로 느낀다고 하는 표현이 매우 인상적이다. 성례는 하나님의 선하심을 기억하면서, 선하심과 친절하심에 대한 감사의 성찬이다. 성만찬은 즐거워하도록 하며 찬양하고, 감사를 올리도록 한다. 모든 선한 것들의 근원은 하나님이시며, 그분이 내려 주시는 생명의 양식이다.[125]

둘째, 실제적인 규칙들

필자는 특히 칼빈의 신학 사상이 제네바 교회의 목회에서 어떻게 적용되었던가에 대해서 주목하고자 한다. 칼빈은 기본적으로 말씀을 선포하는 설교자요, 목회자였다. 앞에서 설명한 바와 같이, 프랑크푸르트 교회를 위해서 조언한 칼빈의 실제적 적용들에 관한 내용들에는 유연하고 포용적인 태도를 강조했는데, 이것은 그의 견해가 변질되었거나 달라졌음을 의미하고 있는 것들이 아니다.

---

124 Calvin, *Institutes*, IV.14.5.
125 Calvin, *Institutes*, IV.14.9-11.

앞에 살펴본 바, 프랑크푸르트의 소용돌이를 안타까운 마음으로 조언하고 있던 무렵에, 제네바에서 행한 칼빈의 설교들은 매우 중요한 예배 원리들이 담겨 있었다. 이 무렵 칼빈은 주로 신명기에 담긴 계명들에 대해서 설교하고 있었는데, 여기에는 예배 원리에 관한 내용들이 많았다. 1555년 5월, 칼빈은 신명기 4장에 대한 다섯 번째 설교에서, 예배 원리와 형상에 관하여 매우 중요한 신학적 지침을 제시했다.

> 다시 한번, 교황주의자들이 교회들 안에서 형상들을 사용하는 목적이 무엇이겠습니까? 그들의 역사가들이 지식을 갖고 있습니까? 아닙니다. 사람들로 하여금 존경심을 불러일으키는 아주 진지한 용모를 갖춘 작은 인형들을 세워놓은 것일 뿐입니다. 한 교회 안에 그토록 빨리 형상을 세워놓을 수 없을 터인데도, 사람들은 그 앞으로 달려가서 그 앞에 무릎을 꿇고 그것에 대해서 친절한 경배를 올리고 있는 것 입니다. 교황주의자들이 하는 것 보다 더 주님의 영광을 손상시키고, 우리 주 예수 그리스도의 위엄을 찢어버리는 방안을 만들어낼 사람이 있을까요?
>
> 자 여러분, 그들은 예수 그리스도를 그림으로 그리고, 초상화를 만들었습니다. 그분은 우리가 아는 바와 같이, 사람일 뿐만 아니라, 육으로 오신 하나님이십니다. 그러한 분을 어떤 것으로 표현해 낼 수 있겠습니까? ...
>
> 이것은 우리 주님 예수 그리스도, 지혜이자, 신적인 권세를 가지신 분을 가장 철처히 지워버리는 짓이 아니겠습니까?[126]

제2계명을 적용함에 있어서, 칼빈은 그 어떤 형상이나 그림도 만들

126　Calvin, *Sermons on Deuteronomy* (1555-56), tr. Arthur Golding (London: 1583, repr. Banner of Truth, 1987), 138.

지 말라는 말씀을 "보이는 미술품"에 대한 규정이라고 보았다. 예배의 대상은 삼위일체 하나님이시며, 그분의 위엄과 권위를 사람의 손가락으로 왜곡해서는 안 된다.

> 우리는 하나님의 말씀에 규정된 바를 단순하게 따라가야만 한다. 그것들에다가 그 어떤 것도 전혀 추가해서는 안 된다. 비록 아주 작은 것이라 하더라도, 우리가 그런 것들에 빠져버리게 되면, 그 어떤 경우라하더라도 곧 바로 우리는 자신을 스스로 정당화하려고 할 것이다. 하나님께서는 확실히 우리를 벌하실 것이다.[127]

1555년 6월 17일, 칼빈은 신명기 5장 8-9절에 대한 설교를 했다. 칼빈은 죄의 영향력이 너무나 강렬해서 타락한 인간들이 우상 숭배로 이끌리게 되어 있어서, 하나님께서 그들을 엄격한 형벌로 다스리지 않으신다면, "하나님의 위대하심에 반대되는 쪽으로 우상들을 좇아 갈 것이다"고 선포했다.[128]

앞에서 지적한 바와 같이, 칼빈은 교회 안에서 그리스도의 용모를 그린 초상화를 사용하지 못하도록 하였는데, 이러한 엄격한 입장이 청교도와 네델란드 등 여러 지역 개혁교회의 원칙이 되었고, 루터파에서는 관대하게 허용하였다. 칼빈은 하나님의 말씀에 따라서 드리는 예배가 되도록 하기 위해서, 합당한 전략을 수립 하는데 집중하였다.

칼빈의 종교개혁에서 예배의 내용들을 결정하는 원칙은 분명하게

---

127 *John Calvin's Sermon on the Ten Commandments*, tr. & ed., B.W. Farley (Grand Rapids: Baekr, 1980), 66.
128 *John Calvin's Sermon on the Ten Commandments*, 68-80.

하나님의 말씀에 따라서만 예배를 드린다는 것이다. 공예배는 설교, 기도, 성례가 중심이 되었다. 제네바에서 그가 실현한 예배의 원천적인 개혁은 유럽 전 지역으로 확산되었다.

스트라스부르크에서부터 제네바에서까지, 칼빈의 예배개혁에서 핵심을 이루는 부분은 예배 의식들이 진행되는 동안에 하나님과의 만남을 깊이 있게 인도한다는 점이다. 여기에는 칼빈의 신학 사상에 기초한 탁월한 안목이 반영되어져 있으니, 하나님께서는 자신의 말씀으로 사역자를 통해서 자기 백성들에게 말씀하시고, 성도들은 그 말씀 앞에 반응을 한다는 "대화적 구조화"Dialogical organization이다.[129] 예배는 인도자가 시편 124편 8절, "우리의 도움은 천지를 지으신 여호와의 이름에 있도다"을 낭송하면서 시작한다. 그리고 죄의 고백으로 나아간다. 스트라스부르크에 있을 때에는 이 기도를 드린 후에, 칼빈이 사죄의 선포the absolution를 포함시켰다.

그러나 제네바 시의회에서는 목회자가 이러한 선포를 하지 못한다고 금지시켰다. 예배 중에는 오직 시편 찬송만을 회중들이 부르게 하였다. 다른 도시에서 다소 예외적인 찬양곡의 사용하다라도 칼빈은 묵인했다. 따라서 1542년에 제네바에서 확정된 예배의 내용들과 항목들은 오늘날 우리가 드리는 주일 오전 예배 순서와 크게 차이가 없다.[130] 최종적인 예배 의식서는 1545년 6월 10일자로 출간되었다.[131] 전쟁이나 흑사병과 같은 상황에 따라서 찬송이나 기도의 순서가 약간 변경이 있

---

129 R. Scott Clark, "Calvin's Princile of Worship," 265.
130 *Calvini Opera*, 6:161-210. *La Forme des prières et chantz ecclèsiastiques*. de Greef, *The Writings of John Calvin*, 129.
131 칼빈이 마지막으로 출간한 제네바 예배의 예식서는 제목이나 내용에서나 그 이전의 것과 차이가 없다. *La Forme des prières et chantz ecclèsiastiques, avec la manière d'adminststrer les sacramens, et consacrer le mariage, selon la coustume de l'èglise ancienne* (Strasbourg: 1545).

었다. 주일 오후 예배와 주중에 실시되는 예배에는 회중을 위한 목회 기도가 있었다.[132]

스트라스부르크, 1540	제네바, 1542
기원 (시편 124:8)	
죄의 고백과 기도에의 부름	죄의 고백
사죄의 확신에 대한 성경 말씀	사함을 위한 기도
사면 선언	
찬송	
순종에 대한 기도	
기도 (주기도문이 포함됨)	
찬송	
성령의 조명을 위한 기도	성령의 조명을 위한 기도
성경낭독	성경낭독
설교	설교
다락방 강화의 예식	
구제 헌금 모음	구제 헌금 모음
기도 (다른 성도들을 위한 간구가 포함됨)	기도 (다른 성도를 위한 간구)
주기도문의 해설	주기도문 해설
찬송 (사도신경을 가사로 함)	찬송 (사도신경을 가사로 함)
헌신기도	

---

132 T.H.L. Parker, *John Calvin* (Tring: Lion Publishing, 1982), 103.

성례의 말씀	성례의 말씀
권고	권고
	헌신기도
빵을 뗌	빵을 뗌
교부	교부
잔을 나눔, 시편 찬송	잔을 나눔, 시편 찬송
성찬후 거둠	성찬후 거둠
찬송 (눅 2:29-32)	
축도 (민수기 6:24-26)	축도 (민수기 6:24-26)

예배의 예식적 순서와 질서를 개혁하되, 말씀에 따라서 전통적인 예식들을 철폐하였고, 객관적이며 외부적으로 확인할 수 있는 형태를 구축하였다. 그러나 이러한 개혁된 성경적 예배에 참석하는 것만으로 모든 사람이 다 은혜와 감사의 제사를 하나님께서 받으시도록 올려드렸다고 말할 수가 없다. 형식은 갖췄으나, 과연 "상한 심령으로" 하나님과의 교통을 이뤘느냐가 남아있는 것이다. 성도들의 심령 속에 하나님의 거룩한 영이 역사하여만 가능한 것이다.[133]

성경에 나오진 않는 문장들 중에서, 칼빈이 공식적인 주일 예배에 채택한 것은 "사도신경"the Apostles' Creed 뿐이다. 우리가 잘 알고 있듯이, 사도신경은 누가 언제 어떻게 만들었는가에 대하여 역사적인 고증이나 정확한 증거가 없다. 16세기의 종교개혁자들도 이를 잘 알고 있었다. 더구나 사도들이 직접 작성한 고백서는 아니더라도, 거의 모든 문구

---

133 김재성, 『존 칼빈: 성령의 신학자』 (증보판, 기독교문서선교회, 2014).

가 성경내용과 별로 차이가 없다. 사도신경은 성도들의 신앙 교육을 위해서 유익한 기능을 하고 있었으므로, 종교개혁자들이 채용한 것으로 보여진다.

위의 순서에는 성례가 생략되어 있는데, 설교 후에 성례를 집례하였다. 칼빈은 성례가 "눈에 보이는 말씀들"이라고 설명한 어거스틴의 저서를 많이 인용했다. 성례는 오직 주님의 약속에 근거하는 것이기에, 믿음의 말씀을 선포하고 이를 바르게 이해하도록 풀이하는 것이 매우 중요한 과정이었다.

세례는 주일 오후 예배 시간에 실시하거나, 혹은 주중 예배에 설교 직후에 평범한 물을 사용했다. 소금이나 기름 등은 사용하지 않았다. 성만찬은 한 주 전에 미리 충분한 준비를 하도록 안내를 했다. 자녀들도 합당한 신앙 교육을 받았고, 신앙고백을 했으면 동참케 하였다. 여행자들이나 낯선 사람들에게는 미리 개인적으로 가르침을 제공했다. 칼빈은 성만찬이 가치있는 감사의 예배가 되도록 강조했다. 고린도전서 11장 23-26절을 중요한 지침으로 가르쳤다. 성찬을 받기에 합당하지 않은 사람들은 제외되었다. 성도들이 스스로 살펴서, 성찬을 받기에 아무런 거리낌이 없도록 준비케 하라는 사도의 가르침을 실행했다.

한걸음 더 나아가, 칼빈은 우리의 믿음이 불완전하다는 사실을 주지시켰다. 예수님은 병든 자에게 의원이 필요하다고 가르치셨는데, 주님의 만찬은 병들고 가난한 성도들에게 주는 치료약과 같다. 성도들은 예수 그리스도의 약속에 소망을 둔다. 주님께서는 우리와 교제하기를 원하시며, 성령으로 우리 안에 임재하시고 우리도 또한 주님 안에서 살아간다. 칼빈은 성만찬에 참석한 성도들이 "마음을 들어올려서"Sursum Corda, lift up our heart 천상의 영광 중에 계신 주님과 함께 교통하며, 거기로

부터 내려 주시는 영적인 생명을 얻도록 촉구했다.[134]

칼빈의 예배 개혁을 요약하면 다음과 같다.

첫째로, 예배의 개혁은 내적인 경건과 긴밀히 연결 되어지는 바, 칼빈은 예배에 참여하는 성도들은 참된 믿음을 표현하는 것이며, 경건을 실천을 하고 있다고 격려하였다.

특히 매 예배 시간마다, 칼빈은 철저히 성경 말씀을 들려주었다. 그는 매우 진지한 강해 설교를 통해서 성도들을 양육하고 설득해 나갔다. 하나님의 은혜 안에서 믿음으로 의롭다 하심을 받는다는 신앙고백을 확신하도록, 예배의 중심에 위치한 설교 시간에 성도들의 마음과 생각을 바꾸려는데 초점을 맞추었다.

개혁된 예배에 참여함을 통해서, 성도들은 로마 가톨릭에서 가르치던 미사를 완전히 거부할 수 있게 되었다. 성도들은 차츰 교황청이 조장해온 성자와 성물 숭배, 마리아 찬양 등 각종 미신들과 무지한 관습에서 벗어나게 되었다. 어떤 성례에 참여한다거나, 혹 죽은 성자들이나 살아있는 성직자들이 관여함으로 얻을 수 없다는 점을 터득하게 되었다.

칼빈이 제네바에서 첫 목회 사역을 시작할 때로부터 삶을 마감하기까지 평생 동안에 가장 관심을 갖고 몸부림쳤던 중요한 과제는 하나님의 말씀에 따라서 교회의 공식적인 예배를 정착시키는 일이었다. 종교

---

134 Jeffrey B. Wilson, "The Sursum Corda Promotes Corporate Worship," The Orthodox Presbyterian Church. https://opc.org/os.html?article_id=453. "Calvin's Use of the Sursum Corda," in *Roots of Reformed Worship*, A Publication of Echo Hills Christian Study Center.https://centralpresworship.files.wordpress.com/2012/02/roots-of-reformed-worship-6-calvin-and-sursum-corda.pdf

개혁의 여러 부분들 중에서도, 제네바에서만큼은 교회의 독립성을 확고히 정착시키면서, 공예배를 중심으로 하는 초대 교회의 모습을 복원시키고자 노력했던 것이다. 그는 교회의 모든 예배와 목양 사역의 내용들을 성경에 따라서 사람이 합리적으로 생각하는 것들을 반영하는 것이 아니라, 오직 하나님이 원하시는 바대로 정립시키고자 노력했다. 이로 인해서, 첫 번째 제네바 교회의 로마 가톨릭적인 관습들을 폐지하려다가 저항하는 시의회 권세자들로부터 쫓겨나는 수모를 당하기도 했다.

칼빈은 예배에서 중심에 설교를 복원시켰다. 이것은 로마 가톨릭에서 시행하는 것을 완전히 폐지하는 예배 행위였다. 강단에서 로마 가톨릭 성직자가 집행하는 예식을 통해서 속죄 사역을 재구성하는 것이 아니라, 설교가 중심적 행동이 되도록 하여, 단순하면서도 순결한 예배가 정착되도록 최선을 다했다. 제네바 교회에서 목회자로 헌신하면서 성취한 업적들 중에서, 오늘날 가장 소홀히 취급되는 부분이 바로 칼빈이 예배 원리를 정착시킨 노력들과 그 성공적인 열매들이다.[135] 그의 신학 사상에 대해서는 많은 논의와 연구가 있으나, 예배의 원리를 바로 세우고, 시편 찬송을 보급하면서 공예배를 회복한 노력들에 대해서는 관심이 부족하다. 우리가 주일날마다 공적인 예배의 핵심 내용들로 채택한 것들은 거의 대부분 칼빈이 제네바 교회의 예배 시간에 성취한 유산들을 물려받은 것이다. 그가 로마 가톨릭과의 대립과 긴장 속에서 말씀을 따르고자 노력한 것처럼, 우리들도 온전한 예배를 하나님만을 영화롭게 하도록 하면서, 동시에 죄인에게 내려주시는 충만한 은총을

---

135 Scott M. Manetsch, *Calvin's Company of Pastors*: Pastoral Care and the Emerging Reformed Church, 1536-1609 (Oxford: Oxford University Press, 2012), 33.

체험하도록 노력해 나아가야만 할 것이다.

그러나 코로나 바이러스의 대유행과 펜데믹 시대를 살아가면서, 전 세계 교회는 모이는 공적인 예배를 폐지하는 등, 극한 상황에 처하고 말았다. 하나님을 향해 나아가서, 마음과 정성과 힘과 뜻을 다하여 바치는 예배가 송두리째 무너져 버린 너무나 안타까운 현상이다.

둘째로, 칼빈이 예배 개혁이라는 과제를 성경적으로 정립하는 내용들을 살펴보면, 삼위일체되신 하나님의 은혜로운 시행이라는 구조적 이해가 항상 담겨 있음에 유의하게 된다.

성경의 증거들을 통해서, 우리를 구원하시는 놀라운 비밀들을 깨우치게 되는데, 성부 하나님과 성자 예수님과 성령님이 하나이시며, 동시에 상호 교류와 상호 임재 가운데서 구원의 경륜적 사역들을 펼치고 있다. 칼빈은 로마 가톨릭에서 전혀 소홀히 취급한 삼위일체 하나님의 은혜로운 사역을 근본적으로 설정하고, 강조했다 요일 5:5-8.

참된 예배는 삼위일체 하나님의 은혜가 보이는 공동체 안에서 작동한다는데 초점이 모아져 있다. 칼빈은 성경을 통해서 터득한 바, 항상 삼위일체론적 신론을 성경적으로 인식했다는 점에서, 중세 말기 신학과 큰 차이가 있다. 우리가 성부 하나님, 성자 예수님, 성령님을 찬양하지 않는다면, 하나님에 대한 찬양이 불가능하다고 말했다.[136] 성령의 내주하심이라는 원천으로부터 나오는 믿음을 인하여 감사, 찬양, 기도, 헌신, 순종이 가능하게 된다. 참된 그리스도인으로 순종의 첫 단계는 전심을 다하여 예배하는 일에 초점을 맞추는 일이다.

---

136 Calvin, *Commentary on Isaiah* 6:3.

종교개혁의 본질이자 핵심이 믿음으로 얻는 칭의 교리를 주창한 루터의 투쟁으로 단번에 완성된 것이 아니라, 유럽 각 지역 교회들에서 종교개혁에 가담한 성도들이 로마 가톨릭의 미사와 예식들을 거부하며 동참하지 않음으로 확고히 정착되어 나갔다. 성경적 교리를 가르치면서, 개혁주의 진영의 최선두에서 교회의 예배 갱신을 정립한 목회자가 바로 칼빈이다.

오늘날 공적인 예배가 갖가지 변형된 형태로 개방된 나머지, 예배의 원리와 중심이 무엇인가를 잃어버리는 경우가 너무나 많은 것을 목격하게 된다.[137] 칼빈의 예배 신학의 원리들이나 그 적용사역들이 점차 희미하게 되고 말았다. 지금은 교회의 예배에서 무엇을 어떻게 갱신할 것인가를 분별하지 못하는 경우가 너무나 많다. 대단히 안타까운 것은 칼빈의 예배 신학이 전혀 중요시되지 못하고 있다는 점이다.

교회의 공적인 예배는 오직 삼위일체 되신 하나님만을 영화롭게 하다는 기본적인 성경의 명령과 지침을 벗어나서, 사람들 중심으로 변질하였다. 차츰 사람들의 각종 종교적 욕망들을 채워주는 쪽으로 채워지고 있는 실정이다. 오늘날 현대식으로 갱신되었다고 하는 예배에서 "체험을 강조하는 주관주의"와 "인본적인 자율주의"에 사로잡히는 경우가 너무나 많다. 예배의 대상이 되시는 하나님께만 영광을 돌려야 하는데, 이러한 예배의 원리들은 거의 아랑곳하지 않는 경향이다. 일종의 음악 행사가 되거나 특수한 설교자의 돋보이는 공연 쪽으로 기울어져서, 예배의 본질을 잃어버리고 말았다. 예배가 하나님을 중심으로 하는 것이 아니라 타락한 인간들의 여러 가지 부족함들을 채워주는 방편들로 사

---

137 Bob Kauflin, *Worship Matters* (Wheaton: Crossway, 2008), 18.

용되고 있기 때문에, 칼빈의 예배 원리 등은 진지하게 살피는 성찰이 거의 찾아볼 수 없게 된 것이다.

현대 예배의 문제점은 부패하고 욕망에 사로잡혀 있는 각 개별 성도들의 요구들이 반영되어서, 하나님께서 금지하는 것이라 하더라도, 크게 개의치 않고 있다는 점이다. 칼빈이 그토록 경계했던 양쪽의 극단들, 하나는 거대한 로마 가톨릭 조직의 형식적인 미사들, 또 다른 하나는 "주관적 유연성"flexibility of subjectivism을 강조하는 개인적 성향들로 채워진 예배가 성행하고 있다. 철저히 하나님께만 올려야 할 경배는 사라지고, 무엇이든지 사람들이 하고 싶어 하는 것들로 가득하다. 너무나 지나치게 유연하고도 자유로운 순서들이 아무런 제제도 받지 않는 채, 공적인 예배 시간에 실현되고 있는 실정이다.

17장 은혜의 방편들

하나님께서 죄인들을 구원하실 때에 사용하시는 은혜의 방편들, 혹은 은혜의 수단들은 예배의 핵심 내용을 구성한다. 하나님께서는 예배에 참석하는 자기 백성들에게 은혜를 내려 주시려고 아주 특별하게 사용하는 방법들을 제정하셨다. 하나님이 성령의 역사하심 가운데서 사용하는 "은혜의 방편들"media gratia: means of grace은 "말씀, 성례들, 기도" 세 가지이다. 성경을 연구한 종교개혁자들의 가르침을 근간으로 하여, 『웨스트민스터 신앙고백서』 25장 3항과 27장에서, 설교, 성례, 기도라는 세 가지 은혜의 방편들을 간략하게 제시하였다. 하나님의 은혜를 받는 방편들을 따로 만들어서 어떤 종교적인 행위를 하라는 것이 아니고, 예배라는 공적인 교회의 모임을 통해서 구원의 은혜를 전달해 주신다. 말씀 선포를 통해서는 크신 사랑을 내려 주시고, 기도와 찬송을 통해서는 하나님께 말씀을 올릴 수 있는 길을 열어놓으셨다. 하나님께서 사용하시는 "은혜의 방편들"은 성령의 도구로 사용하시는 것들로서, 성도들은 믿음으로 참여하는 가운데 그리스도와의 연합을 성취하도록 만

든다.[1]

　은혜의 방편들 세 가지 중에서, 가장 중심이 되는 것은 하나님의 말씀이다. 예배의 중심 내용인 말씀과 성례는 서로 뗄레야 뗄 수 없는 긴밀한 관련성을 갖고 있다. 말씀의 약속에 따라서 성례들이 시행되어지는 것이요, 말씀이 가르치는 대로 기도를 아뢰는 것이다. 또한 말씀과 성령은 각각 구별은 하되, 그 사역에서는 결코 서로 간의 긴밀성을 분리할 수 없다. 우리에게 주어진 말씀은 성령의 감동으로 쓰여진 것이다. 말씀은 각 개인의 심령에 성령의 조명을 통해서 역사하게 된다. 말씀은 교회의 공동체 속에서 성령의 객관적인 역사로 인하여서 감동과 충만으로 인도한다.

　여기서 "은혜"란 무엇인가?

　은혜는 공로가 없는 죄인을 향한 하나님의 호의를 의미한다.[2] 바울 사도는 "그리스도 예수 안에 있는 구속으로 말미암아 하나님의 은혜로 값없이 의롭다하심을 얻은 자 되었느니라"롬 3:24고 설명하면서, 그 앞에 나오는 하나님의 심판과 대조시켰다. "모든 입을 막고 온 세상으로 하나님의 심판 아래 있게 하려 함이니라"롬 3:19. 하나님이 의롭다 하시는 은혜를 받은 자들은 원래는 죄있는 자로서 저주를 받아 마땅한 사람들이었다. "일하는 자에게는 그 삯을 은혜로 여기지 아니하고 빚으로 여기거니와"롬 4:4. "만일 은혜로 된 것이면, 행위로 말미암지 않음이니 그렇지 않으면 은혜가 은혜가 되지 못하느니라"롬 11:6. 이처럼 은혜는 사람이 노력이나 공로를 쌓아서 획득하는 것이 아니라, 받을 자격이 없는

1　J. Van Genderen & W. H. Velema, *Concise of Reformed Dogmatics* (Phillipsburg: P & R, 2008), 753-4.
2　J. Murray, *Systematic Theology*, I:119.

자에게 베풀어지는 호의이다.

은혜의 개념 자체가 구원에 연결되어 사용될 때에 가장 풍성하게 드러났다. 중세 말기 로마 가톨릭과 종교개혁자들 사이에 현격하게 차이가 났다. 로마 가톨릭에서는 은혜주입설을 가르치면서, 하나님으로부터 나온 어떤 물질적인 요소들이 성직자의 사역을 통해서 역사한다고 강조했다. 성직자가 집례하는 일곱 가지 성례들을 통해서 성도들에게 은혜가 흘러 들어가는 것이라고 주장했다. 그러나 루터를 필두로 하여 모든 종교개혁자들은 은혜를 인격적인 용어로 보았다.[3] 은혜는 하나님의 진노를 받기에 합당한 사람에게 값없이 거저 주신 호의인데, 성령의 효과적인 사역에 의해서 각 사람의 믿음과 인격적인 신뢰를 통해서 수납되어지는 것이다. 종교개혁자들은 성경적으로 은혜를 이해하게 되면서, 로마 가톨릭의 구원론을 성경적으로 완전히 수정했다. 특히 에베소서 2장 8-9절을 중요하게 받아들였다: "너희는 그 은혜에 의하여 믿음으로 말미암아 구원을 받았으니 이것은 너희에게서 난 것이 아니요 하나님의 선물이라 행위에서 난 것이 아니니 이는 누구든지 자랑하지 못하게 함이라."

만일 하나님의 은혜가 주어지지 않는다면, 흙으로 돌아갈 인간들은 무지하고 이기적인 자기모순을 벗어날 길이 없다. 지구 상에 존재하는 모든 생명체들은 하나님께서 값없이 날마다 베풀어주시는 은총을 먹고 마시면서 살아간다. 그럼에도 인생들을 아직도 하나님을 인정하려 하지 않는다. 아무리 악한 아비라 하더라도 자기 자식만큼은 무조건적으로 사랑하듯이 눅 11:13, 하나님께서는 친히 자신의 형상으로 빚은

---

[3] John Frame, *The Doctrine of God*, 『신론』 34.

피조물들에게 오늘도 은혜를 베푸시면서 기다리신다. 또한 사람의 허망한 생각을 깨우쳐 주시고, 사람됨의 본분을 확인시켜 주신다. 그러나 오랫동안 기다리시는 하나님을 끝까지 거역하는 자들에게는 임박한 진노를 피할 수 없게 되는 것이다. 우리 인생들은 죄 가운데서 태어나서, 영적인 무능력 상태에 있고, 선을 행하기가 불가능하다. 죄의 종이요, 허물과 죄로 죽은 자들이다 엡 2:1. 우리는 날마다 죄를 더해서 죄책의 산을 만들어가고 있다. 좀 더 높은 곳으로, 한층 더 높이 올라가려고 할 뿐이고, 가장 높은 곳에 계신 하나님은 외면해 버린다. 다윗은 자신의 생애 동안에 "죄악이 나를 이기었사오니"라고 고백했다 시 65:3. 우리 인생들은 본성의 부패로 인해서 무가치한 자들임에도 불구하고, 오직 하나님의 은혜로 예수 그리스도 안에서 사랑과 영원한 긍휼하심을 입은 자가 된 것뿐이다.

교회는 특수한 은총들의 통로이다. 예배의 핵심되는 구성 요소들은 하나님을 향한 인간의 찬양과 경배이지만, 다른 한편으로는 하나님의 은혜가 내려오는 통로가 된다. 하나님께서는 지정하는 방법들만을 사용하여서, 각종 혜택들이 교회를 통해서 성도들에게로 전달되게 하였다. 하나님께서 지정하신 은혜의 방편들은 성령께서 성도들로 하여금 그리스도를 믿도록 만들며, 구속의 혜택을 받도록 영적인 성장을 돕는 수단들이다.[4] 성도들은 그리스도를 아는 지식과 은혜 안에서 어떤 방법을 통해서 자라나게 하는지를 알아야만 한다 벧후 3:18. 세 가지 은혜의 수단들을 통해서 삼위일체 하나님의 존재와 사역, 그리스도의 인격과 성취, 죄, 복음, 영생 등 구원 얻는 믿음의 기초를 더욱 공고하게 다져준

---

4 Paul Washer, *The Essential Means of Grace* (Grand Rapids: Reformation Heritage Books, 2020).

다_{고전 2:2, 3:11}. 성령 하나님께서 사용하시는 은혜의 방편들은, 하나님의 뜻을 이루어 나가는 하나님의 섭리와 같이, 거룩한 백성들을 돌보고 양육하는 가장 적합한 수단들이다.

은혜의 방편들로서 성례는 구원의 "표식"이자, "인치심"이다. 로마서 4장 11절에서 할례의 "표"σημεῖον, sign는 하나님께 대해서 의롭다 하는 것이요, 믿음으로 "인친 것"σφραγίς, seal이라고 하였다. 성례는 단순히 구원 받은 자의 외형적인 표식으로만 그치는 것이 아니라, 성도의 심령 속에서는 성령으로 인한 상호 교통의 효과가 발생하고 있다. 아브라함은 믿음으로 의롭다함을 받았는데, 이것은 아브라함에게 성령으로 인치신 것이다. 성령의 인치심은 성도의 회심을 말하는 것이 아니라, 인격 속에 하나님에 대한 믿음을 심어 넣었음을 의미한다. 따라서 믿는 자들의 고백에 근거해서만 세례를 베푼다는 주장과는 구별되는 것이다.

개혁주의 신학자들은 성례를 통해서 은혜가 주입infusion되는 것이 아니라, 말씀의 약속을 "확증"pledge하고 "시인"ratification하는 것이라고 설명했다.[5] 은혜는 비인격적인 소모품commodity을 성직자가 특수한 예식을 통해서 집행하거나 나눠주는 것이 아니다.[6] 거듭 강조하지만, 로마 가톨릭 교회에서는 성직자들을 통해서만 이런 은혜를 주입시켜 준다고 하는 왜곡된 성례론을 심어주었다. 그러나 모든 은혜의 전달자이신 성령으로 인하여서 죄인이 회개하고 믿음을 갖게 되며, 주님 예수 그리스도와 맺은 관계가 역동적으로 작동케 되는 것이다. 성령의 모든 인격적 사역들이 말씀과 함께 역사하여 성도가 은혜를 입게 되어지는데, 가장 중심되는 영적인 선물로는 그리스도와의 연합을 실제적으로 확증하는

---

5 Horton, *People and Place: A Covenant Ecclesiology*, 106–108.
6 John Webster, *Word and Church* (Edinburgh: T&T Clark, 2001), 63.

것이다. 이것보다 더 크고 보배로운 것은 없으니, 은혜라고 하는 것은 장차 다가올 세대의 하나님 나라에서 맛보게 될 것들을 미리 참여하는 선물을 받는다는 점이다. 웨스트민스터 대요리문답서 154문항, 소요리문답 88문항에서도 선포된 말씀과 성례와 기도가 성도들로 하여금 은혜 가운데서 거룩한 백성으로 성장해 나가는데 사용되는 수단들이라고 가르쳤다.[7] 하나님께서는 아무런 수단이나 방법을 사용하지 않아도, 죄인을 거듭나게 하실 수 있다. 하지만 전도의 미련한 방법을 동원하신다. 이와 같이 일반적으로 교회에 제도화된 은혜의 수단을 정해 주셨다 고전 1:21. 성도의 삶에서 질서와 참여를 도모하기 위함이다.

자기 백성들 가운데 삼위일체 하나님의 임재 속에서 시행되는 말씀과 성례와 기도는 장차 올 종말을 인식하게 하면서도 맛을 보게 한다. 다소 지금은 희미하지만, 장차 올 하나님의 위로와 평안에 참여하는 특권을 누린다 고전 13:12. 세상이 각종 디지털 문화 현상들로 요동을 치더라도, 그 속에는 부패하고 타락한 인간성의 모순을 극복할 다른 대안이 없다. 선하고 진실한 은혜의 수단들이 작동하지 않으면, 죄악으로 물들어진 인간의 무능력과 실패를 간파해 낼 수도 없다.[8] 참된 평안과 행복과 진리의 위로를 얻을 수 있는 길은 오직 예수 그리스도뿐이다.

로마 가톨릭 교회에서 은혜의 방편들로 일곱 가지 성례들과 이를 주관하는 성직자들의 사역들이라고 가르쳤는데, 다소 거창한 종교적 예식에 그칠 뿐이요 신비적이요 미신적이다. 일곱 가지 예식들이라는 것은 전혀 성경적인 내용이 아니다. 루터는 말씀 안에 있는 복음과 세례와 성찬이라고만 재규정했다. 웨슬레는 개인적인 것들 기도, 금식, 성경연구, 건

---

7 Charles Hodge, *Systematic Theology*, 3:466.
8 The Heidelberg Catechism, 6–8번 문항을 참고할 것.

강한 삶과 공동체적인 구성 요소들예배, 성만찬, 세례, 기독 신자들의 모임로 세분화시켰고, 자선 행위들선행, 병자 방문, 감옥 심방, 구제, 노예 제도 반대와 같은 정의의 추구을 포함시켰다.

성경이 가르치는 교회의 성례들은 예수 그리스도 안에서 시행되는 은혜 언약의 상징이자, 확증이다. 하나님께서 성례들을 제정하셨고, 그리스도와 그의 혜택들을 제시하였으며, 그리스도에 대한 우리들의 관심을 확인하셨다. 교회에 속한 성도들과 세상에 속한 사람들 사이의 드러나는 차이점이 바로 성례에 있다. 믿지 않는 자들은 세례와 성찬에 참여하지 않는다. 하나님의 말씀에 따라서 그리스도 안에서 하나님을 향한 봉사에 관련한 삶을 엄숙하게 살아가게 된다. 하나님께서 교회에 주신 세 가지 은혜의 수단들, 1 말씀, 2 성례, 3 기도를 통해서 지속적으로 성령의 은총이 전달되고 있다.[9] 교회에 주신 성례의 중요성은 복음의 능력이 발휘되는 원천이라는 점이다. 은혜의 방편들은 성도들의 필요를 채우는 것이지만, 원칙적으로는 하나님의 뜻을 이루기 위해서 사용되어진다.

하나님께서는 교회를 세워나가는 방편들로서 말씀과 성례와 기도를 지정하였다. 교회는 은혜의 방편들을 통해서 그리스도와 교통을 이뤄나간다. 은혜의 방편들은 추상적인 개념이 아니라, 성령의 역사가 함께하기에 매우 실제적이며 인격적인 교류가 이뤄진다. 예수 그리스도가 제공하는 오병이어를 먹듯이, 믿음을 강화시키며, 힘을 공급하므로써 그 효력을 직접 체험하게 하신다. 말씀과 성례와 기도는 우리 성도들이 필요한 것을 요구해서 받는 것이 아니다. 은혜의 수단들을 통해서

---

9 Richard C. Gamble, "Calvin on the Spirit Bearing Witness By and With the Word in Our Heart," *Reformed Presbyterian Theological Journal*, vol. 8.1 (2021):16-24.

내려 주시는 각종 혜택들은 각 개인 성도의 요청에 따라서 응답으로 주어지는 체제가 아니다. 교회에서 성례를 시행케 하시고, 그것을 제정하신 분은 하나님이시다. 성령께서는 오래전 구약 시대부터 시행되어 온 방법들을 새롭게 채용해서 그리스도와의 교통 가운데 참여하는 자들이 되게 하신다.

1. 성경 말씀의 선포

구원의 은혜를 전달하는 첫 번째 은혜의 수단이자, 참된 교회의 표지라고 종교개혁자들이 강조한 것은 말씀의 선포이다. 설교로 선포되는 말씀에 대해서 풀이한 벨직 신앙고백서 29조를 보면, 교회에 있어서 설교가 얼마나 중요한가를 심각하게 느낄 수 있다. 설교는 통계자료를 제시하는 것도 아니요, 다른 사람들의 종교적 체험을 실감 나게 이야기하는 것이 아니다. 교회는 설교가 정확하게 규정된 바에 따라서 정기적으로 실제 전달되어야만 하는 곳이다. 그렇지 않은 곳은 참된 교회가 아니다. 교회 안에서는 항상 설교가 있어야 하는 곳이고, 설교자와 성도들로부터 성경을 믿는 신앙의 고백이 있어야 한다. 교회는 설교가 선포되는 곳이다. 상업적인 거래를 하는 곳에는 항상 판매상품이 있는 것과 마찬가지로, 교회에는 믿는 자로 고백하는 사람의 설교가 있어야 한다.

설교는 "하나님의 모든 계획과 뜻"the whole counsel of God을 전하는 것인데행 20:27, 교회 안에서 선포하는 내용은 그리스도의 복음을 중심점으로 삼아서 반복적으로 참되게 전파되어져야 한다. 이것이 교회의 규범적 특징이다. 이런 표식이 있을 때에만, 그곳을 참된 그리스도의 교회라고 인정하는 것이다. 바로 그 표식에 의해서, 교회는 자체가 가지고 있는 생명원리를 스스로 확인할 수 있다. 참된 복음의 설교는 하나님께서 죄인들에게 은혜를 전달하는 통로이자, 수단이다. 종교적인 열정을 가진 사람들을 위해서 안내하는 책자가 아니다. 우리 인간은 자기 자신들 속에 있는 것을 높이 상승시켜서 하나님을 찾아낼 수 없다. 자기 자신의 행위가 아무리 의롭고 정당하고 완벽하다고 하더라도, 그런 것들을 가지고 하늘에까지 높이 올라가서 살아계신 하나님에 관한 지식을 찾아낼 수는 없다. 예를 들면, 주후 3세기에 이집트 사막에서 은둔하며 살았다는 안토니Anthony, 251-356가 하나님을 찾아서 사막과 굴 속에서 평생 고독한 명상을 했지만, 하나님의 뜻과 구원의 역사를 스스로 알아낼 수도 없었고, 찾아낼 수도 없었다. 수천 명, 수 만명에 달하는 독신 수도사들도 역시 마찬가지였다.

첫째, 복음의 값없는 초청

은혜의 수단으로 하나님이 사용하시는 것 중에서 가장 기본이자 근간을 이루는 것이 설교 말씀이다. 하나님께서 교회를 통해서 구원의 은혜를 전달하는 수단들은 말씀, 세례와 성찬, 기도이다. 이 세 가지 방편들은 모두 다 예수 그리스도의 영적인 임재가 수반된다. 성례 가운데서만 임재하시는 것이 아니라, 모든 은혜의 수단들이 작동하는 곳에는 예수 그리스도의 실재적인 임재가 있다.[10] 말씀과 성례, 말씀과 기도가 서로 긴밀하게 연결되어져 있으면서도, 복음의 선포를 통해서 그리스

10　J. Mark Beach, "The Real Presence of Christ in the Preaching of the Gospel: Luther and Calvin on the Nature of Preaching," *Mid-America Journal of Theology*, 10 (1999): 77-134.

도를 알려주시고, 보여주신다. 넓은 의미에서 하나님의 진리를 전달하는 은혜의 수단으로 채택된 것들은 기록된 성경과 그에 대한 설교, 선포, 신앙고백, 전도, 증언 등이다. 이런 말씀의 수단들을 통해서 전파하는 메시지는 복음인데, 곧 예수 그리스도의 말씀과 행동이다. 바울 사도는 디모데에게 자신이 가르친 것을 기억하라고 부탁했다.

> 너는 배우고 확신한 일에 거하라 너는 네가 누구에게서 배운 것을 알며 또 어려서부터 성경을 알았나니 성경은 능히 너로 하여금 그리스도 예수 안에 있는 믿음으로 말미암아 구원에 이르는 지혜가 있게 하느니라(딤후 3:14-15).

사도적 설교는 구약 성경에 있는 선지자들의 선포와 깊이 연결되어 있다. 하나님께서는 사도들에게 복음을 선포하라고 촉구했다. 바빙크는 오늘의 설교자들도 선지자들의 직무를 계승하고 있음을 비교하였다. 다만 구약 시대의 성도들은 선지자들로부터 직접적으로 들었다면, 신약 시대의 성도들은 기록된 말씀을 통해서 사도들의 설교를 간접적으로 듣는 것일 뿐이다.

> 하나님 앞과 살아있는 자와 죽은 자를 심판하실 그리스도 예수 앞에서 그가 나타나실 것과 그의 나라를 두고 엄히 명하노니 너는 말씀을 전파하라 때를 얻든지 못 얻든지 항상 힘쓰라 범사에 오래 참음과 가르침으로 경책하며 경계하며 권하라(딤후 4:1-2).

하나님께서 선포하라고 부탁하신 말씀은 심판과 정죄의 사역이 있으며, 동시에 복음의 값없는 초청이기도 하다.[11] 말씀이 선포될 때에, 하나님께서 성령으로 임재하시기 때문에, 설교는 심각한 하나님의 역사가 동반된다. 설교를 통해서 더 많은 사람들이 하나님의 나라로 들어가게 된다. 설교자는 신실하게 말씀을 선포하는 일을 최우선적으로 삼아야 하고, 최선을 다해야 한다. 설교는 교회를 통해서 구원 사건을 일으킨다. 설교는 종교적 지식을 늘려주거나, 신앙 정보를 전달하는 것이 아니다. 교회는 하나님의 말씀을 설교함으로써 세워져 나간다. 믿음의 공동체가 하나님과 만나는 사건을 창출해 낸다.

종교개혁자들은 예배 당 안에서 앞쪽을 향해 설치된 넓은 제단보다, 설교말씀을 선포하는 강단을 훨씬 더 높은 곳에 위치시켰다. 루터와 종교개혁자들이 주장한 바대로, 구원은 말씀을 통해서 이뤄진다고 확신했기 때문이다.[12] 루터는 말씀의 설교 가운데 그리스도의 실재적 임재가 있다고 가르쳤다.[13] 칼빈은 설교를 하나님의 임재가 실재적으로 우리에게 다가와서 개인의 생애와 교회 공동의 안에서 하나님의 사역을 실행해 나가는 근원적인 은혜의 수단이라고 강조했다.[14] 종교개혁자들은 기본적으로 이런 수단들을 통해서 하나님께서 이 땅 위에서 자신의 구원의 역사를 성취하셨으며, 자신이 제시한 평화의 방법으로 자기 백성들을 찾아내고 계시다고 믿었다. 그래서 종교개혁자들은 로마 가톨릭 교회가 의식적이고 전혀 이해할 수 없는 방식으로 진행하던 성

---

11 J. Murray, *Systematic Theology*, I:143-145.
12 Roland Bainton, *Here I Stand: A Life of Martin Luther* (1950; Nashville: Abingdon Press, 1978), 272: "the Word is sterile unless it is spoken".
13 Martin Luther, *Concerning the Ministry* [1523] in *Luther's Works: Church and Ministry II*, 40:21-23. Steinmetz, Luther in Context, 73.
14 Calvin, *Institutes*, IV.i.5. John H. Leith, "Calvin's Doctrine of the Proclamation of the Word and Its Significance for Today in the Light of Recent Research," *Review and Expositor* 86 (1989):29-31.

례주의를 폐지시켜 버리고, 살아있는 말씀의 선포로 대체하였다.[15]

우리가 『웨스트민스터 신앙고백서』에 담긴 내용들을 중요시하는 것은 설교의 역사에서 전혀 새로운 장면을 시작했기 때문이다. 청교도들의 비전이 담긴 『웨스트민스터 대요리문답』 155문항에서, 말씀의 설교는 "성도들 자신들을 그리스도에게로 이끌어주는 구원의 유효적 수단이다"고 규정하였다. 처음에는 우리가 거부할지라도, 말씀은 정확하게 우리의 심령을 간파하신다. 성례론적 말씀의 목표는 정확하게 우리 자신들이 가졌던 것들, 과거의 경험들, 역사, 교만, 엄숙했던 선언들, 희망들, 두려움들, 죄악들로 가득 찬 우리 자신들로부터 밖으로 불러내는 것이다. 말씀을 들음으로서 구세주 예수님을 견고하게 붙잡도록 만든다. 죄악의 본질은 우리들 속에 있는 우상들을 속에 빠져서 경건의 모양은 있으나 실제로는 하나님의 진노를 불러오고야 만다.

i) 악평과 불평의 대상이 된 설교

대단히 불행하게도, 우리가 살고 있는 시대는 종교개혁자들의 세대보다 훨씬 더 복잡하고, 전혀 다른 종류의 문제들이 교회를 향해서 제기되고 있다. 우리는 종교개혁의 영향을 받은 나라들에 있는 교회가 직면한 사회적, 문화적 변화 속에 흐르고 있는 세속화의 흐름을 피할 수 없이 마주하고 있는 중이다. 설교가 과거처럼 회심의 결정적인 역할을 하지 못하고 있는 것은 사실인데, 그렇다면 우리는 지금 그저 낡고 힘없는 고전적 방법만을 붙잡고서 세상이야 어떻게 흐르든지 말든지 모른체 하고 있는 것일까? 설교를 강조하는 교회를 회복하고 세워

---

15 The Heidelberg Catechism, 98문항. Cornelis Trimp, "Preaching as the Public Means of Divine Redemption," *Mid-America Reformed Journal*, Vol. 10 (1999): 40.

나가려는 우리는 과연 현대인들에게는 아무런 쓸모도 없는 맹목적 보수주의 신학의 추억을 서글피 반추하는 일을 하는 것 뿐일까? 어차피 지게 되어 있는 영적 싸움에서 설교를 높이 세워 올리려는 무모한 시도를 하는 것인가? 21세기에 처한 사람들에게 정말 설교는 아무런 관련이 없는 것일까? 지금 우리는 유튜브 동영상의 쾌락과 오락에 빠져버린 사람들에게, 전혀 매력없는 옛날 방식으로 설교를 해야만 한다고 억지를 부리고 있는 것일까?

이런 세대의 사람들이 주변에 있다면, 필자는 그럼 한걸음 더 나아가서, 다음과 같은 불평은 어떻게 생각하는가를 묻고 싶다. 교회에 출석하는 사람들이 줄어들고 있으니, 이제 교회 건물은 더 이상 필요가 없게 되었으니 팔아야만 한다는 것인가? 이런 질문은 너무나 성급하고도 피상적인 질문이 아닌가 한다. 교회의 예배에 출석해서 수많은 설교를 들었지만, 내 문제에 대한 해답을 들을 수 없었으니까, 그런 설교가 필요없다고 하겠는가? 지극히 개인주의적이오, 주관적인 판단에만 사로잡혀서 그런 불평을 하는 것이다. 설교가 많이 선포된다고 해도, 그것들을 통해서 사회가 고쳐지지 않고 있으며, 정치가 나아지지도 않았고, 사회의 윤리 도덕도 땅에 떨어졌으니, 그저 산속에서 울리는 메아리에 불과하다고 말할 것인가? 현대인들이 가진 관념이나 일상적인 사회생활은 성경과는 더무나 거리가 멀기 때문에, 본문을 강해하는 설교나 성경적 설교는 필요가 없는 것인가? 설교자가 외치는 예수 그리스도의 복음이 시장 상인들이 팔고 있는 물건과 비교해서 과연 무가치한 것인가?

이런 질문들에 대해서 필자는 다음과 같은 우회적인 답변을 하고자 한다.

현대인들은 두 눈으로 보는 것과 정확하게 계산하는 문화에 익숙해 있다. 그런데 눈을 가지고 각종 미디어 매체들과 자연과 책을 그저 보는 것looking에 그치고 만다. 사실은 자신도 모르는 동안에, 그처럼 수많은 시간을 무엇인가를 보는 데에만 낭비하고 있는 것을 알지못한다. 그보다는 사물과 인생의 본질을 꿰뚫어 보는 안목이나seeing, 분별력 attain vision은 거의 없다.¹⁶ 우리가 날마다 수 없이 시계를 쳐다보면서 살아가지만, 지금 이 시간의 가치가 얼마나 소중한가를 알지 못하는 것과 같다. 값비싼 명품 시계를 차고 다니면서도, 그저 마약이나 쾌락적인 것들에 빠져서 시간을 낭비하는 사람이라면 그 비싼 시계가 무슨 유익이 주겠는가!

우리는 이런 질문들과 요청들에 대해서 충분한 해답을 준비하기 위해서, 교회와 설교의 긴밀성을 서술하고자 하는 것이다. 교회 안에서 은혜의 수단으로서의 설교에 대한 공부를 마치고 난 후에, 각 설교자에 따라서 어느 정도 진보가 드러나기를 기대한다. 20세기에 걸출한 설교자로 기여했던 로이드 존스의 『목사와 설교』와 같이, 설교학 교과서에서 더 나은 지침들을 발견하기를 기도할 뿐이다. 우리는 교회를 세우고, 예배를 회복하는데 핵심이 되는 설교의 중요한 특징들을 밝히 드러내어서 모든 성도들과 목회자들과 신학생들의 안목을 높이 올려주고자 노력하는 것뿐이다.

현대 교회의 설교가 성경 본문에 기초하지 않고, 듣는 자들의 요청

---

16 Augustine, *Soliloquies* 1.6.12. 어거스틴이 주후 389년 8월경 31살의 나이에 회심한 직후, 대화 형식으로 책이다. 영혼을 알고자 하는 "내면의 대화"(inner dialogue)가 담겨 있는데, 그저 겉만 쳐다보는 것(Looking)과 꿰뚫어 아는 것(Seeing)의 차이를 다뤘다. G. Watson, *Augustine: Soliloquies and Immortality of the Soul* (Aris & Phillips, 1990). iv. Brian Stock, *Augustine's Inner Dialogue: The Philosophical Soliloquy in Late Antiquity* (Cambridge: Cambridge University Press; Reprint edition 2018), 6. Eleonore Stump & Norman Kretzmann, eds., *The Cambridge companion to Augustine* (Cambridge: Cambridge University Press, 2001), 76.

에 따라서 변질되고 있다는 평가에 대처해야만 한다. 마켓에서 좋은 상품을 골라서 구매하듯이, 이미 다양한 전달매체들 속에서는 설교자와 교회에 대한 평가가 내려져 있다. 식당에 대한 다양한 평판이 점수로 나와 있는데, 어떤 웹사이트에서는 최소한 4.0이상을 받은 곳이라야만 5점 만점에, 맛있는 집으로 알려지게 된다. 이처럼 세상의 입맛대로 설교가 춤을 추고 있다. 어떤 교회에서는 주일 오전 예배 설교가 너무나 길어서 불평하는 성도들도 있는가 하면, 어떤 데서는 너무나 내용이 빈약하여서 마음에 담아갈만한 교훈이나 지침이 없다고 투덜대는 신자들도 있다. 예배를 마치고 교회 밖으로 나오는 성도들로 하여금 밝고 환한 미소를 지으면서 활기차게 세상을 행해서 전진하는 용기와 격려를 듬뿍 심어주어야 하지 않느냐고 외치는 분도 있다. 왜 설교 시간에 죄의 문제를 파헤치는데만 집중해서, 피곤하게 하느냐고 말하는 분들도 있다. 왜 한국 목사들은 미국의 조엘 오스틴처럼, "성공학 비결 강좌"와 "행복학 단기 완성"을 만들어주지 않느냐고 묻는다면, 필자는 그런 분들에게는 이런 대답을 찾아가 보라고 안내할 수 없을 것이다.

성경 본문에 기초한 설교를 듣는 것보다, 비대면 사회적 교통의 수단들이 더 선호되는 세상이다. 설교자와 청중 사이에 다양한 소통방식이 만들어져서, 설교를 듣는 것이 큰 비중을 차지하지 않게 되어졌다. 교회에 나가서 설교를 듣는 방식은 더 이상 바쁜 현대인들의 일상과는 거리가 멀게 되었다. 수익과 소비, 구매와 소통 등 모든 것들이 다 컴퓨터와 스마트 폰 속에 장착되어 있어서, 멀리 교회에 나가지 않아도 설교를 들을 수 있고, 신학을 공부할 수 있으며, 예수 그리스도의 제자로 살아갈 수 있게 되었다.

더구나 설교는 아주 오래전에 살았던 성경 속에 있던 세상 사람들에게 주신 것들이었다. 오늘의 현대인들은 다른 언어적 소통방식을 사용하고 있다. 현대인들은 완전히 다른 차원에 속해 있어서, 마치 다른 언어를 사용하는 것과 같다. 더구나 설교자는 일방적으로 선택권이 있고, 성도들은 그저 듣는 것, 청취하는 것뿐이다. 설교는 권위주의 시대의 소통 방식이고, 일방통행식이며, 봉건 제도적 소통 모델이요, 지나치게 가부장적이라서 친근한 대화가 전혀 없다는 불평이 여전히 남아있는 것이다.

설교자가 가져오는 성경의 세계는 오래된 것이요, 오늘날의 것이 아니라는 불평이 사실인가에 대해서 답변하고자 한다. 성경이 기록된 시대는 오래되었지만, 그 안에 담긴 본문은 모든 나라에 사는 모든 시대의 성도들에게는 "영원한 진리"eternal truth이다.[17] 성경 본문에 대한 여러 가지 관점들을 존중하면서도, 분명한 것은 성경 본문 속에 나오는 것들은 오늘날의 우리에게 순수하고 생생한 믿음의 체험을 가감없이 그대로 전해주고 있다. 성경 본문은 그러한 체험의 보고들로 구성되어 있다. 이 성경 본문은 오늘날 우리들의 신앙생활을 위한 영감된 사례들이고 창조적인 자극제가 되며, 또한 이 체험들을 서로 교류할 수도 있다. 이 본문을 가지고 설교를 작성해서 선포하려고 할 때에, 그 본문에 담겨진 당시의 세상에서의 개념적인 것들을 가지고 오늘날 우리에게 주는 규범적 진리라고 주장하려면 매우 세심한 준비 과정이 필요하다.

성경 속의 시대에는 호롱불이나 기름으로 불을 밝히면서 살았는데, 오늘날은 밝고 투명한 전기 조명 아래서 살고 있다. 이런 현격한 문화의 차이를 극복할 수 있는 길은 오직 설교자의 부단한 연구와 성령의

---

17 Cornelis Trimp, "Preaching as the Public Means of Divine Redemption," *Mid-America Theological Journal*, Vol. 10 (1999): 44.

도우심이다. 설교자가 성경 본문의 개념적인 내용들을 제시하고자 힘을 쏟아부었는데, 만료 기간이 지나버린 상품권과 같은 발표를 해서는 아무런 의미가 없는 것이다. 유대인들이 광야에서 살고 있던 시절에도, 어제 받은 만나는 오늘에는 부패하고 벌레가 생겨서 또 다시 먹을 수 없었던 것을 생각해야만 한다. 우리가 주일 예배 시간마다 성경의 총체적인 교훈들을 사도신경에 요약해서 고백하고 있다. 많은 성도들이 그저 문장만 따라가고 만다면, 감동과 효과가 없는 일을 반복할 뿐이다. 설교가 이와 같이 과거의 개념들을 그저 재방송하는 일이 되어서는 안 된다. 우리가 고대 문명을 전시해 놓은 박물관에 가보면, 오래된 인류 사회의 유산으로 남은 여러 가지 기록된 문서들 속에 담긴 것들을 볼 수 있는데, 아무리 귀한 내용들이라도 그저 그 시대의 낡은 흔적들로 남아있을 뿐이다. 설교가 이와 같이, 고대 시대의 정보를 다시 재소환하는 것에 불과해서는 안 된다. 현대인들에게 나서는 설교자는 창조적으로 재해석을 해서, 성경 본문을 오늘날의 시대 속으로 생동감 넘치게 가지고 와야만 한다.

ii) 21세기 포스트모더니즘 속에 없는 것!

어떻게 21세기 문화와 사회 속에다가 성경이라는 고전 속에서 창조적인 진리를 창출해 낼 것이며, 과연 그것이 가능한가? 옛것을 새것으로 완전히 녹여내는 원천은 무엇이며, 내용은 무엇인가?

그것은 바로 성경에서 제시하는 영원한 사랑이다.[18] 이 세상에는 참된 사랑이 없다. 순수하고도 변함없는 참 사랑은 오직 선하신 하나님

---

18 Jack Cottrell, *What the Bible Says About God and the Redeemer* (Joplin Mo.: College Press, 1987), 335.

에게서 나온다. 영원하신 하나님이 계시로 제공해 주신 성경 안에서만 참된 사랑을 확인할 수 있다. 구약 성경에서는 "아하바"ahavah라는 단어가 하나님의 자비하심과 동정심이라는 의미로 사용되었다.[19] 신약 성경에서는 헬라어 "αγάπη"아가페라는 단어로 표현되었는데, 106회 사용되었다.[20] 하나님의 사랑보다 더 선하고 순결하며 진실된 개념은 없다.[21] 아가페 사랑보다 더 위대한 사상은 없다. 이 세상 사람들이 서로 사랑한다는 말을 하고는 있는데, 모두 다 거짓된 요소들이 들어 있다. 오직 하나님만이 그 아들을 통해서 참사랑을 우리에게 주셨다. 왜냐하면 그 하나님 자신이 사랑이기 때문이다요한 1서 4:8. "아가페" 사랑은 고린도전서 13장에 아름답게 설명되어 있는데, 연합하게 하고 치유하는 희생적 사랑이요, 받아주는 사랑이요, 변하지 않는 사랑이다.

하나님의 사랑은 그의 선하심과 상당히 중첩된다. 성경에서 말하는 사랑은 추상적인 개념이 아니다. 가상적인 문학작품에 나오는 멋진 문장이 아니다. 사랑은 하나님의 속성들 중에 하나요, 인격적인 요소이자 성품이다. 사랑은 영생하시는 하나님과 영원토록 불변하시는 인격적인 하나님을 전제하지 않으면 안 된다. 사랑의 원천에 대해서 밝혀주지 못한 채 사랑을 말하는 것은, 공허할 뿐이다. 사랑의 하나님이 없이는 그

---

19 Moises Silva, *Biblical Words and Their Meaning* (Grand Rapids: Zondervan, 1983), 96.

20 루이스 교수는 성경에서 네 가지 종류의 사랑이 있다고 설명했다. C. S. Lewis, *The Four Loves* (London: Geoffrey Bles, 1960). Andreas Nygren, *Agape and Eros*, tr. Philip Watson (London: SPCK, 1953). 하나님의 사랑 아가페(Agape) 외에도, 부모가 자식에게 주는 사랑으로 "스톨게"(Storge)가 있고, 이기적이며 육체적 본능으로부터 나오는 "에로스"(Eros)가 있고, 친구 간의 우정을 의미하는 "필리아"(Philia)가 있다. 그러나 필자는 선한 사마리아 사람이 강도를 만났던 이웃을 도와주는 "동정심"이라는 "이웃 사랑"을 따로 구별할 것을 지적해 둔다. 현대 심리학에서는 사랑의 행태들을 일곱 가지로 구별하기도 하는데 (Activity, Appreciation, Emotional, Financial, Intellectual, Physical, Practical Love). 근원적인 뿌리가 없다. 참사랑은 선하신 하나님에게서만 샘솟아 나온다.

21 John Frame, *The Doctrine of God* (Phillipsburg: P&R, 2002); 김재성 역, 『신론』 (서울: 개혁주의 신학사, 2014), 598-613.

누구도 사랑에 대해서 확실하게 설명할 수 없다.[22] 우리가 가지고 있는 지식이나 정보들 속에는 영원토록 불변하는 진리는 없다. 아무것도 확실한 것이 없는 현대인들은 사랑과 진리에 목마르다. 참된 사랑과 믿음, 그 원천이신 하나님은 세상에는 없으며, 오직 교회에서 선포하는 말씀을 통해서만 제시된다. 지금 이 세상 그 어디에서도 만들어낼 수 없고, 찾아볼 수 없는 영원한 사랑, 참된 사랑이 오직 성경 안에서만 제공 되어진다. 아낌없이 주는 사랑, 자기의 목숨까지도 십자가에서 내놓으신 지극한 하나님의 사랑은 제아무리 뛰어난 최첨단 정보화 기술 문명의 세대라고 하더라도 전혀 찾아볼 수 없다.

아가페 사랑은 영원하다. 21세기 포스트모더니즘의 이념들 속에 이 세상의 모든 불의와 혼란과 갈등을 해결하는 답이 들어 있는가? 무분별한 자유방임주의를 해결할 대책을 전혀 들어본 적이 없다. 이 세상 어디에 참된 사랑이 있는가? 찾을 수 없다. 누가 어머니의 눈물보다 더 진실한 사랑으로 여러분을 찾아온 적이 있었던가? 전혀 없다. 그런데 성경에서는 원수까지도 용서하고 사랑하는 하나님의 은혜, 죄인들을 기다리되 탕자가 돌아올 때까지 기다리시는 아버지의 긍휼하심, 양들을 위해서 목숨을 버리신 목자 예수님의 이야기가 담겨져 있다. 이처럼 사랑해 주신 이야기는 그 어느 시대에 살고 있는 사람이든지, 모두 다 받아야 할 영원한 진리이다. 흙으로 지으신 창조주께서, 다시 흙으로 돌아갈 인생들에게 하늘나라의 비전을 바라보고 살아가라고 사랑의 격려를 하신다.

---

22   Cornelius Van Til, *The Defense of Faith*, ed. K. Scott Oliphint, 4th ed. (Phillipsburg: P&R, 2008). John Frame, *Apologetics: A Justification of Christian Faith* (Phillipsburg: P&R, 2015), 3. K. Scott Oliphint, *Covenantal Apologetics:* Principles & Practice in Defense of Faith (Wheaton: Crossway, 2013), 16-18. J.V. Fesko, *Reforming Apologetics* (Grand Rapids: Baker, 2019), 108.

이미 지나간 역사 속에서 사랑의 위대한 힘이 승리하였다. 로마 제국이 그토록 강력한 군대를 동원해서 지중해 연안과 유럽 천지를 짓밟았고, 예수 그리스도를 십자가에 못 박았다. 또한 사도들을 처형하고, 교회를 말살시키려 했었다. 그러나 어떻게 되었던가? 황제 숭배를 강요하면서 잔혹하게 기독교인들을 화형시켰지만, 결국 사랑의 말씀이 로마 제국의 군대보다 더 강력한 힘을 발휘하였다. 콘스탄틴 황제가 어떻게 해서 기독교를 받아들이게 되었던가! 천하를 호령하던 황제들, 최고 권세자들마저도, 예수 그리스도의 사랑 앞에서 무릎을 꿇고 회개의 세례를 받았다. 원수를 사랑하신 예수님의 희생을 알고 난 후에는 더 이상 다른 종교적 이념이나 철학을 주장을 할 수 없게 되었기 때문이다.

오늘날 우리는 무엇을 사랑하고 있으며, 어떤 종류의 사랑을 나누고 있을까?

이 세상에서는 하나님의 참사랑을 찾아볼 수 없다. 더구나 참된 진리가 없는 세상이기 때문에, 참사랑은 미련하게 보이고 우매하게 취급당한다. 그런 세상을 향해서 설교자는 강단에 올라가야만 하는 것이다. 성경 본문에서만 찾을 수 있는 것들을 횃불처럼 높이 들고, 어둠을 더 좋아하여 길을 잃고 있는 사람들에게 담대하게 확신에 찬 목소리로 외칠 수 있는 것이다.

> 여호와를 의뢰하고 선을 행하라…
> 여호와를 기뻐하라 그가 네 마음의 소원을 네게 이루어 주시리로다
> 네 길을 여호와께 맡기라 그를 의지하면 그가 이루시리라(시 37:3-5).

> 하나님은 사랑이심이라…

> 사랑은 여기 있으니, 우리가 하나님을 사랑한 것이 아니요 하나님이 우리를 사랑하사
> 우리 죄를 속하기 위하여 화목제물로 그 아들을 보내셨음이라…
> 어느 때나 하나님을 본 사람이 없으되 만일 우리가 서로 사랑하면 하나님이 우리 안에 거하시고
> 그의 사랑이 우리 안에 온전히 이루어지느니라(요일 4:8, 10, 12).

이처럼 성경이 증거하는 사랑은 공허한 개념이 아니라, 구체적인 창조주 하나님의 사랑이다. 거짓없는 참된 사랑은 인격을 가지신 하나님에게 속하는 성품이다. 우리에게 오신 예수님이 이 사랑을 행동으로 실천하심으로 구원의 원천이 되신다(요 15:13). 가장 강렬하게, 가장 인격적으로, 가장 체험적으로 모든 사랑을 쏟아부어 주셨다.

설교에는 사랑의 하나님으로부터 나오는 감동과 은혜와 기쁨이 넘쳐있다. 십자가에서 보여주신 사랑은 깊은 사랑이다. 신앙인들의 보화로 주시는 첫째 되는 선물이며, 최고의 가치이다. 이것에 근거하여 설교자는 복된 소식을 전하는 것이다. 우리가 그분에 대해서 더 알아가야 할 것을 촉구하는 것이다. 우리가 그분과 함께 살아가는 것을 제시하는 것이다. 그분을 위해서 살아가는 것만이 가장 참된 인생을 가꾸는 것이라고 외치는 것이다.

우리의 문화적 상황 속에서 설교의 신뢰성은 하나님에게서 나온다. 원천이요 근거이다. 우리가 설교를 통해서 선포하는 것은 하나님의 구원의 공식적인 선포로서 어느 특수한 민족이나 전통이나 종교로부터 만들어진 것이 아니다. 그 깊고도 긴 뿌리에 도달해 보면, 인류문명의 첫 시작 지점에 다다르게 된다. 그 어느 문명과 문화가 만들어지기 전

에 근원이 자리하고 있다. 그래서 우리는 감히 담대하게 이러한 지식을 선포하는 것이다. 하나님을 아는 지식은 성령의 선물로 우리에게 주어진 것이며, 이미 우리 앞에는 수없이 많은 세대가 하나님의 이름을 경외하였다.

우리는 오직 믿음으로 살아계신 하나님을 알 수 있다. 하나님께서는 자신을 드러내 보여주셨는데, 우주 만물의 창조 가운데서 보여주셨으며, 자기 백성들의 구원 역사를 통해서 알려주셨는데, 그들에게는 특별히 친히 말씀하시는 방법을 사용하셨다. 하나님이 창조하셨다는 것을 우주 만물 가운데서 보여주셨고, 이를 친히 말씀으로 선포도 하셨다. 하나님의 동일한 목소리로 사람들을 불러내셨고, 이들은 하나님을 찾았으며, 한 장소에서 만났고, 미래 계획을 향해서 일하며 나아가도록 인도하셨다. 말씀이라는 수단을 통해서 우주 만물을 창조하신 하나님께서는 사람과 언약을 맺으시고 이를 지키오셨다. 깊은 죄의 구렁텅이와 세대 차이가 있음에도 불구하고, 하나님의 언약적 행동들은 무기력하게 중단된 것이 아니다. 하나님은 전능하신 말씀에 의해서 이들 장애물들을 극복하셨다. 하나님께서 아브라함과 맺으신 역사가 이 진리를 독특하고도 결정적으로 문서에 담기는 방식으로 기록되었다.

둘째, 말씀의 선포를 통한 구원의 역사

하나님의 구원 역사는 창조하신 말씀, 권능이 있으신 말씀, 성육신하신 말씀을 통해서 이 땅 위에 역사 속에서 특별계시를 구성하고 있다.[23] 모든 계시는 기본적으로 말씀 계시이며, 특별계시이다.[24] 하나님의

---

23 Vos, *Biblical Theology*, v.
24 Cornelis Trimp, "Preaching as the Public Means of Divine Redemption," 59.

계시가 어느 특정한 문화의 산물이 아닐진대, 하나님의 말씀이라는 현상도 역시 그 어느 특정한 문화에 속한 것이 아니다. 하나님께서는 자신의 뜻을 말씀으로 선포하시면서, 자기 백성들의 삶과 예배에서 중심이 되도록 의도 하셨다. 십계명 속에서 우상 숭배를 금지하는 명령을 강력하게 선포하였고, 이스라엘 사람들의 생활과 예배 가운데서 가장 중요한 결속을 지켜오게 하였다신 4장, 출 32장, 왕상 13장.

하나님께서는 옛 언약 속에 자기 백성들에게 주시는 다양한 확신들을 준비해 두셨다. 그러나 이 세상에 형태적인 것들과 눈에 보이는 것들을 종교의 중심으로 삼는 자들이 미혹하기 때문에, 주 하나님께서는 계명과 약속을 말씀으로 선포하여 그들의 귀에 들려주시고, 글로 기록하여 문서로 보여 주셨다. 이 말씀을 떠나서는 그 어떤 종교적 경배나 예식이나 행사나 다 의미가 없게 만드셨다. 신성에 관해서 신비적인 것들에 빠지거나, 신비적인 환상을 붙잡는 것을 거부하시고, 철학적 사색이나 의구심을 풀어내는 방법으로 알게 하시는 것도 아니라, 오직 분명한 언어로 하나님의 언약사항들을 알도록 들려주셨다. 말씀을 듣는 방식으로 하나님의 현존을 알게 하였다출 33:11. 선지자들을 보내셔서 하나님을 소개하는 설명을 듣게 하였다이사야 6장, 에스겔 1장.

들으라 이스라엘아! (신 6:4).

하나님께서는 선지자들을 통해서 복음의 선포를 들려주셨다. 이것만이 언약의 백성들을 위해서 생명의 원리가 되도록 계획하셨다. 신약성경에서도 동일한 하나님의 말씀 선포라는 원리가 강조되고 있다. 하나님의 아들로 오신, 예수 그리스도는 하나님의 말씀이다. 따라서 그분 안에 생명이 있으며, 이 생명은 모든 사람들의 빛이다요 1:1-4. 그리스도는 인류 앞에 말씀하시는 하나님으로 나타나셨다요 1:18, 눅 4:16-22. 그리고 말씀하신 것들을His words 확증하기 위해서 선하신 행동으로His deeds 보이시고 증거하였다.

사람들이 하나님의 구원 역사가 흘러 내려온 놀랍고 탁월한 과정에 대해서 선포하는 말씀에 대해서 의심하는 일들이 벌어질 때마다, 그러한 의구심들은 결국 하나님의 존재와 주 예수 그리스도의 인격에 대한 가르침들을 위험에 빠트렸다는 것을 알 수 있다. "거짓말하는 자가 누구냐 예수께서 그리스도임을 부인하는 자가 아니냐 아버지와 아들을 부인하는 그가 적그리스도니 아들을 부인하는 자에겐느 또한 아버지가 없으되 아들을 시인하는 자에게는 아버지도 있느니라"요 12:22-23. 참으로 이런 말씀들은 심각한 경고이다. 그러나 이런 말씀들 속에는 또한 본질적으로 위대한 즐거움이 보장되어져 있기도 하다. "우리가 보고 들은 바를 너희에게 전함은 너희로 우리와 사귐이 있게 하려 함이니 우리의 사귐은 아버지와 그의 아들 예수 그리스도와 더불어 누림이라 우리가 이것을 씀은 우리의 기쁨이 충만하게 하려 함이라"요일 1:3-4.

이 진리는 예수 그리스도의 말씀과 사역에 관한 설명들 속에 있는데, 이것들은 오직 사도들의 선포를 통해서만 전달되어지도록 엄밀하게 제정되었다. 이점에 있어서 신약 성경은 매우 분명하다. 누구든지 그리스도를 만나기를 원하는 사람은 오직 이 복음이 선포되어지는 곳에서 하나님의 아들과 접촉되어지게 하였다. 신약 교회는 오직 사도들과 선지자들의 터 위에 세워졌다. 사도들은 모든 민족들에게 나아가서 제자를 삼고, 아버지와 아들과 성령의 이름으로 세례를 주고, 가르쳐 지키게 하였다마 28:19-20. 예수님은 제자들에게 자신이 고난을 당한 후에 죄를 사하는 회개가 예루살렘으로부터 시작되어 모든 민족들에게로 자신의 이름으로 선포되어질 것을 말씀하였다눅 24:46-47. 그리스도는 부활후 승천하기까지 오직 소수의 제자들에게만 보이시고, 극히 제한적으로 구속 역사를 알게 하였다. 승천하신 후에야, 성령을 부어주시고 온 천하에 복음을 선포하게 하였다. 이 때로부터는 사도들의 증언과 선포를 받아들이는 것이 순종하는 믿음이요, 교회 구성원의 표시가 되었다벧전 1:14.

디도에게 보낸 편지에서, 사도는 그리스도 안에서 은혜의 계시를 역사적 실재로 설명하면서 "자기 때에 자기의 말씀을 전도로 나타내셨다"고 하였다딛 1:3. 이러한 선포와 전파하는 것은 분명히 하나님의 정한 시간과 방법에 따라서 실시되는 것이다. 그리스도 안에서 하나님의 구원은 이런 선포의 방식으로 세상을 향해서 알려지도록 규정되었다. 그리스도의 부활도 역시 복음 전파를 통해서 그 생명의 빛이 드러나게 된다딤후 1:10. 누구든지 그리스도를 찾기를 원하는 사람은 선포된 말씀 가운데서 그를 찾을 수 있게 되었다. 이것이 신약 성경에서 특별하게 규정된 구속 역사의 방법이다.

예수 그리스도의 인격과 사역을 전파하고 선포하는 것은 그 당시 문화의 산물이라거나, 문화적 현상이 결단코 아니었다는 말이다. 오히려 사도 바울의 한평생은 그 시대의 문화에 저항하였고, 그 문화적 현상들의 병폐를 지적하면서 고치려고 노력했음을 보여준다. 물론 말씀의 선포라는 것이 문화적 현상이라고 말할 수는 있겠지만, 모든 문화들 속에서 하나님이 선포하는 것은 아니었다. 복음의 선포는 당시 문화적 현상을 초월하는 실체적 사건이었다.

하나님은 창조 가운데서나 구원 역사에서나 말씀하시는 하나님이

시다.²⁵ 그렇기 때문에, 하나님의 백성들의 기본적인 자세는 먼저 듣는 것이라야만 했다. 이것이 바로 로마서 10장 13-16절에서 사도 바울이 강력하게 설명해 준 내용이다. 말씀이 있는 곳에는 듣는 자들이 있다. 들음이 있는 곳에는 약속의 말씀에 대하여 신뢰하고 믿는 역사가 있다. 믿음이 있는 곳에 은혜가 역사한다. 무엇보다도 먼저 하나님께서 말씀으로 우리를 찾아주신다. 믿음은 들음에서 나며, 들음은 예수 그리스도를 전파함에서 오는 것이다 롬 10:6, 15-17. 믿음의 증언와 선포는 오직 예수 그리스도를 전파하는 것이요, 우리 인간의 말을 능가하는 초월적인 말씀이다. 오직 이 말씀만이 교회를 깨우고, 새롭게 할 수 있다. 그렇지 않고, 우리가 스스로 찾아낸 방법으로 하나님을 안다는 것은 불가능하다. 그 어느 누구도 하나님께서 말씀을 통해서 전달하시는 바를 듣기 이전에는 믿을 수가 없다. 성령의 감동과 역사하심을 떠나서는 그 누구라도 불신자를 설득시키는 것은 불가능하다. 미국에서 1860년대 남북전쟁의 와중에서 대중 전도 집회를 성황리에 이끌었던 드와이트 무디는 복음을 영접했다는 사람의 숫자를 세지 말라고 당부했다.²⁶ 자신이 한 업적이 아니라서 자랑하지 않으려 했으니, 오직 성령 하나님의 감동으로 된 일이기 때문이다.

사도 바울은 보는 것과 듣는 것이 동시적으로 일어나고 있음을 설명한다: "예수 그리스도께서 십자가에 못 박히신 것이 너희 눈앞에 밝히 보이거늘 누가 너희를 꾀더냐 내가 너희에게 다만 이것을 알려 하노니 너희가 성령을 받은 것은 율법의 행위로냐 듣고 믿음으로냐"갈 3:1-2.

또한 하나님께서 예수 그리스도를 믿는 죄인을 향해서 주권적으로

---

25 Cornelis Trimp, "Preaching as the Public Means of Divine Redemption," 46.
26 김재성, 『오 놀라운 복음전도자, 무디』 (킹덤북스, 2013), 247.

의롭다고 선언하신다. 믿음을 통해서 죄인에게 구원을 주시기 때문에 무조건적인 은혜다. 이 믿음은 말씀을 듣는 사건을 통해서 주시는 선물이다. 하나님께서 누군가를 우리에게 보내셔서 복음을 알게 해 주셨기에 일어나는 사건이다. 바울 사도는 로마서 10장 5절에서, 복음과 율법을 대조시킨다. 율법으로 나온 의로움이 아니라, 값없이 주신 믿음으로부터 온 의로움이다. 그래서 십자가는 어리석게 취급된다. 그러나 구원을 얻은 우리에게는 하나님의 능력이다. 하나님의 지혜에 있어서는 세상이 지혜로 하나님을 알 수 없으므로, 하나님께서는 우리의 선포라는 어리석음을 통해서 믿는 자들을 구원하시기로 결정하셨다 고전 1:18, 21.

하나님이 죄인을 구원하는 수단으로 사용하는 말씀에 대한 강조는 종교개혁의 시대에 회복되었다. 중세 시대에 성경은 죽음 문서나 다를 바 없었다. 성경보다는 지속적으로 내려오는 교황청의 조치들과 훈령들이 더 보충되어야만 했었다. 로마 가톨릭 교회와 당대 선지자를 통해서 성령의 살아있는 음성이 들려진다고 가르쳤다. 종교개혁자들은 말씀의 최종 권위를 회복시켰고, 말씀이 들려지도록 예배의 중심에 설교를 위치시켰다.[27] 중세 시대의 미사는 보여주는 예식으로 그쳤다. 일반 성도들이 보는 장면이 연출되었을 뿐이고, 초월적인 하나님과 성도들은 제단에 의해서 분리되어져 있었다.

종교개혁자들에 의하면, 말씀의 선포는 단순히 설교자가 그리스도에 대해서 강의를 하는 것이 아니다. 선포된 말씀은 사람의 입을 통해서 우리에게 전달되어질 때에, 바로 그 때에 예수 그리스도 자신이 우

---

27 Stephen H. Webb, *The Divine Voice: Christian Proclamation and the Theology of Sound* (Grand Rapids: Brazos, 2004), 104-107.

리와 함께 임재하시는 것이다. 말씀 그 자체가 하나님의 권능이요, 복음이 하나님의 나라이다. 루터의 유명한 선언을 들어보자:

> 만일 여러분이 한 그리스도인에게 어떤 일을 해서 "그리스도인"이라는 가치 있는 이름을 얻게 되었느냐고 묻는다면, 그는 하나님의 말씀을 들음으로 얻은 믿음 때문이라고, 그것외에는 다른 방법이 없다고 대답할 것입니다. 따라서 오직 듣는 귀만이 그리스도인의 기관입니다. 그 사람은 그 개인의 행위에 의해서가 아니라, 믿음으로 의롭다 하심을 받고 또한 그리스도인이라고 선포되어 졌기 때문입니다.[28]

칼빈은 설교자는 하나님의 입이다고 외쳤다. "복음이 하나님의 이름으로 선포되어질 때에, 인격 속에서 하나님 자신이 말씀하는 것과 똑같다"고 가르쳤다. 이 때에 성령님께서 우리 성도들에게 설교와 성례들의 수단을 통해서 믿음을 주신다. 성령의 사역이 없으면, 선포된 말씀이 그저 청각장애인의 귀에다 대고 말하는 것에 지나지 않을 것이다. 성령은 외적인 말씀을 통해서 듣지 못하는 자의 귀를 열어주는 역할을 하신다.[29]

하이델베르크 교리문답서, 61문항에서, "성령은 우리들의 심령 속에 거룩한 복음의 설교에 의해서 믿음을 생산한다. 그리고 거룩한 성례들을 사용해서 그것을 확정한다"고 풀이하였다.

『제2스위스 신앙고백서』 1장에서, 선포된 말씀의 권위와 효력을 매

---

[28] Luther, *Luther's Works*, vol. 29, *Lectures on Titus, Philemon, and Hebrews*, ed. Jarslav Pelikan (St. Louis: Concordia Publishing House, 1968), 224.

[29] John Calvin, *Commentary on John* 15:27, tr. & ed., William Pringle (repr., Grand Rapids: Baker, 1993).

우 강조하였다.

> 하나님의 말씀을 설교하는 것이 하나님의 말씀이다. 따라서 하나님의 말씀이 지금 교회 안에서 합당하게 부름을 받은 설교자에 의해서 선포되어 진다면, 우리는 바로 하나님의 말씀이 전파되고 있다고 믿어야 하며, 신실하게 받아들여야만 한다. 그 외에 다른 하나님의 말씀을 만들어 내어서도 안 되고, 하늘로부터 오는 것을 기대해서도 안 된다. 선포된 것은 지금 설교를 하고 있는 목회자의 말이 아니라, 말씀 그 자체로 간주해야 한다. 왜냐하면 비록 그가 사악한 자요, 죄인이라하더라도, 그럼에도 불구하고 하나님의 말씀은 참되고 선한 것으로 여전히 남겨진다.

여기에서 불링거는 설교자의 주관적인 경건이나 의도가 부족하거나 모자람에도 불구하고, 하나님의 말씀은 유효적이라는 점을 강조했다. 설교자의 실력에 달려있는 것이 아니라, 성령의 감동하심에 따르는 것이다. 설교하는 사람도 역시 죄인이기에, 설교로부터 오는 감동은 오직 하나님의 은혜일 뿐이다.

유명한 학교에서 공부했다거나, 박사 학위를 가졌다거나, 전 세계적으로 알려진 어떤 특정한 직분을 갖고 있다거나, 은사를 발휘한다거나, 남다른 사람이라야만 은혜를 전파할 수 있는 것이 아니다. 말을 잘하는 설교자라야만 은혜가 넘치는 것이 아니다. 강단에서 말쟁이에 불과할 수 있다. 다른 사람을 설득하는 전달 능력이 탁월하다고 하더라도, 결코 모든 방면에서 완전한 인간은 없다는 점을 잊어서는 안 된다. 심지어 아브라함도, 모세도, 다윗마저도 허물과 실수가 있었다. 그런데 약간의 학식을 가졌다고 해서, 완전무결하다는 우월의식에 빠져서는 안 된다. 복음의 설교자가 되었다고 해서, 죄의 면죄를 받는 모든 특권을 항상 부여받았다고 착각해서는 안 된다. 십자가와 부활의 메시지가 항상 일관되다는 의미에서 전달의 수단도 언제나 사용되어지고 있는 것이다.

반대로, 말을 잘못하는 사람도 복음을 전하는 일군으로 쓰임을 받는다. 모세는 말을 잘하지 못한다고 자백했었는데출 4:10, 그럼에도 불구하고 위대한 출애굽의 지도자로 쓰임을 받았다. 이사야사 6:5-8도 역시 그러했고, 사도 바울도 역시 글보다는 말에서는 약했다고전 2:4. 그러나 이런 약점들이 설교자에게 있다고 하더라도, 하나님께서는 사용하였다. 사람의 지혜에서 나오는 것이 아니라, 하나님의 권능에 달려있는 것이다고전 2:5.

예수님께서는 영혼을 살려내는 말씀의 권능을 펼치셨다. 예수님께서는 성경 말씀이 우리 속에서 역사하는 구원의 수단으로서 필수적이며 근원적이라고 가르쳐주셨다눅 16:31, 24:27, 44-45. 하나님의 창조와 구원을 알리는데 있어서, 이처럼 말씀의 선포는 사도들의 사역에서도 핵심이었다행 2:22,41, 4:4, 5:20, 6:7, 12:24, 15:7, 32, 36, 16:14, 19:20, 20:32. 바울 사도는 "믿음은 들음에서 나며, 들음은 그리스도의 말씀에서 난다"롬 10:17고 설명했다. 사도들은 구원의 수단이자 성도들의 성화를 위한 방법으로서 하나님의 말씀을 최고로 소중하고 권위있는 자리에 위치시켰다빌 2:13.

하나님께서는 말씀으로 하늘과 땅을 창조하시고, 혼돈과 암흑으로 가득 찬 우주에다가 빛을 비춰주셨다창 1:1-3. 성령은 모든 피조물의 세계를 운행하시는 창조의 능력이었다. 성령은 영적인 진리에 대해서는 캄캄한 어두움으로 가득 차 있던 죄인들의 영혼 속에 빛을 비춰주신다. 이러한 성령의 사역은 첫 창조에 이어서, 재창조의 사역이다. "그러므로 누구든지 그리스도 예수 안에 있으면, 새로운 피조물이라 이전 것은 지나갔으니, 보라 새것이 되었도다"고후 5:17. 바울 사도와 같은 분들을 새 언약의 사역자들로 만드셨는데, 문자와 글씨에 능하기 그렇게 하는 것이 아니라, 성령의 사역으로 감당케 하였다고후 3:6.

거룩하신 하나님께서는 외부적으로 선포되는 말씀external speaking 가운데서 우리에게 찾아오시고, 만나주시고, 말씀하시고, 자신을 아는 지식을 불어넣어 주신다. 먼저는 설교자에게 성령으로 감동하시고, 경건한 성도들로 하여금 경외, 기도, 사랑, 복종, 신뢰를 가지고 반응하게 하신다. 성령은 설교자를 통해서 "성도들을 새롭게 하며, 그리스도의 몸을 건축해 나간다."[30] 더욱이 선포된 말씀은 영혼의 치유와 씻음과 고장난 곳을 수리하도록 하나님께서 지정한 방편이다. 성령에 의해서 사용되는 설교자는 성도를 살려내는 하나님의 도구로서 사용되는데, 모든 능력의 원천은 계시의 말씀이다. 설교자는 기록된 객관적인 하나님의 의를 선포하는 책임을 가감없이 감당해야 한다. 성경에 기록된 말씀을 벗어나서, 기독교 신자가 스스로 자신의 경험을 근거로 삼으려 한다거나, 어떤 은혜 받은 사람의 간증이나 체험담에서 의존하려는 것은 잘못된 것이다.

그리스도의 선포는 하나님의 창조와 섭리 안에서와 마찬가지로 구속 역사이며, 기본적으로 은혜의 방편들이다. 언약적 예식은 먼저 말씀을 듣고, 이에 대해서 반응하는 구조이다. 창조하신 후에야 언약을 추가로 맺으신 것이 아니라, 하나님께서는 이미 특별한 의도와 특별한 관계성을 창조의 세계 속에 장착시켰다. 시편 19편 1-4절에서 송축하는

30　John Calvin, *Sermons of Calvin on the Epistles of S. Pauls to Timothy and Titus*, tr. L.T. (1579: Edinburgh: Banner of Truth, 1983). 디모데전서 1장 8-11절에 대한 설교.

대로, 대자연은 하나님의 선하심과 위대하심을 송축하고 있다. 우주 만물은 살아계신 하나님의 선포, "내가 여기 있다"는 소리를 발하고 있다. 우주는 과학화되어서 자동적으로 운행되는 곳이 아니요, 중립적인 공간도 아니다. 하나님께서 말씀으로 존재하도록 만들어놓은 공간이요, 사람을 지은 후에 시간 속에서 살아가게 하여서 역사가 진행되게 주관하신다.

우상 숭배와 신앙의 차이는 성경 말씀에서 분명히 드러난다. 우상은 아무런 말도 하지 못하고 호흡도 할 수 없지만, 하나님은 말씀하신다 히 2:18. 선지자들은 우상 종교에서 떠나도록 촉구했다. 우상 종교에서는 경배를 드리려고 찾아간 자들이 하고 싶은 말을 하는 것뿐이다. 가짜 종교에서는 참가하는 사람이 더 많은 말을 하고 있다. 결국 사람이 하나님보다 더 지혜로운 자가 되려고 하는 것이다. 그러나 하나님께서는 자기 백성들이 겸손하게 위로부터 주시는 말씀 앞에 나아가서 생생한 설교말씀에 의해서 교훈을 받도록 하셨다. 우상은 그저 내재적인 피조물들 속에서 말하지 못한 채, 마냥 자리만 차지하고 있을 뿐이다.[31]

하나님의 말씀은 살았고, 역사하는 힘을 발휘하고 있으며, 진정한 거룩함을 제시하여 준다. 하나님께서는 말씀으로 창조하시고, 말씀으로 붙드시고, 말씀으로 구원하시고, 말씀으로 한 날을 영화롭게 하셨다. 우리 인간들은 모든 피조물들처럼, 자율적이지 않고 호출을 받은 존재들이다. 전능하신 창조의 말씀으로 존재하라고 명령 되었기에, 지금 우리가 현존하고 있는 것이다. 우리 인간들의 결정이나 판단에 따라서 신앙이나 신념이나 역사가 바뀌는 것이 아니다. 그리스도의 말씀이

31　The Heidelberg Catechism, 98문항.

우리 안에서 믿음을 창출하며, 그런 역사가 있는 곳에 교회가 있다.

성령은 기록된 말씀과 선포된 말씀의 원천이다. 성경 안에서 말씀하는 분은 성령님이시다. 성령은 성경을 통해서 교회에 생명을 불어넣으사, 그리스도의 중보적 사역이 확실하도록 만드신다_{벧후 1:21, 딤후 3:16}. 성경은 비인격적인 국가의 법전이나 사회적 계약문서가 아니다. 그런 공적인 문서들 속에는 개인적 체험이나 내적인 경건의 표현은 찾아볼 수 없다. 하나님께서 선포하는 말씀을 통해서 믿음의 역사를 창출하시기에, 성령은 말씀과 함께 역사하는 것이다. 이런 내용이 웨스트민스터 대요리문답 155문항, "말씀이 어떻게 구원을 위하여 효력 있게 됩니까?"에서 요약되어 있다.

> 하나님의 성령께서 말씀의 낭독, 특별히 설교를 효력 있는 방도로 쓰셔서, 죄인에게 빛을 비추어 죄를 깨닫게 하며 겸손하게 하고, 그들을 자기 자신에게서 벗어나 그리스도에게로 이끌고, 그들로 하여금 그리스도의 형상을 닮게 하며 그분의 뜻에 복종하게 하고, 그들에게 힘주어 시험과 부패를 대적하게 하고, 그들을 은혜 가운데 세워 주며 믿음으로 구원에 이르게 합니다.

하나님께서는 그리스도의 의로움으로 우리에게 거룩한 옷을 입히는 활동을 하신다. 성령님께서 성도들을 향해서 이런 거룩한 사역을 하실 때에, 사람의 말에 따라서나 요구대로 즉각적으로나 직접적으로 개입하시지 않으신다. 오직 합당한 수단들을 채택하신다. 개인적으로 성령을 읽으면서 묵상하도록 하였고, 공적으로 선포된 말씀을 듣게 하시는 경우도 있다. 성령은 기록된 말씀을 무시하지 않으시며, 말씀에 대립적이지도 않다. 교회는 그 말씀에 순종하는 것이지, 대립하는 것이 아니다.

셋째, 성령의 사역으로서의 설교

성경을 읽고 듣는 사람들에게 성령으로 역사하신다. 교회에서 설교를 통해서 듣게 되는 말씀은 성도들을 향하신 하나님의 특별한 교제, 교류, 교통의 수단이다. 성령은 말씀을 통해서 부르심의 역사를 일으킨다. 성령은 우리 죄인들의 마음과 가슴을 비춰주셔서 그리스도를 따라가도록 변화시킨다.[32] 죄인으로 하여금 구원에 이르도록 하는 조명은 그리스도 안에서 하나님을 아는 체험적인 지식을 만들어내는 성령으로부터의 초자연적인 빛이다. 우리는 영적으로 어두움의 세력, 사탄의 지배하에 살면서 참된 빛을 볼 수 없는 "소경됨"에 놓여있었다. 두 눈을 떴다고 해서, 모든 하나님의 창조와 위대하심을 다 바라보고 찬양하는 것이 아니다. 성령의 조명이 없이는 하나님과 예수 그리스도를 아는 지식을 가질 수 없다. 성령의 도구가 되는 것은 기록된 하나님의 말씀이요, 그 말씀이 설교로 전달되어질 때에 역사하신다.

성령은 전하는 사람과 듣는 사람에게 초자연적으로 역사하신다. 모든 구원의 역사는 성령의 권능에서 나오는 것이다. 사람의 지혜와 지식에서 나오는 것이 아니다. 성령의 조명을 통해서 어둡고 혼미한 마음이 빛을 얻게 된다.

> 만일 우리의 복음이 가리었으면 망하는 자들에게 가리어진 것이라 그 중에 이 세상의 신이 믿지 아니하는 자들의 마음을 혼미하게 하여 그리스도의 영광의 복음의 광채가 비치지 못하게 함이니 그리스도는 하나님의 형상이니라 우리는 우리를 전파하는 것이 아니라 오직 그리스도 예수의 주 되신 것과

---

[32] Joel Beeke, "The Illumination of the Spirit," in *The Holy Spirit and Reformed Spirituality*, eds., Joel R. Beeke & Derek W.H. Thomas (Grand Rapids: Reformation Heritage Books, 2013), 53.

> 또 예수를 위하여 우리가 너희의 종 된 것을 전파함이라 어두운 데에 빛이 비치라 말씀하셨던 그 하나님께서 예수 그리스도의 얼굴에 있는 하나님의 영광을 아는 빛을 우리 마음에 비추셨느니라(고후 4:3-6).

설교자는 어둠을 더 좋아하는 자들에게 그리스도의 영광스러운 복음의 빛을 가져다 준다. 사도 바울은 우리는 자신들에 대해서 전파하는 것이 아니라, 주 예수 그리스도를 전파하는 것이라고 강조하였다. 아주 진실하고도 쉽고 평범하게 예수 그리스도를 증거하였다고후 2:17, 3:12, 4:2. 말씀과 성령 안에서 전파하는 것으로 만족하고, 그 결과에 대해서는 낙심하지도 않았다고후 3:4-5, 12, 4:1.

고린도후서 3장 8절에, "영의 직분은 더욱 영광이 있지 아니하겠느냐"고 바울 사도가 강조하였다. 여기에 나오는 "영의 직분"he diakonia tou pneumatos은 "성령의 집행자"the administration of the Spirit로서 부름을 받은 설교자를 의미한다. 그런데 그들에게는 "영광스러움"이 함께 한다.[33] 이것은 구약 성경의 시대에 사역했던 자들과의 대조를 통해서 풀이되었다. 바울 사도는 구약 시대의 사역자들에 대해서 "율법 조문의 직분"고후 3:6-7이라고 하였으며, "정죄의 직분"이다고후 3:9. 율법을 어긴 자들에게는 정죄와 죽음이라는 것을 알려주는 구약 시대 모세의 직분도 영광이 함께 하였다고 한다면, 영생을 가져오는 "의의 직분"에게는 "영광이 더욱 넘친다"고후 3:9. 바울 사도는 자신과 동료 사역자들에게 주어진 임무가 "화해의 사역"고후 4:1, 5:18-19이라고 확신하였다.

설교자가 감당하는 말씀의 사역adminstering of the Word이라는 것은 무엇

---

33 Cornelis Trimp, "Preaching as the Public Means of Divine Redemption," 63.

인가? 사도들은 초대 교회에서 "하나님의 말씀을 제쳐놓고 접대를 일삼는 것이 마땅하지 않다"행 6:2고 판단했다. 그래서 그들은 "기도하는 일과 말씀 사역"에 전념하고자 집사들을 세웠다. 사도들이 감당하던 "말씀의 사역"은 설교를 의미한다.[34] 사도들은 이 사역을 교회에서 계속적으로 오래동안 감당하였다. 이런 복음 선포자의 직분은 영광스러운 복음을 선포하도록 주어졌으며, 성령은 인간의 주관적인 것까지도 모두 다 활용하신다. 설교자는 말씀의 사역자로 부름을 받아서 자신에게 주어진 모든 역량을 발휘하게 된다.

성령의 집행은 설교 가운데서 우리에게 다가온다. 성령의 구원 역사 집행은 그 배면에 오랜 동안에 걸친 하나님의 계획과 구속 역사가 있었으며, 성자 예수님을 보내심으로 절정에 이르렀다. 오순절 날에 성령을 부어주시고, 성경 말씀을 완성케 한 후에, 복음의 선포자들이 모든 족속을 향해 선포하였다. 각 사람의 심령에 임하는 성령의 적용하는 역사하심으로 인해서, 그리스도가 완성한 하나님의 구원 역사가 집행되어 간다. 그 집행 사역의 대행자로 쓰임을 받은 일꾼은 복음을 선포하고, 설교한다. 성령은 말씀을 듣는 자들에게 믿음을 작동시키고, 죽어있는 모든 역량들을 움직이게 만든다.

하나님과의 특별한 교류, 직접적인 교제를 이루게 하는 원천은 성령의 조명과 임재이다. 성도는 성령의 역사하심을 통해서 예수 그리스도를 구세주로 고백하는 거듭남을 체험하며 믿음을 고백한다. 각 사람의

---

34 Ibid., note 19: 칼 바르트는 "말씀의 사역"이라는 것은 설교를 통해서 "창조적인 재해석" 혹은 "설교 가운데서 말씀의 재구현"이라고 보았다. 만일 바르트의 주장이 옳다고 한다면, 설교자의 개인적 관점에 따라서 선포되는 말씀은 현격하게 차이가 나게 된다. 설교자 개인의 해석적인 사역이라는 것은 얼마든지 성경을 왜곡할 수 있기 때문이다. 설교자가 어떤 신학을 배워서 갖고 있는지, 어떤 교단에 소속해 있는지의 여부에 따라서 말씀의 사역이 변질될 수밖에 없다.

심령 속에 성령의 조명을 통해서 성경의 가르침을 깨달아 알게 하신다. 성령의 조명을 통해서 어둠이 물러가면서, 자신의 죄악됨과 하나님의 말로 다할 수 없는 은혜를 알게 되었다. 하나님과 그 아들 예수 그리스도를 아는 것이 영생이다 요 17:2.

모든 인생은 어둠 속에 있다. 그것을 간파하신 예수님께서는 극적인 사건을 통해서 우리에게 교훈을 주셨다. 예수님께서는 소경 바디매오를 고쳐서, 만물을 볼 수 있게 눈을 열어주셨다. 바디매오는 "다윗의 자손, 예수여!, 나에게 자비를 베푸소서"막 10:46-52라고 소리쳤다. 많은 사람이 그에게 조용히 하라고 다그쳤지만, 그는 지체할 수 없었다. 예수님은 그에게 "너희 믿음이 너를 온전케 하였다"고 하였다. 바디매오가 눈을 뜬 것은 단순히 신체적인 장애를 극복하는 것으로 그치는 사건이 아니다. 요한복음 9장을 보면, 낳을 때부터 소경이던 자에게 "실로암에 가서 씻으라"고 해서서, 그 말씀에 순종함으로 눈을 떴다. 그는 하나님의 약속을 이루시는 주 예수 그리스도를 영접하였고, 기적이 주어졌다.

성경에서 사람의 "소경됨"blindness에 대해서 언급할 때에는, 단순히 육체적 시야가 약해져서 사물을 구별하지 못하는 장애만을 의미하지는 않는다. 이사야 선지자는 하나님의 말씀과 하나님의 영광을 바로 알지 못하는 자들이 "소경"이라도 질타했다. 그들은 우상 숭배에 빠져있었고, 영적인 소경이었다 사 6:9, 42:16-25, 56:10, 59:10. 예수 그리스도를 거부한 자들은 전혀 영적인 안목을 갖지 못한 자이다.

인생은 한 치 앞을 내다보지 못한다. 우리의 안목이 가진 한계이다. 자신의 내일에 대해서 알고 있는 사람은 아무도 없다. 인간들은 마음에 하나님의 지혜와 하나님을 아는 지식을 거부한다. 지금도 여전히 이 세상은 하나님을 모르는 소경이 또 다른 소경을 인도하고 있는 처지에 놓여있다 마 15:121-14, 23:16-26, 요 9:39-41.

현대인들의 "소경됨"을 지적하지 않을 수 없는데, 저들은 하나님을 부인하고, 무한대한 자유방임과 무절제한 이기주의에 빠져있다. 하나님을 알지 못하고, 영적인 믿음을 버린 자들은 그 어떤 사회적인 선한 규칙이나 반듯한 원칙의 제정에 대해서도 반대한다. 미국에서는 즉흥적인 총기 난사로 수많은 사람들이 죽어가는데도, 총기를 규제하는 강력한 법안을 만들지 못한다. 역사적으로 살펴보면, 교회 안에서도 "반율법주의"antinomianism를 주장하는 이들이 있었다. 또한 자기가 가진 생각과 판단만이 절대적이요, 우월하다는 자들도 많다. 현대 철학자들은 자아만족주의self-sufficiency와 이성의 자율성만을 지나치게 강조한다.[35]

종교개혁자들은 성령에 의해서 쓰임을 받는 설교를 회복시켰다. 그러나 중세 말기 로마 가톨릭 교회에서 가르치는 직분자들과 성직자들을 통해서만 그리스도의 구원을 성도들에게 가져오는 성령의 사역을 강조했다. 로마 교황을 중심으로 하는 교회의 권위와 교회의 거룩한 성직자들에 의해서 시행되는 성례들의 권위를 주장했다. 교황과 교회의 가르침은 오류가 없다는 주장을 하면서, 그들이 주도하는 성례야말로 성령이 객관적으로 주어지는 구원의 통로라고 가르쳤다. 설교는 이런 것을 위하는 준비 단계적 행위일 뿐이고, 성례 예식들을 넘어서는 그리스도의 몸과 피를 재구현하는 것이라고 가르쳤다. 종교개혁자들이 거부한 로마 가톨릭의 예식들 중에 하나가 죽은 자들을 위한 기도였다. 비성경적인 연옥 교리에 기초한 이 예식은 대중들의 미신과 착취를 조

---

35   Richard C. Gamble, *The Whole Counsel of God*, vol. 2. The Full Revelation of God (Phillipburg: P&R, 2018), 798.n.32.

장했다. 종교개혁자들은 오직 성경만을 주장하면서, 마카비 2서 12장 40-46절에 나오는 이런 예식은 외경에 근거한 거짓이라고 선언했다.[36]

여기에 추가해서, 종교개혁 시대에 복음의 설교를 강조하게 된 것에는 과격한 재세례파들의 주관주의subjectivism를 배척한다는 확고한 선포였다.[37] 소규모 집단 운동으로 퍼져나간 재세례파 운동은 각 성도가 성령의 체험을 한다는 신령주의spiritualism로 기울었다. 기본적으로 신령주의는 공적인 예배와 성직자들에 의한 선포의 방식을 거부했다. 자가 발전에 의한 종교적인 노력을 기울인다고 해서, 구원의 역사를 일으키는 원동력을 창출해 낼 수 없다. 말씀을 제외한 채, 성령이 직접적으로 각 개인의 심령에 역사한다는 것이다. 『아우구스부르크 고백서』 5장에서 이러한 재세례파의 주장을 논박했다.

종교개혁자들은 재세례파의 주관주의적인 신앙정서에 맞대응해서 말씀을 강조하면서 소위 개인 체험보다는 선포된 말씀을 공적으로 더 중요시하는 객관주의라는 경향으로 치우치지 않으려 노력했다. 말씀과 함께 역사하시는 성령의 감동이라는 것은 마치 배터리 속에 물체를 움직일 수 있는 에너지를 저장하는 것으로 착각하지 않도록 주의를 기울였다. 성령은 비인격적인 에너지가 아니라는 뜻이다. 종교개혁 시대의 신앙고백서에 서술된 문장들에 이러한 관점과 고려가 잘 반영되어 있다. 말씀이 선포되면, 자동적으로 또는 기계적으로 구원의 역사가 사람의 심령 속에서 일어나는 것은 아니다. 성령은 하나님 자신이시며, 그분은 말씀의 기록과 선포의 전과정을 관리하고 계시며, 듣는 사람의

36　Alister McGrath, *Reformation Thought: An Introduction* (Oxford: Blackwell, 1999), ch. 8. David C. Steinmetz, *Luther in Context* (1986; Grand Rapids: Baker, 1995), 47, 85.
37　Carter Lindberg, *The European Reformation* (Chichester: John Wiley & Sons, 1996), 298.

심령 속에 역사하도록 마음의 문을 열어주신다. 성령은 말씀의 선포라는 수단을 사용하신다. 성령은 말씀과 함께 역사하신다.

『하이델베르크 교리문답서』 65문항에 보면, 성령이 설교에서 실제적인 주체자이시다. 물론 모든 사람들이 다 같이 듣고 보는 설교는 사람이 한 지방의 언어로 말하는 것이다. 그리고 그 설교자의 역량도 역시 한계가 있다. 그 설교자가 전달하는 모든 내용들과 과정들을 통해서 우리는 하나님께서 친히 감화를 주시고, 성령의 감동을 통해서 영혼을 어루만지신다고 고백한다. 거룩한 복음의 선포에 의해서 구원얻는 믿음이 작동하도록 성령께서 은밀하게 역사하신다. 하나님의 역사하심과 도구로 사용되는 사람의 설교가 동시에 작동하는 구조이다. 말씀의 사역자들은 하나님의 통치와 지배와 다스림을 대행하도록 특수한 임무를 부여받은 직분자들이다. 설교는 하나님의 말씀을 집행하는 것이다.

웨스트민스터 소요리문답 31번에, 유효적 소명이 성령의 역사로 일어나는데, 그리스도를 아는 지식 안에서 우리들의 마음에 빛을 비춰주셔서, 그리스도를 받아들일 수 있도록 역사하신다고 하였다. 칼빈은 성도들을 부르심은 "말씀의 선포 가운데서와 성령의 조명 가운데서 일어난다"고 하였다.[38]

말씀과 성령이 이처럼 항상 서로 결합 되어서 우리들의 심령에 역사하고 있음에 유의해야 한다. 어느 한쪽만으로는 결코 온전한 복음이라고 할 수 없다. 혹시 오순절 계통의 은사파 교회들에서는 하나님의 말씀보다는 신비적인 직통 계시와 각종 특별한 이적 현상들을 강조하고 있는데, 대부분 성령의 인격과 영광과 존귀하심에 대해서는 전혀 무시

---

38 Calvin, *Institutes*, III.xxiv.2.

해 버린다. 결국 삼위일체 하나님에 대한 이해가 극히 빈약하다. 더구나 그러한 초자연주의와 신비주의는 목회자나 인도자의 개인적인 영웅심으로 귀결되어 파산하는 경우가 다반사이다. 그러한 신비적인 능력을 갖췄다고 주장하는 사역자들은 신사도라고 자처하면서 내적인 빛을 받았다고 말한다. 성경과는 전혀 무관하게 독자적으로 받는 계시를 말한다고 하는데, 거의 대부분 무당이나 다를 바 없는 소리를 한다.

이미 우리는 초대 교회에서 수도원에서 벌어진 초자연적인 계시의 체험들과 순교자들의 영웅적인 이야기들을 수없이 들은 바 있다.[39] 그들의 기적들은 다 어떻게 되었던가? 수도원으로 한평생 은둔하여 정진했다는 자들은 과연 하나님을 만났던가? 그들이 알아낸 것은 무엇이었나? 은둔 수도사들은 금욕적인 삶에 정진하고자 평범한 결혼생활도 포기했지만, 영적인 교만에서는 벗어나지 못했다. 세상의 빛이 되라는 사명도 감당치 못했다.[40] 17세기 청교도들이 살던 시대에는 퀘이커파가 그러했고, 오늘날에는 각종 은사주의자들이 그러하다.[41] 그들은 자신들의 체험과 감정과 느낌에 의존한다. 그러나 우리가 강조하는 성령의 조명은 객관적인 진리의 말씀을 통해서 심령 속에 감동하는 것이다.

성령은 영적으로 죽은 생명을 되살려낸다. 디도서 3장 5절에서는 성령으로 말미암아 중생케 되었다고 하였다. 여기에 사용된 헬라어, "팔린게네시아"는 '다시 한번'_{팔린}과 '창조'_{게네시스}의 합성어이다. 성령으로 인한 "중생"은 "다시 태어난다"는 뜻이라고 예수님께서 니고데모에게 설

---

39 Jacques La Carriere, *Men Possessed of God*, tr. Roy Monkcom (Garden City, N.Y.: Doubleday, 1964).
40 George Zarnecki, *The Monastic Achivement* (N.Y.: McGraw, 1972).
41 Joel R. Beeke & Mark Jones, *A Puritan Theology* (Grand Rapids: Reformation Heritage Books, 2012), 432-34. Geoffrey F. Nuttall, *The Holy Spirit in Puritan Faith and Experience* (Oxford: Blackwell, 1946).

명하였다요 3:7. 성령은 우리 존재의 깊숙한 곳에 있는 것들을 파헤치고, 있는 그대로 죄악된 모습들을 다 밝히 드러내어 버린다. 그 누구도 자신의 비양심적인 행동과 말과 생각에 대해서 회개하지 않고는 견딜 수 없도록 철저히 비춰주신다고후 2:4, 9:7. 성령이 그리스도 안에서 하나님의 영광을 비춰주실 때에, 놀라운 혜택들도 함께 주신다. 성령의 역사와 조명으로 인해서 성도의 심령에는 예수 그리스도를 아는 지식이 심겨진다. 이것은 예수 그리스의 보배이며, 힘이요, 생명이다고후 4:7, 10,11. 이 믿음의 영은 일생동안 신뢰, 회개, 평안, 기쁨, 그리스도를 닮아가는 것, 예배, 증거, 소망, 견고함을 불어넣는다.

성령의 임재 가운데서 살아가는 성도는 말씀을 읽고, 교회에 나아가서 예배드리는 일에 힘쓰며, 기도하는 중에 힘을 얻는다. 사도 바울은 에베소 교회와 골로새 교회를 위해서 기도했다골 1:9-10, 엡 1:17-19. 하나님을 향한 우리의 기도는 어두움에 속해 있는 영혼을 열어주어서 세계의 역사를 변화시키는 동력이 될 것이다!

최근에 한국 교회 내에 직통 계시파, 신사도 운동, 미래 예언자들의 활동이 상당히 확산되었는데, 이들의 문제점은 성경과 자신들의 성령 역사를 대립적으로 제시하는 점이다. 일부에서 전혀 알 수 없는 용어들을 사용하고 있는데, 간단히 요약하자면 기록된 성경 말씀의 권위와 속성들을 무시하는 것이다.[42] 성령으로부터 자신들이 집적적으로 받은 "내적인 말씀"the inner word이라는 용어를 사용하는 이들도 있다. 이에 반해서, 기록된 성경은 "외적인 말씀"the outer word으로 구별하는 것이다. 이런 용어들과 구분법은 이미 16세기에 재세례파와 개별적인 분리주의

---

42 Keith A. Mathison, *The Shape of Sola Scriptura* (Moscow, ID: Canon Press, 2001).

자들이 사용했던 것들이다. 이들은 기록된 성경 말씀의 권위와 능력을 약화시키고, 자신들의 입을 통해서 나오는 말을 가지고 성령의 사역을 한다고 주장했다. 칼빈은 이미 이런 급진파들의 성령 운동에 대해서 간파하였고, 로마서 10장 17절에 대하여서 "내적인 말씀과 외적인 말씀"으로 대조시키는 어떤 시도에 대해서도 거부하였다.[43] 어느 선교 단체에서는 문자로 기록된 성경은 그저 글씨에 불과한 것이고, 목소리로 전달되는 말씀이라야만 살아있는 하나님의 음성이 된다는 식의 해석을 내놓은 적도 있었다. 성령의 사역 가운데서 말씀의 능력이 역동적으로 교회를 이끌어 나가고 있는 것이지, 어떤 사람의 얍삽한 말재주로 권능이 나오는 것이 아니다. 성령이 사람들의 영혼에 조명하여 주실 때에만, 말씀의 능력이 나타난다 렘 31:34.

은사주의자들이 본인들의 주관적 체험에 빠져있기 때문에, 성령의 역사가 기록된 말씀을 통해서 주어진다는 것은 아무리 강조해도 부족하게 느껴진다. 대부분의 한국 교회 부흥사들은 자신들을 통해서 일어난 기적들, 병 고침, 엄청난 회복들, 자신이 인도했던 집회에 바쳐진 헌금들, 자신의 집회에 모였던 청중들의 숫자를 자랑하기에 바쁘다. 도대체 이런 부흥사들로 인해서 한국 교회가 언제까지 기복 신앙에서 벗어나지 못하고 있을까 크게 염려된다. 사도 바울은 오직 주 예수 그리스도만을 증거 한다고 말했다. 오직 예수님을 증거 하면, 그 오묘한 성령의 간섭으로 모든 문제가 해결되고, 놀라운 해답들이 주어져서 평안으로 채워지는 것이다. 우리 성도들의 영혼과 가슴에는 오직 예수 그리스도 충만하게 채워져야만 한다.[44]

---

43 Calvin, *Institutes of the Christian Religion*, IV.1.16.
44 김재성, 『하나님의 위로와 힐링』 (킹덤북스, 2015).

소위 "내적인 말씀"이라는 것들이 설교자 자신들로부터 나오는 것이라고 한다면, 결코 하나님의 메시지가 될 수 없다. 신비주의, 도덕주의, 회의론 등은 모두 사람의 내적인 것들로부터 더 높은 사다리를 타고 올라가기 위해서 작동하는 인간적인 방편들에 불과하다. 어떤 때에는 이런 종교 철학의 산물들이 기록된 성경 말씀과 거의 비슷하게 보이기도 하고, 그럴듯하게 포장될 수도 있을 것이다. 하지만, 우리 자신들로부터 나온 것들은 구원의 메시지가 될 수 없다. 우리 내부에서 나오는 것들은 세상을 구할 수 있는 진리가 아니다. 율법과 복음을 짓누르고 있으며, 통곡하지도 않고, 춤을 추지도 않는다 마 11:16-19.

우리는 이미 앞 부분에 인용된 『제2차 헬베틱 신앙고백서』의 1장을 살펴본 바 있다. 이 고백서는 하인리히 불링거가 1562년에 작성하였고, 츠빙글리의 사역을 계승한 다른 신학자들과의 토론을 거친 후에 1566년에 스위스 대부분의 교회에서 채택하였다. 그런데 제1장에서 성경에 대한 합당한 설교를 하나님의 말씀으로 받아야 한다는 점을 유난히 강조하였다. 이 조항은 신령주의자들에 대해서 직접적으로 선포한 것이다. 성경과 설교가 동일하다는 것도 아니요, 인간의 설교가 오류가 없다는 의미도 아니다. 1장의 핵심은 설교 속에서 하나님이 우리에게 말씀하신다는 것이다.

성령의 적용하는 사역을 위해서 수단으로 사용되는 말씀의 선포와 연결된 예배의 요소들은 매우 광범위하다. 교회 안에서 찬송을 부르는 이유는 그리스도의 말씀이 풍성하게 거하시기 때문이다 골 3:16, 엡 5:19. 찬송은 사람의 의지와 감정을 표현하는 것으로 그치는 노래가 아니라, 오직 하나님을 영화롭게 하고자 온 정성을 다해서 바치는 헌신의 행위이다. 모든 예배 시간을 통틀어서 가장 중요한 핵심이 되어야 할 것은 오직 계시의 말씀뿐이다. 그 어떤 사람이나 행사가 예배의 중심이 되어서는 안 된다. 인간은 진리를 왜곡하고 있으며, 교묘하게 자신과 남들을 속이고 스스로 영광을 쟁취하려고 노력할 뿐이다 마 16:24-26. 사람이 가는 길은 십자가의 반대편이다. 성령은 사람들의 심령 속에서 말씀과 함께 임재하신다.

예배의 대상은 말씀의 계시자이신 오직 한 분 삼위일체 하나님뿐이다. 사람이 영광의 대상으로 높임을 받아서는 안 된다. 심지어 목회자의 체험이나 간증도 지극히 성경 말씀을 잘 이해하도록 돕기 위해서 사용되는 아주 작은 보조 수단에 불과하다. 더구나 선교보고나 찬양 인도자의 개인 체험으로 대체 되어서도 안 된다. 설교자가 가장 경계하고, 또 조심해야 할 사항은 성경을 이용해서 자신의 신념을 각인시켜버리는 일이다. 어떤 한두 차례의 놀라운 체험이나 능력의 역사를 자랑하거나, 목회 성공을 이뤘다는 체험담으로 말씀을 가리우는 설교자들이 있다. 부흥사경회가 어떤 목회자의 지난날 업적이나 공로를 자화자찬하는 자리가 되어서는 안 된다. 오늘날 상당히 유명하다는 설교자들의 경우에도, 성경 말씀보다는 자신의 체험을 훨씬 더 많이 말한다. 신학의 빈곤은 말할 것도 없고, 기본적인 목회자의 소명 의식마저도 의심케 한다. 개인적이며 주관적인 이야기들로 가득 차 있는 설교는 복음이 아니다. 그저 자기 자랑일 뿐이다.

하나님의 백성들을 거룩한 공동체로 이끌어 나가는 성령의 권능에 대해서 로마서 8장 2절에 언급된 것에 주목하기를 바란다. 하나님의 선택을 받은 성도들은 성령의 새롭게 하시는 변혁적 사역을 통해서 살아 났다. 죄악 가운데서 여전히 벗어날 수 없었던 자를 하나님의 의롭다하심을 받을 수 있는 자로 만드는 것은 성령의 권능이다.

그리스도 예수 안에 있는 생명의 성령의 법이 죄와 사망의 법에서 너를 해방하였음이라(롬 8:2).

거룩한 하나님을 체험하게 하는 공동체로서의 교회 안에는 성령의 거듭나게 하심을 통해서 그리스도와 연합한 성도들이 함께 모여서 예배를 올린다.[45] 중보자 그리스도는 성령의 변화시키는 권능으로 역사케 하시며, 하나님의 의로움을 입혀주신다. "그리스도의 영이 없으면, 그리스도의 사람이 아니다"롬 8:9. 하나님의 의로움은 마지막 아담의 순종을 통해서 성취되었고, 부활을 통해서 입증되었다롬 6:5. 죄가 없으신 예수님께서는 자신의 과오나 허물을 씻을 필요가 전혀 없으시지만, 우리의 죄로 인한 댓가를 속죄하시려고 정죄를 당하셨다. 그러나 그리스도께서 죽은 자들 가운데서 다시 살아나시어서, 죄와 사망에 대해서 살아나는 길을 열어놓으셨다롬 6:9.

하나님의 영에 대한 핵심적인 언급이 로마서 8장 9-11절로 이어지고 있다. 하나님의 의로움이 그리스도의 생애와 죽으심 가운데서 역사하였고, 그 생명을 주시는 택한 백성에게 체험으로 가져다주시는 성령의 권능이 강조되어진다. 성도는 성령으로 인하여서, 하나님의 의로움을 찬양하고 영광을 돌리는 예배에 참여하지 않을 수 없다.

만일 너희 속에 하나님의 영이 거하시면, 너희가 육체에 있지 아니하고 영에 있나니 누구든지 그리스도의 영이 없으면 그리스도의 사람이 아니라 또 그

---

45 Sam Waldron, "The Relation of the Righteousness of God and the Spirit of God in Romans 1-8)," in *The Holy Spirit and Reformed Spirituality*, eds., Joel r. Beeke & Derek W.H. Thomas (Grand Rapids: Reformation Heritage Books, 2013),

리스도께서 너희 안에 계시면 몸은 죄로 인하여 죽은 것이나 영은 의를 인하여 산 것이라 예수를 죽은 자 가운데서 살리신 이의 영이 너희 안에 거하시면, 그리스도 예수를 죽은 자 가운데서 살리신 이가 너희 안에 거하시는 영으로 말미암아 너희 죽을 몸도 살리시리라(롬 8:9-11).

이 부분에서 사도 바울은 성도들 가운데서 거룩한 생명을 불어 넣어주시는 성령의 지속적인 권능과 사역을 명쾌하게 강조하였다.[46] 이 부분을 다시 간추려서 정확하게 이해하도록 노력하자:

가. 성령의 생명이 임재하지 않는 사람은 그리스도에게 속한 자가 아니다. 성령을 받지 않는 자는 그리스도 밖에 있는 자이다. 누구든지 성령으로 말미암지 않고서는 예수 그리스도를 주라고 시인할 수 없다 고전 12:3.

나. 성령은 "하나님의 영"이자, "그리스도의 영"이라고 분명하게 언급하였다. 헬라어 소유격으로 표현되는 문구에 대해서 정확히 이해하자. 하나님의 영은 부활하신 중보자의 존재와 사역에 긴밀하게 연결되었다.

그리스도와 믿는 자의 하나로 연결됨에 대해서 놀랍게도 강조되었는데, 그리스도를 죽음에서 생명으로 부활케 하신 영이 우리 안에 임재하시기 때문이다. 또한 바울 사도는 동일한 방식으로 역사하는 성령의 권능으로 인하여, 우리가 죽음에서 벗어나서 다시 살게 될 것이라고

46　William Hendriksen, *Romans* (Grand Rapids: Baker, 1980), 252. C.E.B. Cranfield, *The Epistle to the Romans* (Edinburgh: T&T Clark, 1975), 390.

강조한다. 아멘! 할렐루야!

라. 로마서에서 계속 중심적으로 거론되는 주제가 하나님의 의로움인데, 성령께서 생명을 주시는 작동을 하셔서 우리 안에 그 결과가 주어졌다. "영은 의를 인하여 산 것이라"The Spirit is life because of righteousness. 미국 웨스트민스터 신학대학원 조직신학자 존 머레이 교수는 로마서 주석에서 바로 이 대목을 다음과 같이 풀어준다:

> 성령은 그리스도에 의해서 성취된 구속으로부터 멀리 동떨어져 있는 다른 구속적인 영역에서 살아있는 것이 아니다. 여기서 다시 한번 우리는 각각 독립적이면서도 상호 긴밀하게 역사하는 것을 발견하게 된다.
> 성령은 이 서신의 가장 위대한 주제인 의로움으로부터 멀리 동떨어진 생명이 아니라는 것을 바로 다시 말하는 것이다.
> 사도가 "하나님의 의"라고 부르는 것은 그리스도의 의와 순종함인데, 우리의 죄악된 상태를 규정짓는 사망의 무효선언에 있어서, 성령의 생명이 관련되어 있는 것이다.[47]

넷째, 새 언약의 규범

"새 언약" 아래서 살아가는 성도들에게는 말씀의 선포에 믿음으로 반응하여야만 하는 의무와 책임이 주어져 있다. 예수님의 모든 말씀들은 새 언약의 규범으로서, 모든 설교에서 핵심적인 내용이다. 성경에 나오는 모든 언약들은 결국 예수님께서 세우신 "새 언약"으로 귀결 되어진다 마 26:28.[48] 예수님이 오시기 오래전부터, 인류의 창조 이후로 하나님

---

47 John Murray, *The Epistle to the Romans* (Grand Rapids: Eerdmans, 1968), 1:290-91.
48 Herman Ridderbos, *The Coming of the Kingdom*, 200.

께서는 언약적인 형식 가운데서 사람과의 관계를 맺으시고, 기뻐하시는 일들을 펼치셨다. 언약적인 방법이라 함은 하나님의 은혜의 약속을 선포하되, 먼저 하나님께서 믿음으로 나오라는 부르심을 제시하시고, 이에 따라서 순종해야만 한다는 사람의 책임이 요구되는 구조를 말한다 히 13:17, 벧전 5:5. 이를 선포하는 자는 하나님의 대리인으로 선정된 사람이며, 인간의 책임을 다하라고 촉구한다. 우리 믿음의 조상들은 그들이 신뢰하는 하나님의 대행자들을 통해서 엄청난 축복을 전달받았으므로, 교회에서 말씀을 듣는 자들은 그리스도에게 복종해야만 한다 고전 4:1,2, 고후 4:1-6, 5:18-19.

은혜의 언약 안에서, 우리는 도덕적으로 살아가라는 명령을 수행하게 되며, 자아도취적인 자기 정당화에 빠져있지 않도록 요구하시는 하나님의 부르심을 받았다. 하나님과 화목한 사람으로서 성도는 자기 사랑에서 벗어나서 그리스도 안에서 성취된 최고의 기쁨과 만족을 발견하게 되었다. 그러한 개인적인 회심 체험으로 성도의 남은 생애가 완성되는 것이 아니라, 언약 공동체에 소속되어서 이웃을 사랑하고 세상 속에서 봉사하도록 책임을 부여받았다. 이렇게 하는 것이 말씀의 사역이다. 하나님께서 말씀을 하시는 곳에는 항상 교회라는 공동체가 함께 하기 때문이다.

말씀의 선포자는 언약의 하나님이시다. 수많은 세대들을 통해서 언약을 맺으면서 자신을 계시하셨는데, 역사적인 기록들과 자료들 속에서 알게 하였다 히 11:8-16. 하나님께서는 구약 시대에 믿음의 조상들과 언약을 맺으시고, 그들의 후손들에게도 일련의 사건들을 알게 하시고, 들려주셨다. 선포된 약속의 말씀이 언약 공동체가 만들어내거나, 지배할 수 있는 것은 아니다. 언약 백성들은 하나님의 말씀을 들은 후에, 이에 반응을 나타내는 제사, 곧 예배를 규범적 제도로 지켜나가야만 했다. 하나님께서는 언약의 백성들에게 신실하시며, 이스라엘은 하나님께 의존하여만 했다. 언약의 역사 속에서 가장 먼저 언급되어야 할 것은 하나님의 신실하심이다. 이에 근거하여, 이전 세대가 전해준 언약은 물려받은 다음 세대가 신실하게 지켜나가야 할 실천의 규범이자, 행동의 규칙이 되었다.

설교를 통해서 그리스도인들은 자신들에게 주어진 사명의 높은 수준의 요구들을 들어야만 한다.[49] 때로는 "하지 말라"는 부정적인 명령도 들어야만 한다. 설교는 그리스도인들로 하여금 그리스도의 형상을 닮게 하도록 촉구한다. 단순히 과거의 체험이나, 이야기를 전달하는 것이 아니라, 성취되어야 할 사명이다.

증거하는 말씀을 통해서, 과거의 사건들과 교훈들이 현존하는 세대에게 전해지게 되었다. 하나님의 사건들을 눈으로 목격한 사람들의 증언들은 선지자들의 메시지를 통해서 확증되었다 벧후 1:16-21. 예수님의 승천을 목격한 증언들은 오순절을 위한 예비 지식을 전달해 주었다. 이처럼 오래전부터 증인들이 성령의 권능 안에서 보다 설득력있고, 확신에 찬 증거들을 남겼고, 그리스도의 선포를 위해서 길을 예비했다.

우주에서 어떤 위치와 장소를 차지하고 있는 모든 존재들은 하나님의 말씀에 의해서 창조되었음을 항상 증거한다. 우주 만물은 하나님의 선하심과 영광과 위대하심을 선포하는 곳이며, 이에 언약적 반응을 요구한다 시 19:1-4. 모든 인류는 하나님의 왕 같은 형상을 부여받아서 하나의 특정한 시간 속에서 살아가는데, 그것이 역사이며, 그 공간이 존재

---

49 J. Murray, *Systematic Theology*, I:148.

를 증거한다. 하나님의 말씀은 단순히 듣는 것으로 그치지 않고, 눈으로 볼 수 있는 행함으로 나타나게 한 것이다. 말씀이 선포되는 곳에는 언제나 언약의 주님께서 자기 백성들과 함께 하시고, 구름 속에 나타나는 무지개를 통해서 하나님의 약속을 재차 상기시켜 주시듯이 소망을 불어넣어 주신다.

그러나 믿음이 전혀 없이 성경을 읽는 포스트모던이즘의 철학자들은 선포되는 말씀에 대해서 전혀 개념을 적용하고 있다.[50] 하나님의 말씀을 거역한 인간은 그저 자율주의를 강화해 나가면서, 자신들의 바벨탑을 쌓아올리기에 여념이 없다. 칸트의 철학을 계승했다는 독일 철학자 쇼펜하우어는 말씀을 듣는 것도 거부하고, 읽는 것에 대해서도 부정적이었다. 말씀에 사로잡히게 되면, 자기 자신의 절대 권한으로부터 나오는 이성적인 반추를 할 수 없다는 것이다.[51]

언약 관계에 있을지라도, 인간은 하나님의 지배와 소유된 백성으로 살아가기를 싫어한다. 언약적 순종보다는 자율성을 더 강력하게 요구한다. 이미 금송아지 사건에서 인간의 반역적 행동이 드러난 바 있다. 우상 숭배가 순간적으로 하나님의 백성들에게 확산되었다. 인간의 미래라고 하는 것은 하나님의 선물로 받는 것이다. 광야의 길에 나선 이스라엘 사람들은 주변의 부족들이 두려웠기에, 금송아지를 섬겼다. 우상을 보는 것과 만지는 것을 통해서 다른 사람들과 대상들을 조종하

---

50 언어분석 철학자 쟈크 데리다(1930-2004)는 언어 속에 담긴 기존 개념과 권력의 해체주의를 주장했다. 언어로 말하는 것에 최고 우선권을 두면 존재의 환각(illusion)을 당연하다고 생각하게 한다는 것이다. 그는 "존재의 형이상학"에서 하나님의 이름을 말하는 것은 아무런 의미가 없다고 주장했다. Jacques Derrida, *Of Grammatology*, ed. Gayatri Chakrovorty Spivak (1967; Baltimore: Johns Hopkins University Press, 1976), 8-15. idem, *Speech and Phenomena* (1967), *Writing and Difference* (1967). 데리다는 헬레니즘의 전통 아래서 언어개념들을 해체해야 한다고 주장했는데, 히브리어 속에 함축된 언약적 개념에 대해서는 전혀 이해하지 못했다.

51 John Webster, *Holy Scripture* (Cambridge: Cambridge University Press, 2006), 89.

고자 한 것이다. 보이지 않는 하나님을 보이는 형상icon으로 바꿔 버렸다. 나무는 그 열매를 보아서 확인할 수 있다. 이집트에서 날마다 눈으로 보았던 금송아지 우상을 이스라엘 백성들이 섬겼다고 하는 것은 문화의 영향력이 얼마나 큰 것인가를 보여준다. 모세와 함께 출애굽 하면서 홍해의 기적을 체험하였지만, 이스라엘은 말씀을 귀로 듣기보다는 눈으로 보는 금송아지를 더 높였다.

듣는 것과 보는 것은 옛 언약의 약속과 새 언약의 성취로 대조된다. 신약 성경에서 듣는 것은 신실함의 근원이다. 듣기를 거부하는 자는 구원에의 초대를 거부하는 것이다. 갈라디아서 4장에서, 바울 사도는 시내산과 시온 산을 대조하였다.[52] 신약 시대에 주어진 가장 큰 축복은 보이지 않는 하나님을 예수 그리스도 안에서 목격하게 된 것이다. 예수 그리스도는 하나님의 본채이며, 보이지 않는 하나님의 형상eikon이시다 골 1:15. 옛 언약의 영광은 시내산에서 내려온 모세를 얼굴에서 나는 광채로 상징화되었는데, 새 언약은 그보다 더 큰 영광을 주님의 부활과 승천으로 보여줬다. "어두운데서 빛이 비취리라 하시던 그 하나님께서 예수 그리스도의 얼굴에 있는 하나님의 영광을 아는 빛을 우리 마음에 비춰셨느니라"고후 4:6. 사도들은 그리스도의 승천을 목격했으므로, 하나님의 영광을 아는 지식에 있어서는 우리들의 체험과는 비교할 수 없다. 우리는 사도들처럼 그리스도의 얼굴을 직접 대면하지는 못했지만 그의 말씀을 들었고, 세례와 성만찬을 통해서 그분을 보는 것이다. 우리가 이제는 거울을 보는 것 같이 희미하나, 그 때에는 얼굴과 얼굴을 대하여 보는 볼 것이다고전 13:13.

---

52 Jōn D. Levenson, *Sinai and Zion: An Entry into the Jewish Bible* (San Francisco: Harper SanFrancisco, 1985), 39.

새 언약에 참여한 우리들도 약속과 성취의 구속 역사가 진행되는 과정 속에 참여하고 있다. 아직 다가올 시대의 완벽한 성취와 절정을 다 목격하지 못하였으므로, 우리들도 역시 주님의 약속에 의해서 믿음과 소망이 힘을 얻는다. 우리에게도 여전히 새 언약의 약속에 대한 순종의 반응이 요구된다. 옛 언약을 시내산 자락에서 들었던 이스라엘 백성들은 우상 숭배를 불러일으키는 저급한 황소를 눈으로 보는 순간에 사로잡히고 말았다. 그들에게 전파된 복음을 받아들이기보다는 그들이 만들어낸 우상에게 일용할 양식을 달라고 했다. 결국 광야 세대는 약속의 땅에 들어가는 축복을 누리지 못하고 금지당했다. 그들에게 전파된 복음이 우리에게도 더욱 더 정확하게 증거되고 있다; "그 안식에 들어갈 약속이 여전히 열려 있다"히 4:1-13.

아담의 타락 이후로, 모든 사람들은 다른 사람으로부터 듣는 것을 따르기 보다는 자기 자신의 자율성을 더욱 더 주장하게 되었다. 근대철학의 아버지로 불리는 데카르트1596-1650는 모든 개념들을 명확하게 그리고 분명하게 구별하는 것을 기치로 내세웠다. 하나의 순수한 존재는 신비로움을 회피하는 것이요, 말하는 것과 함께 항상 따라오는 감춰짐을 피해야 한다고 그는 주장했다. 또한 하나님의 창조행위로부터 절대적으로 자유함을 강조했다. 그는 결코 교회의 권위에 따르지 않으려 했다. 결국 복음을 거부하고 이성 자율주의로 흐르고 말았다.[53]

그러나 교회는 하나님의 말씀 아래에 서서 듣는 교회이다. 듣는 행동은 보다 더 완벽한 순종을 목표로 한다. 구속 역사의 각 단계들 속에 있는 언약의 선포를 통해서, 우리는 더 깊이, 더 넓게, 더 풍성하게 예수

---

53 John Frame, *A History of Western Philosophy and Theology* (Phillipsburg: P&R, 2015), 179-181.

그리스도를 알게 되었다. 눈으로 보고 귀로 듣지 못했다면, 이해할 수 없는 것이다. 사도들은 예수 그리스도에 대해 증거를 남겼는데, 외모나 육체적인 것에 대해서는 전혀 언급이 없다. 사도 요한은 대제사장과 바리새인들의 하속들이 증언한 바를 남겼다: "그 사람의 말하는 것처럼 말한 사람은 이때까지 없었나이다" 요 7:46. 신약 성경에는 예수 그리스도에 관해서 인간적인 모습을 거의 증거하지 않는다. 요즘에 세계적으로 유명한 사람에 대해서 알려지는 내용들과는 전혀 다르다. 우리는 예수 그리스도의 말씀과 행동에 대해서 사도들의 "증언"과 "선포"되는 복음을 갖고 있다.

강단에서 선포되는 설교 말씀의 요지이자 근거는 복음 안에 계시된 하나님의 의로움이다 롬 1:17. 이것이 오직 그리스도의 구원 사역과 성령의 권능의 근원적인 자료이기 때문이다. 모든 사람들이 내적으로 고통을 겪는 문제를 해결하는 원천도 바로 하나님의 의로움이다. 사람의 생각과 판단으로는 도무지 미치지 못하는 문제의 해결이 여기에 들어 있다. 죽음에서 부활하신 주님과 그의 영의 역사를 객관적으로 계시된 성경에 따라서 선포해야만 한다. 영혼의 의사와 같은 역할을 한다.

다섯째, 교회를 세워나가는 말씀

교회에서 설교자가 선포하는 말씀은 세상이 하나님의 음성을 듣도록 역량을 발휘하는 엄숙한 사건이다. 선포되는 내용이 기록된 말씀을 신실하게 증거하는 것이라면 효과를 발휘한다. 교회는 세상 속에서 지극히 작은 일부분에 지나지 않는다. 하지만, 하나님의 은혜로 인해서, 경건치 않음과 죄악을 인식시켜 주는 역할을 감당하며, 그리스도 예수 안에서 의롭다하심과 거룩함을 입을 수 있도록 믿음의 역사를 일으켜

나간다. 말씀이 우리들 자신들과 우리들의 교회들 속에서 선포되어지는 곳에서는 두 세대가 충돌을 한다. 말씀의 선포자들은 교회의 사역들을 방해하고, 자율주의적인 자아를 주장하는 거부자들과의 대립을 피할 수 없음을 항상 대비해 나가야만 한다.[54]

왜 공적인 교회의 예배 시간에 나가야만 하느냐가 이제 더 분명해졌다. 개인적이고 주관적인 말씀의 적용이 있어야 하되, 먼저 성도는 언약적 순종을 해야만 한다. 물론, 인간의 문제를 해결하는 것은 계시된 하나님의 말씀이다. 선포되는 말씀을 통해서 성도에게는 거룩함과 구원의 확신이 제공된다. 말씀을 통해서 유대인과 이방인들의 적개심이 무너졌고, 오순절 성령의 강림에서 하나의 교회 회원들이 되었다.

종교개혁자들의 관점에서, 가장 중요한 진리의 근간은 오직 성경으로만sola Scriptura이었다. 성경의 절대 권위와 충족성은 결코 공허한 개념이 아니다. 하나님, 언약, 구원을 이해하는데 있어서 필수적이며, 실제적인 안목을 제공한다. 성경은 신앙과 생활의 유일한 기준이요, 이와 마찬가지로 교회에 대해서는 오직 예수 그리스도만이 유일한 주인이시다. 천상에 계신 그리스도는 그의 영을 통해서 자신의 말씀으로 교회를 지배하신다. "하나님께서는 말씀의 수단을 사용하셔서 그의 교회를 시작하시고, 확장시킨다."[55] 칼빈은 지속적으로 하나님께서는 오직 은혜의 말씀을 통해서 자신의 교회가 망하지 않도록 지켜나가신다고 강조했다.

설교와 성례는 교회의 중요한 사항으로 여겨졌는데, 초대 교회의 공동체 전체가 참여했다행 2:39-47. 다시 말하면, 교회는 구원을 받은 사람

---

54 William J. Abraham, *The Logic of Evangelism* (Grand Rapids: Eerdmans, 1989), 95.
55 John Calvin, *Commentary on the Psalms*, tr. John King (Grand Rapids: Baker, 1998), 1:389.

들의 모임으로 그치는 것이 아니라, 그곳에는 말씀가 성례의 사건들이 있는 곳이다. 설교만이 아니라, 세례, 성찬, 교제, 기도, 전도, 자선적인 구제사역 등 모든 교회의 활동은 표준적인 말씀 안에서 권한을 확인받아야만 한다. 키프리안의 구절을 인용하여, 칼빈은 하나님을 아버지로 섬기는 자들에게 교회가 어머니의 역할을 감당하고 있다고 설명했다.[56] 그러나 현대 신학자들 중에서 바울의 칭의론에 대한 새관점 학자들은 구속 역사에서 하나님의 우선권과 주도권을 자꾸 사람에게로 초점을 옮기려고 주장하고 있다.[57]

교회는 선포된 복음으로 인해서 만들어졌다. 복음이 교회를 창조해냈듯이, 복음만이 교회를 세상과는 다른 하나님의 공동체로 보호해나간다 롬 4:16-17. 이 세상은 모두 다 지나가는 하나의 세대에 속하지만, 우리가 사라지더라도 참된 말씀이 교회를 지켜나간다. 성경 말씀은 중요한 교회의 사건들에 대해서 우선권을 갖는다. 심지어 성경은 "표준"canon이기에, 잘못된 교회의 사건들에 대해서 지적하고 비판하며, 판단한다.[58] 동시에 복음의 말씀은 교회의 올바른 실천에 대해서는 보호하여주고 모든 비난들로부터 자유케 한다.

교회가 세상을 향하여 하나님의 대사들로서 복음을 담대하게 선포할 때에, 그 청중들에게 하나님의 은혜와 말씀 아래서 겸손할 것을 상기키서 주어야 한다 요 12:49-50. 누구든지 자의로 말해서는 안 되며, 거룩한 뜻을 선포해야 한다. 설교는 자유 선포가 아니요, 거룩한 증언이 되어야 한다. 순수한 말씀에만 모든 우선권을 둔다는 것은 결국 하나

---

56 Calvin, *Institutes*, IV.1.1.
57 Michael Horton, *Covenant and Salvation* (Louisville: Westminster John Knox Press, 2007).
58 F.F. Bruce, *The Canon of Scripture* (Downers Grove: IVP, 1988). Bruce Metzger, *The Canon of the New Testament* (Oxford: Clarendon, 1987).

님의 주도적 지배를 신뢰한다는 뜻이다. 말씀은 신앙적인 선포가 되어야만 믿는 자들에게 효력을 발휘한다. 소위 교회의 상급 기관이라는 곳은 하나님의 말씀에 버금가는 지배권을 행사할 수 없다.

안타깝게도 현대 교회에서 성경의 개념이 그저 "교회의 책"으로 점차 변해가고 있다. 사회학적인 교회론이라는 변질이 초래되었고, 인본적인 개념들이 더 눈에 띄게 되었으며, 종말론적인 교회의 개념들도 불안정하다. 릿츌파에서는 성경의 신학에 중심추를 두지 않고, 사회적 도덕주의로 해석학적 재구성을 했고, 그 결과로 교회를 사용하시는 하나님의 구속 사역들이 성경적 신학의 가장 큰 구성체계에서 밀려나 버렸다.

말씀과 성례를 통해서 성령이 모든 민족들로 하여금 공적으로 함께 모임을 갖게 하였다. 하지만, 교회의 모임을 흉내내는 경우도 있다. 사람들끼리 자율주의와 교만의 결합체로 모임을 갖는 경우도 있는데, 바벨탑에 대한 하늘로부터의 진노가 임하고 말았다. 교회의 모임은 오직 예수 그리스도의 말씀만이 우선권을 가져야 한다. 인간의 자율성이 우선권을 가질 수 없다. 물론 성경은 하나님이 참된 저자이시면서도, 인간에게 이해되도록 하기 위해서 역사, 탄식, 찬양, 잠언들이 활용되어 있다. 하나님의 백성들은 이런 여러 요소들을 가지고 어떻게 자신들이 처한 역사적 상황과 연결해서 해답을 찾을 것인가를 씨름하여야 한다. 우리는 믿음과 감사로 하나님께 합당한 영광을 돌려드려야 한다. 아멘!

말씀은 포로된 자를 자유케 하며, 자유하다는 자들을 포로로 사로잡기도 한다. 우리는 성령에 의해서 새롭게 변화를 받아야 한다. 이것은 교회 공동체에게나, 개인에게나 참된 것이다. 이러한 주권적인 은혜가 우리를 지배하지 못하도록 거부하면, 영원한 죽음을 피할 수 없다. 이사야처럼, 우리는 망하게 된 자들이지만, 복음의 말씀이 우리의 심령 속에, 입술에 주어져서 용서받고, 새롭게 되었다.

여섯째, 상호 교통으로서의 말씀

설교는 하나님께서 그의 사랑 안에서 스스로 성취하시는 사역이다. 인류의 첫 조상들이 에덴 동산에 있을 때에, 하나님께서는 자신의 언약을 통해서 먼저 자신을 드러내셨다.[59] 그리하여, 인간은 그에 대한 반응을 표현할 수 있었다. 인간은 하나님의 선하심에 대해서 합당한 반응을 표현할 수 있었는데, 하나님과 그의 백성들 사이에 "중개인들"intermediaries으로서 사람들이 개입하도록 염원하셨기 때문이다. 교회에 세우신 합당한 직분자들을 통해서 복음의 전달자로 삼으셨는데, 이런 모습이 하나님께서 인간들에게 주시는 최고의 축복이다. 칼빈은 교회에서 이러한 직분자들이 세워졌음에 대해서 놀라운 은혜라고 감격하였다.[60]

이제 우리가 이런 선포자의 직분을 받았다고 한다면, 모든 설교 가운데에서 하나님의 선하심과 자애로우심을 드러내는 그분의 약속들과 교훈들에 대해서 초점을 맞춰야만 한다. 성경에 기록된 이러한 하나님의 인격과 사역들에 대하여 증거하는 모든 설교의 배면에는 엄청난 구원의 역사가 담겨져 있다. 하나님께서는 친히 말씀과 성령 안에서 인간들에게 가까이 다가오셨다. 특히 출애굽 사건에서, 하나님은 친히 고통당하는 자기 백성들의 탄원을 "듣고, 보고, 파악하고" 계시면서, 마침내는 찾아서 "내려오셨다"출 3:8.

이러한 "하나님의 낮춰주심"divine condisecension은 하나님의 사랑에서

---

59 하이델베르크 교리문답, 제 19항.
60 Calvin, *Institutes*, IV.i.5.

나온 것이다.[61] 학식이 풍성한 박사가 어린 유치원 아이에게 설명하려면, 시청각 자료를 동원해서 쉽게 설명해야만 하듯이, 사랑의 하나님께서는 우리 인간들의 수준으로 내려오셨고, 사랑과 인내 가운데서 우리들의 삶 속에 개입하신다. 초대 교회의 교부들과 종교개혁자들은 "하나님의 낮춰주심" 혹은 "수용 능력에 맞춰주심" accommodation을 성경에 나오는 표현들 하나님의 손, 발, 아버지, 목자, 토기쟁이 등 속에서 찾아내어 적합한 본문 해석에 있어서 매우 중요한 원리로 채용했다.[62] 이런 인식을 갖고서 성경을 해석하고 복음을 선포하게 되면, 오랜 세월을 통해서 자기 백성들에게 베푸신 하나님의 사랑과 오래 참으심에 대해서 초점을 맞추게 된다. 사람들의 수준에 낮춰주신 하나님은 높은 곳에서 그냥 자기 백성들에게 찾아오시는 것으로만 그친 것이 아니라, 그들과 함께 거하시면서 높임을 받기도 하셨고 때로는 무시를 당하기도 하셨다.

『웨스트민스터 신앙고백서』 7장 1항에서, "오직 하나님 편에서 자원적으로 자기를 낮추심에 의해서만, 축복이나 상급을 얻을 수 있으니, 하나님께서는 그것을 언약의 방법으로 나타내시기를 기뻐하셨다"고 설명한 바 있다. 사람의 입술에 의해서, 영생의 복음이 선포되어질 수 있도록 하였다. 다른 사람이 말로 전해주는 선포를 듣게 하시는 것은 하나님과 사람 사이에 상호 전달의 엄청난 기적이다.

예배의 모든 요소들 속에서는 하나님과 인간 사이의 대화적 상호교류가 기본적으로 담겨 있다.[63] 얼핏 보면, 하나님의 일방적인 선언으

---

61 김재성, 『구원의 길』, 81-99. Stephen D. Benin, *The Footprints of God: Divine Accommodation in Jewish and Christian Thought* (Albany: State University of New York Press, 1993).

62 Ford Lewis Battles. 1977. "God was accommodating himself to Human Capacity," *Interpretation* 31 (1977): 19-38. 김재성, 『칼빈과 개혁신학의 기초』, 134, 172. Arnold Huijgen, *Divine Accommodation in John Calvin's Theology: Analysis and Assessment* (Göttingen: Vandenhoeck & Ruprecht, 2011).

63 Cornelis Trimp, "Preaching as the Public Means of Divine Redemption," 53.

로 그친다고 생각할지 모르지만, 사실은 양쪽이 대화하는 구조로 되어 있다. 예배에서 사람들은 하늘과 땅을 창조하신 주 하나님 여호와께 영광과 감사를 올려드리며, 고백을 드리고, 기도를 올린다. 창조주 하나님께 영광과 감사를 올리는 자는 자신의 존재를 제대로 파악하게 된다.

예식이 진행되는 과정에서, 먼저 하나님께서 말씀하시고, 사람이 듣는다. 그러나 여기서 듣는다는 것을 단순히 피동적이라고만 생각해서는 안 된다. 듣는 사람 속에서 믿음의 실행이 진행되는 것이기 때문이다. 믿음을 가진 사람은 수용을 하지만, 이를 거부하는 자들은 순전하지 않다. 이들은 하나님 앞에서 거부하며 반항하지만, 믿음을 가진 사람들은 항상 수용도 하고, 고백으로 아뢴다롬 10:14, 17. 예배 시간에 성도들은 자신의 입장에서 하나님께 나아가는데, 하늘과 땅의 창조주 되시는 하나님께 경배하고 감사를 올리면서, 자신의 삶이 처한 상황에 대해서 재발견한다. 하나님 앞에서 인간은 자신이 처한 삶의 현실을 파악하게 된다. 하늘과 땅의 창조주 하나님께 영광 돌리기를 거부하는 자는 타락한 환경에서 벗어나지 못한 상태에 있는 것이다롬 1:21-23. 우리가 한평생 선포되는 하나님의 말씀을 들으며 살아간다는 것을 놀라운 특권이다. 성도에게 있어서, 말씀을 듣는 시간과 장소는 말로 표현할 수 없는 축복이다. 우리는 그곳에서 말씀하시는 하나님을 만난다. 이렇게 하나님이 자신을 알게 하시고자, 사람의 입술을 통해서 영생의 복음을 선포하는 설교를 사용하신다. 다른 사람이 이해할 수 있는 언어를 사용하여서 복음을 선포하게 될 때에, 하나님과 사람 사이에 상호 교류의 엄청난 기적이 일어난다.

사람이 참여하는 예배의 구성 내용들을 보면, 먼저 하나님께서 말씀하시고 인간 쪽에서는 경청한다. 그런데 그러한 들음은 결코 사람들로 하여금 수동적인 참관자로 만들어 놓은 것은 아니다. 말씀을 듣는다는 것은 믿음의 행동이요, 믿음의 연습이다. 물론 이런 행동은 수납자의 모습이다. 의심하는 자들은 들을 하지 않으며, 받아들이지 않는다. 받아들이는 자들은 믿음을 고백하는 것이요, 말씀 앞에 반응하는 것이다. 복음을 귀로 듣지 않고서는 입술의 고백을 할 수 없다롬 10:14, 17. 우리가 말씀하시는 하나님을 만나서 즐거워하는 것은 표현이 불가능한 행복이다. 우리가 말씀을 듣는 특권을 누리는 것은 그 방법을 통해서 그리스도 안에서의 구원을 나눠주시고자 하시기 때문이며, 참된 생명의 길로 우리를 인도해 준다.

하나님은 상호 토론이나, 상호 문답하는 방식으로 시작하는 것이 아니라, 복음의 선포라는 방법을 사용하신다. 사람의 이해를 초월하는 하나님의 사랑과 은혜를 선포하신다. 선언이자 공고를 하시는 것인데, 정보를 알려주는 정도가 아니다. 아예, 예수 그리스도의 보혈을 통해서 죄인들을 풀어주신다는 소식을 공포하신다. 우리가 믿음의 귀를 열어서 들을 때에, 우리는 이 특권을 누리기에 합당한 사람이 된다. 그리고 죄에서 구원받은 우리들은 찬양을 올리고, 감사하며, 고백하고, 기도한다.

2. 은혜의 수단으로서 성례

요즈음 교회에서는 성례에 관한 가르침을 중요하게 다루지 않고 있으며, 성례에 참여하는 열정도 가라앉았다. 더구나 목회자들마저도 성례의 의미와 중요성을 제대로 배우지 못한 관계로 여러 가지 문제점들이 나타나고 있다. 한마디로 성령께서 내려주시는 충만한 은혜의 선물들이 교회 안에서 충만하게 작동을 해야만 하는데, 그런 통로의 일부가 허물어진 느낌이다. 많은 목회자들이 신학 수업에서 성례의 신학을 깊이 감동하면서 느끼고 깨우쳤어야만 하는데, 전혀 그렇게 배우지 못했다. 최근에 전 세계 교회들은 성례론 보다는 교회 성장학, 남녀의 성적 정체성 문제, 환경 신학, 에큐메니컬 행사 등에 대해서 뜨거운 논쟁을 하고 있다. 성경적인 교회를 세우기 위해서는 필수적으로 성례에 관련해서 더 연구하여야 하는데, 큰 관심이 없다. 세례가 뭐 그리 중요하나요? 라든지, 자녀들에게 세례를 챙겨주지 않는 부모들이 있다. 심지어 교회의 사역자로 있으면서도, 자녀들의 세례를 챙기지 않는 경우도 있다. 성만찬에 대해서도 좋은 모임이긴 하지만, 반드시 교회에 나가서 받아야 하나요? 라고 질문하는 성도들이 있다. 참으로 안타까운 일이다.

종교개혁의 성례론을 변질시킨 첫 번째 이탈적인 현상은 17세기 후반 경건주의 운동에서 시작되었다. 독일 루터파에서 파생된 경건주의자들German Pietism은 지극히 개인적인 체험을 강조하면서 공적인 교회의 성직자들이 주관하는 외적인 은혜의 수단들과 성례를 무시했는데, 이런 반교회적인 자아중심적인 사상들이 복음주의로 흘러들어왔다.[64] 경건주의 운동은 사도신경과 종교개혁자들의 신앙고백서와 교리문답서를 거부하고, 기독교 신앙을 주관적으로 개인주의화 시켰다. 그리고 신앙의 중심을 인간중심적으로 바꿔서, 참된 신앙은 인간의 심령 속에 있는 체험이라고 가르쳤다. 한걸음 더 나아가서, 성례에 대한 새로운 이론들이 제기되고 있다. 필자가 판단하기로는 성례에의 무관심에다가,

---

[64] J. Mark Beach, "A Plea for the Recovery of the Sacraments," *Mid-American Journal of Theology*, vol. II (2000), 11-15.

새로운 성례론이 더 보태어져서 나쁜 영향을 끼치고 있다.

첫째, 성례의 정의

성례sacraments는 하나님의 사건이요, 특별하신 임재하심 속에서 믿음의 감동과 힘을 얻고, 감사하는 예식이다. 예수 그리스도께서 육체로 지상에 머물고 있을 때에는 그가 계신 곳에는 어디든지 하나님의 돌보심과 선포가 임재하고 있었다. 이제는 말씀이 선포되는 곳에는 어느 곳에서나, 또한 성례가 시행되고 있는 곳에는 어느 곳에서나, 영적인 능력과 선포하심 가운데 하나님이 지배하시며 돌보시며 임재하신다.[65]

성례들에 대해서 관심을 가져야 할 사항은 그 안에 하나님의 임재하심이 있으므로 신비적으로 위대하게 만드는 것이 아니라, 하나님의 작용하심으로 사용되어지는 수단들이다. 성례들은 언약의 약속에 대한 "확증"pledge이자, "보장"assurance, "확약"gurantee, "상징"sign, "실증"seal 등으로 사용하신다. 설교를 통해서 복음의 일반적인 제공을 하시지만, 하나님께서는 특별하게 개별적으로 이러한 은혜들을 받게 하셨다.

하이델베르크 교리문답서에서는 "첫째로 나를 위해서 주께서 찢겨진 몸을 빵을 통해서 내 두 눈으로 본다는 것이요, 나를 위해서 십자가 위에서 쏟으신 피흘리심을 포도주를 통해서 맛보도록 주어진다는 것이다."[66] "둘째로, 집례하는 분으로부터 내 손에 받을 때에, 주님의 빵과 잔을 내 입으로 맛보며, 그리스도의 몸과 피의 확실한 상징들을 내가 제공받는 것이다. 따라서 주의 못 박히신 몸과 흘리신 피로 영생을 위

---

65 Cornelis P. Venema, "The Doctrine of Sacraments and Baptism in the Reformed Confessions," *Mid-American Journal of Theology*, vol. 11 (2000), 73. idem, "The Doctrine of the Lord's Supper in the Reformed Confessions," *Mid-American Journal of Theology*, vol. 12 (2001), 81-145.

66 The Heidelberg Catechism, Lord's Day 28, 75문항.

하여 내 영혼을 새롭게 하며, 영양분을 공급한다."

개혁주의 신학자들의 성례론은 교회론의 구조 속에서 체계화되었다. 철학적으로 논증을 하던 스콜라주의자들이 사용하던 "성례"라는 개념을 종교개혁자들은 전혀 사용하지 않았다. 개혁신학에서는 하나님의 선택하심과 은혜 언약의 관계성에 대해서 설명하면서 사람의 눈에는 보이지 않는 교회의 개념을 강조했다. 언약에 참여하는 성도들은 사람의 눈에 보이는 교회의 회원들 전부를 의미하는 것은 아니다. 오직 참된 나무에 연결된 가지들에게만, 성령의 거룩하신 역사가 일어나며, 은혜의 방편들을 통해서 구원의 혜택들을 누리게 한다 롬 11:16. 따라서 성례를 통한 은혜는 그 자리에 무조건적으로 참가만 했다고 해서 모든 사람이 다 받는 것이 아니라, 오직 믿음으로 의롭다하심을 얻은 자들에게만 주시는 상징 sign 이요 실증 seal 이라고 하이델베르크 교리문답서 66문항에서 규정했다.

교회는 주님의 명령을 따라 세워진 기관이요, 하나님 나라의 대행기관으로서 가장 중요한 그리스도의 몸이다. 지상에 존재한 교회는 성례를 통해서 그리스도의 사람들을 세우고, 격려하고, 교화해 나간다. 성례는 교회의 핵심이다. 모든 예배와 교회 행사의 가장 중요한 결정체이다. 오늘날의 교회들은 많은 행사에 열을 올리면서도 그리스도의 죄 씻음과 새 언약에 참여하는 성례는 마치 연중행사에 한 두 번 등장하는 형식이나 의식으로 전락시키고 있음을 보게 된다. 이러한 무지와 어리석음을 갱신하고 초대 교회와 같이 영원히 지속되어야 할 성례의 의미와 내용을 새롭게 인식하지 않으면 안 된다. 마치 16세기 종교개혁자들이 고심 속에서 로마 카톨릭의 성례론을 개혁했듯이, 21세기를 바라보는 한국 교회도 무의미한 성례론을 버리고 새롭게 정립된 성례론을 통해서 바른 교회를 이루어야 할 절실한 필요를 느끼고 있다.

칼빈은 성례에 대해서 『기독교강요』 제4권의 말미를 거의 전부 할애하고 있다. 종교개혁의 신학의 내용을 갱신하고 회복한 것이라고 볼 때에, 성례론의 바른 회복은 곧 교회의 회복을 의미하였다. 『기독교강요』 제 4권에서 교회론의 일반적인 고찰을 통해서 거룩하고 보편적인 교회란 어떤가를 설명하고, 교회의 표지와 권징을 자세히 서술하였다. 특히 교회의 권세는 성직자들이나, 개체 교회의 치리회에 있지 않고, 오직 말씀에만 있다고 선포하였다. 성경에서 선지자들이나, 사도들이 받은 권위와 위엄은 개인적으로 그들 개개인에게 주신 것이 아니오, 그들에게 맡기신 사역에 주신 것이다. 따라서 그들은 말씀의 사역을 책임 맡을 뿐이다고 강조하였다.

칼빈은 교회가 맡은 가장 중요한 성례, 즉 우리를 그리스도에게 인도하는 두 가지 예식, 성찬과 세례에 관한 교리를 다음과 같이 정의한다. "주께서 우리의 약한 믿음을 붙드시기 위해서 우리 양심에 우리를 향하신 자신의 선한 약속들을 인 치시는 외적 표징이다. 이에 대해 우리는 주님과 주의 천사들과 사람들 앞에서 주를 향한 경건을 입증한다."[67] 성례를 통해서 참된 경건을 추구했던 칼빈의 노력을 보여주는 부분이다.[68]

전체적으로 하나님께서 성례에 의미를 부여하신다는 점을 칼빈은 가장 강조한다. 『기독교강요』 제4권 14장에서부터 19장까지 성례들에 관한 설명을 제시했는데, 14장이 가장 일반적인 내용이다. 먼저 성례에

---

67 Calvin, *Institutes*, IV.xiv.2.
68 F. L. Battles, "True Piety According to Calvin," in *Interpreting John Calvin*, ed. Robert Benedetto (Grand Rapids: Baker, 1996), 289-306.

관한 일반적인 교리적 설명이 있고1-6항, 성례의 권세를 무시한 자들에 대한 논박이 나온다7-13항. 그리고 그 권세를 지나치게 중시한 자들에 대한 논박으로 이어진다14-17항.

칼빈은 성례가 말씀의 외적 상징을 수반하며, 이 둘을 서로 뗄 수 없이 연결되어 있음을 강조한다. 보이는 성례가 무엇을 상징하는지에 대해서 성경이 증거하고 설명해 주고 있기 때문이다. 성례 안에 말씀의 효과가 나타나는 것은 그것이 선포되기 때문이 아니라, 믿어지기 때문이다. 따라서 성례는 약속이 없으면 아무런 의미가 없음을 칼빈은 계속해서 강조했다. "성례는 전제되는 약속이 없으면 성립되지 않으며, 약속을 좀더 분명하게 설명하고, 재가함으로써 확증하고 인치는 목적을 가지고 일종의 부록처럼 약속에 결합된다."[69] 그러므로 말씀에 비교해서 평가할 때에, 성례는 부차적이고 보충적인 성격을 갖고 있다.

하나님의 말씀도 우리 인간들이 이해할 수 있는 수준으로 낮춰서 설명해 주시듯이, 우리가 육체로 갖고 있는 연약함과 부패에 맞춰서 수용되어지셨다. "수용가능성"의 원리accommodation가 성례에서도 적용된다고 칼빈은 지적했다.[70] 하나님은 인간이 아주 쉽게 이해할 수 있도록 수준을 낮추셔서 설명하였다. 예를 들면, 하나님의 입, 손, 귀, 눈, 발 등의 표현들이다. 하나님의 무한성과 영적인 존재를 가르치기 위해서 사용했다. 하나님을 "아버지"라고 부르도록 하여서, 돌보심을 쉽게 알려주셨다. 성경이 우리 인간의 언어로 하나님을 아는 지식을 가르치고 있는데, 이것이야말로 낮춰주심의 모형이다. 우리 인간의 부패한 심정의 수

---

69 Calvin, *Institutes*, IV.xiv.3.
70 F. L. Battles, "God Was Accommodating Himself to Human Capacity," in *Interpreting Calvin*, 117-138.

준으로 낮아지셔서, 성례를 통해서 영적인 것들을 이해하게 하신다. 우리의 연약한 믿음과 육체적 상태를 감안하여 이런 상징과 인치심을 주신 것이다. 먼저 우리의 영적인 무지와 우둔함을 배려하시고, 다음으로 우리의 연약함을 배려하셔서 이 성례라는 방법을 사용하신 것이다. "자비하신 주님께서는 무한하신 인자하심에 따라 우리의 수준에 자신을 낮추셨다. 우리는 늘 밑바닥을 헤메이고, 육체에만 고정되어 있어서 영적인 것을 생각하지도 못하고, 이해하지도 못하는 피조물이기 때문에, 주님께서는 이런 세상의 요소들을 사용해서라도 자신을 낮추어서 우리를 인도하시며, 육체 안에 있는 영적인 복을 비춰주시는 거울을 두시는 것이다."[71] 하나님은 말씀을 하실 때에는 우리의 듣는 기능과 귀를 사용하시지만, 성례의 상징들을 전하실 때에는 우리의 다른 감각들을 사용하신다. 그러므로 하나님이 말씀과 성례를 주실 때 역점을 두는 것은 마음 곧, 전인격이며, 그로써 풍성한 은혜들을 피할 수 없게 되어지는 것이다.

칼빈은 계속해서 구약과 신약의 언약 사상에 기초하여 성례의 의미를 결론짓고 있다.

> "옛 성례들은 오늘날 우리가 참여하는 성례들이 지향하는 것과 동일한 목적을 지향했다. 그것은 사람들로 하여금 그리스도를 바라보게 하고, 거의 그들의 손을 잡고 그분께 인도하는 것이나, 아니면 그보다는 표상들로서 그리스도를 상징하고 설명함으로써 사람들로 하여금 그분을 알게 하는 것이다…… 성례들은 하나님이 이미 약속하신 것들을 다시금 인치는 것이다……. 결론적

---

[71] Calvin, *Institutes*, IV.xiv.3.

으로 성례들은 하나님의 어떠한 약속이든 우리에게 가르치려면 반드시 그리스도를 설명해야 한다. 신약과 구약의 성례들의 차이는 단 하나밖에 없다. 구약에서는 백성들이 아직 그리스도를 대망하는 동안 약속된 그리스도를 미리 보여주는 그림자를 보여주는 것인데 반해, 신약에서는 그분을 이미 주신 바 되고 계시된 분으로 증언하는 것이다."[72]

둘째, 말씀과 성례의 긴밀성

예수 그리스도께서는 교회에서 성례를 시행할 것을 지정하시면서, 말씀의 선포와 함께 긴밀하게 연결시켰다. 성례는 말씀의 선포를 통해서 은혜와 약속에 관한 사항들을 교류하게 되며, 그리스도 안에서 하나님의 은혜를 눈으로 보고 맛보게 한다. 성례들은 말씀에다가 추가된 은혜 전달의 수단들이다. 설교는 성례에서 필수불가결한 부분이다.

칼빈은 성례의 용어를 말씀의 "부록"appenidx이라고 불렀다.[73] 은혜의 수단으로서 가장 먼저 말씀의 선포를 제정했고, 그것에다가 첨가되는 성례를 주셨다.[74] 성례는 반드시 말씀의 선포를 필수적으로 동반해야만 한다. 약속의 말씀이 없이는 성례란 무의미하다.

개혁주의 교회에서는 루터파의 "아우구스부르크 신앙고백서" 제9항목에 나오는 세례에 대한 설명을 받아들이지 않았다. 로마 가톨릭의 유아 세례 교리에 의하면, 구원을 위해서 유아 세례를 반드시 받아야만 한다. 세례의 필수성을 강조하면서 산파에게도 유아 세례를 주도

---

72 Calvin, *Institutes*, IV.xiv.20.
73 Calvin, *Institutes*, IV.14.3.
74 L. Berkhof, *Systematic Theology*, 618-619.

록 허용하고 있었다. 이런 내용이 초기 루터파에서도 관습처럼 받아들여지고 있었기에 개혁교회가 거부한 것이다.[75] 칼빈과 웨스트민스터 신앙고백서를 만든 신학자들은 말씀의 선포가 수반되지 않는 은혜의 방편들을 시행하는 것을 철저히 거부했다. 16세기에는 영유아들이 태어난지 얼마지나지 않아서 사망하는 경우가 너무나 많았다. 영유아들의 구원을 위해서 하나님의 말씀을 바르게 선포할 수 없는 산파들이 유아 세례를 시행해서는 안 된다는 점을 분명히 밝혔다. 하나님의 은혜로 건져내실 것이다. "영아기에 죽은 택함을 받은 영아들은 성령을 통하여 그리스도로 말미암아 중생하고 구원받는다. 성령께서는 그가 기뻐하시는 때와, 장소와, 방법을 따라 역사하신다 요 3:8; 눅 18:15,16; 행 2:38,39; 요 3:3,5; 요일 5:12; 롬 8:9. 또한 말씀의 전도에 의하여 외적으로 부르심을 받을 능력이 없는 다른 모든 택함 받은 자들의 경우도 마찬가지다 요일 5:12; 행 4:12."[76]

셋째, 언약의 상징과 확증

개혁주의 신학자들은 성례란 보이지 않는 은혜의 보이는 상징sign이자 확증seal이라고 규정했다. 세례는 성령의 중생케 함과 그리스도의 보혈을 통해서 죄를 씻어버림에 대한 보이는 예시이다. 또한 성도들은 그리스도 안에서 믿음으로 이런 상징의 성례를 받을 때에 하나님의 은혜가 주어졌음을 확증하게 된다.

성례는 믿는 자들에게 그리스도와 그의 은택들을 교류케 하며, 언약

---

75 P. Schaff, *The Greek and Latin Creeds*, "The Canons and Decrees of the Council of Trent," Seventh Session, On Baptism, Canon V (121).
76 Westminster Confession of Faith, 10장 3항.

을 상징하는 것이요, 확증한다. 하나님께서는 성례들을 은혜의 수단들로 지정하였다고 성경은 증언한다. 바울 사도는 세례에 대한 설명에서 "성령의 새롭게 하심과 중생의 씻음으로 우리를 구원하셨다"딛 3:5고 하였다. 또한 성만찬은 "축복의 잔"고전 10:16이라고 하였다. 그리스도께서 구원하신 은혜가 믿음으로 성례에 참여하는 자들에게 전달되어진다. 반대로, 합당치 않게 이 잔을 받는 자들은 하나님의 심판을 받는 대상이 된다고전 11:27-32. 세례와 성찬은 성도들을 자를 격려하고, 양육하며, 교화시키는 하나님의 선물이다. 성도들을 향하신 하나님의 은혜가 이들 두 가지 보이는 외적 상징들과 함께 작동한다. 성례를 시행하므로써, 우리의 연약한 믿음을 강화시켜서 우리 자신을 하나님께 바치는 살아 있는 제물로 기꺼이 헌신하도록 이끌어주신다.

실제로는 종말의 날까지 육체로 오셨던 것과 똑같이 주님과 함께 한 상에서 먹고 마시는 것은 아니다. 예수님께서는 성만찬을 제정하시면서, "내가 포도나무에서 난 것을 이제부터 내 아버지의 나라에서 새것으로 너희와 함께 마시는 날까지 마시지 아니하리라"마 26:29고 강조하였다. "너희가 이 빵을 먹으며 이 잔을 마실 때마다 주의 죽으심을 오실 때까지 전하는 것이니라"고전 11:26. 성례는 그것들이 증거로서 작동하는 것도 아니요, 거기에 모인 사람들에게 어떤 특이한 행동을 요구하는 것이 아니라, 하나님께서 성례들을 공적인 수단으로 은혜를 베푸실 때에 사용하시는 것이다. 언약 공동체가 모여서 성만찬을 거행하는 이유는 아브라함이나 모세가 하나님께서 그들을 향해서 베푸시는 긍휼하심의 확증적인 표시를 받았던 것과 똑같은 이유에서다. 아브라함이 하나님을 향하여, "어떻게 이런 일이 일어날 것을 내가 알 수 있나이까"라고 물었다창 15:8. 하나님의 임재하심이 항상 일마다 때마다 꼭 맞춰서 아브라함에게 알려진 것이 아니었기 때문에 이런 질문을 했던 것이다. 이처럼 하나님께서는 인간들에게 심판을 내리실 만한데도 매 사건마다 때를 맞춰서 저주를 하시지도 않았다. 하나님께서는 언제가 평안 가운데서 우리에게 다가오신다는 것에 대해서 확신을 가져야만 한다. 이것이 바로 개혁주의 성례신학의 핵심이다.

언약의 상징이자, 확증으로서 성례가 우리의 믿음 생활에 주는 효과와 영향력은 무엇이며, 어떤 방식으로 부여되는가? 성례의 효과는 성령의 역사로 인해서 주어진다. 칼빈에 의하면, 성례는 효과가 있고, 은사도 전달하지만, 그 자체로는 그럴 수 없고, 오직 그리스도 안에서 믿음과 관련 되어질 때에만 가능하다. 여기서 어거스틴의 신학과 매우 깊은 연관을 보여준다. 칼빈은 성례를 육체적으로 받아들이면 영적으로는 무익하다는 어거스틴의 말을 인용해서, 만일 말씀을 떠나서, 진리를 떠난 성례라고 한다면 무익하다고 강조한다. "모든 성례에 있어서 본질 또는 핵심은 그리스도다. 왜냐하면 그분 안에서 성례들이 확고함을 견지할 수 있으며, 성례가 그분을 떠나서는 아무것도 약속할 수 없기 때문이다.... 성례가 우리 안에 효과를 미치고 있으니, 우리가 성례를 통해서 그리스도에 대한 참 지식을 촉진하고 확증하고, 더해 가도록 돕는다. 또 때로는 그분은 보다 풍성하게 소유하고, 그분의 부유함을 즐거워하도록 만들어 준다. 그러나 그 경우들은 우리가 참된 믿음 안에서 우리에게 주어진 것들을 받을 때인 것이다."[77]

따라서 칼빈은 다음의 두 가지 경우를 사악하다고 지적한다.

하나는 이 성례는 표징이므로 마치 공허한 것처럼 생각하면서 받아

---

[77] Calvin, *Institutes*, IV.xiv.16.

들이는 사람들이다. 이렇게 성례의 신비로운 의미를 저항심을 통해서 약화시키거나 파괴해 버리는 사람들에게는 아무런 효과가 없다.

또 다른 하나는 성례를 오직 보이는 물질적인 요소들에 국한된 그리스도에게 한정시킴으로써, 그리스도 한 분에 의해서만 우리에게 주어지는 그 혜택들의 영적인 성격에 대해서 감사하지 않는 경우이다. 다시 말하면, 이 성례들이 진정으로 전달해 주고자 하는 것은 상징들을 초월하여 저 높은 곳으로 마음을 끌어올리는 일이다.

넷째, 성례를 설명하는 개혁주의 신앙고백서들과 교리문답서들

종교개혁자들은 그리스도가 자기 백성들 가운데 임재하기를 기뻐하시면서, 선포된 말씀을 통해서 뿐만 아니라, 말씀의 약속을 증거하는 성례의 합당한 시행을 통해서도 함께 하심을 강조했다. 종교개혁자들은 성례에 관한 중요한 해설들을 남겼는데, 자유주의 신학이 확산된 이후로 개신교 교회에서는 이런 내용들을 과소평가하고 있다. 개혁주의 교리문답서와 신앙고백서들은 성례론의 보물창고와 같아서, 항상 살펴볼 때마다 위로와 감동을 얻게 된다.[78]

i) 『프랑스 신앙고백서』 (1559)

---

78 김재성, 『개혁신학의 광맥』 (개정판; 킹덤북스, 2012), 39-40. 종교개혁자들과 후기 개혁주의 신앙고백서들을 모아놓고, 종합적으로 소개하는 연구서들이 도움을 준다. Arthur C. Cochrane, *Reformed Confessions of the 16th Century* (Philadelphia: Westminster Press, 1966). John H. Leith, ed., *Creeds of the Churches* (Garden City, N.Y.: Doubleday & Company, 1963); Mark A. Noll, *Confessions and Catechism of the Reformation* (Grand Rapids: Baker, 1992); Thomas F. Torrance, *The School of Faith: The Catechism of the Reformed Church* (London: James Clarke, 1959). J. K. S. Leid, ed., *Calvin: Theological Treatises* (Philadelphia: Westminster Press, 1954); Joel r. Beeke & Sinclair B. Ferguson, *Reformed Confessions Harmonized With an Annotated Bibliography of Reformed Doctrinal Works* (Grand Rapids: Baker, 1999); *Ecumenical and Reformed Creeds and Confessions* (Mid-American Reformed Seminary, 1991).

초안은 칼빈이 작성하였고, 그의 제자 샹뒤De Chandieu가 재편집하고 개정했으며, 파리 총회에서 채택되었다.[79]

25항-37항이 교회론이고, 그 안에 성례론이 담겨 있다. 종교개혁의 초기에 나온 신앙고백서로서 성례의 진정성genuineness을 강조한 두 부분이 두드러진다; 참여자들에게 그리스도와의 교통이 있다는 것과 성례의 합당한 참여자가 되기 위해서는 믿음을 필수적으로 가져야 한다고 가르쳤다. 36조에서 37조까지, 성만찬에 대한 것인데, 특히 로마 가톨릭의 성례에 대한 비판과 칼빈의 성만찬론을 제시하였다. 그리스도는 성례를 통해서 영적으로 임재하신다고 칼빈이 해석했는데, 그 의미는 그리스도의 영이 성례를 통해서 역사하심으로 효력이 발생되는 뜻이다. 말씀과 함께 하시는 성령의 역사하심이 있으며, 그리스도의 임재가 있기에 기적과 같은 일들이 발생한다. 하늘에 승천하여 계신 그리스도께서는 "비밀스럽고 전체를 다 이해하기란 불가능한 그의 영의 권능에 의해서, 그의 몸과 피의 본질과 함께, 우리를 먹이시고 강화시키신다"36조. 여기서 그리스도의 "임재"란 "본성의 법칙들과 우리들의 감각의 계산을 초월하는 위대하심과 신비로움이다." 그리고 그리스도의 임재는 "한 장소적인 의미가 아니다"not local.

프랑스 신앙고백서에서는 로마 가톨릭의 "화체설"을 바로 잡기 위해서 노력하였음이 두드러진다. 특히 루터와 츠빙글리가 1529년에 "말부르크 토론"을 거쳤으나 합의를 이루지 못했기에, 그 후에 나온 칼빈의 견해를 채택해서 설명했다. 성례에 그리스도가 영적으로 임재하신다는 칼빈의 해설이 전체 유럽 개신교회들로부터 가장 폭넓게 지지를 받

---

79 Philip Schaff, *The Creeds of Christendom*, Vol. III: The Evangelical Protestant Creeds With Translations (Harper & Row, 1931; Grand Rapids: Baker, 1985)), 356-82

왔다.[80]

38항에서, 세례는 "우리의 양자됨의 보증으로서 주어졌다"고 했으며, 평생에 단 한 차례만 받는다는 점을 설명했다. 또한 유아 세례를 인정하였다. 성례의 상징과 함께, "하나님의 은혜의 참된 소유와 즐거움이 주어진다"고 하였다. 세례는 "성령의 유효성에 의해서 예수 그리스도의 보혈 안에서 우리들의 영혼들의 내적인 씻음을 진리 안에서 우리에게 증거한다"고 풀이했다.

ii) 『스코틀랜드 신앙고백서』 (1560)

존 낙스가 작성하였고, 의회에서 채택되었다.

성례에 관한 설명이 비중 있게 다뤘다. 오직 세례와 성찬, 이들 두 가지 성례만이 예수님께서 제정하신 성례임을 강조했다.

18항, "참된 교회"에서 세 가지 표식들, 하나님의 말씀의 참된 설교, 예수 그리스도의 성례에 대한 합당한 집행, 교회의 정당한 권징의 시행이 강조되어 있다. 21항, 성례들, 22항, 성례의 정당한 시행, 23항, 성례에 속한 자들에 대한 규정이다. 특이한 점은 22항에서 로마 가톨릭의 성례 예식에 대해서 비판한 부분이다. 또한 성례의 합당한 시행을 강조하였는데, 예수님의 단순한 가르침에다가 너무나 많은 것들을 첨가하고 있음에 대해서 지적하였다. 성만찬에서는 그리스도의 영적인 임재를 통해서 참된 교통이 이뤄진다고 하였다. 23항에서는 재세례파가 믿는 자들만의 세례를 주장하면서 유아 세례를 거부하는 입장에 대해서 잘

---

80 G. S. M. Walker, "The Lord's Supper in the Theology and Practice of Calvin," in *John Calvin: A Collection of Distinguished Essays*, ed. G. E. Duffield (Grand Rapids: Eerdmans, 1966), 131-148.

못이라고 지적했다.

iii) 『벨직 신앙고백서』 (1561)

귀도 드 브레가 작성하였고, 그가 순교한 후에 네델란드 개혁교회에서 신앙에 대한 공식 문서로 채택하였다. 드 브레는 제네바에서 칼빈에게 직접 배운 제자였기에, 이 고백서의 주요 내용들은 칼빈의 신학 사상이 광범위하게 반영되어 있다.

29조, "참된 교회의 표지들"에서 스코틀랜드 신앙고백서와 동일하게, 말씀의 선포, 성례의 합당한 시행, 정당한 권징의 실시를 강조했다. 33조, "성례들"에서 말씀을 수반하는 성례를 강조한다. 34조, "거룩한 세례"에서는 예수 그리스도께서 자신의 피를 마지막까지 모두 다 흘리심으로 피로서 해야 할 모든 것들을 다 폐지하셨고, 세례의 거룩한 예식으로 제정하게 되었음을 밝혔다. 결론 부분에서, 재세례파에서 믿는 자의 고백을 근거로 하는 성인 세례만을 주장하면서, 이미 유아 세례를 받았던 성도에게 두 번째 세례를 시행하는 것은 잘못된 것이라고 지적한다. 또한 재세례파의 가장 심각한 오류는 유아 세례를 거부하는 것이라고 비판했다.

35조, "우리 주님 예수 그리스도의 거룩한 성찬"에서 가장 두드러진 점은 그리스도의 영적 임재이다. 성도들은 믿음으로 그리스도의 참된 양식과 참된 음료를 받는다. 그리스도가 성만찬에 임재하는 방식 manner은 우리의 이해를 초월하며, 완전히 꿰뚫어서 다 알 수는 없다. "성령의 작동으로서 감춰져 있고, 이해가 불가능하다". 그리스도가 하나님의 우편 보좌에 앉아 계시더라도, 성례를 통해서 성도와 교통하는 것은 방해를 받지 않는다. 성도들은 그리스도의 몸과 피를 상징하는 빵과 포도주를 받고, 그리스도와 영적으로 교제를 하는 가운데 참된 즐거움으로 힘을 얻고 용기를 갖는다. 성만찬에 참여하는 자들은 하나님을 사랑하고 이웃을 더욱 더 사랑하는 일에 대해서 자신을 점검을 해야만 하고, 더욱 힘써야 한다.

iv)『하이델베르크 교리문답서』(1563)

우르시누스와 올레비아누스가 작성하였고, 팔라틴 선제후 프레데릭 3세가 공포했다. 독일과 네델란드 개혁교회의 표준문서로 채택되었고, 유럽 각 지역의 교회들에게 큰 영향을 끼쳤다.

65문항에서는 "은혜의 방편들"에 대해서 말씀과 성례들이라고 정의했다. 성례들은 상징과 확증이라고 규정했다. 믿는 자들의 자녀들에게 유아 세례를 시행하는 것이 타당하다고 설명했다. 69항목에서, 세례는 물이라는 "상징"을 통해서, "나의 영혼의 오염을 그리스도의 보혈과 성령으로 씻으심에 대한 약속"이라고 풀이했다. 죄의 더러움을 물로 씻어내는 것이 아니라, 성령의 말씀과 그리스도의 보혈이 영적인 씻음을 성취하는 것이다. 74문항에서는 유아 세례가 합당하는 것을 설명했다.

독일 중남부 팔라틴 지방에서 종교개혁의 격동 속에서 루터파의 성례론과 개혁주의 교회들이 신앙의 일치를 기하기 위해서 작성된 것인데, 특히 루터파와 개혁주의 교회 사이에 성만찬에 대한 견해 차이가 컸다. 루터파 헤수스Hesshus는 그리스도의 영광스러운 몸의 편재성 ubiquity을 철저하게 강조했다. 그러나 일부 성직자들과 성도들은 츠빙글리에게 영향을 받아서, 기념설 혹은 상징설을 주장했다.

하이델베르크 교리문답서, 75문항부터 82문항까지 성만찬을 다룬다. 79번 문항에서, 그리스도의 임재 방식을 설명하였는데, 로마 가톨릭과 루터파의 견해를 거부하고, 칼빈의 영적 임재설을 채택하였다;

"더욱 중요한 것은, 그리스도를 기억하면서 입으로 거룩한 표시를 받아 먹듯이, 우리가 성령의 역사에 의해서 그리스도의 참된 몸과 피에 동참한다는 것을 눈에 보이는 상징와 보증으로 우리가 확신하기를 그리스도께서 원하신다."

하이델베르크 교리문답서 48항목에서도, 그리스도의 부활체에는 인간적 본성이 분리될 수 없음을 설명하면서, 로마 가톨릭과 루터파의 해석을 거부하였다.

"그리스도의 신성이 계신 곳에 그의 인성이 계시지 않는다면, 그리스도의 두 본성이 서로 분리되어 있다는 것인가?"

답: "결코 그렇지 않다. 그의 신성은 제한받지 않고 어디에나 계신다. 그러므로 신성은 그가 취하신 인성을 초월함이 분명하고, 그러나 동시에 인성 안에 거하고 인격적으로 결합되어 계신다."[81]

이 문장은 칼빈의 기독론을 반영한 것이다. 하이델베르크 교리문답서 48문항은 답변이 간단하지만, 여기서 다루고 있는 주제는 뜨거운 논쟁거리였다. 성만찬에 대한 설명에서 루터는 공재설을 주장했는데, 그 배면에는 로마 가톨릭적인 안목이 자리하고 있었다. 이를 바로잡기 위해서는 먼저 성경적인 기독론의 정립이 필요하다. 중세 말기까지 로마 가톨릭 교회에서는 예수 그리스도의 인격과 사역에 대한 이해가 완전히 왜곡되어 있었다. 예수 그리스도는 성모 마리아의 품에 안긴 갓난 아기로 취급해서, 그런 장면들을 그려낸 성화들이 압도적으로 많다. 그러나 종교개혁자의 시대에 루터가 "십자가의 신학"을 강조하면서 성경적인 초점을 대속적 죽음으로 되돌려 놓았다. 하지만, 루터의 기독론

---

81   Calvin, *Institutes*, II.xiii.4, II.xvi.14. E. David Willis, *Calvin's Catholic Christology* (Leiden: E.J. Brill, 1966).

일부와 성만찬에서의 공재설에서는 어쩔수 없는 그의 한계를 드러내고 말았다.

　이런 약점들을 보완하고자 칼빈은 성자 예수님의 두 본성 사이의 연합과 초월성을 강조했다. 칼빈은 그리스도의 전체 인격체의 초월성을 강조하였다. 그리스도의 전인격체의 초월성을 강조한 칼빈과 개혁주의 신학자들의 해설들은 그들이 처음 개발해 낸 것이 아니라, 초대교회의 공통적인 교리로 정리된 '칼세돈 신경'[451]을 계승한 것이다. 이처럼, 성만찬을 바르게 이해하기 위해서는 예수 그리스도의 신성과 인성에 대한 기초적인 이해가 먼저 정립되어만 하는 것이다. 칼빈의 설명에서, 신성과 인성이 결합되어진 그리스도의 부활체는 "인성을 초월한다"extra humanum naturam 는 표현이 주목된다. 이 땅에 계실 때에 그리스도의 인간적인 본성은 장소의 제한을 받았다. 그러나 부활 후에 승천하신 그리스도의 인성은 신성과 결합되어 계시므로 "제약을 넘어서 초월적이다"고 칼빈이 설명하였다. 그러나 루터는 승천하신 그리스도의 두 본성의 연합들을 바르게 파악하지 못한 채, 로마 가톨릭의 화체설을 약간 수정하는 것에 그치고 말았다. 루터는 이 땅에 오신 그리스도의 인간적 본성의 핵심 요소인 몸과 피가 성만찬에 "공존한다"고 하므로써, 성자 예수님에게 있는 인성의 "편재성"ubiquity 을 주장했던 것이다. 루터의 공재설은 성경적인 이해를 추구하는 성도들로 하여금 즉각적인 의구심이 일어나게 만드는 주장이다. 그리스도의 인간적인 본성이 어떻게 어느 장소와 시간에 제약을 받지 않을 수 있을까? 그래서 칼빈은 이를 바로 잡기 위해서, 부활하신 그리스도의 총체적인 인격체는 우리의 이해를 넘어서는 것이요, "초월적이라고 해야만 타당하다"고 설명했던 것이다. 그러자 루터파에서 이러한 칼빈의 해석을 '초월적 칼빈주의'extra calvinisticm 라고 비판했다. "'초월적 칼빈주의'는 양성의 근본적인 분리와 각각의 고유한 특성의 유지에 관한 칼빈주의의 가장 기초적인 원리를 생생하게 규정한 것이다."[82]

v) 『제2차 헬베틱 신앙고백서』 (1566)

하인리히 불링거가 작성하였고, 스위스와 헝가리 교회에서 채택했다. 19장, "그리스도의 교회의 성례들"에서, 하나님 자신이 성례의 저자이기에 교회는 지시된 대로 집행할 뿐이지 아무런 권한이 없다고 밝혔다. 20장, 세례. 21장 성찬. 말씀의 선포처럼, 성례도 여성이 집례를 주도해서는 안 된다는 점을 지적했다. 또한 유아 세례를 시행하는 것이 하나님의 백성에게 주신 언약의 증표라고 설명했다.

취리히에서 츠빙글리의 후계자로 사역한 불링거가 작성하였기에, 성만찬에 관한 부분은 주목하지 않을 수 없다. 불링거도 이미 칼빈의 견해가 대부분의 스위스 교회에서 지지를 받고 있음을 알았기에, 성만찬 교리는 츠빙글리의 '상징설'을 따르지 않았다. 오히려 그리스도의 실재적 임재에 대해서 성례론적 해석을 하고 있어서, 칼빈의 입장과의 유사성이 많다.

vi) 『돌트 신경』 (1618-19)

네델란드 개혁교회의 신앙고백서이며, 예정론과 선택 교리에 반대하는 알미니안주의자들과의 논쟁이 반영되어진 문서이다.

17조항에서, 하나님의 선택과 유기에 대한 교리를 전제로 해서, 유아

---

82 Francis Wendel, *Calvin: Origins and Development of His Religious Thought*, tr. Phillip Mairet (Collins, 1963); 김재성 역, 『칼빈: 그의 신학 사상의 근원과 발전』 (크리스챤다이제스트, 1999), 267.

세례를 다루었다. 믿음을 가진 부모는 자녀의 구원을 의심하지 말고 세례를 주어야 한다고 강조했다. 사람의 본성에 따라서 시행하는 것이 아니고, 하나님의 은혜로운 택하심에 자녀들도 포함되었음을 확신하기 때문이다. 은혜의 방편으로서 성례를 강조했고, 성도들의 견인교리, 보호와 돌보심을 설명하면서 성만찬을 포함시켰다.

vii) 『웨스트민스터 신앙고백서』(1647)

종교개혁의 풍성한 신학을 근거삼아서, 스코틀랜드와 잉글랜드 청교도들이 작성한 고백서이다. 종교개혁과 청교도 운동의 마지막 시기에 작성된 것이라서 매우 포괄적이고, 체계적이어서, 거의 모든 장로교회가 신앙의 원칙으로 가르치고 있다.

신앙고백서 25장, 교회론 부분에서는 무형교회를 설명하면서도, 초대 교회의 전통을 반영하여, "교회 밖에는 통상적인ordinary 구원의 가능성이 없다"고 선포했다. 27장, "성례에 관하여"에서, "성례란 은혜 언약의 상징이요, 확증이다"고 규정하고, 그리스도의 중보로 인해서 혜택들이 그 안에 있으며, 믿음을 강화시켜주고 확장시켜 준다고 하였다. 상징은 복음의 약속과 진리에 대한 것이고, 그것의 실재와의 사이에 관련성은 영적인 것이라서 보이지 않는 것이지만, 성례적 연합이 이뤄진다. 28장 "세례"에서, 하나님의 백성으로의 인침이요, 그리스도에게 접붙임이며, 중생과 죄의 용서를 의미하는 것이며, 하나님을 위해서 살아간다는 다짐이라고 설명했다.

웨스트민스터 신앙고백에서 특이한 부분은 세례가 실시되는 순간에 그 유효성과 효능이 발휘된다고 볼 수 없다는 해석이다. 세례의 효력이 예식에 수반해서 즉각적으로 발생한다는 입장은 "상징물을 받아들이는 것"과 "상징물에 담긴 본질적인 것을 내적으로 수용"하는 것과를 첨예하게 분리시키기 때문이다.[83] 29장 "주님의 만찬"이다. 성만찬 교리에 그리스도의 영적인 임재를 매우 적극적으로 서술했다. 로마 가톨릭의 화체설과 루터파의 공재설을 비판했다. 대교리문답서는 162문항부터 177문항까지 성례, 세례, 성찬을 요약했는데, 합당한 참여를 위해서 철저한 준비를 가르쳤다.

개혁주의 신앙고백서들을 살펴본 바와 같이, 교회는 성경에 따라서 성례를 시행하고, 성도들의 믿음을 강화하여 왔다. 복음의 설교가 그리스도의 은혜를 이해하는 기초를 제공한다면, 보다 더 정기적으로 성만찬을 실시하도록 하는 것이 유익하다. 성찬은 주님의 식탁에서 영적인 음식을 나누면서, "감사하는 시간"이다. 그러나 하나님께서 예수 그리스도의 죽으심과 희생 제사를 바치신 것에 대하여 츠빙글리처럼 단순히 기억하거나, 회상하는 것으로 그치는 것이 아니다. 성만찬에서 제공되는 빵과 포도주는 그리스도와의 거룩한 교통을 통하여 거룩하게 구별된 삶과 순종을 다짐하게 만드는 부르심이다. 성만찬에 참여하는 성도들은 하나님께 순종하고 사랑하며 살아갈 것을 결심하게 된다.

다섯째, 새로운 성례의 추가?

저명하다는 현대 신학자들이 기존의 성례론을 허무는 파격적인 제안을 내놓고 있다. 이미 여러 차례 종교개혁의 성례론에 대한 평가절하가 나왔었다. 그 첫 사례들은 경건주의 운동이 일어나면서 등장했는데, 개인의 체험주의가 확산되면서 교회 중심의 성례론을 소홀히 취급

---

83 John Rohls, *Reformed Confessions*, Theology from Zurich to Barmen (Louisville: Westminster John Knox, 1998), 181-185.

하였다. 또한 계몽주의 철학이 휩쓸고 간 후, 자유주의 신학자들이 신앙고백서들에 담긴 내용들을 도전적으로 비난했다. 그런데 최근 현대 신학자들은 한걸음 더 나아가서 아예 성례에 대해서 새로운 제안들을 내놓고 있는데, 기본적으로는 신자들의 반응과 행위가 우선이라는 관점이 가장 두드러진다. 종교개혁자들의 성례론에서는 하나님 주도의 언약 관계를 핵심으로 보았는데, 이러한 내용들이 담겨있는 신앙고백서들과 현대 신학자들의 성례론은 현저히 다르다. 복음의 선포와 세례와 성만찬의 시행을 통해서 하나님께서 은혜의 계약을 공개적으로 선언하셨음에 대해서 종교개혁자들은 주목하였다. 따라서 중세 시대를 통해서 성경적 성례론은 사라져 버리고, 예식 중심으로 왜곡되었음을 밝혀냈다. 사실, 중세교회들은 그리스도의 선물과 그의 혜택들을 모두 다 성도들에게 전달하는 성례들이 하나님의 호의에서 나오는 보증이라는 점을 알려주지 않았다. 도리어 성직자들을 통해서 시행되는 성례들은 주입된 은총을 위해서 배관통conduits이 되어버렸다. 가장 흔하게 접하게 되는 미사 예식에서부터 먼저 사람이 예배자로서 물품을 헌상하여야만 했고, 선행적 공로를 쌓기 위해서 노력을 바치는 예식이 되어버렸다.

이러한 로마 가톨릭적인 종교적 행사의 경향이 현대 복음주의 교계에도 널리 퍼져있다. 로마 가톨릭의 7성례를 칭송하는 복음주의 신학자도 있는데, 모든 선하고 좋은 노력들이 좋은 커피, 좋은 와인, 좋은 친구들, 좋은 대화, 병든 자들과 약자들에게 미소를 지어주는 일, 반려동물의 활력을 위한 축제, 무대 뒤에서 춤을 추는 일, 영상 제작을 위해서 카메라 촬영을 하는 일 등 잠정적인 성례들 중에 하나가 될 수 있다는

제안이 나왔다.[84]

챨스 라이리는 강단 옆에다가 침례통처럼 "탈의장"을 짓고, 그 안에 들어가서 옛 옷을 벗고 새 옷을 입고 나오는 예식을 제안했다.[85] 사도 바울은 골로새서 3장 9-12절에서 세례를 설명하면서, "옛 사람과 그 행위를 벗어 버리고 새 사람을 입으라"고 촉구하였다. 과연 "그리스도로 옷을 입었다"갈 3:27는 구절을 이런 식의 문자주의 해석과 육신적 행위에 연결하면서, 새로운 성례식이라고 할 수 있을까? 사도 바울이 세례를 받은 자는 그리스도로 옷을 입은 자요, 새 사람이라고 말하는 것은 그리스도의 형상을 닮아가는 영적인 특성에 관한 것이다.[86] 그런데 어떻게 이 구절에 새로운 옷, 섬유제품에 관한 예식으로 비약을 한다는 것일까? 과연 새 옷의 성례식을 제정하는 것이 일종의 "융통성"을 발휘하는 것이라고 말할 수 있을까? 세대주의자로서 헌신한 라이리는 달라스 신학교의 조직신학 교수였고, 후에는 틴데일 신학교에서 가르쳤다. 그러나 그의 새로운 성례의 제안은 성례의 영적인 본질을 왜곡한 것이다.

침례교회 조직신학자 웨인 그루뎀은 개혁주의 교회가 오직 세 가지 은혜의 방편들을 고수하려는 것과 안수를 받은 목회자들만 세례와 성만찬을 집례하도록 하는 규정에 대해서 비판했다. 이러한 예식의 절차적인 규정은 성직자 중심주의sacerdotalism를 지나치도록 남용하는 결과라고 주장했다.[87] 그는 은총의 방편들을 제한하지 말고 더 늘려야 한다

---

84 Brian Mclaren, *Generous Orthodoxy* (Grand Rapids: Zondervan, 2004), 225-226.
85 Charles Ryrie, *Basic Theology: A Popular Systematic Guide to Understanding Biblical Truth* (Chicago: Moody Press, 1999), 487.
86 Philip G. Ryken, *Galatians: Reformed Expository Commentary* (Phillipsburg: P&R, 2005), 147-148. William Hendrinksen, Galatians and Ephesians (Grand Rapids: Baker, 1968), 149.
87 Wayne Grudem, *Systematic Theology*, 950-951.

고 주장한다. 교회의 직분자들이나 안수받은 목회자들만 제한적으로 성례를 집례할 수 있다는 규정도 바꿔야 한다는 것이다. 그루뎀은 유아 세례의 시행에 대해서도 반대한다. 그는 옛 언약이 언약 공동체에 들어 가기 위해서 육체적이고 외적인 방편들을 사용했지만 실패했다는 점을 지적하였다. 그 대신에, 교회의 공동체에 들어가는 방편들은 자발적이고, 영적이며, 내적인 것이라고 주장한다.

급진적인 재세례파의 견해를 수용하는 스탠리 그렌츠는 세례와 성만찬은 기본적으로 하나님의 역사하심이 아니라 사람들의 행위로 간주한다.[88] 성례 신학의 핵심이 성도들의 순종에 두고 있다. 전형적인 알미니안주의 신학이 반영된 해석이라고 본다. 복음주의 신학자로 알려진 밀라드 에릭슨은 개혁주의와 장로교회에서는 성례의 객관적인 측면을 강조한다고 평가하면서, 세례를 받는다고 해서 직접적으로 영적인 축복이나 혜택을 가져오지 않는다고 하였다. 단지 이미 중생하였다는 것을 증거하는 것에 불과하다고 주장했다.[89] 성만찬에 대해서도 에릭슨은 기본적으로 '기념하는 것'commemorative이라서, 이전의 믿음을 자의식으로 가져오는 효과가 있을 뿐이라고 하였다.

이렇듯이 로마 가톨릭이나 급진적인 재세례파와 침례파는 성례의 해석에 있어서 개혁주의 입장과는 너무나 멀리 떨어져 있다. 이들은 신자가 하나님께 나아가서 먼저 자신의 믿음과 사랑을 입증하고자 나아가는 것으로부터 출발한다. 개혁주의 신학자들과 루터파 교회에서는 하나님께서 연약한 백성들과 맺은 새 언약에 근거하여 은혜를 베풀어 주시는 것으로 해석한다. 언약은 하나님과 인간의 관계성을 기본으로

---

88 Stanley Grenz, *Theology for the Community of God* (Nashville: Broadman & Holman, 1997), 644.
89 Millard Erickson, *Christian Theology* (Grand Rapids: Baker, 1983), 3:1093-1094.

삼는다. 개혁주의 성례론에서도 항상 성도의 올바른 반응을 강조한다. 그러나 우선순위에 있어서는 신적인 보증이 기본적으로 앞서고, 언약 참여자의 합당한 반응을 요청하는 것으로 되어 있다. 이 보증과 그것의 확증은 합당한 인간의 반응을 창출해 낸다. 은혜의 언약 안에서, 이런 사람의 반응이 바로 믿음이요, 회개인 것이다. 하나님의 행동이 항상 인간의 반응보다 더 앞서 있으며, 이 양쪽의 당사자들이 언약의 확증과정에 깊이 관계 되어진다.

3. 세례

세례는 하나님과의 은혜로운 화해에 참여하며, 죄의 오염과 죄책으로부터 정결함을 받는다는 뜻이다. 다시 말하면, 세례란 예수 그리스도의 보혈 안에서 신자의 씻음에 대한 언약의 상징sign이요, 하나님의 약속에 대한 확증seal이다.[90] 세례에 참여하는 것은 하늘의 아버지에게 자녀로 받아들여지는 표식이며, 성령이 새로운 생명을 불어넣은 것을 의미한다.[91] 성만찬도 역시 성도가 죽으시고 부활하신 구세주와의 연합됨을 의미하는 것이요, 새생명이 그리스도의 몸을 나누는 빵에 참여함으로 주어진다. 우리가 성례들 가운데서 그리스도를 만날 때, 우리는 은혜 안에서 성장하게 되며, 이것이 바로 우리가 교회에 모여서 하늘로부

90　하이델베르크 교리문답서, 66, 73, 74문항. 벨직 신앙고백서, 33, 34조항.

91　Calvin, *Institutes*, IV.14.1. Ronald Wallace, *Calvin's Doctrine of Word and Sacrament* (London: Oliver & Boyd, 1953), 175-83. H.O. Old, *The Shaping of the Reformed Baptismal Rite in the Sixteenth Century* (Grand Rapids: Eerdmans, 1992). Brian A. Gerrish, *Grace & Gratitude*: The Eucharisitc Theology of John Calvin (Minneapolis: Fortress, 1993).

터 내리는 은혜에 동참하게 되는 유일한 수단이다.[92]

세례의 방식에 대해서는 교회의 역사 속에서 여러 형식들이 나오는데, 순수한 물을 사용하되, 전신을 물속에 담는 침수식immersion, 물을 머리에 쏟아붓는 관수식affusion, 약간의 물을 머리에만 살짝 뿌리는 살포식springkling 등이 있다.[93] 세례의 방식을 채택함에 있어서, 종교개혁자들은 임의적으로 선택할 수 있는 신앙인의 자유함adiaphoron에 해당한다고 간주하면서도, 대다수는 살포식 방법을 가장 "편리한"expedient 방식으로 선호했다. 개혁교회에서는 성도가 원하는 경우에 침수식을 받을 수 있도록 허용하였다. 일반적인 개혁주의 교회와는 달리, 츠빙글리는 침수식을 시도했었다.

칼빈은 세례와 성만찬을 집례할 때에, 어떤 방식으로 할 것인가는 교회가 자유롭게 선택하도록 개방했다. 지나치게 한 방법만을 고집하는 것은 그 누구도 성경에 나오는 방법이 무엇이었던가를 정확히 모르는 처지에서는 오류를 범할 수 있기 때문이다. 우리가 선택한 방법만이 옳다고 주장하는 것은 모든 교회를 향해서 독단적이며 배타적이 될 수 있다. 칼빈은 세례의 방식에 대한 설명에서, 아마도 침수를 했을 것으로 추정했다. "세례를 받는 사람이 완전 침수되든지, 세 번이나, 두 번 침수되든지, 아니면 깨끗한 물로 뿌림을 받든지, 이런 세세한 방법들은 별로 중요하지 않다. 다만 국가의 형편에 따라서 교회들이 선택해야 한다. 그럼에도 불구하고 '세례를 주다'는 단어는 침수를 뜻하며, 초대 교

---

[92] Robert Bruce, *The Mystery of the Lord's Supper*, tr. & ed. Thomas F. Torrance (Richmond: John Knox, 1958), 82.

[93] Hughes Oliphant Old, *The Shaping of the Reformed Baptismal Rite in the Sixteenth Century* (Grand Rapids: Eerdmans, 1992), 264-82.

회에서 침수 예식을 거행한 게 분명하다."[94] 그러나 존 머레이 교수는 전혀 침수로 해석할 이유가 없다고 주장했다.

성만찬의 구체적인 시행 방식에 대해서도 칼빈은 선택의 자유로움을 향해 열린 자세를 갖고 있었다. "그러나 그 의식의 외적인 면, 즉 신자들이 그것을 직접 손으로 받든지, 아니면, 자기들 사이에서 나누든지, 아니면, 각 사람이 받은 것을 따로 먹든지, 또는 집사에게 잔을 받든지, 아니면 그것을 다른 사람에게 넘기든지, 또는 떡을 누룩에 넣어 만들든지, 누룩 없이 만들든지, 또는 적포도주를 사용하든지, 백포도주를 사용하든지, 이런 것들은 어떻게 하든 아무런 차이도 없다. 이런 것들은 중요하지 않은 것들로서 교회의 재량에 맡겨진다."[95]

예수 그리스도께서 마태복음 28장 19절에 주신 지침에 따라서 합당하게 안수를 받은 목회자가 세례를 시행한다. 세례의 정당성은 규정된 말씀과 순수한 물을 상징으로 사용하여, 본질적인 요소들을 준비해서 진행하느냐에 달려있다. 사도행전에 나오는 여러 사례들이 보여주는 것은 생애 동안에 한 번만 물로 세례를 받았다.

첫째, 새 언약의 세례와 옛 언약의 할례

세례는 하나님과 그의 백성들 사이의 맺어진 언약의 근본 뿌리에서 나왔다. 하나님께서는 아브라함과 언약의 상징으로 할례를 시행하도록 요구하셨다 창 17:7. 구약 시대에 시행된 할례의 피 흘림과 각종 제물의 피 흘림이 십자가상에서 피흘리신 예수 그리스도의 몸을 찢는 구속적 화해 사건의 예표들이었음을 기억해야만 한다. 세례를 받음으로써, 기

---

94 Calvin, *Institutes*, IV.xv.19.
95 Calvin, *Institutes*, IV.xvii.43.

독교 신자는 이스라엘 민족이 시행해온 할례의 정결 예식에 해당하는 체험을 갖는다. 믿는 자들은 세례 가운데서 그리스도와 함께 장사 지낸 바 되었고, 생명의 새로워짐 가운데서 그리스도와 함께 다시 살아났다. 이제 세례는 참된 예수 그리스도의 할례이다 골 2:11-12, 롬 6:4.

신약 성경에서 다뤄지는 세례에 관해서는 물, 피, 씻음 등 이런 여러 가지 상징물과 사건들이 연관성을 갖고 있는데, 구약 성경에서 아브라함의 생애에 예표된 것들과 긴밀하게 결부되어 있다. 예수 그리스도께서는 교회를 말씀과 함께 물로 씻으셨다고 하였다 엡 5:26. 우리를 구원하시되, 우리가 그동안 살아온 행동이 의롭기 때문이 아니다. 오직 하나님의 긍휼하심에 따라서 성령으로 새롭게 하시고 중생케 하는 물을 통해서 씻으셨다 딛 3:5.

새 언약 아래서 세례는 옛 언약 아래서 할례 가운데서 제시된 모든 것들을 성취하는 것이다.[96] 구약 시대의 할례 제도는 단순히 어린 남자 아이에게 행하는 아주 적은 피 흘림의 예식으로만 시행되어 내려왔었고, 선민의 자긍심을 높이는 자랑거리로 간주되었다. 그러나 신약 시대의 사도들이 더 이상 이방인들에게는 시행치 않기로 결정하였기에 할례의 중요성이 종결된 것으로 생각하는 경향이 있다. 우리는 아브라함의 할례가 예수 그리스도의 십자가에서 흘리신 피로써 완성된 것임을 결코 잊어서는 안 된다.

할례는 아주 작은 양의 피를 흘리는 것인데 창 17장, 그 첫 사례가 시행되기 바로 직전에, 아브라함에게 환상 가운데 나타나신 하나님께서는 동물을 쪼개어 상당히 많은 양의 피를 흘리고 제단에 바치는 예배의

---

96 Cornelis Trimp, "The Sacrament of Baptism," *Mid-American Journal of Theology*, vol. II (2000), 108-109.

경험을 하게 하였다창 15:16. 하나님께서는 아브라함에게 할례를 시행하도록 명령하시면서 영원한 언약을 맺으셨다창 17:13. 그리고 다시 모세를 통해서 맺으신 시내산 언약에서도 피로 인하여 인정함을 받도록 맺어졌는데, 이 때에는 다양한 제사법의 내용들이 추가되었다. 하나님께서 명령하신 것들을 그 땅에서의 지위를 보전케 해 주시는 조건으로서 수행하여야 했다. "우리가 여호와의 모든 말씀을 준행하리이다"고 대답하자, 모세는 백성들에게 언약서를 낭독하였다. 모세는 "이는 여호와께서 이 모든 말씀에 대하여 너희와 세우신 언약의 피"라고 하면서 뿌렸다출 24:8.

이처럼 이스라엘 백성들은 여러 가지 언약의 말씀에 따라서 할례 예식부터 동물을 자르고 피를 흘리는 행위를 지속적으로 시행하여 왔다. 이스라엘 백성들이 맹세를 지키면, 이 예식은 이스라엘의 구원의 상징이자, 보증이 되는 것이요, 지키지 않으면 심판의 상징이자 증표가 되는 것이다. "송아지를 둘로 쪼개고 그 두 사이로 지나서 내 앞에 언약을 세우고 그 말을 실행치 아니하여 내 언약을 범한 너희를... 너희 원수의 손과 너희 생명을 찾는 자의 손에 붙이리니"렘 34:18-20. 잘라낸다는 것은 심판을 뜻하는 언약적 언어인데, 여기에는 언약 공동체와 그 안에 있는 모든 개인들이다 포함된다.

할례는 아주 작은 양의 피를 흘리면서, 표피의 극소량을 부분적으로 잘라내는 것이다. 물론 아브라함의 위대한 후손으로 오신 "예수" 그리스도는 태어난지 팔일 만에 자신의 할례를 받으셨다눅 2:21. 그렇게 하므로써, 육신으로 오신 예수님께서는 구약의 율법을 다 지켰다. 하나님의 백성들로 살아가는 전체 공동체로부터 배제되지 않도록 보호하려는 언약을 준수케 하였다. 할례를 시행하면 언약의 축복들을 누리는

17장 은혜의 방편들

백성이 되는 것이요, 잘라내지 않으면 저주의 대상에 속하는 것이다.

이렇게 "잘라내는 것"의 일종이 이삭을 제단에 바치는 사건 속에서도 상징적으로 잘 드러났다. 이삭을 제물로 바치는 사건과 십자가에서 예수 그리스도의 피 흘림이라는 할례는 결코 우연한 것이 아니었고, 서로 무관한 사건들이 아니었다. 참으로 오묘하신 섭리 가운데서 모든 일을 빈틈없이 진행하시는 하나님의 지혜와 지식의 풍요함에 놀라게 된다. 먼저 하나님께서는 믿음으로 아들을 바치는 아브라함을 위해서 대체물을 예비하사, 수풀 속에서 잡힌 양이 희생을 당하게 하였다창 22장. 어떻게 아비에게 백 세에 낳은 외아들을 죽이라고 하시겠는가! 아브라함이 숲에서 잡은 양으로 제물을 삼은 것처럼, 구속의 역사 속에서 예수 그리스도가 자신을 "하나님의 어린 양"요 1:29이라고 지칭함으로써 기나긴 세월의 연속 선상에서 일어난 것임을 알게 하였다. 하나님께서는 제단 옆 숲에다가 피를 흘리게 될 양을 준비하신 것처럼, 십자가에서 죄인들의 속죄양으로 전신의 모든 피를 쏟으실 성자 예수 그리스도를 예비하여 두신 것이다.

둘째, 출애굽 사건과 세례

바울 사도는 모세와 함께 홍해를 건넜던 사람들이, 어린아이를 포함하여, 세례를 받은 것이라고 비유적으로 설명한다고전 10:2. 바울은 구속 역사적 맥락에서 출애굽 사건을 다루면서, 홍해를 건너는 것을 세례의 교리와 연결시킨 것이다. 바울은 모세와 함께한 사람들이 홍해를 건너서, 만나영적인 양식를 먹으며, 반석에서 나온 물영적인 음료을 마신 것의 모든 원천이 예수 그리스도임을 설명한 것이다. 모든 이스라엘 사람들이 이런 놀라운 은혜를 체험했음에도 불구하고, 대다수는 우상 숭배에 빠

졌고, 광야에서 죽었다. 출애굽 사건은 세례를 예시한 것이다.[97]

칼빈은 고린도전서 10장의 해석에서, 모세 시대의 이스라엘 사람들이 처했던 상황과 신약 시대의 성도들이 큰 차이가 없었음에 주목하였다. "이스라엘 사람들 속에서도 하나님의 교회가 존재했었고, 그들은 지금 우리가 즐거워하는 혜택들을 누리고 있었다. 이스라엘 사람들도 하나님의 은혜로 주시는 동일한 성례를 체험했고, 증거들을 가졌었다. 그러나 그들이 자신들의 선물을 남용했고, 하나님의 심판을 피할 수 없었다. 따라서 여러분들도 동일한 위험이 있음을 두려워 해야만 한다."[98] 칼빈은 모세와 함께한 이스라엘 백성들을 구약 시대의 교회를 표현한 것으로 본다. 우리들처럼, 그들도 하나님의 백성들이었고, "우리들과 동일한 상황에 처해 있었다"는 것이다. 하나님의 보호하심은 구름과 모세의 지도력으로 나타났는데, 이런 것들이 하나님의 은혜의 상징으로 기능을 했다. 칼빈은 기독교의 교회가 이처럼 오랜 세월에 걸쳐서 명예로운 전통 속에 이어져 왔음을 강조했다.

현대 오순절 계통의 교회, 하나님의 성회에 소속된 고든 피는 칼빈과 종교개혁자들, 그리고 고전적인 개신교 신학자들의 해석에 대해서 반대하는 입장이다. 그는 출애굽 사건을 성례로 해석하는데 반대하였다; "바울이 말하는 하나님의 새로운 백성은 하나님의 참된 이스라엘로서, 조상들에게 주신 약속을 성취한 것이다. ... 바울은 이스라엘의 체험을 말하는 것이 아니라, 그들에게 주어졌던 것들을 비유로 말한 것

---

97 Mark D. Vander Hart, "The Exodus as Sacrament: The Cloud, The Sea, and Moses Revisited," *Mid-American Journal of Theology*, vol. 12 (2001), 9-46.
98 John Calvin, *The First Epistle of Paul the Apostle to the Corinthians*, tr. John W. Fraser (Grand Rapids: Eerdmans, 1960), 200.

이다."⁹⁹ 칼빈과 고든 피는 구름과 바다 가운데서 세례를 받았다는 것은 무엇을 말하는 것인가에 대해서 전혀 다른 해석을 제시하였다.

신약학자 비슬리 머레이는 고든 피의 견해를 반박했다.¹⁰⁰ 출애굽의 구속 사건은 세례의 성례를 받은 것이라고 해석하는 칼빈이 옳다고 보는 것이다. 역시 존 머레이 교수도 동일한 해석을 제시했다. 그는 고린도전서 1장 13절과 10장 2절에서 사도 바울이 강조하는 세례의 의미를 살펴보았다. 어떤 사람에게 속하는 것으로 세례를 받는다고 말하는 것인데, "관계성"의 표현이라고 해석했다.¹⁰¹ 세례로 맺어지는 관계성에는 여러 차원으로 형성되는데, 법적이며 생동적이며 언약적이며 영적이며 신비적 차원이다. 우리는 세례를 통해서 이런 여러 차원의 깊은 관계를 맺는다는 것이다.

사도 바울은 출애굽에서 나타난 구속의 역사를 파악하면서, 신약 시대의 세례 예식과 관련성이 있음을 염두에 두었다. 홍해를 건너가는 출애굽 사건 속에서, 하나님의 임재하심이 있었고구름 가운데서, 물의 요소가 있으며바다 가운데서, 인간 중보자모세의 지도력이 있고, 성례적인 행위를 받는 몸우리의 선조들 모두이 있었다. 모세의 세례와 유사한 점이 기독교 교회 안에서 시행되는 물 세례에서 발견된다. 성도들은 세례를 받으려는 의사를 표현하고, 주 예수 그리스도참 하나님이자, 사람이신 중보자에 의해서 제정된 세례를 받게 되며, 예수 그리스도와 연합되면서 그의 몸교회에 소속하게 된다. 구속 역사 속에서나, 그 후 세대의 예식에서나 핵심은 예

---

99 Gordon D. Fee, *The First Epistle of Paul to the Corinthians* (Grand Rapids: Eerdmans, 1987), 444-445.
100 Beasley-Murray, *Baptism in the New Testament* (Grand Rapids: Eerdmans, 1973), 181-183.
101 John Murray, *Christian Baptism* (Philadelphia: The Committee on Christian Education, The Orthodox Presbyterian Church, 1952), 6.

수 그리스도를 향하고 있다. 신약 성경의 두 가지 성례들은 그 이전에 구약 언약의 참가자들이 연결되었던 것에 깊이 관련을 맺고 있다.[102]

성례는 세상으로부터 언약 공동체를 분리시킨다. "제2 헬베틱 신앙고백서" 20장에, 세례는 거짓된 종교로부터의 분리라고 해석했다. 모세 시대의 이스라엘 백성들에 있어서 출애굽이란 육체적인 노예 생활의 굴레를 벗어나는 자유와 해방이었다. 출애굽을 체험한 세대는 안식할 땅에 이르기까지 공동체를 이끌어 나가는 지도자의 영도력이 필요했다. 또한 이 백성들은 먹을 양식과 마실 음료가 필요했다. 오직 하나님만이 그들의 생명을 보전하기 위해서 필요한 것들을 제공할 수 있었다. 하나님께서 이스라엘에게 주신 음식과 음료는 세상 사람들에게는 허용하지 않았다.

교회도 역시 세상으로부터 구별되고 분리되어서 성부, 성자, 성령 하나님의 이름에 소속된 공동체이다. 기독교 신자가 받는 세례는 그리스도와의 연합을 표시하는 것이요, 죄의 멍에로부터의 구출을 의미한다. 세례를 받는 자는 성령을 통해서 회개하고 믿음으로 살아가도록 부름을 받으며, 또한 그리스도의 보호하심 가운데서 살아간다. 신약 교회의 성도들도 하나님만이 제공할 수 있는 음식과 음료가 필요한데, 그들의 영혼을 위해서 그리스도의 몸과 피가 영적인 양식으로 준비되어져 있는 것이다.

셋째, 그리스도와의 연합으로서 세례

예수님께서는 장차 자신이 "받을 세례"가 있다고 말씀하였다. 누가

---

102 Mark D. Vander Hart, "The Exodus as Sacrament," 42-43.

복음 12장 50절에 나오는 이 예수님이 받으실 세례는 장차 십자가상에서 피 흘림을 미리 강조하신 말씀이었다. 구세주로 오신 성자께서 사람으로 오셔서 희생적인 제물로 죽으실 것을 알려주신 것이다. 이것을 자신이 의지적으로 감당하실 것이지만, 동시에 예수님은 자신을 기다리고 있는 공포스러운 고통에 대해서 충분히 인식하고 있었다.[103] 그 당시에 유대인들에게 널리 유포된 메시야 대망 사상은 엘리야와 같은 권능을 가지고 오셔서 대적들을 무찌르는 분이었다. 예수님은 잘못된 생각에 빠지지 않도록 제자들에게 미리 지침을 주었다.

물론 예수님은 공생애의 초기에 세례 요한에게 요단강에서 물로 세례를 받으셨다(눅 3:21). 누가복음이 선포한 바와 같이, 예수님은 죄가 없으시다. 그런데 왜 세례 요한의 손으로 세례를 받으시는가? 세례 요한마저도 자신이 예수님에게 세례를 베풀기 보다는 도리어 받아야 할 자임을 고백했었다. 예수님은 요한의 세례를 받으러 모인 죄인들을 보았다. 그리고 그들의 위치에 함께 하기로 결정하였다. 주님은 공생애 사역의 첫 순간부터, 그가 구원하려고 온 죄인들과 함께 하는 자신임을 공적으로 천명한 것이다.[104] 예수님은 종으로 오셨고, 범죄한 자들을 위해서 희생을 감당하셨다. 예수님께서 어린아이로서는 할례를 받으시고, 또한 죄인들이 받은 회개의 세례를 받으신 것들은 모든 율법의 의로움을 다 충족시키기 위한 "능동적 순종"을 이루심이다.[105]

요한의 세례는 율법과 선지자의 마지막 사역에 해당한다. 그는 옛 언약에 속한 자로서 가장 의로운 삶을 살았고, "죄 사함을 받게 하는 회

---

103 Norval Geldenhuys, *Commentary on the Gospel of Luke* (Grand Rapids: Eerdmans, 1979), 366.
104 Leon Morris, *Luke*, Tyndale New Testament Commentary (Grand Rapids: Eerdmans, 1974), 99.
105 H. Bavinck, *Reformed Dogmatics*, 3: 325-326, 394-395. 김재성, 『그리스도의 능동적 순종』 (고양: 언약출판사, 2021).

개의 세례"를 시행하였다. 요한의 물 세례는 회개의 은혜를 전제로 하며, 그것을 표현하고 강화하는 것으로서, 믿음으로 그것을 받는 자에게는 죄의 용서가 수반되었다. 세례 요한은 하나님의 거룩하심과 의를 강하게 강조하는 율법과 옛 언약의 마지막 대변자였다. 세례 요한의 외모와 모든 특징들이 또한 그가 속했던 옛 언약의 교훈들을 드러낸 것이다눅 1:15. 예수님께서는 요한의 사역을 인정해주시면서, 그에게 세례를 받음으로써 겸손한 출발을 드러내셨다. 동시에 하늘에 열리고, 성령의 비둘기 같은 모양으로 강림하였다. 화해의 사역을 감당하시는 예수님의 온유하심을 드러내기 위함이다. 또한 단순히 물 세례로 그치지 않고, 성령의 내려오심은 예수 그리스도에게 기름을 부으심과 동일한 것이다.[106] 예수님은 하나님과의 교통하심의 상징sign과 보증seal으로 성령의 선물을 받으셨다.[107] 요한의 세례는 우리 주님이 공식적으로 그의 공생애를 시작하는 수단이었다는 점에서, 예수님에게 기름을 부어서 메시아로 삼는 도구였다는 점에서, 그의 사역은 특별한 중요성을 가진다.[108]

그런데, 예수님이 앞으로 세례를 받으실 것이라고 제자들에게 말씀하셨다. 이미 예수님은 세례 요한으로부터 요단강에서 물 세례를 받으셨다. 그런데 또 여기서 말하는 예수님이 장차 "받을 세례"라는 것은 어떤 의미인가? 예수님의 이 말씀에는 매우 중요한 사역이 함축되어 있다. 즉, "세례"라고 하는 것은 물로 시행하는 것인데, 그것으로 인류의

---

106 John Nolland, Luke 1-9:20. *Word Biblical Commentary*, 35A (Dallas: Word Books, 1989), 160-161.
107 Bavinck, *Reformed Dogmatics*, 3:408.
108 G. Vos, "The Ministry of John the Baptist, " in *Redemptive History and Biblical Interpretation*, 392.

죄악을 씻어내는 사건과 관련성이 있다. 성경의 역사 속에서 가장 큰물의 심판은 노아의 대홍수였다. 그런데 이제는 예수님께서 마치 노아 때의 큰물이 전인류의 죄악을 다 쓸어버리고, 씻어버린 것과 같은 일을 담당하시게 되었다. 이런 계획에 따라서 예수님은 자신이 인류의 모든 죄악을 씻어내는 세례를 받는다고 말씀하는 것이다. 즉 예수님이 장차 받으실 세례라는 의미는 노아가 대홍수로 인해서 당해야 했던 수많은 난관들, 즉 "고난과 고통의 홍수"라는 의미가 내포되어 있다.[109] 그러나 그 당시 제자들은 장차 예수님이 십자가 위에서 받으실 고난과 고통의 "세례"를 전혀 이해할 수 없었다 막 10:38.

베드로는 노아가 대홍수의 격랑에서 건짐을 받은 사건을 지금 우리가 받는 세례, 구원의 증표를 미리 보여준 것이라고 설명하였다.

> 물은 예수 그리스도의 부활하심으로 말미암아 너희를 구원하는 표니 곧 세례 육체의 더러운 것을 제하여 버림이 아니요 오직 선한 양심이 하나님을 향하여 찾아가는 것이라(벧전 3:21).

아브라함의 할례의 피, 어린 양의 피 흘림과 물 세례를 통해서 예수님과 맺어지는 새 언약의 세례가 서로 깊은 연관성을 갖고 있음을 결코 잊지 말고 기억해야만 한다.

바울 사도는 십자가상에서 죽으신 그리스도의 피 흘림, 곧 그리스도의 할례가 창세기 22장에서 드려진 번제를 성취한 것이요 완벽한 할례라고 강조한다. 바울 사도는 그리스도의 십자가를 "그리스도의 할례"골 2:11

---

109   F. F. Bruce, *Commentary on the Gospel of Luke* (Grand Rapids: Eerdmans, 1979), 366.

로 설명했다. 예수님은 단순히 어둠 속에서 저주를 받아 방치 상태로 던져진 죽음을 당하신 것이 아니다.[110] 그 목표는 우리 성도들로 하여금 정결한 자들로 세우려 하심이다; "이제는 그의 육체의 죽음으로 말미암아 화목케 하사 너희를 거룩하고 흠 없고 책망할 것이 없는 자로 그 앞에 세우고자 하셨다"골 1:22. 단지 표피foreskin를 일부 잘라낸 자들에게 유월절의 심판으로부터 면제되어졌던 것처럼, 세례도 역시 하나님의 심판의 칼 아래 놓여있는 우리에게도 면제되는 특권을 가져온다.

> 무릇 그리스도 예수와 합하여 세례를 받은 우리는 그의 죽으심과 합하여 세례를 받은 줄을 알지 못하느뇨 그러므로 우리가 그의 죽으심과 합하여 세례를 받음으로 그와 함께 장사되었나니 이는 아버지의 영광으로 말미암아 그리스도를 죽은 자 가운데서 살리심과 같이 우리로 또한 새 생명 가운데서 행하게 하려 하심이라(롬 6:3-5).

세례가 상징하며 보증하는 것은 마지막 날의 종말론적 심판이다. 아담 안에서 저주가 그리스도 안에서 우리들의 축복으로 삼켜져 버린다. 옛 언약에서 씻는다는 정결 예식, 할례가 새 언약에서 제정된 정결 예식, 세례 가운데서 충분히 성취되었음을 발견한다.

> 그 안에서 너희가 손으로 하지 아니한 할례를 받았으니 곧 육적 몸을 벗는 것이요 그리스도의 할례니라 너희가 세례로 그리스도와 함께 장사한바 되고 또 죽은 자들 가운데서 그를 일으키신 하나님의 역사를 믿음으로 말미암

---

110 M. G. Kline, *The Structure of Biblical Authority* (Grand Rapids: Eerdmans, 1975), 45.

아 그 안에서 함께 일으키심을 받았느니라(골 2:11-12).

세례 가운데서 예수님과 함께 장사된 자들은 동시에 할례를 받은 것이다. 그리스도인의 할례가 세례를 받은 후에 뒤따라오는 것이라고 생각되어서는 안 된다. 이 두 가지 행동들이 동시적으로 일어난다고 생각하는 것이 더 타당하다.[111] 새 언약 아래서 세례는 옛 언약 아래서 제시된 모든 것들을 성취한다. 세례를 받는 기독교 신자들은 할례의 정결 예식과 동등한 체험을 한다.

신자들은 예수님의 할례, 곧 그의 십자가의 죽으심과 부활의 혜택들 속에 참여하는 자들이다. 새 언약 안에서 주어진 약속들은 옛 언약보다 훨씬 더 위대하고 거대하고 광범위하다. 그 약속하신 본질을 거부하는 자들에게 내려지는 저주도 역시 크다(마 8:12, 요 15:1-8, 롬 11:17-21, 히 4:2, 6:4-8, 12:25).

이스라엘 백성들이 하나님의 언약을 거부하다가 멀리 바빌로니아로 유배를 당했던 것은 단순히 하나님의 신정통치를 받던 곳으로부터 지리적으로 이동한 것만으로 그치는 것이 아니다. 타향 땅으로 노예처럼 끌려간 자들은 하늘의 안식에서 제외되어질 자들에 대한 예표이다. 다시 돌아와서 무너진 솔로몬의 성전을 재건하였는데, 그 후에 등장한 정결 예식은 세례 요한의 사역에까지 이어져 내려갔다.[112] 요단강에서 회개의 세례를 베풀었는데, 그의 설교를 들은 자들이 회개했다.

넷째, 세례의 유익들

---

111 G. Vos, *Redemptive History and Biblical Interpretation*, 165-166.
112 세례 요한에 관련된 내용들은 Josephus, *Antiquities of the Jews*, Book, Xviii, ch. V에서 찾아볼 수 있다. 요세푸스는 의로운 세례 요한을 처형한 죄의 댓가로 헤롯의 군대가 이웃 나라 아라비아 페트라이아의 아레타스 왕에게 패했다고 하는 당시 유대인들의 평판을 기록해 놓았다.

성례는 하나님께서 구약 시대부터 그의 백성들에게 좀더 약속의 진실성을 확실히 이해하고 깨달을 수 있도록 제정하신 것이다. 때로는 기적적인 방식으로 또 때로는 자연적인 일들 가운데서 하나님의 약속들을 제시하시고, 이해하게 하였다. 그 첫 번째가 아담과 이브에게 에덴 동산에서 주신 생명 나무다. 이는 그들이 죽지 아니하고 영생한다는 상징이었다창 2:9, 3:22. 노아와 그의 후손들에게는 무지개로 나타나서 다시는 홍수로 멸하시지 않으심을 보여주셨다창 9:13-16. 이들에게는 한 나무는 여전히 나무에 불과했고, 무지개는 해를 등지고 일어나는 물방울의 자연 현상에 지나지 않았으나, 하나님께서 말씀으로 약속하시고 난 후부터는 이것들은 자연 현상의 의미를 벗어나서 하나님의 신실하신 약속이 수반된 새로운 의미를 지니게 되었다. 지금도 무지개는 여전히 하나님의 약속을 증거해 주고 있다.

하나님의 약속들은 다른 형태로 나타나기도 했다. 아브라함에게는 연기 나는 풀무와 타는 횃불이 고기 사이로 지나가는 모습을 보여주셨다창 15:17. 기드온에게 승리의 약속을 주실 때에는 베 조각에 이슬이 내리는 모습으로, 또는 땅에만 이슬이 내리는 모습으로 보여주셨다삿 6:37-38. 히스기야가 눈물로 회개하고 기도하자 병에서 낫고 안전하리라는 보장을 해 주시면서, 해 그림자가 십도를 물러가게 하여 주셨다왕하 20:9-11. 이런 일들은 모두 그들의 연약한 믿음을 북돋워 주고, 확증해 주는 일들이었으니, 그것들이 모두 성례들이었다.

칼빈은 이제 시대에 따라서 다양하게 주어졌던 약속들, 구약에서는 할례, 정결 예식들, 희생 제사들과 상징들이 모두 그리스도를 지향하고 있었음을 상기시킨다. 그리고 교회 안에서 믿음을 북돋워 주고, 예배하는 자들을 영적으로 성장시켜 주는 역할을 하는 성례들에 대해서 설명하면서, 주님 예수 그리스도께서 시행하시고 몸소 명령하신 세례와 성찬으로 압축해 나간다.

세례의 의미를 다음과 같이 정의한다. "세례는 교회라는 사회에 받아들여졌고, 하나님의 자녀들 가운데 인정을 받게 되어지기 위하여 그리스도 안에서 접붙임을 받았다는 시작의 상징이다."[113] 세례의 목적은 두 가지이다. "첫째, 그리스도 앞에서 우리의 믿음을 돕기 위함이요, 둘째, 사람들 앞에서 우리의 신앙고백을 돕기 위함이다."[114]

세례는 믿음 생활에 세 가지 유익 또는 목적을 가져다준다.

i. 사죄의 증거

첫째는 우리의 죄 씻음의 증거요, 표시다. 세례는 "믿고 세례를 받는 사람은 구원을 얻을 것이요,"막 16:16의 약속에 근거하여 받는 것이다. 이 사죄는 전 생애에 대한 죄 씻음의 상징이다. 단지 지난날의 죄만을 용서받아서 다 써 버린 어떤 것을 다시 세례라는 예식을 통해서 또 보충해야 할 성격의 것은 아니다.

"우리는 언제 세례를 받든 평생에 대해서 단 한 번으로 깨끗이 씻음을 받는다는 사실을 기억해야만 한다. 그러므로 우리는 넘어질 때마다 세례받을 때를 기억하고서, 용기백배하여 언제나 사죄를 확신하며 살아야 한다."[115] 그리스도의 정결하심이 우리에게 세례를 통해서 충분히 제공된다는 확신을 의미하는 것이다 롬 3:25.

세례는 하나님의 약속을 상징하며 확증하는 것으로서, 그 약속들

---

113 Calvin, *Institutes*, IV.xv.1.
114 Calvin, *Institutes*, IV.xv.1.
115 Calvin, *Institutes*, IV.xv.3.

안에 있는 자들을 위해서 믿음을 강화시켜 준다. 말씀과 성령이 함께 역사하는 가운데서 진행되는 세례는 그 자체가 "보이는 말씀"이며, 단지 상징적인 것으로나 예시적인 것으로 그치지 않고, 실제적이며 생명력이 있다. 설교에서처럼, 세례도 역시 하나님의 능력이 생동감 있게 작동한다. 그렇다고 해서, 이런 은혜의 수단들을 통해서 하나님으로부터 오는 은총이 있다는 것을 현장에서 즉각적으로 증거하는 초자연적인 사건이 벌어지는 것은 아니다. 세례를 받는 순간에 어떤 특수하고도 큰 은혜의 근거가 되는 움직임이 실제로 벌어지는 것도 아니다.

물론, 세례 받은 뒤에, 조심하지 않고, 마음대로 죄를 지어야 한다는 말을 결코 아니다. "오히려 이 교리는 자기 죄 때문에 탄식하고 시달리고 압제를 받는 죄인들에게 그것들을 벗어버리고 용기와 위로를 얻도록 하기 위해서 주신 교리이지, 혼동과 좌절에 빠지도록 주신 교리는 아니다."[116]

ii. 그리스도 안에서 죽음과 새 생명의 상징

세례가 가져다주는 두 번째 유익은 그리스 도안에서 우리의 죽음과 새로운 삶을 나타내는 표징으로 서이다.

상징으로서sign, 세례는 은혜 언약 안에서 우리가 포함 되어져 있음을 객관적으로 입증하는 예식이다. 확증으로서seal, 세례는 단 한 차례의 예식이지만 우리가 나그네 인생을 살아가는 전 생애 동안 내내 하나님의 약속과 명령에 대하여 우리들 속에서 "아멘"찬성한다, 동의한다을 하도록 성령께서 작동하는 수단이다.[117]

---

116   Calvin, *Institutes*, IV.xv.3.
117   벨직 신앙고백서, 34장.

"세례를 통해서 그리스도는 그의 죽음 안에 우리를 참여케 하시고, 그 안에 접붙임을 받게 하신다롬 6:5. 접붙임을 받은 가지가 뿌리에서 양분을 공급받듯이, 바른 믿음으로 세례를 받는 사람들은 그들의 육체를 죽이는 일에 그리스도의 죽음이 역사 하게 하시고, 성령의 소생케 하심에 의해서 그리스도의 부활의 작용이 함께 하는 것을 실제로 느끼게 되어진다."[118]

iii. 그리스도와의 연합의 상징

마지막으로, 세례를 통해서 그리스도와의 연합이 이루어짐을 강조하는 칼빈의 설명을 보자; "세례를 통해서 우리들의 믿음이 받는 유익은 우리가 그리스도와 함께 죽고 살아나심에 접붙여졌음을 증거할 뿐만 아니라, 그의 모든 축복들 가운데 우리가 함께 나누어 가지도록 그리스도 그분 자신에게 연합되어졌다는 것을 우리들에게 증거하여 준다."IV.xv.6. 주께서 자기 몸으로 세례를 받으심으로써 우리를 위해 낮아지셨고, 거룩하게 되어지셨는데, 우리와 함께 나누시고자 연합과 교제의 확고한 띠로서 이 세례에 참여하신 것이다갈 3:26-27.

그리스도의 죽으심과 부활로 우리가 중생함을 얻는데, 이는 오직 성령에 의해서 거룩하게 되어짐으로써만 우리에게 전가되고, 새로운 영적 본성이 주어진다. 다시 말하면, 역시 칼빈은 삼위일체론적 신학자임을 보여주고 있다. 성부 하나님은 원인이시고cause, 성자 예수님은 그것을 이룬 실체이시고matter, 성령님은 그것을 효과적으로 만드시는 분the effect이시다. 모든 성례는 삼위일체 하나님의 이름으로 시행되며, 성삼위

---

118 Calvin, *Institutes*, IV.xv.5.

하나님의 각각의 위격이 함께 관련 되어져 있다. 구원이 삼위일체 하나님의 사역이듯이, 세례와 성찬에서도 삼위일체 하나님의 각 위격이 관련을 맺고 있다. 삼위일체 하나님의 존재와 신비로움은 그 어떤 다른 종교에서도 찾아볼 수 없으며, 경배와 기도의 대상으로서 깊고도 오묘하신 일을 성취한다.[119] 예수님께서는 "너희는 가서 모든 족속으로 제자를 삼아 아버지와 아들과 성령의 이름으로 세례를 주고"[마 28:19]고 하셨다. 성부 하나님께서는 예수 그리스도 안에서 성령에 의해서 우리에게 약속하신 것들을 확증하신다. 종교개혁자들과 개혁주의 교회에서는 성례를 은혜의 언약이 시행되는 것으로 이해하였다. 세례에서도 성삼위 하나님의 역사하심을 강조한다. 칼빈은 세례에 대해서 다음과 같이 설명했다:

> 그리스도께서는 우리와 함께 하려는 연합과 교제의 결합을 가장 견고하게 하심으로서, 우리와 모든 것을 공유하시고자 그 자신의 몸 안에서 세례로 성화시키고 헌신케 하신다. ... 하나님의 은사들 모두가 세례 속에 제시되었고, 오직 그리스도 안에서만 발견되어진다. 하지만, 그리스도 안에서 세례를 받은 성도가 성부와 성령의 이름들 부르지 않으면 시행할 수 없다. ... 왜냐하면, 우리가 가진 이유가 분명한데, 말하자면 성부 안에서 원인이 있고, 성자 안에 실체가 있으며, 우리의 중생과 죄 씻음의 효력은 성령 안에 있기 때문이다.[120]

---

119 Fred Sanders, *The Deep Things of God: How the Trinity Changes Everything* (Weathon: Crossway, 2010).
120 Calvin, *Institutes*, IV.15.6.

성 삼위일체 하나님은 각각의 위격들이 상호 임재하면서 참여하고, 영광을 받으신다. 성도는 세례를 받을 때에, 마치 지금 자신 앞에서 하나님이 직접 말씀하시는 것과 같이, 성경을 통해서 들려주는 음성을 듣는다. 또한 예수 그리스도께서는 자신의 몸에 속한 자들에게 언약을 새겨놓는다. 하나님의 모든 사역들처럼, 성부 하나님은 성자 안에서 말씀하시고, 성령에 의해서 완전케 만드신다.

다섯째, 왜 유아 세례를 시행해야 하는가?

세례를 받기 위해서 사람이 어떤 고백을 증거로 남겨야만 하는 것인가? 세례란 과연 그것에 참여하기 위해서 각자 스스로 종교적 노력을 다해야 하고, 그런 자에게 보상을 해주는 특수한 기능을 하는 것인가? 아니다. 세례를 받는 사람에게 언제 어디서 어떻게 역사가 일어나서 믿음을 고백하게 할 것인가는 오직 성령께서 주권적으로 결정하신다.

첫째로, 은혜 언약의 구조 안에서 볼때에, 믿는 자들의 자녀들이 포함되어 있음을 전해주는 성경 본문의 증거들을 살펴보자.

성경에 근거하는 언약 신학에 기초해서, 믿는 자들의 자녀들에게 유아 세례를 시행하는 것이 타당하고 본다. 은혜 언약의 시행 과정들을 자세히 살펴보면, 언약적 연속성 continuity of covenant 이 깊이 담겨져 있음을 알 수 있다.[121]

하나님의 모든 언약이 시행되어지는 것을 살펴보면, 그 안에 자녀들이 포함되어져 있음을 쉽게 발견할 수 있다. 아담과의 언약에서는 아담

---

121 Derek W. H. Thomas, "Covenant, Assurance, and the Sacraments," in *Covenant Theolgy*, 575.

의 후손에 대한 파급 효과를 언급하였다: "아담 안에서 모든 사람이 죽은 것 같이…"고전 15:22, 롬 5:12-21. 아담에게 내려진 저주는 그의 후손들 전체에게 파급되었다. 에덴 동산에서 시행된 기본 원리는 "나와 내 후손들"에게 적용된다는 것이었다.

노아와의 언약은 후손들에 대한 언급이 더욱 더 선명하다. "내가 나의 언약을 너희와 너희 후손과 맺는다"창 9:9. 노아의 홍수가 그친 후, 무지개를 보여주셨는데, 그것도 역시 하나님의 심판을 보여주는 상징이요, 보증이었다. 이와 같이, 아브라함과의 언약은 아브라함의 후손들에 대한 약속이었다창 15:18. 그런데 아브라함은 수많은 민족들의 아비가 되어질 것이다창 17:4. 하나님께서 모세와 언약을 맺으실 때에, 아브라함과 이삭과 야곱과 맺으신 방식대로 맺으셨는데출 2:24, 그 안에는 모든 어린 아이들이 포함된다신 29:11. 다윗과의 언약에서도, 역시 동일한 관계가 드러나는데, 다윗과 그 후손들에 대한 약속이 핵심을 이루고 있다삼하 22:51, 23:5, 시 89:3-4.

이처럼 구약 성경에 나오는 모든 언약들은 자녀들을 포함하였다. 언약의 당사자와 후손들에 대해서 하나님의 구원과 축복에 대한 상징이자, 보증이 함께 주어졌다. 그것을 지키는 자와 그들의 후손들에게는 하나님의 약속이 실현되어졌고, 불순종하는 자들과 그들의 후손들에겐 심판이 내려졌다.

신약 성경에서도 새 언약의 대상자인 믿는 성도와 그의 후손들이 다 함께 참여한다는 점을 알 수 있다. 이미 구약 성경에 나오는 모든 언약 관계들 속에 항상 후손들을 포함했던 원리가 연속성을 가지고 계승되어지고 있음을 쉽게 발견할 수 있다.

은혜 언약의 연속성 원리가 오순절 날에 베드로가 선포하는 메시지의 핵심을 차지하고 있다.

오순절에 선포된 베드로의 설교는 옛 언약에서 새 언약으로 전환되는 시점에 결정적인 중요성을 갖고 있는데, 수천 명의 유대인들을 향해서 선포했다. 사도행전 2:38-39에 나오는 바, 베드로는 "너희가 회개하여 각각 예수 그리스도의 이름으로 세례를 받고 죄 사함을 얻으라 그리하면 성령을 선물로 받으리니, 이 약속은 너희와 너희 자녀와 먼데 사람 곧 주 우리 하나님이 얼마든지 부르시는 자들에게 하신 것이라"고 하였다. 이처럼 베드로의 설교에는 구약 성경에 나오는 모든 언약의 시행 과정에서 나타난 것처럼, 새 언약 안에서도 믿는 자들과 그의 자녀들이 포함되어져 있음을 확인케하는 선언이다.

오순절 날에 선포된 사도 베드로의 증거와 말씀 선포에 담겨있는 내용들에 대해서 추가적으로 살펴보자. 여기에 나오는 성도들은 세례를 받고 새 언약에 참여하는 자들이다. 새 언약의 새로움, 독특성, 탁월성, 초월성 등에 대해서는 신약 성경의 여러 본문들 속에서 발견할 수 있다.[122] 새 언약은 구약 성경에 나오는 언약들과의 연속성을 갖고 있으면서도, 현저히 대조되는 특징들이 나타난다. 히브리서에서 채용된 언약 개념들은 하나님께서 펼치시는 구원과 특별 계시의 역사적 진보와 조화를 이루고 있다.[123] 히브리서에서 새 언약을 설명하기 위해서 모두 다섯 가지 수식어들이 사용되었다: "둘째 언약"히 8:7, 10:9, "더 나은 언약"히 7:22, 8:6, "영원한 언약"히 13:20, "새로운 언약"νέος, 히 12:24, "새 언약"καινος, 히 8:8, 13, 9:15이다. 모세 언약과 대조하면서, 새 언약은 "더 나은 언약이요,

---

122 Robert Cara, "Covenant in Hebrews," in *Covenant Theology*, 253-254, 261.
123 G. Vos, "Hebrews, the Epistle of the *Diatheke*," (part 1), *Princeton Theological Review* 13 no. 1 (1915): 587-632. (part 2), (1916), 1-61. R. Cara, "Covenant in Hebrews," 265.

둘째 언약이자, 더 월등한 언약"히 8:6이라고 하였다. "영원한" 언약이라는 것은 새 언약이 광범위하다는 표현이다. 참여하는 사람들이 많고, 그 적용 기간이 길다는 뜻이다. 히브리서에서, "중보자"라는 직책은 가장 핵심적인 용어인데, 오직 그리스도에게만 사용되었으며, 그는 새 언약의 중보자이다히 8:6, 9:15, 12:24.

앞에서 설명한 히브리서의 새 언약은 전통적인 개혁주의 언약 신학에서 강조하는 내용들과 일치한다. 웨스트민스터 신앙고백서, 7장 6항에서 간추려져 있다. 새 언약의 본질은 예수 그리스도다. 영원하면서, 천상적인 실재들을 보장하는 것은 단 하나의 본질이 있기 때문이다. 은혜 언약의 본질상 서로 다른 두 개의 언약이 아니다. 은혜 언약은 다양한 세대들 속에서 시행되었는데, 연속성 속에서 대조되는 부분들이 담겨 있다.

새 언약에서 사람이지만 죄가 없으신 그리스도의 죽으심은 매우 중요한 부분을 차지하고 있는데, 하나님과 죄인 사이의 거대한 간격을 연결하는 다리가 된다. 하나님이자 사람이신 그리스도의 죽으심은 구약 성경에 안에서 죄를 범한 자들까지도 구출해 내신다히 9:15, 딤전 2:5. 구약 성경의 성도들에게까지 그리스도의 죽으심이 적용되어진다는 것은 하나님의 언약 구조의 연속성을 확증하는 것이요, 천상적인 실재의 중요한 측면이다. "내가 그들의 하나님이 될 것이요, 그들은 나의 백성이 될 것이다"히 8:10. 은혜 언약의 핵심적인 약속은 우리의 은혜로우신 하나님의 성품들과 성도들을 향하신 그의 언약적 사랑과 우리의 은혜로우신 하나님의 성품들을 제시한다.

그리스도의 죽으심으로 세워진 새 언약은 모든 인종들에게 문호가 활짝 열려서, 모든 육체가 다 포함되어진다행 2:17, 욜 2:28. 옛 언약에서도

17장 은혜의 방편들 249

간혹 이방인들이 참여한 적이 있었지만, 오순절에서는 아예 이방인과의 담을 헐어버렸다 엡 2:14. 옛 언약에서는 오직 남자 아이들만 언약의 징표를 받도록 허락되었는데, 새 언약에서는 아들과 딸이 모두 다 차별 없이 참여한다 갈 3:28. 성령이 부어짐으로 인해서 새 언약의 참여자들은 체험적인 진보를 간직하게 되었다. 오순절 성령의 부으심이 있기 이전에, 불과 몇 주 전에 예수님께서는 다락방에서 제자들에게 특별한 가르침을 주셨다. 성령이 오실 것인데, "그가 너희와 함께 하실 것이요, 너희 안에 있을 것이다"고 알려주셨다 요 14:17. 예수님을 대신하는 "또 다른 보혜사"로서 성령의 인격적인 사역 가운데서 인도하심과 돌보심이 있을 것이라고 하셨다 요 14:16,26; 15:26; 16:7.[124]

이러한 성령의 사역들에 대한 설명들은 언약적인 시행 과정에서 볼 때에 결정적으로 중요한 차이점들이 담겨 있다. 그러면서도, 후손들을 포함하는 동일한 원리가 지속적으로 유지되고 있다. 그렇지 않았다면, 교회의 시작을 알리는 오순절은 후손들을 축출하는 날로 기록되었을 것이다. 존 머레이 교수는 이런 핵심 사항에 대해서 잘 지적한 바 있다:

> 만일 지금 유아들을 제외시켰더라면, 그 이전의 신적인 제도의 시행을 완전히 바꿨다고 강조해야만 했을 것이다. 따라서 우리는 반드시 다음과 같이 질문해야만 한다. 구약 성경에서나 신약 성경에서나, 과연 그 어디에서나 그렇게 바꿨다는 그 어떤 암시라도 발견할 수 있는가? 보다 요점을 정확하게 지적하자면, 언약 안에 유아들을 포함했다는 원리가 신약 성경에서 변경되었다거나, 언약의 징표와 상징 가운데서 어린 자녀들의 참여를 변경한다는 의

---

124 Ferguson, *The Holy Spirit*, 57-92.

도가 발견된 적이 있는가? 이것은 지난 이천 년 동안에 걸쳐서 언약을 시행하는 가운데 하나님의 권위에 의해서 시행되어져 온 것이다. 과연 그런 원리가 단절되었던가? 이런 질문들에 대한 우리의 대답은 아무런 변경의 증거를 찾지 못했다는 것이다. 새 언약은 아브라함의 언약을 펼치는 것이요, 그것에 기초를 두고 시행된다는 관점에서 볼 때에, 할례와 세례에 부착된 의미의 기본적인 연속성을 살펴보는 관점에서 볼 때에, 신약과 구약의 두 시대에 시행된 은혜 언약의 통일성과 연속성의 관점에서 볼 때에, 우리는 신약 성경 아래서 그 언약의 원리와 시행이 연속되고 있으며, 아무런 변경이나 폐지가 없음을 확신을 가지고 선포할 수 있다.[125]

새 언약 안에서도 여전히 언약의 당사자와 그 후손들을 포함하는 옛 언약의 기본적인 원리가 그대로 연속되고 있다. 바울 사도는 루디아와 그의 집안의 사람들에게도 역시 세례를 주었다행 16:15. 빌립보의 간수와 그의 집에 있는 "온 가족이 다 세례를 받았다"행 16:33. 고린도에서도 회당장 그리스보가 "온 집안과 더불어 주를 믿으며, 수많은 고린도 사람도 듣고 믿어 세례를 받았다"행 18:8. 바울은 스데바나 집에 속한 사람들에게도 세례를 베풀었다고전 1:16, 16:15. 성경에서 "하나님의 집"οἶκός, household에는 "하나님의 자녀들"이라는 의미가 포함된다. 이처럼 한 가장과 그 집 안 사람들에게 시행된 세례에서 어린아이들이 포함되었음을 반복적으로 제시하고 있다.

주 예수 그리스도께서 지상에서 공적인 사역을 담당하고 있을 때에,

125　John Murray, *Christian Baptism* (Philadelphia: Presbyterian and Reformed, 1974), 52–53.

믿음을 가진 부모들에게 그들의 자녀들을 데려오라고 해서 축복하셨다. "어린아이들이 내게 오는 것을 금하지 말라 천국은 이런 자들의 것이니라"마 19:14, 막 10:14-15, 눅 18:15-17. 어린아이들에 대해서 이렇게 말씀하신 것과 실제 행동을 통해서 언약적인 참여자로서 신분을 그대로 인정하고 있는 것이다. 존 머레이 교수는 "누가복음 18장 15절에 의해서 모든 의심이 다 사라진다. 우리는 여기서 이 아이들이 유아들이라는 점을 알 수 있는데, 아주 어린아이들βρέφη, little infants이었다."[126] 예수님의 말씀과 유사하게, 사도 바울도 부모 중에서 어느 한쪽만 믿는 사람의 자녀에 대해서도 "거룩하다"고 언급한 바 있다고전 7:14. 이러한 말씀들에 근거하여, 개혁주의 교회에서는 믿는 부모의 자녀들 중에서 유아 세례를 받지 못한 채 사망하는 경우에 대해서, 성령에 의해서 중생케 하는 역사가 일어날 수 있다고 고백한다.[127]

세례의 효과와 권능은 은혜의 말씀을 통해서 전달된 것을 받아들여서 믿음으로 고백하고 교통한다. 믿음을 가진 부모의 자녀들은 그들에게 주어진 유아 세례의 특권에 수반되는 회개와 믿음의 고백을 해야 할 의무를 갖고서 살아간다. 성례의 상징과 확증은 그것들이 실제로 보장하는 영적인 은혜로부터 구별되는 것이기에, 세례의 유효성 여부는 그 예식을 집례하는 순간에 결속되어지지 않을 수도 있다. 세례가 중생의 상징이자 확증이지만, 세례 이전이나 이후에 따라오는 성령의 역사와 하나님의 주권적 은혜 안에 있는 중생의 실체라고 착각하지는 않아야 한다.

---

126 Murray, *Christian Baptism*, 62.
127 Westminster Confession of Faith, 28장, 6항.

우리가 유아 세례와 관련된 성경적인 이해를 하기 위해서는 아브라함의 할례를 다룬 로마서 4장 9-12절을 자세히 살펴보아야 한다. 여기에서 우리는 아브라함의 믿음과 할례와의 관계성에 대해서 바르게 이해하여야만 한다. 사도 바울은 할례가 아브라함의 칭의를 위한 근거가 될 수 없었지만, 아브라함이 믿음으로 받은 의로움의 상징이요, 보증이라고 설명하였다. "그가 할례의 표를 받은 것은 무할례 시에 믿음으로 된 의를 인친 것이니 이는 무할례자로서 믿는 모든 자의 조상이 되어 그들도 의로 여기심을 얻게 하려 하심이라"롬 4:11. 이 구절은 바로 앞, 로마서 4장 10절의 질문에 대한 대답이다. 아브라함은 무할례시에 믿음으로 의롭다 하심을 받았다. 그 후에, 다시 이런 언약의 상징을 통해서 "동격적인 추가 사항"appositive addition이 보태어진 것이다.[128] 따라서 할례는 아브라함의 믿음에 대한 표징이 아니라, 믿음을 통해서 그가 의롭다 함을 받았다는 지니고 있다고 인정을 해주는 객관적 의로움을 인치는 것이다.[129]

바울 사도는 이 상징이라는 것은 진리 혹은 어떤 것의 실재를 "확정"confirm하는 것이라고 하였다고전 9:2. 하나님께서 아브라함에게 말씀하신 것과 같이, "너희는 포피를 베어라 이것이 나와 너희 사이의 언약의 표징이니라"창 17:11. 아브라함에게 있어서, 할례는 언약의 상징이다. 그런데, 하나님이 주권적으로 우선권을 가지시고, 사람들이 믿음에 의해서 받아들이는 객관적인 언약에 대해서 지시해 주는 기능을 한다. 할례는 언약의 약속들을 인치시는 것이다. 할례는 아브라함에게 의로움이 있다고 인정을 해 주는 기능을 하는데, 오직 믿음으로만 의롭다

---

128 Douglas Moo, *The Epistle to the Romans*, NICNT (Grand Rapids: Eerdmans, 1996), 268.
129 Ferguson, "Infant Baptism View," 93.

하심을 받는다. 따라서 하나님께서는 믿음을 가진 성도를 의인으로 용납해주시는 까닭에, 그 언약의 후손들로 태어난 모든 어린 남자아이에게 할례를 시행하라고 명령하였다.

유아 세례를 반대하는 자들은 믿는 자의 고백에 근거해야만 한다고 주장한다. 그러나 믿음의 반응이 그 전에 있었든지, 아니면 뒤에 따라 오든지 간에, 세례는 오직 믿음을 가진 사람의 의로움에 대한 상징이요, 보증으로 남아있는 것이다 골 2:11-12. 믿는 사람들의 자녀들은, 부모 중에서 한 사람만 믿는 자라도 하더라도, 거룩한 자로 간주된다 고전 7:14. 하나님 앞에서 믿는 부모와 같이, 죄책이 없는 신분으로[130] 인정을 받는다는 뜻이다.

할례의 예식에서도 피를 흘리는데, 언약 백성의 상징이요, 보증으로 시행한 것이다. 모세가 출애굽을 하던 밤에 그들이 살던 집의 문설주에 바른 "양의 피"가 유월절의 기적을 가져온 것은 아니다. 하나님께서 애굽에 대한 심판을 내리실 때에, "양의 피"를 이스라엘 백성에게 주신 약속의 상징이요, 구원의 보증으로서 사용하셨다. 유월절에 어린아이들도 마지막 저녁 식사에 참여하였을 것이라는 점은 의심할 여지가 없다. 어린아이들은 그날 밤이야말로 얼마나 중요한 밤이었는가를 부모로부터 교육받았을 것이다. 그리고 저녁의 식사에 함께 동참했을 것이다.[131]

세례는 앞으로 장차 완성 되어질 세대에 참여하는 자라는 언약 백

---

130 D. Kelly, *Systematic Theology*, III:228.
131 Derek W. H. Thomas, "Not a Particle of Sound Brain: A Theological Response to Paedo-Communion," in *Children and the Lord's Supper*, ed. Guy Waters and Ligon Duncan (Fearn, Ross-shire, Scotland: Mentor, 2011), 97-118.

성됨의 보증pledge이다. 세례는 하나님의 선행적인 은혜의 역사하심에 근거하는 것이요, 전체 교회의 반응으로서 다짐을 포함하는데, 온 가족들과 훗날 자신의 생애 동안에 믿음을 고백하게 될 어린아이들까지 포함한다. 물론, 현대 교회에서 어린아이들에게 언제 어떻게 교육하여 성만찬에 합당하게 참여케 할 것인가를 신중하게 적용하는 지침들이 필요하다.[132]

우리가 여기서 분명히 해야 할 것은 성경 어디에서도 은혜의 주입을 통해서 새로운 습관을 갖게 한다고 가르치지 않는다는 점이다.[133] 세례에 대한 가르침에서는 "새로운 출생"을 기억해야만 한다 눅 8:11, 히 4:12, 약 1:21, 벧전 1:23. 에베소서 5장 16절에서는 "물로 씻어 말씀으로 깨끗하게 하사 거룩하게 하시고"라고 하였는데, 헬라어 전치사, διο디아는 말씀이 수단으로 사용되었다는 것을 의미한다.

하나님이 사용하시는 은혜의 수단으로서 세례의 중요성을 약화시키려는 시도에 대해서 성경 말씀은 강력히 반대한다. 세례는 그것을 받은 자에게 주는 약속의 말씀에 대한 상징이요, 보증이다. 성경 본문의 가르침에 충실히 따르자면, 세례를 인간의 노력으로 해석하는 로마 가톨릭의 입장과 다르며, 순종의 방편으로 해석하는 재세례파의 견해와는 확실히 차이가 난다. 현대 침례교회에서는 아담으로부터 흐르는 원죄의 영향과 죄책의 유전을 거부하는 입장에서, 유아 세례도 반대한다.[134]

---

132 Cornelis Venema, *Children at the Lord's Table? Assessing the Case for Paedocommunion* (Grand Rapids: Reformation Heritage Books, 2009).

133 트렌트 종교 회의 이후로, 은혜 주입설은 로마 가톨릭에서 공식적으로 가르치는 교리이다. "The Canons and Decrees of the Council of Trent," Seventh Session, On the Sacraments, Canons VIII. *New Catholic Encyclopedia* (Washington, D.C.: The Catholic University of America, 1967), XII: 806-816. *Catechism of the Catholic Church* (Liguori, MO: United States Catholic Conference, Inc., 1994), 292.

134 J. Mark Beach, "Original Sin, Infant Salvation, and The Baptism of Infants – A Critique of Some

개혁주의 교회에서는 원죄와 그 죄책의 전가됨으로 인해서, 모든 생명은 죄 가운데서 잉태되었으며 하나님의 진노 아래 있음을 고백한다. 따라서 아담 안에서 모든 인간은 하나님과 원수되며, 죄악으로 뒤덮혀서 그리스도 밖에 머물러 있어서 영원한 저주와 죽음 아래 놓여있다. 인생들은 중생하지 않는 한, 하나님의 나라에게 들어갈 수 없다. 유아들도 죄인이며, 그들의 죄를 용서받기 위해서는 그리스도의 씻으심과 속죄 제사를 필요로 한다. 그들도 중생을 통과하지 않고는 그리스도 안에서 회개와 믿음의 길을 갈 수 없기 때문에, 유아들에게도 성령의 임재가 필요하다. 어떤 계층에 속한 유아들이라도 하나님의 구원 약속의 수혜자가 될 수 있다는 것이요, 오직 그리스도와 그의 영의 구원하는 역사하심에 의해서만 구원을 얻기 때문이다. 따라서 어린아이들도 구원의 상징이요 확증인, 세례의 합당한 대상이 되는 것이다.

둘째로, 종교개혁자들의 신앙고백서에는 유아 세례를 반대하던 재세례파와의 논쟁이 반영되어 있다.

종교개혁자들과 개혁주의 교회에서는 죄인의 구원에 향한 삼위일체 하나님의 주권적 우선권과 언약의 교리에 기초하여, 믿는 부모와 그들의 자녀들에게 주신 약속 안에서 유아 세례를 실시했다. 성례라는 것은 하나님의 은혜의 순수한 보증을 자녀들에게 시행하는 것이다. 그러나 유아 세례를 거부하는 재세례파 운동은 매우 급진적으로 무정부주의를 주장하면서, 교회 내에서 참된 교회를 추구한다는 명분으로 확산

Contemporary Baptist Authors-," *Mid-American Journal of Theology*, vol. 12 (2001), 47-79. 이 논문에서는 유아 세례를 반대하는 침례교회 신학자들 Wayne Grudem, Stanley J. Grenz, Millard J. Erickson, Gordon R. Lewis, Bruce A. Demarest, James Leo Garrett, G. R. Beasley-Murray을 다루고 있다.

되었다. 기본적으로 당시 사회의 질서와 치리를 부인하고, 서약을 거부하는 과격한 집단들이 독일 남부의 뮌스터와 스트라스부르크, 스위스의 취리히, 저지대 지방 등 여러 곳에서 다양하게 나타났다.[135] 재세례파에서는 유아 세례 자체를 부정하고 적그리스도의 세례라고 불렀다. 오직 자신들의 교회에 대해서 참된 신앙을 고백하는 자들에게만 세례를 시행했다. 재세례파에서는 삼중적 세례를 가르쳤다. 첫 번째, 참된 세례는 새로워진 그리스도의 몸으로서의 공동체 안으로 들어오는 세례로서 오직 제자라는 표지가 나타나야 한다. 두 번째, 참된 세례는 성령에 의한 내적인 세례인데, 어떤 사람이 이 내적인 세례를 고백할 수 있을 때, 믿음과 새로워진 삶의 표지로서 물 세례가 시행된다. 세 번째, 세례는 피의 세례인데, 곧 순교이다. 참된 제자들은 이 세상에 속하지 않기 때문에 거절당하고 핍박을 받는다고 주장했다. 윌리엄스는 재세례파에게 있어서 세례란 중세 로마 가톨릭의 고해성사를 대체한 것이라고 지적했다.[136]

루터를 비롯한 대부분의 종교개혁자들은 신구약 성경에서 강조된 하나님과의 언약 관계라는 근거들에 의존해서, 믿는 자들의 자녀들에게 유아 세례를 시행했다. 칼빈과 개혁주의 신학자들은 은혜 언약의 시행에 있어서도, 구약의 모든 언약들 속에 흐르고 있는 연속성을 발견하였다. 옛 언약들에는 언약의 당사자만이 아니라, 그들의 어린아이들이 포함되어져 있었기에, 새 언약 안에서도 분명히 포함되어져야만 한

---

135   Carter Lindberg, *The European Reformation*, ch. 8, "The Sheep against the Shepherds: The Radical Reformations," 『유럽의 종교개혁』, 조영천 역 (서울: 기독교문서 선교회, 2012), 295-334.
136   George H. Williams, *The Radical Reformation* (Kirksville: Sixteenth Century Journal Publishers, 1992), 218.

다는 것이다.[137] 새 언약은 더 나은 언약이요, 더 뛰어난 언약이다히 8:6. 구약 성경에서 시행된 모든 옛 언약들에서는 어린아이들을 포함하고 있었다. 만일 새 언약에서 어린아이들을 배제시켜 버린다면, 어떻게 새 언약이 더 위대하다고 말할 수 있을 것인가? 하나님의 모든 언약들이 시행 되어질 때에, 항상 언약의 대상이 되는 사람과 그들의 어린 자녀들이 포함되었다.

루터는 유아 세례가 신적인 제도임을 설명하는데 주력하였다. 재세례파들이 강력하게 루터의 견해에 반대하였기 때문이다. 루터에게 있어서, 유아 세례는 유아의 믿음과 상관없이 객관적인 유효성을 지닌다. 그는 부모와 대부들이 유아들의 믿음에 도움을 준다는 로마 교회의 교리에 대해서 대체로 수긍하였다. 루터가 재세례파에 대해서 논박하는 내용은 당시 다른 종교개혁자들의 언약 신학에 대한 이해와는 상당히 다르다.[138] 루터는 할례와 유아 세례를 거의 같은 내용으로 파악했고, 교회의 역사 속에서 할례를 하나의 성례로 간주하였다.[139] 1528년에 루터는 세례와 할례를 동일한 언약으로 이해했고, 아브라함의 생물학적 후손으로 영접하는 것이라고 풀이했다.[140] 루터가 믿음을 고백한 후에 세례를 시행하여야 한다는 재세례파의 주장을 거부한 이유는 그것을 행위로 간주하였기 때문이다. 마치 유대인들에게 할례가 율법을 만족

---

137 Derek W. H. Thomas, "Covenant, Assurance, and the Sacraments," in *Covenant Theology*, 575-578.

138 Nathan A. Finn, "Curb Your Enthusiasm: Martin Luther's Critique of Anabaptism," *Southwestern Journal of Theology*, 56, no. 2 (2014): 163-181.

139 Paul H. Zieilow, "Martin Luther's Arguments for Infant Baptism," *Concordia Journal*, 20,no.2 (1994): 147-171.

140 Martin Luther, "Instruction for the Visitation of Parish Pastors in Electoral Saxony," in *Luther's Works*, 40:288.

시키는 하나의 행위로 거행했던 것과 유사하다는 것이다. 갈라디아서에서 유대인들은 이방인들에게도 할례를 받으라고 강요했었다. 그러나 루터에게 있어서는 기독교 신자가 칭의를 얻기 위해서 믿음을 선한 행위를 드러내야만 한다는 것이 잘못이라고 보았다. 칭의는 믿음으로 값없이 받는 것이다. 하지만, 개혁주의 신학자들은 할례를 언약의 상징으로 보았고, 이스라엘에게만 독특하게 주어진 것으로 이해했다.[141]

취리히의 츠빙글리는 할례를 하나의 은혜 언약으로 이해하면서, 재세례파 발따사르 후브마이어Balthasar Hubmaier, 1480-1528와 논쟁을 벌였다. 후브마이어는 세례를 위기의 회심 체험에 대해서 공개적인 증거로 이해했다. 설교는 죄를 규정하는 것이고, 회개와 믿음을 불러 일으킨다고 주장하였다. 그리고 난 후, 세 번째 단계가 세례다. 따라서 유아들은 이런 고백을 할 수 없으므로, 유아들에게는 세례를 줄 수 없다는 것이다. 츠빙글리의 초기 사상에 보면, 전통적인 로마 가톨릭에서 세례가 원죄를 제거한다고 주장하는 것에 대해서는 거부했다. 차츰 후브마이어와의 논쟁을 거듭하면서, 츠빙글리의 언약 신학 사상이 체계화 되어졌다. 츠빙글리는 구약의 약속이 신약에서 성취된 것으로 이해했고, 성례와 할례는 동일하게 하나님의 언약을 상징하는 것이라고 보았다. 할례는 아브라함과 그의 후손들에게 적용된 것이요, 세례는 그리스도인들에게 적용된 것이다.[142]

츠빙글리는 1527년 『재세례파의 속임수에 대한 논박』Refutation of the Tricks of the Catabaptists을 출판했다. 츠빙글리는 예정 교리를 내세워서 재세

---

141 Howard Griffith, "Covenant in Reformation Theology," in *Covenant Theology*, 334.
142 Huldryuch Zwingli, "Of Baptism," in *Zwingli and Bullinger: Selected Translations with Introduction and Notes*, ed. and tr. G. W. Bromiley (Philadelphia: Westminster, 1953), 131. W. P. Stephens, *The Theology of Huldrych Zwingli* (N.Y.: Oxford University Press, 1986), 206.

례파의 문제점을 거론했는데, 로마서 8장 29-30절에 근거하였다.[143] 구원은 하나님의 선택에 근거한 것이다. 재세례파의 주장처럼, 개인의 신앙고백에 의존하는 것이 아니다. 택함을 받은 자들은 믿음을 고백하기 이전에 이미 하나님의 자녀들이다. 하나님의 택하심이 믿음을 확실하게 만든다. 그러나 재세례파에서는 그와는 반대의 주장을 했다. 오직 믿음을 고백하는 자들에게만 교회의 회원권을 인정해야 한다는 것인데, 이들에 대해서만 하나님이 예정하셨다고 주장했다. 츠빙글리는 영원한 선택과 거부는 교회의 판단이나 결정에 따라야 할 사항이 아니라, 위에 초월적으로 있는 언약 관계에 속한다. 하나님의 선택은 세례, 할례, 믿음, 설교 보다 더 위에 있다고 주장하면서, 이것은 절대적인 하나님의 주권에 속하는 비밀이기에 재세례파의 교회가 결정할 문제가 아니라고 비판했다.

츠빙글리는 언약의 공동체적 성격을 강조했다.[144] 하나님께서는 언약 안에서 모든 성도들에게 말씀하신다. 개인별로가 아니라, 하나의 몸에 속하는 모든 성도들에게 주신 것이다. 그러나 재세례파에서는 그리스도인의 체험에 기초한 것으로 보기 때문에, 개인별로 언약에 참여하는 것으로 이해했다.

또한 츠빙글리는 언약 교리에서 하나님의 절대적 주권성을 강조하였다. 구속의 역사를 통해서 한 가지 은혜의 언약이 시행되어져 오고 있는데, 그 속에는 신자의 책임도 포함되어 있다. 구약과 신약은 오직 한 구세주를 통해서 이뤄질 구원 역사를 통합적으로 제시하고 있다. 성

---

143 Huldryuch Zwingli, *Refutation of the Tricks of Catabaptists, in Selected Works of Huldreich Zwingli* (1484-1531), ed. Samuel M. Jackson (Philadelphia: University of Pennsylvania, 1972), 223-247.

144 Zwingli, *Refutation of the Tricks of Catabaptists*, 227.

령께서 택함을 받은 자들이 하나님과의 교제를 이뤄나가도록 믿음을 지켜 주신다.

칼빈은 유아 세례를 거부하는 자들에게 유효성을 입증하기 위해서, 그 구약적 전형prototype인 할례의 의미를 밝히고, 그 의미가 새 언약에 존속하는 것이라고 설명한다. 할례와 세례의 연속성과 유사성을 지적한다. 그 약속, 상징된 대상, 근거, 그 내적 비밀에 있어서 언약적 연속성이 있다. 다른 점은 외적인 의식 또는 집례 방법이다. "세례는 우리들 사이에서 동일한 기능을 수행하기 위해서, 할례의 자리를 대신 차지한다."[145]

세례란 표상이요, 징표 가운데 하나로써, 외적인 형식이나 의식에 의존하지 않고, 오직 약속과 영적인 신비로움에 의존한다는 점을 주지해야 한다. 세례란 그리스도의 보혈로부터 우리들의 죄악의 씻음을 상징하는 것이 첫 번째 주안점이다. 우리의 육체가 죄로 인하여 죽고, 세례에 의해서 그리스도의 생명의 의해서 다시 살아나 그리스도와 함께 교제하고 연합하는 것이다. 따라서 구약 시대의 할례는 신약 시대의 세례에 참여함을 미리 보여준 것이다. "우리 주께서 아브라함에게 할례를 행하라고 명하시기 전에 그와 그의 후손들의 하나님이 될 것이라고 말씀하시고, 그를 심히 번성케 하시겠다고 추가로 말씀하셨다창 17:7,10.... 그리스도께서 이 말씀을 근거로 신자의 불멸과 부활을 언급하시며, 해석하시는 바에 따르면, 이 말씀에는 영생에 대한 약속이 담겨 있다."[146]

이런 이유들 때문에, 벨직 신앙고백서 34항에서 새 언약 안에 있는 어린아이들에게도, 옛 언약에서와 동일하게, 세례를 베푸는 것이 타당

---

145 Calvin, *Institutes*, IV.xvi.4.
146 Calvin, *Institutes*, IV.xvi.13.

하다고 설명했다. "그리스도께서는 자신의 피를 흘리셨는데, 어른들을 위해서 하신 것처럼 어린아이들을 위해서도 하셨다. 더욱이 세례를 아이들을 위해서 시행되는데, 이는 유대 백성들에게 할례를 시행했던 것과 같다. 이런 이유에서 바울은 세례와 할례의 관련성을 설명하면서, "그리스도의 할례"라고 표현한 것이다"골 2:11.

칼빈은 유아 세례와 할례 사이의 영적인 관계를 강조한다. 할례가 사죄, 씻음, 죽음과 거듭남의 상징이었듯이 유아 세례의 경우도 마찬가지다. 그리스도는 할례와 세례의 기초가 되신다. 두 가지 모두 다, 하나님의 약속에 근거하여 사죄와 영생이 주어지며, 이것들이 상징하는 바는 거듭남이다. 만약 언약이 견고하게 오늘도 남아 있다면, 자녀들에게도 똑같이 적용된다는 것이다. 칼빈은 예수님의 일례도 들었다. 자기에게 유아들이나 어린아이를 데려오는 일을 금하지 말라고 말씀하였던 점을 상기하면서, 하나님의 자비의 대상을 어떤 부류로 한정하신 분이 아니셨다는 점이다. 동시에 제자들을 꾸짖으셨는데, 이는 그들이 하늘나라에 속한 자들을 자기에게 오지 못하도록 막고 있기 때문이다. 유아들을 그리스도에게 데려오는 것이 정당하다면, 그리스도와의 연합의 상징이 유아 세례를 베풀지 못하는 것은 온당한 태도가 아니다.[147] 하나님이 세례를 통해서 주시는 기쁨, 확신, 자녀된 신분에 대한 신념을 가지라는 것이다.

"유아들은 물 세례를 받기 전에 세상을 떠나더라도 하늘나라에 들어가지 못하게 하는 것은 아니다." 세례는 그 자체로서 약속된 은혜들을 어린아이에게 부어주는 것은 아니다. 할례도 마찬가지다. "성례를 마

147　Calvin, *Institutes*, IV.xvi.7.

치 그 자체에 효과가 있는 것처럼 하나님의 약속에 효과를 부여하는 것으로 보아서는 안 되고, 다만 그 약속을 우리에게 확증해 주는 것으로만 보아야 하기 때문이다."[148]

칼빈은 유아 세례를 지극히 정당하다고 역설하였고, 그리스도의 제도와 상징의 본질에 가장 잘 부합된다고 보았다. "유아들이 물 세례를 받기 이전에 세상을 떠났으면 하늘나라에 들어가지 못하는 것이 아니다.... 마치 그 자체에 효과가 있는 것처럼 하나님의 약속에 효과를 부여하는 것으로 보아서는 안 되고 다만 그 약속을 우리에게 확증해 주는 것으로만 보아야 한다"[149] 그 약속의 축복에 힘입어서 그 자녀들은 이미 그리스도의 몸에 속하였다. 세례란 약속되는 은혜들을 부여하지는 못한다. 다만 하나님께서 그리스도와의 연합이라는 고도의 특권을 우리에게 주셨음을 증거한다.

칼빈과 청교도 신학자들과 개혁주의 교회는 세례가 하나님의 약속이 주어져 있는 은혜의 수단이라고 규정했는데, 죄의 용서와 성령의 선물이 약속된 하나님의 사역이기 때문이다. 개혁주의 신학은 성례들이 언약의 표징들이요 seals, 상징들 signs이라고 규정한다.[150] "웨스트민스터 신앙고백서" 27장 1항에 성례에 관한 고전적인 개념이 잘 설명되어 있다. 개혁주의 신학자들은 성례적인 표징들이 보이는 말씀으로 기능을 한다고 설명한다. 게할더스 보스 박사는 "그냥 빈 껍데기 표징들이 아니라, 실제적인 기능을 하는 표징들이다. 믿음 가운데서 그 표징들이 사용되었을 때에, 성령의 역사하심에 의해서, 그 수납자는 그것들이 전

---

148 Calvin, *Institutes*, IV.xv.22.
149 Calvin, *Institutes*, IV.xv.22.
150 Sinclair Ferguson, "Infant Baptism View," in *Baptism, Three Views*, ed. David F. Wright (Downers Grove: IVP, 2009), 85.

달하는 것과 인치심이라는 은총을 받는다"고 강조했다.[151]

셋째로, 교회의 역사 속에서 유아 세례에 대한 논쟁을 참고할 때에 유익을 얻을 수 있다.

삼위일체 하나님의 이름으로 받은 세례라고 한다면, 심지어 로마 가톨릭에서 받은 유아 세례마저도 정상적으로 인정해야 하느냐의 논의가 오랫동안 지속되었다. 프랑스 갈리칸 신앙고백서에서는 명시적으로 정당하다고 받아들였지만, 스코틀랜드 신앙고백서와 후기 청교도들은 이를 합당한 성례로 인정하지 않았다. 개혁주의 교회들은 대체로 갈리칸 고백서의 입장에 동의하고 있지만, 미국 장로교회에서는 오랜 논쟁 끝에 로마 가톨릭의 세례를 거부했다.

마침내 1845년, 미국 장로교회 Old School에서는 로마 가톨릭의 세례를 합당한 것으로 인정하지 않았다. 그러나 같은 교단에 소속해 있던 찰스 핫지 교수는 로마 가톨릭 교회에서 시행하는 성례의 본질적 구성 요소들을 인정하여야 한다고 주장했다.[152] 그러나 남부 장로교회의 보수적인 신학자 톤웰은 총회의 결정을 지지하는 장문의 글을 발표하면서, 핫지 교수의 견해를 비판했다.[153] 톤웰 교수는 적어도 네 가지 요소들이 충족되어야만 성경적으로 합당한 세례라고 인정할 수 있다고 주

---

151 Geerhardus Vos, *Reformed Dogmatics*, vol. 5, Ecclesioloy, *the Means of Grace, Eshatology*, tr. Richard B. Gaffin Jr. (Bellingham: Lexham, 2016), 96.

152 Charles Hodge, "Romish Baptism," *The Biblical Repertory and Princeton Review for the Year 1845*, vol. XII: 444-471. 특히 제2차 대각성 운동에 대한 평가를 달리하는 두 입장이 격돌하였는데, 핫지 교수는 찰스 피니의 부흥주의에 반대하였고 유아 세례에 찬성하였다. 찰스 피니는 웨스트민스터 신앙고백서를 "종이 교황"이라고 비난했다. 헤겔의 역사변증법에 영향을 받은 독일 개혁교회 Nevin 교수는 칼빈의 영적 임재설과 칼빈주의 5대교리 등에 대해서 반대했다. Peter J. Wallace, "History and Sacrament: John William Nevin and Charles Hodge on the Lord's Supper," *Mid-American Reformed Journal*, 11 (2000): 171-201.

153 James Henley Thornwell, "The Validity of the Baptism of Rome," *The Collected Writings of James Henley Thornwell* (1875; Carlisle, PA: The Banner of Truth Trust, 1986), III:283-412.

장했다. 첫째는 물로 씻어야 하고, 둘째는 삼위일체 하나님의 이름으로 주어야 하며, 셋째는 그리스도의 명령에 동의한다는 의지의 고백이 있어야 하고, 넷째는 그리스도의 사역자로 합당하게 세움을 입은 집례자가 시행해야만 한다고 주장했다. 톤웰 교수는 로마 가톨릭의 세례에는 이들 네 가지 중에 그 어느 하나도 제대로 충족하지 못했다고 비판했다.

한국 장로교회와 대부분의 개신교 교단에서는 로마 가톨릭의 세례를 개혁주의 교회에서 인정하자는 찰스 핫지 박사의 견해에 동조한다. 세례의 가장 본질적인 구성 요소들은 예수님의 말씀에 따라서 단순히 "물과 삼위일체 하나님의 이름으로 시행한다"는 것이다. 세례는 믿음의 행위를 추적하고 조사해서 시행하는 것이 아니다. 행실이 온전한 자에게 베푸는 것도 아니다. 세례의 정당성은 집례자의 신실성 여부에 달려 있는 것도 아니다. 개혁주의 교회와 장로교회에서는 하나님의 이름으로 거행되었다면 그 초월적인 전능하신 분의 역사가 있을 것이기에, 이중 세례를 시행하지 않는다. 삼위일체 하나님의 이름으로 주어진 세례를 다른 교회에서 받았을지라도, 그 세례를 인정하는 것이다. 다만 입교 문답을 통해서 철저히 성경적 신앙의 고백의 내용들을 재확인하는 절차를 엄격히 거치도록 하고 있다. 세례의 정당성과 유효성 여부는 집례자에 달려 있는 것이 아니라, 복음의 약속이 삼위일체 하나님의 이름으로 제시되고 은혜의 상징과 확증을 통해서 수용되어졌느냐에 달려 있기 때문이다. 오히려 침례교회에서는 침수법 이외에는 합당한 세례로 인정하지 않는다. 심지어 장로교회의 목사라도 침례교단에 가입하려면, 다시 침수 세례의 예식을 받도록 요구한다. 더구나, 세례가 구원의 필수 조건이 아니라는 점을 침례교단에서도 인정하는데, 침수하는

방식만을 주장한다.[154]

　지금도 현대 신학자들은 성례에 있어서 신적인 역사와 인간의 노력을 구분하려는 시도를 하고 있다. 특히 칼 바르트가 세례를 순전히 믿음을 고백하는 인간의 반응 행위로만 설명했는데, 그가 언약의 후손들에게 유아 세례를 베푸는 것에 대해서 단호히 거부했다는 사실은 놀라운 일도 아니다. 에라스무스를 따르는 츠빙글리는 유아들에게도 원죄의 영향이 있다는 어거스틴의 신학 사상과 충돌하고 있었다. 그는 1510년대 말과 1520년대에는 유아 세례를 로마 가톨릭에서 시행했다는 이유로 거부하였는데, 나중에는 입장을 바꿔서 츠리히 도시 전체에서 시행하도록 하였다.[155] 자녀의 세례를 거부하는 것은 츠리히 도시 공동체에 대한 충성을 거부하는 행위로 간주하였는데, 급진적인 재세례파에서 유아 세례를 거부하면서 정치적 위협요소로 알려졌다.[156] 바르트의 해석은 츠빙글리의 초기 신학보다 훨씬 더 과격하고 급진적으로 유아 세례를 거부했다. 바르트는 세례가 우리 인간의 반응이라는 점을 강조하면서, 세례 자체는 이미 주어진 은혜의 증거일 뿐이라는 것이다.[157] 바르트는 도발적인 문장을 남겼다; "세례는 그 자체가 은혜의 수단이라거나, 방편이라거나, 보관자가 아니다. 세례는 예수 그리스도의 부활하심, 성령의 부어지심 등 역사의 성례, 신비로움에 대한 반응이

154　G. Allison, *Sojourners and Strangers: the Doctrine of the Church*, 352.
155　Zwingli, *Of Baptism*, in *Zwingli and Bullinger*, ed. G. W. Bromiley (Philadelphia: Westminster Press, 1953), 130.
156　Huldreich Zwingli, *The Latin Works of Huldreich Zwingli*, ed. William John Hinke (Philadelphia: Heidelberg Press, 1922), 2:194–95. McGrath, *Reformation: An Introduction*, 291.
157　이러한 영향으로 네델란드 에큐메니컬 신학자 베르코프는 세례를 사람의 신앙 체험에서 나오는 결과로 해석한다. Hendrikus Berkhof, *Christian Faith: An Introduction to the Study of the Faith*, tr. Sierd Woudstra (Grand Rapids: Eerdmans, 1979), 348, 353, 389.

다. 하지만, 그 자체는 신비도 아니요, 성례도 아니다."[158]

그러나 바르트는 세례에 대해서 설명하는 신약 성경의 압도적인 증거들에 대해서 충분하고도 설득력있는 해석을 내놓지 못했다. 바르트는 종교개혁자들이 성례 제도를 수용함에 있어서 믿음을 필수적으로 의지해야 하는데, 로마 가톨릭에서 유아 세례를 시행하고 있었던 일반적인 사회적 흐름을 쉽게 채택했다고 비판했다. 그러나 바르트는 하나님의 성례가 믿는 자들과 그 자녀들에게 상징과 확증으로 주어졌다는 종교개혁자들의 관점을 제대로 평가하지 않았다. 믿음으로 성례가 제공하는 은혜를 받는 것은 사실이지만, 성도는 은혜를 수납하는 것이지 구성 요소에 충족되는 행위를 보여주는 것은 아니다. 스위스 바젤 대학교에서 바르트와 동시대에 같은 신학부에 소속돼 있던 오스카 쿨만은 유아 세례를 거부한 바르트에 대해서 성경적인 근거가 부족하다고 지적했다.[159] 쿨만은 아브라함의 할례는 혈통적인 관계에서 시행되었지만, 믿는 부모의 자녀들은 혈통보다는 믿는 자로서 유아 세례를 받는다는 점을 간과했다는 것이다. 훗날에 그들의 믿음은 이미 그들에게 주어진 유아 세례에서 상징되고 확증된 은혜로운 약속에 대하여 반응을 하게 될 것이다.

유아 세례에 대한 설명을 마무리하면서, 칼빈은 "유아 세례는 영적인 기쁨이요, 확신의 유일한 열매"라고 강조했다. "이것은 경건한 마음을 가진 자들에게 너무나 달콤한 확신을 주는 것이다. 왜냐하면 그 자

---

158 Karl Barth, *Church Dogmatics*, IV/4:73, 102, 264-294. 바르트의 신학 사상으로부터 많은 영향을 받은 벌카워 교수는 개혁주의 교회가 시행하는 유아 세례를 옹호했다. G. C. Berkouwer, *Karl Barth en de kinderdoop* (Kampen: J. H. Kok, 1947). idem, *The Sacraments*, Studies in Dogmatics (Grand Rapids: Eerdmans, 1969), 161-166.

159 Oscar Cullmann, *Baptism in the New Testament*, tr. J.K.S. Reid (London: SCM Press, 1950), 7, 57, 58, 70.

녀들이 하늘의 아버지로부터 자녀로 인정을 받아서 호의를 얻게 되어짐에 대해서 그저 말로만이 들려주실 뿐만 아니라, 눈으로도 보여주는 것이기 때문이다. 우리가 죽을지라도 하나님께서는 우리 자녀들에 대해서 자신의 자녀들로 돌보아주실 것을 우리가 확실하게 알 수 있다."[160] 칼빈은 그 다음 장을 시작하면서도 역시 같은 내용으로 하나님의 아버지되심을 강조했다.

> 하나님께서는 우리를 그의 가족으로 받아들이신 다음, 우리를 종으로서만이 아니라 아들로서 대하시면서, 지극히 자비하시고 사랑이 깊으신 아버지의 역할을 감당하시며 우리의 인생의 여정 전체를 통틀어서 우리를 지탱시키신다.[161]

복음의 선포에서처럼, 성례를 통한 은혜의 전달은 전적으로 하나님의 선물이다. 사람의 노력으로 되는 것이 아니다. 물론 사람이 회개하고 믿음으로 반응을 나타내는 참여가 있다. 하지만, 하나님의 약속이 먼저다. 그리스도 안에서 모든 풍성한 것들을 믿는 자들과 그들의 자녀들에게로 상속되도록 지속되게 만들어 주신다는 것이 하나님의 선하신 뜻이다. 사람들의 믿음으로 드러나는 반응에 앞서서 하나님의 주권적인 은총이 먼저 선행되고 있는 것이다. 하나님께서 먼저 우리와 우리 자녀들을 대해서 은혜를 베푸신다. 교회는 은혜의 수납자로서 지상에서 시작되었고, 각 개별 성도들과 그의 자녀들은 결합된 공동체에 소속하여 구원의 혜택을 받게 하셨다. 하나님께서는 말씀과 성례들의 일상

---

160   Calvin, *Institutes*, IV.xvi.32.
161   Calvin, *Institutes*, IV.xvii.1.

적인 사역을 통해서 우리와 우리 자녀들 가운데서 은혜의 역사를 지속하신다. 우리와 우리 자녀들에게 주시는 성례들의 상징들과 확증들을 통해서, 하나님께서는 놀라운 구원의 사역을 전개하신다.

4. 성만찬

예수님은 영원한 생명의 원천으로서 날마다 우리에게 말씀과 성령 안에서 영혼의 양식을 공급하신다. 인간이 육체적인 생명을 유지하려면 매일 먹고 마셔야만 하는 기초적인 음식들이 있다. 육체를 가진 사람에게는 빵과 포도주가 절실히 필요하다. 영적인 차원에서도 마찬가지로 하나님의 놀라운 은혜를 받아야만 신앙생활을 유지해 나갈 수 있다. 예수님은 교회에 생명력을 공급하시되, 마치 빵과 음료처럼, 자신을 우리에게 내어주셨다는 점을 먼저 우리가 기억해야만 한다. 성만찬에 관련한 교훈들은 전체적인 예수님의 교훈과 사역들, 십자가의 죽으심과 부활과 승천, 그리고 종말에 재림하실 가르침들 속에서 광범위하게 담겨 있다.

우리는 좀 더 면밀하게 성만찬에 대한 성경적인 교훈과 의미를 살펴보고자 한다. 성만찬을 통해서 주시는 영적인 교통하심과 그 위대하고 충만한 혜택들에 대해서 살펴보고자 한다.

1) 하나님의 축복된 선물

성만찬의 본질은 예수님께서 생명의 근원을 제공하신다는 점이다.

주님이 세상에 계실 때에, "내가 곧 생명의 빵이다"요 6:35고 말씀하셨다. "내게 오는 자는 결코 주리지 아니할 터이요 나를 믿는 자는 영원히 목마르지 아니하리라"고 선포했다. 바로 그 직전에 수천 명의 굶주린 사람들을 먹이셨던 사건이 있었다요 6:10. 또한 요한복음 2장에서는 포도주가 떨어진 가나의 혼인 잔치에서도 포도주를 만들었다. 이 포도주로 인해서, 혼인 잔치를 살려낸 것이다. 사마리아 여인에게는 "내가 주는 물을 먹는 자는 영원히 목마르지 아니하리니 나의 주는 물은 그 속에서 영생하도록 솟아나는 샘물이 되리라"요 4:14고 하셨다.

예수님께서는 잡혀가기 전날 밤에 주신 말씀 가운데서 친히 성만찬을 제정하시면서, 그 가치와 유효성을 보장하셨다;

> 떡을 가져 감사 기도 하시고 떼어 그들에게 주시며 이르시되 이것은 너희를 위해서 주는 나의 몸이라 너희가 이를 행하여 나를 기념하라 하시고 저녁 먹은 후에 잔도 그와 같이 하여 이르시되 이 잔은 내 피로 세우는 새 언약이니 곧 너희를 위하여 붓는 것이라(눅 22:19, 20).

성만찬은 하나님의 축복된 선물이다. 신약 성경에 나오는 예수 그리스도의 구속 사역의 모든 내용들은 멀리 구약 성경에서 그 기원을 찾을 수 있다. 성찬에 있어서 가장 기본적인 핵심은 예수님께서 제자들에게 자신의 몸과 피를 주신다고 견고한 약속을 하시면서, 다 함께 동참하는 음식을 나누셨다는 부분이다. 전통적으로 유월절을 지키는 절기에, 예수님은 하나님께 감사함으로 참여하는 엄숙하고도 거룩한 새 언약을 발표하셨다.[162] 하면서 "감사함으로 참여하는 교제"eucharistic Koinonia를 베풀어주셨다 고전 11:16. 주님께서는 성만찬을 제정하시면서 다시 오실 때까지 이를 행하여 "기억하라"remembrance고 말씀하셨다 고전 11:24-25. 제자들은 자신들을 위해서 제물로 바쳐진 주님의 죽으심을 기억하면서, 동시에 보호와 지켜주심에 대한 언약도 함께 확인하는 것이다 시 111:4-5.

예수님께서 제자들에게 놀라운 은혜를 선포하신 축복된 식탁의 교제는 저 멀리 구약 성경에서부터 흘러내려 왔다. 빵과 포도주는 핵심적인 음식이었다. 평화의 왕, 가장 높으신 하나님의 제사장, 살렘 왕 멜기세덱이 "빵과 포도주"창 14:18를 가지고 와서, 아브라함에게 여호와의 축복을 선포했다. "천지의 주재이시요 지극히 높으신 하나님이여 아브람에게 복을 주옵소서 너희 대적을 네 손에 붙이신 지극히 높으신 하나님을 찬송할지로다"창 14:19. 아브람이 조카 롯과 빼앗긴 재물과 부녀와 친척을 다 찾아왔을 때에 일어난 사건이다. 이처럼 아브람에게 찾아온 하나님의 높으신 제사장 멜기세덱과 함께 축복된 식탁의 교제를 나누었다. 이후에도 다 함께 모여서 음식을 먹는 매우 중요하고 거룩한 교제가 있었다. 모세, 아론, 그리고 장로들이 시내산 꼭대기에서 위대하신 왕, 여호와 하나님과 함께 먹었다. 이처럼, 여러 차례 식탁의 교제가 중요한 고비마다 거행되었는데, 그 가운데에 함께 하시는 하나님의 임재하심에 대한 강조가 만찬의 핵심이라는 점을 반드시 기억하여야만 한다.[163]

---

162 Eckhard J. Schnabel, *Jesus in Jerusalem: The Last Days* (Grand Rapids: Eerdmans, 2018), 202-204.
163 David P. Mossener, *The Lord of the Banquet: The Literary and Theological Significance of the Lukan Travel Narrative* (Minneapolis: Fortress Press, 1989).

애굽에 있던 유대인들에게 유월절의 저녁식사는 매우 특별했다. 출애굽기 12장에 기록된 바대로, 그날 밤에 각자의 집에서 흠없는 어린 양을 잡아서 불에 구워먹고, 집의 문설주 양쪽에 그 피를 바르도록 했다. 하나님의 진노하시는 칼이 택한 백성들의 집을 건너서 이집트 사람들에게로 향했다. 그러나 이스라엘 백성들은 가족들끼리 양을 구워서 먹었는데, 장차 주역이 될 어린아이까지를 포함하여 모든 세대가 다 같이 참여했다. 유월절 날에, 한쪽에서는 진노의 심판이 진행되고 있었고, 언약의 백성들은 안전하게 보호를 받게 되었다. 이처럼 언약의 음식을 함께 먹는 사람들은 하나님의 축복된 임재하심 가운데서 참여했음에 유의해야 한다출 20:24.

출애굽 사건은 유대인들의 심장 속에 깊은 신앙적 교훈이 되었다. 매년 유월절 음식을 기념하는 절기를 지켰다. 이스라엘 사람들은 저녁에 잡아야 할 온전한 양을 준비하였다. 피 흘림의 제사를 올렸다. 모든 가족들이 특별한 방식으로 음식을 먹고, 옷을 입었다. 출애굽은 하나님의 구원과 인도하심의 상징이다. 앞으로도 하나님의 도우심이 함께 할 것을 기대하였다.[164]

2) "새 언약"의 시작과 반포

이 잔은 내 피로 세우는 새 언약이니 곧 너희를 위하여 붓는 것이라(눅 22:20).

예수님께서 자신의 피로 세우는 "새 언약"$διαθήκη καινή$을 최초로 시행

---

[164] R. T. France, *The Gospel of Matthew*, NICNT (Grand Rapids: Eerdmans, 2007), 988.

하셨다. "잔"을 가지고 "새 언약"이라고 반포하심으로서, 성만찬의 언약적 성격의 압도적으로 확정하셨다. 그런데 성만찬에서 피로 세우는 "새 언약"이라고 예수님은 명명했을까? 이러한 용어와 내용의 배경은 예레미야 31장에 나오는 "새 언약"이다.[165] 이 예레미야 31장에 근거하는 새 언약이라는 사실이 매우 중요하다. 이 예언에 따르면, 언약의 조건을 만족시키는 일을 주 여호와 하나님께서 친히 성취하실 것이라고 하셨다.[166] 어린 양의 대속적 희생으로 그의 백성들의 더러움을 씻어 버리고, 죄를 기억하지도 않으신다. 하나님 자신이 친히 최종적인 구원을 성취하시고, 각 사람의 심령 속에 성령으로 율법을 새겨 놓았다. 예레미야의 예언이 성취된 것은 그리스도의 죽음이 기초가 되었다. 예수님의 죽음을 근거로 해서 하나님과 그의 백성들 사이에 은혜의 교제가 성만찬에서 베풀어졌는데, 새 언약은 하나님 자신에 의해서 보장된 것으로 무너지지 않을 것이다. 다른 복음서에서도 주님의 죽으심에는 이러한 언약적 특성이 있음을 강조한다마 26:28, 막 14:24. 이런 복음서의 말씀들은 중요한데, 모든 메시야적 행동들을 언약의 빛 안에서 설명하고 있기 때문이다. 또한 기본적으로 마지막 다락방 만찬은 유월절을 통해서 성취된 출애굽과 구원을 기억하면서, 이제는 죽임을 당한 어린 양으로 오신 예수님의 성취를 통해서 종말적인 구원이 이뤄짐을 강조하고 있다.

성만찬은 언약적인 인식을 강조하고 있는데, 예수님이 담당하시는 메시야 사역을 구약 성경에 예고된 언약의 성취라고 역설한다. 예수님

---

165 Joachim Jeremias, *The Eucharistic Words of Jesus*, tr. Arnold Ehrhardt (Oxford: Blackwell, 1955), 223-236.
166 H. Ridderbos, *The Coming of the Kingdom*, 201.

은 이스라엘의 하나님이시오, 교회의 주인이시다. 주님은 새 언약을 시작하시고, 제정하시며, 공포하였다. 새 언약은 예레미야를 통해서 예언되었고, 고린도 후서 3장 5-18절과 히브리서 8장에서 10장 18절까지 설명되었다. 우리는 이미 유아 세례를 시행해야 한다는 것을 살펴보면서, 히브리서 8장을 집중적으로 조명하면서, 옛 언약과 새 언약의 연속성에 대해서 살펴본 바 있으므로, 그 내용을 다시 설명할 필요가 없을 것이다. 새 언약은 최종적이며, 더 나은 언약이다. 단번에 그리스도께서 성취하심에 따라서 더 이상의 희생 제사를 반복해서 드릴 필요가 없다. 부활하시고 승천하신 예수님의 대행자인 또 다른 보혜사 성령의 약속에 의해서, 성도는 거룩한 동기를 부여받고 생활 속에서 실천해 나가게 된다.

성만찬에서 우리는 성령에 의해서 그리스도와의 "사귐"을 갖는데 고전 10:16-17, 이로 인해서 복음 안에서 우리들의 특권들과 축복들을 확신하게 된다. 성령에 의해서, 성만찬에서 우리가 그리스도와의 교제를 나누면서 모든 의심들이 사라지게 된다. 새 언약은 은혜의 언약이기에, 우리가 가장 안전한 곳에 있으며, 모든 조건들을 다 충족했다는 확신으로 가득 차게 된다.[167]

우리가 복음서에 나오는 성만찬의 기록들을 보다 면밀히 분석해 보면, 각각의 복음서에 담긴 용어들과 내용들이 약간씩 차이가 있는데, 이것을 지나치게 과장할 필요가 없다. 예수님은 아람어로 설명하셨고,

---

167 Guilelmus Saldenus and Wilhelmus Brakel, *In Remembrance of Him: Profiting from the Lord's Supper*, ed. James A. De Jong (Grand Rapdis: Reformation Heritage Books, 2012). Herman Witsius, *The Economy of the Covenants between God and Man: Comprehending a Complete Body of Divinity*, tr. William Crookshank, 2 vols. (Grand Rapids: Reformation Heritage Books, 2010), 1: 271-280.

제자들은 이것들을 구전으로 나누면서 수십 년 후에 헬라어로 기록하였을 것이다. 각 복음서가 목표로 하는 대상이 있었으므로, 표현방식이나 내용에서 약간의 강조들이 다르게 나타날 수 있었을 것이다. 그러나 우리가 이러한 본문들을 모아서 공관복음서의 문제라고 긴장을 고조시키면서 본문 비평에 열을 올리기보다는, 모든 복음서들을 종합적으로 파악하여 우리에게 주시는 하나님의 핵심적인 교훈을 찾았으면 한다.[168]

마태복음에는 "이것은 내 언약의 피다"마 26:28라고 기록되어져 있는데, 이것은 출애굽기 24장 8절에 나오는 모세 언약의 서두와 매우 유사하다. 모세가 동물들의 피를 백성들에게 뿌리면서, "언약의 피다"고 선언했다. 예수님께서는 "나의 피"라고 분명하게 소유격으로 표현함으로써, 피로 세우는 언약적인 선포의 중요성을 강조하였다.

또한 "너희 죄를 사하기 위해서"라는 문구가 그 앞에 나오는데, 이 내용은 예레미야서 31장 34절에 나오는 새 언약의 예고와 유사하다. 하나님께서 "그들의 불의를 용서하실 것이요, 너희 죄를 더 이상 기억지 아니할 것이다"고 선지자를 통해서 선포하셨다.

그 다음으로 "많은 사람을 위하여 흘리는 피"에 대한 언급이 있다마 26:28, 막 14:24. 누가복음에서만 "너희를 위하여"라고 되어 있다. 이 두 구절 모두 다 이사야 53장 12절을 반영하고 있는 것이다. 피를 흘리는 것은 구약 성경에서 피와 육체를 분리시키고자 제사의 용어로 사용되어졌다. 그리스도의 피흘리심은 구약 시대에 바쳐진 제물들처럼 대속적

---

168 Vern S. Poythress, *Inerrancy and the Gospels: A God-Centered Approach to the Challenges of Harmonization* (Wheaton: Crossway, 2012). 54-55. idem, *God Centered Biblical Interpretation* (Phillipsburg: P&R, 1999). Daniel J. Treier, *Introducing Theological Interpretation of Scripture; Recovering Christian Practice* (Grand Rapids: Baker, 2008), 23.

이요, 대표적인 성격을 갖고 있다. 우리가 받아야 할 영원한 저주 때문에 죽음에 처해지는 언약적 저주를 담당하였다.

특별히, 누가복음에서는 "새 언약"으로서 "잔"과 연결을 시켰다. 은 하나님과 그의 자녀들 사이에 예수 그리스도의 중보 사역에 의해서 맺어진 관계성을 설정하였다. 예수 그리스도를 구세주로 믿고 고백하는 자들에게 선포되어진 것이다. 새 언약은 아담의 후손에게 내려오는 원죄의 저주을 부숴버린다. 성만찬을 베푸시던 때에, 인류 역사상 처음으로 새 언약을 세우시면서, 예수님께서 자신의 보혈을 통해서 이를 완성하셨다고 선언하였다. 예수님께서는 그동안 단 한 번도 말씀한 적이 없었는데, 죽음을 앞에 놓고서 새 언약을 세우시고자 피를 흘리신다는 것을 정확하게 인식시켰다. 마침내, 새 언약이라는 최고의 약속을 발표하신 것이다.

이미 구약 성경에서도 많은 언약들이 시행되었다. 모든 언약은 상호 동의라는 구조적 성격이 담겨 있다. 그러나 은혜 언약은 하나님께서 주도적으로 시행하는 것인데, 그런 사람이 의무적으로 지켜야할 조건과 절차를 완전히 하나님께서 주권적으로 집행하신다. 은혜 언약의 내용과 용어 등 모든 계획이 전적으로 하나님에 의해서 친히 설정되었다.[169] 그래서 은혜 언약은 무조건적이다. 다만 성도들에게는 믿음과 회개가 언약적인 요구사항들이다. 다른 말로 표현하자면, 믿음과 회개가 없이는 구원을 베풀 수 없기 때문이다.[170]

---

169 John Murray, *The Covenant of Grace: A Biblico-Theological Study* (London: Tyndale Press, 1954), 10-12; Murray, "Covenant Theology," in *Collected Writings of John Murray*, 4 vols. (Edinburgh: Banner of Truth, 1982), 4:216-40.
170 S. Ferguson, "Infant Baptism View," 187-188.

새 언약의 사역들은 이미 구약 성경 예레미야 31장 31-34절에 예언되었고, 그 내용들은 에스겔 36장 27절에 이미 선포된 것이다. 따라서 새 언약의 기초는 이미 구약의 선지자들을 통해서 예언된 것이다. 이에 근거해서, 예수 그리스도는 성경에 나오는 모든 언약의 완성자이자, 새 언약의 중보자이심을 드러내셨다.[171]

히브리서는 모든 면에서 예수 그리스도의 탁월함을 증거하고 있는데, 특히 모세와 예수님을 대조하면서 입증하였다. "첫 언약"보다 "더 좋은 언약의 중보자"(히 8:6)이라고 하였다. "새 언약"의 탁월함에 대해서는 히브리서 8장 8-13절에 자세히 설명하였다. 히브리서에서는 예수 그리스도가 "새 언약의 중보자"라는 단어를 두 번이나 사용했다.

> **그는 새 언약의 중보자시니 이는 첫 언약 때에 범한 죄에서 속량하려고 죽으사 부르심을 입은 자로 하여금 영원한 기업의 약속을 얻게 하려 하심이라**(히 9:15).

> **새 언약의 중보자이신 예수**(히 12:24).

새 언약은 예수 그리스도를 통해서 완전히 새롭게 제정되어지는데, 그의 피 흘림으로 성취되어졌다.[172] 그 이전의 언약들과 비교할 때에, 새 언약은 "모든 것이 새롭고, 유일무이하고, 초월적이다."[173] 새 언약은 하나님과 그의 백성들의 역사 속에서 최종 결정적인 언약으로 제시되었

---

171   F. F. Bruce, *The Epistle to the Hebrews*, NICNT (Grand Rapids: Eerdmans, 1990), 185.
172   Scott R. Swain, "New Covenant Theologies," in *Covenant Theology*, 552-553.
173   John Murrary, *Systematic Theology*, I:392.

다. 새 언약 안에서, 하나님과 그의 백성들 사이의 관계는 영원히 견고하며, 자기 백성들 가운데 하나님의 임재가 충만한 기쁨이 된다 고후 6:16-18, 계 21:3, 7. 새 언약 안에서, 하나님의 모든 언약적 약속들이 궁극적으로 성취되며, "예"가 된다 고후 1:20.[174] 그리스도 안에서, 그리고 그리스도를 통하여 모든 하나님의 약속들이 성취되며, 하나님께 영광이 돌려진다.

새 언약은 모든 언약들의 최고의 정점을 보여주는데, 오직 그리스도의 몸과 피 안에서 성취되었다. 언약이란 신적인 확정과 성취를 가진 은혜로운 약속이자 맹세이며, 구속의 주권적 경영이다. 하나님은 아브라함에게 "내가 내 언약을 나와 너 및 네 대대 후손 사이에 세워서 영원한 언약을 삼고 너와 네 후손의 하나님이 될 것이라" 창 17:7고 확정적인 보장을 하셨다. 그러한 모든 언약들이 실현되는 정점에 이르러서, 예수 그리스도는 자신의 몸과 피로서 모든 은혜와 신실하심을 나타내 보이셨다.

고린도후서 3장에 보면, 바울 사도가 옛 언약과 새 언약을 대조시키고 있다. 신약 성경에서 새 언약에 대해서 가장 잘 설명하고 있는 내용이 바로 여기에 담겨져 있다. 그는 각각의 언약에 속한 특징들을 비교했다. 바울 사도의 대조는 옛 언약과 새 언약의 상호 연관성을 인정하는 가운데 이뤄진 것이다. 옛 언약의 모든 것들을 다 저버리는 것이 아니라, 새 언약의 우수함과 탁월함을 드러내는데 합당한 내용들만을 대조한 것이다.[175]

---

174 Paul R. Williams, *Sealed with an Oath: Covenant in God's Unfolding Purpose*, NSBT 23 (Downers Grove: IVP, 2007), 161.

175 Paul Barnett, *The Second Epistle to the Corinthians*, NICNT (Grand Rapids: Eerdmans, 1997), 179.

고후 3:7-8	죽음 --------------	생명
	돌판 --------------	마음
	문자로 새겨짐 -------	성령
	시내산 사건 ---------	종말론적 사건
고후 3:9	정죄의 직분 ---------	의의 직분
고후 3:11	없어질 것의 영광 ----	더 크고 영원한 영광

새 언약과 옛 언약의 대조를 순서대로 풀어보자.

첫째로, 새 언약의 역할과 기능은 옛 언약과는 완전히 다르다. 옛 언약은 거역하는 자들을 정죄하고 심판하며 죽이는 일을 한다면, 새 언약은 생명을 주신다.

둘째로, 새 언약은 성도들의 마음 속에서 살아 움직인다. 옛 언약은 그저 돌판에 새겨진 것에 기초를 두는 반면에, 새 언약은 살아계신 하나님께서 사람들의 심령에 쓴 것이다 고후 3:3.

셋째로, 옛 언약은 문자로 새겨진 "의문" the letter 아래서 지배를 받으나, 새 언약은 성령에 의해서 감화와 작용을 받는다 고후 3:3.

넷째로, 옛 언약은 시내산에서 맺어졌는데, 새 언약은 종말론적 사건이다. 주님께서 다시 오실 때를 바라본다.

다섯째로, 새 언약을 담당하는 직분의 성격도 완전히 다르다; 옛 언약은 율법 조문에 따라서 정죄의 직분이지만, 새 언약은 "영의 직분"이요, "의의 직분"이다 고후 3:8,9.

여섯째로, 옛 언약의 영광은 일시적인 것이나, 새 언약의 영광은 옛 언약보다 훨씬 더 크고 영원하다 고후 3:8-11.

새 언약에 참여하여 축복을 받는 사람들도 완전히 달라졌다. 언약은 이제는 더 이상 아브라함의 후손이나 유대 민족주의자들의 자랑이요, 그들의 정체성을 드러내는 동맹이 아니다. 예수님을 구세주요, 주님으로 믿고 따르는 제자들과 성도들은 새 언약에 참여하면서 "새 언약의 일꾼"이 되었다 고후 3:6. 이들은 십자가를 통해서 한 몸이 되어서 그리스도가 성취하신 것에 결합된 자들이다 엡 2:15. 구약 시대부터 내려오던 이스라엘과 유대의 집안에 후손들이 아니라, 성령의 역사로 새로운 마음을 가진 사람들이다 렘 31:31-32.

"피"로 세우는 새 언약의 중보자 예수님은 자신이 궁극적으로 유월절의 "어린 양"이라고 말씀하였다. 그분은 이스라엘을 애굽의 종살이에서 건져서 약속의 땅으로 구출하신 분이시다. 다른 말로 하면, 예수님은 희생당한 어린 양이요, 동시에 육체 가운데 오신 이스라엘의 하나님이시다. 예수님은 이제 새로운 이스라엘, 하나님의 회복된 백성들을 위해서 그분 자신이 이것을 성취하기 위해서 자신을 희생하였다. 과거 유월절의 사건은 단순히 지나간 역사의 한 순간으로 그치는 것이 아니다. 유대인들이 유월절을 지키면서 해 마다 과거에 애굽의 종살이에서 구원을 받은 사건으로 기억하듯이, 이제는 예수 그리스도의 십자가를 통해서 구원을 얻는 것을 잊지 아니하고 새롭게 되새기기 위해서 성만찬의 식탁 앞에 나가는 것이다.[176]

구약 성경에 나오는 유월절의 상징과 보증이 이처럼 긴밀하게 신약의 성만찬에도 연결되어 있지만, 그것과는 비교할 수 없이 훨씬 탁월한 약속과 보장하는 내용들이 신약의 성만찬 예식에 담겨져 있다. 모세가 한 차례 옛 언약의 시초에 피를 뿌린 것을 상기하면서, 새로운 중보자

---

176 David E. Garland, *Luke* (Grand Rapids: Zondervan, 2011), 856.

이신 그리스도께서는 "새 언약의 피"로서 자신의 모든 피를 쏟아부으실 것을 알고 계셨다 출 24:8, 히 9:20.

주님은 제자들에게 장차 당하실 십자가의 죽음에 대해 언급하면서, "진노의 잔"을 마실 것이라고 설명했다 막 10:38, 눅 22:42. 이 표현은 오랫동안 구약 시대의 선지자들이 사용해온 것이다. 선지자들은 하나님의 심판을 경고하면서 "진노의 잔"이라고 자주 말했다. "진노의 잔"을 몸으로 감당하신 예수님이 맞이할 자신의 앞날은 그야말로 저주의 날이었다. 성례가 상징하고 보증하는 실재를 받아들이는 성도들에게는 새 언약의 머리가 되시는 그리스도가 죽음을 당하심으로 자유가 주어진다. 그러나 이 실재를 거부하는 자들에겐 자신들의 죄책을 감당해야만 한다. 따라서 성만찬에 참여하는 자들이라도 그리스도의 몸과 피를 분별없이 먹고 마시는 자들에게는 저주가 된다 고전 11:29.

3) 성만찬의 제정

신약 성경에서는 두 가지 기념하는 규례가 시행 되어졌다. 하나는 초대 교회에서는 주일 날에 모여서 예배를 드렸고, 그 중심에는 말씀과 성만찬이 거행하게 된 것이다. 사도행전에 나오는 교회는 토요일을 안식하는 날로 금요일 해가 지는 시간부터 토요일 해가 지는 시간까지 지키던 유대교의 예식을 벗어났다. 주님이 부활하신 날, 주일 날에 성도들이 모여서 예배를 올리는 것이다. 주님의 부활을 사망 권세를 이기고 승리하는 날이기에, 그 날에 모여서 성만찬을 거행하는 것은 뜻깊은 의미가 있다. 주님의 죽으심을 증거하면서, 살아계신 주님과 함께 먹고 마시는 감동을 체험하게 되는 것이다. 부활하신 주님의 날에, 주님의 죽으심을 증거하는 성만찬을 거행하면서, 은혜와 축복을 받았다. 부활의 날 주일 날과 그날의 예배 가운데 거행되는 성만찬은 예수님이 성취하신 구속의 중추적인 사건들이다. 성만찬은 주님의 뜻에 따라서 제정된 예식이요, 교회의 가장 중요한 예배의 핵심적인 내용이다. 성도들은 그리스도의 몸에 참여한다. 거룩한 축제와 친교에 참여하여 성령을 통해서 교회에 임재하시는 주님의 은혜를 공급받는다. 따라서 단순히 한 번으로 끝이 나는 것이 아니라 지속적으로 예배와 성만찬에 참여하게 되었다.

이 놀라운 성만찬의 제정에 관련한 증언들은 복음서에 상세히 기록되어 있다.^{막 14:22-26, 마 26:27-29, 눅 22:14-20}. 또한 구약 성경의 본문들, 출애굽기 24장 8절, 이사야 52장 13절-53장 12절, 예레미야 31장 31,34절. 스가랴 9장 11절 등과 긴밀히 연결되어져 있다.

그리스도가 흘리신 보혈 안에는 우리 주 하나님의 은혜와 축복과 약속의 풍성함, 충만함, 영속성이 담겨 있다. "피 흘림이 없은즉 사함이 없느니라"^{히 9:22}. 예수 그리스도의 피뿌림에 의해서 우리가 모든 허물과 죄의 더러움으로부터 깨끗함을 얻으며, 새로운 약속에 포함되는 보증을 갖게 된다. 예수님의 피로 세운 새 언약이 의미하는 모든 것은 성찬에 나타나 있고, 우리가 성만찬에 참여하여 그 안에서 확정적으로 인쳐진다. "내 피로 세우는 새 언약"이라는 예수님의 선포에는 "성찬의 중요성을 고양시키는 장중함"이 드러난다.

빵과 포도주를 앞에 놓고, 그 음식을 나누는 이유는 "이것은 너희를 위하여 찢겨진 내 몸이다"고 여러 차례 말씀하셨기 때문이다. 사도행전 2장 42절에는 초대 교회가 사도의 가르침을 받으면서, 서로 교제하고, "떡을 떼며", 기도하기에 힘쓰니라고 하였다. 이 문맥은 "떡을 떼며"라는 것이 신앙적인 집회의 행사들을 진행하는 가운데 있는 하나의 사건이며, 성만찬과 관련되어 있음을 암시한다. 성만찬은 초대 교회에서 시행된 예배의 한 부분이었다는 것을 함축한다. 다만, 사도행전 2장 46절에서도 "성전에 모이기를 힘쓰고 집에서 떡을 떼며 기쁨과 순전한 마음으로 음식을 먹고"라고 하였다. 이 경우, 즉 집집마다 떡을 떼는 것은 일상적인 식사를 가리킨다.

사도들의 설명에 따라서 초대 교회 성도들은 성만찬의 축제를 반복적으로 시행하였다. 성만찬을 시행하는 것이 살아계신 주님의 뜻이다. 예수님께서는 고대 유대인들의 종교력에 따른 행사들을 더 이상 따라가지 말고, 교회와 제자들에게 새로운 제시를 하신 것이다. 이스라엘 민족은 매년 유월절을 지켜나가는 중에, 구원을 받았던 역사의식을 교훈으로 기억하면서 후손들에게 전수했었다. 그러나 예수 그리스도의 교회는 유대인들이 유월절을 지키던 것처럼 반복적으로 회상하기 위해서 모이는 것이 아니다. 성만찬은 제사가 아니다. 지난 사건에 대한 기념식이 아니다. 단지 지나간 사건들을 회상하거나, 지성적으로 암기하는 것이 아니라, 성만찬에 참여케함으로써 지금도 지속되고 있는 살아계신 주님의 인도하심을 인식하게 된다. 이런 특별한 잔치에 참여한 성도들은 "내가 구원의 잔을 들고 여호와의 이름을 부르며"라고 감사를 표했다 시 116:13. 우리에게 베풀어주신 모든 은혜를 무엇으로 보답할까 생각할 때에, 하나님께 영광을 돌리지 않을 수 없었다.

고린도 교회에서는 보다 더 확고하게 성만찬의 예식이 거행되었음을 보여준다. 고린도전서 11장 24절에서는 "이것을 행하여 나를 기념하라"고 말씀하였다. 사도적 권위에 의거해서 제시한 이 말씀에 따라서 성만찬의 제도가 중요한 전통으로 교회 안에서 이어져 내려오게 되었다. 여기서 "기념하라"remembrance는 문구 때문에, 구속의 성취를 위해서 주님의 죽으심이 있었다는 사실을 단순하게 "회상"하는 것으로 축소하는 경우가 있다. 그러나 기념식을 하라는 의미가 아니다. 예수님 자신의 명백한 제정에 의해서, 그의 죽으심에 대한 영속적인 기념이 있어야 한다는 것은 구속의 성취와 그 성취의 적용이 영속되어야 하기 때문이다. 성만찬은 교회의 주인되시는 예수님의 피 흘림을 자랑하는 예식이며, 그의 죽으심을 기념하는 가운데서 그의 영광스러운 재림을 바라보는 사건이다.

성만찬에서 주의 죽으심을 "기념하도록 하신 것"은 그가 죽음을 통해서 주신 모든 구원의 혜택들을 "공유하고, 참여하며, 교통한다"는 의미가 내포되어 있다. 성만찬을 통해서 주님과 맺어진 인격적 교제를 즐거워하면서, 동시에 새롭게 갱신해 나간다. 영적인 의미에서, 성만찬의 본질은 신랑이신 주님과 신부인 그의 교회가 기적의 결혼을 한 후에, 지속적으로 변함없는 사랑의 관계를 유지해 나간다는 표현이다. 신랑 되신 예수님은 그의 교회를 향해서 모든 좋은 것을 다 주신다. 교회에 속한 회중들은 주님의 은혜를 받은 축복에 참여하고, 감격한다. 영적인 의미에서, 신랑 되신 주님과 교회와의 결혼은 영원한 언약 관계의 선포이자, 거룩한 사랑의 시작이요, 신앙 역사의 출발점이다.

고린도전서 11장 26절, "오실 때까지"에는 성만찬의 시간적 특성과 기한이 제시되어 있다고 본다. 죽음을 놓고서 성만찬 예식을 거행하지만, 주님은 살아계신 분이라서 반복적이고, 끊임없이 영적인 교제를 나눌 수 있는 분이시다. 우리는 지속적으로 성만찬을 시행하도록 요구를 받고 있으며, 이 예식의 필요성이 담겨져 있다.

성만찬에는 십자가에서 죽으심과 관련된 내용들이라서 몸과 피를 설명하는 내용들은 처참했지만, 부활 후에 나타난 예수 그리스도의 모습은 영광스럽다. 성만찬에 연결되어 있는 주님의 십자가 사건은 장차 부활하시고, 승천하시며, 하늘나라의 왕으로 다시 오실 분에 대해서 생각해야 할 매우 중요한 전제가 된다. 성만찬은 과거의 죽으심에 묶여 있는 것이 아니라, 오히려 현재 영광스러운 주님에 대해서 말하고 생각하면서 축복에 참여하는 것이다. 그리스도는 진정으로 성만찬에 임재하시지만, 그가 미래에 임하실 때와는 다른 방식으로 임재하신다. 그가 다시 오실 때에는 물리적인 몸을 가지시고 눈에 보이는 존재를 드러낼 것이다. 그 때에는 상징과 표지는 더 이상 필요치 않을 것이다.

4) "오실 때까지"

성만찬은 주님의 죽음에 대한 "선포"이다.

고린도전서 11장 26절에서 바울 사도는 "너희가 이 빵을 먹으며 이 잔을 마실 때마다 주의 죽으심을 오실 때까지 전하는 것이니라"고 하였다. 어떤 사람의 죽음을 선포한다는 것은 매우 중요한 소식, 엄숙한 발표이자, 공적인 선언이다. 우리의 살아계신 주님으로 오늘날 예수 그리스도는 우리를 사랑하기에 자신을 모두 다 내어주셨다. 주님의 사랑이 최대한 갈 수 있는 데까지 뻗어나간 것이다. 주님은 죽음에 이르기까지 우리를 사랑하셨기에 자기 자신을 모두 다 주셨다 요 13:1, 15:13, 롬 5:7-8.

구속의 성취와 그 성취로부터 오는 적용이 영속적이므로, 성만찬은 지속성을 가지고 있다. 따라서 바로 이러한 죽으심으로 발생하는 효력 때문에 성만찬을 계속해서 거행하는 것이다. 또 다른 말로 표현하면, 예수님에 관해서 소개할 가장 중요한 내용은 그의 죽으심인데, 그로 인해서 효력이 발생하고 있다는 뜻이다. 그리스도의 죽음의 사건은 우리 자신들의 생명에 관한 이야기이다. 성만찬은 "주의 죽으심을 전하는 것이다"고 하였는데, 이로 인해서 우리에게는 생명을 주신다. 피의 교제는 예수님께서 그의 피 흘림과 자신의 생명을 주심을 통해 성취하고 획득한 모든 것에 참여하는 것을 의미한다. 성만찬을 통한 피의 교제에는 설교, 신앙고백, 기도, 전도, 찬양, 경배의 예배 등이 항상 동반되어진다. 우리가 주님의 만찬에 참가할 때마다, "주의 죽으심"이라는 사건을 통해서 항상 그의 은혜와 능력이 미치는 모든 것 안에서의 구속에 참여하는 것이다. 그 이유는 주님의 생명을 다 내어주신 "사랑으로서 죽음"이 관련되어 있다는 사실을 잊어서는 안 된다. "주의 죽으심"은 가장 강렬하게, 가장 인격적으로, 가장 체험적인 형식으로 주님의 사랑을 우리를 위해서 제공하셨다. 주님을 안다는 것은 성령의 권능에 의해서 믿음으로 주님의 행하심과 말씀을 아는 방식으로 주어진다 요 14:26, 16:12. 진정으로 주님을 아는 것은 그가 십자가에서 죽기까지 사랑하신 것을 아는 것이다. 주님은 자기희생의 방식으로 우리를 향한 사랑의 부으심을 알려주셨다.

주님께서 인류 역사상 최고의 사랑을 주시는 밤에, 자신의 몸과 피를 나눠주시는 그 밤에 배신한 제자가 이탈하여 나가는 일이 발생했다. 그런 어처구니 없는 일들이 벌어진 날임에도 불구하고, 그 밤은 구세주 예수님과 그의 제자들 사이에 나누는 사랑의 역사 속에서 가장 기억해야 할 날로 확정되어진 것이다. 새롭고 영원한 은혜의 언약과 약속을 제정하시고, 오늘도 그 은혜와 약속은 변함없이 지속되고 있다. 성만찬은 우리가 가지고 있는 이러한 희생적 사랑을 아는 사람들이 감사하면서 즐겁게 거룩한 교제를 나누는 것이다. 그리고 그분과 함께 살아갈 것이며, 그분을 위해서 살아갈 것이다. 성만찬은 단순히 죽으신 사건이나, 그 날에 모여서 거행하는 기념식이 아니다. 성만찬은 살아계신 분과의 신비적인 교통이며, 그분의 무한대한 사랑 안에서 기대와 만족과 평안이 충만케 되는 사건이다.

우리는 주님이 다시 "오실 때까지," 지속적으로 빵을 먹고 포도주를 마시며 기다려야만 한다.

성찬에서 성도가 교통하는 주님은 부활하시고, 승천하신 분이시다. 또한 우리 성도들은 그리스도의 실재적 임재 가운데서 영광스러운 재림과 종말을 고대하고 있다. 성도가 성만찬에서 영적으로 교제하는 예수님은 지금 하늘에서 우리를 위해 일하시고 계시며, 장차 다시 오실 분이시다. 성령은 우리 성도들이 교제하는 주님의 영광스러운 재림을 생각하면서, 기쁨과 확신으로 충만케 한다. 칼빈은 성만찬 예식이 수난절 분위기에서 거행하는 것이 아니라, 부활절 분위기에서 거행한다고 지적했다.

예수님께서는 마지막 밤에 새 언약의 빵과 포도주를 제자들과 함께 먹으면서, 하나님의 나라가 도래하기까지는 더 이상은 함께 할 수 없음을 두 차례나 강조했다눅 22:16, 18; 마 26:26-30, 막 14:22-25. 예수 그리스도의 대속적 죽음사 53:10-12과 장차 다가올 미래에 종말적인 만찬은 긴밀히 연결되어 있다. 주님과 함께 첫 번째 시작된 성만찬commencement을 먹었던 제자들은 장차 그 완성된 잔치fulfillment에 참여하게 될 것이다.[177] 예수님께서는 유월절의 어린 양으로 오신 대속적 죽음을 성취하시고, 하나님의 나라에서 새로운 포도주를 마시게 될 것이라고 하셨다. 종말론

---

177 Herman Ridderbos, *The Coming of Kingdom*, tr. H. de Jongste, ed. Raymond O Zorn (Philadelphia: P&R, 1962), 412.

적 잔치가 도래하기 전까지, 그 사이에 성만찬에 참여하는 것은 우리가 미리 하늘나라의 잔치를 맛보는 것이다.

지금 세대에서는 빵과 포도주라는 상징을 통해서 그리스도와 함께 하지만, 다가오는 세대에서는 주님께서 우리와 함께 영광스러운 나라에서 먹고 마실 것이다. 성만찬은 구약 시대의 유월절을 기념하는 음식이 아니라, 다가올 종말의 날에 벌어질 잔치의 서막에 참여하는 행사이다.[178] 우리는 죽은 제물을 바치는 제단에 초대를 받은 것이 아니라, 잔치의 식탁에 참여하는 것이다. 성만찬은 희생 제사가 아니다. 그리스도의 죽으심으로 인해서 주어진 혜택을 받는 것인데, 희생적인 음식을 통해서 받는 것이다. 성만찬의 식탁에서 그리스도의 몸과 피를 먹고 마시는 곳에서는 거기에 참석한 회중들 가운데서 십자가가 실재적이며 살아있는 실체가 되고, 이를 세상에 증거하는 사건이 되는 것이다.

따라서 성만찬은 개인적인 행동이 아니요, 교회의 행사로 그치는 것이 아니다. 이런 방법들을 제정하신 하나님의 사역인 것이다. 먹을 음식과 마실 음료를 제공하는 분은 그리스도요, 우리는 은혜로 거저 받는 것이다. 그리고 주님께서 약속하신 바에 대한 신빙성 여부는 그분의 말씀의 권위와 효력에 달려있다.

5) "이것은 내 몸이다" "이 잔은 내 피다"

예수님께서 잡혀가기 전날 밤에, 빵을 "떼어서" 제자들에게 "나눠주셨다". 그리고 "이것은 너희를 위하는 내 몸이다"고 말씀하였다. 고린도

---

178 Ibid., 417.

전서 11장 24절에 나오는 "몸"과 "빵"을 문맥상으로 어떻게 해석하느냐 가 쉽지 않다.

우리는 이처럼 마지막 밤에 빵을 떼어주시면서, 특별히 예수님의 십자가상에서 죽음을 연계시켜서 설명하신 것에 주목해야만 한다. 기독교 신자들에게 있어서, 예수님이 처절하게 몸을 내어주사 죽음에 이르신 것이야말로 우리가 고백하는 믿음의 핵심이요, 신앙의 가장 중요한 본질이다. 여기서 "몸"과 "빵"이 물질적으로 동일하다는 비약적 상상은 필요없다. 우리는 이 문장에서 예수님의 선언 속에 담긴 단어와 그것이 의미하는 바에 대해서 정확히 이해하는 것이 필요하다. 성경에 사용된 모든 단어는 특수한 역사적 상황과 관련이 있고, 선택적으로 사용되었기에 그 표현하는 바를 정확히 아는 것이 중요하다.

예수님이 마지막 밤을 보내던 상황은 유월절을 기념하는 식탁이었다. 모세의 지휘하에 출애굽을 감행하기 직전, 밤에 양을 잡아서 문설주에 발랐다. 그날의 양은 하나님의 저주가 애굽의 집집마다 임하는 순간에도 구원을 가져왔다. 그 누구라도 양의 피를 문설주에 바른 사람들에게는 저주가 임하지 않았고, 구원을 얻었다. 그리고 그 다음 세대를 거쳐오면서 하나님께서 자기 백성들을 구원하시는 방법들 속에서도 그러한 피 흘림의 본질은 항상 지속되었다. 어린 양의 피는 구원의 이미지를 갖고 있었다. 그런데 예수님께서 그런 유월절의 밤에, 제자들과의 마지막 식사 시간에 동일한 역사적 이미지를 남겨놓으신 것이다. 그 다음 세대에서도 기념하는 예식을 거행하면서, 축복된 식사를 지속하라는 것이다.

역사의 가장 중요한 순간에 이르러서, 가장 의미심장한 사건에 대해서 언급하시면서 예수 그리스도께서는 빵 조각을 제자들과 나누셨는데, 곧 자신이 어린 양으로 바쳐진 제물임을 각인시켜 놓은 것이다. 예수님이 제공하시는 빵은 일반 음식과는 다르다. 교회에서 배가 고픈 사람들을 위해서 내놓는 구제용 음식이 아니다. 또한 성만찬에서 나누는 이 빵은 한 번 먹는 것으로 끝나는 것이 아니다. 주님의 죽으심은 기독교 교회가 영원히 기억해야 할 가장 중요한 본질적인 믿음의 내용이기도 하다. 빵을 나누는 시간들을 통해서, 앞으로도 지속적으로 계속해서 사람들에게 믿음을 가져다가 줄 수 있도록 빵이라는 사용이 가능한 도구를 활용하신 것이다. 이 빵은 자기 백성들을 대신해서 죽으신 그리스도의 희생을 정확하게 전달하는데 사용되어질 것이다. 빵은 그리스도의 죽으신 몸에 대해서 이미지화할 수 있도록 아주 적합한 수단이다.

빵에 관련해서는 오해하지 말아야 한다. 그 빵 자체가 예수 그리스도의 실재적인 몸이 존재론적으로나 물체적으로 연관성이 있는 것은 아니다. 중요한 것은 예수 그리스도의 몸이다. 그분이 자신의 몸으로 죽음에 이르기까지 희생하시고, 죗값을 치르신 것이다. 빵은 비통하고 잔인한 저주로 가득 찬 하나님의 아들의 죽음을 의미한다. 사랑의 예수님께서 나무에 매달려서 죽임을 당하심으로서 우리에게는 용서가 주어졌다. 예수님에게 있어서 죽음의 십자가는 우리들에게 생명의 나무가 되었다. 그렇기 때문에, 예수님께서는 제자들에게 "이것은 너희를 위하는 내 몸이다"고 말씀하신 것이다.

고린도전서 11장 25절에 이어지는 가르침은 "이 잔은 내 피로 세우는 새 언약이다"이다.

이 잔은 포도주를 담는 그릇이다. 외적인 형태로 비교해 보면, 적포도주의 색깔은 거의 피와 비슷하다. 예수 그리스도가 사람들의 손에 넘겨져서 죽임을 당하고 흘린 피를 형상화하기에 가장 적절한 외적 형태가 포도주이다. 여기서 기억해야 할 핵심은 "새 언약"이다. 새 언약은 포도주로 상징화되는 예수 그리스도의 희생적 사랑으로 세워지는데, 그 사랑의 힘은 파괴의 권세를 능가한다. 예수 그리스도의 새 언약은 강력하게 지속되어진다.마 26:28.

우리가 빵과 포도주를 앞에 놓고 성만찬 예식을 진행하면서 반드시 읽어야만 하는 고린도전서 11장 25절과 26절은 그리스도의 임재를 근본적으로 포함하는 설명과 용어들이 채택되었음에 유의해야 한다. 우리가 주님의 몸과 피를 언급할 때에는 빵이나 잔을 가지고, 저 멀리 떠나계신 분을 끌어다가 내용적으로만 설명하려고 해서는 안 된다. 주님 자신이 이 두 가지 '형태들'을 제정하신 것은 그것들을 통해서 우리들에게 다가와서 임재하심을 드러내 보여주려는 것이다. 우리가 교회에서 거행하는 성만찬이 주님께서 직접 주관하시고 임재하시는 것이 아니라고 해석한 츠징글리의 "기념설" 혹은 "상징설"에 만족할 수 없는 것이다. 빵과 포도주는 단순히 상징하는 것만이 아니라, 그리스도의 몸과 피를 표현하는 이미지와 형체들 가운데서 참된 그분의 실재가 임재하고 있기 때문이다. 그렇기 때문에, 우리는 성만찬을 통해서 새 언약에 참여하면서 그리스도께서 우리에게 찾아오신다는 것에 대한 확신, 보장, 확증 등으로 풀이해야만 한다.[179] 이들 상징적인 물체들 속에 추가적인 권능이나 내적인 요소들을 가지고 설명하려는 것이 아니다. 주 예수 그리스도는 주인되시는 분으로서 모든 만물들을 지배하는 가운데 그 권능을 드러내시고, 우리들로 하여금 이것을 인식하고 감사하도록

179　Conelis Trump, "The Sacrament of the Lord's Supper," 165. 성만찬은 주 예수 그리스도의 임재(presence), 보장(pledge), 확증(guarantee), 친교(fellowship) 등 여러 가지 의미들이 함께 한다.

만드신다. 주님께서는 친히 이런 상징물들을 제정하시고, 그것을 관리하신다. 우리는 그저 공허하게 빵과 잔을 나누는 것이 아니라, 거듭해서 반복적으로 성만찬을 거행할 때마다 친히 임재하시고 주관하시는 주님의 손으로부터 확신, 보장, 확증 등을 공급받는 것이다.

우리는 합당한 방식으로 떡이나 잔을 받아야 한다고전 11:27. 성경 본문의 용어들에 대해서 다소 해석이 어려운 까닭에 너무나 혼란스러운 해설들이 확산되었다. 그러나 그 의미는 사실 매우 단순하다. 이 말씀들이 선포된 문맥들 속에서 살펴본다면, 추상적인 것도 아니요 마술적인 것도 전혀 없기 때문이다. "빵"과 "포도주"로 표현 되어진 그리스도의 "몸"과 "피"라는 단어들은 높은 학문을 터득한 사람들만이 알 수 있는 철학적인 개념들도 아니다. 사도 바울은 그리스도의 믿음과 사랑이 독특한 것처럼, 십자가의 희생에 대해서 단순하고 직접적인 용어를 사용했다. 예수님이 직접 채택하신 "빵"과 "잔"이라는 단어는 교회 안에 있는 성도들에게 혼란을 주려고 선포된 것이 아니다. 이들 두 단어들에는 구세주 예수님에게 향하는 성도들의 감사, 존경, 기대, 풍성한 깨달음 등이 포함되어 있다.

어떻게 교회가 그 주인을 알 수 있는가? 주님은 자신의 명령에 따라서 모인 성도들에게 하늘로부터 오시는 분이신데 어떻게 기대할 것인가?

잡히시기 전날 밤에, 주 예수 그리스도의 특별하고도 지극하신 최고의 은혜를 받았다. 주님에게서 빵과 잔을 받은 제자들은 특별한 사랑을 입은 사람들이었다. 예수님께서 친히 자신의 몸과 피로서 표현되는 빵과 잔을 나눠주셨는데, 교회에서 이러한 성만찬을 시행함에 있어서 아무런 준비도 없이 먹고 마시는 행사를 거행할 수는 없는 것이다.

그냥 모여서 빵이나 잔을 나누는 것은 배를 불리려는 목적에서가 아닙니다. 배고픔을 해소하는 일은 각자의 가정에서 해결하여야 한다. 먹고 마시는데 시간과 정력을 허비하는 것은 무분별한 자들의 경솔함과 무지를 드러내는 것이다. 성만찬에 참여하는 자들은 먼저 자신들의 영적인 상태를 돌아보고 살펴보아야 한다. 그러한 겸비함에 대해서 아무런 생각 없다면, 그들은 성만찬의 빵과 다른 빵을 구별하지 못하는 것이다_고전 11:28_.

예수님께서는 최고의 사랑을 제자들에게 보여주셨다. 그 날에, 자신의 전부를 다 우리를 위해서 주신다는 것을 알게 하셨다. 성만찬에서 우리가 인식해야만 하는 것은 바로 이러한 주님께서 자원하셔서 자신의 몸을 우리를 위해서 주셨다는 사실이다. 이러한 최고의 사랑을 받았음을 이해하고, 참되게 인식했다고 한다면, 우리는 예수 그리스도의 명령에 단 한 가지 방식으로 보답해야만 한다. 먼저 사랑을 충만하고 흡족하게 받았으므로, 그 사랑에 대해서 반응하는 것이다. 그냥 배고픈 사람처럼, 성만찬을 먹고 마시는 자들은 "자기의 죄를 먹고 마시는 것이다"_고전 11:29_.

6) 성찬에 임하는 방식에 대한 쟁점들

중세 말기에서 종교개혁으로 전환하는 시기에, 거의 모든 교회에서 가장 중심으로 삼았던 예배의 순서이자, 목회적인 활동은 성례식이었다. 특히 성만찬 예식은 그 어느 것보다 예배의 중심에 있었다. 세례는 단회적으로 그치는 반면에, 성만찬은 지속적으로 반복되었다. 종교개혁자들은 믿음으로 값없이 얻는 칭의를 통한 구원 교리를 재정립하면서, 동시에 교회론을 성경적으로 회복하는데 심혈을 기울였다. 그 과정에서 중요한 종교개혁자들 사이에 성만찬에 대한 신학적 토론이 활발했다.[180]

i) 초대 교회의 성만찬 신학

초대 교회는 세례를 통해서 교회의 회원자격을 주었고, 성찬을 감사의 예식으로서 예배의 중심에 두었다.

사도의 전통을 물려받은 초창기 교회의 지도자들인 교부들은 세례를 주님의 인치심이라고 불렀다. 라틴어로 "새크라멘툼"sacramentum으로 번역하였는데 고대 라틴어에서 이 단어가 주로 군인의 충성서약 sacramentum militare을 의미했다. 이 서약을 하는 군인들에게는 일종의 문신으로 구체적인 표식을 하도록했다. 이러한 배경에서, 터툴리안은 세례를 "그리스도의 군사"militia Chrisi가 되는 출발점이라고 말했다.

초대 교회의 성만찬 신학은 삼위일체 하나님에 관한 교리와 연결되어 있었다. 삼위일체 하나님의 본성은 불변하며, 성육신하신 예수 그리스도는 열등한 상태의 신성이라는 아리우스주의자들에 대한 논쟁이 치열했다. 성만찬의 교리는 예수 그리스도가 누구인가에 대한 토론과 연결되어졌다. 예수 그리스도의 인성과는 상관이 없다는 네스토리우스의 기독론에 맞서서 알렉산드리아의 키릴이 "속성들의 교류"communicatio idiomatum를 주장했다.[181] 그리스도의 한 위격 안에서 신적인 속성과 인간적인 속성이 공유된다는 것이다. 이 관점이 종교개혁자

---

180 Justin S. Holcomb and David A. Johnson, *Christian Theologies of the Sacraments: A Comparative Introduction* (N.Y.: NYU Press, 2017).
181 J. N. D. Kelly, *Early Christian Doctrines*, 143.

루터에게는 그대로 적용이 되었던 반면에, 칼빈은 성만찬 교리에서는 사용할 수 없다고 보았다.[182] 칼빈은 신성과 인성 사이의 교류는 오직 예수 그리스도의 인격 안에서만 적용되어야 한다고 보았다. 성만찬에 관련해서는 주님의 인성은 부활 승천하여 하늘나라에 머물러 있으시고, 그의 신성은 어느 곳에나 임재하시고 제약을 받지 않는다. 이처럼 16세기에 성만찬에 대한 논쟁이 뜨거웠던 것은 성례에 대한 올바른 관점을 가져야만 하나님과 구원에 대해서도 바르게 이해할 수 있다고 보는 확신 때문이었다.

성만찬의 신학은 기본적으로 기독론에 연결되어 있다. 구세주 안에서 신성과 인성이 어떻게 조화를 이루는가에 대한 논쟁은 초대 교회에서 두 학파를 따라서 각각 달리 형성되었다.[183] 알렉산드리아 학파는 인간의 영혼이 낯설게 육신에 거주한다는 플라톤의 이원론 철학에서 깊은 영향을 받았다. 그리스도의 신성을 더 강조하면서, 성육신을 신비적이고, 풍유적으로 해석하였다. 그리스도 안에는 인간 영혼의 실재가 들어 있지 않고, 말씀이 인간 육체와 결합해 있다고 보았다. 반면에 안디옥 학파에서는 말씀-인간 기독론을 발전시켰는데, 두 본성의 구별을 엄격하게 주장했다. 인간으로서 예수를 강조하였고, 도덕적 신학이 풍성해졌다. 그러나 알렉산드리아에서는 두 본성들 사이의 교류를 통한 그리스도의 통일성을 주장했다.[184] 이처럼 복잡한 기독론적인 개념들이 성례와 연결되었고, 교회에서 강조하는 믿음의 체계와 예식들이

---

182 Ronald Carson, "The Motifs of Kenosis and Imitatio in the Work of Dietrich Bonhoeffer, with an Excursus on the Communicatio Idiomatum", *Journal of the American Academy of Religion*, Oxford University Press, 43 (3): 542–553.

183 Alister E. McGrath, *Christian Theology* (Oxford: Blackwell, 1994), 287-293, 345.

184 Stephen Need, "Language, Metaphor, and Chalcedon: A Case of Theological Double Vision", *The Harvard Theological Review*, 88 (2) (1995): 237–255.

발전되었다.

밀라노의 암브로스Ambrose, 340-397는 삼위일체론의 정립과 성례론의 발전에 지대한 영향을 끼쳤다. 암브로스는 성만찬에서 빵과 포도주를 놓고서 성직자가 축복의 선언consecration을 하게 되면, 그리스도의 살과 피로 변형된다고 주장했다.[185] 예수 그리스도가 하늘에서 내려와서 성찬 가운데 실재로 임재하게 되기에, 빵과 포도주가 변형된다는 해석은 훗날 토마스 아퀴나스가 화체설을 발전시키는 기반을 제공한 것이다.

대부분의 종교개혁자들은 어거스틴의 저술에서 중세 말기 펠라기우스 사상을 분별하는 안목을 얻었다. 어거스틴은 죄가 인간의 의지를 노예 상태로 지배하고 있다고 강조하면서, 은총의 신학을 강조했다. 어거스틴의 죄와 은총의 개념은 거의 모든 종교개혁자들의 기초가 되었다. 믿는 자들의 의로움으로서 예수 그리스도와 믿음에 관련한 구절들이 대부분 어거스틴에게서 나왔다, 하나님이 주도하시는 가운데 성령의 역사로 믿음이 작동되어 중생케 되며, 그리스도의 의로움을 전가 받아서 의롭다함을 얻는다는 것이다. 어거스틴은 칭의란 믿는 성도 안에서 성령에 의해서 내적 갱신의 과정이라고 보았다.[186] 다만 아쉬운 것은 어거스틴은 칭의와 중생을 구별하지 못했다. 종교개혁자들이 로마 가톨릭의 화체설에 대해 반대하는 기본적인 이해는 어거스틴에게서 나온 것이다.

어거스틴은 성례 신학에 있어서 두 가지 중요한 원리를 제공했다. 첫

185　Ambrose, *St. Ambrose. "on The Mysteries": And The Treatise, On The Sacraments, By An Unknown Author*. ed. James Herbert Strawley, tr. Tom Thompson (Society for promoting Christian Knowledge, 1919; Nabu Press, 2012).
186　Carl Truman, "*Simul peccator et justus:* Martin Luther and Justification," in *Justification in Prespective*, ed. Bruce L. McCormack (Grand Rapids: Baker, 2006), 75-92.

째는 성례를 "보이지 않는 은혜에 대한 가시적 표징"an outward and visible sign of an inward and invisible grace으로 정의했다. 주후 400년에 어거스틴이 마니교도 파우스투스에 대한 논박에서 나온 설명이다.[187] 기독교의 모든 의식들은 하나님의 약속하신 말씀에 대한 것들을 눈으로 보여주는 형태들이라고 설명하였다. 성례는 눈에 보이는 말씀이라고 규정했다. 둘째로, 성례의 효력은 그것을 시행하는 사람에게 달려있지 않다는 것이다. 도나투스주의자들이 배도한 성직자의 세례를 인정할 수 없다고 할 때에, 어거스틴이 앞장서서 하나님의 은혜란 성직자의 주관적인 태도나 거룩함으로부터 독립적이라고 강조했다. 성례는 기본적으로 하나님께서 친히 주시는 선물이지, 인간의 종교적 행위가 아니라는 것이다.

어거스틴이 성례를 "보이는 말씀"이라고 정의했다. 이 개념을 세례에 적용해서, 어거스틴은 말씀을 없애버린다면, 세례에서 사용한 물은 그냥 물일 뿐이라고 하는 것이다. 성찬을 제정한 예수님의 말씀이 있었기에, 성찬에서 사용된 빵과 포도주가 주님의 몸과 피를 보여주는 것이다. 신플라톤주의에 영향을 받았던 어거스틴은 빵과 포도주를 그리스도의 몸에 대한 "표시" 혹은 "형상"으로 간주하였다. 이처럼 성례를 상징으로 보는 어거스틴의 견해는 로마 가톨릭 교회의 성례론이 발전하는 전기를 마련해 주었다.

성찬에 대해서 초대 교회 신학자들이 토론한 내용들을 종합적으로 살펴보면, 두 가지 견해가 팽팽하게 맞서고 이었다. 구원을 주신 성부 하나님께 감사하면서 예수 그리스도와 연합하는 것으로 보는 입장과 성직자가 축복의 선언을 한 후에 그리스도가 하늘에서 내려와서 성찬

---

187 Augustine, C. Faust. 22.21; Teste, *Answer to Faustus* (WSA 1/20), 310.

가운데 실제로 임재하신다고 보는 입장이 혼란스럽게 뒤섞여 있었다. 밀라노의 암브로스는 임재와 변형을 주장하는 변형주의metabolism 입장이었고, 어거스틴은 상징주의symbolism를 대표했다.[188]

ii) 중세 시대의 성찬론 논쟁

중세 시대에 성만찬에 대한 교리들도 역시 암브로스의 변형적 임재론과 어거스틴의 상징주의가 널리 영향을 끼치고 있었고, 때로는 두 입장에 근거하여 새로운 대립들이 일어났다. 중세 시대에 성찬론에 대해서 최초 교리적 저술을 내놓은 베네딕트회 소속 수도사들 사이에서도 앞에 나오는 두 가지 입장으로 나뉘어졌다.[189]

프랑스 북부 아미엥 근처에 있는 코리비 수도원의 파스카시우스 라드베르투스Paschasius Radbertus of Corbie, 785-865가 쓴 『주님의 몸과 피』De corpore et sanuine Domini, 831에는 성직자가 축성을 한 후에 빵과 포도주는 실재 주님의 몸과 피와 동일하다고 주장했다. 밀라노의 암브로스의 입장과 크게 다르지 않았다. 반면에, 같은 코르비의 또 다른 수도사 라트람누스Ratramnus, 800-868도 당시 카롤링거 왕조의 찰스 황제의 요청으로 동료 수도사 라드베르투스의 책과 동일한 제목으로 『주님의 몸과 피』를 저술했다. 라트람누스는 성만찬에 제시되는 빵과 포도주는 예수 그리스도를 기념하기 위해서 표상적인 것이요, 실제 주님의 몸과 피는 아

---

188 Willemien Otten, "Between Augustinian sign and Carolingian reality: the presence of Ambrose and Augustine in the Eucharistic debate between Paschasius Radbertus and Ratramnus of Corbie," *Nederlands archief voor kerkgeschiedenis* 80, no. 2 (2000): 137-156. C. Chazelle, "Exegesis in the Ninth-Century Eucharistic Controversy," in *The Study of the Bible in the Carolingian Era*, ed. C. Chazelle and B. van Name Edwards (Turnhout: Brepols, 2003), 167-87. idem. "The Eucharist in Early Medieval Europe," in *A Companion to the Eucharist in the Middle Ages*, ed. Ian Levy, Gary Macy, and Kristen Van Ausdall (Leiden: Brill, 2011), 205-49.

189 Patricia McCormick Zirkel, "The Ninth-Century Eucharistic Controversy: A Context for the Beginnings of Eucharistic Doctrine in the West," *Worship* 68, no. 1 (1994): 2-23.

니라고 풀이했다.[190] 어거스틴의 상징설을 계승하고 있는데, 라트람누스는 예정론을 비롯해서 다른 어거스틴의 신학 사상들을 철저히 계승하고 있었다.

그 후에 또 다시 성만찬의 교리를 놓고서 변형주의와 상징주의가 격돌했다.

라트람누스의 라틴어 논문은 투르의 수도사 베렝가Berengar of Tours, 1088 사망에게 깊은 영향을 주었고, 중세 시대에 논쟁의 대상이 되었다. 훗날 츠빙글리와 칼빈의 성만찬 해석을 따르는 스위스와 잉글랜드 종교개혁가들이 "베르트람"Bertram이라는 제목으로 다시 출간하였는데, 특히 가장 핵심적인 내용은 칼빈의 그리스도와의 연합 교리와 매우 유사하다.[191] 베렝가의 성만찬 교리는 훗날 종교개혁자들에게 중세 로마 가톨릭주의를 뛰어 넘어서는 안목을 제공하였다. 그는 성찬에서 그리스도를 받는 것은 오직 영적으로 받는 것이며, 그리스도의 고난과 부활의 신비를 충실하게 기억하는 것이라고 주장했다. 훗날 세례 형식주의라는 입장에서, 기념설을 주장한 칼쉬타트와 츠빙글리가 발전시킨 상징설 혹은 기념설과도 아주 유사한 견해이다. 베렝가의 성만찬 신학은 이탈리아 로마에서 격렬한 반대에 부딪혔다. 베렝가의 해석은 그리스도인들이 자신들의 의지를 사용하여 그리스도의 수난을 기념하는 예식을 통해서 그리스도와 교통하는 것이라고 하는데 강조점이 있다.

---

190 Ratramnus, *De corpore et sanguine Domini*: texte original et notice bibliographique, ed. J. N. Bakhuizen Van Den Brink, 2nd ed. (Amsterdam and London: North-Holland, 1974). Timothy Roland Roberts, "A translation and critical edition of Ratramnus of Corbie's De Predestinatione dei." (PhD diss. University of Missouri, Columbia, 1977). W. V. Tanghe, "Ratramnus of Corbie's Use of the Fathers in his Treatise De corpore et sanguine Domini." *Studia Patristica* 17, no. 1 (1982): 176-80.

191 Philip Schaff, *History of the Christian Church*, Vol. IV: *Mediaeval Christianity. A.D. 590-1073*.

결국 성찬에 실재로 그리스도의 물리적인 임재는 없다는 해석이다.

강력한 로마주의 신학자들과 성직자들은 자신들이 주도하는 구원의 교리에 손상을 입혀서는 안되는 입장을 강조하였다. 베렝가의 견해를 논박하면서, 그리스도의 실재적 임재가 성찬 가운데 전달되기 때문에, 신자가 그리스도와 연합한다고 선언하였다. 파스카시우스가 풀이한 대로, "우리가 그분을 먹음으로써 그리스도의 부분이 되어진다"는 입장과 유사하다. 여기에 사용된 이미지가 암브로스의 성만찬 교리에 표현된 것과 유사한데, 이를 "변형론적"metabolic이라고 명명되었다. 베렝가에 대해서는 그리스도께서 자신의 의지를 통하여 성부와 연합하신다는 견해를 따르는 아리우스파의 성찬론이라서 이단적이라고 비난하였다. 베렝가는 자신의 견해를 정죄하는 자들에게 자신의 견해가 암브로스, 제롬, 어거스틴의 성찬 신학을 계승한 것이라고 항변하였다. 그러나 베셀리 공의회 the council of Vercelli에서 베렝가를 이단으로 정죄되었고, 출교당했다. 프랑스 국왕 헨리 1세는 그를 감옥에 구금시켰는데, 1051년 10월 파리에서 이 문제를 검토하는 회의가 소집되었다. 베랑가는 그 이전에 자신의 제자들과 성도들의 도움으로 은신처를 제공 받았다.

당시 로마 가톨릭 교회 내에서 막강한 권세를 자랑하던 추기경 힐데브란드는 1054년에 로마에서 공의회를 열고, 성만찬에 그리스도의 몸과 피가 성직자의 축성 후에 빵과 포도주 속에 실재한다는 입장을 공표하였다. 프랑스 주교들은 베렝가의 자필 서명이 들어 있는 내용을 보고하여, 공의회를 만족시켰다. 1059년, 베렝가는 로마에 소집된 공의회에 출석하여 보다 더 확정적인 성만찬 교리에 대해서 동의한다는 입장을 표명해야만 했는데, 사실 그는 침묵으로 일관하였다.[192] 1059년 로마 공의회에서는 "제단 위에 놓여진 빵과 포도주는 축성된 후에는 하나의 성례일 뿐만 아니라, 우리 주 예수 그리스도의 참된 몸과 피다"고 선언했다.[193] 이처럼 계속적으로 암브로스의 "변형적 방식"을 강조하는 문서가 발표되었다.

베렝가는 자신의 신앙에 대해서 비난하는 자들과 교황에 맞서서 거역한 죄로 참담한 패배와 양심의 가책을 안고 프랑스로 돌아왔다. 그의 친구들은 점차 줄어들기 시작했다. 돕는 이들도 떠났고, 그들의 후임자들은 반감을 표했다. 전에 자신의 학생이던 유세비우스 브루노마저도 멀어졌다. 알렉산더 2세는 더 이상 경계를 넘어가지 말라고 하는 서신을 보내왔다. 그러나 베렝가는 여전히 마음 속으로는 이전부터 가지고 있던 확신을 그대로 지키고 있었다. 1069년에 그는 작은 논문을 출판했는데, 그 안에서 교황 니콜라스 2세와 로마에 있는 적대자들에 맞서서 분노를 토해냈다. 이에 맞서는 여러 사람들의 글이 쏟아져 나왔다. 랑그레의 휴고 주교Bishop Hugo of Langres가 "그리스도의 몸과 피"라는 논문에서 베렝가를 비난했다. 심지어 이름이 같은 베노사의 주교 베렝가는 로마에서 그를 향해서 비난하는 글을 발표했다.

프랑스 내에서는 베렝가를 향한 대적자들이 더욱 더 많아졌고, 1076년에는 "푸아티에 공의회"the Synod of Poitiers가 소집되어 공개적으로

---

192   Charles Radding and Francis Newton, *Theology, Rhetoric, and Politics in the Eucharistic Controversy, 1078-1079* (N.Y.: Columbia University Press, 2003), 6.
193   1059년 고백서에 나오는 관련된 구문을 참고할 것. Paul Bradshaw and Maxwell Johnson, *The Eucharistic Liturgies: Their Evolution and Interpretation* (Collegeville: Liturgical Press, 2012), 224; "...the bread and wine which are placed on the altar are after consecration not only a sacrament but also the true body and blood of our Lord Jesus Christ, and with the senses not only sacramentally but in truth are taken and broken by the hands of the priests and crushed by the teeth of the faithful."

비난했다. 1078년에 그레고리 7세라는 이름으로 교황이 된 힐데브란드가 베렝가를 구해주려고 다시 그를 로마로 소환했다. 결국, 자신의 오류를 인정한다는 문서에 서명을 하고 고향으로 돌아갔다. 다시 프랑스로 돌아간 베렝가는 로마에 가서 자신의 오해라고 인정했던 것을 철회하는 책자를 출간했다. 그로 인해서 1080년에 '보르도 공의회'에서 심문을 받았고, 발표한 것들을 취소한다고 서명했다. 그 후로는 뚜르 근처의 섬에 거주하면서 죽을 때까지 성만찬에 대해서 침묵했다.

12세기 교회에서는 그야말로 수많은 성례들이 성행하였다. 교황 그레고리 시대의 개혁자 다미안Peter Damian, 1072년 사망은 열두 가지 성례들을 언급했는데, 성찬과 고해성사는 아예 목록에도 없었다. 다미안의 교회에서는 성경에 나오는 것만이 아니라, 교회가 중요하게 거행하는 행사들도 모두 다 성례에 해당했다: 세례, 견진, 병자에게 기름 부음, 주교의 세움, 왕에게 기름 부음, 교회의 성별, 고백, 결혼, 교회법학자의 성별, 수도사의 성별, 운둔자의 성별, 수녀의 성별 등이다. 로마 교황권이 강화되는 시대로 접어들었는데, 성 빅토르 휴Hugh of St. Victor, 1142년 사망는 30가지 성례를 거행했었다. 그나마도 피터 롬바르드Peter Lombard, 1160 사망가 일곱 가지 성례를 규정했고, 그 후로 토마스 아퀴나스가 이를 더 정교하게 풀이했다.

중세 시대의 거치면서, 세례와 고해성사와 성만찬이 가장 중요한 신앙생활의 행사가 되었다. 성만찬 신학은 객관적 효력에 대해서 강조하는 표어로 압축할 수 있다. 앞서 어거스틴의 설명에 인용한 바와 같이, "성례 의식 자체로 효력이 있는 것이지, 그 효력이 시행자의 성품에 달려있지 않다"ex opere operato는 것이 객관적 공식이었다. 로마 가톨릭의 예배는 미사라고 부르는데, 고정된 형식으로 라틴어 문구를 따라가는 예식이었다. 라틴어로 진행되어 대부분 평신도들은 이해할 수 없었다. 더 심각한 것은 미사에서 성만찬을 거행하면서 "화체설"을 강조했다. 빵과 포도주가 성별될 때에, 외양은 그대로 있지만 실제로는 각각 예수 그리스도의 살과 피의 본질로 변화되는 기적이 일어난다고 가르쳤다. 중세 시대에 정립된 가톨릭의 성찬론은 "본질이 변화한다"는 의미에서 "화체설"transubstantiation이라고 부르는데, 4차 라테란 공의회 Fourth Lateran Council, 1215에서 채택되었다. 또한 이 공의회에서 성지에 십자군을 파송키로 결정했다.

한걸음 더 나아가서, 미사 중에 아예 성체를 높이 들어 올리면서, 거룩한 것을 시각적으로 제시하는 순서가 있었다. 그리스도의 몸으로 변화된 빵을 보여주는 것이다. 성찬이 아니라, 성체 숭상을 하는 순서에서 절정에 이르렀는데 구원의 확신에 대한 소망을 갖게 하려는 것이었다. 1264년에는 우르반 4세가 "성체축일"Feast of Corpus Christi을 발표하여 성만찬 전날에 성체 행렬을 진행하도록 했다. 이 때부터 완전히 로마가톨릭 교회를 중심으로 하는 대중적인 연대감을 재확인시켜주는 행사가 되었고, 중세 후기에 성직자 중심제도와 특권화를 정당화는 의식화 작업이 진행되었다. 사람들은 성체를 사모했고, 자신들의 소원을 성체 앞에서 간구했는데 성만찬에 참여하는 횟수가 줄어들어서 그저 보는 것만으로 만족해야 했다. 중세 시대의 일반 대중은 라틴어로 진행되는 미사의 내용에 대해서는 전혀 몰랐기 때문에, 눈 앞에서 성체가 높이 들지는 것을 보는 것으로 만족해야만 했다. 사제가 임직 성사의 효력에 힘입어 하나님께 바치는 수난을 재현했는데, 사제의 봉헌 예식은 대중들의 관심사항이었다. 성체가 지나가는 종소리가 나면, 사람들이 몰려들었다. 때로는 높이 들려져서 운반되는 성체를 목격하기 위해서

이 교회에서 저 교회로 뛰어다녔다. 성체를 눈으로 보기만 해도 성찬을 받은 것과 같은 것이라고 가르쳤기에, 죄의 고백도 필요하지 않는 "눈으로 보는 성례"가 유행하였다. 그냥 눈으로만 보는 것은 성찬을 합당하지 않게 먹는 위험에서도 벗어날 수 있었다. 높이 들어 올려진 성체를 보기 위해서 근처 교회들을 이곳 저곳 뛰어다니는 사람들이 많았다.

1415년 6월, 콘스탄스 공의회에서 성만찬에 대한 교리를 재확인하는 결정이 내려졌다. 콘스탄스 공의회는 여러 가지 의미에서 잊을 수 없는 결정들을 발표했었다. 첫째는 당시 교회 정치가 타락한 나머지 서로 대립적으로 세워진 세 명의 교황들로 나뉘어져 있었는데, 그런 분립된 상황을 수습하였다. 또한 종교개혁자들을 처벌했다. 체코의 성직자, 요한 후쓰와 영국 옥스퍼드 대학 교수 위클리프, 보헤미언 프라하의 제롬을 이단으로 정죄하였다. 또한 이 공의회는 성만찬 교리의 수정안을 발표했다. 빵 안에 그리스도의 온전하신 몸과 피가 함께 거한다는 "공존 교리"concomitance를 선언했고, 피를 쏟거나 수염에 묻히게 하는 것에 대한 두려움에서 벗어나도록 평신도들에게는 빵만 받도록 허락한다고 선언했다.[194] 더구나 빵의 부스러기가 떨어지지 않도록 하기위해서, 누룩 없는 빵을 사용토록 했다. 빵이 그리스도의 몸이요, 몸에는 피가 포함되기 때문에, 성직자에 의해서 축성된 빵은 그리스도의 몸과 피가 모두 다 들어 있다고 선언했다.

훗날 칼빈은 이러한 모순을 혁파하기 위해서, 그가 제네바에서 설교자로 부름을 받은 후 첫 번째 부활절을 맞이하여 성만찬을 거행하게

---

194 H. Patapios, "Sub utraque specie: the arguments of John Hus and Jacoubek Stríbro in defence of giving communion to the laity under both kinds," *The Journal of Theological Studies*, 53-(2), (2002), 503-522.

되는 시기에, 그냥 일상적인 빵을 사용한다고 발표했다. 그러나 제네바는 너무나 오랫동안 로마 가톨릭의 교리와 관습에 젖어온 시의원들이 압도적으로 많았는데, 그들은 이런 조치에 크게 반발했다. 결국 보통 빵을 사용하겠다고 주장하는 칼빈과 기욤, 꾸롤 등 모든 종교개혁자들이 쫓겨나게 되었다. 물론 그로부터 3년 후에, 다시 초청을 받아 돌아온 칼빈이 이러한 로마 가톨릭의 억지주장을 완전히 폐지시켰다.[195]

종교개혁자들은 로마 교회의 미사를 완전히 거부하고, 성체 숭배에 대해서도 미신적이요 우상 숭배적이라고 가차없이 분노했다.[196] 왜냐하면 미사가 거행될 때에 그 일을 주관하는 사제들이 어떤 선한 행위를 수행하고 있다고 주장하였기 때문에, 종교개혁자들은 성만찬 예식을 복음이 가르치는대로 바르게 정립하는데 주력하였다.

iii) 아퀴나스의 화체설

토마스 아퀴나스1225-1274는 이미 로마 가톨릭 교회에서 전통으로 내려오던 성만찬 교리를 더욱 확고하게 정립하였다. 앞에서 설명한 바와 같이, 암브로스 이후로 변형적 방식, 공존 교리의 형식 등이 널리 발전해 오다가, "제4차 라테란 공의회"에서 화체설과 여러 시행 방안들을 확고히 결정했었다. 이러한 전통을 물려받은 아퀴나스는 "그리스도가 성만찬에 임재하는 방식"에 대한 철학적 설명을 여덟 개의 논문으로 제시했다. 그는 성례가 은혜를 포함한다고 가르쳤다. 아리스토텔레스의

---

195   김재성, 『나의 심장을 드리나이다: 칼빈의 생애와 신학』 (킹덤북스, 개정판, 2012), 329-334.
196   Bodo Nischan, *Lutherans and Calvinists in the Age of Confessionalism* (Aldershot: Ashgate, 1999), 5. Christopher Elwood, *The Body Broken: The Calvinist Doctrine of the Eucharist and the Symbolization of Power in Sixteenth-Century France* (N.Y.: Oxford University Press, 1999), 14.

인과율과 거기에서 사용된 "질료"matter과 "형상"form 개념들을 성례의 논의에 적용했다. 그는 성례가 그 자체로서 독립적인 효력을 가진다는 것opus operantum과 성례가 효력을 발휘하는 것은 받는 사람의 올바른 마음 상태가 필요하다opus operantis는 두 가지 개념을 도입했다.

그리스도의 승천을 인식했음에도 불구하고, 아퀴나스가 자연적이며 지역적인 개념으로 그리스도의 임재를 파악했다는 점과 무엇보다도 아리스토텔레스의 철학적인 개념들을 채용해서 설명했다는 점이 참으로 이상하다. 우리는 아퀴나스가 아리스토텔레스의 정교한 철학 논리에 매료되어 있었기에 빚어진 결정적인 오류를 쉽게 발견할 수 있다. 아퀴나스는 빵의 본질이 변화된다는 "화체설"을 더욱 정교하게 강화시켰다.

> 빵의 전체 본질이 그리스도의 몸의 총체로 변화된다. 포도주의 전체 본질이 그리스도의 피의 총체적 본질로 변화된다. 이것은 형식적인 것이 아니라, 본질적인 변환이다. 이것은 자연적인 움직임과는 다른 종류다. 그 자체 속에 이름이 뜻하고 있는 바, 본체의 전환(transubstantiation)이라고 부른다.[197]

"본질"과 "유사성" 사이를 구별하는 아리스토텔레스의 철학에 근거를 두고 토마스 아퀴나스가 성만찬의 신학을 정립한 것이다. 어떤 사물의 본질은 그것의 본래적인 성질을 갖고 있는 반면에, "유사성"은 본질적인 것 비슷한 맛, 색깔, 모양, 냄새 등이다. 화체설의 핵심은 바로 여기에서 나오는데, 외적인 유사성은 변하지 않지만, 봉헌하는 순간에 빵과

---

197 Thomas Aquinas, *Summa theologia*, Q.75,Art.5, Part III. tr. Fathers of the English Dominican Province (Westminster, MD: Christian Classics, 1948), 2444.

포도주의 본질은 예수 그리스도의 살과 피의 본질로 변화한다는 것이다.

토마스 아퀴나스는 중세 시대에 로마 가톨릭 교회의 성례주의를 가장 중요한 미사의 핵심 내용으로 정착시키는데 핵심적인 역할을 했다. 성만찬 해석의 오류와 함께 또 다른 그의 결정적인 실수는 성례가 사람을 거룩하게 만든다고 가르쳤던 부분이다.[198] 그는 성만찬이 사람 속에다가 완전한 거룩성을 주입하는데 있어서 상징적으로 사용되는 것이라고 주장했다. 성례들은 받는 자들 속에 주입된 은혜들을 근거로 하여 구원이 성취되는 것이라고 주장했다. 로마 가톨릭의 신인협력설이 고스란히 드러난다. 유아들도 어른과 동등하게 세례의 효과를 받는데, "자신들의 믿음으로 세례를 받는 어른들이라도, 다 똑같이 세례에 참여하는 것은 아니다. 어떤 사람은 더 큰 믿음으로, 어떤 이는 더 작은 믿음으로 헌신한다. 따라서 새로움의 은혜를 어떤 이는 더 크게 받고, 어떤 이는 적게 받는다"고 하였다.[199] 불에 더 가까이 있는 사람은 더 뜨거운 열기를 느끼는 것과 같다. 로마 가톨릭에서 은혜는 하나님의 권능potentia이고 그 속에 담긴 본질substantia인데, 그것이 충분히 효력을 발휘하는 것을 받기 위해서 사람이 반드시 협력해야만 한다고 주장했다. 이미 앞에서 은혜의 방편 세 가지를 설명하였듯이, 종교개혁자들은 이러한 은혜의 개념에 대해서 근본적으로 거부했다. 이처럼, 아퀴나스의 은혜 주입이라는 해설은 하나님의 은혜로운 행동에 대한 설명으로는 전혀 부적절한 개념이고, 불합리한 용어이다. 또한 아리스토텔레스의

---

198 Thomas Aquinas, *Summa theologia*, Q.60, Art.2, 4:2340.
199 Ibid., Q.69,Art. 9.Pt. III, Ninth Art., 2409.

인과율이라는 형이상학에 완전히 사로잡힌 왜곡된 해석이다.[200]

iv) 루터의 공재설

로마 가톨릭의 성직자로 훈련과정을 거친 후에, 신부이자 교수로 활동하던 중에 파문을 당한 루터는 아퀴나스의 화체설을 거부했다. 루터는 고해성사와 면죄부가 잘못된 것임을 지적하면서 칭의 신학을 주장했다. 루터는 하나님의 구원 약속이 무조건적이며, 이를 나타내는 성경적인 개념으로 "유언"testament이라고 강조했다. 성찬도 역시 유언의 일종으로서 그리스도는 죽음에 앞서서 성만찬의 유언을 말씀하였다는 것이다. 그리스도께서는 자신의 유언적 말씀을 남기시면서 "도장" 혹은 "상징"을 주셨는데, 이는 빵과 포도주라는 성례적 표시 가운데서 그의 참된 몸과 피가 함께 계신다고 주장했다. 어거스틴과 마찬가지로, 루터도 역시 말씀은 "듣는 성례"sacramentum audible이고, 성만찬은 "보이는 말씀"verbum visible로서 연결되어져 있다.[201] 이런 성례의 중심은 인간이 아니라, 하나님의 행하심이다.

우선, 종교개혁자들은 성례를 두 가지, 세례와 성찬으로 압축했다. 교회가 성경적인 근거없이 성례를 제정할 권한이 없음을 주장했다. 성찬은 사제가 바치는 공로적인 희생이 아니라, 주님과의 교제communion이며, 하나님의 약속을 기념하면서 회중이 함께 먹는 공동식사로 해석했다. 예배에 참석한 성도들에게 빵과 포도주 두 가지 모두 다 제공했다. 이 교제에는 의사소통이 필수적이므로 예배를 각 지역의 자국어를 사

---

200 Horton, *Place and People*, 108.
201 Robert Kolb and Timothy J. Wengert, eds., *The Book of Concord. The Confessions of the Evangelical Lutheran Church* (Minneaplis: Fortress, 2000), 463.

용했다. 교회는 상하 위계 질서로 조직된 기관이 아니라, 공동체로 인식했다. 종교개혁자들은 미사를 속죄 제사로 시행하던 관습들을 거부하였다. 개인적인 미사들도 폐지했다. 개인적인 미사에는 복음의 말씀을 들을 공동체가 존재하지 않는다.

토마스 아퀴나스에 맞서서, 루터는 "성찬의 진정한 기적은 그리스도께서 임재하신다는 것이지, 빵과 포도주의 실체가 사라진다는 것이 아니다"고 선언했다.[202] 화체설은 사제의 권한으로 그리스도가 미사 가운데 임재하시도록 의식을 주관하는데 달려있었다. 그 결과 구원은 하나님의 선물이 아니라, 마치 성직자 계급에게 속해 있는 인간적인 행위로 간주되었다.

루터는 자신을 파문한 로마 가톨릭을 향해서 1520년에 세 가지 명문을 발표했는데, 『독일 국가의 귀족에게 보내는 서신』, 『교회의 바빌론 유수』, 『기독교인의 자유에 관하여』였다. 라틴어와 독일어로 동시에 발표된 이 상당한 분량의 책자들은 종교개혁의 기폭제가 되었으며, 동료 성직자들만이 아니라 유럽 지성인들의 지지를 이끌어 내는 엄청난 영향력을 발휘했다.[203] 특히 루터는 『독일 국가의 귀족에게 보내는 서신』에서 "교황만이 성경을 해석할 수 있다는 그들의 주장은 모욕적인 가공의 우화이다. ... 로마주의자들은 우리들 가운데 참된 믿음, 영, 이해력, 말씀, 그리스도의 마음을 가진 선한 그리스도인들이 있다는 것을 인정해야 한다. 그런데 왜 우리가 선한 그리스도인의 말과 분별력을 거부하는 교황이 믿음과 성령도 갖지 못하고 주장하는 말을 따라야 하겠는가?"라고 지적했다.

---

202 David Steinmetz, *Luther in Context* (Bloomington: Indiana University Press, 1986), 73.
203 김재성, 『루터와 칼빈』 (서울: 세창문화사, 2018).

루터의 『교회의 바빌론 유수』는 로마 가톨릭 교회와 교황에게 사로 잡혀 있다는 것을 고발하는 내용인데, 이스라엘 백성들이 바빌로니아에 포로되었던 성경의 기록을 빗댄 것이다. 루터는 교황이 성례전 체계와 가톨릭 신학을 장악하고 있다고 비판했다. 로마 가톨릭에서 시행하는 일곱 가지 성례들 중에서, 세례와 성만찬을 제외한 다섯 가지는 비성경적이라고 주장했다.[204] 특히 로마 가톨릭의 성만찬 예식에서 오직 성직자들만 포도주 잔을 마시고, 평신도들에게는 잔을 나눠주지 않는 것이 "바빌론 유수"라고 지적하면서 "화체설"을 비판했다. 오늘날 교회에서 시행하는 성만찬 예식에서 일반 성도들도 잔을 받게 된 것은 루터의 지대한 투쟁에서 나온 혜택이라고 할 수 있다.

1522년 1월 24일, 비텐베르크 시의회는 성례의 개정을 발표했다. 그에 따라서 처음으로 일반 성도들이 강단 앞에 나와서 빵과 포도주를 직접 가져가도록 예식을 시행 방법을 변경한 것은 안드레아스 칼쉬타트Andreas Rudolph Bodenstein von Karlstadt, 1486-1541였다.[205] 이날 칼쉬타트는 로마 가톨릭의 성직자 예복도 입지 않았고, 중백의도 걸치지 않은 채 일반 평상복을 입고 강단에 올라갔으며, 성도들에게 성례식의 신앙고백을 요구하지도 않았다.[206] 보름스 제국회의에서 돌아온 후, 루터는 발트부르크 성에 은신하여 독일어 성경을 번역하는 중이었다. 훗날 루터는 이러한 무질서를 질타했지만 칼쉬타트는 과격한 방향으로 치닫다가 농

---

204 Carl F. Wisloff, *The Gift of Communion: Luther's Controversy with Rome on Eucharistic Sacrifice*, tr. Joseph M. Shaw (Minneapolis: Augsburg Publishing House, 1964). Francis Clark, *Eucharistic Sacrifice and the Reformation* (Webster: Newman Press, 1960).

205 Ronald J. Sider, ed., *Karlstadt's Battle With Luther* (Philadelphia: Fortress Press, 1978). Amy Nelson Burnett, *Karlstadt and the Origins of the Eucharistic Controversy: A Study of the Circulation of Ideas* (Oxford: Oxford University Press, 2011).

206 John M. Todd, *Luther: A Life* (New York: Crossroad, 1982), 232.

민혁명을 지지했다. 선제후에게 맞서는 정치범으로 불행하게 생애를 마쳤다.

『교회의 바빌론 유수』에서 루터는 "이것은 내 몸이다"마 26:26과 "이 잔은 내 피로 세운 새 언약이다"고전 11:25는 말씀에 근거하여, 로마 가톨릭의 미사와 희생 제사에 관한 논의를 비판했다.[207] 그는 성례가 "유언"testament에 대한 믿음의 행위라고 보았다. 여기서 "언약"이라고 번역된 헬라어 원어는 "디아데케"$\delta\iota\alpha\theta\eta\kappa\eta$인데, 루터는 어떤 사람이 목숨을 걸고서 누구에 약속하는 "유언"이라고 해석했다. 그리스도의 유산은 죄의 용서인데, 그것을 상속받는 자들은 그리스도의 약속을 믿는 자들이다. 세상을 창조하신 이후로, 하나님의 모든 약속들은 이 그리스도의 언약을 향해서 가르침을 집중해왔었고, 마침내 때가 되매 성자 하나님이 사람으로 오셔서 죽으신 것이다. 히브리서 9장 15-16절에서, "새 언약의 중보"로서 오신 예수님께서 죽으신 이후에야 그 "유언"이 효력을 발생하는 것이다. 여기에 사용된 언약과 유언이라는 단어는 모두 다 헬라어로는 "디아데케"이다.[208] 루터는 하나님의 선물로 받은 믿음을 통해서 새 언약의 약속을 받아들이는 것이 가장 참된 복음적 예배라고 보았다. 약속과 믿음은 함께 가는 것이다. 이에 반해서, 로마 가톨릭에서는 선행과 희생 제사가 함께 가야한다고 주장했다.

루터가 성만찬 신학으로 주장하는 공재설을 살펴보자. 그는 어거스틴의 성만찬 해석을 근간으로 삼았는데, 성례는 공허한 상징이 아니라, 보이지 않게 존재하는 어떤 것을 상징하는 것이다. 루터는 "이것은 나

---

207 Luther, *De captivite Babylonica ecclesiae praeludium* (1520), in *Luther's Works*, 36:35-57.
208 헬라어 "디아데케"는 영어 번역 성경에는 다양하게 번역되었다. "testament" (KJV, NIV), "covenant" (RSV), "will" (ESV) 등.

의 몸이다"는 말씀에서, 하나님께서 주신 약속은 빵이 아니라, 빵 속에 있는 그리스도의 몸의 임재가 중요하다고 주장했다.[209] 성만찬의 빵은 몸을 상징하는 것이 아니라, 하나님의 약속을 상징하는 것이다. 그래서, 루터는 예수님이 주시는 것은 빵과 몸이 결합되어 나온 하나의 새로운 본질, "몸과 빵"Fleischbrot, 영어로 번역하면 "fleshbread"이라고 불렀다. "이것은 나의 몸이다"는 구절이 상징법symbolism으로 제시된 것이 아니라, 제유법synecdoche, 전체에 대해서 일부로 표현하는 것을 사용하신 것이라고 보았다. 마지막 성만찬에서 그리스도가 제자들에게 제공한 것은 빵과 함께하는 그의 몸이라는 것이다.

루터는 믿음에 의한 칭의를 주장했는데, 개인이 믿음을 가졌기에 그것을 근거로 의롭게 되는 것이라고 하기 보다는, 하나님께서 은혜로 믿음을 선물하였기에 구원을 베푸시는 것이라고 이해했다. 믿음이란 노력해서 달성할 수 있는 어떤 것이 아니라, 은혜롭게 주어지는 것임을 강조했다. 이러한 기조를 유지하면서, 루터는 성례가 신자들의 믿음을 강화 시켜주는 것일 뿐만 아니라, 처음으로 믿음이 생겨나도록 하는 것이라고 보았다. 성례는 신앙을 불러일으키는 하나님의 말씀을 전파하기 때문이다.

iv) 츠빙글리의 기념설

츠빙글리는 1523년 1월, 로마 가톨릭의 미사를 반대하는 입장을 발표하면서, 성만찬이 그리스도의 죽으심을 기념하는 것이라고 강조했다. "희생 예식이 아니라, 희생 제사의 기념이며, … 그리스도께서 우리에게

---

209 Luther, *Dass diese Wort Christi "Das ist mein Leib" noch fest stehen wider die Schwärmgester* (1527): *Luther's Work*, 37:104-107.

알게하신 구원의 확신이다"고 설명했다.[210] 츠빙글리에게는 주님의 신성은 무소부재하지만, 승천하신 그리스도의 몸은 더 이상 육체적인 눈으로 볼 수 있는 대상이 아니었다. 츠빙글리에게 결정적으로 작용한 인식론적 개념은 물질와 영혼에 대한 이원론적 관점이었다.[211] "믿음이란 감각적으로 접근할 수 있는 대상으로부터 나오는 것이 아니다. 그런 것들은 믿음의 대상이라고 할 수 없다"고 츠빙글리는 강조했다. 따라서 참된 육체적인 몸이 성례에 임하는 것이 아니라, 순전히 영적인 형식으로 임한다"는 것을 주장하였다. 믿음은 "우리로 하여금 보이지 않는 것으로 인도하며, 그것에 우리의 희망을 고정시킨다. 왜냐하면 믿음은 감각적이며, 육체적으로는 존재하는 것 가운데는 머물러 있지 않고, 그것들과 함께 공유하지도 않는다"고 결론지었다.

스위스 연방군 사제로서 이탈리아에 함께 갔다가 1515년 9월 마리냐노 전투에서 Battle of Marignaon 프랑스 군에 대참패를 체험한 츠빙글리는 군대에서 체험한 것들을 성만찬 신학에서 풀어냈다. 츠빙글리는 군인이 자신을 지휘하는 군대의 장군에게 충성을 맹세하는 것처럼, 성례도 역시 교회 공동체 전체에 충성을 서약한다는 것을 공적으로 알리는 행위라고 보았다. 츠빙글리는 처음에는 하나님께서 우리를 향한 신실한 서약으로 이해했다가 생각을 바꿔서 사람들끼리의 복종과 충성을 서약하는 것이라고 주장했다. 성례는 어떤 사람이 그리스도의 병사라는 사실을 교회에 증명하는 것이요, 믿음을 알리는 수단이라고 보았다. 성찬을 통해서 동료 그리스도인들에게 충성을 서약하는 예식이라는 것

---

210 Zwingli, *Commentary on True and False Religion*, ed. Samuel Macauley Jackson and Clarence Nevin Heller, tr. Samuel Macauley Jackson (Durham: The Labyrinth Press, 1981), 214. M. Horton, 125.

211 M. Horton, *People and Place*, 125.

이다. 여기서 츠빙글리는 성례가 말씀 선포에 종속된다고 생각했다. 믿음을 만들어내는 것은 말씀의 선포이기 때문이다.[212]

츠빙글리가 "기념설"이라는 성만찬 신학을 세우는데 영향을 크게 받은 사람은 인문주의 학자 코넬리우스 호엔 Cornelius Hoen 에게서 나온 것이다. 호엔은 "나는 생명의 빵이다" 요 6:48 를 해석하면서 "이다" 독일어로 est 라는 단어는 동일하다는 뜻으로 해석하는데 반대했다. 호엔은 1523년에 츠빙글리에게 보낸 편지에서 화체설에다가 새로운 영적 교제를 첨가한 인문주의자 베셀 간스포르트 Wessel Gansfort, 1420-89 의 저서를 토대로 요한복음 6장 48절을 설명했다. 호엔은 "이 빵은 내 몸이다"로 직접 대입하지 말고, '의미한다' 혹은 '상징한다' significat 로 해석할 것을 제안하면서, 비유적 혹은 비문자적인 단어로 받아들여져야만 한다고 주장했다.

기존의 성찬론과 완전히 다른 츠빙글리의 기념설 혹은 상징설은 1525년에 제시되었다. 츠빙글리는 "이것은 나의 몸이다"라는 문장에서 "이다" is 라는 단어를 문자적으로 해석하게 된다면, 실제로 몸과 피를 맛으로 눈으로 감각적으로 느끼는 것이라고 주장하게 되는데 이것은 잘못된 해석이라고 비판했다.[213] 츠빙글리는 1526년에 쓴 『주의 만찬에 대하여』에서도 "이다"라는 단어를 "대표한다 혹은 의미한다"고 풀이했다. 요한복음 15장에서, "나는 포도나무다"라는 표현에서도 역시 그리스도가 우리와의 관계에서 "포도나무와 같다"는 것을 뜻하는 문장이라고 해석했다. 또한 "보라 세상 죄를 지고 가는 어린 양이다"에서도 예수님이 문자적으로 양이 아니다는 것이다.

---

212 W. P. Stephens, *The Theology of Huldrych Zwingli* (Oxford: 1986), 180-93.
213 Ulrich Gäbler, *Huldrich Zwingli: His Life and Work* (Philadelphia: Fortress Press, 1986), 133.

츠빙글리는 루터의 해석에 교황주의 잔재가 남아있다고 비판했다. 루터는 실재 임재하는 요소들로서 그리스도의 몸과 피가 성만찬에 공존한다는 것을 추호도 의심하지 않았다. 그러나 츠빙글리는 "이것은 나의 몸이다"는 문장을 "나의 몸을 상징한다signifies, 혹은 나의 몸을 재현하는 것이다represents"라고 재해석했다. 1524년, 안드레아스 칼쉬타트가 바젤에서 성만찬에 관한 세 가지 소논문을 출판했는데, 바젤의 개혁자 외콜람파디우스와 츠빙글리가 이것을 인준하였다. 루터는 이것을 계기로 해서 츠빙글리와 더욱 더 멀어지게 되었다. 루터는 1525년 1월, 칼쉬타트를 비판하는 논문Against the Heavenly Prophets, In the Matter of Images and Sacraments을 발표했다. 이 글에서, 루터는 구원을 전달하는 수단으로써 성만찬에는 그리스도의 실재 임재가 있어야 한다고 주장했다.

그러나 츠빙글리는 "이것은 나의 몸이다"는 표현은 요한복음 6장에 기초하여, 영적인 특성을 의미하는 것이라고 주장했다. 루터가 보이지 않는 형체에 대해서 잘못된 해석을 하는 것이라고 비판하면서, 츠빙글리는 이 문장은 "은유metaphor라고 주장했다. 예수님은 영적인 것과 천상적인 것에 대해서 말씀하면서, 세상에 있는 것들로 비유를 사용하셨다. 요한복음 6장 53절에 "나의 피를 마시고, 내 살을 먹지 않으면 영생이 없다"는 예수님의 말씀은 영적이며 신앙적인 사건을 지적하는 비유들parables이라고 보았다. 그래서 츠빙글리는 빵과 포도주는 상징인데, 그것을 받는 사람들의 하나님을 향한 믿음과 소망의 상징으로 해석할 때에만, 그리스도께서 하신 말씀들이 이해될 수 있다고 주장했다. 츠빙글리의 성찬론을 "상징적 해석"symbolic interpretation이라고 부르는 것이다.

츠빙글리는 그에게 큰 영향을 끼친 에라스무스와 같이, 요한복음 6장 63절, "살리는 것은 영이니 육은 무익하니라 내가 너희에게 이른 말이 영이요 생명이라"는 말씀을 해석의 근거로 삼았다. 세상에 있는 것들, 눈에 보이는 것들, 물질적인 세계로는 성령이 가져오는 구원의 소유자가 될 수 없다는 것이다. 더구나 츠빙글리는 구원의 전달 수단으로서 성례가 제정되었다는 루터의 견해를 비판했다.

츠빙글리의 기념설 혹은 상징설은 로마 가톨릭의 화체설과 루터의 공재설과는 상당히 차이가 있다. 1529년 10월 1일 개최되었지만, 이미 루터와 츠빙글리 사이에 성만찬에 대한 해석의 간격이 너무나 컸다. 이 두 사람과 양측의 종교개혁자들은 열네 가지 조항들에는 흔쾌히 합의했지만, 열다섯 번째, "그리스도의 참된 몸과 피가 빵과 포도주 안에 육체적으로 존재하느냐의 여부에 대해서는 일치하지 않았다."[214] 루터는 실재로 그리스도의 몸과 피가 성만찬에 공재하신다고 주장했다. 그러나 츠빙글리와 그의 지지자들은 그리스도께서 오직 신자들의 마음 속에만 임재하신다고 주장했다. 외콜람파디우스도 역시 은유적으로나 비유적으로 해석하는 츠빙글리의 입장을 지지했다. 츠빙글리에게는 성만찬이 감사하는 사건이지만, 루터에게는 복음을 구체적으로 제시하는 의식이었다. 결국 합의를 도출하기 위한 "말부르그 종교회의"가 결렬되었다.[215]

루터가 보기에 츠빙글리의 기념설 혹은 상징설은 복음의 가치를 떨어뜨리는 주장이다. 루터는 성례가 일종의 경건 훈련이라고 보는 츠빙글리에게 동의할 수 없었다. 루터와 츠빙글리가 "말부르그 회의"에서 성찬론에 관한 토론을 했지만, 그리스도의 몸과 피가 성만찬에 어떻게 임재하느냐에 대해서 전혀 그들의 견해가 좁혀지지 않았다. 루터의 "공

214　*Die Marburger Artikel* (1529), *Luther's Works*, 38:88.
215　Alister McGrath, *Reformation Thought* (Oxford: Blackwell, 1993), 178-181.

재설"과 츠빙글리의 "기념설"은 역시 성만찬에 임하는 그리스도의 임재 방식에 관한 논쟁이었다. 이렇게 의견을 달리한 배경으로는 이들 두 사람의 각기 다른 성만찬 이해가 작동했을 뿐만 아니라, 기독론의 두 양성에 관련한 것들과 인식론 체계가 서로 다르기 때문이다. 루터는 그리스도의 신성이 있는 곳에는 그분의 인성도 함께 존재한다는 "속성들의 교류"를 받아들였다. 알렉산드리아의 씨릴이 주장했던 기독론의 양성 교리를 의존한 것이다. "유한이 무한을 품을 수 있다"finitum capax infiniti est 는 것이 루터의 공재설에 기초가 되었다. 루터는 성상파괴를 반대하고, 각종 예술품을 보존했던 반면에, 츠빙글리는 교회에서 모든 예술품과 음악을 없애 버렸다.

그러나 승천하신 그리스도의 인성이 성만찬에 내려와서 함께 공재할 수 없다고 이해한 칼빈은 종교개혁 후기에 등장해서, 성만찬 예식을 통해서 우리가 받는 것은 말씀과 함께 하시는 영적인 그리스도의 임재와 그의 혜택들이라는 것을 새롭게 제시하였다.[216]

v) 칼빈의 영적 임재설

칼빈과 동시대 신학자들은 성만찬 교리를 정립하는데 많은 노력을 기울였는데, 로마 가톨릭의 성례론이 우상 숭배라고 판단했다.[217] 종교개혁의 시대에는 구원론이 최고의 신학적인 관심 사항이었고, 믿음으

216　B. A. Gerrish, *Grace and Gratitude: The Eucharistic Theology of John Calvin* (Minneapolis: Augsburg Fortress Press, 1993), 8.

217　Robert McCune Kingdon, "Calvin and Calvinists on Resistance to Government," in *Calvinus Evangelii Propuganaor: Calvin, Champion of the Gospel*, International Congress on Calvin Research, Seoul, 1988. Eds., D. Wright, A.N.S. Lane, J. Balserak (Grand Rapids: Calvin Studies Society, 2006), 62: "Calvin and his followers hated and feared idolatry, and they were convinced that Roman Catholic practices, particularly those surrounding celebration of the eucharistic sacrament, constituted blatant forms of Idolatry."

로 얻는 칭의를 주장했다. 구원에 직접적으로 관련된 주제들 중에서는 성만찬 교리는 가장 중요한 교리로 취급되었다. 종교개혁의 전체 신학 사상을 총정리하는데 주도적인 역할을 하게 되는 칼빈의 등장은 성만찬 교리의 이견을 좁히지 못하던 개신교 진영의 고민스러운 논쟁을 해소시키는 계기가 되었다. 사실 널리 유포된 선입관처럼, 칼빈은 예정론 교리로 인해서 유명해진 것이 아니다. 선택 교리는 훗날 알미니안주의자들과의 논쟁에서 등장한 것이고, 청교도들의 교회갱신 운동에서 힘을 발휘한 교리였다. 칼빈이 유럽 교회들에게 가장 큰 영향을 발휘한 것은 성만찬 교리의 확립에 기여하였기 때문이다.

첫째, 칼빈의 성만찬 신학과 형성 과정

당대 최고의 종교개혁자들이 회집된 1529년 "말부르크 종교회의"가 결렬된 이후로, 루터파와 츠빙글리 측에서는 서로 상대 진영을 비판하는 논쟁상태에서 벗어나지 못하고 있었다. 루터파도 아니요 츠빙글리파도 아닌 새로운 개혁신학자 칼빈은 성만찬의 신비로움에 대한 성경적인 해답을 제시하였다. 그의 영향을 받은 교회들이 확산되면서 "칼빈주의"라는 공감대가 형성되어 나갔다.[218] 성만찬의 교리가 칼빈의 핵심적인 신학 사상은 아니지만, 그의 성경적 순수성과 독특성이 널리 알려지는데 결정적인 계기를 마련하게 되었다.[219] 앞에서, 루터와 츠빙글리의 해석들을 살펴보았는데, 칼빈의 영적 임재설을 활용해서 성만찬의 은혜와 주님의 위로를 충만케 된다는 가르침들이 유럽 교회에 큰 영향을 끼쳤다.

---

218 Gerrish, *Grace and Gratitude*, 8.
219 David Stenmetz, *Calvin in Context* (New York: Oxford University Press, 1995), 172.

안타깝게도 칼빈은 종교개혁 진영에서 논쟁이 뜨거운 상황 속에서 고통을 당하는 목회자의 한 사람으로 출발하였다. 1536년 여름에 제네바 교회의 설교자로 부임했다. 그 몇 달 전에 제네바는 종교개혁을 받아들이기로 결정했었다. 제네바는 1536년 5월에 개혁 신앙을 받아들이기로 공식적으로 결의했다. 츠빙글리의 성찬론을 따르던 기욤 파렐과 함께 사역하던 중에 도시의 혼란이 가중되어서 1538년 부활절을 앞에두고 갑자기 쫓겨나고 말았다. 1538년 9월에 스트라스부르그로 가게 되었는데, 이처럼 칼빈의 목회 사역 초기에는 그 누구도 알아주지 않았었고, 프랑스 출신으로 로마 가톨릭의 박해를 피해서 건너간 난민 교회의 목회자에 불과했었다. 그런데 독일 최남단이자, 프랑스 북부에 위치해서 양 국가의 경계선에 위치한 스트라스부르그는 제2차 세계 대전 때에 서로 차지하려고 수많은 피를 흘렸다. 프랑스가 알사스 로렌지방을 차지하면서 이 도시도 프랑스에 귀속되었지만, 지금도 대다수는 독일어를 사용하고 있다. 칼빈이 스트라스부르그에서 목회를 하고 있을 때에, 그 도시의 종교개혁자 마틴 부써의 강권에 따라서 독일어권 루터파 목회자들과의 대화 모임에 여러 차례 참가하게 되었다. 여러 차례의 목회자들 모임에서 칼빈은 탁월한 신학자로 인정을 받기에 이르렀다.[220]

개혁신학은 어떤 한 사람의 독창적인 사색의 결과가 아니다. 같은 시대의 신학자들이 서로 협력해서 다 함께 신학적인 공감대를 이루고, 교회의 통일성을 도모하였다. 우리는 종교개혁자들이 상호 협력하고 상호존중하면서 기독교 진리를 회복했던 것을 기억해야만 한다. 칼빈이

---

220 김재성, 『나의 심장을 드리나이다: 칼빈의 생애와 신학』.

스트라스부르그에 머물러 있던 동안에, 여러 차례 루터파 신학자들의 모임에 참석해서 성만찬 논의를 하였다. 칼빈은 루터파에서 주장하는 그리스도의 몸이 지역 교회의 성만찬 예식에 신비롭게 임재하며, 참여하고 있다는 주장을 접하게 되었다. 칼빈은 루터파가 그리스도의 몸의 직접적인 편재설을 찬성하지 않았다. 성만찬 예식에서 그리스도의 몸이 효력을 발휘한다는 점에만 초점을 맞춰서는 안 된다는 것이다. 이러한 칼빈의 입장은 불링거와 같이 합의한 "협화신조"Consensus Tigurinus, 1548년에서 기본적으로 제시되었다.

루터는 분명히 츠빙글리와 독일 밖에 있던 개혁교회의 성만찬 해석에 대해서 높이 평가를 하지 않았다. 츠빙글리는 루터의 성만찬 교리가 그리스도의 몸에만 집착하고 있다고 보았다. 이들은 성만찬에 대한 일치된 해석에 이르지 못했고, 마틴 부써의 중재노력도 효과가 없었다.

츠빙글리는 1525년에 『참된 종교와 거짓 종교에 대한 해설』을 출판하였다. 츠빙글리에게서 참된 종교는 성경을 따르는 것이고, 거짓 종교는 미신들이다. 종교개혁 시대에 츠빙글리와 칼빈이 종교라는 단어에서 의미하던 것은 오늘날 우리가 사용하는 일반적인 의미하고는 전혀 달랐다.

동시대에 스위스에서 사역했었지만, 칼빈은 츠빙글리의 성만찬 교리를 무작정 따라가지 않았다. 루터와 츠빙글리 두 사람의 성만찬 신학 사상 중에서 어느 한쪽을 택해야만 했다면, 오히려 칼빈은 루터 쪽으로 더 근접해 있다고 생각하는 것이 타당할 것이다.[221] 츠빙글리의 기념설은 마치 군인이 서약하는 것과 같이 믿음의 다짐을 시행하는 일이

---

221 Wendel, *Calvin*, 330-333.

다. 그러나 칼빈의 성찬론에 기본적으로 영향을 끼친 신학자는 어거스틴이었고, 동시대 신학자들로는 마틴 부써1491-1551와 피터 마터 버미글리1499-1562를 빼놓을 수 없다.[222] 칼빈은 성경을 연구하여 가장 바른 성찬론을 제시하고자 노력하면서도, 다른 종교개혁자들의 견해를 열심히 조사하여 참고자료로 활용했다. 칼빈은 버미글리의 해설들을 읽은 후에 "이탈리아의 기적"이라고 극찬하였다. 테오도르 베자는 "사보나롤라의 잿더미에서 태어난 천재"라고 칭송했다.[223]

칼빈이 성만찬 교리를 정립해 나가는데 있어서, 어거스틴의 신학서적들을 기본적으로 사용했다. 루터와 츠빙글리의 라틴어 저서들을 참고했고, 필립 멜랑톤의 『신학총론』Loci Communes, 1521과 "아우구스부르크 신앙고백서"1530, 부써와 볼프강 카피토가 작성한 "Tetrapolitan Confession"1530를 참고했다.

피터 마터 버미글리는 츠빙글리의 저서를 이탈리아에 있을 때에 이미 읽었던 것으로 보이는데, 츠빙글리와는 다르게 "참되고 순수한 종교"를 심각하게 꿈꾸고 있었던 것이다. 버미글리는 "종교"라는 단어에서 진정으로 관련을 맺고 있는 것은 사람들이 눈으로 바라보는 외적인 것들이 아니다. 버미글리는 "내적인 확신과 가슴에서 우러나오는 경건"이 바로 "종교"에 담겨있는 것이라고 생각했다. 16세기 종교개혁자들이 사용한 "종교"는 훗날 독일 자유주의 신학의 아버지, 쉴라이에르막허가 말하던 것과는 전혀 반대로 사용되고 있었다. 유럽 기독교 왕국 시대를 살아가고 있던 중세 시대에 "종교"란 믿음의 외적인 표시, 공적인

---

222 Keith A. Mathison, *Given For You: Reclaiming Calvin's Doctrine of the Lord's Supper* (Philipsburg: P&R, 2002), 8.

223 Joshep C. McLelland, *The Visible Words of God: An Exposition of the Sacramental Theology of Peter Martyr Vermigli 1500-1562* (Edinburgh: Oliver & Boyd, 1957), 1.

측면들을 의미하였다. 부써와 칼빈처럼, 버미글리도 역시 광범위한 성령의 역사를 강조하는데, 말씀의 제정, 믿음의 실행, 내면적인 역사 등이 다 함께 결합해서 역사한다. 빵과 포도주라는 표징들이 기적적인 방식을 통해서 문자 그대로 그리스도의 몸과 피가 되는 것은 아니지만, 그것들은 진실로 주님의 몸의 성례가 되며, 그리스도인들에게 영적인 양식을 제공하는 도구로서 기능한다.

영적 임재설을 강조하였던 종교개혁자로는 칼빈 이외에도 먼저 종교개혁의 선두주자로 활약한 피터 마터 버미글리와 마틴 부써 등이 있었다. 특히 버미글리는 성경과 초대 교부들의 글에서 영적 임재설에 관한 정당한 해석의 근거를 발견하였다. 그가 쓴 고린도전서 주석에는 칼빈의 성만찬 해석에 전적으로 동의하면서도, 매우 중요한 통찰력이 제시되어져 있다. 버미글리는 이탈리아에서 태어났고, 파두아에서 신부로 있다가 종교개혁에 가담하였다. 그와 함께 종교개혁의 사상을 나눈 친구들은 비참하게 처형되었거나 피신했다. 스페인 종교개혁자 후안 발데스의 영향을 입었고, 이탈리아 내부에서 일어나던 종교개혁 운동에 접하게 되었다.[224] 로마 가톨릭 교회가 종교재판소를 세우고, 자신에게도 개신교의 신학을 추궁하자 1542년 여름에 스트라스부르그로 피신했다. 그곳에서 마틴 부써의 호의로 5년여 동안 성경 교수로 동역하였다. 그리고 막 시작된 영국 종교개혁의 초창기에 잉글랜드 대주교 토머스 크랜머의 초청을 받은 부써와 함께 옥스퍼드 대학교에 1547년 12월 20일에 교수로 부임하였다. 그의 첫 번째 강의는 그 다음해 초

---

224 Philip M. J. McNair, *Peter Martyr in Italy; An Anatomy of Apostasy* (Oxford: Clarendon Press, 1967), 127-90. Salvatore Caponetto, tr. Anne C. and John Tedeschi, *The Protestant Reformation in Sixteenth-Century Italy* (Kirksville; Truman State University Press, 1999), 277-80.

에 고린도전서를 풀이하는 것이었고 거의 일 년 동안 집중적으로 강의를 진행했다. 고린도전서 11장, 성만찬 부분을 다루는 강좌는 1549년 초엽에 행한 것이다. 또한 바로 그 해에 윌리엄 트레셤William Tresham에 맞서서 그 유명한 옥스퍼드 성찬논쟁에서 혈혈단신으로 개신교 성찬 신학을 강력하게 변호하였다. 영국에서는 성공회가 시작되었지만 성만찬 예식은 여전히 로마 가톨릭의 가르침을 따라서 시행하고 있었다. 버미글리는 강의안을 보충한 후, 마지막으로 머물던 취리히에서 고린도전서 주석1551년을 출판하였는데, 그 후로도 무려 110차례 발행되었다.[225] 그러나 버미글리의 성례론이 개혁주의 신학계에서 크게 영향을 끼치지 못한 것은 전체적으로 츠빙글리와 불링거의 개념과 용어를 많이 사용하여 성례의 효력과 열매를 강조했기 때문이다.

이탈리에서 로마 가톨릭 교회의 신부로 성장한 버미글리는 기본적으로 성경을 연구하고 가르치는데 집중했던 신학자였다. 그가 종교개혁에 가담한 후 이탈리아을 떠나서 피신한 후로, 스트라스부르그, 런던, 취리히 등을 옮겨 다니면서 고린도전서, 로마서, 사사기 주석을 출판했다. 그의 사후에 창세기, 예레미야 애가, 사무엘상하, 열왕기상하에 대한 주석들이 간행되었다. 한마디로 성경의 해석에 평생을 바친 최고의 주석가였다. 그중에서도 버미글리는 성만찬에 대해서 가장 집중적으로 연구했으며, 또한 가장 주목할 만한 논문을 남겼다. 성만찬 신학은 당대 신학자들의 논쟁과 대립이 첨예한 주제였기 때문이다.

버미글리가 기본적으로 강조하는 점은 기독교인의 종교를 깨끗하게 하는 것을 염두에 두고 이 성례를 시행하자는 것이다. 버미글리가 하나

---

225 Peter Martyr Vermigli, *In Selectissimam S. Pauli Priorem ad Corinth. Epis-tolam ... Commentarii doctissimi* (Zurich: Christopher Froschauer, 1551).

님께서 죄인을 용서하셨다는 것을 확신하게 하려고 선물을 주셨다는 점을 먼저 이해하게 하려했던 것이 아니라, 성례의 원래 의미를 되새겨서 근본으로 되돌아가야만 한다는 것이다. "종교를 깨끗하게 씻기 위해서, 주님의 제도로 되돌아가는 것이 필수적이다. 마치 우리가 원자료로 되돌아가는 것처럼 말이다."[226]

버미글리는 성례라는 것은 하나님께서 그의 백성들에게 주시는 선물이라고 강조한다. 즉 최고의 선물은 그리스도 자신인데, 그의 몸과 피를 주시는 것이다. 성도들이 그리스도를 받아들이는 것은 믿음과 성례와 성령의 비밀스러운 사역을 통해서이다. 이 선물을 받은 자들은 그리스도와 신비적인 연합을 이루게 된다. 로마 가톨릭과 루터파에서 주장하는 성례론과는 현저하게 차이가 난다. 말씀과 성도들의 믿음과 성령은 하나님이 성례에서 사용하는 수단들이고, 신비적인 교통이 목적이다.

칼빈이 처음 성만찬에 관하여 쓴 소책자, 『유일한 구세주 예수 그리스도와 우리 주님의 거룩한 만찬에 대한 소논문』1540 을 출간했다.[227] 스트라스부르에 있을 때에 프랑스어로 쓴 것이다. 칼빈은 믿음으로 참여하여 그리스도의 몸과 피를 받는 자들에게 "약속의 상징이자 확증으로 성만찬을 주신 것이다"고 설명했다. 또한 요한복음 6장 55절과 56절을 인용하면서, 영생에 이르도록 자신의 몸을 먹이고, 피를 마시게 한다는 것은 결국 그리스도와의 신비적 연합을 이루는 것이라고 강조했다.

---

226 Ibid., fol. 296r. 'Ad repurgandam religionem oportet ad institutum domini, ut ad fontes, recurrere'.

227 John Calvin, "A Short Treatise on the Holy Supper of Our Lord and Only Saviour Jesus," in *Calvin: Theological Treatises*, ed. J.K.S. Reid (Philadelphia: Westminster, 1954), 144.

칼빈의 성찬론은 그리스도의 영적 임재설이다.[228] 1541년 9월에 다시 제네바로 돌아올 무렵에, 칼빈은 영적 임재설을 정립했으며, 그 후로 계속해서 더 정교한 해설을 첨가했다.[229] 칼빈에 따르면, 성만찬은 거룩한 잔치인데, 그리스도가 우리에게 생명의 빵이라는 것을 드러내는 일이다. 성만찬에 합당한 접근 방법은 그리스도의 인격과 사역에 대한 연구를 통해서 지도를 받아야 한다고 주장했다. 성도들은 마땅히 경건함으로 믿음을 실행하여야 한다. 영적인 잔치에 참가하여, 경건의 첫단계이자 총체적인 경건함을 실천하도록 해야한다.

칼빈의 강조점은 하나님의 단독적인 사역에 대한 것이다. 보이는 상징물들로서의 요소들과 믿는 자들의 가슴속에서 그리스도 자신의 임재하심에 대해서 설명할 때에, 칼빈은 사람과 하나님을 교류시키는 성령의 사역을 강조한다. 칼빈은 성례에서 그리스도와의 인격적 교통에 대해서 강조할 때에 "본질" 혹은 "실체"substantia라는 용어를 사용했다. 칼빈은 『기독교강요』1543년도 개정판에서도, 성만찬 예식에서 우리들은 그리스도의 실재 "본질"과 교통한다는 것이다.[230] 루터와 비교해 보면, 칼빈이 강조하는 이 용어가 더욱 선명해진다.

칼빈은 로마서 6장 3절에 대한 주석에서, 외적인 표징sign이 담고 있

---

228 Amy Nelson Burnett, "John Calvin and the First Eucharisic Controversy," in *Calvin and the Early Reformation*, eds. Brian C. Brewer and David M. Whitford (E.J. Brill, 2020), 180-199. Amy Nelson Burnett, "Exegesis and Eucharist: Unexplored Connections Between Calvin and Oecolampadius," in *Calvinus Pastor Ecclesiae: Pepers of the Eleventh International Congress on Calvin Research*, ed. Herman J. Selderhuis and Arnold Huijgen, (Gottingen: Vandenhoeck & Ruprecht, 2006), 245-60. Thomas J. Davis, *The Clearest Promises of God: The Development of Calvin's Eucharistic Teaching* (New York: AMS press, 1995). Wim Janse, "Calvin's Eucharistic Theology: Three Dogma-Historical Observations," in *Calvinus Sacrarum Liter : Papers of the International Congress on Calvin Research*, ed. Herman J. Selderhuis (2008), 37-69. Wim Janse, "Calvin's Doctrine of the Lord's Supper," *Perichoresis*, vol. 10, n.2 (2012): 137-163.

229 Keith A. Mathion, "The Sacraments," in *John Calvin: For A New Reformation*, ed. Derek W.H. Thomas and John W. Tweeddale (Wheaton: Crossway, 496.

230 Calvin, *Institutes*, IV.xvii.11. (*Calvini Opera*, 1:1003, 'participes substantiæ eius facti').

는 실재의 효과에 대해서 설명했다. 고린도전서 11장 24절에 대한 주석에서 칼빈은 성만찬이 '기념'되는 것은 타당하지만, 그저 단순히 그리스도가 우리를 위해서 돌아가셨다는 것만을 믿는 것으로는 충분하지 않다고 지적했다. 도리어 성도들은 그리스도와 한 몸이 되어야 한다는 것을 말해야만 한다. 빵과 포도주는 그저 공허한 상징물로 그쳐서는 안 된다. 칼빈은 성령의 임재에 대해서 강조하였는데, 마태복음 3장 16절에 기록되어 있듯이, 예수 그리스도가 세례를 받으실 때에 하늘로부터 비둘기 같은 모양으로 성령이 임재하였다는 설명에 주목하라고 촉구하였다. 위로부터 비둘기 같은 모양으로 강림하였다는 것은 결코 우리가 성령을 육신의 눈으로는 아무 것도 볼 수 없다는 점에 대해서 지적하는 표현이다. 제자들은 성령은 볼 수 없었고, 그저 비둘기 같은 형상을 보았을 뿐이다. 비둘기처럼 내려오는 것의 모양을 표현할 수밖에 없는 것은 볼 수 없기 때문이다. 따라서 빵은 그리스도의 몸이다. 우리에게 제공된 그리스도의 몸을 상징하는 것이기 때문이다.

성만찬에서 우리가 전달받는 것이 무엇인가? 빵과 포도주에 담긴 어떤 원인적인 물질을 공급받는 것인가?

칼빈과 버미글리에 의하면, 빵과 포도주는 눈으로 볼 수 있는 표징들이고, 그것들이 상징하는 것은 그리스도의 몸과 피이다. 성례와 성례적 요소들은 단순한 기념물이나 상징물 그 이상의 것이다. 빵과 포도주는 심오한 실재인데, 그리스도의 임재라는 실재를 나타내는 표징들이다. 버미글리는 성례와 성례적 실재를 혼동하지 않아야만 한다고 구별하면서도, 동시에 하늘에 계신 그리스도의 몸이 이 땅 위에 있는 성례적 요소들과 친밀하게 관련되어진다고 강조했다.

하나님의 약속이 성경의 말씀들과 연합된 것처럼, 빵과 포도주는 그저 상징이 아니라 그리스도가 연합하는 표징들이다. 영적으로 그리스도가 임재하기 때문에, 성만찬에서 성령의 역할이 중심적이다. 그리스도인들이 성례에 참여할 때에, 그리스도의 몸을 육체적으로 받아들이는 것이 아니라 영적으로 받는다. 물론 성령이 먼저 성찬에 참여하는 성도의 전인격 속에 믿음을 발동시켜야만 한다. 성령은 내적인 역사를 통해서 믿음의 선물을 주신다.

칼빈과 불링거의 주석을 보면 성만찬이 제정된 성경 본문의 의미에 대해서 주목하였다. 칼빈은 성만찬 예식을 제정하신 분이 바로 예수님 자신이라는 점을 강조하였다. 즉, 사도 바울이 지적하는 바, 성만찬을 제정하신 밤은 제자가 자신을 배신하던 바로 그러한 때였다. 그 주간은 유대절기 중에서도 가장 중요한 유월절이었다. 물론 예수님께서도 가장 중요한 절기를 매우 성실하게 준수했다. 예수님께서는 그토록 중요한 유대인들의 절기에 오래된 전통을 기독교의 성례로 대체시키는 놀라운 일을 행하신 것이다.

불링거와 버미글리는 민족적인 절기로서 지켜져 내려온 유월절과 예수 그리스도께서 제정한 성만찬의 연계된 성격에 대해서 주목했다. 예수님이 잡히시던 밤, 바로 그 날은 유대인들이 오랫동안 가장 중요한 절기로 지켜온 유월절이다. 율법으로 제정된 유월절은 구원론적인 대사건이 일어났던 날이요, 그 후에도 모든 후손들이 기억해야만 하는 날이었다. 이스라엘을 애굽에서 구출한 유월절 사건과 예수님의 죽으심과는 긴밀하게 연계성이 있듯이, 동물제사와 그리스도의 몸과 피도 역시 연속성이 있다. 하나님의 율법에서 가장 중요하게 강조된 것은 인간의 전통이나 관습과는 전혀 본질적으로 다르다. 참된 종교가 회복되기 위해서는 하나님과 인간 사이의 엄청난 차이가 있음을 기억하여야만 가능한 것인데, 이러한 것들이 성경에 담겨있는 하나님의 순수한 말씀에서 찾아볼 수 있다. 예수님께서는 무엇을 새롭게 만들어낸 것이 아니라, 유대인들의 첫째가는 종교 예식에서 약속된 바, 하나님의 원래 뜻에서 표현된 것을 정확하게 재해석하셨다.

칼빈은 성만찬의 목표가 전체적으로 무엇에 초점을 두고 있는가에 대해서 주목하면서, 그리스도의 죽으심에서 주어지는 혜택이 우리 안에 인치는 것이라고 하였다. 칼빈의 성만찬 해석에는 전체적으로 구원론적인 목적이 저변에 깔려있다. 칼빈은 성례가 하나님으로부터 내려오는 선물이기에, 수직적인 차원vertical dimension에 대해서 훨씬 강조했다. 성만찬은 성도들의 심령 안에다 하나님의 약속을 각인시켜주며, 참여하는 성도들에게는 더욱 확고한 믿음을 유지하도록 강화시켜 준다. 대부분의 종교개혁자들도 상징빵과 포도주과 실제그리스도의 천상에 있는 몸 사이의 차이점에 대해서 공동으로 강조하는 전통을 공유하고 있다.

츠빙글리와 불링거는 성만찬을 제정하시면서 예수님의 죽으심과 고난을 기억하라고 바로 죽음을 앞에 둔 시점에서 중요한 거사를 하셨다는 점이 중요하다고 지적했다. 츠빙글리가 주장하는 기념설, 혹은 상징설에서 매우 중요한 부분이다.

버미글리는 오직 성령에 의해서만 주권적인 자유함으로 모든 상징과 실제가 성도들에게 연결되어지는 요소들이 만들어지며, 성도의 구원을 위해서 유효한 도구들로 제정되어질 수 있었다. 다시 말하면, 상징과 실제와 성도들 사이의 연결을 예수님이 그 밤에 율법을 새롭게 갱신하면서 제정하신 것이다. 버미글리는 성부와 성령 사이의 차이점과 새로운 창조의 일부로서 성례적인 요소들에 대해서 지적하였다. 하나님께서는 그의 영적인 진리를 드러내고자 이미 오래전부터 성례적인 요소들을 사용하셨다. 개혁신학자들은 창조주와 피조물 사이의 차이점에 대해서 강조했다.

동시에 칼빈이 츠빙글리의 기념설에서 걱정했던 부분도 바로 여기에 연계되어 있었으니, 그저 단순히 기억만 할 뿐이라고 하면, 성례식에 참석한 성도의 입장에서 본다면 그리스도의 몸으로부터 오는 효력이란 아무것도 없게 된다고 칼빈은 걱정했다. 그렇게 되면 빵과 포도주라는 것들은 그저 "공허한 상징들"에 그치고 말 것이다. 칼빈은 그리스도의 인격적 임재라는 것을 말하면서, 그리스도의 사역에서 나오는 선한 열매와 효과를 강조했다. 사실 츠빙글리도 임재에 대해서는 말하지 않으면서도, 성례의 효과와 열매라는 표현에 대해서는 매우 좋아했다.

이러한 칼빈의 성찬론이 크게 영향을 끼치게 된 것은 주변 동료 개혁자들의 호응과 신앙고백서에 담겨져서 널리 알려졌기 때문이다. 초기 종교개혁자들 중에서는 부써, 버미글리, 무스쿨루스, 낙스가 칼빈의 성례론에 동의하였고, 벨직 신앙고백서와 프랑스 신앙고백서 등 여러 지역에서 채택된 공적인 문서들이 채택되었다.

1549년 5월, "쥐리히 협약"이 칼빈과, 파렐, 불링거 사이에 이루어졌다. 1547년 초부터 칼빈과 불링거 사이에 토론하던 것이 점차 합의를 이루게 됨으로써, 스위스 전체의 교리적 통일을 이루게 된다. 성만찬 교리를 놓고서 루터와 츠빙글리 사이의 갈등과 대립을 해소하는 대안으로 칼빈의 영적 임재설이 여러 지역에서 받아들여지게 되었다. 칼빈은 성찬 속에 그리스도가 임재하지만, 그 방식은 영적이며, 천상적이라고 하였다. 혹자는 칼빈 교리의 승리라고 평가하고 있고, 혹자는 불링거와의 타협이라고 폄하한다. "취리히 협약"에 들어 있는 성찬론은 분명히 칼빈의 것이다. 성찬 속에 그리스도와의 진정한 생명의 연합이 강조되어 있고, 상징물은 공허한 것이 아니라 은혜의 도구로서 구속의 유익을 전달해 준다고 강조되어 있다.

성만찬 교리를 연구함에 있어서 버미글리는 가장 기본적인 전제로서 고린도전서 11장을 주목해야 한다고 말했다. 사도 바울이 고린도 교회를 향해서 성례를 상기시키는 이유는 아주 중요한 이유가 있었고, 또한 그럴만한 상황이 존재했었음을 살펴야만 한다는 것이다. 즉, 고린도 교회의 성도들은 성례를 왜곡하고 있었기에, 사도 바울은 그리스도가 마지막 만찬을 잡수시면서 제자들에게 하신 말씀에 대해서 다시금 상기시켜주고자 했다는 것이다. 고린도 교회 성도들은 성례를 잘못시행하고 있었기에, 바울 사도가 이를 교정하고자 여러 가지 고려사항들을 거론하였다. 이 부분에 대한 종교개혁자들의 강조점은 "종교"를 깨끗하게 하고자하는 성경의 강조점을 발견하였다.

칼빈의 영적 임재설에 동감을 표시한 버미글리의 주석에는 마태복음 3장 16절에 대한 언급이 없다. 영적 임재를 성경적으로 설명하는데 있어서, 성령의 임재방식을 재음미하게 하여 준 것은 칼빈의 중요한 기여라고 본다. 또한 버미글리가 유월절 사건과 성만찬의 제정을 연결시켰다. 육신의 몸을 가지고 살아가는 성도들은 빵과 포도주를 섭취하여 어느 정도까지는 영양을 공급받는데, 이와 같이 성령에 의해서 우리의 영혼들도 힘을 공급받는다고 지적하였다.

버미글리는 취리히에서 생애를 마쳤는데, 그곳에서 머무는 동안에 츠빙글리와 불링거가 주장한 기념설에 대해서 파악했을 것이다. 그러므로 버미글리는 전임자들에 대해서 함부로 평가하지를 않았고, 매우 신중하게 접근하였다. 그리스도의 구속 사역과 공동체로서 교회의 축제혹은 기념절기 사이에는 병행하는 진리가 담겨 있다. 성만찬에 임재하는 그리스도의 혜택이 엄청나다. 하지만 분명히 그리스도의 임재는 하늘나라에 머물러 계시는 차원이 있고, 땅 위에 피조물의 세계 속에 임재하시는 차원이 있다. 믿는 자와 그리스도 사이에 "교통"이 일어나는 것은 양쪽에서 진행되는 것이 있기 때문이라고 버미글리는 제시했다. 하나님의 말씀과 성례의 상징물들은 하나님 편에서 나오는 것이요, 그것들로부터 혜택이 주어지려면 사람 쪽에서도 움직임이 있어야 하는데 "믿음의 묵상"이 필수적이라고 하였다. 오로지 하나님의 성령만이 믿음을 창조하시기에, 자연스러운 마음의 묵상도 역시 성령이 이끌어 나가신다. 성도의 의지, 기억, 지식 등의 기능들 속에서 작동한다.

둘째, 그리스도와의 연합

칼빈의 성만찬 교리의 기본 개념은 약속의 말씀과 함께, 성령에 의해서 그리스도와의 영적인 교제를 갖는다는 것이다. 영적 임재설이라고 불리우는 성만찬 교리의 핵심은 그리스도와 성도들 사이에 믿음이라는 방식으로 인격적인 확신 가운데서 영적인 사귐, 참여, 교류, 교제를 나눈다는 의미이다.

이러한 영적인 사귐과 교통의 개념은 성경적인 기초에 근거한 것인데, 총체적으로 "그리스도와의 연합" 교리 위에 세워진 것이다. 칼빈의 신학 사상을 이해하는데 있어서 그리스도와의 연합 교리는 가장 근본적인 개념이며, 칼빈의 구원론에서 핵심 요소에 해당한다.[231] 칼빈은 그리스도와의 연합과 교통을 성만찬 교리에서만이 아니라, 이미 그의 신

---

[231] Philip Graham Ryken, "The Believer's Uion with Christ," in *John Calvin, A Heart for Devotion, Doctrine, and Doxology*, ed. Burk Parsons (Lake Mary: Reformation Trust, 2008), 193.

학의 전체 구조에서 매우 중요한 개념으로 사용하였다.[232] 구원론에서는, 성령을 통해서 믿음으로 그리스도와의 연합하는 자에게 "칭의와 성화"라는 "이중적 은혜"가 주어진다고 칼빈은 강조했다.[233] 하지만, 칼빈은 그리스도와의 연합이 우리의 칭의의 기초라고 규정하지는 않는다. 우리의 칭의의 근거는 그리스도의 의로움을 전가받는 것이다.[234]

"그리스도와의 연합"은 복음의 요약이며, 성령에 의해서 이뤄진다고 칼빈은 규정한다.[235] 그는 구원론에서 광범위하게 사용되고 있는데, 전체 신학 사상의 중심 개념으로 자리하고 있음을 쉽게 발견할 수 있다. "그리스도와의 연합"이라는 개념은 "그리스도 안에"in Christ, "주님 안에"in the Lord "그 안에"in him 등 신약 성경에 164회나 쓰여진 구절들을 근거로 한 것이다.[236]

그리스도 안에 있는 사람이 어떻게 사는 가에 대해서 사도 바울은 다음과 같이 증언했다:

내가 그리스도와 함께 십자가에 못 박혔나니 그런즉 이제는 내가 사는 것이

---

232 Mark A. Garcia, *Life in Christ: Union with Christ and Twofold Grace in Calvin's Theology* (Milton Keynes: Paternoter, 2008). John V. Fesko, *Beyond Calvin: Union with Christ and Justification in Early Modern Reformed Theology (1517-1700)* (Göttingen: Vandenhoeck & Ruprecht, 2012). J. Todd Billings, "Union with Christ and the Double Grace: Calvin's Theology and Its Early Reception," in *Calvin's Theology and Its Reception*, eds., J. Todd Billings and I. John Hesselink (Louisville: Westminster John Knox, 2012), 49-71. Michael S. Horton, "Union with Christ and the Double Grace: Modern Reception and Contemporary Possibilities," in *Calvin's Theology and Its Reception*, 72-94.

233 Calvin, *Institutes*, III.ii.2,3. Richard B. Gaffin Jr. "Justification and Union with Christ," in *A Theological Guide to Calvin's Institutes*, eds. David W. Hall and Peter A. Lillback (Phillipsburg: P&R, 2008), 253.

234 Calvin, *Institutes*, III.xi.2. 따라서 칼빈은 루터파 신학자 오시안더에 대해서 매우 자세히 논박했다. Calvin, *Institutes*, III.xi.5-12.

235 Calvin, *Institutes*, III.iii.1.

236 Constantine R. Campbell, *Paul and Union with Christ: An Exegetical and Theological Study* (Grand Rapids: Zondervan, 2012), 22.

> 아니요 오직 내 안에 그리스도께서 사시는 것이라 이제 내가 육체 가운데서 사는 것은 나를 사랑하사 나를 위하여 자기 자신을 버리신 하나님의 아들을 믿는 믿음 안에서 사는 것이라(갈 2:20).
>
> 그러므로 이제 그리스도 예수 안에 있는 자에게는 결코 정죄함이 없나니 이는 그리스도 예수 안에 있는 생명의 성령의 법이 죄와 사망의 법에서 너를 해방하였음이라(롬 8:1-2).

칼빈은 초대 교부들의 저서들 속에서 그리스도 안에 있는 영생이 성도들에게 교통되어지는 개념을 정확하게 파악하였다. 특히 이레니우스, 어거스틴, 알렉산드리아의 씨릴, 끌레르보의 버나드 등의 저서들 속에서 중요한 용어들과 개념들을 얻었는데, 로마 가톨릭의 공로사상을 거부하고 그리스도와의 교통을 통해서 의롭다 함을 얻는다는 확신을 가질 수 있게 되었다.[237] 칼빈은 교부들의 용어들을 재정비하고, 자신의 입장을 첨가하여 명료화했으며, 교리적인 논쟁에 있어서 필요한 긍정적인 요소들을 발굴해 냈다. 더 나아가서 영적 임재설이라는 성만찬 교리를 설명함에 있어서, 그리스도와의 연합이라는 교리를 기초로 매우 중요하게 활용했다.

칼빈은 그리스도와의 연합은 그리스도의 의로움을 전가받는 방식이라고 설명했다.

> 머리와 지체들이 서로 연합되는 일이나 그리스도께서 우리 마음에 거하시

---

[237] Calvin, *The Bondage and Liberation of the Will: A Defence of the Orthodox Doctrine of Human Choice Against Pighius*, tr. Graham I. Davis, ed. A. N. S. lane (Grand Rapids: Baker, 1996), 71-72. Anthony N. S. Lane, *John Calvin: Student of Church Fathers* (Edinburgh: T & T Clark, 1991).

는 일이나, 간단히 말해서, 그 신비한 연합의 문제가 우리에게는 최고로 중요한 것이다. 그리스도께서 우리의 것이 되시면, 그가 받으신 선물들을 그 연합을 통해서 우리와 함께 나누시는 것이다. 그러므로 우리는 그를 우리 바깥에 계시는 분으로 멀리서 바라보면서 그의 의가 우리에게 전가되기를 바라는 것이 아니다. 오히려 우리가 그리스도로 옷을 입고 있으며, 그의 몸에 접붙인 바 되었으며, 간단히 말해서 황송하게도 그가 우리를 자기와 하나로 만드셨으므로, 우리는 그와 함께 의의 교제를 하고 있다는 사실을 귀하게 여기고 자랑하는 것이다.[238]

칼빈은 우리에게 이뤄진 구원에 대해서 이처럼 그리스도와의 연합 교리를 근간으로 설명했는데, 이것이 매우 특별하다. 또한 그의 영적 임재설이라는 성만찬 교리를 파악하는데에 매우 중요하다.

세례와 성만찬의 핵심은 하나님께서 모든 생명의 근원이라는 사실에 있기 때문이다.[239] "우리의 유일하고도 영원한 하나님이 모든 생명의 원천이요, 근원이다"고 칼빈은 강조했다. 문제는 아담이 죄를 범한 결과로 인해서 잃어버린 영생을 어떻게 인간이 하나님으로부터 나오는 것을 얻을 수 있느냐에 달려있다. 사람이 죄로 인해서 하나님과 분리되었기 때문에, 영생에 참여하려면, 하나님 자신 안에서 모든 좋은 것들을 나누는 방법이 나와야만 한다.

---

238 Calvin, *Institutes*, III.xi.10. Cornelis P. Venema, *Accepted and Renewed in Christ: The "Twofold Grace of God" and the Interpretation of Calvin's Theology* (Göttingen: Vandenhoeck & Ruprecht, 2007); idem, "Union with Christ, the 'Twofold Grace of God,' and the 'Order of Salvation' in Calvin's Theology," in *Calvin for Today*, ed. Joel R. Beeke (Grand Rapids: Reformation Heritage Books, 2009), 91-113.

239 Wayne R. Spear, "The Nature of the Lord's Supper according to Calvin and the Westminster Assembly," in *The Westminster Confession into the 21st Century: Essays in Remembrance of the 350th Anniversary of the Westminster Assembly*, ed. Ligon Duncan (Fearn, Ross-shier, Scotland: Mentor, 2009), 3:361.

여기서 칼빈은 믿는 자들이 "하나님 안에서 실제적인 참여"를 예수 그리스도가 성육신하기 이전에도 즐거워하도록 하였지만, "그리스도의 성육신 이후에는 하나님과의 연합이 그리스도를 통해서 이뤄지도록 하였다"고 설명한다.[240]

우리는 이제부터 그리스도와의 연합에 대해서 칼빈이 설명하는 가장 중요한 기본 개념들을 살펴보려고 한다. 그리스도의 성육신으로 인해서 보다 더 선명하게 이뤄지는 연합은 삼중적이라고 칼빈은 풀이했다. 그가 제시한 연합의 개념은 "성육신적인 연합, 신비적인 연합, 영적인 연합"이다. 이 세 가지 교통에 대한 것은 피터 마터 버미글리에게 보낸 서신에 나오는 내용이다. 1555년 3월 8일, 피터 마터 버미글리가 칼빈과 베자에게 그리스도와의 연합 교리에 대한 확인 차원의 편지를 보냈다. 이에 대한 칼빈의 답장이 1555년 8월 8일자로 보내졌는데, 여기에서 칼빈은 자신이 생각하는 세 가지 연합의 개념들을 정확히 제시했다.[241]

합성적 성육신적 교통(resultant incarnational communion)**과 결합적 연합** (hypostatic union)은 사람이신 예수님과 관련되는데, 그 분은 자신의 인간성에 있어서는 다른 사람과 동일하지만, 죄는 없으시다.

신비적 교통(mystic communion)은 믿음에 기초한 성령의 작용에 의해서 예수 그리스도의 생명에 결정적으로 거룩하게 접붙임되는 것이다.

영적인 교통(spiritual communion)은 신비한 연합에서 나오는 그리스도의 생명의

---

240 Calvin, *Institutes*, II.i.6.
241 버미글리가 칼빈에게 보낸 편지, 1555년 3월 8일자. J.C. McLelland and G. Duffield, eds., *The Life, Early Letters and Eucharistic Writings of Peter Martyr* (Appleford, Oxford: Sutton Courtenay Press, 1989), 343-8.

축복과 성령의 점진적 즐거움이다.[242]

성만찬에 관련해서 칼빈이 자주 언급하는 "그리스도와의 연합"이라는 개념을 이해하기 위해서, 삼중적 연합이라는 내용을 조금 더 자세히 살펴볼 필요가 있다.

그리스도와의 연합은 성육신적인 연합incarnational communion이다.

예수님께서 사람의 몸을 입고 오셔서, 인간으로서 살아가는 것을 의미한다. 영원한 말씀이 인간 본성과 연합하여서 보통 사람들과 같이 되셨다. 이 성육신적인 연합이 필수적인 이유는 타락으로 인해서 사람이 하나님으로부터 분리되어져 버렸기 때문이다. 칼빈은 이러한 관점에서 예수 그리스도가 인간으로 오셔서 땅 위에서 우리를 위해서 구원 사역을 성취하게 되었음을 항상 잊어서는 안 된다고 역설했다. 이런 관점은 그의 『기독교강요』 1536년 초판에서부터 1559년 최종판까지 일관되게 강조되어 있다.

연합의 두 번째 차원은 그리스도와 성도들 사이에 신비적 연합 mystic communion이다.

칼빈은 다음과 같이 버미글리에게 풀이했다. "그리스도께서 복음 안에서 자신을 제시하여 주시듯이, 우리가 믿음으로 그리스도를 받음과 동시에, 생명이 주님으로부터 우리에게로 흘러오는데, 마치 머리로부터 온 몸으로 퍼지는 것과 같다."[243] 맨 처음에 나오는 성육신적 연합이 그리스도와 성도들 사이에 신비적 연합을 가능하게 한다. 그러나 신비적

---

242 W. Duncan Rankin, "Calvin's Correspondence on Our Threefold Uion with Christ," in *The Hope Fulfilled: Essays in Honor of O. Palmer Robertson*, ed. Robert L. Penny (Phillipsburg: P&R, 2008), 250.

243 John Calvin to Peter Martyr Vermigli, 1555년 8월 8일자. 이 편지의 영어 번역본은 베자의 칼빈 전기에 수록되어 있다; Theodore Beza, *The Life of John Calvin*, tr. Francis Sibson (Philadelphia: J. Whetham, 1836), 309-311.

연합은 택함을 받은 자들의 생애 가운데서 일어나는 결정적인 사건이다.

여기서 우리 성도들에게 그리스도와의 신비로운 연합이 필요한 이유는 우리들 속에 영원한 생명을 갖고 있지 않기 때문이다. 이 영생의 근원은 하나님이시오, 이 생명은 그리스도로부터 우리에게로 흘러 온다. 칼빈은 이런 신비적 연합에 대하여 요한복음 6장 35절 주석에서도 언급하였다. "우리들의 영혼은 내적으로 갖춰진 능력에 의해서 살아 가는 것이 아니다. 즉 우리들 내부에 자연적으로 가지고 있는 능력으로 사는 것이 아니다. 그리스도로부터 생명을 얻어와야 한다."

칼빈이 그리스도와의 신비로운 연합mystical communion을 언급하는 부분이 가장 오해를 받은 부분이기도 하다. 칼빈은 전통적으로 중세 시대부터 사용해온 버나드와 같은 신비주의를 말하는 것이 아니다.[244] 또한 동방 신학에서 상호 임재적인 삼위일체론에서 근거하여 하나님의 에너지가 우리에게로 전이되어져서 존재의 "신성화"theosis가 되어지는 것을 말하는 것도 아니다. 이 "신성화"라는 개념은 인간이 하나님의 영역으로 고양되는 것, 하나님의 영역으로 올라가는 것을 의미한다.[245] 이들 두 가지 연합, 즉 신비주의적인 연합이나, 신성화하는 연합이나 모두 다 칼빈이 말하는 그리스도와의 연합에 담겨져 있는 본질과는 전혀 상관이 없다.[246] 존 맥클린 교수는 이들 두 가지, 신비주의와 신성화

---

244 D. E. Tamburello, *Union with Christ: John Calvin and the Mysticism of St. Bernard* (Louisville: Westminster John Knox, 1994), 7-11.

245 J. Todd Billings, Calvin, Participation, and the Gift: The Activity of Believers in Union with Christ (Oxford: Oxford University Press, 2008).

246 John McClean, "Calvin on Supper: Puzzling and Provocative," in *Engaging with Calvin: Aspects of the Reformer's Legacy for Today*, ed. Mark D. Thompson (Notthingham: IVP, 2009), 213-214.

라는 개념들은 칼빈의 "신비적 교통"을 바르게 해석하지 않은 결과라고 비판했다. 아무리 세계적으로 저명한 대학교에서 박사 학위를 취득할 정도로 칼빈에 대하여 새롭게 해석한 것이라 하더라도, 이들 두 용어들과는 전혀 칼빈의 연합 교리가 다르다는 점을 정확하게 비판했다.[247] 이런 식으로 나오는 새로운 칼빈 신학의 해석들이 받아들여지는 경우에는, 하나는 칼빈을 중세 시대의 신비주의자로 만들어 버리는 것이요, 다른 하나는 동방 신학의 후계자로 만들어 버리는 오류에 빠지고 마는 것이다.

오히려 칼빈이 말하는 신비적 연합은 성도들이 구원을 어떻게 받느냐를 설명하는 용어이다.

> 그리스도와의 교통[연합]은 정신적인 것을 훨씬 능가하는 것이지만, 드러내놓고 물체적이라거나 본질적이라고는 할 수 없는 것이다. 이것은 실제적이고 참된 것이다. 존재론적 하나됨의 기적을 말하는 것이 아니라, 성령의 역사하심에 의해서 오는 축복으로 말미암는 것이다.[248]

즉 칼빈은 우리가 구원을 받아서 그리스도의 사람이 되는 것은 궁극적으로는 이성으로 설명할 수 없으며, 우리의 지식을 넘어서는 초월적인 차원이라고 고백하는 것이다.

칼빈에 의하면, 마지막으로 그리스도는 성도들과 지속적으로 "영적인 연합"spiritual communion을 통해서 교통하신다. "영적인 연합"이 지속되

247　John McClean, "Perichoresis, Theosis, and Union with Christ in Thought of John Calvin," *Reformed Theological Review*, 68:2 (2009): 130-141.
248　Garcia, *Life in Christ*, 258.

는 것은 그보다 먼저 이뤄진 신비적 연합의 효과이자, 열매라고 칼빈은 설명했다.[249] 그리스도가 승천하신 이후에, 성령에 내적인 사역에 의해서 우리가 그리스도와 연합하며, 그리스도는 지속적으로 우리에게 은사들을 풍성하게 채워주신다. 앞에 나왔던 신비적 연합이 단번에 이뤄지는 결정적인 사건이라면, 영적인 연합은 지속적이며, 점진적인 관계성이다. 이러한 교통은 성도의 신앙생활을 통해서 성장하며, 점점 더 강화된다. 특별히 성만찬을 통해서 영적인 영양을 공급받으며, 힘을 얻는다. 복음을 통해서도, 물론 하나님의 말씀을 통해서도 동일한 혜택을 받는다.

칼빈은 오직 하나님만이 우리의 생명에 있어서 근원이요, 원천이며, 샘물이라고 하였다. 그리스도는 삼위일체의 두 번째 위격으로서, 이 생명을 우리와 나눠주시는데, 그의 성육신의 미덕으로 인해서 하나님으로부터 나오는 생명을 우리에게로 전달해 주신다. 이것을 묶어주는 끈은 성령이시다. 성령이 우리를 그리스도와 연결시키며, 그리스도의 모든 것을 우리에게로 전달해 주어서 소유하게 하신다. 이 생명을 물에 비유해서 설명하면서, 칼빈은 하나님은 샘물이요, 근원이며, 성육신하신 그리스도는 솟아 올라와서 표면까지 넘치는 물이요, 우리가 다가갈 수 있으며, 성령은 그 어느 곳에 떨어져 있더라도 우리에게로 가져오는 연결통로이다.

성만찬은 바로 이러한 세 가지 차원의 그리스도와의 연합을 우리에게 가져다 준다. 특히 칼빈은 신비적 연합과 영적인 교통이 이뤄지고 있다고 보았다. 여기서 주목하게 되는 것이 버미글리가 자주 강조한 그리

---

249 John Calvin to Peter Martyr Vermigli, 310.

스도와의 연합이 성만찬의 중심 개념이라고 규정한 부분이다.[250] 훗날 출판된 버미글리의 주석에는 세 종류의 연합 개념이 그대로 나오는데, 칼빈이 제시한 내용들을 전적으로 수용하고 있음을 알 수 있다. 다만 버미글리는 칼빈의 편지에 담긴 두 번째와 세 번째 내용을 순서만 바꿔놓았다. 버미글리는 그리스도와의 연합을 설명하면서, 첫째는 그리스도가 사람의 몸을 입고 오시면서, 성육신에서 연합이 실현되었다. 둘째는 성도가 그리스도와 점진적으로 교제하여 나가는 성화의 전과정에서 일어난다. 성령은 거룩한 열심을 지속적으로 불어넣어 주시고, 성도는 영적으로 변화한다. 셋째가 성례에서 일어나는 "신비적인 교통"인데, 그리스도의 몸에 영적으로 참여하는 가장 친밀한 관계라고 설명했다. 성만찬에 참여하게 되면, 성도들은 그리스도와 함께 나누는 깊고도 신비적인 교통을 통해서 영적으로 변화를 받게 된다. 이것이 성례가 은혜의 수단이 되는 이유이며, 성례를 거행하는 목적이라고 하였다.

셋째, 성만찬에서 일어나는 그리스도와의 교통 참여, 사귐[251]

앞에서 설명한 그리스도와의 연합 교리의 핵심은 성만찬 교리에서는 그리스도와의 교통 혹은 사귐, 참여라는 용어를 통해서 설명되어진다. 칼빈과 개혁주의 교회는 그리스도의 임재하심과 교통을 성만찬에 관한 교리에서 가장 중요하게 다룬다.

250　McLelland, *Visible Words of God*, 142.

251　B. A. Gerrish, "John Calvin and the Reformed Doctrine of the Lord's Supper," in *Articles on Calvin and Calvinism*, vol. 10, *Calvin's Ecclesiology: Sacraments and Deacons*. ed. R.C. Gamble (N.Y.: Garland, 1992), 234-236. K. A. Mathison, *Given for You: Reclaiming Calvin's Doctrine of the Lord's Supper* (Phillipsburg: P&R, 2002), 47.

가. 승천하신 그리스도가 영적으로 임재하신다.

그리스도의 영적 임재설의 핵심은 말씀과 함께 역사하시는 성령의 작용에 의해서 그리스도가 영적으로 특별하게 임재하시는 가운데, 빵과 포도주를 먹는다는 것이다. 성찬론에서 칼빈은 의미, 내용, 효과를 세 가지로 구분한다. 성만찬에 담긴 의미는 새 언약, 약속 또는 말씀에 담겨 있다. 성만찬의 내용은 그리스도의 죽으심과 부활과 승천이다. 빵이나 포도주라는 물질적 재료들은 그 자체로는 아무런 가치가 없다. 빵과 포도주가 담고 있는 깊은 내용, 또는 실체가 중요한 것인데, 그리스도가 죽었다가 다시 살아나셨다. 루터와는 달리, 칼빈은 그리스도의 몸이 승천하여 하늘나라에 계신다면, 결코 빵 속으로 내려와서 그 안에 머물러 있을 수 없다고 지적했다. 성만찬의 효과는 영적인 임재를 통해서 지속된다.

칼빈의 신학 사상에서 그리스도의 승천은 매우 중요한 위치를 차지한다. 승천의 중요성을 잘 이해하지 못하면, 성만찬에 대한 바른 이해할 수 없다. 승천은 그리스도의 초월성과 위대하심에 대한 성경의 중요한 진술이기 때문이다. 칼빈은 존재론적 근거에서 승천을 강조한다.[252] 칼빈은 승천하신 그리스도의 영광과 참된 인성을 훼손하지 않으려는 입장에서 성만찬이 "오실 때까지" 영속적으로 반복됨을 강조하였고, 루터와 로마 카톨릭의 견해를 거부한다.

승천은 마지막 다락방 강화에서 하신 주님의 말씀대로 "나는 너희와 항상 육신적으로는 함께 있을 수 없다"는 가르침과 일치한다요 14-17장. 승천은 주님의 우주적 통치권의 장엄함을 의미한다. 제자들이 보는

---

[252] Calvin, *Institutes*, IV.xvii.27.

앞에서 높이 올리워가시고, 구름에 가리워 보이지 안았다. 결국 땅에서 찾을 수 없는 분이 되었다행 1:3, 고전 15:5. 그분은 지금 하늘에 계신다행 1:9, 눅 24:51, 막 16:19. 스데반이 이 영광스럽게 승천하신 그리스도를 보았고 행7:550, 사도 바울도 그 영광을 목격하였다행 9:3.

성찬에서 그리스도의 영적인 임재가 또 다른 의미로는 "실제적 임재"real presence of Christ라고도 표현되는데, 무슨 의미인가에 대해서 생각해 보자. 지상에 계실 때에 그리스도의 몸은 죄가 없으시다는 점만 빼놓고는 우리와 같았다. 육체에 주어진 공간과 시간적 제한을 우리의 구원을 위해서 묵묵히 견디고 참아내셨다.

성만찬의 효과로서 그리스도께서 주시는 혜택들은 구속함과 거룩함과 의로움과 영생이며고전 1:30, 성령의 능력으로서 주신다. 성령은 우리를 그리스도와 하나로 묶는 접착체이자, 띠가 된다. 우리를 그리스도와 연합하게 하여, 이런 유익들에 참여케 한다. 그리스도는 구원의 혜택들과 따로 떨어져서 존재하시지 않는다. 또한 그 약속들과 무관하시지도 않다. 성찬에서도 그리스도의 유익들을 받는다는 말은 그리스도께서 베푸시는 유익들이 존재하는 때와 장소에 그리스도께서 영적으로 임재 하신다. 즉, 우리는 그리스도를 받는 것이다.

그러나 그리스도는 지역에 국한을 받는 육체라는 점에서 지상에 계실 때에는 우리와 같은 분이셨다. 죄가 없으시다는 점만 빼놓으면 우리와 같으시다. 지금 우리가 땅에 있는 반면에, 그 육체는 부활하셔서 하늘에 계신다. 그러므로 그리스도와 육체가 사귐을 가지려면 접촉점을 만들어내는 연결 고리로서 "띠"bond가 필요하다. 따라서 칼빈은 그리스도의 실제적인 피와 살에 참여하려면, 성령의 띠가 필요하다고 말한다.

성령을 통해서 우리가 그리스도와 연합하기 때문이다.[253] 칼빈은 『기독교강요』 제 3권에서 그리스도와 우리를 묶는 띠를 사람에게 있는 것으로서는 믿음이라고 하고, 그것의 원천적인 면에서는 성령이라고 했다. 우리가 약하기 때문에 성령은 우리에게 힘과 확신을 준다.

그리스도를 약속과 혼동해서도 안되듯이, "내용"과 "의미"를 혼동해서도 안 된다. 칼빈은 혼동을 피하고, 분리도 피하면서도, 구분하고자 했다. 그러나, 실재로 그리스도의 몸과 피에 참여하는 것이라고 주장한다. 이것은 오직 성령의 역사로 가능하다는 것이다. 분명히 오늘의 개혁 신학은 이 점을 매우 등한히 하고 있다.

그분이 하나님의 우편에 앉아 계시면서도 어떻게 땅에 있는 우리에게 참여하시며, 우리의 것이 되어 주시는가?

우리가 성만찬에서 먹고 마시는 일을 하는 동안에 예수님의 임재하심이 어떻게 일어나는지 알려주셨다:

볼찌어다 내가 문 밖에 서서 두드리노니 누구든지 내 음성을 듣고 문을 열면 내가 그에게로 들어가 그와 더불어 먹고 그는 나와 더불어 먹으리라(계 3:20).

칼빈은 우리가 믿음을 통해서 그리고 성령의 역사하심 가운데서 먹고 마심으로써 그리스도께서 임재하신다. 그리고 놀라운 일이 발생한다. 주님이 임재하시는 가운데서 우리들은 위로부터 내려주시는 유익들을 받게 되는 것이다. 웬델도 다음과 같이 칼빈의 영적 임재론을 설명한다. "그리스도의 살과 피가 진짜로 그리고 효과적으로 우리에게 임

---

253   Calvin, *Institutes*, IV.xvii.12.

재한다고 말하지만, 자연적인 방법으로 임재한다고 말하지는 않는다. 그 말의 의미는 우리가 받는 게 몸의 실체 자체도 아니고, 그곳에서 우리에 주시는 것이 그리스도의 진짜 자연적인 몸도 아니며, 다만 그리스도께서 우리에게 자신의 몸 안에서 우리에게 주시는 모든 유익들이라는 것이다."[254]

우리가 얻는 확신은 그리스도로부터 오는 구원의 혜택들을 통해서인데, 그리스도의 인격과 구별할 수 없다. "그러므로 칼빈은 언제나 그리스도의 몸의 자연적인 실체가 주입된다는 개념을 배척했지만, 다른 한편으로 그리스도와 그분의 유익들을 성찬에 임재하는 그리스도의 몸의 영적 실체로 간주하고서 믿음으로 그 안에 참여한다는 개념은 긍정했다....그 자신은 그리스도의 실재를 가지고 연합의 존재를 긍정할 수 있었으나, 그것은 이 용어의 의미를 그리스도 자신과 그분이 우리를 위해서 얻으신 유익들로 구성된 영적 실체로 규정함으로써 가능했다."[255]

그리스도께서 임재하시는 방식에 대한 칼빈의 설명은 루터의 견해와는 전혀 다르다. 루터교에서는 그리스도의 육체가 공간적으로 임재하는 것에 초점을 맞추고 있다. 그리고 그리스도의 부활과 승천 이후에, 편재해 계신다는 주장으로 이를 입증코자 한다. 그러나 칼빈은 그리스도의 인간적 본성은 한 장소, 한 지역에 제한되어야 한다는 것이다.

벌카워는 루터교나 로마 카톨릭의 임재 방식에는 그리스도의 비인격성이 문제된다고 지적한다. 그들의 주장에 따르면, 그리스도는 자동

---

254 Wendel, *Calvin*, 341.
255 Wendel, *Calvin*, 342.

적으로 임재해 있게 된다. 칼빈은 무의미한 존재론적인 혼합이나, 격리된 융합을 거부한다. 그러므로서 그리스도의 영적 임재를 보다 분명하고 진실되게 드러낸다. "주의 만찬에서 그리스도의 실재적 임재에 관한 논쟁에서 루터교는 그리스도의 재림의 기대에 대한 중요성과 믿음의 종말론적 방향을 현저히 약화시켜 버리게 된다는 점은 결코 과장된 말이 아닐 것이다…. 이미 지상에 편재하신다면 종말$_{parusia}$은 약화되고 만다."[256]

성례에 참가한다는 것은 하나님의 임재라는 영역에만 들어가는 것만이 아니라, 하나님께서 작용을 하고 계시는 영역으로 들어가는 것이라고 보았다. 사람들은 예식의 순서를 통해서는 하나님의 임재하심에 대해서 잘 깨닫지 못한다는 점을 칼빈도 잘 인식하고 있었다. 그래서 예배 가운데서 빵과 포도주를 먹고 마시는 물체적인 요소를 제공하신다는 점에 특별한 중요성이 있다고 파악했다. 사실상 무소부재하시는 하나님께서 빵과 포도주의 어느 부분에 임재하시느냐에 대해서 질문을 한다는 것은 별로 큰 의미가 없다. 문자 그대로의 몸을 먹는 예식이 아니라라는 것이다. 이것은 루터파의 공재설에서도 전혀 설명하지 못했다. 하나님께서 우리를 위해서 임재하시는 것은 저주와 파괴가 아니라 평화와 안전임을 이해하는 것이 더 중요하다.

나. 인간의 지식을 넘어서는 신비로운 교통이 이뤄진다.

성만찬에서는 성도가 어떻게 그리스도와의 연합을 이룰 수 있는가? 어떻게 그리스도의 몸과 피를 통해서 주시는 혜택들을 받아들이게 되

---

256 Berkouwer, *The Sacraments*, 236.

는가? 성령이 연합을 이루는 끈bond이 되어서 그리스도와의 연합이 이뤄지게 되는데, 어떻게 성도들 각자에게 전달되어지는 것인가? 그리스도와의 연합을 어떤 방식으로 이루는 것이며, 우리가 성만찬에서 말씀의 약속과 함께 임재하는 주님과 함께 먹고 마시는 동안에 어떤 상황이 벌어지는 것인가?

다시 한번 말하지만, 성만찬에서 성도는 문자 그대로 그리스도의 몸을 먹는 것이 아니다. 예수님의 몸은 하늘에 있고, 아무 곳에나 편재하는 것이 아니다. 성도는 그의 몸과 피를 통해서 발생하는 모든 효력에 참여한다. 그리스도가 나무 위에서 자신의 몸으로 우리 죄를 짊어지심을 통해서 성취하고 확보한 모든 것들에 참여한다.[257] 성도는 그리스도와의 연합을 이루며 살아가는데, 그 방식은 그리스도와의 사귐을 통해서이다.

칼빈은 우리가 성례를 받는 것은 믿음으로 "교통한다"communion는 의미라고 여러 차례 설명하였다.[258] 그리스도와 성도가 교통하는 것은 믿음으로 이뤄진다. 믿음이라는 교통의 방식을 통해서 이뤄지는데, 이 믿음은 인격적인 신뢰를 말한다. 그리스도와의 교제에 관련된 모든 실행과 활동은 믿음을 통해서 이뤄진다. 믿음은 인격적인 신뢰fiducia이다. 믿음의 중요한 행위는 우리에게 값없이 주어진 그리스도께 자신을 의탁하는 행위이고, 믿음의 확신은 이 구원이 우리의 것이라는 확신이다롬 8:38.[259] 존 머레이 교수는 우리가 구원을 받는 믿음의 핵심은 자신을 그리스도에게 의탁하는 것이다고 강조했다. 구원을 위해서 자신을 그리

257　John Murray, *Systematic Theology*, 1:394.
258　Calvin, *Institutes*, IV.xvii.16, 19, 20. B. A. Gerrish, *Grace and Gratitude*, 174.
259　John Murray, *Systematic Theology*, 1:270-276.

스도에게 의탁한다는 것이 신뢰의 특성이다. 이러한 구원하는 힘과 능력은 엄밀히 말하자면, 그 믿음 자체에 있지 않고, 전능하신 주님에게 있다. 구원하는 것은 그리스도에 대한 믿음이 아니라, 믿음을 통해서 구원하시는 그리스도에게 속한 것이다. 우리가 가진 믿음 속에 극소량이라도 의존해서는 안 된다.

그리스도와의 연합이 실행되어지는 과정은 그리스도와 "사귐"을 통해서다. 이것이 칼빈의 성만찬 교리에서 가장 중요한 핵심이다. 성만찬에서 성도는 영적으로 그리스도와 "사귐"을 갖으며, 성도는 신의 성품에 "참여"한다. 신약 성경에는 헬라어 "코이노니아"κοινωνία가 사용되었는데, 라틴어로는 "코뮤니오"communio라고 번역되었고, "교통" "교제" "결합"이라는 뜻이다. 신약 성경에서 명사로 43회 사용되었다. 신약 성경에서 "교제" "사귐"fellowship는 의미로는 12회 사용되었고, "다 같이 나누다"sharing in common는 용도로는 3회, "교류"communion 혹은 "참여함"joint participation이라는 의미로는 각각 두 차례 사용되었으며, 그 밖에도 형용사, 동사형으로도 사용되었다.

성도가 그리스도와의 "사귐을 가지며," 혹은 성만찬에서 그리스도의 몸에 "참여"한다는 의미를 알려주는 신약 성경의 중요한 사례를 살펴보자. 베드로 사도는 성도들로 하여금 "신성한 성품에 참여하는 자가 되게 하려 하셨다"벧후 1:4고 하였다. 여기에 "코이노니아"가 사용되었는데, "참여함"participation을 의미한다.

또한 요한 사도는 "만일 우리가 하나님과 사귐이 있다 하고 어둠에 행하면 거짓말을 하고 진리를 행하지 아니함이거니와 그가 빛 가운데 계신 것같이 우리도 빛 가운데 행하면 우리가 서로 사귐이 있고 그 아들 예수의 피가 우리를 죄에서 깨끗하게 하실 것이요"요일 1:6-7. 여기에서 "코이노니아"는 "사귐"fellowship을 의미한다.

성례를 통해서 주시는 그리스도의 몸과 피라는 선물은 믿음인격적 신뢰을 통해서 성도들과 교통한다. 그러나 믿음이 없이는 이런 교통연합에 참여할 수 없으며, 오히려 저주에 이르게 된다. 성례의 유효성에 대한 논의에서, 그리스도의 총체적 인격들과 사역을 통해서 이룩하신 것들을 믿음인격적인 신뢰을 통해서 성도들과 교통하신다. 칼빈은 어떻게 해서 그리스도가 자신을 우리에게 주시느냐에 대한 답변으로서, 믿음에인격적 신뢰에 의해서 "교통"이라는 "방식"ratio, modus이라고 설명했다. 성만찬에 참여하는 자들은 성령의 충만하심 가운데서, 하나님의 비밀스러운 역사에 놀라게 된다.

칼빈은 성령의 교통이라는 방식에 대해서 한 가지 예를 들었다. 동정녀 마리아가 성령으로 잉태함에 대해서 "어찌 이런 일이 일어날 수 있느냐"고 놀라워했던 것을 기억해야만 한다는 것이다눅 1:34. 성령이 하시는 일은 이처럼 알 수 없지만, 그 오묘하심에 대해서 놀라워하는 할 수 있는 것이다.

칼빈은 말씀처럼, 성례들이 그리스도와의 신비로운 교통을 이루도록 효력을 발휘하고 있다는 점을 강조했다.[260] 그리스도의 육체적인 인간의 본성을 포함하는 총제적인 그리스도의 성품과 교통을 하는 것을 의미한다. 요한복음 6장은 칼빈이 구원에 이르는 연합의 본질에 대해서 설명하는데 있어서 매우 중요한 부분이다. 가버나움에서 하신 예수님의 말씀은 성육신적인 연합으로는 구원에 이르는 연합에 불충분하다는 것을 제시한 것이다. 예수님께서는 영생에 이르려면 사람들이 자

---

260 Calvin, *Institutes*, IV.xiv.7.

신의 몸을 먹고, 피를 마셔야만 한다고 가르치셨다요 6:54-56. 칼빈은 예수님의 너무나 생생하고 사실적인 용어들은 믿음을 설명하는데 하나의 방식이라고 풀이했다요 6:29, 35, 40, 47, 69. 동시에 "먹는다"는 것은 하나의 비유로서 말씀하신 것이지만, 예수님의 몸을 연결해서 설명한 것은 비유적인 것이 아니라고 칼빈은 해석했다. 먹는다는 것은 믿음의 방식으로 구원을 가져다주는 "예수 그리스도의 몸과의 중단없는 교통"을 말하는 것이다.

> 우리가 그리스도를 믿는 것 외에 다른 방식으로 그리스도를 먹을 수 없다는 것은 인정한다. 그러나 그리스도를 먹는 것은 믿음 자체라기보다는 믿음의 결과이자 열매이다. 왜냐하면, 믿음은 단지 멀리서 그리스도를 바라보는 것이 아니라 그를 꼭 붙잡아서, 그가 우리의 것이 되어 우리 안에 거하시게 하기 때문이다. 믿음으로 말미암아 우리는 그의 몸에 연합되고, 그의 생명에 참여해서, 그와 하나가 된다(요 17:21). 그러므로 믿음이 우리를 어떤 식으로 그리스도와 연합시키는지를 알고 있다는 것이 전제되어 있다면, 오직 믿음으로 우리가 그리스도를 먹는다는 것은 옳다.[261]

칼빈은 요한복음 6장의 내용이 성만찬에 해당하는 구절이 아니라고 하였지만, "성만찬에서 형태적으로 제시되어지고, 믿는 자들에게 실제로 제공되어지는 것이 아니라고만 할 수 없으며, 그리스도께서는 아마도 성만찬에 대해서 확정하시고 인치시려는 의도로 이런 설교를 하신 것이 아닌가 본다"고 하였다. 요한복음 6장은 성만찬에 대한 말씀은

---

261 Calvin's Commentary on John's Gospel, 6:35.

아니지만, 성만찬은 요한복음 6장에서 말하고 있는 것과 같은 내용이 포함되어 있다는 것이다.

칼빈은 하나님의 말씀과 보이는 보증pledge 사이의 동등한 중요성과 분리될 수 없는 연결성을 근거로 삼고 있다. 하나님의 말씀처럼, 성례들 속에서도 의미하는 바를 전달함으로써 작용을 하고 있는 것이다. 성례들은 그 존재하는 것 자체만을 가지고는 아무것도 할 수 없다. 제시하는 것의 개념적 이론들과 형이상학으로는 구원 역사의 집행에서 아무런 역할을 할 수 없다. 말씀을 선포하여 작동이 일어나듯이, 성례도 역시 실행적인 외적 수단들이다.[262] 우리가 세례를 통해서 그의 가족의 일원으로 받아들여지고, 지속적으로 먹여주심을 통해서 그리스도 안에서 하나님의 아버지 되심의 선하심을 제시하는 것이다.

칼빈은 이런 양식의 작용들이 어떻게 일어나는가에 대해서는 이성으로 다 이해할 수 없음을 시인한다. 필자는 이 부분에서 우리가 이해하기 보다는 오히려 "맛보며 감격한다"는 칼빈의 고백에 동조한다. 칼빈이 신론에서도 자주 사용하는 단어가 "불가이해성"incomprehensibility이다. 개혁신학자들은 초월적인 영역에 속한 신비로움을 인간의 말로 충분히 표현할 수 없음을 그대로 받아들인다. 그래서 이성과 과학으로서는 이해될 수 없는 신비로 남아있는 하나님의 존재와 속성들이 있음을 인정하며, 이를 억지로 풀려고 하지 않는다. "하나님의 불가이해성"에 관한 교리는 여기 성찬론에서도 여전히 적용되고 있다.[263] 칼빈은 하나님을 꿰뚫어서 처음부터 끝까지 다 알 수는 없다고 고백한다. 그러나 아예 하나님에 관한 지식을 갖는 것이 불가능하다고 말하는 "불가지

262　Calvin, *Institutes*, IV.xv.14-15. B. A. Gerrish, *Grace and Gratitude*, 122-123.
263　Calvin, *Institutes*, IV.xvii.9,11.

론"agnosticism으로 오해 해서는 안 된다.

> 그렇게 위대한 신비를 말로 옮겨놓을 수 있는지 모르겠으나, 내 생각으로는 충분히 깨닫지도 못한다. 그러므로 누구도 나의 미약한 표현 능력을 척도로 하여 그 신비의 숭고함을 가늠하려 해서는 안 된다는 점을 나는 기꺼이 인정한다. 나는 이 문제를 논의할 때마다 최선을 다해서 모든 내용을 다 말하려고 애쓰지만, 나중에 보면, 언제나 그 신비의 가치에 비해서 나의 논의가 너무나 미미하다는 느낌을 받기 때문이다. 나의 사고력조차도 이 신비의 위대함에 완전히 정복당하며 압도당하고 마는 것이다. 그러므로 이 신비에 대해서는 놀라움과 경이의 탄성이 터져나올 수밖에 없다. 사고력으로 깨달을 수도 없고, 입으로 표현할 수도 없는 것이 분명하다.[264]

> 만일 누가 나에게 어떻게 이런 일이 일어나느냐고 묻는다면, 나는 이것은 너무나 높은 것이어서 나의 마음이 이해하거나, 나의 말로 표현해 낼 수 없는 비밀이라는 사실을 고백하는 데 부끄럼을 느끼지 않을 것이다. 보다 분명히 말하자면, 나는 그것을 이해한다기보다는 오히려 체험한다.[265]

칼빈은 성만찬에 임재하는 예수 그리스도의 신비로움에 대해서, 영적인 성격이라서 모든 것들을 다 설명할 수는 없다고 고백했다. 그럼에도 불구하고, 칼빈은 성경이 명백하고도 구체적으로 설명하는 내용을 무시할 수 없었다. 우리가 육체 안에서 그리스도와 "신비로운 교제"mysterious communion를 하며, 이러한 사귐을 가지고 있지 않다면 구원

---

264 Calvin, *Institutes*, IV.xvii.7.
265 Calvin, *Institutes*, IV.xvii.32. Gerrish, *Grace and Gratitude*, 175.

은 불가능하다. 이때의 "신비스럽다"는 말은 우리의 "이해를 초월한다"는 의미요, 영원히 감추어진 어떤 것이나 막연한 무엇이라는 말이 아니다. 우리의 이해와 오감으로 완전히 소화될 수는 없으나, 언제나 계시되어지는 것임을 잊어서는 안 된다. 언제나 위로부터 내려와서 우리에게 주어지는 것이다. 성례는 신비라기보다는 우리를 위해서, 위로와 격려와 감격을 주시기 위해서 찾아오신 필수적인 은혜이다. 따라서 주술적인 능력을 포함하는 듯한 신비의 강조는 적절한 이해가 되지 못한다. 성경 교리에서와 마찬가지로 하나님은 자신을 낮추자 우리의 연약에 적응하신다.

> 우리와 그렇게 멀리 떨어져 있는 그리스도의 육체가 우리 안에 들어와 우리의 양식이 된다는 게 참으로 믿기 어렵게 보이긴 하지만, 성령이 은밀한 능력이 우리의 모든 자각을 얼마나 초월해 있으며, 측량할 수 없는 그분의 도량을 우리의 도량으로 측량하려는 게 얼마나 어리석은 일인가 하는 것을 기억하자. 그러므로 우리는 이성으로 이해할 수 없는 사실을 믿음으로 마음에 품도록 하자. 성령께서는 참으로 공간상 떨어져 있는 것들을 연합시킨다.[266]

칼빈의 영적 임재설이 무엇인가를 보여주는 설명이 들어 있다. 제목도 "주님의 만찬에서 그리스도의 몸의 임재"라고 되어 있다. 곧, 성령의 작용으로 인해서 상징 물인 빵과 포도주가 그 실체인 그리스도의 몸과 피에 우리로 하여금 참여케 한다. 빵을 떼는 행동은 상징이다. 분명히 실체, 즉 그리스도의 몸을 직접 떼는 것은 아니다. 이것은 상징물을

266　Calvin, *Institutes*, IV.xvii.10.

통해서 상징하는 바가 무엇임을 알게 하는 물체적인 표현이다. 그러나, 이것을 믿음인격적 신뢰으로 받아들일 때에, 이런 상징을 보여주심으로 인해서 실체를 보여주신다는 충분히 추론할 수 있다. 그리스도께서 단지 공허한 상징을 우리 앞에 제시한 것으로 치부할 수 없다.

칼빈은 빵과 포도주를 상징으로 사용하시는 하나님께서 속이는 분이 아니시다면, 이 빵을 떼는 일을 통해서 그리스도의 몸 안에 참여함을 진실로 나타내고자 하시기에 그분이 참으로 자신의 몸을 제시하시고, 보여주시고 있음을 의심해서는 안 된다는 것이다.

> 언제나 그들은 [경건한 사람들] 주님에 의해서 지정된 상징들을 바라볼 때에, 그 물체가 상징하는 바 실체가 참으로 그곳에 임재해 있다는 점을 생각해야 하고 그런 생각으로 압도 되어져야만 한다.
> 왜냐하면, 그 안에 참으로 여러분들이 참여한다는 확신을 주시지 아니하신다면 무엇 때문에 주님께서 여러분들의 손에 자신의 몸의 상징을 놓으시겠는가? 그러나 만일 보이지 않는 선물을 보장해 주시기 위해서 보이는 상징이 주어진 것이라고 한다면, 우리가 그 몸의 상징을 받을 때에 그 몸 자체가 우리에게 주어진 것이라는 확신을 조금도 잃어버리지 않도록 하자.[267]

다. 성만찬은 영적인 양식이며, 이것을 주시는 분은 모든 선한 것의 근원이신 하나님이시다.

성만찬은 선하신 하나님의 선물이다. 모든 갖가지 좋은 것들은 빛들의 하나님에게서부터 나온다. "각양 좋은 은사와 온전한 선물이 다 위

---

267 Calvin, *Institutes*, IV.xvii.10.

로부터 빛들의 아버지께로서 내려오나니 그는 변함도 없으시고 회전하는 그림자도 없으시니라 그가 그 조물 중에 우리로 한 첫 열매가 되게 하시려고 자기의 뜻을 좇아 진리의 말씀으로 우리를 낳으셨느니라"^{약 1:17-18}. 성만찬은 그저 선물 주심에 대해서 기억하는 예식이 아니다. 하나님의 "선하심을 풍성하게 부어주시는 선물"을 특별하게 받는 것이다. 그러므로 그의 친절하심에 감사를 올려야 한다고 강조했다.

> 이 성만찬에서 주님께서는 자신의 선하심을 풍성하게 우리들의 기억 속에 부어주셔서, 우리가 그것을 인식하도록 자극을 주신다. … 찬양과 감사를 돌려드리도록 선포하신다. … 우리는 이 주님의 거룩한 빵이 영적인 양식이요, 달콤하고 맛있는 음식임을 보게 되는데, 그리스도께서 자기 생명을 주신 자들에게 보여주시는 것이다. 복음의 감격이 우리 앞에 놓여져 있다.[268]

떡과 포도주라는 상징물로써 그리스도의 실재 임재가 참으로 성도들에게 그가 십자가에서 성취하신 것의 혜택들을 강력하게 전달한다. 하지만, 상징물 그 자체는 그것이 상징하는 대상과 결코 혼돈해서는 안 된다. 떡과 포도주라는 상징물로써, 그리스도의 실재적 임재가 성도에게 주어지는 것은 오직 성령의 역사를 통해서이다. 그렇지 않으면, 성례는 다른 방향으로 이해되어서 완전히 그 의미를 왜곡해 버리게 된다.

라. "선물은 예수 그리스도 자신이다."

성만찬에서 그리스도의 총체적인 인격을 모두 다 주시는 것이라고

---

268 Calvin, *Institutes*, IV.17.6.

했다.[269]

성만찬에 임하는 성도들에게 주시는 선물은 피와 몸을 주신 그리스도 자신이다. 그리스도의 총체적인 것을 모두 다 주신다. 이에 대해서 성도들의 반응이 감사로 가득해야만 한다고 칼빈은 강조했다. 화체설에서 나오는 빵과 포도주의 변환이나, 공재설에서 주장하는 내재적인 요소들에 관해서 관심을 가질 필요가 없다. 빵과 포도주는 상징이자 확증으로서, 오직 예수 그리스도만을 보여주는 것이다.

칼빈은 성례의 영적인 효과에 대해서 강조하였다. 성례야말로, 오직 믿음으로 받아들이지 않으면 아무런 효과나 의미가 없다고 강조한다.[270] 모든 영적인 효과는 오직 한 분 중보자 되시는 그리스도에게만 근거하는 것이며, 우리가 믿음을 통해서 그리스도와 생명의 관계를 맺고 있을 때어야만 비로소 우리에게 효과가 나타날 수 있다.

칼빈이 강조하는 바는 주의 만찬에서 성령의 외적 사역을 우리의 육체적 연약에 맞춰서 생각해야 한다는 점이다. 그리스도는 육체로 십자가에 못 박히신 분인 동시에 부활하신 분이며, 성찬 때 우리는 그 육체에 참여한다. 그리스도의 육체가 반복해서 강조되는 것은 하나님께서 우리로 하여금 눈으로 보고 손으로 만질 수 있도록 자신을 낮추어 주신 것이고, 내어주신 것이기 때문이다. 육체의 방법을 통해서 그리스도는 우리 곁에 계시기 위해서 오셨다. 즉, 최후의 부활 때에 우리는 육체의 온전한 성화가 있을 것을 바라보고 있다. 그러나 지금은 연약하고, 무능력하여 오직 하나님께서 우리 가운데 육체로 보내신 그리스도 안에서 구원을 얻는다.

---

269 Calvin, *Institutes*, IV.17.7, 9.
270 Calvin, *Institutes*, IV.xiv.17.

하나님의 말씀에는 그 자체 속에 생명의 풍성함이 들어 있다는 말을 들었는데도, 정작 여러분의 속에서나 주위에서는 만나는 것이나 앞에서 움직이는 것에서는 오직 죽음뿐이라고 한다면, 여러분들은 지닐 확신은 얼마나 보잘 것없는 것이겠는가? ... 나는 하늘에서 내려온 생명의 떡이다는 말은 세상을 위해서 주시는 그리스도의 육체이다(요 6:48, 51).

이런 말씀들로 인해서 그분은 하늘로부터 우리에게로 내려오신 하나님의 영원한 말씀이신 까닭에, 그분이 생명이라는 것을 의미할 뿐만 아니라, 내려오심으로 해서 그분이 자신도 취하셨고, 그로부터 [성육신] 우리들에게까지 생명에 참여하기 위해서 그 권능을 육체 위에 부어주셨다는 사실을 의미한다.... 그분의 육체는 진정한 양식이요, 그분의 보혈은 참된 음료이며(요 6:55-56), 이런 음식들로 인해서 믿는 자들이 영원한 생명으로 공급을 받는 것이다. 따라서 이것은 경건한 자들에게 주시는 특별한 위로이니, 그들은 이제 그들 자신들의 육체 속에서 생명을 발견하는 것이다.[271]

라. 이 선물은 성령에 의해서 주어지는 것이다.

칼빈이 "그리스도가 영적으로 임재하신다"spiritually present고 표현하는 것은 그리스도의 몸과 피가 성령의 신비로운 권능에 의해서 현재 임재하도록 만드신다는 의미이다. 이것을 거절하는 자는 복음의 선포를 불신하는 자이다. 그리스도의 몸과 피는 그가 택하신 믿은 자들에게 주어진다. 츠빙글리와는 달리, 칼빈은 이 확실한 은혜의 방편을 통해서

271　Calvin, *Institutes*, IV.xvii.8.

그리스도와 그의 혜택들을 참되게 공유하신다고 주장했다. 성례에 대해서 주신 약속의 말씀과 함께, 성령의 감동을 통해서 이를 달성한다. 루터와는 달리, 어느 한 장소에 그리스도의 육체가 공재하는 빵과 포도주를 먹는다고 하는 것이 아니다. 이런 영적 임재를 체험하고 확신하게 하기 위해서 성령의 역사는 매우 결정적이다. 우리와 그리스도와의 간격이 너무나 멀고 넓지만 성령이 끈이 되어서 우리를 그리스도의 승천하신 높은 경지로 이끌어 올리신다.

> 그러므로 이 관계를 맺어주는 끈은 그리스도의 영으로서, 그 분은 우리를 그리스도께 연결시키며, 일종의 통로가 되어 그리스도와 그분의 소유에 관계된 모든 것을 우리에게 전달한다.... 성경은 우리가 그리스도께 참여한 일을 말할 때 그것을 가능하게 하는 모든 능력을 성령과 관련짓는다. ... 그리스도는 오직 성령을 통해서 우리 안에 거하신다.[272]

여기서 칼빈은 로마서 8장 9절, "너희 속에 하나님의 영이 거하시면, 너희가 육신에 있지 아니하고 영에 있나니"라는 한 절의 말씀이 이를 충분히 입증한다고 확신한다. 이러한 신비적인 영적인 방법에 의하여, 우리는 그리스도의 살아 계신 실재에 참여하는 자가 된다.[273]

칼빈은 우리와 그리스도와의 연합이 마치 체인처럼, 접착제처럼, 성령의 비밀스러운 작동을 통해서 이뤄지는 영적인 것이라고 강조했다.[274] 그리스도의 몸은 일반적인 제약의 대상이므로, 그 빵이나 포도주 속

---

272 Calvin, *Institutes*, IV.xvii.12.
273 Richard C. Gamble, "Calvin on the Lord's Supper," *Reformed Presbyterian Theological Journal*, vol. 9.1 (2022):25-36.
274 Calvin, *Institutes*, IV.17.25.

에 들어갈 수는 없다. 그러나 성령은 공간을 초월하시며, 그리스도에게 우리를 묶어놓는다. 성령은 그리스도가 우리에게 전달되는 통로가 된다. 우리는 그리스도를 이 땅으로 다시 오시도록 끌어오는 것이라고 생각할 것이 아니라, 도리어 성령은 우리를 하늘나라로 끌어 올려서 그리스도의 임재하심 가운데서 즐거워하게 하신다. 상징하는 것들에 의해서, 초대를 받은 우리 성도들은 우리의 눈과 마음을 하늘로 들어 올리도록 만드신다. 이것은 칼빈 자신도 충분히 다 이해할 수 없는 신비로움이라고 받아들였다. 그는 어린아이들처럼 미련하게 생각하지 말고, 모호하다거나 불명확하다거나 의구심을 가지지 말라고 당부했다. 먹고 마시는 것은 음식의 일종에 불과하지만, 믿음으로 그리스도의 몸과 피를 참되게 받으라는 것이다. 실제 그리스도의 몸과 피가 빵과 포도주 속에 있어서, 그것들을 우리의 몸 속으로 들어오게 하는 것이 아니다. 그리스도의 몸은 부활 후에 승천하여 하늘에 계시기 때문에, 우리들이 입으로 받아서 위 속으로 들어갈 수 없다.

마. 부활하신 날에 거행할 것이며, 부활의 감사와 찬양의 예식이다.

칼빈은 성찬이 가져다주는 확신과 기쁨을 부활과 승천의 소망에서 나온다고 풀이한다. "우리를 위해서"$_{pro\ nobis}$ 흘리신 그리스도의 피이기 때문에, 성례는 죽으시고 부활하사 승천하셨으며, 장차 다시 오실 주님에 대한 소망과 놀라운 확신을 가져다준다.

우리가 부활과 승천의 소망을 가지는 것은 그리스도께서 다시 사시고 승천하시며, 터툴리안의 말처럼, 우리의 부활에 대한 보증을 가지고 하늘로 가셨기 때문이다. 그러나 만약 우리의 몸이 그리스도 안에서 진정으로 살리심을

얻지 못했다면, 그리고 하늘나라에 들어가지 못했다면 이 소망은 얼마나 약하고 취약한 것인가!²⁷⁵

칼빈은 수난절이 아닌 부활절 분위기에서 성찬식을 거행하여야만 한다고 강조했다. 칼빈이 주일날 성찬을 갖기를 원했던 이유는 모든 주일은 부활을 축하하는 날이기 때문이다. 성찬을 통해서 우리가 연합하고 사귀는 주님은 부활하신 분이시오, 승천하신 주를 대상으로 하기 때문이다. 최근에 미국에서는 상당수 개신교 교회들이 소위 "성 금요일"Good Friday 오후에 교회에 모여서 예수 그리스도의 죽음에 대한 예식으로서 성만찬을 나누고 있다. 로마 가톨릭의 영향이라고 본다.

아브라함 카이퍼는 전적으로 성만찬을 부활의 권능과 재림의 소망 가운데서 거행해야 한다는 칼빈의 견해에 동의하였다. "주의 만찬을 죽음을 당하신 우리 주님께 바치는 일종의 기념식으로 여겨 수난일에 거행하는 어리석음을 하지 않게 된다. 우리는 신약의 식탁에 다가갈 용기를 주는 것이 십자가가 아니라 부활이라는 점에서, 주의 만찬을 부활절 아침에 거행한다. 예수님의 죽으심이 가장 중요한 것은 아니기 때문이다. 죽으심만으로는 어떻게 여러분의 영혼을 대속하실 수 있었겠는가? 죽으심이 전부였다면 여러분은 그분과 함께 장사되었을 것이고, 그곳에 장사된 채 남아 있었을 것이다. 부활절 아침이 될 때까지는 즐거워할 수 없다. 그때야 비로소 여러분은 그리스도와 함께 무덤에서 일어나기 때문이다."²⁷⁶

칼빈의 성례론에는 경건이 큰 비중을 차지하고 있다. 하나님 앞에서

---

275 Calvin, *Institutes*, IV.xvii.29.
276 A. Kuyper, *The Death and Resurrection of Christ*, 101.

인간의 마땅한 본분을 다하기를 갈구하는 칼빈의 생각이 깊이 스며있다. 특히 칼빈은 성찬을 말씀과 떼어놓지 않으므로 해서, 주일에 선포하는 말씀을 통해서 영적인 양식이 공급되게 하고, 성찬을 통해서 그리스도와 연합되며 사귐을 갖게 하고자 했다. 마땅히 그리스도인들은 듣고 배우려는 자세로 다가가야 한다. 그리고 한 성령으로 한 피를 나눈 성도 간에 서로 사랑에 대한 의무를 지니게 되어진다.

vi) 성만찬 예식의 실제적인 방안들

지금까지 우리가 성만찬의 의미와 내용에 대해서 성경적으로 살펴보았고, 임재의 방식에 대하여 토론했던 신학자들의 설명들을 점검하면서 칼빈의 영적 임재설을 살펴보았다. 이제, 한국 교회에서 어떻게 이 예식을 거행할 것인가, 어떤 자세로 참여할 것인가에 대해서 실제적 방안들을 제안하고자 한다.

기본적인 사항들을 성경에 따라서 제공하면서, 성만찬을 나눠야 한다. 성만찬 예식을 거행함에 있어서, 가장 중요한 시행 내용들이 있다. 앞에서 살펴본 바와 같이, 우리는 "성 금요일"Good Friday을 지키는 것이 아니다. 주님께서 부활하신 날의 축제에 참여하는 것이다. 당연히 주님의 날에, 주일 날에 부활과 승천의 소망 가운데서 모여야 한다.

먼저, 공중 기도가 있어야 하고, 성례와 관련한 목회자의 설교가 반드시 있어야 한다. 그리고 빵과 포도주가 배설된 후에 성찬에 관한 말씀을 다시 한번 목회자가 반복하여 전달한다. 이때 우리에게 주어진 말씀의 약속을 반드시 선포해야만 한다. 성찬에 참여할 수 없는 자에 대해서도 언급해야 한다. 준비없이 먹는 자들에게는 주님이 참여를 금지하셨다고 분명히 선포해야만 한다. 그 후에 목회자가 다시 한번, 주님께서 마음에 믿음을 주시고, 감사로 넘치게 하시고, 은혜로 우리에게 주시기를 기도해야 한다. 이때 시편을 찬송하거나 말씀을 읽어도 무방하다. 그리고 모든 순서들은 가장 거룩한 예식으로 진행되어야 한다. 성만찬의 배분이 모두 다 마쳤을 때에는 다시 한번 신실한 신앙을 격려하고 신앙을 고백한다. 마지막에는 항상 하나님을 찬양하고 높여야 한다. 이런 일들이 다 마쳐졌을 때에 교회는 평안 가운데 폐회를 하는 것이다.

굳이 다시 새로운 측면들을 제시하는 것은 최근 성만찬 신학이 전 세계 교회들 속에서 어떻게 이해되고 있는가를 살펴보면서 안타까움을 금할 수 없었기 때문이다.

세계교회협의회 w.c.c.는 수년 동안에 성만찬에 대한 다양한 교회 전통들의 통합을 모색하여 오던 중에, 1982년 "세례, 성찬, 목회"에 관한 "리마 선언"을 발표했다. 전체적인 내용은 성례가 "감사를 표현하는 예식"이라고 규정했다. 물론 성도가 감사를 표하는 예식인 것은 사실이다. 그러나 예수 그리스도의 피 흘림과 죽으심이 우리에게 어떻게 은혜가 되는가에 대해서 정확하게 규정을 하지 않았다. 다시 말하면, 무엇에 대해서 감사하는 것인가에 대한 설명이 너무나 모호하다. 세계교회협의회의 발표문에는 동방정교회의 성례론을 근간으로 사용하여서 정리된 문서라는 사실이 드러났다.[277] "리마 선언"에 담긴 이런 해석은 프랑스 개신교 신학자 투리앙의 "기념memorial과 감사의 축제commemoration"라는 개념들이 반영된 것이다.[278] 이 문서에서는 하나님의 모든 창조와

---

[277] "The Lima Declaration, *Baptism, Eucharist and Ministry* (Geneva: 1982, Faith and Order Paper no. 111).

[278] Max Thurian, ed., *Ecumenical Perspectives on Baptism, Eucharist and Ministry* (Geneva: 1983), 90-103. 이 책에 "리마 예전서"의 해설이 (225-246) 담겨 있다.

구원의 역사를 살펴볼 때에, 감사의 기도를 올려야 한다고 서술했다. 그러한 맥락에서, 그리스도의 기도와 함께, 희생 제사로서 하나님께 제시되어진 것이 빵과 포도주라고 설명했다.[279] 그런데 "리마 선언"에서는 핵심을 이루고 있는 것은, 동방정교회의 감사예식을 그대로 적용한 부분으로 피와 몸으로 희생 제사를 올리신 성자 예수님의 희생에 대해서 "기억하고 감사하자"는 것이다. 그렇다면, 그 희생으로 인해서 오는 혜택들은 무엇인가에 대한 성경적인 설명이 있어야 하는 것 아닐까? 다시 말하지만, 종교개혁의 성만찬 신학을 계승한 세계 개혁교회와 장로교회, 복음주의 교회에서도 기념과 감사를 반대하는 것은 아니다. 하지만, 리마 성찬론에서는 성경에서 가르치는 예수 그리스도의 구원의 혜택들이 얼마나 크고 위대하며 풍성한 가에 대해서는 전혀 설명이 없다.

첫째, 성만찬에서 영화롭게 되신 그리스도와의 친교에 참예한다.

> **너희를 불러 그의 아들 예수 그리스도 우리 주와 교제하게 하시는 하나님은 미쁘시도다**(고전 1:9).

주 예수 그리스도께서 교회에 제정해 주신 성만찬은 영화로우신 주님과 교제하며, 교통하고, 친교하는 시간이다. 이 예식에서 우리는 주님의 몸을 물리적으로 먹으면서 교제하는 것은 아니다. 예수님의 몸은 부활하셔서 하늘에 있다. 문자 그대로의 몸을 먹는 것은 아니지만, 그

---

[279] W. Schöpsdau, "Eucharistie," in *Kommentar zu den Lima-Erklrärungen über Taufe, Eucharistie und Amt* (Göttingen, 1983).

것에 의해서 표시되는 것들에 참여하는 것이다. 예수님께서는 나무 위에서 자신의 몸으로 우리 죄를 짊어지셨고, 그로 인해서 사망과 저주에서 우리를 건져주셨다. 그러나 주님은 고난 받으신 몸으로 영화롭게 되었다. 예수님께서 죽으심으로 인해서 발생하는 모든 효력들은 부활하시고 승천하시사 영화롭게 되신 그리스도에게 있음을 기억해야 한다.

우리는 영화롭게 되신 주님과의 친교에 참여하는 것이다. 주님의 영화롭게 되신 몸으로부터 나오는 효력에 참여하는 것이다. 그래서 몸이라는 요소를 제시하는 빵을 통해서 전달 수단으로 삼는 것이며, 이 거룩한 교제에서 필수불가결한 기능을 수행하는 것이다.[280]

성만찬은 "피로 세우신 새 언약"이다 눅 22:20. 피의 교제는 예수님께서 그의 피 흘림과 자신의 생명을 주심을 통해서 성취하고 획득한 모든 것에 참여하는 것을 의미한다. 성찬에서 잔으로 표시는 되는 것에 참여하는 것은 예수님의 피가 보증하는 모든 것, 그 은혜와 능력이 미치는 모든 것 안에서 구원받은 성도들이 참여하는 것이다.

성만찬의 시간에 그리스도와의 영적인 교제와 친교를 통해서 우리는 하나님의 은혜를 체험하며, 생명의 능력을 맛본다. 하나님께서는 자신의 아들, 예수 그리스도의 십자가에 의해서 자기 백성들과의 관계성을 새롭게 정립하였으며, 바로 그 이유 때문에 날마다 놀라운 기적을 제공하신다. 특히 교회에서 제공하는 성만찬의 식탁에 앉아서, 우리는 영화롭게 되신 주님과의 영적인 친교, 교제, 사귐을 갖는다. 빵과 잔을 서로 나누는 성만찬은 영화로운 몸을 입으신 그리스도와의 영적인 교

---

280 John Murray, *Systematic Theology*, I:394.

제에 참가하는 것이며, 거룩한 교통이 이뤄진다. 성도가 그리스도와 나누는 교제는 긴밀한 믿음의 교제이며, 생명의 교통이다.

성령께서 함께 하셔서 참석자들로 하여금 주님의 몸과 피에 참여하도록 하여서, 영광스러운 주님의 순결함과 거룩함으로 새로운 옷을 입혀주신다. 성만찬은 거룩한 행사이자, 최고의 순결과 진실한 행복을 맛보는 사건이다. 이 축제에서 교회는 오직 구원의 원천이 되시는 그리스도의 십자가에 대해서만 주목하면서, 하나님과 그의 백성들 사이에 맺어진 사랑의 역사가 시작된 근원으로 돌아가도록 부름을 받는다. 우리들의 모든 죄와 죽음의 문제들이 예수 그리스도의 십자가와 부활을 통해서 근원적으로 해결되었다. 이제, 주님께서는 그 말씀의 약속 가운데서 원천적으로 해결되었음을 우리에게 확신시켜 주신다.

성만찬의 식탁에 나아갈 때에, 반듯이 영화롭게 되신 주님으로부터 오는 양식을 먹고 힘을 얻는 역사가 일어난다. 성도 각자는 죄의 고통과 슬픔, 인생의 아픔과 수많은 어려움들을 품고서 주님의 식탁에 나아간다. 이 때에 예수님께서는 우리에게 "수고하고 무거운 짐"을 내려놓도록 말씀하시고, 자유함을 주신다. 우리 대신에 주님께서 십자가에서 죽으심으로 말미암아, 속죄의 제물이 되셨을 뿐만 아니라, 부활하시고 승천하셨다. 십자가는 영원한 저주와 엄중한 형벌로부터의 구출이요, 건져내시기 위한 대속적 희생이다. 각 사람에게 족쇄처럼 따라다니는 죄의 멍에와 형벌을 완전히 풀어놓으셨다. 주님께서는 무거운 죄의 짐을 벗어버리고 싶은 소원에 따라서 응답해주신다. 겟세마네와 골고다는 결코 우리들을 버리지 않으시고 몸과 피를 다 쏟아서 구원하시기 위해서 희생하시는 주님의 강력한 사랑이요, 구원의 완성이다. 빵과 포도주로 전달해 주시는 십자가의 메시지는 인류를 지배하고 있는 모든 죄악의 참상들을 거룩한 희생으로 변혁시키는 근원이다.

성만찬의 근원이신 예수 그리스도의 인도하심을 따라가는 자들은 엄청난 사랑을 베풀어 주신 주 예수 그리스도와 교제를 나눈다. 그분은 영화롭게 되신 분으로서 성도들과 교통하신다. 예수 그리스도는 하나님으로부터 우리에게 오셔서 지혜와 의로움과 선하심과 구원이 되셨다고전 1:30. 우리는 이처럼 엄청난 보배를 가진 자들로서, 새로운 감격 속에서 성만찬에 참여하게 될 때에만 그 크신 주님의 사랑 안에서 살아가는 힘과 능력을 제공받는다.

특히 요한복음 6장에서 제시된 내용들은 빵과 잔에 대해서 의미심장한 내용들을 제공하고 있다. 성만찬을 거행하기 훨씬 이전부터 이미 예수님은 자신이 "생명의 떡이다"고 말씀하였다요 6:48.

> 내 살을 먹고 내 피를 마시는 자는 영생을 가졌고, 마지막 날에 내가 그를 다시 살리리니 내 살은 참된 양식이요 내 피는 참된 음료로다 내 살을 먹고 마시는 자는 내 안에 거하고 나도 그의 안에 거한다(요 6:54-56).

성만찬에서 영화로우신 그리스도와 함께 나누는 교제는 굉장히 넓고 광범위해서 가히 상상조차 불가능한 차원이다. 사실은 성만찬에서만 주님과의 교제가 이뤄지는 것이 아니고, 그 이전과 그 이후에도 계속된다. 그래서 이러한 주님과의 교제를 기본적인 관계로 설정하고 있는 성만찬은 "새 언약의 친교"fellowship of new covenant라고 부른다.[281] 이러한 교제를 우리가 성경 말씀 속에서 관련된 성례의 독특한 의미로서

---

281 Conelis Trump, "The Sacrament of the Lord's Supper," 198.

이해하려면, 새 언약의 본질과 언약 가운데서 하나님의 행하심들을 반드시 성찰해야만 한다. 새 언약으로서 성만찬은 주님의 쓰라린 고난 당하심에 의해서 영광스러운 교제를 이끌어나가고 계신다는 점을 인식하여야 한다.

둘째로, 소망 가운데서 승리의 확신으로 충만해진다.

성만찬은 소망 가운데서 승리에의 확신을 불어넣는다. 성만찬은 주님께서 "오실 때까지"고전 11:26 영속적으로 거행해야 할 필요성이 있다. 과거에 흘리신 피와 찢으신 몸으로부터 소급된 효력이 미래를 향해서도 약속되었다. 예수 그리스도는 진정으로 성만찬에 임재하시지만, 그가 미래에 다시 오실 때에는 새로운 방식으로 영광스럽게 나타날 것이다. 그가 다시 오실 때에, 몸을 가지고 물리적으로 눈에 보이게 재림하실 것이다. 그 때에는 더 이상 그의 몸과 피를 상징하는 표지가 필요 없을 것이다. 미래에 다시 오실 주님에 대한 소망이 있기에, 반복적으로 끊임없이 시행하는 것이다. 이 소망이 확실함은 그가 다시 오실 것이라고 약속하셨기 때문이다.

성만찬은 주님에 대한 소망을 무한하게 제공한다. 슬픔에 가득 차서 죽임을 당하신 주님을 생각하며 빵과 잔을 나누는 것으로 그쳐서는 안 된다. 믿음으로 주님과의 교제를 나누는 성도들에게는 승리의 확신을 주신다. 죄와 허물로 가득 차서 하나님 앞에 나설 수 없는 죄인들의 더러움과 부끄러움을 씻어주시고, 당당하게 앞으로 나아가도록 성도들을 격려해 주신다. 성만찬은 단순히 주님의 희생적 죽으심을 기념하는 것으로 그치지 않고, 부활하시고 승천하셨으며 장차 오실 분의 승리하심을 선포하는 것이다.

성만찬에 대해서 가장 자세한 교훈을 담고 있는 고린도전서의 후반부에서, 바울 사도는 "승리"를 주시는 하나님께 감사를 드렸다.

> 우리 주 예수 그리스도로 말미암아 우리에게 승리를 주시는 하나님께 감사하노니 그러므로 내 사랑하는 형제들아 견실하며 흔들리지 말고 항상 주의 일에 더욱 힘쓰는 자들이 되라 이는 너희 수고가 주 안에서 헛되지 않은 줄을 앎이라(고전 15:57-58).

성만찬에 참여하는 성도는 그리스도의 부활, 승천, 통치, 하나님의 나라의 도래에 참여케 된다. 주님께서 자신을 주시면서, 우리 죄인들이 그를 인해서 살아나게 된 것임을 확실하게 해 주셨다. 미래를 향한 감격적인 비전을 심어주셨다. 좌절하지 않도록 하늘의 소망을 열어 보여주셨다. 성만찬은 그리스도와 그의 몸된 교회가 강한 연대성을 확인하는 자리인데, 이는 성만찬을 주최하신 그리스도께서는 세상의 모든 미래적 사건들을 주재하시는 통치자이시기 때문이다. 자신을 희생하여 죽음에까지 내어주신 주님께서는 사망권세를 이기고 다시 살아나셔서, 이 성만찬에 기쁨으로 참여하도록 모든 조건을 만들어 놓으셨다. 우리는 그 깊은 희생과 높은 승리를 동시에 감사하면서 살아계신 주님과 함께 교제를 나누는 것이다. 자기 백성들을 향한 하나님의 사랑은 변하지 않는다.

성만찬은 "은혜와 감사" grace and gratitude를 본질로 하는 예식이며, 무한한 소망이 담겨져 있다.

성만찬은 살아계신 주님의 은혜를 다시 한번 체험하는 시간인데, 특히 그의 몸과 피로 제시된 것들을 통해서 주님과 믿음으로 연합되었음을 충만하게 느끼는 시간이다. 빵과 포도주는 우리를 향해서 모든 것을 내어놓으신 주님의 깊은 사랑에 대해서, 즐거움과 감사와 찬양을 올리는 놀라운 형태의 음식이다.^{행 2:46}. 그리스도의 희생으로 주어지는 혜택들을 즐거워하는 성도들이 받은 은혜를 기억하고 특별한 감사를 올리는 것이다. 성만찬은 구원에 이르도록 택함을 받은 성도들이 그리스도와의 교제를 기뻐하고 즐거워하고, 생명을 주심에 대해서 감사하며 찬양을 올리는 예식이다.

십자가에서 나타난 하나님의 선하심과 깊은 사랑은 우리의 모든 더러움과 죄악을 덮어버리며, 모든 약함과 추함을 능가한다. 주님이 고통을 당하시던 날에 제자들은 배신하고 의심하였지만, 그들을 향한 말씀은 전혀 변하지 않았다. 성찬을 받는 성도들이 누리는 하나님과의 교통은 영원토록 중단되지 않을 것이다. 무지하고 연약한 자들을 향한 예수 그리스도의 참된 사랑은 찬란하고 위대하다. 성만찬은 그리스도의 선하심과 사랑을 말씀의 약속과 함께 나누는 자들에게 충만하게 임한다.

셋째로, 합당한 순종의 자세와 태도를 재인식한다.

성경의 가르침에 대하여 순종함으로 성만찬의 예식에 참여한다. 성만찬의 형식과 제도를 통해서 우리는 그리스도 예수 안에서 성취된 구원의 복음을 듣게 되는데, 주님처럼 자기를 부인하고, 십자가를 지고 살아가는 삶이다.^{마 16:24}. 우리는 십자가를 지신 주님을 따르는 자들로서 좁은 길과 좁은 문을 통과해 나가야 할 성도로서 살겠다는 순종을 다짐한다. 성령은 더욱 더 우리들의 심령 속에서 작동하여 하나님의 은혜와 평화의 말씀에 반응하도록 만들어 나갈 것이다.

> 사랑하는 자들아 너희는 너희의 지극히 거룩한 믿음 위에 자신을 세우며, 성령으로 기도하며, 하나님의 사랑 안에서 자신을 지키며, 영생에 이르도록 우리 주 예수 그리스도의 긍휼을 기다리라(유다서 20-21절).

"피로 세우신 새 언약"에 참여하는 성도들은 하나님과의 사이에 맹세의 서약을 했다. 새 언약은 하나님의 일방적이며 주도적인 은혜 언약이지만, 당사자의 신실한 참여가 필수적이다. 하나님이 먼저 무조건적인 사랑을 약속하시면서, 사람에게도 의무와 책임을 요구하였다. 언약은 편무적이며unilateral, 동시에 쌍무적이다bilateral.[282]

우리가 "결혼식에서의 계약 혹은 다짐"을 하면서 서로 간에 맹세하는 것처럼, 우리를 위한 하나님의 새 언약이 신실하게 지켜질 것을 믿으면서, 우리 자신의 의무와 책임을 다짐을 하여야 한다. 부부 사이에 혼인의 순결을 지키지 못하는 사람은 배우자의 사랑을 배신한 것이다. 하나님과 그의 백성들 사이의 언약 관계 속에 담긴 비밀은 그 깊이와 놀라움에 있어서 사람들의 결혼 관계를 월등하게 뛰어넘는다. 거룩하신 하나님과 불완전한 인간 사이에 맺어진 언약은 사탄의 미혹으로 인해서 얼마든지 쉽게 미혹을 받을 수 있다. 우리를 위해서 성만찬에 임재하시는 주님과의 교제는 연약한 참여자들에게 은혜로 주신 믿음 안에서 이뤄지는 것이며, 성령이 강력한 도우심을 지속적으로 제공하는 가운데서 힘을 얻게 하시고, 장차 다가올 것을 기대하며 참여하게 만드는 것이다.

성만찬에서 빵을 먹고 잔을 마시는 것은 그리스도의 몸과 피를 형

---

[282] Derek W. Thomas, "Covenant, Assurance, and the Sacraments," in *Covenant Theolgy*, 580.

태적인 요소들이 그 속에 담겨서 어느 특정한 장소에 지역적으로 임재하시는 그리스도를 기념하기 위한 것이 아니다. 적은 양의 빵을 먹고, 포도주를 마시는 가운데서, 우리들은 주님과의 특별한 교제와 확고한 새 언약 관계에 직접적으로 참여하는 것이다. 성만찬은 예수 그리스도와 그의 성도들 사이에 사랑과 신뢰로 구축된 확신한 관계성에 참여하는 엄숙한 순간이다. 온당하게 준비된 성도가 성만찬에 참여하게 될 때에는 반드시 생명의 역사가 일어난다.

성만찬은 공허한 예식이 아니다. 그리스도의 생명을 맛보아 아는 시간이요, 오묘한 생명의 역사에 참여하는 사건이다. 그냥 행사로 지나가는 교회의 절기가 되어서는 안 된다. 성만찬은 구원의 즐거워하는 교회의 축제이며, 우리의 삶을 송두리째 하나님의 영광과 영예를 위해서 바치겠다고 다짐하고 헌신하는 거룩한 예식이다. 이 예식을 통해서 우리들의 믿음과 소망이 든든히 세워지도록 성령의 충만하심 가운데서 영적인 에너지를 공급받게 된다.

우리가 성만찬에 즐겁게 참여하는 것은 결코 자발적인 감정에 휩싸여서 자극을 받는 것이 아니다. 우리가 성만찬의 식탁을 교회에서 베푸는 것은 하나님과의 체험이 한층 더 높아지기 때문이라거나, 우리에게 부족한 것들을 추가로 받기 위해서 어떤 특수한 종교적 행위를 실행하는 것이 아니다.

주님이 말씀하신 바대로 성만찬을 거행하는 것은 우리의 거룩한 의무이다. 억지로 하는 것이 결코 아니다. 의심할 여지가 없이, 성만찬을 시행하는 것은 명예로운 의무이다. 기본적으로 우리는 하나님과 주 예수 그리스도에게 영광을 돌리고자 성만찬의 예식을 거행하는 것이기에, 우리들의 임무를 수행하는 것이다. 성만찬의 식탁에 나아가는 것은 그리스도의 교회의 회원으로서 가장 분명하게 자신을 드러내는 것이다. 성만찬은 하나님 앞에서 공개적인 신앙의 표현을 하는 것이다. 성만찬에 참여하는 자들의 믿음은 결코 행위의 문제가 아니며, 또한 지성의 문제도 아니다. 우리는 성만찬의 식탁 앞에서 주 예수 그리스도의 죽으심에 대한 신앙고백을 발표하고, 그리스도의 영광스러운 재림을 기다리는 것이다.

넷째로, 성만찬을 나누는 교회에 속한 전체 성도들이 하나됨을 인식하고 서로 사랑을 다짐한다.

성만찬의 원천은 하나님의 사랑이다. 하나의 빵과 하나의 잔을 나누는 것은 그 자리에 모인 온 교회 성도들이 모두 다 함께 하나님과의 교제 가운데 동참한다는 의미이다.

> 우리가 축복하는 바 축복의 잔은 그리스도의 피에 참여함이 아니며, 우리가 떼는 빵은 그리스도의 몸에 참여함이 아니냐 빵은 하나요 많은 우리가 한 몸이니 이는 우리가 다 한 떡에 참여함이라(고전 10:16-17).

"축복의 잔"을 나누는 성도들 사이에 막힌 담을 헐어버리고, 서로 용서하고 사랑하는 마음을 회복해야만 한다. "축복의 잔"이라는 문구는 "축복이 기대되는 잔"이라고 이해될 가능성이 있다. 이 축복은 복수형이며, 모든 성도들이 다 같이 참가하는 것이다.[283]

바울 사도는 고린도 교회의 성도들에게 성만찬에 관한 교훈들 주신

---

283 John Murray, *Systematic Theology*, I:393.

후에, 다 함께 축하를 나누도록 지시하였다.

> 너희는 거룩한 입맞춤으로 서로 문안하라. ... 누구든지 주를 사랑하지 아니하면 저주를 받을지어다 우리 주여 오시옵소서 주 예수 그리스도의 은혜가 너희와 함께 하고 나의 사랑이 그리스도 예수 안에서 너희 무리와 함께 할지어다(고전 16:22-24).

유월절에서는 오직 가족들끼리만 양의 고기를 먹었는데, 성만찬에서는 성도들 모두가 상호 교제를 나눈다는 점에서 월등히 크고 넓은 차원의 만찬이다. 그리스도의 성만찬에 참여하는 성도들은 모두 다 한 몸에 속하는 교회의 지체들이다. 하나의 빵을 각기 부분으로 나눠서 받았기에, 모든 성도들은 하나의 빵에 관계를 맺고 있다. 사랑으로 서로 봉사하며 친교를 나누는 성도들은 각자 개인주의에 빠져서 살아가는 세상과는 전혀 다른 관점으로 살아가는 것이다. "이웃 사랑하기를 네 자신 같이 하라 하신 한 말씀에서 모든 율법이 이루어진다"갈 5:14. 하나님 앞에서 그 어떤 성도라도 각자 자신의 존재 가치가 우월하다는 식의 교만함과 자만심을 가질 수 없는 것이다. 한 교회에 속하여 있는 성도들은 모두 다 서로를 배려하고 존중해야만 한다.

어떤 교회에서는 성만찬을 거행하면서, 빵에 담긴 의미를 전혀 언급조차 하지 않으면서, 성도들 사이의 친밀한 교제로서 성만찬 예식을 거행하는 경우를 볼 수 있다. 성만찬은 결코 그렇게 사람들끼리 어울리는 친교 모임으로만 그칠 수 없다. 성만찬의 배경으로 예수님께서 십자가상에서 피 흘리고 죽임을 당하였으나 부활하심을 통해서, "살아있는 빵"이 되셨으며, 승천하신 후에는 "하늘로서 내려온 살아있는 빵이니,

사람이 이 빵을 먹으면 영생하리라"요 6:51고 말씀하였다.

그런가 하면, 성만찬 시간에 십자가와 죽으심을 잠시 언급만 하고 우리를 위하여 대속적 형벌을 당하심에 대해서 전혀 언급이 없는 경우를 목격하게 된다. 그 이유는 십자가의 속죄를 잘못 해석한 신학의 영향을 받았기 때문이다. 속죄의 양으로 돌아가심에 대해서 지나쳐 버리거나, 부활의 권능이 끼치는 생명의 축복에 대해서도 그냥 스쳐가는 경우가 있는데, 참으로 성경적인 교훈을 따르는 것이 아니다. 결코 성만찬이 그렇게 진행되어서는 안 된다. "영생의 양식"이 되신 주님께서는 인간의 몸을 입고 오셔서, 모든 고난을 통과하면서 자신을 아낌없이 주셨다. 또한 일부 현대 교회에서는 각자 개인별로 참여하는 가운데 갖게 되는 체험에만 강조를 두고 있기에, 지극히 개인주의적인 방식으로 흘러가고 있다. 공적인 신앙고백에서 설명된 여러 내용들에 대해서는 전혀 설명하지 않는 것은 너무나 안타까운 부분이다.

다섯째로, 교회에서는 올바른 신앙생활을 하는 성도들에게만 성만찬에 참여하도록 허락해야 한다.[284]
교회 전체적으로 철저히 성만찬에 대한 말씀의 교훈들을 되새기는 시간들을 가져야만 하고, 기도로 준비하여야 한다. 매번 성만찬이 개최되기 이전에 이와 관련된 말씀들을 묵상하고, 배우며, 깊이 있게 인식하도록 철저히 대비해야만 한다. 성도들은 꼼꼼히 성례에 대해서 배우고 익힌 후에, 사모하고 기다리는 가운데 성찬에 참여해야 한다. 예수님께서 이 빵과 피로서 제자들과 새 언약을 맺으셨음을 충분히 신뢰하

---

284 R. A. Faber, "Admission to the Lord's Supper in the Early Dutch Reformed Churches," *Mid-America Theological Journal* 12 (2001), 203.

는 가운데 참여하도록 해야 한다. 새 언약의 주님, 예수 그리스도와의 영적인 교제이자 축제에 참여한다는 기대를 가지고 나아가서, 충만한 은혜를 받도록 해야만 한다. 믿음인격적 신뢰이 없는 사람에게는 아무런 의미가 없는 교회의 행사가 되고 마는 것이다.

교회는 믿음과 생활에서 아무런 흠이 없는 사람들만이 성만찬에 참여하도록 하는 것임을 주지시켜야 한다. 성도들은 아무런 생각없이 일 년에 한두 차례 의무적으로 받아서는 안 된다. 성만찬을 심지어 받아도 되고, 안 받아도 되는 것이라면 무엇 때문에 예수님께서 이것을 시행하라고 하셨을까? 아무나 받아도 된다면, 성찬은 무익할 것이다. 성찬을 받을 때에는 특별하게 기도로 준비하는 시간을 가져야 한다. 믿음과 경건한 생활 가운데서 신중하고도 엄중하게 준비하는 시간을 가져야 한다는 말이다. 유럽의 개혁교회들, 프랑스, 독일, 잉글랜드, 스위스, 이탈리아, 네델란드 등에서는 당회의 치리권에 따라서 허락을 받은 사람들에게만 제한적으로 성만찬에 참석케 했었다.[285] 성만찬은 참되게 믿음을 고백하는 자들의 공동체가 주도하여 그리스도의 은택들을 나누는 행사이기 때문이다.

다시 말하지만, 하나님의 돌보심의 효과를 전혀 느끼지도 못하는 가운데, 그냥 형식적인 예식이 되어서는 안 된다. 아무런 준비도 생각도 없이 참여하는 자들에게는 무의미한 축제이다. 우리는 선하신 하나님께서 일하고 계시는 현장에서 무덤덤하고 미지근한 자세로 머물러 있어서는 안 된다. 성만찬은 무너지지 않는 구원의 축제이며, 받은 은혜

---

285 A. Pettegree, *Foreign Protestant Communities in Sixteenth-Century London* (Oxford: Clarendon Press, 1986). D. W. Rodgers, *John à Lasco in England* (New York: Peter Lang Inc., 1994), 111-126. J. Lindenboom, *Austin Friars: History of the Dutch Reformed Church in London 1550-1950*, tr. D. de Inough (The Hague: 1950), 201-202.

를 깊이 감사하고 찬양하면서, 새롭게 나아가는 참되고 권능이 넘치는 시간이다. 성만찬을 통해서 우리에게 주시는 모두 다 셀 수 없이 많은 은혜를 받게 된다. 하나님의 사랑을 인식할 때에, 생명에 참여하는 감격을 갖게 된다. 성만찬에서 하나님의 다양한 역사와 그 효력들에 대해서 우리가 다 충분히 인지하지 못하는 경우가 많은데, 분명히 모든 참석자들에게 수없이 다양한 차원의 영향력이 발휘되고 있다.

여섯째로, 성만찬 예식을 더 자주, 더 많이 거행해야 한다.

현대 교회는 너무나 성만찬을 적게 시행한다. 어떤 한국 교회에서는 일 년에 단 한 번만 실시한다. 그렇지 않으면, 그저 두 번이나 세 번 정도에 그친다. 이제 우리가 충분하게 말씀의 지침을 공부했으므로, 더 자주 성만찬을 시행해야만 하는 것이다.

신약 성경에는 명확하게 성만찬을 몇 번이나 거행 할 것인가를 지정하지는 않았다. 초대 교회에서는 "떡을 떼며" 교제를 나눴다고 사도행전 2장 42절이 증거한다. 초대 교회는 그냥 음식만을 나눴던 것이 아니라, 성만찬을 시행했을 것으로 본다.[286] 고린도전서 11장 20절에는 "모여서" 성만찬을 진행하지만, 파당이 생겨서 그렇게 하지 못하는 것을 지적했다.

칼빈은 말씀이 선포되는 곳에서는 적어도 성만찬을 일주일에 한 번은 제공하기를 원했다.[287] 감격스러운 잔치를 통해서 모든 선한 것들을

286　F. F. Bruce, *The Book of Acts*, NICNT (Grand Rapids: Eerdmans, 1988), 73.
287　Calvin, *Institutes*, IV.xvii.43; "very often and at least once a week." Mary Beaty and BenJamin W. Farley, eds., *Calvin's Ecclesiastical Advice* (Louisvill: Westminster John Knox Press, 1991), 165. Michael S. Horton, "At Least Weekly: The Reformed Doctrine of the Lord's Supper and of its Frequent Celebration," *Mid-America Journal of Theology*, Vol. 11 (2000): 147-170.

공급받아야만 성도들이 영적인 싸움을 이겨낼 수 있으리라 생각했던 것이다. 칼빈은 마지막 생애를 마칠 때까지 제네바 교회에서 목회하면서 할 수 있는 한, 자주 성찬을 갖기를 원했다. 하지만, 시의회원들의 인준을 받지 못했다. 그렇게 성만찬에 자주 나아감으로써, 성도들의 신앙생활 속에 경건과 유순함docilitas이 유지될 수 있다고 칼빈은 확신했었다. 벌카워는 칼빈이 할 수 있는 한 자주 시행하는 게 유익하다는 주장에 동의하면서, 단순히 많이 거행함으로써 오아시스를 여러 곳에 놓아두자는 의미가 아니라는 점을 지적한 바 있다. "칼빈의 자주 하라는 말은 사막과 오아시스간의 대조에 근거를 두지 않고, 연약한 믿음을 돕고, 교회의 사귐을 증진하고, 일상생활에서 찬송이 끊어지지 않게 하도록 만드는 주의 만찬의 중요성에 근거를 둔다"고 설명하였다.[288]

5. 기도

기도는 구원의 은혜를 전달하는 가장 중요하고 일상적인 은혜의 수단이다. 기도가 다른 은혜의 방편들로부터 완전히 분리되어 있다고 말할 수는 없다. "기도의 은혜"는 다른 여러 가지 은혜의 내용들, 즉 믿음, 사랑, 기쁨, 경외심, 존경, 자기비하와 같은 것들과 완전히 분리되지는 않으며, 다만 특별한 목적을 위해서 사용된다. 기도의 은혜는 이런 다른 은혜의 역사와 완전히 구별되거나 분리되지 않는다.

성경에 나오는 기도의 본질적인 내용들은 영광 돌림adoration, 찬양

---

its Frequent Celebration," *Mid-America Journal of Theology*, Vol. 11 (2000): 147-170.
288 G. C. Berkouwer, *The Sacraments*, 242.

praise, 고백confession, 탄원supplication, 간구petition, 감사thanksgiving, 도고intercession이다.²⁸⁹ 이런 내용들은 엄밀하게 분리되기보다는 서로 중첩되는 경우가 많다.

그러나 안타깝게도 대부분의 조직신학 교과서, 혹은 정통 기독교 신학을 탁월하게 설명한 명저들 속에서 "기도"에 관한 가르침을 찾아볼 수가 없다. 물론 기도에 대해서 체계를 세우고 지식적으로 정리하기보다는 하나님께 나아가 실제로 기도를 드리는 것이 훨씬 더 중요하다. 기도를 올리는 것이 더 중요한 일이지, 이론적으로 기도에 대해서 분석하거나, 체계적인 원리를 세우는 것이 더 중요하지는 않다고 말할지 모른다. 그러나 이것은 선택의 문제가 아니다. 기도에 힘쓰는 것과 함께 기도의 교리들을 정립하는 것이 모두 다 똑같이 중요하기 때문이다. 루터를 비롯하여 많은 종교개혁자들이 성도들을 위해서 "주기도문 강해"를 남겼지만, 대부분 그것으로 그치고 말았다. 다만, 칼빈은 기도에 대한 바른 교훈을 성경적으로 체계화해서 제시했다.²⁹⁰ 이를 물려받은 청교도 신학자들은 경건을 실천하는 기도 생활에 노력했다. 그러나 서양 자유주의 신학자들은 지식적인 논쟁에 치중해서, 기도에 관한 교리들은 전혀 다루지 않았다. 대학교에서 가르치고 연구하는 신학자들은 영

---

289 B. M. Palmer, *Theology of Prayer as Viewed in the Religion of Nature and in the Syseutem of Grace* (Harrisonburg: Sprinkle Publications, 1980), 23. 기도에 관해서 탁월한 분석을 펴낸 팔머 박사는 미국 남북전쟁이 일어나서 남장로교회가 따로 분리된 총회를 개최하던 1861년도에 총회의장으로 선출되었다. 삼십 여년 이상 뉴 오를레앙의 제일장로교회 담임목사였고, 조지아주에 있는 콜롬비아 신학교(지금은 PCUSA 교단) 교수로 생애를 마쳤다.

290 김재성, "기도의 원리와 그 언약적 특성," 신학정론 16권 2호 (1998년 11월):381-423. 필자는 세계칼빈학회에서, 신학자들이 바른 기도에 대해서 다루지 않고 있는 문제점과 칼빈의 기도론이 잊혀진 주제임을 지적한 바 있다. Jae Sung Kim, "Prayer in Calvin's Soteriology," in *Calvinus Praeceptor Ecclesiae: Papers of the International Congress on Calvin Research, Princeton, August 2-24, 2002*. ed. Herman J. Selderhuis, THR 388 (Geneva: Librairie Droz, 2004), 265-74. 이 내용은 칼빈 탄생 5백주년 기념논문집에도 다시 게재되었다. Jae Sung Kim, "Prayer in Calvin's Soteriology," in *Tributes to John Calvin: A Celebration of His Quincentenary*, ed. David W. Hall (Phillipsburg: P&R, 2010), 343-355.

적인 안목에서 진리를 추구하지 않기 때문에, 하나님의 오묘하신 은혜를 맛보는 기도에 대해서 무시하거나, 실천신학의 한 영역으로 가볍게 취급해 버리고 말았다.

　기도에 무슨 원리가 있고, 무슨 신학적인 교리가 필요한가?라고 반문하면서 바른 기도에 대해서 배우는데 부정적인 생각을 하기도 하고, 기도에 대해서 별다른 조심을 하지 않고 무관심한 사례를 목격하곤 한다. 기도란, 그냥 무작정 자기 욕심대로 하나님께 간청을 드리는 것만으로는 충족하지 못할진대, 바른 기도를 본받고 배우도록 힘써야 한다. 그렇지 않으면 기독교의 기도를 잘못 이해하게 되면, 무작정 소원성취를 비는 행위로 착각하게 된다. 기도에 전념한다고 하면서, 공허한 말을 계속해서 나열한다거나, 같은 말을 쓸데없이 계속해서 반복하는 행위를 한다면, 전혀 성경적인 기도가 될 수 없다. 하나님이 기뻐하시는 기도가 아니기에, 응답을 받을 수 없다는 말이다. 사람의 종교적 행위에 그치고 말며, 하나님의 생명을 공급받는 은혜의 수단으로서는 작용할 수 없다. 그냥 열심히 맹목적으로 부르짖는 행동을 함으로써 저절로 바른 기도가 되는 것이 아니다.

　기도의 행위는 모든 종교에서 다 강조하고 있다. 사람은 거대한 자연 앞에서 신적인 존재를 연상하게 되며, 영원한 능력과 신성한 존재를 향한 경외심을 갖게 된다. 기도는 창조 원리에서 나온다고 할 수 있다. 종교적인 감동이나 열정이 사람으로 하여금 자연스럽게 막연하나마 절대자에게 기도하도록 만드는 것이다. 성경에 계시된 하나님의 존재와 속성들을 이해하지 못하는 인간들은 그저 공허한 감정의 표현으로 그칠 뿐이다. 따라서 기도에 대한 바른 이해를 위해서는 신학적인 평가와 검증이 불가피하다. 이 점이 바로 복음을 바르게 전달하고자 노력했던 개혁주의 신학 사상 전반에 스며있다.

　기도는 실천적이요, 체험적인 영역에만 속하는 것인가? 신학적으로 지식적으로 체계적으로 배워야 할 부분은 없는가? 기도에 대해서 바르게 이해하고 정립하지 않은채, 그리스도를 닮아서 매일매일 그분에게 가까이 나아갈 수 있을까? 우리는 기도에 관해서 진지하게 배워야만 한다. 기도에 관한 자신의 무지와 습관적인 이해에서 벗어나기 위해서 먼저 성경적인 기도의 원리인가를 살펴보고, 우리의 기도를 갱신하여야 한다.

　우리는 기도에 관하여 가장 체계적인 교훈을 정리한 칼빈의 『기독교강요』와 존 오웬의 언약적 기도론을 중심으로 살펴보고자 한다. 칼빈의 기도론은 16세기 유럽의 종교개혁 시대의 문제점을 시정하고자 하는 목적으로 발표되었다는 점에 유의하여야 한다. 로마 가톨릭 교회에서는 성도들이 자신들의 비참함을 직접 하나님께 고하지 못하고, 신부들을 통해서, 혹은 죽은 성자들의 이름으로 하나님께 나아가야 한다고 가르쳤다. 칼빈은 이러한 로마 교회의 기도론에 대해서 반대한다. 이것은 믿음에 대한 이해부터 잘못되어 있기 때문에, 기도의 근거를 다른 사람의 공로에 의존하려하는 인간주의적 사고임을 지적하였던 것이다. 가장 기본적으로 기도 시간에 우리는 죄의 용서를 간구한다. 그런데 이런 회개의 기도에 대해서, 로마 가톨릭 교회에서는 외적인 행위와 내적인 마음으로 나눠서 가르쳤다. 그들은 외적인 수양과 기도의 형식과 방법만을 강조했기 때문에, 기도가 철저히 내면적이요, 심령의 내적 행동임을 무시하였다고 칼빈은 지적하였다. "회개"라는 용어를 교회에 나가서 고해성사를 드리는 식으로 외적인 신앙고백에만 적용하게 되면,

그 참 뜻에서 벗어나게 된다.[291]

칼빈은 1559년 수정 증보된 『기독교강요』 3권 제20장 전체를 기도에 할애하고 있다. 큰 구도에서 칼빈의 『기독교강요』 3권을 보면, 전체적으로 가장 많은 지면을 할애한 것은 역시 칭의이다. 믿음으로 얻는 의롭다 하심의 교리가 종교개혁의 최대주제였기 때문에, 이에 관련된 논쟁들을 소화하는데 심혈을 기울였기 때문이다. 칭의론에 이어서 "성도들의 자유"를 논의한 다음에, 기도를 설명하였다. 칼빈은 "기독 신자의 생활에 관한 교리"로서 자유함과 기도를 다루는데, 여기에서는 기도의 문제점을 분명히 지적하고 있다. 그는 특히 기도는 믿음과 뗄 수 없이 연결되어 있다는 점을 성경에서 발견하고, 그리스도인들에 있어서 믿음이 하나님의 순전한 선물이듯이, 기도도 역시 아무런 공로나 업적이 되지 못함을 강조하였다.

기도란 성령의 역사에 의해서 우리들이 갖고 있는 "믿음의 가장 첫째로 손꼽는 활동이다"the chief exercise of our faith 라고 칼빈은 강조하였다. 이것은 초대 교회의 표어를 반영한 개념 규정이라고 본다. 실천과 이론의 조화를 강조하던 초대 교회에서는 "기도가 믿음을 형성한다"lex orandi lex credendi고 정의를 내렸다. 칼빈은 기도가 성도의 믿음 생활에서 가장 주된 연습이면서, 동시에 "매일 하나님의 은혜를 받는 수단"이라고 설명하면서, 성경에서 가장 모범된 기도인 "주기도문"을 자세히 해설하였다. "참된 믿음은 하나님을 부르는 것에서 더 이상 다른 어떤 것이 아니다. ... 믿음이 복음으로부터 탄생하는 것과 마찬가지로, 역시 그것 [믿음]을 통해서 우리의 심정들이 하나님의 이름을 부르도록 훈련 되어

---

291   Calvin, *Institutes*, III.iii.18.

진다."²⁹² 오직 겸손한 태도로 하나님 앞에 서서 그분의 영광만을 기리고 높여야 하고, 아무것도 자랑할 것이 없으며, "개인의 모든 공로에 대한 생각을 떠나서 오직 하나님의 자비에만 매달려야 한다"고 강조하였다.²⁹³

1) 기도의 중보자, 그리스도

요즘 한국 교회에서 "중보 기도 사역" 혹은 "중보 기도팀"이라고 부르는 소그룹 조직이 있다. 이분들은 예배와 목회자와 여러 환난을 당한 성도들과 교회 행사들을 위해서 따로 기도하는 경우를 보게 된다. 다만, 안타까운 점은 "중보자"mediator는 오직 예수님 뿐이며, 중보 기도 역시 예수님의 은혜로운 돌보심의 일환인데, 어떻게 일반 성도에게 적용할 수 있을까라는 의문이 든다. 성도들 사이에 서로를 위해서 비는 기도는 "도고"라는 표현을 따로 사용하여야 하는데, 이 단어가 한국 교회 성도들 사이에서는 너무 익숙하지 않기 때문에, 그냥 중보 기도라고 통상적으로 부르고 있다고 본다. 그러나 중보자는 예수 그리스도 한 분 뿐이다. 중보 기도를 드릴 수 있는 분은 역시 우리 주님 예수 그리스도 뿐이다.

더구나 개혁교회 내에서마저도 그리스도의 중보자 되심과 화해를 이루시는 그의 보혈의 능력을 왜곡하는 속죄론이 혼란을 초래하고 있다. 예수 그리스도의 중보직에 대한 왜곡은 그분의 이름으로만 드려지는 기도에 대해서도 잘못된 인식을 갖게 만든다. 신앙생활의 모든 영역

292　Calvin, *Institutes*, III.xx.i.
293　Calvin, *Institutes*, III.xx.10.

에서, 성도가 스스로 기도하면 잘 응답받는다는 식의 특권주의를 부추기는 것이다. 또한 기도하기만 하면 자동응답기처럼 그냥 해결이 된다는 기계주의가 만연하는듯한 인상을 받는다. 우리가 기도하여서 응답을 받을 수 있는 것은 오직 예수님의 이름으로 아뢰어졌기 때문이다. 어떤 응답을 받을 만한 행동을 했기에, 또는 기도에 능한 어떤 사람이 기도했기 때문에 주시는 것이 아니다. 우리의 능력이 나타난 것도 아니요, 우리의 이름으로 무엇을 기도했기에 주시는 것도 아니다. 고귀하신 이름 예수님 때문에 그 안에서 모든 좋은 것을 주시기를 기뻐하시는 것이다.

예수님은 구약 시대의 제사장이 수행한 중보자의 직분을 최종적으로 완성하신 분으로서, 우리를 위해서 변호자가 되신다요일 2:1, 히 4:16, 10:20. 그 누구도 하나님 앞에 감히 나서서 무엇을 요구할 수 있는 자는 없다. 모두 다 무가치한 자들이요 하나님 앞에서 수치심과 두려움을 느끼지 않을 수 없다. 그러기에 예수님께서는 오직 자신의 이름으로 간구하라고 가르쳤다. "지금까지는 너희가 내 이름으로 아무 것도 구하지 아니하였으나 구하라 그리하면 받으리니"요 16:26. "너희가 무엇을 구하든지 내가 시행하리니 이는 아버지로 하여금 아들을 인하여 영광을 얻으시게 하려 함이라"요 14:13.

> 이스라엘 사람들아 이 일을 왜 기이히 여기느냐 우리 개인의 권능과 경건으로 이 사람을 걷게 한 것처럼 왜 우리를 주목하느냐?... 그 이름을 믿음으로 그 이름이 너희 보고 아는 이 사람을 성하게 하였나니 예수로 말미암아 난 믿음이 너희 모든 사람 앞에서 이같이 완전히 낫게 하였느니라(행 3:12, 16).

우리의 기도는 그리스도의 이름으로만 드려진다요14:13-14, 요16:24. 그분만이 우리의 중보자요 대변인이다요일2:1, 딤전 2:5, 히8:6, 9:15. 칼빈은 교부 암부로시우스의 글을 인용하여, 우리의 중보자이신 그리스도가 드리는 기도라는 말을 다음과 같이 풀이한다. "그리스도께서, 우리로 하여금 아버지께 아뢸 수 있게 하는, 우리 입이시고, 우리로 하여금 아버지를 볼 수 있게하는 우리 눈이시며, 우리로 하여금 자신을 아버지께 드릴 수 있게 하는 우리 오른손이시다. 그리스도께서 중보가 되시지 않으시면, 그 어떤 성자나, 우리들 가운데 그 어느 누구라도 하나님과 중보가 될 수 없다."[294]

기도하는 자는 그리스도 안에 있는 자이며, 그리스도 안에 있는 것들만을 바라보아야 한다. 하나님께서는 가장 좋은 것들을 그리스도 예수 안에서 보여주셨고, 우리는 이제 그분 안에 성취된 것들을 바라보며 사는 것이다. 그리스도 밖에 있는 것들은 다 일시적인 것들이요, 정욕적이요, 세상적이며, 마귀적이다. 그리스도 밖에 있는 것들은 모두 다 지나가는 것들로서, 이생의 자랑이며, 안목의 정욕이요, 육신의 정욕들이다. 이 세상도, 그 정욕도, 모든 자랑들도 다 일시적이요, 오직 하나님의 뜻을 행하는 것만이 남아있을 것이다요일 2:16-17.

기도는 육신의 아버지에게 하듯이, 영혼의 아버지되시는 하나님과 나누는 영적인 대화다. 신앙인이 지닌 영혼의 호흡이다. 기도는 '요청하다' '다짐하다'는 뜻의 헬라어 'εὔχομαί'유코마이라는 단어가 성경에 쓰여 있는데, 여기서 파생된 'προσευχομαι'프로슈코마이라는 단어가 신약 성경에서 가장 많이 나온다. 그 뜻은 하나님과 대화하고 더불어서 교제하

---

294 Calvin, *Institutes*, III.xx.21.

는 것을 의미한다.

　기도는 신선한 공기를 먹어야만 살아갈 수 있는 인간의 몸에 산소를 공급하는 행동처럼, 믿음을 가진 사람의 영혼에 생명력을 불어넣는 행위이다. 광야에서 40일간 금식하신 이후로, 예수님의 기도 생활은 가히 일상적이었고 습관적이었으며 헌신적이었고 요17장, 그 절정은 겟세마네와 십자가상에서도 토로되었다. 사도들도 역시 마가의 다락방에서 기도한 이래로, '말씀과 기도'에만 전념하였고 행6:4, 말씀과 기도로 거룩하여졌다 딤전4:5.

　교리사를 살펴볼 때, 기도를 가장 오염시킨 신학은 로마 카톨릭 교회의 중보 기도론이다. 바른 기도의 원리를 찾기 위해서, 기독교 교회 역사에서 교훈을 얻는 것이 무엇보다 필요하다. 기도는 구체적으로 교회 내에서 실시되는 공예배의 중요한 구성 요소이기 때문이다. 단순히 기도를 어떻게 해야하는가를 교회가 가르쳐 주는 것으로만 알고 그칠 것이 아니라, 성경이 가르치는 대로 바르게 깨달아야한 한다. 교회 전체의 예배와 건물의 구조, 심지어는 성직체제에 까지도 중대한 영향을 미치는 것이다. 따라서 바른 기도의 이해는 바른 교회의 건설과 밀접하게 연관되어 있다.

　칼빈은 기도에 대해서 설명한 밀라노의 감독, 암브로시우스의 글을 참고하여 설명한다. 칼빈은 그리스도의 이름을 제쳐놓고, 성자들을 부르는 당대의 헛된 관습에 대해서 통렬하게 비판한다.[295] 그리스도께서 중보하지 않으시면, 우리를 대신하여 하나님께 중보해 줄 사람은 아

295　Calvin, *Institutes*, III.xx.21. 칼빈은 397년 칼타고 종교 회의 (the third Council of Carthage)에서, 소위 성자들의 기도를 금지하였음을 다시 한번 상기시키면서, '성 베드로여 우리를 위하여 기도하소서'라는 형식은 '미친 짓이라고 말하지 않는다면, 어리석음의 극치' ('the height of stupidity, not to say madness')라고 지적한다.

무도 없다. 특히 성자들의 이름을 중보자로 내세우는 기도론에 반대한다. 요한복음 14:6에서, 하나님께 이르는 유일한 길은, 예수 그리스도 한 분뿐이므로, 다른 사람들의 이름으로 아뢴다는 것은 무의미하다. 로마 가톨릭 교회의 기도론은 그리스도의 공로와 이름을 높이는데 실패하였다. 예수님은 우리를 위해서 십자가에서 죽으실 뿐 아니라, 모든 좋은 것들을 우리에게 주시고자 하나님 아버지께 나아가는 길을 자신의 이름으로 열어놓으셨다. "너희가 내 이름으로 무엇을 구하든지 내가 시행하리니 이는 아버지로 하여금 아들을 인하여 영광을 얻으시게 하려 함이라" 요14:13.

유일한 중보자의 칭호를 지닌 그리스도를 통하지 않는 것은 곧 하나님의 자비하심에 대한 모욕이요, 그리스도를 통해서만 그의 자녀를 모으시는 성경의 가르침을 왜곡한 것이다 골1:20, 엡1:10. 로마 교회의 기도론에 문제점에 대해서 두곳에 나오는 성경 본문을 주의깊이 읽어볼 필요가 있다. 첫째는 예레미야 51:1인데, "모세와 사무엘이 내 앞에 섰다 할지라도 내 마음은 이 백성을 향할 수 없나니 그들을 내 앞에서 쫓아내치라"는 구절이다. 칼빈은 이런 구절의 의도를 바르게 해석해야 한다고 역설한다. 이 본문을 자세히 살펴보면 중보 기도를 권장하기보다는 오히려 모세나 사무엘의 기도가 그 당대의 민족과 나라를 구해낼 수 없음을 보게 된다.

중보 기도에 관련되어 로마 교회가 주장하는 성경 본문은 에스겔 14:14절인데, 여기서 등장하는 "노아, 다니엘, 욥" 세 사람도 역시 도시를 구하는 기도자들은 되지 못하였다. 이 부분에 대해서도 칼빈은 매우 강력하게 바른 성경 해석을 촉구하였다.

> 그러나 이것은 단순한 문장을 그토록 뒤틀어놓는 어리석은 짓이다. 왜냐하면 주님은 모세나 사무엘이 그들의 옹호자가 되는 경우였을지라도 백성들의 반역을 그냥 두실 수 없다고 선언하실 뿐이기 때문에, 그분은 이들의 기도에도 불구하고 자신의 정하신 바를 보여주실 것이다. 이와 유사한 구절이 에스겔서에도 있는바, 그 의미가 매우 분명하게 드러난다. 그 도시에 노아, 다니엘, 욥 이 세 사람이 있을 지라도, 그들은 자신들의 의로움으로 그들의 아들이나, 딸들을 건져낼 수 없고, 오직 생명만을 건질 것이다(겔 14:14).[296]

족장들이나, 성자들은 오늘의 우리시대의 일에 간섭할 수도 없고, 돌보아줄 수도 없다. 따라서 무지한 성경 해석법에서 의존해서 소위 성자들의 중보 기도론이라는 교리가 나온 것이요, 칼빈은 이런 비성경적인 관습에 대해 침묵으로 동조할 수 없었다. 오히려 성경은 서로를 위해서 순수하게 중보 기도를 하도록 권고한다. 칼빈은 야고보서 5장 16절에, "서로 죄를 고백하고, 서로를 위하여 기도하라"는 말씀만으로도 이런 오류를 정죄하기에 충분하다고 지적한다.

> 여기에 다른 어떤 허구적인 중재가 있을 수 없다. 왜냐하면, 미신이 하나님에 의해서 주어지지 않은 자들로 하여금 그것을 경솔하게 채택하도록 만들었기 때문이다. 성경에는 기도의 많은 종류가 충만한데도 불구하고, 교황청에서 믿고있는 그런 기도란 존재하지 않으며, 그 주창자들이 옹호하는 그런 기도의 근거로 제시할 만한 실례란 전혀 없다. 더욱이 이런 미신은 믿음의 결여에서 나오는 것임이 분명하다.[297]

296　Calvin, *Institutes*, III.xx.23.
297　Calvin, *Institutes*, III.xx.27.

기도는 살아있는 신앙의 행위이며, 신앙이 있는 사람, 각자가 당연히 하나님 앞에 나아가는 불가피한 열매이자, 의무이다. 믿음과 회개가 항상 떼어놓을 수 없이 붙어있다고 강조하듯이, 칼빈에게 있어서 참된 기도와 참된 믿음은 상호 분리할 수 없이 마음 속에서 연결되어 있다. 기도가 없는 믿음은 참된 믿음이 아니다. 기도는 하나님을 향한 사랑과 열망을 표출해 내는 믿음이다.

따라서 바른 기도는 믿는 성도들이 하나님의 은혜의 보좌 앞에 담대히 나아가서 오직 한 분 대제사장인 그리스도의 약속에 근거하여 간구하는 것이다. "우리에게 대제사장이 있으니, 승천하신 자 곧 하나님 아들 예수시라 우리가 믿는 도리를 굳게 잡을지어다. 우리에게 있는 대제사장은 우리 연약함을 체휼하지 아니하는 자가 아니요, 모든 일에 우리와 한결 같이 시험을 받은 자로되, 죄는 없으시니라. 그러므로 우리가 긍휼하심을 받고 때를 따라 돕는 은혜를 얻기 위하여 은혜의 보좌 앞에 담대히 나아갈 것이니라"히 4:14-16.

예수 그리스도의 승천은 그의 중보자 사역에서 매우 중요한 부분이다.[298] 중보자 되신 예수 그리스도는 승천하셔서 하나님의 우편 보좌에 앉으신 분이시다. 중보 기도에서 예수님의 승천은 너무나 중요한 부분이다. 하나님의 위엄 앞에서 두려워 멀리 떨어져 있을 수밖에 없는데, 그리스도께서 중보자로 개입하셔서 그 무시무시한 위엄과 영광의 보좌를 은혜의 보좌로 바꾸어 놓으신 것이다. 그리스도의 대제사장으로서의 중보 사역 때문에, 무가치한 성도임에도 불구하고 은혜의 보좌 앞

---

298 Calvin, *Institutes*, III.xx.17.

에 담대히 나아갈 수 있다"히 4:16.

칼빈의 기도론은 곧 오류로 점철된 교회의 회복과 깊은 관계가 있다. 16세기 종교개혁이 특히 기도론을 바르게 교정할 수밖에 없었던 것은 교회 내에서의 기도에 대한 시행에 있어서 예수님 이외에 어떤 개인이나, 어떤 성자나, 어떤 공로나, 공리적인 업적이나, 예수 그리스도의 복음을 바르게 회복하고자 함이었다.

21세기에 이르고 있는 오늘날의 한국 교회 내에서는 그리스도의 중보되심과 화해를 이루시는 그의 보혈을 제외한채, 소수의 특권층으로 과시하는 태도와 허무맹랑하게도 자신들의 육신적인 편안만을 추구하는 맹신주의가 만연하게 해서는 안 된다. 기도 생활은 '경건의 실천'인데 이것을 망각한 기도 생활이나 기도에 대한 가르침이 한국 교회를 크나큰 오류로 빠뜨릴 수도 있음을 경계해야 한다.

2) 기도의 원칙들

왜 기도해야 하는가? 우리의 소망이신 그리스도 예수 안에서 소망을 얻고, 안식하기 위해서이다.

"여호와께서는 자기에게 간구하는 모든 자 곧 진실하게 간구하는 모든 자에게 가까이 하시는도다"시 145:18. 기도가 없어도 믿음 생활을 할 수 있다고 생각하는 자들은 게으르고 태만한 자들이요, 감각이 마비되어 있는 자들이다. "주의 눈은 의인을 향하시고 그의 귀는 저의 간구에 기울이신다"벧전 3:12.

인간에게는 아무런 선한 것이 없으며, 구원에 이르는 힘을 스스로 공급할 수 없기 때문에 오직 그리스도 안에 있는 "감추인 보화"를 구해

야만 한다.[299] 칼빈은 기도의 필요성을 강조했다:

> 우리는 그의 이름을 부름으로써 우리의 일들을 지켜보시며 보호하시는 그의 섭리와 비참하게 죄에 눌려 있는 우리를 받아들여 은혜를 입혀주시는 그의 인자하심이 우리와 함께 하기를 기도한다.
> 간단히 말하면, 우리는 하늘 아버지께서 전적으로 우리와 함께 계시는 분으로서 자신을 나타내기를 기도함으로써 아뢴다. 따라서 우리의 양심에 특별한 평화와 안식이 온다.[300]

기도를 올리되, 정당하고 합당한 기도를 올리기 위해서는 눈멀고 미련한 이성을 벗어나서, 경건한 정신을 가져야 한다. 기도는 아리스토텔레스의 "삼단 논법이 이끌어 낼 수 없는 은밀한 숨은 철학이다. 하나님께서 눈을 뜨게 하여 그 빛을 보게 하신 사람들만이 알 수 있는 것이다"고 하였다.

칼빈은 기도를 드려야 하는 이유를 다음과 같이 여섯 가지로 지적했다[301]:

첫째로 하나님을 항상 찾으며 사랑하며 섬기겠다는 소원과 열의가 우리 마음 속에 불일 듯하기 위해서이다.

둘째로, 하나님께 알려드리지 못할 부끄러운 욕망이나 소원이 우리 마음에 침입하지 못하도록 하기 위해서이다.

셋째로, 하나님께서 여러 가지 은혜를 주실 때에 진심으로 감사하면

---

299   Calvin, *Institutes*, III.xx.1.
300   Calvin, *Institutes*, III.xx.2.
301   Calvin, *Institutes*, III.xx.3.

서 받을 수 있도록 하기 위해서이다.

넷째로, 우리가 구하던 것을 얻고, 하나님께서 기도에 응답해주셨다는 확신을 가지고 그의 인자하심을 더욱 더 묵상하도록 하려는 것이다.

다섯째로, 기도로 얻었다고 인정하는 것들을 더욱 큰 기쁨으로 받아들이도록 하기 위해서이다.

여섯째로, 우리의 연약한 정도에 따라서 습관과 경험으로 그의 섭리를 확인하도록 하기 위해서이다.

하나님께서는 진리 안에서 기도 가운데 자신을 부르는 자들에게 구원을 약속하였다. 베드로는 "누구든지 주의 이름을 부르는 자는 구원을 얻으리라"고 선포하였다 행 2:21. 교회는 만민이 기도하는 집이요, 그 기도를 들으시는 하나님께서 결코 외면하지 않으시고, 사모하며 부르짖는 자들의 영혼과 육체를 치유하신다.

기도의 첫째 원칙, 기도를 받는 분이 누구이신가를 깊이 생각하라.

먼저, 지금 기도를 받으시는 분의 초월적인 존엄성을 깊이 생각하는 경외심reverence이 있어야 한다.[302] 기도란 하나님과의 대화이기에, 함부로 아무것이나 말해도 상관이 없는 것은 결코 아니다. 특히 자신의 프로그램을 하나님께 강요하는 언사는 철저히 가려내야 할 부분이다. 하나님의 주권과 통치를 너무나 가볍게 생각하고, 사람의 욕망과 받고자 하는 소원들만을 열거하는 것은 매우 분별없는 행동이다. 기도자는 하나님이 허용하시는 것 이상을 구할 수가 없음을 분명히 인식해야만 한다.[303]

---

302 Calvin, *Institutes*, III.xx.4.
303 Calvin, *Institutes*, III.xx.5.

사람들은 기도를 하면서 무엇이든지 제마음대로 강요하듯이 주장하려는 경향이 아주 심각하다. 기도를 많이 하는 사람들의 경우에 많이 나타나는데, 이렇게 하나님의 크신 인자하심을 모독하는 것은 매우 경박한 태도이다. 무엇이든지 제멋대로 기도에 아뢴다는 것은 하나님께 공경을 올려야 하는 자로서 매우 경솔하고 우매한 행동이다. 기도는 보통 사람을 대하듯이, 자신의 권리를 하나님 앞에서 주장하는 것이 아니다. 오히려 우리의 생각이 굴복을 당하며, 억제를 받아야 한다. 기도 시간에 경솔하고 몰염치하며 뻔뻔하고 무례한 태도로 조르는 짓을 해서는 안 된다. "그의 뜻대로 무엇을 구하면 들으심이라" 요일 5:14.

성령이 올바른 기도를 도우신다. 칼빈은 성령이 우리의 기도의 교사라고 말한다 롬 8:26. 성령께서는 우리의 마음 속에 확신과 소원과 탄식을 일으키시고, 우리의 타고난 능력으로는 불가능하다는 인식을 하게 만드신다. 성령의 도움을 통해서만 바른 기도를 올릴 수 있다 고전 14:15.

기도는 오늘날 만연되어 있는 자연주의 naturalism 혹은 naturalistic world view, 또는 과학주의와의 영적 전쟁이라고 할 수 있다. 현대의 과학자들은, 오직 눈에 보이는 세계만을 인정하고 그것만을 고집한다. 이런 세상주의자들의 사상에 따르면 기도의 필요성도 없고, 기도의 효용성도 없다. 어리석고 무감각하고 사악한 감정에 사로잡혀서 기도없이 살아가는 자들을 거부한다.[304]

더욱이, 우리가 자신의 요구사항만을 하나님께 강요한다면 바른 기도가 아니다. 이것은 분명코 타락한 인간의 오만이다. 무엇이든지 구하는 대로 이루어지는 기도가 되려면, 그러한 위대한 믿음에 근거해야만

---

304 찰스 스펄전, 김귀탁 역, 『기도와 영적 싸움』 (고양: 크리스챤 다이제스트, 2002).

한다. 무작정 헛된 기도를 드리고서 스스로 위안을 삼는 무지함에서 벗어나기 위해서 우리는 먼저 기도를 받으시는 분이 누구이신가를 알고 입을 열어야 한다. 이사야는 기도를 들으시는 하나님이 누구이신가를 다음과 같이 전하고 있다.

> 나는 여호와라 나 외에는 다른 이가 없나니 나는 밖에는 신이 없느니라 너는 나를 알지 못하였을지라도 나는 네띠를 동일 것이요 해 뜨는 곳에서든지 지는 곳에서든지 나밖에 다른 이가 없는 줄을 무리로 알게 하리라 나는 여호와라 다른 없느니라 나는 빛도 짓고 어두움도 창조하며 나는 평안도 짓고 환난도 창조하나니 나는 여호와라 이 모든 일을 행하는 자니라 하였노라(사 45:5-7).

기도의 제일 원리는 하나님이 누구이신가를 바로 인식하면서 드려야 한다. 칼빈은 『기독교강요』에서 하나님을 창조주이자, 구속주로서 소개하였는데, 이것은 사도신경의 표현이다. 하나님은 만물을 무에서 말씀으로 창조하신 전능하신 분이시다. 타락한 인류를 위해서 구원자가 되시며, 하나님 나라의 왕으로 우리를 다스리시는 분이시다. 사도 바울이 보여주는 하나님에 대한 인식은 우리가 그 앞에 나아갈 때마다 기억해야 할 부분이다.

> 깊도다 하나님의 지혜와 지식의 부요함이여, 그의 판단은 측량치 못할 것이며, 그의 길은 찾지 못할 것이로다. 누가 주의 마음을 알았느뇨 누가 그의 모사가 되었느뇨 이는 만물이 주에게서 나오고 주로 말미암고 주에게로 돌아감이라 영광이 세세에 있으리로다 아멘(롬 11:33-34).

어떻게 이러한 깊은 경외심이 인간에게 주어질 수 있다는 말인가?

하나님에 대한 사려가 깊지 못한 인간들은 조급하고, 부끄러운줄 모르고, 분별력이 없다. 그런 사람들이 자신을 돌아보면서 경건한 기도에 임할 수 있을까? 이사야는 하나님의 존재와 사람과의 차이를 하늘과 땅이라고 선포하면서 그 영원한 심연을 깨달으라고 외쳤다. "여호와의 말씀에 내 생각은 너희 생각과 다르며, 내 길은 너희 길과 달라서 하늘이 땅보다 높음 같이 내 길은 너희 길보다 높으며 내 생각은 너희 생각보다 높으니라"사55:8-9

하나님이 누구인가를 아는 지식은 오직 성령이 도우심이 없이는 불가능하다. 인간의 지식이나, 이성은 연약하고 부패하고 어두워져서 하나님을 찾아 바르게 알아갈 수 없다. 하나님께서 성령님을 보내어 주셔서 기도시에 우리의 기도를 받는 분이 누구이신가를 알게하고, 무엇을 간구해야하는지를 알려주신다. 따라서 성령님은 선생님으로duce Spiritu 보냄을 받았다. "진리의 성령이 오시면 그가 너희를 진리 가운데로 인도하시리니, 그가 자의로 말하지 않고 오직 듣는 것을 말하시며 장래 일을 너희에게 알리시리라. 그가 내 영광을 나타내리니, 내것을 가지고 너희에게 알리겠음이니라"요16:13-14. 성령의 조명과 감동하심에 따라서 우리는 하나님을 알되, 오직 성경을 통해서 하나님을 알게하신다. 오직 성령님이 깨우쳐 주셔서 하나님을 참되게 알고 드리는 기도가 되어야 한다.

기도의 두 번째 원리는 참회다. 내가 누구인가를 돌아보면서 회개하는 것이다.[305] 기도는 자신이 죄인이라는 생각으로 죄를 용서하여 달라고 하는 입장에서 드려야 한다. 이 때에, 기계적으로 일정한 형식에 따라서 암송하거나, 반복하는 것이 아니다. 하나님의 노여움을 풀어야겠다는 원칙이 분명히 있어야 한다. 자신의 죄악됨에 대해서 용서를 받고자 진정으로 갈망하여야 하며, 하나님의 영광을 사모하는 마음으로 충만해야한다. 이런 태도를 가진 성도라야 "이름이 거룩히 여김을 받으시오며"마 6:9, 눅 11:2라고 하는 기도를 정성껏 아뢸 수 있다.

"주를 만날 기회"시 32:6를 가진 사람은 고난을 이겨내려는 절박감과 간절함을 품고 기도하는 것이라야 한다. 고난 중에서도 기도할 수 있는 것은 곤란과 불안과 공포 속에 있는 자를 오라고 부르시기 때문이다약 5:13. 바울 사도는 "쉬지말고 기도하라"엡 6:18, 살전 5:17고 하였다. 또한 "항상 기도하고 낙심치 말아야 한다"눅 18:1-8. 하나님께 밤낮 부르지고 간구할 때에, 하나님은 기뻐하시고 응답해 주신다.[306] 칼빈은 하나님께서 특별하게 우리를 찌르셔서 기도하게 하시는 때가 있다고 말한다. 고난, 역경, 환란, 두려움, 시련의 시간들과 마음을 짓누르는 어떤 것들이 벌어지는 현장들이 바로 그것이며, 다윗의 경우에는 이것을 '주를 만날 기회' a seasonable time라고 지적하였다시 32:6.

기도는 전심으로 드려야 한다렘 29:13-14. 하나님을 찾는 자로서 기도한다는 사람이 추악한 것을 떠나려는 노력을 전혀 하지 않는다면, 위선이다. 따라서 바른 기도는 회개가 필수적이다. 마음이 강퍅한 자의 기도는 응답하지 않으신다렘 11:7. 자신의 죄악된 본성에 대한 참회의 심

---

305 Calvin, *Institutes*, III.xx.5.
306 박윤선, 『응답되는 기도』 (서울: 영음사, 1974), 56.

정을 토로하는 것이다. 이것은 기도의 필수적인 구성 요소로 오랫동안 인지되어 왔던 것이다. 자신의 무능력과 부족과 불충분함을 철저히 인식하는 것이 기도에 임하는 바른 심리이다.

기도의 제 일 원리는 곧바로 제 이 원리와 밀접한 연관이 되어 있다. 칼빈에게 있어서 하나님을 아는 지식과 우리 자신을 아는 지식은 상호 밀접한 관계를 맺고 있는 지식이라고 지적되어 있는데, 기도에서도 이런 이중적인 구조twofold structure는 여기에서도 마찬가지다.[307] 기도를 받으시는 하나님이 누구이신가를 깊이 인식한 다음에, 그 지식은 곧 바로 기도하는 자신에 대한 점검, 인간의 부패함과 부족함과 연약함에 대한 탄원으로 이어진다. 기도는 회개를 필수적으로 요청하게 된다.

기도의 두 번 째 원리는 오늘날의 인본주의 시대와의 철저한 싸움이라고 본다. 현대인들은 자기에 대한 평가에 있어서 매우 낙관적이요, 긍정적이다. 인간 스스로에 대해서 반성할 줄 모른다. 현대인의 문화는 출세와 성공과 부에 의해서 평가받는다. 현대인의 우상은 권력, 재물, 명예, 외적인 미모, 학위, 가문 등 육신적인 자기 자랑이다. 따라서 인간의 자유 의지를 예찬하고, 그 본질에 담긴 모든 죄악들은 덮어버리기에 주저하지 않는다. 총과 칼과 폭력으로 덮어버리고 미화시키며 합리화를 꾀한다. 기도란 이런 부패한 인간 본성에 대한 철저한 인식과 고백이다.

인간에 대한 성찰은 하나님에 비추어봄으로써 가능하다. 모든 인간은 하나님이 거룩하시므로, 우리 성도들도 거룩하게 살도록 계명을 받았다. 주님의 기도문에서, '그의 이름이 거룩히 여김을 받으시오며'마 6:9 라고 기도하듯이, 우리도 거룩하게 살기를 힘써야 한다. 모든 일에 있어

---

307 Calvin, *Institutes*, I.i.1. 김재성, 「칼빈과 개혁신학의 기초」 (수원: 합동신학대학원 출판부, 1997), 119-174, "칼빈신학의 구조분석"을 참고할 것.

서 하나님께 영광을 돌리며, 그의 뜻에 따라서 살고자 하는 마음을 가지고 하나님의 나라와 그의 의를 구하는 자가 되어야 한다. 따라서 그러한 거룩한 삶이 얼마나 이루어지고 있는가에 대한 자성과 반성의 기도가 드려져야만 하는 것이다. 그리하여 기도자는 자신의 무지에 대한 용서 받고자 하는 불타는 마음burning desire이 있어야 한다.

성경에서 가장 훌륭하게 회개하는 모습을 보여준 대목이 다윗의 기도에 담겨 있다: "하나님이 구하시는 제사는 상한 심령이라, 하나님이여 상하고 통회하는 마음을 주께서 멸시치 아니하시리이다"시 51:17. 다윗은 자신의 도덕적 타락과 방탕에 대해서 철저히 회개하는 기도를 드림으로써 하나님의 용서를 받고 나아가 자신의 신앙과 임무를 회복하였다. 여기서 우리는 회개의 기도라는 것은 인간의 마땅한 의무일 뿐이요, 용서받을 권리가 자동적으로 부여되는 것은 아님을 깨달아야 한다. 동시에 이렇게 간구할 자격이 없다는 자신의 영적 가난함과 무지함을 철저히 인정해야 한다. 아무리 후회하고 한탄해도 근본적인 본성의 부패를 벗지 못하여 범한 지난날의 죄를 뉘우치고, 회개하며 참회하여야 한다.

칼빈이 주장하는 인간의 전적인 부패함에 대한 촉구를 다시금 기억하게 된다. 칼빈의 인간론의 특징 가운데 하나이다. 인간은 심히도 그런 부패함으로 잔뜩 채워져 있어서, 자기의 소유 속에 빠져 있거나 다른 근거들에 의지하여 하나님의 사랑으로부터 멀리 떨어져있으며, 종종 하나님께 간구하더라도 죽은 의지에서 무엇을 구하는 것이다.[308]

---

[308] Calvin, *Institutes*, III.xx.6: "mankind is so stuffed with such depravity that for the sake of mere performance men often beseech God for many things that they are dead sure will, apart from his kindness, come to them from some other source, or already lie in their possession."

이사야 1:15에서, 우리는 하나님이 기도를 듣지 아니하시겠다는 선언을 듣게된다: "너희가 손을 펼때에 내가 눈을 가리우고 너희가 많이 기도할지라도 내가 듣지 아니하리니 이는 너희의 손에 피가 가득함이니라"사 1:15. 따라서 먼저 이 점을 사죄하고, 속죄의 제사를 드리고, 옷을 찢고 마음을 찢는 눈물이 있었어야만 했다. 이사야 다음에 세대는 더욱 타락하여서 급기야 이스라엘 민족이 바빌로니아에 포로로 잡혀가게 된다. 그럼에도 임박한 진노 앞에서 인간들은 하나님을 비웃고, 회개하지 않았다. 예레미야 11:7-14에서도 하나님은 더 이상 악한 마음으로 하나님의 명령을 거부하는 자들의 간구를 듣지 아니하시겠다고 선언하신다: "그러므로 나 여호와가 이같이 말하노라 보라 내가 재앙을 그들에게 내리리니 그들이 피할 수 없을 것이라 그들이 내게 부르짖을지라도 내가 듣지 아니할 것인즉, ... 그들이 그 곤액을 인하여 내게 부르짖을 때에 내가 그들을 듣지 아니하리라."

큰 고기 뱃속에서 부르짖은 요나의 기도욘 2:2-9와 욥의 간절한 뉘우침의 기도욥 42:6와 백성들의 타락을 뉘우치는 에스라의 기도스 9:6-15는 눈물과 통곡으로 점철된 처절한 회개였다. 기도에서 힘써할 것은 자신의 사악함을 위장한 것에 대한 참회요 회개이다. 우리의 자세에 대해서 야고보는 이에 대한 보다 직접적인 설명을 하고 있다: "구하여도 받지 못함은 정욕으로 쓰려고 잘못 구함이니라"약 4:3. 다만 우리는 "무엇이든지 구하는 바를 그에게 받나니 이는 우리가 그의 계명들을 지키고, 그 앞에서 기뻐하시는 것을 행함이라"요일 3:22.

세 번째, 바른 기도의 원리는 "겸손하게" 용서를 비는 것이다.[309]

모든 영광은 전적으로 하나님께 돌리며, 자신에 대한 자만심과 신뢰를 완전히 버리고 겸손해야 한다. 흔히 기도를 많이 한다는 분들이 범하는 실수가 바로 나는 기도를 다른 사람보다 더 많이 한다는 교만과 허영심을 드러내는 것이다. 젊은 날, 다윗은 하나님 앞에서 겸손한 태도를 갖추었다. "주의 종에게 심판을 행치 마소서 주의 목전에는 의로운 인생이 하나도 없나이다"시 143:2. 다니엘의 기도단 9:18-19, 이사야의 회개사 64:5-9, 예레미야의 탄식렘 14:7이 전해주는 바른 태도이다. 기도의 시작하기 이전부터 그 준비 단계에서 겸손하고 성실하게 죄를 고백하며 용서를 구하는 자세로 나가야 한다시 25:7.

자신의 영광에 대한 생각은 송두리째 내어버리고, 오직 겸손하게 하나님 앞에서 기도해야 한다. 칼빈은 자기 확신, 자기가 가치있다는 생각, 조금이라도 자기의 그 무엇을 의지하려 한다면 하나님 앞에서 내던져질 것이라고 경고한다.[310] 기도가 응답되지 못하는 것은 우쭐거리는 마음, 조금이라도 남아있는 자존심, 남보다 자기의 존재 가치를 인정하려는 자기합리화, 자만심 때문이다. 이런 기도는 하나님이 듣지 않으신다는 것을 성경에서 수없이 찾아볼 수 있다.

기도의 세 번째 원리로부터 우리는 오늘의 현대 철학이나 종교가 기본적인 이성의 바탕으로 삼고 있는 것들로부터 철저히 벗어나야 한다. 인본주의적 적극론human-centered positivism이나 지성적인 확신conviction of human intellectuals과 결별해야만 한다. 공중 기도에서도, 교만한 기도, 자랑하는 기도를 조심해야 한다.

---

309   Calvin, *Institutes*, III.xx.8.
310   Calvin, *Institutes*, III.xx.8.

여기서 조심해야 할 사실은, 앞에 거론한 두 번째 원리에서 회개를 통하여 하나님 앞에 기도하라고 했는데, 이것이 근거가 되어서 하나님 앞에 회개한 심령이기 때문에 무엇을 구하면 된다는 자세도 역시 금물이라는 점이다. 다시 말하면, 기도는 하나님의 은혜와 은총과 자비로우심에 근거한다. 인간의 회개 역시 믿을 것이 못 된다. 회개할 내용마저도 조금만 시간과 환경이 바뀌면 잊어버리기 때문이다.

한국 교회는 온갖 종류의 기도가 있고, 세계 교회 역사에 그 유래를 찾을 수 없이 가장 철저하게 기도하는 교회로 잘 알려져 있다. 그 가운데서도 한국 교회에서는 처절하게 간구하며, 심지어 목숨을 내건다는 마음으로 금식기도를 올린다. 모세와 엘리야와 에스더와 한나와 예수님의 생사를 건 기도가 금식기도였다. 마음을 찢고, 울며 애통하며 은밀하게 하나님만 바라보는 기도는 하나님의 마음을 움직인다.

그러나 스가랴 시대에는 금식기도마저도 헛된 종교적 행사에 그쳤음을 하나님께서 간파하셨다. 하나님의 기준에서 보면, 형식적이었고, 의무적이었다. 중심을 보시는 하나님 앞에서 그들의 금식은 빈껍데기뿐이었다. 음식과 물에 목마른 금식기도이기 때문에, 하나님께서 기도에 응답해주시는 것은 아니다. 도리어 하나님은 스가랴의 시대에 책망하신다:

> 너희가 칠십 년 동안 오월과 칠월에 금식하고 애통하였거니와 그 금식이 나를 위하여, 나를 위하여 한 것이냐, 너희의 먹으며 마심이 전혀 자기를 위하여 먹으며 자기를 위하여 마심이 아니냐(슥7:5-6).

다니엘은 하루에 세 번씩 기도하기를 쉬는 죄를 범하지 않았던 기도의 선지자였다. 다니엘서 9장은 이런 다니엘의 비장한 기도, 겸손한 기도를 접하게 된다: "내가 금식하며 베옷을 입고 재를 무릅쓰고 주 하나님께 기도하며 간구하기를 결심하고, 내 하나님 여호와께 기도하며 자복하여 이르기를... 우리가 주의 앞에 간구하옵는 것은 우리의 의를 의지하여 하는 것이 아니요, 주의 큰 긍휼을 의지하여 함이오니 주여 들으소서 주여 용서하소서 주여 들으시고 행하소서"단 9:1, 18, 19. 여기서 하나님이 응답하시는 바, 다니엘은 겸손한 기도의 모범을 보여주고 있다.

이런 겸손의 기도, 자복하는 기도, 하나님의 은혜만을 구하는 기도는 이사야에게서도 발견된다. 여기서 이사야는 '잎사귀'요 '진흙'이라고 자신을 토로한다:

> 주께서 기쁘게 의를 행하는 자와 주의 길에서 주를 기억하는 자를 선대하시거늘 우리가 범죄하므로 주께서 진노하셨사오며 이 현상이 이미 오랬사오니 우리가 어찌 구원을 얻을 수 있으리이까 대저 우리는 다 부정한 자 같아서 우리의 의는 다 더러운 옷 같으며 우리는 다 쇠패함이 잎사귀 같으므로 우리의 죄악이 바람같이 우리를 몰아 가나이다. 주의 이름을 부르는 자가 없으며, 스스로 분발하여 주를 붙잡는 자가 없사오니 이는 주께서 우리에게 얼굴을 숨기시며, 우리의 죄악을 인하여 우리로 소멸되게 하셨음이니이다. 그러나 주는 우리 아버지시니이다. 우리는 진흙이요, 주는 토기장이시니 우리는 다 주의 손으로 지으신 것이라. 여호와여 과히 분노하지 마옵시며 죄악을 영영히 기억하지 마옵소서사 64:5-9.

기도란 겸손한 마음으로 죄에 대해 탄원함과 동시에, 참되게 죄악을 고백하는 정신이 있어야만 한다. 하나님은 이런 겸손의 열쇠를 통해서 기도의 문을 열어볼 수 있는 특권을 주신다. 심지어 그날 기억나는 죄악 뿐만이 아니라, 오래전에 지은 후, 잃어버린 죄에 대해서도 탄원하며 용서를 빌어야한다. 이 때 기도하는 사람을 두려워서 떨지 않을 수 없는 것이니, 자신이 마땅히 하나님의 법을 소홀히 한 심판과 형벌의 면제를 간구하고 있기 때문이다. 예수님은 중풍병으로 누운 환자를 보시고, "네 죄 사함을 받았느니라"마9:2고 선포하셨다.

죄 사함을 겸손히 간구하는 히스기야의 기도는 두 번이나 응답을 받았다. 남 유다 왕국의 국가의 존폐 위기에서 나라를 구한 히스기야의 기도에는 깊은 회개와 참회로 가득차 있고사37:16-20, 그 후에 은혜를 감사치 못한데서 병들었을 때, 겸손히 기도하므로 15년의 생명을 연장 받을 수 있었다.

> **나의 거처는** 목자의 장막을 걸음같이 나를 떠나 옮겼고, 내가 내 생명을 말기를 직공이 베를 걷어 말음 같이 하였도다. 주께서 나를 틀에서 끊으시리니 나의 명이 조석간에 마치리이다. 내가 아침까지 견디었사오니, 주께서 사자같이 나의 모든 뼈를 꺾으시오니 나의 명이 조석간에 마치리이다. 나는 제비 같이, 학 같이 지저귀며 비둘기 같이 슬피울며 나의 눈이 쇠하도록 앙망하나이다. 여호와여 내가 압제를 받사오니 나의 중보가 되옵소서. 주께서 내게 말씀하시고 또 친히 이루셨사오니 내가 무슨 말씀을 하오리이까 내 영혼의 고통을 인하여 내가 종신토록 각근히 행하리이다. 주여 사는 것이 주께 있고, 내 심령의 생명도 온전히 거기 있사오니 원컨대 나를 치료하시며 나를 살**려주옵소서**(사 38:12-16).

자기의 의로움에 기초하지 않고, 죄를 고백하며 용서를 구하는 기도를 힘쓰게 될 때에 하나님의 응답을 받게 되어진다. 이런 순수한 영혼과 양심을 하나님으로부터 위로를 받는다. 심령이 가난한 사람, 애통하는 사람, 의에 주리고 목마른 사람, 마음이 청결한 사람들은 마5:3-8 모두 위로와 신령한 복을 받는다.

겟세마네의 예수님의 기도야말로, 겸손한 기도의 모범이다. 이와 대조를 이루는 것이 베드로의 자만심이요, 자기 확신이다. 베드로는 자신만만하였다. 다른 사람들은 주님을 "다 버릴지라도 나는 그렇지 않겠나이다"막 14:29. 그는 "네가 나를 세 번 부인하리라"는 주님의 경고 앞에서, "내가 주와 함께 죽을지언정 주를 부인하지 않겠나이다"라고 다짐하였다. 다른 제자들도 모두 다 이와 같이 말하였다. 그러나 곧이어서 예수님은 겟세마네에서 "아바 아버지여 아버지께서는 모든 것이 가하오니 이 잔을 내게서 옮기시옵소서 그러나 나의 원대로 마옵시고 아버지의 원대로 하옵소서"막 14:36라고 겸손히 기도하셨다.

자만하지 않는 기도가 가능하려면 시험에 들지 않게 기도해야한다. 게세마네의 기도에서 졸고 있는 베드로에게, 주님은 "시몬아 자느냐 네가 한시 동안도 깨어 있을 수 없더냐 시험에 들지 않게 깨어있어 기도하라 마음은 원이로되 육신이 약하도다"막14:38 하셨다. 참으로 고개를 들 수가 없는 말씀이다. 기도없이 살아가는 기독교 신자가 되어서는 결코 안 된다. 더구나 우리 주변에는 항상 기도하는 사람의 믿음을 시험하는 자가 있음을 잊어서는 안 된다 살전 3:5. 주님의 부활을 목격한 후에, 완전히 새롭게 된 베드로는 이러한 사실들을 철저히 깨달았다; "만물의 마지막이 가까웠으니 그러므로 너희는 정신을 차리고 근신하여 기도하라"벧전 4:7고 충고하였다. 베드로는 겟세마네에서 들었던 주님의 말씀을 기억고, "너희 염려를 다 주께 맡겨버리라 이는 저가 너희를 권고 하심이니라 근신하라 깨어라 너희 대적 마귀가 우는 사자같이 두루 삼 킬자를 찾나니 너희 믿음을 굳게하여 저를 대적하라 이는 세상에 있는 너희 형제들도 동일한 고난을 당하는 줄 앎이라"고 격려하였다.벧전 5:8.

올바른 기도의 네 번째 법칙은 확신과 소망으로 아뢰는 것이다.[311]

기도의 응답에 대해서 의심하지 말고, 소망과 확신을 품어야 한다. 벌을 받아야 합당한 죄인이라 하더라도, 하나님의 긍휼과 자비하신 은혜가 주어진다. 기도는 믿음의 인도를 따라가야 한다. "기도하고 구하는 것은 받은 줄로 믿으라"막 11:24. 기도할 때에, 무엇이든지 "믿고 구하는 것은 다 받으리라"마 21:23. 야고보 사도는 "오직 믿음으로 구하고 조금도 의심하지 말라"약 1:5-6고 격려했다. 경외심을 가지고 하나님 앞에 나아가는 자들은 불완전한 기도라도 들어주신다.

하나님의 선하심에 근거하여서 기도하는 성도들은 응답해 주실 것을 확신해야 한다.

기도는 회의주의자들scepticism의 철학과 싸우는 것이다. 기도의 본질에서 볼 때 기도의 응답은 우연의 산물이 아니라, 믿음에 따라서 오는 것이다.[312] 기도는 우리가 필요로 하는 모든 것을 하나님께로부터 얻을 수 있다고 하는 우리의 희망에 대한 증거이다. 따라서 믿음이 없는 기도, 확신이 없는 기도는 위선적이며, 불신이요, 불성실이다. 의심에 찬 기도는 단지 속임수에 지나지 않는다. 칼빈은 "기도가 결코 헛되지 않

---

311 Calvin, *Institutes*, III.xx.11.
312 Calvin, *Institutes*, III.xx.11.

는다는 확실한 소망" 가운데 드려져야 한다고 주장한다.[313]

용서를 구하면서 우리가 이미 아버지의 사랑으로 용납해 주시는 하나님을 확신하기 때문이다. 자기자녀로 받아주시고, 입을 열기도 전에 필요한 것을 알고 계시는 아버지께 나아가는 확신을 가지고 있어야 한다. 우리는 기도에의 명령들과 응답에의 약속들을 가지고 있다. 예수님은 "너희는 먼저 그의 나라와 그의 의를 구하라"[마 6:33]고 명령하시고, "구하라 그러면 너희에게 주실 것이요, 찾으라 그러면 찾을 것이요, 문을 두드리라 그러면 너희에게 열릴 것이니, 구하는 이마다 얻을 것이요, 찾는 이가 찾을 것이요, 두드리는 이에게 열릴 것이니라"[마7:7-8]고 응답의 약속을 하셨다. 따라서 성도들은 거룩한 경외심을 가지고, 불안에 떨지 말고 기도해야 한다. 하나님의 아버지로서의 사랑을 확신하는 까닭에 거짓된 안정감으로 마음에 불안을 가져서는 안 된다.

마치 하나님은 채무자이신 것처럼 그의 크신 약속에 근거하여 우리를 받아주신다. 성경에 약속되어진 기도의 응답이 너무나 명백하기 때문에 우리는 담대하게 물러서지 않고, 때로는 불의한 재판장에게 나아가 호소하는 여인과 같이, 하나님을 귀찮게 만드는 것이다.

기도의 원리는 믿음의 원리에 따른다. 예수님은 의심하지 않는 믿음을 강조하면서, 겨자씨 만한 믿음의 효과에 대해 설명하였다. "무엇이든지 기도하고 구하는 것은 받은 줄로 믿으라 그리하면 그대로 되리라"[막 11:24]고 하셨다. 그리고 예수님의 저주대로 무화과 나무가 마르자 놀라는 제자들에게, 믿음이 있고 의심치 않으면 산이 바다로 옮기는 일도 이루어질 것이므로, "너희가 기도할 때에 무엇이든지 믿고 구하는 것은

313　Calvin Comm. on Mk. 9:22.

다 받으리라"마 21:22고 선포하신다.

기도하면서 의심하는 사람은 믿음이 흔들리는 사람이요, 하나님이 들으시는지 아니 들으시는지 마음속에 확신이 없는 사람이요, 그런 사람은 아무것도 얻을 수 없다.약 1:7. "믿음의 기도"약 5:15란 역사하며 살아있는 기도이므로, 다른 말로 표현하면 각자의 믿음에 따라서 하나님은 응답해 주시는 것이기도 하다.마 8:13, 9:29, 막 11:24.

기도는 하나님의 은혜에 대한 반응으로서 나오지만, 동시에 도움을 청하는 순수한 외침이어서, 인간적인 필요성에서 시작된다. 인간이 결핍함을 느끼고, 인간으로서 삶의 문제에 대해서 고통할 때 간구하러 나아온다. 칼빈의 경우, 기도의 동기motive는 모든 기도마다 하나님의 영광이라고 했고, 주님의 명령이 동기라고도 했다.[314] 그러나 인간의 필요가 동기가 되어서 아뢰게 된다고도 했다.[315] 그러므로 우리의 필요 때문에 기도하고 싶은 동기를 갖는 것은 부끄러운 것은 아니다. 기도는 단지 영혼을 위한 경건의 연습만이 아니요

때때로, 기도란 계속되는 환난 가운데서 주시는 위로가 되기도 하고, 거룩한 피난처이기도 하다. 환난이나, 지독한 질병에서 기도하면서 겉으로의 증상치료만을 기대하지 말고, 하나님의 은혜에 의존하고, 죄악된 마음으로 불평하지 않도록 조심해야 한다. 긴급히 필요한 것들을 위해서 기도할 때도 온전하게 헌신된 정신으로 기도하여서, 혀만 앞서 가지 아니하도록 하나님의 은혜와 긍휼을 의지해야 한다.

확신 있는 기도는 감사의 마음을 수반한다. 우리의 가슴이 하나님께 대한 감사의 의식으로 충만해 있을 때에 바르게 기도할 수 있다. 우

---

314 Calvin, *Institutes*, III.xx.13.
315 Calvin, *Institutes*, III.xx.14. Calvin Comm. on Jer. 29:13.

리의 이기적인 마음을 다스리고 하나님을 기쁘시게 하는 기도를 드릴 수 있다. 감사가 없이는 하나님을 기쁘시게 해 드릴 수 없다시 50:23. 기도는 하나님께 대한 찬미요, 우리를 창조하시고, 자상한 섭리로 보살피시는 하나님께 대한 감사와 예배와 그 권위에의 인정으로 드려질 때 하나님은 기뻐하신다. 칼빈은 기도에 있어서 감사의 마음을 가질 때에 우리의 소원들이 하나님의 뜻에 일치되어진다고 말한다.[316]

3) 개인 기도와 공중 기도

기도에 대한 성경적인 가르침을 살펴볼 때에 주의해야 할 두 번째 부분은 공중 기도에 대한 약화를 가져와서는 안 된다는 점이다. 특히 칼빈의 기도론에 보면, 중세 로마 교회의 잘못된 교리로부터 성경적인 기도를 시행하므로서 바른 교회의 회복을 위해 노력했음을 보게 된다.

하나님의 모든 백성들은 개인 기도 뿐만 아니라, 공중 기도를 힘써야 하고, 이를 위해서 훈련받아야만 한다고 역설한다. 모든 성도들은 마땅히 예배에 참석해서 공중 기도에서 함께 마음을 모아 기도해야만 한다. 칼빈은 '교회에서의 공중 기도'를 매우 중요시하고 강조한다. 거룩한 집회에서 기도하기를 거부하는 자는 개인 기도도 역시 바르게 할 수 없다고 했다.

> 마지막으로, 우리는 성도들의 거룩한 모임에서 기도하기를 거부하는 자는 개인적으로 혹은 은밀한 장소에서, 혹은 집에서 기도하는 것이 무엇인지를

---

316 Calvin, *Institutes*, III.xx.28. Calvin Comm. on Ps. 85:20.

알지못하는 자이다. 다시말하거니와, 혼자서, 개인적으로 기도하지 않는 사람은 그가 아무리 열심히 공적인 집회에 참석한다고 하더라도, 거기서 오직 공허한 기도를 힘 쓸 따름이다. 왜냐하면 그는 하나님의 은밀한 판단보다는 사람들의 의견을 더 따르기 때문이다.[317]

교회란 예배드리는 건물이 아니라, 하나님의 백성들이 바로 성전들이다.[318] 예수님은 성도들의 공적인 모임에 권위를 인정하실 뿐만 아니라, 항상 임재하실 것을 강조하시면서, "두세 사람이 내 이름으로 모인 곳에 내가 그들과 함께 하리라"마 18:19-20고 말씀하셨다. 따라서 성도들은 교회로 모이는 공적인 모임을 중요시해야 하고, 그곳에 임재하신 주님과의 교제에 기쁨으로 참여하게 된다. 모든 성도들이 기도하는 가운데 영으로 임재하시고, 한 마음으로 모아서 드려지는 모든 예배와 간구를 기쁘게 받으신다.

특히 공중 기도에서 로마 교회의 오류란 바로 라틴어로 드리는 의미 없는 기도였다. 기도를 드릴 때, 그 집회 회중이 쉽게 이해하는 그들의 말로 드려져야 한다는 매우 평범한 진리를 로마 카톨릭 교회는 곡해하고 있었다. 중세 시대 천년 동안, 그리고 최근에 까지도 로마 교회의 기도문이 라틴어로 쓰여져있고, 그냥 암송되고 있었다. 무지한 일반 성도들은 무슨 말인지 전혀 이해하지 못하면서 기도문을 형식적으로 외우는 것이 전부였다. 교회가 모든 사람들의 편의를 위해서 정한 장소에서 정한 시간에 함께 드리는 공중 예배와 공적인 기도는 그 회중의 언어로써 드려져야 한다.

---

317 Calvin, *Institutes*, III.xx.29.
318 Calvin, *Institutes*, III.xx.30: 'Not church buildings but we ourselves are temples of God'

성전은 '기도하는 집'이라고 기억하게 하실때에, 이스라엘 민족은 그들의 모국어로 기도하고 있었다 사 56:7, 마 21:13. 따라서 어떤 언어로 교회에서 기도해야 할 것을 암시하고 있다. 예배에서 사용할 언어는 마땅히 회중들의 언어라야 한다. 이는 믿음의 통일성을 청중들과 함께 유지하는데 결정적인 요소가 된다. 칼빈은 제네바에서 프랑스어로 설교했다. 바로 옆에는 영국에서 박해를 피해 모여든 사람들을 위해서 영어를 사용하는 교회가 따로 회집되었다.

공중 기도에서 또 다른 문제점은 소위 다른 언어라는 방언의 문제다. 방언으로 하는 기도는 어떠한가? 다시 말하지만, 성경에서 나오는 공중 기도는 아주 단순한 것이었고, 그 언어는 그 나라 사람들의 말이었다. 한국어를 사용하는 사람들에게 라틴어나, 헬라어나, 프랑스어로 기도해서는 안 된다. 공중 기도는 모든 참석한 회중의 영적인 증진을 위해서 유익해야하기 때문이다. 이해할 수 없는 말로 기도하는 곳에서 무슨 영적인 은혜를 입을 수 있겠는가?

고린도전서 14장에 나오는 사도 바울의 충고는 사랑과 이웃에 대한 배려가 전혀 없는 사람들의 방언을 조심하게 하는 바, "내가 영으로 기도하고, 또 마음으로 기도한다"고 했다. 칼빈은 영의 기도, 즉 방언기도 대신에, 마음의 기도 마음으로 생각하고, 판단하고, 질서있게 중언부언하지 않으며, 모든 사람이 알아들을 수 있는 기도 를 강조한다. 방언기도는 적절히 자제해야 하고, 교회의 유익을 위해서 '적당하게하고 질서대로' 고전 14:40 드려져야 한다는 것이다.

우리는 공중 기도든지, 개인 기도든지, 하나님께서는 생각없는 방언을 대단히 싫어하신다는 사실을 의심하지 말고 받아야만 한다. 그 밖에도, 방언이 표현할 수 있는 모든 것을 말로서 능히 극복할 수 있는 한에 있어서는, 마음이 생각의 열정으로 광채를 발휘하도록 되어져야만 하는 것이다. 마지막으로, 우리의 내적인 느낌이 기도를 일으키기엔 힘이 부족하거나, 혹은 너무 충만하게 넘쳐서 강권적으로 방언의 행동이 수반되어지는 경우를 제외하고는, 개인 기도에서도 방언이 필요치 않다는 것을 견고히 지켜나가야만 한다.[319]

교회에서 드리는 공중 기도는 누가 인도해야 하는가?

로마 교회의 전통에서는 오직 성직자만이 공중 기도를 인도할 수 있었다. 이것은 중세 시대의 이분법적인 구분에서 나온 것이다. 로마 교회는 두 개의 교회로 나누었으니, 하나는 '가르치는 교회'ecclesia docens요, 다른 하나는 '듣는 교회'ecclesia audiance이다. 전자는 오류가 없는 교회로서 성직자들로 구성되고, 후자는 항상 듣고 배워야 할 일반 평신도들의 교회다. 로마 카톨릭의 2중적인 교회론의 오류는 오직 성직자들로 구성된 교회만을 중시했다는 점이다. 이것은 '감독들의 회'를 교회의 근본으로 생각하는 동방 헬라정교회Greek Orthodox Church도 비슷한 오류를 범하고 있는 부분이다. 17세기 후기 개혁교회들에서도 오직 목회자들만이 공중 기도를 인도하는 예배 방식이 도입되었는데, 이것은 다소 칼빈의 견해와도 다르다.[320] 16세기 유럽의 종교개혁자들은 성직자와 평신도와를 엄격하게 구분하는 로마 교회와 헬라 정교회의 교회론에 반대하였다. 따라서 루터를 비롯한 많은 개혁자들은 이구동성으로 '만인제사장론'벧전 2:5-9을 주장하였던 것이다.

오늘날 한국 교회에서는 장로나, 안수집사, 권사, 및 서리 집사가 공

---

319 Calvin, *Institutes*, III.xx.33.
320 Philip Holtrop, 『기독교강요 연구 핸드북』, 박희석, 이길상 역 (서울: 크리스챤 다이제스트, 1995), 262.

중 예배의 기도를 담당하고 있다. 유럽이나 구미의 개혁교회들은 필요한 경우를 제외하고는 대부분 목사만이 공예배시에 목회기도를 담당한다. 공중 기도 시에 일반 성도들이 대표로 참여하느냐의 문제는 그리 중대한 것은 아니지만, 한국 교회의 방식에도 일체감과 참여도를 높인다는 측면에서는 장점도 있다. 그러나 공중 기도에 대해서 배우지 않고 한다면 이것은 매우 큰 오류를 범하게 된다.

공중 기도에서 가장 조심할 부분은 기도하는 사람이 자신의 어떤 것을 자랑하는 행동으로 변질되지 않도록 해야만 하는 것이다. 바리새인의 기도에서 '나는 다른 사람과 같지 아니하다'는 위선에 대해서 주의해야만 한다마 6:5-7, 눅 18:11. 사람의 눈을 의식하고 자기자신의 어떤 점을 드러내어서 인정과 칭찬을 돌리게 하려는 공중 기도는 헛된 것이다. 유대인들의 기도에서만이 아니라, 우리 한국의 개혁교회에서도 발견할 수 있는 문제점이다.

또한 로마 교회의 공중 기도는 대부분 미사 시간에 많은 회중 앞에서 간단한 구절을 계속해서 반복하여 암송하는 것이었는데, 이 기도가 과연 하나님께 하고 있는지를 묻지 않을 수 없다. 가슴에서 우러나오지 않고, 단지 입술로 따라서만 하는 기도가 과연 하나님 앞에 참된 기도라고 할 수 없다는 점에서 지적해야 할 문제점이다. 자기 자랑이나, 듣는 사람들을 의식하는 기도는 인본주의적인 기도라고 한다면, 기도하는 사람의 마음에서, 그 인격의 중심에서 우러 나오는 것이 아니라면, 진실하지 못한 점에서는 똑같이 허공을 울리는 소리에 불과한 것이다.

하나님이 기뻐하시고 응답해 주시는 기도는 언제나 마음 속에서 나와야하고, 인격의 중심에서 토로되어야 한다. 하나님은 마음의 중심을 보시는 분이시다롬 8:27. 우리가 문을 닫고 방 안에서 혼자 기도를 드려도 아버지 하나님은 우리 속의 은밀한 것을 들으신다.

공중 기도나 개인 기도에서 특별한 자세나 태도가 요구되는가? 성경에서 무릎을 꿇고 드리는 기도자의 태도를 볼 수 있다. 물론, 개혁교회에서도 기도시에 양쪽 손을 들고 하는 태도에 대해서도 허용하였다. 이것은 구약 성경에서도 볼 수 있고, 초대 교회의 전통에서도 목격되는데, 가장 대표적으로는 수도원에서 볼 수 있다. 양손을 들고 하는 기도는 교회에서는 뉘우치는 성도에 대한 훈련으로서 의의가 있다.[321] 에스라는 이스라엘 백성들이 이방 여인들과 혼인함을 뉘우치며, 특히 레위인들과 방백들과 두목들이 이 죄에 더욱 으뜸이 되었다는 소식을 듣고, "근심 중에 일어나서, 속옷과 겉옷을 찢은 대로 무릎을 꿇고 하나님 여호와를 향하여 손을 들고" 스가랴 9:5, 신앙적인 배신과 배도에 전율하여 회개하였다. 시편 25:1에서 다윗이, "여호와여 나의 영혼이 주를 우러러보나이다"고 부르짖을 때에, 담겨있는 태도를 주목하고 있다.

오늘날 교회에서는 어떤 자세로 기도를 드리는가? 점점 더 편안한 의자와 양탄자로 나아가는 것은 아닌가? 어떤 독특한 자세 하나만이 성경에서 강조되어 있지는 않다. 어떤 구체적인 방법만 지시한 적도 없다. 성경에는 눈을 감고 드리는 일에 대해서도 명시적인 언급이 없다. 기도자의 자세는 어떤 방법이든지 다양할 수 있지만, 기도의 원리는 분명히 지켜져야 한다.

---

321 Calvin, *Institutes*, III.xx.5,16, IV.x.30.

4) 성령의 도우심과 인도하심

기도에 있어서 성령의 인도하심과 도우심은 필수적이며 본질적인 것이다. "모든 기도와 간구를 하되 항상 성령 안에서 기도하고 이를 위하여 깨어 구하기를 항상 힘쓰며 여러 성도들을 위하여 구하라 또 나를 위하여 구할 것은 내게 말씀을 주사 나로 입을 열어 복음의 비밀을 담대히 알리게 하옵소서 할 것이니"엡 6:18-19. 바울 사도는 우리의 기도가 성령의 인도하심을 받아야 한다고 가르쳤다. 그렇게 기도할 수 있는 비결은 말씀의 교훈 아래서 모든 간구를 드린다는 것이다. 그래서 성경적인 기도론을 제시하고자 노력한 칼빈과 오웬의 설명에서 성령의 사역은 매우 중요한 비중을 차지하고 있다. 성령은 단지 기도를 통한 성도 개개인의 경건 생활에 대한 강조만이 아니라, 보다 폭넓은 전망, 즉 바르고 참된 교회의 회복을 위해서도, 성령의 사역에 전적으로 의존하여야 한다. 성령의 개입이 없이는 기도의 본질과 내용, 바른 기도의 자세를 갖출 수 없다.

그래서 개혁주의 신학의 역사 속에서 중요한 기여를 남긴 신학자들은 성령의 도우심과 인도하심을 강조하였다. 우리는 칼빈을 "성령의 신학자"라고 부르고 있는데, 이런 수식어를 붙이는 것은 충분한 근거가 있다.[322] 곧 그는 성령만이 참된 기도를 이끌어 주시고, 성령만이 기도의 전적인 주관자요, 조력자라는 점을 철저히 인식하였다. 좀 더 바른 교회의 회복을 위해서, 칼빈은 매우 통렬하게 중세 로마 교회의 잘못된 기도와 회개의 성례를 시정하고자 노력하였고, 기도론 가운데서도 역

---

322 김재성, 『성령의 신학자, 존 칼빈』(생명의 말씀사, 2004); 증보판.『존 칼빈, 성령의 신학자』(기독교문서선교회, 2014).

시 넓게는 종교개혁이 성취한 교회론의 회복이 들어 있다.

또한 청교도 신학의 대표자 존 오웬도 기도 가운데 역사하시는 성령의 사역에 대해서 강조하면서, 칼빈의 기도론을 인용하였다.[323] 오웬은 기도하는 사람들이 모인 집회라고 하면서 신비주의로 기울거나, 경건주의와 정숙주의quiescence 운동 가운데서 드러나는 것들에 대해서 주관주의에 빠지는 것은 건강하지 못하다고 지적했다. 성령의 간섭과 지배가 없는 성례가 아무 의미가 없듯이, 성령의 도움과 간섭이 없는 기도는 하나님의 뜻대로 아뢰는 간구가 될 수 없다는 점을 역설했다.[324]

바른 기도는 성령의 도우심으로만 가능하다. 칼빈은 로마서 8장 16절에서 '양자의 영'the Spirit of adoption을 받은 자들이 '아바 아버지'라고 확신 가운데 부르게 됨을 주목한다. 성령은 우리의 마음 속에 "우리가 하나님의 자녀라는 사실을 증거하여 주시시고, 동시에 확신을 심어주심으로써, 우리가 감히 하나님을 아버지라고 부르게 된다."[325] 우리가 입술로 아버지라고 부를 때에, 마치 육신의 아버지를 신뢰하듯이, 하나님을 아버지라고 마음 속에 분명히 확신을 가지고서 부를 수 없다면, 우리의 기도는 바르게 드려질 수 없다는 분명한 원리가 제시되어 있는 것이다. 따라서 기도는 성령의 증거와 부어주심이 없이는 불가능하다.

온전한 기도는 성령의 역사 없이는 불가능하다. 기도는 인간의 심령에 있는 절박한 필요와 감사의 동기 때문에 드려지지만, 본성적 충동에 의해서 강요되거나 고취되어서는 안 된다. 즉흥적 충동에 의해서는

---

323 John Owen, *The Works of John Owen*, ed. W. H. Goold (Edinburgh: 1850-; reprinted London: 1965-68), IV: 237.
324 Sinclair B. Ferguson, *John Owen on the Christian Life* (Edinburgh: Banner of Truth Trust, 1987), 224-231.
325 Calvin Comm. on Rom. 8:16.

바른 기도를 드릴 수 없다. "성령께서 바르게 기도하는 방법을 가르쳐 주시지 않는 한 우리의 입을 여는 것은 위험하다"[326] 성령의 감화가 있으므로 우리의 기도가 효과적으로 드려지고, 열정과 간절함을 놓치지 않고 나아갈 수 있게 된다. 따라서 우리는 성령이 우리에게 임하여 오시기를 위하여 기도하기보다는, 성령의 충만increase을 위해서 기도해야 한다.[327]

하나님의 영이 기도 가운데서 하나님의 자녀들을 돕고 인도한다고 알려졌다. 로마서 8:26-27에서 바울 사도는, "이와 같이 성령도 우리 연약함을 도우시나니 우리가 마땅히 빌 바를 알지 못하나 오직 성령이 말할 수 없는 탄식으로 우리를 위하여 친히 간구하시느니라 마음을 감찰하시는 이가 성령의 생각을 아시나니 이는 성령이 하나님의 뜻대로 성도를 위하여 친히 간구하시느니라"고 가르쳤다.

오웬은 성령이 기도 가운데서 도움을 주시고, 인도하신다는 것을 지적했다.[328] 한편으로는 성령의 도우심으로 기도하는 사람에게 깨우쳐 주며, 또 다른 편으로는 성령이 친히 하나님의 뜻을 가르쳐 주어서 바른 기도를 올릴 수 있도록 인도한다. 오웬은 이 두 가지를 자세히 설명하였다.

첫째로, 우리는 무엇을 기도해야만 하는지에 대해서도 알지 못하기에, 성령이 오셔서 도움을 주어야만 한다.

---

[326] Calvin Comm. on Jer. 29:12.

[327] Calvin Comm. on Acts 1:14; "we should be instant in prayer, that we may gain daily increase of the Spirit. Increase, I say, because before we can conceive any prayer we must receive the first fruits of the Spirit."

[328] Owen, *The Works of John Owen*, IV:275.

기독교 신자라고 하지만, 우리는 자신에게 필요한 것이 무엇인지 완전히 알지 못하는 상태에 있다. 더구나 어떻게 하나님께서 각 사람에게 필요한 것들을 공급하시는지에 대해서 완전히 무지하다. 우리는 기도를 어떤 방향으로 진행할 것이며, 어떻게 결론에 도달해야 하는지 정확하게 알지 못한다. 우리가 이렇게 모르면서 기도할 때에, 성령은 간구할 것들을 알려주신다. 성령은 성도들에게 피조물로서의 무지함에 대한 고백을 하게 만들며, 은혜의 필요성에 대해서 느끼게 해 준다. 이런 성령의 도우심이라는 방식에 의해서, 성도는 자신의 외적인 것들, 내적인 것들, 영적인 것들에 대해서 무엇이 필요한가를 인식하게 된다. 성도는 불신앙의 큰 죄에 대해서 인식하며, 본성의 부패성과 범위에 대해서도 이해를 넘어서는 것임을 깨닫게 되면서, 이것들을 항상 기도로 간구해야 할 것임을 알게 된다.

둘째로, 성령은 하나님의 뜻이 무엇인가를 알려줌으로써, 바르게 기도하도록 인도한다.

성령의 도우심은 하나님의 약속에 연결되어져 있는 바, 그 속에는 우리에게 필요한 것들을 채워주시는 내용들이다. 이것은 우리가 믿음으로 기도를 올리는 것과도 연결된다. 왜냐하면 믿음은 항상 하나님의 약속들에 대해서 존중하기 때문이다. 하나님의 약속들은 기도의 범위이자, 기도의 주제가 된다. 성도가 기도를 통해서 얻을 수 있는 것은 하나님이 약속하신 것들이다. 이것을 알고서 기도해야만 헛된 기도를 올리지 않는 것이다. 이런 것들을 하나님은 미리 준비해 놓으셨다. "하나님이 자기를 사랑하는 자들을 위하여 예비하신 모든 것은 눈으로 보지 못하고 귀로 듣지 못하고 사람의 마음으로 생각하지도 못하였다"고전 2:9. 이런 것을 성령이 성도에게 알려주시기 전에는 그저 육신을 가진 사람으로서는 아무 것도 알 수 없다. 이것은 "오직 하나님으로부터 온 영을 받은 우리에게 은혜로 주신 것들을 알게 하셨다"고전 2:12. 우리가 알아야만 할 것들은 하나님께서 준비하신 내용들로 이미 언약의 약속들 가운데서 선포하신 것들이다.

성령의 지속적인 자극으로 인해서 우리가 무엇을 기도해야 하는지를 알려주신다. '성령의 도움'으로써 조심성없는 무턱대고 하는 기도와 어리석은 두려움에 빠지지 않도록 하는 것이라고 해석한다. 한편으로는, 우리의 마음에 믿음을 심어주신 성령은 무지에 빠져서 하나님의 뜻과 배치되는 헛된 것을 구하지 않도록 인도하시고, 다른 한편으로, 우리 자신의 노력을 효과적으로 발휘하도록 도우신다. 성령이 우리에게 기도할 힘을 주시고, 능력으로 역사하신다고 해서 우리가 자신이 해야 할 열심과 노력을 포기하도록 하거나, 방해하거나, 어떤 선입견으로 우리의 마음을 가로막는 분이 아니다. 어리석고 사악한 감정에 좌우되지 아니하고, '우리가 무엇이든지 그의 뜻대로 간구하면 들으심이라'요일 5:14는 확신을 가지고 더욱 견고히 하나님이 누구이신가를 예민하게 생각해야한다.

성도는 하늘로부터 오신 성령의 권능으로 인해서 기도할 힘을 얻는다. 악이 지배하는 우리의 마음을 기도할 수 있게 지켜주시고, 자세한 기도의 내용들과 재료들을 생각나게 하신다. 우리의 간구할 바를 가르쳐 주시고, 믿음으로 기도하도록 붙잡아 주신다. 성령에 의존하지 아니하고서는 그 누구도 바른 기도의 동기와 노력을 부여해 주신다.

셋째로, 성령은 탄원의 영이다.

우리가 어떤 방식으로 기도를 드리는가에 대해서 로마서 8장 26절에 설명되어 있다. 성령은 성도들의 기도 가운데서 역사하신다. 기도의 삶에 열심을 갖도록 은혜로운 성향을 만들어낸다. 또한 성령은 그와 동일한 은혜로운 능력을 주신다. 성령은 우리들의 연약함을 도우시며, 탄식하시고, 친히 하나님께 중보의 기도를 드리신다. 성령께서는 우리의 기도의 방식과 태도를 결정하신다. 바울은 성령이 "친히 말할 수 없는 탄식을 하신다"고 말하는데, 왜냐하면 그것들은 우리의 이해할 수 있는 능력을 훨씬 초월하는 것이기 때문이다. 칼빈은 하나님의 영이 중보기도를 한다고 말하는데, 그가 기도하거나 탄식할 때 하나의 간청자로서 자신을 겸손하게 낮추셨다는 말이 아니라고 해석했다.[329] 성령의 자극에 의해서 우리가 "본성적인 능력으로는 절대로 가질 수 없는 그런 탄식과 소원과 신뢰를 우리 속에 불러일으키신다는 뜻이다. 올바로 하나님께 기도를 토로하게 된다는 뜻이다."[330] 우리의 모든 기도의 전 과정이 성령의 은혜에 절대적으로 기인하고 있다는 말이다.

기도는 성도의 모든 신앙생활에 기초가 되며, 하나님을 체험하는 것과도 분리할 수 없다. 기도에는 "양자의 영" the Spirit of adoption이 역사하셔서, 그 성령의 선물을 받은 자에게 은사와 능력을 불어넣는다. 로마서 8장 15절에 나오는 이 용어에 대해서 주목하라고 칼빈은 촉구하면서, 매우 중요하게 취급하였다. 성부와 성자 사이의 언약에 따라서 성도들에게는 하나님의 자녀라는 신분이 주어졌다. 원래는 우리가 이방인이기에 하나님의 자녀가 아니지만, 양자로 받아들여진 것이다. 하나님의

---

[329] Calvin Comm. on Rom. 8:26.
[330] Calvin, *Institutes*, III.xx.5.

자녀로 받아들여진 성도들은 성자 예수님을 통해서 "아빠, 아버지"라고 하나님을 향해서 부르짖게 된다. 여기에서 우리는 기도하는 성도의 삶에는 삼위일체 하나님의 경륜적 사역의 본질과 세 위격들 사이의 내적인 관련성의 특징을 살펴볼 수 있다.

성령은 우리들의 의지들과 정서들 속에서 역사하며, 성도들이 담대하게 확신에 차서 기도를 아뢸 수 있도록 능력을 불어넣는다. 성령은 실제적인 고통들 속에 있는 성도들에게 기도로 간구할 수 있는 내적인 능력을 불어넣어 주신다. 성령은 기도의 대상이신 하나님 안에서 누리는 즐거움을 주시는데, 은혜의 보좌에 계신 분으로부터 나오는 하나님의 관점과 전망과 관련되어 있다. 성령은 성도로 하여금 기도하는 가운데서 담대하게 만들며, 확신을 갖고 간구하도록 깊은 감동을 불어넣는다. 이런 방식으로 하나님의 선하심과 능력이 교회에 약속되었고, 언약 안에서 체험되어지는 것이다. 성령을 통해서 언약 가운데 있는 하나님의 약속으로서 기도를 올리는데, 성도들은 결국 하나님을 알게 된다.

5) 기도의 언약적 특성

기도의 신비로움은 성경에 담긴 언약 관계 속에서 이해할 때에, 정확한 특성을 파악할 수 있다.

첫째, 기도는 성도에게 주어진 "언약적 특권" a covenant privilege **이다.**
기도는 은혜 언약의 취지에 따라서 택함받은 자들에게 그리스도 예수 안에서 값없이 베풀어 주시는 은총의 통로로 제정되었다. 한 사람의 성도가 역동적으로 신앙생활을 영위하려면, 기도를 통해서 위로부터 주어지는 엄청난 위로와 힘을 공급받아야만 가능하다. 기도를 하는 성도는 언약의 하나님에 대한 믿음과 인격적 신뢰를 품고 있는데, 그 성도의 내적인 신앙의 구조 속에는 약속을 지키시는 하나님이 자리하고 있다.

기도는 성령의 은사이며, 영적인 능력이요 자질이다. 기도는 다른 은혜들과 긴밀히 연결되는데, 믿음, 사랑, 존경, 두려움, 경외심, 즐거움, 그 밖에 다른 은혜들의 실행이다. 다만 기도는 성도가 자신의 음성으로 하나님을 향해서 간구를 드리는 방식이며, 탄원과 찬양이다.[331]

기도의 특권과 그 실효성은 약속의 하나님으로서 자신을 계시하신 하나님의 본성과 성품에 기초를 둔다. 기도를 통해서 하나님의 언약을 이루는 역사가 나타난다. 기도는 기복 신앙에 빠진 자들의 이기적인 전리품이 될 수 없다. 어떤 목회자나 성도가 기도를 많이 한다고 자랑할 수 없는 것은 오직 하나님의 뜻대로 이뤄나가시기 때문이다. 우리는 언약적 특성을 이해해야만 한다. 그저 사람들의 욕심에 따라서 간구하는 행위만을 반복하는 저급한 오류를 극복해야만 한다. 기도가 하나님의 언약을 이루어가는 성화의 도구임을 인식할 때에만, 올바른 기도를 올릴 수 있다. 기도란 단순히 각자에게 필요한 것 만을 구해서 받아 누리는 것이 아니다. 하나님의 뜻이 이뤄지도록 기도하는 사람들을 사용하시는 것이다. 진정으로 기도하는 성도는 자신의 기도를 자랑할 것이 아니라, 하나님께 감사하고 영광을 돌리면서 동시에 응답을 체험한 각자에게도 깊은 감격을 누리게 되는 것이다. 우리는 흔히 하나님의 은혜와 그의 언약을 오직 회심에서만 영향을 주는 것으로 제한되게 알고 있어

---

331 John Owen, *The Works of John Owen*, ed. W. H. Goold (Edinburgh: 1850-; reprinted London: 1965-68), IV: 271.

서, 그 이후에 성도의 전생애를 통해서 체험하여 나가면서 거룩함을 유지시키고 발전시키는 부분은 언약에서 제외시켜 버린다. 기도 가운데서 성취되는 점진적 성화는 하나님의 언약에 그 첫 시작과 그 마지막이 포함되어 있다.

하나님은 약속을 만드시고, 그 약속을 지키시는 구세주이시다. 그리하여 사람으로 하여금 확신을 갖고 도움과 은혜를 간구하게 만드신다. 약속의 하나님은 기도의 내용과 방식에 대해서 미리 알려주셨다. 기도는 하나님의 약속이라는 근거와 기초가 없이는 성립될 수가 없다. 하나님의 말씀과 약속을 믿을 때에, 기도하려는 신뢰심이 발동한다. 우리가 하나님을 아는 지식을 구원의 역사를 담고 있는 성경 안에서 발견하게 되는데, 말씀을 전파하면서 시대를 이끌었던 중요한 지도자들은 항상 하나님과의 긴밀한 대화를 나누었다. 다윗은 "당신의 종에게 이것을 행하시옵소서"라고 기도했다. 그는 하나님의 약속과 말씀을 신뢰하였기에 기도를 올린 것이다 왕상 8:24-26.

오직 기도를 통해서만, 하나님과 교통하는 삶을 지속할 수 있다. 연약한 인간의 약점을 도와주기 위해서 하나님께서는 약속의 말씀을 주셨다. 성경이 우리에게 말씀하는 하나님에 관한 가장 중요한 가르침 중에 하나는 언약을 세우시고 그 언약을 지키시는 하나님이다.[332] 우리가 하

---

[332] Sinclair B. Ferguson, "Prayer, A Covenant Work," *The Banner of Truth* 137 (1975): 23-28. 퍼거슨 교수의 간단한 글을 제외하고는, 언약 신학에 대한 많은 연구 서적들이 있지만, 기도의 언약적 특성을 살펴본 연구들은 매우 적다. Cf. Guy Prentiss Waters, J. Nicholas Reid, and John R. Muether, eds., *Covenant Theology* (Wheaton: Crossway, 2020). David A. Weir, *The Origins of the Federal Theology in Sixteenth-Century Reformation Thought* (Oxford: Clarendon Press, 1990). William Hendriksen, *The Covenant of Grace* (Grand Rapids: Eerdmans, 1932). John H. Walton, *Covenant: God's Purpose and God's Plan* (Grand Rapids: Zondervan, 1994). W. J. Dumbrell, *Covenant and Creation* (Nashville: Thomas Nelson Publishers, 1984). C. van der Waal, *The Covenantal Gospel*(Neerlandia: Inheritance Publication, 1990). John Murray, "Covenant Theology," in *Collected Writings of John Murrary*, vol. 4 (Edinburgh: The Banner of Truth Trust, 1982), 205-240.

나님께 나아가서 기도할 수 있는 근거는 하나님의 말씀과 약속에 있다.

기도의 응답을 확신하는 기초는 바로 하나님의 언약적 특성에 있다. 하나님의 약속은 불변하심을 확신하고, 청년 엘리야는 아합 왕에게 경고하였으며 왕상 17:1, 수 년동안 그의 기도에 따라서 비가 내리지 않았다. 그도 역시 우리와 같은 성정을 가진 사람이지만, 그가 기도할 때에 하늘이 열리고 닫히는 놀라운 기도의 응답을 받았다. "엘리야의 하나님이시여 이제는 어디에 계시나이까?"라고 반문하지 말고, 우리에게 부족한 점이 무엇인가를 돌아보아야 한다. 그는 자신의 선지자직을 감당하면서 하나님과의 긴밀한 사귐을 비밀스럽게 유지하고 있었다. 그 시대의 풍조에 영향을 받지 않고 바로 하나님의 약속에 근거하여 의심없이 기도하였다. 그러므로 신약 성경에서는 특별히 엘리야를 지목하여서, 그가 하나님의 언약을 기억하고 기도하듯이 우리도 그와 같이 기도하라는 명령을 내리고 있다 약 5:17-18.

우리들의 기도가 비록 환경의 변화와 영향을 입을지라도, 하나님의 약속을 신뢰하고, 언약을 지키시는 하나님에 의해서 압도되어 짐으로써, 하심을 행동으로 실천해 가는 과정인 것이다. 중생에서부터 시작하여 마지막 영화롭게 되어지는 성도의 전생애가 하나님의 언약에 관련되어 있음을 기억할 때에, 기도는 언약적 행동이다. 단순히 한 성도의 개인적인 차원의 노력이나, 열심에서 나오는 자발적인 행동으로 보아서는 안 된다. 기도는 하나님이 주시고자 약속하신 바, 언약하신 바를 우리의 생애 현장에 성취하게 하는 필수 불가결한 행동이다. 우리가 바라고 소원하여 하나님께 구하므로써 비로소 하나님은 이미 예비해 놓으신 것들을 주신다. 따라서 기도라는 행동이 없이는 하나님의 약속하신 바와 언약하심이란 이루어질 수 없다.

언약의 규정들을 보면, 하나님은 그의 백성들에게 순종하면 축복을 약속하고, 불순종하면 저주를 예고하였다. "네가 만일 네 하나님 여호와의 말씀을 순종하지 아니하여 내가 오늘날 네게 명하는 그 말씀을 떠나 좌로나 우로나 치우치지 아니하고 다른 신을 따라 섬기지 아니하면 이와 같으리라"신 28:15. 신·구약 성경에서 언약은 하나님과 그의 택하신 백성과의 관계를 묶어주는 가장 핵심적인 조건이자, 약속이었다.

둘째, 기도에는 믿음의 조건이 요구된다

예수님의 기도에 대한 가르침 가운데, 누가복음 11장에는 친구가 밤중에 찾아와서 "뻔뻔스럽게" 남을 깨워서 강청強請하는 비유가 있다. 하나님께 간절히 간구하면 응답을 받는다고 격려하면서 주신 말씀이다. 부끄러움을 물리치고, 지속적으로 하나님께 기도하라는 것이다. 하나님이 어떤 것을 약속하셨다면, 하나님께 나아오는 담대함과 굳센 확신으로 나아가 간구하여 받으라는 것이다. 물론 하나님은 겸손과 근신하면서 자신을 지키기는 사람을 돌아보신다. 하지만, 언제나 먼 발치에서 그냥 바라만 보고 있는 것이 아니요, 자신의 처지를 아뢰면서 부르짖는 기도가 필요하다. 하나님은 "너는 나로 기억이 나게 하라"사 43:26고 은혜롭게 열어놓으셨다. 아이가 아버지에게 이미 약속한 바를 시행하기를 재촉하는 것처럼, 우리가 기도하는 것은 하나님께 기억을 회상시키는 끈기를 요청하고 있다. 이때 하나님은 귀찮아서 마지못해서 응답하시는 것이 아니라, 약속을 이행하시고 언약을 지키시는 것이다. 따라서 기도는 확신과 담대함 이 두 가지 모두를 요청한다.

예수님의 다락방 강화에 보면, 응답받는 기도에 대한 설명이 나온다. "너희가 내 안에 거하고 내 말이 너희 안에 거하면 무엇이든지 원하는대로 구하라 그리하면 이루리라"요 15:7. 주님 안에 거한다는 말은 주님과의 살아있는 연합과 우리와의 언약을 의미하는 말이다. 그의 말이 거한다는 것은 주님의 약속에 대한 우리의 믿음이 함께 관련된 말이다. 그의 약속하신 말씀이 우리의 원하는 바가 되면 이루어진다. 특히 "내 이름으로 아버지께 무엇을 구하든지 다 이루 받게 하려 하신다"요 15:16. 왜냐하면 우리는 그의 언약의 백성이기 때문이요, 우리가 하나님을 택한 것이 아니라, 하나님이 우리를 택하신 백성이다. 그리고 우리에게 예비해주시기로 약속하신 예수님의 이름으로 구하기 때문이다. 따라서 하나님의 모든 약속들은 그 주님 안에서 예가되고 아멘이다. 부끄러움을 무릎쓰고 끊임없이 드리는 기도는 주님이 보시기에는 믿음의 한 가지 표현이다.

셋째, 기도의 근거는 하나님의 약속이다.

기도는 많이 하지만, 하나님이 받으심직한 올바른 기도는 매우 어렵다. 바르고 참된 기도는 하나님이 주신 특별하신 은사이다. 이런 문제에 대해서 칼빈은 "하나님이 허락하신 것 이상으로 우리는 간구해서는 안 된다. 그분이 비록 자신 앞에 우리들의 가슴을 털어놓으라고 권고하시지만, 그러나 어리석고 사악한 감정들을 구별못하시는 분은 아니다"[333] 그러면 하나님이 허용하시는 것은 무엇인가? 하나님이 약속하신 것들만이 바로 그가 허용하실 수 있는 것이다. 하나님이 실행하시기로 언약하신 것들을 우리가 기도로 아뢸 때에 들어주신다. 이것은 성경에서 전체적으로 발견하게 되며, 하나님의 교훈을 찾아보고자 하되 매우

333　Calvin, *Institutes*, III.xx.5.

예민한 마음을 가진 사람만이 성경에서 발견하는 진리이다.

시편 119편에 들어 있는 기도의 정신을 보자. "하나님의 말씀을 따라서"25, 28, 65, 107, 169, 170절 또는 "그의 약속을 따라서"41, 58, 76, 116, 154절 드리는 기도가 응답될 것을 말씀하고 있다. 칼빈은 이 구절을 설명하면서, "여기서 우리는 기도의 유일한 목적과 정당한 사용을 간단히 제시할 수 있으니, 하나님의 약속들의 열매만을 우리가 수확한다는 것이다. 선지자는 자신이 원하는 대로 받는 것이 아니라, 하나님이 약속하신 것을 받는다."334 기도한다고 하나님의 면전에 뛰어들어서 아무 것이나 생각없이 욕심대로 구할 것이 아니다.

사무엘하 7장 27절이하에 나오는 다윗의 기도에서도 하나님의 약속에 따라서 기도를 드리는 자세가 담겨 있다: "만군의 여호와 이스라엘의 하나님이여 주의 종에게 알게 하여 이르시기를 내가 너를 위하여 집을 세우리라 하신 고로 주의 종이 이 기도로 구할 마음이 생겼나이다. 주 여호와여 오직 주는 하나님이시며 말씀이 참되시니이다 주께서 이 좋은 것으로 종에게 허락하셨사오니 이제 청컨데 종의 집에 복을 주사 주 앞에 영원히 있게 하옵소서." 하나님이 그의 말씀에서 시행을 약속하신 것이야말로 우리 기도의 대상object이 되어야 한다. 기도는 약속을 믿는 믿음과 관련되어 있으니, 믿음은 오직 하나님의 말씀을 들음으로서 비롯된 것이다롬 10:17.

넷째, 의인의 기도

엘리야의 기도를 지적하는 야고보 5장 16절을 보면, 의인의 간구는

---

334 Calvin Comm. on Ps. 119:38.

그 효과 면에서 위대한 능력을 갖고 있다고 설명했다. 이것은 어떤 개인의 의로움을 지적하는 말이 아니다. 하나님 앞에 무엇을 구하든지 언제나 응답을 받을 만큼 의로운 사람은 없다. 야고보가 지적하는 의로움이란 오직 우리의 언약의 머리이시오, 근거이신 예수 그리스도의 의로움을 말한다. 그분의 의로움을 전가받고, 은혜에 의해서 그 의로움을 부여받은 사람이 기도할 때에 응답을 받는다.

의인의 기도가 응답받는 것는 그 사람이 율법에 의해서 판단해 볼 때에, 완전무결한 행동을 실천하였기 때문이 아니다. 다윗의 기도에서 다소 이상하게 보여지는 구절이 있다: "나는 경건하오니 내 영혼을 보존하소서 내 주 하나님이여 주를 의지하는 종을 구원하소서 주여 나를 긍휼히 여기소서 내가 종일 주께 부르짖나이다."시 86:2-3 여기서 얼핏보면 자신의 경건을 의지하는 듯한데, 사실은 자신의 언약적 의로움, 하나님과의 언약 관계에 있어서 믿음으로 주어지는 의로움을 표현하고 있는 것이다. 시편 34:15에 "여호와의 눈은 의인을 향하시고 그 귀는 저희 부르짖음에 기울이시는도다"고 다윗은 자신의 기도가 의인의 기도임을 확신하고 있다. "주의 언약을 잊지 아니한 사람들"시 44:17은 의인으로 인정을 받는다.

예수님은 "우리들의 죄를 용서하여 주시되, 우리에게 죄 지은자를 우리가 용서한 것같이 사하여 주옵소서"라고 기도하도록 가르쳐주셨다. 우리가 다른 사람을 용서하는 것이 우리의 기도를 받아주시는 근거가 된다. 그러나 우리는 지은 죄를 용서받을만큼 충분하게 다른 사람을 그렇게 너그럽게 용서하지 못한다. 따라서 용서받는 근거는 우리가 하나님과 언약의 관계에 있기에 때문이며, 성령의 열매를 우리의 기도를 들어주사 우리의 삶에 주어지도록 하신다.

사도 요한도 다시 한번 이것을 압축하여 신약 성경에 남겼다. "무엇이든지 구하는 바를 그에게 받나니 이는 우리가 그의 계명들을 지키고 그 앞에서 기뻐하시는 것을 행함이라"요한 1서 3:22. 하나님의 계명을 지키는 자, 곧 그 언약을 간직하고 있는 사람은 하나님의 은총에만 의존하기에 하나님이 그들의 기도를 들어주심을 확신하게 된다.

기도에 대해서 상당히 많은 영향을 남긴 17세기 유럽 가톨릭 내의 정숙주의quietism에서는 성경의 약속에 근거한 응답을 가르치지 않고, 개인적이요 주관적인 설득subjective persuation을 마치 확신assurance과 같은 것으로 혼동시키고 있다.[335] 그들은 하나님의 말씀에 근거하여 확신을 갖는 것이 아니다. 이렇게 함으로써 많은 그리스도인들의 마음에 불안과 의심과 혼란을 불러일으켰다. 하나님은 우리들이 기도하면서 어떻게 욕심을 버리고 마음을 비우느냐에 좌우되는 분이 아니시다. 마가복음 11:22과 마태복음 21:22과 요한일서 5:14-15에서 주어진 교훈은 하나님이 약속하신 말씀에 근거하여서 우리들의 기도가 응답될 것을 성령이 확신시켜주신다고 가르치고 있다. 하나님 앞에서 입을 열어서 담대히 말을 잘하는 기도가 응답을 받는 것이 아니다. 이것은 자기 스스로에 대한 신앙이기에, 하나님에 대해서는 불신앙이다. 하나님의 응답은 언약 신학에서 바르게 해석되어짐을 존중하고, 개혁주의 신학자들이 소중히 취급해온 언약의 교리에 대해서 보다 체험적으로 인식해야만 한다.

칼빈은 하나님의 약속을 경험하고 체험하기 위해서 기도하는 것이며, 기도를 통해서 주님의 복음에 의해서 지적된 보화들을 파내는 작

---

335 Elfrieda Dubois, "Fenelon and Quietism," in *The Study of Spirituality* ed., Cheslyn Jones, Geoffrey Wainwright, Edward Yarnold, S.J. (N. Y.: Oxford University Press, 1986), 408-415.

업이라고 이해한다. 우리가 바라는 모든 것들은 전부 다 예수 그리스도 안에 충만하게 들어 있다. "그리스도 안에 주께서는 우리의 불행을 대신할 모든 행복을 제시하시고, 우리의 필요를 대신할 모든 풍요를 제공하신다. 우리들의 모든 믿음이 그의 사랑하시는 아들을 명상할 수 있도록 하늘의 모든 보화들을 그 안에서 우리에게 열어 보이신다.

그리고 우리의 모든 기대하는 바가 그분에게 의존하고, 모든 희망이 그리스도 안에 부착되어 있고, 머물러 있다."[336] 따라서 하나님의 모든 약속은 예수 그리스도 안에서 성취되는 바, 모든 성도는 당연히 그리스도 안에 있어야하고, 그렇게 하기 위해서 성령님이 연합하게 하며, 그리스도 안에 참여하게 하고, 지속적으로 도우심 가운데서 모든 것을 간구하므로써 생명력을 유지하게 하신다.

하나님은 어떤 기도의 내용을 기뻐하시고, 들으시고자 하시는가?를 설명한 하이델베르그 요리문답 117번에서, 우리가 참된 하나님 한 분만을 의지하는 기도를 원하시고, 우리의 부족함과 가련함을 철저히 인식하기를 원하시고, 그리고 세 번째로 약속을 확신하는 기도라고 가르친다;

> 우리가 무가치한 존재 임에도 불구하고 하나님이 그의 말씀 안에서 우리에게 약속하신 것과 같이 그리스도의 연고로 우리의 기도를 확실히 들어주실 것을 확신하는 것이다.[337]

---

336 Calvin, *Institutes*, II.xvi.19: "We see that our whole salvation and all its parts are comprehend in Christ."
337 The Heidelberg Catechism, Q. & A. 116, 117. Cf. F. H. Klooster, *A Mighty Comfort: The Christian Faith According to the Heidelberg Catechism* (Grand Rapids: CRC Publications, 1990), 105-6.

그래서, 기도하는 자는 곧 그리스도와의 연합 union with Christ 이라는 보다 근본적인 신분과 관계를 생각해야만 한다.[338] 우리가 기도하면서 바라보는 가장 고상한 것은 무엇인가? 살든지 죽든지 우리의 유일한 위로는 무엇인가? 우리가 바라보면서 가장 큰 위로를 얻는 것은 어디로부터 오는가? 우리의 유일한 소망이요 위로는 그리스도 안에서 성취된 모든 좋은 것들과 각종의 은사들과 열매들이다. 우리의 기도와 소망은 "하나님의 약속에 근거"하고 있는데, 하나님의 모든 약속은 예수 그리스도 안에서 성취되었다. "하나님의 약속은 얼마든지 그리스도 안에서 예가 되니 그런즉 그로 말미암아 우리가 아멘하여 하나님께 영광을 돌리게 되느니라"고후 1:20.

다섯째, 감사함으로 아뢰는 기도

기도는 성도가 받은 은혜에 대해서 감사를 표시하는 것이다. 가장 성경적인 기도의 내용은 단순하고도 분명하다. 성도가 기도에서 가장 중요하게 표현해야 할 것은 헛된 간구가 아니라, 진정한 감사이다. 기도란 하나님께 대한 감사를 아뢰는 것이다. "범사에 우리 주 예수 그리스도의 이름으로 항상 아버지 하나님께 감사하며"엡 5:20라고 사도 바울은 가르쳤다. 성도는 모든 상황에서도 항상 감사해야만 하며, 이것을 하나님께 고백해야만 한다.

우리의 신앙이나 믿음이 더욱 성숙되기 위해서 힘을 주시는 원동력

---

338 Sinclair B. Ferguson, *The Holy Spirit* (Downers Grove: IVP, 1996), 115f., 143, 175. Douglas Floyd Kelly, "Prayer and union with Christ," *Scottish Bulletine of Evangelical Theology* 8 (1990):109-127. Denis E. Tamburello, "Christ and mystical union: A Comparative Study of the theologies of Bernard of Clairvaux and John Calvin,"자(Ph. D. dissertation, The University of Chicago, 1990). Jae Sung Kim, "*Unio cum Christo*: The Work of the Holy Spirit in Calvin's Theology" (Ph. D. dissertation, Westminster Theological Seminary, 1998).

이 되기 때문에 감사하는 태도가 필요하고, 동시에 훈련되면 될수록 더욱 더 하나님께 대해서 감사하는 마음을 표현하게 된다. 감사의 기도란 속에서 우러나는 진정이며, 자원하여 아뢰는 것이다. 개혁주의 신앙고백에서는 성경의 가르침을 따라서 감사의 기도를 강조하고 있다. 하이델베르그 요리문답 제116문에서 '성도에게 기도가 필요한 이유'에 대해서 설명한 바를 들어보자;

> 하나님이 우리에게 요구하시는 감사의 중요한 부분이기 때문이며, 또한 우리가 끊임없이 기도 안에서 그를 찾으며, 이런 은사를 주신 데 대해서 감사를 드리기 위한 것이다.

믿음의 기도는 열정, 정직, 감사, 묵상, 기쁨, 확신 등을 성도들에게 가져다 주는 은혜의 방법이자 수단이다. 올바른 기도에는 이런 감격과 즐거움이 뒤따라 온다. 우리가 칼빈의 기도론에서 배울 수 있는 성령의 역사와 도우심은 중세교회가 잃어버린 신앙의 복귀이자, 교회의 회복이었고, 오늘의 교회가 다시 살려 내야야할 감격스럽고도 영광스러운 모습이 아닐 수 없다. 기도문을 외우고, 무감각하게 낭독하던 로마 가톨릭의 교회는 이런 생동감을 결여하고 있었다.

기도는 입술의 열매요, 입술을 지으신 이의 뜻에 따라서 가장 아름답게 사용된 경우라고 할 수 있다. 하나님은 우리의 입술을 기도하도록 만드셨고, 가슴에서 우러나오는 감사를 드려야만 한다. 입과 입술을 만드신 분의 뜻에 따라서 진실한 기도를 하지도 않으면서, 기도에 관하여 많은 이론을 아는 것은 아무런 유익이 없다. 점점 더 한국 교회 성도들이 기도에 힘쓰되, 분명한 기도의 원리와 바른 지침으로 절제되어서,

응답받고 감격적인 신앙을 유지해야 한다. 가장 온전한 기도는 역시 예수님이 가르쳐주신 주기도문이다. 6가지의 간구로 구성된 이 기도에 따라서 우리들이 기도는 마땅히 절제되고 지배를 받아야만 한다. 경건하고도 거룩한 기도는, 자기 중심적인 은혜를 사모하거나, 개인의 욕망에 대해서만 매달리지 않도록 힘 쓸 일이다.

온전한 기도는 성령의 역사 없이는 불가능하다. 기도는 인간의 심령에 있는 절박한 필요와 감사의 동기 때문에 드려지지만, 본성적 충동에 의해서 강요되거나 고취되어서는 안 된다. 즉흥적 충동에 의해서는 바른 기도를 드릴 수 없다. "성령께서 바르게 기도하는 방법을 가르쳐 주시지 않는 한 우리의 입을 여는 것은 위험하다."[339] 성령의 감화가 있으므로 우리의 기도가 효과적으로 드려지고, 열정과 간절함을 놓치지 않고 나아갈 수 있게 된다. 칼빈은 오순절 성령 강림에서, 우리 성도들은 성령이 우리에게 임하여 오시기를 위하여 기도하기보다는, 성령의 충만increase을 위해서 기도해야 한다고 가르친다.[340]

기도에 관련하여, 전체적인 개혁주의 신학의 구조와 긴밀히 연결하여 살펴볼 때에, 하나님의 주권과 통치와 지배를 인식하고 감사를 올리는 것이 합당하다. 기도에 대한 규범적인 교훈을 강조한 칼빈은 항상 하나님과의 관계를 중심으로 기도를 이해해야 한다고 역설하였다. 참된 성도에게 있어서 신앙의 전제이자, 설교와 생활 속에 있는 생명력으로 남아있는 것은 하나님과의 인간의 관계성, 즉 경건이다. 그래서 칼빈을 '경건의 신학자'라고 말하곤 하는데, 역시 기도에서도 예외없이 그는

---

[339] Calvin Comm. on Jer. 29:12.
[340] Calvin Comm. on Acts 1:14; "we should be instant in prayer, that we may gain daily increase of the Spirit. Increase, I say, because before we can conceive any prayer we must receive the first fruits of the Spirit."

경건한 기도자의 모습을 강조하고 있다. 하나님을 사랑하고 경외하는 자는 기도하지 않을 수 없다.

우리는 기도에 몰두하는데 왜 그렇게도 인색하며, 우리는 기로로 반응하는 속도가 왜 이토록 느린가?

칼빈은 하루에 최소한 여덟 번 기도하라고 권하였다. 이것은 항상 기도하는 시간의 연속으로 살아가라는 것이다. 기도의 지속성을 무시해서는 안 된다. 우리에게 아무리 충분한 음식이 있다고 하더라도 건강이 주어지지 않거나, 피로와 고민으로 마음에 병이 들어서 입맛이 없다면, 아무런 기쁨이 되지 못한다. 따라서 항상, 건강할 때나, 병들었을 때에나 기도해야 하는 이유가 여기에 있다. 하나님께서 우리에게 은총을 베풀어주시지 않으시면, 그 많은 음식들은 아무런 효용이 없다. 예수님의 비유처럼 어리석은 부자는 그 밤에 생명을 잃고 말았기 때문이다. 기도하는 시간을 주신 하나님께 감사하며 이 특권을 바르게 사용하여 목회자나 성도들이나 기도의 오류에서 벗어나야 하겠다. 바른 기도를 드리려는 사람은 주님이 가르쳐주신 기도 마 6:9-13, 막 11:22-25에 지배를 받아야만 한다.

기도는 성도가 하나님께 감사함으로 반응하는 영적인 의무이다.

기독교 신자는 하나님의 은혜와 사랑 가운데서 이 땅 위에서 살아가는데, 전 생애 동안에 기도하는 일을 멈출 수 없다. 하나님께로부터 받은 은혜와 사랑에 대해서 감사하는 반응을 나타내고자 하기에, 기도를 통해서 영적인 의무를 성취하는 것이다.

모든 기도의 내용들은 오직 성경 안에 제시된 것들을 넘어서지 않아야만 한다. 우리는 하나님께서 교통하시면서 알려주신 방식으로만 기도를 드려야 한다. 예를 들면, 야고보서에서 "구하여도 받지 못함은 정욕으로 쓰려고 잘못 구하기 때문이라"약 4:3고 가르쳐 주셨다. 칼빈은 이 구절을 설명하면서, 터툴리안이 가르친 합법적인 기도와 잘못된 기도로 구별하는 것을 인용하였다.341 칼빈은 하나님이 허락하시는 한도 내에서만 구해야 한다는 점을 강조했다. 어리석고 부패한 정욕에 가득 차서 무분별하게 소원을 늘어놓는 기도는 결코 응답을 받을 수 없다. "경외심도, 진지함도 없이 자기들의 경박스러운 일들을 그냥 하나님께 빌면 된다고 생각하는 사람들이 얼마나 많으며, 아무것이든 자기들의 꿈꾸는 바를 하나님의 보좌 앞에 내어놓는 사람들이 얼마나 많은가? 그런 사람들은 어리석음과 무지함에 사로잡혀 있어서, 사람 앞에서도 부끄러워 내놓지 못할 그런 추한 욕심들을 하나님 앞에 뻔뻔스럽게 내어놓고 요구하는 것이다."342

성경은 기도의 내용에 대해서 성령으로 영감된 지침의 말씀을 주셨다. 하나님께서 허용하시는 범위를 넘어서서 간구하는 것은 헛된 일이요, 경솔한 행동이다. 시편 119편 38절, "주를 경외하게 하는 주의 말씀을 주의 종에게 채우소서"에 대한 주석에서, 칼빈은 더욱 합당한 기도를 강조했다: "여기에서 우리는 기도의 유일한 목적과 합당한 사용에 대해서 간략하게 제시된 것을 갖게 되었다. 우리는 기도를 통해서 하나님의 약속하신 열매들을 거둬들이는 것이다. ... 우리는 선지자가 하나님께서 약속하신 것 이외에는 어떤 것도 원하지 않는다는 것을 알 수 있다."343 하나님께서 이 세상에서 하시고자 하는 일들을 말씀 가운데서 약속하신 것들만이 참된 기도의 주제이다.

---

341 Calvin, *Institutes*, III.xx.48.
342 Calvin, *Institutes*, III.xx.5.
343 Calvin, *Commentary on Psalms*, tr. J. Anderson (Edinburgh; 1843-55), 428-9.

성경의 가르침에 따라서 지배를 받고, 격려를 받는 기도를 올려야만 한다. 하나님의 뜻과 은혜가 우리에게 성경을 통해서 선포되었으므로, 그것만이 우리의 규칙이다. 하나님의 약속들이 우리의 기도가 응답을 받는다는 것을 보장하고 있다. 성경적인 기도는 하나님의 약속들을 확신하면서 그에 대한 응답을 기다린다. 하나님의 목적하는 것들이 기도의 응답을 통해서 이뤄지게 된다. 성경에 약속된 하나님의 말씀들이 성취되도록 기도하는 것이 성도의 의무이다. 따라서 성도는 모든 하나님의 약속들이 성취되어지도록 기도해야만 하는 의무가 있다. 예수님의 기도에서도 하나님의 나라가 이뤄지고, 영광을 돌려드리는 것에 초점을 맞추고 있다. 하나님의 영광을 묵상하면서, 예수 그리스도의 중보하심이 있고, 성령의 사역을 통해서 지속적이고도 열정적인 기도가 실행되어져야 한다.

종교개혁자들을 통해서 로마 가톨릭의 기도론이 전면적으로 교정되었다. 이것을 그저 분석적으로 알고만 있다든가, 혹은 아직도 인위적인 기도에 매달리고 있다든가, 지식적으로 기도에 대해 이론적인 습득에 그치는 경향이 있다면 안 될 것이다. 무엇보다 더 시급한 것은 기도를 들으시는 아버지께서 그의 자녀들의 기도를 지금도 들어주고 계시며, 그가 약속하신 것들을 기도할 때에 허락하신다는 것을 확신하고 실천에 옮기는 일이다.

한국 교회는 기도에 전념하는 모임과 행사들이 많다. 기도원에 올라가서 많은 시간을 기도에 집중하는 운동이 매우 깊은 영향을 미치고 있다. 대부분의 성도들은 자신의 어떤 문제에 직면하면 기도원을 찾아가는 것이 보편화 되어 있다. 이런 신앙적인 공식이 일반화되어진 것은 독특한 한국 문화와 종교 정서 때문이라고 보여진다. 세속의 일상을 떠나서 조용한 곳을 찾아서 하나님의 은혜로우신 도움을 간구하는 것을 무조건 비판할 수 없을 것이다. 그러나 기도원 운동의 일반적인 문제점도 간과해서는 아니 될 것이다. 기독 신자로서 자신의 윤리적인 책임의식과 철저한 회개에 전념하지 않고, 당장의 고통에서 모면해보고자 매달리는 기도라든지, 너무도 지나치게 개인의 욕심이나, 일회적인 필요에만 치우침으로써, 소위 기복 신앙의 오류를 벗어나지 못하고 있다.

한국 성도들이 오직 자신의 개인적인 복을 비는 기도에만 그치고, 하나님의 나라와 선교와 의로우심을 이 땅 위에서 성취해나가는 일에 대해서 무관심하다면, 이것은 분명히 개인주의요, 물질주의요, 현세주의 철학의 지배를 받는 것이라고 말할 수 있을 것이다. 하나님 나라에 대한 열심을 가지고, 먼저 그의 나라와 그의 의로움을 추구하고, 그 나라에서 얻는 행복에 관심이 있어야 한다. 이제 눈을 열어서 성경이 가르쳐 주시는 하나님을 높이고 인정하는 기도, 그분의 뜻을 헤아리는 기도를 회복해야만 할 것이다. 자기의 이익을 위한 소원보다는 정신적인 혼란과 경제적인 어려움을 겪는 교회와 국가를 위하여 더 기도하는 시간을 가져야 할 것이다.

맺는 말: 은혜의 방편들과 교회의 사역들

지금까지 살펴본 바와 같이, 하나님께서는 오랫동안 여러 가지 은혜의 방편들을 사용해오고 계신다. 말씀, 성례, 기도 등은 개인적으로도 주시는 은혜의 통로가 되지만, 보다 보편적으로는 성도들이 공적으로 다 같이 모이는 교회를 통해서 시행되는 것들이다. 교회는 경건한 성도가 마땅히 지도를 받으면서 영혼을 가꿔가야 하는 곳이다. 물론, 개인적으로도 매일 하나님을 경외하면서 회개의 기도를 올리고, 말씀을 읽고 연구하고 묵상하며, 나그네와 이웃을 대접하고, 영원을 사모하는 마음으로 살아가야 한다. 성도의 삶은 가정에서나, 시장에서나, 직장에서나, 휴양지에서나, 예수 그리스도 안에서 발견된 은혜를 반영하고 드러내야 한다. 우리는 교회의 상황 가운데서, 사람에게 보여주려 하거나, 메마른 율법주의에 빠지는 것을 경계한다. 거룩한 성도로서 매순간 감격하고, 범사에 감사하며, 넓은 마음으로 역동적인 생활을 가꿔나가도록 거룩한 백성을 돌보는 은혜의 방편들이 작동하고 있다.

지상의 모든 교회는 불완전한 인간들의 모임이지만, 그래서 문제도 많고 부작용도 크지만, 결코 사람들의 죄악된 모습들로 그냥 남겨지는 것이 아니다. 교회에 모인 사람들의 타락에만 맡겨졌다면, 벌써 교회는 지상에서 자취를 감췄을 것이다. 그러나 교회에는 초월적인 하나님의 거룩하심이 함께 하셔서, 결코 사탄의 권세가 이기지 못한다.

은혜의 방편들을 통해서 하나님의 역사를 드러내는 교회이다. 교회의 예배와 그 안에 들어 있는 말씀의 선포, 성례의 실시, 기도에는 하나님의 거룩한 영이 함께 하셔서 백성들의 필요를 채워주신다. 각 성도들에게는 하나님과의 특별한 교류, 직접적인 교제를 통해서 성령의 놀라운 권능이 영향을 끼치는 가운데, 성도의 신앙 인격 속에다가 하나님의 속성, 곧 거룩함을 심어주신다. 하나님의 백성들을 교회에 불러내신 이유는 거룩한 백성들로 살아가게 하려는 뜻이다. 교회의 근원에는 하나님 자신의 거룩성the holiness of God이 자리하고 있는데, 하나님이 계시는 곳은 거룩한 장소이다.

구약 시대에 선지자들이 지적했던 중요한 주제가 거룩하신 하나님께서 죄악에 물든 사람들 가운데 임재 하신다는 점이었다. 거룩한 장소Holy space와 거룩한 시간holy time에 대한 성경의 설명을 참고해 보면, 매우 역설적이다.³⁴⁴ 노아의 방주가 도착한 곳에 단을 쌓았다 창 8:14-20. 아브라함도 역시 단을 쌓았다. 하나님께서는 노아의 아들들 중에서 죄를 범한 셈의 장막에 임재 하셨다. 거룩하지 못한 자들에게 베푸신 하나님의 은혜와 긍휼과 오래 참으심을 기억해야만 한다.

모세는 떨기나무 불꽃 가운데 하나님의 신비롭고도 거룩한 신현을 체험했는데, 완전한 절대자요 만군의 여호와를 아는 지식을 확고하게 갖게 되었다 출 3:1-6. 그 후로 모세는 소명에 따라서 완전히 다른 삶을 살아가게 되었다. 모세의 체험에서 드러내어 알려주신 바, 하나님의 거룩하심은 그 후에도 특히 출애굽 과정에 있던 이스라엘 백성들 모두가 거룩하라는 명령에 따라가야만 했고, 그 방법은 이방인들과는 달리 하나님께 향하여 따로 구별된 삶으로 드러내야만 하는 것이었다.

그러나 그 백성들은 전혀 생활의 성별됨을 따르려 하지 않았다. 심지어 하나님의 백성들이 먹어야 할 음식도 깨끗한 것으로 제한하였고, 우상 숭배자들과의 격리된 생활을 요구하였다. 이방인의 자녀들과는 혼인도 금지하였다. 이렇게 하신 이유를 잘 이해하고, 순전한 마음으로 따라야만 했으나, 유대인들은 혼탁한 마음을 바꾸지 않았으며 전혀 다른 길로 갔다. 이런 금지 조항들은 훗날에 엄격한 율법주의를 조장하는 자들에 의해서 왜곡된 교리로 재활용 되었다.

넓은 의미에서 예배 개념을 살펴본다면, 성도가 어떤 특정한 장소와 시간에 구애를 받지 않고, 언제든지 어느 곳에서나 하나님을 향한 경

---

344 R. C. Sproul, *The Holiness of God* (Wheaton: Tyndale House, 1985), 211-213.

배와 찬양과 기도를 올릴 수 있다. 그러나 전혀 형식을 갖추지 않고 개인적인 자유함 속에서 드리는 특수한 예배를 올릴 수 있다고 하더라도, 각자 충분하리만큼 성별된 삶을 유지해 나갈 수 없다. 개인적인 예배에서도 여전히 진리 가운데서 드려지는 합당한 태도와 자세를 지탱하려면, 먼저 공예배를 통해서 훈련과 성장의 과정을 필수적으로 거쳐야만 한다.

이스라엘 공동체는 공적인 예배의 시간과 장소를 매우 중요시 하였다. 예배의 시간과 장소는 사람들의 편의에 따라서 결정되는 것이 아니다. 하나님께서는 친히 안식일을 정하여 일주일에 휴식과 예배의 날로 사용하도록 하였다 출 31:16-17. 출애굽의 여정이 진행되는 동안에는 성막을 중심으로 열두 지파가 진영을 갖췄고, 안식일에는 예배를 드렸다.

그러나 이스라엘 백성들은 끝없이 하나님을 시험하였다 출 17:1-3. 이 사건은 지속적으로 교훈을 주었던 것으로 사료되는 바, 시편 95편에서 재언급되어졌다;

> 너희는 므리바에서와 같이 또 광야 맛사에서와 같이 너희 마음을 강퍅하게 말찌어다. 그때에 너희 열조가 나를 시험하여 나를 탐지하고 나의 행사를 보았도다 내가 사십 년을 그 세대로 인하여 근심하여 이르기를 저희는 마음이 미혹된 백성이라 내 도를 알지 못한다 하였도다 (시 95:8-10).

하나님께서는 그리스도 안에서 믿음을 가진 백성들을 거룩하게 하시고, 의롭다함을 얻게 하였으며, 성화의 삶을 진행하게 하신다. 이로 인하여, 하나님께 영광을 돌리다가, 마지막 재림의 때에 거룩함이 완성될 것이다.

성도들은 교회에서 드리는 예배를 통해서 하나님의 거룩하심으로 권고를 받고, 자극을 받으며, 조언을 들어야만 한다. 그들의 신앙생활이 과연 어디에 처해 있는가를 깨닫도록 말씀의 권유를 들어야만 했다. 위에서 인용한 부분들이 설명하는 것은 광야의 시험으로 인한 실패들과 시편에 재인용되면서 거듭 강조된 내용들인데, 다시 세 번째로 히브리서에서도 재인용되었다. 거룩한 신앙생활에 대해서 일관된 가르침이 지속되고 있음에 유의해야만 한다.[345] 하나님의 거룩하심은 매우 중요한 성품이요, 본질적인 속성이요, 핵심적인 인격의 아름다움에 해당한다. 히브리서 3장에서 성도의 신앙생활에 지켜 나가야 할 중심주제로 다뤄졌다. 히브리서 저자는 소망과 믿음을 유지하라고 권유한다 히3:1-6. 이어서 히브리서 3장 7-11절에서는 시편 95편 7-11절을 인용하였다. 이스라엘 백성들이 하나님을 끊임없이 시험하고, 원망하며, 반항하였음을 상기시킨다. 그러나 더욱 더 안타까운 사실은 광야에서 사십 년 동안 방황 할 때에 하나님의 놀라운 기적과 축복을 체험하였음에도 불구하고, 그들이 하나님의 위대한 사역들에 대해서 결코 인정하려고 하지 않았다는 사실이다.

하나님께서는 이스라엘 백성들에게 민수기 14장 20-25절에 분명히 밝히셨다. 하나님의 크고 위대하신 능력을 의심한 자들은 결코 안식의 땅에 들어가지 못하였다. 가나안 땅은 눈에 보이는 좁은 땅에 불과했으며, 그들이 차지할 수많은 축복의 일부에 불과했다. 가나안 땅은 영원한 하나님 나라에서의 안식을 실제적으로 보여주는 사례에 불과했다.

---

345 Gamble, *The Whole Counsel of God*, 2:795.

히브리서 3장 7절과 12절에서, "그런즉, 성령이 이르신 바와 같이 오늘날 너희가 그의 음성을 듣거든... 형제들아 너희가 삼가 혹 너희 중에 누가 믿지 아니하는 악심을 품고 살아계신 하나님에게서 떨어질까 염려할 것이요"라고 하였다. 이러한 권고는 고린도전서 10장 6-11절에 나오는 사도 바울의 충고와 유사하다.

기독교인들은 교회라는 공동체 안에서와 개인적인 차원의 의무사항들에 대해서 인식할 수 있도록 서로 간에 격려하고 자극을 주어야만 한다. 신자라고 해서, 죄와 거짓됨에 맞서서 살아가는 일을 단번에 완전히 다 처리할 수는 없다. "오직 오늘이라 일컫는 동안에 매일 피차 권면하여 너희 중에 누구든지 죄의 유혹으로 강팍케 됨을 면하라"히 3:13. "오늘"today이라고 날자를 한정하는 것은 우리 성도들이 하나님의 말씀으로 인해서 부르심을 받은 날을 의미하는 것이다. 그리고 성도는 날마다 반복적으로 깊은 믿음과 기꺼이 순종함을 실천해서 하나님을 향한 반응을 드러내도록 반드시 노력해야만 한다.[346]

히브리서 3장 14-15절에서 권고를 받는 성도들은 세례를 통해서 그리스도에서 새로운 출발을 시작한 사람들이다. 세례라는 것은 "그리스도와 함께 참여한 자"가 되는 것인데, 옛 사람은 죽고 장사를 지냈고, 부활과 함께 새사람을 입은 자가 되는 것을 의미한다. 신자가 되는 첫 사건은 세례와 믿음과 죄를 씻음이다. 이와 유사한 설명이 로마서 6장 3절에 나오는데, "너희는 그의 죽음과 연합하여 세례를 받은 자임을 알지 못하느냐?"고 하였다. 우리가 그리스도와 함께 참여한 자가 되었다는 의미는 다른 표현으로 하면, 그리스도에 의해서 소유된 자라는 의

---

346 John Calvin, *Commentary on Hebrews* (Grand Rapdis: Baker, 1981), 88.

미이며, 이는 그가 믿는 자들을 마지막 날까지 지켜주신다는 내용도 포함되는 것이다.[347]

바울 사도는 성도가 그리스도를 통해서 부여받은 자비로운 칭의와 새 생명을 로마서에서 자세히 풀이하였다. 로마서 6장과 7장에서는 성도의 본질과 성숙한 지위에 대해서 보다 더 구체적이면서도 실제적으로 "그리스도 안에" 있다고 설명한다. 사도 바울이 "그리스도 안에"라는 용어를 매우 중요하고도 적절하게 사용했는데, 이 단어는 그리스도와의 연합을 의미한다.[348]

로마서 6장 10절 이하에서, 바울은 부활하신 주님이 살아나신 것은 "하나님께 대하여 살아나심"이라고 하였다. 그리고 이 땅에서 살아계신 것과 같이 하늘에서도 살아계신다고 증거한다. 그리스도와 연합하여 세례를 받은 자들에게는 "새 생명" 가운데서 행동한다(롬 6:4).[349]

> 이와 같이 너희도 너 자신을 죄에 대해서는 죽은 자요,
> 그리스도 예수 안에서 하나님을 대하여는 산 자로 여길찌어다(롬 6:11).

성도가 그리스도 안에 있다는 뜻은 그리스도와의 연합됨이다. 주님과의 연합됨은 기독교 신자의 정체성, 그리스도인이라는 것을 표현하는 말이다. 이 연합은 영원한 연합이요, 신비적인 연합이요, 불변하는 연합이요, 영적인 연합이며, 역동적인 연합이다. 이처럼 연합의 여러 차

---

347 John Calvin, *Commentary on Hebrews*, 90.
348 Constantine R. Campbell, *Paul and Union with Christ: An Exegetical and Theological Study* (Grand Rapids: Zondervan, 2012).
349 Gamble, "Union with Christ in Romans 6-7," *The Whole Counsel of God*, II:682-706.

원들이 신약 성경에 담겨 있다.[350] 그리스도 안에서 택함을 입었고_{엡 1:3-4}, 그리스도의 역사적인 구속 사역에 연합하여 구속함을 얻으며_{고전 5:14}, 역동적이고도 체험적인 연합을 이룬다_{고전 1:9}.

새 생명을 입은 성도들은 살아있는 자로서 자신을 하나님께 드리며, 지체를 의로움의 도구로 하나님께 드려야 한다는 결정적인 명령을 받았다_{롬 6:13}. 교회에서 예배의 결정적인 중요성은 바로 의로운 도구로 쓰임을 받는 성도들이 자신을 하나님께 바치는 다짐과 순종이다. 주인을 섬기는 노예로서가 아니라, 자유함을 입은 성도가 기쁨으로 섬기는 것이다_{눅 16:13, 요 8:34}.

예배가 수직적인 관계를 통해서 주시는 은혜의 통로가 된다면, 성도의 교제는 수평적 관계 속에서 은혜의 교통이 이뤄진다. 우리는 교회 안에서 성도들 사이의 교제에 참여해야만 한다. 거룩함 가운에서 경건하게 살아가는 조언자들과 시간을 함께 하는 것이 지혜로운 인생을 가꾸는 길이다_{고전 11:1, 엡 4:12-13}. 교회에서는 성도들 상호 간에 돌봄과 기도의 교통이 반드시 있어야 한다_{행 2:42, 고전 12:7}. 우리는 어려움을 겪는 성도를 위해서 기도해야 하고, 서로 병 낫기를 위해서 간구해야 한다. 모두가 존경하는 길을 보여주는 성도와 교제하여야 큰 유익을 얻게된다_{잠 13:20, 골 3:16}. 다른 성도들과 격리 상태로 살아가는 기독교인의 삶은 영적으로 미성숙하고, 결함이 발생하게 된다.

우리는 하늘에 속한 영원한 나라의 시민들이어서, 받은 사랑에 감격하여 받은 바 은사들의 나눔을 실현해야 한다.[351] 다른 사람에게 은사들을 제공하는 교제를 감출 수 없고, 숨길 수 없다. 경건한 삶은 "오직

---

350 Robert Letham, *Union with Christ: In Scripture, History, and Theology* (Phillipsburg: P&R, 2011).
351 Thomas Watson, *A Body of Practical Divinity* (Edinburgh: Banner of Truth, 1983), 87.

예수 그리스도와 나", 혹은 "오직 성경과 나"와의 관계 속에서 형성되는 것이 아니라, 교회 공동체 안에서 성숙하게 된다. 나홀로 이기적으로 살거나, 개인주의를 고집하는 삶은 조화와 균형을 원하시는 하나님의 뜻을 거역하는 태도이다.

교회의 권징을 통해서 영적인 성장과 발전이 이뤄지는데, 이것은 교회에 주신 은혜의 수단에 긴밀히 연결되어 있다. 벨직 신앙고백서 1561년, 32장은 하나님께 순종하는 가운데서 모든 성도들을 보호하고, 연합시키며, 일체감을 갖게하고, 영적인 능력을 공급하기 위해서 시행한다고 설명했다. 하나님의 계시된 뜻에 대해서 무조건적인 순종을 하여야할 성도는 개인적으로나, 공적으로나 마땅한 성도의 반응과 태도를 드러내야 한다.[352] 성경은 하나님의 영광을 위해서, 성도가 그리스도를 따르는 가운데 순종하는 것이 마땅하다고 가르친다.

은혜의 수단으로서 기도를 살펴보았는데, 이것은 경건의 훈련이자, 경건의 목표를 이루게 하는 수단이다. "경건의 신학자" 칼빈은 경건을 가장 중요한 실천 과제로 제시하였다. 경건이란 하나님을 경외하는 마음과 사랑하는 심정을 결합한 것이다.

최근에 유행하고 있는 "영성"spirituality이라는 모호한 개념에 휩싸여서는 안 된다.[353] "영성"은 21세기 복음주의자들이 내놓은 야심에 찬 창작물이다.[354] 이들 복음주의자들이 말하는 영성이란 체험적 표현주

---

352 Michael Horton, *The Christian Faith: A Systematic Theology for Pilgrims on the Way* (Grand Rapids: Zondervan, 2013), 1002.
353 김재성, "영성신학의 문제점," 「개혁 신앙」 20 (1995): 57-74; "영성이란 무엇인가" 「목회와 신학」 78호 (1995년 12월호): 100-111.; "현대 영성신학의 흐름과 문제점" 현대종교 창간 30주년 기념 포럼, "21세기와 영성," 현대종교 제 326호 (2001년 10월호): 46-67.
354 Stanley Grenz, *Revisioning Evangelical Theology: A Fresh Agenda for the 21st Century* (Downers Grove: IVP, 1993), 30.

와 문화적이며 언어적인 실용주의와 결부된 자유주의적 전통을 결합한 것이다. 영성주의자들은 개혁주의 신학을 내버리고, 영성을 가져야 한다고 주장한다는 점에 유의하기 바란다. 영성을 형성하기 위해서는 종교개혁자들의 신앙고백서, 교리문답서들, 예배 모범과 권징조례 등 신학적으로 제공되는 규범들을 완전히 부정해 버리고, 오히려 이런 교리를 결정하는 선택이 필요하다고 주장한다. 성경의 이야기들을 받아들이되, 보다 더 핵심으로 삼는 것은 어떻게 이런 이야기들이 날마다 생활 속에서 사용되어질 수 있느냐에 달려있다고 주장한다. 따라서 날마다의 묵상과 헌신daily devotion을 강조한다. 개인적으로 내적인 삶을 가꾸어나가는 것이요, 교회는 그저 은혜의 "조제처"dispenser 정도로 취급한다. 일반적으로 말해서, 교회는 신자들의 교제 공동체로 규정한다. 우리들의 여정에 있어서, 개인적인 변화의 체험들을 공유하는 곳이라고 깎아내렸다.[355]

영성주의자들은 신앙고백에 기초한 신앙생활로부터 영성이라는 정체성에 기초하는 생활로 근본적인 변화를 시도하였다. 자기의식화된 신앙인의 길을 추구하는 면에서는 개신교회의 정통성을 주장하기 보다는 중세 로마 가톨릭에서 추구하던 신비적인 요소들과 더 가깝다. 따라서 영성은 낮은 세상과 자연과의 싸움이며, 개인적인 결단 속에서 내적이며, 고요함을 추구한다는 것이다.[356] 객관적이며 외적인 복음의 말씀 안에서 믿음의 근거를 찾는 것이 아니라, 개인의 감흥에 절대적인 초점을 맞추고 있다. 영성은 개인적이며, 내적인 동기에서 촉발되어 나온다는 것이 결정적으로 다른 점이다. 기존 교회의 예배 순서들을 따라

---

355 Ibid., 32-33.
356 Ibid., 41-42.

가는 것은 노예적이라고 비판한다. 영성 생활이자, 참된 제자도는 예수님을 본받아 가는 것이라고 한다. 영성주의자들은 세례와 성찬을 시행하지만, 성례들의 중요성에 대해서는 거부한다. 이것은 교회론과 구원론의 심각한 변형이다. 왜냐하면, 영성주의자들은 교회에 우선순위를 두는 것이 아니라, 신자 개인에게 우선권을 맡기기 때문이다.[357] 영성주의자들도 교회에 나가는데, 은혜의 수단을 통해서 내려주시는 하나님으로부터의 일용할 영적인 양식을 먹기 위해서가 아니라, 교훈과 격려, 교제를 위해서 간다고 말한다.

영성주의자들은 성경에 대해서도 그저 기능에만 역점을 둔다.[358] 성경의 권위에 대한 해설로 으뜸이 되는 웨스트민스터 신앙고백서의 규정을 근본적으로 거부한다. 성경은 믿음과 신앙의 유일한 원천이라기보다는, 본질적으로 개인에게 제공하는 고상한 역사로 본다. 개혁주의 정통 신학이나 신정통주의에 대해서도 거부하면서, 공동체 형성의 과정 속에서 계시가 형성된 것이라고 주장한다. 공동체의 지난 역사적 사건들 속에서, 하나씩 개인에게 주어진 영감을 형성해 나가라는 것이다.

이와 유사한 주장은 존 프랑케의 다른 책에서도 찾아볼 수 있는데, 그렌츠와 프랑케는 『기본주의를 넘어서』라는 책을 공동으로 펴냈다.[359] 프랑케는 "성경을 통해서 말씀하시는 성령의 말은 문화를 통해서 하는 말과 함께 서로 다른 대중전달의 행위들로 구별할 것이 아니라, 하나로 통합된 말씀으로 간주해야 한다"고 주장했다.[360] 린드벡의 문화-

---

357 Ibid., 52.
358 Ibid., 119.
359 John R. Franke & Stanley J. Grenz, *Beyond Foundationalism: Shaping Theology in a Postmodern Context* (Louiville: Westminster John Knox Press, 2001).
360 John R. Franke, *The Character of Theology* (Grand Rapids: Baker, 2005), 141.

언어적 해석방법론에 영향을 받아서, 성령의 영감을 넓은 범위에서 받아들이며, 특히 교회가 성경의 어머니라고 규정하는 입장이다. 교회의 권위는 공동체로부터 나오는 것이라고 본다. 따라서 성경과 교회, 둘 중에서 그 어느 쪽도 최종 권위를 갖지 못하는 구조이다. 성령의 말씀인 영감은 하나님, 교회, 그리고 문화 사이의 대화로서 발생한다고 주장한다. 또 다른 오순절 복음주의 학자는 기록된 말씀과 선포된 말씀을 교회 공동체와 그 경험에 의해서 만들어진 것으로 본다. 외적으로 선포된 말씀의 권능으로 인해서 세상이 창조되었고, 설명되는 것이 아니고, 우리들 자신들의 체험과 형성 과정 속에서 도움을 주기 위해서 기능적인 가능성을 제공하는 것으로 본다.[361] 성령과 말씀과 사람의 노력들이 협동한다는 것이다.

그러나 교회는 성도들의 영적 성장과 보호를 위해서 어머니의 역할을 하는 곳이다. 물론 교회는 시대 속에서 주도적인 지도자들의 신학과 체험에 따라서 흔들리기도 했다. 신약 성경에 보여주는 바와 같이, 이 지상 위의 모든 교회는 완벽하지 못하다. 이 땅 위에서 사는 사람과 문화와 조직 등이 모두 다 광범위하게 죄의 영향 아래 있기 때문이다. 성도들이라고 하지만, 여전히 죄악된 생각과 사상의 영향이 퍼져있기 때문에, 그 어느 곳에서도 온전한 교회는 없다. 그래서 하나님께서는 성령의 보호와 돌보심을 통해서 예수 그리스도와 연합한 가운데서 택하신 자기 백성들을 양육하시고, 성장시키며, 보호하려는 방편으로 교회를 세우셨다.[362] 예배 공동체로 모인 성도들이 예수 그리스도 안에서 연합하여, 거룩한 성품으로 자라나게 하고, 발전하게 하며, 확장시킨다.

---

361   Amos Yong, *The Spirit Poured Out on All Flesh* (Grand Rapids: Baker, 2005), 298.
362   Gamble, *The Whole Counsel of God*, 2:796.

교회는 선교와 전도를 통해서 확장되어 나가면서, 동시에 구성원들을 가르치고 지켜 주는 사명을 감당한다.[363]

하나님의 영이신 성령께서는 그리스도와 그의 백성들을 연합시키되, 조직된 교회를 사용하여서 준비시킨다.[364] 구체적으로는 교회의 직분자들을 사용하셔서 조직을 갖춘 교회의 일원으로 활동하게 하였다. 이런 보이는 성도들로 구성된 교회의 사역이 매우 중요하다. 모든 성도에게 자유함을 누리도록 은혜를 내려 주시지만, 선한 질서를 무너뜨리는 것은 세속적인 자극에서 나온 위험한 발상이다. 고린도전서 11장에서 바울 사도는 구체적인 사항들을 처리하는 조언을 했다. 여성의 지위와 행동, 주님의 만찬을 시행하는 방식, 목회적 수고에 대한 보상 등이다 고전 11:17-19, 갈 6:6, 고전 9:14.

교회에서의 집회와 모임은 이 세상 사람들이 각종 동호회와 친목회, 혹은 산악회처럼 모이는 것과 같이, 먹고 마시고 노는 친교 모임이 아니다. 교회는 권징과 치리를 통해서 성도들을 훈련하는 기관이다 고전 5:1-13. 넓은 의미에서 교회는 하나님의 나라가 이 땅에 임하여서, 죄가 가져오는 사망과 고난의 문제를 풀어내는 곳이다. "악한 사람은 너희 중에서 내어쫓으라"고전 5:13고 하였다. 세상의 죄를 심판하고, 악한 생각과 세력을 무찌를 수 있도록, 성도들에게는 성령의 감화와 감동하심이 주어진 가운데서 신실한 예배를 통해서 권유하고 격려한다.

바울 사도는 교회의 권위와 직분자들에 대해서 광범위한 지침을 제시했다. 교회 안에서 권징을 시행하도록 규정을 두었고, 그것이 집행되도록 하기 위해서 직분자들을 따로 세우도록 하였다. 교회가 영적 성장

363　Herman Ridderbos, *Paul: An Outline of His Theology* (Grand Rapids: Eerdmans, 1975), 433-5.
364　Edmund P. Clowney, *Church* (Downers Grove: IVP, 1995), 61.

을 도모하고, 성도들을 훈련하는 이유는 오직 구원함을 얻게 하기 위함이다.[365]

성도가 이 세상을 살아가는 동안에, 싱령이 주시는 여러 가지 은사들을 받아서 봉사의 일을 하게 되며, 필요한 곳에 적절하게 은사를 사용하도록 한다. 성도들은 신령한 은사들을 받아서 그리스도를 섬기는 데 활용하게 된다. 그중에서도 성도에게 주어진 가장 중심이 되는 임무는 복음을 전하고 제자들을 삼는 일이다. 교회에서 진행되는 이러한 임무들은 마땅히 질서있게 규모있게 수행하여야 하며, 사람의 혈기나 욕심으로 하지 않아야 한다.

베드로후서 2장 1-3절은 아주 슬픈 이야기를 전하고 있다. 교회의 사역자들 중에는 "거짓 선생"도 있고, "거짓 선지자"들이 돌아다니면서, 복음의 본질을 흐려놓는 경우가 있음을 지적했다. 목회자들도 이런 죄를 범하는 것을 목격하게 되면, 성도들의 신앙이 크게 훼손되고, 흔들리게 된다.[366] 2천 년 전에 주신 베드로 사도의 경고인데, 오늘날에도 그대로 남아있다. 베드로는 여기에서 대적자들에게 방어하기보다는 오히려 공격을 하고 있다. 거짓 선지자들에게 준엄한 심판이 있을 것임을 선포한다.

오랫동안 이스라엘에서도 거짓 선지자들이 하나님을 빙자해서 혼란을 일으켰다. 특히 예레미야의 시대에 오히려 우상 숭배자들을 향해서 여전히 안전할 것이고, 평안하리라고 속였다 렘 23:16-17. 예수님께서도 누누이 거짓 선지자들 조심하라고 말씀했다 눅 6:26. 우리가 거짓 선생들을 말하는 이유는 이들이 교회를 파괴하기 때문이다. 교회 안에서 성

---

365 Gordon D. Fee, *The First Epistle to the Corinthians* (Grand Rapids: Eerdmans, 1987), 196.
366 Robert Harvey and Phillip H. Towner, *2 Peter and Jude* (Downers Grove: IVP, 2009), 75.

도의 평안함을 깨트린다.³⁶⁷

베드로는 거짓 선생들 중에는 "늑대들"이 있다고 기술했다. 슬프게도, 예수 그리스도께서 다시 오실 때까지, 교회 안에는 그런 늑대들이 약간 있는 정도가 아니라 상당히 많을 것이라고 하였다. 교회를 파괴하는 현대판 늑대들의 전략은 매우 교활하다. 그들은 항상 위로를 말한다. 기독교인의 자유함adiaphora을 언급하면서, 결코 비판하지 않는다. 신학도 항상 어느 극단에 치우치지 않는다고 하면서, 포용주의를 표방한다. 결코 정죄하거나, 판단하지 않는다는 식으로 관용을 자랑한다. 목회자나 신학자나 반드시 전체 생애를 검증해 보아야 한다. 그가 대중앞에서 말하는 것과 실제로 살아가는 것이 일치하는지를 알아야만 신뢰할 수 있다.

---

367 D. Martin Lloyd-Jones, *Expository Sermons on 2 Peter* (Edinburgh: Banner of Truth, 1983), 123-9.

교회의 직분

하나님은 자기 백성들의 모임에서 영적인 질서를 요구하셨고, 혼란과 무질서를 질타하였다. 구약 시대부터 하나님께서는 국가적 조직체와 성전의 봉사를 위해서 지도력을 행사하는 구조 혹은 통치의 방식을 매우 세심하게 지정하셨다. 모든 모임은 하나님의 거룩하심을 반영하여 성결하고 깨끗하도록 유지하라고 명령하였다.

신약 시대에도 교회를 이끌어나가는 지도자들이 직분을 부여받아서 일관되게 예배와 목회 활동을 시행토록 하였다. 구약 시대에는 제사장과 소수의 레위 족속들, 선지자, 왕이 기름 부음을 받았다. 신약 성경에서는 사도들, 선지자들, 감독, 장로, 집사 등의 직분이 주어졌다. 이들이 교회를 통치하는 방식은 세상의 권세와는 전혀 달랐다. 세상에서는 정치 체제라든가 정치조직이라고 하여서 위로부터 아래로 지배하는 구조였으나, 교회의 직분자들은 기본적으로 가장 아래로 내려가서, 그리스도의 '종'으로 섬기는 자가 되어야만 했다.

1. 예수 그리스도의 소유권과 통치권

교회의 통치 체제를 규정하기 위해서 가장 먼저 기억해야 할 것은 예수 그리스도의 머리 되심이다.[1] 웨스트민스터 신앙고백서의 교회 체제에 대한 강조에서 가장 핵심이 되는 부분이기도 하다.[2] 머리이신 예수님에게 연결된 지체들의 다양성은 인정을 받아야 하지만, 먼저 교회의 정점에는 예수 그리스도의 통치와 권위가 명확하게 존중을 받아야만 마땅하다. 예수님께서는 "이 반석 위에 내 교회를 세운다"고 하시면서, 베드로에게 "천국 열쇠를 준다"고 말씀하였다 마 16:18,19. 교회의 통치제도는 바로 여기에서 출발하였다. 교회는 그리스도의 몸이기에, 그리스도와의 긴밀한 관계를 유지하므로써 영광스럽고 흠이 없는 교회로 나타나게 된다.

교회를 이끌어나가는 사도들에게 천국 열쇠를 수여하시고, 천국으로 들어가는 사람에게 복음을 전파하는 사명을 맡기셨다. 앞 장에서도 교회 권징의 근거가 되는 말씀을 검토하였다: "천국 열쇠"와 관련해서 "네가 땅에서 무엇이든지 매면 하늘에서도 매일 것이다"고 하신 말씀을 보면 교회를 통치하는 직분과 기능이 무엇인가를 알 수 있다. "너희가 뉘 죄든지 사하면 사하여질 것이요 뉘 죄든지 그대로 두면 그대로 있으리라" 요 20:23.

예수님께서 열쇠를 맡기신 것은 사도들로 하여금 교회의 통치와 관

---

1 Murray, *Systematic Theology*, II:337.
2 R. Scott Spurlock, "Polity, discipline and theology: the importance of the covenant in Scottish presbyterianism, 1560–c. 1700" in *Church polity and politics in the British Atlantic world, c. 1635–66*, eds., Elliot Vernon & Hunter Powell (Machester: University Press, 2020). 80–103. Chad Van Dixhoorn, "Presbyterian ecclesiologies at the Westminster assembly," 104–129.

리를 담당하게 하셨다는 것이다. 이것이야말로 교회의 통치 체제를 형성하는 근간이다. 예수님께서는 베드로에게만 통치권을 위임하신 것이 아니다. 베드로는 제자들을 대표하는 인물일 뿐이다. 그가 신앙고백을 했기 때문에, 이에 상응하는 천국 열쇠를 수여받았던 것이다. 이미 앞 문단에서, "너희 모두가" 죄를 사하는 권세를 받았다고 말씀하셨기 때문에, 베드로만 수위권을 가지고 있다고 주장하는 것은 모순이다.

천국 열쇠를 베드로에게 주셨으니, 과연 베드로의 수위권을 주장할 수 있을까? 로마 가톨릭 교회에서는 전혀 성경에 나와 있지 않은 베드로 중심의 교회 통치를 주장을 하고 있다. 이탈리아 로마는 베드로가 순교한 곳이자, 비밀스러운 전승을 남겨서 후계자에게 물려주었으므로, 로마 교회의 주교가 지상 교회의 대표자라고 강변하고 있다. 신약 성경에 강조하는 것들을 종합적으로 살펴보지 않은 채, 로마 제국의 정치구조처럼, 전 세계 교회를 통할하는 교황권을 내세운다. 기본적인 교훈과 맥락을 왜곡하고 말았다.

죄를 사하는 권세는 인자로서의 예수님이 가지신 최고의 권위다. 유일하게 신적 권위을 가지신 분이 모든 제자들에게 이러한 권한을 위임하였다. 교회의 소유권만이 아니라, 통치권도 예수님에게 속해있다. "내가 내 교회를 세우리니…. 내가 천국의 열쇠를 네게 주리니…."^마 16:18,19 라고 주님의 소유권과 통치권을 말씀하셨다. 여기서 이 본문 속에는 "교회"와 "천국 열쇠"가 대조되고 있다.

교회는 결코 베드로의 왕국이 아니다. 더구나 베드로의 후계자라고 자처하는 교황의 통치권은 허무맹랑한 날조에 불과하다. 교회는 예수님이 왕으로 다스리는 하늘나라이자, 하나님의 왕국이다. 교회는 하나님이 통치하는 곳이라서, 하나님의 나라이다. 예수님이 세웠으니, 교회의 소유권은 예수님에게 있다. 교회의 설계자이자 건축가는 예수님이다. 어떤 사도나 전도자나 목회자가 지상 위에서 한 특정한 교회를 시작했거나, 설령 설립하는데 기여했을지라도, 오직 주인되는 분은 예수님이시다. 여러 직분들과 제도들을 갖춘 천국의 구도를 설계하신 분은 예수님이시다.

사도들 가운데서 베드로의 수위권 보다도 훨씬 더 강조되어야 할 부분이 그리스도의 소유권, 통치권롬 12:8, 치리권고전 12:28이다. 그런데도 로마 가톨릭에서는 베드로 개인에게 천국의 열쇠를 주셨다는 부분에만 중점을 둔다. 이탈리아 로마 바티칸에 세워진 베드로 대성당의 휘황찬란한 돔에도 천국 열쇠를 받았다는 구절이 아로새겨져 있다. 그러나 더 높고 중심이 되는 관점을 놓쳐서는 안되는데, 예수 그리스도가 교회의 머리라고 하는 점이다. 교회는 그리스도의 몸이다. 그 어떤 사도라도 머리는 아니다. 다만 예수님께서 모든 사도들에게 권세를 주시고, 청지기로서 일하는 사람들의 위엄과 책임을 동시에 높여주신 말씀이다.

신약 교회에 보내진 편지들을 살펴보면, 예수님의 주도권과 머리 되심을 강조되어 있다. 교회 만이 아니라, 만물을 창조하신 그리스도의 초우위성, 혹은 그리스도의 우선되심이 확고하게 정착되어 있었다.[3] 모든 그리스도의 교회는 "그리스도의 장성한 분량이 충만한 데까지 이르도록" 진력하는 것이다엡 4:4-16. 교회는 범사에 그리스도에 이르도록 자라나야 하는데, 그분이 머리가 되신다. 우리가 교회의 본질에 대해서 풀이하면서, 그리스도 중심이라고 말하는 것은 결코 성도들을 옭아매거나 구속시키기 위해서 만들어낸 구호가 아니다. 그리스도는 교회를

---

3 Vern S. Poythress, *The Lordship of Christ: Serving Our Savior All of the Time, in All of Life, with all of Our Heart* (Wheaton: Crossway, 2016), 65.

충만케 하시는 분이시다.

그리스도의 주도권과 머리되심은 그가 세우신 사람 사역자들에 의해서 시행된다. 사도들과 선지자들, 감독들과 장로들, 목사들과 신학자들이 주님께 영광을 돌리는 일을 하도록 정해놓으셨다엡 4:11. 그리스도의 주도권과 머리되심이라는 원리가 교회 내적으로 실행되어나갈 때에 인간적인 절차와 방법들을 제정하여 질서있게 운영되는 것이다. 그런데 문제는 사람들이 나서서 자신들의 생각대로 그리스도의 주되심을 훼손시키고 있는 것이다. 믿음도, 회개도, 구원도 모두 주님 예수 그리스도의 값없이 주시는 선물인데도, 마치 사람의 자유 의지로 성취해내는 것이라고 착각하고 있는 것이다.[4]

교회의 통치 체제는 단순히 권징만을 합당하게 시행하기 위해서 만들어진 것은 아니다. 교회를 지켜나가기 위해서 취해야 할 모든 조치들을 강구하되, 최악의 경우에는 죄를 지은 자들을 치리할 수밖에 없으므로 권한을 위임해 주신 것이다. 수많은 사람으로 구성된 교회에 문제가 발생하게 되면, 전체 회중이 다 모여서 해결할 필요는 없다. 중요한 직분을 맡은 사도 혹은 그들이 세운 장로들이 해결하면 되는 것이다. 구약 성경에서도 장로들이 대표자로 나서서 해결하였다출 12:3, 21, 민 35:12, 24, 수 20:4.

---

[4] Michael S. Horton, *Christ the Lord: the Reformation and Lordship Salvation* (Eugene: Wipf & Stock, 1992), 16.

2. 천국 열쇠를 받은 사도들

신약 교회에서 가장 먼저 등장하였고, 또한 새로운 직분이 "사도"다. 지상 교회의 설립과정에서 기초석이 되는 사람들이 사도들이었다. 이 특수하고도 특별한 호칭을 부여받은 예수님의 제자들이 곳곳에서 활동하면서 교회를 세웠다. 가이사랴 빌립보에서 신앙고백을 받은 예수님은 자신의 사도들에게 "진정성"authenticity을 수여하셨다고 헤르만 리델보스는 설명하였다.[5] 예수님은 사도들이 하게 될 사역에 대해서 확실성, 신빙성, 출처가 분명하다는 점을 명확히 밝혀주셨다.

> 너희 말을 듣는 자는 곧 내 말을 듣는 것이요 너희를 저버리는 자는 곧 나를 저버리는 것이요 나를 저버리는 자는 나 보내신 이를 저버리는 것이라(눅 10:16).

교회에는 사도들의 보편적이고 영속적인 진정성이 주어졌고, 지속되어오고 있는 곳이다. 그리스도의 머리되심에서 나오는 사도들의 활동은 교회의 통일성을 유지하도록 작용하였다. 성령의 인도하심을 받은 사도들은 예루살렘에 모여서 어렵고 까다로운 문제들에 대해서 서로 협의하고, 공의회에서 의논하기도 했다. 사도적 교훈과 통치를 받으면서 교회가 운영되어 나갔다.

---

5   Herman N. Ridderbos, *The Authority of the New Testament Scriptures* (Philadelphia: P&R, 1963). idem, *When the Time had Fully Come* (Jordan Station, ON.: Paideia Press, 1957). idem, *The Coming of the Kingdom*, tr. H. de Jongste (Philadelphia: P&R, 1962), 336,339. cf. Riemer Roukema, "Herman Ridderbos' Redemptive-historical Exegesis of the New Testament," *Westminster Theological Journal* 66 (2004): 259-273.

사도행전 15장의 기록에서 확인할 수 있는 것은 예수 그리스도의 통치 하에서 지도력을 발휘하는 사도들의 다수성과 동등성이다.[6] 베드로의 수위권이라는 원칙 혹은 전승은 전혀 신약 성경 안에서 합당한 증거들을 찾을 수 없다. 사도들은 모두 다 주님으로부터 받은 말씀의 확실성을 갖고서 활동했으며, 주님로부터의 동등한 신임을 받았다.

교회는 사도적 신앙의 터 위에서, 성도들이 하나님을 위하여 예배와 봉사를 하는 곳이다. 맨 처음 지상 교회에다가 "사도"라는 직분자를 따로 임명하신 분은 예수님이시다. 열두 사람을 "사도"라고 부르시고, 복음 선포와 권능을 행할 수 있는 자들로 파송하였다막 3:13-15. 예수님께서 직접 부르셔서 사도로 세우신 사람들의 이름이 명시적으로 여러 복음서에 나온다막 3:16-19, 마 26:20, 요 6:17-71. 이들 중에서 가룟 유다의 배신에 따라서 열한 사도가 새로 자격을 갖춘 맛디아를 선출하였다행 1:15-23. 이들 특별한 직분을 부여받은 사도들의 이름이 새 예루살렘의 기초석에 기록되어져 있다계 21:14.

사도행전에 보면, 사도라는 직분에 몇 사람이 추가되었다. 그리스도가 직접 사도로 불러서 세운 사람이 바울인데행 9:1-9, 26:12-18, 하나님의 계시를 받아서 선포하는 일과 교회를 세우는 일, 기적적인 징표들을 수행하고, 열세 편 이상의 편지를 기록했다. 바나바 사도는 바울과 함께 동역하면서 사도적 사역을 감당했다행 14:14, 고전 9:6, 갈 2:9. 예수님의 동생 야고보도 사도라고 불려졌는데갈 1:19, 2:9, 예루살렘에서 모인 공의회에서 사도적 영향력을 발휘했고행 15:12-21, 야고보서를 기록했다. 그 외에도 사도들로 인정을 받았던 제자들은 실라살전 1:1, 2:6, 디모데빌 2:25-30,

---

6 Murray, *Systematic Theology*, II:338.

에바브로디도빌 2:25-30, 4:18, 안드로니고와 유니아롬 16:70 등이다.

사도들이 목양하며, 선교하는 가운데 세워진 교회들은 사도들이 지명한 장로들과 집사들이 있었지만행 20장, 살전 5:2, 그 후에 어떤 과정으로 교회의 조직을 구성해야 하는가에 관해서는 세부지침들이 주어지지 않았다. 교회의 직분자에 대해서는 지침을 주었지만, 구체적으로 교회의 조직을 어떻게 관리해야 하는가에 관해서는 그리 상세하게 가르침을 주시지 않았다. 신약 성경에 나와 있는 여러 사례들을 참고해서, 교회의 사역들이 효과적으로 진행되도록 직분자들을 세우고, 조직을 정비하여야 한다.

사도들이 서거한 후, 신실한 교회의 역사를 살펴보면 생명을 잃어버릴 위험에 처해 있음에도, 교회의 중심축을 형성하던 사역자들이 있었다. 초대 교회에 관한 기록들 속에서, 각 지역에 세워진 교회들이 총괄적으로 운영되었는데, 1.감독제도, 2.장로제도, 3.회중 제도를 발견할 수 있다. 감독제라는 것은 일정한 지역을 관할하는 교구별로 주교가 관장하는 것을 의미한다. 장로제도는 회중들에 의해서 인정을 받은 장로들, 즉 가르치는 목사와 치리하는 장로가 지역교회를 관장하고, 더 큰 지역별로는 노회 혹은 대회를 구성하며, 전국적으로는 총회를 소집한다. 회중 제도는 목사, 혹은 장로를 세우든지, 아니면 성도들 가운데서 대표를 세우든지 간에 각 개별 교회의 일을 스스로 결정하도록 하는 형태를 말한다. 침례교회와 형제들 교회들이 이 제도를 철저히 따르고 있다.

3. "사도"라는 특수한 직분

신약 성경이 증거하는 바, 새로운 교회의 기초를 놓은 사람들은 사도들이었다. 사도라는 직분이 매우 중요하다는 인식을 하게 될 때에만, 비로서 오늘날의 교회에서도 직분자들이 매우 소중하다는 성경의 증거들이 얼마나 본질적인가를 파악할 수 있는 것이다.[7]

예수님께서는 공적인 사역의 초기에, 산에 올라가서 몇 제자들을 불러내셨고, 그들을 중에서 열두 사람을 "사도"the Apostle라고 따로 지명하였다. 사도들은 그리스도를 대신하여 설교하고, 마귀를 쫓아내는 권세를 부여받았다막 3:13-15. 그들의 이름은 명확하게 기록되어져 있다. 시몬그에게는 베드로라고 하는 새로운 이름을 주님께서 주셨다, 야고보세베대의 아들, 요한야고보의 동생, "보아너게"라는 새로운 이름을 주님께서 주셨는데, "우뢰의 아들"이라는 뜻이다, 안드레, 빌립, 바돌로매, 마태, 도마, 알패오의 아들 야고보, 다대오, 열심당원 시몬, 가룟 유다주님을 배신한 자이다막 3:16-19. 이들 가운데 일부는 세례 요한을 따르던 자들이었다가, 예수 그리스도의 놀라운 사역을 목격한 후에, 그리스도의 제자로서 추종을 하였다.

네 복음서 모두 다 사도들의 이름들과 그들의 모임에 대해서 증거하고 있다마 26:20, 막 4:10, 눅 18:31, 요 6:67, 71. 반면에, 사도행전 1장 12절-13절에서는 가룟 유다라는 이름이 사라졌다. 안타깝게도, 가룟 유다는 선생님이던 예수님을 배신하고, 동료들을 배반했다마 26:14-25, 47-56. 자신의 가증스러운 죄악을 인식하게 된 가룟 유다는 예수님을 배신하고 받은 재물, 즉 피묻은 돈을 되돌려주려고 시도했으나, 거절당하자 자살하

---

[7] D. Kelly, *Systematic Theology*, III:211. David F. Wright, "Apostolic Succession," in Cameron, ed., *Dictionary of Scottish Church History and Theology* (Downers Grove: IVP, 1993), 21.

고 말았다 ᴍᵃ 27:3-10, 행 1:18-19. 베드로와 다른 사도들은 이러한 사건이 성경에 기록된 대로 성취된 것으로 이해했고, 나머지 한 사람의 지위를 보충하고자 기도하는 가운데서 맛디야를 선별했다 행 1:15-20. 가룟 유다를 제외하고, 새로 보충된 열두 사도들의 구체적인 이름들이 최초의 교회였던 예루살렘의 다락방에서 다 같이 모여있었음을 증거하고 있다 행 1:12-13.

사도로 선출될 수 있는 조건들이 거론되었는데, 세례 요한의 사역기부터 함께 하면서 예수 그리스도의 모든 공적인 사역을 목격한 사람이어야 하고, 예수님이 부활하신 모습을 직접 체험한 자로서 부활을 증거할 수 있는 자라야 했다 행 1:21-25. 열두 사도의 이름은 새 예루살렘의 기초가 되어진다 계 21:14.

예수님의 부활을 목격한 사람들을 열거하면서, 사도 바울은 고린도전서 15장 5-8절에 구체적으로 열거하였는데, "게바에게 나타나시고, 그 다음에 열두 제자에게와, 그 후에 오백 명이 넘는 형제들에게 동시에 나타나셨는데, 그 가운데 대다수가 지금까지 살아있고.... 그 후에 야고보에게, 그 후에 모든 사도에게와... 맨 나중에 만삭되지 못하여 난 자 같은 내게도 나타나셨다"고 증언했다.

열두 명의 사도들에 비해서, 대단히 예외적으로 등장하는 인물이 사도 바울이다. 그는 예수님이 직접적으로 사도라고 명명했다 행 26:12-18. 따라서 바울 사도 자신이 여러 서신에서 자신이 사도라는 점을 언급했다 롬 1:1, 고전 1:1,2, 고후 1:1, 갈 1:1, 엡 1:1, 골 1:1, 딤전 1:1, 딤후 1:1.

사도들이 직접적으로 개입한 사역들과 전도 및 양육을 위한 행동반경은 그 내용에 있어서 매우 광범위했고, 지리적으로는 광대했다. 사도들은 메시야를 증거함에 있어서 독특한 위치에 있었다. 인류 구원의 역사가 진행되어나가던 과정에서 이들 사도들만이 획기적인 전환점을 통과하였다. 이 사도들은 구약 시대 유대중심주의를 체험한 뒤에, 그리스도의 구속 사역이 완성됨을 목격하였고, 부활과 승천과 성령의 부으심으로 이어지던 상황들을 확실하게 목격하였다. 그리고 성령의 강림 사건으로부터 우주적으로 확산되는 새로운 복음 전파의 전환점을 이끌어나갔던 주역들이었다.

사도들은 이방인들의 전도를 위해서 특별한 성령의 부음을 받은 자들이었고요 14:26, 15:25-27, 16:13-15, 행 4:27-32, 그리스도의 전생애와 죽으심과 부활의 증거자로서 사역하기 위해서 성령의 놀라운 권능과 은사들이 함께하고 있었다행 1:8. 그들은 복음을 선포한 최초의 사역자들이었으며행 2:14-41, 3:11-26, 그들이 예루살렘에 세운 교회에서 첫 번째 기독교인들을 향해서 권위있는 가르침을 베풀었다행 2:42-27.

예루살렘에 근거를 둔 최초의 교회에는 사도들만이 아니라, 백 이십여명의 제자들이 모여있었다. 이들은 사마리아에서도 복음을 전했고행 8:4-25, 아소도Azotus에서 가이사랴까지 나갔고행 8:40, 다메섹에서도 증거했다행 9:22. 따라서 예루살렘 교회는 예루살렘에서부터 온 유대와 갈릴리, 그리고 사마리아에까지 복음을 확산하였다행 9:31.

이방인들에게 최초로 복음을 증거한 사도는 베드로였다행 10:1-11:18. 이어서, 버니게와 구브로와 안디옥으로 복음이 증거되었다행 11:19-20. 안디옥에서는 제자들이 "그리스도인"이라고 처음 불려졌다행 11:26. 안디옥은 사도 바울이 헬라인들에게 복음을 전하는 선교적 열성을 펼쳐나가는 전진기지가 되었다. 사도들의 선교적인 헌신으로 인하여, 비시디아의 안디옥, 이고니온, 루스드라, 더베, 빌립보, 데살로니카, 베레아, 아테네, 고린도, 에베소 등에 교회가 세워졌다. 초기 기독교 전통에 따르면,

거의 모든 사도들은 각기 흩어져서 교회를 세웠다. 거의 모든 로마 제국의 주요 도시들마다 기독교인들의 전도가 왕성했었다.

하지만, 사도들의 동역자들, 예를 들면, 실라와 디모데의 활동이 매우 중요했었다. 그러나 이 두 사람은 사도라는 언급은 없다^{살전 1:1, 2:6, 행 16:19-40, 살전 3:1-2}.[8] 성령의 강림이 있은 후에, 예루살렘에서 베드로의 설교를 들었던 칠칠절의 순례자들이 로마로 건너가서 교회를 세웠을 가능성이 크다. 로마서 16장 7절에 나오는 안드로니아와 유니아의 문안에 보면, "그들은 사도들에게 유명히 여김을 받는 자들이고, 또한 나보다 먼저 그리스도 안에 있던 자들이다"고 하였다. 에바브라디도의 경우에도, 사도는 아니지만, 사도 바울의 형제요, 동역자요, 함께 군사된 동지라고 강조했다^{빌 2:25}. 이처럼 사도가 아니면서도, 에바브로디도는 빌립보 교회가 바울을 돕도록 보낸 사람이었다.

사도들과 그들의 동역자들이 펼친 전도와 선교, 교회 설립으로 이어지는 다양한 복음의 사역 현장들에서는 이적과 기적과 능력들이 나타났다^{행 2:43, 5:12}. 이들이 보여준 기적들은 참된 사도의 증표로 간주되었다^{고후 12:12}. 기적적인 능력들 중에는 병 고침과 치유도 일어났다^{행 3:1-10, 14:8-18}. 정신 질환이나 영적인 질병에 빠진 자들도 나음을 받았다^{행 5:15-16, 16:16-24, 19:11-12}. 심지어 예수님이 행하신 것과 같이, 죽은 자들이 다시 살아나는 일도 있었다^{행 9:36-43, 20:7-12}. 이러한 사역들은 하나님의 나라가 결코 무너지지 않으면, 성도들의 생활 현장 속에서 함께 임재하고 있음을 알려주는 것들이었고, 이로 인해서 교회와 선교 사역의 중요성에 대해서 강렬한 인식을 남겼다.

---

8 Wayne Grudem, *Systematic Theology: An Introduction to Biblical Doctrine* (Grand Rapids: Zondervan, 2000), 909-910.

초대 교회 시대에, 사도들은 매우 독특한 지위를 차지하였다. 그들은 교회의 모든 일들을 지도했다. 무엇보다도 사도들은 첫 세대 교회의 지도자들이 되는 장로들을 지명하는 권위를 행사했다 행 14:23. 오늘날로 표현하자면, 교회의 예배만을 주도하는 지도자로서 설교하는 것으로 그친 것이 아니라는 말이다. 사도적인 가르침에 대해서 불순종하는 자들이나, 심각한 오류를 초래한 자들을 출교하는 권위를 시행했다 고전 14:36-38, 살후 3:14-15.

유세비우스의 교회사에 의하면, 사도들의 권위가 이미 시행되었었는데, 베드로와 바울이 로마에서 활동하기 이전부터 그러했다는 것이다.[9] 이들 두 사도들은 로마 교회를 세우는데 중심인물이었고, 주후 60년대 초반에 활동했었다. 도마와 바돌로매는 인도를 방문한 것으로 보인다.

사도들의 권위는 모든 것에 대해서 다 마음대로 명령하거나, 다스릴 수 있는 무한대한 것은 아니다. 사도적 권위라고 하는 것은 교회에 관련한 것들이었고, 복음 사역에 관련된 것이다. 더구나 어디까지나 그들의 권위는 예수 그리스도의 권세로부터 위임을 받은 것이다. 아무나 다 사도라고 부를 수 없었던 것은 이들만이 그리스도의 부활과 승천을 목격한 사람들이었고, 그리스도 함께 생활하였던 사람들이었다. 따라서 이를 증거하도록 부름을 받은 자들로서 극히 한정된 인원들에게만 사도적 임무를 수행하는 권한이 부여 되었던 것이다.[10] 이들 사도들은 그리스도의 구원 사역들을 목격한 증인들이었다. 사도들은 교회 공동체

---

9 Eusebius, *Ecclesiastical History*, 5.10.
10 Bengt Holmberg, *Paul and Power: the Structure of Authority in the Primitive Church as Reflected in the Pauline Epistles* (Lund, Sweden: Gleerup, 1978), 204-7.

의 기초들로서, 그들에게 주어진 권위를 발휘하고, 효과적으로 지휘 통솔하는 임무를 수행해 나갔다.[11]

더구나 사도들도 오류를 범했다. 베드로는 위선적인 행동으로 인해서 사도 바울의 비판을 받아야 했다갈 2:11-14. 그러나 교회의 설립과 강화를 위해서는 사도적 권위가 결정적이었다. 사도들은 주님으로부터 나오는 직접적인 계시를 전달하는 지위에 있었다고전 14:36-40. 거짓 사도들의 가짜 복음을 분별해내어, 교회로부터 퇴치하는 일에도 앞장을 섰다고후 11-13장.

신약 성경에서 우리가 확인할 수 있는 것은 주 예수 그리스도의 인격과 사역에 근거한 놀라운 활약상이 그냥 그친 것이 아니라, 사도들의 활동을 통해서 널리 확산되어 나갔다는 사실이다. 신약 성경 27권 중에서, 마태, 요한, 바울, 야고보, 베드로가 25권의 서신을 남겼다. 베드로와 바울은 다른 신약 성경들, 마가복음과 누가복음과 사도행전에 깊이 관련되어 있었다. 이처럼 사도적 사역이자 그들에게 주어진 매우 중요한 임무 중에 하나는 저술이었다. 서신서와 저서들은 일부 사도들의 활동으로만 국한 시킬 수 없었다. 우리가 가지고 있는 신약 성경은 이들 사도들의 저서들로만 구성될 수 있었던 것이다. 이러한 정경에 근거한 교회의 사역은 사도적 전승을 강조하는 주장들과는 다르다. 정통 교회에서는 신약 성경에 기록되지 않은 것들, 즉 초대 교회의 사도적 전통이라는 것을 인정할 수 없다.

---

11   Anthony C. Thiselton, *The Hermeneutics of Doctrine* (Grand Rapids: Eerdmans, 2007), 501. idem, *First Epistle to the Corinthians: A Commentary on the Greek Text*, NIGTC (Grand Rapids: Eerdmans, 2000), 673.

4. 사도적 교회의 특징들

사도직은 매우 독특하고, 일시적인 성격을 지녔다. 예수 그리스도의 구원 사역들과 부활을 직접 눈으로 목격한 자들이라야만 하고, 초대 교회의 설계자로서 이적과 능력과 기적을 발휘하는 사역자들이었고, 성경의 기록자들로서 충만한 지혜와 지식을 부여받았던 자들이며, 교회의 설립에서 목숨을 바치기까지 순종하였고, 헌신하였으며, 또한 가장 탁월한 능력을 발휘한 사람들이었다. 그들 중에서 마지막 사도가 서거한 이후에, 사도직은 종결된 것으로 보아야만 한다.

성경을 기록하는 성령의 은사도 종결되었다. 칼빈은 사도직의 직분이 "특별하다고 보며, 교회가 세워지는 기간 동안에만 세워진 것으로 본다. ... 정상적으로 구성되어 있는 교회들에는 그 직분이 취할 자리가 없기 때문이다"[12]고 하였다. 동시에, 사도적 은사들, 다시 말하면 사도들만이 수행했던 특수한 예언과 능력과 권세도 역시 종료되었음에 유의해야만 한다.[13]

예루살렘 교회는 이방인들이 들어오면서 매우 빠르게 확장되었다. 수천 명이 회심을 했지만, 정기적으로 모이는 예배에는 작은 규모로 나뉘어졌다. 초대 교회의 성도들이 가졌던 신앙적인 관심은 "사도의 가르침을 받아 서로 교제하고 떡을 떼며 오로지 기도하기를 힘썼다"행 2:42. 여기에다가, 새로운 신자들에 대한 교육이 있었고, 가난한 자들을 위한 구제와 지도자들의 후원을 위한 기금의 관리, 박해와 재난의 고통에서

12　Calvin, *Institutes*, IV.3.iv.
13　김재성, 『개혁주의 성령론』, 제 11장을 볼 것. 그러나 필자의 견해와는 달리, 사도적 은사의 연속성을 강조하는 오순절 은사주의 입장도 있다. J. Rodman Williams, *Renewal Theology: Systematic Theology from a Charismatic Perspective*, 3 vols., (Grand Rapids: Zondevan, 1996), 3:165-70.

공동체가 대처해 나가는 지침, 실수하는 성도들을 교훈하는 치리가 추가되었다. 우리는 사도행전 1장에서 9장까지의 기록에서 예루살렘 교회가 운영되었던 것들을 참고할 수 있다.

하지만, 사도들이라고 해서 초기 예루살렘 교회의 모든 세부적인 사항들까지 마음대로 지시했던 것은 결코 아니다. 사도행전 11장 1-4절, 8절에 기록된 바, 가이사랴에서 행한 베드로의 처신에 대해서 비판하는 사도들과 형제들이 있었다. 예루살렘 교회는 바나바를 안디옥에 파송하여 선교 활동을 조사케 하였다행 11:22.

예루살렘 교회의 장로들이 안디옥 교회로부터 보내온 구제 헌금을 받았다행 11:30. 안디옥 교회에서는 성령께서 명령하신 일을 수행하고자 바나바와 사울을 따로 세웠다행 13:1-3. 안디옥 교회에 선지자들과 교사들이 있었지만, 이들이 제안하여 시작된 선교 사역이 아니었다. 안디옥 교회를 향해서 주시는 성령의 말씀을 어느 선지자를 통해서 선포되어졌을 것이다. 안디옥 교회는 금식하면서 기도했고, 두 사람은 성령의 보내심을 받아서 파송되었다.

여기에서, 사도적 교회가 어떻게 조직되었는가를 보여주는 매우 중요한 정보를 확인할 수 있다. 바울과 바나바는 수많은 제자들을 삼았던 지역들, 루스드라, 이고니온, 비시디아 안디옥에 돌아가서 각 교회마다 장로들을 택하여 세운 후, 그들에게 교회를 위탁했다행 14:21-24. 사도들의 교회에서 장로들의 역할이 매우 중요하였음을 발견하게 된다. 이들 여러 지역에 세워진 교회가 기도하고, 말씀을 들으며, 각종 사역들을 수행하여 나갈 때에 새로 세워진 장로가 회중 전체를 이끌어 나가도록 했던 것이다.

사도행전 13장에서 14장을 살펴보면, 사도적 교회의 조직적인 특성들을 다음과 같이 압축해 볼 수 있다.

첫째, 각 지역마다 상당히 많은 수의 '제자들'이 있었다행 13:42, 48, 52; 14:20. 주님의 이름으로 모이는 곳이 두서너 곳이 아니었다. 하지만 구브로에서는 이들 두 선교사들이 교회를 세우지 못하고 말았다. 교회의 설립과정에서 그리스도의 복음과 성령의 임재하심이 그 어떤 요소들보다 더 중요한 요소였음을 기억하여야 한다.

둘째, 교회의 설립에 있어서 가장 근간이 되는 직분자들은 "장로들"πρεσβυτέρους 을 세우는 것이었다. 바울 사도는 디도서에서도 동일한 지침을 내려주었다. 모든 교회마다 장로들을 지명했다는 것이 아니라, 모든 도시에 장로들을 세웠다고 주장하는 해석도 있는데, "각 교회에서 장로들을 택하여"라고 기록되어져 있다행 14:23.

안디옥 교회에는 선지자들과 교사들이 있었다고 했는데행 13:1, 바울 사도는 선교지에 나가서 장로들을 택하여 세웠다행 14:23는 것이다. 이것은 무슨 차이가 있을까? 안디옥 교회의 선지자들과 교사들은 하나님의 특수한 은사를 받아야만 수행할 수 있는 직분이고, 사도가 선별하여 세울 수 있는 직책이 아니었던 것이다.[14]

셋째, 장로들이 어떤 과정을 거쳐서 세워졌는가에 대해서는 자세한 설명이 나와 있지 않다. 바나바와 바울이 지명했을 수도 있고, 그 지역에 있던 성도들 중에서 소수의 그룹에 의해서 선발되어질 수도 있었을 것이다. 한글 성경에는 "택하여"라고 번역되었는데, 헬라어 "χειροτονήσαντες"는 사람들이 손으로 표시하여 선발하다는 뜻이 원래적인 단어의 뜻이지만, 지명하거나 지목한다는 뜻으로도 사용되었

---

14 W. M. Ramsay, *St. Paul the Traveller and Roman Citizen* (N.Y.: Putmans, 1897), 120-121.

다 행 10:41. 따라서 일반적으로는 투표에서 의해서 선출이 되었다는 의미이지만, 혹은 지명을 받아서 세움을 입었다고 해도 큰 차이가 나는 것은 아니다. 양쪽 모두 다 가능하다고 할 수 있다.

넷째, 사도 바울은 한 사람의 지도자가 아니라, 다수의 장로들을 세워서 교회를 돌아보게하는 지도력을 확립하였다.[15] 예루살렘의 교회에서도 예수님의 동생, 야고보와 시므온이 주요한 역할을 맡았다 행 15:13.

바울 사도가 디도에게 보낸 편지에서는 "장로"와 "감독"의 직책이 거의 동일한 역할을 하는 것으로 설명되어 있다. 성도들을 돌아보고, 보살피는 일을 하는 두 직책을 번갈아 가면서 사용하였다 딛 1:5, 7. 사도 바울은 밀레도에서 만났던 장로들에게 성령께서 그 사람들을 세웠다고 하였는데, 그러한 실제 과정은 아마도 후보자들을 세워놓고서 성도들이 천거하는 사람들로 선발하였을 가능성이 높다. 바울 사도와 바나바는 "우리가 하나님의 나라에 들어가려면 많은 환난을 겪어야 할 것이라" 행 14:22고 강조하였다. 이 말씀은 지역 교회의 지도자들에게 박해의 시기에 대비하라는 요청이며, 동시에 장로의 직분은 권세를 추구하는 자들에게는 주어질 수 없음을 주의하도록 촉구하는 내용이기도 하다.

사도적 시대의 교회들은 장로들의 회의에서 모든 교회 문제를 결정하였다. 각 교회마다 세례 교인의 숫자가 얼마였는지는 정확히 알 수는 없으며, 교인 수에 비례해서 몇 명의 장로를 선출했는가에 대해서도 정확치 않다. 성도들이 적당한 숫자의 장로들을 선출했고, 다수의 장로들이 교인들을 돌보면서 치리하였다.

주후 85년에서 125년 사이에 기록된 문서들을 살펴보면, 이그나시

---

15   Bruce Shelley, *The Church: God's People* (Wheaton: Victore Books, 1978), 50-51.

우스와 폴리캅 등 속사도 시대의 지도자들은 그들이 직접 사도들에게서 들었던 바를 성도들에게 가르쳤음을 알 수 있다. 물론, 목회서신들을 읽으면서 양육하였다. 안디옥의 감독 이그나시우스는 주후 110년에 로마에서 순교했는데, 자신의 교회와 주변 지역들의 교회에 보내는 일곱 개의 편지가 남아있다. 자신이 로마에서 총체적으로 체험하고 있는 문제들을 거론하면서, 이단을 경계하고 박해를 이겨낼 것을 권고했다.

5. 장로의 직분

교회에서는 모든 것을 품위있게 하고 질서있게 시행해야 한다 고전 14:40. 교회의 공적인 질서와 내적인 영혼의 돌봄을 위해서 학식과 경건하고 선한 자질을 갖춘 사람을 정하여 직분을 맡기게 된다. "주를 섬겨 금식할 때에 성령이 이르시되 내가 불러 시키는 일을 위하여 바나바와 사울을 따로 세우라 하시니" 행 13:2. 칼빈은 하나님께서 교회를 다스리기 위해서 세우신 사람의 사역이 얼마나 중요한가를 지적했다: "누구든지 이 질서와 다스림을 깨뜨리려 하거나 필요 없는 것이라고 무시하는 자가 있다면, 그 사람은 교회를 망치고 파괴 시키기 위해서 힘쓰는 것이다. 현세의 생명을 유지하고 이어가는데 태양의 빛과 열기, 그리고 음식과 음료가 필수적인 요소가 되듯이, 이 땅의 교회를 보존 하는데에는 사도적 직분과 목회의 직분이 필수적이다."[16]

신약 성경에 등장하는 교회의 직분들은 "사도, 선지자, 전도자, 목사,

---

16 Calvin, *Institutes of the Christian Religion*, IV.3.2.

장로, 집사, 교사 등이다. 사도직은 "그리스도에 의해서 직접 권한을 부여받은 특수한 직분이었다. 신약 성경에도 세례 요한과 같은 선지자들 있었다. 빌립, 마가, 디도, 디모데 등은 사도들의 대리자들로서 선교 사역에서 중추적인 역할을 담당하던 "복음 전하는 자들"이었다. 에베소서에 세 번이나 등장하는 복음은 전하는 자들은 오늘날의 선교사의 사역들과 유사한 일을 했지만, 교회를 세우고 치리하는 면에서는 훨씬 더 권위있는 직분이었다.

신약 성경에서 교회의 직분을 설명하는 헬라어 단어가 뜻하는 대로 오늘날 교회 안에서 직분자들이 사역을 하고 있는가에 대해서는 정확하지 않다. 그래서 교회의 직분들에 관한 교리를 종합하고자 할 때에, "유일한 방법은 특정한 은사들이 주어진 사람들에 대해서 존중하라고 하신 말씀들을 찾아내는 것이다. 다른 사람들과 구별되어진 특수한 덕목을 갖춘 사람으로 따로 차별화된 이유가 무엇인가를 찾아내는 것이다."[17] 헬라어에는 "직책"에 해당하는 단어가 없고, 단지 담당하고 있는 직무에 대한 설명만 나온다. 로마서 11장 13절에, 봉사διακονία라는 헬라어가 단 한 번 사용되었는데, "섬기다, 사역하다, 행정, 통괄하다"를 뜻하는 단어이다. 로마서 12장 4절에는 "사역"πραξις이라는 단어가 딱 한차례 나오는데, "행동, 실행"을 의미한다. 이러한 단어들은 공적인 직책을 표현하는데 쓰인 것이 아니라, 교회 안에서 무엇을 하느냐에 대해서 설명하는 단어들이다. "디아코니아", 즉 봉사라는 것은 모든 교회의 구성원들이 다 함께 노력하는 사역을 표현한 단어이다. 사도 바울이 자신이 맡은 일을 설명하면서 "이방인들을 위한 사도"임을 영광스럽게 여긴다

---

17 J. Murray, *Collected Writings*, Vol. II (Edinburgh: Banner of Truth Trust, 1977), 357.

고 했다롬 11:13. 이것은 그의 봉사의 사역을 설명하는 것이다.

신약 성경에는 사도들, 장로들, 집사들이 되기 위해서 필요한 자격요건들을 특별하게 규정하고 있다. 선지자들과 복음 전하는 자들이 나오는데 어떤 조건들을 갖추어야 할 것인가에 대해서는 언급이 없다. 구약 성경에서는 참된 선지자가 갖춰야 할 요건들에 대해서 많이 언급하였다.

1) 특수직과 항존직

오늘날의 교회에서는 더 이상 유지되지 않는 기능과 임무를 수행했던 사람들이 신약 성경에 언급되어 있다.[18] 교회를 위한 직분자들 가운데는 특수한 임무extraordinary offices를 맡았던 임시직이 있었으며, 지금까지도 지속되는 항존직이 있다고 나누어 볼 수밖에 없다. 사도들과 선지자들은 교회의 기초를 놓았고엡 2:20, 또한 에베소서 4장 11절에 나오는 "복음전하는 자"도 역시 그런 특수한 사역을 했었다. "복음전하는 자"εὐαγγελιστάς는 오늘날의 전문 선교사나 복음화 대회 진행자와는 다소 거리가 있다고 보기 때문이다. 이 복음 전하는자의 직무는 빌립행 21:8, 디모데딤후 4:5에게만 제한적으로 주어진 특수한 은사를 통해서 수행되었다고 보는 것이다. 사도들이나 선지자들처럼, 디모데도 역시 모든 교회를 위해서 은사를 받은 사람이었고, 에베소 지역의 장로들을 이끌어 나가는 임무를 수행했다엡 4:11. 빌립은 사마리아 지방을 복음화했고, 에디오피아에서도 활약했으며, 가이사랴 지역에서도 큰 무리를 이끌었

---

18 Ibid., 358.

다^{행 21:8}.

개신교 교회에서는 신약 성경에 나오는 교회의 직분들을 항존직과 임시직으로 나눈다.[19] 장로와 집사는 모든 지역교회에서 일상적으로 사역하는 직분이고, 사도와 선지자와 복음전하는 자는 특수직으로 구별한다. 장로presbuteroi의 경우에는 여러 곳에서 가르치며, 설교를 맡았다. 장로교회와 개혁주의 교회에서는 목사pastor는 가르치는 장로이고, 시무장로는 치리하며 돌아보는 장로elder로 크게 구별하고 있다. 감독episkopos은 디모데와 디도가 지역 교회들의 모임을 주관하는 자리에서 수행한 직책으로 보고 있지만, 장로들과 차별을 두어야할 것은 아니라고 간주한다.

우리는 신약 성경에서 충분히 찾아낼 수 없는 초대 교회 시대의 문서들에서 참고할 만한 자료를 찾아내고 있다. 19세기에 찾아낸 "디다케"교훈집과 "열두 사도의 가르침"은 주후 100년경에 작성된 것으로 추정되는 문서. 그 이전에 알려진 "이그나시우스의 편지들", "허마스의 목자", "고린도에 보낸 클레멘트의 편지" 등도 초기에 작성된 것들이다. 이런 자료들을 살펴보면, 각 지역마다 장로들과 집사들을 총괄하는 "감독" 한 사람이 있었다. 제롬의 기록에 의하면, 각 지역마다 어느 곳에나 감독이 있었는데, 자격에 있어서는 장로와 큰 차이가 없었다.[20]

그렇지만, 최근에는 교회의 직분으로는 장로와 집사로 대별되고 있다. 어떻게 해서 이처럼 전환이 이뤄졌는가를 확실치 않지만, 로마 가톨릭에서 상하 계급화된 조직체를 운영하기 위해서 감독자로 삼은 '주

---

19 Berkhof, *Systematic Theology*, 585.
20 W.A. Jürgens, ed. and trans., *The Faith of the Early Fathers*, 3 vols. (Collegeville: The Liturgical Press, 1979), II:194.

교'제도에 대한 반발로서 지역별 관리자로 간주되는 '감독'이 사라졌다고 볼 수 있다. 성공회에서는 주교 제도를 유지하고 있고, 감리교회에서는 지역과 국가적 범위를 담당하는 감독과 대표감독 체제를 고수하고 있다.

2) 장로의 직분

장로의 직분은 오래된 유대인들의 민족 공동체에서 존경을 받는 직책이었고, 회당 제도 안에서는 재판관과 서기관으로서 매우 중요한 역할을 감당하였다. 구약 시대부터 장로는 유대 사회에서 너무나 잘 알려진 직분이었고, 각 지역사회의 지도자로서 존경을 받던 사람에게 주어진 지위였다. 포로기 이후에는 회당에서 지도자에게 주어졌는데, 공동체의 윤리적 질서와 도덕적 문제를 판결하는 임무를 감당하고 있었다.[21] 장로가 사회에서 얼마나 중요한 직분이었는지와는 별개로, 신약 교회에서 장로의 직분은 신약 성경에 풍부하게 언급되어 있다.

첫째, 장로직의 기원을 살펴보면 신약 성경 시대의 교회가 단계적으로 발전해 나가면서 서서히 정착된 것으로 보인다.[22] 예루살렘 교회는 주후 40년대에 세워졌고, 예수님의 제자들과 사도들이 직접 주도적으로 사역하고 있었기에 장로직에 대한 언급이 없다. 안디옥 교회는 주후 50년대에 형성되었다고 보는데, 역시 마찬가지다. 사도행전 6장 이

---

21 Rogers Beckwith, *Elders in Every City: The Origin and Role of the Ordained Ministry* (Carlise: Paternoster, 2003), 28-41. James Tunstead Burtchaell, *From Synagogue to Church: Public Services and Offices in the Earliest Christian Communities* (Cambridge: Cambridge University Press, 1992), 228-233.
22 Berkhof, *Systematic Theology*, 586.

후로, 장로와 집사의 직분이 시행되었다. 신약 성경의 마지막 책 요한 계시록에는 각 교회의 장로이자 목자로서 사역하던 자들에 대해서 언급하고 있다. 예루살렘 교회나 안디옥 교회는 사도들이 주도했었고, 이런 모습은 주후 60년대에 세워진 것으로 추정되는 에베소 교회에 있었던 "목사와 교사" 직분을 가진 사역자들은 없었다. 바나바와 사도 바울이 주후 46년에 예루살렘을 방문하였는데, 안디옥으로부터 예루살렘 교회의 "장로들"에게 구제 헌금을 가져다 주었다.행 11:30. 초기 장로들은 집사의 직무를 겸하고 있었던 것이다. 하지만 주후 90년대에 이르게 되면, 밧모 섬에 갇혀서 지내고 있던 요한 사도가 보다 분명하게 초대 일곱 교회 각 교회의 "사자"messenger, servant에게 전하는 메시지를 남겼다.

 장로들의 직분을 정확하게 규정하는 데살로니가전서와 야고보서 등은 60년대 말경에 세워졌다고 본다. 교회는 내부조직에서 핵심 역할을 담당하는 직분자들이 있었는데, 그들이 맡은 은사와 기능에 따라서 구별되는 호칭으로 불렀다. 장로와 감독은 상호 간에 차이가 없었고, 결국 장로, 감독, 목사 등 세 가지 직분들 상호 교차적으로 사용되었던 것에 대해서 증언하는 내용이 초대 교회의 교부들이 남긴 자료에서도 발견된다.[23] 초대 교회의 사역들을 살펴보면, 목사와 설교자의 직무를 감당하는 목회자들과 치리하며 감독하는 일을 담당했던 감독과의 차이를 엄격하게 구별하기가 매우 어렵다. 다시 말하면, 이들 두 가지 직분은 초대 교회의 직분자들이 감당했던 두 가지 역할에 해당하였다.

---

23 Clement of Rome, *The Letter of the Romans to the Corinthians* 44 [ANF 1:17], in *The Apostolic Fathers: Greek Texts and English Translations*, ed. Michael W. Holmes (Grand Rapids: Baker, 1999), 76-79. Irenaeus, *Against Heresis* 2.2 and 3.2. [ANF 1:415]; Cyprian, *Letter* 40.1 [ANF, 5:319] and 5.4. [ANF, 5:283]; Jerome, *Letter* 146 [NPNF2 6:143, 289]. 초대 교회의 교훈집에서도 직분자들에 대한 언급이 있고, 폴리캅의 서신에서도 찾아볼 수 있다. *Apostolic Fathers*, 265-266.

신약 성경에서 장로의 직분과 유사하게 자주 등장하는 또 다른 직분이 '감독'ἐπίσκοπος이다. 감독이라는 단어는 "전체를 관리하고 총괄한다"는 의미이지만, 관리자로서 시행될 일을 주관하는 사람을 의미한다. 베드로는 예수 그리스도를 "우리 영혼의 감독"이라고 불렀는데벧전 2:25, 장로는 "양무리의 본이 되어야 한다"고 권고했다벧전 5:1,2. 바울 사도가 에베소 교회의 장로들을 밀레도에 불렀을 때에도, 성령께서 교회를 위하여 "감독자"로 세웠다고 했다행 20:28.

목사의 직분은 가르치는 장로의 직무와 사명을 감당하는 것으로서, 초대 교회에서는 매우 중요한 직책이다. 바울 사도는 공적인 임무를 맡은 디모데를 "하나님의 사람"딤전 6:11이라고 불렀다. 또한 이 직무를 담당하는 여러 가지 지침을 주었다. "누구든지 네 연소함을 업신여기지 못하게 하고, 오직 말과 행실과 사랑과 믿음과 정절에 있어서 믿는 자에게 본이 되라"딤전 4:12. 그리고 "이 모든 일에 전심전력하여 너의 성숙함을 모든 사람에게 나타내게 하라"딤전 4:15.

칼빈은 디도서 1장 7절에 대한 주석에서, 감독이나 장로를 같은 동일한 직분으로 해석하였다. 그가 이렇게 두 직분을 동일시한 근거는 제롬의 성경주석에 담긴 것을 참고 하였기 때문이다. 이렇게 교회의 사역자들을 지속적으로 따로 세우는 것이 초대 교회의 정신이라고 파악하였다. 칼빈은 디도서 1장 설교에서도 동일하게 풀이하였다.[24] 사도바울이 디도를 크레데에 남겨두었던 것은 그곳의 교회를 지도할 사역자, 대

---

24 John Calvin, *Sermon on Timothy and Titus* (1579: Edinburgh: Banner of Truth Trust, 1983), 1056: "'And therefore it is required that there be Shepherds, or Elders in a place to succeed one another and to confirm the faithful daily, and to cause them to profit in the school of our Lord Jesus Christ and serve, gentle and small, and old and young, and truly as much as they can, that the truth of God may remain and continue, and to cause it to come from hand to hand to them that shall live after us."

표자, 즉 장로이자, 감독을 선정하기 위한 것이었다. 그러나 장로는 단순히 나이가 많은 사람이 아니었음을 강조하였다. 유대인들의 성전이나, 회당에서도 장로가 많았지만, 나이가 많이 들어서 삶의 경륜과 지혜를 갖춘 분들이라고 기대를 모았던 이들은 한결같이 예수 그리스도를 배척하였다. 따라서 나이가 몇 살이냐라는 요소가 장로 선정의 중요한 요소가 될 수 없다는 점을 강조한 것이다. 한국 교회에서는 오랫동안 목회자 후보, 장로나 집사, 권사 등 직분자들을 선출할 때마다, 그 사람들의 나이가 몇 살이냐라는 점은 매우 중요한 요인으로 삼아왔다. 때로는 나이가 너무 적다고 해서 문제가 되었는데, '장유유서'를 따지는 유교문화의 영향을 받은 잔재가 교회 안에서도 여전히 남아있는 것이다. 지금도 기독교 교회 안에, 특히 교회 연합 기관이나 교단 등 단체적으로 모이는 조직체에서 대표자들을 세울 때에는 이런 유교적 경향이 남아있다고 본다.

둘째, 목회서신에서는 장로라는 직책이 오늘날 목사와 동일하다는 것을 알 수 있다.[25] "목사"라는 단어는 헬라어에서는 양 떼를 돌보는 "목자"shepherd에 해당한다. 시편 23편 1절에서, "여호와는 나의 목자이시다"고 하였다. 따라서 교회를 돌보는 목사의 임무는 아주 중요하며, 목자의 사역과 매우 유사하다. 목사는 성도들을 "온전케 하기 위하여" 권유하고 가르치는 일을 담당한다 엡 4:11,12. 그러나 로마 교회나 성공회에서는 '주교'bishop라고 번역하였으며, 체제만을 고수하고 있다. 그러나 신약성경 시대의 장로나 감독은 오늘날 교회의 "목회자"pastor라는 의미로 간주되는 것이 훨씬 더 타당하다. 다수의 연구자들은 "장로" presbyteros

---

25 Robert Reymond, *Systematic Theology* (Nashville: Thomas Nelson, 1998), 898.

의 직책이 감독과 동일하다고 본다. 사도들이 임명한 장로라는 직분은 '치리하는 자'overseer 혹은 '돌아보는 자'에 해당한다.[26]

에베소 교회의 장로들을 함께 모이게 한 기록에 보면, 사도 바울이 그들에게 교회를 보살피는 직분을 감당하도록 촉구하면서, 성령이 그들을 감독자들로overseers 세웠다고 하였다행 20:17, 29절. 바울 사도는 이와 동일한 내용으로 디모데전서 3장 1-2절에서, 감독의 직무를 열거하였다. 감독자에게 주어진 가장 두드러진 임무는 "잘 다스리는 자"가 되어야 한다는 점과 설교와 가르침에 있어서 최선의 노력을 다해야 한다는 점이다. 이들 두 가지가 동시에 이 하나의 직분에게 주어진 임무이다. 또한 이러한 교회의 장로직에 세움을 받은 자들은 목회자라는 직분과도 상호 동일한 임무를 갖는다딛 1:5,7. 베드로 사도는 장로에게는 성도들을 돌아보는 임무가 가장 중요하다고 강조하였다벧전 5:1-2. 에베소서에서는 목사와 교사의 직분이 결합되어져 있다엡 4:11. 칼빈은 장로, 감독, 목사, 목회자의 특수한 사역의 타당성에 대해서 훨씬 더 강조를 하였다.[27] 물론 모든 교회의 구성원들은 하나님이 주신 은사에 따라서 각각 자신이 질서있고, 품위있게 공적인 인격의 함양을 도모해 나가야만 한다.

셋째로, 자격을 갖춘 남자들에게 장로의 직분은 제한적으로 주어졌다limitation는 점에 주목해야 한다. 감독, 목회자, 목사, 하나님의 사람, 목자 등은 교회를 위해서 주신 그리스도의 선물들이다엡 4:7-17. 교회 안에서 장로의 직분을 담당하기 위해서 지목된 사람에게만 제한적으로 주

26　Benjamin L. Merkle, *The Elder and Overseer: One Office in the Early Church*, Studies in Biblical Literature (New York: Peter Lang, 2003).
27　Calvin, *Institutes of the Christian Religion*, IV.1.12.

신 것이다.[28]

"하나님의 청지기"로서 감독, 목사, 장로의 직분을 받은 사람은 주어진 교회를 지혜롭게 돌보아야 한다. 성도들을 돌보는 자로서, 목회자는 아주 작은 일까지라도 유익한 것은 감당해야 한다. 목사로서는 가르치는 사역을 통해서 양 떼들을 먹여야 한다; 그리스도의 목회자들은 모든 성도들을 대할 때에 그리스도에게 진심으로 사람들을 섬겨야만 한다; 하나님의 사람으로서는 충분한 자격을 갖추고 있음을 성도들에게 모범을 통해서 입증해야 한다.

장로의 직분을 맡은 사람에게 주어진 책임에 관한 권고를 살펴보자:

> 미쁘다 이 말이여, 곧 사람이 감독의 직분을 얻으려 함은 선한 일을 사모하는 것이라 함이로다 그러므로 감독은 책망할 것이 없으며 한 아내의 남편이 되며 절제하며 신중하며 단정하며 나그네를 대접하며 가르치기를 잘하며 술을 즐기지 아니하며 구타하지 아니하며 오직 관용하며 다투지 아니하며 돈을 사랑하지 아니하며 자기 집을 잘 다스려 자녀들로 모든 공손함으로 복종하게 하는 자라야 할지며(사람이 자기 집을 다스릴 줄 알지 못하면 어찌 하나님의 교회를 돌보리요) 새로 입교한 자도 말지니 교만하여져서 마귀를 정죄하는 그 정죄에 빠질까 함이요 또한 외인에게서도 선한 증거를 얻은 자라야 할지니 비방과 마귀의 올무에 빠질까 염려하라(딤전 3:1-7).

바울 사도가 디도에게 보낸 서신에서도 각 성에 세워야 할 장로의 자격에 대해서 규정해 놓았다.

---

28 Calvin, *Institutes of the Christian Religion*, IV.3.8.

> 책망할 것이 없고 한 아내의 남편이며 방탕하다는 비난을 받거나 불순종하는 일이 없는 믿는 자녀를 둔 자라야 할지라 감독은 하나님의 청지기로서 책망할 것이 없고 제 고집대로 하지 아니하며 급히 분내지 아니하며 술을 즐기지 아니하며 구타하지 아니하며 더러운 이득을 탐하지 아니하며 오직 나그네를 대접하며 선행을 좋아하며 신중하며 의로우며 거룩하며 절제하며 미쁜 말씀의 가르침을 그대로 지켜야 하리니 이는 능히 바른 교훈으로 권면하고 거슬러 말하는 자들을 책망하게 하려 함이라(딛 1:5-9).

앞에 말씀을 요약하면 다음과 같다;

1. 목사와 장로의 직책을 받을 사람은 "남자"man로 한정하였다. 바울 사도가 가장 먼저 지적한 자격은 "선한 일을 사모하는 자"라야 하는데, 고상한 직무에 대한 열망이 가득한 사람이어야 한다는 것이다. 장로 혹은 감독 혹은 목사의 직무를 얻고자 하는 관심을 가진 성도는 이 직분이 어떤 권세를 부리는 자리라서 탐을 내는 사람이어서는 결코 안 된다. 그와는 반대로, 바울 사도는 허망한 야심을 가진 자들에게 주어지는 것을 극도로 경계한 것이다. 이러한 자격을 규정한 이유는 거짓 교사들과의 차별을 분명해 해서, 구별해 내기 위함이었다.

2. 직분자의 자격과 조건을 충족하는 교회의 지도자를 세우는데 있어서는 상호 간에 인정을 받는 것이 필수적이다. 후보의 자격을 놓고서, 회중들이 추천하고 선출하도록 하는 것이다. 개신교 교단마다 다양한 방법으로 후보자를 점검하고, 인준하는 과정을 규정하고 있다. 일반적인 방법은 회중들이 투표로 장로를 선출하는 것이다. 집사의 경우도 마찬가지다.

3. 바울 사도는 선교 여행 중에 루스드라, 이고니움, 안디옥에서 장

로들을 교회에 세웠다 행 14:21-23. 디모데는 에베소 교회에서 단독으로 지도하는 위치에 있었다. 하지만 모든 교회가 단 한 명의 지도자만을 세워야 한다는 규정은 없다. 오히려 바울 사도는 디모데에게 모든 지역에서 "장로들"을 임명하라고 지도했다.

장로와 목사의 임기에 대해서는 일생 동안 사역했던 초기 사도들의 경우와는 달리, 그다지 명쾌하지 않다. 밀라노의 감독, 암브로스는 23년 동안 사역을 감당하고 주후 397년에 그의 나이 57세로 사망했다. 어거스틴은 35년 동안 히포의 감독으로 사역했다. 대부분 초대 교부들은 죽을 때까지 직무를 담당 했었다. 종교개혁자들과 청교도 목회자들도 역시 종신직으로 여겼다. 모든 청지기들에게는 하나님께서 예배해 놓으신 특별한 상급이 약속되어 있다 벧전 5:4.

4. 로마 가톨릭에서는 "성직자와 평신도"로 크게 차별화 했고, 성직자들도 서열을 정했는데, 그러한 구별은 성경에서 찾아볼 수 없다. 16세기 종교개혁자들이 회복한 교회에서는 루터의 교회론이 많은 영향을 끼쳤다. 루터는 만인제사장설을 강조했다고 보는데, 그것은 교회가 이들 직분자들보다 훨씬 더 크기 때문이다.[29]

칼빈은 로마 교회의 수위권과 교황 제도의 허황된 주장들을 반박했고, 주교 임명과 성직 수여의 부패상을 상세히 폭로했다. 『기독교강요』 제 4권, 4장에서 11장까지 로마 가톨릭 교황 제도에 대해서 비판했다. 칼빈은 교회적인 권세라는 것이 어디에서 나온 것인가를 강조하였다. 교회의 권위는, 장로직이든 목사직이든 집사직이든, 근원적으로 그리스도에게서 나오며, 성경에 설명되어 있고, 성령에 인도하심에 의해서

---

29 P. Althaus, *The Theology of Martin Luther*, tr. R.C. Schultz (1966), 323-328.

지역 교회 성도들의 선출이라는 절차를 거친다. 교회의 모든 직분들이 권위를 가지는 것은 그리스도가 근원이기 때문이다. 칼빈이 스트라스부르크에서 사역하는 동안에 마틴 부써의 교회 통치에 관한 세부사항들을 참고로 삼았다. 개혁주의 교회에서는 성직자와 성도들 사이의 차별이 아니라, 직분자의 구별된 역할의 중요성만을 강조했다. 야고보서 5장 14절에 보면, 병든 자는 교회의 장로들을 초청해서 기도를 받으라고 권고하였다. 이것은 교회의 예식들과 성례들과 예배를 진행하는데 있어서, 질서의 하나님이 세운 직분자들로 하여금 일상적으로 목양을 감당케 하였다는 의미이다.

5. 목사와 장로의 영적인 권위는 존중을 받아야 한다. 이들 직분자들은 그리스도로부터 권위를 받아서 교회를 세우는 일을 담당한다. 목사가 받은 교회의 직분은 목회적인 권위이므로, 교훈과 가르침에 있어서 지혜롭게 발휘되어야 한다.

신약 성경에서 사역자들을 따로 구별하는 내용으로 기록된 최초의 서신은 데살로니가전서 5장 12-13절이라고 본다. 첫째는 "주 안에서" 너희를 위해 수고하는 자들이라고 직분자들을 규정한다. 교회의 직분은 그리스도의 몸을 세워나가는 것일 뿐이다. 둘째로는 "다스리며 권하는 자들을 너희가 알아주어야 한다"고 부탁하였다. 셋째로는 "사랑 안에서 가장 귀히 여기며 화목하라"는 것이다. 장로와 목사와 집사의 직분을 맡은 이들에 대한 최고의 찬사가 아닐 수 없다.

신약 성경이 기록 되어나갈 때에, 비교적 늦게 쓰여진 서신이 사도 요한의 편지들인데 여기에서도 직분자들에 대한 언급이 나온다. 요한3서 9절에서는 "디오드레베"라는 사람이 으뜸 되기를 좋아하여 악행을 일삼는다고 지적하였다. 그가 홀로 교회를 좌지우지하였던 것이다. 히브리서 13장 17절에서는, 잘 다스리는 장로들을 훨씬 더 존경하며, 복종하라고 권고하였다.

6. 집사의 직분

초대 교회에서는 소속된 성도들 중에서 매우 가난한 자들을 돌보는 구제와 병든 자들을 돌보는 자선 사역을 집사들에게 맡겼다. "구제하는 자는 성실함으로, ... 긍휼을 베푸는 자는 즐거움으로 할지니라"롬 12:8. 이들 두 가지 사역들 외에도 집사들은 여러 방면에서 교회를 섬겼다.

1) 봉사의 직분

최초의 집사 직분은 예루살렘 교회에서 봉사하는 일을 담당하는 사람에게 주어졌다. 사도행전 6장 3절에 나와 있듯이, 예루살렘에는 아람어를 사용하는 유대인들이 원래부터 살고 있었고, 다른 지역에서 들어온 이들은 헬라어를 사용하고 있었다. 이들 헬라어를 쓰는 과부들이 구제 대상자인데도 제외되어서 발생하는 소홀함을 대처하고자 집사를 안수하여 세웠다. 사도들은 말씀과 기도의 사역에 집중하고자, 성도들 중에서 일곱 사람을 선택하여 집사의 직분을 감당하게 하였다. 여기서 너무 단순하게 두 가지 사역으로 양분할 필요는 없을 것이다. 사도는 교회에서 영적인 일에 초점을 두고 있었고, 집사는 교회에서 일시적인 물질과 현실적인 관리를 책임 맡도록 하였지만, 이들 두 사역들은 상호 연간성을 갖고 있었다.

집사deacon라는 단어는 헬라어 "디아코니아"diakonia에서 나왔는데, 구제품을 나눠주고, 가난한 자들을 섬기며, 공공의 재정을 관리하는 책임을 담당했다. 신약 성경에서 "디아코노스"는 봉사자, 섬기는 자라는 의미로 사용되었다롬 13:4, 15:8, 고후 3:6, 6:4, 11:14-15, 11:23, 고전 3:5, 엡 3:7, 골 1:23, 골 1:7, 딤전 4:6, 골 1:24-25 등. 따라서 집사의 직분은 봉사하는 임무를 위해서 안수를 받아서 세웠음은 사실이지만, 물질적이며, 육체적인 사역에 한정한다고 제한적으로 구별할 필요는 없다.

사도행전을 전체적으로 살펴보면, 집사의 직무가 단순히 물질적인 봉사와 관리에 한정되지 않았음을 찾아볼 수 있다. 스데반은 "사람들 가운데서 엄청나게 놀라운 일과 표적을 행하였다". 또한 그는 복음을 선포하고, 기독교인의 신앙을 지키려 하다가 첫 번째 순교자가 되었다 행 6:8-7:60. 빌립은 귀신을 쫓아내고 치유하였으며, 사마리아 사람들에게 복음을 전하는 자가 되어서 예수 그리스도를 선포하였다행 8:4-13. 에디오피아 관원에게도 성경을 해석해 주었다행 8:26-4.

2) 자격과 책임

교회의 집사가 갖춰야 할 자격과 책임에 대해서는 다음의 말씀에 주목해야만 한다. 집사의 직분을 맡을 사람에 대해서 자격을 규정하는 내용이 디모데전서 3장 8-13절에 상세하게 설명되어 있다.

> 이와 같이 집사들도 정중하고 일구이언하지 아니하고 술에 인박히지 아니하고 더러운 이를 탐하지 아니하고 깨끗한 양심에 믿음의 비밀을 가진 자라야 할지니 이에 이 사람들을 먼저 시험하여 보고 그 후에 책망할 것이 없으면 집

사의 직분을 맡게 할 것이요 여자들도 이와 같이 정숙하고 모함하지 아니하며 절제하며 모든 일에 충성된 자라야 할지니라 집사들은 한 아내의 남편이 되어 자녀와 자기 집을 잘 다스리는 자일지니 집사의 직분을 잘한 자들은 아름다운 지위와 그리스도 예수 안에 잇는 믿음에 큰 담력을 얻느니라.

첫째로, 바울 사도는 모든 봉사자들의 일반적인 성품들에 대해서 기술하면서, 집사로 선임되는 자에게는 봉사하는 일을 감당할만한 성품과 인품이 있어야 한다고 지적하였다8-10절. 여 집사나 혹은 집사의 아내이거나, 여성에게도 특별한 성품이 있어야만 하고11절, 남자 집사들의 자격에 대해서는 집안의 가장되는 사람이어야 한다고 했다12절. 그리고 예수 그리스도의 교회를 위해서 봉사하는 모든 집사들에게는 "아름다운 지위"와 "믿음의 담력"이 주어진다고 격려했다13절.

둘째로, 집사의 직분에 대한 설명을 앞에 나왔던 장로의 직분과 비교해 보면, 동일한 내용들도 있고, 차이점도 있다. 집사가 되려는 사람은 품위가 있고, 존경을 받는 성품을 가진 사람이라야 한다는 점은 장로의 직분자에게 요구한 것과 동일하다. 일구이언하지 않고 사람을 속이려 하지 않는다는 점도 두 직분 모두에게 동일하다. 어떤 직분이든지 가정을 잘 돌보는 사람이어야만 한다. 술을 좋아하여 절제하지 못하는 사람은 결코 선발될 수 없다고 했다. 재물의 욕망에 사로잡힌 사람도 선발해서는 안 된다는 점도 두 직분에게 적용되고 있다.

집사의 직분자에게 요청되지 않는 부분은 가르치고 다스리는 능력이다딤전 3:2. 교회에서 목사와 장로에게 주과된 임무는 가르치는 것인데딤전 5:17, 엡 4:11, 이 사역은 기본적으로 집사에게 부과된 임무는 아니었다. 집사는 "깨끗한 양심을 가지고, 믿음의 비밀을 간직한 사람"이지만,

교회의 장로가 하는 것과 같이 진리를 다른 사람에게 가르치는 능력을 갖추도록 요구하지는 않았다. 따라서 여기 집사의 자격을 열거하는 목록에서 요구되지 않았다. 하지만 집사에게도, 장로에게처럼, 가정을 잘 돌보는 능력을 입증하도록 요구했다 딤전 3:4, 12. 그러나 집사에게는 교회를 잘 돌아보는 책임을 요구하지는 않았다. 이것은 장로에게만 주어진 임무였다 딤전 3:5.

집사의 일반적인 자격 기준은 봉사를 잘하는 쪽으로 향하고 있다. 디모데전서 3장 13절에 보면, 시작하는 첫단어로 헬라어 "γαρ" 가르, 뜻은 영어로 "for"이다 가 사용되었는데, 그 앞에 3장 8절로 12절까지 설명한 것들을 총체적으로 요약하는 문장을 쓰기 위해서 집어넣는 단어다. 집사는 특정한 인격을 가진 사람인데, 믿음의 비밀을 가지고 있으면서, 가정을 잘 돌아보는 모범을 보여주고 있어야만 한다. 그래야만 이런 이들이 봉사하는 일을 통해서 다른 사람들이 유익을 얻게 되어질 수 있는 것이다.

집사의 직무와 장로의 책임이 무엇이며, 어떤 차이가 있는가를 살펴보자. 성도들을 지도하고, 이끌어 나가는 임무는 오직 장로와 목사에게 주어졌는데 딤전 5:17, 벧전 5:2, 이런 임무는 집사들에게는 요구되지 않았다. 병든 자를 위해서 기도하는 일도 오직 장로에게만 요구되었다 약 5:13-15. 이런 특수한 형편에 처한 자들을 위해서 기도해 주는 일은 기본적으로 집사의 책무에 속하지는 않았다. 따라서 가르치는 일, 지도하는 일, 기도하는 일, 돌보는 일은 모두 다 교회의 장로들이 책임져야 할 임무에 해당된다. 이런 일들을 제외한 모든 교회의 필요를 채워나가는 임무가 집사에게 주어진 책무에 해당한다.

셋째로, 집사가 봉사의 직무를 잘 하느냐의 여부에 대해서 면밀히 "시험하여 본 후에"(3:10) **직분을 맡겨야만 한다고 했다.** 이런 내용으로 장로가 될 사람을 평가하라고 지침을 제시하지는 않았다. 집사직을 받게 될 사람은 과연 언행에 불일치가 없는지, 술에 중독된 자는 아닌지, 재물에 집착하는 자는 아닌지, 깨끗한 양심에 믿음의 비밀을 간직하고 있는지 등을 점검해서 흠이 없는 성도라야만 안수를 받도록 하였다.[30] 이런 내용으로 장로들을 평가하라는 명령은 없다.

넷째로, 남자와 여자에게 집사 직분의 가능성을 열어놓았다.

우리가 위에 인용한 본문을 정확하게 이해하도록 집중해서 분석할 때에, 집사의 직분에 관한 자격을 제시하면서 여성을 언급하였다. "여자들도 이와 같이 정숙하고 모함하지 아니하며 절제하며 모든 일에 충성된 자라야 할지니라"3:11. "구나이카스"γυναῖκας라는 단어는 그냥 보편적인 "여자들도"라고 할 수도 있고, "그들의 아내들도"라고 번역이 가능한 단어이다.[31] 물론, 그냥 여자들이라고 하기 보다는 "그들의 아내들도"라고 하여야만 더 정확하다는 주장이 설득력있기는 하다.

한국 교회에서는 초기 선교사들의 가르침을 따라서 안수집사 외에도 성도들과 교회를 세우기 위해서 여러 가지 직분들을 임명했다. 서구 유럽 교회에서는 찾아볼 수 없는 임시직분들, 즉 서리 집사, 권사, 권찰 등의 직분들을 임명해서 참여하도록 했다. 안수집사는 오직 남자 성도에게만 허용했다. 하지만 안수를 받지 않은 여자 권사와 여자 집사의 직분은 당시 한국 사회의 예민한 분위기에서 융통성을 발휘한 직분이다. 초기 한국 교회의 상황은 유교적 관념에 따라서 남녀구별이 극심했기에, 서구적인 풍습을 반대하고 있었다. 철저한 남존여비 사상에 젖

---

30   B. B. Warfield, "Critical Note: Some Exegetical Notes on 1 Timothy" *Presbyterian Review*, 8/31 (1887): 504-505.
31   "구나이카스"라는 헬라어를 영어 번역 성경에서는 대부분이 (ESV, KJV, NKJV, NIV) "그들의 아내들도"라고 표현했다. 그냥 단순하게 "여자들" (NASV) (NIV, 2011년판)이라고 번역하기도 했다.

어 있었던 유교 사회에서 여성들에게도 비교적 책임이 적으면서도 "직분"을 부여한 것은 매우 유연하게 대처한 방안이었다. 여성도들에게도 복음을 전해야 했으므로 주도적인 여성들이 필요했었고, 따라서 충성스러운 여성도들이 교회에서 중요한 역할을 맡게 되어졌다. 다만, 바울 사도가 주신 권고를 신중하게 받아들여야 한다; "여자가 가르치는 것과 남자를 주관하는 것을 허락하지 아니하노니 오직 조용할지니라"딤전 2:12. 교회 안에서 남녀 평등을 실천하면서도, 직분을 맡기는데 있어서는 이러한 사도적인 권고가 훼손되어서는 안 된다.

교회의 통치 체제

교회에서는 예수 그리스도가 최고의 권위를 가지고 있다. 이를 반영하여서, 예수 그리스도의 사역자들이 주도적으로 앞장을 서서 성도들을 양육하고 관리하며, 교회들 사이에 질서를 유지하고, 합당한 판단을 내려서 운영해 나가는 "통치 체제"church government를 구성하고 있다. 교회가 운영되어 나가는 모든 과정을 주관하는 권위를 부여받은 직분자들은 질서있게 복음의 사역을 감당해야 한다. 교회를 이끌어 나가는 권세와 권위가 성직자에게만 무제한으로 주어진 것도 아니고, 성도들에게만 따로 주어진 것도 아니다. 더구나 국왕이나 군주라고 해서 마음대로 교회를 지배하거나, 운영하도록 무제한적인 권세를 주신 적도 없다. 또한 목자장이신 예수 그리스도께서는 교회 안에서 모든 성도들이 자신이 하고 싶은대로 무제한적인 "자유"를adiaphora 사용하도록 허락하지도 않았다.

교회의 질서는 영광스러운 하나님의 속성과 본성에서 나오는 특징이다. 무질서한 혼란은 고린도 교회를 위기에 빠트렸다. 고린도전서 14장 26절은 바울 사도의 중요한 경고였다. 그는 우리가 경배하는 하나님께서 "혼돈의 하나님이 아니라, 평화의 하나님"33절이기 때문이라는 근거를 제시하였다. 하나님의 신적인 속성을 알고 있다고 한다면, 경배를 받으시는 분에게 합당한 교회가 되어야 한다. 즉, 교회의 "모든 일을 질서있고, 적합하게" 시행해야 한다고전 14:40, 골 2:5. 바울 사도가 질서의 하나님이라는 신적인 존재의 속성에 대해서 설명할 때에, 세 위격들 사이의 관계와 사역이 질서있다는 점에 대해서도 주목하였다. 하나님의 신적 속성이 교회 안에서의 질서의 근거가 된다고 가르쳤다. 그러나 때로는 교회가 분쟁에 휘말리는 경우도 있었는데, 신약 성경에서 매우 특이하게도 자세히 소개된 사례가 고린도 교회였다.

교회의 질서는 모든 신약 성경의 교회에서 강조되었다. 은총의 경륜이 펼쳐지는 과정에서 질서라고 하는 것은 복음의 논리 체계이기도 하다. 즉, 하나님께서 만물의 창조 하신 것을 보면 모든 피조물들이 질서있게 자리를 잡았고, 그 안에서 특수한 기적들이 시행되어질 때에도 질서가 있었다. 모든 것들을 섭리 가운데 운행하시면서, 구원을 집행하시고, 미리 아시고 택하신 자기 백성들을 건저내신다. 교회 안에서 펼쳐지는 은혜의 활동에서도 역시 하나님 자신의 위대하심에서 나오는 모든 특성들이 관련되어 있고, 반영되어져 있다. 삼위일체 하나님의 구원의 경륜이 펼쳐지는 곳에다가 자기의 백성들을 모아놓은 것은 자신의 영광스러운 은혜를 찬양하도록 원하셨다엡 1:5. 그 복음의 공동체는 질서있게 움직이는 거룩한 동맹체가 되기를 바라신다.[1]

교회의 질서를 유지하기 위해서 무엇보다도 필요한 것이 권징을 시행하는 것이라고 요한 낙스는 강조했다. 성경에서 보거나, 교회사에서

---

[1] John Webster, *Word and Church: Essays in Christian Dogmatics* (Edinburgh: T&T Clark, 2001), 92.

확인할 수 있듯이, 성도들이라도 고삐 풀린 망아지처럼 자기 분수를 모른다.

> 하나님의 말씀이 이 교회의 생명이요 영혼이듯이, 이 경건한 질서와 권징은 몸 안에 힘줄이 있는 것과 같아서, 품위있는 질서와 아름다움으로 회원들을 하나로 묶고 결합시킨다. 이것은 사악한 자들이 자신들의 나쁜 짓들에서 벗어나지 못하도록 굴레를 씌우는 일이다. 이것은 게으르고 나태한 짐승을 박차로 찌르는 것이다. 정말로 그렇다. 모든 성도들을 위해서, 하나님 아버지의 회초리로 허물에 대해 부드러운 징계를 내리는 것은 항상 준비되어져 있는데, 더 거룩한 두려움과 존경심을 가지고 앞으로 나아가도록 성도들에게 자극을 주려는 것이다. 따라서 이것은 하나님께서 자신의 교회에 남겨주신 명령이다.[2]

1. 예수 그리스도가 다스리는 교회

교회의 통치 제도가 성경적으로 유지되려면, 가장 먼저 예수 그리스도가 왕으로 다스리는 교회가 되어야만 한다. 주님 예수 그리스도의 구속 사역을 실현하는 교회의 모든 현장들 속에는 항상 그분의 최고 통치권이 발휘되고 있다. 승천하신 예수 그리스도는 교회의 건설자요, 기초이며, 근거가 되신다엡 1:19-13, 고전 3:11, 엡 2:20. 그리스도는 자기 백성들의 목자이시며벧전 5:4, 교회의 지도자들인 "일곱 별을 황금 촛대 사

---

2 John Knox, "The Order of the Ecclesiastical Discipline," in *The Works of John Knox*, ed. David Laing, 6 vols. (Eugene, OR: Wipf & Sctock, 2004), 4:203.

이에 머물면서 자신의 오른 팔로 붙들고 계시는 분이시다"계 2:1. 교회에 대한 예수 그리스도의 최고 통치권은 교회의 직분자들에게나, 통치 조직에서나 매우 중요한 의미가 있다. 예수 그리스도의 말씀과 사역이 보이지 않는 성령의 임재 속에서 작동하고 있기 때문에, 교회의 직분자들이 움직이는 모든 일들이 의미가 있게 되는 것이다.

예수님께서는 친히 거룩한 공동체를 돌보시는데, 진리의 말씀 가운데서 교회를 지도하신다. "진리로 저들을 거룩하게 하옵소서, 당신의 말씀은 진리입니다"요 17:17고 예수님이 친히 기도하였다. 이처럼 교회에게 주어진 거룩성이라는 것만 보더라도, 하나님의 존재와 속성들로부터 나오는 것은 모두 다 질서있고, 조화를 이룬다. 하나님으로부터 나온 모든 축복들이 교회의 본질적 요소이며, 그 안에서는 질서있는 조직을 통해서 시행된다. 모든 질서의 최고 상위에 있는 권세와 권위는 예수 그리스도이다.

교회의 지도력은 사람의 능력에 의해서 좌우되는 것이 아니라, 예수님께서 성령을 통해서 나눠주시는 그의 은택들로 인해서 작동하고 있다. 사람의 리더쉽을 증진시키려는 시도들이 많은데, 먼저 그리스도의 최고 통치권에 복종한다는 기본 인식이 있어야 한다. 최근에 교회 리더쉽 세미나가 많은데, 필자는 부활하시고 승천하신 예수 그리스도가 현재 임재하시는 방식에 따라서 순종하는 자세가 교회의 일군된 사역자들에게 필수적인 요소임을 강조하고자 한다.

이러한 예수 그리스도의 최고 통치권에 대한 강조는 그리스도께서 택하신 자들에게 요구하시는 실제적인 목회 활동을 배제하거나 축소시키려는 의도 때문에 언급하는 것은 아니다. 그리스도 자신은 보이지 않지만, 그가 선별한 사람들의 목회를 통해서 드러나게 하시며 전파되게 하신다. 그리스도의 영광스러운 승리는 교회 안에서 사람의 봉사를 통해서 드러나게 된다. 칼빈은 그리스도의 최고 통치권이 교회의 지도력에 연관되어 있다고 역설했다:

참된 진리는 교회 안에서 실제적인 인간의 목회 사역을 배제하거나 과소평가하지 않는다. 칼빈은 교회의 직분과 제도가 얼마나 민감하게 작동 하는가를 세밀하게 지적하였다. 그리스도께서 사람의 입을 통해서 자신의 뜻을 선포하도록 사람의 사역을 사용하신다. 다만 그 사역자들 자신들에게 그리스도의 영예와 권세를 모두 다 위임하는 것은 아니고, 도구로만 사용하신다. 주님께로부터 온 지위와 직분을 부여받은 사람들에게 은사를 주시사 교회를 보호하고 유지케 하신다. 교회 안에서 성령의 권능이 나타나도록 하시사 그리스도 자신의 임재하심을 입증하시는데, 직분과 제도가 그냥 헛된 것이 아님을 드러내신다.[3]

교회의 주인되시는 분은 예수 그리스도이며, 교회의 머리도 오직 예수 그리스도 뿐이다. 교회에서 권위를 갖고 활동하는 모든 지도자들의 지도력은 예수 그리스도의 최고 통치권 아래서 작동되어야 하며, 항상 그 권세를 인지하는 상태에서 발휘되어야 한다. 칼빈은 에베소서 4장 10절에, "만물을 충만케 하려 하심이라"는 말씀에서 제시된 바를 풀이하면서, 다음과 같이 교회를 다스리기 위해서 사람의 사역을 설명하였다.

주께서는 사역자들에게 이 임무를 맡기시고, 또한 그 임무를 수행할 수 있도록 은혜를 베푸사 그들을 통해서 교회에게 그의 은혜들을 나누어 주시며, 또

---

3 Calvin, *Institutes of the Christian Religion*, IV.3.1.

한 그가 세우신 그 일에 성령의 능력을 드러내셔서 자신의 임재를 보여주시고, 그리하여 그 일이 헛되이 행해되거나 쓸데없는 일이 되지 않도록 하신다. 이렇게 해서 성도들을 새롭게 하는 일이 이루어지고, 그리스도의 몸이 세워지며, 그리하여 우리는 머리이신 그리스도에게까지 범사에 자라나며, 그리하여 우리 모두 그리스도의 연합 속으로 이끌림을 받아 들어가는 것이다.[4]

교회의 사역에서 발휘되는 지도력은 예수 그리스도의 최고 통치권 아래에 있다는 점이 인식되어야만 하고, 또한 그러한 조건 하에서만 시행되어야 한다. 그리스도가 교회의 머리이시며, 사역자들에게 직분들 내려 주시는 분이시다.

2. 통치 체제의 세 가지 유형들

질서가 있고, 규모가 있는 교회를 운영해 나가는 구체적인 실제 방안에 대해서 생각해 보자. 지난 교회의 역사 속에서 우리가 발견할 수 있는 교회의 통치 체제는 감독제, 장로회 체제, 회중 제도 등 세 가지로 압축할 수 있을 것이다. 이것들보다 더 세분화 할 수도 있겠지만, 큰 안목에서 정리하자면 중앙집권제와 개별 성도 중심제도 사이에, 귀족적인 장로회 제도가 자리하고 있다. 감독제도의 한 유형으로 동방정교회와 로마 가톨릭의 교황 제도를 포함시키는 것이 일반적이다.[5]

---

4 Calvin, *Institutes of the Christian Religion*, IV.3.2.
5 교황제를 따로 구별하여 설명하는 신학자도 있다. James Leo Garrett Jr., *Systematic Theology: Biblical, Historical, and Evangelical*, 2 vols. (Grand Rapdis: Eerdmans, 1995), 2:583-587.

1) 감독제(Episcopalianism)

감독제는 감독이 교회의 최종 권위자로서 절대적인 권한을 가지고 조직을 운영한다. 로마 가톨릭 교회에서는 주교라는 이름으로 시행하고 있고, 동방 정통교회에 소속된 각 국가별 교회들, 영국 성공회, 미국 연합 감리교회 등이 감독제를 따르고 있다.

그러나 감독제 교회 체제를 강력하게 뒷받침하는 구절이나 사례들을 신약 성경 안에서 찾을 수 없다.[6] 다만, 신약 성경에 담긴 교회들에서 활동했던 감독이라는 직책에 대한 것들을 좀더 확대 해석해서 현대적으로 적용해 볼 수는 있겠다. 감독이 언급된 신약 성경의 구절들을 살펴보면, 오늘날 감독제의 모습으로 발전되어 나올 수 있는 함축적인 내용들이 담겨져 있다는 것이다. 다시 한번 강조하지만, 신약 성경을 전체적으로 살펴보면, 교회를 감독체제 하에서 운영하라는 문구가 확실하게 나오지는 않는다. 성공회 신학자 피터 툰 교수도 이러한 점을 수긍했다: "지난 17세기 선조들과는 달리, 현대 성공회에서는 교회의 정치 체제에 관해서는 성경 속에 분명한 청사진을 발견하기 어렵다는 점을 잘 이해하고 있다. 신약 성경 안에서 그 어떤 하나의 교회 정치 체제를 찾을 수 없다. 오히려, 여러 가지 형태와 유형들이 있다."[7] 감독제 교회 체제를 지지하는 사람들은 이 문제와 관련하여 성경이 충분한 가르침

---

6   Roger Beckwith, *Elders in Every City: The Origin and Role of the Ordained Ministry* (Carlisle: Paternoster, 2003), 9.

7   Peter Toon, "Episcopalianism," in *Who runs the Church? Four Views on Church Government*, ed. Steve B. Cowan (Grand Rapids: Zondervan, 2004), 28. 이와 비슷한 논지로 성경 안에서는 어떤 특정한 교회 정치 체제가 나오지 않는다는 주장을 살펴 볼 것. Paul F. M. Zahl, "The Bishop-Led Church: The Episcopal or Anglican Polity Affirmed, Weighed, and Defended," in *Perspectives on Church Government*, 212.

을 주지 않는다고 하면서, 교회 전통을 통해서 형성된 체제임을 강조하고 있다.

주교 제도 혹은 감독제도를 주장하는 쪽에서는 주교라는 직책 자체가 교회의 "존재"the esse of church에 담겨있는 본질적인 요소라고 할 수는 없으나, "바른 교회"the bene church가 유지되기 위해서는 이런 제도와 구조가 필수적이라고 말한다.[8] 로마 가톨릭에서는 하나님의 교회가 존재하려면, 주교가 없이는 안 된다고 주장한다. 감독을 정점으로 하는 수직적인 제도만이 교회의 존재 속에 담겨져 있는 절대적인 장치라고 주장한다. 한걸음 더 나아가서, 로마 가톨릭의 주장에 의하면 주교 제도 속에 들어와 있는 교회가 아니면, 참된 교회들이 아니라고 말한다. 로마 가톨릭에서 개신교회를 형제 교회로 인정하지 않는 가장 근본적인 이유 중에 하나가 교황의 치리권 아래 들어와 있지 않다는 것이다.[9] 주교 체제만이 참되고 본질적 교회의 본질이요, 충만한 교회라고 주장하는 두 가지 이유를 첨가한다. 하나는 감독제 체제만이 예수 그리스도를 머리로 하는 단 하나의 교회가 통일성을 효과적으로 유지할 수 있도록 한다는 것이다. 둘째는 사도성의 원리를 유지하는 유일한 방안이라고 주장한다. 초대 교회는 사도에게 복종하였는데, 그러한 역사적 전통을 이어나가는 방법이 주교 제도라는 것이다.[10]

예수님께서는 먼저 열두 명과 칠 십명을 파송했다눅 9:1-6, 10:1-24. 사도 바울과 그에게 배운 디모데와 디도와의 관계가 나오고, 그들에게서

---

8   Toon, "Episcopalianism," 37.
9   the *motu proprio* of Pope Benedict XVI, "Responses to Some Questions Regarding Certain Aspects of the Doctrine of the Church," (2007년 7월 10일). 교황청 홈페이지, www.vatican.va/romancuria/congregation.
10 Paul F. M. Zahl, "The Bishop-Led Church: The Episcopal or Anglican Polity Affirmed, Weighted and Defended," in *Perspectives on Church Government*, 210-214.

안수를 받은 자들이 교회의 직분자들로 세워지게 되었다. 이처럼 초대 교회에서는 한 사람의 사도를 통해서 그 아래로 많은 직분자들이 연결되어 진다는 것이다.히 13:17, 살전 5:12, 고전 16:15-16. 예루살렘 교회의 중심이 되는 야고보 사도의 경우에도 이와 같이 활동했을 것으로 추정된다행 21:18.

성령께서는 예루살렘 총회에서 결정된 바를 인정해 주었고, 교회가 모임을 가질 때에는 그리스도께서 임재하신다고 약속하였다마 18:20. 지역적으로나, 국가적으로나, 전 세계적으로 총회나 대회를 모일 때에, 앞에 나오는 말씀이 씨앗이자, 정당화의 근거가 되는 것이다. 첫 세기 동안에 초대 교회의 역사 속에서 감독제가 시행되어 나온 것으로 보는데, 2세기에서도 단일 감독이 지역 전체의 각 개별 교회들을 통괄하는 장면이 여러 곳에서 목격된다.[11] 안디옥 교회, 감독 이그나시우스 한 사람이 지역 교회들에게 보낸 편지를 통해서, 장로, 목사, 집사들이 그의 지도하에 활동하고 있었음을 확인하게 된다.[12] 이그나시우스는 주후 100년에서 150년 사이에 위험스러운 이단들이 교회를 분열시키는 일에 대처하는 방안을 제시하고 있는데, 감독이나 장로가 대등한 위치에서 교회를 돌보는 권위를 행사하고 있었다. 집사는 이들의 권위 아래서 섬기고 있었다.

비잔틴 왕국이라는 정치 체제 하에서 유지되어온 동방정교회에서는 제국의 정치 체제를 따르는 감독제 교회 정치를 채택하고 있다. 콘스탄티노플의 대주교라는 감독을 정점으로 하고, 그 아래에 다른 지역

---

11 Gregg R. Allison, *Historical Theology: An Introduction to Christian Doctrine* (Grand Rapids: Zondervan, 2011), 590-593.
12 Ignatius, *Letter to the Philadelphians 4.* in The Apostolic Fathers: Greek Texts and English Translations, ed. Michael W. Homes (Grand Rapids: Baker, 1999), 179.

의 주교직을 배치하고 있는 교회의 삼중적인 직분 제도가 표준화된 모습으로 드러냈다. 동방정교회는 사도 요한이 사역하던 초대 일곱 교회들이 있던 소아시아 지역을 포괄하는 교회 체제를 구축했다. 신약 성경의 시대에 활동했던 사도 요한은 매우 영향력있는 지도자였고, 그에게서 배운 안디옥의 감독 이그나시우스가 제도화한 바에 따라서 감독, 장로, 집사 각각의 직분자들이 세워졌다. 카르타고의 감독 키프리안이 핵심 지도자로서 나서서 노바티안들을 상대해서 활동할 때에 그의 지도적인 권위가 드러났다. 노바티안들은 교회가 핍박을 당하고 있을 때에, 믿음을 저버리거나 타협한 자들은 교회에 다시 들어올 수 없다고 주장했다. 이로 인해서 카르타고 교회가 두 쪽으로 갈라졌는데, 노바티안들은 너무나 엄격하게 그들만의 교회가 참되다고 주장했다. 그러나 일반 교회들은 그들의 주장을 따르지 않았다. 특히 키프리안은 보편적인 교회의 감독이라는 지위를 가지고 노바티안의 주장은 교회를 분열에 빠트리는 이단적인 것이라고 판결했다. 비록 일시적으로 배도한 자들이라고 하더라도, 지은 죄를 충분히 회개하고 참된 신앙고백을 하는 자들은 다시 받아들여야 한다고 주장했다.[13]

키프리안의 교회 개념에 따르자면, 감독의 직위는 단지 교육적인 영역이나 목회적인 편의만을 관장하는 것이 아니다. 교회의 존재 그 자체에 있어서, 감독의 직책은 본질적이다. 만일 감독과 함께 하지 않는 사람들은 결국 교회 안에 있는 자들이 아니다. 그러나 키프리안은 교회는 하나이며, 보편적이며, 나눌 수 없다는 점을 강조하면서도, 이 직무를 수행함에 있어서는 다른 성직자들과 성도들의 조언을 항상 참고로

---

13 Jonathan Hill, *Christianity*, 160-162.

삼았다. 결코 독단적으로 혼자 모든 일을 결정하는 독재자가 아니었다. 그렇게 수행해 나갈 때에만, 이 직책의 근본적인 본질에 속하는 감독의 권위있는 통치에 모든 성도들이 순종하게 되는 것이다.

로마 가톨릭 교회에서는 자신들의 주교_{로마의 주교는 교황이다}를 중심으로 하는 감독제를 지지하는 근거로 예수님께서 열두 사도를 부르신 것_{마 10:1-4}을 가장 중요하게 취급하고 있다. 특히 베드로가 주님의 신분에 대해서 신앙고백을 한 이후에 주신 말씀에 따라서 지도체제를 구성하고 있다고 말한다_{마 16:13-20}. 로마 가톨릭 교회에서는 베드로에게 주신 말씀을 가장 중요하게 다루고 있다. 베드로가 로마에서 순교했다는 것을 내세우면서, 베드로에게 주신 약속이 바로 교황과 주교단의 첫 시작에 해당한다고 확대해석하고 있다. 이들 최상층부의 주교단이 모든 교회를 다스리는 절대적인 권위를 행사한다. 주교들은 하나님의 백성들에 대한 목회적 직무를 수행하며, 사제들과 집사들이 보조적인 임무를 담당한다. 주교단의 임무는 총괄하고, 가르치며, 거룩하게 하는 일이다.

영국 성공회에서도 감독제 체제를 따르고 있지만, 교회가 군주의 지배를 따라야 한다는 에라스티언주의_{Erastianism}에 근거하여 조직화 되었다. 스위스 개혁자였던 토마스 에라스투스_{Thomas Erastus, 1524-1583}는 철학과 의학을 공부한 후에 하이델베르크 의과대학의 교수로 활동했다. 독일 남부 팔라티네에서 진행된 선제후 프레데릭 3세₁₅₅₉₋₁₅₇₆의 종교개혁에 가담했다. 성만찬 논쟁에서는 츠빙글리의 상징설을 따랐고, 칼빈이 제네바에서 시행하던 당회의 독립적인 권징에서 출교 처분을 내리는 것에 반대했다. 에라스투스는 모든 죄의 처벌은 교회에 관한 것이든, 시민 사회에 관한 것이든, 오직 세속 군주들의 손에 주어진 것이라고 보았다. 에라스투스의 견해가 잉글랜드에서 1589년에 출판되었고,

리챠드 후커1554-1560의 저서, 『교회 정치의 규칙에 관하여』Of the Lawes of Ecclesiasticall Politie, 1593-1662에서 확고하게 피력되었다. 엘리자베스 여왕의 통치 기간에 보다 확정적으로 시행되었다. 1643년 웨스트민스터 총회에서는 이를 거부하기로 결정되었다.

영국 성공회 내부에서는 교회 체제에 관해서 두 가지 견해가 공존하고 있다. 소위 고교회파the High church에서는 상하 체제의 상부에 위치하는 주교의 권한이 예수님으로부터 주어졌다는 입장이며, 교회의 존재에 본질적인 직분으로 본다. 주교 직책은 사도 직분의 연속이라는 것이다. 예수님의 부활과 승천 사이에 제자들에게 주신 말씀들을 근거로 삼아서마 28:19-20, 요 20:21-22, 미래의 주교들에게 특별한 임무를 주셨다는 것이다. 예수님의 승천 후, 이들은 예수님의 약속에 따라서 성령의 은사들을 받아서 특수한 임무를 수행했고, 그들의 설교에 의해서 모인 성도들을 치리하였다는 것이다. 사도들은 봉사의 직무를 맡을 집사들을 안수하여 세웠다행 6장. 후에 바울 사도는 장로들을 임명했고, 디모데와 디도를 가르치며, 치리하는 직무에 임명했다딤후 1:6. 이렇게 바울 사도에 의해서 세워진 사람들이 장로들이요, 교회의 치리자들이었다. 디도는 그레데에서 모든 교회의 행정을 치리하던 대표 주교로서 이단들을 처결하는 권한을 행사했다. 따라서 사도들이 결정하에 세운 감독이나 주교는 결국 예수 그리스도에게서 나오는 권세를 시행한다는 것이다.

성공회에 소속하고 있지만, 저교회파the low church에서는 주교 제도를 역사적으로나 목회적으로 유익한 교훈으로 받아드리지만, 교회의 존재를 결정하는 필수불가결한 교리라고 볼 수는 없다는 입장이다. 성경이 명시적으로 감독제를 명령하지는 않았다는 것이다. 저교회파를 지지하는 영국 신학자들 중에서는 상당히 저명한 복음주의 신학자들이 있는데, 존 스토트, 제임스 패커, 피터 툰 등이다.

감리교회에서는 한 명의 목회자를 지역의 최고 권위자로 선출하는데, 일정한 기간과 지역에 대한 규정들이 있다. 감리교회에서는 감독이라고 해서 다른 목회자들보다 더 높은 지위에 있다거나, 교구를 다스리면서 전혀 목양을 하지 않는 것에 대해서는 반대한다.[14] 각 지역교구를 관장하는 감독 아래에는 여러 지역 교회들이 소속되어 있으며, 지역 교회에는 목사, 장로, 집사 등이 사역을 맡는다. 감독의 직책을 가진 성직자가 교회의 최종 결정권을 갖는 직분이라는 점을 확고하게 설정하여 놓고, 동료 목회자들, 장로들과 집사들이 보조적으로 사역하는 것이다. 다른 목회자들이나 장로들은 제 2인자의 위치에서 지역 교회와 교구사역을 섬기는 책임을 갖고서 예배, 기도, 설교, 세례와 성찬을 주관한다. 집사들은 제 3인자의 위치에서 임무를 수행한다.

현재 감독제 교회 정치를 따르고 있는 미국 감독교회에는 여덟 개의 총회들이 The United Methodist Church, the Methodist Church, the Methodist Episcopal Church, the Free Methodist Church, Evangelical Methodist Church, Congregational Methodist Church, Allegheny Wesleyan Methodist Connection, Bible Methodist Connection of Churches 있다. 주요 사항을 다루는 최고 권위기관인 전국 감독들의 총회 the General Convention이며, 주교들과 목회 사역자 대표자들이 매 3년마다 회의를 개최한다. 주교들은 the House of Bishops 감독제 교회에서 중간 지도자로서 모두 다 이 총회에 참석하지만, 목회 사역자 대표단 the House of Deputies은 안수를 받은 장로, 성직자, 집사와 각 지역 교회별로 평신도 4명이내에

---

14   D. S. Schaff, "Episicopal church," *Schaff-Harzog Encylopadeia of Religious Knowledge*, vol. ii:746.

서 참석한다.[15] 주교단에서는 한 명의 의장을 선출하며, 사역자 대표단의 추인을 받는다. 사회를 맡는 총주교는 교회의 최고 지도자로서 모든 사무를 이끌어나가는데, 도합 9년까지만 맡을 수 있다.

감독제 교회 정치 체제에서 가장 큰 문제점은 오직 주교들만이 교회 내에서 최고 권위를 갖고 있다는 점이다. 장로들과 성직자들이 지역 교회들을 이끌어나가고 있으며, 일반 성도들의 인준과정을 거쳐서 대표의 직무를 수행하게 되는 구조를 전면 부정하는 체제이다. 감독제는 교회의 전통을 근거로 삼고 있는데, 이 전통이라는 것도 잘못되어질 수도 있고, 수많은 약점들을 포함하고 있어서 무작정 따라갈 수는 없다. 오래된 전통적인 방식이라고 해도, 무조건 다 옳은 것은 아니기에 아무런 반성이나 검토없이 따라갈 수는 없다. 오래된 것이 좋다는 식의 주장은 교회로 하여금 복고주의를 벗어날 수 없게 만든다. 만일 우리가 따라가고 있는 방식보다 더 오래된 것이 발견된다면 어떻게 할 것인가?

베드로가 로마에서 순교했다는 전통을 앞세워서, 전혀 근거도 없는 로마 교황제를 주장하는 것은 참된 진리가 아니다. 교회의 최고 주교로서 로마 교황의 모든 선언은 무조건 오류가 없다는 주장도 전혀 근거가 없다. 교회 역사 속에서 이미 수많은 교황들의 악행과 부패가 밝혀진 바 있으며, 그들의 선언들 속에서도 역시 많은 오류가 밝혀진 바 있다. 오늘날에도 교황무오설을 주장하는 것은 허황된 말이다. 로마 교황만이 높은 권위를 가지고 있고, 일반 성도들은 교회 안에서 아무런 권한도 없다고 말하는 것은 전혀 성경적인 교리가 아니다.

초대 교회에서는 감독이라는 단어와 장로라는 용어가 상호 교환적

---

15 *Constitution and Canons*: Protestant Episcopal Church in the United States of America, Rules of Order, Article 1.

으로 사용되었음을 이미 앞에서 검토한 바 있다. 이것은 초대 교회 내에서 지도력을 발휘했던 사람은, 장로든지 감독이든지 간에, 설교와 가르침을 담당하면서 기도와 돌봄의 사역을 맡았다는 의미를 내포하고 있다. 한 교회 안에 감독이 있었고, 또 따로 장로가 있어서 두 사람이 필요했던 것은 아니다. 더구나 어느 직분이 더 우위에 있고, 다른 직분은 그 권위 아래 있다고 말할 수도 없다. 장로든지 목회자이든지, 한 사람이 책임을 지고 다른 성도들을 이끌어갔다. 봉사의 직무를 담당하는 집사는 부수적이며 보조적인 사역을 맡았다.

주교의 직분만을 따로 떼어서 높은 권한을 부여하는 것은 성경에 부합하지 않는다. 우리는 초대 교회 역사 속에서, 안디옥의 이그나시우와 카르타고의 키프리안이 단독적으로 교회들을 총괄하는 감독직을 수행했는지, 아니면 다수의 감독들이 협의체를 구성해서 지역 내 교회들을 치리해나갔는지 정확하게 파악할 수 없다. 아직도 충분한 자료가 없어서 여전히 논의가 진행 중이다. 보다 분명한 것은 한 명의 주교가 독단적으로 모든 것을 결정하여 명령한다는 주장은 전혀 성경적으로 합당치 않다. 구약 시대의 선지자들이라 하더라도, 하나님의 명령을 전달하는 그 때에 한정해서 권위있는 사역을 수행했을 뿐이다. 모세처럼, 왕권에 버금가는 권위를 가진 선지자의 경우에도 여전히 장로들의 협조를 통해서 출애굽 이후 수많은 성도들을 통솔해 나갔다.

신약 성경에 소개되는 초대 교회들은 거의 다 각각의 사도들이 독립적으로 세계 선교에 나가서 자율적으로 설립하였고, 각각 독립적으로 운영되었다. 어떤 특정한 한 사람이 모든 교회들을 다스리는 구조가 아니었다. 감독제를 옹호하는 측에서는 사도행전 15장에 소개된 예루살렘 총회를 근거로 삼아서 감독제 정치 체제가 타당하다고 주장한다.

예루살렘 총회에서 야고보 사도가, 감독제의 주교처럼, 그 모임을 주도했다고 주장한다. 하지만 본문을 상세히 검토해보면, 야고보가 중요한 역할을 감당하였던 것은 사실이지만, 그 모임에서는 베드로, 바울, 바나바 등이 핵심 역할을 맡았다. 이들 네 사람들이 다른 사도들과 장로들이 협력하는 가운데서 최종 결의사항을 채택하였다. 야고보 사도는 사도행전 21장 17-26절에 다시 등장하는데, 역시 바울 사도와 방문자들이 예루살렘에 도착하여 만나게 된다. 그때에도 역시 야고보와 장로들이 함께 있었다. 그들이 바울 사도에게 조언하여, 이방인들에 대한 유대인들의 비난을 피하기 위해서 성전에 들어가기 전에 결례의 예식을 준수하도록 하였다. 사도 바울은 갈라디아서 2장 9절에서, "야고보와 게바와 요한"을 "기둥같이" 여기는 사도들이라고 하였다. 이들 세 사람은 바울 사도와 바나바에게 "교제의 악수"를 하였다. 이들이 "가난한 자를 돕도록 부탁했다"고 하였는데, 이것은 사도 바울도 "본래부터 힘써 행하여 왔다"고 하였다. 이러한 정황을 살펴보면, 야고보 사도가 단독으로 주교의 직책을 수행했다고 말할 수 없다.

장로교회 제도를 옹호하는 루이스 벌코프는 주교 제도야말로 주객이 전도된 구조라고 비판한다.[16] 그리스도가 교회로 인도하는 것이 아니라, 주교의 교회가 성도들을 그리스도에게로 인도하는 꼴이 되고 말았다는 것이다. 이렇게 되면, 모든 은혜들의 시행들이 오직 주교 제도 아래에서만 가능하게 되는 교회론이 만들어지는 것이다. 그렇다면 그리스도가 과연 어디에 위치하고 있으며, 어떻게 해서 교회의 머리로서 은혜를 직접 베풀어주시는 분이라는 것인가? 오히려 주교가 이 모든

16　Berkhof, *Systematic Theology*, 553.

것을 장악하고 있을 뿐이요, 주인이자 최고 권위에 있는 그리스도의 자리는 전혀 보이지 않는다.

2) 장로회 (Presbyterianism)

교회의 통치 체제로서 다수의 장로들이 교회를 다스리는 권위를 장로교회 체제가 있다. 한국 교회의 절반 이상은 장로교회에 소속되어 있다. 한국에서는 제일 먼저 장로교회 신학교가 세워졌고, 가장 오래된 역사를 가진 총회이기 때문에, 그만큼 장로교회에 속한 성도들이 세대를 이어서 형성되어서 큰 영향력을 발휘하고 있다.

장로교회는 교회의 모든 일들을 두 종류의 장로들이 주관하는 조직 체계를 갖고 있다.[17] 신약 성경에 나오는 장로는 두 종류가 있는데, 가르치는 장로teaching elder인 목사와 다스리는 장로ruling elder인 시무 장로로 나누어진다. 칼빈에 의하면, 가르치는 직무를 부여받은 장로들이 있고, 도덕성을 감독하고 제제하는 임무를 부여받은 장로들로 구별하였다.[18] 또한 장로들의 주도하에 집사의 직분을 맡은 이들을 총괄한다. 가르치는 장로인 목사는 소정의 신학교육을 받고 졸업한 자라야 하며, 노회에서 안수를 받는다. 지역 교회에서 청빙을 받았을 때에, 말씀의 사역과 성례를 집례한다. 다스리는 장로는 성도들의 추천과정을 합당하게 거친 후에, 목회자와 함께 성도들을 돌보는 직책을 맡는다. 다스리는 장로의 직책을 맡은 사람에게는 말씀과 성례의 직무를 요구하지 않는다.

---

17 Robert L. Reymond, "The Presbyter-Led Church Government," in *Perspectives on Church Government*, 93.
18 Calvin, *Institutes of the Christian Religion*, IV.11.6.

다스리는 장로는 신학교육을 수료하도록 요구하지 않으며, 설교의 직무를 책임지지 않고, 목사와 함께 성도들을 지도하는 임무를 수행한다.

　신약 성경에 소개 되어진 거의 모든 대부분 교회들은 사도들에 의해서 설립되었다. 초대 교회는 다수의 장로들이 함께 동역자들로 지도해 나갔다. 장로들에 대한 언급은 사도행전 11장 30절에 처음 나온다. 예루살렘의 교회는 장로들이 집단적으로 이끌었다행 15:2, 4, 6, 22, 23. 사도행전 13장에서 14장을 살펴보면, 바울과 바나바가 첫 번째 선교 여행을 하면서 세운 교회들 속에 심어준 교회 체제가 장로교회 제도였다. 사도들은 기도와 금식하는 가운데 각 지역교회마다 장로들을 세웠다행 14:23. 비시다의 안디옥, 이고니온, 루스드라, 더베 등을 사도들이 처음에 방문해서, 설교하고 전도하면서 사람들을 모았고, 일시적으로 떠났다가 훗날 재방문하여 장로들을 세워서 그들로 하여금 보살피도록 하였다. 에베소의 교회들행 20:17, 28, 딤전 5:17과 그레데딛 1:5, 그리고 여러 곳에 흩어져 있던 교회들약 1:1, 5:14에서도 다수의 장로들을 세웠다. 사도적 교회의 모습은 복수의 장로들이 권위를 갖고 교회를 지도하는 가운데 세워져 나갔다.

　사도들이 떠난 후에, 장로들에 의한 교회의 치리가 유일한 지속적인 제도였다.[19] 사도가 파송한 디모데와 디도가 에베소 교회에서 담당했던 직무는 상당히 포괄적인 기능과 직권을 행사한 것이었다. 장로들은 다수였고, 그들의 지위는 대등하였다. 교제, 믿음, 증거의 모든 측면에서 우리는 장로들의 회의가 신약 성경에서 유일한 지속성을 지니고 있음

19　J. Murray, *Systematic Theology*, II:356.

을 인정할 수밖에 없다.

고린도 교회를 예로 들자면, 그 도시 안에 살던 각 가정교회들의 지도자였던 모든 장로들이 다 함께 모여서 이단과 교리에 관련한 사항들을 협의하였다. 각 가정의 개별 교회는 각각의 장로들의 책임하에서 예배를 드렸다. 물론 각 개별 교회에는 한 명의 장로만이 필요한 경우도 있었지만, 교리와 이단의 문제를 다루는 중요한 사항에 대해서는 지역 목회자들과 장로들이 협의하였다. 회중들이 다수의 장로들에 대해서 인준하거나 찬성하는 과정을 반드시 거쳤다.

초대 교회의 역사를 살펴보면, 로마의 클레멘트가 고린도 교회에 보낸 편지들Clement of Rome's Letter to the Corinthians 속에 다수의 장로들이 있었음을 알 수 있다. 『교훈집』과 『허마스의 목자』에서도 다수의 장로들이 교회에서 사역하고 있었음을 발견할 수 있다.[20] 장로회 제도에 대한 이러한 성경적 증거들은 매우 명백하며, 일관되게 여러 교회 문서들 속에서도 등장하고 있다. 그러나 로마 제국의 말기인 주후 5세기 이후로, 교회 체제도 역시 세속적인 통치 체제를 따라가고 말았다는 것이 드러난다. 마치 정치적인 조직처럼 점차 한 명의 감독이나 주교가 완전히 지역 교회들을 장악하고 상하 구조로 된 성직자들의 조직체제가 들어서게 된 것은 참으로 통탄스러운 일이다.

장로교회의 체제를 성경적으로 회복한 종교개혁자가 요한 칼빈이다. 무엇보다도 칼빈은 교회의 권징 제도를 바르게 시행하기 위해서 다수의 목회자들과 다수의 장로들로 구성된 당회가 절실히 필요하다고

---

20 Clement of Rome, *The Letter of the Romans to the Corinthians*, Anti-Nicene Fathers, 1:16. *Didache*, Anti-Nicene Fathers, 7:38. *Shepherd of Hermas*, Anti-Nicene Fathers, 2:152.

역설했다. 1541년, 스위스 제네바 시의회에서 성도들의 성화 과정을 돌보는 감당하는 장로회 제도를 복구시켰다. 칼빈은 간단하게 정리했다. "교회에서 장로회는 마치 도시에서 의회와도 같다."[21] 그러나 중세기 천 년 동안을 이어오면서 유럽 각 지역에서는 로마 가톨릭의 주교가 부당하게 영적 재판을 장악했었다. 주교들은 보편적 교회라는 이름으로 감히 "교회의 법정"을 장악한 후, 음행이나 방종이나 술취함 등의 불의한 행동을 묵인하고 조장하고 인정을 하기도 했다. 로마 교황청의 주교는 다른 성직자들과 성도들의 조언을 참고하던 초대 교회의 권위와 제도를 독차지 했다. 칼빈은 주교의 만용을 규탄하면서, "교회에게 속한 것을 빼앗아서 스스로 차지하고 그리스도의 영께서 친히 제정하신 장로회의"를 억누르고 해체시키는 사악한 처사가 지속되고 있음을 규탄했다.

칼빈은 제네바 시에서 다수의 목회자들과 장로들고 구성된 당회가 시의회의 간섭이 없이 완전히 자율적으로 결정하는 치리회를 복구하였다. 칼빈은 교회 내에서 이러한 다수의 장로들의 역할이 점차 사라지고 말았으며, 밀라노의 암브로시우스의 시대에 이르러서는 단지 성직자들만, 즉 가르치는 장로들만 교회의 재판을 담당하게 되었다고 탄식하였다. 칼빈이 장로회 제도의 임무에서 가장 중요하게 취급한 것은 성도들의 윤리적인 생활을 지도하는 '도덕적 권징'을 시행하는 일이다. "교회 안에서 하나님의 말씀을 선포하는 것은 성화를 진행하기 위해서 성도들을 지도하는 기본적인 방편이며, 이는 교회의 법정에서 시행되는 권징을 통해서 강화되어진다."[22] 매주 목요일 당회가 소집되어서, 중

21　Calvin, *Institutes of the Christian Religion*, IV.11.6.
22　Calvin, *Institutes of the Christian Religion*, IV.11.1.

차대한 권징의 임무를 감당하게 된 것이다. 교회의 법정에서 내린 결정은 교회 성도들의 생활과 도덕에 관하여 그리스도의 심판을 대행하는 임무가 된다.[23]

종교개혁의 역사 속에서 제네바 교회의 장로회 정치 체제가 확산되어 나갔다. 장로교회는 성경적인 교회를 찾는 목회자들과 성도들의 희생으로 정착할 수 있었다. 프랑스의 위그노들이 장로교회를 세우고자 엄청난 희생을 하였다. 스코틀랜드, 네델란드를 비롯한 저지대 국가들, 헝가리, 그리고 뉴잉글랜드로 건너간 후 미국으로부터 전 세계로 확산되었는데, 장로교회의 정착 과정은 권세자들과 로마 가톨릭의 박해를 고스란히 받아야만 하였으므로 수난의 연속이었다.

잉글랜드 지역에서는 청교도 종교개혁의 중심을 이루는 장로교회 목회자들이 1571년에 엘리자베스 여왕의 성공회 국가 체제를 거부하고 비서명파 그룹을 결성하였다. 정치적 범죄자로 낙인을 찍히면서도, 여왕에게 지배를 받을 수는 없다고 외쳤다. 교회의 머리는 오직 예수 예수 그리스도 뿐이요, 여왕에게 복종하는 것은 순결한 교회가 아니라고 확신했다. 청교도들은 장로교회를 운영해 나가기 위해서 최초의 노회 조직을 시도했는데, 1572년, "완드스워뜨"Wandswarth 노회가 최초로 조직되었다. 청교도 운동의 초창기에 장로교회를 건설하기 위해서 노력했던 목회자들은 케임브리지 대학의 교수 토마스 카트라잇Thomas Cartwright, 1535-1603에게서 영향을 받았다.[24] 카트라잇은 메리 여왕의 박해를 피해서 유럽 대륙으로 건너가서 여러 지역의 개혁교회들을 살펴본 후에, 장로교회 체제를 확신하게 되었다. 1569년, 케임브리지 대학

---

23 Calvin, *Commentary on Romans*, 14:19.
24 김재성, 『청교도, 사상과 경건의 역사』, 제 4장, "청교도의 교회개혁과 장로교회," 86-117.

의 교수로 임명을 받은 후 열정적으로 장로교회 건설에 힘을 쏟았는데, 잉글랜드 교회 내에서 "장로교회에 대한 첫 번째 요청"이라는 공개적으로 연설했다.[25] 그로 인해서, 그 다음 해 말에 존 위트기프트가 카트라잇을 면직시켰고, 잉글랜드 교회의 구성과 개혁의 방안으로 장로교회가 필요하다는 설교를 곳곳에서 역설하게 되었다. 교수직에서 면직된 후에 카트라잇은 제네바를 방문하여 테오도르 베자와 장로교회 건설 방안을 협의하였다. 1572년 다시 케임브리지 대학에 히브리어 교수로 복귀하였으나, 존 필드와 토마스 윌칵스가 장로교회 제도를 인정해 달라는 의회 청원서를 제출하자 이에 동조하면서 다시 피신해서 벨지움의 안트워프와 미델부르크에서 지내야만 했다.

장로교회의 주창자로서 카트라잇의 뒤를 이어서 중요한 역할을 감당한 신학자가 월터 트래버스Walter Travers, 1548-1635다. 그는 교회들의 요청에 따라서 『교회권징 해설』을 1574년에 출판했는데, 리챠드 후커의 국교회 제도에 맞서는 내용이었다.[26] 22쪽 분량의 작은 팜프렛 형식으로 나온 것인데, 트래버스 자신의 독창적인 창작물이라기보다는 당시 유럽 개혁교회의 치리 제도를 압축한 것이었다. 트래버스는 카트라잇의 제자로서 안트워프에서 목사안수를 받았고, 제네바를 방문하여 테오도르 베자를 만났었다. 1581년에는 런던에 있던 템플교회의 설교자가 되었으나, 대주교 위트기프트가 1586년 3월에 정지시켰다. 트래버스는 북아일랜드 더블린 대학으로 건너가서 1594년부터 1598년까지 가르쳤다. 트래버스의 지도력이 발휘되어서, 1584년 잉글랜드 청교도들은 12

---

25 Michael P. Winship, *Hot Protestants: A History of Puritanism in England and America* (New Haven: Yale University Press, 2018), 40.
26 Patrick Collinson, *The Elizabethan Puritan Movement* (Oxoford: Clarendon, 1967), 296. S. J. Knox, *Walter Traves: Paragon of Elizabethan Puritanism* (London: Methuen, 1962).

개 교회가 하나의 노회에 소속하게 되었고, 전국적으로 총 24개 노회를 구성했으며, 각 노회에서 2명의 목사와 2명의 치리장로들을 선출하여 매 6개월마다 전국 총회가 모이도록 하였다. 간단히 요약하자면, 장로교회의 확산은 잉글랜드 청교도 종교개혁의 중추적인 사역자들에 의해서 진행되었음을 의미한다는 것이다.

종교개혁의 역사적 전개 과정에서 등장한 장로교회 체제가 그 어느 곳에서도 순탄하게 정착된 것이 아니다. 엘리자베스 여왕의 통치 말기인 1592년에 비서명파 nonconformist 장로 교회의 지도자들이 체포당하고, 잉글랜드 내에서 목회를 금지당하는 박해를 받았다.[27] 한동안 영국 내에서 장로교회는 마치 죽은 글씨와 같이, 아무런 힘이 없었다. 그러나 이러한 절체절명의 위기 상황 속에서도 장로교회가 가장 합당한 교회의 체제라는 것을 국가교회의 주교 체제에 맞서서 지속적으로 홍보하였다. 비성경적인 성공회의 주교 체제와 대립하면서, 가장 성경적인 교회 체제라는 것을 홍보하였다. 1643년 청교도 혁명이 승리하기까지 세 차례의 시민 전쟁에서 수 십만 명이 희생되었고, 찰스 1세를 처형하므로 매듭되었다. 장로교회를 지속적으로 탄압하던 로드 대주교가 몰락하는 시기에 이르러서야, 마침내 장로교회의 비전이 성취되었다. 웨스트민스터 총회가 성경적 교회 정치를 제도화 할 때에 칼빈의 제네바 교회 조직을 근거로 삼았다. 국가적으로 전국 교회들의 총회를 운영하는 방식에 대해서 일부 회중교회파 청교도들이 불편한 심기를 갖게 되었으므로, 웨스트민스터 표준문서들을 결정할 때에 『교회의 통치 형태』 Form of the Church Government 라는 항목에서 장로교회라는 명칭이 생략

---

27 Polly Ha, *English Presbyterianism, 1590-1640* (Stanford: Stanford University Press, 2011), 4.

되었을 뿐이다. 이는 목숨을 걸고 청교도 혁명에 가담했던 회중 교회들을 배려하기 위함이었다. 장로교회는 칼빈의 제네바 교회의 권징 제도에서 나왔지만, 세속 군주와 시 행정부로부터 독립적이며 자율적인 권징을 시행하기를 열망했던 잉글랜드 청교도들에 의해서 체계화되었다. 스코틀랜드 교회와 잉글랜드 교회가 당회, 노회, 국가적인 총회로 3단계 체제를 실현하였다. 목회자들만이 아니라 다수의 장로들을 평신도들의 추인을 받아서 당회원으로 선출하는 과정을 거치게 됨으로써, 장로교회의 정치 체제는 근대 민주주의 발전에 엄청난 기여를 하였다.

각 지역 교회의 모든 일들은 그 교회의 목사와 시무장로로 구성되는 '당회'Session가 총괄하는데, 유럽 개혁교회에서는 동일한 조직을 '위원회'Consistory 혹은 Council라고 부른다. 당회는 그 교회의 가르치는 장로와 돌보며 다스리는 임무를 수행하는 시무 장로로 구성한다. 각 지역마다 그 곳에 있는 여러 개교회들이 파송하는 목회자들과 장로들이 모여서 '노회'presbytery를 구성한다. 지역의 모든 목사 회원들은 정회원으로 참가하며, 각 개교회에서는 반드시 한 명 이상의 시무장로를 파송하여 노회 회원으로 등록케 한다. 유럽의 개혁교회에서는 각 교회로부터 한 명의 목사 회원과 한 명의 장로회원을 파송 받아서 '노회'Classis를 구성한다. 최종적으로, 각 지역별 노회에서 목사와 대표자들이 선출되어 전국적으로 모이는 '총회'the national assembly, the general assembly, 혹은 synod를 조직한다. '대회'로 번역되는 'synod'라는 단어는 헬라어 '수노도스' σύνοδος에서 나온 것으로서, 모임 또는 회합을 의미한다. 개혁교회에서는 '대회'가 가장 높은 권위를 가진다.

'당회'는 한 지역 양떼들이 거룩한 삶을 유지하도록 관찰하고, 이탈한 자들에게 권징을 책임지는 기관이다. 당회의 가장 주된 임무는 예배, 전도, 선교, 성도들의 교육, 청지기 직분자로 양육, 목양 사역 등이다. '노회'는 지리적으로 인접해 있는 여러 당회들이 연합한 기관인데, 목회 후보자의 자격심사와 안수, 새로운 장로의 자격심사와 제명대상의 처리, 청빙과 이임에 따르는 임직식, 목회자의 윤리적인 문제에 대한 치리, 새로운 교회의 설립과 폐지에 관한 사항 등을 다룬다. 한국 장로교회에서는 목회자의 자격심사를 총회 고시부에서 관장하고 있는데, 이는 전적으로 노회의 처리 사항이 되어야 한다. 한국 장로교회에서는 강도사 혹은 준목 고시를 총회의 고시부가 공고를 내고, 전국적으로 다 같이 모여서 절차를 밟아가고 있다. 그러나 미국이나 유럽의 장로교회에서는 전적으로 각 노회가 책임감을 갖고 회원으로 영입되는 후보자들에 대해서 필답고사를 치르고, 전체 노회원들 앞에서 면접 고사를 치른 후, 결정한다.

'총회' 혹은 '대회'는 최소한 3개 노회에서 파송한 목사와 장로로 구성되는 전국적인 모임이다. 총회는 소속된 교회들의 교리적인 보호, 노회의 전도와 선교 활동에서 전국적으로 통일해야 할 사항들, 치리에 관련되어 상소된 사항들을 다룬다. 가장 권위있는 교회의 회의로서 전국적인 '총회'는 "교회 법령"을 제정하며 해석하는 일과 회원 교회들 간의 일치와 연합에 관련된 사항들을 다룬다. 한국 장로교회에서는 각 지역 노회의 규모에 따라서 지정된 소수의 대의원들만이 참석하고 있다. 미국 장로교회에서는 목사는 전원 다 총회원으로 참석을 하고, 장로는 교회의 규모에 따라서 각 지역 교회에서 추천된 소수의 대의원들이 총회에 참석하고 있다. 모든 목사가 총회에 참석하여야만, 교단에 대한 애정과 관심을 갖게 되며, 결의 사항들을 준수할 수 있다는 장점이 있다.

신약 성경 내에서 가장 자주 등장하는 교회의 직분이 장로이지만, 로마 제국 시대부터 교황권이 시행되어왔기 때문에 중세기 동안에는 활용되지 못했었다. 그러다가 종교개혁 시대에 칼빈의 제네바에서 복원했다. 스코틀랜드에서는 왕의 군대가 후원하는 주교 제도가 오래동안 시행되었으나, 요한 낙스의 종교개혁이 일어나면서 로마 가톨릭과 성공회 체제 모두를 거부하고 장로교회 제도를 도입하였다. 유럽 대륙에서는 네델란드의 개혁교회와 프랑스의 개신교회가 채택하였고, 이후로 미국을 비롯하여 영어를 사용하는 국가들에서 장로교회를 채택하고 있다.

루이스 벌코프가 요약한 바에 따르면, 장로교회는 그리스도만이 교회의 머리가 되시며, 모든 권위의 근거가 된다고 믿는다.[28] 그리스도의 권위는 말씀을 수단으로 하여 시행되어진다. 그리스도는 가르치는 장로들을 통해서 말씀을 선포하고, 성례를 실시함으로서 자신의 교회를 통치하신다. 또한 교회의 장로들이 권위를 갖고 치리를 담당하는데, 그리스도께 대한 봉사자로서 사역하되, 절대적이거나 무한대한 권한을 갖는 것은 아니다. 이러한 원리가 중요한 것은 로마 가톨릭의 교황제와 군주를 교회의 머리로 인정하는 에라스티언주의를 따르는 성공회에 반대하는 입장을 표명하는 것이다. 동시에 회중교회처럼 모든 성도들의 자발적인 평등권에 의존하지 않는다는 의미이기도 하다.

왕되신 그리스도는 교회에 능력을 불어넣으신다. 장로교회에서는 교회에서 일하는 중요한 직분자들이 따로 분리된 계급에 속하는 것이라고 구분하는 것은 아니다. 또한 목사와 장로에게만, 일반 성도들과는

---

28 Berkhof, *Systematic Theology*, 581.

과격하게 분리해서, 아주 특별한 은사를 주시는 것도 아니라고 믿는다. 직분자들은 전체 하나로 된 몸의 구성원들이다. 그리스도께서 전체 교회에 주신 교회적인 권세를 시행하는 것인데, 일반 성도들이나 직분자들이나 동등한 지위에서 참여한다. 다만, 교회의 직분자들은 존경받는 의무들을 감당해야만 하기 때문에, 그 직분을 수행하는 데에 요구되는 능력을 공급받아야만 한다. 대표적인 직분자들은 그리스도께서 예비하신 바에 따라서 특별한 권한을 행사한다. 비록 교회의 직분자들이 일반 성도들의 투표에 의해서 세워지게 되지만, 그들이 행사하는 권위와 권한은 모두 그리스도에게서 나온 것이다. "그 직분자들이 맡은 직무가 사람들이 원하는 일을 수행하기 위해서 만들어진 것이 아니라, 그리스도의 법을 지혜롭게 이해하고 적용해야만 하는 임무이기 때문이다."[29]

각 지역에 세워진 개별적인 장로교회는 교회의 권한이 기본적으로 당회에 주어져 있다고 믿는다. 모든 교회 구성원들의 총회_{한국 장로교회에서는 '공동의회'라고 부른다}가 그 개별 교회의 최고 상위 기관이 아니다. 이점이 침례교회, 혹은 독립교회와 다른 점이다. 같은 장로교회 원리를 시행하면서도, 종교개혁 이후로 스코틀랜드 장로교회에서는 노회와 총회의 구성원들이 모두 귀족들이었기에, 그들의 결정을 각 지역교회에 수렴하게 하는 일들이 자연스럽게 시행된 바 있었다. 당회가 기본적인 권위를 가지느냐, 총회가 더 권위를 가지느냐에 대해서는 양쪽 모두 각각의 모임에 주어진 권한이 본래부터 특정하게 주어져 있다는 입장으로 정리되어진다. 교회의 치리회는 각각 모임에 내적인 권한을 그리스도로부

---

29 Ibid., 584.

터 부여받았다.[30] 따라서 어느 한 교회의 당회가 그 교회의 치리회에 속한 것들을 의결하는 권한을 갖는다. 전국 총회라고 해서 무조건 각 교회의 당회 결정에 간섭할 수는 없다. 총회는 그 모임에 주어진 범위 안에서 결정을 내릴 수 있다.

3) 회중 제도 (Congregationalism)

회중 제도는 지역 교회가 독자적으로 교회의 모든 문제들을 결정하는 제도이다. 교회의 권위를 각각의 지역교회에 두는데, 자율적인 단위로서 인정하기 때문이다. 예수 그리스도가 교회의 머리라는 것 이외에는 그 어떤 사람이나 조직도 인정하지 않는다.[31] 목회자의 청빙이나, 재정운영이나, 교회 재산의 처리문제 등을 개교회의 자율성에 맡긴다. 또한 지역 교회의 운영은 소속 교인들의 총의에 따르는 민주주의 방식을 채택한다. 회중교회의 기본적인 입장은 "그리스도가 있는 곳이라면, 그곳이 교회다"ubi Christus ibi ecclesia; wherever Christ is, there is Church 는 표어에 담겨져 있다. 초대 교회에서는 이와 비슷한 표어를 사용해 왔는데, 안디옥의 이그나시우스 감독이 말한 것으로 알려져 있다.

회중교회에서는 로마 가톨릭의 주교 제도에 대해서 강력히 반발하고 있다. '주교의 권위 아래서 제공되는 성만찬이말로 효력이 있다'고 하는 신학적인 주장을 거부한다. 초대 교회에서는 주교의 권위를 강력하게 증거하는 표어를 갖고 있었다. '주교가 나타나는 곳이라면 어디든지, 그곳에 교회가 존재한다' '예수 그리스도가 있는 곳이라면, 그곳이

---

30 Reymond, "Presbyter-Led Church," 125.
31 Robert L. Saucy, *The Church in God's Program* (Chicago: Moody Bible Institute, 1972), 114.

보편적 교회이다' 등이다.³² 그러나 회중 제도의 옹호자들은 주교나 장로가 아니라, 오직 예수 그리스도의 중보자적인 주인되심 하에서 직접적으로 교회가 기능을 하고 있다고 말한다.

역사적으로 회중 제도는 모든 교회의 회원들이 곧 참된 기독교인이라는 확신에서 교회를 구성하였다고 말한다. 신약 성경을 읽어보면, 교회는 세상의 조직과는 전혀 다르게 형성되었음을 발견할 수 있는 바, 오직 그리스도에 의해서 세워졌고, 그분과의 관계성을 통해서 조직화되었다는 것이다. 신학적으로 회중교회는 그리스도가 계신 곳에는 교회가 존재한다라는 신념을 확신하고 있다. 디모데전서 2장 5-6절에 근거하여, 교회의 주인은 오직 한 분 하나님, 사람과 하나님 사이에도 오직 한 분의 중보자, 예수 그리스도가 있을 뿐이다. 교회는 예수 그리스도의 중보자적 주인되심 아래에서 직접적으로 기능하게 하신다.³³ 교회의 머리는 오직 그리스도 한 분이며, 그에게 연합된 자들은 유기적인 결합을 이룬다. 두세 사람이 모였다 하더라도 그리스도의 이름으로 모인다면, 그곳에는 주님이 계신 곳이다. 교회는 어떤 조직으로나, 전통이나, 체계적인 집단으로 세워지는 것이 아니라, 단순하게 그리스도에게 속한 사람들과 함께 임재하신다는 것이다.

회중교회는 세 가지 원리들을 강조한다. 자율성, 민주제도, 그리스도를 따르는 자들 가운데 임재하심이다. 모든 권위는 각 지역 교회의 회원들에게 주어져 있다. 이러한 요소들이 작동을 해야만, 교회의 목사와 장로들이라는 지도자들의 실수를 극복할 수 있으며, 이단으로부터

---

32 Ignatius, *Letter to the Smyrneans* 8 in *Apostolic Fathers*, 189-191; "Wherever the bishop appears, there let the congregation be; wherever Jesus Christ is, there is the catholic church."
33 Saucy, *The Church in God's Program*, 116-117.

교회를 보호할 수 있다고 주장한다. 에베소 교회의 장로들에게 보낸 사도 바울의 경고에서도 지도자들의 문제를 극복할 수 있는 대안이 필요한데, 회중교회의 장점이 담겨 있다고 한다_{행 20:17-35}.

오류를 범한 성도를 치리하는 교회의 권징을 언급한 부분에서, 교회의 문제를 해결하는 책임이 '교회'라고 하는 마태복음 18장 15-20절을 회중 제도의 성경적 근거로 든다. 그런데 이 본문에는 두세 사람의 지도자들이 언급되어 있어서, 장로교회의 제도를 뒷받침하는 것이라고 하는 반론이 있다.[34] 회중교회에서는 바울 사도가 고린도 교회에 편지하면서_{고전 5:1-5}, 도저히 회개를 하지 않는 자에게 결정적인 징벌을 수행함에 있어서 성도들 다수가 참여하여 시행하도록 지도하였다고 본다_{고후 2:6}. 중요한 것은 교회가 스스로 권징을 시행할 수 있는 책임을 갖고 있다는 것이다.

회중 제도에 대한 또 다른 성경적인 사례로서는 예루살렘에서 헬라파 여성도들에게 음식을 나눠주는 봉사의 직무를 일곱 집사에게 맡기는 과정에서 전체 교회가 동의하였다는 것이다_{행 6:1-6}. 그리고 예루살렘 총회의 결정에 대해서도 예루살렘 교회가 합의하였다는 부분이다_{행 15:6, 23}. 어떤 특정한 직분자들이 아니라, 교인들의 총의에 따라서 직무를 임명했고, 결정을 받아들였다는 것이다.

회중교회에서는 디모데전서 3장과 디도서 1장 5-9절에서도 교인들의 총의가 수렴되었음을 지적한다. 즉 장로와 집사의 선정에 있어서도 디모데가 독자적으로 성도들을 파악해서 중요한 직분자들로 세운 것이 아니라, 회중들이 가능성있는 후보자들의 인격을 목격한 후에 결정

---

34 Robert Reymond, "Response to James Leo Garrett, Jr., on congregational polity" in *Perspectives on Church Government*, 198-203.

하였다는 것이다.

그 밖에도, 이차적인 성경적 증거들로서는 몇 가지 교회의 결정들을 예로 든다. 예루살렘 교회가 바나바를 안디옥 교회에 보내서 이방인들의 회심을 확인할 할 때에 행 1:19-24, 또한 안디옥 교회가 바울과 바나바를 선교사로 파송할 때에 행 13:1-3, 14:24-28, 그리고 다시 바울과 실라를 두 번째 선교 여행에 보낼 때에 행 15:36-41, 각 교회가 독자적인 결정을 내렸다는 것이다. 또한 고린도 교회가 예루살렘 교회를 위해서 구제 헌금을 모아서 보낼 때에 고전 16:1-4, 고후 8:16-24도 독자적으로 결정했으며, 안디옥 교회가 바울과 바나바를 예루살렘 교회로 보낼 때에도 역시 교회의 회원들이 의미심장한 결정과 활동에 동참했다는 것이다.

그러나 회중 제도의 문제점을 지적하지 않을 수 없다. 국가적인 교회 협의체와 조직이 없어서, 각 개별 교회의 한계점을 극복할 수 없는 경우가 많다. 독립교회라는 좋은 장점들이 분명히 있지만, 한 사람의 목회자가 주도하는 개교회주의 혹은 개인주의에 빠질 수밖에 없다는 점을 우려하지 않을 수 없는 것이다. 실제로, 초대 교회 시대에는 감독과 주교의 통제를 받지 않은 여러 그룹들이 있었는데, 노바티안들, 몬타니즘, 도나티즘에 속한 교회들이 이단으로 정죄를 받았을 정도로 큰 혼란을 일으킨 바 있다. 종교개혁 시대에는 재세례파 교회들과 독립 자유파 교회들이 분리주의적인 교회의 형태를 보였으며, 그들끼리의 형제 공동체로 전락하고 말았다.

오늘날 회중 제도를 채택하는 교회들이 너무나 다양하다. 대표적으로는 침례교회가 회중 제도를 채택하고 있다. 독립된 교회가 자율성과 자유를 존중하다 보면, 과연 성도 각자가 교회의 머리이신 그리스도에게 순종해야만 하는 책임을 얼마나 자율적으로 시행할 수 있겠느냐의 질문이 남는다. 개별 지역 교회를 관리하고 감독하는 상회가 없는 상태에서 자유의 합당한 개념이 실행될 수 있을까? 철저한 회중적 자율성은 사라지고, 결국 예수 그리스도보다는 개교회주의라는 혼란에 빠지는 오류를 수없이 목격하고 있기 때문이다.

회중교회 제도하에서는 다수의 장로들이 참여하는 공동집단 지도체제가 구성되어져서 예배, 양육, 교육, 돌봄의 사역들을 종합적으로 관리해 나가는 것이 바람직하다. 대부분의 회중교회에서는 아무리 다수의 장로들이 있다하더라도, 단 한 명의 담임 목회자가 주도하는 설교와 가르침, 교회발전의 지도력을 통제하거나 협의하는 일이 현실적으로는 불가능하다. 따라서 장로들은 목회자가 장점을 발휘하도록 협력하는 한편, 그 주도적인 목회자의 약점과 단점에 대해서 면밀하게 주의를 기울여서 교회 지도층의 일원으로서 책임감을 발휘해야만 한다. 당회원이라고 해서 담임목회자에 대해서 합당치 않은 분파를 조성하거나, 불의한 비난을 일삼아서는 안 된다. 회중교회의 장로들이 균형감각을 유지하지 않는다면, 이 교회 체제 하에서는 바른 결정을 기대할 수 없다. 지역 교회의 대표자들이 책임감을 감당하면서 권위를 유지하는 장로교회의 당회체제를 과감하게 받아들여서, 노회와 총회에서 결정하는 것과 같은 영향력을 발휘해야만 회중 제도가 건전한 교회의 영향력을 발휘하게 되는 것이다.

교회의 영적 권세와 권징

거룩하신 하나님께 대하여 성도는 세상과 구별된 삶을 영위해야 한다. 이러한 부르심에 응답하기 위해서 교회 공동체에 소속된 성도로서 가르침을 받아야 하며, 지속적인 죄를 범하는 경우에는 교회의 권징에 따라서 회개해야만 한다. 따라서 교회의 권징은 교회의 본질적인 원리에 속한다.

오늘날 교회에게 속한 영적인 권세가 왜곡 당하였고, 교회의 권징이 거의 사라지고 말았다. 현대 교회가 성경의 가르침에서 가장 확실하게 간과하고 있는 것이 있는데 바로 교회의 권징이다. 교회가 신앙고백의 순수성을 유지하고, 성도들이 일상의 신앙생활을 하는 동안에 거룩한 실천을 함양하도록 관리하는 권징의 역할이 거의 사라지고 말았다. 결국 교회는 혼탁해지고, 교회 내부에서 스스로 자정하는 능력이 현저히 퇴보하고 말았다. 무엇보다도 현대 문화가 개인주의적인 경향으로 흐르고 있어서 교회 공동체에 속한 공적인 의무를 등한시 하고 있다. 개인주의적인 태도와 이기적인 생활을 교회의 치리회에서 문제시하면 극도로 반발하면서 아예 교회를 떠나 버린다. 어떤 성도의 공적인 죄악을 다루는 교회의 권징이 대두되면, 현대인들은 극도로 예민하게 개인의 자유를 침해하는 것으로 오해를 한다. 자기만족적이며 자기 중심적인 쾌락주의가 만연하여서 개인별로 도덕적인 상대주의가 팽배하기 때문이다.[1]

권징은 교회를 어떤 체제로 조직화해서 어떻게 운영해 나갈 것이냐에 대한 성경적인 가르침의 일부에 해당한다. 기본적으로는 교회의 통치 체제(the Government of Church)는 사도들의 행적과 서신들 속에서 중요한 지침들을 찾아볼 수 있다. 교회의 통치 체제를 이해하기 위해서 검토해야 할 자료들은 구약 시대로부터 내려온 이스라엘의 정치적이며, 종교적인 지도원리들이다. 신약 교회의 기본 바탕이 되었던 옛 언약 시대의 이스라엘은 하나님의 백성으로서 살면서 수많은 율법들과 규칙들을 준수해야 했다. 교회에 속한 성도들도 일상 생활을 지속해 나가면서 지켜야 할 규정들이 있다. 교회는 성령이 임재하는 장소이자, 성도들의 모임이요, 회중이기에, 거룩한 공동체의 특성을 유지하기 위해서 중요한 죄악의 침범을 막아야만 한다. 성막과 성전에서 드리는 제사와 예배를 중심으로 살았던 이스라엘의 회중들이 어떻게 거룩한 삶을 살았던가를 살펴보면, 하나님의 통치와 제재를 파악하게 된다. 이스라엘 민족국가의 형성 과정에는 과도기적인 한계가 있기는 하지만, 하나님과의 언약 관계를 맺었던 자들에 대한 정치적이면서도 종교적인 통치 제도가 있었던 것이다.

---

[1] Martin Jeschke, "How Discipline Died," *Christianity Today* (2005년 8월호), 참조. Albert Mohler Jr., "Church Discipline: The Missing Mark," in *Polity: Biblical Arguments on How to Conduct Church Life*, ed. Mark E. Dever (Washington, D.C.: Center for Church Reform, 2005), 43.

1. 교회의 영적 권세

교회는 예수 그리스도께서 베푸신 최고의 지혜를 근거로 하여, 절대적인 의로움, 공의, 자비로움 등의 완전한 하나님의 권위를 실행하는 곳이다. 교회가 그리스도에게 속한 것이 아니라면, 지상의 교회는 결코 온전한 공동체가 될 수 없다. 오직 교회는 그리스도의 주권적 통치에 순종하고, 영광을 돌리고, 열정적으로 사랑하기에, 유효한 영적 권세를 갖고 있는 것이다.

첫째, 교회의 권세는 본래 교회 조직 내에 내재하는 것이 아니다. 교회의 직분자들에게, 즉 중요한 성직자들이나 장로에게 무조건 권세가 주어져 있다는 것이 아니라는 말이다. 교회를 인도하여서 하나님께 영광을 돌리고, 세상을 향하여 은사를 발휘하게 하려는 목적을 시행하도록 하기 위해서, 말씀에 순복하게 하는 "실행적 권세"operative power를 교회가 발휘하게 하였다. 교회를 운영해 나가는 실행적 권세는 원천적으로 교회의 머리가 되시는 그리스도에게 속한 것이다. 그리스도는 교회를 통해서 하나님의 영광과 교회의 복지를 펼치게 하였고, 하나님의 말씀에 순복하도록 요청하신다. 예수 그리스도는 교회에 속한 성도들을 부르시고, 은사를 주시며, 운영하도록 권위를 부여하신다.

보다 구체적으로는 교회를 운영하는 권세에 대해서 칼빈이 보다 명확하게 설명한다: 교회의 권세 중에서 일부분은 지역 목회자들과 장로들주교들, 감독들에게 속해 있고, 부분적으로는 지역별 노회와 전 교회들의 총회를 통해서 발휘하게 하신다고 결론지었다.[2] 칼빈은 교회의 권세로

---

2 Calvin, *Institutes*, IV.viii.1.

서 교리권, 재판권, 입법권이라고 규정했다. 교리권은 신조들을 제정하는 권세와 그것들을 해명하는 권세이다.

교회가 영적인 재판을 담당하여 권징을 시행할 때에는 그들에게 주어진 권세들이 예수 그리스도께서 제시하신 시행원리를 따라야만 한다는 점을 칼빈은 역설했다. 무엇보다도 교회의 권세가 발휘될 때에는 예수 그리스도의 말씀에 따라야만 한다는 점을 잊어서는 안 된다. 교회의 모든 직분자들은 그리스도의 말씀에 귀를 기울어야 하고, 복종하는 자세로 임해야 한다. 또한 권세는 성도들을 세우기 위해서 사용되어야만 한다. 교회와 성도들을 파괴하기 위하여 무리한 권한을 행사해서는 안 된다. 또한 교회의 복지를 실현하기 위해서, 교회의 직분자들은 항상 그리스도 자신만을 위해서 권위를 보전해 나가야만 한다.

각 단계의 치리 기관들에게 주어져 있는 교회의 권세에 대해서, 칼빈은 세 가지 측면으로 설명했다.[3]

첫째로, 교회는 성경적 교리를 충실하게 제시하는 권위를 가지고 있다.

그리스도는 교회의 지도자인 목사들과 감독들에게 성경 교리와 신조들을 가르치고, 지켜나가는 권세를 주셨다. 교회의 직분자들에게 새로운 계시를 만들어 주시는 것이 아니라, 하나님의 말씀으로부터 교훈을 받아야 한다. 칼빈은 구약 성경에서부터 신약 성경으로 이어져온 교회의 권위를 제시하였는데, 모세로부터 제사장들에게와, 선지자들에게, 그리고 신약 시대의 사도들에게 주어졌다. 제사장들과 선지자들이 전해온 계시의 내용들은 마침내 그리스도 안에서 최종적으로 주어졌다. 그래서 모든 사도들은 주님의 말씀을 들어야만 했다. 사도들의 저

---

3 Calvin, *Institutes*, IV.viii.1.

술이 주어짐으로써, 성령으로 감동을 받아서 기록된 말씀이 최종적으로 제시되어졌다. 사도 시대 이후로는, 더 이상 목회자들과 감독들은 새로운 계시를 만들어낼 권한이 주어지지 않았다.

둘째로, 교회는 치리법을 제정하는 권위를 가지고 있다.

마태복음 18장 15-18절에 말씀하신 바, 그리스도는 사도들에게 성도들에 대해서 "풀거나" 혹은 "묶거나" 할 수 있는 권위를 부여했다. 이제는 목사와 장로들로 구성된 교회의 당회가 신앙고백에 근거하여 회개하지 않는 사람에 대한 책벌을 가할 수 있다. 칼빈은 이러한 성경적인 치리권을 제네바 개혁교회에다가 되살려냈다. 성도들이 신뢰받을 수 있는 신앙고백을 할 때에는 하늘나라의 문이 열리고 받아들여진다. 반대로, 어떤 사람이 죄 가운데서 거하며, 회개하지 않는 다면, 거룩한 공동체로부터 쫓겨나며, 천국은 닫히게 된다. 교회는 성도들의 영적인 교화를 위해서, 훈련을 해야만 하고, 인격적 수련을 도모해야만 한다.

셋째로, 교회의 각 회의들은 교리에 기초하여, 교리, 권징 제도와 각 제도의 시행 규칙을 제정하는 권위를 가지고 있다.

교회의 회의는 각 단계들로 나뉘는데, 지역 교회마다 당회가 있고, 연합회의 성격을 지닌 노회가 있으며, 교회의 대표자들의 모임인 대회 혹은 총회로 모인다. 각급 교회의 회의들은 두세 사람이 그리스도의 이름으로 모이는 곳에 반드시 함께 하신다고 약속하셨기에, 회의에서 결론을 도출하게 되면 권위를 지니게 된다.

개혁주의 교회는 목사들이 동의하는 바를 존중하면서, 각급 회의에 기본적인 원리들과 회의마다 권위를 구별하여 정립하였다. 칼빈은 당회와 지역대표자들의 모임인 대회와 총회가 각각 권위를 가지고 있다고 제시했다. 그러나 종교 회의의 역사를 살펴보면, 공의회에서도 잘못을 범할 수 있음을 인정해야만 한다고 칼빈은 조심스럽게 지적했다. 교회의 회의가 절대적인 권위를 가질 수는 없다는 말이다. 칼빈은 하나님께서는 교회의 회의들과 함께 일하시기도 하지만, 회의가 없이도 역사하신다.

세속 정부의 최고 권위를 가지고 있는 왕, 통치자, 혹은 정치가들의 경우에는 권력을 발휘한다고 하면서도 부패하는 경우가 많다. 권세를 가진 사람이 부패하기 때문이다. 역시 교회에서 권세를 가진 성직자들이나, 평신도 직분자들도 모두 다 유혹에 빠지게 되면 타락할 수 있다. 로마 가톨릭 교회가 공의회의 선언이라고 하면서 복종을 요구하는 것에 대해서, 칼빈은 결코 확신할 수 없음을 제시했다. 특히 로마 가톨릭 교회가 교회의 전통을 주장하면서 성경의 권위보다 관습을 더 높이는 잘못된 주장을 하고 있음에 대해서 칼빈은 강하게 비판했다. 또한 교회의 회의도 역시 참된 회의도 있지만, 거짓 회의도 있음을 구별해야만 할 것을 촉구했다.

참된 교회의 공의회를 유지하기 위해서, 칼빈은 적합한 방법을 제시하였다.

첫째, 참된 감독들, 혹은 장로들이 대회에 참가하는 공적인 회의를 개최해야 한다.

둘째, 이러한 공적인 회의가 바르게 인도 되어지도록, 감독들과 장로들이 교리에 대한 토론을 지도하도록 성령에게 간구해야만 한다.

셋째, 성경의 가르침에 부합한가에 대해서 치열한 토론을 해야 한다. 하나님의 말씀에 합치되는 결론을 도출하도록 항상 힘쓰고 논의를 해야만 한다. 초대 교회에서도 이러한 방식으로 이단들을 퇴치시켰다. 칼빈은 제네바 교회에서 목회하는 동안에, 로마 가톨릭 교황과 상하 구조로 된 주교 제도, 감독정치, 회중교회 정치, 완전한 독립파 교회 정치 등을 모두 다 배척했다.

여기서, 과연 칼빈이 교회의 정치구조에서 한 사람이 통제하는 감독제도를 인정했느냐에 대해서 잠시 살펴보자. 미국의 저명한 칼빈주의 역사신학자, 맥닐 박사는 칼빈이 초대 교회의 감독 정치를 긍정적으로 평가했다는 연구를 제시한 바 있다.[4] 초대 교회를 들여다보면, 주후 6백년 이전까지는 어느 지역에서나 장로들과 목회자들이 동등한 동료들 중에서 제일 으뜸이 되는 감독을 선출해서 교회의 질서와 통일성을 유지하였다. 완전히 중앙집권적인 상하 구조는 아니지만, 지역 연합체의 대표 감독이 있었다는 것이다. 예를 들면, 키프리안, 암브로스, 어거스틴 등이 그런 감독의 지위에 있었다. 초대 교회의 역사적 구조를 면밀히 분석한 칼빈은 초대 교회가 시행했던 방식을 복구해 나갔다. 그는 로마 주교 그레고리Gregory, the Great, 540-604 이후로 점차 계승되어 온 로마 가톨릭의 교황제보다 훨씬 더 순수하다는 평가를 내렸다.[5]

또한 맥닐 박사는 칼빈이 영국, 폴란드, 스웨덴, 덴마크 등 여러 지역의 지도자들과의 서신 왕래에서 감독정치를 지지했다고 주장했다. 프랑스 개혁교회 내에서도 감독직을 인정했으며, 스코틀랜드에서도 십여년 동안 지속되었다는 것이다. 사실 칼빈은 영국의 성공회, 캔터베리 대주교 토머스 크랜머Thomas Cranmer와도 여러 차례 서신을 주고 받았었다. 그러나 칼빈이 유럽 여러 지역의 교회 정치 제도를 과연 감독제도로 바꾸려 했던가에 대해서는 여전히 의문이 남는다. 칼빈은 편지에서 크랜머를 "매우 걸출한 대주교"라고 부르고, "지식에 뛰어난" 성직자들

---

[4] John T. McNeill, "Calvin and Episcopacy," *Presbyterian Tribune*, 57:14.
[5] Calvin, *Institutes*, IV.iv.3.

을 소집하려는 크랜머의 바램이 이뤄지기를 격려했다.[6] 칼빈이 진정으로 염원했던 것은 어떤 하나의 정치 제도만을 교회가 채택해야 한다는 식으로 집착했던 것이 아니라는 아니다. 그는 비록 영국 교회가 켄터베리 대주교의 감독 하에서 운영되어지고 있음을 비난하지는 않았다. 오히려 대주교가 앞장을 서서 믿음의 요점들을 심도있게 논의하고, 성경의 참된 교리를 후세에 전수해야 할 필요성을 절감했기에, 영국의 종교개혁을 지원하고자 노력했었다. 칼빈은 성공회라는 국가교회 체제를 받아들일 수는 없었지만, 그러한 교회 정치 제도 자체를 비난하지는 않았다.

2. 교회 운영의 주체: 다수의 장로들에 의한 교회 정치

신약 성경에 담긴 교회의 통치 체제는 사도들이 세운 각 지역의 감독과 장로들을 세우고 권한과 책임을 위임하면서 정착되었다. 사도들은 각 지역 교회에서 성도들을 돌아보는 "장로"프레스뷰테로스을 세웠다. 때로는 "감독"에피스코포스이라는 직분으로 불리는 지도자를 세우기도 했다. 이 두 직책은 상호 교차로 사용할 수 있는 것으로 본다.[7]

"장로"라는 헬라어는 단순히 '나이가 많은 사람' 혹은 '노인,' '지역사회에서 영향력이 큰 사람', '한 부족의 수장'이라는 의미가 아니다. 도리

---

6 Calvin, "Letter to Cranmer," in *Selected Works of John Calvin*, V:345.
7 로마의 클레멘트, 이레니우스, 키프리안 등 교부들도 장로와 감독, 이들 두 직분을 교차적으로 언급했다. Clement of Rome, *The Letter of the Romans to the Corinthians* 44 in *The Apostolic Fathers: Greek Texts and English Translations*, ed. Michael w. Holmes (Grand Rapids: Baker, 1999), 76-79. Benjamin L. Merkle, *The Elder and Overseer: One Office in the Early Church* (N.Y.: Peter Lang, 2003).

어, 영적인 지도력을 갖추고, 양떼들을 보살피고 이끌어주는 사람이다 행 20:17-18. 이런 사역을 맡은 사역자를 '목사'pastor라는 호칭으로 번역하였다. 목사는 특히 영어를 사용하는 지역에서 '목자'의 역할을 감당하는 사역자를 지칭하는 단어로 사용되었다.

바울 사도에 의해서 세워진 디모데와 디도는 장로 혹은 감독의 직분에 해당하는 사역을 감당했다. 바울은 디도에게 매우 중요한 사역을 맡겼는데, 교회의 부족한 일을 바로잡고, 각 성에 장로들을 세우게 하려고 그레데에 남겨 두었다딛 1:5. 디모데와 디도는 모두 교회에 의해서 추천을 받았고, '장로의 회'에서 안수를 받은 후에 사도들의 파송자로서 교회를 돌보는 임무를 맡았다딤전 1:3,4,18, 3:14,15, 4:11-5:1, 5:7,9,21,22, 6:13,14,20; 딤후 1:6,13,14, 2:2,14, 3:14, 4:1-5, 딛 1:5, 13. 사도보다는 아래의 지위에 있었지만, 주로 사도들이 없는 지역에서 장로와 감독은 포괄적인 기능을 수행하면서, 권위를 가지고 직분에 부여된 권한을 겸손하게 봉사하는 차원에서 시행하였다.

사도들이 왕성하게 활동하던 시기에도 안디옥, 이고니온, 루스드라에서 활동하는 장로들이 지역 교회를 목양하였다. "각 교회에서 장로들을 임명하고 금식기도하며 그들이 믿는 주께 그들을 의탁하였다"행 14:23. 당시 각 지역에 세워진 교회는 사도들의 가르침을 간직하면서, 그들의 인정을 받은 장로들이 성도들을 목양하는 상황이 전개되었다. 교회의 모든 생활과 운영은 장로들에 의해서 관리되어졌다. 또한 사도들의 직무와 사명이 영속적이기에, 이를 물려받은 장로직의 활동 범위도 다르지 않았다.

장로직은 사도적 교훈과 통일된 교회 운영을 굳게 지켜나가고자 노력했음을 알 수 있다. 사도 바울과 디모데 사이에, 사도 바울과 디도 사이에 긴밀한 일체성과 연대성이 굳게 이어졌다. 각 지역 교회에는 장로직을 가진 사역자들이 권징을 담당했고, 치리를 시행하였음을 알 수 있다.행 11:30, 15:2-23, 16:4, 20:17, 21:18, 빌 1:1, 딛 1:5, 약 5:14. 사도들의 생존시에 형성된 장로들의 회의가 각 지역 교회에서 가장 권위를 가진 조직체였다.

사도들의 사후에는 신약 성경에 등장하지 않는 다음 세대 장로회가 교회의 권위있는 결정을 주도하였다. 교회가 각 지역마다 핍박을 받고 있었던 시기였으나, 개별적으로 완전히 독립해서 운영되었다고 볼 수 없다. 요한계시록 1장에서 3장까지에 나오는 소아시아 일곱 교회의 경우를 볼 때에, 상호 의존하고 교환을 하면서 더욱 사도들과의 일체성을 지켜나갔음을 알 수 있다.

천국의 열쇠는 사도들에게 주어졌지만, 그들의 임무를 대행하게 된 다음 세대의 "장로들의 회의체"가 그리스도와 사도적 권위를 행사하였다. 사도들이 남긴 성경을 근거하는 치리와 운영을 도모했으므로, 사도적 토대 위에 세워진 모든 교회는 예루살렘 공의회의 지침을 성실하게 존중하였다. 예를 들면, 안디옥 교회는 예루살렘에 있는 사도들과 장로들에게 디모데의 할례를 놓고서 협의를 했었는데, 예루살렘의 사도들과 장로들이 모든 교회를 위하여 지침을 결정하였다. "예루살렘에 있는 사도와 장로들의 작정한 규례를 저희에게 주어 지키게 하였다"행 16:4. 모든 교회는 예루살렘 교회의 특별한 결정을 따라서 문제를 해결하였다.

교회의 영속성과 통일성이라는 원리에 근거하여, 우리는 교회의 문제에 대하여 결정하는 장로회가 보편적인 치리를 담당하여 나가는데 따라가야 한다. 각 지역교회의 특성과 권리가 인정을 받아야 하면서도, 보다 넓은 범위에 속하는 그리스도 교회가 모여서 통일성을 표현하는 것은 합리적이고 적절한 방법이다. 그리스도의 몸된 교회는 통일성을 지켜야 하며, 공동체가 하나가 되어서 지켜나가야 할 신앙 원칙이 있기 때문이다.

> 몸이 하나이요 성령이 한 분이시니, 이와 같이 너희가 부르심의 한 소망 안에서 부르심을 입었다. 주님도 한 분이시고, 믿음도 하나이며, 세례도 하나이고, 하나님도 한 분이시니 곧 만유의 아버지시라 만유 위에 계시고 만유를 통일하시고 만유 가운데 계시도다(엡 4:4-6).

바울 사도는 밀레도에서 사람을 에베소로 보내어 교회의 장로들을 청했다행 20:17. "너희는 자기를 위하여 또는 온 양떼를 위하여 삼가라 성령이 저들 가운데 너희로 감독자를 삼고"라고 하였다행 20:28. 베드로는 장로들에게 편지하여, 목자장이신 예수님 밑에 있는 작은 목자로서, 하나님의 양무리를 치도록 권면한다벧전 5:1,2. 디모데전서 5장 17절에는 어떤 장로들은 다른 장로들보다 더 잘 다스리고, 어떤 장로들은 다스릴 뿐만 아니라 말씀과 가르침에 수고했다고 평가하였다.

장로회에서는 다수성plurality과 대등성parity이라는 원리가 작용하였다.[8] 이 두 가지 원리는 상호 연결되어 있으며, 분리시킬 수 없는 회의 운영의 본질이다. 또한 이 후의 모든 신약 교회에 적용해야 할 중요한 기준이기도 하다. 각 지역의 장로들은 교회를 대표하여 회의로 모였고, 다수의 장로들은 상호 협의하는 과정을 거쳤다. 결코 어떤 한 장로의 단독적인 결정으로 매사를 전횡하지 못하게 하였다. 장로회의 결정이 오늘날 민주주의 원칙인 다수결 원리를 따랐다고 확정지을 수 있는 회

---

8 Murray, *Systematic Theology*, II:339.

의록은 없지만, 다수가 모여서 합의를 했었다는 점은 부인할 수 없다. 초대 교회 교부들이 모인 제 1차 공의회, 니케야 종교 회의325년와 제 2차 공의회, 콘스탄틴 종교 회의381년를 증언하는 기록들을 살펴보면, 동방에서 온 감독들이나 라틴 감독들이나 장로들이 전혀 차별이 없었고, 상하 계급도 없었다.

장로들과 감독들은 어떤 한 사람의 결정을 무작정 따라갔던 것이 아니다. 로마 교회의 대주교의 오만과 신성 모독은 결코 허용될 수 없었다. 로마 교황 제도의 허구성은 성경을 전혀 따르지 않은 채, 중앙집권적인 정치 체제의 이득을 지속시키려는 자들의 주장에서 나오는 것이다.

장로회에서는 대등성의 원리가 작용했다. 회의 참석자들 사이에는 그 누구도 주도권을 장악하거나, 높은 지위에 있다고 주장할 수 없었다. 이러한 원칙은 말씀을 담당하는 가르치는 장로목사와 성도들을 돌보는 임무를 수행하는 장로시무장로에게도 그대로 적용되어 내려오고 있다. 말씀을 맡아서 가르치는 일에 수고하는 장로목사라고 해서, 회의에서 우월한 지위에 있는 것이 아니다. 장로교단에서 말씀의 사역자들은 결코 우월한 권위를 장악하고 있는 지위에 있지 않다. 당회와 노회와 총회에서 이러한 장로회의 기본 원칙이 훼손당하지 않도록 끊임없이 경계해야만 한다.

언제부턴가 한국 교회에서는 매우 혼란스러운 말들이 회자되고 있다. 어떤 성도가 말하기를, 잠시 시무하다가 떠나가는 목회자보다는 그 지역에 오래 살면서 교회를 섬기는 장로가 교회의 진정한 주인이다?는 말이 나돌고 있다는 것이다. 목회자는 잠시 왔다가 가지만, 또한 목회자는 자주 바뀌기도 하지만, 시무장로는 영구적으로 그 교회 안에 머문다는 식으로 편가름을 해서는 안 된다. 목사와 장로 사이에 차별화를 하는 것은 전혀 성경적인 교훈이 아니다. 이런 식의 인간적 관계성을 근거로 제시하는 차별화는 개혁주의 신앙 고백서에서 논의된 장로회 제도의 원리를 교모하게 폐기하는 행위이다. 한 지역에서 오래 봉사한 장로는 성도들을 돌보는 경험과 지식이 풍부할 수 있지만, 그렇다고 해서 그 시무장로가 주인 노릇을 하면서 새로 부임해온 목사를 좌지우지 한다는 것은 이미 장로회의 원리를 무너뜨리고 크게 훼손시킨 것이다.

목회 사역자들 사이에서도 다수성과 동등성의 원리가 존중되어야 한다. 목사 안수 서열화, 혹은 신학교 선후배라는 위계 질서만을 강조하게 되면, 상명하복으로 구조화는 감독제를 벗어날 수 없다. 로마 가톨릭의 성직자 체제는 위로부터 아래로 다스리는 구조로 되어져서 교황의 신성 모독과 전횡을 떨쳐내지 못하게 되었다.

3. 제네바 당회와 권징 제도의 정착

종교개혁과 함께 성경적인 교회 체제가 복구된 최초의 사례가 칼빈의 제네바 교회이다. 장로교회의 역사적 근거가 되는 칼빈의 제네바 교회에서 어떻게 참된 교회를 유지하고자 노력했던가를 살펴보자. 칼빈은 로마 주교 제도의 모순을 심각하게 지적하였고, 오직 신약 성경의 교회 체제는 목회자와 다수의 장로들이 함께 목양을 감당하는 형태라고 확신하였다. 칼빈은 제네바 교회의 장로들과 함께 목양적인 상담과 교회의 권징과 개인적인 성장 등을 도모하면서 모든 교회의 운영을 지도해 나갔다. 그러나 오해하지 말아야 할 것은 결코 칼빈이 제네바의 독재자가 아니었다는 점이다. 오히려 칼빈은 시 의회의 간섭과 비판에 몸서리를 치면서 고통을 당했다.

1541년 칼빈은 스트라스부르크에서 돌아와 달라는 시의회의 간청을 받아들인다. 그는 복귀하자마자 곧바로 독립적인 교회의 운영을 위해서 분투 노력하였다. 칼빈은 시의회에 "교회 법령집"Ecclesiastical Ordinances을 제출하였다. 이에 따라서 제네바 시에서 인정을 받은 당회Consistory가 구성되었는데, 시의회에서도 최고 집행부에 해당하는 모임에서 선출된 12인과 목회자들 전원이 매주 목요일 밤에 소집되었다. 목회자들은 아홉 명에서 열두 명까지 시기에 따라서 다소 변동이 있었다. 최종적으로 2백인 의회에서 매년 초에 당회원들을 인준하였다.

제네바에 머물다가 돌아간 존 낙스가 1560년부터 스코틀랜드 종교개혁을 성취하면서 장로교회 치리제도를 정착시켰다. 스코틀랜드에서 당회, 노회, 총회로 연결되는 광범위한 국가적 대회 교회 체제로 정착되었다. 마침내, 1564년부터 소집된 "웨스트민스터 총회"에서 "신앙고백서"와 교리문답서와 권징조례 등을 제정하면서 가장 체계적인 장로교회의 치리 원리들이 명문화 되었다. 칼빈의 "교회 법령집"에는 당회가 얼마나 신중하게 교회의 권위를 발휘해야 하는 가에 대해서, 그 대상, 진행방법, 접근하는 태도, 징계의 범위 등에 대해 성경적인 안목에서 상세히 설명했다:

> 만일 받은 교리에 대항해서 어떤 교리를 주장하는 자가 있다면, 그 사람과 함께 회합이 열려야만 한다. 만일 그 사람이 합리적으로 받아들이면, 아무런 불명예나 추문이 없이 폐회될 것이다. 만일 그 사람이 완고한 자라서, 여러

차례의 권고가 주어지게 될 것인데, 강력한 수다들이 동원될 필요가 있을 것이다.

...

만일 어떤 사람이 교회에 참석하는 데 태만하며, 믿는 자들의 교류를 심각하게 경멸하는 자라는 증거가 있다면, 혹은 어떤 사람이 교회의 질서를 무시하는 자로 드러난다면, 그 사람은 권고를 받아야만 한다. 만일 그가 순종하는 태도를 보이면, 친근하게 회의를 종결할 것이다. 각각의 사람마다 드러내는 행동에 있어서, 과오를 범해서 고쳐야 할 것이 있다면, 우리 주님의 명령에 따라서 질서를 유지하면서 진행되어야 한다. 비밀스러운 죄악들은 은밀하게 권고를 해야만 한다. 그 사람이 반항적이라는 사실이 발견되지 않는 한, 적어도 악명이 높다거나 추접스럽다는 평을 받지 않는다면, 그 누구도 자신의 이웃이 잘못한 일을 가지고 교회 앞에서 재판을 받게 해서는 안 된다.

...

교회가 감출 수 없는 사악한 죄악들과 공개적인 악행들에 대해서는, 만일 그들이 책망을 받을 만한 허물들이 있는 경우에만, 그들이 고치도록 만들기 위해서 그들에게 친근하게 권고를 하여 알려주는 것이 장로들의 임무가 될 것이다. 만일 추가적인 충고가 필요하다는 것이 명백할 때에는, 그들에게 해를 끼치지 않도록 해야 할 것이다. 만일 그들이 잘못된 행동을 계속해서 한다면, 그들은 하나님을 경멸하는 자로 책벌을 받아야만 하며, 그들의 생활이 변화되었다는 것이 보여질 때까지, 그들에게는 성만찬을 금지해야만 한다.

...

단순히 말로서 충고를 하는 것만으로는 안되는 범죄들에 대해서는, 책벌을 내려서 교정을 하도록 하되, 각 사례마다 필요성에 따라서 진행하여야 하며, 그 사람이 성찬에 참여할 수 없다는 경고를 받도록 해야 하며, 하나님 앞에서 겸손할 것과 자신의 잘못을 보다 잘 인식하도록 해 주어야 한다.
…
이 모든 일들은 아주 온건하게 진행되어야만 하고, 그 누구라도 부상을 당하는 일이 없도록 너무 엄격하게 해서는 안 된다. 교정을 한다고 하더라도, 죄인들이 우리 주님께로 돌아오도록 만들기 위해서 사용되는 치료약에 해당하기 때문이다.[9]

그러나 제네바 시에서 최고 권력 기관인 소위원회에서는 다음과 같은 추가 조항을 만들어서, 목회자들이 시민 정부의 권한을 침범하지 않도록 확실한 지침을 제시했다.

이 모든 일들은 목회자들이 시민 정부의 재판권을 갖지 있지도 않고, 그 어떤 것도 사용하지 않는다는 방식 안에서 시행되어야 한다. 사도 바울이 명령한 바와 같이, 하나님의 말씀이라는 영적인 칼을 사용하는 것뿐이다.;
당회는 봉건 군주나 일반적인 법원의 권위로부터 무시를 당해서도 안 된다. 시민 정부의 권한은 손상되지 않고 유지된다. 심지어 형벌을 가해야만 하거나, 제약을 해야 할 곳이 있다고 하더라도, 목회자들은 당회와 함께 그 쪽에 속한 자들에게 경청해야만 하고, 충고들과 권고들을 선하게 시행할 것이며, 모든 문제를 당회에 보고 해야만 한다. 그래서 각 사례마다 필요한 바에 따라서 판단하고 결정을 내리도록 해야 할 것이다.[10]

제네바 시의회는 결코 당회에게 모든 권한을 넘겨주지 않았음을 알

---

9 *Draft Ecclesiastical Ordinances*, in *Theological Treatises*, 70-71.
10 *Draft Ecclesiastical Ordinances*, 71n84.

수 있다. 더구나 당회에 대한 의구심을 한층 더 높여서, 1544년 2월에는 새로 선출된 당회원들에게 의무와 사명을 잘 감당하겠다는 서약을 하도록 요구했다:

> 시의회 의장(소위원회의 대표자로서 평신도이며, 당회의 사회자로 지명됨)은 당회원들에게 그들의 직무를 하나님의 말씀에 따라서 수행하도록 명령하였다. 우상 숭배자들, 성만찬에 대해서 불경스러운 생활을 하는 자들, 술주정뱅이들, 매춘부들, 폭행범들, 신성 모독자들, 미신 숭배자들, 나쁜 짓을 하는 자들 등, 이 모든 자들에 대해서, 당회원들은 자신들의 직무를 수행하여야만 한다.

지금까지 거의 알려지지 않은 제네바 교회의 노력들이 최근에 이르러서 확실히 드러나게 되었는데, 이는 앞으로 칼빈과 제네바 교회의 목회 사역에 대한 연구에서 획기적인 관점을 제공할 것이다. 1541년부터 1564년 칼빈의 사망시까지 기록된 "제네바 교회의 당회 회의록"Registres du Consistoire de Geneve 은 21권에 달한다. 모두 손으로 빨리 기록한 것이기에, 다소 읽기에 난해한 부분들이 많다. 그러나 오랫동안 잊혀져 있다가, 드디어 1996년에 이르러서 프랑스어판이 출간되었고, 다시 영어로 완전히 번역되어서 열한 권으로 출판되었다.[11] 거의 5 백년이나 고문서 서고에 버려진 채로 있던 당회록 번역서의 출판을 주도한 미국 위스컨신 대학교 로버트 킹던 교수는 칼빈의 전기작가들이 이러한 자료를 확인하게 되면 완전히 새로운 면모를 소개할 것이라고 예상했다.[12]

---

11 *The Registers of the Consistory of Geneva at the Time of Calvin*: Volume 1: 1542-1544 (Grand Rapids: Eerdamns, 2000).

12 Robert M. Kingdon and John Witte Jr., *Sex, Marriage, and Family in John Calvin's Geneva*, vol. 1, *Courtship, Engagement, and Marriage* (Grand Rapids: Eerdmans, 2005). 칼빈의 생애를 서술하면

칼빈은 개인적으로 수많은 저술과 강의 준비로 무척 바쁜 일정에도 불구하고, 매주 목요일 저녁에 소집되어 몇 시간씩 협의를 지속하던 이 당회의 모임에 거의 대부분 참석했다. 그는 당회의 모임에 절대적인 영향권을 행사할 수 있는 자리에 있지 않았으며, 사회를 맡은 의장도 아니었다. 시정부에서 일하고 있는 대표자가 지정되어서 의장직을 맡았다. 때로는 칼빈이 당회의 결정사항들을 그 다음 주 월요일에 모이는 시의회에 나가서 설명하기도 했다.

그렇다면, 우리는 칼빈이 어찌하여 당회가 권징을 시행하도록 모든 노력을 기울였던가를 생각해 보자.

첫째로, 칼빈은 성도들이 교회에 나와서 설교를 듣는 것만으로는 성도들을 바르게 양육하는데 부족하다는 것을 절실히 느꼈기 때문이다.[13]

또한 제네바 교회의 당회가 권징을 시행한 것을 이해하기 위해서, 먼저 우리는 역사적인 고찰이 필요하다. 서유럽 전체적으로 거의 천 년에 걸친 중세 시대에 중요한 지역의 로마 가톨릭 교회마다 주교의 법정 Bishop's court이 있었고, 그곳에서 성도들의 도덕적 문제들과 시민들의 범죄문제를 포괄적으로 판결하는 모임이 있었다. 이러한 모임의 단초를 어거스틴의 교구에서도 파악될 수 있었다.[14] 1536년에 제네바의 주교가 시의회의 투표로 종교개혁을 받아들이게 되면서 추방되었다. 시민들의 신앙문제와 도덕적인 범죄들을 다루는 권위있는 주무처가 공백 상태에 빠졌다.

서, 제네바 교회의 당회록을 참고한 책은 오직 제네바 대학교의 역사신학 교수였던 에밀 두메르그(Emile Doumergue, 1844-1937)밖에 없었다는 것이다. Doumergue, *Calvin and the Reformation* (1909; Legare Street Press, 2021), 280.
13 Calvin, *Institutes*, IV.12.2.
14 Peter Brown, *Augustine of Hippo: A Biography* (Berkeley: University of California Press, 1969), 195-97.

4. 권징의 시행

교회가 질서있게 운영되어 나가려면 혼란을 방지하는 규칙을 모든 성도들이 지켜야 하고, 원칙으로 따라가야만 한다. 죄에 물든 성품을 가지고 있는 사람들의 집단 속에는 항상 사탄의 충동을 받아 움직이는 가인과 같은 존재들이 있게 마련이다. "아름다운 질서보다 그리스도인들의 선하고 진실됨을 증거하는 것은 없다". 기욤 파렐Guillaume Farel이 스위스 뇌샤텔의 목회자로 있으면서 발표한 "교회의 권징에 대한 논의"에서 위 문장을 헬라어로 기록하여 강조한 바 있다.[15] 권징은 "교회의 체력"이라고 하는 라틴어 경구를 프랑스 개혁교회에서도 사용했다. 로마 가톨릭 지역에서나, 루터파 교회에서는 전혀 찾아 볼 수 없었던 개혁교회의 권징은 교회가 세상 법정에서 하듯이 영적인 생활에 대해서 판결을 함으로써, 음주와 매춘 등 범죄율이 현저히 낮아졌으며 시민 사회가 현저하게 깨끗하게 변화되었다.[16]

스코틀랜드의 종교개혁을 주도한 요한 낙스에 의해서 1560년 4월에 정착된 장로교회는 사도적 교훈과 초대 교회의 모델을 구현하는데 노력한 결과이다. 낙스는 『첫 번째 권징서』the First Book of Discipline을 통해서 교회의 정치 제도와 직분자들을 가장 성경적으로 구현하는 제도가 장로교회임을 입증하였다. 이어서, 1578년에 『두 번째 권징서』The Second Book of Discipline을 펴냈다. 그의 뒤를 잇는 세대가 보다 더 명쾌하고 현실

---

15 Philip Benedict, *Christ's Churches Purely Reformed: A Social History of Calvinism* (New Haven: Yale University Press, 2002), 460.

16 Heinz Schilling, "'History of Crime' or 'History of Sin?'– Some Reflections on the Social History of Early Modern Church Discipline," in *Politics and Society in Reformation Europe*, Kouri & Scott, eds., (Hampshier: Palgrave Macmillan, 1987), 289-310. Geoffrey Elton, "Introduction: Crime and the Historian," in *Crime in England 1550-1800*, ed. J.S. Cockburn (London: 1977), 2-6.

적으로 수정을 거듭하여, 각 개별 교회의 당회, 지역별 연합체로서의 노회, 국가적 차원을 망라하는 전국적인 총회로 확대 되어지는 구조와 체계를 수립하게 되었다. 이러한 장로교회의 제도는 아일랜드에서도 크게 영향을 끼쳤다. 미국에 이주한 청교도들은 1789년에 최초 장로교회 총회를 회집하게 된다.

1) 권징의 기본 개념

교회의 권징 제도와 치리 church discipline 는 예수님께서 자신의 신적인 권위를 교회에 부여하시고, 지침을 내려주심에 근거한 것이다. 그리스도의 교회 안에서 통치구조가 있고, 질서를 유지하기 위하여 권징을 시행하는 것은 예수님 자신과 하나님 나라의 권위에서 시작된 것이다.[17] 그리스도의 나라는 영적인 가치를 추구하는 곳이고, 교회에게 주어진 권세도 역시 영적인 것이다. 교회의 치리와 권징은 정치적 제재나 물리적인 힘을 사용할 수 없다 요 18:36-37, 나 22:16-21, 고후 10:36.

이러한 교회의 권위는 오직 말씀에서 가르치는 것으로만 제한 되어지는데, 교회의 통치에 순종하는 것은 그리스도 안에서 복종하는 것이다. 말씀에 위배되는 것에 대해서는 불복종할 수 있는 양심의 자유가 열려있다. 종교개혁자들은 로마 가톨릭 교회가 권위를 과도하게 남용하는 것에 대해서 성경에 위배된다고 항의하였다. 믿음으로만 구원을 얻는다는 말씀을 왜곡해서, 믿음과 함께 선행이 필수적이라고 가르치고 있고, 성경에도 없는 마리아 무죄성과 중보적 지위를 부여했고, 교

---

17 E. Clowney, *The Church*, 14장 "그리스도의 교회의 구조"을 참고할 것.

황 제도를 전통이라고 더 보댔기 때문이다.

권징은 교회마다 선택적인 사항이 아니다. 권징의 목표는 죄를 범한 성도로 하여금 돌이키게 하려는 것이다. 어떤 교회에서는 권징을 실시하기로 결정하고 또 다른 교회에서는 실시하지 않기로 결정하는 재량권을 가진 것이 아니다. 교회에서 치리를 해야 할 죄악된 사건이 일어났거나 죄악에 물든 상황이 발생할 경우에, 그 교회가 큰 재앙을 만났다고 비판하거나, 치리 과정을 주도하는 당회의 지도력을 흔드는 세력들이 있어서는 안 된다. 전체 성도들은 합당한 말씀을 묵상하고, 성령의 인도하심을 향하여 기도하면서, 교회의 치리가 적합하게 진행되도록 협조해야 한다. 치리 과정에 대해서 긍정적으로 평가하고, 희망과 격려를 잃지 않으면서 인내하여야 한다.

권징의 목적은 성도들로 하여금 죄를 인식하고, 자복한 후 회개하며, 화해를 이루도록 하려는 것이요, 죄를 멀리하도록 지도하고자 함이다. 오늘날에는 전 세계적으로 교회의 권징이 사라져버렸다. "우리 교회에서는 권징과 치리를 하지 않는다"는 식으로 선전하는 것은 아주 잘못된 것이다. 죄의 문제에 대해서 민감하지 않은 교회 문화가 치리와 권징 제도를 소홀히 하고 말았다. 이제는 신앙고백과 생활의 거룩함을 추구하기 보다는 성도들의 자율성이 더 존중받는 풍토로 바뀌었다. 현대 사회의 문화가 세속화되면서, 도덕적 개인주의, 개인적이며 사적인 영역존중, 자아도취적인 향락추구, 가치관의 상대주의 등이 범람하고 있다. 교회 내부적으로는 교인들의 숫적인 확장에 치중하면서, 재정의 수입도 증액을 해야하는 부담을 갖게 되니, 교회 회원들의 부도덕한 윤리에 대해서는 침묵하게 되어진 것이다.[18] 이렇게 힘없고, 부패하고, 부도덕한 교회들은 결국 경건의 능력이 없어져서 무너지고 말 것이다. 건물은 그럴 듯 했지만 형식주의와 율법주의에 빠져있던 헤롯 시대의 성전처럼, 거룩하고 치열한 삶이 없는 공동체는 결국에는 낡은 껍데기만 남을 것이다.

우선 교회의 권징이라는 항목이 나오면, 무조건 칼빈의 제네바 교회가 극도로 성도들을 공포에 몰아넣었다는 식으로 왜곡하는 경향이 있는데, 이는 결코 사실이 아니다. 초대 교회 시대부터 교회의 권징은 엄격하게 시행되어 왔었다. 속사들과 교부들의 시대에 세례를 받기 위해서 교회에 나오는 성도들은 과연 그리스도인으로 합당하게 살아오고 있는지, 그들의 삶에 대해서 세밀하게 조사를 받았다.

초대 교부 히폴리투스Hippolytus of Rome, 170-235는 『사도적 전통』에서 "세례를 받으려 하는 사람들이 선택되었을 때에, 그들의 생활을 검토해야 한다. 과연 그들이 교리문답을 받는 동안에 존경받는 삶을 살았는지, 병든 자들을 방문했는지, 모든 선한 일을 추구했는지를 조사해야 한다"고 가르쳤다.[19] 그는 사도 요한에게서 폴리캅을 거쳐서 이레니우스로 이어지는 교부들의 제자로서, 제롬과 유세비우스에게 영향을 입혔던 중요한 신학자였다. 세례를 받기 위해서 교회에 나온 성도들은 건전한 도덕적인 증거들을 통해서 검증을 받았을 뿐만 아니라, 그들의 신앙고백에 대해서도 확증을 해야만 했었다. 우상 숭배에 해당하는 그림

18　Martin Jeschke, "How Discipline Died," *Christianity Today*, 2005년 8월호. Mark Dever, "Shaping Holy Disciples," *Christianity Today*, 2005년 8월호. R. Albert Mohler, Jr., "Church Discipline, The Missing Mark" *Polity: Biblical Arguments on How to Conduct Church Life*, ed. Mark E. Dever (Washington,DC: Center for Church Reform, 2005), 53-56.

19　Hippolytus, *On the Apostolic Tradition*, tr. Alistair Stewart-Sykes, in Popular Patristics Series. (Crestwood, N.Y.: St. Vladimir's Seminary Press, 2001).

이나 조각을 만들어서되 안 되고, 극장의 배우나 세속적인 지식을 가르치는 교사들, 서커스에 관련된 직종에 가담하는 전차 몰이 마부, 운동선수, 검투사, 신전에서 우상의 제사를 담당하는 자, 마술사, 일부다처에 해당하는 자, 그 밖에도 비난을 받을 만한 직업을 가진 자들인지를 조사 받았다. 이러한 모든 직업에서 깨끗이 정리를 한 후에야, 교회의 회원으로 환영했다.

져스틴 마터 Justin Martyr, 100-165 와 같은 시대에 살았던 성도들은 기독교 신자라고 하면서도 예수 그리스도를 따르지 않는 자들과는 전혀 교류를 하지 않았다. 그의 많은 저서들은 사라지고 극히 일부만 남아있다. 그는 로마 제국에 대항하여 기독교를 옹호한 글을 남겼는데, 황제 안토니우스 피우스 138-161 와 원로원과 자신의 자녀들에게 철저히 살아갈 것을 당부했다: "그리스도가 가르치신 바대로 살지 않는 자들은 기독교인으로 인정하지 않아야 한다. 비록 그들이 입술로는 그리스도의 교리를 말하더라도, 그저 그리스도인이라는 이름을 가지고 있을 뿐이다. 그러나 행동으로 그것을 실천하는 자들은 구원을 얻을 것이다. 그리스도의 가르침대로 살아가지 않는 자들과 이름만 가지고 살아가는 자들에게는 황에 의해서 처벌을 받아야 한다"고 했을 정도였다.[20] 오늘날 이렇게 살자고 하면, 엄격주의라고 비판할 것이다.

교회 권징의 기본 개념은 세속 군주와 통치자로부터 교회가 독립적인 자율권을 실행하는 투쟁을 통해서 형성되었다. 오늘날 거의 대부분의 민주주의 국가에 있는 개신교회는 각 교단마다 제정한 "헌법"과 "정치 및 권징조례"에 따르고 있다. 총회의 규정에 근거하여, 각 교회는 전

---

20 Justin Martyr, *First Apology*, 16. David Rokéah, *Justin Martyr and the Jews* (Leiden: Brill, 2002), 2.

교인 총회를 근거로 하는 운영 규칙을 갖고 있으며, 정부로부터 독립적인 자유함을 보장받고 있다. 교단마다 국가마다 약간의 교회 정치 형태가 차이가 있다. 교회가 자체적인 운영 전반을 스스로 결정하는 권한을 갖고 목회자 청빙, 교회 직분자들의 선거, 중요한 예산 집행 심의, 성만찬 시행 일정, 특히 당회에서 책벌을 내리는 결정 등을 하더라도, 국가에서 일일이 간섭하지 않는다. 그러나 기독교를 원천적으로 박해하는 나라들은 교회의 활발한 활동에 대해서 압박을 가하고, 제지하고 있다. 중동 지역과 인도, 파키스탄 등 모슬렘 국가에서나, 사회주의, 공산주의, 전체주의 국가에서는 아예 교회 자체를 국가 통치자들이 교묘하게 통제하고 탄압하고 있다. 하지만, 그 외에 민주 국가에서는 교회의 모든 사역들에 대해서는 정치가 간섭하지 않는다. 이렇게 서구 유럽과 민주주의 국가에서 교회의 자치권을 허용하게 되기까지는 험난한 시련과 투쟁의 과정을 거쳤다. 로마 가톨릭 체제를 벗어나서 종교개혁자들이 수고의 희생을 치른 후에 가능하게 되었다.

2) 칼빈이 시행한 권징 제도

스위스 제네바에서 칼빈이 회복한 권징 제도는 건강하고 깨끗한 성도들의 신앙생활을 유지하고 장려하는데 놀라운 열매를 거뒀다. 칼빈에게 있어서 권징 제도는 교회가 성도들의 도덕적인 삶을 지도하도록 덕을 세우는 생활을 훈련시키는 가장 중요한 방법들 중에 하나였다. 교회가 성도들의 성화를 증진시키기 위해서 제공하는 가장 중요하고도 근본적인 방안은 설교 말씀이다. 하지만, 설교 말씀을 듣는 것 만으로 성도가 한번에 온전케 되는 것이 아니다. 사람은 스스로 자신의 말과 행동을 통제하기 어렵기 때문에, 당회가 사악한 행동이나 말에 대해서 징계를 내림으로써 방종하는 자들에게 경고하는 것이다.

이 책의 앞 부분에서 있는 "참된 교회의 표지들"에서도 권징에 관련된 설명들을 다루었으므로, 부디 잘 살펴보기 바란다. 특히 제네바 당회가 권징 제도를 시행하게 되는 역사적 과정이 얼마나 치열했던가를 설명했으므로 이 부분을 살펴보기 바란다. 바젤의 외콜람파디우스와 스트라스부르그의 부써가 실패했던 전철을 따라가지 않기 위해서, 칼빈은 시의회로부터 완전히 독립적인 치리 기관으로서 당회를 정착시켰다. 권징을 담당하는 교회의 당회가 독립적인 자율권을 제네바에서 최초로 획득하기까지, 참으로 칼빈은 대적자들과의 험난한 싸움을 견뎌야만 했었다. 이미 앞에서 살펴본 바와 같이, 종교개혁자들은 참된 교회의 세 번째 요소로 권징의 합당한 시행을 통해서 순수하고 거룩한 공동체를 지킬 수 있었다.

칼빈의 제네바 교회에서 정착된 교회의 독립권과 그 구체적인 시행으로서 권징 제도는 획기적으로 성도들의 경건 생활을 증진시켰다. 물론, 칼빈은 합당한 권징의 실시를 참된 교회의 표지로 주장하지는 않았지만, 그의 교회론에서 매우 중요한 부분을 할애하였다. 매주 목요일 제네바의 목회자들과 장로들은 권징을 시행하기 위해서 당회를 열었다. 우리는 참으로 제네바 교회를 통해서 시행된 수많은 권징의 구체적인 사례들을 확인하면서, 슬픈 웃음을 짓게 된다.[21] 제네바에서 어떤 이는 강아지 이름을 "칼뱅"이라고 지은 후에, 길에서 큰 소리로 꾸짖고 때

---

21 칼빈 시대의 제네바 당회록을 번역하여 출판하는 사역이 지속되고 있다. Robert M. Kingdon, ed. M. Wallace McDonald, tr., *The Registers of the Consistory of Geneva at the Time of Calvin: Volume 1:1542-1544* (Grand Rapids: Eerdmans, 2000).

리는 경우도 있었다. 아들 이름을 예수라고 지은 성도도 역시 당회에 호출되었다. 설교 시간에 줄곧 졸기만 하는 자들은 간단히 견책을 당했지만, 설교자를 험담하는 경우는 당회가 훨씬 더 심각하게 처리했다.

제네바 교회에서 시행된 칼빈의 권징 제도는 전 세계 모든 장로교회와 개혁교회에 큰 영향을 끼쳤다. 선도적인 사례를 모범으로 삼아서, 거의 모든 개혁주의 교회들은 신앙의 선언문에서 권징조항을 강조했다. 잉글랜드 교회의 39개 조항에서도 교회의 두 가지 표지들 말씀의 선포와 성례의 시행을 포함시켰고, 벨직 신앙고백서에는 교회의 세 번째 표지로 권징을 언급했다. 이러한 권징 제도는 20세기 초반까지 교회의 본질적인 사역으로 지속되어왔으나, 점차 이성주의, 개인주의, 특히 인권의 자율성이 고조되면서 점차 사라지고 말았다.

더구나 교회의 문제들이 세상 법정에서 판결을 받기까지 다투고 대립하는 일들이 자주 발생하게 되면서, 교회의 결정을 전적으로 신뢰하고 따르는 자가 없게 되었다. 특히 한국 교회에서 성도들이 성경에 배치되는 언행을 일삼는 문제들을 교회 안에서 스스로 처리하는 권징이나 재판절차가 거의 사라지고 말았다. 그 결과로 교회와 목회자와 성도에 대한 신뢰가 추락하고 말았다. 가장 이상적인 교회의 모습은 모든 성도들의 언행이 도덕적으로 흠이 없고, 질서가 잘 세워져서 아예 권징이 필요없게 되는 것이다. 그러나 성경이 증거하는 바를 살펴보면, 이 세상에는 이미 죄악으로 뒤덮혀 있어서, 양심적인 사람들만 모인 교회를 찾는 것이 불가능하다. 더구나 사회적인 문제로 대두되는 이단적인 교회들의 죄악상이 점점 더 늘어나고 있다. 현대 교회에서는 성도들의 신앙생활에 있어서 윤리적으로 판단을 한다거나 제재를 가하는 일이 거의 드물다. 현대 교회는 성도 한 사람 한 사람에 대해서 경건한 생활을 어떻게 유지하고 있는가를 평가하지 않는다. 그저 성도 각자의 양심에 따라서 무한대한 자유를 허용하고 있는 실정이다. 이로 인해서 때로는 불의한 자들에게 아무런 공적 압박이 전혀 없을 뿐만 아니라, 죄로 인해서 더럽혀진 것들을 씻어내지 못하고 있다.

칼빈의 헌신적인 노력으로 제네바에서 시작된 권징 제도는 거의 모든 나라의 개혁교회나 장로교회에서도 거의 잊혀지고 말았다. 교회와 목회자와 성도가 세상으로부터 모욕을 당하는 사건들을 목격할 때마다, 진심으로 가슴이 아프다. 현대 교회가 권징을 실시하지 않는다고 해서, 무조건 잘못되었다고 비판을 받을 수는 없다. 성도들이 순결한 교회를 유지하는데 앞장 서고 있다면, 굳이 권징을 강요할 필요가 없을 것이다. 그러나 목회자들의 비윤리적인 행동들, 성추행이나 도박이나 부당한 횡포와 횡령 등이 언론에 보도될 정도로 심각한 경우에는 노회와 총회가 권징을 시행하여야 마땅한데도, 정의롭게 치리 과정을 거치는 경우가 많지 않다.

3) 권징의 성경적 근거들

권징은 교회를 보호하기 위한 불가피한 수단이자, 조치이다. 교회의 권징은 장차 예수님의 재림시에 시행될 종말론적인 심판을 선언적으로 보여주는 상징이다.[22] 교회의 권징은 장차 일어나게 될 심판을 부분적으로나마 현재의 세상에서 미리 보여주는 상징이다. 세상의 종말에 주어질 하나님의 영원한 심판을 미리 보여주시고자, 예수님께서는 교

---

22 Michael S. Horton, *Eschatology and Covenant: The Divine Drama* (Louisville: Westminster John Knox, 2002), 272.

회를 통해서 성도들의 죄악과 그러한 상황들에 대해서 권징을 하도록 하셨다. 교회가 성경의 말씀에 근거하여 권징을 시행하는 것은 하나님의 심판이자, 형벌이다. 물론 교회도 여전히 죄의 실재 상황 속에서 영향을 받고 있으며, 진정한 하늘나라의 심판은 오직 예수님 자신에게만 주어진 권세임을 사실이다. 교회의 권징이 최후 심판을 보여주는 교훈적인 상징이라는 개념은 결코 가볍게 무시되어서는 안 될 요소이다.

성부 하나님께서는 모든 심판을 오직 성자 예수님에게 부여하셨다요 5:22, 27. 다시 오실 예수님께서는 선을 행한 자는 영생으로, 악을 행한 자는 영원한 형벌에 처할 것이다. 사도 바울은 "이는 우리가 다 반드시 그리스도의 심판대 앞에 나타나게 되어 각각 선악간에 그 몸으로 행한 것을 따라 받으려 함이라"고후 5:10고 미래의 심판을 강조했다. 그리스도인들은 정죄의 선언을 들을 때에 두려워하지 않는데, 의로우신 예수님께서 십자가 위에서 대속 제물로 죽으실 때에 성도들의 죗값에 해당하는 형벌을 당하셨기 때문이다. 복음을 받아들인 자들에게는 이로 인해서 의인이라는 선언이 주어진다롬 8:1.

교회의 권징은 그리스도를 따르는 성도들에게 거룩하게 살아가도록 촉구하는 종말론적 심판의 상징이다히 12:14. 혹시라도 장차 주어질 상급을 잃어버리는 일이 없도록, 교회가 권징을 통해서 미래에 하나님의 심판을 반영하는 현재의 판결에 참여하는 것이다. 교회의 권징은 미래에 있을 심판적 선언의 상징이라는 가르침에 주목하여야 한다고전 5:1-13. 이러한 최종 심판의 날에 구원을 얻도록 하려는 목적을 이루기 위해서, 교회에 의해서 출교가 시행되도록 하는 것이라고 바울 사도가 설명했다. "육신은 멸망을 당하고 그 영은 주님의 날에 구원을 받게 하려는 것이라"고전 5:5. 여기에 언급된 성도는 중대한 죄를 범해서 교회의 징계를 받았고, 육신적으로는 고통을 당하고 있지만, 재림의 날에 구원을 기대하고 있다. 교회의 권징을 통해서 그는 회개하였고, 종말론적인 선고가 내려질 때에는 그 성도에게 은혜가 주어질 것이다. 따라서 현재 교회의 권징이 선포하는 것은 미래에 주어질 하나님의 종말론적 심판에 연계성이 있는 것이다.[23] 교회의 치리와 장차 종말론적인 심판대가 긴밀히 연계되었음에 대해서는 사도 바울도 언급하였다. 고린도전서 5장 1-13절에서, 바울 사도는 엄격한 재판정의 상황을 언급하고 있다.

예수님께서 교회의 권징에 대해서 교훈하신 마태복음 18장 15-20절에서도 교회의 권징과 최종적인 하나님의 심판이 서로 긴밀히 연계되어져 있다. 교회가 공개적으로 책망하고 처벌해야 할 사항을 말씀하였는데, 교회에다가 천국의 열쇠를 맡겨주시면서 영적인 재판권을 사용하도록 하셨다. "네 형제가 네게 죄를 범하거든" 먼저 개인적으로 그리고 공개적으로 권고하라 하셨다. 최종적으로는 "교회에 말하고 교회의 말도 듣지 않거든 이방인과 세리와 같이 여기라"고 하셨다(마 18:17). 현재 교회의 영적인 권세가 얼마나 확실한지를 다음과 같이 보장해 주셨다.

> 진실로 너희에게 이르노니 무엇이든지 너희가 땅에 매면 하늘에서도 매일 것이요 무엇이든지 땅에서 풀면 하늘에서도 풀리리라(마 18:18).

매고 푸는 것은 교회의 관할 범위에 속하는 권징과 치리 사역을 가리킨다. 죄를 사하는 권세는 오직 인자로서의 예수님에게 속해 있는 권

---

[23] Gregg R. Allison, *Sojourners and Strangers: The Doctrine of the Church* (Wheaton: Crossway, 2012), 181-183.

세이다. 예수님이 가지신 최고의 권한을 모여있던 모든 제자들에게 실질적인 위임을 하셨다.[24]

> **너희가 뉘 죄든지 사하면 사하여질 것이요 뉘 죄든지 그대로 두면 그대로 있으리라**(요 20:23).

현재 교회의 치리를 받았는데도 회개하지 않는 자는 장차 하늘나라의 심판대에서 하나님의 절대적인 심판선고를 당하게 될 것이다. 교회의 치리는 종말론적인 심판를 반영하는 상징이다. 예수님은 위와 동일한 말씀을 제자들에게 이미 언급하셨고, 그들에게 "천국 열쇠"를 맡기셨다[마 16:19]. 사도들은 두 번이나 반복적으로 교회가 "매기도 하고 풀기도 할 것"을 예수님으로부터 들었다. 교회의 결정에 따르지 않는 자는 상호 교제를 중단한다. 사도들은 권유해도 듣지 않을만큼 완고한 자와는 함께 할 수 없다. 출교 처분을 받은 자들은 "이방인들과 세리들과 같이 여기라"[마 18:17, 참고, 눅 11:52] 고 하였다. 교회는 그런 자들과는 일상적인 대화와 교제를 차단하고, 개인적인 관계도 지속하지 말라고 선포한다.

예수님께서는 하늘나라의 문을 열고 닫는 열쇠를 교회에 주셨다고 했는데, 요한계시록에서도 예수님이 그 열쇠를 가진 분으로 언급된다: "내가 영원히 살아있어, 사망과 음부의 열쇠들을 가지고 있다"[계 1:18]. "다윗의 열쇠를 가지신 분"[계 3:7]이신 예수님께서 왕권을 행사하는 권위를 사도들에게 위임하였다. 마태복음 천국의 문을 열고 닫는 열쇠는 복음을 선포하는 것이라고 해석하였다. 복된 소식이라는 것은 죄인들을

24　John Murray, *Systematic Theology*, Vol. II (Edinburgh: Banner of Truth, 1977), 337.

위하여 예수 그리스도의 십자가에서 죽으시고 다시 부활하셨다는 소식이다. 사도행전을 살펴보면, 사도들은 이러한 내용으로 복음의 내용을 전파하고 선포하는 것이 천국의 열쇠를 사용하는 것으로 확신하였다.[25]

바울 사도는 디모데에게 목회적 징계를 시행하라고 권고했다. "범죄한 자들을 모든 사람 앞에서 꾸짖어 나머지 사람들로 두려워하게 하라"딤전 5:20. 사도들을 포함하여 누구든지 공개된 죄를 범하는 경우에는 사적으로 권고하지 않고, 교회 앞에서 공개적으로 책망하였다.

바울 사도의 서신에서는 권징에 대해서 보다 더 구체적인 사례가 제시된 바 있다. 바울 사도는 안디옥에서 베드로를 만나서 공개적으로 책망하였다갈 2:11. 베드로가 이방인과 함께 음식을 먹다가, 유대인들이 찾아오자 비판이 두려워서 자리를 떠나게 되었다. 당시 유대인들은 함부로 이방인들과 교제를 하지 않도록 하는 율법을 따라서 살아가고 있었다. 지독한 선민 사상이자, 유대주의 엘리트 의식이 빚어낸 행동 강령이었다. 하나님께서 이러한 규칙을 오래전에 모세를 통해서 제정하셨는데, 유대인들이 주변 나라들의 우상 숭배를 받아들이지 않도록 분리 정책을 시행케 한 것이었다.

바울 사도의 견책을 받게 된 베드로의 외식 행위는 오랜 전통으로 이어져 온 유대주의 행동 원칙에 따른 것이었다. 하나님께서는 아브라함과 언약을 맺으시고 '언약의 표징'으로 할례를 자손 대대에 이르기까지 시행하라고 명령하셨다창 17:10-14. 그러나 이스라엘 백성은 할례의 언약적인 의미보다는 우월적인 선민의식으로 포장해 버렸다. 유대주의자

---

25 D. A. Carson, *Matthew: Expositors Bible Commentary* (Grand Rapids: Zondervan, 2017), 370-372.

들은 할례를 받아야만 구원을 얻는다고 주장했으나, 하나님께서는 할례 없는 이방인들도 예외적으로 구원을 얻도록 허락하셨다.

교회가 세워진 후, 이러한 유대주의를 따라 살던 예수님의 제자들은 깊은 갈등을 느꼈다. 과연 이방인 신자들에게까지도 할례를 강조할 것인가? 결국 주후 49년경으로 추산되는 시점에서, 사도들은 예루살렘 공의회를 회집하기에 이르렀다. 베드로와 야고보, 사울 사도와 바나바 등 주요 사도들은 공의회의 결과로 모든 율법의 조항들이 폐지되었음을 선포했다 행 15:30. 그럼에도 불구하고 오늘날 터어키의 중부 지방, 갈라디아 교회에는 그곳에 와서 거주하던 일단의 유대주의자들이 문제를 일으켰다. 단번에 이방인들에게 문호를 열기란 쉽지 않았을 것이라 추정된다. 결국 이러한 과정에서 유대주의는 율법을 지키는 행위 구원을 고집하므로써, 새로 세워진 교회를 파괴하는 요인으로 작용하기에 이르렀던 것이다.

바울 사도는 이방인들을 전도해서 교회를 세웠는데, 유대주의가 발동되는 것을 경계하고자 했다. 갈라디아 교회에 소개된 사건은 매우 중요한 원칙이 새로이 시행됨을 천명하는 일이다. 종교적 열심을 가장해서 율법을 지키라고 강요하는 것은 복음이 선포되어 율법에서 자유함을 얻은 성도들을 다시 얽매이게 하는 일이다. 바울 사도는 이러한 율법주의를 교회의 파괴 행위로 간주하였다 고후 11:26; 벧후 2:1. 특히 디도가 할례받지 않았다는 사실은 복음에서 얻은 자유함을 선포하는 일이었다.

개혁교회의 권징은 건강한 가정과 공동체를 건설하는 결정적인 역할을 했다. 권징을 통해서 사회 전체를 바꿔놓았는데, 법적인 규정을 통해서 공개적으로 죄를 꾸짖고, 회개시킨 결과였다. 제네바 시의회에서 시행하는 공개적인 형벌은 교회의 치리사항보다 훨씬 더 엄격했다. 레위기 20장 10절에 보면, "간음을 행한 자는 죽음에 해당한다"고 되어 있다. 이것은 전체 공동체를 건전하게 지켜나가기 위한 법칙이었다. 권징의 대상이 되는 죄악들은 다음과 같다. 이런 사람들을 교정하기 위하여 책벌이 필요하였다.

제네바에서 권징 제도를 확고히 정착시킨 칼빈은 공개적인 죄에 대해서는 "즉시 교회에 의해서 엄숙히 책망받도록 해야 한다"고 했다.[26]

> 가. 무질서를 조장하는 자들과 문제를 야기하는 사람들(롬 16:17)
> 나. 교회 안에서 법을 무시하거나, 무질서하게 살아가는 사람들(살전 5:14)
> 다. 믿음의 중요한 교리들에 대해서 불순종하는 자들(살후 3:13-14)
> 라. 믿음의 중요한 교리들을 부인하는 사람들(딤전 6:3-4)

4) 권징의 필요성과 목적

권징은 교회 안에서 치리를 당하는 성도에게만 유익한 것이 아니라, 예수 그리스도의 임재와 기도에 대한 응답이기도 해서, 모든 성도들에게도 교훈과 유익을 준다.[27] 성도들은 명쾌한 권징의 시행 과정을 통해서 하나님의 뜻과 인도하심을 깨닫게 되고, 새로운 힘을 얻게 된다. 위에서 지적한 바와 같이, 교회의 권징은 선언적인 상징이요, 완전하고도

---

26 Calvin, *Institutes*, IV.xii.3.
27 Jay E. Adams, *Handbook of Church Discipline: A Right and Privilege of Every Church Member* (Grand Rapids: Zondervan, 2016).

절대적이며 최종적인 선언은 재림의 날에 하나님의 심판으로 주어질 것이다.

종교개혁을 통해서 성경적인 교회를 회복하고자 노력하던 유럽교회가 권세의 남용과 무질서와 혼란들을 방지하기 위해서 교회의 권징을 시행했다. 우리는 다행히도 많은 자료들을 살펴볼 수 있어서, 권징을 시행하던 초기 개신교회가 얼마나 도덕적인 경건을 위해서 노력했던가를 살펴볼 수 있다. 대체적으로 주일 예배에 무단 결석을 지속하거나, 주일 성수를 어기고 방종하는 경우에 권징을 받았다. 공개적으로 드러난 성적인 방탕과 부패한 생활, 살인과 싸움, 술취함과 불순종 등을 교정하기 권징이 필요하였다.

웨스트민스터 신앙고백서에서는 교회 권징30장 3항은 죄를 지은 교회의 성도들이 회개하도록 하는 것이 목표이며, 다른 사람들로 하여금 비슷한 행동들을 중단시키고자 함이며, 그리스도의 명예를 지키고, 전체 교회가 하나님의 진노를 당하지 않도록 지키고자 함이라고 하였다.

이를 다시 세분해 보면, 웨스트민스터 신앙고백서에 담긴 권징의 목적은 다섯 가지로 풀이된다.[28]

첫째, 하나님의 말씀에 배치되는 자들의 생활을 제어하는 것에 있는데, 신앙고백의 내용에서든지 아니면 실제 생활에서 드러난 행동으로 거역하든지, 둘 다 포함하였다. 다시 말하면, 오류를 빚으면서도 회개치 아니하고 불순종하는 자들에게는 교회의 질서를 어긴 자라는 공개적 선포가 필요하기 때문이다. 치리는 죄를 범한 자가 주님께로 되돌아 올 수 있도록 그들을 도와주려는 것이 목표이다. 유다는 사람들을 구원하

---

28 Chad Van Dixhoorn, *Confessing the Faith: A Reader's Guide to the Westminster Confession of Faith* (Edinburgh: Banner of Truth Trust, 2014), 405-6.

여 성도로 만들라고 하였다. "또 어떤 자를 불에서 끌어내어 구원하라 또 어떤 자를 그 육체로 더럽힌 옷까지도 미워하되 두려움으로 긍휼히 여기라"유다서 1:23.

사도 바울은 후메내오와 알렉산더를 사탄에게 내어주었다고 말했다 딤전 1:20. 왜 그래야 했던가? 그것은 그들이 징계를 받아 에베소 교회를 더 이상 훼방하지 못하도록 하기 위해서이다. 후메내오와 알렉산더가 정확히 어떤 인물인지는 알 수 없으나, 에베소 교회 내의 극단적인 이단자라는 사실은 분명하다 행 19:33; 딤후 4:14. 여기서 "사단에게 내어줬다"는 의미는 교회 회중 가운데에서 출교시켰다는 뜻이다. 더 이상 교회에 해를 끼치거나 소란스럽게 할 수 없었을 것이다 행 5:5-10. 바울이 이 두 사람을 엄히 징계한 이유는 그 징계를 통하여 범죄한 두 영혼이 회개할까 하는 기대 때문이었다 참조, 딤후 2:25, 26. 징계는 한 인격을 파멸시키는데 그 목적이 있는 것이 아니라, 징계의 대상자와 그를 바라보는 공동체 전체에게 유익을 끼치기 위함이다.

둘째, 교회의 징계는 경고로서 필요하다. 치리는 경종을 울리는 것이다. 제자들의 마음 속에다가 범죄한 자들을 본받지 않도록 낙심을 집어넣어준다. 바울 사도는 디모데에게 엄중하게 꾸짖으라고 명령했다 딤전 5:20. 하나님께서는 예방적인 차원에서 치리를 사용하신다.

셋째, 권징은 작은 죄의 불씨가 퍼지지 않도록 하기 위해서 필요하다. 바울 사도는 '누룩'이 점점 온 덩어리에 퍼져나가는 것을 비유로 들면서, 교만과 음해의 죄를 경계하라고 촉구했다 고전 5:6-7. 처음에는 아주 작은 균이 숨겨져 있지만, 그것을 그대로 두면 위험에 빠진다. 작은 죄들을 그대로 두면, 처음에는 한 사람의 삶을 무너뜨리고, 나중에는 교회 전체를 죄로 물들게 한다. 권징은 교회를 정화시킨다.

넷째, 교회의 징계가 필요한 이유는 그리스도의 영예로움과 복음의 거룩한 고백을 지키기 위함이다. 그리스도는 우리에게 거룩하라고 요구하셨다. 거룩함은 고귀한 진주와 같은 것이다. 교회 안에서 개와 돼지처럼 행동하는 자들로부터 우리의 거룩함을 지켜내야만 한다 마 7:6. 우리는 그리스도를 위해서 권징해야 한다.

다섯째, 권징은 하나님의 진노를 예방하기 위해서 필요하다. 완악한 자들과 악한 자들은 복음의 언약과 언약의 인치심을 경멸한다. 하나님께서는 회개하지 않은 채 성만찬을 먹는 자들에게 교회가 관용하거나 관대하게 대하는 것을 원치 않으신다 고전 11:27-34. 하나님께서 불쾌하게 생각하시는 것들을 피하려는 신실함이 요구된다. 그렇게 하지 않으면, 우리가 주님으로부터 심판을 당하게 될 것이다.

다음으로 권징의 목적에 대해서 살펴보자. 교회의 권징은 세상의 법정에서 내리는 형벌과는 전혀 성격이 다르다. 칼빈은 권징을 실시하는 이유는 세 가지 목적을 위해서라고 설명했다.[29] 칼빈은 성도의 불완전함과 실수를 처벌하자고 주장한 것이 아니다. 그러나 하나님께 대하여 신성 모독과 불경스러운 자들, 그의 말씀과 계명에 대항해서 거짓된 교리를 퍼트리며 우상 숭배하는 자들, 심각한 도덕적인 죄악들에 대해서는 그냥 묵과해서는 안 된다고 판단했다.[30]

첫째는 권징을 통해서 교회를 거룩한 공동체로 지켜나가고자 함이다. 더럽고 수치스러운 생활을 하는 사람들이 '그리스도인'이라고 하는 이름을 갖고 있을 경우에, 하나님의 거룩한 교회가 사악하고 파렴치한

---

29 Calvin, *Institutes*, IV.xii.5.
30 Calvin, "Confession of Faith," (1536), 31-32. "Organization of the Church," (1537), 50-51, *Instruction in Faith* (1537), 72.

사람들의 집단이라고 하는 평판을 받게 되기 때문이다. 교회는 그리스도의 거룩함 몸이라고 하였으니, 더럽고 추한 행동을 하는 사람들로 인해서 머리되신 그리스도가 치욕을 당하도록 방치해서는 안 된다골 1:24. 사악한 자들이 그리스도인의 이름을 더럽히지 않도록 제거시켜야만 한다.

칼빈은 특히 성만찬에 참여하는 사람들에게 권징이 중요한 역할을 한다고 강조했다. 주님의 성찬을 합당하게 시행하기 위해서는 함부로 아무나 생각없이 참여해서는 안 된다. 성찬에 참가해서 아무런 생각도 없이 빵과 포도주를 받는 사람들은 신성 모독의 죄를 범하는 것이다. 성만찬에 참여하는 자는 자신을 살피도록 해야하고, 매우 신중하게 진행해야 한다. 성찬의 거룩함을 모욕하는 자들은 제외시켜야 한다. 이런 일은 오직 교회의 재판권을 통해서만 분별이 가능해 진다.

권징의 두 번째 목적은 사악한 자들에 의해서 교회의 교리와 속성들이 더렵혀지지 않도록 하기 위함이다.[31] 선한 성도들로 하여금 악한 세상 사람들과 함께 어울려서 방탕에 빠지지 않도록 보호하기 위함이다. 사도 바울은 고린도 교회의 성도들에게 음행하는 사람들과의 교제를 끊고, 내쫓으라고 명령했다고전 5:9-13. 성적인 쾌락을 좋아하는 자들은 그러한 성향을 가진 자들과 함께 어울리기 때문에 육체를 방탕에 빠트리는 삶을 정리하기 어렵다.

권징의 세 번째 목표는 성도가 부패한 행동을 한다거나 교회에 거짓된 교리를 가지고 들어오는 자에 대하여 부끄러움을 느끼고, 회개하도록 하기 위함이다. 사도 바울은 데살로니가 교회에 편지하면서, "우

31　Calvin, *Institutes*, IV.xii.8.

리 말을 순종하지 아니하거든, 그 사람을 지목하여 사귀지도 말고 그로 하여금 부끄럽게 하라"살후 3:14. 권징을 당하는 자가 멸망하기를 원하는 것이 아니다. 책망을 받은 자가 회개하고 돌이키기를 원하는 것이다. 다시 성도들에게 돌아와서 공적으로 잘못을 인정하고, 용서를 받은 후에, 교회의 동의를 얻어서 참된 교제를 회복하도록 하기 위함이다.

칼빈은 개인적인 죄악과 공적인 죄악에 대해서 더 상세한 해설을 남겼고, 가벼운 죄와 무거운 죄에 대해서도 구별했다.[32] 공적이면서도 통탄할 죄악에 대해서는 즉각적으로, 공개적으로 교회의 권징에서 철저히 다뤄야만 한다는 것이다. 하지만 가벼운 죄에 대해서는 개인적인 권고와 책망을 해야하고, 반드시 교회의 공개적 권징 절차를 거치도록 엄격하게 다루지는 않았다. 가벼운 개인적인 죄를 범한 자들은 반드시 회개의 열매를 맺어야만 한다.

권징은 죄로부터 교회를 지켜나가기 위하여 시행하는 것이다. 권징은 교회의 특성을 지키기 위해서 사용하는 "보조 장치"이다.[33] 교회에 부여된 재판권은 성경에 나오는 죄$_{sin}$를 판단하는 일이다. 죄는 가벼운 죄와 무거운 죄로 나뉘어진다. 가벼운 과실, 범죄, 파렴치한 행위 등으로 구별할 수 있다. 이에 따라서 죄를 교정하기 위해서 훈계, 책망, 엄한 출교 등으로 치유책을 사용했다.

권징의 방법은 오직 성경 말씀대로만 따라야만 한다. 교회에서 권징의 대상으로 삼는 죄는 공적인 죄와 은밀한 사적인 죄이다.[34] 공적인 죄라는 것은 누구에게나 드러난 죄를 말하는 것으로, 교회는 죄인을 소

---

32 Calvin, *Institutes*, IV.xii.3-4.
33 Calvin, *Institutes*, IV.xii.4.
34 Calvin, *Institutes*, IV.xii.6.

환하여 과오를 확인하고, 교정하는 과정을 거치게 한다.

칼빈은 권징을 시행함에 있어서 마태복음 18장 15-17절에 나오는 예수님의 말씀대로 단계별로 처리하도록 했다. 죄를 범한 사람에게 개인적으로 권면하도록 한다마 18:15. 권징은 엄중히 시행하되, 매우 부드럽고 인자하게 온유한 심령으로 다가간다갈 6:1. 징계를 받는 사람이 근심에 압도당하지 않도록 언제나 특별한 주의를 기울여야 한다고후 2:7. 치유하려는 의도로 권징을 시행하는데 도리어 파멸시키는 것이 되어서는 안 된다.[35] 그러나 은밀한 만남을 가졌는데도 반성을 하지 않으면, 몇 증인들과 함께 만나서 다시 권면한다마 18:16. 그런 사람들에게 경고하고, 꾸짖고, 훈계한다딛 3:10. 마지막 방법으로 전체 교회 앞에 문제를 밝히고, 회개하지 않으면 교인 명부에서 출교시킨다롬 16:17. 만일 죄를 자복하고 실수를 인정하며 회개하는 경우에는 기꺼이 용서를 하고 받아들여야 한다고후 2:7.

공적인 죄를 처리하는 또 다른 방법은 출교였다. 고린도 교회에서는 음행하는 자들에게 말로 질책하고, 출교로 벌을 가했다고전 5:3. 음행자들, 간음자들, 도둑들, 강도들, 선동자들, 위증자들, 불손한 자들에 대해서 징벌을 가했다. 자신의 가벼운 악행들에 대해서 정당하게 훈계할 때에 이를 받아들이지 않고, 하나님과 그의 심판을 조롱하는 자들은 교회 안에서 교제하지 못하도록 제외시켰다. 사사롭고 은밀한 죄의 경우에는 먼저 개인적으로 권면을 한 후에 돌이킬 수 있는 기회를 준다. 그러나 죄인이 회개하지 않고 계속 고집을 부리는 경우에는 교회가 호출하여 처리하도록 한다.

---

35 Calvin, *Institutes*, IV.xii.8.

스코틀랜드 권징조례에는 성만찬에서의 거룩함을 지키고자 권징을 실시하는 것에 대해서는 언급하지 않고, 사악함을 드러내고 덕을 격려하기 위한 목적을 강조했다. 권징의 목적은 세상으로부터 교회의 기준들을 지켜나가고자 함이다 마 5:13-16. 죄가 교회에 퍼지는 것을 막아야 하기 때문에, 죄를 제지시키고자 하는 것이다 수 7:3, 고전 5:6-7. 죄를 범한 성도로 하여금 하나님께로 돌이는 길을 찾도록 도와주기 위함이다 고후 2:6-8. 권징은 습관적으로 죄를 범하는 성도가 하나님의 심판을 피할 수 있도록 결정적인 계기가 될 수 있다 고전 11:30.

5) 권징의 단계와 유형들

권징은 그리스도의 몸 안에 들어와 있는 모든 성도들을 대상으로 한다. 목회자들과 장로들은 특히 더 성실하고 근면하게 자신들의 의무를 다하려고 노력해야만 한다. 교회에서만이 아니라 가정에서도 최선을 다해서 거룩한 생활의 규칙들을 준행해야만 한다.

교회가 권징을 시행하는 이유는 성도들에게 영향을 미치는 악한 죄를 인지시키고, 고백하게 하고, 회개한 뒤에 화해를 도모하고자 함이었다.[36] 성도들은 교회의 치리에 기꺼이 복종하려는 마음을 가져야 하고,

---

36 권징을 현대 교회에서 구체적으로 시행하는 방안을 연구한 책들은 다음과 같다: John White, *Healing the Wounded: The Costly Love of Church Discipline* (Downers Grove: IVP, 1985). Roy E Knuteson, *Calling the Church to Discipline: A scriptural guide for the church that dares to discipline* (Nashville: Thomas Nelson, 1977). J. Carl Laney, *A Guide to Church Discipline* (Minneapolis: Bethany, 1985). Mark Lauterbach, *The Transforming Community: The Practice of the Gospel in Church Discipline* (Carol Stream: Christian Focus, 2003). James T. South, *Disciplinary Practices in Pauline Texts* (Lewiston: Edwin Mellen, 1992). Daniel E. Wray, *Biblical Church Discipline* (Carlisle: Banner of Truth, 1978). Eric Bargerhuff, *Love That Rescues: God's Fatherly Love in the Practice of Church Discipline* (Eugene: Wipf & Stock, 2010). Jonathan Leeman, *The Church and the Surprising Offense of God's Love* (Wheaton: Crossway, 2009). Thomas C. Oden, *Corrective Love: The Power of Communion Discipline* (St. Louis: Concordia, 1995).

교회는 치리를 통해서 놀라운 회복의 약속이 실현되는 기쁨을 맛보게 되도록 기도해야 한다. 이 목적을 이루기 위해서 네 단계의 과정을 진행하였다. 치리가 진행되는 기간 동안에는 중요문제로 떠오른 죄에 대해서 기도하는 것과 회개하는 용기가 필요하다. 합당하게 영적인 생활을 유지하지 못했음에 대해서 반성해야 하고, 실수를 바로 잡되 되도록 반성의 기간을 단축시켜서 회복되도록 하는 지혜가 필요하다.

첫째 단계는 철저하게 비밀을 보장하면서, 조심스럽게 각 개별 성도의 문제를 다루어서, 심각성에 따라서 회개하도록 하는 조치를 취했다. 이렇게 기회를 주었는데도 반발하거나, 부인하는 경우에는 다음 단계로 진행했다.

둘째 단계는 한 명이나 두 명의 증인들을 참여시켜서, 범죄한 사항들을 확인하였다. 증인은 교회에서 신뢰를 받는 지도자의 위치에 있는 사람이 참여하도록 하여서, 신중하고 사려깊고 지혜로운 증언을 하도록 한다. 이 두 번째 단계에서는 목회자들도 참여하여서 장로들의 책임을 주지시키고, 오랜 시간을 소요하지 않도록 노력했다.

셋째 단계와 넷째 단계는 전체 교회가 공개적으로 치리를 시행하는 단계이다. 예수님의 교훈에 따라서 죄를 범한 성도가 뉘우치게 되면, 새로 소생할 기회가 주어진다. 모든 교회의 성도들에게 공개적으로 편지를 보내서 성경적인 교훈을 제시하고, 주의를 촉구하는 것이 필요하다. 장로들에 의해서 조사되고 검증된 사항들이 교회 앞에 보고되고, 인준을 밟는다.

넷째 단계는 당회의 결의에 따라서 가장 엄격하고 높은 단계의 징벌을 내리게 된다. 치리의 자세한 내용을 상의하는 교인 총회와 같은 회의를 소집할 수 있을 것이다. 회의 소집의 목적과 내용을 미리 공고하여야 한다. 목사나 장로에 대한 권징이 필요한 경우에는 더욱 더 파장이 클 것이므로, 권징조례로 정해진 세밀한 절차와 과정을 따라야 한다.

교회가 권징을 집행하는 동안에, 반드시 확정된 규칙을 준수하도록 노력해야 한다. "형제들아, 어떤 사람이 죄를 지은 일이 드러나면, 영적인 자들인 너희는 온유의 영으로 이런 사람을 바로잡아 주고, 자신을 살펴 유혹에 빠지지 않도록 조심하라" 갈 6:1. 성숙한 신자들은 겸손하고 부드럽게 자신의 임무를 잘 감당한다. 미성숙한 성도들은 다른 사람에게 냉정하고, 무례하며, 오만하다. 죄는 범행을 한 자신을 스스로 속이게 하는 속성이 있어서, 한 사람의 성도를 소리없이 파멸에 이르게 할 수 있다. 드러난 범죄들이 합당한 제지를 당하지 않는다면, 교회 공동체 전체로 퍼져나가는 경우가 많다. 교회의 지도자들은 그리스도의 고귀한 명예와 교회의 거룩성을 지켜내기 위해서 민감하게 반응하지 않으면 안 된다.

고린도전서 5장 1-13절과 고린도후서 2장 5-11절에 보면, 죄를 지은 사람이 회개하지 않으면 완전히 회중과의 교제를 단절시키고 출교시켰다.

첫째, 고린도 교회에서는 성적인 죄악을 심각한 문제로 거론했다. 작은 누룩이 퍼져나가듯이 이런 죄악에 물들지 않도록 단호히 조치했다.

둘째, 이단적인 교훈은 교회의 존립기반을 허물어버리는 매우 중요한 사항이라서 바울 사도가 저주를 선언했다 갈 1:8-9. 바울 사도는 디모데에게도 다른 교훈을 가르치는 자들, 신화와 족보들에 착념하는 자들을 완전히 배척하라고 했다 딤전 1:3-4.

셋째, 분파주의를 처벌했다. 고린도 교회에는 다양한 그룹과 계층이 함께 하고 있는데, 편당을 나누게 되면서 성만찬을 오염시키고 말았다 고전 11:17-21.

넷째, 그저 시간을 낭비하는 게으름에 대한 처벌이 있었다. 데살로니가후서 3장 6-12절을 살펴보면, 기독교 신자들은 열심히 노력하여야 하는데 자신과 가정과 이웃들을 위해서 일하지 않는 자들이 있었다. 사도 바울은 기독교인들이야말로 확실한 직업을 가지고 생활을 위해서 노력하고 일하도록 권고했다. 그러나 말을 만들어내면서, 놀고 먹으려 하는 자들은 책벌을 당하였다.

다섯째, 지도력의 실패에 관련한 죄들에 대한 징계이다. 디모데전서 5장 19-21절에서는 지도급에 있는 목사와 장로의 죄에 대해서 처리하는 방안이 나온다. 최소한 두 명의 증인들이 있어야 징계를 진행하도록 하는 절차상의 신중함이 지시되어 있는데, 이는 신명기 19장 15-16절에 나온 것과 동일하다.

이상을 종합해 보면, 교회의 권징 대상이 되는 죄들은 성도들 사이의 개인적인 죄, 공적인 도덕적 실패들, 이단적인 가르침, 분열, 게으름, 지도자들에게서 확증되는 죄 등이다.

독립적으로 제네바 교회에서 권징을 처음 시행한 칼빈은 "엄격주의"에 빠지지 않도록 하라고 강력하게 권고했다.[37] 그는 권징을 시행할 때에 결코 모든 악의 요소를 깨끗이 교정시키지 못한다고 해서 그런 이유로 목회 사역에서 물러나서는 안 된다고 권면했다. 물론, 권징을 시행할 때에도 결코 가혹해서는 안 된다고 강조했다. 기독교강요 12장, 8항에서 14항까지를 살펴보면, 칼빈이 반복적으로 온유하고 부드럽게 권징을 처리할 것을 거듭 강조한다. 권징을 시행할 때에 그 대상자가 "온유함"보다는 "완악함"을 드러낼지라도, "택한 백성의 숫자에서 지워버리

---

37 Calvin, *Institutes*, IV.xii.11.

거나 이미 버림을 받은 자처럼 절망하지 말라"고 하였다. 하나님의 주권적인 권능을 반복해서 강조하는 칼빈의 권고는 매우 감동적이다:

> 주님의 판단에 그들을 내어 맡기고 지금 현재보다도 미래에 그들의 형편이 더 나아지기를 소망해야 한다. 우리는 그들을 위하여 하나님께 부르짖기를 중단해서는 안 된다. 사람은 오직 하나님의 판단과 그의 손 안에 있으니, 우리가 그 사람을 정죄하고 죽음에 내어주지 말고, 오히려 주의 법에 따라서 각 사람의 행동들의 성격만을 판단하도록 하자. 이러한 원칙을 따르는 동안에 우리는 우리 자신의 판단을 내세우는 것이 아니라, 하나님의 판단을 우리의 근거로 삼도록 하자. 하나님의 권세를 제한시키고 그의 그휼하심을 법으로 묶어두기를 바라지 않는다면, 범죄를 판단하는 데에서 더 많은 재량권을 주장해서는 안 될 것이다. 하나님께서는 언제든지 그의 기뻐하시는 대로 극악한 사람들을 최고의 사람들로 변화시키고, 이질적인 자들을 택한 백성에 접붙이시며, 외인을 양자 삼으셔서 교회 안으로 들이는 것이다.[38]

치리의 대상이 된 교우들을 "원수와 같이 생각하지 말고 형제와 같이 권면하라"살후 3:15는 바울의 가르침을 따라서 지나친 가혹행위로 처벌해서는 안 되고, 출교한다고 해서 저주를 선언하는 것과는 다르다고 권고했다. 저주는 사람의 죄를 정죄하면서 용서의 여지를 완전히 없애고 영원한 파멸에 집어넣는 것이고, 출교는 그 사람의 도덕적인 품행을 제지하고 책망하는 것이다. 출교는 다시 돌이키게 하여서 구원의 대열에 세우고자 하는 것이다.[39] 칼빈은 어거스틴이 도나티스트들을 권징할

---

38 Calvin, *Institutes*, IV.xii.9.
39 Calvin, *Institutes*, IV.xii.10.

때에도 한없이 너그러웠음을 상기시킨다.

교회가 처벌하는 각 범주들과 유형들은 모두 세 종류였다.

첫 번째 유형은 권고, 훈계, 책망admonition**으로 그치는 경우도 있었다.** 바울 사도가 데살로니가 교회에게 요청한 것이기도 하다_{살전 5:12}. 성도들과의 대화와 교제를 금지시키는 형벌도 있었다.

둘째 범주는 성만찬에 참여하는 것을 얼마동안 금지하는 단계이다. 수찬 정지라는 처벌은 하나님의 은혜를 받지 못한다는 것이라서, 매우 두려운 시간을 참아내야만 한다. 이것은 데살로니가 교회의 형제들 중에서 불순종하던 자들에게 바울 사도가 실시한 조치였었다_{살후 3:6,14,15}.

셋째 범주는 출교이다. 칼빈은 회개하지 않는 자에게 내리는 엄중한 저주 선언_{the anathema}과 출교_{excommunication}를 구별하였다. 저주 선언은 한 사람의 영혼에 대해서 영원히 파멸에 처하는 것으로서 회개할 가능성을 빼앗아 버리는 것이다. 칼빈은 거의 이러한 선고는 하지 않았다. 출교 처분은 당회의 결정에 이어서 교인들의 총회에 보고케 하고 인준을 받았다. 출교 처분은 회개의 가능성을 열어주는 조치이다. 바울 사도는 디도에게 사악한 자들로부터 교회를 보호하기 위해서 강력한 분리 정책을 주문했다_{딛 3:10, 고전 5:4,5,13, 마 18:17}. 물론 이 경우에도 죄를 지은 자가 다시 회복되어서 돌아오는 것이 교회의 소망이다_{고전 5:5}. 교회는 이처럼 처분을 받은 이들에게 온유한 심정으로 대해야 하고, 지속적으로 기도해야 한다.[40]

칼빈은 권징을 시행함으로써 교회의 정체성과 통일성을 유지할 수 있다고 확신했다. 또한 성도들로 하여금 성화의 열매를 맺도록 자극을

---

40   Calvin, *Institutes*, IV.xii.8-10.

주고, 역동적인 신앙생활을 영위하도록 만들어준다고 보았다.[41] 권징을 통해서 그리스도에게 순종하고 복종하며 신실한 생활을 유지해 나가도록 지속적인 생동감을 불어넣어 주려는 것이다.

5. 개혁교회 권징의 구체적인 사례들

제네바 교회의 권징 사례들을 살펴보면, 크게 세 가지 단계로 정해졌다. 몇 개월 동안 성찬에 참여를 금지하는 수찬 정지, 회개한다는 표시로 주일 날 교회 입구에 성도를 세워 놓는 것, 그리고 가장 심각한 경우에는 출교 처분을 내렸다.

칼빈의 제네바 교회가 권징을 시행할 때에, 그 어떤 차별도 두지 않았다. 태어날 때부터 귀족이라고 해서, 혹은 당시 사회 분위기가 남자들의 권위에 여성이 복종하는 시대였다고 해서, 어떤 성별이 더 나은 대우를 받았다고 할 수 없다. 당시 시대 환경은 남성우위의 권위주의 시대였으나, 가정 문제를 다루는데 있어서 결코 여성의 동등한 위치를 무시하지 않았다. 당회가 가정 문제에 개입하여 치리한 경우를 종합해 보면, 남자들에게 치리를 한 경우가 압도적으로 많았다. 치리를 받은 사람들의 62%에서 67% 정도가 남자 성도였다. 제네바는 "여자들의 천국"이라고 불평하는 문서가 남아있을 정도였다.

---

41 Ronald S. Wallace, *Calvin's Doctrine of the Christian Life* (Grand Rapids: Eerdmans, 1959). John H. Leith, *John's Calvin's Doctrine of the Christian Life* (Louisville: Westminster/John Knox, 1989). Guenter Haas, "Calvin, the Church and Ethics," in *Calvin and the Church* (Grand Rapids: CRC, 2002), 72-91.

1546년도에 제네바 교회의 권징내용을 구체적으로 살펴보자.[42]

간통과 간음: 94건

성적인 부도덕한 행동들: 23건

성폭행과 성폭력: 1건

논쟁이 되는 약혼들: 20건

집안과 부부간의 싸움: 66건

낙태: 1건

의심되는 세례: 3건

자녀 양육 문제: 5건

학교 교육상 논쟁: 1건

부모에 대한 불순종: 1건

아내 구타: 1건

이혼: 6건

1560년에 스코틀랜드에 장로교회 체제가 시행된 후에, 1610년까지의 치리를 받은 죄목들은 살펴보면 간음, 성적인 범죄, 미성년자에게 부도덕한 성행위를 한 경우 등 가장 많았다.[43] 세인트 엔드류스에서 1580년대부터 1590년대까지 목회했던 앤드류 멜빌은 성도들의 경건생활 향상을 위해서 열정적으로 노력했었다. 그가 목회했던 교회의 당회록을 살펴보면, 모든 치리 대상 가운데서 공개적으로 드러난 성범죄가 거의 절반에 해당했다. 그 다음으로는 신앙적인 행위를 하지 않은 자들,

---

42 Witte and Kingdon, *Sex, Marriage, and Family*, 75.
43 Benedict, *Christ's Churches Purely Reformed*, 469.

주일 성수를 온전하게 하지 않아서 문제를 일으킨 자들, 교회의 선포에 대해서 순종을 하지 않은 자들, 주일 예배에 무단으로 결석하는 자들 등이었다.

위와 비슷한 시기인 1561년부터 1614년까지 프랑스 개혁교회의 기록을 살펴보면, 외부로부터 주어진 극심한 로마 가톨릭의 박해 가운데서도 신실한 개신 교회는 내부적으로 권징을 시행했다. 개신교회 성도들이 앞도적이었던 남부 도시 니마Nimes에서는 다음과 같은 치리내용이 주로 다뤄졌다.

다툼과 싸움	25%
교리적인 무관심 혹은 예배에 결석	16%
미신 숭배 및 로마 가톨릭적인 행위들	15%
춤추며 방탕함	13%
성적인 부도덕함	9%
축제와 가면무도회 등	6%
가정 문제	6%
놀음	5%
술취함, 사치, 호사스런 음식	3%

각 지역마다 권징의 중요한 죄목들이 서로 차이가 있지만, 십계명을 준수하도록 성도들에게 촉구하였다. 개혁교회의 권징은 로마 가톨릭에서 시행하던 미신적인 성상 숭배, 우상 숭배, 거짓 예배를 방지하려는 노력을 포함하고 있었다. 개혁교회의 성도들이 개인적으로 신앙생활을 하는 중에 같은 지역에 있는 로마 가톨릭의 미사에 참석하지 않도

록 가르치는 방법은 철저한 관리와 지침을 준수하도록 관찰하여야 했다. 프랑스에서는 예수회가 세운 학교에 자녀들을 보내지 않았으며, 같은 개혁 신앙을 가진 사람들끼리 결혼하도록 권고했다. 네델란드 암스텔담에서는 성도들로 하여금 로마 가톨릭, 루터파, 재세례파, 알미니안주의자들, 독립파, 퀘이커파, 무정부주의자들과는 교제를 금하도록 했다.

단순히 로마 가톨릭의 종교 생활을 거부하도록 경고하는 차원을 넘어서서, 개혁주의 교회에서는 신성 모독과 우상 숭배를 철저히 금지시켰다. 개혁교회에서 결혼을 원하는 젊은이들은 십계명, 주기도문, 사도신경을 암송하도록 했다. 술집에서 만취하거나, 놀음, 춤추기, 다른 축제에서 카니발 문화를 따라가는 행위 등은 당회의 주요한 치리 항목이었다. 어느 곳에서나 성도들이 성적인 유혹에 넘어가지 않도록 엄격하게 규칙을 강화했고, 가정을 소홀히 하는 생활 태도를 견책했다. 개혁주의 교회에서는 한 사람이 간음을 한 경우를 제외하고는 이혼을 허용하지 않았는데, 1천 가정에 1가정 정도였고, 거의 이혼 신청이 없었다. 교회의 권징은 단순히 질서있는 공동체의 아름다움을 드러내는 것으로 끝나지 않았고, 가정과 사회를 순수하고 깨끗하게 정화는 영향을 끼쳤다.

교회의 치리는 장차 재림의 날에 주어질 종말론적 심판의 상징이요, 교훈적이며, 임시적인 성격을 갖고 있다. 교회의 징계를 받은 성도가 죄를 회개하고 뉘우친다면, 최후의 심판에서 영원한 저주를 받지 않게 된다. 교회는 성도들로 하여금 영적인 성숙과 거룩성을 지켜낼 수 있도록, 예배, 설교, 성경 공부, 성도 간의 교제, 제자 훈련, 상담 등의 목회 사역을 질서있게 제공하고 있다. 이러한 모든 교회의 사역들이 진행되어가는 과정에서 권징을 생략할 수 없다. 거룩한 백성으로 살지 않는 자들은 아무도 주님을 볼 수 없기 때문이다히 12:14.

교회와 국가

현대인들에게 있어서, 교회와 국가 간의 관계는 불합리한 기대와 대립으로 간주되는 경향이 있다. 민주주의 국가들은 거의 예외 없이 세속화된 집행부를 구성하고 있어서, 교회와의 관계 설정이 매우 예민한 문제로 대두될 때가 많고 대립적이다. 교회를 무시하는 국가가 된다고 한다는 과연 건전한 윤리적 기준과 가치관을 어디에 기초하여 사회질서와 정의를 세워나갈 수 있을까? 이 문제는 심각한 현실적 과제이다. 국가적으로 인간의 윤리와 올바른 정의를 세워나가지 못하게 된다면, 무정부 상태에 놓인 개인주의는 이기적 황금만능주의와 쾌락주의에 빠질 수밖에 없다.

신실한 성도들은 주로 교회 안에서 윤리적 가르침을 전달 받아서 살아가고 있고, 신학자들은 기본적으로 교회론만을 집중적으로 연구하기 때문에, 국가와의 관계에 대해서는 여러 가지 입장들이 혼재해 있다. 이 논문에서는 먼저 국가와 세속 정부에 관계된 성경적인 원리들을 예수 그리스도의 가르침에서 살펴보려고 한다. 그리고 16세기 유럽 종교개혁자들이 제시한 교회와 국가와의 관계에 대한 논의를 보다 집중적으로 다루고자 한다. 국가와는 상관없이 교회가 단독적으로 따로 존재하는 것이 아니며, 세속 정권이 영향을 미치는 곳에서 양립해야만 하기 때문에, 교회와 국가 간의 관계 설정은 사회정의를 구현하기 위해서 함께 노력하지 않으면 안 된다.[1]

한국 교회는 구한말 독립운동과 대한민국의 민주주의 국가를 건설하여 온 역사의 소용돌이 속에서 큰 공헌과 기여를 하였다. 군사독재에 맞서서는 투쟁을 하였고, 공산주의와의 대립에서는 단호히 헌신을 하였으며, 경제 발전의 시기에 이르기까지 교육과 의료, 복지와 자선 활동으로 엄청난 영향력을 발휘하고 있다. 일백여 년 전, 일본의 강압적인 침략으로 빼앗긴 자주 독립을 쟁취하기 위해서, 1919년 3월 1일 만세운동을 전개할 때에 교회가 주도적으로 참여하였다. 교회 지도자들이 숭고한 희생을 마다하지 않았으며, 성도들의 의기와 기개는 하늘에 사무쳤고, 전 세계에 울려 퍼졌는데, 국가를 사랑하던 기독교인들이 가장 앞장서서 희생을 치르면서도 추진하므로써 가능했던 것이다. 1901년부터 한국장로회 공의회는 선교사들의 지도를 받아서 교회의 비정치화, 또는 정교분리 원칙에 입각하여 수동적으로 행동하였기에 각 교단이나 총회나 연합회가 앞장을 서지 못했다는 평가에 대해서도 겸허하게 반성해야 할 부분이다.[2]

교회와 국가와의 관계에 관한 자료들을 역사적으로, 신학적으로, 성

---

[1] John Frame, "Toward a Theology of the State," *Westminster Theological Journal* 51, no. 2 (1989):199-226. John Eidsmoe, *Historical and Theological Foundation of Law*, 3 vols. (Powder Springs: Tolle Lege, 2011). P. C. Kemeny, ed., *Church, State, and Public Justice: Five Views* (Downers Grove: IVP, 2007). Derek H. Davis, ed., *The Oxford Handbook of Church and State in the United States* (New York: Oxford University Press, 2010).

[2] 대한예수교 장로회 백년사, 1922년 제 11회록 42쪽: "교회에 관계없는 연설은 예배 당에서 하지 못한다." 참고, 이만열, 3.1운동과 한국 기독교 3.1운동에서의 한국 기독교 위치," 『기독교사상』 375(1990년 3월호): 128-9.

경적으로 살펴보면서, 바람직한 관계 정립을 탐구하고자 한다.[3] 우리는 먼저 중세 말기 수직적 권위주의 시대를 마감하는데 기여한 종교개혁자들의 국가와 교회에 대한 입장을 가장 중점적으로 살펴볼 것이다. 21세기 현대인들에게 주어진 민주주의 국가 체제와 교회간의 관계를 설정하는데 가장 근본 뿌리가 되는 사상들이 분출했던 시대가 종교개혁이 일어나던 시기였다.

1. 세속 권세에 관한 성경적 교훈들

신앙의 공동체인 교회는 절대적이고 궁극적인 하나님의 권세에만 초점을 맞춰서 세상의 권세와 국가에 관련된 일들을 지도하려고 한다. 불신자들로 구성된 사회와 국가는 이에 반대하여 어떻게든 교회의 지위를 축소시키려 하고 인정하려들지 않는다. 그 어느 쪽도 각자의 입장을 포기하지 않으려 하면서, 역사와 전통을 세워오고 있는 것이다.

국가와 교회는 성경적 근거에 의존하여 설립되어졌고, 서구 유럽 사회에서 이를 받아들여서 오랜 기간 발전하여 왔다. 먼저 고대 사회에서 주어진 성경 말씀 안에서 가장 본질적인 교회와 국가와의 관련성에 관한 지침들을 살펴보고자 한다. 교회가 세상의 권력을 장악하여 집행하고 있는 국가에 대한 이해와 의무를 설명하기 위해서 먼저 성경에 담긴 기본적 구조를 살펴보고자 한다.

우선 예수 그리스도께서 베들레헴에서 태어나신 것은 로마 제국의

---

3 김재성, "교회와 국가와의 관계" 『신학과 교회』 제 8호 (2017, 겨울호)(서울: 혜암신학연구소): 185-216.

정치적 방침에 의하여 진행된 호적 재정비에 따른 절차가 개입되어져 있었다. 하지만 로마 제국의 권력은 이스라엘 민족과 교회에 대해서 항상 정복자로서 지배하려 했으며, 시민들에게 안식과 평안을 제공해야 마땅한데도 오히려 거북스럽고 불공평한 통치와 그를 집행하는 관리들로 인해서 거부감을 주었다. 예수님의 죽음은 당시 세속적인 정치 세력가의 결정에 의한 것이다.

예수님께서는 하나님의 권세와 로마 황제 가이사의 공적인 권한을 각각 인정하셨는데마 22:21, 그 어느 한쪽이 무엇을 해야만 하는지에 대해서는 명확하게 한계를 규정해놓지는 않으셨다.[4] 모든 만물을 창조하신 하나님이시기에 만물을 다스리시며 지배하시는 것이 당연하다. 하지만, 각 지역에 국가를 허용하셔서 악을 방지하고 질서를 유지하도록 공적인 선을 시행하신다. 그러나 이 땅 위에서 권세를 가진 왕권과 세속 군주들의 통치는 정복과 무력으로 쟁취한 자들이 승자가 되어 강압적으로 다스리는 방식으로 정착되어서 매우 오랫동안 불행과 비극이 지속되어졌다.

교회가 주로 취급하는 영역은 성도들의 구원 문제들이고, 온전히 최후 종말에 이르는 과정을 인도하면서 세상의 권세로부터 보호하는 일이다. 세상의 나라는 일시적이지만, 우리 주님 그리스도의 나라는 영원토록 지속될 것이다계 11:15.

사도 바울은 로마 제국의 권세가 하나님에 의해서 세워졌다고 확정하였으며, 국가에게 복종해야하고 공손하게 질서를 지키는데 힘써야

---

4   D. D. Sceats, "State," in *New Dictionary of Theology*, eds., Sinclair B. Ferguson, David F. Wright (Leicester: IVP, 1988), 659. John Eidsmoe, *God and Caesar: Biblical Faith and Political Action* (Westchester: Crossay, 1984).

함을 강조했다. 세상의 권세를 거역하는 것은 그것을 제정하신 하나님께 저항하는 것이라고 설명했다롬 13:1-7. 결국 전도와 선교를 위해서 살아가던 사도 바울도 로마 정치와 관련해서 체포되었고, 로마 시민권에 주어진 특권을 사용하여 황제 가이사에게 호소하기 위해서 먼 길을 가야만 했다행 25:11.

바울은 그리스도의 시민권은 세상의 어떤 국가에 소속한 게 아니라, 하늘나라에 속해 있다고 역설했다빌 3:20. 믿음의 선진들에 대한 설명에서도 역시 이 땅 위에 살았던 성도들은 모두 다 하늘나라를 바라보면서 살았던 자들이고, 이 땅에서는 나그네와 행인으로서 잠시 머물다가 가는 것으로 생각했었다히 11:15,16.

그 사이에 전 세계로 흩어진 성도들은 탄압받는 경우가 많았으며, 유대인들도 부당한 로마 제국의 국가 권력 아래서 신음하였지만, 자신들의 독립 국가를 향한 옹호라든가, 독립전쟁에 대한 사무치는 언급이 전혀 없었다. 사도 베드로 역시 세속 군주는 선한 일을 수행하기 위해서 하나님께서 세우신 자로서 못된 행위를 하는 자들에게 처벌을 내리는 역할을 감당하기에 복종해야함을 강조했다. 황제와 군주들이나 그들을 대행하는 자들에게 순응하라고 조언했다벧전 2:13,14.

그러나 세속 정부는 "큰 바벨론이라 땅의 음녀들과 가증한 것들의 어미라"계 17:5,6, 결국에는 망하게 될 것이요, 성도들의 피를 마시는 사악한 세력이다.[5] 신약 성경의 시대를 들여다본다면, 세속 국가는 항상 교회와 충돌하였다. 일반적으로 각 지역별로 나름대로 발전해온 종교가 있었으나, 로마 제국의 권력은 항상 거대한 힘으로 짓눌렀다.

---

5 W. H. C. Frend, *Martyrdom and Persecution in the Early Church* (Oxford: 1965).

신약 성경에 등장하는 시대에 지상에 존재했던 모든 국가는 종교적이었지만, 반기독교도들이었다. 모든 인류 사회는 고대 시대에서부터 각 지역에서 나름대로 형성된 특정한 종교의 신념과 가치 체계에 의해서 유지되어져 왔고, 전통을 형성해 내려왔다. 한국 사회만 보더라도, 신라와 고려는 불교이념을 근간으로 했고, 조선시대는 유교적 통치가 절대 권력의 이념적 기초를 제공하였다. 유대교와 이스라엘 민족은 정치와 종교가 거의 하나가 되어서 서로 협력과 갈등을 반복하면서 사회 체제를 유지하여왔었다. 그러나 헬라 제국과 로마 제국으로 이어지는 외국의 지배기간에 유일신교는 근간이 흔들리고 말았다.

로마 제국은 다신교 사회였으며, 아직 종교다원주의 사회는 아니었다. 그런데 로마 황제 숭배를 거역하지 않는 한, 종교적 다양성이 인정을 받고 있었다. 로마는 제국과 황제에 대한 충성심의 표현으로 수호신으로 숭배하던 황제들의 신전에서 경배하도록 강요하였다. 예수 그리스도를 믿는 기독교인들은 이런 행위를 우상 숭배로 간주하였다. 유대인들과는 달리, 기독교인들은 우상 숭배를 거부하였는데, 로마 제국에서는 반항의 표시로 간주하여 핍박을 가했다.

이런 상황에서 사도 바울은 국가의 권세가 하나님에게서 나온 것이라고 주장하면서는 복종하라고 조언했던 것이다. 국가 권력은 하나님에게서 나온 것이기에, 기독교인들은 반드시 어떤 제국 안에서 살든지 국가에 가장 충성해야만 하고, 국법을 준수하는 일등 국민이 되어야 한다는 것이다. 그러나 교회가 이교도 로마인 황제를 숭배하라는 강요에 대해서 우상 숭배로 거부하였을 때에, 엄청난 탄압과 극심한 희생을 해야만 했었다.

2. 로마 가톨릭의 세속화된 권력

교회가 세속 정치적인 영역에 막대한 영향을 미치게 된 것은 로마 제국에서 황제들의 보호와 도움으로 시작되었고, 중세 시대에 확장되었다.[6] 주후 313년 밀라노 칙령을 발표한 후, 교회에 대한 세속 제국의 극심한 박해가 사라졌다. 콘스탄틴 1세Constantine the Great, 272-337, 재위 306-337가 황제로 등극한 후, 기독교 교회는 로마 제국에서 공식적으로 인정을 받았다. 그 때까지 교회는 눈물겨운 수난 속에서 와해돼 버리거나, 사라질 위기를 넘겨야만 했었고, 로마 제국 하에서 밖으로 드러나는 중요한 역할을 감당해 낼 수 없었다. 하지만 겉으로 보이지 않던 교회였지만, 성령의 역사하심으로 사람들의 마음 속에 살아있었다. 황제의 초청으로 주후 325년 니케아 종교 회의가 열렸고, 기본적인 신앙을 정비하게 되었다. 비록 숫자는 적었지만, 초대 교회는 나름대로 개별 성도들과 특별한 관련을 맺은 사람들에게 영적인 영향력을 발휘하면서, 인생의 고뇌와 숙제를 해결해 주는 진리의 빛을 비춰주었다. 로마 제국의 군대와 권세에 비하면 미미하기 그지없었던 초대 교회였으나, 내적인 영향력은 외적인 모습과는 달랐다.

교회가 로마 제국에서 완전한 승리를 쟁취한 것은 주후 381년 콘스탄티노플 회의에서 다시 한번 정통 교리를 규정하면서였다. 그 후로 테오도시우스 황제379-395는 지속적으로 니케아 신경에 근거한 교회를 옹호하였고, 주후 393년 기독교가 아닌 모든 종교들의 우상 숭배를 금

---

6 John N. Figgis, *Studies of Political Thought from Gerson to Grotius, 1414-1625* (Cambridge: Cambrige University Press, 1931). R. W. Carlyle & A.J. Carlyle, *History of Medieval Political Theory in the West*, 6 vols. (Edinburgh: William Blackwood and Sons, 1962).

지시켰다.[7] 밀라노의 감독 암브로스는 황제에게 데살로니카 교회에서 로마 군대가 성도들을 살해한 일에 대해서 철저히 회개할 것을 요구했다. 다윗 왕이 회개한 것과 같이, 수 개월 후에야 성례에 참여하도록 허락했다.

중세 시대에 접어들면서, 세속 국가는 과연 어디까지 교회에 대해서 간섭할 수 있느냐에 대한 의문이 차츰 제기되었다.[8] 특히 주후 5세기에 서로마 제국이 무너지면서, 각 지역별로 봉건 군주 제도가 형성되었다. 군주들과 귀족들은 거대한 세력다툼을 벌여서 각자 더 넓은 지역을 다스리는 강국으로 재편되어갔다. 이들 제국들은 교회의 권세에 의존하기도 하고 이용하려거도 했으며, 교회의 수장들은 더 많은 영향력과 재력을 축적하였다.

초대 교회의 신학을 집대성한 어거스틴은 정확하게 하나님의 나라가 이 땅 위에서 어떤 모습을 취하고 있는가, 무엇을 구체적으로 감당해야만 하는가 등을 명확하게 규정하지는 않았지만, 사회적 언약의 관점에서 세속 정치권력에 모든 성도들이 복종할 것을 언급하였다.[9] 어거스틴은 세속 통치자들의 억압에 대해서 저항하지 말 것을 권고했는데, 하나님께서 주신 통치권을 시행하는 자들이라고 존중해야 한다는 것이다. 동시에, 국왕은 교회에 대해서 의무를 감당해야 할 것도 언급하였다.

중앙집권적이던 로마 제국의 붕괴 이후로, 자유를 더 많이 누리게

---

7 Philip Hughes, *A History of the Church* (London: Sheed & Ward, rev ed 1949), vol I, 211-235.

8 Robert L. Cord, *Separation of Church and State: Historical Fact and Current Fiction* (New York: Lamberth, 1982). John Witte Jr., *The Reformation of Rights: Law, Religion, and Human Rights in Early Modern Calvinism* (Cambridge: Cambridge University Press, 2007).

9 Norman Hepburn Baynes, *The Political Ideas of St. Augustine's "De civitas Dei"* (London: Bell, 1936), 12-13.

된 서방 로마 교회의 권위는 각 지역에서 더욱 더 강화되어졌다. 주후 800년에 로마 교황 레오 3세가 샤를마뉴의 대관식을 거행하면서, 중세 유럽에서 최고 권력으로 부상하였다. 서방 유럽에서는 "기독교 왕국"Christendom 시대가 도래 하였으니, 오직 하나의 진리 체계만 작동하는 기독교 사회가 되어갔다. 급기야 로마의 주교들은 베드로의 후계자이자 그리스도의 대리인이라는 "교황직"을 주장하면서 서방은 말할 것도 없고 동유럽 교회들까지도 지배하려 하였다. 주후 1054년, 동방 희랍 정교회가 완강하게 로마 교황의 수위권을 거부하면서 완전히 분리했다. 하지만 서유럽에서는 로마 교황청의 권세가 각 지역 봉건 영주들의 권세보다 더 크고 거대하게 확장되었다.

주목하여야 할 것은 로마의 주교가 교황권의 절대주의를 서방 유럽에서 구체화 한 것은 11세기 무렵이었다는 사실이다. 로마 교회와 각 국가들 사이의 주요 관심사항은 각 지역에서 최고 권세를 갖고서 최종 결정을 하는 자가 과연 누구인가 하는 문제였다. 로마 교황이 세속 군주들을 지배하게 된 것은 "교황의 수위권"the primacy of the pope이라는 개념이 확산되면서 부터다. 만왕의 왕되신 예수님으로부터 교회가 열쇠의 권한을 받았다고 언급한 마태복음 16장 19절이 강조되었다. 교황권의 우위설이란 하나님께서는 자신의 대리자들을 통해서 세상 군주들에게 지침을 내려주시는 방식으로 통치하신다는 신정통치 체제 theocracy 를 주장하는 것이다.[10]

중세기 유럽에서는 왕이나 군주가 사망하는 경우에 그 후임자의 취임을 누가 승인하느냐, 각 지역 교회의 주교를 누가 임명하느냐에 대

---

10 Otto Gierke, *Political Theories of the Middle Ages*, tr. Frederic W. Maitland (Cambridge: Cambridge University Press, 1958), 187.

한 다툼이 첨예하게 대두되었다. 세속 군주보다 더 높은 권세를 누리는 교황권의 절정을 보여준 사건이 1077년에 일어난 '카노사의 굴욕'Humiliation of Canossa이다. 이탈리아 카노사에 머물러 있던 교황을 찾아온 독일 군주 헨리 4세가 추운 날씨에도 불구하고 맨발로 삼일 밤낮 동안에 무릎을 꿇었다. 자신에게 내린 파문과 저주를 풀어달라고 교황 그레고리 7세 앞에서 간청하였다. 교황이 미사금지를 결정하게 되면 더 이상 신성 로마 제국 내에서 황제라는 지위를 인정을 받을 수 없다는 교회의 권위 앞에 무릎을 꿇은 것이다. 그러나 훗날 전세는 역전되고 말았으니, 기회를 엿보던 헨리가 교황의 부대를 격파하게 되면서 다시 힘의 균형은 국왕에게로 기울어졌기 때문이다.

중세 시대에 교회와 국가와의 관계를 극명하게 보여주는 또 하나의 사건을 살펴보자. 민족주의가 등장하면서 세속 군주의 권세가 다시 득세하게 되어서, 프랑스 국왕 필립 4세가 로마 교황 클레멘트 5세부터 프랑스인들로 선출하여 자신의 통제권에 놓고 지배하던 "아비뇽 유수"Avignon papacy, 1309-1377라는 사건이 일어났다.[11] 후임 교황직위를 놓고서 로마 교회 내부의 분열이 심화되면서, 국가의 권세가 강화되었다. 1378년부터 1417년까지는 각각, 프랑스, 이탈리아에서 세 명의 교황이 선출되어서 서로 간에 파문하는 분열과 대립이 있었다. 이런 문제를 해결하기 위해서 공의회주의conciliarism라는 개념이 대두되었는데, 각 지역 교회의 대표자들이 결정하는 바에 따라서 교황에게 권한을 위임하자는 것이다.[12]

---

11   P.N.R. Zutshi, "The Avignon Papacy" in *The New Cambridge Medieval History*: c.1300-c.1415, Vol. VI, ed. Michael Jones, (Cambridge University Press, 2000), 653.

12   J. H. Burns and Thomas M. Izbicki, *Conciliarism and Papalism* (Cambridge: Cambridge University Press, 1997). C. M. D. Crowder, *Unity, Heresy, and Reform, 1378-1460: the Conciliar Response*

공의회주의자들은 교황의 이단적인 선포나 주장에 대해서는 당연히 거부할 수 있음을 확고히 하였으며, 교황무오설과 같은 논리는 허구적이라고 비판하였다. 지상 위에서 교황의 권세는 결코 무한대한 것이 아니라, 그보다 하위에 있는 자들의 집합적인 결의에 의해서 판단을 받을 수 있다는 것이다. 심지어 이단적인 교황에 대해서는 폐위할 수 있음을 주장하는 측과 이를 반대하는 측으로 나뉘어졌다. 콘스탄츠 공의회1414-1418에서는 매 십년 마다 의무적으로 공의회를 개최할 것을 결의하였다.

그러나 1459년 교황 피우스 2세가 특별조서를 통해서 모든 결의를 거부해 버렸고, 로마 가톨릭 교회의 내적인 개혁과 갱신을 모두 다 차단해버렸다. 일단의 최고위층 성직자들에 의해서 자체적인 성찰과 논의과정을 거치도록 하려했던 건의가 묵살 당했다. 공의회주의자들의 모든 시도가 실패로 돌아가면서, 이런 일련의 과정이 남긴 파급 효과는 엄청났다. 다시 말하면, 로마 교회의 결정권을 갖지 않았던 평신도들과 하급 성직자들이 나서야만 로마 교황청 내부의 부패와 왜곡에 대해서 이의를 제기할 수 있게 되었고, 오류에 대한 이의제기를 할 수 있게 되어졌다.[13] 합법적인 교황이 권좌에 올라가서 권한을 행사하게 되었다 하더라도, 공의회가 모여서 교황의 통치에 대해서 합리적인 평가를 내릴 수 없게 되었다. 루터와 여러 개신교 지도자들이 로마 교황청과는

---

to the Great Schism (New York: St. Martin's Press, 1977). Francis Oakley, *Council over Pope?* (New York: Herder and Herder, 1969). idem, *The Conciliarist Tradition* (Oxford: Oxford University Press, 2003). Brian Tierney, *Foundations of the Conciliar Theory* (Cambridge: Cambridge University Press, 1955). idem, *Religion, law, and the growth of constitutional thought, 1150-1650* (Cambridge, Eng., and New York: Cambridge University Press, 1982).

13　Brian Tierney, *Origins of Papal Infallibility, 1150-1350: A Study on the Concepts of Infallibility, Sovereignty, and Tradition in the Middle Ages* (Leiden: Brill, 1972).

완전히 별개의 노력을 기울이던 끝에 교회의 개혁 운동을 시도하게 되는 방향으로 나갔다.

3. 중세 시민주의와 사회적 언약론

중세 시대는 교황권 왕국의 시대papal kingdom로서 유럽의 모든 나라, 모든 사람들이 단 하나의 조직에 속한 구성원들member of the one body로 간주되었다. 일부 소수이지만, 교황 통치에 일방적인 상하 구조에 저항하던 사람들 중에는 정치 사상에 있어서 공화정주의자들publicists이 있었다. 이들은 국가와 교회를 포함하여 모든 권위는 결국 시민들로부터 기인한다는 "재권주의" 혹은 "민본주의"를 주장하였다. 프랑스 파리 대학교에서 가르쳤던 파도바의 마르실리우스Marsilius of Pauda, 1275-1342가 대표자인데, 윌리엄 오캄의 제자로서 교황의 직권, 특히 모든 각각 교황의 통치 권세에 대해서 완강히 거부하였다.[14] 교황이 행사하는 권세가 합법적으로 세워진 세상의 권세를 침범하는 것은 왜곡된 것이라고 주장했다. 모든 지상의 권위와 권세를 하나님께서 제정하시는 것이라고 한다면, 사람을 통해서 규정되는 합당한 정권이 행사해야 하는 것이지 교황이 다스리는 것은 아니라는 것이다.

기독교 공동체를 하나로 묶어서 생각하는 언약 사상이 하나의 기독교 사회를 구성하는 권세와 통치에 대한 이해에서도 활용되었다. 사회

---

14 Marsilius of Padua, *The Defender of Peace*, tr. Alan Gewirth (New York: Harper & Row, 1967), 38. Lee, Hwa-Yong, *Political Representation in the Later Middle Ages: Marsilius in Context* (New York etc., Lang, 2008).

적 언약론에서는 믿음을 가진다는 것은 단순히 개인별로 구원을 얻는 은총을 받았다는 것으로 그치지 않는다고 가르친다. 하나의 믿음 공동체에 들어가서 생활과 모든 관습을 다 같이 통제받으면서 의무를 감당하는 것을 말한다. 종교개혁 시기에 독일 남부와 스위스에서 널리 확산된 언약 개념에 따르면, 신앙인들은 한 단위의 묶음으로서 상호 계약에 참여하는 것이기에 결코 오늘날의 개인주의로 생각해서는 안 된다.[15] 여러 개로 나뉘어진 재세례파들, 소규모 분리적인 공동체 운동들, 저지대 국가의 무정부주의자들, 뮌스터의 재세례파들, 프란시스파 수도원 등이 공동체 계약론에 따라서 결속할 수 있었다.

중세 후기 로마 가톨릭 교회가 성경에서 떠나버린 상태에 놓여 있을 때에, 먼저 교회 회복을 열망하던 종교개혁자들이 일어나서 무너진 교회를 바로 세우는데 앞장을 섰다. 국가의 탄압과 교황의 저주를 받으면서도 위클리프, 후쓰, 사보나롤라 등이 성직자들의 부패와 타락을 용감하게 지적하였으며, 이들의 노력들과 순교는 사회와 국가에 크나큰 경종을 주었다.[16]

일반 정치 이론으로는 마키아벨리의 『군주론』이 상당히 호소력이 있었으나, 교황의 권세처럼 군주가 힘을 가지게 되면 정당성을 부여받는다는 입장이었다. 이와는 달리, 16세기 유럽 종교개혁자들은 군주제도를 인정하면서도, 개혁 교회의 권위에 대한 견해가 확고하여서 국가와의 충돌 상황이 전개되었다.

---

15 Charles S. McCoy and J. Wayne Baker, *Fountainhead of Federalism: Heinrich Bullinger and the Covenantal Tradition* (Louisville: Westminster John Knox, 1991).

16 Lowrie John Daly, *The Political Theory of John Wyclif* (Chicago: Loyola University Press, 1962). Thomas A. Fudge, *Jan Hus: Religious and Social Revolution in Bohemia* (N.Y.: I.B. Tauris, 2010). Donald Weinstein, *Savonarola: The Rise and Fall of a Renaissance Prophet* (New Haven: Yale University Press, 2011).

4. 루터의 두 왕국론

로마 교황권의 남용과 오류를 지적하면서 반기를 들었던 루터는 기본적으로 대학교에서 성경을 가르치던 신학자요 신부였다. 루터가 정치나 군주제하에서 일어난 갈등과 사회문제들에 대해서 충고와 설교를 하던 것은 성경 연구에서 나온 것들이다.[17] 따라서 당시 현실 정치와 세속 국가 사회의 문제점들에 대한 조언과 가르침은 매우 제한적이었다. 루터는 자신이 대학의 교수직에 있는 신분임을 인식하면서, "제가 섬기고 있는 직무는 그들의 의무가 무엇이라고 분명히 말해 주거나, 그들의 양심이 무엇이라야 한다는 것을 보여주는데 지극히 적합하지 않습니다"라고 솔직히 인정하였다.[18]

루터는 비텐베르크 군주의 통치권을 인정하는 범위 안에서 교회 체제를 정착시켰다. 국가와 교회가 각각 통치하는 "두 왕국"two Kingdoms이라는 개념을 루터가 직접 정립한 바는 없지만, 그의 정치 사상을 구조적으로 접근하는 대표적 개념이자 용어로 널리 사용되고 있다.[19] 사실 루터는 국가와 교회를 지칭해서 단순 대립적으로 하나님 나라 안에서 가장 큰 권위를 가진 통치 기관이라고 규정한 적도 없다.

보다 근본적으로 루터의 두 왕국이라는 개념의 근거이자 사상적인 뿌리를 살펴보면 어거스틴의 『하나님의 도성』에 담긴 두 가지 나라의 개념땅의 나라, 하늘의 나라을 계승한 것으로 보이는데, "하나님의 나라"regnum Dei와 "사탄의 나라"regnum diavoli를 기본 구조로 설정하였다. 루터에 의하

---

17 김재성, 『루터 VS 칼빈』 (세창출판사, 2019), 104-110.
18 Luther, *D. Martin Luther's Werke* (Weimar: B hl며, 1993-1993): 30,2.129.
19 Bernhard Lohse, *Martin Luther: An Introduction to His Life and Work*, tr. R. C. Schultz (Philadelphia: Fortress, 1986), 188.

면, 하나님께서는 두 가지 통치 수단을 사용하시는 바, 국가에게는 칼을 가지고서 다스리도록 하였고, 교회는 말씀의 선포를 통해서 하나님이 주신 권위를 행사한다는 것이다.

루터는 『일시적 권위: 어디까지 순종해야 하는가』1523에서 교회가 관장하는 영적인 왕국의 통치 영역에서는, 칼로서 다스리는 것이 아니라, 순수하게 내면적으로 영혼의 치리에 집중한다고 규정하였다.[20] 이런 영적인 나라에서는 땅 위에 임시적인 사항들에 대해서는 결정권한이 없으며 전적으로 구원을 획득하도록 신실한 믿음의 사람들을 돕는 일에만 관련을 맺고 있다고 루터는 주장했다. 세속 권세를 통해서는 평화, 질서, 정의가 주어진다고 규정했다.[21]

오직 믿음으로만 주어지는 칭의와 인간의 노예의지론이 바탕을 이루고 있는 루터의 두 왕국설은 모든 믿는 자들의 제사장적인 지위와 사명으로 확산되었다. 루터는 하나님의 은혜에 근거하여 모든 성도들이 직접 하나님께 나아갈 수 있으므로, 절대 권위를 가진 교황과 교회의 권위를 거부하였다. 이런 관점에서 교회와 국가 사이에 관계가 설정되었는데, 루터의 구조에서는 교회의 권위는 국가보다 하위에 위치하게 된다.

루터의 정치 사상이 지닌 교훈적 한계가 확연히 드러난다. 그는 일생동안 삭소니의 통치자 프레데릭으로부터 자신의 목숨을 보호해 주는 은혜를 입고 살았었다. 그는 현실적으로 군주의 폭거에 맞서서 싸

---

20 Luther, *Temporal Authority: To What Extent It Should Be Obeyed*, in *Luther's Works* (Saint Louis/ Philadelphia: Concordia/ Fortress, 1958-86), 45:81-129. Jonathan David Beeke, "Martin Luther's Two Kingdoms, Law and Gospel, and the Created Order: Was There a Time When the Two Kingdoms Were Not?," *Westminster Theological Journal* 73, no. 2 (2011): 191-214.

21 Eike Wolgast, "Luther's Treatment of Political and Societal Life," in *The Oxford Handbook of Martin Luther's Theology*, eds., R. Kolb, I. Dingel, L. Batka (Oxford University Press, 2014):387-413.

울 수 없던 정치구조 하에서 살았다. 실례로, 루터는 토마스 뮌처의 농민혁명을 후원하지 않았다. 그리스도인들은 군주나 황제에게 저항할 권리가 무한하게 주어진 것이 아니라고 보았고, 단지 군주가 정신적으로 미친 사람일 경우에만 거부할 이유가 된다고 하였다. 루터는 통치자의 부패와 사악한 타락한 상황이 발생할 것이라는 여하에 대해서조차 특별한 대책을 언급하지 않았다.

5. 칼빈의 정치 사상과 교회의 독립성 확보

칼빈이 남긴 가장 중요한 공헌은 성경적인 교회 체제를 실행하고 보여준 것이다. 신약 성경에 나오는 "감독들"과 로마 가톨릭의 "주교들"은 동일하지 않다는 것을 입증하면서, 칼빈은 "장로들"이라는 교회의 대표자들을 회복시켰다.[22] 칼빈은 교회의 통일성이란 눈에 보이는 것이 아니라 영적인 것이며, 참된 교회의 구성원들은 어떤 외적인 구분과는 달리 오직 하나님의 은혜로 택함을 받은 자들이라고 해석했다.

또한 칼빈은 교회와 국가 사이에 영역이 구별되어야 한다고 주장했는데, 자신의 선구자들이던 루터와 츠빙글리의 견해와는 사뭇 다르다. 칼빈은 제네바의 목회자로 매주 설교와 성경 해석을 제시하면서 성도들의 현실 생활을 다루는 일에 집중했었다. 그러나 제네바 시에서 신성모독자들과 살인범들에 대한 처벌 과정과 법정 기록들에 대한 바른 이

---

[22] Bruce Gordon, *Calvin* (New Haven: Yale University Press, 2009), 133-135. 김재성, 『나의 심장을 드리나이다: 칼빈의 생애와 신학』 (킹덤북스, 2001, 2012), 273-281. 현재 미국 장로교회에서는 "장로"를 두 가지로 세분하여 "가르치는 장로" (Teaching Elder)와 "다스리는 장로"(Ruling Elder)로 구분한다.

해가 너무나 부족하다. 마치 칼빈이 제네바의 교황이었으리라 추정한 나머지 고착화된 이미지로 각인되고, 해석되어오고 있다. 칼빈은 전혀 근거도 없이 그저 비난을 당하고 있는데, 너무나 안타깝다. 누군가 전해준 칼빈에 대한 해석들을 그저 무작정 따라갈 것이 아니라, 정확하게 원자료에 근거하여 역사적 상황에서 빚어진 그의 정치 사상과 세속 정부론에 대한 이해가 필요하다.[23]

1) 칼빈의 신학적 독특성과 그 중요성

칼빈의 교회론은 유럽의 신성 로마 제국 내에 있던 자치적인 소도시들과 작은 지역도시들에서 큰 영향력을 발휘했다. 도시와 지역의 통치를 맡았던 소수의 귀족들의 "공화정"republican 혹은 "시의회"the city council 가 신앙고백의 일부분으로 개신교회의 체제를 결정했다. 제네바는 1532년에 종교개혁을 받아들이기로 결정하여 로마 주교를 추방하고, 기욤 파렐을 비롯한 개혁주의 설교자들을 받아들였다. 하지만, 여전히 수구세력들이 각종 정파들과 당파들을 형성해서 기존의 지배권을 장악하고 있었기에 당파주의자들이factionalism 끊임없이 쟁투하던 혼돈의 도시였다. 칼빈이 제네바에 있던 동안에도 일부는 여전히 로마 가톨릭의 지지자들은 그 이전의 체제로 회귀하기를 획책했고, 사보이 공국

---

23 칼빈의 정치 사상과 국가관에 관한 연구를 위해서는 제네바의 정치적, 사회적, 종교적 갈등을 이해하여야만 한다. 칼빈 시대의 형사법 집행과정과 그것에 대한 당회에서의 논의과정(*Registres de la Compagnie des Pasteurs au Temps de Calvin*), 그것들을 반영하는 칼빈의 편지들과 설교들(*Annales Corpus Reformatorum*), 시의회의 결정들(*Registres du Conseil*)과 범죄행위에 대한 시법정의 판결문들(*Procés Criminels*)에 대한 원자료 연구를 수행해야 가능하다. E. William Monter, *Calvin's Geneva* (London: 1967), Robert M. Kingdon, *Geneva and the Coming of the Wars of Religion in France (1555-1563)* (Geneva: 1956). idem, "A New View of Calvin in the Light of the Registers of the Geneva Consistory" in *Calvinius sincerioris religionis vindex*, eds. Wilhelm H. Neuser, Brian G. Armstrong (International Calvin Study Society: 1997):138-145.

의 지배를 지속하려는 자들, 극단적으로 자유 방임을 추진하려던 재세례파들, 온건한 칼빈의 추종자들, 미신 점쟁이들과 마귀 숭배자들, 해외에서 몰려들어온 피난민들 등 격동적인 소용돌이가 그치지 않았다.[24] 제네바가 처해 있던 극심한 정치적 사회적 분열 상황 속에서 교회를 맡게 된 칼빈은 그야말로 살얼음 위를 걸어가듯이 반대파들의 모함과 도전에 고통을 당해야만 했다.

국가와 교회에 관한 중요 정책들과 교리를 추론하려면, 칼빈이 이웃과 하나님의 영광을 위한 성도의 삶을 어떻게 실현시키고자 했던가를 먼저 이해하여야 한다. 칼빈의 구원론은 루터의 부족함을 보완하고, 츠빙글리의 이원론적인 윤리적 갱신을 넘어서며, 부써의 실패를 극복하였다. 루터처럼 그저 믿음으로 의롭다함을 받았다고 하는 것에만 만족하여 칭의론 중심 교리 체계에만 치중하게 된다면, 기독 신자의 선한 행동을 과소평가하는 오류에 빠질 것이라고 칼빈은 비판했다. 루터의 부족함을 의식적으로 보완하고자 칼빈은 칭의와 성화는 구별은 되지만, 결코 분리할 수 없음을 강조했다.[25] 칼빈은 회개와 믿음의 삶을 어려운 싸움으로 인식하고, 모든 신자들은 자동적으로 성숙하지 않으므로 온 힘을 다해서 성령의 도우심을 통해서 성장하고 자신을 훈련하고 온 힘을 다해야 한다고 역설했다. "완전함과는 거리가 멀지만, 우리는 계속해서 전진해야 하고 비록 악에 얽혀있을지라도 매일 그것들과 맞서서

---

24 Hugh Trevor-Roper, "Witchcraft in Geneva, 1537-1662," *Journal of Modern History* 43:2 (June 1971):179. 중세 말기 마법사들은 공공연히 하나님께 침을 뱉고, 마귀로부터 받은 주술 행위를 했다. 제네바 주교들은 1513년, 단 3개월 동안에 마법사들 오백여 명을 처형했다. 그러나 칼빈이 부임한 이후로 60년 동안에 마법사들은 단지 150명이 화형에 처해졌다. 한 해에 2-3명 정도였다.

25 Calvin, *Institutes*, II.iii.10, II.xii.6. 김재성, 『종교개혁의 신학 사상』 (기독교문서 선교회, 2017), 270-284.

싸워야 한다."²⁶ 성화는 실제 이뤄져 나가고 있지만, 성령께서는 단번에 완성품을 만들어내는 것이 아니기 때문이다.

로마 가톨릭 추기경 샤돌레토에게 보낸 답변서에서 칼빈은 공로와 선행 사상을 비판했다. 하나님의 평가에서 점수를 더 따려고 골몰하는 수도사들이야말로 오직 자기 진보와 자기 정당화에 빠져서 혼란스러운 영성에 매달려 있다는 것이다.²⁷ 반대로 패배주의적인 의욕상실에 해당하는 수동적인 자세, 완전주의자들의 영적인 교만, 반율법주의자들의 방종을 모두 다 거부한다. 객관적으로 성경적 치리규정을 명확하게 제시하고, 준수하도록 독려하는데 온 힘을 기울였다.²⁸ 1538년과 1541년 사이에 부써의 요청으로 스트라스부르그 교회에서 프랑스 피난민 목회를 하던 시기에 칼빈은 그 도시에서 교회의 치리규정을 정착시키지 못하고 실패하던 것을 목격했었다.

다시 제네바에 돌아온 후 1541년, 칼빈은 루터와 츠빙글리의 약점을 보완하고, 부써의 실패를 극복하는 방안을 제시했다. 칼빈은 보다 적극적인 교회의 저항권을 주장하면서 교황이 국가와 교회를 동시에 다스리는 것은 성경적이 아니라고 가르치게 되었던 것이다. 스위스에서 초기 종교개혁을 주도했던 울리히 츠빙글리는 훗날 "에라스티어니즘"이라고 알려진 세속 정권이 교회를 지배하는 체제에 호의적이었고, 따라서 취리히에서 세속 권력자가 교회를 지배하는 구조에 대해서는 이의를 제기하지 않았다. 츠빙글리의 67개 조항에 보면, 주로 로마 가톨릭의

---

26 Calvin, *Institutes*, III.iii.14. Michael Horton, *Calvin on the Christian Life: Glorifying and Enjoying God Forever* (Wheaton: Crossway, 2014), ch. 6: "The Gifts of Union with Christ."
27 Calvin, *A Reformation Debate: Sadoleto's Letter to the Genevans and Calvin's Reply*, ed. John C. Olin (Grand Rapids: Baker, 1966), 56.
28 Calvin, *Institutes*, III.iii.14. "우리 시대의 일부 재세례파들은 영적 중생 대신에 광적으로 지나친 주장을 일삼는다. 마치 이 생애기간 동안에 완전한 상태에 이를 수 있는 것처럼 말이다."

전통에 젖어있던 교회의 개혁에만 중점을 두었다. 영국에서는 헨리 8세가 세속 군주이면서도 동시에 모든 영국 국가 교회의 수장으로서 각 지역 고위 성직자들을 임명하는 제도를 정착시켰고, 오늘날까지 성공회 체계 속에서 유지되고 있다. 청교도들은 이러한 상하 구조로 된 교회 제도에 반기를 들다가 수많은 지도자들이 옥고를 치르거나, 박해를 당했다.

2) 교회의 독립적 치리권 정립

칼빈은 국가와 교회 모두 다 매우 특별한 한 가지 기능을 갖고 있다고 보았다. 이 두 기관들은 모두 다 제네바 시민들에 대해서 치리를 주관한다. 그러면서도, 국가와 교회는 상호 독자적 영역을 관장한다는 통치주권 사상이 칼빈의 단초가 되었다. 교회와 국가는 각각 사역의 독자성을 갖되, 상호 협력하고 지지하는 관계를 유지해야 한다는 것이다.[29]

칼빈과 개혁주의 신학자들은 무엇보다도 먼저 교회가 무엇인가를 재규정하면서 로마 가톨릭 체제를 완전히 개혁하고 새로운 제도를 정착시켰다. 교황의 무한대한 권세와 출교권을 남발하는 것에 대해서 칼빈은 왜곡된 성경 해석에 따른 것이라고 분명하게 반대하였다.

1541년 제네바에 다시 목회자로 돌아온 후에, 당회의 치리체제를 근간으로 하면서 교회의 독립과 직분론을 규정한 "교회 법령"Ecclesiastical

---

29 David W. Hall, "Calvin on Human Government and the State," in *A Theological Guide to Calvin's Institutes: Essays and Analysis*, ed. David W. Hall & Peter Lillback (Phillipsburg: P&R, 2008), 411-40.

Ordinance을 제시했다. 이미 칼빈은 스트라스부르그에서 3년 가까이 머무는 동안에 마틴 부써의 목회로부터 성숙한 체계를 경험하고 돌아왔을 때이다. 그 이전에 칼빈이 처음 제네바에 머물면서 설교자로 봉사하던 시절에는 시의회가 교회의 성찬 문제를 결정하고 목회자들의 선정에 관여하고 있었다.

제네바 시의회에서 칼빈의 제안에 따라서 교회가 독자적으로 결의권을 행사하는 "당회제도"the Consistory를 정착시키는데 혼신의 노력을 다했다. "교회의 정당한 치리권은 장로들, 즉 말씀을 가르치는 장로들 뿐만 아니라, 믿는 자들의 도덕을 감독하기 위하여 회중 가운데서 선출된 치리 장로들에게 위임되어 있다는 것이 분명하다."[30] 칼빈은 사도행전과 바울서신, 목회서신들을 참고하여, 교회 정치의 독특한 구조를 정착시켰다. 가장 혁신적인 사항은 매년 2월, 평신도 장로들의 신임을 묻는 선출 절차를 진행했다는 사실이다. 칼빈은 신약 성경의 교회들은 목사, 교사, 장로, 집사의 지속적인 직무와 봉사를 통해서 유지되어왔음에 주목했다. 칼빈은 이들 네 직분자들의 선출에 있어서, 먼저 그들의 선임에 대한 안내를 교회에 알린 후에, 전체 회중의 동의를 요구한다는 규정을 만들었다. 이러한 선출절차는 개혁교회의 일반 회중들에게 진지한 참여동기를 부여했다.[31] 이것은 서구 민주주의를 앞서서 시행하는 획기적인 제도였다. 국가 체제가 교회를 관장하는 독일의 루터파 교회에서는 일반 성도들이 참여하는 권한이 전혀 없었음에 비교해 본다면, 제네바의 교회 기능이 성공할 수 있는 요인이 바로 여기에 있었음을 잊

---

30 Calvin, *Ioannis Calvini Commentarii* on Mt. 18:18.
31 N. R. Needham, *2000 Years of Christ's Power, Part Three: Renaissance and Reformation* (Darlington: Grace Publications Trust, 2004), 212.

어서는 안 된다.[32]

칼빈은 당회장으로서 사회를 보면서 모든 영적 치리가 공정성을 유지하도록 균형을 잡는데 전력을 다했다. 시의회 정부가 교회문제를 다루던 관행을 정리하고자 칼빈은 각각의 자치권을 근간으로 한다는 것을 강력하게 주장하되, 목회자들이 시정부의 정치 문제에 간여하는 것도 역시 금지시켰다. 칼빈의 정치 사상들은 제네바시 정부와의 갈등과 협력 관계에서 형성되었고, 유럽의 공화정 제도의 정착에 크게 영향을 끼쳤다.[33]

제네바 교회에서 당회의 치리사항들은 시민들의 관심을 자아냈다. 기독교 신자로서 마땅히 행할 일을 하지 않는 사람들에게 가장 무거운 치리가 내려졌는데, 사실 이들은 비난을 받기에 마땅한 죄인들과 무지막지하게 고집불통들이었기에 이들에게는 출교 조치가 내려졌다. 이런 출교 조치를 당한 자들은 사회 생활에서 치욕적으로 받아들였다. 한 번 당회로부터 출교 조치가 내려지면, 시의회에 호소한다거나 재심을 요청할 수 없었다. 나중에 회개했다는 증거들이 입증되어지면, 해벌을 했다. 대개는 제네바에서 소문도 없이 사라졌다.

다소 견책이 필요한 자들에게는 일 년에 4번 시행되던 성만찬에 참여를 금지시켰다. 매번 미사 때마다 거의 습관적으로 나눠주던 성만찬 예식은 어느 사이에 로마 가톨릭에서는 가장 중요한 행사가 되어버렸기에 이를 시정하고자 제네바 교회에서는 네 번만 거행했다. 결혼식과

---

32 Cornelis Pronk, "Calvin's Doctrine of the Church," in *Calvin for Today*, ed. Joel Beeke (Grand Rapids: Reformation Heritage Books, 2009), 142.
33 Douglas F. Kelly, *The Emergence of Liberty in the Modern World: The Influence of Calvin on Five Governments from the 16th through 18th Centuries* (Phillipsburg: P&R, 1992).

유아 세례에서 할아버지가 '대부'라는 호칭으로 참여하는 것을 금지했다. 결혼과 세례는 매우 중요한 위치를 차지하고 있었다. 로마 가톨릭과는 달리, 제네바에서는 결혼식을 성례의 하나로 간주하지 않았다.

교회의 권징조례들을 전 시민들에게 적용하는 것에 대해, 원래부터 살고 있던 자들은 '아미 뻬렝'을 필두로 하는 당파the Enfants de Genéve에서는 격렬하게 반대했다. 스위스의 다른 도시들, 취리히와 베른 등지에서는 시정부와는 완전히 독립된 치리 기관을 받아들이지 않았다. 이미 종교개혁 이전에 각 도시에 있던 주교들과 교황들이 이러한 교회의 권세를 악용한 사례들이 너무나 많았기 때문이다. 그러나 칼빈과 그의 동료 목회자들은 자신들의 직책을 내놓고 권징조례의 시행을 주장했다. 1553년에 양 측의 긴장은 최고조에 달했다. 칼빈은 만일 시의회가 세례의 시행을 주관한다면, 자신의 목숨을 내어놓겠다고 선언했다. 1555년에 이르러서, 반대편들의 음모가 발각되었기에 칼빈은 목숨을 건질 수 있었고, 뻬렝파들은 모두 다 출교를 당했다. 그 후로 더 이상은 당회의 출교권에 저항하는 무리들은 나타나지 않았다.

당회는 시민들을 건설적으로 교육하는 기능을 수행했다. 매년 당회로부터 치리를 받은 자들은 최대 인원이라 해도 성인 시민들 중에 약 6% 정도였다. 결혼 문제에 대해서는 사법기관에서 처벌을 관장했는데, 법정에는 로마 교회의 성직자가 항상 참여했었다. 제네바에서는 결혼을 위협하는 경우들을 당회에서 다뤘는데 객관적으로 혼외 음행을 하거나 간음하거나 결혼이전에 성적인 행위 등을 범한 자들에 대해서 처벌하였다. 로마 가톨릭에서는 미사에 참여하거나, 마리아에게 기도하도록 하였다. 제네바 당회는 지방 언어로 사도신경을 가르치고, 교리문답을 반복적으로 교육했다. 당회에서는 시민들의 가정 문제, 사업장 등에 관련된 사항들에 대해서 강제적인 상담과 봉사를 시행했다.

3) 최고의 세속 정부

『기독교강요』1559 마지막 부분에서, 칼빈은 르네상스 사상과 스콜라주의 신학에 담긴 정치적 원리들을 종합하면서 종교개혁의 후계자들에게 매우 중요한 정치적 견해를 제시했다. 칼빈의 시대에 세속 정권은 단일 군주제하에서 통치권을 시행했다. 그리고 교회는 단일 통치자 교황에 의해서 지배를 받았다. 그런데 신성 로마 제국하에서는 상당한 자치권을 보장받은 독립적인 도시들이 많았다. 이러한 도시 정부들은 단일 군주가 아니라, 소수의 귀족들이 집단적으로 협의하여 자율적으로 규례를 제정하고 각종 권한을 행사했다. 법학을 공부했던 칼빈은 단일 군주제 프랑스에서 살다가, 귀족들과 신흥 길드조직의 대표들이 자치권을 행사하던 바젤, 스트라스부르크, 제네바에 살면서 그리고 베른, 취리히, 뇌샤틀 등 주변의 여러 도시들과 교류하면서 새로운 정치 체제를 경험했다. 칼빈은 임기제 집단 정치 제도가 여러 가지 선택 가능한 정치 제도들 중에서 가장 선호할 체제라고 인정했고, 프랑스와 같은 단일군주제에 대해서는 호감을 표하지 않았다.[34]

제네바 시에서는 4인의 최고위원회 아래서, 제네바 태생의 시의회 의원들 25명으로 구성된 집행부를 매년 선출했다. 반면에, 제네바 당회는 칼빈이 의장으로 회집하여 10명의 목사들과 제네바 시 행정부에서 선출된 동수의 장로들이 매주 목요일에 모였다. 세속 정부시의회와 교회

---

34 Harro Höpfl, *The Christian Polity of John Calvin* (Cambridge University Press, 1985), 152-171.

당회원들, 이들 두 지도적인 그룹의 일군들에게는 시정부에서 똑같이 월급을 제공했다. 칼빈의 지도력이 확실한 승리를 쟁취하게 된 1555년까지, 도시에 유입된 프랑스와 이탈리아 등 유럽 각지에서 종교적 박해를 피해서 들어온 피난민들이 전체 인구의 거의 절반에 이르렀다. 이러한 엄청난 상황의 변화에 대해서 알지 못한다면, 어떻게 칼빈이 제네바 종교개혁이 승리를 얻게 되었는가를 올바로 이해할 수 없다.[35]

프랑스와 여러 지역에서 종교개혁에 대한 박해가 극렬해졌는데, 기본적으로 칼빈은 신약 성경에 언급된 대로 국가제도와 권세를 갖는 자는 하나님께서 세웠다고 받아들인다. 그래서 기독교인들을 박해하는 국가라도 인정하지만, 그러나 국가는 하나님께 순종해야만 한다고 보았다. 프랑스에 살던 기독교인들은 마치 이교도 로마 제국 안에서 살았던 초대 교회 시대의 성도들과 비슷한 처지였다. 거대한 로마 제국이 거짓된 우상 숭배를 강요할 때에 초대 교회 성도들은 소극적으로 움츠려 들었고, 국가에 충성을 다하지 않았다. 종교개혁 시대의 성도들도 미사에 출석하는 것은 거짓 종교를 숭배하는 것이라고 생각했다. 로마 제국은 기독교인들에게 신앙에 근거하여 거부할 권한도 주지 않았고, 단지 강압적인 무력에 의해서 핍박을 당했다. 표면상 초대 교회 성도들은 무기력하게 보였으나 순교를 마다하지 않았다. 일부 성도들은 신앙의 자유가 허용되는 곳으로 피난을 갔다. 칼빈의 시대에도 역시 많은 순교자들이 희생을 치루거나, 다른 곳으로 피난을 가야만 했다. 그가 고향을 떠나 피난길에 제네바에서 정착했듯이, 그 뒤를 따라서 수많은 프랑스인들이 제네바로 건너왔고, 이탈리아에서도 상당수가 건너왔고, 메리

---

35 William C. Naphy, *Calvin and the Consolidation of the Genevan Reformation* (Manchester University Press, 1994), 5.

여왕의 박해 시기에 영국에서도 수많은 난민들이 제네바로 몰려들었다.

박해를 피해서 다른 곳으로 피난을 가지 않거나 갈 수 없었던 성도들은 격렬하게 저항하였다. 칼빈은 왕권과 국가의 권위에 저항하는 개신교 성도들에 대해서는 그리 적극적으로 옹호하거나 격려하지는 않았다. 그러나 합법적인 지도자들이 저항을 하는 것에 대해서는 인정하였다. 국가의 통치권은 왜곡된 통치를 하는 중앙정부를 거부하는 것을 법에 의해서 인정해야 한다는 것이다.

무엇이 가장 중요한 세속 정부의 의무인가? 칼빈은 "시민 정부는 좋은 사회를 건설하기 위해서 야만적인 야수들처럼 인간이 타락하지 않도록 하기위해서 신앙적인 의무들을 감당해야 할 책무가 주어져 있다"라고 규정했다.[36] 물론 교회 안에서, 그리고 국가 안에서 각각 존중해야 할 통치 영역들이 있음을 칼빈은 인정했다. 그것은 어디까지나 시민 정부의 역할과 교회의 자치권 확보에 대한 청사진을 정착시키기 위한 강조였다.[37]

칼빈이 제시한 세속 정부의 주요 임무에 관련된 원칙적인 통치원리는 "제네바 신앙고백서" 제21항목에 명시되어져 있다. 그밖에도 칼빈이 『기독교강요』에서 다루고 있는 내용들을 종합하면 세 가지로 요약된다.

첫째, 군주는 사회 정의를 확립하고, 외적인 도덕성을 확립하기 위해

---

36 John T. McNeill, "The Democratic Element in Calvin's Thought," *Church History* 18, no. 3 (1949): 153-71.

37 David W. Hall, "Calvin on Principles of Government," in *Theology Made Practical: New Studies on John Calvin and His Legacy*, Joel R. Beeke, David W. Hall, Michael A. G. Haykin (Grand Rapids: Reformation Heritage Books, 2017), 144.

서 공적인 법률을 지켜야 하고, 보호해야만 한다. 기독교 신자들은 세속 정권이 없다면, 죄악된 인류 사회는 혼돈에 빠져버리고 만다는 사실을 인정해야만 한다. 법률을 어긴 자들에게 심판의 칼을 사용하는 시민 정부는 하나님의 심판을 수행하는 자들이기에, 순종이 모든 그리스도인들에게 주어진 의무이다. 또한 군주들의 사치와 방탕은 하나님께서 싫어하시는 일들이다. 칼빈은 전제 군주 한 사람의 독단적인 통치와 부패성을 방지하기 위해서 "시의회" 또는 "협의체"가 바람직하다는 의견을 남겼다.

『제네바 신앙고백서』 제21항의 첫 부분을 보자[38]:

> 우리는 왕과 군주들의 통치와 우월한 지위를 인정하며, 또한 다른 권세자들과 관원들의 지위도 인정하는 것이 하나님의 거룩한 일이요 선하신 규정임을 믿는다.

둘째, 법률들은 공공성과 객관성을 지녀야만 통치원칙이 될 수 있다. 법률이란 구약 성경 시대들 통틀어서 살펴보면 전혀 드러나지 않고 조용히 숨어계시는 것 같은데도 실제로는 엄히 다스리던 하나님의 통치와 같은 역할을 한다. 구약의 법률 조항에 담긴 제사법적인 기능과 시민법적인 기능은 사라졌지만, 도덕적인 원리는 자연적인 원리를 포괄하고 있기 때문에 영원히 살아있다. 그 어떤 군주라도 하나님의 권위 아래에 있으며, 또한 법률 아래에 있다.

『제네바 고백서』에는 다음과 같이 압축되어 있다:

---

38 "The Genevan Confession," in *Calvin: Theological Treatises* (Grand Rapids: Eerdmans, 1968), 26-33. 김재성, 『나의 심장을 드리나이다: 칼빈의 생애와 신학』, 261-271.

그들이 하나님을 섬기고 한 사람의 그리스도인의 소명을 따라 하고 있는 한에 있어서는 ... 우리가 하나님에게 범죄하는 일이 아닌 한에 있어서는 그들이 우리에게 부과하는 의무를 담당해야 함을 마땅한 임무로 여긴다.

... 하나님의 계명들에 저촉되지 않는 국법들과 규칙들에 복종해야 하고, 복지와 평화와 공적인 선을 증진시켜야 하며,

셋째, 하나님과 권세자들과 시민들 사이에는 계약 관계로 맺어져 있다. 정치와 섭리는 하나님의 나라를 세워나가기 위해서 협동하는 관계다. 모든 세상 권력이란 원래 하나님이 창조하실 때부터 이 땅에 제정해 놓으신 통치에서 나온 것이기에, 경건을 최우선 과제로 삼아야만 한다. 군주들과 통치자들은 하나님께서 애정을 가지고 어떻게 인간들을 다뤄왔는지를 배워서 따라가야만 한다. 한정된 인생을 살아가는 중에 시민 정부를 위해서 부름을 받게 된 자들은 가장 명예로운 직무를 맡았다는 사명감에 충실해야만 한다. 국가를 위해서 일하는 공직자는 부정이나 뇌물에 사로잡히지 말아야 하는데, 하나님의 일꾼이라는 소명 의식이 없다면 공직윤리의 실행이란 불가능하다.

『제네바 신앙고백서』의 내용을 다시 살펴보자:

요약하면 우리는 그들을 하나님의 직분자들이요 지휘관들로 인정해야만 하고 우리는 하나님 자신을 거부하지 않는 한 그들을 거부할 수 없으며, 그들의 직분은 하나님으로부터 받은 거룩한 임무인 바, 그들에게 주어짐으로써 그들이 우리를 통치하고 다스리게 하는 것이다.

칼빈의 영향으로 서구 유럽 국가는 법치 제도를 명문화했고, 국가마

다 헌법을 제정하는 일에 힘쓰게 되었다. 칼빈의 성경적 관점에 의하여 인간의 부패성과 타락성을 심각하게 받아들이게 되었고, 권세의 분리와 균형을 추구하지 않으면 안 된다는 인식을 새롭게 하였다. 이로 인해서, 칼빈은 하나님의 초월적 주권성과 그 밖의 권력에 대항하는 저항권을 확고히 정착시켰다.

유럽 여러 나라에서 개신교가 확산되면서, 신성 로마 제국의 여러 지역들과 프랑스와 영국에서 종교 전쟁이 발생하게 된다. 특히 국가에 대한 저항권은 칼빈의 사후에 확고하게 정착되어 나갔다.[39] 칼빈이 로마 가톨릭 교회와 교황의 폭정에 저항하려 했던 관점은 훗날 제국의 황제나 군주들의 학정에 맞서서 싸우도록 하는데 중요한 근거가 되었다. 선지자들에게 주어진 하나님의 말씀을 전파하는 것은 결국 세속 군주들에게도 비굴하지 않아야만 했던 레위 지파의 중요한 사명이기도 했었다.[40] 이것은 순수한 성직자에게 주어진 특별한 의무라고 칼빈은 강조했다. 칼빈은 이것을 세속군주에게도 직접 적용하지는 않았다.

1559년 최종판 『기독교강요』 20장 마지막 부분에서, 칼빈은 세속 권세에 대해서 존중하는 의무에 대해서 설명했다. 그 마지막 부분에 보면, "악한 통치자에 대한 합법적인 저항"에 대해서 정당한 권리를 부과하였다.

> 통치자들에게 복종해야만 하지만, 그렇다고 해서 하나님을 향한 순종에서 벗어나는 일이 있어서는 절대로 안 된다. 모든 왕들의 욕망도, 왕들의 모든

---

39 Robert M. Kingdon, "Calvinism and resistance theory, 1550-1580," in *The Cambridge History of Political Thought 1450-1700*, eds., J. H. Burns & Mark Goldie (Cambridge: Cambridge University Press, 1991), 193-218.
40 Calvin, *Institutes*, IV.ii.2.

명령도, 왕들의 권위도 모두 하나님께 복종하고 굴복해야 한다. 사람들에게 복종하는 것은 바로 하나님을 위해서 하는 것인데, 그저 사람들에게 만족을 주려고 하다가 하나님을 거역하게 된다면 얼마나 어리석은 일이 될 것인가! … 오로지 하나님 안에서만 복종해야 하는 것이다. 만일 통치자들이 하나님을 거스르는 명령을 하면, 그 명령은 듣지 말아야 한다. 그리고 이 때에는 통치자들의 위엄에 대해서는 전혀 개의치 말아야 한다. … 우리는 사람들의 악한 욕망에 종이 되어서는 안 되며, 더욱이 그들의 불경스러움에 굴복해서는 결코 안 된다.[41]

오직 하나님만을 찬양하라는 것이 칼빈의 마지막 문장이다.

칼빈의 외침은 결코 허공에 흩어지지 않았다. 그의 외침은 당대의 국가 지도자들로 권세를 갖고 있었던 소수의 제후들과 귀족들에게 최고 절대 권위에 저항하는 "감독자"ephoral의 권한을 인식시켜 주었다. 실제로 소수의 귀족들은 최고 지도자들을 선출하기도 하고, 부드러운 정책을 시행하도록 조언하기도 했다. 칼빈의 영향을 받은 귀족 정치가들은 편지를 주고 받은 사람들이 많았다. 프랑스에서는 부르봉 왕가에 속한 귀족들, 발보아 가문에 속한 지역 군주들과 행정부 집행자들이 각 지역에서 참된 종교의 수호자로서 실천적인 노력을 했다. 네델란드에서는 각 지역의 통치자들과 오렌지 가문에 속한 귀족들이 앞장을 서서 개혁교회를 지키고자 했었다. 스코틀랜드에서는 회중들의 보호자를 자처하는 귀족들이 여기에 속했다. 독일에서는 신성 로마 제국의 선제후들이 있었고, 그 바로 아래서 각 지역을 통치하던 군주들이 개신교

---

41 Calvin, *Institutes*, IV.xx.32.

신앙을 지켜내고자 했다. 이런 귀족적인 권력자들이 칼빈이 남긴 지침을 받아들여서 각 지역에서 개혁 신앙을 가진 성도들에게 신앙의 자유를 허용하도록 영향력을 발휘했다. 그 다음으로 이어지는 17세기에는 더 큰 변화가 일어나게 되었다.[42] 칼빈은 이런 변화의 초기 현상들로 일어나던 자유를 향한 저항과 항거들을 목격하면서 공개적으로 지지를 보냈다. 특히 프랑스에서 왕권에 저항하던 꽁드의 군주와 꼴리니 장군의 시도에 대해서 적극적으로 옹호했다.

칼빈이 주장한 교회와 국가에 대한 신학적 개념들은 새로운 형태의 교회 정치를 지상에 실현시켰다. 결국 칼빈이 회복한 개혁 교회의 체제는 당대 절대 권력을 장악하려던 세속 정권에게는 심각한 도전이 되고 말았다. 그것은 바로 개신교 기독교 가운데서 특별하게 "전투적인 형태"를 갖추게 되었고, "칼빈주의"라고 명명되어져 내려오고 있다.

6. 세속 정부를 향한 개혁교회의 저항권 확립

교회의 독립적 통치권 확보와 당회의 치리권 행사, 그리고 국가와 정부에 대한 칼빈의 영향력은 제네바를 넘어서 유럽 전지역으로 확산되었다. 제네바에서 시행되는 개혁교회의 제도와 방법들이 스위스 여러 독립도시들, 네델란드, 독일의 남부지역들, 스코틀랜드, 잉글랜드, 보헤미아와 헝가리 등으로 퍼져나갔다. 칼빈은 여러 지역의 지도자들로부

---

42 이런 상황에 대해서 최근에 나온 연구서들을 참고할 것. J. Whaley, *Germany and the Holy Roman Empire 1483-1806*, 2 vols. (Oxford: Oxford University Press, 2012). P. H. Wilson, *Europe's Tragedy: A New History of the Thirty Years War* (London: Allen Lane, 2009).

터 국가와 정부의 역할과 시행규칙에 대한 질문을 많이 받았고, 일일이 자문에 응했다. 프랑스 개신교 진영에서는 전적으로 칼빈의 제도를 거의 그대로 따라서 개교회 중심의 지역 당회, 큰 지방이 참여하는 대회 제도, 전국가의 총회제도를 점차 정립하였다. 스위스와 네델란드 각 지역에서는 독립된 당회제도와 국가적으로 모이는 총회를 구성했다. 칼빈의 의도에 따라서 당회와 노회와 총회 제도로 구성되는 기독교의 기관들은 단 한 사람의 지배자가 있는 것이 아니라, 항상 선발된 집단들이 공동으로 소규모 위원회를 구성하는 방식을 따랐다. 칼빈이 제네바에서 시행했던 제도들이 점차 근대 사회로 변환되면서 민주 공화제 국가형태의 기틀을 마련하는데 결정적인 역할을 했다.[43]

또 하나 기억해야 할 사실은 칼빈주의 교회의 기관들당회, 노회, 총회이 시민 정부와 관계를 설정하는 중에, 저항권을 강력하게 주장했다는 점이다. 시민 정부의 지도자들이 건실한 기독교 신자들일 경우에는 교회와의 관계가 매우 우호적이고 협조적이었다. 그러나 프랑스의 경우에서 보는 것처럼, 극심한 탄압을 당하던 개신교 교회는 거의 전쟁상태와 다르지 않았다. 따라서 교회와 시 정부 간의 갈등이 발생하는 경우에는 교회가 저항할 수 있다는 입장으로 발전되었다.

16세기 유럽 종교개혁의 시기에는 절대 권력을 가진 군주들의 권세가 대부분의 민족국가에서 우세했으나, 일부 자율적인 도시에서는 교회의 독립적 권한을 보장하도록 하려는 다양한 노력들이 시행되었다. 특히 독립된 자치도시가 많았던 스위스의 사회 구조와 연방제도 속에서는 종교개혁을 수행한 교회가 시민 사회 속에서 가장 중요한 기능을

---

43 Grald Bray, *The Church: A Theological and Historical Account* (Grand Rapids; Baker, 2016), 178-9.

수행하였다. 종교개혁자들은 마태복음 18장 17절에 주목해서 "교회에 그것을 말하게 하라"는 예수님의 말씀을 중요하게 받아들여서 독립적인 치리를 강조했다. 또한 초기 종교개혁자들은 세속 군주의 폭정이나 탄압에 대해서 저항할 수 있느냐의 문제에 대해서는 매우 신중하게 접근하였다.

츠빙글리는 세속 정부 혹은 국왕은 하나님께서 세워놓은 권세라고 존중하면서, 그래서 세속 권세가 교회를 지배해야 한다고 믿었다. 이것을 칼빈주의 유형과 구별하기 위해서, 기초적인 사항들을 문서로 발표했던 분의 이름을 따라서 "에라스티언주의"Erastianism, Thomas Erastus, 1524-1583라고 부른다.[44] 스위스의 의사이자 신학자로서 활동한 에라스투스는 츠빙글리의 정치 사상을 체계화했다. 에라스투스는 기독교인들이 죄를 범하면 국가에 의해서 처벌을 받아야 마땅하다고 주장했고, 교회가 시행하는 성례에 의해서 어떤 처벌을 받아서는 안 된다고 주장했다.

츠빙글리는 성경에 담긴 예수님의 의도를 풀이하면서, 죄를 범한 성도들이 한 사람의 개인적인 지위를 가진 주교에게 찾아가서 언급할 사항이 아니라, 그 지역 정부에게 고발해야만 한다고 해석하였다. 하나님께서 백성들을 지켜주기 위해서 교회의 목회자들을 세우셨다고 보았다.[45] 취리히에서는 시정부가 성도들의 출교, 처벌, 훈련을 결정하였고, 교회가 독립적인 치리권을 행사하지 못하였다. 츠빙글리는 로마 가톨릭에 속한 이웃 지역 캔톤에서 온 군대의 공격에 맞서서 싸우던 성도들을 격려하기 위해서 전두 현장에서 군목활동을 펼치다가 1531년 카

44　김재성, "츠빙글리의 성경관과 스위스 종교개혁의 특징들," 『한권으로 읽는 츠빙글리의 신학』 (세움북스, 2019), 169-192.
45　Huldrych Zwingli, "The Shepherd," in *Zwingli's Writings*, vol. 2, tr. H. Wayne Pipkin (Allison Park: Pickwick, 1984), 102.

펠 전투에서 화살에 맞아서 사망했다.

불링거는 성도들의 저항권을 부정하면서 취리히 시 정부의 권위주의를 옹호했고, 그러한 권한들은 시민들에 의해서 평가를 받아야만 할 권한은 아니라고 주장했다. 그는 모든 성도들이나 목회자들에게나 시 정부의 최종 결정이나 심지어 군주의 폭정에도 순복해야만 한다고 가르쳤다. 교회에서 출교를 시키는 일도 교회에 속한 사항이 아니라, 취리히 시 당국자의 결정에 따라야 했었다. 그는 시민 민주주의를 가장 선호하였으나, 구약 시대의 왕들이 하던 기능을 군주들이 맡았고 선지자들이 수행하던 일들은 목회자들이 계승했다고 해석했다.

그러나 바젤의 개혁자 외콜람파디우스는 불링거의 입장에 완전히 반대하였다. 마태복음 18장에 설명된 것을 보면, 예수 그리스도께서는 세속 정부에 최종결정을 맡긴 것이 아니라, "교회에 말하게 하라"라고 하심으로서, 도리어 교회를 중심적인 기관으로 상정하였다는 것이다.

피터 마터 버미글리는 정치적인 힘을 과시하던 교황들의 모순된 행동을 비판했다. 예수님께서 권한을 위임해 주신 지상 교회는 결코 교황의 왕국이 아니다.[46] 버미글리도 역시 세속 군주의 폭정에 대해서 개인이 저항하는 것은 정당하지 않다고 생각하였으나, 영국에서 메리 여왕의 박해로 인해 많은 난민들이 발생하자 군주제도에 대해서 과격하게 맞서야 한다는 것을 주장했다. 1547년 11월 토마스 크랜머의 초청으로 영국에 들어가서 옥스퍼드 대학교의 신학 교수로 사역하다가, 1553년 에드워드 6세가 죽고 메리가 취임하자 스트라스부르크로 돌아왔다.

예수님께서 교회의 치리제도를 언급하실 때에는 구속 역사가 정점

---

46 Robert M. Kingdon, "Ecclesiology: Exegesis and Disciplines," in Kirby, Campit, and James, *A Companion to Peter Martyr Vermigli* (Brill, 2009), 382-85.

을 향해서 전개되던 초기였기에 시기적으로 유대사회에 아직 완전한 교회 형태가 등장하지 않았을 때였다. 단지 유대장로들로 구성된 산헤드린에서 종교문제에 관해서 주요 판결을 내렸다. 예루살렘에 있는 산헤드린은 유대인들의 도덕과 윤리, 신앙문제에 대해서 교리적 판결을 하던 기관이었다. 칼빈은 예수님께서 성도의 문제에 대해서 최종적으로 "교회에 말하게 하라"는 구절에서 염두에 두고 계셨던 것은 "유대인들 가운데서 지켜지고 있던 치리의 형태였다"고 해석하였다. 공의회의 재판이라는 것은 경건한 공동체를 위해서 하나님의 위임으로 세워진 필수적인 통치행위이다. "하나님에 의해서 세워진 합법적인 치리권은 유대인들이 의무나 본문을 게을리 하며 제멋대로 방종하며 살아가는 것을 억제시키는 재갈과 같은 역할을 하였다"고 칼빈은 해석했다.[47] 칼빈은 마태복음 18장 17절에 대한 주석에서도 동일한 내용으로 산헤드린 공의회의 권한을 설명하였다.

불링거와 칼빈은 이단들이 국가와 교회로부터 합당한 제재와 치리를 받아야 한다는 점에 있어서 동의했다. 불링거는 군주들이 나서서 재세례파들과 거짓 교사들과 같은 이단들을 정죄해야만 한다고 주장했다. 불링거는 칼빈의 제네바에서 1553년 마이클 세르베투스를 처형한 것과 종교적 자유를 주장하던 세바스티안 카스텔리오를 추방한 것은 당연하다고 지지했다.[48] 이들의 이단적인 언행들에 대한 치리와 결정은 제네바 시당국에 의해서 진행된 것이고, 칼빈은 단순히 삼위일체 신앙을 거부하는 자들에게 신학자로서 선분가적인 견해를 밝힌 것뿐이다.

---

47 Calvin, *Institutes*, IV.8.15.
48 Gordon, *Calvin*, 217-32. Heinrich Bullinger, *The Decades of Henry Bullinger* (Grand Rapids: Reformation Heritage Books, 2004).

그러나 급진적으로 모든 개혁을 주장하던 재세례파들은 국가의 모든 권한과 교회 사이를 확실하게 분리시키는 입장을 취했다. 신앙적인 자유를 확보하기 위해서 교회와 국가 사이의 완전 분리를 주장하였다. 과격하게 국가 체제를 거부하고, 독일 뮌스터 시를 점령하여 살던 일단의 재세례파들에게는 로마 가톨릭, 루터파, 개신교 진영의 공격이 가해져서 전멸시키고 말았다. 국가와 교회를 완전히 분리시키려는 입장은 1527년 마이클 새틀러가 작성한 "쉴라이타임 고백서"Schleitheim Confession 에 반영되어 있다.

스코틀랜드 종교개혁을 이끌었던 낙스1514-1572는 칼빈의 영향을 받았기에 훨씬 더 적극적으로 세속 군주들에 대해서 과감한 불순종 운동을 전개할 수 있었다. 낙스는 사악한 권세를 거부하도록 저항권의 정당성을 주장하여 스코틀랜드에서 여왕 통치의 종식을 가져왔다.[49] 스코틀랜드 의회는 1560년 종교개혁을 수용하기로 결의했다. 그로부터 백 여 년이 지난 후 청교도들의 신학이 압축된 웨스트민스터 신앙고백이 채택되기까지 영국에서는 개혁교회가 정착되기까지 의회주의자들과 교회 지도자들이 희생을 당했다. 영국 개혁교회는 개신교의 발전 과정에서 온건한 보수파와 철저한 개혁파 사이의 대립양상으로 전개되었다.

프랑스에서 개신교도들을 무참하게 살해한 "성 바돌로뮤 날의 대학살"1572년이 벌어진 후, 일련의 종교 전쟁이 진행되었다.[50] 전제 군주들이

---

49 John Knox, "On the Monstrous Regiment of Women" (1558). Richard C. Gamble, "The Clash of King and Kirk: The 1690 Revolution Settlement in Presbyterian Scotland," in *The Practical Calvinist: An Introduction to the Presbyterian and Reformed Heritage in Honor of Dr. D. Clair Davis*, ed. Peter Lillback (Fearn, Scotland: Christian Focus, 2002), 215-31. Richard L. Greaves, *Theology and Revolution in the Scottish Reformation: Studies in the Thought of John Knox* (Grand Rapids: Christian University Press, 1980).

50 Myriam Yardeni, "French Calvinist Political Thought, 1534-1715," in *International Calvinism, 1541-1715*, ed. Prestwich (Oxford: Oxford University Press, 1987), 315.

개신교도들에 대하여 가한 박해에 맞서는 저항논리를 뒷받침하는 글, "프랑코 갈리아"가 1573년에 발표되었다. 제네바의 법학 교수 프랑소와 호트만은 이 문서에서 군주의 권세는 귀족들만을 위한 것이 아니라, 통치자들을 위해서 일하는 백성들을 보호하는 점을 강조했다. 프랑스 출신 개혁자로서, 칼빈의 후계자 테오도르 베자는 로마서 13장 1-7절에 대한 해석에서 수동적 저항과 제한적인 항거에 머물지 말고, 보다 적극적으로 군주들의 통치가 시민들을 위한 것인지 판단할 것을 주장했다. 군주의 폭정에 대해서는 하나님의 뜻을 어겼으므로 저항해야만 하고, 국민들은 이러한 저항권을 갖고 있다고 옹호했다.[51] 베자의 글에 근거하여, 위그노들은 군주의 폭정에 저항하는 합법적인 입장을 옹호하는 근거로서, 통치자와 시민들 사이에 근간이 되어야 할 "언약 신앙"이라는 관점을 확고히 정리하였다.[52]

스코틀랜드에서는 1637년에 국가 언약에 서명하면서, 군주가 교회의 수장을 임명하는 제도를 철폐했다. 잉글랜드에서는 제임스 1세 치세처럼, 그의 아들 찰스 1세가 계속해서 청교도들을 탄압하면서 성공회 체제를 강요하자, 1649년에 올리버 크롬웰이 의회군을 이끌고 왕당파를 제압하고 승리하였다. 웨스트민스턴 신앙고백서가 채택되었고, 국왕은 교회 지도자를 통해서 교회의 일들을 자문받아야 한다고 명시했다.

17세기 잉글랜드 퓨리턴의 정치 사상은 새뮤얼 러터포드가 쓴 『법

---

51 Richard C. Gamble, "The Christian and Tyrant: Beza and Knox on Political Resistance Theory," *Westminster Theological Journal* 46, no. 1 (1984): 125-39.

52 Robert M. Kingdon, "The First Expression of Theodore Beza's Political Ideas," *Archiv Für Reformtionsgeschichte* 46 (1955): 88-100. John F. Southworth Jr., "Theodore Beza, Covenatalism, and Resistance to Political Authority in the Sixteenth Century" (Ph.D. dissertation, Westminster Theological Seminary, 2003).

이 왕이다』에서 담겨 있다. 국왕은 오직 법률에 따라서 통치할 때에만 진정한 군주이다.[53] 하나님께서 세속 정치를 담당하는 왕의 권세를 부여하신 것을 인정하면서도, 하나님과 통치자와 백성들 사이에 언약 관계가 정확하게 유지되어야만 한다는 것을 강조했다. 만일 왕이 하나님과의 언약을 파기한다면, 마땅히 그 왕은 더 이상 합법적인 군주가 아니다. 이런 경우에는 왕이 없는 것으로 간주하고 백성들에게 권세가 주어진 것으로 판단하여 저항권을 행사하는 것이 정당하다. 러터포드는 왕의 작은 실수들이나 오류들에 대항해서 반란을 일삼지 말 것을 권고하면서, 폭정이나 탄압에 대해서는 양심에 주어지는 판단을 내려야 한다고 했다.

종교개혁자들의 노력으로 맺어진 교회의 독립권 확보와 영국 청교도들의 신앙 위에 세워진 미국에서는 종교의 자립과 양심의 자유에 대해서 진일보한 입장을 정리해 나갔다. 다양화된 종교의 활동을 허용하는 헌법을 제정한 미국은 정치적 영역과 교회의 상호 불가침 정책을 유지하고 있다.[54]

정치적 권세를 행사하는 군왕에 대해서 시민들의 저항권은 일련의 종교개혁자들이 단합하여 정립하였다. 감히 권력을 향하여 폭정과 탄압에 맞서는 것은 결코 쉬운 일이 아니었기에, 동료 종교개혁자들의 긴밀한 일체감과 거룩한 연대의식에 기초해서 견고히 확정되어진 것이다. 어느 특정한 한 국가에서만 벌어진 것도 아니요, 어떤 한명의 영웅으로

---

53 Samuel Rutherford, *Lex, Rex, or the Law and the Prince* (1644; Harrisonburg,VA: Sprinkle Publications, 1982). Cawford Gribben, "Samuel Rutherford and Liberty of Conscience," *Westminster Theological Journal* 71, no. 2(2009): 355-73.

54 James W. Skillen and Rockne M. McCarthy, eds., *Political Order and the Plural Structure of Society* (Atlanta: Scholars Press, 1991). Robert T. Handy, ed., *Religion in the American Experience: The Pluralistic Style* (Columbia: University Of South Carolina Press, 1972).

모든 논리를 완성한 것도 아니다.[55] 칼빈의 주위에는 멜랑히톤, 부써, 비레, 베자, 호트만, 낙스, 유니우스 브루투스, 굳맨, 부카난 등이 활동했다. 스위스, 독일, 프랑스, 잉글랜드, 스코틀랜드 등으로 연속적으로 확산되었다.

시민들의 저항 종교개혁의 영향으로 유럽에서는 수직적인 권위주의를 청산하려는 움직임이 활발히 전개되었고, 칼빈주의와 청교도들의 희생에 뒤따라서 시민들의 정치적 권한과 인권이 존중을 받게 되었다. 칼빈은 절대 권력을 소유한 독재자들의 폭정에 저항하는 것은 정당한 권리행사라고 확신하였다. 하나님의 말씀에 불순종하는 군주들을 무너뜨리는 것은 성도의 개인적인 권한이다. 군주들의 권한을 가능한 한 축소시키고, 선출된 대표자들의 권위를 확장시키려 노력하였던 것은 궁극적으로는 하나님의 통치가 정착되기를 염원했기 때문이다.

국가의 법률에 대해서 존중해야만 하는 것은 사회의 혼란과 무질서를 방지하기 위함이며, 이는 성도의 신앙적인 자유를 보장하려는 성경의 가르침이다. 청교도들은 교회를 무시하는 전제 군주들의 폭정에 맞서서 시민들의 민주적 자유를 정착시키는데 엄청난 피의 댓가를 지불했다. 국가 내에서 개인의 다양한 종교적 권리가 존중을 받아야 한다는 원리를 정착시킨 것이다. 인간의 존엄성에 대한 규정을 제정하려할 때에 교회가 제시하는 인간의 삶에 대한 공동체의 인식체계는 가장 근본적인 토대가 된다. 국가는 입법주의와 대의민주주의를 지켜나가야 할 것이며, 교회와 신앙 양심에 대해서 침범하거나 무시하는 태도를 가져서는 안 된다.

---

55 J. H. Merle D'aubigne, *The History of the Reformation of the Sixteenth Century* (N.Y.: American Translation Society, 1848), III:416.

7. 하나님의 왕국에 속해 있는 교회와 국가

현대 한국 기독교는 지난 한 세대 동안에 급격한 도시화, 근대화, 산업화 과정을 통해서 성취되어진 민주 국가의 건설과 경제 발전의 중심 가치를 제공해 왔다. 동시에 이 과정에서 엘리트 교육을 주도한 한국 기독교는 개인 신자들의 성공에 비례해서, 경제적이며 정치적인 역량을 확장시켜왔다. 하지만, 빛과 그림자가 동시에 남았다. 물질적 성공주의와 목회 성장주의가 하나님의 나라에서 추구하는 "의와 진리와 거룩함"과 혼합되어졌다. 학벌 지상주의와 세속적 성공신화가 개인의 가치관을 지배하였고, 마치 대기업 우월의식처럼 초대형 교회 중심주의와 개교회주의가 횡행하고 말았다. 한국사회의 급속한 변혁기를 들여다보면, 비인간화와 철저한 과학적 이상주의, 진화론을 신봉하는 새로운 세속화가 현대인들의 이성주의와 반기독교적 인식을 부추겨왔다. 분단 한국의 현실적 제약 하에서, 일부 한국 교회의 연합 기관과 교단들을 제외하고는 국가 존립을 위해서 정부권력과 협조적으로 공존을 도모해 왔다. 이제는 기독교의 기본 가치들과 신앙적인 윤리를 부정하는 사회현상에 직면해서, 새로운 해결책을 모색해야만 한다.

1) 개인의 신앙 자유와 국가적 행동들

청교도 신앙으로 신대륙을 건설한 건국의 아버지들은 교회를 먼저 건설하고 국가를 세웠다. 교회와 국가는 결코 분리될 수 없을만큼 깊이 연결되어 있다. 개인의 신앙적 자유와 자유민주주의를 국가의 정치 체제로 정착시켜온 배경에는 개혁주의 신학이 자리하고 있다. 칼빈주의 청교도 신앙에 근거하여 국가를 세운 미국에서는 헌법을 제정했다. 1791년 수정헌법 1항에, "의회는 종교의 설립을 고려하는 그 어떤 법률도 작성하지 않는다"고 규정했다. 그 핵심은 그 어떤 경우에도 하나의 국가적인 종교state religion를 제정해서는 안 된다는 의미였고, 소위 말하는 정치와 종교 간의 상호 불가침 조약을 문서화 한 것이다.[56] 그 배경에는 유럽에서 건너온 퓨리턴들의 독립심과 자유로운 신앙생활에 대한 보장을 철저하게 허용하라는 합의가 있었다.

하지만, 교회의 역할은 미국 정치에서 핵심적인 가치를 제공해 오고 있다. 초대 조지 와싱턴 대통령 때부터 "추수감사절" 행사를 국가적인 감사의 날로 규정해서 공휴일이자 중요한 행사를 하는 절기로 지켜오고 있으며, 국가를 위한 기도회를 대대적으로 개최하고 있다. 군대를 위해서 합법적으로 주요 종교지도자들이 군목으로 봉직하는 것을 합법화 했고, 병원이나, 심지어 의회와 백악관 행정부에서도 주요 개신교 목회자들이 활동하는 것을 허용해 오고 있다.

모든 대통령의 취임식에서 전 세계는 성경 위에 손을 얹고 선서하는 것을 목격한다. 이것은 지극 개인적인 신앙의 행동으로 간주하고 있다. 그러나 공적인 행사에서 직무수행의 근거로서 성경을 지키겠다는 양심의 다짐을 하는 것도 역시 정치적인 행사이자 개인의 종교적인 행위이기도 하다.

따라서 지금도 미국에서는 공적인 영역에 교회의 지도자들이 많은 영향을 끼치고 있다. 20세기에서 21세기로 전환하는 시기에 1960년대와 1970년대에 대중 전도자로 명성을 갖고 있던 빌리 그래함과 제리 포

56　Robert L. Cord, *Separation of Church and State: Historical Fact and Current Fiction* (Grand Rapids: Baker, 1988), 49.

웰 목사가 앞장서서 정치적 영향력을 발휘했다. 1974년 미국 대통령 선거에서 민주당 지미 카터가 당선되면서, 복음주의 진영의 정치적 영향력이 입증되었다. 1980년대에는 팻 로벗츤의 기독교 동맹과 존 맥아더 등이 정치적인 사항들마다 기독교적인 가치관을 반영하도록 메시지를 전하고 있으며, 특히 복음주의 진영에서는 대통령 선거 때마다 "킹 메이커"로서 결정적으로 영향력을 발휘하면서 행동하고 있다.

2) 정치적 행동주의

타락한 세상의 구조적 변화를 주도하는 일은 하나님의 도구라는 사명의식을 가진 개혁주의 신앙인들이 성취해 냈다. 하나님의 말씀으로 세상을 변화시키는 놀라운 일은 16세기 종교개혁의 유산이었고, 이후에 신앙고백적이고, 역사적 개혁 신앙을 제시하여 온 "신칼빈주의"Neo-Calvinism가 계승하여 발전시켰다. 18세기 이후로 유럽에서는 계몽사상이 확산되면서 인간의 자율주의가 극대화 되어오고 있다. 19세기는 혁명의 물결이 큰 반향을 불러 일으켰다. 기독교 교회의 기반을 완전히 무너뜨리는 세속화는 진화론과 과학주의가 몰고 온 갖가지 문화행태로 가속화되었다.

서구 유럽이 혁명의 폭풍에 휩쓸려 있을 때에 아브라함 카이퍼 Abraham Kuyper, 1837-1920가 국가를 지키고 세워나갔다. 그가 제시한 적극적 행동주의를 "신칼빈주의"라는 명칭으로 부른다. 관점을 제창하면서, 신학을 전공한 교수이자 목사의 신분을 뛰어넘어서 국가와 사회의 현실 문제를 다루고 결정하는 데 앞장을 서서 문화적 정치적 참여를 이룩해 냈다. 그냥 자기 자리를 지키는 것에서 한걸음 더 나아가서 세상의 구조를 변화시키는 다양한 사역들을 시도하였다.

카이퍼는 유럽에 프랑스 혁명의 물결이 번지는 것을 단호히 반대하였다. 종교개혁을 거치지 않은 나라들인데, 부르봉 왕가를 무너뜨린 것이 잘못이 아니라, 혁명주의자들은 하나님의 주권을 송두리째 짓밟아 버렸던 점을 간파했던 것이다.[57] 프랑스 혁명의 근본적인 이념이자 "가장 사악한 점"은 하나님을 아예 인정하지 않는 오직 인간만의 주권주의를 전 세계에 선포하는 행동이었다. 결국 이기적인 자유방임주의자들의 광포함과 폭정은 오래 가지 못했고, 국민들의 지지을 얻지 못했으며, 결코 그러한 운동은 실패할 수밖에 없었다.

1898년 카이퍼는 미국 프린스턴 신학대학원에서 행한 강연을 통해서 하나님 나라의 주권사상을 강력하게 선포하였다. "우리 인간 경험의 모든 영역에서 그리스도가 주권을 가지고 모든 것을 통치하고 있으며, 그것을 벗어날 영역은 한 뼘도 없다"는 신념을 토로했다.[58] 삼위일체 하나님께서는 우주 만물 모든 영역을 통치하고 계시며, 나라들과 보이는 것과 보이지 않는 것들까지도 다 지배하고 계시며 영광을 받으셔야만 한다는 것이 카이퍼의 영역 주권 사상이었다.[59] 기독교 신자들과 교회는 정치와 예술의 영역을 기피하거나, 자유방임적인 세속주의자들이 결정하는 대로 그저 속수무책으로 방관해서는 안 된다. 적극적으로 참여하여 문화적 가치를 제시하고, 대화하고, 설득해야만 한다. 물론 교회가 세상을 향해서 강압적으로 위협을 가하여 목표를 성취하는 것은

---

57 Peter Heslam, *Creating a Chrisitan Worldview: Abraham Kuyper's Lectures on Calvinism* (Grand Rapids: Eerdmans, 1998), 148; "for Kuyper the real evil of the French Revolution did not lie in its overthrow of the Bourbon dynasty but in its opposition to divine authority."
58 James D. Bratt, ed., *Abraham Kuyper: A Centennial Reader* (Grand Rapids: Eerdmans, 1998), 488.
59 Abraham Kuyper, *Lectures on Calvinism* (Grand Rapids: Eerdmans, 19310.

결코 옳은 방법이 아니다.

카이퍼의 그리스도가 왕으로 통치하는 영역 주권 사상에서 볼 때에, 사회빈곤과 억압을 해방 신학으로 해소하려는 것은 자유주의 신학자들의 남용이었다.[60] 카이퍼는 반혁명당을 조성해서 각종 현안에서 공적인 정의를 구현하고자 노력하였다. 오늘날 교회도 역시 자유를 위한 투쟁, 문화 전쟁, 다원주의자들과의 첨예한 논쟁, 국가의 폭압과 강요 등 여러 주제들을 안고 씨름하면서 오직 예수 그리스도의 주되심을 구현하고자 노력해야만 한다.

카이퍼는 "우리들 시대는 불신앙과 프랑스 혁명으로 시작했다"고 진단하면서 당시의 관념 세계가 지닌 문제점을 간파해냈다.[61] 그가 혁명의 광풍이 몰아치던 유럽 대륙에서 동시대의 문제를 해소하고자 시도한 일들은 자유대학교의 설립, 언론기관들과 다양한 출판물을 통한 홍보, 반혁명당의 창당과 기독교적 정치이념의 실현 등이다.

한국 교회에서도 역시 기독교 학교들의 발전을 위한 각종 지원, 건전한 기독교 언론들에 대한 관심들과 후원, 복음적인 기독교 신앙을 고백하는 국회의원들과 지방 정치인들에 향한 선거대책 등을 통해서 복음의 생명력을 소통시키는 일을 지속적으로 추진해야만 한다.

60　Nicholas Wolterstorff, *Until Justice and Peace Embrace* (Grand Rapids: Eerdmans, 1983), chap. 3: "Lima or Amsterdam: Liberation or Disclosure."

61　Kuyper, *Lectures on Calvinism*, 25.

맺는 말

성경에서 가르쳐 준 바에 따라서 교회와 국가와의 바른 관계를 설정하는 원리는 무엇이어야만 할까? 필자는 그 해답으로, 교회와 국가가 하나님의 나라와 깊은 연계성을 갖고 있다는 원리를 파악하는 것이 최선이라고 본다. 하나님의 나라가 이 분단된 한반도 땅 안에서 교회와 국가를 통해 실현되도록 그 적용 방안을 모색하는 것은 우리의 몫이다.

교회와 국가를 지배하는 원리는 "하나님의 주권과 영광"divine supremacy and glory이 되어야만 한다.[62] 하나님의 나라가 이 땅 위에 이루어지도록 하기 위해서 교회와 국가가 존재한다는 원리를 잊어서는 안 된다. 예수님의 수많은 가르침을 보면, 하나님의 절대적인 주권 아래서 모든 만물이 역사하고 있음을 깨닫게 된다 마 10:29-30. 하나님의 왕권은 인간의 모든 생활 영역에 걸쳐 전반적으로 통치하고 통제하고 영향을 발휘하고 있다. 주님은 우리 인간의 모든 삶의 영역에서 지배하고자 신앙적이며 도덕적인 원리를 제시하였다. 하나님의 주권과 그 영광스러운 원리의 영향력으로 지배를 받게 되면, 하나님의 나라가 실현되었다고 말할 수 있다.

그러나 예수님께서는 인간의 모든 삶의 영역을 지배하는 국가를 가시적인 교회에 종속시키려 하지는 않으셨다. 구약 시대의 신정 통치에서는 교회가 하나님의 백성의 모든 생활을 총체적으로 지배했었고, 국가와 교회가 밀접하게 연합되어 있었다. 그러나 현대 국가와 교회와의 관계를 올바르게 설정하기 위해서는, 이 두 기관들이 우주적인 하나님

---

62   G. Vos, *The Kingdom of God and Church* (Phillipsburg: P&R, 1972), 88.

의 나라의 시행기관으로 자리매김을 해야만 한다.[63] 교회는 하나님 나라의 거룩성을 이 세상에 비춰주는 빛이요 소금이다. 하나님의 나라는 이 땅 위에 있는 교회를 중심으로 해서 국가 건설과 사회의 다양한 결사체들, 학교 등 각종 기관들을 통해서 확장되고 퍼져나간다. 기본적으로는 하나님의 나라가 펼쳐지는 가운데 시행되는 언약 관계를 통해서 수많은 교회들과 성도들이 의와 거룩함과 평화를 제시하게 된다. 하나님의 나라가 모든 사람의 영역에 확산되어나가야만 국가 체제 안에 진리와 정의와 자유가 성취될 수 있다. 국가 전체가 직면하고 있는 다양한 성취와 문제점들은 결국 그 안에서 활동하는 사람들이 만들어 낸 것이므로, 성령으로 말미암아 주어지는 중생의 능력에 접촉되지 않으면 부패와 독선에서 벗어날 수 없다.

　구체적으로 하나님의 나라가 실현되기를 추구했던 개혁주의 교회는 성경을 각 지역의 모국어로 번역하고, 지속적으로 성도들에게 다양한 양육과 구제와 선교를 도모하고 있다. 그런 일환으로 학교를 건설하여 계몽과 지식의 발전을 도모하며, 예술과 문화를 통해서 세상에 선한 영향력을 확산하고 있다. 그러나 개혁주의 전통과 유산을 계승한 교회들에게 남겨진 과제는 훨씬 더 넓고 광범위하여 지상에 존재하는 국가에서 더 큰 역량이 기대되고 있다. 지난 한 세기 동안에, 한국 교회는 급속히 진행된 도시화와 산업화의 원동력을 제공했으나, 상업화와 물질화 속에 함몰되는 인권과 정의와 평등의 가치를 신장시키는 일에 부족했다는 평가를 받는다.

63　Branson Paler, "Two Cities or Two Kingdom? The Importance of the Ultimate in Reformed Social Thought," in *Kingdoms Apart: Engaging the Two Kingdoms perspectives*, ed. B. C. McIlhenny (Phillipsburg: P&R, 2012):173-197. John Barber, *One Kingdom* (Lakeland: Whitefield Media, 2015).

인간의 기본권을 보장하는 자유 민주주의 국가의 건설과 발전에는 기독교 교회의 가치관과 기여가 절대적이며 필수적이다. 수많은 사람들이 국가 체제의 발전과 번영 속에서도 그 대열에서 낙오되어 불행한 선택을 하고 있다. 자살의 급격한 증가, 이혼과 우울증과 치매와 같은 불치병의 확산, 소외와 빈곤층으로 내몰리는 사람들은 비인간화된 사회 속에서 생존의 사투를 벌이고 있다. 일류대학 위주로 편성된 교육체계에서 실패하게 되면, 평생 가난을 피할 수 없게 되었다. 농촌에서는 한국인 아내를 얻어서 결혼하는 일이 불가능하여 수십만 명이 다문화 가정을 이루었는데, 이들에게도 정의와 평화가 주어져야 한다.

하나님의 나라는 아브라함, 이삭, 야곱의 가정들을 통해서 이뤄졌고, 그 후손들이 상호 결합된 민족 사회를 이루고 이스라엘 국가 체제로 유지 되어 전수되었다. 예수 그리스도의 십자가와 부활과 승천의 복음은 보편적 교회를 이루게 했고, 넓고 큰 민족들의 소통으로 교회라는 장을 열었다. 이처럼 한국 교회는 농촌과 도시 주변에 형성되어가고 있는 여러 국가에서 온 다민족 공동체에 대해서 획기적인 안목으로 포용성을 발휘하고, 교회 안으로 유치하는 지원책을 마련해야만 한다. 다문화가정에서 자라난 후손들의 교육과 성공을 책임지는 노력을 기울여야 한다. 예루살렘에서부터 시작된 초대 교회는 다문화 다인종 다중언어 계층이 모여서 살았던 이상적인 공동사회였다.

한국 교회는 하나님의 나라가 확장되어나가는 일을 수행하는 대행 기관으로서 단지 개인의 영혼 구원에만 집착하지 않았다. 그 교회가 서 있는 땅, 대한민국의 주권회복과 건설에서 가장 중추적인 영향을 발휘했다. 초기 한국 교회는 복음화가 더디게 진행되어서 비록 기독교인의 총인원이 그저 미미한 숫자에 불과했음에도 불구하고, 온 나라가 일본의 수탈과 압제하에서 신음할 때에 불가능하다는 독립의 여망을 확산시키고, 국민들에게 희망을 불어넣었다.

한국 교회가 정치와 인권의 회복을 위해서 앞장 선 중요한 역할은 1919년 3월 1일, 독립만세 운동에서 표출되었다. 가련한 처지에서도 목숨을 희생하면서 과감하게 독립을 부르짖은 3.1 만세운동에 참여한 인원은 200만 명 이상이고, 집회 수는 1,500여회 이상이며, 전국 218개 군에서 211개 군이 가담했다.[64] 한국 교회는 독립 국가로의 회복과 건국, 한국 동란 이후의 재건과 국민들의 문맹퇴치와 인권 신장 등에 크나큰 원동력을 제공하였다.[65]

해방 이후에도 처참한 한국 전쟁의 폐허 속에서 대한민국의 건설과 복구노력을 견인했던 지도자들은 거의 다 기독교 신자들이었고, 건전한 자유민주주의 국가를 건설함에 있어서 가장 큰 기여를 도모했다. 한국 교회는 해방된 직후 국가 건설에 앞장을 서서 역량을 발휘하였다. 일제로부터 해방되어 하지 장군이 군정책임자로 한국 정부의 골격을 세워나갈 때, 공주 영명학교를 세운 선교사의 아들 죠지 윌리엄스의 추천으로 48명의 기독교인들이 각 분야에서 노력했다. 문교부 장관을 기독교인이 맡아서 미신 타파에 앞장 섰고, 국방부 장관을 맡은 기독교 지도자는 군선교의 토대를 마련했다. 제헌 의회가 개원할 때에도 대부분의 국회의원들이 기독교 신자들이었다. 교회는 군사 정권의 독재에 항거하여 인권 존중과 정의 회복을 외쳤다.

---

64 이기백, 『한국사 신론』(일조각, 1998): 435-437. 참고 박은식, 『韓國獨立運動之血史 上』(上海: 維新社, 1920), 531-555. 정연태,이지원,이윤상, "3.1운동의 전개양상과 참가계층," 『3.1민족해방운동연구』(한국역사연구회 역사문제연구소, 1989), 230-231.

65 김양선, 『한국기독교사 연구』(기독교문사, 1980), 283. 한국기독교역사연구소 편, 『3.1 운동과 기독교민족대표 16인』 (서울: 한국기독교역사 연구소, 2019). 김승태 편, 『3.1운동과 기독교』(한국기독교 역사연구소, 2019).

대한민국의 미래를 위하여 교회의 역할은 매우 중요하다. 한국의 도시화, 근대화, 산업화의 과정에서 기독교 신앙의 자유와 정의를 옹호하는 자들 중에서는 1980년대 남미의 "해방 신학"과 2000년대 "복음주의 좌파"들이 있음에 주목하게 된다.[66] 사회를 대립하는 계급 간의 구조로 이해하는 것과 경제적인 행위를 사회원동력의 근간으로 보는 것, 그래서 "압제당한 자들의 하나님"이라고 주장하면서 사회주의를 이상적인 유토피아로 설정하는 것은 막스주의 사상에서 나온 개념이다.[67] 한국이 추구해 오는 자유 민주주의와 민주적인 자본주의와는 전적으로 다른 구조를 상정한 것이다.

대부분의 한국 기독교 신학자들이나 목회자들은 교회가 국가로부터 정당한 대우를 받지 못하고 있다고 생각한다. 특히 국가가 교회의 권한과 입장을 억누르거나 제한하려는 독선적인 권위주의, 특정한 집단주의, 사회주의 등 반기독교적인 이념에 휩싸이게 될 때에는 교회가 침묵하거나 그대로 묵인해서는 안 된다. 3.1 만세운동에서 나타난 것처럼, 국가와 교회 사이의 충돌과 대립은 수없이 많다. 오늘날에는 소수자의 인권보호를 명목으로 내세우면서 동성애자들의 합법적인 지위를 옹호하고 편의를 제공하려는 일들을 국가적인 권력으로 추진하고 있다. 교회는 당연히 건전한 가정을 지키고, 창조주의 질서를 지키기 위해서 반대한다. 교회가 국가의 시책에 협조를 하지 않는다고 비난하는 목소리에 단호히 대처해야 한다. 민주적인 국가운영은 시민 자본주의를 근간으로 하는데, 전체주의와 사회주의 진영에서는 부의 편중을 증

66　Craig M. Gay, *With Liberty and Justice for Whom? The Recent Evangelical Debate over Capitalism* (Grand Rapids: Eerdmans, 1991). ch. 1, "Capitalism as Oppression: The Evangelical Left," 22-62.
67　Michael Novak, *The Spirit of Democratic Capitalism* (N.Y.: Simon & Schuster, 1982), 272-314.

오하면서 근원적으로 "불공정"과 "불평등"하다고 해서 충돌하고 있는 것이다. 과거 봉건주의와 왕권을 정점으로 하는 권력 체계에서는 힘없는 대중들에게 부당한 이득을 챙겼고, 공정한 경쟁이란 불가능했다. 교회는 독립적인 자치권을 확보하면서 동시에 시민의 자유와 경제적 공정성을 정착시켰다. 세계 각국은 교회의 개입과 교육으로 인해서 시민들의 경제적 번영과 자유로운 인권 신장을 도모하고 있다. 한국 교회가 국가의 문제들을 해결하는데 간여하는 것은 "수고하고 무거운 짐"마 6:34, 11:28을 지고 살아가는 대중들의 고난을 그리스도의 사랑으로 품어야만 하기 때문이다.

교회의 정치 사회적 역할과 참여

오늘날 교회가 세상에서 감당해야 할 책임들과 의무들과 사명들 중에는 세속 정부와 정치적 사항들이 많이 포함되어 있다. 교회가 세상을 지배하거나 다스려야 한다고 주장하려는 것이 아니다. 결코 그럴 수도 없다. 교회는 세상을 향해서 권세를 행사할 근거도 없고, 실제적인 힘을 갖고 있지 않다. 다만 교회와 국가 사이의 성경적인 관계 정립을 위해서는 교회가 끊임없이 밀려오는 새로운 도전에 적극적으로 대안을 모색해야만 한다.

지난 날 교회 역사 속에서 종교개혁자들과 개혁주의 교회가 국왕, 국가권력, 자치적인 시정부, 봉건 영주들로부터 신앙적인 자유를 얻기 위해서 어떤 정치적인 사건들을 경험했는가를 살펴보고자 한다. 교회를 위해서 헌신했던 종교개혁자들과 칼빈주의 지도자들이 어떻게 정치적인 사상을 형성하였으며, 근대 민주주의 형성과 발전에 얼마나 중요한 공헌을 하였는가를 살펴보고자 한다. 동시에 이러한 중요 정치적 사상들과 사건들을 되돌아보면서, 오늘날 교회의 정치 사회적 역할을 위한 대안 마련에 시사점들을 찾아보고자 한다.

우리는 교회의 자율권을 확보하고자 노력했던 종교개혁자들이 남긴 정치 사상을 살펴보면서, 현대인들에게 주는 교훈을 찾으려 한다. 종교개혁은 가장 본질적으로 근대 사회로의 발전이었으며, 전 세계 시민들의 인권 신장과 민주주의 발전에 큰 디딤돌을 제공하였다.[1] 16세기 유럽의 종교개혁이 발생한 이후로, 개신교 회는 로마 가톨릭의 후견인을 자처하는 왕국들의 지배자들에게서 엄청난 핍박을 당했다. 영국에서는 청교도들이 시민 전쟁을 감행했고, 프랑스와 네델란드에서는 개신교 교회의 생존을 위해서 종교 전쟁을 겪었다. 합스부르크 왕국스페인과 오스트리아과 개신교 제후들네델란드, 스웨덴 등 사이에 삼십 년 전쟁1618-1648이 벌어졌고, "베스트팔리아 평화조약"The Peace of Westphalia으로 종결되었다. 개혁주의 전통에 근거하여 영국 청교도들에 의해서 입헌군주제가 견고해졌고, 아메리카에서 민주주의 국가가 정착했으며, 마침내 네델란드에서 아브라함 카이퍼가 기독교 정당의 이념을 내걸고 집권하여 시대의 과제를 감당해냈다.[2]

1. 세속 정치에 관련한 교훈들

종교개혁자들 가운데서 칼빈의 정치 사상이 단연 주목을 받는 이유는 인간의 자유와 권리 신장에 기여하는 영향을 남겼기 때문이다. 칼빈은 자신보다 앞선 시대의 종교개혁자들이 선도적으로 성취한 교

---

1 Karl Holl, *The Cultural Significance of the Reformation* (Cleveland: Meridian, 1959), 65-66.
2 Ralph C. Hancock, *Calvin and the Foundations of Modern Politics* (Ithaca: Cornell University Press, 1989).

회 개혁을 한층 진일보시키되, 세속 정치와의 관계에서도 탁월한 업적을 남겼다. 그는 루터와 츠빙글리를 비롯해서 서로 존경하고 우호적인 관계를 유지하면서도 그들의 입장을 무조건 답습하지 않았다. 그들의 시대에 미흡했던 분야였던 정치의 영역에 대해서도 칼빈은 창조적인 기여를 남겼다. 우리는 이미 앞에서 당대 신학자들의 최고 과제였던 성찬의 교리에 있었서도, 칼빈이 루터의 공재설과 츠빙글리의 기념설에서 아쉬움을 발견하고, "그리스도의 영적 임재"라는 개념을 독창적으로 제시하는 쾌거를 이뤘음을 기억할 것이다.

칼빈은 그보다 앞선 세대의 루터와 츠빙글리와 달리, 교회가 세속 정부로부터 독립된 권한을 가진다는 성경적 진리를 확실한 제도로 정착시켰다. 동시에 칼빈은 교회 혹은 성직자가 세속 정치를 통괄하는 신정통치에 대해서도 반대하였다nontheocractic.[3] 칼빈의 정치 사상을 왜곡하여, 마치 그가 신정통치의 주창자로 곡해하는 경우가 많으므로 독자들의 세밀한 주의를 요청하고자 한다. 루터가 작센주의 군주 프리드리히의 권위 아래서 활동하였기 때문에, 루터파 교회가 정치적인 문제들에 대해서 관여하지 못하였다. 군주제하에서 교회가 단독적인 권한을 확보하지 못했던 문제점을 칼빈은 파악하였다. 또한 츠빙글리가 사역했던 취리히에서도 시 당국의 권위 아래서 교회의 모든 개혁적인 조치들이 허락을 받아야만 했었다. 칼빈은 교회가 성경적으로 완전히 개혁되려면 이런 세속의 권세로부터 자유로운 자치권을 확보하고 스스로 갱신해 나가야 한다는 확신을 가졌다. 특히 칼빈은 스트라스부르그에

---

[3] David W. Hall, "Calvin's Principles of Governance: Homolgy in Church and State," in *Tributes to John Calvin: A Celebration of His Quincentenary*, ed. David W. Hall (Phillipsburg: P&R, 2010), 314-342.

서 삼 년 동안 머물러 있던 시기에, 마틴 부써가 제시한 교회 자치권이 시의회에서 부결되는 실패를 목격했었고, 이것을 교훈 삼아서 제네바에서는 교회의 독립권을 확고히 세우는 새로운 모델을 창조적으로 실현시켰다. 칼빈에게서 중요했던 점은 교회와 국가가 서로 각자의 자율권을 존중해야만 한다는 것이다.[4]

칼빈이 일생동안 철저하게 노력하여 세우고자 했던 원칙은 세속 정부로부터 개혁교회의 독립성, 자치권을 확보하는 일이었다. 스위스 제네바는 지역의 특성상 어느 나라의 국왕이나 제후들의 지배를 받지 않던 독립 자치도시로 성장할 수 있었다. 칼빈의 목회 방침에 영향을 받은 후에, 더욱 더 제네바는 시민들의 영적인 복지를 추구하는 유일한 자치도시로 세워져 나갔다.[5] 제네바와 같이, 자유롭고 개방적이며 완벽한 신앙 공동체로서의 도시 건설을 꿈꾸던 청교도들이 아메리카 신대륙으로 건너가서 "뉴 잉글랜드"New England를 건설하였다. 칼빈주의 정치 사상을 가진 건국의 아버지들이 1630년대부터 신앙이 자유로운 사회를 건설하고자 최선을 다했고, 그 터전 위에서 오늘의 미국이 자유민주주의 체제를 대표하는 나라로 우뚝 설 수 있게 된 것이다. 칼빈이 제네바에서 시정부의 간섭을 받지 않은 채, 교회의 목회자를 세우는 독립적인 권한을 당회가 확보하도록 최초로 개혁한 것은 결국 민주정치의 시초를 놓는 공헌을 했다는 평가를 받고 있다.[6]

---

4 Francois Wendel, *Calvin*, tr. Philip Mairet (London: Collins, 1963); 김재성 역, 『칼빈』 (크리스챤 다이제스트, 1999), 90.

5 E. William Monter, *Calvin's Geneva* (N.Y.: Joyh Wiley & Sons, 1967), 225.

6 Mario Turchetti, "The Contribution of Calvin and Calvinism to the Birth of Modern Democracy," in *John Calvin's Impact on Church and Society, 1509-2009*), eds., Martin Ernst Hirzel & Maritn Sallmann (Grand Rapids: Eerdmans, 2009), 192-217. Robert Kingdon 7 Robert D. Linder, eds., *Calvin and Calvinism: Sources of Democracy?* (D. C. Heath, 1970).

목회자로서 칼빈은 교회를 향한 설교와 신학을 제시하면서도, 제네바 시 정부의 정치와 의무에 대해서 지속적으로 메시지를 발표했다. 그는 때로는 시 당국자들에게 교회에 관련된 사항에 대해서는 경고와 조언과 반대의견을 표명했다. 이러한 입장은 칼빈주의 전통에서 연속적으로 계승되어서, 베자와 17세기 프랑스의 위그노들, 영국의 청교도들, 네델란드와 헝가리 등 개혁교회들이 정부에 대한 저항권을 주장하는 쪽으로 발전해갔다.

16세기의 절대 군주가 통치하는 상황들 속에서 그 어떤 교회 지도자들도 실현시키지 못했던 정치 분야에 대한 교회의 입장과 영향력을 발휘하기까지, 칼빈은 수많은 위기에 직면했었다. 그는 교회와 시정부 사이의 각각 독립적인 영역을 분명히 이해시켰고, 상호 협력적인 관계 정립을 위해서 획기적인 방안을 정착시켰다.[7] 그가 꿈꾸어 왔던 대로 교회의 독립권은 목회자 선발과 임명의 과정에서 완전한 자유를 인정받는 것이었고, 또한 성도들의 거룩한 생활과 영적인 삶을 지도하기 위해서 권징의 자율성을 확보하는 내용이었다. 칼빈이 제출한 "제네바 교회의 법령"Ordonnances Eccléiastiques de l'Eglise De Genée은 1541년 11월 7일, 200인 의회가 수정·통과했고, 시 총회에는 11월 20일 제출되었다. 이 교회 법령에서 칼빈이 주장한 두 가지 새로운 면을 주목해 보아야 한다.

첫째, 칼빈의 정치적인 견해에서 가장 돋보이는 부분은 교회의 자치권 확보였다. 그는 교회의 제도 자체를 신약 성경의 초대 교회처럼 완전한 자유권을 가진 별도의 기관으로 인정받도록 하는 최초의 조치를 제

---

[7] Douglas Kelly, *The Emergence of Liberty in the Modern World* (Phillipsburg: P&R, 1992), 14.

네바에서 성공시켰다. 칼빈은 초대 교부들의 시대를 근거로 해서, 교회의 독립적인 자치권을 옹호했다.[8] 교회는 하나님께서 친히 세우시고, 제정하신 모임이기 때문에 하나님에게만 받아들여지면 되는 기관이다. 둘째, 권징의 시행을 교회가 완전히 넘겨받도록 한다는 조항이다. 시 행정 당국은 이에 대해서 아무런 관여를 할 수 없도록 했다. 영적인 권위에 의해서 주어진 결정에 따라서 시의 형벌로 보충해 주도록 요청하게 되었다.

칼빈의 성취와 다른 종교개혁자들의 노력을 비교해 보자.[9] 칼빈보다 앞선 세대의 종교개혁자 외콜람파디우스는 스위스의 바젤에서 사역하면서 선구적인 제안을 했다. 그는 교회가 성도들에 대한 권징을 자체적으로 자유롭게 시행되어야 함을 역설했지만, 결국 포기할 수밖에 없었다. 스트라스부르그에서 예배를 전면적으로 개혁했던 마틴 부써도 역시 목사회가 약간의 부차적인 일들을 결정할 수 있는 권한을 허용받았다. 그러나 스트라스부르크 시의회가 끝내 온전한 교회의 자치권을 거부하여서 결국에는 그들의 결정을 수용하고 말았다.[10] 크게 좌절을 느낀 부써는 잉글랜드 케임브리지 대학교에서 초청을 받고 떠나버렸다. 루터나 쯔빙글리는 이런 제도 자체를 아예 목표로 삼지도 않았었다. 바젤이나 베른이나 취리히에서나, 그 어느 다른 스위스 자치 도시들에서도 교회의 자율권이 행사되는 경우를 찾아볼 수 없었다.

---

8 Irena Backus, "These Holy Men: Calvin's Patristic Models for the Establishing of the Company of Pastors," in *Calvin and the Company of Pastors*, ed. David Foxgrover (Grand Rapids: CRC Product Services, 2004), 47.

9 Bruce Gordon, "The Protestant Ministry and the Culture of Rule: The Reformed Zurich Clergy of the Sixteenth Century," in *The Protestant Clergy of Early Modern Europe* (Basingstoke: Palgrave Macmillan, 2003), 137-155.

10 김재성, 『나의 심장을 드리나이다: 칼빈의 생애와 사상』 (킹덤북스, 2012 수정판), 415.

칼빈은 세속 권세들이 교회를 다스릴 수 없으며, 신앙과 도덕에 관하여서 처음부터 교회가 성도들을 양육하는데 필요한 자율적인 통치권을 가지고 있었음을 확신했다. 어느 정도까지 교회가 이런 자율적인 권한을 행사할 수 있는지에 대한 명확한 규정은 없었다. 그러나 적어도 이런 원리만큼은 인식되도록 칼빈은 남은 생애를 바쳐서 투쟁적으로 싸워서 교회의 존엄성을 인정받고자 최선의 노력을 경주했던 것이다.

오늘날, 거의 대부분 국가에서 목사의 안수와 성직 임명은 교회 자체의 결정으로 이루어지고 있다. 그러나 국왕이나 교황이 성직 임명권을 가지고 있던 시대에, 오직 한 지역 교회가 자체 목사의 안수식과 임명권을 행사한다는 것은 놀라운 개혁이었다. 제네바 시의회가 새로운 목사 후보를 선출하고 있었는데, 그 이전부터 이런 권한을 장악하고 있었고, 모든 성직자가 심사를 받도록 했었다. 이에 맞서서 칼빈은 새로운 목사의 선정은 기존의 목사들이 회의에서 심사하여야 한다고 주장했다. 목사와 장로의 선출을 시의회가 관장할 사항이 아니라고 맞섰다. 목회자의 결원이 발생하면 목사회가 먼저 성경 해석에 대해서 심사하고, 목사들에 의해서 다수가 찬성하면 받아들이도록 하였다. 목사 안수에 일반 시민들이 결정하는 권한을 없애도록 했다. 1561년 교회 법령집에서는 시민들이 팔일 안에 항의할 수 있도록 허용했다. 새로 안수받은 목사는 시의회에서 서약과 맹세를 함으로 완전히 인정을 받았다. 그러나 시의회는 목사회가 결정한 사람을 거부할 권한이 없었다.

칼빈의 정치적인 관점은 그의 『기독교강요』 마지막 부분에 서술있고, 그 외에도 그의 주석들과 신학논문들에 담겨져 있다. 다른 종교개혁자들과는 달리, 제네바에서 사역한 까닭에, 칼빈은 교회와 국가가 모두 다 시민들의 권위와 자유와 의무들을 인정할 권한이 있음을 새롭게 서술하였다. 간단히 비교하자면, 독일에서 루터파 교회는 불합리한 정부의 행정에 대항하는 신학적인 정당성을 심각하게 제기하지 않았다.[11]

칼빈은 『기독교강요』(1559) 4권 20장에서 시민 정부의 역할에 대해 신학적인 견해를 상세하게 제시했다.[12] 칼빈은 시민 정부가 하나님이 사용하시는 이중적인 통치 기관의 둘째 기관으로서 시민 사회의 정의와 사회전체의 도덕성을 확립하는 일을 감당해야 한다고 확신했기에 여덟 가지 주제들을 다뤘다.

    1. 정부들의 구별 (IV.20.1-2)
    2. 군주: 법률의 수호자와 집행자 (IV.20.3)
    3. 군주들의 업무들, 군주들의 취임 (IV.20.3-8)
    4. 군주들의 특권들과 책무들 (IV.20.9-13)
    5. 법률의 규칙 (IV.20.14-16)
    6. 법정들 (IV.20.17-21)
    7. 시민들로부터의 복종과 경의 (IV.20.22-29)
    8. 법률적인 수단들 (IV.20.30-32)

칼빈이 정치적인 사항에 대해서 핵심으로 다룬 주제들을 압축하면 세 가지 사항이다:

첫째는 법의 수호자로서의 군주, 둘째는 객관성을 보장하는 법률, 셋째는 합당한 판단력을 가진 시민들이다. 특히 칼빈은 1559년 이후로

---

11   John Witte Jr., *Law and Protestantism: The Legal Teachings of the Lutheran Reformation* (Cambridge: Cambridge University Press, 2002), 2-3.

12   John Calvin, *Institutes of the Christian Religion*, tr. Ford L. Battles (Philadelphia: Westminster Press, 1959).

능동적인 저항권을 인정하는 입장을 표명하였다.[13]

칼빈은 무정부주의를 주장하던 재세례파와 달리, 정치적인 직위를 가진 자들이 시민 정부를 위해서 일하는 것을 적극 지지했다. 세속 정부의 통치자들은 '하나님의 대행자들'이라고 보았고[IV.20.6], 가장 거룩하고도 명예로운 소명이라고 해석했다[IV.20.25]. 칼빈주의는 시민 정부에 대해서, 현대적으로 말하자면 정치를 하는 것에 대해서 결코 부정적으로 평가하지 않았다.

1559년, 프랑스 신앙고백서로 알려진 "갈리칸 고백서"Confessio Gallicana 가 프랑스 개신교회들의 모임에서 채택되었는데, 주요 내용은 칼빈의 신학이었다.[14] 칼빈은 배후에서 이 고백서의 형성에 깊이 간여했었다. 이 중요한 프랑스 개혁교회의 고백서 마지막 항목, 35조에서는 세상의 정부와 권세에 대한 칼빈의 정치적 견해가 반영되어져 있다. 그 무렵은 프랑스 국왕 앙리 2세1547-1559 재위가 개신교회를 탄압하던 절정기였다. 35조는 하나님께서 세상의 무질서를 방지하시고자 법률과 통치자들을 제정하셨음을 언급한다. 하나님께서는 왕국들과 국가들과 다른 군주들을 설립하게 하셨고, 권세자들의 손에 칼을 들려주셨다마 17:24-27, 롬 12:1 이하, 벧전 2:13-14. 군주들에게 권세를 주신 것은 하나님의 법칙들에 저항하는 범죄들을 진압하라는 것이다. 권세자들은 합당하고도 거룩하게 권한을 행사해야만 한다. 시민들은 국가의 합당한 법질서에 순응해야만 하고, 불신자가 다스리는 경우에도 허용해야만 한다.

칼빈의 세속 정치에 대한 일반적인 입장은 "스코틀랜드 신앙고백

---

13 Quentin Skinner, *The Foundations of Modern Political Thought: The Age of Reformation* (Cambridge: Cambridge University Press, 1978), 2:192.

14 *Calvini Opera*, 9:715-721.

서"1560, "벨직 신앙고백서"1561에서도 비슷하게 유지되고 있다. 칼빈의 정치적 사상은 교회가 시민 정부와 국왕에 대해서 논의할 때에 핵심적인 논지가 되었던 것이다.

칼빈은 합법적인 정부와 독재를 구분하면서, 고전적인 공화정 체제 republicanism를 지지했다. 신분제에 따라서 권세자의 아들로 성장한 군주가 모든 것을 판단하게 되면 오류를 범할 수 있으므로, 고문이나 조언자들이 왕에게 있어야 한다는 것이다. 칼빈은 창세기 49장 주석에서, 바로 왕을 돕고 탁월한 능력을 발휘했던 요셉을 통해서 선행이 시행되었고, 시민들의 복지와 경제적인 풍요가 준비되었으며, 법질서가 정당하게 집행되었다고 보았다.[15] 칼빈이 공화정치를 선호했던 이유는 시민들의 자유를 보장해주고, 정의와 질서를 지켜나가는데 필요했다고 보았기 때문이다.[16]

칼빈은 이스라엘 백성들이 지도자들과 재판관을 세울 때에, 모세가 직접 임명하지 않고 그들 중에서 선택을 받도록 했음에 주목했다. 신명기 1장 13절에서는 "너희는 각 지파에서 지혜와 지식이 있는 인정받는 자들을 택하라 내가 너희 수령으로 삼으리라"고 하였다. 시민들의 선택에 의해서 천부장과 백부장과 오십부장과 십부장과 조장이라는 직책이 주어졌다. 그리고 재판관들도 역시 마찬가지였다 신 1:4-16. 칼빈은 히브리인들의 공화국에서는 고전적인 공화정, 선출제도가 근간을 이루고 있었고, 대표자들이 통치하는 방식이었음을 지적했다. 출애굽기 18장에 대한 주석에서, 칼빈은 단일 군주 바로 왕에게 지배를 받았던 이스

---

15 John Calvin, *Harmony of Moses* (Edinburgh: Calvin Translation Soceity, 1843-59), 3:154.
16 Harro Hopfl, *The Christian Polity of John Calvin* (Cambridge: Cambridge University Press, 1982), 162.

라엘 민족들에게 각 지파별로 장로들을 선출하게 하는 이드로의 조언이야말로, 공화정 체제의 서막이라고 보았다.[17]

1561년에 칼빈은 사무엘상 8장에 대한 설교를 하면서, 군주의 위험성과 정부의 합법적인 권한의 한계, 민간 정부에 대한 하나님의 통치 등을 언급했다. 사무엘상 8장의 상황을 보면, 군왕을 선출하는 일은 이스라엘 백성들에게 주어진 권한이 아니었었다. 하나님께서는 왕을 주지 않았는데, 백성들에게 폭정을 일삼으며 권위를 남용할 염려가 있었기 때문이었다.

미가서 5장 5절에 대한 주석에서, 칼빈은 통치자들이 선출되어야만 한다는 원칙을 확고히 제시했다. 이스라엘에서 목자들은 통치자들이나 다름이 없는 역할을 수행했다. 군주의 폭정과 혼란스러운 자유방임에 빠지지 않고 균형을 잡을 수 있는 방법은 오직 국민들의 선출을 통해서 보편적인 합의를 도출하는 방법이다고 역설했다.[18]

칼빈의 합법적인 저항이론은 그의 생애 후반에 나왔다. 세상의 군주들에게 복종하는 것이 반드시 하나님께 순종하는 것이라고 말할 수 없다. 칼빈은 "하나님은 만왕의 왕이시오, 만주의 주님이시다. 하나님께서 거룩한 입을 열어서 말씀하시면 qui ubi sacrum os aperuit, 모든 사람들은 들어야만 한다. 위에서 통치하시는 분은 오직 하나님 한 분이시다."고 확고하게 선포했다.[19] 모든 권세자들은 하나님에게 복종해야하고, 하나님의 권위 아래서 권한을 실행해야 한다. 베드로 사도는 "사람에게 보다는 하나님에게 순종하는 것이 마땅하다"행 5:29고 강변했다.

---

17 John Calvin, *Calvin's Commentary on Exodus* (Grand Rapids: Baker, 1979), 2:33.
18 John Calvin, *Calvin's Commentary on Micah* (Grand Rapids: Baker, 1979), 14.309-10.
19 John Calvin, *Institutes of the Christian Religion*, IV.xx.32.

칼빈의 출애굽기 주석에 보면, 히브리인들의 번성을 막으려는 바로 왕이 모든 남자 아이들을 죽이라는 살인 명령을 내렸음에도, 히브리 산파들이 거부했던 것이 옳다고 하였다. 칼빈은 세상의 군왕에게 생명을 해치도록 권한을 주신 적이 없다고 지적했다. 칼빈은 군주의 저급한 정치적 선택은 한 나라에 대한 하나님의 심판이 될 것이라고 경고했다.

칼빈이 저항의 신학과 군주제도에 반대하는 정치적 이론을 체계화하거나 강조했었던가? 사실, 칼빈은 프랑스 종교 전쟁의 상황을 목격하면서, 군주의 권세를 뒤엎으려는 전쟁을 가능한 자제시키려고 했었다. 개신교에 대한 "바시의 학살"1562년 사건이 일어나자, 꽁드의 군주, 루이 1세 부르봉 왕이 시작한 위그노들의 봉기를 칼빈은 열렬히 지지했다. 그러나 나중에 그가 프랑스 국왕이 된 후에는 전혀 입장을 바꾸고 말았다.[20] 부르봉은 파리의 왕궁에 머물면서 완전히 개신교 신앙을 포기해버렸다. 마치 로마시대의 줄리안 황제처럼 한 때에는 기독교 신자였으나, 후에는 이를 번복해 버린 배교자와 다를 바 없었다.

칼빈의 신학과 정치 사상은 프랑스, 스코틀랜드, 잉글랜드, 네델란드, 청교도들에게로 서서히 확산되어 나가면서, 로마 가톨릭 국가에서 볼 수 없던 정치적 정서와 적극적인 참여 문화를 형성하게 되었다. 칼빈의 신학과 교회에서 영향을 받은 칼빈주의 교회들이 정착된 지역에서는 최소한 다음과 같은 개념들이 뿌리를 내리게 되었다.[21]

칼빈의 정치 사상, 즉 시민 정부와 그 통치원리를 요약하면 다음과 같다;[22]

---

20   김재성,『나의 심장을 드리나이다: 칼빈의 생애와 사상』(2003: 개정판 킹덤북스, 2012), 561-575.
21   Douglas Kelly, *The Emergence of Liberty in the Modern World* (Phillipsburg: P&R, 1992), 52.
22   David W. Hall, "Calvin's Principles of Governance," 341.

첫째, 하나님께서 사회적인 분야에서 다양하게 계시하시는 수단들을 주셨음에 유의하고, 인간 이성과 역사, 전통, 경험에 기초한 통치원리들을 수립해야 한다.

둘째, 타락의 영향을 받아서, 정당성을 의심하고 시험해봐야 하는 인간의 선a distrust of human goodness에 대해서 신뢰하지 말라.

셋째, 다수의 위정자들과 통치자들과 함께 협의해서 결정권을 행사하라. 단 한 사람이 독점적으로 통치하는 것은 바람직하지 않다.

넷째, 통치에 합의안을 만들어내는 지역 지도자들은 선출되어야 한다. 이러한 내적인 협의 과정이 없다면, 상위 계급의 통치에 대해서 받아들일 수 없다.

다섯째, 법률에 정해진 바에 따라서 다양한 대표자들이 권한을 행사하여야 한다.

여섯째, 통치자들이 균형을 유지하고 있는지 점검하여야 하고, 시민 정부의 행정에 대해서 더 낮은 기관들로부터 점검할 수 있는 가능성을 열어두어야 한다.

이러한 칼빈의 정치적인 조언들이 다양하게 역사 속에서 기여함으로써, 근대민주주의 발전 과정에 영향을 끼치게 되었다.[23] 개혁주의 교회들과 성도들은 선거를 통해서 시민 정부를 평가하는 장치를 확고하게 수립하였다.

---

23 T. H. Breen, *The Character of the Good Ruler: A Study of Puritan Political Ideas in New England, 1630-1730* (N.Y.: W.W. Norton & Company, 1970).

2. 왕권신수설에 맞선 청교도와 개혁교회들의 저항

종교개혁의 소용돌이 속에서 순교자들의 피가 담겨져 있는 통곡이자, 정치적인 메시지가 응축되어서, "칼빈주의 저항권"이라는 이론이 형성되었다. 기본적으로 하나님의 법도를 무시하는 권세, 즉 잘못된 왕권에 대해서는 저항하는 것 합당하다는 성경적 논지가 처음 문자화 되어진 책이 『제네바 성경』의 각주와 해설이다.[24] 수없이 많은 피를 흘린 잉글랜드 청교도들은 영어로 번역된 제네바 성경을 읽으면서, 그 안에 담겨진 해설과 관주 부분에서 저항권 이론을 접하게 되었다. 왕의 명령이 하나님의 뜻에 합당하지 않다면 거부할 수 있다는 것을 확신하게 되었다. 영국에서 엘리자베스 여왕 시대에 가장 유명했던 저항 설교의 한 부분은 아합왕과 이세벨의 악행에 대해서 징치하시는 하나님의 진노가 당대에 내려져서, 처참한 죽음을 당했다는 성경 말씀이었다.[25]

16세기 유럽에서 종교개혁이 진행되면서, 영국과 프랑스에서는 로마 교황의 권위가 빛을 잃자, "왕권신수설"Divine Right of Kings을 주장했다. 절대주의 왕정시대에 왕권의 무제한적인 통치권을 주장한 이론이다. 교회까지도 다스리려는 왕의 권세를 가장 높이 올려놓은 "왕권의 최고 권위"Royal Supremacy를 선포했다. 절대 왕권을 주장하던 왕들의 횡포가 극에 달했다. 심지어 영적인 최고 권세자라고 스스로를 높이고, 자신의 명령에 반기를 드는 모든 교회를 정죄하고 심판을 내렸다.[26] 엘리자베스, 제임스 1세, 챨스 1세 등은 한결같이 왕은 하나님과 같은 지위에 있

24　J. H. Burns. ed., *The Cambridge History of Political Thought, 1450-1700* (Cambridge: Cambridge University Press, 1994), 194-200.
25　Patrick Collinson, *Elizabethans* (London: Hambledon Continuum, 2003), 45.
26　Polly Ha, *English Presbyterianism, 1590-1640* (Stanford: Stanford University Press, 2011), 13.

다고 하는 인식을 버리지 않았다. 메리 여왕 시대에 유럽 대륙으로 피신해 있으면서 왕권신수설을 비판한 존 포넷1514-1556[27], 크리스토퍼 굳맨1520-1603[28], 그리고 스코틀랜드 개혁자 존 낙스1514-1572[29]에 의해서 저항권이 널리 전파되었다.

엘리자베스 여왕이 즉위한 후, 잉글랜드 교회의 신학과 예식은 성공회라는 국가교회 체제로 정착하게 되었다. 로마 가톨릭을 따르지도 않으면서 유럽의 개신교회를 채택하지도 않았던 엘리자베스의 종교정책 Elizabethan Religious Settlement은 "1559년의 혁명"이라고 부르고 있다. 통일령 Act of Uniformity, 1559을 강화하게 되자, 청교도들은 칼빈주의 교회를 세울 수 없었고, 단지 칼빈주의 신학과 정신으로 활동을 도모할 수밖에 없었다. 제임스 1세와 찰스 1세로 이어지는 스튜어트 왕조에서 왕권신수설은 한층 강화되었다. 케임브리지 대학교 교수이던 토마스 카트라익은 한편으로는 정치적으로는 군주제도를 옹호하면서도, 장로교회의 독립성을 확보하고자 분투노력했다. 하지만, 결코 순탄치 못한 삶으로 고난을 감당해내야만 했었다.[30] 엘리자베스 여왕은 『주교 성경』1568을 사용하도록 강조했고, 제임스 1세는 "흠정역"을 새롭게 내놓았는데, 세부적인 정치적인 견해는 『제네바 성경』의 해설과는 달랐다.

죠지 부캐넌1506-1582은 생애의 대부분을 학업과 교수, 투옥과 도망자 생활 등으로 점철하였다. 낙스의 종교개혁이 정착되자 1560년경에

---

27 John Ponet, *A Shorte Treatise of Politike Power* (1556).
28 Christopher Goodman, *How superior Powers ought to be obeyed of their subjects, and wherein they may lawfully be by God's word disobeyed and resisted* (Geneva, 1558).
29 John Knox, *The first blast of the trumpet against the monstruous regiment of women* (1558). Geddes MacGregor, *The Thundering Scot* (Philadelphia: The Westminster Press, 1957), 97.
30 Peter Lake, "Presbyterianism, the Idea of a National Church and the Argument from Divine Right," in *Protestantism and the National Church in Sixteenth Century England*, eds.. Peter Lake and Maria Dowling (London: Croom Helm, 1987), 197-202.

스코틀랜드로 돌아왔다. 왕궁에서 어린 제임스 6세의 가정교사가 되었다. 후에 제임스 6세는 잉글랜드의 엘리자베스 여왕이 후사가 없이 죽자, 제임스 1세로 즉위하여 스코틀랜드와 잉글랜드 양쪽을 모두 다 다스렸다. 부캐넌은 1566년에 공개적으로 개신교 신앙을 받아들였고, 세인트 앤드류스 대학의 학장이 되었으며, 평신도로서 총회의 의장으로 피선되었다. 부캐넌은 어린 제임스 왕으로 하여금 하나님을 두려워하는 사람으로 바꿔보려고 노력했고, 종교개혁을 받아들이는 군주가 되어서 왕권의 제한성을 인정하도록 변화시키고자 했었다. 이러한 그의 사상이 담긴 저서가, 『스코틀랜드 안에서 군왕의 권리』이다.[31]

부캐넌은 시민들의 저항권 이론을 제시하여 스코틀랜드에서 큰 호응을 얻었다. 부캐넌의 정치적 주장들은 스코틀랜드 청교도들에게 큰 영향을 끼쳤다. 스코틀랜드 언약도들은 기나긴 박해 속에서도 왕에게 저항하다가, 찰스 1세의 동생 제임스 7세가 가톨릭으로 회귀하려는 움직임을 제지하고자 1689년에 파면시키고, 명예혁명을 성취하였다.[32] 부캐넌의 핵심적인 정치 사상은 모든 정치적 권세의 원천은 시민들이라는 점이다. 왕권은 제한적인 것이고, 조건적인 권세를 받는 것이기에, 왕이 시민들을 종교적인 이유로 처벌하고 학정을 가한다면 저항을 하는 것이 합법적인 것이다. 부캐넌의 책은 1584년에 의회의 결의로 정죄를 받았고, 1664년에 찰스 2세에 의해서 정죄 당했으며, 1683년에는 제임스 7세가 옥스퍼드 대학교에서 책을 불태웠다.

---

31 George Buchanan, *The Rights of the Crown in Scotland* (1579). Pauline Croft, *King James* (New York: Palgrave Macmillan, 2003), 13-18. Sebastiaan Verweij, *The Literary Culture of Early Modern Scotland* (Oxford, 2017), 95.

32 Keith M Brown, "Reformation to Union, 1560-1707," in *The New Penguin History of Scotland: From the Earliest Times to the Present Day*, eds., R.A. Houston and W. W. J. Knox (Penguin Books, 2002), 182-275.

프랑스 왕들의 횡포와 종교개혁자들에 대한 탄압도 잉글랜드의 사례들과 같았다. 프랑스 종교 전쟁이 진행되면서, 강물같이 많은 피를 흘린 위그노들의 저항이 한층 강화되었다. 1572년 8월 23일, 바돌로뮤의 날 밤에 약 5만여 명의 개신교회 성도들을 학살하는 만행이 자행되자, 프랑스 개혁교회 지도자들은 합법적인 저항권에 대해서 주장하지 않을 수 없었다. 테오도르 베자1519-1605는 칼빈보다 한걸음 더 나아가서, 저항권을 옹호하는 글Du droit des magistrats sur leur subiets, 1574을 발표했다.

네델란드에서도 스페인의 압박에서 벗어나 독립을 쟁취하기 위한 저항운동이 전개되었는데, 지배계급에 저항하는 권리를 옹호하는 글을 알투시우스1557-1638가 발표하였다. 그는 칼빈주의 정치 사상가로서 독일의 법조인이었다.[33] 1609년에 스페인에게서 공식적으로 독립을 쟁취하기까지 지도자들하고 투쟁을 지속했는데, 그들의 대부분은 로마 가톨릭에 속한 자들이었다. 칼빈주의자들은 개혁교회의 정착을 위해서 국가를 장악하고 있던 각 지방 귀족들과도 싸움을 계속할 수밖에 없었다. 항구도시 엠덴은 네델란드 상인들만이 아니라 상업과 교역의 중심지로서 잉글랜드와 신성 로마 제국의 이해가 충돌하는 요충지였는데, 독일 루터파 군주들도 개입하고 있었다. 그러나 대부분의 시민들은 강력한 칼빈주의자들이었다. 1571년과 1610년에 두 차례 개신교회의 총회가 엠덴에서 개최되었으며, 화란 개혁교회의 심장부이자, "북부의 제네바"로서 지켜나갔다.

---

33 Johannes Althusius, *Politica Methodice Digesta, Atque Exemplis Sacris et Profanis Illustrata*, (1603).

3. 새뮤얼 러터포드, "법과 군주"

칼빈주의 정치 사상은 스코틀랜드 청교도를 대표하는 장로교회 목회자이자, 언약 신학자요, 교수였던 새뮤얼 러터포드1600-1661의 저술 속에서 한층 더 견고한 입장으로 전개되었다. 역사 속에서 어느 지점까지는 교회와 정치에 관련된 기초 작업이 필요했었고, 칼빈, 베자, 부캐넌의 중요한 사상들과 주장들이 중요한 역할을 했었다. 이제는 보다 확고한 법률 체계로 다져지는 정치 사상이 러터포드의 『법과 군주』1644에 담기게 되었다.[34] 부캐넌이 세속적인 정치사에서 사례들을 인용하면서 저항권의 이론을 체계화하였다면, 러터포드는 주로 구약 성경에서 신정 통치하에서 벌어진 사태들을 살펴보면서 절대 왕정의 모순과 입헌군주제의 지침들을 살펴보았던 것이다. 또한 러터포드의 저서는 스코틀랜드에서 절대 왕정 통치를 옹호하는 성공회 주교 존 맥스웰의 주장John Maxwell, The Sacred and Royal Prerogative of Christian Kings을 반박하려는 의도를 갖고 있었다.

러터포드의 정치 사상과 종교 자유에 대한 공헌과 기여는 지금까지도 지속되어오고 있는데, 스코틀랜드에서 가장 영향력이 크고 심대한 저술로 평가를 받고 있다.[35] 국왕 찰스 2세가 이 책에 대해 진노하면서, 군주의 학정에 저항하는 반란군들에게 근거를 제공했다고 하여

---

34 Samuel Rutherford의 *Lex Rex*에 대한 중요한 연구서들은 다음과 같다. J. L. Marshall, "Natural Law and the Covenant: The Place of Natural Law in the Covenantal Framework of Samuel Rutherford's *Lex Rex*," (Ph.D. diss., Westminster Theological Seminary, 1995). I. M. Smart, "The Political Ideas of the Scottish Covenanters, 1638-88," *History of Political Thought*, 2 (1980), 175-80. J. F. Maclear, "Samuel Rutherford: The Law and the King," in *Calvinism and the Political order*, ed. George L. Hunt (Philadelphia: Westminster Press, 1965), 66-81. O. K. Webb, "The Political Thought of Samuel Rutherford," (Ph.D. diss., Duke University, 1964).

35 John Coffey, *Politics, Religion, and the British Revolution* (Cambridge: Cambridge University Press, 1997), 10, 60, 80.

응징할 것을 명령함에 따라서 1660년 11월 에든버러에서 『법과 군주』를 공개적으로 불태웠다. 동시에 러퍼포드는 교수직에서도 면직되었다. 1661년 3월에 사망하기까지 무려 한 세대를 신학 교수로 활약한 러터포드는 4천 쪽이나 되는 엄청난 저술을 남겼는데, 정치적으로 매우 중요한 진보를 드러내는 개혁주의 사상들이 담겨져 있다. 세속 역사가들도 이 책을 높이 평가하고 있는데, 한 평생 개혁주의 신학자로 살아가면서, 정치 분야에 기여한 최고의 작품이기 때문이다. 1688년의 명예혁명은 오롯이 러터포드의 영향으로 가능했다는 것이다. 러터포드는 당대 가장 문제가 되는 자들은 두 가지 신학 사상과 연결된 자들이라고 지적했는데, 알미니안주의와 반율법주의자들이다. 그는 이들을 최대의 대적들로 배척하였다.

런던에서 모인 장기의회 1644-45에서 행한 러터포드의 설교들이야말로, "칼빈주의 교리가 정치적인 태도를 결정하는데 기여한 가장 탁월한 수단들이었다"는 평가를 받는다.[36] 다니엘서 6장을 본문으로 한 그의 설교는 당대 정치적 혼란 중에서 가장 담대한 개혁주의 정치 사상이 담겨있는데, 그보다 한 세기 전에 살았던 칼빈의 주석을 참고한 내용들이라고 할 수 있다. 러터포드는 하나님의 주권, 하나님의 섭리, 신적 작정과 선택, 사람의 부패성과 책임 등을 강조했는데, 이러한 교리들은 칼빈주의 신학에서 가장 기본적인 교리들로 강조되어 온 내용들이다.[37] 러터포드는 의회 앞에나가서 "그리스도는 영국 왕의 진노보다도

---

36 Ibid., 148.

37 Robert Kingdon, *Calvin and Calvinism: Sources of Democracy* (Lexington: D.C. Heath and Company, 1970), 8. Ralph C. Hancock, *Calvin and the Foundations of Modern Politics* (Ithaca: Cornell University Press, 1989), 61. John Witte Jr., *The Reformation of Rights: Law, Religion and Human Rights in Ealry Modern Calvinism* (Cambridge: Cambridge University Press, 2007), 2.

더 훨씬 오랜 기간을 통치하십니다. 그리고 그리스도는 반드시 승리하실 것입니다. 찰스 국왕을 의지하지 말고, 왕 되신 예수님을 더 신뢰하여야 할 것입니다"고 외쳤다.[38]

세 가지 정부 형태들, 군주제, 귀족제, 민주제 중에서, 러터포드가 분석한 차이점이란, 누구에게 권한을 더 많이 주느냐에 달려있다고 보았다. 그는 가장 근본적으로 국민들의 권한이 왕이나 귀족보다 더 크고, 의회의 권위가 왕보다 더 높다는 사실을 강조했다. 국민들이 왕의 폭정에 저항하는 권리는 근원적으로 하나님께서 부여한 권세를 남용한 자의 죄에 대한 심판과 같은 것이라고 보았다.

교회와 국가 사이의 이상적인 관계 정립을 모색했던 칼빈, 베자, 낙스, 부캐넌의 토대를 근거로 하여, 러터포드는 신앙의 자유를 위해서 국왕의 폭정에 맞서는 사건으로 영국에서 꽃을 피웠다.[39] 1640년부터 1643년까지 웨스트민스터 총회에서 선포된 목회자들과 신학자들의 설교 안에는 자유를 향한 지침들이 엄청나게 많이 담겨 있다. 청교도들은 폭정을 행하는 군주를 무너뜨리는 것이야말로 성경적 소명이라고 확신했다.

법률에 의하여 법정에서 죄를 규정하는 제도가 정립되어가는 과정에서, 청교도 언약도들과 런던에 모인 의회의 대표들이 찰스 1세의 폭정에 맞서서 싸우다가 25만 여명이 목숨을 잃었다. 칼빈주의 정치 사상을 실현하고자 했던 청교도들과 시민들은 올리버 크롬웰의 지휘 하에 왕당파 군대와의 모든 전투에서 승리했다. "시민 전쟁"1642-49이라고

---

38 Coffey, *Politics, Religion, and the British Revolution*, 143.
39 William Haller, *Liberty and Reformation in the Puritan Revolution* (N.Y.: Columbia University Press, 1955), 25.

불리우는 역사적 사건은 사실상 러터포드의 강렬한 저술에서 강조되었던 대로, 국가의 통치 영역에서 교회의 윤리와 도덕이 주도적인 힘을 발휘하였던 기간에 벌어졌다.[40]

4. 정치적 행동주의와 반혁명 운동

19세기 유럽은 혁명의 물결이 휩쓸고 갔다. 혁명주의자들은 교회와는 철저히 대립적이었다. 프랑스 대혁명에서 시작된 계급주의 혁명 운동은 오래된 왕권신수설과 단일군주제를 폭동 수준의 혁명으로 뒤엎어 버렸다. 그러나 혁명 세력들은 귀족 중심의 정치권력을 대체할 능력과 지식이 부족했고, 사회는 큰 혼란에 빠지게 되었다. 종교개혁이 없었던 나라들, 이탈리아와 프랑스와 러시아에서 군중혁명, 사회주의 혁명이 일어났다. 그러나 청교도들의 종교개혁을 거친 영국에서는 마르크스의 예상처럼 혁명이 일어나지 않았다. 개혁주의 교회가 앞장을 서서 성도들이 사회에 나아가서 모든 정치적 자유를 누릴수 있도록 하는 제도 개선에 앞장 서 왔었기 때문이다.

개혁주의 교회론과 정치 신학은 독일의 군주제 통치를 따라갔던 루터파와는 현저하게 다르다. 칼빈주의 신학자들과 목회자들은 집회의 자유, 언론의 자유, 종교의 자유를 혁명이라는 대혼란에 빠지지 않도록 지도하면서, 가장 앞장서서 정치 제도로 정착시키는 역할을 감당했다. 칼빈의 제네바에서는 독립된 도시국가의 행정부에서 평민들의 참

---

40 김재성, 『청교도, 사상과 경건의 역사』(세움북스, 2020), 제 15장, "언약 사상과 청교도 혁명" 참조.

여가 확대되었고, 민주적인 공정선거가 제도화되어 있었다. 이러한 칼빈주의 개혁신학은 네델란드와 저지대 국가에서 크게 영향을 끼쳤는데, 19세기와 20세기에는 신칼빈주의 운동을 통해서 정치적 행동주의를 실현하였다.

1) 근대 혁명에 맞서다

세속 정치가 왜곡된 선동에 휘말려서 자초될 때에 교회가 이를 바로 잡아주는 역학을 할 수 있다. 19세기 중반에 유럽에서 대중 선동과 세속화된 혁명 운동이 전개될 때에, 그 위험성에 맞서서 역사학자이자, 정치가인 흐룬 반 프린스터 William Groen Van Prinsterer, 1801-76가 개혁주의 신항에 근거하여 힘든 싸움을 지속했다.[41] 그는 1829년부터 1833년까지 국왕 윌리엄 2세의 비서로 활동했었고, 점차 성장하여 반혁명당의 지도자로서 활약했다.

1828년 제네바의 목회자이자, 역사신학자 멀 다빈예 J. H. Merle d'Aubigne가 법정 설교자가 되어서 예수님의 주권 사상을 선포했는데, 단순히 개인의 구원 문제만이 아니라, 정치와 사회에 대해서도 역시 그리스도가 통치자라는 교훈을 선포할 때에 흐룬은 큰 감동을 받게 되었다.[42] 다빈예는 칼빈의 생애와 제네바 교회의 연구자로 탁월한 저서를 남겼으며, 지금까지도 그의 연구서들은 활용되고 있다. 흐룬은 유럽 대륙에 제2의 대각성 운동이 전개되어질 무렵이던 1831-32년에 강렬한 회심

---

41 J. L. van Essen, "Guillaume Groen van Prinsterer and His Conception of History," *Westminster Theological Journal* 44 (1982): 205–49.

42 David W. Hall, "Groen Van Prinsterer: Political Paradigm from the Past," in *God and Caesar*, ed. Michael Bauman and David W. Hall (Camp Hill: Christian Publications, 1994).

을 경험하게 되었고, 그 때에 영향을 받은 칼빈주의 신학 사상을 근대 정치에 적용하는 저술을 시작했다.

회심 후에, 흐룬은 초창기였던 1831년부터 간결한 주장들을 발전시켰는데, 가장 중요한 저서로 꼽히는 『불신앙과 혁명에 대한 강좌들』 1847에서 자신의 정치적 견해를 집약시켰다. 이 글로 인해서, 흐룬은 "근대 화란 역사 연구의 아버지"라는 찬사를 얻었는데, 칼빈의 정치적 이념들이 반영되어 있음을 알 수 있다.[43] 1834년에는 『진리에 대한 에세이』를 발표했는데, 정확하게 표현하자면 "혁명에 대한 연구"라는 제목이 합당하다. 이 책은 칼 마르크스의 "공산주의 선언"이 나온 바로 그 다음 해에 나왔다는데 큰 의미가 있다.

흐룬의 주요 정치 사상의 뿌리에는 아일랜드 더블린 출신의 정치가, 에드먼드 버키Edmund Burke, 1729-1797의 반혁명 사상이 자리하고 있다.[44] 프랑스 혁명을 비판하면서, 버키는 무제한적인 민주주의는 하나님의 주권에 충실하려는 기독교와는 결코 양립할 수 없다고 비판했다. 자본주의만으로는 하나님의 말씀이 가르치는 부패와 타락을 이겨낼 능력이 없음도 지적했다. 이러한 배경에서 형성된 흐룬의 주요 정치 사상은 다음과 같이 요약될 수 있다.[45]

첫째, 정치적 계획들은 그 기초가 되는 궁극적 원리들과 결코 분리

---

43   Harry Van Dyke, ed. & tr. *Groen van Prinsterer's Lectures on Unbelief and Revolution* (Jordan Station, Ont: Wedge Pub. Foundation, 1989), 3-4.

44   Edmund Burke, *Reflections on the Revolution in France*, ed. J.G.A. Pocock (Indianapolis: Hckert, 1987). Conor Cruise O'Brien, *The Great Melody: The Thematic Biography and Commented Anthology of Edmund Burke* (Chicago: University of Chicago Press, 1993).

45   David W. Hall, *Calvin in the Public Square*, 292-305. D. Martyn Lloyd-Jones, "The French Revolution and After," in *The Christian and the State in Revolutionary Times* (London: Westminster Conference, 1975), 94-99. Herbert Donald Morton & J. L. van Essen, *Guillaume Groen van Prinsterer: Selected Studies* (Jordan Station, Ont: Wedge Pub. Foundation, 1982).

시킬 수 없다. 다른 분야와 마찬가지로, 정치학에서도 중립적인 진리란 없다는 것을 흐룬은 확신했다. 그는 신학과 정치를 철저히 분리시키지 않았다. 이 점에 있어서 그의 기독교 사상은 오늘날 복음주의 신학자들의 정치와 종교의 엄격한 구별이라는 견해와 다르다. 정치를 위한 실제적인 계획들과 정책들은 불가피하게 철학적이며 윤리적인 기초를 가져야만 한다.[46] 어떤 사람이 불가지론이나 혹은 인간중심적인 접근을 한다면, 그 개념은 결코 광범위한 일반적인 관점을 제공할 수 없게 된다. 결국 그 사람의 극히 개인주의적인 정치적 사색을 하지 않을 수 없는 것이다. 기독교인들이 정치에 관여하게 된다면, 이러한 것을 불가피하게 인식하여야 하고, 합당하게 분석해야만 한다.

둘째, 흐룬은 서구 문명에 있어서 종교개혁의 원리들과 혁명의 원리들은 각각 근본적으로 다른 이데올로기를 갖고 있음에 주목하였다.[47] 프랑스 혁명1789의 원리는 인간중심이고, 하나님의 주권에 대해서 거부하는 사상이다. 혁명의 이념들은 서구 인본주의를 위하여 철학적 계획을 제공했고, 결국 정부 통치에서도 드러났다. 혁명은 인간의 권리를 가장 먼저 선언했으며, 자유의 확대, 평등, 대중 주권, 사회계약, 공동의 동의에 의한 사회의 재구성을 이념으로 삼았다. 나무는 그 열매를 보아서 판단하게 되는 것이다. 좋은 나무는 좋은 열매를 맺는다.

셋째, 오늘날의 문화 전쟁처럼, 대립적이며 양립할 수 없는 이념들은

---

46 모든 사상이나 철학에는 결코 중립성이 없다는 흐룬의 사상은 훗날 반틸 박사가 "전제"(presupposition)라는 개념으로 재차 강조하면서 개혁주의 변증학의 중요한 기초가 되었다. Cornelius Van Til, *A Survey of Christian Epistemology* (Philadelphia: Presbyterian and Reformed, 1969), 12. John Frame, The Doctrine of the Knowledge of God (Phillipsburg: P&R, 1987), 207-211. K. Scott Oliphint, *Covenantal Apologetics* (Wheaton: Crossway, 2013), 114, 145. John V. Fesko, *Reforming Apologetics:* Retrieving the Classic Reformed Approach to Defending the Faith (Grand Rapids: Baker, 2019), 136-9.

47 Gerrit J. Schutte, *Groen Van Prinsterer*, tr. Harry Van Dyke (Publisher's Imprint, 2005), 70-85.

결국 전쟁을 하게 된다는 것이 흐룬의 인식이었다. 종교개혁의 원리들은 유럽을 미신 숭배로부터 구출했다. 혁명은 모든 분야에 걸쳐서 인간 주권을 주장하며, 이성으로 판단한다. 혁명에는 믿음의 통일성이란 존재하지 않는다. 그러나 기독교 정치는 일관성을 갖고 있으니, 기록된 하나님의 말씀이다.

넷째, 혁명가들의 이념들 중에서 가장 위험스러운 표현들 중에 하나는 개인적인 권리의 개념이라고 흐룬은 비판했다. 근대 사회에서 개인의 권리를 중시하는 윤리를 구축하면서 전체주의, 통일적인 극단주의, 동성애자들의 옹호와 같은 권리주의를 생산해냈다. 모든 분야에서 개인의 권리와 특권을 확장시킨다는 주장으로 넘쳐나는 것에 대해서도 거짓된 이념이라고 비판했다.

흐룬이 가장 강조하고자 했던 정치 사상은 모든 권력은 하나님의 규범에 따라야 한다는 것이다. 무제한적인 민주정치는 결코 성공을 보장할 수 없으므로, 반드시 합당한 선출의 과정을 통해서 정당성을 확보해야만 한다. 시민들의 동의를 얻은 법률을 제정해야 하고, 이것을 국왕이나 최고 통치자가 선포해야만 한다. 토마스 홉즈의 사회계약론을 비판하면서 정부가 제멋대로 힘을 사용하게 된다면, 괴물처럼 삼켜버릴 것이라고 하였다.

다섯째, 신학은 바른 윤리의 정착을 위해서도 필요하고, 합당한 정치를 위해서도 필수적이라고 흐룬은 지적했다. 윤리와 정치에 있어서 모든 분야의 기초를 수립할 때에 반드시 신학적 기초가 필수적이라고 강조했다. 인본주의는 뿌리도 없기에 열매도 없다. 신앙적인 신념이 있어야만 사회적인 계획과 정치적인 지침들을 수립할 수 있다. 하나님을 믿는 신앙이 없다면, 도덕의 기초도 없다.

흐룬은 종교개혁과 개혁주의 신학의 유산을 근거로 하여, 순수한 민주주의라는 것이 결코 만병통치약이 될 수 없음을 지속적으로 경고했다. 거듭나지 못한 인간들의 의지에 기초하는 민주주의만을 가지고는 결코 의를 구축하는 사회를 만들어 갈 수 없다는 것이다. 다수결로 선과 좋은 것을 결정한다 하더라도, 결코 참된 민주주의를 성취할 수 없다. 모든 사람이 하나님의 형상을 지니고 있기에 동등한 인권을 존중받아야 한다는 것은 오직 성경의 가르침에서 나온 것이다.

2) 일반은총과 기독교 행동주의

현대 민주주의 시대로 접어든 이후에, 교회가 현실 정치에 얼마나 깊은 영향력을 발휘할 수 있으며, 중요한 역할을 담당할 수 있을까? 교회가 세속 정치에 얼마나 진리를 제공할 수 있는가를 보여주는 사례가 있다. 신학 교수이자 목회자였다가 네델란드 수상을 역임한 아브라함 카이퍼1837-1920의 활발한 업적에서 찾아볼 수 있다. 그가 현대 교회에게 주는 교훈이 참으로 엄청나다. 그는 칼빈주의 신학과 흐룬의 사상을 계승하면서, 한층 더 뛰어난 신칼빈주의 운동을 전개하여 "기독교 행동주의"라는 이상을 실현했다. 카이퍼는 일생 동안 목회자, 신학 교수, 대학 설립자 겸 총장, 언론인, 저술가 등 다양한 직업에서 탁월한 은사를 발휘했다. 특히 그가 남긴 "칼빈주의 원리"라는 강연과 그것을 책으로 묶어서 발표하여, "일반은총" 혁명주의자들의 자유주의와 대립했고, 경건주의적인 침체를 일깨우는데 혼신의 힘을 쏟았다.[48]

---

48 Abraham Kuyper, *Christianity and Class Struggle* (Grand Rapids: Piet Hein, 1950[1891]). idem, *To Be Unto near God* (Grand Rapids: Eerdmans, 1924). Dick Jellema, "Abraham Kuyper's Attack on

카이퍼는, 앞에서 흐룬이 지적한 바와 같이, 프랑스 혁명의 물결을 주시하면서 그러한 민중들의 혁명 사상이라는 우상 앞에 무릎을 꿇어서는 안 된다고 강조했다. 인본주의 사상이 하나님을 대적하기 때문이며, 하나님을 완전히 무시하기 때문이다.[49] 카이퍼는 흐룬 반 프린스터와 같이, 로크와 마르크스에 대해서 강력하게 비판하면서, 우주의 창조주 하나님을 인정하는 것이 모든 것의 기본이라고 보았다.

카이퍼의 사상에서 정치와 관련된 핵심적인 부분이자, 가장 뛰어난 개념은 영적주권 사상 Sphere Sovereignty이다.[50] 인간 사회는 만물의 주권자이신 하나님 앞에서 살아간다는 것이다. 1880년 10월 20일, 자유대학교 교수 취임식 강연에서 발표된 것인데, 가장 절정에 도달한 부분에서 특히 감동적이었다: "모든 분야를 다스리는 주권을 가진 그리스도가 통치하지 않는 부분이란 단 한 인치도 없다. '이것은 오직 나만의 것이다'고 소리를 칠 수 있는 부분은 없다."[51] 인간 사회와 정치적인 환경은 모두 다 이성주의자들과 물질주의자들에게 장악을 당하고 있으나, 이와 반대로 카이퍼는 삶의 모든 영역에서 그리스도의 주 되심을 인식하라고 강조했다. "우리들의 정신세계의 그 어느 부분들이라도 밀봉을 해서 따로 나머지 부분들로부터 떨어져 존재할 수 없다."[52] 세속의 영역에서도 기독교인의 문화적 행동에 최선을 다할 것을 카이퍼는 주문했다.

Liberalism," *Review of Politics* 19 (1957): 472-85.

49 Abraham Kuyper, *Lectures on Calvinism* (1898; repre. Grand Rapids: Eerdmans, 1953), 87.

50 Henk E. S. Woldring, "Multiform Responsibility and the Revitalization of Civil Society," in *Religion, Pluralism, and Public Life: Abraham Kuyper's Legacy of the Twenty-First Century*, ed. Luis E. Lugo (Grand Rapids: Eerdmans, 2000), 190.

51 James D. Bratt, ed., *Abraham Kuyper: A Centennial Reader* (Grand Rapids: Eerdmans, 1998), 461.

52 James D. Bratt, "The Dutch Schools," *Reformed Theology in America*, ed. David F. Wells (Grand Rapids: Eerdmans, 1985), 141.

과학, 정치학, 사회학, 경제학에 이르기까지, 모든 학문의 분야에서 하나님의 나라를 실현하고자 언약 백성들이 중심 역할을 감당하라는 것이다.

1898년 미국 프린스턴 신학대학원 강좌에서, 카이퍼는 자신의 정치적 견해를 발표했다.[53] 이 강좌의 주선과 통역에 결정적인 역할을 했던 분은 당시 프린스턴 신학대학원 성경신학 교수로 있던 게할더스 보스였다. 이 강연 후에, 프린스턴 대학교에서는 카이퍼에게 명예박사 학위를 수여했다. 카이퍼의 강의는 "죄가 없었다면, 이 세상에 군주나 국가 조직도 필요가 없었을 것이요, 정치적인 생활이라는 것은 총체적으로 가정의 삶에서 시작해서 족장적인 형식으로 발전해 갔을 것이다"고 시작하였다.[54] 근본적으로 국가의 필요성이 주어진 이유는 죄라고 보았다. 죄 때문에 하나님께서 지상에 있는 정권들에게 모든 권세를 부여하신 것이요, 따라서 모든 권세는 하나님 한 분의 주권에서부터 기인한 것이다. 시민 정부의 합당한 역할은 일반은총의 수단으로서, 악에 맞서서 선을 보호하는 일이다. 지상의 권세는 하나님의 청지기로서 하나님의 영광스러운 사역을 위해서 마련된 것이다. 따라서 예수 그리스도의 주권이 미치지 않는 곳이란 없으며, 모든 삶의 영역에서 그리스도의 청지기로 살아가는 것이야말로 죄의 파멸을 이겨내는 유일한 비결이다.

칼빈주의 사상이 정치의 영역에 대해서 기여하고 있는 두 가지 중요한 내용을 카이퍼는 제시했다.

---

53 Danny E. Olinger, *Geerhardus Vos*: Reformed Biblical Theologian, Confessional Presbyterian (Philadelphia: Reformed Forum, 2018), 94. George Harinck, "Vos as Introducer of Kuyper in America," in *The Dutch-American Experience*: Essays in Honor of Robert P. Swierenga, ed. Hans Krabbendam and Larry J. Wagenaar (Amsterdam: VU Uitgeverij, 2000), 256. James D. Brat, *Abraham Kuyper* (Grand Rapids: Eermans, 2013), 262.
54 Kuyper, *Lectures on Calvinism*, 81.

첫째로, 국가 생활의 참된 근원에 자리하고 있는 죄의 문제에 대해서 깊은 개념을 지적했다.[55] 전적으로 타락한 인간이기에, 사람을 보호하는 수단으로서 국가라는 제도를 하나님의 손으로부터 은혜로 받았다는 사실을 기억하라는 것이다. 국가의 권세 안에서 개인의 자유를 확대하고 지키기 위해서는 모든 사람들은 받은 바 은사를 발휘하고, 적극적인 행동주의를 실현하여서 항상 인간을 지배하려는 위험에 대처해야만 한다.[56]

둘째로, 국가를 이끌어가는 본질적인 요소가 인간이 아니라는 점을 카이퍼는 강조하였다. 이 세상의 본질적인 주체는 결코 군중들, 다수의 사람들이라고 할 수 없다는 것이다. 소위 인본주의 운동가들, 사회주의 혁명가들이 주장하는 것들은 세상의 본질적인 주체가 아니다. "하나님 앞에서 모든 국가들이 다 함께 조화와 균형을 이루기 위해서 노력해야 한다. 각자 인간은 하나의 가장 작은 티끌로서, 그리고 양동이 속에 있는 한 방울의 물처럼 취급 되어진다. 하나님은 모든 나라의 사람들이 주시하는 가운데, 자신의 영광 가운데서 불꽃처럼 나타난다."[57] 카이퍼는 역사의 모든 중요한 장면들을 살펴보면, 다수의 사람들이 기여한 것이 아니라, 오히려 거의 대부분 소수가 더 옳았다는 것을 보여준다고 지적했다.

카이퍼는 국가의 영역에서도 반드시 제한이 필요하다고 역설했다.[58] 그는 당시 유럽 전체주의 국가들의 통치 권한이 지나치게 극대화되는

---

55 Kuyper, *Lectures on Calvinism*, 82.
56 John Bolt, *A Free Church, A Holy Nation:* Abraham Kuyper's American Public Theology (Grand Rapids: Eerdmans, 2001), 419. "An Alternative to Christian Political Activism."
57 Kuyper, *Lectures on Calvinism*, 81.
58 Kuyper, *Lectures on Calvinism*, 94.

것에 반대하면서, 네 가지 영역에서 각각의 주권을 인정해야 한다고 주장했다: 1. 개인과 사회 사이의 상호 작용, 2. 개인사업, 협동조직들, 협의체들, 대학들, 3. 가정, 4. 교회와 같은 사회 기관들. 이들에 대한 판결은 국가의 영역 밖에 있음을 강조하면서, 오직 하나님의 말씀 안에 명백히 표현된 기준에 의해서만 판결을 해야 한다고 주장했다.

3) 국가 사회주의가 무너뜨린 하나님의 창조질서

20세기에 접어들어서, 카이퍼의 칼빈주의 사상을 정치와 국가의 영역에 적용시키기 위해서 보다 깊은 법적인 인식을 제공한 법철학자가 헤르만 도이베르트1894-1977이다. 자유대학교에서 철학적 신학을 가르친 그는 국가사회주의가 무시한 하나님의 창조질서에 대해서 탁월한 저술을 남겼다.

도이베르트는 카이퍼의 영역 주권 사상에서 한걸음 더 나아가서, 국가 사회주의라는 통치 이념이 올바른 원리가 아니라는 점을 분명히 지적했다. 오히려 법적 영역이 가장 기본적인 요소라고 규정했다. 삶과 생각의 영역들은 다른 것으로 축소시킬 수 없는 본질적인 영역들이다. 성경적인 기독교인의 관점에서는 하나님의 주권에서 창조의 질서가 나오는데, 서로 다른 사회적 관계성의 구조적 원리들이 그 안에 포함되어 있다.[59]

도이베르트는 국가 우선주의에 사로잡혀서, 즉 국가와 가정을 혼동

---

59   John Witte Jr., "The Development of Herman Dooyweerd's Concept of Rights," in *Political Theory and Christian Vision*, ed. Jonathan Chaplin and Paul Marshall (Lanham,MD: University Press, 1994), 27-55.

하는 것에 반대했다. "내적인 구조적 법률에 따라서 볼 때에, 가정은 하나의 작은 교회 공동체가 아니요, 작은 규모의 국가 공동체도 아니요, 경제적으로 검증된 조직도 아니다."[60] 군주제라든가 민주주의라든가 하는 정부의 정치적 형태가 결혼의 내적인 영역 안에 이식되어질 수 없는 이유이다. 반대로, 국가는 가정이나 다른 작은 기관들의 확장된 형태라고 볼 수 없다.

경험적으로나 본질적인 면에서나, 국가는 가장 확실한 심판적 기능을 갖고 있다. 도이베르트는 사회주의적인 국가개념의 위험성에 대해서 반복해서 경고했다. 이탈리아의 파시즘은 영원한 로마 제국의 오래된 이념으로 돌아가려는 책동이었다고 비판했다.[61] 독일에서는 나치즘 운동이 인간성을 말살하는 획일적인 전체주의를 전개했는데, 이러한 인본주의적인 견해를 극복하지 못하는 위기에 대해서 경고했다. 초월적인 내적 개인성을 무시해버리고 국가 구조의 우선을 주장하는 정치 이론과 사회 이론들이 20세기에 나타난 악한 정치적 현상들이었다. 국가 사회주의라는 정치 이론 속에는 개인과 가정을 무시하는 문제점들이 많았는데, 결국에는 그러한 국가마다 위기에 직면해서 자유민주주의 체제 앞에 무너지고 말았다.

도이베르트는 서구 민주주의에서 주목해야 할 부분은 국가 경배주의라는 것인데, 전적으로 비기독교적인 주장이라고 지적했다. 국가주의자들은 오직 나라를 사랑하는 것만을 최고의 가치라고 주장하면서, 자신들이 통치자로 군림하는 권한을 무한대로 확장시키려 했다. 이런

---

60 Herman Dooyweerd, *A New Critique of Theoretical Thought* (repr., Ontario: Paideia, 1984), 3:283.
61 Ibid., 415.

국가주의자들의 주장은 본질적으로 거짓된 것이다.[62]

5. 한국 교회의 선지자적인 사명들

현대 한국 사회에서 교회의 정치적 책임을 과연 어떻게 실천하고, 성취할 수 있을 것인가?

지난 날, 종교개혁자들과 개혁주의 전통을 형성해 왔던 분들이 분투 노력했던 것과 같이, 지금까지 한국 교회에서도 현실 정치에 긍정적인 영향을 많이 남겼다. 단순히 교회를 위한 신학으로만 그치지 않고, 개혁주의 교회는 문화의 전 영역에 확장되는 하나님의 나라를 구현하기 위해서 청지기 사명을 놀라우리만큼 탁월하게 감당하여 왔다. 그러한 유산과 업적들이 지속되기 위해서 부단히 우리의 신학적인 감각을 새롭게 해야만 한다.

첫째로, 교회는 세속 정부의 허상들을 하나님의 말씀에 근거하여 철저히 파헤쳐야 한다. 특히 인간에 대한 신뢰성을 지나치게 극대화 시키는 정치적 공약들과 그 허상들과 속성들을 철저히 비판해야만 한다. 현 정부는 "사람이 먼저다"는 국가적 표어를 내세우고 있으나, 사람의 본질적 요소에 잠재하고 있는 허망하고 가식적인 성격을 분명히 직시하여야 한다. 모든 인간은 자기 사랑과 자아 집착에서 자유로울 수 없다. 칼빈은 우리의 자아가 "자기 사랑으로 눈이 멀고, 취해버렸다"고 지적했다.[63] 기독교는 인간 본성의 내적인 선을 낙관적으로 강조하는 인

---

62 Ibid., 472.
63 John Calvin, *Institutes of the Christian Religion*, II.vii.6.

본주의 정치학을 근원적으로 부정하고 있다. 성경은 결코 낙관적인 인간론을 인정한 적이 없다.[64] "만물보다 심히 부패한 것이 인간의 마음이라 누가 능히 이를 알리요마는 나 여호와는 심장을 살피며 폐부를 시험하고 각각 그 행위와 그 행실대로 보응한다"렘 17:9-10.

마르크스는 인류 평등주의 실현을 주장했지만, 소수의 독재정치가들이 장악한 사회주의는 실패하고 말았다. 그는 모든 개인들이 타인을 향해서 배려하고 보호하며, 개인적인 재산에 대해서 책임성을 가져야만 한다는 사실을 인지하지 못했다. 1917년부터 1989년까지 비인간적인 공산주의를 강요해온 "소비에트 연방 체제"가 성공하지 못한 것도 이와 같은 문제점들을 그대로 드러낸 것이다. 교회는 인간 본성의 어두움에 대해서 직시하기 때문에, 정치선동가들이 말하는 허황된 낙관주의를 따라갈 수 없다.

둘째로, 교회는 민주주의 국가에서 자행되는 탈선과 부패를 똑바로 직시하고, 그 안에 하나님의 나라가 실현되도록 모든 입법, 사법, 행정권에 의견을 개진하고 참여해야 한다. 민주주의 정치 제도 안에서도 얼마든지 불의와 불법이 자행되고 있음을 경고하고, 고발해야 한다. 교회는 "하나님의 나라와 그의 의"마 6:33를 항상 먼저 강조하여서, 오직 세상에서의 물질적 풍요와 문명 발전에 빠져있는 국가의 계획과 방침들을 고쳐주도록 해야만 한다.

개혁주의 전통에 선 칼빈주의 교회가 현대 민주주의 국가를 향해서 가장 기여할 수 있는 부분은 바른 안목을 열어주는 것이다. 교회는 그

---

64 Ellis Sandoz, ed., *Political Sermons of the American Founding Era, 1730-1805* (Indianapolis: Liberty Press, 1991), xvi. 전적 타락, 영적 무능력, 부패성을 강조하는 어거스틴의 인간론은 칼빈주의의 선구자로 받아들여졌으며, 청교도들도 동일한 견해를 공유했다. Michael Horton, *For Calvinism* (Grand Rapids: Zondervan, 2011), 41.

어떤 정부에 대해서든지 유토피안적인 이상을 선전하는 자들의 헛된 우상 숭배를 비판하고 그 허상을 완전히 밝혀주는 일에 힘써야 한다. 정당이나 정부를 과신하는 자들에 의한 통치는 민주적인 사회라고 하더라도 혼란에 빠질 수 있는 위험이 크다. 민주주의 자체만으로 하나님의 축복이라고 단정할 수 없다. 성경은 사람의 자유가 궁극적 가치라고 가르치지 않는다. 자유는 반드시 제한을 받아야만 한다. 모든 인간은 이미 죄의 종이 되어서 사망에 이르고 말았다 롬 6:16-20. 진정으로 자유하신 분은 하나님 한 분이시다.

편의상 다수결 제도로 정당성을 주장하는 민주주의라 하더라도, 그 정치적 결론이라는 것이 반드시 진리가 되는 것도 아니며, 하나님의 음성도 아니라는 점을 교회가 깨우쳐 주어야 한다. 인간의 주권 위에 하나님의 주권이 있음을 인정할 때에만, 대의 민주주의라는 세속적인 정치 제도가 윤리와 정의의 기초를 세울 수 있다. 이미 앞에서 언급한 바와 같이, 흐룬 반 프린스터가 민주주의 정치 제도라고 하더라도 정치적 만병통치가 될 수 없음을 지적하였다. 일찍이 리챠드 백스터는 하나님의 주권과 순수한 민주주의가 상호 존재할 수 없다는 점을 감지하였다. 하나님의 주권을 인정하고 높이 세우는 신학적인 차원이 없으면, 현실의 문제를 풀어나가는 궁극적인 근거를 바르게 제시할 수 없다. 역사가 보여주듯이, 가치 체계가 분명하지 않은 민주주의는 권력을 사유화하면서 가면을 쓴 전체주의가 되고 만다.

셋째로, 교회는 세상에 세워져 있는 국가의 앞날에 대해서 정확하게 종말론적인 희망과 심판의 복음을 제시해야 한다. 교회가 품고 있는 종말론적 교훈들을 소개하고 강조하면서, 이 땅 위에서 이뤄져 나가는 하나님의 나라를 깨우쳐 주어야 한다. 예수 그리스도의 관심은 하나의 나라가 이 땅 위에서 "의와 진리와 평강"롬 14:13으로 임하는 것이었다. 죄악에 물든 통치자들의 시대는 결코 영원하지 못하며, 더구나 정부조직을 지도해 나가는 정권의 이념이나 정당의 강령들도 결코 오래 가지 못한다.

교회가 기대하는 종말론을 잘못 이해하고, 변질시킨 사상들이 성행하고 있다. 예를 들면, 진화론자들은 자동적으로 인간의 진보가 진행되어서 마침내 유토피아를 향해서 나갈 것이라고 기대하게 만든다. 교회는 현실 역사를 부정하고 회피하는 종말론주의에 빠져서는 안 된다. 마르크스주의자들이나 히틀러 나치즘처럼, 어떤 이들이 지배하는 새로운 시대가 다가오면 사회 구성원들이 나눔과 평등을 공유하게 된다는 허망한 공약들에 속아 넘어가지 않아야 한다.

교회는, 특히 교회를 대표하는 연합 단체는, 국가와 인류의 미래에 대하여 성경의 종말론적 교훈을 끊임없이 제공하여야 한다. 국가에서 발표되는 정책들과 정치적인 사항들에 대해서 선지자적인 안목에서 성경적으로 평가하고, 종말론적인 관점에서 지적해야 한다. 선지자들은 국왕의 정책과 불신앙에 대해서 주저함 없이 비판했고, 현실 정치에 대해 지적했다. 솔로몬은 정치에는 실패했지만, 그가 남긴 금언은 돈으로는 살 수 없이 귀중한 하나님의 말씀을 대언한 것이었다. 정말로 하나님의 은혜가 아니고서는 도무지 상상조차 할 수 없는 일들이 그의 일생에 전개되었다. 다윗 왕국의 역사는 인간이 경영하는 국가의 허점을 그대로 노출하였고, 우리로 하여금 하나님의 지혜를 깨닫게 해 주었다. 즉, 인간은 과거의 실수로부터 아무런 교훈을 받지 않는다. 교회는 국가와 정부 안에서 분명히 반복되는 인간 역사의 오류를 지적하고, 가르쳐야만 한다.

넷째로, 교회는 국가와 시민 사회 속에서 빛과 소금의 사명을 감당해야만 한다. 오직 성령의 충만하심으로 그리스도인든은 사랑을 실천할 수 있다. 성령으로 인하여, 성도가 그리스도와의 연합을 완전케 하는 은혜를 받으며, 섭리 가운데서 보전된다. 성령은 세상의 모든 사건들과 사람들 가운데서도 역사하셔서 양심을 밝혀서 인류의 죄악을 저지하신다. 창조의 세계에 역사하시는 하나님은 성자 예수 그리스도에 의해서 성경 안에서 말씀하심으로서 성령의 은사로 조명을 받도록 하신다. 모든 인류를 향하신 하나님의 일반적인 은혜도 역시 성령을 통해서 주어진다. 성령께서는 사람들로 하여금 하나님이 창조하신 선한 피조물 가운데서 함께 살아갈 수 있도록 능력을 불어넣어 주신다. 성령의 권능으로 인해서, 모든 사람들은 세상의 문화와 국가 사회를 위해서 놀라운 일들을 감당할 수 있다 행 17:28.

교회와 선교

    선교는 교회의 핵심적인 기능이다.[1] 교회는 하나님과의 특수한 관계 속에서, 어두움에 있는 자들에게 "아름다운 덕을 선전"벧전 2:9하는 특수한 기능을 수행한다. 교회는 "하나님의 성령으로 봉사하며 그리스도 예수로 자랑하고 육체를 신뢰하지 아니하는"빌 3:3 성도들의 모임이다. 하나님의 백성의 집회로서 교회는 세상을 향해서 진리의 말씀, 지혜의 말씀, 분변의 말씀을 증거한다. 교회는 "성령 안에서 하나님의 거하시는 처소"엡 2:22이기에, 세상을 향한 "진리의 기둥과 터"가 되는 것이다딤전 3:15. 교회가 만물 안에서 만물을 충만케 하시는 그리스도의 충만하심이 함께 하는 곳이기에, 그리스도 안에 있는 충만을 세상에 전달하는 기능을 수행할 수 있는 것이다. 교회는 그리스도의 충만함을 담고 있는 저장소와 같아서, 그의 헤아릴수 없는 부요하심을 세상에 선포한다.

---

1   J. Murray, *Systematic Theology*, I:253.

1. 세상을 향해 파송하는 교회

교회는 그리스도의 몸이다. 그리스도는 교회를 통해서 세상에 증거되며, 전파된다. "이 천국 복음이 모든 민족에게 증거되기 위하여 온 세상에 전파되리니 그제야 끝이 오리라"마 24:14. 이처럼 복음의 선포는 주님이 오실 때까지 지속될 것이다. 때로는 이런 전도와 선교가 "미련하다"고 취급될 수도 있다고전 1:21, 23, 27. 그러나 하나님께서는 이런 "전도의 미련함"으로 영적인 어둠 속에 있는 자들을 구원하기를 기뻐하시기 때문에, 복음 증거의 사역은 종말의 날까지 지속될 것이다.

세상의 모든 교회는 안디옥 교회의 선교를 따라가야만 한다. "안디옥 교회에 선지자들과 교사들이 있으니... 주를 섬겨 금식할 때에 성령이 가라사대 내가 불러 시키는 일을 위하여 바나바와 사울을 따로 세우라 하시니 이에 금식하며 기도하고 두 사람에게 안수하여 보내니라"행 13:1-4. 바나바와 사울은 성령에 의해서 지명을 받고, 성령에 의해서 보내심을 받았다. 안디옥 교회의 "선지자들과 교사들"은 정확한 이름이 나오지 않지만, 교회를 지도하던 사람들이다. 그들의 생활에서 두드러진 점은 교회를 지도해 나가면서도 금식기도를 하면서, 성령의 명령에 대해 순종했다. 전체 교회의 일원으로 있으면서, 안디옥에 소속해 있었다.

바울과 바나바가 선교 여행을 마치고 돌아왔을 때에도 역시 교회를 불러모아 하나님께서 그들과 함께 하셨던 모든 일들을 자세하게 보고했다. 바울 사도는 서바나로 선교 여행을 가려고 하는 계획을 밝히면서, "언제든지 서바나로 갈 때에 ... 너희의 그리로 보내 줌을 바란다"롬 15:24고 하였다. 로마에 있는 교회로부터 위임과 파송을 받아서, 장차 선교 사역을 나가게 될 것을 기대하고 있었다.

　복음의 전파를 위해서, 사도들과 초대 교회가 최선의 노력을 다하고 있었다. 바울 사도는 데살로니가인의 교회에 편지하면서, "주의 말씀이 너희에게로부터 마게도냐와 아가야에 들릴 뿐만 아니라, 하나님을 향하는 너희 믿음의 소문이 각처에 퍼졌다"고 칭찬했다 살전 1:1, 8.

　복음의 전파를 위해서 교회는 선교사들을 파송하고, 후원하는 일에 최선을 다해야만 한다. 또한 성경이 우리에게 명령하는 바에 따라서 질서있게 선교 사역을 수행하여, 모든 족속으로 제자를 삼아 모든 생각을 사로잡아 그리스도에게 복종케 하라는 명령을 완수하도록 노력해야만 한다. 하나님의 나라 확장과 복음전도를 위해서 모든 분야에 교회가 참여하여 부지런히 활동하여야 한다.

2. 보내든지 가든지 하라

　모든 교회의 구성원들이 전도와 선교 사역에 참여하는 것이 원칙이다. 선교는 선교사로 부름을 받은 사람들만의 임무가 아니다. 모든 교회의 구성원들이 복음 전도의 책임을 지고 있으며, 신앙고백을 만천하에 표현해야 한다. 자신이 믿은 바를 확신을 가지고 증거하지 못하거나, 복음 증거에 헌신하는 마음이 부족한 것은 반드시 바르게 고침을 받아야만 한다.

　모든 성도가 다 전문인 선교사가 되어서 세상을 향해 나갈 수 없으므로, 공식적인 과정을 거쳐서 보내는 일에 참여하여야 한다. 성별되고 자격을 갖춘 복음의 선교사들이 극히 소수라는 것은 안타까운 일이다. 현대 교회가 선교 사역에 대해서 관심이 없다거나, 무기력하고, 냉랭하게 된 것은 여러 가지 병에 걸려있는 현상들 중에 하나라고 생각한다. 언제부턴가, 현대 교회에서는 세계 선교를 위한 기도가 사라지고, 후원하는 열심이 현저히 식어버렸다. 선교는 교회의 중대한 기능이요, 모든 성도가 감당해야 할 사명이라고 하는 것을 강조하지 않고 있으며, 기피하는 현상이 벌어지고 있다. 현대 신학자들이 "보편구원론"을 퍼트리면서, 전도와 선교가 필요하지 않다는 괴상한 논리가 세워졌다. 자유주의 신학에 물든 교회들이 선교에 대해서 무관심하게 되었다.

한국 교회는 1866년 여름, 27세의 나이에 평양에서 순교한 토마스 선교사에게 큰 사랑의 빚을 지고 있다. 1884년 9월 20일 의료 선교사로 내한한 알렌 선교사, 그리고 그 다음 해 부활절 날에 들어온 언더우드와 아펜셀러 등 수많은 선교사들의 헌신으로 세워졌음을 잊어서는 안 된다.[2]

모든 교회는 안디옥 교회가 사도 바울과 바나바를 따로 세워서 파송하고 후원하였던 모델을 따라가야만 한다. 사도의 가르침을 따라서 교회에는 목사와 교사 등 여러 직분자들을 세웠다. 그 중에서도 선교를 위해서 구별된 사람들은 "추수할 일꾼" 마 9:38 들이다. 교회는 선교의 일꾼이 부족하다는 주님의 요청에 부응해야만 한다.

우리는 다음의 사건에서 중요한 교훈을 얻어야 한다. "그날에 예루살렘에 있는 교회에 큰 핍박이 나서 사도 외에는 다 유대와 사마리아 모든 땅으로 흩어지니라. .... 그 흩어진 사람들이 두루 다니며 복음의

---

[2] 김재성, "초기 한국 개신교 선교의 역사적 의의: 알렌의 의료 선교 활동을 중심으로," 「국제신학」 16권 (2014):49-72. 김재성, "1884년, 미국 북 장로회 한국 선교와 그 역사적 의미," 「개혁주의 선교신학」 8호 (2014): 400-430.

말씀을 전할 새"행 8:14. 예루살렘에 살던 성도들이 퍼져나가면서 수리아 안디옥에 복음이 증거되었다행 11:19.

한국 교회는 선교에 빚진 마음으로 세계 선교에의 부르심에 임해야 한다. 모든 성도들은 자신들의 역량을 총동원하여 멸망하는 영혼들을 구원하는 일에 나서야 한다. 우리의 태만은 그리스도의 영광스러운 몸을 게으르게 만든다. 우리가 열심과 사랑이 부족해서 모든 족속들로 하여금 하나님께 돌려져야 할 영광을 그냥 지나치게 하는 것은 치명적이다.

때로는 우리의 선교가 큰 열매를 맺지 못할 수도 있다. 불신자들로부터 거부당하기도 하고, 무시당하기도 한다. 파송한 선교사들의 능력이 부족하기도 하고, 현지에서 발생하는 일들이 낙심케 할 수도 있다. 그럼에도 불구하고, 복음의 전파를 통해서만 구원을 주시는 하나님의 능력을 신뢰하며 선교 사역을 중단해서는 안 된다. 하나님의 말씀은 결코 헛되이 돌아오지 않는다. 모든 말씀의 사역은 능력이 크신 하나님께 속하여 있다.

3. 교회론의 대변혁과 선교학의 도전

개혁주의 신학자들과 교회지도자들이 교회론의 대변혁을 일으켰다. 16세기에 이르기까지, 완전히 로마 가톨릭과 다른 종교개혁을 일으키게 된 것은 성경적인 구원론, 교회론, 직분론, 성례론 등에 연계된 진리들을 회복하기 위함이었다. 개혁신학은 언약과 하나님의 나라를 구속 역사적인 접근 방법으로 정립해나갔고, 점차 각성운동과 부흥과 갱신을 주도하였다. 개혁주의 교회들이 국내전도와 세계 선교를 향해서 헌신하고, 선교적인 신학을 세우는 과정은 세계화로부터 도전과 요청을 받으면서 시작된 것이다.

서구 유럽 개신교 교회가 19세기까지 선교 사역을 감당해 왔는데, 개신교 신학 전체를 선교 사역 위주로, 선교를 위한 체계로 바뀌어야 한다는 주장이 대두되었다. 다음과 같은 대담한 선언이 나오면서 다시 한번 개신교 교회론의 재구성이 시도되었다.

> 선교 사역은 그저 교회의 여러 가지 활동 중에서 하나로 취급될 것이 아니라, 모든 교회의 행사들을 결정하는 기준이 되어야만 한다.[3]

그동안 너무나 개인 중심의 구원론과 자체 교회 중심의 교회론이 지배하고 있다는 비판이 제기된 것이다. 서구 교회가 그동안 예수님의 마지막 지상명령을 무시하고 간과했다는 지적에 동감하는 사람들은 특히 교회의 주요기능을 성도들의 교제와 하나님 나라로서의 사역에만 집중하여 예정론과 같은 일부 교리를 중요시하면서 선교에 소홀했다고 비판하였다. 신학과 교회는 선교를 위해서 존재해야만 한다는 논리가 강화되었다.[4] 그동안 선교는 신학의 핵심 가치와 원리에서 제외된 측면이 많았다. 선교학자들의 학문이었지, 조직신학이나 성경신학에서 중요하게 취급되지를 못하였다. 교회와 선교와의 사이에 긴밀한 관련성이 있지만, 그래서 교회론을 다루는 부분에서 선교가 활발하게 논의되

---

3 Johannes Blauw, *The Missionary Nature of the Church* (London: Lutterworth Press, 1962), 129.
4 David J. Bosch, *Transforming Mission: Paradigm Shifts in Theology of Mission* (New York: Orbis, 1991), 372.

어야 하지만, 조직신학이나 성경신학, 특히 신약신학에서 그리 핵심가 치로 다루지 않았었다.

신앙고백서에 요약된 교리 중심의 조직신학이나 전통적인 교회론을 비판하던 18세기 서구 유럽 자유주의 신학자들은 아예 선교를 거론도 하지 않았고, 실제로 앞장서서 열심히 실천하지도 않았다. 한마디로, 자유주의 신학에는 선교가 없다. 지금도 마찬가지다. 성경적인 신학을 구축하려 하기보다는 인본주의적이며 인간 자율주의에 입각하여 철학적인 사색과 미세한 분석에 흐르고 말았다. 지금도 다른 나라와 열방, 이방인들의 영혼에 대한 걱정과 기도가 논의되지 않는 경향은 현저하다. 특히 조직신학과 성경신학과 같은 핵심적인 신학의 교과서들을 들여다보면 확인할 수 있다. 스콜라주의에 빠진 이론 신학과 추상적인 개념을 중시하는 개념주의자들의 사상에는 구체적으로 담당해야 하는 선교가 완전히 빠져버렸다.[5]

서구 유럽의 교회에서 선교적인 노력이 전혀 없었던 것은 아니다.[6] 18세기에서 가장 돋보이는 목회 사역을 감당했던 요나단 에드워즈1703-1758였다. 그는 미국의 대각성 운동을 주도하면서, 성령의 회개와 부흥 운동을 전개하였다. 그는 알미니안주의와 맞서서 하나님의 주권과 은혜로 주어지는 감동을 불러일으켰고, 개혁주의 신학을 확고하게 지켜 나갔다.[7] 에드워즈는 미국 신대륙 원주민 선교에 헌신하였던 전통적 칼빈주의자였다. 그는 죠지 휫필드, 길버트 테넌트 등과 함께 근대 교회

---

5 Harvey Conn, 14-15.
6 김재성, 「개혁신학의 전망」 (서울: 이레서원, 2004), 제 12장, "개혁주의 선교사상과 선교 활동" 368-398.
7 Mark A. Noll, "Jonathan Edwards and Nineteenth-Century Theology," in *Jonathan Edwards and the American Experience*, ed. Nathan O. Hatch and Harry S. Stout (New York: Oxford University Press, 1988), 269.

사에 새로운 부흥 운동을 전개하였다.

그러나, 21세기가 도래하면서, 다시금 선교가 모든 신학을 지배해야 한다는 새로운 주장이 제기되기에 이르렀다. 성경신학이나 신약신학, 구약신학처럼, 실천신학에서 따로 완전히 독립하여 선교적인 모델로 새로운 신학을 구성해야 한다는 외침이 나온 것이다. 이렇게 선교 중심의 관점으로 재편되려면 완전히 새로운 신학이 만들어질 수밖에 없다.[8]

이론적인 신학과 실천적인 선교를 조화시키려는 매우 긍정적인 노력을 하는 시도가 선교학자들을 중심으로 제기되었다. 더 이상 선교신학의 한계를 두지 않으려 하는 것이며, 타 지역에 사람을 보내는 것으로만 그치지 않고, 중심신학으로 옮겨서 도전을 주려고 시도하였다. 조직신학을 완전히 새로운 구조로 개편해야 한다는 주장은 개혁주의 신학자들과 비개혁주의 신학자들 모두로부터 제기되었다. 이런 선교중심적인 방법론적인 면에서 새로운 전제를 가지고 크게 영향을 미친 신학자는 웨스트민스터 신학대학원 메첸 박사와 하비 칸 교수이다.

1929년 프린스턴 신학대학원의 좌경화에 이의를 제기한 후, 웨스트민스터 신학대학원을 창설한 그레샴 메첸 박사는 미국 정통장로교회라는 새로운 교단의 산파역을 맡으면서 해외선교를 역설하였다. 탁월한 신약학자였던 그는 새로 형성된 교단 해외선교부 대표로 활약하였다. 메첸 박사는 그 이전에 프린스턴 신학의 거장들, 아취발드 알렉산더, 찰스 핫지, 벤자민 워필드 등 기라성 같은 개혁주의 신학자들이 선교를 강화였음에 주목하면서, 에드워즈의 부흥 운동의 비전을 품은 정통 칼빈주의 신학을 그대로 지켜나가고자 했었다.

---

[8] J. Andrew Kirk, *What Is Mission? Theological Explorations* (Minneapolis: Fortess Press, 2000), 30-31.

하비 칸 교수는 실제로 1972년까지 약 10여 년간 한국에서 강의와 전도사역을 한 후에 다시 웨스트민스터 신학대학원으로 돌아가서 선교학과 변증학 등을 강의했다. 그는 기독교의 관점에서 문화인류학 등을 체계화하는데 치중하였다. 그는 "신학의 선교적 임무"라는 글에서, 만일 교회가 선교를 중심에 놓고 사역하지 않는다면, 중대한 교정이 필요하며, 특히 조직신학의 관점이 철저하게 바뀌어야 한다고 주장했다.[9] 한국에 체류할 때에 주로 교회 개척 선교와 신학 교육의 책임을 맡았던 하비 칸 선교사는 『복음비평사』와 『현대 신학 해설』 등을 저술하여서 1960년대에 한국 교역자들이 해외의 흐름을 파악할 수 있도록 큰 도움을 주었다.

선교는 모든 신학의 핵심이라고 강조했던 하비 칸 교수는 미국에 귀국한 후, 한국장로교회의 신학을 체계적으로 정리하여 해외에 소개하였다. 만일 교회가 선교하는 의지를 잃어버린다면 성도들이 생각해야 할 복음의 핵심적인 사역은 재구성되어야만 한다.

4. 선교적인 관점에 관한 논쟁

서구 유럽의 교회가 침체와 쇠퇴의 길에 접어들면서, 교회론 전체에 대해서 재구성해야 한다는 비판이 제기되었다. 선교와 전도를 하지 않았던 18세기부터 20세기까지 서구 유럽의 교회는 수적으로나 영향력에서나 감소하였다. 왜 서구 교회가 그렇게 위축되었느냐에 대해서는

---

[9] Harvey M. Conn, "The Missionary Task of Theology: A Love/Hate Relationship?" *Westminster Theological Journal* 45 (1983): 1-21.

여러 가지 이유를 거론할 수 있을 것이다. 그중에서도 개혁신학자들 사이에 선교를 위한 조직신학이 되어야 한다는 주장이 제기되어서 선교신학적인 관점에 대한 논쟁이 있었다. 미국 칼빈신학대학원에서 선교학을 가르치다가 루터신학대학원으로 옮긴 크레익 반 겔더 교수는 전통적인 조직신학이 내놓은 교리적 강조점들을 모두 다 선교적인 관점에서 뒤집기를 해야 한다고 담대한 주장을 내놓았다.[10] 반 겔더 교수는 딱딱한 조직신학이 핵심으로 다루는 두 가지를 고쳐야 한다고 주장하였다.

첫째는 개혁신학에서 가장 핵심으로 취급하는 언약과 선교와의 관계가 잘못 설정되어져 있다는 것이다.

언약 신학은 선교적 모델로는 부적합하고, 새로운 신학적인 작업이 더 필요하다고 주장했다.[11] 하나님의 언약을 확신하는 사람들은 구원의 은총을 전파하기 보다는 자신들에게 적용하는데 중점을 두고 있다는 것이다.

둘째는 미국의 사회 문화적 변화가 일어나는 가운데서는 더 이상 전통적인 교회론으로는 효과적인 목회에 맞지 않는다고 비판하였다.[12]

성경적 교회론이 잘못되어서 오늘의 교회가 혼란에 빠져들었다는 것에 대한 그의 입증은 별로 성공적이지 못한 채 끝나버렸다.

---

10 Craig Van Gelder, *The Essence of the Church: A Community Created by the Spirit* (Grand Rapids: Baker, 2000); Darrell Guder, *The Continuing Conversion of the Church* (Grand Rapids: Eerdmans, 2000).

11 Craig Van Gelder, "The Covenant's Missiological Character," *Calvin Theological Journal* 29 (1994):190-97.

12 Charles Van Engen, *God's Missionary People* (Grand Rapids: Baker, 1991); Kennon L. Callahan, *Effective Church Leadership* (San Francisco: Harper & Row, 1990); Blauw, *The Missionary Nature of the Church*, 122: "The centuries-old eccelsiology which has remained so static is now gradually being replaced by a more dynamic one which is both eschatological and missionary."

칼빈신학대학원의 볼트 교수와 밀러 교수는 이들 선교학적인 재구성주의자들의 입장을 요약하고 결코 전통적인 교회론의 잘못이 아니라는 반론을 제기하였다.[13] 선교가 목적이 되어서 조직신학을 다시 만들어야 한다는 것과 '선교가 곧 교회의 유일무이한 존재목적이요, 최선의 임무다'는 식으로 몰아붙이는 것은 성경적인 기초라고 할 수 없다는 반론이다. 전통적인 교회론에서 예배, 양육, 봉사, 구제, 성경 공부, 교육 등을 핵심 가치로 추구하고 있는데 오로지 선교적 목적에만 두어야 한다는 것이 잘못된 것이라고 비판하였다.[14]

"교회는 선교 기관이다"라고만 극단적으로 단순화 시키는 것은 분명히 지나친 주장이라고 본다. 전쟁과 국가 간의 대립으로 선교가 약화되어져서 안타까운 일이지만, 교회가 오직 선교 사역에만을 치우치는 것도 올바른 교회론이라고 할 수 없다. 이러한 일부 학자들은 16세기 종교개혁자들이 교회론을 잘못 구성하였다고 비판한다.[15] 그들은 종교개혁자들이 선교사들을 파송하는데 열심을 내지 않았고, 선교적인 임무를 강조하는 신학을 구성하지 않았다는 것이다.[16] 그러나 이것은 전혀 사실에 맞지 않는 평가이다. 종교개혁 시대에는 전 유럽 사람들이 로마 가톨릭 국가 체제 아래서 살았기에 개인 전도나 해외선교가 전혀 주요주제로 등장하지 않았었고, 해외 선교에 대해서 익숙하지 않았었

---

13 John Bolt and Richard Muller, "Does the Church Today Need a New 'Mission Paradigm?'" *Calvin Theological Journal* 31 (1996):146-208. Craig Van Gelder and Dirk Hart, "The Church Needs to Understand Its Missionary Nature: A Response to John Bolt and Richard Muller," *Calvin Theological Journal* 31 (1996):504-19.

14 Bolt and Muller, "Does the Church Today", 196; "*Mission* must become the premier if not sole defining characteristic of Ecclesiology. The church, it is claimed, now is mission and must be 'revisioned'".

15 David Watson, *I believe in the Church* (London: Hodder and Stoughton, 1978), 253.

16 Johannes Verkuyl, *Contemporary Missiology: An Introduction* (Grand Rapids: Eerdmans, 1978), 18-19.

다. 종교개혁은 유럽 전지역에 퍼져 있던 로마 가톨릭 내에서 참된 복음을 증거하고 전파하는 교회 내의 참교회 회복 운동이었다. 그래서 종교개혁자들이 집중적으로 초대 교회의 전통에서 찾아낸 것이 참된 교회와 거짓 교회 사이의 구별이었고, 복음을 전파하고 증거하는 일을 무시했던 것은 결코 아니다. 전통적인 개혁교회가 3대 교회의 표지들, 참된 복음의 선포, 권징의 정당한 시행, 말씀에 근거한 성례 등을 강조했지만, 이런 개념들이 오직 각 지역 교구 내에서 살던 주민들만을 대상으로 삼은 것은 아니었다.

끝으로 현대 서구 유럽 교회가 선교적인 비전을 잃어버린 것은 이미 서구 유럽의 교회론이 변질되었기 때문이다.

교회가 사회 정의와 사회적 도덕성 함양으로 변질되었던 것은, 예수 그리스도에 대한 이해가 변질되었기에 나온 결과물이었다. 서구 교회가 잃어버린 예수 그리스도의 복음을 되찾을 때에 가능한 것이다.

종교개혁자들처럼, 개혁신학이 말씀을 중심으로 하는 사역을 전개하는 이유는 문자에 얽매이는 것이 아니요, 하나님의 형상을 회복하게 하는 변혁의 과정을 이뤄내는 힘이기 때문이다.[17] 하나님의 최종계시 예수 그리스도는 인간의 세계 속에서 죽으심과 부활로 존귀하게 사역을 이루었고, 인간의 언어로 교회에 약속해 주셨다.

교회는 가감없이 말씀의 선포를 책임지는 기관이요, 성령께서 모든 선포사역을 친히 주관하신다. 예수 그리스도와 그의 말씀은 유대주의 속에서 출발했지만, 헬라 문화에 빠지지 않았고, 로마의 정치나 법률과도 전혀 혼합하지 않았다. 복음의 말씀이 선포되면 모든 것이 변화되

---

17 John Calvin, *Institutes of the Christian Religion*, tr. Ford L. Battles (Philadelphia: Westminster, 1960), I.11.8.

고 새롭게 되며 성숙하고 궁극적으로 하나님의 영광을 드러내게 된다.

5. 선교사들의 눈물과 희생으로 세운 한국 교회

한국 교회는 이 땅의 열악한 상황을 외면하지 않고 헌신하신 수많은 선교사들의 희생과 수고에 근거해서 세워졌다. 1884년 9월 20일, 미국이 조선에 세운 공사관의 의사로 알렌 선교사가 최초 주재하는 파송 선교사의 신분으로 들어왔다. 세계 열강의 식민지 쟁탈전에 맞서서, 조선이 택한 쇄국 정책으로 1866년 제너럴 셔면호가 대동강변에서 불에 타버렸다. 영국에서 온 토머스 선교사가 순교한 후, 그 누구도 복음을 갖고 들어올 엄두를 내지 못하던 나라가 조선이었다. 그러나 미국 북 장로회 소속 선교사로서, 오하오주 신시내티에 있던 장로교회의 파송을 받아서 중국 산둥 지방에서 사역하던 중이던 의사 알렌이 이러한 상황을 파악한 후 자원해서 한국에 들어온 것이다. 그의 내한은 강대국들의 대립과 야욕이 밀려들어 오던 시기에 한반도를 향한 하나님의 크신 섭리가 함께 한 것이라고 볼 수 있다. 그가 입국한 후 몇 달 뒤 12월 4일 갑신정변이 일어났고, 신흥 개혁파는 '3일 천하'를 끝으로 무참히 처단되었다. 하나님께서는 피로 얼룩지고, 수천 명이 죽음을 당하는 사건들을 어루만지시고자 복되고 기쁜 소식의 선포자를 준비시켜서 보내신 것이다.

우왕좌왕하던 나라에서 놀라운 의학기술을 발휘하게 되면서 복음을 전할 수 있는 기회가 열리게 되었다. 절체절명의 위기 상황에서 조선을 향한 하나님의 은혜가 부어지게 되었다. 1885년 4월 5일, 장로교회의 언더우드와 감리교회의 아펜젤러가 일본에서 기회를 기다리다가 마침내 들어오는 기회가 마련된 것이다. 알렌 선교사는 '제중원'을 세워서 의료 선교 활동을 하면서, 보건과 의과대학의 기틀을 마련했고, 남대문교회를 세웠다.

그 후로 1901년에 "평양신학교"가 최초로 문을 열었다. 일본의 신사참배 강요에 굴복하지 않고 1942년에 문을 닫았지만, 한국 교회의 초석을 놓은 목회자들을 배출했다. 또한 1,700 여 명의 선교사들이 한국에 들어와서 교회를 세우고, 복음을 전하면서, 무지한 백성들의 눈을 열어주는데 큰 기여를 했다. 대부분의 선교사들이 일본 식민지 치하에서 열악한 처지에 놓여있던 처참한 상황에서도 묵묵히 복음의 영향력을 발휘하였기에, 조선 반도는 어두움에서 벗어날 수 있었다. 일본의 식민통치라는 무자비한 현실에서도 교회는 한국인들에게 독립의 소망을 나누는 요람이 되었고, 인재교육과 건강한 시민을 양성하되 서양에서 온 성인학교와 같은 역할을 감당하였다.

오늘날처럼 지식적으로 풍성한 시대를 살아본 적이 없는데, 한국 교회의 신학적 수준은 수많은 성도들로 하여금 엉터리 이단과 사이비 유사 집단에게마저 현혹되어져 버릴 정도가 되고 말았다. 허무맹랑한 감언으로 성도들을 속이는 사이비 이단들의 가르침에 빠질 정도이니, 너무나 한국 교회의 교리적 수준이 형편없이 낮다고 말할 수밖에 없다. 좀 더 세밀하게 실제 상황을 점검해 보면, 너무나 충격적이다. 여러 가지 이단 연구기관에서 현대종교연구소, 교회와 이단, 종교와 진리 등 소개하는 이단들과 사이비 기독교들을 살펴보기 바란다. 이단에 대하여 경각심을 갖고, 미혹된 성도들을 회복시키는 일에 힘써야 한다.

왜 이렇게 한국 교회가 하나님에 대한 지식이 부족하고, 성경적 교리와 교훈들에 관하여 확신이 부족하고, 심각한 결핍의 상태에 처하게 되었을까? 1901년에 평양신학교가 문을 열었고, 해방 후에도 일반교양의 수준이 향상되면서 꾸준히 신학자들이 양산되었다. 1997년 이후로 단설 신학대학원이 정부 교육기관의 인가를 받아서, 엄격한 수준의 학교 교육체제가 정비되었다. 비로소 한국에서도 정규 대학원에서 신학을 수학한 목회자들이 배출되는 체제가 정착되었다. 그 이전과 비교하면, 엄청난 발전이 있었는데도, 여전히 신학적 혼란 상황이 심각하다. 한동안 성행하던 무인가 신학교들은 정비되어야 하는데, 거의 대부분의 신학교들이 그대로 운영되어지고 있다. 일반 성도들의 지식 수준도 매우 낮았기 때문에, 그 시절에는 무인가 신학교에서 기초 교육을 받았더라도 목회자로 부족함이 없었다. 하지만, 성도들의 교육 수준이 향상되었는데도, 목회자들 일부는 충분히 성장하지 못한 채로 제자리에 머물러 있다. 더구나 신학생들이 갑자기 많아지면서 목회자들이 무더기로 배출되어, 일부 불량품 목회자들이 양산되었다. 신학 교육의 특성을 모르는 자들이 사업으로 신학교를 운영하다가, 한국 교회가 모두 다 같이 불신을 당하는 참극을 빚어내고 말았다. 충분하게 신학 수업을 하지 못한 목사가 교회를 설립한 후, 체험적인 감정주의와 세속적 성공주의를 혼합해서 기독교 복음이 혼란스럽게 왜곡되었다.

일부 진보주의 목회자들과 신학자들은 현대 신학과 자유주의 신학을 퍼트리면서 정치적인 투쟁의 도구로 삼았다. 가난과 경제구조를 핵심으로 삼는 남미의 해방 신학이 가장 진보적인 이념의 토대가 되었다. 현대 신학자들은 정경 비평론과 성경 해석학을 도입하여, 기존의 신학을 비판하면서 지성적 우월주의를 부추겼다. 칼 바르트, 루돌프 불트만, 에밀 부르너에 기초한 신학들은 성경에 대한 신뢰를 무너뜨렸다. 현대 신학자들이 성경을 비평하면서 모든 기존의 신학 체계를 부정하기에 이르렀고, 교회는 갈등과 정치적인 투쟁의 현장이 되었다. 급기야, 소망을 발견하지 못하는 사람들이 떠나가 버리거나, 더 이상 가입하지 않게 되었다.

신학적으로 저급한 지식을 가졌던 자들은 체험과 감정적인 부흥 운동으로 치달았다.[18] 결국, 제대로 신학적 이해가 부족한 목회자들은 반지성주의에 사로잡혔다. 유명한 목회자들이 신학무용론을 주장하면서 자신들의 열등의식을 덮으려 했다. 일부 대형 교회 목회자들은 신학자들의 공헌을 과소평가 했다. 그러는 사이에, 은사주의 부흥 설교자들은 교회의 양적인 성장을 부추기면서, 심령이 가난한 자들에게 세워지는 하나님의 나라를 왜곡시키고 목회 현장을 망쳐놓았다. 결국 한국 교회에서 정확하게 하나님에 관한 교훈을 전하지 않았기 때문에, 왜곡한 생각을 가진 성도들은 제멋대로 세상과 타협하면서 천국행 티켓을 구입하여 가지는 것인 양 생각하게 된 것이다.

한국 교회의 목회 현장에서는 아름다운 열매들이 있었고, 경건한 성도들이 순종하면서 받들어 왔지만, 좀 더 솔직히 말하자면, 성경적으로 하나님의 영광과 권능을 배워서 진실하게 살아가는 노력이 부족했었다. 더구나 삼위일체 하나님에 대한 가르침과 중요한 교리적이고 신학적 교훈으로 기초를 세우지 못한 채, 감성적인 종교체험으로 대체해 오고 말았다.[19]

기독교는 한국을 암흑에서 구해내는 빛을 가져왔다.[20] 1884년 알렌

---

18 김재성, 「기독교신학, 어떻게 세워야 하나」(합동신학대학원 출판부, 2004).
19 Kevin J. Vanhoozer, "The Triune God of the Gospel," in *The Oxford Handbook of Evangelical Theology*, Gerald R. McDermott (Oxford: Oxford University Press, 2010), 51-54.
20 김재성, "1884년, 미국 북장로교회 한국선교와 그 역사적 의미," 「개혁주의 선교신학」 8집 (2014), 400-

박사가 미국 북장로교회 파송 의료 선교사로 한국에 들어오면서, 나라에 소망이 비춰졌다. 조선 왕국의 말기에 접어들어서면서, 고종 임금의 시대가 위기에 처했고, 민족의 내일을 기약할 수 없이 혼란스럽던 시절이 있었다. 세계 열강의 각축전이 벌어지고 있었고, 그들 사이에서 고종 황제는 기독교를 받아들이기로 결정하였다. 그러나 동학농민전쟁과 갑신정변, 청일전쟁과 러일 전쟁 등이 벌어져서 지배 권력이 여러 세력들로 갈등하면서, 한국의 정치 지도자들은 변화하는 열강의 침략에 대응하는 방안을 마련하지 못했다.[21] 일본 식민지 시대와 한국 동란은 치욕스럽고 수치스러운 상처를 남겼다.

베트남 전쟁의 시기이던 1970년대부터 한국은 눈부신 산업화의 과정을 경험했다. 교회는 더욱 더 양적으로 성장했지만, 스스로를 갱신하고 성숙시키고자 하는 비판과 점검이 부족했다. 그리고 그 후로 한 세대를 거치는 동안, 중요한 지도자들의 문제들이 노출되고, 후임 목회자를 결정하는 과정에서 성도들의 기대와 신뢰가 많이 약화되어버리고 말았다. 기독교 신앙과 전혀 상관이 없는 세속적인 흐름들과 전통적인 가치관들이 교회 안으로 흘러들어와 혼합되어졌기 때문이다.

오랫동안 한국 교회의 과제들과 수많은 "쟁점 사항"들이 지적되어 왔는데, 가장 중요한 난제는 역시 세속화이다. 한국사회 내부에는 대기업의 영향력과 일류 대학교의 유명세가 전체적으로 국민들의 의식구조에 영향을 끼치고 있으며, 사회 현상의 저변에 흐르고 있다. 이런 세속적인 현상이 교회 안에서도 핵심 가치로 자리매김했다. 소위 세상에서 유명한 목사, 대형 교회라는 허울 좋은 명칭 "대형 교회" 혹은 "일류

430.
21　역사학연구소, 「함께 보는 한국 근현대사」 (서울: 서해문집, 2017, 개정판), 38-48.

교회"라는 것을 자랑하게 되었다. 세상 기업에서는 매출액이 높고, 유명한 상표를 만들려하고, 광고를 통해서 이미지를 주입시키게 되면 회사는 더 많은 수익을 챙긴다. 고급제품은 독특한 등록상표의 가치가 있다하여, 제품의 유명세 브랜드 네임를 차별화시키고 있다.

일부 몰지각한 기독교 언론기관들이 이런 세속화 현상을 따라가면서 왜곡된 가치관과 착각을 교회 안에서도 부추겨 왔다. 거기에다가 기독교 언론들은 "차세대 목회 지도자 10인"이라든가, 한국을 대표하는 "10대 대형 교회"라는 신드롬을 불러일으키고 있다. 그러나 정직 실상은 어떠한가! 대형 교회와 저명한 목회자들은 과연 지도자다운 실력과 인격과 안목을 제공하고 있는가? 교세 확장에 여념이 없는 성장주의 신화에 빠진 교회들은 무엇을 향해 질주하고 있을까? 교단과 교계에서 정치적 위상과 권위주의에 사로잡히기 쉽다. 대형 교회의 장점들을 바라보면서 군중들이 몰려들고 있지만, 정작 복음에는 목마른 채 피폐해지고 있다. 목회자와 교회를 자랑하는 일에 사로잡혀서 거대한 몸집에 걸맞는 역할을 감당하기 힘들게 되었다. 대형 교회 목회자들에게는 기독교 교단들을 넘어서서 상당한 정치적 영향력이 주어지는 바, 차츰 허망한 명예욕에 바쁘게 되어버린다. 규모가 작은 교회들은 목회자의 생존이 어려워서 몸부림을 치느라고 제 기능을 못하고 있다.

어떤 목회자의 교회라고 부르는 관행은 사라져야만 한다. 누가 개척했든지, 어떤 교회든지 전정한 교회의 복음은 오직 주님에게서 나온 것이기 때문이다. 한국 교회는 종교개혁자 마틴 루터의 경고를 기억해야만 한다.

"루터파라고 부르지 말고, 그리스도인이라고 불러야 한다. 도대체 루터가 무엇인가? 교리가 나에게 속한 것인가? 나는 그 어떤 사람을 위해서도 십자가에 못 박히지 않았다. ... 나는 선생이 아니며, 그렇게 되고 싶은 마음도 없다. 나는 그저 성도들과 함께 우주적인 그리스도의 교리를 나누는 것 뿐이며, 우리에게 유일한 주님은 오직 그리스도 한 분 뿐이다."[22]

성도들이 험난한 인생길을 헤쳐 나가려면 무엇보다도 예수 그리스도의 말씀과 사역, 성경에 증거하는 지혜와 진리가 절실히 필요하다. 성경의 교훈을 떠나서 승리한 인간은 없다. 인생이라는 긴 경주에서 승리하는 것은 결코 쉽지 않다. 어둠을 밝혀주는 등불과 같은 진리와 지혜의 인도를 받아야만 길을 잃지 않는다. 그렇지 않으면 반드시 시행착오를 겪게 되어 있다. 아무리 돈이 많아도, 아무리 학식이 높고 깊어도, 아무리 설교를 잘하는 달변가라도 인격의 부패와 오만함으로 망하게 되어 있다. 말씀의 교훈을 붙잡고 자신을 쳐서 복종시켜야만 사탄의 미혹과 정욕의 유혹과 인생의 자랑이라는 위기와 혼란에 빠지지 않는다. 혹 일시적으로 실패하였을지라도 다시 일어날 수 있다.

인내하고 기다릴 줄 아는 지혜로운 경영자가 되어야만 자기 인생길에서 실패하지 않는다. 많은 사람들이 한 시절 성공하였다 하더라도 오만하거나 방심하면 순식간에 무너지게 된다. 돈과 물질적 성공을 쫓아서 광분하고 있는 현대 문명의 폐해를 잘 분별하지 못하는 한국 사회에서는 대부분의 사람들이 착오와 착각으로 무너지기 쉽다. 지금 한국 교회는 세상사의 허망함과 헛됨에 대해서 냉철한 판단을 제공해야만 한다. 결코 물질적인 성공이 행복이 아니라는 것을 깨우쳐주고, 예수 그리스도만으로 자족하는 삶으로 이끌어 주어야 한다.

22　M. Luther, *Kritische Geamtausgabe* (Weimar, 1883), 8:637.

21세기로 접어들면서, 세속화된 이념들은 극도의 개인주의를 만들어냈다. 과도한 이기적 쾌락주의가 세상의 모든 것보다 더 중요하게 되었다. 개인의 자아실현이야말로 성공이라고 부추기는 심리학이 각 대학에서 확산되었다. 그러나 세상에서 모든 것들을 다 가진 사람들이라도 진정한 승리자가 되지 못하는 경우가 많다. 그런데도 지금 한국 교회는 개인의 성공신화를 하나님의 축복이라고 가르치고 있다. 진정한 보화를 누리는 자들이 되도록 진정한 행복의 문으로 이끌어 주어야만 한다. 성경에 담긴 보화를 맛보게 해야만 공허한 심령이 기쁨으로 충만하게 채워진다. 안타깝게도 한국 교회의 강단과 목회를 통해서 제공되고 있는 메시지는 현세적 기복주의라는 불순물들이 너무 많이 섞여 있다.

교회의 부흥

지금 우리가 직면하고 있는 교회의 위기를 어떻게 극복해야 할 것인가?

코로나 바이러스가 2020년 겨울에 시작되었지만, 현재까지도 여전히 전 세계에 엄청난 피해를 주고 있고, 수많은 생명을 앗아갔다. 우리가 각자 생활하는 공간에서 불안과 공포 가운데서 살아남기 위해서 발버둥을 치는 사이에, 교회가 코로나 질병을 대량 확산시킨 진원지처럼 언론의 집중 공격을 당하기도 했다. 대면 집회 금지 조치를 당한 교회는 정부와 행정당국의 조치에 대해서 제대로 대접을 받지 못하였다. 그렇지 않아도, 유럽의 교회들이 무너지고 말았는데, 코로나 상황이 교회의 미래에 치명상을 안겨 주고 말았다. 헌법이 보장하는 신앙과 표현의 자유를 어떻게 인정받아야 하는지 난감하게 되었다.

그런데 미국에서부터 다시 교회에서 모이는 예배가 비록 제한적이나마 가능하게 되었다. 예방약 백신을 접종한 사람들은 감염될 위험이 적고, 병원균을 다른 사람에게 전파할 가능성이 거의 없다고 한다.

백신 접종이 마무리되고, 2021년 말부터 모든 모임이 차츰 정상화

되고, 상당히 회복되고 있다. 미국 연방대법원은 2020년 2월 초에 코로나 바이러스로 인해서 실내 예배와 집회를 금지하는 조치에 항의하는 "캘리포니아 싸우쓰 배이 연합 오순절 교회"의 청구를 받아들였다.[1] 실내에서 모이는 예배를 금지하는 것은 신앙의 자유를 억제하는 너무나 지나친 조치이므로 이런 명령을 개빈 뉴섬 주지사가 내려서는 안 된다고 판결하였다. 다만 집단 발병의 위험이 높으므로, 집회 인원은 좌석의 25%로 제한하는 조치를 취했다. 결과적으로, 교회의 예배금지 조치는 자유를 억압한 것이어서 취소된 것이다. 미국 연방대법원은 다른 주와는 달리 미국 내에서 유일하게 실내 예배를 엄격하게 금지했던 캘리포니아 주지사의 행정 명령이 종교에 대해서 불공평하게 취급한 것이라서 잘못이라고 판결하였다. 로스엔젤레스 타임즈 2021년 2월 5일자는 미국 연방헌법이 보장하는 종교의 자유를 보장하여야 된다는 결정을 보도하면서, 다만 찬송과 소리를 지르는 것은 추가로 제한 조치를 했다.

뉴욕 주지사 앤드류 쿠오모는 2019년 추수감사주일 밤에 교회예배를 금지하고 가정내에서 25명 이내로만 모여야 한다는 조치를 내렸을 때에도, 연방대법원은 이 조치를 취하하도록 판결했다. 조그만 상점에서도 그 정도의 사람들이 드나들고 있는데 오직 교회 모임에 대해서만 제한 조치를 내리는 것은 불합리하다고 판결했었다.

이제 새로운 시작을 위해서, 부흥을 위하여 준비하고 기도해야 할 때이다. 우리가 전통적인 방식에 얽매여 있다면, 경건의 능력과 힘을 발휘할 수 없다. 여러분은 교회의 부흥을 얼마나 열망하고 있는가? 부흥을

---

[1] https://www.supremecourt.gov/opinions/

혹시라도 세상적인 성공으로 착각하고 있는 것은 아닌가? 혹시라도 다른 사람의 구원에는 관심을 갖고 있는가? 그냥 자신만의 만족을 위해서 산다면, 교회의 부흥을 포기한 것이다. 그냥 뜨겁지도 않고, 차갑지도 않은 채 미지근하게 신앙생활을 영위하는 것은 아닌가? 누가 앞장을 서도 우리 교회는 부흥할 수 없다는 생각에 사로잡혀 있지는 않는가? 무엇이 걸림돌인가? 누가 가장 부흥을 방해하는 자인가? 하나님이 영광을 받으시도록, 불신자들이 돌아와서 회개하길 위해서 얼마나 기도하고 있는가? 전도할 사람들의 이름 적어 놓고서, 쉬임없이 부르짖고 있는가? 하나님께 얻지 못함은 무슨 까닭인가? 기도하지 않고 욕심내고, 시기하기 때문이며, 기도하더라도 잘못 구하였기 때문이다 약 4:2-3.

사실 모든 목회자들은 자신의 존재를 던져서 교회 부흥을 위해서 노력하고 있는 중이다. 그 어떤 목회자가 자신이 섬기는 교회의 부흥을 사모하지 않겠는가! 때로는 헌신의 방법과 과정이 결과로 이어지지를 못해서 안타깝다. 목회자의 모든 언행에서 성도들의 신뢰와 존경을 받지 않으면 부흥으로의 동력화가 불가능하다. 일반 성도들은 매일 성경을 읽고, 예배 출석에 열심을 다하고 있고, 기도 모임과 제자 훈련, 혹은 각종 봉사활동에 최선으로 참여하고 있다면, 전통적인 교회의 모습을 유지한다고 말할 수 있다. 하지만, 성도들 사이에는 인간적인 친소 관계가 얽히는 경우도 많고, 사업상의 경쟁자들이 있을 수도 있고, 출신 지역이나 학교나 직업에서도 차별이 나타나는 등, 교회를 하나로 뭉치지 못하게 하는 요소들이 많다. 교회 내에 상존하고 있는 인간적인 갈등 요소들과 불편한 상황들이 성령의 감동하심으로 변화를 받아서, 사랑과 용서와 평화가 새롭게 충만해야만 한다. 교회의 부흥은 걸림돌이 되는 방해자들과 방관자들이 변화를 받아서 동력화될 때 가능하다. 특히 목회자 자신이 교회의 부흥에 열쇠를 갖고 있기에, 성도들의 불평과 불만을 최소화하도록 각별히 노력해야 한다. 부흥의 방관자로 남는 교인들이 없어야 하고, 목회자 자신도 부흥의 걸림돌이 되지는 않는지를 돌아보아야 한다. 주님! 냉소주의와 비관론에 맞서서, 성령으로 충만한 일꾼들이 염원하는 부흥을 허락하여 주옵소서, 아멘!

1. 부흥이란 무엇인가?

우리는 교회의 부흥을 위해서 기도하며, 불쏘시개가 되어서 교회가 활활 불꽃처럼 힘차게 되살아나기를 소망한다. 한국 교회의 양적 성장과 질적인 성숙을 간절히 기도하며, 진심으로 염원한다. 결론부터 먼저 말하자면, 교회의 부흥은 하나님께서 주시는 선물이다. 하나님의 은혜가 내려올 때에 교회는 충만한 사랑을 체험했다. 사도행전에 소개된 초대 교회 그 모습대로 수천 명이 모이기도 하고, 때로는 핍박 속에서 흩어지기도 하였지만, 교회가 날마다 든든히 세워져 나갔다.

말씀으로부터 죄인의 심령에 울려 퍼지는 감동, 이는 성도들이 흔들림 없이 신앙으로 살아가는 원동력이다. 성령의 역사하심이 없으면, 말쟁이의 수사학에 불과하다. 생명의 원천이 되는 말씀이 증거되며, 심령에 부흥이 일어나서 회개하고 변화를 받으며, 감사와 찬양과 성도들 사이의 유무상통이 충만하기를 기도하는 심정이다. 우리는 전 세계 모든 교회 안에서 모든 성도들이 평안하고 행복하며 만족을 얻게 되기를 진심으로 기원한다. 한국 교회가 체험했던 평양 장대현교회의 회개 기도와 여의도 광장에서 수백만 명이 운집하던 것만이 부흥이라고는 누구도 말하지 않을 것이다. 성도가 홀로 말씀을 조용히 묵상하면서 홀로 눈물을 흘리면서 하나님과의 교제를 나누는 모습도 소중하게 여긴다는 말이다. 우리는 말씀의 부흥, 기도 생활의 감격, 경건의 성장, 전도의 열매를 맺고 선교하여 개척 교회를 세우는 일들을 모두 다 부흥이라고 말할 것이다.

오순절 날에 성령의 부으심이 있었고, 엄청난 숫자가 회개하고 돌아왔다. 성령의 새롭게 하심으로 일어나는 현상이 바로 부흥이다. 하지만 이런 부흥에 대해서 어떻게 이해하느냐는 질문이 남아있다. 부흥은 전적으로 성령의 역사로 말미암아 일어나지만, 사람의 참여와 역할에 대해서는 각자 견해가 너무나 다르다.[2]

영국 신학자 이안 머레이는 『부흥과 부흥주의』에서 오늘날의 복음적인 교회들이 이해하는 부흥은 세 가지 견해와 입장이 있다고 지적하였다. 첫째 견해는 부흥이라는 것을 평소에 진행하는 갱신 혹은 지속적인 변화로 이해하는 관점이 있다. 어떤 특별한 날이나 어떤 초자연적인 특정한 현상만이 부흥이라고 해서는 안 된다는 것이다. 대표적으로 화란 개혁교회가 취하는 입장이고, 아브라함 카이퍼가 『성령의 사역』에서 주장한 견해이다. 신약 시대는 이미 전체적으로 지속적인 성령의 사역이 있으므로 어떤 특정한 사건으로 부흥을 말할 수 없다는 것이다. 성령은 이미 오셨고, 충만하게 지속적으로 once for all 역사하고 있다는 해석이다.[3]

두 번째 견해는 부흥을 일시적이며, 특별한 현상으로 이해하는 경우

---

2 Joel R. Beeke, *Puritan Reformed Theology: Historical, Experiential, and Practical Studies for the Whole of Life* (Grand Rapids: Reformation Heritage Books, 2020), 8-10.
3 Iain Murray, *Pentecost Today? The Biblical Basis for Understanding Revival* (Edinburgh: Banner of Truth, 1998), 7.

이다. 부흥을 특별한 사건적인 관점으로 보는 입장인데, 여기에서도 약간 차이가 나는 두 가지 흐름들이 있다. 그 첫째는 부흥은 사람의 순종에 대한 조건적 축복이다라고 해석하는 입장이 있다. 찰스 피니Charles G. Finney, 1792-1875의 영향으로 인해서 확산된 부흥 운동이 바로 이러한 전형이다. 사람이 열정적으로 노력하면, 특별한 초자연적인 부흥을 체험할 수 있다고 믿는다. 두 번째 흐름은 회개와 개인적인 거룩함을 갱신하는 노력을 하면, 부흥으로 연결된다는 입장이다. 1950년대에 요나단 고포트와 던컨 캠벨이 주장했는데, 근거로 삼는 성경이 역대하 7장 14절이다: "내 백성이 그들의 악한 길에서 떠나 스스로 낮추고 기도하여 내 얼굴을 찾으면 내가 하늘에서 듣고 그들의 죄를 사하고 그들의 땅에서 고칠지라"는 말씀이다. 두 번째 견해는 알미니안주의에 근거한 부흥주의라고 지적할 수 있는데, 이들은 완전하고도 철저한 순종을 다짐하게 되면, 축복을 받을 뿐만 아니라 부흥의 상급을 받는다고 주장한다.[4]

세 번째 견해는 부흥을 성령의 주권적인 부으심으로 이해하되, 일반적으로 일어나는 이들보다는 죄인들의 구원에 관련해서 발생하는 것으로 가르치는 입장이다. 이 견해는 가장 전통적인 부흥에 대한 인식이며, 존 오웬, 요나단 에드워즈, 마틴 로이드 존스, 패커, 이안 머레이 등이 취한 입장이다.[5] 앞에 언급한 첫 번째 부흥에 대한 해석과는 달리, 세 번째 견해는 어떤 특별한 현상이나 사건을 통해서 초자연적인 하나님의 간섭을 기대한다는 입장이다. 사도행전을 면밀하게 살펴본다면, 진정한 부흥은 교회의 일상적인 체험과 전혀 다르지 않으며, 성령의 강권하심으로 말씀을 통해서 기본적으로 심령에 부어지는 은혜로만 회

---

4 Duncan Campbell, *The Price and Power of Revival* (London: Scripture Illustrations, 1956), 53054.
5 I. Murray, *Revival and Revivalism*, 23.

심이 가능하다. 하지만, 세 번째 해석에서는 부흥이라는 체험과 현상이 일상적인 신앙생활과 동일한 종류이지만, 그 정도와 깊이가 다르다고 보는 것이다.⁶ 부흥은 성령의 부으심으로 훨씬 더 많은 사람의 회심이 일어나고, 일상의 신앙생활보다는 훨씬 더 영적인 성숙이 깊어진다고 보는 것이다. 죄에 대해서 깊은 확신이 주어지고, 보다 강렬한 체험을 갖으며, 하나님을 사랑하는 생각으로 압도당하게 된다. 1907년 한국 대부흥 운동을 생각하게 될 때에, 필자도 이 세 번째 견해의 부흥 운동을 지지하는 입장이다.

다시 말하지만, 우리가 꿈꾸는 진정한 교회 부흥과 목회 성공은 세상적인 평가와 세속적인 방법으로 이뤄져서는 안 된다. 교회에 나오는 성도들도 세상에서의 권세, 많은 재물과 물질적인 풍요로움, 다른 사람들의 부러움을 사는 명예와 인기, 육체적으로 즐기는 쾌락과 오락에서 과히 멀리 떨어질 수 없다. 이런 것들은 전혀 영원한 기쁨의 원천이 아님에도 불구하고, 사람들은 일생동안 매달려 살아간다. 교회는 이 땅 위에 있는 것들로는 모든 사람들이 행복해질 수 없음을 명확하게 가르치는 곳이다. 세상에 있는 것들과 눈으로 보고 바라는 것들을 통해서는, 진정한 행복과 평화를 얻을 수 없기 때문이다.

교회는 세상에 있는 것들로는 만족함이 없음을 깨닫게 해 주어야 한다. "육신의 생각은 사망이요, 영의 생각은 생명과 평안이다."롬 8:6 인간의 본질과 삶의 진실은 성경에 계시되어 있다. 말씀을 제시하여 어두운 마음에 빛을 주는 곳이 바로 교회이다. 부자든지, 권력자든지, 저명한 사람이든지, 깊은 공허와 미래에의 두려움에서 벗어난 사람은 누구

---

6 Beeke, *Puritan Reformed Theology*, 10.

도 없다. 모든 인간은 죄악에 뒤섞여 있기 때문에, 마음의 평화를 가질 수 없다. 오직 주 예수 그리스도 안에서 하나님과 화목하여 요셉처럼 형통케 하심을 얻도록 성도들을 인도하여 주어야 한다.

2. 교회 성장학과 목회 성공에의 반성

기본적으로 교회의 부흥은 예수를 믿지 않던 죄인들이 돌이켜서 하나님 앞으로 돌아오는 사도행전의 사건들이라고 정의를 내렸다. 하나님께서는 죄인들을 구원하시고, 그들이 새롭게 되는 것을 가장 기뻐하시며 즐거워하신다. 그런데 대부분의 교회론 교과서들은 교회 체계에 대한 교리들과 이론적인 내용들로 구성되어 있다. 목회학의 초점은 목양사역의 부흥과 갱신이라고 할 수 있는데, 리더쉽에 매달리고 말았다. 교회론은 성장을 다루는 목회학이나, 대외적인 사역으로 전도학이나 선교학에서 다루는 내용과 연관성이 많은데, 초점은 잃어버린 영혼의 수확이다.

그러나 지금까지 한국 기독교계에 소개되어 오던 교회론과 목회학은 어떠했던가? 아직도 한국 교회에서는 "교회 성장학"과 "목회 성공"에 매달리고 있다. 교회 성장 세미나에서 사용하고 권장하는 방법론과 전략들은 거의 대부분 교회의 본질을 훼손할 정도로 세속적인 것들을 포함하고 있다. 가장 효과를 두드러지게 보여주는 양적인 성장을 위한 방법론이 우선적이다. 안타깝게도 예수 그리스도의 몸된 교회로서 거룩함을 지켜나가야 하는 중심 주제들은 완전히 뒷전으로 밀리고 말았다.

"교회 성장학"church growth이라는 용어와 방법들은 미국 풀러신학교 도널드 맥가브란 교수가 세계 선교를 위해서 지극히 세상적인 사회학과 분석 등을 활용하도록 처음 도입하였다.[7] 그는 인도 선교사의 3세대 자녀로서 어떻게 하면 교회가 정착하여 발전할 것인가를 전략적으로 접근하였고, 교회사에서 부흥이 일어났던 시기에 중요한 특징들을 찾아냈다. 1965년에 풀러신학교에 세계선교대학원을 정착시키고, 수많은 목회자들과 선교사들에게 어떻게 하여 교회를 세워나갈 것인가를 가르쳤다. 전도와 제자 훈련이라는 방법이 주된 내용이었지만, 전략은 사회학과 세속 사회에서 얻어온 것들이었다.[8] 그 후로, 한국 교회 목회자들도 수없이 많은 교회 성장론과 목회 성공 방법들을 만들어냈다. 하지만, 이제는 더 이상 이런 세속적인 개념들을 한국 교회가 사용해서는 안 된다.

1986년에 "미국 교회 성장을 위한 협의회"the American Society for Church Growth가 결성되었는데, 이들이 지향했던 교회 성장학의 핵심이 무엇이었던가? 이 모임을 주도했던 선교신학자 맥가브란의 인도에서 경험한 선교 사역은 높이 평가할 부분들이 많이 있고, 그가 문제로 제기하는 동기가 과히 물질주의적이라고 할 수 없기에 긍정적인 부분들도 있다. 하지만, 사도 바울과 같이, 그의 전도와 복음 전파 사역에서 오직 예수 그리스도만을 영화롭게 하려는 입장이 다소 부족했음이 안타까울 뿐이다. 그는 세 가지 핵심 내용으로 요약하였다.

첫 번째 기본 원리는 하나님께서 자기의 잃어버린 자녀들을 찾아내

---

[7] Donald Anderson McGavran, *The Bridges of God: A Study in the Strategy of Missions* (World Dominion Press, 1955).

[8] Ed Stetzer, "What's the Deal with the Church Growth Movement? (part one)" *Christianity Today*, 2012년 10월 1일자.

고 품어주시기를 원하신다는 것이다. 전체 신약 성경에서 기독교인들이 구세주이자 하나님이신 예수 그리스도를 선포하게 되어지면, 남자와 여자들이 교회의 책임있는 회원이자 제자들이 되도록 격려할 것이라는 점이다. 두 번째 핵심 원리는 교회 성장의 원인들과 방법론들이 시행되어야 한다는 주장이다. 하나님께서 우리에게 선교 대 사명을 주셨는데, 반드시 활용 가능한 방안들을 동원해야 한다는 것이다. 부흥의 정도와 쇠퇴의 원인들을 발견해서 실제적인 결과를 낳아야 한다. 세 번째 원리는 목표를 명확하게 정하고, 사람들을 그리스도에게로 데려 올 수 있는 과감한 전략들을 개발하라는 것이다. 새로운 교회들을 개척할 때에 의미있는 확신의 결과물이 나오도록 해야만 한다는 것이다.

결국 여기서 말하는 교회 성장은 참석하는 성도들을 늘이는 양적인 방법론들을 개발하는 것이다. 미국에서 초대형 교회를 추구하는 목회자들은 초신자들이나 방문자들이 편안하게 느껴지도록 모든 교회시설들을 창조적으로 재정비하는 방안을 강구했다. 매력적인 교회 모델로는 아이돌봄 센타, 스포츠 프로그램, 현대식 음악을 채용하여 금요일이나 토요일에는 주일 예배와는 전혀 다른 개방형 집회를 개최하였다. 독립적인 침례교회들과 은사운동 교회들, 연합감리교회 등이 호응했지만, 미국 장로교회와 개혁주의 교회들은 그리 탐탁하게 생각하지 않았고, 신학대학원에서도 목회학 강좌에서 비판 일색이었다.[9]

교회 성장학의 방법론들에 대해서 일반 신학계와 교회 지도자들의 평가를 간략히 정리한 책자가 나왔다. 맥가브란의 제자들이 집중적으

---

9   Phil A. Newton, "The Package Matters: Problems with the Church Growth Movement," *Areopagus Journal*. Apologetics Resource Center (Troublesome Movements in the 21st-Century Church). (2007년 5월). John H. Armstrong, "Problems related to seeker-sensitive worship," *Reformation & Revival Journal*, vol. 29 (1994): Carol Stream, IL: Reformation & Revival Ministries. vol. 3 (3).

로 기고한 책, 『교회 성장학에 대한 다섯 가지 관점들』이다. 이 책은 기본적으로 성장의 전략들을 긍정하는 입장에서 서술하였고, 그에 대한 비평적 평가들을 담고 있다.[10] 목회적 방법론에 관심있는 교회 사역자들이라면 충분히 살펴볼 수 있을 것이기에, 필자가 여기에다가 이 책에 기고한 신학자들과 목회자들의 입장을 다시 재조명할 필요는 없을 것이다. 핵심만 간추리면 다음과 같다.

『교회 성장학에 대한 다섯 가지 관점들』의 편집자, 엘머 타운은 풀러신학교에서 목회학 박사를 수료한 입장이므로, 교회 성장의 방법론을 옹호하는 변증에 치중했다. 그는 어떻게 교회 성장을 하는지 발견하기 위해서 사회과학들의 조사 방법론들을 채용해야 한다고 주장했다. 개혁주의 선교학자 크레익 반 겔더는 교회 성장의 사고방식에 의문을 제기했고, 교회 성장학이라는 주요 논쟁점들은 제쳐두고, 선교학적인 문제인 "복음과 문화"에 대한 관점들을 다루었다. 자신의 전공에 치중하면서, 그는 선교적 교회로 나가야 한다는 것을 촉구하는 선에서 그쳤다. 찰스 반 엔겐은 교회 성장학을 지지하는 입장이면서도, 자신만의 신학적인 입장이 어떤 것인지 확실하게 보여주지 못하였다.

개혁주의 입장에서 교회 성장학을 비판한 게일린 반 리난은 교회 성장학에 대해서 공손하면서도 신랄한 비판을 가했다. 성경의 권위를 존중하기보다는 광포한 실용주의 노선에 근거하고 있다고 지적하였다. 미국의 상업주의를 분석해보면, 실용주의가 자리하고 있는데 이런 사상은 비기독교 사상이다. 하워드 스나이더는 "교회 성장"보다는 "하나님

---

10 Paul Engle and Gary McIntosh, eds., *Evaluating the Church Growth Movement: Five Views* (Grand Rapids: Zondervan, 2004); 『교회 성장 운동 어떻게 볼 것인가』 엘머 타운즈 외 4인 지음, 김석원 역 (서울: 부흥과 개혁사, 2009).

의 나라"를 먼저 생각할 것을 주문했다. 교회 성장에 집중하게 되면, 복음의 사회적 참여와 기여를 소홀히 하는 쪽으로 나가게 된다는 지적이다. 전체적으로 이 책은 교회 성장학에 대해서 철저하고도 치열한 비판을 제시하지 못하였다.

필자가 이 책에 실린 교회 성장학을 개혁주의 입장에서 평가할 때에 가장 심각하게 느껴지는 문제점은 바로 성경을 해석하고, 바라보는 관점이다. 이들 저자들은 교회 성장에 필요한 내용들과 프로그램들이 우선이고, 그런 방법들을 성경에서 찾아 제시하려는 의도에서 본문들을 활용하고 있을 뿐이다. 결국 교회 성장은 예수 그리스도와 복음의 내용을 심각하게 왜곡하는 것이다. 성경의 권위가 궁극적으로 지켜지지 않았고, 교회 성장의 프로그램이 더 우선시 되고 말았다.

우리는 교회 성장이론의 관점에 대해서 면밀한 검토를 하지 않을 수 없다. 교회의 성장을 중요시 한다는 것은 그들의 신학적인 강조점이 무엇인가를 드러내고 있다고 할 수 있다. 교회 성장의 안목에서 소중한 것들은 강조하고, 그렇지 못한 부분들은 중요한 요소들이 아니라고 하기 때문이다. 말씀과 기도와 성례를 동반하는 예배가 중요한가, 아니면 더 많은 사람들을 모이도록 하는 요소들이 더 중요한가? 이것은 결국 성경에서 강조하는 참된 교회에 대한 이해가 달라졌음을 반영하는 것이다. 성경에 의해서 인도함을 받지 않는 교회가 되도록, 오직 더 많은 숫자를 모이게 하는데 치중하는 것은 교회론의 변질이자, 정말로 나쁜 신학이다.

한국 속담에는 "꿩 잡는 게 매다"는 말이 있다. 결과를 만들어내기만 한다면, 잔인한 수단도 정당화하려는 것이다. 이것은 한국식 성공주의, 한탕주의, 실용주의를 집약한 말이다. 서양에서 활용되고 있는 상업적 실용주의는 철저하게 "실용성useful을 지식의 근간으로 삼는 인본주의적인 생각인데, 니체의 인간중심주의에서 나온 것이다.[11] 결코 하나님 중심으로 남을 존중하고, 사랑하면서 살아가야 할 하늘나라 백성들이 배워야 할 삶의 태도가 아니다.[12] 이런 속담은 마치 세속 정치에서 가장 잔인한 혈투가 집약된 『삼국지』이야기와 유사하다고 하겠다. 우리 한국인들은 옛날 중국역사에 나오는 세 나라의 쟁투를 자주 인용하곤 하는데, 사실상 우리 기독교인들이 그들에게서 배울 것이 별로 없다. 이 책에 나오는 세 나라의 정치인이나 장수들은 건전한 신의와 윤리와 대의를 언급하면서도, 오직 수단 방법을 가리지 않고 권력을 쟁취하는 자가 되려고 할 뿐이다. 다른 사람은 죽이고, 오직 자신들만이 권세를 장악하겠다는 권모술수를 일삼는 책략가들 뿐이다. 교회가 과연 그런 사악한 무리들을 닮아가야 하는 것인가?

우리가 사람의 생각에서 나온 것에 치중한다면, 결국 사람의 이론에 머물고 만다. 목회 성공의 신학이 사람에게서 나온 생각을 정리한 것이라면, 그 성공은 가짜에 불과하다. 사람의 지혜와 과학과 이론들은 일시적인 성공에 도움을 줄 수 있을지 모른다. 우리는 수많은 한국 교회에서 소위 목회에 성공했다는 사례들을 보아왔다. 그동안 짧은 기독교 역사를 가진 한국 교회에서 목회 성장이 가져온 결과가 무엇을 남겼는가를 살펴보아야 한다. 소위 한국 대형 교회들의 지도자들이 어떤 결과를 빚었던가를 냉철하게 되돌아 보아야 한다.

교회 성장학은 개혁주의 신학이 그렇게 비판해 온 로마 가톨릭 교회

---

11 Frame, *A History of Western Philosophy and Theology*, 333.
12 Susan Haack, ed., & Robert Edwin Lane, Pragmatism, Old & New: Selected Writings (Prometheus Books, 2006), 18-67.

의 "행위 중심의 교회" 이론과 큰 차이가 나지 않는다. 시장 경제가 주도하고 있는 자본주의 구조 속에서는 목회 성공은 물질적으로 화려한 포장을 하고 있다. 그러한 사회 환경에서는 황금만능주의를 벗어날 길이 없다. 전 국민을 각 지역 교회에 출석하게 했던 로마 가톨릭 교회야말로, 목회 성장학으로 볼 때에, 가장 성공한 사례라고 할 수 있을까?

현대 교회는 엄청난 변화의 소용돌이 속에 처해있다. 새로운 교회 성장을 염원하는 입장에서 여러 가지 방안들을 모색하려는 의도는 이해할 수 있다. 교회를 살려내려는 동기에 대해서도 충분히 공감한다. 현대인들이 살아가는 방식과 양식은 급속히 변모하였고, 한국 사회는 짧은 기간 안에 수백여 년간 지탱해 온 모든 요소들을 잃어버렸다. 물질만능주의가 세상을 바꿔놓았다. 영국을 비롯해서 서구 유럽에서는 19세기에 산업혁명으로 기계화가 이뤄지면서, 세계 산업 구조가 농업중심에서 상업과 대량 생산 방식으로 완전히 바뀌었다. 노동집약적인 산업들이 등장하면서, 도시화가 확산되었다. 뉴욕 등 세계 주요 도시들은 주식시장과 자본금을 놓고서 거래하는 새로운 형태의 대주주들을 양산했다. 동시에 자본을 소유한 자들은 합법적으로 시장 경제의 가속화와 더불어서 천문학적인 물자를 소비케 하여 엄청난 부를 축적하게 했다. 세계적으로 교역량이 증가하였고, 모든 생산품은 그 수량과 질에 있어서 무한 경쟁 상태로 내몰렸다. 자동차나 비행기나 기차와 선박 등 전혀 상상할 수 없는 기술 문명의 진보가 진행되면서, 하나님의 은혜와 성경의 가르침은 뒷전으로 밀려나고 말았다. 산업화와 근대화를 추구하는 사회의 변화는 제3세계 개발도상국에서 더욱더 급속하게 진행되고 있다. 농업 사회에서 도시 문화로 진입한 후에, 도시 교회들의 주도가 나타났다.

교회를 병들게 만든 것은 물질 만능주의만이 아니다. 전 세계 곳곳에서는 교회와 대결하는 수많은 종교가 영향력을 발휘하고 있다. 기독교의 유일성에 반기를 드는 종교 다원주의pluralism는 기독교 복음의 절대성을 훼손하고 말았다. 종교 간에 평화를 도모하는 대화 모임에서는 종교 상대주의가 자리를 잡았다. 모든 종교는 동일하다는 생각이 새로운 시대적 풍조로 자리 잡아가고 있다. 교회 안에서도 각 교단이나 교파를 벗어나서 초교파주의 현상들이 늘어났다. 안타깝게도 예배 중에 선포되는 설교 시간도 짧아졌다. 말씀의 권위는 점차 힘을 잃어가고 있으며, 쉽게 교회를 옮겨 다니는 사람들이 늘어나고 있다. 자신이 회원으로 속한 하나의 지역 교회에 헌신하고 봉사하려는 성도들이 줄어들어 버렸다.

지금 한국에서는 마치 교회가 코로나 바이러스의 확산 기지처럼 혐오 기관이 되고 말았다. 수많은 교회가 사람들의 생활 공간에 함께 자리하고 있지만, 과히 중요한 곳으로 취급되지 않고 있다. 과거에는 교회에서 정한 예배와 각종 기도 모임에 참석하는 것을 생활의 중심에 두고 살아갔다. 필자의 부모님 세대들은 매일같이 새벽기도회에 참석하는 것을 필수적인 삶의 의무로 간주했었고, 교회가 제일 우선이요 최고의 모임이었다. 그러나 일상이 바빠진 현대인들은 주일 날 오전 예배 시간마저도 출석하지 않은 채, 자신들이 하고 싶은 일에 집중하고 있다. 코로나 바이러스가 확산하면서, 교회에 출석하는 집회가 무지한 자들이 비과학적인 맹신에 매달리는 것으로 매도되고 있다. 이처럼, 교회 주변에서의 인식의 변화가 엄청나다.

필자의 청소년기에 한국 교회가 왕성하게 확장되었다. 6.25 한국 전쟁 이후에 그야말로 개척 교회들은 변변치 못한 천막텐트에서 시작했다. 교회 바닥은 볏집으로 만든 가마니를 깔았다. 미국 선교 단체에서 보내온 각종 구호물자가 교회를 통해서 전국 곳곳에 전달되었다. 열악한 그곳에서 하나님을 향해 부르짖으면서, 신앙생활에 몰두했었다. 부모님과 가족들 모두가 열성적인 기도와 헌신적인 전도에 앞장을 섰고, 그런 가정들에서 많은 목회자들이 배출되었다. 한편으로는 한국 사회의 산업화와 도시화가 엄청나게 빠르게 진행되어서, 세계가 놀라워하는 경제적 성장을 이룩했다. '월남 전쟁'을 치르고 난 후, 도시화가 급진전 되면서 산업의 발전과 함께 교육열이 치솟아서 4백여 대학교가 세워졌다. 한국 일반 대중들의 역량과 안목이 크게 높아졌고, 그 저력들이 모아져서 모든 분야에서 "한강의 기적"이라는 눈부신 발전을 이룩했다. 교회의 부흥회와 집회마다, 발 디딜 틈이 없이 성도들이 모여들었다. 수많은 인재들이 신학대학에 몰려왔고, 그들이 목회자로 선교사로 전 세계에 나가서 교회를 개척했다. 1960년대 말부터 2000년도까지, 적어도 사십 여년 동안에 이뤄낸 한국 교회의 성장과 성취들은 엄청났었다. 그러나 이제는 급속한 인구 감소로 완전히 상황이 바뀌고 말았다. 이런 참담한 현상이 교회에 침입해 들어왔고, 농어촌 교회가 문을 닫으며, 어린이 주일학교가 사라지고 있다. 지난 40여 년 사이에 급속한 성장에 이어서, 다시 30년 동안 퇴락의 과정을 목격하고 있다.

한국 경제가 급속한 성장을 거듭하면서, 의식주 모두 세계 최고의 수준으로 높아졌다. 하지만, 한국인들의 정서와 문화도 변했고, 가치관이 엄청나게 변질되었다. 예배 핵심 요소와 순서들, 찬양을 주도하는 음악과 영상물 등 큰 변화가 있었다. 방법을 개발해서 바꾸는 것만으로는 과연 올바른 교회가 유지될 수 있을지 장담할 수도 없다. 이제는 교회가 성도들에게 주었던 각종 혜택들을 잊어버린지 오래되었고, 존재

의미가 사라지고 말았다. 이런 현상들이 현대 목회자들의 설교와 가르침에도 큰 영향을 끼쳤다. 이런 모든 것들이 현대 교회의 쇠퇴에 작용하고 있는 것만은 사실이다.

이러한 시대의 흐름 속에서, 현대인들에게 맞는 교회 성장론이 나온 것이라고 본다. 성공적인 목회론, 혹은 목회 성장학이라는 "과목"을 설정하자, 수많은 목회자들이 모여들었다. 대형 교회를 열망하면서 교회 성장학 세미나가 개최되었고, 목회 성공의 비결들을 제공하는 강좌들이 넘쳐났다. 하지만, 대부분의 교회 성장 세미나는 양적인 확장과 교세 팽창으로 치중하고 말았다. 더구나 이들 강좌들에서 제공하는 "세속화된 방법론"들이 소개되면서, 교회론의 변질이 심각하게 일어났다. 성경적인 신학의 정립과 목회자의 윤리와 성도의 책임 등은 실종 되다시피 했었다.

한국에서는 대기업을 운영하는 재벌들이 유명한 가문들로 등장했다. 현대인들은 문화적 가치들을 돈과 권세와 명예와 인기 등으로 평가한다. 이런 세속적인 평가와 매스컴의 홍보처럼, 대형 교회가 마치 재벌그룹이나 일류 대학교처럼 영향력을 발휘하였다. 국가적인 행사에서 기독교계의 대표자들로 등장하는 목회자들은 대통령을 위해서 주일 예배를 인도하는 사람이라고 자랑했다. 현대 사회에서 성공한 사람이란 영향력이 크다는 말인데, 재물이 많거나, 매스컴에서 널리 알려진 유명인사가 되거나, 혹은 인기가 높은 사람을 의미한다. 교회 성장의 환상을 쫓아가는 목회자들도 역시 이러한 부류와 다를 것이 없었다. 한국에서 최고로 좋은 공립학교들이 위치해 있고, 성공한 사람들이 모인다는 특정 지역의 교회들은 마치 "최고 브랜드 아파트"처럼 최고 수준의 교회라고 자부심을 불어넣었다.

목회 성공의 신드롬은 교회의 세속화 현상이다. 한국에서 성공한 사람에 대해서 언급할 때에 유명한 일류 학교를 졸업하고 거대한 재벌 그룹 회사에서 높은 연봉을 받는 고위 직책을 가진 사람이라고 말한다. 이렇듯이, 성공한 목회자들의 행태가 별반 다르지 않았다. 어떤 대형 교회 목회자는 영국제 최고급 자동차를 타고 다닌다는 것을 자랑하듯이 공개했다. 이러한 세속화로 인해서, 목회자의 신뢰도가 추락하고 말았다. 한때는 미국에서 최고로 부흥하며 성공했다는 로스엔젤레스의 수정교회 로버츠 슐러 목사와 그의 자녀들이 완전히 몰락한 것과 같다.

하나님께서는 "수고하고 무거운 짐"을 진 자들에게 그저 다 "나에게 오라"고 부르시지 않았던가? 하나님께서는 주일 오전 예배 시간에 몇 명이나 출석하는 곳에 다니느냐고 묻지는 않으신다. 교회의 본질에 대한 진실한 성경의 교훈은 제쳐두고, 목회 성공은 무엇을 내세우고 있는가? 교회 성장학이 빚어낸 왜곡된 인식은 세속화된 가치평가로 목회자와 교회를 미혹하고 말았다. 그로 인해서 겉으로 보여주기 식으로 진행되는 프로그램들과 사역들이 나열되었다. 외적으로 포장하기를 즐겨하는 교회론의 변질이 초래된 것이다. 현대 교회는 찬송을 회중들의 다 함께 노래 부르기로 바꿨다. 교회의 찬양은 하나님께 올리는 곡조 붙은 기도가 아니라, 현대 음악적인 유희와 다를 바 없게 사람들의 심리적 위로에만 치우치고 말았다. 찬양은 더 많은 사람들로 하여금 교회에 나오도록 유도하는 수단이 아니다. 우리는 복음송가나 현대 찬송에 반대하지는 않는다. 다만, 찬양의 초점이 하나님의 영광을 높여드리고, 존경과 경배를 올리는 용도로 사용되어지고 있느냐를 묻는 것이다.

교회의 목적과 본질에 대해서 성경이 증거하는 것은 무엇인가를 진지하게 되돌아 보아야 한다. 교회는 정체되어서는 안 되지만, 역동적으로 움직이게 하려는 것이 궁극적인 목적이 되어서도 안 된다. 교회는 영원한 하나님을 세상에 보여주는 곳이 아니라, 이 세상에 오신 그리스도의 진리를 제시하는 곳이다. 유대인의 문화와 전통이라는 통로를 통해서 주후 1세기에 인간의 몸으로 오신 예수 그리스도께서 교회를 세우시고 어느 곳에서나 어느 종족이라도 교회로 받아들였다. 교회란 인간의 문화 속에 하늘의 성품과 인격이 담겨지게 된 것이다.[13] 교회는 모두 다 항상 그리스도라는 분명한 속성들과 특성들을 공유한다.

한국 교회에서나 해외 교회에서나, 우리는 슬프게도 수많은 목회 성장의 어두운 면들을 목격하고 있다. 교회의 지침이 되는 하나님의 말씀을 벗어나게 되면, 결국 사람의 허망한 욕심에 빠지게 되며, 죄가 장성하게 되고, 마침내 사망에 이르고 마는 것이다. 한국 교회는 급속한 기업의 성장과 국력의 신장에 힘입어서 양적으로 초고속 성장을 거듭했다. 서울에는 초대형 교회들이 속속 들어섰다. 마치 대기업으로 자리잡은 몇몇 재벌 그룹들처럼, 초대형 교회들은 교세 확장을 도모했다. 여의도의 모 교회는 은사운동으로 각광을 받았고, 강남 신사동의 모 감리교회는 적극적 사고방식으로 유도했다. 이런 교회들을 모아서 "한국의 10대 교회"라는 책이 나왔는데, 지금은 어떻게 평가를 받을지 궁금하다.

또 다른 한편으로는 "한국의 10대 교회"가 잘못된 용어이듯이, 지난 세대에는 "복음주의 4인방"이라는 이름의 목회자들이 기독교 언론

---

13 Harvey Conn, *Eternal Word in Changing Worlds* (Phillipsburg: P & R, 1992).

의 주목을 받았었다. 여기에 거명된 네 분 모두 다 특별한 헌신과 지도력을 발휘했던 분들이었고, 존경을 받는 분들이었다. 하지만, "4인방"이라는 특정한 중심인물을 그룹화하는 것은 중국에서 공산주의 정치가들을 특정 계급으로 추켜세우고자 부르는 호칭이 아니었던가? 서울에서 대형 교회를 개척하였고, 공헌을 하신 분들이야 아무런 잘못이 없을 것이다. 그렇게 부르는 언론이나, 교계의 행태가 한심할 따름이다. "4인방"이라니 도무지 기독교의 정신과는 상관이 없는 말이요, 전혀 성경적인 용어가 아니다. 어째서 이런 개념이 널리 퍼져나갔던지, 이해할 수 없다. 기독교 언론이나 단체들이 목회 일선에서 헌신하는 모든 헌신자들을 존중하려고 한다면, 결코 사용해서는 안 될 용어였다. 지금도 "차세대 4인방"을 또 다시 만들어내려고 해서는 안 된다. 이러다 보니, 지극히 세속적인 교회 성장론이 한국 교회에 유행하게 되었고, 결국 내실에 치중하지 못한 채 대규모 예배 당 채우기에 바쁜 나날들이었다. 치밀하게 성도들의 영적 성장을 지도하지 못하였고, 부실한 기독교인들을 양산하게 되었다.

수없이 많은 혼란을 가중시킨 이단들이 성도들에게 미래의 성공과 건강, 출세와 인기 등을 마치 마약과 같이 퍼트렸고, 그 폐해가 지금도 남아있다. 가짜 복음과 불건전한 사이비 유사 기독교 사상들이 퍼져나가서 정통교회가 치명상을 입었는데, 한국 대형 교회들은 효과적으로 대처하지 못하였다. 목회자들은 모두 다 대형 교회를 목표의 성과물로 설정하였고, 그런 성공한 사업가 이미지를 갖춘 대형 교회 목회자들이 전국 규모의 교회 연합 단체에서 대표회장을 맡도록 해야한다는 식으로 호도했다. 대형 교회 목회자가 마치 큰 바위 얼굴에 나오는 위대한 인물이라고 착각하게 되었다. 이런 안타까운 상황들이 펼쳐지던 동안에, 민주화의 희생자들이 늘어났으며, 분단 조국의 양극화가 촉진되었다. 이처럼 지난 세대 초고속으로 성장한 한국 교회는 허술한 부분들이 너무 많았다.

우리는 인격적 목회와 선교적인 명령 수행, 전도에 강조를 두는 것을 결코 반대하지 않는다. 그러나 성경에 담긴 하나님의 말씀과 그분의 권위에 순종하는 입장으로 수행해야만 한다. 복음이 전파되어서 회개를 통한 그리스도에 대한 믿음이 형성되고, 총체적인 인격의 변화가 수반되어야만 한다. 그냥 교회 안에 사람들만 많이 모이도록 해서는 결코 부흥이라고 말할 수 없으며, 참된 교회라고도 할 수 없는 것이다.

3. 교회 부흥의 사례들

필자와 직접 교제를 나눠온 다음 몇 분들의 교회를 소개하면서 목회적 부흥의 참된 교훈을 나누고자 한다. 미국에서 찾을 수 있는 구체적인 성경적 교회 부흥의 본질을 재발견하기를 소망한다. 필자는 이분들의 교회에서 예배와 사역에 참여했었고, 그 목회 현장이 풍성함을 체험하면서 공감하는 부분들이 많았다. 숫적으로 대형 교회를 이룩한 분들이요, 현대 교회사에서 하나님의 나라 확장에 기념비적인 이정표를 세웠다고 말할 수 있다. 이분들은 하나님을 성경에 입각해서 소개하고 있기에, 교회가 성령의 위로와 주님의 은혜가 충만하다고 느꼈다. 필자의 안목에서 무엇이 참고할 만한 가치인가를 다섯 가지로 정리해 보았다.

필자가 소개하는 이들 목회자들은 변질된 교회 성장론과는 전혀 다른 토대 위에서 교회를 위해 헌신했고, 아름다운 사역의 결과들로 감동을 주고 있는 분들이다. 소위 미국 복음주의자들은 건전한 동기에서 출발했음에도 불구하고, 너무나 세속적인 방법론들을 수용했다. 물질적이며 세상적인 목회 성공에 몰입하는 실수를 많이 남겼다. 로버츠 슐러의 수정교회크리스탈 처치처럼, 외적인 규모와 사업적인 프로그램으로 채색된 목회 성공은 결코 오래가지 못하고 무너졌다. 적어도 필자가 소개하려는 교회 성장의 요소들과 성공한 목회는 다음과 같은 신앙 요소들을 근거로 하고 있음을 높이 평가하고자 한다.

첫째, 참된 부흥에는 하나님의 위대하심, 광대하심, 임재하심, 인격적인 성품들을 사랑과 진노, 언약을 맺으심, 인격적 관계 강조하는 메시지가 중심이 된다. 우리는 하나님을 만날 수 없고, 만질 수 없고, 대화를 나눌 수 없다. 하지만, 하나님이 보여주신바 말씀 계시를 통해서 알 수 있다. 필자가 소개하는 목회자들은 무슨 초자연적이고, 신비한 능력의 소유자들이 아니라, 하나님이 하시는 사역을 가감 없이 소개하는데 앞장을 서고 있는 분들이다. 하나님을 아는 지식에 대해서 견고한 기초가 분명하며, 올바른 나팔을 불어서 깨우치고 있다. 온전한 복음 이해, 즉 똑바로 정립된 정통 신학이 없이는 균형 잡힌 목회가 불가능하다. 물론, 우리 모든 인간은 하나님의 본질을 완전히 꿰뚫어서 알 수 없다롬 1:18-23. 하나님께서 친히 낮춰주셔서 우리들의 수준으로 내려오신 것만을 오직 알 수 있을 뿐이다. 필자가 존경하는 이들 목회자들은 무한하신 하나님의 지혜와 지식을 우리가 이해할 수 있도록 설명하는 능력이 탁월하였다. 하나님과 그의 아들 예수 그리스도를 아는 것이 영생이다요 17:3.

둘째, 세상에서 쓰는 일상적인 용어보다는 성경의 언어를 중요하게 선포한다.

말을 잘하는 설교자들이 많이 있지만, 사람들이 듣기 좋은 메시지를 계속 듣게 되면 감성적이 되거나 지식의 만족으로만 그치게 된다. 필자가 소개하는 목회자들은 특별계시로서의 성경의 본문을 온전히 풀어주는데 최선을 다하고 있다. 필자가 존경하는 이들 목회자들은 하나님께서 이 세상을 위해서 하시는 일들과 선포를 확실하게 들려준다. 하나님의 주권과 통치와 구원을 확실히 알게 해 준다. 현대 신학자들의 잡다한 신학 이론들을 잘 안다고 해서, 교회가 세워지는 것이 아님을 유럽 교회가 보여주었다. 20세기 최고의 신학자로 추앙을 받았던 칼 바르트의 신학으로 성공한 목회자를 보았는가? 필자가 소개하려는 분들은 소위 최고의 신학자들이 내놓았다는 현대 신학에는 전혀 관심도 없다.

셋째, 세상에서의 개인적 성공보다는 성도들의 통합체로서 교회의 승리를 꿈꾼다.

우리는 성경에서 어떤 사람이 성공하였고, 반대로 어째서 일부는 실패하였는가를 자세히 살펴볼 수 있다. 요셉과 다윗은 하나님께서 형통케 하신 사람이었는데, 그 후손들과 이스라엘 민족을 축복하시는 도구로 사용된 사람들이었다. 그러나 오직 한 사람만의 성공을 자랑하려는 집착이나 욕심을 성취하려 한 자들은 망하고 말았다. 그리스도 안에 있는 사람들은 함께 하나님의 나라를 공유하고, 그 나라의 가치를 높이고자 한다 롬 14:17. 복음의 동기부여로 가정과 사회와 직장에서 보람 있게 살려는 성도들은 교회를 중심으로 힘을 모아서 여러 가지 사역들을 펼치고 있다.

넷째, 이런 목회자가 섬기는 교회에서 신앙 생활를 하고 싶다는 "신뢰감"을 준다.

외식과 거짓이 난무하는 세상에서, 역시 교회마저도 옥석을 가리지 않을 수 없게 되었다. 하나님의 무한하심과 은혜 때문에, 이단들과 거짓 목회자들이 잠시 동안 큰 소리를 발하고 성공한 듯 보인다. 그러나 예외없이 사람에게서 나온 것들은 무너지고 만다. 인간의 생각들은 대단한 통찰력을 주는 것처럼 일시적으로 번쩍일 뿐이다. 사람은 모두 다 죄인일 뿐이다. 참된 진리는 깊은 고뇌와 은혜를 통해서 잘 단련된 하나님의 사람들을 통해서 전파되었다. 필자가 존경하는 목회자들은 대부분 평생을 통해서 인격과 삶으로 열매를 보여준 분들이다. 40년 이상을 사역한 분들인데도, 놀랍게도 전혀 "스캔들"이 없는 분들이다.

다섯째, 오늘 현재의 교회의 모습이나 현상 유지에 결코 만족하거나 안주하지 않고, 계속해서 제자 훈련을 강화하고, 교회의 모든 요소들이 혁신과 갱신을 추구하고 있다. 세상의 변화 속도는 너무나 빨라서, 순식간에 새로운 일들이 벌어지고 있다. 교회도 역시 성도들의 성장과 제자 훈련을 강도 높게 끌어올려서, 결코 무뎌진 채로 뒤처지지 않도록 신앙 강화에 매진해 나가고 있다. 교회 공동체는 놀라운 변화의 연속이요, 하나님의 기적이 지속되는 현장이다. 상상을 초월하는 사역의 열매들이 쌓여가고, 놀라움을 금할 수 없을 만큼 공동체들이 성장하였다.

1) 개척 교회를 향하신 놀라운 손길

미국 죠지아주 존스 크릭 시에 소재한 "페리메터" 교회 Perimeter Church 를 1977년 여름에 개척할 때에, 랜디 포프 전도사는 "리폼드 신학대학원"을 갓 졸업한 새내기 목회자였다. 그는 자신이 개척한 교회를 42년간 목회한 후, 2019년에 담임목사직에서 은퇴했다. 20명이 시작한 교회는 5천여 명으로 성장했고, 애틀란타 시 주변에 40개 교회를 개척 분립시켰다. 그는 초대 설립 목회자로서 기초를 놓았고, 이제 새로운 지도력으로 더 든든히 서 나가야 한다고 강변했다. 하여, 40대의 젊은 목회자를 담임목사로 세웠다. 포프 목사는 지금도 가르치는 일과 제자 훈련 단체의 대표로 사역하고 있다.

    포프는 교회를 개척하던 첫 주일 날부터 치밀하신 하나님의 기적을 체험하였다. 정확하고 세밀하신 하나님의 손길을 통해서 개척 목회자와 성도들이 큰 확신과 은혜를 받았다. 그 기적의 간증은 필자가 세미나에 참석해서 랜티 포프로부터 직접 들었고, 그의 교회 책자와 홈페이지에도 소개되어 있다. 랜디 포프가 애틀란타 시에서 교회를 개척하러 내려갔을 때에, 미국 장로교회P.C.A. 국내 전도부에서 매달 아파트 비용을 지원받기로 약속을 했었다고 한다. 그런데, 그가 도착한 날이 금요일이었다. 랜디 포프는 자신이 이사할 아파트의 새 주소지로 교단 개척지원 본부에서 약속한 후원금을 수표로 보냈으리라 기대하였다. 그러나 정작 그가 예약한 곳에 도착해보니, 자신에게 보내온 우편물이 없었다. 그가 목회자라는 사실을 알게 된 아파트 관리사무소에서는 예약된 방의 열쇠를 내주면서, 날씨가 무더우니 일단 가족들과 함께 들어가서 쉬고, 다음 월요일 날까지 입주 보증금을 납부하라고 선처를 베풀어 주었다. 그가 도착한 다음 날이 주일 날이었다. 그는 애틀란타 시에서 목회를 잘하는 분의 교회에서 예배를 드리고자하는 마음으로 이웃 교회의 예배에 참석하기로 했다. 그런데 주차장에서 교회로 들어가면서, 옛날 앨라배마 대학교에 다니던 시절에 함께 성경 공부를 했던 동창생을 뜻밖에 만났다. 그 친구는 1부 예배를 마치고 나오던 중이었고, 포프는 2부예배에 참석 차 들어가던 중이었다. 그 친구는 반가운 마음에 함께 다시 교회당으로 들어갔다. 그리고 예배 중간에 그 친구가 다음과 같이 말하는 것이었다; "내가 오늘 헌금을 교회에 바치지 못하였는데, 아마도 개척 교회를 하는 자네를 도와주라는 것이었나 보네. 저 설교가 끝나면 네게 줄게"라고 귓속말로 소근 댔다. 포프는 그날 일생 동안에 그렇게 긴 설교를 처음 들었다고 한다. 어서 설교가 끝나야 친구가 "개척 헌금"을 줄 것이 아닌가! 설교가 끝이 난 후, 친구는 수표 하나를 건네주고 자리를 떴다. 정확하게 전달된 금액은 다음 날, 월요일에 아파트 보증금으로 갖다주어야 할 금액, 6백 달러였다. 더도 덜도 아닌 꼭 6백 달러! 이것으로 포프는 자신의 개척 교회가 하나님의 확실한 인도하심을 통해서 운행되고 있음을 확신하게 되었다. 교회 개척자를 거짓말쟁이로 만들지 않으시는 하나님의 세밀하신 돌보심을 맛보게 된 것이다. 기적과 같은 이 체험을 공감하면서, 초기 개척 교회 회원들은 열심히 전도하기 시작했다.

포프는 개척 초기부터 소그룹 사역을 중심으로 삼았다. 지금까지 소그룹 제자 훈련을 지속적으로 개발하고 있다. 또한 1980년대 중반부터 여러 장소에다가 확장시켰다. 거의 미국에서 최초로 시도한 것인데, 결국 도시 전체를 복음화하려는 전략적인 방법이었다. 그 결과로 페리메터 교회는 아틀란타 지역 주변에 40개 교회를 개척하여 분립시켰다. 전 세계에는 120개 교회를 세웠고, 연합된 사역을 공유하고 있다. 한 사람의 개척 목회자가 42년 동안 열정적으로 교회를 지도해 나온 결과가 이처럼 엄청난 열매를 맺었다. 페리메터 교회는 2300석의 본당을 1996년에 완공했다. 110에이커의 땅에다가, 2개의 호수를 품고 있는 교회 캠퍼스를 건설했다. 주차공간도 2천 대에 달한다. 교회 외에도 기독교 학교, 올림픽 규모의 수영장, 육상경기장, 2개의 야구장, 축구장, 야외 소풍 공간을 갖추었다.

필자는 랜디 포프 목사를 여러 차례 만났고, 달라스에서 열린 그의 제자 훈련 세미나에도 직접 참석했었다. 항상 총명하고, 솔직한 분이다. 멋진 넥타이에 정장을 입는 다거나, 권위를 자랑하는 분이 아니다. 탁월한 훈련교재를 받아들고서, 깊은 감동을 받았다고 했더니, 필자에게 한국어로 번역하라고 제안했다. 그러나 필자는 한국어로 그의 교재를 그냥 번역만 하는 것은 큰 의미가 없다고 대답했다. 그가 만든 제자 훈련 교재의 내용들은 미국의 문화와 생활 속에서 체험하는 매우 구체적이고 실제적인 예화들로 꾸며져 있다. 미식축구와 야구에 열광하는 미국인들의 삶을 모르는 사람들은 이해할 수 없는 내용들이 많다.

2) 맡겨진 목양지를 풍성한 초장으로 가꾸다

해리 리더 목사 Dr. Harry L. Reeder III의 목회는 상상을 초월하는 성과를 보여주고 있다. 필자는 그를 미국 장로교회 총회와 신학교에서 여러 차례 만났다. 항상 중후한 신뢰감을 주는 분이다. 현재 앨라배마주, 버밍햄에 있는 브라이어우두 장로교회 Briarwood Presbyterian Church in Birmingham, Alabama의 담임목사로 이십여 년을 섬기고 있다. 해리 리더는 동부 캐롤라이나 대학교에 재학 중에 아내 신디를 만난 후 1969년에 결혼했다. 자신의 공부는 접어두고, 화학을 전공한 아내가 대학교를 졸업할 때까지 도움을 주었다. 다시 자신의 대학 학업을 마치기 위해서 학교에 돌아간 후, 목회에 소명을 받아서 남장로교회가 세운 "커번넌트 대학"에 편입하여 역사와 성경을 전공하고 1974년에 졸업했다. 학교 근처의 챠타누가 지역에서 독립교회를 6년 동안 섬겼고, 테네시 템플 신학교에서 틈틈이 공부도 더했다. 그 후 신학 공부를 본격적으로 마치기 위해서 플로리다주 마이애미에서 웨스트민스터 신학교가 운영하는 플로리다 신학센터에서 목회학 석사학위를 마쳤다. 그가 공부하면서 2년 반 동안 섬긴 파인랜드 장로교회Pinelands Presbyterian Church는 50명에서 400명으로 성장했다. 그의 사역의 핵심 요소는 설교와 성경 공부, 소규모 제자 훈련 등이며, 한 공동체로 결속시켰다.

1983년 2월, "크라이스트 커번넌트 장로교회"에 초대 설립 목회자로 청빙을 받았는데, 38명으로 시작된 주일 예배가 7년 후에는 3천 명이 운집했다. 다양한 교회 양육 프로그램이 활발하게 작동하였다. 노인층을 위해서 버스를 매일 운행하는 복지 사역에도 힘썼다. 해리 리더 목사는 기독교 라디오 방송을 통해서 "10분 설교"와 1분 삽입 방송을 내보냈다. 그는 집중적으로 기독교 남자 신자들의 지도력 발전을 위해서 많은 시간을 투자했다. 자신의 성공사례를 토대로 교회의 재활성화를 위한 사역을 개발해서, "잔불이 불꽃처럼 타오르도록"(From Embers to a Flame)이라는 세미나를 매년 국내외적으로 개최했다. 이런 내용으로 리폼드 신학대학원에서 목회학 박사 학위를 받았다. 1999년 가을에 앨라배마 버밍햄에 있는 "브리어우드 장로교회"Briarwood Presbyterian Church에 청빙을 받아서 지금까지 담임 목회자로 섬기고 있고, 버밍햄 신학교에서도 가르치고 있다.

미국 남부 정통 장로교회의 보수주의 신학의 맥을 잇고 있는 "브라이어우드 장로교회"는 미국 장로교회P.C.A. 교단에서 중추적인 역할을 하고 있다. 1960년 초대 설립자 프랭크 바커 목사Frank M. Barker, Jr.는 세계 2차 대전에 조종사로 참전한 애국자였고, 그 후에 신실한 지도력을 발휘하여 초대형 교회로 성장하였다. 바커 목사는 사십여 년 목회하면서 그의 인품과 성실함으로 지역사회에서 가장 존경을 받는 목회자가 되었다. 교회가 성장하는 과정에서 부설 초등학교, 중고등학교, 신학교를 직접 운영하고 있다. 필자는 버밍햄 신학교에서 강의를 한 적이 있었는데, 목회역량을 강화해서 선교하려는 목적으로 양성하고 있다. 지금은 약 4천 1백명의 성도들이 출석하고 있는데, 회중들 가운데는 한국인들의 소그룹이 있고, 일본인들 모임도 있다.

해리 리더는 예수 그리스도를 중심에 둔 제자화 훈련에 역점을 두고 있는데, 그 핵심 가치를 다음과 같이 요약하고 있다. 중점 사항의 첫 단어를 모으면, 쉽게 기억하기 위해서 "웰"WELL, 건강한, 좋은, 잘 믿는 그리스도인이 된다. 토요일 아침 일찍 기도 모임이 있고, 교회에서 다양한 양육 강좌가 개설된다. 저명한 기독교인 교수들의 교양강좌가 많이 개설된다. 이 교회의 목표는 "건강한 W.E.L.L. 기독교인"이 되는 것이다:

i) 예배 Worship: 우리의 사역은 하나님께 경배를 드리는 것이다.
ii) 전도 Evangelism: 우리의 사역은 세계를 향해서 전파하는 것이다.
iii) 사랑 Love: 우리의 사역은 서로서로 격려하는 것이다.
iv) 배움 Learning: 우리의 사역은 자신들을 충실하게 만드는 것이다.

3) 뉴욕 맨해튼에 개척 교회가 우뚝 서다!

팀 켈러 목사 Timothy Keller는 금세기 최고의 통찰력을 제시하는 설교자로 정평이 났으며, 국제적으로 널리 영향을 끼치고 있기에 더 이상 설명이 필요하지 않을 줄로 안다. 필자는 가장 어려운 대도시 개척 목회를 감당한 최고의 개척자가 뉴욕 리디머 Redeemer 장로교회의 티모티 켈러 목사라고 확신한다. 그는 웨스트민스터 신학대학원의 설교학 교수로 재직하던 중에, 미국장로교회 P.C.A. 교단 본부에서 맨해튼으로 옮겨가서 개척 교회를 하라는 권유를 받아들였다. 뉴욕에서 새로운 교회를 시작하는 것이 두려워서 이미 두 명이나 거절했었던 사역을 별로 목회경험도 없는 그가 맡게 되었던 것이다. 1989년에 시작한 개척 교회는 5천여 명이 모이는 대형 교회로 성장했으며, 그의 퇴임과 함께 네 개의 맨해튼 내의 지역 교회들리디머 이스트, 리미더 웨스트, 리디머 다운타운, 리디머 링컨스퀘어 로 활발한 특성화를 이루고 있다.

신학대학원의 실천신학 교수로 있었기에, 그가 자연스럽게 당대 최고의 박식하면서도 변증적인 설교자가 되었던 것은 아니다. 현대정신을 정확히 꿰뚫어서 대안을 제시하고자 노력했기에, 팀 켈러 목사의 저서는 최고의 베스트 셀러가 되었고, 거의 대부분 한국어로 번역되었다. 목회한 지 20년이 되던 해에 2008년에 출판한 『하나님에 대한 이유들』 Reason for God이라는 책은, 뉴욕 타임즈가 조사한 바에 의하면, 논픽션 서적으로는 7번째의 판매 순위를 올리고 있다. 전 세계의 목회자들이 그의 설교를 모방하였다가 구설수에 오르는 경우가 많았다. 심지어 미국 볼티모어에 있는 한인교회의 담임 목회자가 부임 설교에서부터 줄곧 표절 시비가 발생하였는데, 결국 그 교회 목회자가 사임을 해야 할 정도로 큰 문제가 되었다. 팀 켈러의 목회와 설교를 연구한 저서들과 박사 학위 논문들도 여러 편 나올 정도로 영향력을 발휘하고 있다.

켈러 목사는 뉴욕의 독특한 문화 속에서 살아가는 젊은 전문인들에게 영감과 도전을 주었다. '뉴요커'들은 증권가에서 일하는 사람들과 예술인들이 많은데, 잘못된 사상들과 문화의 영향 아래서 왜곡된 사상을 갖고 있다.[14] 교회의 중심을 이루는 성도들은 대학교를 졸업한 후, 혼자서 직장생활을 하는 젊은이들이다. 그래서 리디머 교회에서는 결

---

14 Timothy Keller, "A New Kind of Urban Christian," *Christianity Today*, 2006년 5월호.

혼 준비 교육 과정이 매주 중요한 부분을 차지하고 있다. 아시안-아메리칸이 약 40%를 차지할 정도로 많은데, 주로 중국계와 한국계 2세들, 3세들이다.

2017년 7월 현장 목회에서 은퇴한 후, 전 세계에 다니면서 젊은 목회자들의 멘토로서 훈련에 매진하고 있다. 안타깝게도 2020년 6월부터 췌장암 치료를 받고 있다고 알려졌다. 뉴욕 리디머 교회의 예배는 성경적인 예배와 현대적인 감각이 조화를 이루고 있어서, 놀라운 감동을 준다. 매 주일 뉴욕의 건전한 성장을 위해서 축복을 기원하는 부분들이 감동을 주고 있는바, 직장에서의 성공, 돈, 섹스, 권력들은 우상일 뿐이며, 결코 행복을 가져다줄 수 없음을 강력하게 깨우치는 메시지를 주었다.[15] 하나님 이외에 다른 대상들로 만족을 누리려 하는 자들은 우상을 숭배하게 된다. 뉴욕과 주변 도시 개척 사역을 위해서 40여개의 프로그램을 후원하고 있으며, 젊은 목회자들을 훈련시켜서 현장에 나가도록 하고 있다. 이러한 영향을 받은 목회자들 중에 내쉬빌에 있는 스캇 사울스Scott Sauls와 호주 시드니의 스티브 청Steve Chong 등이 활발하게 사역을 하고 있다. 켈러의 설교와 저서들은 정통 개혁 신앙과 복음을 변증하는 내용들이다.[16] 켈러는 정치적인 문제들에 대해서 민감하게 비평하지만, 어느 당에도 소속하지 않고 잘못을 지적한다.

팀 켈러의 사역에서 핵심을 이루는 강조점들은 개혁주의 신학에 근거하는 복음의 교리들이다. 그는 인간의 전적부패, 값없이 주시는 은혜, 대속적 속죄를 강조하고 있다. 켈러는 전통적인 종교를 탈피하라고

15　Timothy Keller, *Counterfeit Gods: The Empty Promises of Money, Sex, and Power, and the Only Hope that Matters* (Dutton Adult, 2009).

16　Iain D. Campbell and William M. Schweitzer, eds., *Engaging with Keller* (Evangelical Press, 2013).

촉구한다. 규칙과 규정에 매이고, 예식을 통해서 개인이 하나님의 인정을 받거나 공고를 세우고자하는 것에서 벗어나야 한다고 강조한다. 동시에 하나님도 없고, 구원의 필요도 느끼지 못하는 "비종교인"이 되는 것도 잘못이라고 지적한다. 그의 접근 방법은 "복음 중심"이다. 뉴욕의 현대 문화 속에서 담겨있는 반기독교 정서, 서구 유럽 사상에 깊이 스며있는 회의론에 대해서 날카로운 비판을 가한다. 그의 대표적인 가르침은 "복음"이다: 우리들 속을 살펴보면 볼수록, 우리 자신이 죄악으로 가득하며 결함이 많다는 사실을 알게 된다. 우리는 항상 이것들을 믿으려 하지 않는다. 동시에 우리는 감히 소망을 가질 수 없음에도 불구하고 예수 그리스도 안에서 사랑을 받았고, 하나님의 자녀로 용납되었다는 점이다. 이러한 복음중심의 이해가 대표적으로 담겨있는 책이 탕자의 비유를 해석한 『탕자의 하나님: 기독교 신앙의 핵심 재발견』The Prodigal God이다.[17] 켈러가 가장 영향을 받은 분은 영국 옥스퍼드의 영문학 교수 루이스C.S. Lewis, 코넬이우스 반틸, 존 프레임, 존 스토트, 알빈 플랜팅가 등이다.

켈러는 과거에 뉴욕에서 일어났던 사회 복음운동의 문제점을 정확히 지적한다. 그들은 진보적인 자유파 정치에 대한 강조를 하면서도 교회에서 중심적으로 강조하는 죄의 심각성과 죄성에 대한 교리적 가르침을 약화시켰다. 전통적인 교회들은 예수님께서 사마리아 사람의 비유를 통해서 가르친 바를 더욱더 실천해야 하는데, 가난한 자들에 대한 구제와 관심, 소외계층에 대한 배려가 부족했음을 지적한다. 뉴욕에서 가장 민감한 성의 정체성 문제에 대해서는 분명하게 동성애를 반대

---

17 Timothy Keller, *The Prodigal God: Recovering the Heart of the Christian Faith* (Dutton Adult, 2008).

하면서 성경에 위배된다고 가르친다. 낙태에 있어서도, 예외적인 조항들을 인정하지만, 기본적으로는 반대하였다.

4) 청교도의 불꽃이 다시 타오르다

탁월한 신학자이면서, 목회 사역을 항상 겸비하는 사람을 찾기 어려운데, 16세기와 17세기 청교도들의 지도자들 대부분은 이 두 가지 측면을 모두 갖췄었다. 필자는 "청교도가 답이다"는 주제를 담아서, 2020년도 말에 『청교도, 사상과 경건의 역사』세움북스를 출판했다. 과연 오늘의 시대에도 청교도의 신앙 유산으로 목회를 잘 해낼 수 있다는 확신을 갖고 쓴 책이다. 청교도는 도서관의 고문서로 남아있거나, 박물관에 소장되어 있은 희미한 과거의 역사라고 생각하는 분들도 있을 것이다. 오늘날 무슨 청교도 신앙이냐고 비판적인 선입견을 갖는 분들도 있을 것이다. 제발 차분하게 청교도 사상과 저서들을 공부하기를 추천한다.

신학자로서의 탁월한 연구와 목회 사역을 통해서 미국에서 청교도가 살아있음을 보여주는 분이 죠엘 비키 박사다. 그는 미시간 주 칼라마주에서 태어나서, 그 도시에 있는 웨스턴 미시간 대학교를 졸업했다. 필자는 칼빈신학대학원에 재학 중에 칼라마주에서 한인교회를 섬기면서 교회당을 마련했던 큰 은혜를 체험했었고, 한인 유학생들을 섬기고자 그 도시에 있던 웨스턴 미시간 대학교에 자주 방문했었다. 칼라마주에서 한 시간 운전하여 북쪽 방향으로 차를 달리면 그랜드래피즈 시에 도착한다. 그 주변 일대는 네델란드 이민자들의 텃밭과 같은 곳이다. 필자가 칼빈신학원에 공부하고 있을 때에, 주일날 영업을 하고 있던 대형 마켓 "마이어" 앞에서 수백 명의 기독교인들이 주일성수를 주장하면서 데모를 한 적이 있었다. 그야말로 교회 공동체가 도시를 주도하는 곳이다.

인구 18만 명이 거주하는 그랜드래피즈시는 전 세계적으로 유명한 기독교 대학교가 다섯 개나 있을 만큼 높은 교육열로 유명한데, 한마디로 네델란드-아메리칸들이 세운 도시이다. 화란계 이민자들은 힘들게 일하여 농장을 일궈내면서도, 교육열이 남달랐다. 1879년에 세워진 칼빈대학교와 칼빈신학대학원을 비롯해서, 카이퍼 대학교, 코너스톤 대학교와 미시간 신학대학원이 있다. 그리고 서쪽으로 30분 운전해 가면, 진보적이며 포용주의를 용납하는 "호프 대학"과 그 자매 학교인 "웨스턴 신학대학원"이 있는데, 이 학교들 역시 네델란드 이민자들의 교단 R.C.A.에 소속돼 있다. 이처럼 화란 이민자들 사이에서 진보파, 보수파, 온건파로 나눠졌고, 각각 자신들의 입장을 옹호하고자 대학교를 세워서 후원하고 있다.

이처럼 명문 기독교 대학이 많은 그랜드래피즈라는 도시에다가, 죠엘 비키 박사가 "청교도 개혁신학대학원"Puritan Reformed Theological Seminary을 1995년에 세웠다. 16세기와 17세기에 잉글랜드 청교도들과 네델란드 개혁교회는 깊은 유대를 나누면서 박해를 견뎌냈었다. 네델란드 개혁교회의 뿌리는 칼빈주의 청교도들의 신학 사상과 동일하다. 1550년대에 영국 청교도들은 박해를 피해서 바다 건너에 있는 네델란드로 숨어들었다. 예를 들면, 미국으로 건너온 "메이플라워"호에 승선한 브라운파 청교도들은 영국 사람들이지만, 네델란드에 피신해서 십여 년을 살다가 다시 신대륙으로 건너 온 사람들이었다. 케임브리지 대학교 교수였던 토마스 카트라잇은 네델란드의 안트워프로 피신을 갔다가 난민들 교회의 목회자로 사역했었다. 그의 제자 윌리엄 에임즈는 아예 네델란드에 건너가서 돌트 총회에도 참석했고, 프라네커 대학교수로 큰 기여를 했다. 이처럼 두 나라의 개혁교회들은 교류가 긴밀했었다.

그랜드래피즈 시에는 화란 이민자들 중에서, 극소수의 보수파가 명맥을 유지해 내려오면서 "해리티지 개혁 교단"이라는 이름으로 남아있었다. 새로운 지도자 비키 박사의 부임과 함께 조그만 신학교를 세워서 재도약하고자 시도하였다. 비키 박사는 웨스트민스터 신학대학원에서 철학 박사 학위를 마쳤는데, 그의 졸업논문은 칼빈으로부터 청교도에 이르기까지 신앙의 확신이라는 요소가 일치하고 있었음을 입증하는 내용이다. 옥스퍼드 대학교에서 켄달이 받은 박사 학위 논문에서는 칼빈과 웨스트민스터 신앙고백서 사이에 일치성이 없다고 주장하여 논쟁이 일어났는데, 이것을 논박하는 정통 개혁신학의 입장을 개진한 것이다. 박사 학위를 마치고 난 후, 죠엘 비키는 홀로 신학교 교수 겸, 그랜드래피즈 시에 있는 "해리티지 리폼드 교회"도 맡게 되었다. 역사 속에서 수많은 굴곡을 안고서 내려오던 이처럼 작은 교단에 소속된 교회 숫자는 10여 개뿐이다. 이들은 순수한 성경 말씀만을 선포한다는 원칙을 지켜나가고 있다. 대부분의 화란 이민자들의 교회에서는 1970년대까지도 화란어로 설교를 했었고, 목회자들도 대부분 네델란드에서 건너왔었다.

2차 세계 대전 후에, 많은 화란 사람들이 미국으로 이민을 왔다. 성실하고 사업성이 탁월한 화란 이민자들은 뉴욕과 뉴저지에서도 엄청난 성공을 거두었다. 인디애나 주, 아이오아주, 일리노이주, 카나다 해밀톤, 런던, 온타리오, 그리고 미시간 주, 그랜드래피즈 일대는 농업을 주된 산업으로 삼던 화란 이민자들이 새로 터전을 일구면서 살아가고 있다. 1879년에 칼빈신학대학원이 세워졌고, 독특한 화란 문화와 전통을 자랑하면서, 천 여개의 CRC 교단 소속 교회들의 전폭적인 지원을 받고 있는바, 상담학과까지 포함해서 재학생수가 370여 명이다. "칼빈대학교" 외에도 이 교단에 소속된 대학들Redeemer University, Trinity Christian College, Dordt College, The King's University이 많다. 같은 화란 이민자들의 후손들이 이미 그랜드래피즈에서 "칼빈대학교"를 운영하고 있는데, 바로 옆에 새로이 "청교도 개혁신학교"를 세워서 성공할 수 있었을까?

그랜즈래피즈에서 살았던 필자의 무지함을 깨우는 역사가 일어났다. 청교도 신학에만 집중하는 조엘 비키의 탁월한 교수 사역과 목회로 인해서, 불과 25년 만에 그의 학교에는 박사 과정까지 개설되었다. 풀타임 교수진이 10명에다가 강사진이 20명에 이르고, 전 세계에서 온 재학생이 250여 명이다. 그야말로 기적적인 성장을 거듭하고 있다. 2004년에 본관 건물 3백만 불을 헌금으로 완공했고, 2014년에 부속건물을 또다시 3백 6십만 불에 완성했다. 모두 다 헌당 예배 직전까지 수많은 기부자들이 건축 대금을 완납하여주는 두 번의 기적을 체험하였다고 비키 박사는 개교 25주년 예배에서 감격했다.[18] 오직 순수하고 올곧은 청교도 신앙으로 살아가는 교회가 승리하고 있는 열매와 결실들을 우리가 목격하고 있는 것이다.

"해리티지 리폼드 교회"는 1908년에 교회 부속으로 세운 "플리머쓰 기독교 학교"를 운영해 오고 있는데, 초등학교에서 고등학교까지 오백여 명이 재학 중이다. 또한 비키 박사는 여기에다가 새로운 출판사, "종교개혁 해리티지 출판사"Reformation Heritage Publication를 세웠고, 청교도들의 명저들과 그외 수많은 연구서들을 출판하고 있다. 그랜드래피즈시

---

18 Beeke, *Puritan Reformed Theology*, xiv–xv.

에는 이미 어드만, 존더반, 베이커 등 미국의 대표적인 기독교 출판사 3대 회사가 막대한 출판사업을 하고 있다. 이 출판사들의 역량은 결코 상상할 수 없을 정도며, 전 세계를 향해서 다양한 신학서적을 출판하고 있다. 특히 존더반에서는 NIV 영역 번역 성경을 칼빈신학대학원 교수진들의 도움으로 만들어냈고, 백만불을 칼빈신학대학원에 기증하여 석좌교수직을 개설했다. 그런 지역에서 새로운 출판사가 성공을 할 수 있을까? 지금 모든 성도들에게 자신있게 추천할 만한 가장 순수한 기독교 경건 서적들은 "종교개혁 해리티지 출판사"에서 나오고 있다.

5) 부흥, 결코 포기할 수 없다!

진정한 교회의 부흥은 우리가 어떤 정치적, 사회적 상황에 처해 있든지 결코 포기할 수 없는 소명이요, 임무이다. 죠엘 비키 박사는 사도행전 2장의 오순절 사건을 토대로 해서, 우리가 배워야 할 진정한 교회의 부흥을 여섯 가지 특징들로 분석하였다.[19] 그 중에서 공감할 수 있는 부분들을 간추려 살펴보고자 한다.

첫째로, 교회의 부흥이란 잃어버린 영혼들이 하나님께로 돌아와서 영광을 돌리는 회개의 사건들이라고 할 때에, 이는 전적으로 성령의 주권적 사역이다. 성령님의 역사는 사람의 생각이나 판단으로는 잘 알 수 없다. 마치 바람이 어디에서 불어와서 어디로 가는지 알 수 없는 것처럼, 단독적이며, 주권적이며, 갑자기 일어난다. 다만 그 결과를 보아서 알게 된다 요 3:8. 가장 중요한 점은 사람의 프로그램이나 계획에 따라서

19　Beeke, *Puritan Reformed Theology*, 12-18.

교회의 부흥이 일어나는 것이 아니다. 사도행전 2장에 일어난 예루살렘에서의 성령강림 사건이 어째서 당시 세계의 중심이던 로마에서나, 아테네에서 일어나지 않았던가! 복음을 이해하는 기초가 없는 자들에게 말씀의 선포를 통해서 새생명을 회복시키는 것이 부흥이라고 할 때에, 이런 현상들은 하나님의 단독 사역이요, 하늘로부터의 인간 세계에 대한 직접적인 간여하심이다.

인간은 먼지에 불과하며, 흙으로 지어진 몸은 사라지고 마른 뼈만 남는다. 이스라엘의 영적인 상태는 마치 마른 뼈들로 가득 차 있는 골짜기와 같았다겔 37:1. 유대주의자들은 예수 그리스도를 십자가에 못박았을 정도로 완악함에 사로잡혀 있었다. 그런 자들이 어떻게 교회로 돌아오게 되었던가? 어떻게 수천 명이 세례를 받는 일이 일어날 수 있었을까? 성령님께서는 거부할 수 없는 권능을 발휘하셔서, 먼지와 같고 마른 뼈와 같은 자들에게 깨달음을 주셔서 회개케 하셨다. 마른 뼈들이 다시 살이 붙고, 근육이 회복되어서 새 생명을 얻은 자들이 되었다. 교회의 부흥은 사람들이 계획하고 조작해서 일어날 수 있는 일들이 아니다.

둘째로, 진정한 부흥은 기도의 응답으로 주어졌다. 기도는 성령이 사용하는 수단이다. 예수님의 지시에 따라서 예루살렘에 모였던 120명이 성도들이 기도하는 중에 사도행전 2장, 성령의 부으심을 역사적으로 체험하게 되었다. 그들은 어린아이들처럼 하나님의 약속하심을 고대했고, 마치 집에 돌아온 아이들이 숙제를 하듯이 기도하고 기다렸다. 하나님께서 은혜를 부어주시고 할 때에, 먼저 기도의 영을 불러일으켰다. 기도의 열정마저도 성령의 지도와 가르침 안에서만 가능하다. 야고보는 "의인의 기도는 역사하는 힘이 많으니라"고 하였다약 5:16. 성령의 부으심이라는 사건이 발생했던 과정에는 성도들의 기도가 쌓여서 하늘에 상달하는 수고가 있었던 것이다.

오순절은 하나님의 구원 경륜의 계획을 실현하는 기념비적인 사건이었다. 우리는 성경이 증거하는 성령의 강림 사건과 기독교 역사에서 일어났던 수많은 부흥사건들을 지식으로 알고만 있는 것은 아닐까? 과거의 기록으로 그치는 것이 아니라며, 우리가 진정한 부흥을 꿈꾸며 기도하는 일을 멈출 수 없다. 기도 운동과 부흥의 사건이 1857년 미국에서 일어났던 제3차 각성운동에서도 확인할 수 있다. 여섯 명이 미국의 회복을 위해서 기도하므로써 시작된 제3차 각성운동은 1860대의 남북전쟁 후에 엄청난 전도의 열매를 맺은 무디의 부흥 운동과 사회복음주의 운동으로 확산되어나갔다.[20]

한국 교회는 기도의 토대 위에서 운영되고 있다. 새벽기도회는 가장 큰 은혜의 산실이다. 수요기도회와 금요기도회는 경건의 연습이다, 은혜의 충만을 향해 나아가는 재충전의 시간이기도 하다. 모든 교회마다 지역마다, 교회의 부흥을 위해서 힘써서 기도하는 일이 우선되어야 한다. 성령의 충만을 소망하면서, 기도를 모아가야 한다.

셋째로, 부흥은 죄인들이 진심으로 회개하고, 진리 안에서 회복되는 사건이다. 베드로가 삼천 명의 회심자들을 돌이키는 설교에서 통회하는 자들을 향해서 "회개하고 세례를 받으라"고 하였다 행 2:38. 회개는 전인격적으로 변화를 받아서 말씀 앞에 반응하는 것으로서 하나님께로 돌이키는 것을 말한다.

회개는 일시적으로 돌이키는 순간에 일어나는 것도 있고, 일생 동안

---

20 David Chappell, *A Stone of Hope: Prophetic Religion and the Death of Jim Crow* (Chapel Hill: University of North Carolina Press, 2004).

날마다 지은 죄를 고백하는 지속적이요 반복적인 다짐이기도 하다. 회심은 자신을 위해서 살아오던 사람이 이제는 하나님을 중심으로 살아가는 생활을 의미한다. 그러나 회심하는 순간으로부터 다시 태어난 성도의 신앙생활은 꾸준히 연단과 훈련의 과정을 거쳐나가게 된다. 이것은 성화의 과정이요, 성숙의 시간들이다.

성령이 작용하는 부흥은 항상 구원에 이르는 믿음을 수반하였다행 2:41,44. 회개하고 돌이킨 심령 속에는 총체적으로 믿음이 심겨진다. 성령으로 말미암지 않고서는 그 누구도 예수 그리스도를 구세주라고 고백할 수 없다고전 12:3. 믿음을 따라서 살아간 선조들은 보이지 않는 나라를 향해서 의심하지 않고 살아갔다. "이 사람들은 다 믿음을 따라 죽었으며, 약속을 받지 못하였으되 그것들을 멀리서 보고 환영하며 또 땅에서는 외국인과 나그네로라 증거하였다"히 11:13.

넷째로, 부흥은 새로운 신자들을 만들어내는 회개의 사건들일 뿐만 아니라, 기존 신자들의 각성과 성장을 통해서도 이뤄진다. 교회의 부흥은 이미 믿음을 가지고 있던 성도들의 새로운 각성과 영적인 성장에서 시작하는 경우가 많았다. 소수의 성도들이 성령의 부으심을 체험하고, 그들이 나아가서 수천 명을 회심시키는 도구가 되었다. 부흥이라는 은혜의 폭풍이 불어오게 되면, 차가운 마음이 녹아내려서 하나님을 사랑하고, 이웃을 긍휼히 여기는 동정심으로 가득하게 된다.

모든 사람은 하나님께서 흙으로 빚으신 연약한 질그릇에 불과하다는 것을 깨달아야 하는데, 안타깝게도 여전히 자기 자신만을 사랑한다. 욕망으로 가득 찬 우리는 영적으로 차가운 상태에서 살아간다. 우리는 일시적이며 제한적인 인생을 살아가고 있다는 인식을 하지 못한 채, 마치 영원토록 보장을 받은 인생인양 착각하는 것이다. 하나님께서 우리의 믿음을 회생시킬 때에, 가슴 깊은 곳에서부터 회개가 일어나고, 순종하고자 하는 결심이 새로워지며, 사랑으로 봉사하게 된다.

다시 말하지만, 우리는 교회 안에서 진리가 회복되어서 모든 성도들의 진정한 변화가 있기를 소망한다. 태양이 산꼭대기에서부터 떠올라서 차차로 그 밝은 빛이 온 마을과 평야로 퍼져나가듯이, 진리에 감동을 받은 목회자들이 변하게 되고, 차츰 그들의 영향으로 교회가 밝은 빛으로 가득하게 되는 것을 기대한다. 이것은 어떤 프로그램을 통해서 만들어내려 한다거나, 어떤 놀라운 목회적 방법론으로 따라가면서, 인간 중심의 부흥을 꿈꾸는 것이 아니다. 말씀과 함께 역사하시는 성령의 충만을 말하려고 하는 것이다. 놀라운 영적 성숙과 성장이야말로 부흥의 현상이라고 한다면, 이것은 성령께서 말씀으로 영혼들을 치유하심으로 가능하게 된다시 107:20. 사람이 중심이 되어서 일어나는 부흥이 아니라, 진리의 말씀과 진리의 성령이 오셔서 예수 그리스도의 말씀으로 중생하게 하셔야만 참된 부흥이 가능하다.

1857년, 뉴욕 부흥의 현장에 있었던 제임스 알렉산더가 자신의 책을 읽는 독자들에게 던진 질문들이다:[21]

> 여러분은 부흥의 주역이 되기를 원하는가?
> 여러분은 부흥에 대해서 부정적인가?
> 여러분은 부흥의 방관자인가?
> 여러분은 부흥의 열매를 위해서 간절히 기도하고 있는가?
> 여러분은 불신자들이 돌아옴으로써 하나님의 이름이 존귀케 되

---

21 James W. Alexander, *Revival and Its Lessons* (N.Y.: American Tract Society, 1858), 10. Beeke, *Puritan Reformed Theology*, 20에 인용되어 있음.

기를 원하는가?

진정한 교회 부흥을 이끌었던 목회자들은 고난 속에서도 굴하지 않고 하나님이 하시는 구원 역사를 확고히 추구했던 청교도들이었다.[22] 혼란스러운 시대를 살면서 정치적 탄압에 목숨을 잃으면서도, 청교도들은 "거룩한 진실"을 사모했다. 이것을 물려받은 후대의 성도들과 교회가 가슴에 남은 감동으로 간직했다. 청교도들의 "거룩한 진실"은 오늘의 시대를 살아가는 모든 한국 교회 성도들의 열망이 되어야 하고, 후대를 이어가는 성도들에게 뜨거운 감동이 되리라 확신한다.

1980년대 미국 복음주의자들은 건전한 동기에서 출발했음에도 불구하고, 너무나 세속적인 방법론들을 수용했다. 물질적이며 세상적인 목회 성공에 몰입하는 실수를 많이 남겼다. 로버츠 슐러의 수정교회크리스탈 처치처럼, 외적인 규모와 사업적인 프로그램으로 채색된 목회 성공은 결코 오래가지 못하고 무너졌다. 미국 복음주의자들의 영향을 받은 한국 교회의 대형 교회들도 철저한 재검점을 하지 않는다면, 위기를 극복할 수 없을 것이다.

이제 필자는 청교도 신학과 목회자들에게서 얻은 교훈들로 결론적 대안으로 삼고자 한다.

첫째, 참된 부흥에는 하나님의 위대하심, 광대하심, 임재하심, 인격적인 성품들을(사랑과 진노, 언약을 맺으심, 인격적 관계) **강조하는 메시지가 중심이 되어야 한다.** 우리는 하나님을 만날 수 없고, 만질 수 없고, 대화를 나눌 수 없다. 하지만, 하나님이 보여주신바 말씀 계시를 통해서 알 수 있다.

---

22 김재성, 『청교도, 사상과 경건의 역사』 (서울: 세움북스, 2020), 59-60.

지금도 개혁주의 신학에 기초한 목회자들은 하나님을 아는 지식에 대해서 견고한 기초가 분명하며, 올바른 나팔을 불어서 깨우치고 있다. 온전한 복음 이해, 즉 똑바로 정립된 정통 신학이 없이는 균형 잡힌 목회가 불가능하다. 물론, 우리 모든 인간은 하나님의 본질을 완전히 꿰뚫어서 알 수 없다 롬 1:18-23. 하나님께서 친히 낮춰주셔서 우리들의 수준으로 내려오신 것만을 오직 알 수 있을 뿐이다. 필자가 존경하는 청교도 목회자들은 무한하신 하나님의 지혜와 지식을 우리가 이해할 수 있도록 설명하는 능력이 탁월하였다. 하나님과 그의 아들 예수 그리스도를 아는 것이 영생이기 때문이다 요 17:3. 이 진리 외에는 결코 사람이 나아갈 참된 길이란 없다.

둘째, 세상에서 쓰는 일상적인 용어보다는 성경의 언어를 중요하게 선포하여야만 한다.

말을 잘하는 설교자들이 많이 있지만, 사람들이 듣기 좋은 메시지를 계속 듣게 되면 감성적이 되거나 지식의 만족으로만 그치게 된다. 필자가 존경하는 목회자들은 특별계시로서의 성경의 본문을 온전히 풀어 주는데 최선을 다하고 있다. 참된 부흥을 주도하는 목회자들은 하나님께서 이 세상을 위해서 하시는 일들과 선포를 확실하게 들려준다. 하나님의 주권과 통치와 구원을 확실히 알게 해 준다. 현대 신학자들의 잡다한 신학 이론들을 잘 안다고 해서, 교회가 세워지는 것이 아님을 유럽교회가 보여주었다. 20세기 최고의 신학자로 추앙을 받았던 칼 바르트의 신학을 바탕으로 삼아서, 성공한 목회자를 보았는가?

셋째, 세상에서의 개인적 성공보다는 성도들의 통합체로서 교회의 승리를 꿈꾸어야 한다.

우리는 목회자 개인의 승리에만 경쟁적으로 몰두하여 왔다. 그러나 성경에서 어떤 사람이 성공하였고, 반대로 어째서 일부는 실패하였는가를 자세히 살펴볼 수 있다. 요셉과 다윗은 하나님께서 형통케 하신 사람이었는데, 그 후손들과 이스라엘 민족을 축복하시는 도구로 사용된 사람들이었다. 그러나 오직 한 사람만의 성공을 자랑하려는 집착이나 욕심을 성취하려 한 자들은 망하고 말았다.

그리스도 안에 있는 성도들은 다 같이 함께 하나님의 나라를 공유하고, 그 나라의 가치를 높이고자 한다 롬 14:17. 복음의 동기부여로 가정과 사회와 직장에서 보람있게 살려는 성도들은 교회를 중심으로 힘을 모아서 여러 가지 사역들을 펼치고 있다. 목회자 개인의 단독플레이로 영웅적인 업적을 자랑하는 사역들은 결국 마지막에는 죄악이 스며들고 사탄의 유혹에 무너지게 되는 것이다.

넷째, 참된 부흥을 이끌어낸 목회자들은 "나도 이런 목회자가 섬기는 교회에서 신앙 생활을 하고 싶다"는 "신뢰감"을 준다. 최근 우리 주변 목회자들 중에는 어처구니 없는 욕심에 사로잡혀서 넘어지는 자들도 있다. 목회자를 다 믿을 수 없는 시대가 되었는데, 옥석을 가리지 않을 수 없는 사건들이 빈발했기 때문이다. 지금 한국 교회에는 함량 미달의 불량품 목회자들이 얼마나 많은지 알 수 없는 노릇이다.

때로는 하나님의 무한하심과 은혜 때문에, 이단들과 거짓 목회자들이 잠시 동안 큰 소리를 발하고 성공한 듯 보인다. 그러나 예외없이 사람에게서 나온 것들은 모두 다 무너지고 만다. 인간의 생각들은 대단한 통찰력을 주는 것처럼 일시적으로 번쩍일 뿐이다. 사람은 모두 다 죄인일 뿐이어서, 필자가 어떤 목회자라고 단죄할 수는 없다.

"거룩한 진실"로 도전을 던지는 목회자들은 참된 진리를 터득한 분들이다. 청교도들은 깊은 고뇌와 핍박을 견디면서 단련된 하나님의 사람들이 되었기에, "거룩한 진실"을 전파하였다. 필자가 존경하는 목회자들은 청교도의 사상과 삶에서 드러난 바 있는데, 그들은 평생을 통해서 인격과 삶으로 열매를 보여주었다. 공의로우신 하나님께서는 악행과 불륜에 빠진 목회자들을 철저히 심판하시며, 공정하게 판단하신다.

오늘 현재의 교회의 모습이나 현상 유지에 결코 만족하거나 안주하지 않고, 계속해서 그리스도의 장성한 분량에 이르도록 자라가야 한다. 교회마다 제자 훈련을 강화하고, 모든 요소들을 혁신하고, 갱신하는데 매진해야만 한다. 세상이 변화하는 속도가 너무나 빨라서, 순식간에 새로운 일들이 벌어지고 있다. 교회도 역시 성도들의 성장과 제자 훈련을 강도 높게 끌어올려서, 결코 무너지지 않도록 신앙 강화에 매진해 나가야 한다. 교회 공동체는 놀라운 변화의 연속이요, 하나님의 기적이 지속되는 현장이다. 상상을 초월하는 사역의 열매들이 쌓여가고, 놀라움을 금할 수 없을 만큼 공동체들이 성장하리라 기대하여야 한다.

장로의 직분에 대한 성경적인 근거는 디모데전서 5장 17절이다. 바울 사도는 두 종류의 장로를 구별하면서, "잘 다스리는 장로들"을 배나 존경하라고 주문했고, "설교와 가르침에 수고하는 분들"에게 더욱 더 존경하라고 부탁했다. 여기에 더해서, 로마서 12장 7-8절은 가르치는 자들과 이끌어 나가는 자들을 구분했고, 고린도전서 12장 28절에서도 가르치는 자와 돌보는 자의 은사를 각각 구분했다.[23]

사도행전 15장 1절에서 16장 5절까지에는 초대 교회 전체 지도자들이 모임이 기록되어 있는데, 이것은 각 지역 교회의 범위를 뛰어넘는 사

---

23 Edmund P. Clowney, *The Church: Sacraments, Worship, Ministry, Mission* (Downers Grove, IVP, 1995), 211-212.

항들을 결정하기 위함이었다. 예루살렘에서 시작된 교회는 처음부터 단 하나의 개교회로 출발했지만, 수천 명을 한 곳에 모이게 할 수 없어서 여러 사도들이 모이는 곳마다 돌보는 일을 감당했다. 그 후에는 주변 여러 지역으로 흩어지면서 각 지역교회들을 다스리는 사역이 필요하게 되었다. 주로 "가정집"에서나 행 2:46, 12:12, 28:30-31, "다락방"행 1:12-14, 20:8에서 모이는 여러 개의 작은 소규모 교회들이 확장되어 나갔다.[24] 그 후에 안디옥과 에베소 교회가 세워졌다 행 13:1-3, 20:17-28. 예루살렘 총회는 일부에서 제기되는 유대교 바리새파와의 갈등 사항을 다루었고, 할례와 모세의 율법을 준수하는 방안을 협의했다. 안디옥, 시리아, 길리기아 등행 15:23 여러 지역에서 직면했던 문제를 더 높은 차원에서 협의하였음을 알 수 있다. 바울과 바나바와 여러 지도자들이 할례의 시행을 놓고서 논의를 했지만, 다툼과 변론이 그치지 않았기에 예루살렘 총회가 소집된 것이다행 15:2.

예루살렘 공의회에 모인 사도와 장로와 모든 참석자들은 동등한 지위에서 자신들의 입장을 토론하였다. 모든 회의의 진행 과정을 보면, 사도와 장로와 온 교회가 사람들을 선발해서 각 지역으로 파송하는 결정을 내렸다행 15:22. 모든 교회들이 따라야 할 사항을 최종 권위를 가진 총회에서 결정하였고, 이를 공포했다행 15:28-29. 교회들은 그 최종 해결책을 기쁘게 받아들였다행 15:31.

따라서 지역교회의 장로들이 다스리는 개교회의 영역이 있고행 9:31, 고전 12:28, 그 위에 더 큰 범위의 총회가 구성되어 있다는 점을 발견할 수 있다.[25]

---

24 David w. Hall, ed., *The Divine Right of Church Government* (Dallas: Naphtali, 1995), 201-216.
25 Berkof, *Systematic Theology*, 591.

맺는 말

교회를 살리는 길

1. 교회를 세우느냐, 무너뜨리느냐

이 세상에 있는 것 가운데 가장 소중한 보배는 교회다. 그러나 참된 교회를 세우는 일은 너무나 어려운 반면에, 무너뜨리는 일은 허망하게도 쉽게 발생한다. 인류 역사의 부침 속에서 어렵고 힘든 과정을 통해서 예수 그리스도의 몸된 교회를 세웠는데, 그것을 헐어버리는 일들이 너무나 많이 일어나고 있다. 현대 사회에서 신약 성경에서 가르치는 바대로 세워지고 운영되는 참된 교회가 무너지고 있는데, 다시 세우는 일이란 너무나 고통스러운 일이요, 말할 수 없는 인내가 요청된다.

여기서 필자가 말하는 "교회"는 어떤 장소나 건물을 의미하는 것도 아니요, 일요일이나 혹은 주 중에 어느 날에 특정한 곳에 함께 모여서 예배를 올리는 공동체만을 의미하는 용어도 아니다. 심지어 사이비 이단들도 교회라는 이름으로 집회를 갖는다. 그런가 하면, 로마 가톨릭이나 영국 성공회에서는 최고 정점에 있는 교황이나 대주교로부터 일반 회원들을 모두 다 포함하는 전체 조직체를 교회라고 말한다. 영국의 국왕이 교회의 머리가 될 수는 없다.

성경에서 말하는 참된 교회, 특히 신약 성경에 사용된 "교회"라는 단어는 "세상 속에 흩어져 살고 있으면서, 주 예수 그리스도 안에서 성령의 인도함을 받아 하나님께 영광을 돌리는 백성들의 모임"이라는 뜻이다.

2. 교회를 허무는 속임수들

오랜 세월, 하나님의 언약 속에서 치밀하게 세워진 교회였지만, 지난 2천년 역사를 살펴보면 세상의 헛된 이론들과 속임수로 교회를 무너뜨리는 일이 반복되고 있다. 심지어 교회를 위해 헌신했다는 한 사람의 생애 동안에도 성취와 실패가 그리 멀리있는 것이 아니다. 교회를 개척하여 아름다운 명성을 자랑하던 분들마저도, 순식간에 일평생 쌓아 올린 것들을 허물어 버리고 만다.

예수 그리스도의 피 값으로 세운 교회는 너무나도 성결하고 소중한 곳이다. 하지만 모든 경우에도 그러하듯이, 참된 교회를 세우고, 유지하는 일은 수고와 인내가 필요하다. 세우고 지켜나가는 것은 무척 어려워도, 교회를 무너뜨리기는 쉽다. 바울 사도는 골로새서 2장 8절에서, 매우 중요한 경계를 제시한 바 있다.

> 누가 철학과 헛된 속임수로 너희를 노략할까 주의하라 이것이 사람의 유전과 세상의 초등학문을 좇음이요, 그리스도를 좇음이 아니니라.

우리 각자가 교회를 세우는 일이 무엇인가를 분별해서 협력하고 수고하고 기도하여야만 한다. 우리가 세상에서 살아가는 동안에, 이제부터 남겨진 생애를 마치는 순간까지 교회를 세우는데 기여해야만 한다. 교회가 세워지도록 모든 성도들이 헌신을 바치게 되기를 소망하며, 그러한 은혜가 함께 하기를 간절히 기도하여야 한다. 교회를 세우는 일이 얼마나 힘들고 어렵다는 것을 충분히 이해하게 된다면, 교회의 유익을 위해서 인내하고 오래 참아가면서 헌신적으로 세우는 편에 서야만 하는 것이다. 교회를 세우는 일에 동참하는 성도는 참으로 축복을 받은 생애를 누렸다고 할 수 있다.

21세기에 이르면서 전 세계 교회가 심각한 손상을 입었고, 곳곳에서 무너져 가고 있다. 코로나 바이러스의 대량 확산 이후로, 교회마다 엄청난 시련에 처해 있다. 이미 포스트모더니즘의 극심한 확산으로 서구 유럽 국가들에서는 교회를 등진 사람들이 늘어났고, 급기야 문을 닫거나 매각하고 있는 중이라서 "교회 붕괴의 시기"가 진행되고 있다. 그런데 여기에 코로나 역병이 덮쳐지면서, 인류 사회 전체에 "빛과 소금"이 사라져 버리는 "암흑시대", 곧 엄청난 재앙이 몰려오고 말았다.

교회를 무너뜨린 근원들을 살펴보고, 결코 그 거짓됨에 대해서 철저히 대처해 나가야만 한다. 소위 세계적으로 유명하다는 일부 서구 신학자들이 내놓은 현대적 대안에 숨겨진 허망한 이론의 미혹에 속아 넘어가는 안 된다.

필자는 2015년 새해 첫날에, 뉴욕에서 발행되는 "월스트릿 저널"의

화보들을 보면서, 큰 충격을 받았다.[1] 간단히 요약하자면, 유럽과 캐나다 곳곳에서 교회당이 술집으로, 체육관으로, 모슬렘 집회소 등으로 팔려나가고 있다는 것이다. 서구 유럽의 어느 나라를 따로 거론할 필요도 없이, 거의 모든 현대 교회는 몰락하고 있다는 소식이었다. 이미 2차 세계 대전 이후로, 무신론자들과 진화론자들의 과학주의 신념이 끼친 영향으로 인해서, 서서히 교회를 떠나는 젊은이들이 늘어나기 시작했다. 21세기로 넘어 들어온 후, 지난 20여 년 동안에 급속히 교회 중심의 삶이 흔들렸다. 믿음을 버리는 사람들이 급증하면서, 교회가 위축되었다. 기독교가 거의 국가적인 행사의 중심에 있었고, 교회의 입장에 따라서 자녀들의 교육 내용이 결정되던 시대가 막을 내렸다. 유럽에서 현대 교회가 이처럼 단기간에 몰락하였다는 사실은 큰 충격이 아닐 수 없다.

    기독교의 영향하에서 견고하게 민주주의와 자본주의 시장경제 제도를 시행해 오던 주요 선진 국가들이 엄청난 변화를 겪었다. 성공회 국가교회가 모든 정치와 사회 분야에 중심이었던 영국을 필두로 해서, 프랑스, 네델란드, 독일, 스웨덴, 오스트리아, 스위스, 핀랜드, 이탈리아, 스페인 등 대부분의 유럽 기독교 국가에서는 오랜 세월 동안 "종교를 위한 세금"을 거두어서 목회자들의 생활비와 교회 유지비를 제공해 왔었다. 그러나 시민들의 항의와 지역 의회의 반대에 따라서 2000년도를 전후하여 개인이 선택할 수 있도록 종교세금 제도가 개편되었다. 다시 말하면, 더이상 교회를 위해서 부과해오던 세금의 의무가 사라지고 말았다. 2020년대로 접어들어서 기독교인의 숫자가 절반 이하로 뚝 떨어

---

[1] 미국 Wall Street Journal, "Europe's Empty Churches Go on Sale" 2015년 1월 2일자.

졌고, 남아있는 세대는 노인들 뿐이다. 유럽에서는 1980년대에는 80%가 기독교인이었지만, 물론 이 숫자에는 로마 가톨릭 등을 포함하고 있었으나 그마저도 급속히 축소 되어서 현재는 30%에도 미치지 못하는 상황이다. 다만, 지역별로는 기독교인들이 많아서, 차이가 있다.

필자는 독일 하이델베르크 시의 "성령 교회"를 방문한 후에, 놀라움과 안타까움을 금할 수 없다. "성령 교회"는 이제 더 이상 교회로 사용하는 예배의 처소가 아니다. 그냥 지역의 공회당이 되었고, 심지어 모슬렘 교도들도 모임을 갖는 곳이 되고 말았다. 그야말로 "교회의 몰락"을 목격하면서, 큰 충격을 받았다.

종교개혁의 시대에 가장 성경적인 신앙적 교훈들을 모아놓은 "하이델베르크 교리문답서"1563년가 바로 이곳에서 선포되었었다.[2] 지난 오백여년 동안 전 세계교회에서 이 고백서를 사용하여 성도들을 양육하여 왔고, 지금도 제자 훈련의 교재로 가르치는 교회들이 많다. 이 문서를 작성하도록 후원했던 군주 프레데릭은 신실한 신앙고백서로 영내를 통일하고자 했으며, 개혁 신앙을 후원하고 있었다. 당시 독일은 "신성 로마 제국"의 일부로서, 황제를 선출하는데 실질적으로 참여할 권세를 가지고 있던 제후들 중에 한 사람으로서 자신의 영지를 지배하고 있었다. 선제후 프레데릭은 자신의 통치권 아래 있는 모든 교회들을 위해서, 하이델베르크 대학교에 우르시누스와 올레비아누스를 초빙해서 이 문서를 작성하게 하였었다.

그런데 그처럼 세계 기독교 역사에서 찬란한 신앙유산을 만들어냈던 하이델베르크 교회가 이제는 이 도시의 각종 모임을 위한 공회당으

2　Zacharias Ursinus, *Commentary on the Heidelberg Catechism*, (Phillipsburg: Presbyterian & Reformed, 1985); 『하이델베르크 신앙문답집 해설』 (크리스챤다이제스트, 200)

로 전락해 버렸다. 교회당 입구와 내부 벽면에는 우르시누스의 초상화가 걸려 있었다. 하지만, 지역 음악회나, 소규모 강좌나, 심지어 다른 종교단체들의 모임도 여기서 열리고 있었다.

독일 프랑크푸르트 중심지에 있는 예배 당에서도 역시 참담한 광경을 목격했다. 이곳은 필립 야곱 쉬페너 1635-1705가 독일 루터파 교회 내에서 "경건주의" 운동을 일으킨 곳이다. 그의 얼굴과 이름은 벽면에 아로새겨져 있지만, 더 이상 경건주의자들의 신앙 운동과 예배를 찾아볼 수 없다. 일반 시민들의 공회당으로 사용되고 있는 예배 당의 벽면에는 만국기가 펄럭이고 있었다. 물론, 17세기 경건주의가 강조한 내용들이 오늘날의 교회가 그대로 지켜내야 할 가장 표준적인 신앙의 내용이라고 할 수는 없다. 경건주의를 평가해보면, 개인적 체험주의와 주관주의로 치우쳤다. 모든 교회가 든든히 서도록 돕는 성경적인 내용들이 아니었다. 따라서 그들의 후예들마저도 이처럼 완전히 외면해 버린 것이다.

독일을 비롯한 유럽의 여러 나라들에서, 신학대학에 지원하는 학생들이 거의 없고, 교수진도 줄었으며, 유학생들만이 교실을 채우는 형편이다. 네델란드는 개혁주의 교회가 큰 영향을 발휘했던 나라였지만, 건물의 관리비를 조달할 수 없어서 문을 닫고 있는 곳도 수없이 많다. 유럽 전지역에서 기독교의 영향력이 축소되었는데, 장차 더 많은 교회들이 문을 닫게 될 것이다. 유럽 사회에서 기독교의 영향력은 현저히 줄어들었다. 교회가 무너지고 있는 상황에서, 신학자들의 영향력도 거의 찾아 볼 수 없을 정도로 사라져 버렸다. 이런 사례들은 캐나다에서도 나타났다. 퀘백지역에서도 역시 교회 건물들이 음식점이나, 체육관으로 넘어갔다.

한국 교회, 해외 한인교회, 혹은 선교사들이 파송되어 있는 세계 교회는 어떠한가? 2020년 초부터 시작된 "코로나19" 감염병의 확산으로 한국 교회가 얼마나 문을 닫거나, 감소했는지 정확한 통계숫자를 파악하기가 쉽지 않다. 다만 미국 내 한인교회의 현황이 얼마나 심각한지가 발표되었는데, 2022년 1월 초, 한국인 교회의 숫자는 2,798개로 집계되었다. 직접 교회의 존립여부를 전화로 확인했다고 발표한 측에서 강조한 것을 염두에 두었으면 한다. 코로나 전염병이 퍼진 지난 2년 사이에 문을 닫은 한인 교회가 658개이다. 대략 20-30%에 해당하는 교회가 문을 닫았다. 미국에서는 교회에 대해서도 상당액의 보조금을 지불한 것으로 알려졌는데, 그나마도 혜택을 받을 조건이 충족되어야만 가능하다. 미국으로 이주해서 살고 있는 한국인들 중에서 60%가량이 개신교 교회에 출석하고 있고, 대략 10% 정도가 로마 가톨릭에 다니고 있다.[3] 앞으로도 세계 정치와 경제의 요동 속에서 이런 참담한 상황이 얼마나 더 계속될지, 아니면 더 악화될지의 여부는 불명확하다. 앞으로도 상당수의 해외 한인 교회들이 교인 감소의 추세를 견뎌내야만 한다는 것이다.

그러나 앞으로도 계속해서 이처럼 세계 모든 교회가 무너지리라는 전망보다는 오히려 참된 교회들이 살아날 것이라는 기대가 더 크다. 교회가 처한 현실적 상황은 악화되고 있지만, 무조건 낙심하거나 좌절할 일은 아니다. 주 예수 그리스도의 사랑을 입은 자들은 선한 "그루터기"로 이 땅 위에 건재할 것이기 때문이다. 그 뿌리에서 다시 잎이 자라나

---

[3] 재미한인기독교 선교 재단 (KCMUSA), "2021년 미주 한인교회 통계표." 참조, "미주중앙일보", 2022년 1월 24일자.

고, 가지가 성장해서, 결국은 울창한 나무가 되어가는 날이 다가올 것이다. 우리의 마음 속에는 교회의 미래에 대한 희망과 꿈이 있어야 한다.

예수님께서는 제자들에게 핍박이 닥쳐올 것임을 준비시키면서, "두려워 하지 말라, 적은 무리여,"눅 12:23라고 격려하셨다. 예수님은 지금도 그 나라를 우리에게 말씀과 성령을 통해서 전달해 주시고 계신다. "내가 너희에게 이것을 말하는 것은 너희가 내 안에서 평안을 갖게 하려는 것이다. 너희가 세상에서는 환란을 당하나, 담대하라 내가 세상을 이기었노라"요 16:33. 우리는 교회가 앞으로도 세상 속에서 빛과 소금이 될 것이라는 확신 위에 서서, 또한 교회가 처한 위기 상황과 위험성을 파악하는 분별력을 갖추었으면 한다.

솔직히 말해서, 교회를 통해서 은혜를 체험하게 되지만, 이 세상에 있는 교회들마다 가르치는 신학이나 교리가 너무나 다양해서 다소 재정비가 요청되는 시대이기도 하다. 우리는 수많은 교파에 속한 교회들을 경험하면서, 오히려 참되고 바른 교회를 갈망한다는 요구를 잊어서는 안 된다. 목회자들마다 학문과 경건에 있어서 큰 차이가 있어서, 지도자들에게 크게 의존하는 예배와 신앙생활이 천차만별이다. 어떤 때에는 교회에 나아가서 다양한 은혜를 맛보면서 행복하기도 하지만, 때로는 교회 내에서 갈등하고 대립하면서 서로 주장들을 하기도 한다. 일반 성도들은 생애 동안에 등록 교회를 여러 곳으로 옮겨 다녀야만 하는 경우가 많은데, 목회자의 인격적 성숙도와 헌신의 정도에 연계되어 있는 교회를 선정하기에 어려움을 겪게 된다.

다시 교회가 일어날 것인가? 누가 어떻게 교회를 일으켜 세울 수 있을까?

예수님이 말씀하신 바와 같이, 음부의 권세가 교회를 이기지 못할 것이다. 참된 교회는 든든히 세워질 것이다. 성경 말씀의 지혜와 교훈들을 따라간다면, 영육간에 성장한 교회가 세워질 것이요, 예수 그리스도의 충만하심에 이르게 된다. 참된 교회의 회복을 위해서 거룩한 희생을 치렀던 16세기와 17세기 종교개혁자들의 신학과 분별력을 기초로 삼고, 더욱 더 풍성하게 개혁 신학의 성취와 유산들을 활용한다면, 예수 그리스도의 충만하심으로 교회가 서게 될 것이다 골 1:19, 2:9. 참된 교회는 예수 그리스도 안에 든든히 뿌리를 박으며, 교훈을 받은 대로 믿음에 굳게 서서 전진해 나간다. 말씀과 성령의 새로운 동력을 수혈받았던 종교개혁자들은 압박과 죽음의 공포 속에서 교회의 개혁과 회복에 열정적이었다. 우리는 개혁주의 신학과 청교도의 헌신을 재발견하고, 오늘날에 새롭게 제시되는 성경적 신학 사상을 활용하여 오직 "예수 그리스도를 따르는 길"로 나가야만 한다.[4] 물론 지금은 교회의 장래가 어둡다. 마치 한 치 앞을 볼 수 없을 만큼, 교회의 미래가 캄캄하다. 교회가 소생하는 단기처방은 효력이 없을지도 모르며, 묘책이 없어 보인다. 그러나 이럴 때일수록 우리는 지나간 교회의 역사 속에서, 순교의 신앙으로 교회의 본질을 회복했던 종교개혁자들과 청교도들의 자취 가운데서 그 해답의 실마리를 찾아보았으면 한다.

겉으로는 화려하고, 웅장했지만 교회가 본질에서 벗어나서 완전히 허망한 사상에 사로잡혀 있던 시대가 있었다. 거대한 고딕식 건물들과는 달리, 실상은 변질되었던 시기가 바로 중세 시대 천년이었다. 중세 말기에 유럽 지역의 교회들은 세속군주들에게 호령하던 막강한 권세

---

4 Cornelius Van Til, "My Credo," in *Jerusalem and Athens: Critical Discussions on the Philosophy and Apologetics of Cornelius Van Til*, ed. E. R. Geehan (Phillipsburg: P&R, 1980), 3.

를 자랑했었다. 그러나 참된 신앙에서 벗어나서 세속 군주들마저 지배하던 교회가 곤두박질을 당하고 말았다. 막강하던 교황의 권세와 성직 중심주의가 배척을 받았고, 신뢰를 잃어버리고 말았다. 로마 가톨릭 교회의 위기는 내부에서 일어난 갈등과 정치적 대립에서 시작되었다. 14세기에는 교황이 무려 세 사람이나 선출되는 극심한 대립이 일어났다. 오랫동안 이탈리아 출신 교황만이 그리스도의 대행자로 권세를 행사해 오고 있었으나, 프랑스 국왕은 이를 거부하고 교황을 아비뇽에 유폐를 시킨 후에, 프랑스 출신을 선출해버렸다. 그리고 칠십 여년 동안1309-1377을 프랑스 출신들이 교황으로 선출되었다. 이탈리아 출신들이 다시금 교황의 권세를 차지하고자 극심한 싸움이 지속되면서 대분열로 치달았고1378-1417, 이들 양측을 대체하는 새로운 교황이 격돌했다.

가톨릭 교회 체제를 지탱해 주던 일곱 가지 성례 제도가 전혀 성경에 기초하지 않은 것임이 드러났다. 토마스 아퀴나스1225-1274가 정교한 교리 체계를 정립했는데, 그 깊은 뿌리에는 "신인협력주의"라고 일컬어지는 혼합된 사상이 광범위하게 자리하고 있었다. 아리스토텔레스의 헬라 철학을 배경으로 설정하고, 인간의 종교적 선행이 먼저 드러나야만 하늘의 은총이 덧붙여진다는 공로주의 사상으로 구조화했다. 중세 말기에 세속 군주들은 교황청의 권세를 꺾어버리고자 전쟁도 마다하지 않았다. 로마 교황청에서도 스위스에서 용병을 고용해서 로마의 다른 지역 군주들이나, 프랑스 왕과의 전쟁을 벌였다. 중세 말기 로마 교회 내부에는 부패한 성직자들이 많아서, 일반 대중들로부터 '반성직주의'가 호응을 얻었다.

3. 교회의 회복과 갱신

부패하고 썩은 교회를 회복하는 과정에서 수많은 순교자들의 처절한 희생이 있어야만 했다. 과오를 씻어내기 위해서는 수없이 많은 성도들이 치열하게 투쟁해야만 했다. 종교개혁자들과 청교도들은 교회의 본질을 보다 더 순수하게 회복하는 일에 그들의 목숨을 바쳤다. 이미 오랜 세월에 걸쳐서 변질된 교회를 다시 회복시키는 일은 참으로 어렵고 힘들었다. 중세 말기에 이르기까지 미신적인 신비주의와 거짓 예식들에 물든 교회를 다시 회복시키고자 했던 종교개혁자들과 청교도들은 왕권과 결탁한 세력에 의해서 철저히 응징을 당했었다. 가짜 전통에 짓밟히면서도, 성령의 인도하심을 따랐던 종교개혁자들은 참된 교회의 진리를 드러냈다. 인간의 공로보다는 하나님의 은총을 강조하고, 교황의 절대 권력과 성지 순례와 유물 숭배를 철폐하며, 성경 중심의 설교와 예배 회복을 이룩하였다.[5]

교회가 등장하기까지 오랜 세월의 준비가 필요했듯이, 변질된 교회를 성경적인 예배 공동체로 갱신하는 데에도 세상이 뒤집히는 것과 같은 격동의 세월이 흘러가면서 피로 물들었다.

새벽 하늘에 짧게 비취다가 태양이 떠오르면 사라지는 "새벽별"morning star처럼, 교회를 위해서 헌신하다가 죽임을 당하여 사라져 버린 별들, 반짝 빛나던 순교자들이 있다.[6] 교회를 살려내고자 목숨을 바친 이름없는 성도들, 저 하늘나라의 별들이 수없이 많다. 보헤미아 지

---

5 Hans J. Hillerbrand, ed., *The Protestant Reformation* (N.Y.: Perennial; 2009), xi.
6 David C. Steinmetz, *Reformers in the Wings: From Geiler von Kaysersberg to Theodore Beza* (Oxford: Oxford University Press, 2001). Andy Thomson, *Morning Star of the Reformation* (Greenville: Bob Jones University Press, 1988).

방에서 성경의 메시지를 전파하면서 교회를 갱신했던 요한 후쓰Jan Hus, 1372-1415도 역시 공개적으로 토론을 하려는 모임에 나갔다가 화형을 면치 못했다. 성경을 영어로 번역하여 하나님의 말씀을 복원시킨 존 위클리프John Wycliffe, 1330-1384는 죽은 뒤에 묘지를 파서 불태워졌고, 윌리엄 틴데일William Tyndale, 1490-15360은 간교한 배신자들에게 잡혀서 화형을 당했다.

먼저, 중세기 후반에 로마 가톨릭 내부에서 갱신을 시도했던 성직자들이 있었다. 이탈리아 밀라노에서 교황청의 타락을 비판했던 사보나롤라Girolamo Savonarola, 1452-1498는 화형을 당했지만, 루터의 칭의 교리에 결정적으로 영향을 주었다.[7] 사보나롤라의 글이 독일과 스위스에 널리 전파되었는데, 많은 개신교도들이 로마 교황청의 타락과 교회 개혁의 필요성을 확신하게 되었다.[8] 다소 부드러운 갱신을 주장하던 중세 말기의 신부들도 있었다; 목회적 돌봄과 인간의 책임성을 강조했던 카이저베르크Johannes Geiler von Kaysersberg, 1445-1510는 하나님을 찬양하는 신학을 주장했고, 루터의 정신적 지주가 되었던 스타우핏츠Johannes von Staupitz, 1460/9-1524와 갸스파 콘타리니Gasparo Contarini, 1483-1542는 원만한 합의를 강조했고, 말씀과 성령을 강조하던 스타풀렌시스Faber Stapulensis, 1455-1536, 에덴의 상실을 일깨워준 폴Reginald Pole, 1500-1558등이다. 이들은 내부적인 개선을 주장했으나 교회를 근본적으로 개혁하지는 못했다.

"95개 조항"을 발표한 마틴 루터1483-1546로 인해서 종교개혁은 새로운 근대를 여는 선구적인 운동이 되었다. 그는 본래 인문주의 학문과

---

7   Christian von Dehsen, *Philosophers and Religious Leaders* (Routledge, 2013), 169.
8   Donald Weinstein, *Savonarola the Rise and Fall of a Renaissance Prophet* (New Haven: Fontana Press, 2011), 117. "How did Savonarola influence the Reformation and Counter-Reformation - DailyHistory.org". dailyhistory.org.

법학을 공부하던 중에, 흑사병으로 수많은 사람들이 죽어가는 것을 목격하였다. 결국, 깊은 신앙적 회심을 하면서, 성직자가 되었다. 성경 본문을 해석하는 탁월한 신예 학자로 성장한 루터는 비텐베르크 대학에서 성경을 체계적으로 가르치는 교수가 되었다.

루터는 로마 가톨릭의 모순된 교리에 대한 해답을 로마서 1장 17절을 통해서 깨닫게 되었다. 결국 사람이 얼마나 노력을 해야만 구원을 받게 되느냐에 대한 문제점을 파악한 것이다. 그는 죄인들에게 거저 주시는 믿음으로 인해서 값없이 구원을 얻는 것이 복음이라는 사실을 확신하게 되었다. 구원에 이르게 하는 믿음과 복음에의 재발견이다. 여기에 나오는 "하나님의 의로움"이라는 문구는 결코 사람이 노력해서 성취할 수 있는 것이 아니라는 점을 깨닫게 되었다.[9] 구원의 근본 원인이 인간의 종교적인 공로로 인한 것이 아님을 알게 되었다. 더구나 루터의 초기 수도사 생활을 짓눌렀던 하나님의 진노로부터 벗어나는 길이 예수 그리스도 안에 있음을 깨닫게 되었다. 복음, 기쁜 소식 안에서 선포된 의로움이란, 하나님께서 은혜를 베푸셔서 값없이 죄인들에게 믿음을 주시고, 믿음을 통해서 인정해 주시는 그리스도의 의로움이다. 우리 대신에 그리스도가 정죄를 당하셨고, 그를 믿는 자들에게도 의롭다 하심이 선포되었다. 따라서 선행을 구원의 조건으로 강조하는 교황이야말로 헛된 구원의 교리를 주장하는 그리스도의 대적자라고 루터는 질타했다.

루터의 주변에는 동역자들이 많았고, 항상 그를 지원하고 옹호했다. 어학의 수재 멜랑톤 Philip Melanchthon, 1497-1560, 교회의 조직을 이끌었던

---

9 Alister McGrath, *Iustitia Dei: A History of The Christian Doctrine of Justification* (Cambridge University Press; 4th edition, 2020).

부겐하겐Johannes Bugenhagen, 1485-1558, 복음의 옹호자 암스토르프Nikolaus von Amsdorf, 1483-1965, 국가와 교회와의 관계 설정을 제시한 브렌즈Joannes Brenz, 1499-1570 등이다.

    루터는 믿음으로 얻는 칭의 교리를 확립하였다. 그는 로마 가톨릭의 결정적인 오류를 거부하고, 칭의 교리가 "첫 번째이자 가장 중요한 교리"라고 강조했다.[10] 구원의 교리를 어떻게 가르치느냐에 따라서 교회가 세워지기도 하고, 아니면 혼돈 속에서 무너질 수 있다고 강조하였다.[11] 16세기 중요한 종교개혁자들은 모두 다 루터의 칭의교리에 동의하였고, 개혁교회가 곳곳에서 복음의 회복운동을 전개하였다. 스트라스부르크에서 활약하다가 케임브리지 대학에서 교수하던 중에 소천한 화해의 신학자 부써Martin Bucer, 1491-1551와 그를 따르던 많은 종교개혁자들이 루터의 영향을 받았다. 잉글랜드에서는 메리 여왕의 강압에 맞서서 순교한 존 후퍼John Hooper, 1495-1555는 결코 로마 가톨릭의 사제복을 입지 않았다. 가장 박식한 신학자로 옥스퍼드 대학교에 초청을 받아서 가르쳤던 버미글리Perter Matyr Vermigli, 1499-1562도 로마 가톨릭의 어둠에서 교회를 새롭게 개혁하도록 일깨웠다. 이들은 루터의 교리와 성취를 전폭적으로 동의하면서, 로마 가톨릭 교회의 결정적인 오류를 거부했다. 중세 말기 로마 가톨릭의 허황된 실상들이 발가벗겨지면서, 유럽 교회에는 엄청난 개혁과 변화가 일어났다.[12]

---

10 Matthew Barrett, ed., *The Doctrine on Which the Church Stands or Falls: Justification in Biblical, Theological, Historical, and Pastoral Perspective* (Wheaton: Crossway, 2019), 23-40.

11 "The Smalcald Articles," 2장, 1항. Robert Kolb and Timothy J. Wengert, eds., *The Book of Concord: The Confessions of the Evangelical Lutheran Church*, tr. Charles P. Arand et al. (Minneapolis: Fortress, 2000), 301.

12 Matthew Barrett, "The Crux of Genuine Reform," in *Reformation Theology* (Wheaton: Crossway, 2017),

스위스에서는 츠빙글리1484-1531가 취리히 시의회를 설득하여 종교개혁을 감행하였다. 유럽에 일대 개혁의 운동이 전개되자, 용병을 교황청에 보내어서 이득을 취하던 가톨릭 지지자들과의 사이에 전쟁이 벌어졌다. 종교개혁을 저지하려는 로마 교황청 군대와의 전투 현장에서 츠빙글리는 사망했지만, 취리히와 바젤, 베른, 제네바 등 여러 도시들과 캔톤들이 종교개혁에 가담했다.

요한 칼빈1509-1564의 탁월한 학식과 저술이 빛을 발휘했으며, 제네바 교회의 독립성과 자치를 보장하는 권징 제도를 당회가 실시했다. 고, 갔다. 로마 가톨릭측에서는 칼빈을 향해 "거대한 검은 유령이고, 진심에서 나오는 감정도 없다"고 모함하고 비난을 서슴지 않았다.[13] 참된 교회를 세우기 위해서, 칼빈은 성경 해석과 신학적 기초작업에 매진했다.

16세기 종교개혁자들의 탁월한 지도력과 희생으로 참된 교회를 복구한지 오백년이 되었는데, 후손들이 그 찬란한 유산을 버리고 말았다. 개혁주의 신학 사상을 소중히 여기는 신학자들이나 목회자들이나 젊은이들이 없다. 이젠 극히 소수의 노인들이 지키고 있을 뿐이다. 필자는 유럽 곳곳에 세워진 찬란한 업적들의 주요 현장들을 직접 돌아보았다. 루터를 비롯하여 참된 교회로의 개혁을 이뤄냈던 지도자들의 희생과 고난은 다 사라지고 말았다. 16세기 유럽의 종교개혁자들이 교회를 다시 살려냈고, 로마 교황제에 항거하는 자들이라는 의미에서 "개신교회"protestantism라는 명칭이 사용되었다. 그러나 이러한 표현은 로마 교황

---

13 Richard Stauffer, *The Humanity of John Calvin*, tr. George A. Shriver (Nashville: Abingdon Press, 1971), 20. Timothy George, *Theology of the Reformers* (Nashville: Broadman Press, 1988), 163. idem, ed. *Calvin and the Church* (Louisville: Westminster John Knox, 1990), 15.

청 중심의 역사 해석에서 나온 개념이다. 그들은 자신들에게 반발하는 자들이라는 낙인을 찍어서, "항거자들의 집단"이라고 핍박했다. 하지만 각 지역에서는 이미 개신교회의 흐름을 막을 수 없었고, 지역적인 강조점들이 개발되었다. 주요 종교개혁 신학자들을 따라서 수없이 많은 성경의 주제들이 연구되었고, 신앙고백서와 교리문답서에 담겨서 다양하게 펼쳐졌다. 처음에 선도적인 종교개혁자 루터를 따른 독일 개신교회들이 군주들의 도움을 받아서 교회 조직을 정착시켰다. 스위스 북부지역에서는 츠빙글리를 따르는 교회들이 확산되었고, 남부지역과 프랑스 전역에서는 칼빈의 영향을 따르게 되었다. 이처럼 중요한 지도자들의 이름을 따라서 다양하게 교회의 개혁이 진행되었기에, 개혁교회, 장로교회, 성공회, 감리교회, 침례교회, 오순절교회 등 교단들이 세워지게 되었다.

사실, 종교개혁자들의 성취라는 것도 모두 다 순교자들의 피를 긍휼히 여기신 하나님의 선물이었다. 부패하고 무능한 로마 가톨릭과 결별하여서, 참된 교회를 세우고자 했던 종교개혁자들과 성도들은 각 나라에서 "신앙적인 운동"을 일으키다가 수십만 명씩 죽임을 당했고, 감옥에 갇히고, 고문을 당하고, 모든 세상의 편안함을 강탈당해야만 했었다.[14] 16세기 후반과 17세기에, 고난과 압박 속에서 세운 개혁주의 교회는 결코 무너질 수 없는 영향력을 발휘하였다. 어느 도시에서나 가장 중심부에서 영생의 양식과 영혼의 샘물을 제공해 왔었다. 메마른 철학과 과격한 이념이 아니라, 평화를 누릴 수 있는 인간의 도리와 삶의 방향을 제시했었다. 사람의 참된 인성교육과 윤리의 본질을 가르쳐 주었

---

14 E. Harris Harbison, *The Age of Reformation* (Ithaca: Cornell University Press, 1955), 47.

고, 결혼과 가정, 정치와 공동체를 유지하는데 결정적인 공동체를 형성해 주었었다.

오늘날에도 교회가 세워지느냐 무너지느냐를 결정짓는 일들이 반복되고 있다. 중세 말기에 로마 가톨릭이 무너졌듯이, 가짜 교회는 지금도 곳곳에서 무너지고 있다. 가짜 복음을 선전하고 허망한 종교행사를 일삼던 무리들이 일시적으로 참된 교회처럼 가장할 수 있지만, 결국에는 망하고 만다. 예수 그리스도를 믿는 성도들은 정신을 차려서 거룩하고 참된 진리를 가르치는 지에 대해서 교회를 분별해야 한다. 문제는 역사와 전통을 이어오는 참된 교회들의 모임 속에도 거짓 성도가 참여하고 있다는 사실이다. 대부분의 참된 성도들은 영광스러운 미래와 말로 표현할 수 없는 즐거움 가운데서, 각자 자신이 속하는 지역 교회라는 하나의 공동체에 소속하게 된다. 그러나 "교회"라는 간판을 내걸고 있다 해서, 모두 다 참된 교회가 아니다.[15]

안타깝게도 세상에는 하나님의 전략을 흉내 내는 사탄의 역사도 많다. 그래서 사이비 가짜 교회들, 불건전한 교회들도 넘쳐나고 있다. 가짜가 진짜보다 더 좋게 보이는 경우가 많다. 교회도 역시 그러하다. 가짜 교회들에도 사람들이 많이 모여들고, 참된 교회보다 더 은혜롭고 세련돼 보인다. 전무후무한 설교자가 혜성처럼 등장해서 계시를 제시하면서, 성경의 "비밀"을 오직 자기만이 풀어줄 수 있다고 해서 미혹하고 있다. 신천지 등 이단들의 계보를 거슬러 올라가면, 수많은 계시의 종들이 나온다. "동방"의 메시야이자 재림주로 자처하던 문선명을 무작정 따르는 자들도 있었다. 어떤 이는 여성의 모습으로 나타난 "그리스도의

---

15 김재성, 「교회를 허무는 두 대적」 (킹덤북스, 2011).

신부"라고 하면서 미혹하고 있다. 무료로 성경을 풀어준다 해서 엄청나게 많은 사람들이 모이고 있지만, 가짜 목회자와 거짓 교회로 드러나는 경우도 있었다.

　세계 유수한 박물관에 있는 유명한 화가들의 그림을 모사한 것들이 있는데, 어떤 경우에는 진품과 유사품을 구별하기 어려울 정도로 흡사한 경우도 많다. 이처럼 교회와 목회자 중에서도 진짜와 가짜가 있고, 교인들 중에서도 참된 양과 염소가 있다. 그들을 외모로 구별하기란 불가능하다. 진짜 교회에 속한 가짜 목사도 있을 수 있고, 가짜 교회에 속한 진짜 성도들도 있을 것이다. 일시적인 무지함에 빠져서 지내는 사람들도 있을 것이요, 영원히 회개치 않은 채 오만한 자들도 있을 것이다. 교회에 대하여 재점검을 할 때에, 우리 모두는 철저한 분별력을 가져야만 한다.

　교회는 이 지상에서 가장 중요한 예수 그리스도에게 속한 공동체이다. 세상에는 여러 가지 기관들과 공동체들이 있다. 그 중에서도 국가조직, 학교, 병원, 군대, 비영리 후원 단체, 이익단체, 각종 취미단체, 문화 단체 등등 사회가 유지되는데 필수적인 조직체들과 기관들이 많이 있다. 하지만, 이 땅에 속한 사람들의 집합체가 올바른 기능을 발휘하도록 진리와 빛, 영적인 원리와 사랑을 제공하는 곳은 오직 교회 뿐이다. 사람들의 사회조직체나 국가가 제대로 관리되고 운영되려면, 교회에서 제시하는 진리와 지혜와 윤리가 필수적으로 갖춰져야만 한다. 우리가 한국과 전 세계에 참된 교회를 다시 살려내야 할 이유가 바로 여기에 있는 것이다. 빛과 소금이 없는 세상이 악으로 뒤 덮혀서 멸망하지 않도록 하려는 것이다. 성경적 대안들을 우리 모두가 모색하고, 깊이 성찰하며, 실천해 나가지 않는다면, 참된 교회마저도 병들어서 제기능을 발휘할 수 없게 되는 것이다.

　필자는 참된 교회란 어떤 모습인가를 밝혀보고, 성경적으로 바르고 좋은 교회의 원리를 생각하고자 이 책을 집필하게 되었다. 지금 이 순간에도 한국 기독교 성도들은 참된 교회, 성경적이고 올바르게 운영되고 좋은 교회를 목마르게 찾고 있다. 하나님께서도 참으로 예배하는 자들을 찾고 계시다.

　사도들이나 그들이 세운 초대 교회들에서도, 교회의 머리이신 우리 주, 예수 그리스도로부터 칭찬과 책망을 동시에 들었다. 예루살렘 교회, 고린도 교회, 로마에 있던 교회 등 모든 초대 교회들 안에도 진짜와 가짜가 뒤섞여 있었다. 현대 사회 안에도, 전 세계적으로 기독교 교회라는 간판을 걸어놓고 있는 곳들이 수없이 많이 있지만, 알곡과 가라지가 같이 뒤섞여 있어서 다소 혼란스럽다. 예배, 기도, 찬양, 봉사, 교제, 교육, 선교, 제자 훈련, 양육, 상담, 성경 공부 등 교회의 중점 사역과 기능이 확대되었다. 그러나 어떤 것이든 하나님께 영광을 돌리기보다는 그저 현실적인 필요에만 대응하려고 급급하는 교회들도 많다. 안타깝게도, 한국 기독교계에서 성경적이고 올바르게 운영되는 교회, 모범적인 교회, 자랑스러운 교회가 어디에 있느냐고 따져 묻는 이가 있다면, 그 질문 앞에 머뭇거리게 된다.

　이 세상 그 어디에도 완벽하고 온전한 교회는 존재하지 않는다. 교회는 사람이 모인 곳이기에, 사람의 약점과 부패상이 그 안에 고스란히 담겨 있다. 어느 교회라고 하더라도, 인간적인 약점들이 드러난다. 예를 들면, 신약 성경에서 매우 비중 있게 다루어진 "고린도 교회"를 살펴보라. 현대 교회들의 문제점들이 이미 2천년에 상세히 다루어져 있다고 말할 수 있을 것이다. 성경은 그 누구도 예외 없이, 단 하나도 숨김없이 사람의 부정직함과 모순됨을 그대로 고발하고 드러낸다. 역사 속에서 교회는 성도들 사이의 갈등, 교리와 신앙의 원리에 대한 논쟁, 예배와 경건의 방법에 대한 갈등, 재정과 구조적 체계 등 많은 문제들이 그대로 계승되었으며, 현대 교회도 예외일 수 없다.

이처럼 교회 제도와 사역에는 비록 문제가 끊임없이 많이 있어왔다 하더라도, 교회가 발휘하는 영향에 대해서 긍정적 평가를 하지 않을 수 없다. 교회에는 하나님의 임재하심과 은혜가 함께 하고 있기에 사람들의 평가와는 달리, 보이지 않는 자비와 사랑의 향기를 나누는 일을 감당하고 있다. 때로는 대내외 문제점들로 인해서 교회 조직이 무너지고 흔들려도, 하나님께서는 다시 신실한 성도들을 세워서 사용하신다. 성령의 역사로 인하여 말씀이 선포되는 한, 교회에는 회개한 양심이 숨 쉬고 있으며, 사람의 변화와 건전한 영향력을 발휘하게 된다. "소금과 빛"으로서 세상에서 역할을 감당하게 하시는 한, 교회는 결코 망하지 않는다. 한국 교회에 대한 온갖 실망스러운 평가에도 불구하고, 참된 교회만이 희망이요, 유일한 대안이다.

교회는 객관적 진리에 대한 확신과 그것을 풀이하는 신학적 정체성을 확고하게 가져야만 이 세상에 빛과 소금의 역할을 감당할 수 있다. 교회 전반에 대한 총체적 갱신은 종교개혁자들의 노력과 투쟁에 의해서 세워졌다. 성경의 가르침을 회복하고자 했던 16세기 종교개혁자들은 구원론과 교회론을 새롭게 갱신하였다. 로마 가톨릭에서는 교황과 성직자들만이 참된 교회를 구성하며 구원의 확신을 가질 수 있었고, 그들이 시행하는 일곱 가지 성례를 통해서 은혜의 주입을 받아야만 구원을 받을 수 있다. 그와는 달리, 종교개혁자들이 성경에서 발견한 복음은 "누구든지 주 예수의 이름을 부르는 자는 구원을 얻는다"행 16:31, 롬

10:10, 17고 하였다. 성경 말씀을 가르침으로서 교회의 기초석을 놓은 주님의 도구는 사도들이었다. 가는 곳마다 사도들의 말씀과 지도로 교회가 든든히 세워졌고, 장로들과 감독들을 지목해서 지도력을 발휘하게 했다 행 14:23, 20:17.

교회를 통해서 하나님께서는 친절, 지혜, 정의, 권능, 임재하심을 보여주신다. 교회의 사역만이 하나님 나라의 삶을 살아가도록 성도들을 이끌어 준다. 교회의 모든 목회 사역들이 있기에 성도들을 향해서 돌보아 주시고자하는 은혜의 방편들이 시행되어지고 교류되어진다. 교회의 공적인 예배는 하나님의 은혜를 전달해주고, 보여주는 하늘나라의 공연장이다. 참된 교회의 본질을 향해서 끊임없이 노력하는 교회가 되어야만 구원을 받은 성도들의 영적 교화를 위하여 노력한 열매가 세상의 빛과 소금으로 제 역할을 다 할 수 있다.

참된 교회를 성경적으로 재구성하고자 희생과 핍박과 고난의 역경을 다 견디고 참아낸 사람들이 16세기 유럽의 종교개혁자들이었다. 종교개혁자들은 기독교인의 풍요한 삶을 위해서 가장 필요한 지성적인 에너지와 영적인 능력을 끊임없이 공급해주며, 역사적으로 소중한 분별력을 제공해 준다. 종교개혁자들의 신학 사상은 단순히 교회만이 아니라, 교황의 시녀로 전락한 학문과 과학, 사회와 국가를 바꾸는 원동력이 되었다.[16] 종교개혁자들의 신학은 그저 하나의 추상적이고 지적인 훈련을 통해서 성직자들 사이의 논쟁으로 그친 것이 결코 아니다.

영국에서는 청교도 운동이 1536년부터 1680년대까지 백 오십 여년 동안 지속되었다. 유럽 대륙의 종교개혁을 통해서 영향을 받았지만, 놀

---

16 Carter Lindberg, ed., *The Reformation Theologians: An Introduction to Theology in the Early Modern Period* (Oxford: Blackwell, 2002), 3.

라운 성취를 드러냈다. 초기 청교도들은 앞서서 살았던 루터의 영향을 많이 받았지만, 후기의 청교도들은 칼빈의 신학과 교회를 모델로 삼아서 경건의 역사를 새롭게 남겼다.

죠지 폭스의 『순교사화』Book of Martyrs에는 초기 청교도들의 고난과 희생이 자세히 담겨져 있다. 메리 여왕의 통치하에 3백 여명이 처형을 당했고, 8백 여명이 유럽으로 피신해서 목숨을 건졌다. 죠지 휫필드 1714-1770는 비록 청교도들은 모두 다 사망했지만, 여전히 살아서 말하고 있다고 평가했다.[17]

청교도 목회자들은 탁월한 성경주석, 지성적인 설명과 깊고도 철저한 경건을 남겼다. 청교도들의 입을 통해서 전파된 복음은 살아있는 음성으로 전파되면서 실제 삶에 적용되어지는 영향력을 발휘했다. "믿음은 들음에서 나온다"롬 10:17는 확신과 종교개혁의 신앙 유산들이 청교도들에게 확산되었다. "오직 성경으로만" "오직 은혜로만" "오직 믿음으로만" "오직 그리스도로만" "오직 하나님의 영광을 위하여"로 압축되어졌다. 또한 청교도들은 엄청난 고난 속에서도 참된 교회를 복구하려는 노력을 중단하지 않고 펼쳐나갔다.

진정한 기독교의 원형을 복원코자 하여, 청교도들은 "웨스트민스터 총회"1643-49에서, 신앙고백서, 대소요리문답서, 예배 모범과 목회 규칙들을 명문화했다. 청교도들은 국왕의 절대적 통치에 굴복하지 않고, 보다 더 성경을 충실하게 따르는 순결한 교회를 세워나갔다. 청교도들은 오랫동안 그릇된 전통에 매어있던 교회의 제도와 구조를 개혁했다. 변질됨을 도저히 고치지 못하는 주교 체제의 허구성을 완전히 거부하였

17　김재성, 『청교도, 사상과 경건의 역사』 (서울: 세움북스, 2021), 52-53.

다.

국교회의 지배와 간섭을 거부하던 청교도들은 뉴잉글랜드에 건너가서 참된 교회를 세우는데 진력하였다. 토머스 쉐퍼드Thomas Shepard, 1605-1649는 부모를 어린 시절에 여읜 후에 극심한 가난 속에서도 공부에 매진하여 케임브리지 대학을 졸업하고 목회자가 되었다. 그러나 성공회 대주교 윌리엄 로드가 그의 설교를 금지하자, 1635년에 영국을 떠나서 보스턴에서 유명한 설교자가 되었다. 그는 성도들에게 날마다 좁은 문을 통과하도록 촉구했다. 겸손, 믿음, 회개, 그리고 대립인데, 세상과 마귀와 자기를 부인하기 위하여 맞서서 싸우는 노력을 강조했다.

청교도들은 예수 그리스도를 따르는 실천적 경건을 매우 강조했다. 단순히 교회에서의 예배 시간만 지키는 것이 아니라, 날마다의 일상을 신중하게, 삼가며, 매우 검소하게 살아야 한다고 생각했다. 그들의 즐거움과 감정은 자신들을 위해서가 아니라, 하나님께서 그들 가운데서 즐거워 하시도록 하자는 것이었다. "하나님 앞에서 살아간다"coram deo는 표어가 경건의 실천을 압축한 것이다. 하나님의 은혜가 구체적으로 회심한 성도의 생활 속에서 실행되도록 노력하면서, 그 모델은 예수 그리스도가 종으로서 살아간 삶을 모범으로 삼았다. 하나님께서는 예수 그리스도에게 황금길 위를 걷도록 하신 것이 아니다. 고난의 길을 가면서도 끝까지 순종하심으로 마침내 부활의 영광을 성취했다.

과연 그리스도의 교회가 어떻게 세워져 나가야 하는 것인가? 로마 가톨릭의 왜곡과 부패에 맞서서 교회를 개혁하고자 했더라도, 모두 다 성경적으로 건강한 교회를 세운 것은 아니다. 종교개혁의 이념을 공감하는 사람들 중에서 급진적인 변혁을 추구한 무리들이 있었다. 이들은 로마 가톨릭의 유아 세례를 부정하고, 자신들의 모임에서 재세례를 받아야만 참된 성도라고 주장했다. 유럽 도처에서 분출된 다양한 제세례파의 사례들을 찾아볼 수 있다.

오늘날까지 이들 소수 분열적인 재세례파 후손들이 곳곳에 살아가고 있고, 그들이 모이는 교회들이 세계 도처에 많이 흩어져 있다. 러시아 남부 우크라이나 일부 지역에서 급진적인 경건파가 형성되었고, 프러시아를 거쳐서 깊은 산악 지대 농경 문화를 주도했다. 이들은 특이한 문화와 종교 생활을 결합하였는데, 유럽 농촌과 산간 지역들에 흩어져서 포교와 교육활동을 전개했다.

종교개혁 시대에 재세례파 형제교회가 크게 확산되었다. 특히 로마 가톨릭의 세례를 거부하고, 새롭게 믿는 자의 고백에 따라서만 침례형식으로 재세례를 시행했다. 이러한 의식을 구원의 확신으로 받아들였다. 재세례파 후예들이 신앙의 자유를 허용하는 미국과 캐나다, 브라질과 파라과이 등 남미 지역에 건너가서 곳곳에 흩어져서 크게 번성했다. 유럽에는 거의 사라졌으나, 미국에는 그들 후손들이 크게 번성했고, 메노나이트, 아미쉬, 후터라이트, 새로운 형제파 등등 여러 분파로 나뉘어져서 종교적 집단 생활을 하고 있다.

분파적인 재세례파는 여러 뿌리에서 나왔지만, 그들 중에서도 스위스에 살던 암만Jakob Ammann, 1644-1730?이라는 재봉사의 영향력이 매우 컸다. 그를 따르는 자들, '암만파'가 아미쉬라는 이름으로 집단공동체를 형성하였다. 암만은 거의 교육을 받지 못한 노동자였기에, 성경의 깊은 교리들을 자세히 가르치지 않았고, 단순하고 평화로우며 복종하는 자세와 태도를 강조했다. 이들은 도시의 지도자들과는 달리, 산간지방과 농촌 지역의 무학력 노동자들에게 파고들었다. 재세례파 교회에서는 안수받은 성직자를 거부하면서 평신도 동등권을 강조하여 큰 호응을 얻어냈다. 하지만 차츰 분파들이 많아지면서, 이들 사이에서도 서로 자신들만이 참된 교회라고 주장하는 바가 각기 다르다. 지금도 남자가 외출할 때에는 단순한 옷을 입어야만 하고, 마차를 타고 다닌다. 조상들의 신앙을 따라서 살아가는 착한 성도가 되라고 가르치고 있다. 여자들은 머리에 수건을 써야 하고, 발목을 덮는 긴 치마를 입어야 한다. 구파 아미쉬들은 집에서 여전히 독일어 방언만을 고집하고, 일체의 현대적 기술 문명과 전기와 동력의 사용을 거부하고, 전화도 없다. 아브라함처럼 살아가야 한다고 하면서 농업과 목축업과 건축업에 의존하는 등 전통적인 생활방식을 고수하고 있다.

이들 재세례파는 교회를 중심으로 집단 공동체를 형성해서 살고 있다. "메노 시몬"을 따른다 하여, "메노나이트"라는 이름이 붙여진 사람들은 현대적인 기계문명을 활용하고 있다. 자동차를 타고 다니며, 트랙터도 몰고 다닌다. 이들의 교회관은 주교라는 단일 지도자에게 복종하는 구조이며, 다른 교회들과의 교류를 거부한다. 자신들의 신앙노선을 지키기 위해서 독선적 분파주의를 고수하고 있다.

그밖에도 이탈리아의 합리주의자들, 네델란드의 영적 자유주의자들, 독일의 신비주의자들, 스위스와 독일의 이단적 무정부주의자들이 내세우는 것들은 현실에서 동떨어진 분리주의적 교리이며, 모두 자신들만 옳다고 하는 우월적인 아집들 뿐이라서 소수의 집단공동체로 전락하고 말았다.

믿음보다는 학문적인 지식을 강조하는 일부 신학자들은 기독교의 기본 진리와 교회의 기초에 대해서 성경을 받아들이지 않고 있다. 삼위일체 하나님의 성경적 가르침을 회의하는 신학자들은 자신들이 개발한 학설들과 이론들을 드높이고자, 예수 그리스도의 대속의 은총을 가볍게 여기며 무오한 성경 말씀을 거역하고 있다. 초대 교회 삼위일체 신앙에 대해서 회의를 제기하기도 하고,[18] 예수 그리스도의 대속적 희생을 근거로 하는 믿음으로 주어지는 칭의 교리와 의로움의 전가를 거부하는 주장들도 있다.[19] 진리의 말씀만을 강력하게 증거하고, 철저히 왜곡된 사상들을 벗겨내야만 하는데, 일부 교단들과 신학대학 등에서는 신학적인 관용주의와 포용주의를 내세우면서 교회의 평화만을 주장하고 있다. 결국 한국 교회가 무너지는 현상이 벌어지게 될 것이요, 그저 수수방관하는 사이에 독버섯은 날로 확산되어 나가고 있으니, 통탄스러운 일이 아닐 수 없다.

하나님에 대한 성경적인 가르침이 바르게 정립되어 있지 않으면, 교회론을 세우더라도 인간들만을 중심으로 삼는 모임에 대해서만 말하고 만다. 하나님의 계시를 확고히 신뢰하지 않는 현대 신학자의 안목에서는 교회가 마치 사회 운동이나 정치적 이익 집단을 대변하는 단체로 전락하게 된다. 제2차 세계 대전 후에, 비참한 전쟁에 대한 반성을 통해서 서구 유럽에서는 로마 가톨릭 교회, 동방정교회, 개신교회 등이 하나로 재결합하자는 취지에서 "세계교회협의회"World Council of Church, WCC가 태동했다. 이런 운동의 배경에는 "에큐메니즘"교회일치의 신학을 추구하는 신학이 있었고, 현재 교단과 교파들 사이의 장벽을 허무는 것만이

---

18 N. T. Wright, "Christian Origins and the Question of God," in *Engaging the Doctrine of God: Contemporary Protestant Perspectives*, ed. Bruce L. McCormack (Grand Rapids: Baker, 2008), 21–36.

19 John Piper, *Counted Righteous in Christ: Should We Abandon the Imputations of Christ's Righteousness?* (Wheaton: Crossway, 2002).

참된 교회가 추구해야 할 유일한 진리이자, 새로운 가치라고 주장했다. 이런 정치적 일치운동은 교회를 하나로 만든 것이 아니라, 도리어 크게 분열시키고 혼란에 빠트리고 말았다.

"에큐메니즘"이라는 현대 교회의 통일운동은 단지 새로운 학설로 등장하게 아니다. 그러한 주장을 가능하게 했던 토대가 있었으니, 다양하게 확산되어졌던 신학적 관용주의를 뿌리로 삼고 있다. 그런데 어떤 신학 사상이라도 폭넓게 포용하자는 입장에서 한걸음 더 나아가서, 에큐메니즘 운동에는 자유주의 신학 사상이 개입되어 있다. 자유주의 신학은 데카르트의 철학과 독일 계몽주의자들의 영향을 입은 일부 신학자들이 시작했다. 바이마르 공화국과 히틀러 시대를 거치면서 전체주의적 사회주의를 거치는 동안에 이들 신학자들이 기독교의 기본 진리를 완전히 변질시키는 사상을 만들어냈다.

20세기 자유주의 신학의 한 예를 들어보자. 루돌프 불트만은 예수님의 부활이란 역사적 사실이 아니라 신화myth라서, 현대인에게는 아무런 의미가 없다고 주장했다. 그는 성경에서 고린도전서 15장은 삭제해야한 한다고 주장했다. 엄청난 혼란이 가중되었고, 결국 성경적 진리 체계가 송두리째 무너지고 말았다. 20세기 나온 다양한 자유주의 신학들의 본질을 꿰뚫은 메이첸 박사가 그 정체를 정확하게 파악하여 이런 "자유주의 신학 사상은 기독교가 아니다"라고 비판했다. 자유주의 신학은 교회에 대한 공격이요, 교회를 허무는 대적 행위이다.[20] 그저 사람들 사이의 평화를 조성하려는 자유주의 신학자들의 교회론에는 단

---

20 J. Gresham Machen, *Christianity and Liberalism* (Grand Rapids: Eerdmans, 1923), 17: "Modern liberalism in the Church, whatever judgment may be passed upon it, is at any rate no longer merely an academic matter. Its attack upon the fundamentals of the Christian faith is being carried on vigorously by Sunday-School."

지 보이는 조직체로서의 교회 개념만이 있을 뿐이다. 신앙고백을 하느냐의 여부도 묻지 말고, 아무나 다 교회의 회원으로 포용하다는 것이다. 하나님의 택하심을 근간으로 하여 구성된 책임감이 없어지면서 교회의 기초가 무너져버린다.

유럽을 비롯해서, 남미, 북아메리카, 심지어 아프리카 여러 나라들에서도 성당이나 예배 당이 각 지역의 중심부에 우뚝 자리하고 있음을 목격할 수 있다. 교회는 서양 세계문화와 역사 속에 엄청난 영향을 끼쳐왔고, 지역사회에서도 막강한 힘을 발휘하여 왔었다. 로마 가톨릭 교회는 대중들의 지지와는 상관없이, 상류층 정치인들과 맺어온 이권들을 나눴다. 교황의 힘과 권위를 따로 말하지 않아도 될 것이다. 그러나 20세기 두 차례의 전쟁과 21세기 포스트모더니즘의 확산으로 인해서, 새로 자라난 세대는 텔레비전과 각종 매스컴의 발달로 인해서 이교도와 불신자들, 무신론자들의 영향을 받아서 교회를 멀리하게 되었다. 사람들은 누구나 태어나면 당연히 다니던 교회의 위상이 무너지는 시대가 도래하고 말았다.

현대인들이라고 자부하면서 교양을 갖췄다고 자신만만하던 21세기 시민들은 오직 "과학적 사실"과 "이성적 진리"에 입각한 명령에만 따르겠다고 주장한다. 그러나 정작 현대 지식인들이라 자부하는 사람들 중에서 얼마나 많은 사람들이 과연 그들 자신들의 허위의식과 자신들이 가지고 있는 이성적 진리의 허구성을 꿰뚫어보는 데까지 고뇌하고 있을까? 인간의 진면목에 대해서 깊이 사색하는 사람들은 별로 많지 않다. 인류의 불공정함과 비극적인 대립과 살상과 테러에 맞서서 양심의 명령에 따라서 자신을 희생하거나, 용감하게 싸우려 하지 않는다. 최고의 지성을 가진 사람들마저 하나님의 존재를 부정하고, 운명의 여신을 믿는다거나 무계획적인 사고 체계에 휩싸여 있다.

뉴욕 타임즈 2007년 3월 4일자에, 로빈 헤니그가 "왜 우리는 하나님을 믿어야 하는가? 진화론적인 과학자들은 하나님을 믿어야 한다는 것에 대해 어떻게 말하고 있나?"라는 글을 게재하였다. 일부 학자들은 하나님을 믿는 쪽을 택하면, 더 행복해지고 남에 대해서 사랑을 베풀 수 있다고 했다. 그러나 영국 옥스퍼드 대학교 동물행동학자 리처드 도킨스1941- 가 『하나님의 망상』이라는 책에서 무신론자의 입장에서 회의론을 주장하였다. 그러나 그는 하나님이 존재하지 않는다는 자신의 무신론을 완벽하게 입증하지는 못했다. 진화론이라는 것은 과학적인 사실에 근거한 것이 아니고, 가상적인 학설에 불과하다. 도킨스 자신도 인간이란 자연적 선택을 피할 수 없고, 그런 일련의 과정을 거듭해서 세운 진화론적인 학설들에 대해서 절대 진리라고 주장할 수 없다는 점을 인정하였다. 진화론은 정확한 인류의 기원과 발전의 세계를 보여주는 영구불변의 진리가 아니라, 다윈이 만들어낸 가설일 뿐이다.[21]

교회의 구성원들은 값없이 은혜로 받게 된 "믿음"에 근거하여, 하나님의 자녀라는 자격과 지위를 갖게 된다. 교회에서 신앙생활을 하는 사람들이라고 하더라도, 다 참된 믿음을 소유했다고 말할 수 없다. "양"과 "염소"가 항상 뒤섞여 있으며, "탈"을 쓴 자들도 많다. 그런 자들이 가진 거짓 믿음에는 역사적 믿음, 일시적 믿음, 회의하는 믿음 등이 있다.[22] 예수 그리스도께서 로마 제국 시대에 유대 땅에서 살았다는 것을 인정하는 사람들도 많이 있지만, 자신의 죄를 대신해 주신 구세주로 고백하지 않는다면 참된 신앙이 아니다. 단지 예수 그리스도의 역사성을

---

21 Timothy Keller, *The Reason for God: Belief an Age of Skepticism* (N.Y.: Penguin, 2008), 136-7.
22 김재성, 「구원의 길: 기독교 구원론의 구조와 핵심진리」 (킹덤북스, 2014).

만을 인정하는 것을 역사적 믿음이라고 부르는데, 한 인간으로 살았던 예수 그리스도의 선행과 가르침을 인정한다는 것뿐이다. 역사적 믿음은 구원에 이르는 참된 믿음이 아니다. 예수님과 자신과의 인격적, 개인적 관계가 형성되지 아니한 자들의 영혼 속에는 참된 믿음이란 없는 것이다. 가롯 유다처럼, 혹은 데카르트처럼, 모든 기독교의 초월적 교훈들과 사건들에 대해서 의심하고 회의하는 자들은 믿음의 뿌리가 없다. 일시적인 신념에 포로가 되어 있으며, 결국 자신의 생각만을 으뜸으로 삼는 거짓된 믿음에 빠져 있다. 결혼식이나 장례식, 취임식 등 어느 중요한 행사장에서, 잠시 기독교인들의 모임에 참가해서 함께 앉아있는 동안에만 하나님을 인정하는 정도에 그친다면, 일시적인 믿음에 불과하다. 마치 자갈밭이나, 길 위에 떨어진 씨앗과 같아서, 잠시 후에 사그라지고 만다.

다시 강조하지만, 교회의 토대는 신앙고백이다. 베드로가 예수님에 대해서 "주는 참 그리스도시오, 살아계신 하나님의 아들이니이다"라는 고백을 토로했는데, 참된 교회는 모두 다 이 고백을 공유한다. 교회는 예수 그리스도의 영광과 권위와 사랑을 흠모하는 공동체이다. 은혜와 진리는 예수 그리스도 안에 있으므로요 1:17, 참된 것을 추구하는 성도는 헛된 것과 거짓된 것들과의 분별력을 갖춰야 하며, 그런 노력의 일환으로 신앙고백을 갖게 된 것이다.[23]

우리는 주일 예배 시간에 "사도신경"을 고백한다. 이것은 우리가 믿는 내용으로써, 참된 신앙의 내용을 공유하는 시간이다. 지금 한국 교회가 재정비 되려면, 전체 교회가 기본적으로 지켜야할 공적인 기준과

---

[23] Phillip Schaff, *The Creeds of Christendom*, 3 vols. (N.Y.: Harper & Brothers, 1877). John H. Leith, ed. *Creeds of the Churches* (Louisville: John Knox Press, 1982).

규범들에 대해서 존중하는 자세와 태토가 훨씬 더 강조되어야만 한다. 예수님의 가르침과 사도들의 교훈을 근간으로 삼아서, 초대 교회를 지도자들은 역사적 문서들 속에 그들의 신앙적 고백을 담아서 발표하였다. 처음에 만들어진 교회의 신앙고백서들을 살펴보면, 대외적으로 공표하기 위해서가 아니라, 교회 내의 성도들에게 신앙적 기초를 확고하게 세워주려고 시도하였던 것들이다. 그래서 세례를 받을 사람들에게 "사도신경"처럼 그 내용이 아주 간략한 정리된 것들을 가르쳤던 것이다.

어떤 한 지역교회가 기독교의 진리에 대한 결정권을 가졌다고 할 수 없다. 각 시대를 거치면서 교회의 신조들이 늘어가게 되는 것은 성경의 진리에 대해서 간명하고 본질적인 것들을 공식적인 회의에서 결의하였기 때문이다. 초대 교회 시대부터 무엇을 믿느냐에 대해서 내용을 상세히 풀이해 나가면서, 여러 가지 신앙고백서들이 채택되었다. 초대 교회가 여러 차례 종교 회의를 통해서 결의한 것들은 후대에서 볼 때에는 교회와 신학의 역사적 전통을 세우는 일이 되었다.

좀 더 정확하게 지적하자면, 교회가 어떤 특정한 목회자의 지도력이나 비전, 혹은 교회 전통과 문화에 사로잡혀서는 안 된다. 각 지역 교회마다 어느 정도의 특수성은 인정하지만, 신앙고백의 보편성을 무시하는 사례가 많다. 교회는 개척 설립자만의 철학을 따라가는 개별 교회 중심주의에 빠지지 않아야 한다. 전 세계적으로 돌아볼 때에도, 지역 교회가 하나의 단독적인 독립교회 체제를 운영하는 경우가 많다. 교단에 소속하지 않는 단일교회가 많다. 하나의 회중교회로 자유함을 갖고자 하기 때문이다. 혹은 교단에 소속되어 있을지라도, 독단적인 교회 운영을 하는 곳도 있다.

필자가 교회론을 통해서 심각하게 지적하고자 하는 것이 바로 거의 분리된 특수한 교회처럼 자기 교회만을 "성역화"하는 우월의식이다. 자기 교회만의 중심주의에 빠져있어서는 안 된다. 어느 지역의 대형 교회에 출석해야만 엘리트처럼 착각하는 경우를 두고 하는 말이다. 한국교회의 큰 문제점 중에 하나는 어떤 하나의 대형 교회가 전체 교단이나 교파의 권위를 능가하는 경우가 많다. 어떤 대형 교회는 교단 전체의 행사들에 인력과 자금을 제공하는 중심에 있다. 대형 집단의 운영 비용을 담당하는 비중이 너무나 크다는 것이다. 그러니 그 대형 교회 중심의 교단 운영을 하게 된다. 특정교회가 교단 신학교에 막대한 후원을 하면서 영향력이 크게 늘어나는 것도 마찬가지의 폐단이다. 한 사람이 교단이 설립한 신학대학을 좌지우지하기도 했고, 한 대형 교회의 결정사항을 교단 전체가 바꾸거나 제지하지 못하는 등, 갖가지 폐해가 노출되어 있다.

공적인 신앙고백의 토대를 강조하는 이유는 바로 여기에 있다. 신실한 믿음을 가지고 성경을 하나님의 말씀으로 존중하되, 해석과 적용에 있어서 모든 교회들의 보편성을 유지하도록 해야 한다. 각 지역 교회는 신앙고백서에 서명한 내용대로 따라가야 한다. 지역 교회가 자유함을 갖고 있지만, 교단이나 교파가 총회에서 공적으로 결정한 사항들에 대해서 벗어나지 말아야 한다. 개교회마다 자신들에게 유리한 조항이나, 필요한 사항들을 선택적으로 성경에서 찾아내어 재생산하려는 입장에 서려 한다면, 하나님께서 원래 의도하신 것과는 전혀 다른 신앙고백으로 변질한 것이다.

신앙고백서를 경시하는 풍조가 만연하다. 어떤 설교자는 자신이 정리한 바에 따라서 창세기부터 계시록까지 재구성하였다. 삼위일체 하나님, 그리스도의 인성과 신성, 사역과 인격, 교회와 예배, 인간의 죄성과 부패함에 대해서는 전혀 강조하지 않는 메시지를 전파한다. 그 목회자의 과거체험에 근거한 교회 운영은 얼마나 유지될 수 있을까? 그토록 특별한 것들만 주목하게 된다면, 균형잡힌 성경적 교리들을 구성할 수 없게 된다.[24] 그래서 우리가 성경에 따른다 하면서도, 제멋대로 성경을 왜곡하지 아니하려면, 성경 본문들 속에서 상호 간에 내재해 있는 긴밀한 연계성을 따라가면서 해석학적 통일성을 살려내는 역사적 신앙고백서의 조항들을 강조하지 않을 수 없다.

16세기 종교개혁자들은 오직 성경으로만Sola Scriptura와 전체 성경만을tota Scriptura 기초를 삼아서 신앙과 삶의 교리를 정립하고자 노력했다. 종교개혁자들의 신학을 종합한 최고의 신학자 칼빈은 성경으로 성경을 해석하는 원칙을 확고히 지켰고, 이것보다 더 중요한 원리는 없다. 개신교 전체를 망라하여 비록 약간의 해석적인 다름이 있을지라도, 성경을 하나님의 말씀이라고 받아들이고, 계시된 말씀만을 중심으로 삼았다. 성경이라는 표준 문서에 따라서 신학적인 체계와 구조를 세워나가고자 했다.[25] 교회는 역사 속에서 분명한 위치를 차지하여 왔고, 각기 다른 문화와 언어와 전통을 근간으로 삼아서 성도들에게 하나님의 말씀을 선포하고, 함께 기도하며, 구제와 선행을 시행해 왔다행 17:26.

종교개혁자들은 성경을 해석하여 설교하는 일에 집중했는데, 이것은 성경 본문이 개인적으로 적용되어야 할 뿐만이 아니라, 교회라는 집단적인 공동체에게 주어지는 하나님의 음성이라고 확신했기 때문이다.

---

24 Richard B. Gaffin Jr., "Contemporary Hermeneutics," *Westminster Theological Journal* 31 (1969): 129-44.
25 John Murray, "Systematic Theology," in *The Collected Writings of John Murray*, vol. 4 (Edinburgh: Banner of Truth Trust, 1982), 16.

루터는 기록된 말씀에 위배되지 않는 선포된 말씀도 동일한 하나님의 음성이라고 강조했다.[26] 칼빈은 항상 말씀과 함께하는 것만이 교회에 주시는 하나님께 책임을 다하는 것이라고 확신했다. 종교개혁자들은 세상을 감동시키는데 있어서 교회에 대한 봉사를 결코 작게 했다고 할 수 없으니, 성경을 읽는 것을 완전히 무시해 버리는 깊은 흑암으로부터 구출해내고자 근면하게 최선을 다한 연구를 하여왔으며, 매우 실제적으로 중요한 교리들에 대해서 확실하게 빛을 비춰주는 일을 행복하게 감당하여 왔다.[27]

칼빈은 성경을 제 자리에 회복시켜서, 하나님의 말씀에 따라서 교회를 되살려야 한다고 역설했다. 칼빈이 주장하는 교회 개혁의 필요성은 성경의 가르침을 복구하는 것이다. 그는 교회의 전통과 교황에 의존하는 옛날 방식을 버리고, 교회의 신앙을 규정하는 로마 가톨릭의 전통주의와는 확실하게 다른 길을 성경에서 찾아야 한다고 역설했다.

> 따라서 이제 우리의 총체적인 교리에 대해서, 그리고 우리가 성례를 시행하는 형식들, 그리고 우리가 교회를 통치하는 방식에 대해서도 검증해 봅시다. 이들 세 가지 사항들은, 정확한 하나님의 말씀이라는 기준에 합당하게 회복시키려는 시도가 전혀 없이는, 결코 옛날의 형식에서 그 어떤 변화도 만들어낼 수 없을 것임을 파악하게 될 것입니다.[28]

26　김재성, 『종교개혁의 신학 사상』 (서울: 기독교문서선교회, 2017).

27　John Calvin, "The Necessity of Reforming the Church," (1539) in *Calvin: Theological Treatises*, tr. & ed. J.K.S. Reid (Philadelphia: The Westminster Press, 1954), 186.

28　Calvin, "The Necessity of Reforming the Church," 187: "Therefore let there be an examination of our whole doctrine, of our form of administering the sacraments, and our method of governing the Church; and in none of these three things will it be found that we have made any change in the old form, without attempting to restore it to the exact standard of the word of God."

거듭난 기독교 성도들은 진리와 의미에 대해서, 역사에 대한 관점에서, 언어를 다루는 방식에 있어서 성경의 권위를 인정하는 특별한 해석학을 갖게 된다. 물론, 성경을 연구하는데 도움을 주는 자료들은 일반은총을 받아서 세워진 수많은 지식들, 예를 들면, 역사학, 인류학, 고고학, 사본학, 금석학, 비교종교학, 철학, 심리학, 윤리학 등을 통해서 수많은 사람들이 찾아낸 고대사회에 대한 지식, 지혜, 학문의 도움을 받을 수 있다. 불신자들도 비록 그들 마음속에는 하나님을 아는 지식이 없어서 어두운 가운데 있지만, 피조된 세계 속에 담긴 원리들과 응용에 대해서 특출한 통찰력을 가지고 있다. 다시 말하지만, 성경에 확고한 기초를 두고 연구하는 기독교 신자들이 일반은총으로 주신 것들을 모두 다 배제하는 것은 아니다.

우리가 믿어야 할 건전한 교회에 관한 가르침들을 정립하고 세워나가는데 있어서 신앙고백으로 발표 되어진 공적인 기독교 회의의 결과물로서 작성된 문서들과 선언서들을 표준으로 삼는다. 공적인 신앙고백서들로는 초대 교회의 3대 고백서들, 니케야 신경, 콘스탄티노플 신경, 칼세돈 신경이 기초가 된다. 교회론을 포함하여, 성경의 중심 주제를 종합적으로 다루는 조직신학이 해야 할 일은 이들 표준 문서로 채택된 교리들에 대해서 성경적으로 수정하고, 보완하고, 더욱 분명하게 밝혀주는 일이다.

최초의 종교 회의에서는 "니케야 신경"을 작성했다. 기독교의 정통 신학을 세우고자 노력했던 초기 종교 회의는 엄청난 혼란과 대립 속에 있던 교회들을 구출하려는 심정으로 여러 가지 신학적 주제들을 다루었다. 그중에서도 아리우스가 주장하는 성자 예수의 종속설이 동방 헬라어 사용권에 확산되면서 발생하였다. 주후 325년 황제 콘스탄틴이 소집한 니케야현재 터키 지명으로는 "이즈니크" Iznik 종교 회의에는 로마, 안디옥, 알렉산드리아, 콘스탄티노플에서 약 220명의 주교들과 감독들이 모여서, 아리우스의 종속설을 배척하고 예수 그리스도는 성부와 동일본질이라는 문서에 218명이 서명하였다.[29] 그리고 연속적으로 중요한 종교 회의가 지속되었는데, 콘스탄티노플381년, 에베소431년, 칼세돈451년, 제 2 콘스탄티노플553 회의 등에서 결의된 것들은 우리에게 기독교의 정체성을 정리하는데 있어서 중요한 영향을 끼치고 있다.

교회론을 세우려는 우리가 주목하는 것은 니케야 신경과 콘스탄티노플 신조에서 교회에 대하여 간략하게 진술한 것을 밝혀주는 일이다. "우리는 단 하나의, 거룩하고, 보편적이며, 사도적 교회를 믿는다"고 되어 있다. 너무나 분명하지만, 동시에 너무나 간단하기에 어떻게 이런 정신을 지켜나갈 것인지에 대해서 보다 충분한 성경적 설명과 보충이 필요하다.

종교개혁시대로 접어들면, 훨씬 더 자세하고 정교한 신앙고백서들을 채택하여 성도들을 교육하고 지침으로 삼았다.[30] 루터와 그를 따르는 독일 교회들은 『아우그스부르그 고백서』1530와 『콩코드 신조』1577를 강조한다. 쯔빙글리와 쮜리히 지역 교회들은 『스위스 신앙고백서』제 1 헬베틱 고백서, 1536년, 제 2헬베틱 고백서 1566년를 따라서 질서를 지켜왔었다.

기독교 역사 속에서 가장 폭넓게 기독교 신앙을 정립하고 순수하게 성경 해석의 기준을 제시한 칼빈의 영향으로 유럽 여러 나라에 개혁 교회와 장로교회가 세워졌다. 보헤미아 지방, 헝가리, 폴란드에서도 칼빈의 영향이 담겨있는 고백서들을 채택하고 있다. 대표적인 개혁주의

29　Henry Chadwick, *The Early Church* (London: Penguin Books, 1967), 130-132.
30　Mark A. Noll, *Confessions and Catechisms of the Reformation* (Regent College Publishing, 2004).

고백서들은 『제네바 교리문답서』1537, 1541, 『갈리칸 고백서』1559, 『스코틀랜드 신앙고백서』1560, 『벨직 고백서』1561, 『하이델베르그 교리문답』1562, 『돌트 신경』1618, 『웨스트민스터 신앙고백서』1643-1648 등이다.[31]

그러나 교회사 속에 여러 차례 나타나는 것과 같이, 신앙고백서를 자신들의 판단에 따라서 다시 제정하거나, 혹 일부를 개정하려는 시도들이 계속되어왔다. 안타까운 것은 일부 교회들이 주장해서 신앙고백을 수정하게 되면, 그것을 반대하는 교회들과는 다른 교단을 세우게 된다. 미국의 사례를 들면, 장로교회와 회중 교회, 루터파 교회, 감리교회 등이 분열하였다. 왜 후대의 교회들은 신앙고백서를 개정하려 했던가? 어째서 이런 일들이 지속해서 발생하는가? 새로운 신학 이론은 그 이전의 결정문을 벗어나려고 시도하는 바, 목회자들에게는 보다 더 "시대적인 새로움과 자유로움"이 주어진다고 생각되는 것이다. 새롭게 등장하는 이단들에게 대처하기 위해서 신조들이나 교리적인 선언서를 채택하는 것은 필요하겠지만, 역사적 상황이 반영되어 있는 수 백년 전의 신앙고백서들을 수정하는 것은 과연 얼마나 오랫동안 설득력을 발휘할 수 있을지 의문이다.

한 가지 구체적인 사례를 보자, 미국 최대 교단이자, 한국에 선교사를 파송해온 최초의 어머니 교회이기도 한 "미국 연합 장로교회"가 신앙고백서의 개정 문제로 분열되는 비극이 있었다. 미국 연합 장로교회는 3백여 년에 걸쳐서 내려온 청교도의 신앙 유산을 계승한 교단이다. 청교도들이 미국에 이주한 뒤, 1643년에 제정된 웨스트민스터 신앙고백서를 교단의 헌장으로 규정했었다. 그러나 진화론과 독일 이성주의

---

31 James T. Dennison Jr., comp. *Reformed Confessions of the 16th and 17th Centuries in English Translation: 1523-1693*. 4 vols. (Grand Rapids: Reformation Heritage Books, 2008-2014).

철학이 휩쓸고 간 뒤에, 오래된 고백서의 내용대로 살아갈 수 없다고 주장하는 자유주의 신학이 확산되었다. 계속해서 신앙고백서의 수정을 시도하려는 목회자들이 나왔는데, 마침내 1903년에 1차 수정했고, 1925년에 또 다시 수정하였다. 1967년에는 아예 새로운 신앙고백서를 만들었고, 에큐메니즘을 반영하는 주장을 내놓았다. 이런 일의 배후에는 자유주의 신학과 인본주의가 확산 되었기 때문이다. 독일 현대 자유주의 신학자들은 지속적으로 신앙고백서의 조항들을 비난하여 왔었고, 복음적인 자유주의자들이 일부 내용에 불만을 확산시켰다.[32] 신앙고백의 개정판에서는 이미 선조들이 성경적으로 정확하게 밝혀놓은 것들에 대해서 자신들의 마음대로 개악한 것이 되고 말았다.

웨스트민스터 신앙고백서 개정에 논의가 미국 장로교 총회의 정치적 과제로 대두하고 있을 무렵에, 이런 흐름에 대해서 탄식하면서 반대했던 프린스턴 신학대학원 조직신학 교수가 워필드 박사였다. 그는 웨스트민스터 신앙고백서에 대한 소논문을 여러 편 발표했다. 또한 그는 당시 동료 교수였던 게할더스 보스 박사와 함께 이것을 저지하고자 노력했다.[33] 찰스 피니의 부흥 운동에 대한 평가가 서로 달라서 분열되었던 미국 장로교회 신학파와 구학파가 미국의 남북전쟁을 치유하고자 1867년에 장로교회의 통합을 선포했었다. 그러나 여전히 내적인 갈등이 지속었다. 겉으로는 행정적으로 교단을 연합했지만, 내면적으로 각자 지지하는 신앙노선는 여전히 신학파와 구학파가 갈라져 있었

---

[32] Kenneth Cauthen, *Impact of Religious Liberalism* (N.Y.: Harper and Row, 1962), 27-29. Daniel Day Williams, *The Andover Liberals* (N.Y.: Octagon Books, 1942). David Roberts & Henry P. Van Dusen, eds., *Liberal Theology: An Appraisal: Essays in Honor of Eugene William Lyman* (N.Y.: Charles Scribner's Sons, 1942).

[33] Danny E. Olinger, *Geerhardus Vos: Reformed Biblical Theologian, Confessional Presbyterian* (Philadelphia: Reformed Forum, 2018), 105-109.

다. 1892년경부터 보수적인 칼빈주의 진영과 이전에 일어났던 부흥 운동을 강조하는 알미니안주의자들 사이의 갈등이 지속되었었다. 결국, 20세기 초엽으로 넘어간 후에, 성경의 영감과 권위를 놓고서 대립하였다.[34] 미국 장로교회 총회는 "하나님의 영원한 작정에 관하여" "유효적 소명" "선행에 관하여" "교회론" 등을 수정하여 1903년에 통과했다.[35] 그러나 워필드 박사는 이에 반대하면서 오늘날의 과학과 학문적인 지식이 과거보다 명료해지고 뚜렷해졌지만, 그 늘어난 지식에는 그만큼의 한계가 있음을 지적하였다.[36]

현대인들은 학문의 진보와 과학적 지식의 발달로 인해서 가장 최신의 정보를 갖고 있다는 자만심이 크며, 자신의 지식만이 사실이라고 쉽게 착각하는 경향이 있다. 선조들이 채택한 신앙고백서를 변경한 사례가 또 있는데, 북미주 기독교 교단CRC이 "하이델베르크 교리문답서"에 담긴 로마 가톨릭에 대한 정죄 조항과 여성 안수를 금지한 조항 등을 수정한 바 있다.

그러나 현대 교회들은 마땅히 사도적 교회의 신앙고백서와 종교개혁자들의 신앙 유산을 과소 평가하는 우를 범해서는 안 된다. 종교개혁자들은 박해 속에서도 참된 교회와 예배를 성경적으로 회복하고자 목숨을 바쳤다. 성당에서의 미사를 거부한 자들은 모든 것을 다 잃었

---

34 Benjamin B. Warfield, "The Final Report of the Committee on Revision of the Confession," *The Presbyterian nd Reformed Review* 3 (1892), 323-330.

35 John Murray, "Shall We Include the Revision of 1903 in Our Creed?," *Presbyterian Guardian 2* (September 26, 1936), 251. Edwin H. Rian, *The Presbyterian Conflict* (Philadelphia: Orthodox Presbyterian Church, 1992), 10-15.

36 B. B. Warfield, *Studies in Theology* (N.Y.: Oxford University Press, 1932), 78: "their time is past, and it is the privilege of the child of today to know a sounder physic and a sounder theology than the giants of that far past yesterday could attain. It is of the very essence of our position at the end of the ages that we are ever more and more hedged around with ascertained facts, the discovery and establishment of which constitute the very essence of progress. Progress brings increasing limitation, just because it brings increasing knowledge."

다. 프랑스의 위그노들, 이탈리아와 스위스 산간 지대로 피신을 갔던 성도들은 엄청난 박해 속에서 살아야 했었다.

종교개혁자들이 참된 교회를 세우고자 개발하고, 사용된 단어들은, 예를 들면, "보이는 교회"와 "보이지 않는 교회", "참된 교회의 표지들"은 가장 오묘하게 빚어진 창작품이다. 교회의 신비로움을 드러내는 단어들이다. 오늘날에도 성경에 없는 이러한 신학적 개념들을 그대로 고수해야만 한다는 것은 아니다. 다만, 과거의 신앙고백서를 과소평가하면서 현대 신학의 우월성에 의존하는 것은 교회의 신앙고백에 중대한 변질을 초래할 수 있다. 신앙고백에 담긴 내용들은 지나간 역사 속에다가 묻어둘 것이 아니라, 성경 공부와 제자 훈련의 자료로 되살려내어서 교회의 참된 "표지"로 빛나게 해야 할 자랑스러운 개념들이다. 간단히 요약하면, 역사적으로 중요한 역할을 했던 신앙고백서들에 근거한 교회야말로, 역사 속에서 존재해 온 사도적 전통을 이어가는 참된 교회라고 할 수 있을 것이다.

교회에서 가르치는 모든 기독교의 진리 체계는 하나님께서 성도들에게 오랜 세월을 통해서 계시하신 바, 말씀 가운데 주신 것을 믿음으로 통해서 받아들이도록 설정해 놓으신 것들을 토대로 삼고 있다. 하나님의 계시에 의존하는 신앙은 무자비한 이념이나 강압적인 세뇌에 의해서 주입된 것이 아니다. 믿음의 고백에 따라서 정립되어 온 신학의 핵심주제들은 신학의 기초와 인식론에 관한 관점을 갖고 있다. 성경과 계시, 삼위일체 하나님과 예수 그리스도의 구속 사역, 인간의 본성과 부패성, 값없이 주시는 구원과 영생, 성도의 성화와 회개, 교회를 통하여 주시는 은혜의 방편들에 대한 체계적인 개요들이 주요 개혁주의 정통 신앙고백서들에 담겨 있다.

4. 참된 교회의 분별과 종교개혁의 유산들

어떤 안목에서 교회론을 정립할 것인가? 여러분이 소속한 교단이 가장 성경적이며, 정통 교리에 기초하고 있다는 확신을 어떻게 정당화 할 수 있을 것인가? 필자는 한국이나, 외국이나 교회마다 뿌리를 두고 있는 신학과 신조가 너무나 차이가 크다는 점을 지적하고자 한다. 안타깝게도 전 세계 신학대학이나, 교단이나, 기독교 기관들이나, 선교단체들이나, 기독교 언론마저도 그들의 정당한 근거로 주장하는 내용들이 서로 충돌하고 있고, 대립적인 극단에 치우쳐 있다.

이처럼 특정한 그룹이 배타적으로 교회를 운영하는 이유는 서로 다른 뿌리를 가지고 있기 때문이다. 대부분의 기독교 교회는 어떤 저명한 신학자나 지도자에게 모든 권위와 최고의 영예를 의존하는 경향이 있다. 예를 들면, 독일의 루터파 교회는 항상 루터의 책과 설교에서 해답을 찾고, 거기서 멈춘다. 훗날에는 루터파 정통주의와 필립 멜랑톤을 따르는 타협파가 서로 정통노선을 놓고서 대립하였다. 루터는 로마 가톨릭의 모순을 수정하려 했지만, 이미 신부로서 서품을 받았던 사람이었다. 그가 교황청의 파문장에 항거하여 교회 개혁을 시도했지만, 여전히 독일 루터파 교회 안에는 가톨릭의 예식적인 요소들이 남아있다. 지난 오백 여년 동안에, 독일 루터파 교회는 이러한 초기 지도자의 한계와 약점에 대해서는 진정한 점검이 별로 없었다.

이런 점은 스위스 북부 츠빙글리파 교회에서도 마찬가지다. 또 다른 예를 들면, 감리교회와 부흥 운동가들은 요한 웨슬레가 회심한 주간에 맞춰서만 특별 회심 집회를 개최한다. 감리교회에서의 교회 운영을 보면, 마치 로마 가톨릭에서, 바티칸의 교황이 발표하는 바에 따라서 일사 분란하게 움직이는 것과 유사하다. 감리교회는 어째서 웨슬레 회심 주간에만 기념회 부흥회를 개최하는 것일까? 영국 성공회도 캔터베리 대주교의 지침에 따라서 교회의 중요한 목회 사역이 진행되고 있다. 동방정교회도 역시 터키 이스탄불의 대주교가 결정하는 대로, 지침과 명령을 따른다. 이렇다 보니, 교회들마다, 서로 다른 전통 위에서, 각기 주장을 내세우고 있는 것이다. 이렇게 각기 다른 교단들과 교파들이 하나님의 나라의 역사를 수행하고 있다는 점은 사실이지만, 그 가운데는 각 교회의 제한성과 문제점들이 공존하고 있는 것이다.

혹자는 그러면 장로교회나 개혁교회에서는 오직 칼빈의 글에서만 정답을 찾는 것이 아니냐?고 반문할 것이다. 그것은 단순한 "스테레오타입"의 주입식 비난에 불과하다. 장로교회의 주인은 결코 칼빈이 아니기 때문이다. 개혁교회들과 칼빈주의 교회들이 중요한 기초 교리의 정립과 해석을 위해서 칼빈의 신학 사상을 귀중하게 활용하고 있다. 그러나 모든 개혁주의 신학자들이나, 청교도 목회자들이 칼빈의 글을 앵무새처럼 암송해 오고 있는 것은 결코 아니다. 교회가 굳건하게 토대를 다지고, 뿌리를 든든히 세우는 데에는 모든 종교개혁자들의 공통분모를 집약한 유산과 신학 사상들을 근간으로 해야만 하기에, 존중하는 것이다. 초기종교개혁자들부터 시작해서 오늘에 이르기까지, 오백 여년의 전통과 풍성한 가르침들은 순결한 교회의 자양분이 된다.

종교개혁자들과 후기 정통주의 신학자들은 "개혁된 교회는 항상 개혁한다" ecclesia reformata, semper reformanda 는 표어를 매우 소중하게 여기고 있다. 교회가 다시 살아날 소망을 갖게 되는 것은 바로 이처럼 끊임없이 바른 분별력을 찾으려고 했던 노력들 때문이다. 하나님의 말씀으로 교회를 개혁하고자 노력했던 종교개혁자들과, 그 후계자들, 16세기 후반 개혁주의 정통 신학자들, 프랑스 위그노와 영국의 청교도들, 네델란드의 제2개혁 운동가들의 희생과 성취를 통해서 입증되었다. 이 표어는 네델란드에서 일어난 "제2 종교개혁 운동"에서 가장 강력하게 천명되었다. 종교개혁자들이 개혁했던 성경적인 신학과 교회의 예배를 모두 다 폐지하고, 새로운 신학을 세워나가자는 의미로 해석되어서는 곤란하다. 아브라함 카이퍼가 1892년에 국가교회 체제로 있던 화란 개혁파 교회를 자유롭게 분리하면서, 이 표어를 주장한 바 있다.[37] 그러나 정치 신학자 몰트만이 주장하는 교회 개혁은 정치적으로 채색된 이념논쟁이며, 과격하고, 선동적이다.

중세 말기에, 헛된 규례들을 준수하면서 미신적인 예식들, 왜곡된 인간의 의지론, 상하 조직으로 계급화된 성직자 체계, 도덕적으로 부패한 성직자들, 등등 기존의 로마 가톨릭 교회를 개혁하려 하자, 엄청난 탄압과 박해가 가해졌다. 교황권에 맞서서, 교회의 개혁을 주장한 거의 모든 성도들과 신학자들은 탄압을 받았고, 순교자들이 흘린 피가 강물을 이뤘다. 특히 1553년에 스위스 바젤에서 나온 문서들을 보면, 로마 가톨릭만이 아니라, 심지어 루터파 교회에서도 다소 경멸하는 의미

---

37 J. N. Mouthaan, "Besprekingsartikel: Ecclesia semper reformanda: modern of premodern?," *Documentatieblad Nadere Reformatie*, vol. 38, no. 1 (2014): 88. Theodor Mahlmann: "Ecclesia semper reformanda". *Eine historische Aufarbeitung. Neue Bearbeitung*, in: Torbjörn Johansson, Robert Kolb, Johann Anselm Steiger (Hrsg.): Hermeneutica Sacra. Studien zur Auslegung der Heiligen Schrift im 16. und 17. Jahrhundert, (Berlin, New York 2010), 382–441.
Michael Bush, "Calvin and the Reformanda Sayings," in Herman J. Selderhuis, ed., *Calvinus sacrarum literarum interpres: Papers of the International Congress on Calvin Research* (Göttingen: Vandenhoeck & Ruprecht, 2008), 286.

에서 "칼빈주의"를 조롱했다. 위그노, 왈도파, 후쓰파, 카타리파, 파울로스파, 칼빈주의자 등은 참되고 신실한 믿음의 소유자들이었고, 교회를 개혁하려 했던 하나님의 사람들이었다. 그러나 로마 가톨릭측에서 멸시하며, 무시하면서, 분파주의자들이라는 낙인을 찍으려 했다. 마치 미치광이처럼 어떤 사람만을 따르려 하는 무리라는 식으로 활용했던 용어들이다. 이들은 한결같이 교회의 개혁을 기도하면서, 미사를 거부하다가 핍박을 받았던 순수한 성도들이다. 이들 대부분은 성경의 가르침을 통해서 모든 사람의 부패성과 거짓됨을 고발하였으며, 중세 말기 수도원적인 금욕주의는 결코 경건을 이루는 지름길이 아니라는 것을 선명하게 밝히다가 목숨을 바친 순교자들이었다.

참된 교회를 세우고자 루터, 츠빙글리, 부써, 피터마터 버미글리, 필립 멜랑톤, 불링거, 칼빈, 외콜람파디우스, 우르시누스, 올레비아누스, 베자, 잔키우스, 존 낙스와 스코틀랜드 개혁자들, 토마스 카트라잇과 퍼킨스, 새무얼 러퍼포드, 데이빗 딕슨, 오웬, 군윈 등으로 이어지는 청교도 신학자들, 프랑소와 뛰르땡, 찰스 핫지, 워필드, 아브라함 카이퍼, 헤르만 바빙크, 게할더스 보스 등등 수많은 종교개혁자들과 후대의 신학자들이 참된 교회를 세우고자 분투 노력한 것을 토대로 삼아야 한다.[38] 이들 종교개혁자들이 세운 실천적인 조치들과 저술들은 오늘날까지 신실한 사람들을 통해서 계승되어지면서 복음의 능력을 인류 역사 속에서 발휘하고 있다.

영원토록 변함이 없는 하나님의 말씀을 증거하려 했던 개혁자들의 확고한 신념은 불링거가 작성하여 스위스 교회들이 채택한 "제2헬베틱

---

38 김재성, 『개혁신학의 광맥』, 『개혁신학의 정수』, 『개혁신학의 전망』에서 각 신학자들과 교리들을 개괄적으로 다루었다.

고백서"1562년 1장 초두에 담겨 있다:

> 따라서 오늘 이 하나님의 말씀이 교회 안에서 합법적으로 부르심을 받은 목사를 통해서 선포되어질 때에, 우리는 그 선포된 바가 하나님의 말씀과 동일한 것으로 신실한 자들은 받아 들인다; 그 외에 하늘로부터 직접 내려오는 것을 기대하거나, 새로운 것을 창안해 내어서는 안 된다.[39]

교회에서 선포되는 말씀은 하나님의 특별계시이며, 종결되었다. 따라서 빈은 말씀과 함께 역사하시는 성령을 강조하면서도, 신령주의자들이 주장하는 더 이상의 직통 계시란 없다고 선포했다.[40] 가장 탁월한 성경적 신학과 교리적인 해설들은 남긴 종교개혁자들은 지식적인 토론을 일삼지 않았고, 교회의 강단에서 복음을 선포하여 목회적인 교훈을 제공했다. 사람의 윤리적 갱신과 노력으로 구원을 얻는 것이 아니라, 그리스도에 대한 믿음으로 주어진다는 확신을 불어넣으면서 목양적인 사역에 힘을 다했다. 오직 성경만이 최고의 권위를 가지며, 참된 진리의 원천이다sola scriptura는 기치를 높이 올렸는데, 예배의 회복으로 도시 전체가 되살아났다.[41] 종교개혁자들은 사람의 간교한 오류와 감언이설을 타파하고, 성경에 근거한 설교와 성경 해석을 통해서 창조주 하나님의 교훈을 확산시켰다.[42]

---

39 Cf. Philip Schaff, *Creeds of Christendom*, i. 390-420, iii. 234-306.

40 Calvin, *Institutes of the Christian Religion*, I.ix.1. K. Scott Oliphint, "The Divinity and Authority of Scripture," in *John Calvin: For a New Reformation*, eds., Dereck W.H. Thomas & John W. Tweeddale (Wheaton: Crossway, 2019), 225-250. Joel Beeke, "The Holy Spirit," in *John Calvin: For a New Reformation*, 393.

41 김재성, 『루터와 칼뱅』 (서울: 세창출판사, 2018), 104.

42 *Works of Marin Luther*, 14:305. 32:236; "Scripture is therefore its own light. It is a grand thing when Scripture interprets itself." John Calvin, *Institutes of the Christian Religion*, I.xiv.4.

교회가 새롭게 갱신되면서 개신교 도시들마다 살인과 범죄가 줄어들고, 방탕과 술취함이 통제되었다.[43] 그 배면에는 종교개혁자들이 중세 말기 로마 가톨릭이 스콜라주의 신학의 오류가 인간 본성의 선행을 부추기던 펠라기우스주의에 빠져있음을 밝혀냈기 때문이다. 인문주의자들에게서 배운 고전어를 토대로 하여 종교개혁자들은 중세 말기의 신학을 뛰어넘어서 아타나시우스, 제롬, 어거스틴, 키프리안, 터툴리안, 유세비우스, 바질, 그레고리 등의 초대 교회 시대의 교부들을 연구하였다. 계시된 하나님의 말씀 속에서 복음을 재발견한 종교개혁자들은 교회적 전통과 관습을 더욱 더 중요시하였던 교황중심주의를 송두리째 거부하였다. 화려한 예술적 장식들과 조각품들, 거대한 건물들, 엄숙하고 장엄한 예식들, 감히 거역할 수 없는 교황의 권세들이 모두 다 허망한 거짓임을 들춰냈다. 오직 성경에 부합하는 것만이 진리요, 성경에 따르지 않는 것은 거짓이다. 개신교 성직자들의 결혼 역시 로마 교황청이 제정한 교회 질서에 대한 공개적 거부였다.

마침내 종교개혁자들은 교황을 정점으로 하는 피라미드 조직으로 왜곡돼버린 교회구조와 성례의 신학을 폐지시켰다. 미사를 집례하던 제단은 말씀을 선포하는 강단으로 바뀌었다. 종교개혁자들은 새로운 성경적 교회론을 따르면서, 미사를 거부하는 자들에게는 세속 군주들과 로마 교황청으로부터 무자비한 탄압을 받아서 엄청난 희생을 치렀다. 로마 교회에서는 성만찬 예식을 통해서 화채설의 기적이 일어난다고 가르쳤고, 그것도 일 년에 고작 두 번 나눠줬다. 게다가 기적신앙을 부추겼는데, 신비로운 주님의 몸으로 변화한 "빵"을 받으면 놀라운 기

---

43 Andrew Pettegree, et als., eds., *Calvinism in Europe, 1540-1620*, 3-6, 64-81.

적이 일어난다고 가르쳤다. 일반 성도들에게는 포도주를 담은 컵은 나눠주지 않으면서, 로마 교회는 단지 빵만 받아먹으라고 했었다. 비텐베르크에서 성만찬은 완전히 새로이 정립되었고, 루터는 은혜의 수단으로서 교회에서 성도들에게 제공하는 성례전에 대한 재해석을 제시하였다. 새롭게 성경에 눈을 뜬 개혁자들은 거짓 기적들과 신비주의에 휩싸인 미사 참석을 거부하였다. 종교 전쟁을 백 여 년 간 치루면서 제왕의 군대와 맞섰던 개신교회가 세워지기까지 함께 따르던 도시 상공인들, 농민들, 학생들, 여자들까지 수 십 만, 수 백 만 명이 희생을 당했다.

참된 교회와 거짓 교회를 구별하자는 종교개혁자들의 이념은 참된 기독교 교회의 기초를 확립하는데 중요한 근간이 되었다. 참된 교회의 개념은 하나님의 성품, 구원론과 함께 매우 논쟁적인 주제들로 부각되었는데, 루터, 츠빙글리, 칼빈의 주장들이 큰 영향을 발휘했다.[44] 교회를 설명하는 내용에서도 역시 참된 교회론을 추구하던 청교도 운동이 일어났다. 단순히 교회라는 이름을 내걸었다고 해서 모두 다 참된 교회가 아니라는 것이다. 지금도 거짓된 교회들이 성행하고 있다. 츠빙글리는 『참된 종교와 거짓 종교에 관한 해설서』1525를 출판했고, 성상 숭배를 비롯하여 모든 로마 가톨릭 교회의 목회사들을 거짓된 것들로 규정했다.

프란시스쿠스 유니우스1545-1602는 "참된 신학"과 "거짓된 신학"을 구별하였다.[45] 거짓된 종교와 거짓된 신학은 로마 가톨릭 측이 내세우는

44　Graeme Murdock, *Beyond Calvin: The Intellectual, Political and Cultural World of Europe's Reformed Churches, c. 1540-1620* (Hampshire: Palgrave MACMillan, 2004), 6-14.

45　F. Junius, *De theologia vera* (Geneva, 1613) quoted in Willem J. van Asselt, "The Fundamental Meaning of Theology: Archetipal and Ectypal Theology in Seventeenth-Century Reformed Thought," *Westminster Theological Journal* 64 (2003):319-35.

베드로의 후계자로서 교황의 권세를 옹호하였고, 결국 사도들의 말씀과 성경에 근거하지 않는 가짜 교회를 만들어냈다. 종교개혁의 시대에 칼빈은 제네바 교회가 오랫동안 거짓된 전통에 사로잡혀 있어서 로마 교황의 미신에서 벗어나지 못하고 있었으므로, 거짓 교회 안에는 참된 경건이 있을 수 없음을 분별하도록 깨우치는데 혼신의 힘을 기울였다.

교회는 영원하신 하나님이 주권적으로 통치하는 세계를 지탱하기 위해서 생명을 제공하는 지속적인 사역을 감당한다. "하늘나라"의 대행기관으로서 교회가 세상 속에서 제대로 된 역할을 감당하려면, 먼저 전체적인 신학의 기초가 바르게 설정되어야만 한다. 교회는 먼저 하나님의 영광을 위해서 예배를 올리고, 가르침을 받으면서 유지된다. 따라서 가장 중요한 신앙고백의 내용으로 삼위일체 하나님, 특별 계시로서의 성경, 인류의 구원을 완성하시는 예수 그리스도의 인격과 사역들, 성령의 적용과 임재 등을 중심 진리로 설정하고 있다. 무엇보다도 먼저 독립적으로 자존하시는 하나님에 대한 믿음을 근거로 하지 않으면, 교회에 관한 가르침을 나눌 수가 없다. 기독교에서 중요한 구조로 제시하는 모든 진리 체계와 가장 성경적인 해설들, 정통 신학의 터전이 다져져야만 교회에 관한 가르침들을 세워야 한다. 정통 신학의 공통진리들을 배제한 채, 단지 가장 참되고 올바른 교회론 만을 따로 정립할 수는 없다. 성도의 공동체가 올바로 운영되고 유지되기 위해서는 먼저 기독교 신학의 전체 진리 체계와의 연관성을 고려해야 한다.

5. 문화의 세속화와 신학의 변질

사람들은 빛보다 어둠을 더 좋아한다요 3:19.
어둠을 밝히는 교회가 반드시 세상에 있어야만 하는 이유이다. 교회는 "진리의 기둥과 터"딤전 3:15이며, 어두운 세상에 빛을 비춰주는 말씀을 선포하는 유일한 기관이다. 교회의 참된 임무는 본질상 부패와 죄악에 오염된 인간의 본성을 향해서 빛되신 예수 그리스도와 그의 복음, 오직 참된 진리의 말씀을 성경적으로 가르쳐야 한다마 28:18-20, 행 1:8. 진리의 말씀을 철저하게 가르치는 교회가 되어야만 세상에 퍼져있는 허망한 종교들의 미혹들을 분별해 낼 수 있다. 예수 그리스도의 진리가 있어야만 사람이 만들어낸 허망한 철학과 잡다한 종교적 허상들을 무너뜨리고 파헤칠 수 있는 것이다.

한국 교회는 외부에서 밀려들어오는 세속화에 대해서 영적인 분별력을 갖고 대처해야 한다. 또한 교회를 목양하는 교역자들은 기독교 내부에서 확산되는 신학적 왜곡과 변질에 대해서 깊이 연구하여 철저히 대응해야 한다. 그러기 위해서, 모든 목회자들은 신학대학원에서 공부하던 것으로만 그치지 말고, 지속적으로 연구하고 공부해야만 한다.

다시 말하면, 한국 교회를 허무는 두 대적들에 대처해야 한다. 특히 신학의 변질은 너무나 자명하다. 지난 오백 여년이 지내 오는 동안에, 안타깝게도 개신교 교회들은 종교개혁의 신앙을 벗어나서 각기 제 길로 달려가 버렸다. 종교개혁자들처럼 서로 교류하고 존중하기 보다는, 각각 자신들의 정통성을 주장하면서 장벽을 높이 세우고 말았다. 개신교회의 흐름에는 청교도, 경건주의, 대각성 운동, 부흥 운동, 은사주의 운동 등 다양하게 전개되는 특별한 사건들과 지도자들이 연속적으로 나타나서 긴장과 대립을 피하지 못했다.

미국 고든 콘웰 신학대학원 조직신학 교수 데이빗 웰즈 박사가 평생을 바쳐서 저술한 주제가 바로 서구 교회의 몰락을 찾아내고 대안을 제시하는 것이었다. 그는 진리를 버린 신학자들이 어떻게 교회를 무너지게 했는가에 대해서 추적하고, 신랄한 고발장을 던졌다. 그는 저명한 미국 기독교 재단의 연구기금을 후원 받아서, 현대 교회가 서서히 쇠잔해져 가는 이유에 대해서 집중적으로 연구했다. 1993년부터 교회의 영향력 쇠퇴 문제를 다루면서, 다섯 권의 연작 시리즈를 출판했다. 큰 안목에서 웰즈 박사의 분석을 요약하자면, 문화의 세속화가 신학의 변질을 가져왔고, 그 영향을 받은 교회가 서서히 무너지게 되었다는 것이다. 『신학 실종』에서, 지식을 최고의 체계와 빼어난 학술로 정립했다면서 위세를 떨치던 이들이 사실상은 세속화되어서 하나님을 쓰레기통에다 버렸다고 지적했다.[46]

신학의 변질과 교회의 쇠퇴를 초래한 현상들의 근원은 어디에 있는가? 교회를 세워나가고, 또 지속적인 개혁을 도모했던 시대가 지나갔다면, 어디에서 원인을 찾아야 하는가? 웰즈 박사의 통찰과 분석에 의하면, 세속화에 따른 신학의 변질이고, 교회의 상업화가 초래되었다는 것이다. 서구 유럽과 미국의 교회가 상업화되고 변질된 이유는 그 뿌리가 되는 신학 사상이 세속화에 휩쓸려서 썩어가고 있기 때문이라는 것이다.

---

[46] David F. Wells, *No Place for Truth: or Whatever Happened to Evangelical Theology?* (Grand Rapids: Eerdmans, 1993). idem, *God in the Wasteland: The Reality of Truth in a World of Fading Dreams* (Grand Rapids: Eerdmans, 1994). idem, *The Bleeding of the Evangelical Church* (Edinburgh: Banner of Truth Trust, 1995). idem, (1998), *Losing Our Virtue* (Grand Rapids: Eeerdmans, 1998). idem, (2005), *Above All Earthly Pow'rs* (Grand Rapids: Eerdmans, 2005). idem, *The Courage to be Protestant* (Grand Rapids: Eerdmans, 2008). 주요저서, 4권을 포함해서 웰즈 박사의 저서들 대부분이 한국어로 번역되어 출간되었음.

미국이나, 유럽에서나, 한국 교회에서든지, 교회의 성장정체와 쇠퇴 현상은 단순히 인구 감소에서 초래된 것만이 아니다. 시골 교회에서는 고령인구의 증가라는 구조적 문제도 크지만, 전체적으로는 세속화와 결코 무관하지 않다.[47] 웰즈는 이제 기독교인이 된다는 것은 타락한 세상과의 전투적 자세를 살아가겠다는 대담성과 용기가 필요하다고 격려한다. 최근의 저서 『폭풍 속에 계시는 하나님』에서 웰즈 박사는 "거룩한 사랑"을 가장 중요한 성품으로 지적하면서, 세속에 영향을 받지 말고 성경이 증거하는 바를 더욱 하나님에게 의존해야만 한다고 강조했다.[48]

필자는 웰즈 박사의 진단에 전적으로 동의한다. 그리고 구체적으로 세속화의 진생속에서 신학의 변질이 일어난 일들을 세계 교회와 한국 교회에서 일어난 변질과 몰락의 사례들을 설명하고자 한다.

가. 왜곡된 신학이 교회를 무너뜨렸다

2000년대를 전후로 하여, 지난 30여 년 사이에 유럽에서 교회가 급속히 무너지게 된 이유는 무엇일까? 풍요하게 된 서유럽 국가에서 죄악된 참사가 빚어졌다. 곧, 동성애가 성행하면서, 이를 반대하는 교회를 배척하는 "성의 혁명"이 서구 유럽을 휩쓸었다. 기존의 교회들은 이런 세속화의 물결에 휩쓸려서 신앙고백을 바꿔버렸다. 종교개혁자들의 신앙을 벗어나서, 이런 탈보수주의 문화 현상을 받아들이는 각종 현대 신학을 따라가게 되었다. 이미 성경을 하나님의 말씀으로 믿지 않는 현대 신학 사상은 교회의 전통을 흔들어 놓았다. 현대 철학은 해체주의

---

47 Charles Taylor, *A Secular Age* (Cambridge: Harvard University Press, 2007).
48 David F. Wells, *God in the Whirlwind* (Wheaton: Crossway, (2014), 17.

를 주장하면서 교회가 믿는 절대 진리에 도전했다. 탈보수주의를 기치로 내건 현대 신학은 교회를 든든히 세우기 보다는 오히려 젊은이들로 하여금 교회를 떠나도록 부추겼다. 이에 영향을 받은 목회자들은 교회의 강단에서 전파되는 설교와 교회의 활동들을 잘못된 문화적 모임으로 이끌어갔다. 현대 신학자들이 내놓은 이론들은 초월적인 차원의 하나님을 부정해 버렸다. 인간의 이성적인 분석으로 성경을 비판했다. 소위 세계적으로 유명한 대학교에 소속해서 가르치던 이들 현대 신학자들은 교회와 성도들을 혼미하게 만드는 탁류들을 쏟아내었다. 구 자유주의 신학, 사회 복음 신학, 위기 신학, 사신 신학, 비신화화 신학, 신정통 신학, 해방 신학, 문화 신학, 정치 신학, 과정 신학, 포스트모더니즘 등이다. 영국의 신학자 피터 툰 박사는 이들 신학들이 이미 종말을 고했다고 선언했지만, 각 대학에서는 아직도 살아남아서 여전히 새로운 이론으로 위세를 떨치고 있다.[49] 현대 신학자들의 이론과 저서들이 교회를 든든히 세우는 일에 긍정적인 기여를 한 것이 아니다.

지금 일어나고 있는 서구 유럽 교회의 몰락은 현대 신학 사상의 변질에서 나온 영향이 크다. 교회가 문을 닫게 되어지는 이 엄청난 비극의 근저에는 성경을 벗어난 신학자들의 허망한 이론들이 뿌리깊이 박혀 있다. 현대 신학자들은 자신들의 학문적인 우수성을 과시하는데 앞장을 섰을 뿐이다. 교회를 세우는 일에는 전혀 관심이 없다. 이들 신학자들은 대학에서 저명한 명성을 자랑하였을 뿐이요, 결코 교회를 세우려는 목양자가 아니었다. 이러한 현대 신학자들이 과연 어떻게 일어났던 것인가? 누구에게 가장 큰 책임이 있는 것인가? 교회 내부에서 변

---

[49] Peter Toon, *The End of Liberal Theology: Contemporary Challenges to Evangelical Orthodoxy* (Wheaton: Crossway, 1995).

질을 초래한 근본원인이 신학 사상의 혼란이라고 한다면, 그들에게 영향을 주었던 문화의 세속화가 더 근본적인 문제라고 할 수 있다.

우리는 항상 교회의 새로운 갱신과 건전한 생명력의 회복을 간절히 염원하고 기도한다. 그러나 현대 교회를 정확하게 진단하여 처방을 내리지 않는다면, 오늘의 몰락을 벗어날 수 없다. 왜곡된 신학 사상에 물든 목회자들의 설교를 완전히 바꾸지 않는다면, 아무리 성경적인 대안을 제시하더라도 실제적인 유익이 없다. 교회를 살려내는 신학이 없이는 소생하리라는 전망이 없어 보인다.

거듭 강조하지만, 유럽에서 현대 교회가 몰락하게 된 것은 기독교 내부에서 확산된 신학의 변질 때문이다. 계몽주의 철학과 근대화의 진행 과정에서 사람들의 마음 속에 하나님을 거부하는 담대한 무신론과 극도의 개인주의가 자리를 잡았는데, 신학 사상도 인본주의적인 관점에 영향을 받아서 현격하게 재구성되었다. 돌처럼 굳어진 이성적 인간은 이제 더 이상 하나님을 두려워하지 않게 되었다. 유럽의 철학자들과 사상가들의 인격 속에는 성령의 변화로만 가능한 거룩한 마음이 더 이상 작동하지 않는다. 마치 구약 성경 사사 시대의 말기 현상들처럼, 현대인들은 제멋대로 각자 제 소견에 옳은 대로 살아가고 있다.

종교개혁 이후에, 유럽에서는 "근대화"modernism가 진행되면서, 하나님과 교회 중심에서 벗어나서 인간 중심주의, 인본주의, 인간 자율주의 사상이 확산되었다. 세계 역사와 정치적 주도 세력이 완전히 급변하면서, 전혀 다른 형태의 인본주의가 종교개혁자들의 신학을 뒤덮었다. 근대화 과정을 겪으면서, 지성인들과 교회의 지도자들이 정통 교리를 거부하고, 신앙고백서에 규정된 신학을 왜곡하는 사상이 성행하였다. 결국, 하나님에 대한 신앙을 의심하고, 교회를 벗어나면서, 하나님의 형상으로서의 자아상과 정체성이 사라지고 말았다.

세상의 철학과 헛된 속임수가 지성과 학문의 이름으로 사람들을 세뇌시키고, 생각을 혼란스럽게 만들고 말았다. 일찍이 하나님께서는 사도의 편지를 통해서 교회가 분별력을 가지도록 깨우친 바 있다.

> 누가 철학과 헛된 속임수로 너희를 사로잡을까 주의하라
> 이것은 사람의 전통과 세상의 초등학문을 따름이요
> 그리스도를 따름이 아니니라(골 2:8).

종교개혁이 가져온 유럽의 "근대화" 과정은 봉건 정치 제도와 신분제 사회을 혁신시켰다. 절대 왕정이 무너지고, 시민 정부와 평등 사회가 등장하였다. 그 과성에서 엄청난 변화가 일어났다. 기존의 권위체계가 완전히 부정을 당했다. 곧 줄기차게 사회적 혁명이 봇물처럼 퍼져나갔다. 영적이며, 사상적이며, 예술과 문학 등 전반적인 문화의 "세속화"라는 재구성과 재설정의 과정을 수반하였다.[50] 절대군주제가 무너지고, 각 지역을 관장하던 귀족 중심의 사회 구조가 무너졌다. 태어나면서부터 가졌던 귀족들의 특권 의식은 사회 불평등의 근원으로 매장당했다. 정치 제도와 사회 구조가 완전히 바뀌지는 혼돈과 전란의 시대가 흘러갔다. 식민지 쟁탈 전쟁, 프랑스 대혁명, 마르크스주의자들의 폭동, 두 차례의 세계 대전 등 기존의 질서가 완전히 무너지는 엄청난 사건들이

---

50 Pericles Lewis, *Modernism, Nationalism, and the Novel* (Cambridge University Press, 2000), 38–39. Sanford Schwartz, *The Matrix of Modernism: Pound, Eliot, and Early Twentieth Century Thought* (Princeton: Princeton University Press, 1985). Kolocotroni, Vassiliki et al., ed., *Modernism: An Anthology of Sources and Documents* (Edinburgh: Edinburgh University Press, 1998). Michael Levenson, ed., *The Cambridge Companion to Modernism* (Cambridge: University Press, 1999). Pericles Lewis, *The Cambridge Introduction to Modernism* (Cambridge: Cambridge University Press, 2007).

유럽을 연이어 강타했다. 근대화의 격동적인 상황들 속에서 빚어진 현대 신학은 종교개혁자들의 신학 사상을 내던지고, 시대적 요구에 발맞춰서 개발되었다. 자유주의적인 신학 사상을 주도한 대부분의 저명한 교수들은 주로 독일 루터파 교회 안에서 태동된 철학과 사회 정치 사상들을 습득한 학자들이었다.

"현대 신학"이라는 이름으로 제시되는 것들을 결국 "갱신"이라는 미명하에 교회를 혼란에 빠트리는 이론들을 개발해 냈다. 그야말로 "개악"을 일삼는 교회 파괴주의자들이 활개를 쳤다. 독일 자유주의 신학자 쉴라이에르막허 이후로 등장한 현대 신학은 "자아 중심"이라는 극도의 개인주의와 주관주의가 강력하게 작동하였다. 성경에서 가르치는 "하나님이 역사의 중심"이라는 교훈과 "교회를 중심"으로 하는 신앙생활이라는 기본 구도와는 완전히 배치되는 인간 중심주의와 자아 정체성이 사회 전반에 확산되어 나갔다. 종교개혁의 신학 사상은 하나님께서 우리에게 주신 형상과 그 이미지를 갖고 살아가는 사명을 강조했다. 그러나 "모더니즘"은 하나님께서 사람의 문화적 발전을 통해서 자신을 계시하신다고 주장했다. 근대화 과정에서는 정치와 사회가 근본적으로 뒤엎어졌고, 그러한 혁명적인 변화 속에서 반기독교적인 사상가들이 영향력을 확산해 나갔다. 데카르트, 루쏘, 찰스 다윈, 칼 마르크스, 프로이드, 프리드리히 니체, 하이데거 등이 배경으로 자리하고 있다.[51]

이들의 각종 철학 이론들과 각종 이성적인 사색들에 의해서 현대 신학의 변질이 초래되었다. 그러한 신학 사상의 영향을 받은 현상들이 곳곳에서 독버섯처럼 교회를 위협하고 있다. 겉으로는 현대적으로 세

---

51 Carl R. Trueman, *The Rise and Triumph of the Modern Self: Cultural Amnesia, Expressive Individualism, and the Road to Sexual Revolution* (Wheaton: Crossway, 2020), 27.

련된 교회라고 하는 곳에서 선포하는 가르침들을 살펴보면, 삼위일체 하나님의 오묘하심을 왜곡한다거나, 그리스도의 인격과 사역을 통해서 이뤄진 대속적 은총을 가볍게 취급하는 경우를 자주 목격하게 된다. 오류가 없는 성경 말씀이 성령의 영감으로 받은 계시임을 무시하는 사례들을 자주 발견하게 되는데, 참으로 개탄스럽고 통탄스러운 일이 아닐 수 없다. 성경 비평학과 문서설을 받아들인 어느 목회자가 교회가 부흥케 했는가? 포스트모더니즘의 철학으로 영향을 받은 소위 진보 신학을 가지고 병든 영혼을 바르게 잡아 주거나, 건실한 교회가 세워진 사례가 과연 어디에 있는가! 종교 다원주의, 만인구원론, 신학적 관용주의 등에 의해서 과연 교회가 반듯하게 세워졌는가? 어쩌자고 저렇게 막무가내로 질주하고 있는가! 하나님의 공의로운 징책과 심판을 두려워하지 않는 것인가!

　우리가 교회의 특성과 임무를 밝혀보려고 할 때에, 먼저 우리는 오늘날 여러 교회에서 성경을 올바로 가르치지 않는 현상을 그대로 수수방관 해서는 안 된다. 교회에 속한 사람들이라면 누구든지, 평신도든지, 목회자든지, 신학자든지 누구라도 주저말고 나서야 한다. 물론 왜곡된 설교와 가르침에 대해서 지적하고 시정하도록 요구함에 있어서는 사랑으로 온유함으로 하되, 단호하고 분명한 견해를 밝히는 것이 필요하다. 어떤 신학자나, 목회자의 경우에는 오직 자신의 체험과 경험을 강조하는 경우가 많다. 자기의 좁은 안목에만 빠져있는 자들로 인해서 교회가 중한 질병에 감염되어서 성도들도 함께 허상을 벗어나지 못하고 만다. 우리 교회만이 순결하다는 우월의식, 우리교회는 장자교단 소속이라는 자랑에 빠져버린다면, 결국 병든 교회가 되고 만다. 그런 교회는 어떤 한순간에 사탄의 공경에 휘말리게 되면, 무너지고 깨지게 된다. 왜곡된 신학에 물든 교회는 불행한 사태를 벗어나기 어렵다. 잘못된 신학의 탈을 벗겨야만 교회가 든든히 설 수 있다.

여기서 필자가 강조하고자 하는 것은 결코 "신학 무용론"이 아니다. 성경적인 교훈을 집약한 복음적인 신학적 기초가 반드시 필요하다는 점을 역설하려는 것이다. 하나님의 말씀에 기초한 교회론이 반드시 필요하다. 한걸음 더 나아가서, 깊은 신학적 통찰력을 갖추고 변질된 신학에 대해서는 철저하게 분별력을 가져야만 한다. 세계적으로 저명했다던 신학자나 신학대학원이라고 해서 다 믿을 수 없다는 사실이 드러났기 때문에, 무작정 따라가서는 안 된다.

대부분의 목회자들은 교단에서 인정하는 신학대학에서 기본적인 안목을 배우게 된다. 목회자들이 신학교에서 배운 노트를 중심으로 목회 사역에 임하게 되는데, 전수받은 "신학"은 마치 왕관을 쓰고 등장하는 황제와 같다. 저명하다는 신학자들은 유명세를 타고서, 교회를 향해서 권세있게 군림한다. 목회자들은 강단에 올라가서 이런 신학자들의 이론들을 매우 권위있는 진리로 인용하면서, 성도들의 귀에다가 퍼트린다. 목회자가 요긴하게 필요할 때마다 인용하는 신학자들의 이름들은 마치 값비싼 명품처럼 회자된다. 그들에 대한 약간의 지식을 가지고서 고상한 학식과 설교자의 권위를 내세우는데 활용을 하고 있다는 느낌이 든다. 특히 서구 신학자들은 자신들의 수많은 "학설들" "가설적 이론들"을 마치 무슨 진귀한 발명품이나, 천재적인 특허처럼 강조한다. 이처럼 신학자들의 학설들은 목회자들을 통해서 교회 안에서 군림해 왔다. 예를 들면, 문서비평학, 직통계시론, 자연 신학, 해방 신학, 민중신학, 영성신학, 은사운동 등이 위험한 비성경적인 사고방식을 교회에 퍼트렸다. 정치 신학이 지배하는 교회에서는 존귀와 영광을 받아야 할 하나님의 권위와 말씀이 사라지고 말았다.[52] 정치 신학을 반대하는 이유는 교회가 정치적 결사체가 아니기 때문이다. 교회는 권력을 쟁취하려는 이념 단체가 아니다. 정치적 주장들이야말로 잠시 있다가 사라지는 안개와 같고, 아침 이슬과도 같은 것들이다.

그와는 정반대로, 일부 목회자들은 자신들의 체험이나 어떤 특정한 경험에 근거하여 목양사역을 하고 있다. 이런 경우에는 저명한 목회자들이라고 하면서도, 지극히 개인주의로 흐르고 만다. 객관적인 진리를 강조하는 건전한 성경신학마저도 전혀 활용하지 않는다. 그야말로 신학에의 무지이자, 신학 무용론으로 치우친다. 그러한 태도와 자세도 역시 교회의 보편적 진리들을 변질시키기 쉽다. 특정한 인물의 체험주의, 현상주의에 빠져버리기 때문이다. 따라서 필자는 종교개혁자들과 개혁주의 신앙의 입장에서 밝혀진 가르침과 개혁교회의 전통에서 유지되어 온 순수한 교회론이 더욱 확산되기를 간절히 소망하게 된다.

나. 데카르트에서 바르트까지

데카르트에서 바르트까지 내려오면서, 하나님의 말씀을 인간의 이성으로 비판하고, 성경을 비평적인 문서로 취급하는 도전들이 현대 신학의 주류로 자리를 잡았다. 세계적으로 유명하다는 대학교에서 학문적 권위를 가지고 있던 신학자들의 머리에서 나오는 신학 이론들이 성경의 권위를 헐어버리고, 순전한 하나님의 뜻을 왜곡하였다. 교회의 혼란과 몰락은 성경을 하나님의 말씀으로 인정하지 않는 자유주의 신학과 해석학 이론들이 확산되면서 시작된 일이었다.

---

52   R. B. Kuiper, *The Doctrine of Biblical Church*: The Glorious Body of Christ, 7.

근대철학의 아버지, 계몽사상의 태두가 되는 서양 철학자 데카르트 1596-1630는 성경의 권위에 도전하면서 세상과 교회를 의구심의 혼란에 몰아넣었다. 서구 유럽에서는 종교개혁이 일어난 지 백년이 되면서, 여전히 로마 가톨릭의 반종교개혁과의 대립이 극심했었다. 영국에서는 퓨리턴 운동이 일어나고 있었으나, 네델란드에서는 로마 가톨릭의 신학을 약간 개조한 알미니안주의가 확산되면서, 각 지역 교회마다 1610년대에 신학 논쟁에 휩싸였었다.[53] 바로 그러한 토양에서 프랑스 출신이지만 네델란드에서 활동한 철학자이자 수학자였던 데카르트가 독특한 철학개론서, 『방법서설』1637을 내놓았다. 그는 "모든 것을 의심하라"고 가르쳤다. 그의 철학적 회의론은 종교개혁자들이 세운 모든 교리들을 무너뜨리는데 크게 기여했다.

유럽의 젊은이들은 데카르트의 유명한 철학적 명제, "나는 생각한다. 그러므로 나는 존재한다" Cogito, ergo sum를 암송한다.[54] 데카르트는 『철학 원리』에서 "우리가 의심하고 있는 동안 우리는 [의심하고 있는] 자신의 존재를 의심할 수 없다"고 주장했다. 이것이 바로 종교개혁의 교리와 신앙을 거부하고, 인간 중심적인 사고 체계를 불어넣은 데카르트의 존재론인데, 인간의 자아 중심을 모든 판단의 절대 근거로 만들었다. 근대화의 시작은 데카르트가 교회의 교리들을 본질적으로 이탈하고, 인간 중심적인 사고에 의존 한데서 기인하였다. 데카르트는 그 이전의 모든 철학사상을 거부하였다. 그가 주장하는 바, 오직 인간이 스스로 생각하는 것만으로 최종 결론을 내리려는 구조는 이미 하나님께서

---

53 John Frame, *A History of Western Philosophy and Theology* (Phillipsburg: P & R Publishing, 2015), 170-182.

54 René Descartes, *Discourse on the Method, Optics, Geometry and Meteorology*, (1637) tr. P. J. Olscamp, Revised edition (Indianapolis: Hackett, 2001).

먼저 규정하신 진리 체계를 완전히 거부하는 것이다.[55] 데카르트의 철학 방법론에서 나온 인본주의적 관점은 인간 이성을 자율적이라고 강변하였고, 여기에서 하나님과 교회를 벗어나는 계몽주의 사상의 기초가 놓이게 되었다. 데카르트의 혁명적인 철학이 주장하는 인간 자율주의는 개인의 주관주의를 향한 발판을 마련하는 역할을 하였다.

근대적 삶과 제도를 갈망하던 유럽인들은 데카르트의 철학으로 통해서 완전히 다른 메시지를 듣게 되었다. 정통 기독교에서 가르쳐온 하나님의 형상으로서 부패한 자아상과 정체성에 대해서 급격한 변화가 일어나고 말았다. 성경에 의해서 교회가 가르친 바, 절대기준, 절대적인 가치, 절대적인 존재를 완전히 부정해 버린다. 예를 들면, 남자와 여자의 경계와 역할에 대해서도 지워버리고자 한다. 교회가 믿는 것을 확고하게 주장한다면, 이런 자기중심적인 사상들과는 대화를 통한 평화가 아예 불가능하다.

철저히 인간 중심주의요, 인본주의이며, 이성의 자율주의를 정당화하는 사상이 최신 학문이라는 명분을 갖고서 전 유럽의 대학교와 지성 사회에 확산되어 나갔다. 이성적인 이해를 추구한다는 것은 결국 신앙을 의심하는 자세를 말한다. 신앙과 신비적인 초월성을 인정하는 어거스틴과는 정반대의 주장이다. 젊은 날 철학의 지혜를 추구하던 히포의 어거스틴도 역시 회의주의에 빠져 지냈으나, 확고한 진리의 바탕은 오직 하나님의 은혜임을 발견했다. 그러나 데카르트는 인간 이성의 자율주의만을 신봉하면서, 하나님과 계시의 말씀에는 복종하려 들지 않았다. 그 이후로 서양 철학자들은 하나님의 말씀을 버리고 인본주의와

---

55 Brian D. Ingraffia, *Postmodern Theory and Biblical Theology: Vanquishing God's Shadow* (Cambridge: University Press, 1995), 126.

이성 중심주의를 확산시켜서 나갔다. 르네상스 휴머니즘에서는 하나님을 인정하는 신앙을 강조했지만, 17세기부터는 이성의 자율주의적인 판단과 사색에 의존하는 길로 내달리고 말았다. 교회에 대하여 존중하는 자세와 태도가 사라지고, 탈교회화가 유럽의 사상적 방향에 큰 영향을 발휘하게 되었다.

유럽 국가들은 "근대화"를 촉발하게 된 여러 차례의 혁명과 전쟁의 시기를 거치면서 정치와 사회가 큰 변화를 겪었다. 그러나 그때에도 여전히 교회에는 시민들이 가득 모여서 예배를 올리고, 기도로 간구를 드렸었다. 스위스 사상가 장 자크 루쏘1712-1778가 중세 봉건제도와 군주제를 부정하는 "인간 불평등 기원론"과 "사회계약론"을 발표했고, 기존의 단일 군주와 절대 권위를 부정하면서 동시에 기독교 교회의 권세도 함께 비판했다. 칼빈주의에서 강조하는 인간의 전적 부패교리를 거부하는 루쏘에 대해서, 그가 속했던 스위스 교회에서 적그리스도라고 추방했다. 루쏘는 젊은이들에게 교회를 떠나서 자연으로 가라고 부채질했다.

근대화의 수레바퀴가 흘러가면서, "자유주의 신학"의 아버지라고 일컬어지는 쉴라이에르막허1768-1834로 인해서 확산 되어지기 시작한 인간 중심적인 신학이 독일 루터파 교회를 흔들어 놓았다. 쉴라이에르막허는 성경 말씀 자체에서 중심되는 교리들과 이것들을 요약한 신앙고백서를 강조해온 전통 신학을 부정하고, 성도가 개인별로 "종교적인 체험을 표현한 것"에 중점을 두는 형상화를 제안했다.[56] 자유주의 신학이 잉태된 배경에는 쉴라이에르막허에서 찾아볼 수 있는데, 독일에서 확

---

56 David K. Clark, *To Know and Love God: Method for Theology* (Wheaton: Crossway, 2003), 33.

산된 칸트와 헤겔의 계몽주의 사상에 기인하고 있다. 쉴라이에르막허는 개인의 경건을 중요시하면서도 철저한 주관주의에 입각해서 이성적 자율성을 원리로 삼았다. 하나님을 아는 지식과 신앙을 인간의 양심과 감정 속에서 느끼게 되는 주관주의로 바꾼 것이다. 반틸 교수는 바르트와 같은 독일 현대 신학의 뿌리를 추적하면서, 쉴라이에르막허의 핵심적인 사상 체계가 칸트의 실천이성이라는 방법론에서 나온 것임을 비판했다.[57]

더욱 안타까운 것은 계몽사상의 원조인 칸트와 자유주의 신학의 뿌리인 쉴라이에르막허 모두 다 독일 개혁주의 목회자의 아들이었다는 사실이다. 자유주의 신학에 물든 서구 기독교는 점차 구원과 상관없는 과학주의에 타협하는 종교학을 정통 기독교에 대체하도록 허용하기에 이르렀다.[58] 이들 자유주의 신학자들의 영향으로, 포이에르바흐와 칼 마르크스는 기독교 종교를 아예 마약이나 아편이라고 힐난하면서 인간의 망상이라고 배척했다.

교회의 뿌리이자, 견고한 기초는 하나님의 말씀, 곧 성경이다. 교회는 기록된 하나님의 말씀을 통해서 세상에서 잃어버린 영혼을 구원하는 사역을 감당할 수 있다. "만물이 주에게서 나오고 주로 말미암고 주에게로 돌아감이라 그에게 영광이 세세에 있을지어다, 아멘"롬 11:36. 성경을 올바로 전하고 이해를 위해서는 본문 검토와 역사적 검증을 하되, 기록된 계시의 특수한 성격을 똑바로 인식해야만 한다. 자존하시는 삼

---

[57] Ibid., 251-262.
[58] J. Gresham Machen, *Christianity and Liberalism* (Grand Rapids: Eerdmans, 1923), 17: "Modern liberalism in the Church, whatever judgment may be passed upon it, is at any rate no longer merely an academic matter. It is no longer a matter merely theological seminaries or universities. On the contrary its attack upon the fundamentals of the Christian faith is being carried on vigorously by Sunday-School lesson-helps, by the pulpit, and by the religious press."

위일체 하나님이 모든 성경의 핵심이요, 계시의 원천이며, 그리스도가 중심에 있다눅 24:27, 요 5:39.[59] 구원은 오직 하나님께 속한 것이기에욘 2:9, 교회가 건강하게 생명력을 유지하려면 믿음과 생활의 유일한 표준 문서이자, 계시로 주어진 정확 무오한 정경으로서 성경을 받아들여야 한다.[60]

교회의 참된 기초를 세우기 위해서 오직 성경 말씀에 따르는Sola Scriptura! 정통 신학의 토대가 필요하다. 현대 교회가 무너지고 있는 가장 근본적인 이유는 교회로부터 나오는 주요 메시지가 하나님의 말씀을 떠났기 때문이다.[61] 교회는 사탄의 권세에 무너지지는 않으나, 거짓과 어둠의 세력에 맞서는 영적인 싸움을 벗어날 수는 없다엡 6:12.

교회가 오염되고 변질이 되면 하나님의 영광을 추구하지 않는다. 하나님의 말씀보다는 교회의 지도자들이나 신학자들의 권위에 더 의존한다. 자유주의 신학으로, 성경에 대해서 비평하는 각종 신학들에 의해서 교회가 반듯하게 세워진 경우를 전혀 찾아볼 수 없다. 부패한 인간의 허망한 야망에 대해서 공의로우신 하나님으로부터 합당한 질책과 심판이 가하신다. 성경이 증거하는 오랜 역사 속에서 몇 가지 사례들이 오늘날의 교회가 직면한 혼란과 쇠퇴에 대한 교훈들이라고 필자는 생각한다. 이스라엘 민족은 그야말로 하나님의 사랑과 보호를 받는 국가였으나, 주변 나라들이 섬기던 우상들에 미혹되어서 온 백성들이 눈에 보이는 것들을 숭배하다가 마침내 멸망에 이르게 되었다. 그 시기

---

59 Herman Bavinck, *Reformed Dogmatics*, tr. John Vriend, 4 Vols. (Grand Rapids: Baker, 2008). Geerhardus Vos, *Biblical Theology* (Grand Rapids: Eerdmans, 1948).
60 William J. Larkin Jr. *Culture and Biblical Hermeneutics: Interpreting and Applying the Authoritative Word in a Relativistic Age* (Eugene: Wipf & Stock, 2003).
61 Edward J. Young, *Thy Word is Truth* (Edinburgh: Banner of Truth Trust, 1957), 13.

에는 거짓 선지자들이 시민들의 귀에 달콤한 소리를 속삭였다. 결국 하나님의 말씀이 선포되지 않았고, 백성들은 하나님을 무시하며 제멋대로 살다가 심판을 받았다.

모든 지상의 교회는 우상 숭배의 혼란과 외부의 공격들에 대비해야만 한다. 선지자들을 통해서 이스라엘을 인도하던 시대에, 엘리 제사장의 두 아들 홉니와 비느하스가 범한 죄악을 하나님께서는 공의로 심판하셨다. 비느하스의 아내는 아이를 낳으면서, "이카봇"이라고 지었다 삼상 4:21. 유대인들은 블레셋의 대대적인 침공에 무너졌고, 언약궤도 빼앗겼으므로, "영광이 이스라엘에서 떠났다."

이스라엘의 역사를 읽으면서 수없이 반복되는 일들이 바로 우상 숭배에 대한 하나님의 진노와 처벌이다. 왕과 지도자들이 이방 신들에게 마음을 빼앗기는 동안에, 참된 선지자들은 고난을 당하였다. 열왕기상 22장 12절에 보면, 아합왕의 극악무도한 우상 숭배에 맞서서, 하나님의 준엄한 심판을 경고하기 보다는 대부분의 선지자들이 아첨을 했다. 결국 이스라엘은 이웃과의 전쟁에서 패전하였고, 아합 왕의 피를 개들이 핥았다.

오늘날 서구 유럽의 현대 교회가 쇠퇴하고 있는 현상을 바라보면서, 그리스도의 영광이 떠났다고 평가할 수 있을 것이다. 오히려 현대 교회들은 엘리 제사장의 몰락과 함께 '이카봇' 시대가 도래했던 것보다 더 심각하게 초토화되어버렸다. 현대 교회들은 더 비열하고 교활하게 하나님의 계시를 가로막고 있으며, 주님의 영광을 가로채 버렸다고 비판해야 마땅할 것이다.

현대 자유주의 신학자들처럼 하나님의 말씀을 존중하지 않고 가볍게 취급하거나, 무시해 버린다면, 교회가 바르게 세워질 수 없다. 하늘에 속한 천상공동체의 구성원들이 진실한 신앙과 순결한 윤리를 세울 수 없게 된다. 성경에 근거하는 객관적 원리가 없으면, 각자 저마다 일어나서 각기 소견에 옳은 대로 판단하고 주장하게 된다. 결국 집단주의 혹은 우수한 논리가 다른 사람들을 제압하게 되며, 모든 일에 수단 방법을 가리지 않게 된다. 하나님의 말씀이 영향을 미치지 못하게 되면, 원칙과 질서가 무너지고 혼란에 빠지게 된다. 내분이 일어나서 나라가 갈라지기도 했고, 머나먼 타국으로 끌려가게 될 정도로 처참했다.

한국 교회가 바르트의 신학 사상 아래서 종노릇을 한다거나, 그의 학문적 명성 아래서 제자가 되어서는 결코 안 된다는 점을 이미 박형룡 박사와 박윤선 박사 등이 지속적으로 제기하였다. 바르트는 개혁교회가 중요하게 받아들이는 신학에 변증법적 사색을 가미하여 변질시켰다.

첫째, 바르트의 출발점과 이후의 신학 사상들이 모두 심각한 문제점들을 포함하고 있다. 현대 신학자들은 쉴라이에르막허에게서 큰 영향을 받았는데, 신정통주의 신학을 개발해낸 칼 바르트Karl Barth에게도 크게 감화를 주었다. 바르트는 쉴라이에르막허에 대해서 엄청난 찬사로 일관한다.[62] 왜냐하면 바르트는 종교개혁의 신학을 뒤엎어 버린 쉴라이에르막허의 영향 아래 서 있기 때문이다. 그에 의하면, 쉴라이에르막허야말로 개신교 역사상 최초로 신학과 그 시대의 지성을 총괄하여 뛰어난 해답을 제시했다는 것이다. 루쏘의 사상을 뛰어넘고, 레싱의 고뇌를 초월했으며, 칸트의 비판철학을 넘어서, 헤겔의 변증적 철학에서 가능성을 창출해 냈다는 것이다.

---

[62] Karl Barth, *Protestant Thought: From Rousseau to Ritschl* (New York: Harper & Row, 1959, original in 1952), 314-315.

개혁주의 신학을 계승하는 교회들은 이러한 현대 자유주의와 갈등을 피할 수 없다. 개혁주의 전통에 서 있는 교회들은 쉴라이에르막허의 현대 자유주의와 바르트의 신정통주의를 받아들이지 않았다. 종교개혁자들의 신학과 유산을 존중하는 교회들은 여전히 16세기와 17세기 신앙고백서들을 소중하게 지켜나가고 있다. 미국 웨스트민스터 조직신학 교수 반틸 박사는 쉴라이에르막허와 그의 신학을 계승하여 변형시킨 바르트에 대해서 모두 다 비판한다. 쉴라이에르막허가 제시하는 내재적인 양심과 감정이 신에 대한 실재로 간주하는 것이기에 극히 개인적이요 주관적이라고 문제점을 벗어날 수 없었다. 그런가 하면, 이를 극복했다고 자부하는 바르트는 기독론 중심으로 객관성을 되살리려는 변화를 시도했다고 말하지만, 결국 종교개혁의 교리들을 거부하였고, 정통 개혁신학과는 전면적으로 다른 변증적 체계를 시도했을 뿐이다.[63]

바르트라는 신학자의 거창한 변증 체계가 과연 교회를 세우는데 어떤 기여를 했는지 전혀 알 수가 없다. 도리어, 개혁주의 교회가 지켜온 진리들에 대해서 회의하고 의구심을 제기하는 일에 열중했을 뿐이다. 반틸 박사는 일평생 연구하고 지키려 했던 개혁주의 신학에 도전하는 바르트의 신학적 시도들을 온몸으로 막아내려고 노력했다. 반틸 박사는 바르트로 대변되는 현대주의 신정통 신학과 싸운 20세기 최고의 신학자였다. 바르트는 루터와 칼빈의 저서들 가운데서 강조된 예수 그리스도의 인격과 사역을 버리고, 현대 에큐메니즘 운동에 적합한 행동주의 사상을 따라서 변질시켰다.[64] 따라서 성경에서 가르치는 바를 정립한 개혁주의 기독론에서는 바르트의 사변적 주장을 받아들일 수 없

---

63 Cornelius Van Til, *Christiantiy and Barthianism* (Phillipsburg: P&R, 1962), 2-4, 415-421.
64 Van Til, *Christianity and Barthianism*, vii.

다.[65]

둘째로, 바르트의 교회론에서 가장 잘못된 부분은 개혁주의 신학에서 강조되어온 은혜의 방편들Means of Grace, 곧 말씀과 성례들의 구속사적 사역들을 부정한 것이다.[66] 은혜의 방편들이라는 용어가 왜곡되어서는 안되는데, 우리들 속에서 무엇이 나온다는 의미가 아니라, 그리스도께서 성령에 의해서 우리들 가운데 부어주시거나, 일하게 하신다는 뜻이다. "너희 안에서 행하시는 이는 하나님이시니, 자기의 기쁘신 뜻을 위하여 의지를 갖게 하고, 일하게 하신다"빌 2:13, ESV. 성령의 인격적인 사역은 은혜로 동일시 되어질 수 있는데, 이것은 선물이기 때문이다. 장차 다가올 하나님의 나라 속에 있는 것들의 실체들 가운데 참여케 하심이다. 보스 박사는 이 구절의 의미를 명쾌하게 해석했는데, "성령께서는 지속적으로 다가올 세상과 관련을 맺고 있으며, 따라서 성령으로부터 그리스도인들은 모든 성령의 초자연적이면서도 구속적인 힘 안에서 특수한 성품을 제공받게 된다."[67]

교회론에서 은혜의 방편을 거부하는 바르트의 주장은 곧 성령의 사역에 대한 왜곡이기도 하다. 왜냐하면, 타락한 인간은 은혜의 선물들을 하나님의 샘물로부터 공급을 받는데, 이것은 결코 그리스도로부터 분리되는 것이 아니라, 성령의 적용 사역을 통해서 교회가 성도들에게 제공하는 것이기 때문이다.[68] 그러나 바르트는 『교회 교의학』이라는 제목하에 엄청난 분량의 저서를 펴내면서도, 실상은 교회의 사역을 완전

---

65 Ibid., 213-216.
66 Michael Horton, *People and Place: A Covenantal Ecclesiology* (Louisville: Westminster/John Knox, 2008), 173, n.118.
67 Geerhardus Vos, "Paul's Eschatological Concept of the Spirit," in *Redemptive History and Biblical Interpretation*, ed. Richard Gaffin Jr. (Phillipsburg: P&R, 1980), 125.
68 Louis Berkhof, *Systematic Theology*, 604.

히 망가뜨리는 내용으로 가득 채워놓은 것이다. 그리스도와 교회를 지나치게 대립적으로 분리시키는 입장에서 교회론을 기술하다가 빚어낸 참사가 아닐 수 없다. 바르트에 의하면, 그리스도의 화해 사역은 더 이상의 추가적인 제공이나, 역사적인 발전을 필요로 하지 않는다는 것이다. 오직 모든 선택은 그리스도 한 분이다. 교회는 그리스도의 인격과 사역의 확장으로 간주하지 않는다.[69] 교회는 단순히 그리스도가 구속 사건들을 통해서 성취한 것들에 대해서 단순히 "증언"하는 것이자 "인정"하는 것에 불과하다. 로마서 강해에서도 "복음"과 교회 사이에 대조를 주장했다.[70]

바르트의 신정통주의는 예수 그리스도를 중심으로 하는 신학 체계를 세웠다는 명분을 주장하여 마치 성경적인 정통 개혁신학처럼 포장되어 있지만, 결코 전통적으로 내려오는 성경 신학적인 구원의 계시를 강조하는 것이 아니다. 거의 모든 신학구조가 오직 기독론에만 집중하는 단 하나의 신학이라서, 언약들과 연속적인 사건들을 통해서 구원의 역사가 펼쳐져 왔다는 계시의 연속성과 통일성을 강조하지 않는다. 예수 그리스도의 특수한 존재와 그의 역사만을 강조할 뿐이다.[71] 하나님의 구속적인 행동들 가운데서 어떤 일시적인 연속성들이 없는 것은 아니지만, 모든 것들이 다 동일하다고 주장한다. 모든 것은 유일하게 선택받은 예수 그리스도 안에 있고, 그분은 단 하나의 주체이자, 선택된 객체도 된다는 것이다. 이렇게 되면, 단번에 모든 속죄를 성취하신 그리

---

69 Karl Barth, *Church Dogmatics*, IV/3:7, 327.
70 Karl Barth, *The Epistle to the Romans*, tr. Edwyn C. Hoskys (London: Oxford University Press, 1933), 304.
71 Karl Barth, *The Word of God and the Word of Man*, tr. Douglas Horton (N.Y.: Harper & Bros., 1957), 66, 72.

스도의 속죄 사역과 그 이후에 전개되는 은혜의 경륜들 속에서 벌어지는 사건들의 중요성에 대한 의문이 제기되기 때문이다. 다시 말하면, 예수 그리스도의 역사와 교회의 역사는 심각하게 분리된다.

따라서 바르트는 교회 안에서 시행되는 모든 행위들은 예수 그리스도 안에서 일어난 역사들이 연속적으로 수행되는 것으로 간주하지 않는다. 유아 세례를 거부하였고, 보이는 교회에 내려주시는 은혜의 방편들을 받아들이지도 않았다.[72] 바르트는 여러 차례에 걸쳐서 성령의 사역과 그저 단순한 인간의 반응을 대조적으로 비교하였다.[73] "성도들의 신앙고백들, 그들의 고난당함, 그들의 회개, 그들의 기도, 그들의 겸손, 그들의 사역들, 세례도 역시, 그리고 주님의 성만찬도 구원 사건의 증거들이다"라고 바르트는 주장했다. 결국 성령의 강권적인 충만하심과 임재하심 가운데서 교회를 통해서 시행되는 은혜의 방편들을 깎아내렸다.

바르트는 가장 중요한 교회의 목양사역들을 전혀 다른 의미로 축소시켰다. 우리는 바르트가 이미 삼위일체론에서부터 심각한 교리적 왜곡을 갖고 있음에 주목해야 한다. 그는 기독론 중심주의에 흐른 나머지, 성령의 사역이 개입할 영역을 변질시켰다. 그는 계시의 동기성에 주목하면서, 삼위의 위격들이란 계시자Revealer, 계시Revelation, 계시되어진 것Revealedness으로 구별했다. 여기에서 이미 성령의 사역이 이미 완성된 진리를 인식하는 것을 넘어서는 어떤 것에도 개입할 여지를 어렵게 만들어 놓았다. 바르트의 기독론 중심의 신학은 성령이 성도에게 개입할 여지를 처음부터 축소해 버린 것이다.

---

72 Karl Barth, *Church Dogmatics*, IV/4:106, 129 30,
73 Karl Barth, *Church Dogmatics*, IV/3.2:756, 783.

경건주의자들의 신학 구조 속에서 기독교가 심리적인 구원으로 변질되었음을 잘 인식했던 바르트지만, 정작 본인도 역시 성령께서 담당하는 구속의 적용 사역을 축소시켜서 질식시켜버리고 말았다. 그러나 바르트의 주장과는 달리, 교회의 모든 사역들과 목양적인 활동들은 성령의 선물들이요, 이로 인해서 모든 성도가 구원의 은혜 안에서 살아가게 되며, 그리스도의 장성한 분량에 이르도록 교회가 성장하는 것이다.[74]

개혁주의 교회에서는 성령의 충만하심 가운데서 설교와 성례들이 지금도 역사하시는 구원사건의 원동력이자, 은혜의 방편들로 사용되어지고 있음을 확실하게 가르치고 있다. 그러나 바르트에 의하면, 성례들은 하나님 편에서 수행하는 구원사건들이 아니라, 단순히 인간의 기도에 대한 응답으로서 "증언"witness에 해당할 뿐이다. 그러면서, 애매 모호하게도 "예수 그리스도만이 유일한 성례다"라고 주장한다.[75]

셋째로, 이처럼 바르트의 기독론 중심체계가 과도하게 여러 다른 신학 사상들을 지배하고 있어서, 성령론의 왜곡이 심각하다. 바르트의 기독론 중심의 신학구조가 지나치기 때문에, 여타의 모든 신학의 구성에서 있어서 왜곡이 초래되고 말았다. 그는 개혁주의 정통 신학자들이 성경적으로 가르쳐 온 구속 사역을 적용하는 성령의 사역들을 왜곡하였다. 일련의 지속되는 그의 주장을 살펴보면, 예수 그리스도의 부활, 승천, 성령강림, 재림 등의 일련의 사건들이 모두 다 구속 사건이라기 보다는, "증거들"attestation에 불과하다.[76] 예수 그리스도와 그의 사역은 기

---

74 C. R. Vauchan, *The Gifts of the Holy Spirit* (Edinburgh: Banner of Truth, 1894).
75 Karl Barth, *Church Dogmatics*, IV/I:296.
76 Karl Barth, *Church Dogmatics*, IV/4:88, "He is He, and His work, standing over against all Christian action, including Christian faith and Christian Baptism".

독교 신자의 신앙이나 세례를 포함하는 모든 행동들과 대립적으로 서 있다고 바르트는 주장한다. 심지어 그리스도의 인성마저도 '말씀'logos과 결합되었음에도 불구하고, 하나님의 직접적인 계시가 아니라는 것이다. 그리스도의 신성이야말로 그의 인성에 가려진 베일이 벗어진다고 한다. 이것만이 성례의 지위에 있다고 주장한다.[77] 바르트의 전체적인 안목을 종합하자면, 성령의 사역과 단순하게 물 세례와 같은 인간의 반응을 매우 애매모호한 방식으로 대조시키는 방식을 취하고 있다.

전통적인 개혁주의 신학 체계에서는 구원의 적용사역을 성령의 가장 중요한 역할로 다루고 있으며, 일상적인 교회의 목양을 통해서 구체적으로 진행되고 있다고 믿는다. 그런데, 헤겔철학에 영향을 받은 신학자들은 이러한 교회의 사역들을 예수 그리스도의 인격과 사역의 확장이라고 동일시한다. 신헤겔주의와은 약간 다르지만 바르트도 역시 교회의 사역에 대해서 유사한 해석을 제시하고 있다. 예수 그리스도라는 단 한 사람의 사건 안에서 구원에 이르는 가치가 있는 모든 것들이 이미 성취되었으므로, 인간의 구원이 성취되었고 또한 장차 일어날 것이라고 주장한다. 언약의 영원성에서 본다면, 우리는 이미 나사렛 예수의 동시대 사람들이다. 회심, 칭의, 성화, 그리고 소명이 이미 모든 사람들에게 일어났기에, 바르트는 심지어 각 개별적으로 사람들이 이를 체험하지 못한다 하더라도 크게 안타까워하지 않는다. 바르트에 의하면, 모든 사람이 이미 그리스도와 연합되어졌는데, 그렇다고 한다면 교회의 목양사역들이나 성령의 적용사역들은 일반적인 사람의 단지 지성적인 영역에만 영향을 주는 극히 제한적인 것이다.[78] 바르트는 기독론의 왜

---

77 Karl Barth, *Church Dogmatics*, II/1:53.
78 Karl Barth, *Church Dogmatics*, IV/1:148.

곡만이 아니라, 구원론의 체계를 잘못 정립했으며, 더 나아가서 개혁주의 교회론을 망가트려 놓고 말았다.

정통 개혁주의 신학 체계에서 볼 때에, 바르트의 신학 체계가 얼마나 성경신학을 왜곡하였는가를 아주 쉽게 간파할 수 있다. 각 개별 성도의 구원사건은 결코 지성적이며, 이성적인 영역에 미치는 영향력으로 축소될 수 없다. 먼저 예수 그리스도의 구속 사역이 구체적으로 그의 몸으로 감당하는 고난의 과정과 그 후에 오는 영광의 단계로 실현되어졌음에 주목해야만 한다. 예수님의 복음서를 연구한 신학자라고 한다면, 더구나 유럽의 개신교 신학자들이 정립해온 기독론을 섭렵했다고 한다면, 예수 그리스도의 낮아지심과 높아지심에 대한 교훈들에 대해서 결코 가볍게 취급하지 않았을 것이다.

기독론적인 사건들은 결코 한번에 뒤섞여 일어나지 않았다. 역사의 현장 속에서 사역하시던 예수님께서는 제자들에게 자신이 먼저 고난을 당한 후에, 영광스러운 지위에서 찬란한 모습을 드러낼 것임을 주지시켰다. 부활하신 예수님께서는 엠마오로 가는 제자들에게눅 24:26-27, 또한 갈릴리 호수로 되돌아간 제자들에게 구약 성경을 인용하시면서 이 두 가지 단계를 설명하였다눅 24:46-47. 실망한 제자들은 그때까지도 예수 그리스도의 부활이 무엇인가를 전혀 이해할 수 없었다. 그들은 아직 구속 역사의 절정에 해당하는 부활에 대해서 알 수 없었던 것이다. 그러나 훗날 부활 신앙을 터득한 제자들은 예루살렘을 떠나지 말고 성령의 강림을 기다리라는 주님의 말씀에 완전히 순종하게 된다. 십자가와 부활의 의미를 구속 역사의 진행 과정에 따라서 바르게 이해하는 것이 믿음으로 구원을 얻는 성도들에게 매우 중요하다히 1:3-4, 2:9-10. 예수님께서는 제자들에게 기회가 있을 때마다 십자가의 고난과 그 후에 오는 영광에 대해서 반복적으로 가르치셨다. 그러나 제자들은 이런 말씀의 의미를 당시에는 알지도 못하였고, 묻기도 두려워했다눅 9:43-45. 모든 구속 사건의 진행 과정을 지켜본 후에야, 고난과 영광의 대조를 알게 되었다벧전 1:11.

성도의 구원 과정도 이와 유사하다. 먼저 죄인됨을 고백하기까지 역사적인 회심의 과정을 경험하게 된다. 성도가 구원을 얻는 것은 단순히 지성적인 변화에 그치는 것이 아니다. 개인들마다 자신의 삶에서 역사적 정황들을 안고 살아간다.

다. 말씀과 교회의 관계를 왜곡하다

교회에 주어진 은혜의 방편들로서 하나님의 말씀에 대한 왜곡이 심각하다. 로마 가톨릭에서는 교회는 말씀의 어머니라고 주장하는데, 영국 성공회가 따라가고 있다.[79] 이와 유사한 입장을 발전시키는 개신교 신학자들의 주장들이 계속되고 있다. 복음주의적 개인주의와 후기 자유주의 신학자들은 성경이 교회 안에서 "표준"canon으로 인정을 채택했기에 그 권위를 인정받는 것이라고 해석한다. 성경의 권위가 교회를 수단으로하여 채택된 것이라고 본다. 교회 안에서 성경의 기능을 인정하는 것뿐이다. 성경이 하나님의 말씀으로서 최종 권위를 갖는 이유에 대해서는 로마 가톨릭이나, 후기 자유주의 신학자들이나, 기능주의 관점으로 보는 예일 신학부의 린드벡 교수나 별로 차이가 없다.[80]

---

[79] Rowan Williams, *On Christian Theology* (Oxford: Blackwell, 2000). Robert Jenson, *Systematic Theology* (Oxford: Oxford University Press, 1997). Stephen Foul & L. Gregory Jones, *Reading in Communion: Scripture and Ethics in Christian Life* (Grand Rapids: Eerdamans, 1991). 앞에 나오는 책들은 예일 신학부 린드벡의 문화-언어적 모델이라는 신학방법론의 영향을 받았다. George Lindbeck, *The Nature of Doctrine* (Louisville, KY: Westminster John Konx Press, 1984).

[80] David Kelsey, *The Use of Scripture in Recent Theology* (Philadelphia: Fortress Press, 1975).

성공회 신학자 스탠리 호워스는 종교개혁자들이 강조했던 "오직 성경으로만"sola scriptura이라는 관점 속에는 성경 본문과 그것에 대한 해석 사이를 차별화하지 않고 하나로 합쳐 놓았기에 교회에 유익을 주지 못했고, "이단적이다"라고 주장한다.[81]

현대 신학자들이 계시로서의 성경을 비평하는 학설들과 가설들을 쏟아내놓은 이후에, 신적인 근원을 가진 문서라고 하는 특수한 신뢰를 깨트리고 말았다. 그 대신에 수많은 의심을 학문적 확신으로 둔갑을 시켰다. 기독교 신학사에서 초기 형태의 자유주의 신학이라고 부르는데, 성경을 그저 사람들이 쓰고 만들어낸 문서들 중에 하나라고 격하시키는 입장이 새로운 학문으로 등장한 것이다. 또한 성경에 담긴 내용들에 대해서 해석할 때에도, 자율주의 이성을 극대화함으로써 변질된 신학을 만들어내고 말았다.[82] 쉴라이에르막허 이후로 자유주의 신학자들은 자신들의 가설적인 지식을 활용하여 가장 탁월한 신학 체계를 세운다고 주장하였으나, 결국 교회를 혼란에 빠트리고 말았다. 또한 메마른 지성주의에 반대한다는 운동들도 역시 감정주의로 급선회하여 혼돈을 부추기고 말았다.

18세기 독일 계몽주의Enlightenment 에서 영향을 입은 수많은 신학자들이 이성의 자율주의를 신봉하게 되면서, 성경 말씀을 왜곡하였다. 독일의 두 신학자들, 레이마루스Hermann Samuel Reimarus, 1694-1768와 레싱G. E. Lessing, 1729-1781을 필두로 하여, 소위 기라성 같은 수재들이라고 하는 신학자들이 앞장서서 종교개혁의 신학적 유산을 버리고 성경을 파괴하

---

81 Stanley Hauerwas, *Unleashing the Scripture: Freeing the Bible from Captivity to America* (Nashvielle: Abingdon, 1993), 27.
82 Markus Bockmuehl, *Seeing the Word: Refocusing New Testament Study* (Grand Rapids: Eerdmans, 2006), 13, 64-65.

고 의심하는 이론들과 해석학들을 만들어냈다. 그러한 가설들과 주장들을 지속적으로 반복해서 학습하게 된 서구 유럽인들의 마음과 생각 속에서, 하나님의 말씀에 기초한 신앙적 토대가 무너지게 되었고, 마침내 교회를 떠나가게 되기에 이르고 말았다.

계몽주의와 과학주의에 의해서 왜곡된 기독교가 확산되는 지식적인 풍조 하에서 튀빙겐 대학에서는 헤겔 철학에 깊이 영향을 입은 바우어F. C. Baur, 1792-1860가 신약 성경에 대한 문서 비평학적 접근과 역사 비평학을 도입하여 기독교에 대한 새로운 도전을 제시했다.[83] 성경은 하나님께서 성령으로 감동하여 쓴 것임으로 하나님의 말씀이라고 믿어져 왔으나, 레씽은 완전히 사람의 글이라고 비판하였다. 바우어에게 크게 영향을 받은 알브레흐트 리츌1822-89과 벨헬름 헤르만1846-1922 등은 19세기 독일 자유주의 신학자들은 성경에 대한 기존의 존경과 권위를 송두리째 흔들어 놓았다. 성경의 권위와 신뢰성에 대해서 인본주의 지성에서 뿜어 나오는 인식을 바꾸어놓는 엄청난 해악을 끼쳤다. 리츌은 예수 그리스도의 동정녀 탄생, 신성과 인성을 동시에 지니고 있는 분임을 부정하면서, 나사렛 사람인 예수에 대한 "역사적 탐구"를 주장했다. 헤르만은 종래 기독교 신학과목에서 가르쳐온 교리들에 대해서 학문적 객관주의와 형식주의에 빠진 것들이라고 송두리째 부정했다. 반틸 박사는 헤르만의 기독론이 역사적 엄밀성을 찾는다는 미명하에 완전히 지난 것에 대해서 확신을 가질 수 없다는 비약에 빠져버렸다고 비판했다.[84]

---

83 Martin E. Marty & Dean G. Peerman, *A Handbook of Christian Theologians* (Nashville: Abingdon, 1965), 6.
84 Cornelius Van Til, *The Triumph of Grace: The Heidelberg Catechism* (Philadelphia: Westminster Theological Seminary, 1958), 69.

참된 기독교인들은 독일 철학자 니체가 1882년에 쓴 작품에 나오는 미친 사람의 헛소리에 현기증을 느끼고 있다. 그의 단편적인 철학 모음집에, 한 토막 이야기를 삽입해 놓았는데, 미친 사람의 헛소리를 통해서 하나님과 교회를 조롱하였다. 어떤 미친 사람이 태양이 찬란한 아침에, 등불을 켜 들고 시장 한복판에 뛰어나왔다: "나는 하나님을 찾노라, 하나님이 어디로 갔느냐? 어디 계시냐?"고 소리를 질렀다. 또 다른 광인이 광장에 모인 사람들 사이로 난데없이 뛰어 들어오더니, "신은 죽었다Gott ist tot, 신은 죽음에 머물러 있다, 우리가 그를 죽였다"라고 떠들어댄다. 그 광인은 다른 여러 교회들을 찾아본 뒤에, "만일 이런 교회들이 하나님의 무덤들과 비석들이 아니라고 한다면, 도대체 지금 이들 교회가 하는 짓이 무엇이라는 말이냐!"고 외쳤다.[85]

독일 루터파 목사의 아들로 태어난 니체가 하나님과 기독교에 대해서 빈정거리던 19세기 말, 교회에서는 정말로 살아계신 하나님을 찾아볼 수 없었던 것일까? 당대 최고의 신학자로 막강한 영향력을 발휘한 알브레흐트 릿츨Albrecht Ritschl, 1822-1889이 가르친 것은 자유주의 신학의 정점에서 있으면서, 윤리적인 삶을 살았던 모델로서의 예수였다. 니체의 아버지만이 아니라, 사실은 그 위 할아버지도 루터파 목사였다. 다만 그가 네 살때에 아버지가 사망했기에 측은히 여기는 어머니, 이모들, 할머니, 누이 등 여성들의 도움 속에서 성장하였다. 루터파 국가교회에 철저히 헌신하던 비스마르크가 오스트리아를 무찌르고 최초로 독일제국을 통합한 후, 수십 년 동안 영향력을 발휘하고 있었기에 독일

---

85 Friedrich Nietzsche, *Die fröhliche Wissenschaft* (영어 번역. The Joyful Pursuit of Knowledge and Understanding), 168. Martin Heidegger, "Nietzsches Wort 'Gott ist tot'" (1943) translated as "The Word of Nietzsche: 'God Is Dead,'" in *Holzwege*, ed. and trans. Julian Young and Kenneth Haynes (Cambridge University Press, 2002).

교회들은 한없이 위상이 높아져 있었다. 니체의 무신론과 회의론을 철저히 논박하고, 교회의 존엄성을 세워나가고자 노력하는 열정적인 독일 신학자들이 없었다. 본 대학교에서 니체를 가르쳤던 고전 문학자 프리드리히 릿츨은 아직 박사 학위를 마치지 못한 24세의 니체를 바젤 대학교에 교수로 추천했고, 십 년 동안 가르치게 된다. 결국, 니체는 생애 마지막 2년 동안은 중풍으로 말하지도 못하고, 걷지도 못하다가 정신분열증으로 사망했다. 그런데도 현대 포스트모더니즘은 니체에게서 그 사상적인 뿌리를 찾고 있다니, 도대체 제정신인가! 광인처럼 살았던 니체는 하이데거와 실존주의 철학자들에게 영향을 끼쳤고, 삶의 의미를 자유롭게 구가하려는 자들에게 디딤돌이 되었다고 한다.[86]

주님의 교회가 은혜로 주시는 계시의 말씀을 버리고 신학자들의 사상에 포로가 되면서, 영광이 교회에서 떠나고 말았다. 20세기에 접어들면서, 이러한 상황들이 더욱 더 가속화 되었고, 그 후 시대로 내려오면서 점점 더 악화되고 말았다. 참된 교회론의 중요성을 약화시킨 릿츨의 자유주의 신학은 독일의 국가적 학문을 진두지휘했던 아돌프 폰 하르낙1851-1930에 이르게 되면서 전통 신학의 체계가 완전히 뒤집히고 말았다. 예수 그리스도는 더 이상 초자연적 존재가 아니라, 복음의 빛을 가져온 첫 사람에 해당한다고 주장했다.[87] 지금까지 가르쳤던 정통 교리를 완전히 뒤집어 버렸다.

유럽에서 계몽주의 철학이 확산되면서 개인의 자율적인 권리를 옹호하는 문화적 변화가 일어났다. 복음적인 기독교에서도 강조점이 바

---

86 John M. Frame, "Death of God Theology," in *Dictionary of Christian Theology*, ed. Sinclair Ferguson and David Wright (Downers Grove: Inter-Varsity Press, 1988). idem, *A History of Western Philosophy and Theology* (Phillipsburg: P&R, 2015), 330-332.

87 Martin Rumscheidt, *Von Harnack, Liberal Theology at Its Height* (Minneapolis: Fortress, 19910.

뀌었다. 예수 그리스도와의 개인적인 관계성에 대해서만 강조하게 되었다. 이러한 변화가 독일에서 나타났다. 복음의 내용에서 강조하는 것은 그저 교회에 나가서도 나에게 필요한 것들을 충족하면서 만족한다는 식이었다. 과도한 개인주의와 자기중심주의는 기독교의 메시지를 개인 구원으로 축소시켰다. 기독교는 나를 위한 종교이자, 나에게 필요한 것을 제공하는 것이 되고 말았다.

그 후로 각종 자유주의 신학의 방법론들이 혁명의 시대를 통과하면서 분출되었다. 새로운 신학적 상상력이라는 것은 다음과 같다: 하나님께서 자신을 성경 안에 계시하셨다는 전통적인 공식을 벗어나서, 예수 그리스도 안에서 일하시는 하나님의 사역과 이야기에 더 주목해야 한다고 주장하기 시작했다.[88] 예수 그리스도를 교회의 근본으로 삼아야 한다 엡 2:21고 주장하면서도, 정작 근대 자유주의 신학자들과 현대 신학자들은 현란한 "이론들"로theoria 기독교를 재구성하였다. 현대 신학자들은 최근 포스트모더니즘의 시대로 흘러들어오면서, 기독교를 철저히 불신하고 파괴하는 서양 철학자들의 영향을 받았다.

21세기에 접어들면서, 전 세계적으로 세속화가 범람하고 말았다. 포스트모더니즘과 종교 다원주의가 세상의 흐름을 완전히 바꿔놓았다. 1980년대에 이르면서 서구 유럽에 확산된 사조는 극단적으로 기존 권위에 대한 도전과 해체주의였다. 이로 인해서 과도한 개인주의가 팽창되었고, 교회에 대한 신뢰심이 급작스럽게 쇠퇴하고 말았다. 종교 다원주의 사상은 교회 무용론을 부채질했다. 무신론과 불가지론이 용납되면서, 이성 파괴와 감성주의 현상에 놀라지 않을 수 없다. 개인의 쾌락

---

[88] Nicholas Nash, *Holiness, Speech, and Silence: Reflection on the Question of God* (Aldershot: Ashgate, 2005), 9. Carl F. H. Henry, *God, Revelation, and Authority* (Waco: Word, 1979), 3:248.

과 휴가를 즐기려는 자들은 수많은 역사와 문화를 간직했던 교회들, 로마 가톨릭 성당과 독일 루터파 교회, 영국 성공회 예배 당과 네델란드 개혁파 교회 등을 떠나갔다. 기독교 국가였다고 자부하던 나라들 거의 대부분의 지역에서 교회 건물 유지비용이 없어서 문을 닫거나, 다른 종교 단체에게 팔리고 말았다. 교회가 몰락해간다는 소식은 가히 충격적이었다. 반기독교 사상과 무신론자들의 기이한 주장들이 현대인들에게 반기독교라는 헛된 사상을 주입시킨 결과이다.

현대 유럽의 신학자들은 지난 세기 동안에 계속해서, 하나님을 증거하는 성경에 대한 비평학을 개발하는데 여념이 없었다. 아직까지도 교회를 살려낼 대책을 내놓지 못하고 있다. 유럽 각 지역마다 교회가 무너지고 있는데, 도대체 세계적으로 저명하다는 신학자들은 무슨 도움을 주었는가?

결정적으로 교회의 몰락을 부채질한 것은 왜곡된 현대 신학자들의 성경 비평학에서 나왔다. 종교개혁의 신학과 교리를 새로이 갱신한다고 주장하면서도 사실상은 신앙고백서에 담긴 내용들은 강조하지 않고, 현대 신학자들이 새로운 안목과 이론을 제시한다고 하면서 혼란과 분열을 일삼았다. 유럽의 저명한 기독교 대학교에서, 신앙의 추락이 오게 되는 것은 신학 사상의 변질에 기인했다. 서구 유럽이나 아메리카 대륙에서 기독교 교회는 확고한 가치 체계를 제공하고, 시민들의 생활 각 방면에 깊이 영향을 끼쳤다. 미국에서는 1860년에 남북으로 갈라져서 서로 격돌하는 비참한 시민 전쟁이 일어났다. 세계 제1차 대전과 2차 대전은 유럽과 아시아를 완전히 다른 세상을 바꿔놓았다. 물론, 한반도에도 비극과 처참했던 불행이 덮쳐서 수없는 사람들이 희생을 당하였고, 그 상처와 아픔은 지구상에 살아가는 각 국가와 문화와 역사 속에 고스란히 베여있게 되고 말았다.

　유럽에서 로마 가톨릭 교회는 교황이 머무는 베드로 대성당을 근간으로 삼는 바티칸 제국의 위상을 갖고 있다. 이들의 조직은 전 세계 곳곳에 교회와 대학교와 각종 연관 단체들을 통해서 깊숙이 침투해 있었다. 그러나 지금은 이탈리아와 스페인 그리고 이들이 식민지로 세운 남아메리카에서만 겨우 명맥을 유지하고 있을 뿐이다. 그 밖에 유럽 여러 나라에 세워진 로마 가톨릭 교회들은 내부의 부패와 미신 숭배와 다름없는 성례들의 허상이 밝혀지면서, 성도들의 외면을 받았다. 종교개혁이 일어나지 않았더라면, 그마저도 무너져 버렸을 것이다. 목숨을 바쳐서 순교의 제물이 되었던 종교개혁 운동에 의해서 간접적으로나마 자극을 받아서 신앙의 본질에 대한 도전을 받게 되었고, 각 지역의 성직자들이 막무가내로 권세를 장악하려던 일들을 다소 절제하게 되었다. 로마 가톨릭의 신학자들은 종교개혁자들의 성경적인 비판을 전혀 받아들이지 않았고, 스페인에서 개최된 "트렌트 종교 회의" 선언문1547년을 통해서 루터와 종교개혁자들에게 저주를 선언하였다. 반종교개혁 운동을 전개한 후, 로마 가톨릭은 스스로의 정당성을 지키고자 트렌트 종교 회의 구원교리를 그대로 답습하고 있다. 그러나 후기 종교개혁자들과의 논쟁을 통해서, 트렌트 구원교리가 성경에 위배 되는 조항들이라는 점이 완전히 밝혀지고 말았다.

　종교개혁자들은 하나님의 말씀을 최종 권위로 삼고, 부패한 로마 가톨릭 교회를 개혁하였다. 그러나 현대 신학자들은 그 종교개혁자들이 남긴 교리와 신학 사상을 다시 갱신해야 한다고 주장하면서, 완전히 변질시키고 있다. 독일 튀빙겐 대학교 위르겐 몰트만은 『희망의 원리』를 저술한 마르크스 철학자 에른스트 블로흐의 제자인데, 인간의 선택적 자유를 옹호하던 블로흐는 창조의 하나님을 거부하되 인간 사색의 자율성을 지지하기 위한 용도로만 창세기를 활용했다. 더구나 몰트만은 칼 바르트의 사상을 계승하면서, 종교개혁의 신학을 변질시킨 쉴라이에르막허를 최고의 에큐메니컬 지도자로 칭송하였다.[89] 몰트만의 희망은 종말론적인 개념으로 가득 차 있지만, 예수 그리스도를 통해서 오는 하나님의 나라가 아니라, 현재 내재적인 세상에서 교회가 세상의 종으로서 악을 무찌르는 역할이라고 강조했다. 몰트만은 세속화 신학자들의 주장을 재활용하고 있을 뿐이다.[90]

소위 천재라고 하는 유럽 신학자들이 내놓은 이성 중심의 회의론과 비판들로 인해서 종교개혁의 신앙 고백들은 완전히 비난의 대상이 되고, 진리가 아니라는 누명을 쓰게 되었다. 이들은 "개혁된 교회는 항상 개혁해야 한다"는 표어를 재해석하여, 종교개혁의 신학을 벗어나야 한다고 주장했다. 근본적인 공통분모로서 개혁교회가 정립한 신앙고백서를 부정해 버리고, 시대와 환경에서 영향을 받은 새로운 관점과 주제만을 강조하고 있다.

개신교회에 속한 소위 자유주의 신학자들이 성경을 비평하고, 역사적인 신앙고백서에 담긴 교리들을 내팽개치면서 교회를 초토화하고 말았다. 칸트와 헤겔 이후의 유럽 신학자들은 앞다투어 루터와 칼빈의 개혁 사상을 벗어나 버렸고, 그러한 영향을 받은 목회자들과 성도들이 분별력을 잃게 되었다. 하나님의 영감된 계시이자, 살아있는 말씀으로서의 성경을 비평하는 자들의 가설적인 이론에 심취해 버리고 말았기

---

89 Jürgen Moltmann, "Theolgia Reformata et Semper Reformanda," in *Toward the Future of Reformed Theology*, Tasks, Topics, Traditions, eds., David Willis & Michael Welker (Grand Rapids: Eerdmans, 1999), 130.
90 J. Frame, *A History of Western Philosophy and Theology*, 421, n.7.

때문이다. 저명한 신학자들은 교회를 위해서가 아니라, 자신들의 학문적 탁월성을 위해서 바벨탑을 쌓았고, 그의 제자들은 제대로 반박하거나 막아낼 수 없었던 것이다. 둑이 무너지듯이, 가공할 무신론의 주장들로 인해서, 소위 지성인이라고 자부하던 사람들이 하나님에 대해 의심하고 회의에 빠지게 되었다. 마침내 보이지 않는 하나님을 버리고, 사람들은 교회를 떠났다. 성도들이 떠난 교회를 모슬렘들이 들어와서 차지해 버리고, 서구 사회는 급진적인 진보사상이 성행한 나머지 동성애자들과 마약, 쾌락주의가 범람하고 말았다. 현대 신학자들은 죄인들을 구원하지 못했고, 교회를 세우지도 못했다.

독일 루터파 교회와 영국 성공회 등 유럽 여러 나라에서는 기독교를 국가적인 종교로 인정하고, 전국적인 단일 체제의 국립 교회로서 수백년 동안 독특한 지위를 갖고 하였었다. 목회자들과 성직자들은 상류층에 해당하는 대우를 받았고 직업상의 특권을 누리고 살았다. 성경을 부정하는 자들의 이론에 압도되어진 유럽의 목회자들은 살아계신 하나님을 증거하는데 실패하고 말았으며, 사회적으로 인정을 받는 위치에 있으면서 신학적 지식으로 위안을 삼고 있었다.

그러나 우리가 분명히 정신을 차려서 짚어야 할 객관적인 사실들이 있기에, 여기에서 무너진 교회를 마냥 그대로 지나칠 수 없는 것이다. 하나님을 향한 경외심이 없는 모든 문명과 인류 문화는 결국 다 흙으로 돌아가고 말았다. 우리는 전 세계 여러 곳에서 거대하고 찬란했던 고대 문명의 자취들을 찾아볼 수 있다. 우리는 과연 무엇을 깨닫고 있는가? 이집트 문명의 거대한 흔적들을 보여주는 곳은 제왕들의 무덤이 아니던가! 이미 죽음 속에 잠들어 있는 이집트 문명이 현대인에게 무엇을 도와줄 수 있는가! 헬라 시대에 세워진 거대한 돌기둥들, 로마 제국의 무너진 잔해들, 그리고 세상 어느 곳을 가더라도 마주하게 되는 앞선 시대의 장엄한 흔적들은 무엇을 말해 주고 있는가! 결국 죄악된 인생은 망할 수밖에 없고, 하나님은 의로운 재판장으로 선악간에 사람의 행위를 다 심판하신다는 사실이다 전 12:. 하나님을 떠난 인간은 마침내 혼돈과 어둠을 벗어날 수 없다.

 필자는 종교개혁 5백주년 기념행사의 일환으로 2017년도에 독일을 방문하였을 때, 하이델베르크에서 가장 큰 교회이자 역사적인 장소에 있는 "성령 교회"의 실태를 파악한 후 너무나 가슴이 아팠다. 바로 그곳에서 1562년에 독일 개혁주의 교회가 "하이델베르크 교리문답서"를 발표하고, 전 세계를 향해서 성경적인 교훈들을 정립하도록 영향력을 발휘했었다. "하이델베르크 교리문답서"는 지난 오백 여 년 동안 전 세계 장로교회와 개혁교회, 복음적인 교회들이 성경의 기본교리를 가장 탁월하게 요약한 문서로 존중하였고, 신앙 교육에 사용했었다.

 그러나 지금 이 역사적인 교회가 무너지고 말았다. 그 지역사회의 다양한 종교적 행사들과 문화를 보급하는 집회 장소이자, 공연장으로 전락한 것이다. 그곳에서 모슬렘 교도들이 모여서 "알라신"을 숭배하는 모임도 갖고 있으며, 그 밖에 타종교가 공연행사를 진행하는데, 그 어느 누구도 이의를 제기하지 않는다. 마치 거대한 교회당 건물이 버티고 서 있지만, 근처에 있는 묘지의 비석이나 다를 바 없었다. 한심스럽기는 바로 이러한 현상을 진단하고 대처해야 할 하이델베르크 대학교의 신학부도 마찬가지다. 세계적으로 명문이라는 신학부가 도대체 무엇을 하고 있는가? 교회를 위한 신학을 전개하지 않기 때문에, 하이델베르크 교회가 무너져도 아무런 감각이 없는 것이다.

 미국에서도 세계 최고의 학문을 자랑하는 하버드 대학교, 특히 신학대학원이 전통적인 개혁주의 신학을 벗어나서 각종 유럽의 자유주의 신학들을 받아들여서 변질되었다. 사실 하버드 대학교는 1636년에 뉴잉글랜드 청교도들이 목회자 양성을 위해서 세운 기관이었는데, 점차 자유주의 신학을 확산하더니 마침내 완전히 정통교회와는 너무나 멀리 떨어져서, "일반 종교에 대해서 연구하는 대학원"이 되고 말았다. 하버드 대학교 신학대학원에서는 정통 교회가 믿는 삼위일체 하나님보다는 종교 다원주의와 유니테리언주의를 신봉하는 강의와 연구서들을 쏟아놓고 있다.[91] 종교개혁의 후계자들이 세운 하버드와 예일 대학교 등이 최고의 명문대학으로 성장했지만, 이제는 무신론과 종교 다원주의를 양산하는 학교로 전락해 버렸다. 이들 대학교들의 설립자들과 이사회원들은 대부분이 목회자들이었다. 차츰 이러한 학교들은 이기적인 물질주의를 받아들여서 학교의 규모를 성장시켰는데, 상대주의, 종교적 포용주의, 심지어 삼위일체 하나님을 반대하고, 유니테리언의 요람이 되었다. 유대주의자들의 신관, "성부-유일신론"을 신봉하고 있는데, 그렇게 된 이유인즉 가장 많은 후원금을 내는 사람들이 바로 유대인들이기 때문이다. 미국의 실용주의가 빚어진 결과물이다.

　미국 장로교회는 1801년 "연합의 계획서"Plan of Union를 발표하고, 청교도 신앙을 공유해오던 회중교회와 협조하면서 교회 설립을 추진하기로 결정했다. 미국의 독립선언 이후에 조성된 제2차 대각성 운동의 결과였다. 그러나 점차 하버드 대학 신학부에 1805년에 유니테리언 헨리 웨어Henry Ware가 교수로 들어오자, 상황이 급변했다. 1808년, 메사츄세츠 주의 청교도 유산을 지키려던 교회들이 앤도버 신학대학원Andover

---

91　George M. Marsden, *The Soul of the American University: From Protestant Establishment to Established Nonbelief* (Oxford: Oxford University Press, 1994), 11.

Theological Seminary을 세웠다. 이 학교가 미국 역사상 최초의 전문 신학대학원이었는데, 다시 백년이 지난 후에 1908년 하버드 신학부와 결합했다. 이러한 흐름에 반대하는 그룹들이 남아서 앤도버 신학교를 유지해 내려 오다가, 예일대학교 신학부로 편입했다. 이런 일련의 결정 과정들에서 점차 전통적인 신학자들과 교회의 영향력이 후퇴하고 말았다. 호레이스 부쉬넬Horace Bushnell, 1802-1876, 마우리스Frederick D. Maurice, 1805-1872 등이 과학 진화론과 종교의 상호보완을 주장했다.

뉴잉글랜드 지역의 중심지에 하나로 코넷티컷 주에 예일대학교를 1701년도에 청교도 지도자 인크리즈 매터가 설립하였다. 모든 교수들에게 웨스트민스터 신앙고백서에 서명하도록 하였다. 예일 신학부는 걸출한 설교자들을 배출했는데, 그 최고의 인물이 요나단 에드워즈이다. 그러나 역시 예일 신학부도 점차 신학의 개방을 용인하더니 알미니안주의자들과 자유주의 신학 사상이 점령하고 말았다. 프린스턴1746, 브라운1764, 러트거스1766, 다트머스1769 등은 장로교회, 화란 개혁교회, 침례교회, 회중교회가 세운 대학교들이었다. 뉴욕의 컬럼비아1754와 펜실베니아 대학교1755 등은 직접적으로 교회가 세운 것은 아니지만, 성공회와 장로교회의 후원을 받아 설립되었다. 이들 대학교에서는 모든 학생들이 의무적으로 정기 채플예배에 참석해야만 했고, 기독교 과목을 교양으로 수강해야만 했는데, 어느 사이에 이런 설립 정신을 불어넣던 두 가지 방침들이 사라지고 말았다.

이들 미국의 최고 명문대학교들은 흑인 노예 해방전쟁을 치르고 난 후, 1870년대까지는 성경적 복음과 캠퍼스의 부흥을 강조하였다. 남북전쟁은 단순히 노예 해방으로 그친 것이 아니다. 미국이 지켜오던 정통 개혁주의 신학을 벗어나서 자유주의 신학 사상이 "신학파"New School를 형성하는 계기를 제공했다. 찰스 핫지의 "구학파"Old School 정통 개혁주의 신학이 물러가고, 유럽에서 몰려 들어오는 자유주의 신학의 홍수가 엄청난 파장을 일으켰다. 미국 장로교회에 내에서 "신학파"가 득세하고 로버트 패터슨이 강력하게 신학파를 지지했다. 소위 이런 인간들의 학문적 이론 개발에 의존하는 현상은 영국의 옥스퍼드 대학교 신학부, 케임브리지 대학교 신학부, 스코틀랜드 에딘버러 대학교에서도 동시에 벌어졌다.

프란시스 패턴Francis Patton, 1843-1932은 프린스턴 대학교 학장으로서 웨스트민스터 신앙고백서에 서명을 반대하는 움직임에 대처해야만 했다. 1920년대로 접어들어서는 근본주의 신학을 가진 교수들을 전부 다 후퇴시켜버리고, 폭넓은 신학자들을 받아들였다. 이러한 신학의 파괴와 교회의 변질됨에 대해서는 이미 미국 장로교회 내부에서 일어난 웨스트민스터 신앙고백서의 변경이 총회에서 통과되었음에서 알 수 있다. 워필드 박사와 게할더스 보스 박사가 이를 막아내려고 모든 노력을 기울였으나, 결국 넓어져 가는 신학을 막을 도리가 없었다. 1929년에 메이첸 박사와 반틸 박사가 프린스턴 신학교를 떠나서 웨스트민스터 신학교를 세우게 되는 상황으로 극심한 대립이 진행되었다.[92]

이처럼 종교개혁자들의 신앙과 교훈들이 무너지게 되면서, 교회들이 심각한 타격을 입게 되었다. 현대인들의 자기중심적인 사고방식은 전혀 세속화된 세계관과 자아상을 근거로 정립되었다. 현대인들이 강변하는 무신론과 불가지론, 실용주의, 상대주의, 공리주의의 모호함과 허구성을 밝히고, 복음을 깨닫게 하지 않는다면, 교회의 미래는 없을

---

92   Charles G. Dennison, Richard C. Gamble, eds., *Pressing Toward The Mark* (The Committee for the Historian of the Orthodox Presbyterian Church, 1986). Pressing Toward The Mark

것이다. 근대화 과정에서 수백 년 동안, 세속화와 인본주의 철학이 왜곡된 자아상을 심어주면서 이성 자율주의를 심어놓은 결과로, 유럽과 미국의 신학 사상들이 변질되었다.[93] 자유주의 신학자들의 허망한 이론들이 목회자들의 설교 내용을 허망한 생각으로 뒤섞어 놓았고, 성도가 되기를 기피하는 현대인들이 떠나가고 말았다.

뉴잉글랜드 청교도들이 목숨을 걸고 투쟁하다가, 바다를 건너가서 세운 나라가 미국이요, 그들은 교회를 중심으로 살아가되 칼빈주의 정통 신학의 토대 위에서 모든 분야에서 영향력을 발휘하였다. 청교도 사상을 가진 건국의 조상들은 교회에서 훈련된 바에 따라서 국가 언약을 발전시켜 나가면서 전 세계에서 가장 탁월한 자유롭고 평등한 민주주의를 정착시켰다. 그러나 이러한 하나님의 나라를 바라보면서 살았던 세대들이 떠나고 난 후, 다음 세대들은 인본주의와 계몽주의 사상에 물들고 말았다. 노예 해방을 놓고서 남부와 북부로 나뉘어서 벌어진 전쟁은 기존의 미국사회에 영향을 미치던 청교도 교회의 권위를 떨어트리고 말았다. 하나님의 말씀이 존중되던 사회가 크게 변하고 말았다.

더구나 미국 대학교와 신학부가 여러 가지 자유주의 사상들을 유럽으로부터 받아들이게 된 후, 교회에도 큰 변화가 몰려왔다. 2020년 12월 말에, 미국에서는 전체 국민 중에서 하나님을 믿는다는 사람이 53%이고, 전혀 믿지 않는다는 사람은 6% 정도다. 미국이 기독교 국가라고 생각하지 않는 사람들이 40%에 이른다.[94] 2009년부터 2019년까

---

93 William R. Hutchinson, *The Modernist Impulse in American Protestantism* (Oxford: Oxford University Press, 1976).

94 American National Social Network Survey. Daniel A. Cox, "Religious diversity and change in American social networks: How our social connections shape religious beliefs and behavior"

지, 미국 기독교 인구가 전체 성인들 중에서 77%에서 65%로 감소했는데, 연속적으로 하향하고 있다.[95] 정기적으로 교회에 출석하지 않으며, 신앙생활을 전혀 하지 않고 있는 숫자가 증가하고 있다. 교회와는 상관없이 살아가는 사람들이 늘어나고 있는데, 거의 사분의 일에 해당한다. 이미 2010년대에 접어들면서 교회의 침체 현상이 가속화되고 있다는 보도가 바뀌질 않는다.

한국 교회의 일반 성도들은 지금 필자가 추적하고 있는 현대 신학자들이 취급하는 어려운 논쟁들과 각종 이론들과는 전혀 관련성이 없다고 생각하기 쉽다. 신학은 담임목사가 알아서 해야 할 영역이고, 일반 성도들은 목회자로서 전문 훈련을 받지 않았기에 잘 몰라도 되는 것으로 생각한다. 물론 현대 신학자들의 깊은 학문적 논쟁들과 논지들을 잘 이해할 수 없으며, 외국언어로 작성된 저서들과 논문들을 접근하기가 어렵기는 하다. 그래서 어느 면에서는 신학의 흐름과 변화를 일반성도들이 잘 모를 수밖에 없다. 그러나 본인들이 출석하는 교회와 기독교 행사, 중요한 초교단적 집회를 들여다보면, 보이지 않게 신학자들의 영향을 상당히 많이 받고 있음을 알게 될 것이다. 때로는 나쁜 신학 사상의 피해를 입기도 하고, 그런가 하면 좋은 신학의 혜택을 받아 누리는 교회들도 있는 것이다.

서구 유럽에서는 수 백년 동안 잘 유지되어 오던 교회들이 많았었다. 그런데 2천년대 이후로 새로운 목회자가 부임해서 점차 새 시대를 반영한다고 하면서 메시지가 달라졌다. 좋은 학벌과 선망의 대상인 명문대학교의 학위를 갖추고 등단하는 목회자들이 무엇을 쏟아놓았는

2020년 12월 15일 발표.

[95] 월스트리트 저널, 2019년 10월 17일자. 기독교 연구 재단(the Pew Research Center)에서 조사한 결과.

가를 통찰해야만 하는데, 전혀 분별하지 못했다. 변질된 현대 신학에 따라서 강조하는 잡다한 현대사상들은 결코 영혼을 살려낼 수 없다. 새 목회자가 집중적으로 추진하는 프로그램이나 행사들, 중점적으로 치중하는 목회 사역들이 달라지게 되면, 성도들은 찬반으로 나뉘게 된다. 곧, 교회가 혼란에 빠지게 된다. 일류 학벌을 가진 목회자의 인간적인 결점들이 드러나게 되면, 교회는 한동안 큰 소용돌이에서 헤어나올 수 없을만큼 큰 손실을 입게 된다.

모든 교회는 내적인 조직, 정부와의 관계 설정, 혹은 당대 최고 권력과의 관련성에서도 큰 영향을 받고 있다. 또한 교회를 향해서 외부로부터 들어오는 사회적 영향에 못지않게, 강단에서 전파되는 목회자들의 신념과 지도력에서 큰 도전을 받는다. 다시 말하면, 성도들에게 들려지는 영향력 있는 설교나 사상들이 있게 마련이다. 교회를 이끌어 나가는 모든 목회자들의 생각과 설교에는 신학적인 입장이나 신학 사상이 배면에 있다. 신학적인 지식이 많은 목회자도 있고, 깊은 학문에 들어가지 못한 목회자도 있겠지만, 그 나름대로 누군가의 영향을 받아서, 증거하고 선포하는 것이다. 그 누구에게서도 배운 적이 없는 목회자란 결코 있을 수도 없다. 스승과 선생이 없는 목회자는 가장 위험하다. 자기가 지어낸 이야기를 정통신앙이라고 주장할 가능성이 높기 때문이다. 결국 모든 교회의 배면에는 긍정적이든 부정적이든 어떤 교단이나 교파의 신학 사상이나, 혹은 목양적 지침들이나, 목회 철학이 자리하고 있다. 그래서 성도들이 소속 교회를 옮기게 될 때에, 혹은 교단이 바뀌게 될 때에, 교회마다 강조하는 중심 진리들이 다소 차이가 있고, 각각 다르다는 것을 느끼게 될 것이다. 교회마다 목회자들의 설교와 교회 운영이 달라지는 것은 결국 신학의 차이가 크기 때문이다. 각 교회마다,

목회자마다, 기본적으로 구원론과 교회론이 서로 맞물려 있는 경우가 많다.

필자는 미국에서 1980년대 말과 1990년대 초에 『현대 신학』이라는 과목을 석사와 박사 과정에서 여러 차례 수강하였다. 필자가 한국에 귀국할 무렵에, 이미 독일을 비롯한 유럽과 미국에서는 성경 말씀의 권위를 외면하는 각종의 현대 신학들이 넘쳐흘렀다. 최정상의 세계적 신학자들이 내놓은 저서들이 교회를 세우는데 전혀 도움이 되지 않는데도 최고의 학문으로 군림하고 있었다. 이러한 이론들을 주장하지 않으면 마치 무식한 목회자 취급을 받았는데, 이러한 신학들이 교회를 무너뜨릴 것에 대한 경고에 귀를 기울였어야만 했다.[96] 현대 신학자들은 칸트처럼 자율주의 이성의 인지 활동을 극대화하려는 세속화 된 사상에 영향을 받아서 지식적인 열정만 가지고 성경의 권위를 파괴하는 도전을 일삼았다. 현대 신학은 성경 파괴적인 해석학과 문서설에 기대어서 파생된 상품들이다. 제아무리 천재성을 가진 비범한 신학자가 개발해낸 해석학 이론이나 교리서라 하더라도, 하나의 가설적인 이론에 불과하다. 하나님의 말씀은 어제나 오늘이나 영원토록 변함이 없지만, 사람의 지식이라는 것은 다 허망한 것이요 헛된 것일 뿐이다.

영국 성공회 신학자 피터 툰 박사는 『자유주의 신학의 종언』에서 당대 최고의 신학자들이 어떻게 왜곡되었는가를 여실히 입증하였다.[97] 20세기에 그토록 유명한 신학자들이 어떻게 복음을 망가뜨리고, 현대 교

---

96 예를 들면, 영국 성공회 신학자들이 아직도 신정통주의 신학의 영향을 벗어나지 못하고 있음을 보여준다. John Webster, *Holy Scripture: Dogmatic Sketch* (Cambridge: University Press, 2003), 44-45; idem, *Word and Church: Essays in Christian Doctrines* (Edinburgh: T&T Clark, 2001). Darren Sarisky, *Reading the Bible Theologically* (Cambridge: Cambridge University Press, 2019).

97 Peter Toon, *The End of Liberal Theology: Contemporary Challenges to Evangelical Orthodoxy* (Wheaton: Crossway, 1995).

회에 악영향을 끼쳤는가를 적나라하게 분석한 것이다. 현대 신학이 교회를 혼란에 빠트렸다는 문제점을 간파한 뒤, 복음을 회복시키고자 노력했던 피터 툰 박사는 세계적인 석학들이라고 자칭하던 자들이 로빈슨, 루돌프 불트만, 판넨베르크, 몰트만, 틸리히, 본훼퍼, 칼 바르트 등 남긴 각종 신학 이론들이 지금 어디에서 어떤 효력을 발휘하고 있느냐고 반문하면서, 그들의 문제점을 날카롭게 비판했다. 최근까지 가장 걸출한 신학이라고 자랑하던 "최신 현대 신학"은 과연 교회를 위해서 무엇을 남겼는가? 수없이 많은 현대 신학자들이 성경 비평학과 해석학, 비신화화, 사신 신학, 신정통주의, 사회 복음운동, 신복음주의, 은사주의, 과정 신학, 해방 신학, 민중신학, 여성 신학, 영성신학, 교회 성장학, 종교다원주의, 해체주의, 과정 신학, 열린 신학, 세계관, 바울 신학의 새관점 등등. 모두 다 바람을 잡으려는 것처럼 허망한 지식 체계에 불과했음을 결코 잊어서는 안 된다.[98]

필자는 루돌프 불트만의 해석학에 대해서 신학이 아니라 이데올로기이기에 완전히 없애야 한다고 주장하는 린네만 1926-2009의 "간증"을 『교회를 허무는 두 대적』에서 상세히 소개하였다. 말부르크 대학교에서 불트만의 제자로 성장한 그녀가 직접 눈물을 흘리며 "신약비평학"과 "역사적 비평학"의 허상을 파헤치던 강의를 지금도 생생하게 기억하기 때문이다. 1978년부터 그녀 자신이 예수님의 부활을 부정하는 불트만에게서 받은 박사 학위와 비신화화 방법론으로 쓴 책과 논문들을 다 찢어버리라고 폭로하기 시작했다. 성경을 믿을 것인가 아니면 성경비평학을 믿을 것인가에 대한 린네만의 강의를 들으면서, 소위 세계적으로

---

98 J. Frame, *A History of Western Philosophy and Theology*, 363, 416.

저명하다는 현대 신학자들에게 절대로 속아서는 안 된다는 확신을 갖게 되었다.[99]

"신정통주의"Neo-orthodox라고 불리우는 칼 바르트의 신학 사상은 현대 교회에서 매우 큰 권위로 등장했지만, 교회에 유익을 주지 못했다. 바르트의 사상은 본질적으로 성경의 영감을 부인하는 자들과 문서설에 입각해서 정경을 비평하는 입장에 근거해서 나온 것들이다. 바르트의 수많은 해설들은 자신의 논증을 합리화하려는 노력에 불과하다. 바르트의 사상들은 일부는 구 자유주의에서 발전해 낸 것들이고, 일부는 실존주의 현대 철학과의 교류에서 파생해낸 논증들이다. 교회를 파괴하는 사상들이 결합된 현대적 열병에 지나지 않는다. 이것이 부족하고 빈약하다고 생각하여 땅에 있는 사람 속에서가 아니라, 위로부터 말씀하시는 하나님에게서부터 내려오는 구조로 바꿨을 뿐이라는 것이다.

라. 세속화에 물결에 휩쓸린 교회

교회는 성부 하나님께서 자기 백성들을 구원하고자 사명을 주신 예수 그리스도를 고백하는 공동체이며, 오직 성령으로 감동을 받아서 하나됨을 이루고 있다. 교회론의 정립은 성부, 성자, 성령의 각 위격들이 하나로 통일체를 이루도록 작동하여 놀라운 구원 역사를 일으켜 나가고 있다. 교회는 철저히 삼위일체 하나님께서 유지시켜 나간다. 하나님

---

99 Eta Linnemann, *Historical Criticism of the Bible: Methodology or Ideology? Reflections of a Bultmannian Turned Evangelical*, tr. Robert W Yarbrough (Grand Rapids: Kregel Publications, 2001). idem, *What is credible – the Bible or the Bible criticism*, 2007. idem, *Is There A Synoptic Problem?: Rethinking the Litarary Dependence of the First Three Gospels* (Grand Rapids: Baker, 1992).

의 택하신 백성에게 그리스도의 인격과 사역으로 성취하신 것들을 성령이 지속적으로 적용시켜 나가는 가운데서, 교회가 기능을 감당하게 된다.

교회가 다시금 활성화될 가능성은 있는가? 물론이다. 지금 현상만 보고서 포기하거나 좌절해서는 안 된다. 필자가 어린 시절에 체험한 것을 잊을 수 없다. 동네에 작은 천막을 쳐놓고 개척하는 교회들이 많았다. 실내장식도 없었고, 바닥은 볏짚으로 만든 가마니를 깔아 놓았다. 심지어 화장실 시설도 없었다. 그런 곳으로 수없이 많은 사람들이 찾아들었다. 정말 교회마다 성도들이 몰려 들어오는 시대가 다시 올 수 있을까? 물론이다. 당장은 어렵지만, 대책을 찾을 수 없으리라 지레 겁을 먹고 미리 포기하거나, 절망할 필요는 없다. 결론부터 말하자면, 우리는 지나간 기독교의 역사 속에서 미래의 교회 모습에 대한 해답을 찾을 수 있기에, 필자는 교회의 미래를 희망적으로 바라보고 있다. 하지만, 요한 계시록에서 일곱 교회에 주시는 경고를 경청해야 한다.

누구나 알 수 있는 아주 쉬운 예를 들어보자. 2세기 무렵 초대 교회는 로마 제국의 강압과 핍박 아래서 극히 미미한 소수였고, 정치에 영향을 미칠 수 없는 변두리에 있었다. 그러나 도덕적으로 타락한 제국과 사회에 실망한 대중들은 그 해답을 교회에서 얻게 되었다. 난폭하고 방탕한 제국의 도시마다, 신선한 샘물을 공급하는 역할을 초대 교회가 지속적으로 감당하였다. 로마 제국의 난폭함과 불의에 실증을 내던 사람들은 예수 그리스도의 복음을 듣고 새롭게 되었다. 313년, 기독교의 공인이 발표된 이후로, 교회는 폭발적인 영향력을 발휘하였고, 가히 유

럽의 최고 종교로 천 년 동안이나 모든 가치를 제공했었다.[100]

성경 말씀에 충실하게 예수 그리스도를 믿는 교회, 성경을 따라서 하나님만을 섬기는 교회, 성령의 은혜를 입은 교회는 결코 망하지 않는다. 살아계신 하나님께서 임재하시고 돌보아 주시며 항상 함께하시기 때문이다. 다만 때로는 음부의 권세를 가진 세력의 책동으로 위기 속에서 고통을 당하거나, 침체되기도 한다. 16세기와 17세기, 종교개혁자들과 청교도들은 수 십만 명이 목숨을 잃었지만, 끝내 그들을 짓밟을 수는 없었다. 이들의 역사가 말씀의 능력을 보여주고 있다. 미래 교회의 해답을 찾을 수 있다. 절대 왕권의 강압적인 조치로 프랑스와 잉글랜드와 스코틀랜드에서 수없이 많은 사람들이 희생을 당했지만, 교회를 중심으로 모인 청교도들은 거룩한 삶을 포기하지 않았다. 존 번연이 살아간 고난의 삶처럼, 그의 책, "천로역정" 속의 크리스챤은 하늘나라를 향해서 고난 속에서도 묵묵히 앞으로 나아간다.

세상에서 교회가 감당하는 사역들은 이루 다 셀 수 없이 많다. 어떤 이들은 교회가 일주일에 한번 예배드리는 장소인데, 왜 그렇게 큰 건물이 필요하냐고 반문한다. 그것은 교회의 목양적 사역을 이해하지 못하는 단세포적인 반발심에 나온 비판이다. 교회는 천국의 비전을 함께 나누는 성도들의 요람이다. 교회는 수시로 어려움을 당하는 사람에게 필요한 지혜와 힘을 제공하는 곳이다. 기도하는 장소이다. 사람은 혼자 살 수 없다. 제아무리 뛰어난 현대인들이라도 어떤 곳에 자신이 소속되었다는 감정을 절실히 느끼고 있다. 사람은 누군가에게 인정을 받아야만 보람을 느끼며, 자기가 하는 일에 대해서 자신감을 갖고 삶을 영위

100　Robert M. Grant, *Augustus to Constantine: The Rise and Triumph of Christianity in the Roman World* (New York: Harper & Row, 1990).

해 나갈 수 있기에, 그러한 공동체가 누구에게나 필요하다. 그래서 우리 교회가 신실한 기독교 공동체로서 도덕적인 원리들을 지키고, 건전한 관계성을 유지하도록 하면서 현대인들의 외로움을 해소해 줄 수 있다. 우울증과 불면증에 빠지기 쉬운 현대인들에게 아름다운 "교회"가 있어야만 한다. 비록 숫자가 많지 않을지라도, 교회에는 하나님의 임재하심과 위로가 함께하신다.

진실한 성도는 오늘도 세계 교회의 미래를 위해서 기도하지 않을 수 없다. 예수 그리스도의 몸된 공동체가 고상한 명예를 잃지 않고 세워져 나가기를 간절히 고대한다. 세속 언론이나 기독교 신문에 등장하는 교회의 부도덕한 사건들이 사실이라면, 추호도 사심없이 정의로운 하나님의 판단에 따라야 한다고 본다. 교회 연합 단체장들의 부패와 교단 총회장에 오르기 위한 지연과 학연에 의존하는 유치한 정치, 지극히 세속적인 금전 살포 등은 완전히 근절되어야 한다. 한국 교회의 지도층에 있는 목회자들의 윤리적 타락에 대한 비판은 겸허하게 받아들여야 한다. 기독교 언론에 등장하는 사건들과 불미스러운 보도들에 대해서는 관련 당사자들이 뼈를 깎는 마음으로 깊이 반성하고, 객관적인 처벌을 감수해야 한다. 각 기독교 교단의 자체적인 징계와 판단이 공정하게 집행되어서, 세상에서는 목사와 장로의 이름으로 범죄하는 뉴스가 나오지 않았으면 한다.

세속화의 유일한 대안이 되는 곳이 교회다. 사람에게서 나온 지혜나 명상이 아니라, 하나님의 계시가 선포되는 곳이기 때문이다. 교회는 죄악으로 썩어가는 이 세상에 소금이 되는 곳이요, 온갖 불법과 혼돈이 판을 치는 인류 사회에 유일한 빛을 제공하는 곳이다. 세상은 갈수록 더 부패하고 쾌락과 물질주의가 쓰나미처럼 몰려 들어올 것이다. 얼른 보기에는 편리하고 풍요로운 시대가 열리는 것처럼 보인다. 그러나 세속화와 물질주의는 인간성의 파괴를 가져온다. 물질 만능주의라는 세속화와 사회주의 이데올로기의 지속적인 공격이 가세하여 기독교를 마치 편협하고 옹졸한 구원을 주장하는 종교로 전락시켰다. 포스트모더니즘의 현대 철학으로 세뇌된 현대인들은 자기중심주의에 빠져 있으며, 극도의 개인주의에 심취하고 말았다.

현대 교회를 무너지게 만드는 세속화의 물결은 교회의 지도자들마저도 유혹을 해서 넘어뜨린다. 수많은 교회의 직분자들, 목사를 비롯해서 장로와 집사와 성도들을 타락하게 만들어 버렸다. 세속화와 물질주의라는 더 크고 거대한 물결이 교회를 덮어버렸다. 눈에 보이는 교회 부흥은 교인 출석 숫자로 실적을 확인하고, 부흥회와 같은 중요한 영적인 집회에 대해서는 헌금 액수로 평가를 하려고 한다면, 완전히 세속화된 것이다.

이성주의와 지식주의만이 아니라, 거대한 상업주의, 물질주의, 쾌락주의라는 세속화의 물결이 모든 세상 사람들을 집어삼키더니, 그대로 교회 안으로도 밀려 들어왔다. 기독교 교회는 교파와 교단을 망라하고 속수무책으로 당하고 말았다. 세계적으로 유명한 신학대학의 저명한 교수들이 변질된 사상을 가르쳤고, 교회로 나간 목회자들이 허망한 신학이론을 가감없이 퍼트렸다. 이처럼 탁월한 학문을 전면에 내세우는 사탄의 간교한 속임수에 넘어간 분들 중에는 저명한 목회자들이 많았다. 교회의 대표적인 지도자들이 윤리적이며 도덕적인 흠결을 노출하면서, 전 세계적으로 여러 대형 교회의 부패와 부정이 언론의 비난거리가 되었다. 결국 교회 안팎으로부터, 교회에 대한 신뢰가 무너졌다. 로마 가톨릭 교회는 독신주의를 따르려는 사제 후보자들이 없어서, 기존의 사제들이 고령인데도 은퇴를 하지 못한다는 소식을 들은지 벌써 수십 년이 되었다. 거기에다가, 남아있는 성직자들 중에서는 상당수가 성적인 추문에 연루되어 있는데, 독신주의를 고집하기에 피할 수 없는 잔해이다. 세속화된 물결 속에서 육체를 가지고 있는 한, 성직자라고 해서 완전한 인간이 될 수는 없는 것이다.

성경이 하나님의 말씀이라는 기초를 멸시하고, 유대 부족의 신으로 취급하는 종교학자들의 비판적인 해석들이 종교 다원주의를 초래하고 말았다. 이미 성경을 비평적인 문서의 하나로 격하시켜버린 자유주의 신학이 극대화된 이후로 현대 신학의 토양에서 서구 교회는 퇴락을 거듭하고 말았다. 교회론이 없어서가 아니라, 건강한 성경적 근거들을 비판한 나머지 실패한 것이다. 안타깝고 개탄스러운 일이지만, 유럽을 비롯해서 수없이 많은 교회들이 점차 문을 닫고 말았다. 교회에게 뜨거운 심장을 제공해야 할 신학자들과 우수한 젊은이들이 반성경적인 자유주의 물결에 침수되어서, 생명의 진리를 잃어버리고 말았다. 사람의 이론들과 논리적인 비평을 따르던 목회자들은 영혼에 감동이 없는 학설들을 교회의 강단 위에서 외쳐댔다. 설교자 자신들도 소화하지 못한 이론들로 인해서, 교회에 나온 성도들은 혼돈과 의심의 늪에 빠져버렸다. 성경을 버리고 신학자들의 학설들에 휩싸인 교회들은 살아계신 하나님을 의심하면서 전능자의 권위와 통치와 임재를 부정하기에 이르렀다. 이런 가운데, 최근에 정경으로서의 성경을 해석하려는 복음적인 신학자들의 운동에 주목하게 된다.[101]

---

101 Kevin J. Vanhoozer, "What is Theological Interpretation of the Bible?" in *Dictionary for Theological Interpretation of the Bible*, ed. Kevin J. Vanhoozer et al., (Grand Rapids: Baker, 2005), 19-26. Mark Alan Bowald, *Rendering the Word in Theological Hermeneutics: Mapping Divine and Human Agency* (Aldershot: Ashgate, 2007), 4. Christopher D. Spinks, *The Bible and the Crisis*

교회의 영원성은 하나님으로부터 나오는 은혜의 공급이 있기 때문이다. 교회의 진리는 오직 하나님의 말씀이요, 예수 그리스도의 복음이다. 교회는 말씀과 성령을 통해서 제공되는 은혜의 공급으로 살아가야 한다. 결코 교세를 확장하거나, 건물을 증축하거나, 조직을 확고히 세워서 교회가 든든히 서가는 것이 아니다. 복음과 기독교의 진리는 어떤 한 사람의 천재 신학자만이 파악할 수 있는 높은 경지의 학문이 아니다. 혹은 어느 시대에 한정해서 정통신앙을 내려주신 적도 없다. 오직 말씀에 의존하면 된다.

따라서 성경 말씀만을 교회가 의존해야 한다는 것이 교회론을 정립하는데 있어서 매우 중요한 신학적 기초가 되는 것이다. 성경은 내가 읽어서 느낀대로 판단하면서 요약하여 해석해 냈다고 해서, 곧바로 가장 성경적인 교훈이라고 주장할 수는 없다. "나는 아무런 신학도 필요 없고, 지금 오직 성경만 의존한다"라고 주장하는 분들이 있다. 그러나 결코 그 누구도 아무런 선입견이 없이 성경으로부터 가장 공정한 교훈을 창출해 낼 수 없다. 신학만이 아니라, 그 어느 분야에서도 사물을 이해하는 객관적이고 중립적인 지식은 없다.[102] 내가 읽어서 판단하는 것이 진리라고 주장하는 바로 그러한 생각 자체가 이미 하나의 신학적인 입장이 되어져 있기 때문이다. 다시 말하면, 성경에 담긴 엄청난 분량의

---

of Meaning: Debates on the Theological Interpretation of Scripture (London: T&T Clark, 2007). Daniel J. Treier, Introducing Theological Interpretation of Scripture: Recovering a Christian Practice (Grand Rapids: Baker, 2008). Walter Moberly, "What is Theological Interpretation of Scripture?," Journal of Theological Interpretation 3 (2009):161-78. Markus Bockmuehl, "Bible versus Theology: Is "Theological Interpretation" the Answer?" Nova et Vetera 9 (2011):27-47. D. A. Carson's essay, "Theological Interpretation of Scripture: Yes, But," in Theological Commentary: Evangelical Perspectives, ed. R. Michael Allen (London: T&T Clark, 2011), 187-207.

102　Herman Bavick, Reformed Dogmatics, I:238-245. Van Til, A Survey of Christian Epistemology, 116, 200.

계시들을 독파해서 한 개인이 기독교의 진리 체계를 정립하기에는 기독교의 총체적 진리가 너무나 깊고 오묘하다. 한마디로 성경에 담긴 특별한 계시는 너무나 방대하다. 일평생 공부하더라도 기독교 진리 체계를 압축해 놓은 신학 사상을 총체적으로 파악하여 소화하기란 여간 쉽지 않다. 예를 들면, 필자에게는 삼위일체 하나님, 언약 사상과 새 언약, 하나님의 나라, 그리스도와의 연합 등등, 아직도 풀어내야 할 주제들과 교훈들이 무궁무진하다.

다행히도, 21세기에 접어들어서, 한국 목회자들이 선포하는 설교의 질적인 수준은 많이 향상되었다. 좋은 성경 해석서들이 나와 있기 때문이다. 하지만 목회자들이 그런 자료들을 열심히 탐독할 수 있을 만큼, 시간적인 여유가 주어지지 않는 경우가 많다. 목회에서 차지하는 목양적인 돌봄에 비중을 두고 있기 때문이고, 매일 새벽기도와 주일 설교의 부담이 크다. 한국 목회자들은 교단 내에서 각종 직책들, 지역별 교회협의회, 경찰선교회를 비롯한 각종 기독교 단체들, 교단과 노회에 속한 모임들과 총회의 업무들, 교회 밖에서도 너무나 많은 업무를 감당해야 할 것들이 많아서, 충분히 서재에서 연구하고 기도로 녹여 내기에는 역부족이다.

은혜의 수단으로 주시는 예배의 말씀은 전적으로 설교자의 준비에 달려있다. 로이드 존스 박사의 『목사와 설교』는 가장 탁월한 지침서이다.[103] 헌신된 사람만이 기도와 경건의 수준을 유지할 수 있다. 한국 교회는 새벽부터 각 집회 시간마다 은혜를 끼치는데 집중해야 할 상황이라서, 대부분의 목회자들은 설교에 도움이 될 것에만 매달리게 된다.

---

103 Martyn Lloyd Johnes, *Preaching & Preachers* (Grand Rapids: Zondervan, 1971).

그러다 보니, 한국 목회자들의 메시지는 자신도 충분히 소화하지 못하는 내용들을 다루게 된다. 신구약 성경의 오묘한 진리를 파악하기 위해서는 많은 연구와 묵상의 헌신이 선행되어야만 한다. 성도들에게 먹여야 할 영혼의 양식에 영양가 풍부한 꼴을 담아야 한다. 목회 현장에서 사용되는 경건 훈련의 교재들을 살펴보면, 삼위일체 하나님에 대한 해설들이 왜곡되어 있는 경우가 많다. 물론 하나님에 대해서 바르게 알게 되는 것은 신학적인 지식만으로는 부족하다. 더 깊은 성찰과 연구를 병행하여야 하고, 기도와 탐구가 병행되어야만 한다. 그러나 신학교에서 배운 것들도 다 소화를 하지 못할 정도로 연구를 하지 않게 된다면, 그런 목회자에게서 기대할 것이 없다. 노력하지 않는 목회자의 얄팍한 학식으로는 수많은 의문을 품고 살아가는 사람들에게 흡족한 은혜를 끼칠 수 없다. 일부 목회자들은 은혜를 끼치는 설교에만 매달리고 있는데, 부디 철저한 연구와 준비를 게을리 하지 않기를 소망한다. 은혜를 아는 지식은 하나님께서 베풀어주시는 것까지만 아는 것이다. 솔로몬의 일천 번제와 같은 기도가 필요하다. 초월의 차원에 속한 지식들을 인간의 수준으로는 표현해 낼 수 없다.고후 12:1-6.

한국 교회를 맡고 있는 목회자들의 신학적 수준이 높아져야만 한다는 것은 청중들의 학력이 향상되었기에 이런 현재 상황에서 나온 요청이다. 하지만 필자는 목회자가 섬기는 교회라는 곳은 세상 사람들의 지식을 다루는 곳이 아니기에, 지나치게 세속적인 학문과 일반 지식에 의존하여서는 안 된다는 점을 강조하고자 한다. 신약 성경에서 교회를 향해서 주신 편지들을 살펴보면, 그 어디에서도 세상 학문을 취급한 곳은 없다. 당시 널리 알려진 헬라 철학이나 신화나 과학 등에 대해서는 전혀 언급이 없다. 오늘날 목회자들도 현대 신학자들이 제공하는 지식들을 알아야만 하겠지만, 그보다 더 중요한 부분들이 채워져야만 한다. 하나님을 충분하게 경험하며 고뇌하고 실패하였는가에 따라서 은혜의 깊이에 따라서 신학적 수준이 차이가 난다. 얼마나 높은 학위를 가졌느냐는 목회자의 선정 기준에서 가장 중요한 요소가 되어서는 안되는 것이다. 성도들도 역시 마찬가지다.

신앙적 깊이가 더 깊어질 수 있는 길은 열심히 믿음을 강화하기 위해서 예배와 각종 집회에 열심히 참석하고 기도에 힘쓰며 성경 공부, 신학공부에 치열하게 힘쓰는 것이다.[104] 초월적인 진리의 세계를 보여주신 계시의 말씀을 이해하면서도, 은혜를 받아야만 하는데, 성령님의 감동을 통해서 깨우쳐 주신다. 반드시 박사 학위를 소지한 신학자라야만 설교를 잘 할 수 있는 것이 아니다. 성령님은 우리의 심령 가운데 임재하시면서, 하나님의 경륜을 따라서 예수 그리스도 안에서 보여주신 것들을 풍성하게 누리게 하신다. 예수님께서는 사람이 이해할 수 있는 수준으로 낮춰주시고, 자신을 세상 가운데서 밝히 드러내셨다. 하나님을 알만한 것들은 모두 다 예수 그리스도 안에서 찾게 해 주셨다 고전 2:10, 요일 2:20-21, 27.

하나님을 아는 지식은 윤리적, 도덕적 요소와 분리되지 않는다. 제대로 하나님을 믿고, 하나님을 안다는 것은 사람 사이에서도 올바로 인격적인 관계를 유지하면서 살아가는 것이다. 존 프레임 교수는 『하나님에 대한 교리』the Doctrine of God에서 "신학과 윤리는 분리할 수 없다"는 점을 역설하였다. 하나님을 믿는다고 하면서, 최소한도의 인격적인 신실함과 진실성이 없다고 한다면, 결국 그것은 가짜 신앙이다. 사랑, 겸

---

104 John M. Frame, *The Doctrine of the Knowledge of God* (Phillipsburg: P&R, 1987). Vern S. Poythress, *Philosophy, Science and Sovereignty of God* (Phillipsburg: P&R, 1976), 118.

손, 절제, 양보 등등 아무것도 신앙적인 실행을 하지 못한다는 것은 결국 크고도 광대하시고 오묘하신 하나님의 뜻을 깨우치지 못하는 것이다. 위로부터 받은 소명에 따라서 순종하려고 하지는 않으면서, 그저 자신의 현실적인 문제만을 해결해 주시는 전능하신 하나님을 이용하려는 자들은 항상 개인적 체험에 매달리거나 이기적인 차원에만 머물러 있을 뿐이다.[105] 인격적으로 사람과 관계를 맺으시는 하나님께서 세상을 통치하지 않으신다면, 사람의 책임감이라는 것은 형성될 수 없다. 이런 관계성을 망각하는 지식은 이기적인 개인주의를 벗어날 수 없다.

기독교 교회는 지난 2천 년간의 교회의 역사 속에서 고전적인 신앙고백을 통해서 정통 신학을 지키고 발전시켜 왔다. 하나님이 누구이신가, 하나님이 자신과 관계를 맺고 있는 모든 피조물에 대해서 말씀 속에서 자신을 증거하신 것들을 정리하여 신학의 체계를 형성했다.[106] 하나님의 계시는 하나님에 대한 참된 지식을 가장 근간으로 삼고 있기에, 하나님에 대한 지식을 체계화하여 일관성 있게 정리할 수 있으며, 모든 교회가 고백하는 단 하나의 체계로 묶어질 수 있다.

주후 325년 니케아 종교 회의에서 결정한 내용은 성부와 성자가 "동일본질"이라는 사실이다. 삼위일체 하나님의 위격들 사이에 종속설을 주장하던 아리우스를 처결하는 작업이 진행되었다. 삼위일체되신 하나님께서는 특별한 구원의 계시를 성경 안에 제시하여 주셔서 사람들이 이해할 381년 콘스탄티노플 신경과 451년 칼세돈 신조들을 정리하면서, 가장 본질적인 기독교 진리를 객관적인 문서로 정리하였다. 초대 교

105　John M. Frame, *The Doctrine of God* (Phillipsburg: P&R, 2002); 김재성 역, 「신론」 (서울: 기독교문서 선교회, 2014), 125.
106　Herman Bavinck, *Reformed Dogmatics* (Grand Rapids: Baker, 2011), 1:6.

회 교부들과 신학자들은 기초적인 교훈들을 집약하여 혼란을 해소하고자 노력했었다.

어거스틴을 비롯하여 수많은 종교개혁 신학자들은 하나님을 알게 해 주시는 성경만이 최고의 권위를 가진다고 주장하였다. 성령의 영감으로 기록된 말씀의 명료성과 충분성, 무오성과 권위를 강조하면서, 구원의 은총과 믿음으로 인하여 주시는 칭의와 성화를 강조하였다. 성경에는 하나님을 아는 지식이 담겨있고, 그것을 아는 자에게는 영생이 있다요 17:3. 하나님을 아는 자는 참된 지혜와 지식을 갖게 되면, 허망하고 거짓된 세상의 문제들을 파악할 수 있다.

현대 교회에 세속화와 개인주의 사조가 크게 영향을 미치고 있다. 그런데 그 뿌리는 어디인가? 이미 앞 부분에서도 밝혔듯이, 근대 계몽주의 이후로, 현대 신학자들의 추리와 가설에 근거한 성경 비평학이 최고의 학문인양 과대 포장되어서 목회자들과 신학생들에게 깊이 각인되었다. 이러한 신학 사상을 주입받은 현대 목회자들은 훗날 지역 교회의 설교자들이 되어서 성경을 다른 고대의 문서처럼 비평하면서 이성적으로 의심하도록 자극했고, 하나님의 존재에 대해서도 회의론을 확산시켰다. 현대 자유주의 신학은 교회를 무너뜨리게 만들었고, 지성인이라면 교회를 외면하도록 만들었다. 현대인들은 성경을 그저 기록된 책으로 취급하면서 하나님의 살아있는 말씀이라는 사실을 의심하게 되었다. 결국 끝없는 의심들이 만들어낸 각종 신학적인 가설에 따라간 결과, 성경에서 벗어나서 종교 다원주의와 만인구원론과 같은 휴머니즘이 확산되었다.[107]

---

107 김재성, 「교회를 허무는 두 대적」 (킹덤북스, 2011). 이 책에서 현대기독론의 심각한 오류에 대해서 비판하였다.

가히 천재라거나 영특한 수재라고 동시대 지식인들로 추앙을 받던 현대 신학자들은 결국 교회를 파괴하는 이론들을 제공했다. 특히 독일과 유럽 각지에서 확산된 이성 자율주의 사상은 성경에 대해서 비판하는 학설들을 양산하고, 신앙에 대해서 회의론을 확산시켰다. 18세기에는 계몽주의, 19세기에는 이데올로기와 혁명 사상들, 20세기에는 각종 자유주의 신학 사상을 양산되면서, 하나님의 말씀으로서의 성경을 의심하고 거부했다. 독일에서는 성경을 인간의 문서로 취급하는 비평학이 대세를 이뤘고, 기독교 낭만주의, 사회 복음주의 운동, 자유주의, 신정통주의 등 현대 신학이 교회로 광범위하게 회의론을 확산시켰다. 칸트의 철학은 "하나님은 이성의 범주에서는 확실히 파악할 수 없다"는 불가지론인데, 그 이후의 지성인들에게는 불신앙의 근거가 되었다. "진화론"은 지극히 일부분에 해당하는 지엽적인 이론에 불과함에도 불구하고, 마치 절대적인 과학의 법칙인 양 사람들로 하여금 맹신하게 만들었다.

20세기에 제 1차, 2차 세계 대전이 벌어진 이후로 교회에 치명적인 현대 신학이 흘러나갔다. 성경 비평학에서 빚어진 현실적인 대안들로 정치 신학, 해방 신학, 여성 신학, 에큐메니즘 교회일치 운동이 확산 되면서 교회는 기존의 고백들을 버리고 시대의 당면문제를 끌어안게 되었다. 복음이 아니라 전쟁과 질병 등 사회 문제들의 해결에 집중했다. 불트만의 비신화론은 성경에 담긴 모든 기적들과 초월적인 사항들에 대해서 실제 사실이 아니라는 주장을 제기하여 성경 해석학에 혼란을 부추겼다. 포스트모더니즘과 성소수자 허용 동성애과 신학적 관용주의는 교회의 기존 신학 체계를 해체하는데 선도적인 역할을 하였다.

기독교 신학이라고 하면서도 성경의 무오성을 의심하고, 제멋대로 인간 이성의 자율성을 근간으로하는 회의론과 비판 이론들만을 남발했던 자유주의 신학들이 뿌려진 토양에서 거둔 열매들이다. 특히 오늘날 세계 지성인들이라고 자처하는 철학자들과 사상가들은 일 백여 년 전에 살았던 자들을 무신론자들을 천재라고 추앙하고 있다. 알베르 까뮈, 니체, 버틀란드 러셀, 사르트르 등 백여 년 전부터 제2차 세계 대전까지 이들 일부 혁신적인 이론가들은 최고의 지성인들을 무신론이 가장 공평한 이론이라고 세뇌 시켰다. 젊은이들과 정치 야망가들은 잘못된 가설과 허망한 생각에 사로잡혀서 보이지 않는 하나님의 존재를 부인하고 교회를 떠났다. 지상의 교회는 가장 소중한 유산과 진리를 가꾸어 왔으나, 참된 것과 소중한 것들을 훼손 당하고 말았다. 송두리째 교회를 거부하는 자들이 갖고 있는 수많은 사회적 모순과 이론가들의 문제점에 대해서는 자세히 살펴보지도 않으면서, 단지 교회에 대해서만 부정적인 공격을 가하고 있다.

　이런 신학들의 주장들에 따라가다 보면, 이제는 더 이상 교회에 출석해서 예배를 올리거나 성도들 사이의 교제를 나눌 이유가 없게 된다. 점차 총명해진 젊은이들은 "절대 진리"를 갖지 않은 지역 교회를 등지게 되었고, 유럽 교회는 망하게 되었다. 미국에서도 강력한 청교도의 전통이 서서히 빛을 잃어가고 있는 실정이고, 현저히 교회의 영향력이 감소하고 말았다. 교회를 무너지게 하는 이런 왜곡된 신학이 한국 교회에도 직접적으로 간접적으로 침입했다. 참된 교회를 지속하고 건전하게 세워가기 위해서, 소위 영특하고 걸출하다는 현대 신학자들의 메마른 논리에 속아 넘어가지 말아야 한다. 독일을 비롯해서 영국, 프랑스, 네델란드 등 소위 현대 신학자들이 엄청난 권위를 자랑하던 서구 유럽의 나라들마다 교회가 문을 닫고 무너지고 말았다. 그러한 현상을 만들어내는데 일조를 한 현대 신학자들의 지식놀음에 빠지지 않도록 해야 한다.

가장 먼저, 그리고 너무나 오랫동안 기독교 신앙의 성경적 교훈들을 왜곡하여 가르침으로 인해서, 결국에는 교회를 혼란에 빠지게 한 책임이 로마 가톨릭의 교황 제도와 스콜라주의 신학에 있다.[108] 전체주의적 집단 체제를 성경적인 교회 체제라고 주장하는 로마 가톨릭 교회는 교황주의와 교회전통을 절대화하여 모든 성도들을 그들의 권세 아래에 두고 지배하고 조종하여 왔다. 루터와 칼빈을 비롯한 종교개혁자들이 그 허상을 벗겨내지 않았더라면, 엄청난 불법이 자행되었을 것이다. 로마 가톨릭의 신학은 전 세계를 지배하려는 전체주의를 정당하고, 공고히 하려는 것들이다. 루터와 칼빈을 비롯한 종교개혁자들이 시도한 참된 교회의 활동들은 모두 다 저주를 받았고, 정죄를 당하고 말았다. 1545년에 소집된 트렌트 종교 회의를 통해서 로마 가톨릭은 신비적인 몸을 다스리는 법률적인 권한을 시행하는 기관이라고 선언했다. 제2차 바티칸 종교 회의 1962-65년는 다시 한번 트렌트 공의회에서 반포한 교령들을 공인하고, 교황의 권위를 강조하였다. 참으로 어처구니없는 교황의 종교가 되고 말았다.

중세 시대에 강화된 로마 교황의 권세는 가히 지상에서 그리스도를 대신하는 지위를 가졌다고 호도되었다. 교황의 가르침이란 무오하고 절대적이며, 중세 시대 로마 교회는 준사법적인 권한을 행사하는 사회적 기관이 되어버렸다. 중세 시대 이후로, 로마 교회는 더 이상 주님의 심

---

108 김재성, 「루터와 칼뱅」 (세창문화사, 2018). Robert Kolb and Carl R. Trueman, *Between Wittenberg and Geneva: Lutheran and Reformed Theology in Conversation* (Grand Rapids: Baker, 2017). Robert Kolb, *Martin Luther and the Enduring Word of God: The Wittenberg School and Its Scripture-Centered Proclamation* (Grand Rapids: Baker, 2016).

판을 받아야할 대상이 아니라, 최고 심판관이 되었다. 그보다 더 높은 권세는 세상에 아무 것도 없다. 도리어 교황청과 그 권세는 모든 사람들을 심판하는 자리에 있으며, 더 이상 자신들은 누구의 심판도 받지 않게 되었다. 이처럼 모든 국가의 권세자들 위에 군림하면서 유럽을 지배하던 로마 교회로 변질되었기에 더 이상 성경을 따르는 교회가 아니다.

로마 가톨릭은 거대한 종교 집단으로서, 마치 바티칸 대성당처럼 거대하고 웅장하게 전체주의적 지배권을 행사하도록 뒷받침하고 있다. 교황과 그 추종자들은 여전히 하나님의 은총을 전달해서 주입해 준다는 성례들의 집행과정을 장악하고 틀어쥐고서 있으며, 마지막 순간까지 모든 은혜의 시행이 자신들의 손에 달려있다는 거짓 교리로 사람들을 속이고 있다. 로마 가톨릭을 전체적으로 지배하고 있는 고위 성직자들은 전혀 자신들의 신학에 대해서 반성하거나 수정하려 들지 않는다. 반종교개혁 운동을 전개한 예수회의 전투적인 행동 강령이 전파된 이후로, 로마 가톨릭 내부에서도 서로 장악하려고 경쟁하고 있다. 고위층에는 부정과 쾌락 등 온갖 부정한 사건들이 숨겨져 있기 때문에, 성령의 감동과 능력이 순수하게 살아있는 교회라고 할 수 없다.

성령을 의지하는 운동들과 신비주의자들에 대해서도 경계해야 한다. 성령의 사역에 대해서 폭넓게 이해해야만 한다고 주장하는 독일의 위르겐 몰트만과 요한 플레처의 주장들이 과연 현대 교회에 얼마나 유익을 주었는가를 비판하지 않을 수 없다. 이들이 주장한 희망의 종말론과 신비주의가 과연 성령에 근거하는 여러 은사 활동과 무슨 상관이 있었던가? 심지어 로마 가톨릭 교회에서 성령의 감동을 받은 예언자로 자처하던 요아킴 오브 피오레Joachim of Fiore, 1135-1202가 세 번째 시대, "성령의 황금기가 다가올 것이라"고 하는 환상을 퍼트렸다.[109] 육체보다는 세계 전체를 지배하는 정신의 운동에 주목한 철학자 헤겔이 바로 그러한 사상에 영향을 받아서 영적인 운동을 강조했고, 몰트만에게도 영향을 끼쳤다.[110] 독일에는 헤겔주의 우파 학자들이 많았는데, 정신의 발현을 강조하던 헤겔의 영적인 이해로부터 큰 영향을 받았기 때문이다. 헤겔은 절대 지성이 자유를 향해 나아가는 과정을 주장한 철학자이면서도, 루터파 신학을 섭렵하여 성장한 교인이었다. 헤겔은 인간의 마음이나 구원을 결정하는 외부적인 모든 권위를 거부하였다. 그러면서도 헤겔은 정통 기독교에서 정죄한 영지주의를 많이 의존하였다.[111]

정치 신학자 몰트만은 그의 책, 『역사와 하나님의 삼위일체』에서 헤겔주의 사상에 따라서 자신의 조직신학적인 내용을 변증법적으로 구성하였다. 필자는 십여 권에 달하는 몰트만의 저술을 읽으면서, 현대 교회를 위해서 어떤 유익도 찾을 수 없었다. 한국 신학자들이 그의 제자임을 자랑하고 있지만, 과연 우리가 무엇을 그에게서 배웠는지 강한 의문을 품게 되었다. 그는 1967년에 미국을 방문하여 자유, 공산주의, 희망을 강조했지만, 그의 주장들은 성경에서 나온 개념이 아니라 매우 정치적인 구호들이었다. "혁명 가운데 하나님"이라는 강좌에서, 자유와 진보를 만들어낸 사상들은 사회적 투쟁을 통해서 성취되는데, 프랑스 대혁명과 같은 운동들이 성령의 역사로 이뤄졌다고 주장하였다.[112]

---

109 E. Randolph Daniel, *Abbot Joachim of Fiore and Joachimism*, Variorum Collected Studies Series (Ashgate Publishing Ltd., 2011).

110 Brain Spence, "The Hegelian Element in Von Balthasar's and Moltmann's Understanding of the Suffering of God," *Toronto Journal of Theology* vol. 14.1 (1998):45-60.

111 Cyril O'Regan, *The Heterodox Hegel* (Albany: State University of New York Press, 1994), 14, 270-85.

112 Jürgen Moltmann, *Religion, Revolution and the Future*, tr. M. Douglas Meeks (New York: Charles Scribner's Sons, 1969), 122, 129, 141-3.

그러나 과연 프랑스 대혁명이 어떤 정치적 혼란을 부추겼던가? 국왕과 귀족들을 다 죽이고 난 후, 온갖 미사여구로 포장된 계급 혁명을 달성했던가? 도리어 나폴레옹의 독재정치를 불러오고 말았을 뿐이다.

몰트만은 칼 마르크스, 알베르 까뮈, 마틴 루터 킹 주니어 목사 등이 노예 제도와 같은 불평등을 해소시킨 위대한 혁명가들이라고 극찬했다. 이러한 일련의 사회 혁명 운동가들처럼, 몰트만도 기독교 교회의 역할이란 자유와 정의를 위해서, 현 세상에서 가난한 자들과 억압받고 탄압받는 인간성을 위해서, 기독교 교회가 투쟁해야 한다고 주장했고, 남미의 해방 신학과 한국에서 민중 신학의 원조가 되었다. "유대인이나 이방인이 차별이 없듯이, 공산주의자나 비공산주의자나 모두 다 그리스도 안에서 하나이다"고 주장했다. 도대체 교회가 어느 계층의 대변인인가, 정치 집단인가 도대체 그 핵심적인 차별성이란 없는 것인가! 이런 왜곡된 현상을 한국 개신교의 민중 신학자들과 천주교 "정의구현사제단"이 주장하는 구호에서 자주 발견하게 된다.

또 다른 독일 자유주의 신학자 레씽도 요아킴의 예언을 받아들이면서 계몽주의 사상을 칭송하였고, 로마 가톨릭이든지 개신교든지 이성의 내적인 빛이라는 것은 초월적인 권위를 능가하는 것이라고 주장했다. 마음을 수직적으로 올라가도록 하던 구조에서 역사적 진보라는 수평적 관점으로 뒤집어 놓은 것일 뿐이다.

요한 웨슬레의 추종자, 요한 플레처 John William Fletcher, 1729-1785 도 역시 "요아킴주의"에 심취하여 천하 만민에게 성령이 부어졌다고 주장했다.[113] 성부의 사역을 통해서 불신자들에게도 알려주셨고, 성자의 시대

---

113 Amos Yong, *The Spirit Poured Out on All Flesh* (Grand Rapids: Baker, 2005), 248-9.

에는 유대인들과 이방인들에게도 보여주셨는데, 성령의 세례를 통해서 완전한 것들이 제시되었다는 것이다. 플레처는 자연신론주의자들, 쏘시니언들, 유니테리언들, 심지어 아리우스주의자들에게도, 심지어 이단들에게조차 성령이 부여졌다고 주장하였다.

최근에는 "신사도 운동"이 확산되면서 큰 혼란을 겪고 있다. 20세기에 은사 운동이 계속되면서, 처음에는 방언으로 시작하더니, 치유를 거쳐서 능력 체험 등으로 이어지면서 큰 혼란을 부추겼다. 그러한 뿌리에서 나온 신사도 운동도 역시 새로운 예언에 치중하면서 변질되고 말았다. 이들은 성령님께서 신사도들에게만 새로운 계시를 주신다고 홍보하면서, 전혀 새로운 사실도 아닌 것들을 제시하면서 성도들의 마음을 사로잡고 있다. 신비한 영역을 말해 주는 계시가 과연 어떤 특정한 사람에게 새로 주어진다는 말인가? 신사도 운동은 기독교 복음이 아닙니다.[114]

6. 20세기 교회론의 변질: 에큐메니즘 운동과 교회 분열

최근까지 현대 교회론의 쟁점은 "에큐메니즘" 운동, 즉 "교회일치운동"이었다. 그러나 세속적인 열망에서 빚어낸 에큐메니즘은 결국 교회의 연합보다는 자극적인 분열을 획책하는 이념일 뿐이었다. 교회론의 혼란은 결국 세계 교회의 극심한 대립과 오염을 초래하고 말았다. 필자는 참된 진리로 성도들을 이끌었던 교회가 20세기 후반에 이르러서 이

---

114 김재성, 「교회를 허무는 두 대적」 (킹덤북스, 2011, 수정증보판 2013).

처럼 무너지고 말았던 가장 결정적인 변화는 바로 에큐메니즘 운동이었다고 본다. 정치와 문화가 교회를 압도해서, 결국 교회들이 분열되는 혼란 상황들이 초래되고 말았다. 2차 세계 대전 직후, 유럽 중요 국가들에서 교회의 본질을 지켜내기 보다는 당시 정치적인 상황에 부응한다는 명문으로 "에큐메니즘"이라는 신학 사상이 급조된 것이다.

결론부터 말하자면, 정작 현대 교회들이 무너지게 된 것은 교회 내부에서 일어난 연합과 일치운동으로 인해서 도리어 참된 복음을 잃어버리게 되었기 때문이다. 전쟁 직후에 설립된 교회 연합 단체는 교회의 특수성과 고유성, 거룩함과 초월성에 대한 신조들을 몽땅 다 내버렸다. 이들은 그야말로 교회들의 조직적 연대와 기구들의 통합만이 모든 가치보다 더 높이 추구해야 할 이상이라고 내세웠다. 교회 간의 연합을 주장하는 세계 교회 협의회라는 단체에 몰몬교와 여호와 증인들이 같이 동참하게 되었다. 결국 "종교다원주의"로 직행하는 혼란이 가속화되고 말았다.

이처럼 교회의 쇠퇴는 외부적인 요인들로 인해서 초래된 것이라고만 할 수 없다. 물론 교회 밖에서 벌어진 사회적 혁명과 전쟁이 교회 내부에 영향을 주었고, 신학을 파괴하는데 일조했다고 할 수 있다. 하지만, 더욱 더 안타깝게도 20세기 세계 교회는 내부의 분열과 대립에 휩싸이면서 힘을 잃었다. 일부에서 주장한 일치운동은 이에 동참할 수 없는 교회들과의 분열과 대립으로 갈라치기 했던 것이다.

교회의 쇠퇴를 가져온 내적인 요인들과 외부로부터의 충격은 양쪽 모두로부터 가해졌는데 그 파괴력이 엄청났다. 이 두 가지 측면이 상승작용을 했고, 교회는 금이 가고 깨어지고 말았다. 교회의 영향으로 근대 민주주의가 확산되는 것은 좋은 일이었으나, 과격한 계급주의 혁명은 하나님을 부정했다. 야망과 헛된 사상에 물든 혁명가들이 부패한 왕과 국가를 무너뜨렸고, 모든 가치와 상식이 무너졌다. 두 차례 세계 대전은 실제로 예배 처소를 파괴하였고, 교회의 질서와 특징들을 짓밟았다. 성경에는 교리와 교훈들이 담겨 있으며, 교회를 구축하는 진리가 담겨 있다.[115] 세계 대전 후, 실존주의와 포스트모더니즘이 다원주의를 확산시키고, 성경을 의심하게 한 후에, 결국 교회의 기초가 무너졌다. 정통 신학을 부정하는 자들이 개발해낸 자유주의 신학이 확산되었고, 교회는 기존의 가르침을 변경했다.

필자는 20세기 교회의 결정적인 쇠퇴는 내부에서 일어난 에큐메니즘 운동의 파생물이라고 본다. 제 2차 세계 대전 후에, 세계 강대국들은 "국가연합"이라는 United Nations 국제기구를 창설하게 되었는데, 이러한 정치적인 우호와 연대의 정신에 호응하는 일이 기독교에도 파급되었다. 각 나라 각 교파의 집합체인 '세계교회협의회' World Cousil of Church, W.C.C.가 창설되었고, 교회간의 일치운동 에큐메니즘 운동을 전개했다. 이 모임의 주도자들은 주로 영국의 성공회, 독일의 루터교회, 로마 가톨릭과 장로교회, 오순절 은사파 교회, 동방정교회, 일부 개혁주의 교회들을 움직였다. 각 국가에서도 교회일치운동을 한다면서, 동참을 거부하는 보수적인 교회들을 갈라치기 했다. 보수적인 교회들이 견고히 지켜오던 개혁주의 정통 신학을 공격하고, 자유주의, 신정통주의, 신복음주의 등 변질된 신학 사상들을 확산시켰다.

한국 교회 내에서도 1959년 장로교회 총회에 갑자기 등장한 교회일

---

115 Richard B. Gaffin Jr. "The Vitality of Reformed Systematic Theology," in *The Faith Once Delivered: Essays in Honor of Wayne Spear*, ed. Anthony T. Selvaggio (Phillipsburg: P&R, 2007), 20-21.

치운동으로 대표적인 장로교회 교단을 두 쪽으로 갈리놓고 말았다.[116] 한경직, 강신명, 유호준 목사 등은 "세계교회협의회"가 추진하는 연합체에 가입을 주도했다. 일찍이 한반도에 복음을 전달했던 미국의 교단들이 "세계교회협의회"에 찬성하고 있었으므로, 선교사들이 남겨놓고 간 모든 선교 재단들, 학교들과 각종 교육기관들, 병원 등등은 일치운동에 참여하는 교회들과 목회자들에게 운영권이 넘겨지는 물질적 혜택이 주어졌다. 그러나 이에 맞서서, 한국 장로교회에는 평양신학교의 가르침을 따라서 목회적 순결함을 지키고자 노력했던 지도자들이 있었다. 부산의 노진현 목사, 광주의 정규오 목사, 서울의 이환수 목사, 박찬목 목사, 김윤찬 목사 등이었다. 이들은 세계교회 협의회의 가입에 반대하면서, 비록 가난하지만 정통적 신앙을 지키고자 했다. 지금 대한예수교 장로회가 합동 측과 통합 측으로 분열되어 내려오게 된 이유가 여기에서 시작했던 것이다. 통합 측에 속한 장신대 이종성 교수는 합동 측의 지도자들을 향해서 특히 총신대의 박형룡 박사와 박윤선 박사가 근본주의자요 신학 사상이 고루하다고 격렬히 비난했다. 그러나 정작 자신이 일치운동을 한다고 하면서도, 또 다른 교단의 지도자 한신대 김재준 목사의 제명처분을 취소하지도 않았다. 왜냐하면 매우 역설적으로 한경직 목사와 이종성 학장 등은 세계적인 교회들과는 일치운동을 한다면서도, 정작 한국 교회 내에서는 자유주의 신학자들과 민중 신학자들과의 사이에서도 서로 우호적으로 연대하지도 않았다. 김재준 목사는 한경직 목사의 행동에 대해서 분노하는 글을 남겼을 만큼 심각했다.[117]

---

116 김양선, 『한국기독교 해방 10년사』 (대한예수교 장로회 종교교육부, 1956).
117 김재준, 『범용기』 제 10권, 쪽을 볼 것.

교회의 목회자들은 이처럼 각각 자신들이 속한 교단들의 정당화에만 몰입해 나가다가, 혼돈된 신학 사상의 영향을 벗어나지 못하고 말았다. 대부분의 목회자들이 신학의 혼돈상태를 제대로 파악도 못했고, 분별할 수 없었다. 교회를 책임지고 인도하던 목회자들이 신학의 흐름에 무지했다는 사실이 믿을 수 없을만큼 치명적이었고, 절망적이다. 현대 신학자들은 고전적 교회론을 교묘하게 해석했고, 변질시켰다. 로마 가톨릭에서는 초대 교부들의 니케야 신경에서 정리한 대로, "하나의, 거룩하고, 보편적이며, 사도적 교회"를 형식적으로 고백하는 정도였다. 그러나 성경에 통달했던 종교개혁자들이 교황주의에 사로잡힌 교회론의 문제점을 파악했고, 개혁을 단행했다.

현대 교회의 흐름을 분석해보면, 20세기 중반부터 복음주의 운동이 등장하는데, 주로 오순절파, 회중교회 형식을 따르는 그리스도의 교회, 대형 교회로 성장한 독립교회들이 결합하였다. 이러한 복음주의 협회는 정통 장로교회와 개혁주의와는 뿌리가 다른 교회들이지만, 세계 선교와 복음화 운동을 활성화시켰던 것은 사실이다. 1920년대에 복음주의 운동과 1950년대에 신복음주의 운동 등이 연이어 등장했는데, 처음에는 자유주의 신학을 따라가지 않으려는 보수진영의 연합운동으로 역할이 지대했었다. 그러나 변질된 현대 신학의 엄청난 공격으로 초토화된 기독교 교회를 복구하는데 일부분 기여 하였다. 지금까지 "복음주의"라는 이름과 복음주의 신학 체계를 주장하는 신학자들이나 설교자들이 많이 있지만, 누구나 보편적으로 인정할 만한 신학적 체계를 내놓지 못하였다.[118] 개혁주의는 종교개혁의 신학과 교리서들을 근거로

118　Mark A. Noll, "What is 'Evangelical'?" in *The Oxford Handbook of Evangelical Theology*, 19-32. Timothy Larsen, "Defining and Locating in Evangelicalism," in *The Cambridge Companion to*

하고, 그 전통을 지키고자 한다. 복음주의는 세계 복음화를 강력히 추진하는 기독교 연합운동으로서, 주로 빌리 그래험 목사를 중심으로 거대한 조직을 결성했다.

영국과 미국에서 일어난 복음주의 운동은 19세기에 세계 선교를 위하여 협력체계를 강화하기 위해서 출발했다. 그러나 자유주의 신학을 주장하는 일부 개신교 교회들이 로마 가톨릭 교회와 성공회, 동방정교회 등을 망라하여 "세계교회협의회"W.C.C.를 결성하자, 이에 반대하는 교회들이 "복음주의 연맹"W.E.A.을 만들었다. 일부 교단들은 두 단체에 다 가입해 있다. 복음주의는 미국 침례교회, 연합감리교회, 장로교회, 연합그리스도의 교회, 감독제 교회 등이 앞장서서 국가 복음주의 협의회National Council of Churches를 결성하면서 확장되었다. 복음주의 운동Evangelicalism은 성경의 권위를 강조하면서, 예수 그리스도 안에서 성취된 구원의 복음을 강조하는 의미로 사용되어지고 있다.

복음주의 운동, 혹은 복음주의 신학은 20세기 후반기에 상당한 영향을 발휘했다. 그러나 연합기구이기 때문에 하나된 교회를 추구하고자 하여서, 하나님에 대한 지식을 밝혀주는 교리적 해석이 부족하였고, 전통적으로 강조해온 복음의 내용과 본질을 훼손하는 구조적 약점이 담겨있었다.[119] 필자는 미국의 대표적인 복음주의 역사학자 마크 놀 박사의 강의를 수강하면서, 종교개혁의 신학과 교리를 잃어버리면 변질될 수밖에 없다는 지적을 자주 들었다.[120] 그의 초기 저술에는 20세

Evangelical Theology, ed. Timothy Larsen & Daniel J. Treier (Cambridge: Cambridge University Press, 2007), 1-14.

119 Christian Smith, *American Evangelicalism: Embattled and Thriving* (Chicago: University of Chicago Press, 1998).

120 Mark A. Noll, *Between Faith and Criticism: Evangelicals, Scholarship and The Bible In America* (San Francisco: Harper and Row, 1986). idem, *The Rise of Evangelicalism: The Age of*

기 복음주의 운동의 가장 취약한 부분들에 대해서 통렬한 지적들이 많았다.[121] 특히 성경이 하나님의 말씀이라는 것과 지금도 살아계신 하나님께서 역사와 인류의 삶 속에 직접 개입하시고 임재하시는 것을 부정하는 연구자들에게서 나오는 것이라면, 기본 전제의 차이에서 빚어지는 문제들이 엄청나게 된다.[122]

성경을 살아계신 하나님의 말씀으로 인정한다는 점에서 복음주의는 공통분모를 갖고 있다고 보았지만, 사소한 차이점들에 대해서도 결코 과소 평가해서는 안 된다. 현대 미국 복음주의 신학자들 사이에 성경의 권위를 놓고서 칼 바르트와 같은 신정통주의 신학자들에서 영향을 받은 주장들을 놓고서 뜨거운 논쟁이 있었다.[123] 칼빈과 웨스트민스터 신앙고백서에서 강조한 성경의 영감을 존 오웬과 튜레틴의 스콜라주의와 구프린스턴의 찰스 핫지와 워필드가 "기계적 영감설"로 대체시켰다는 주장이 핵심이었다. 그러나 시카고 트리니티 복음주의 신학교 우드브리지 교수가 이들 사이의 일관성을 제시하여 반박하면서 양측으로 나뉘어진 논쟁이 격화되었었다.[124]

세계 제 2차 대전으로 찢겨진 교회의 상태를 치유하기 위해서, 1950년대에 세계교회는 "에큐메니컬 운동"세계교회협의회, W.C.C."과 "대중 전도운

Edwards, Whitefield, and the Wesleys. A History of Evangelicalism (Leicester: InterVarsity Press, 2004).

121 Mark A. Noll, *The Scandal of the Evangelical Mind* (Grand Rapids: Eerdmans. 1994). idem, *American Evangelical Christianity: An Introduction* (Oxford: Blackwell, 2000).

122 Mark A. Noll, Nathan O. Hatch, eds., *The Bible in America: essays in cultural history* (N.Y.: Oxford University Press, 1982).

123 Jack B. Rogers & Donald K. McKim, *The Authority and Interpretation of the Bible: An Historical Approach* (San Francisco: Haper & Row, 1979).

124 John D. Woodridge, *Biblical Authority: A Critique of the Rogers/McKim Proposal* (Grand Rapids: Zondervan, 1982). Vern Poythress, "Biblical Hermeneutics," in *Seeing Christ in All of Scripture*, ed. Peter Lillback (Philadelphia: Westminster Theological Seminary, 2016), 10.

동"세계복음주의 연맹, W.E.A.으로 크게 나눠져서 각각 서로 다른 방법으로 세계 교회의 목표를 설정했었다. 이런 흐름에서 영국에서는 1966년 복음주의 연맹이 결성되었고, 로이드 존스 박사Martyn Lloyd-Jones와 존 스토트John Stott가 진로 문제를 놓고서 심각한 정체성의 차이가 제기되어 나뉘고 말았다. 교회가 복음화를 위해서 다른 교단과의 연합을 할 때에, 그 본래의 신앙조항들과 다른 방법들도 받아들일 수 있을까? 교단의 원칙들을 넘어서 복음 전도에만 우선순위를 둘 수 있을까? 빌리 그래함 전도대회를 앞두고 로이드 존스는 복음주의 연맹을 탈퇴했다.[125] 빌리 그래함에 동조하는 신학자들은 칼 헨리Carl F.H. Henry, 제임스 패커J. I. Packer, 스토트 등이었다. 로이드 존스 박사와 개혁주의 신학자들은R.C. Sproul, John MacArthur 복음의 선포를 반대할 사람은 없지만, 즉각적인 반응을 이끌어 내려는 전도방식에 대해서 의견이 달랐다.[126] 또한 로이드 존스 박사는 영국의 저명한 복음주의 신학자들, 존 스토트와 제임스 패커 등에게 잉글랜드 성공회에서 나오라고 요청했었다.

이들 복음주의 신학자들은 자유주의 신학자들의 방법론을 수용하면서, 복음의 유일성을 밝혀낼 수 있다고 보았다. 그래서 복음주의 신학자들은 상당수가 세계적으로 이름이 알려진 일반 대학교에서 박사학위를 취득하였고, 그러한 최고 학문을 터득한 자라는 명성을 소유하고 있다. 하지만, 가장 중요한 것은 박사 학위가 어느 명문 대학교에서 취득한 것이냐 보다는, 과연 그가 어떤 신학 사상을 가지고 있느냐에 달려있다. 소위 복음주의라고 주장하면서도, 성경 비평학이나 역사적

---

125 Bruce Hindmamarsh, "Is Evangelical Ecclesiology a Oxymoron?," in John G. Stackhouse, ed., *Evangelical Ecclesiology: Reality or Illusion?* (Grand Rapids: Baker Academic, 2004), 17.
126 Iain H. Murray, *Evangelicalism Divided: A Record of Crucial Change in the Years 1950 to 2000* (Edinburgh: Banner of Truth, 2000).

예수 연구에 영향을 받은 신학자들은 종교개혁자들이 고백한 신조들과 교리들을 희석시키거나, 세상 학문과 적당히 타협하고 말았기 때문이다. 요즈음에 미국, 독일, 영국 등 우수한 일반 대학교에서 신학을 전공하는 박사 학위를 마치려면, 성경 무오성과 권위를 강조하는 신앙을 가지고서는 불가능하게 되었다. 대부분의 대학교에서는 종교개혁자들의 기독교사상을 비판적으로 취급하고 있고, 정통개혁주의 신학을 부정하고 있는 실정이다.

복음주의와 개혁주의가 서로 공통으로 믿는 성경의 권위와 영감은 매우 중요한 교회의 원천이 된다. 성경은 철저하게 모든 인간의 본성과 상태에 대해서 증언한다. 죄로 인해서 죽음으로 향하도록 결정지워졌고, 오직 예수 그리스도의 복음으로 다시 살아날 수 있다. 사람의 마음은 심히 어두워져서 역사와 자연을 통해서 주시는 것들을 통해서는 하나님의 지혜를 파악할 수 없게 되었다.

개혁주의 신학은 사람의 영적인 부패성과 무능력을 고백한다. 어떤 학문에 대해서 최고로 탁월하다는 학자라 하더라도, 하나님께 도달하는 길을 스스로 제시한 사람은 없다. 그 어느 역사학자나 그 어느 철학자가 하나님을 인정하고 존중하며 경외하는가?! 사람들은 감각적이고 육체적이고 일시적이요 임시적인 것들에 대해서 흥미를 느끼고 쾌락을 얻을 뿐이다. 지금 세상에 있는 것들의 본질은 지극히 육체적이고, 정욕적이고, 지극히 세속적인 것들인데, 인간의 자랑거리가 되지만 이내 머지않아 지나가고 마는 것들이다. 육체의 건강도 낡아가는 것이요, 위대한 성공도 오래가지 못하며, 엄청난 신기술도 또 다시 새로운 것들에 의해서 도태당하는 것이다 요일 2:17, 고전 1:21, 롬 1:21.

18세기 계몽주의 철학이 확산된 이후로, 이성 중심과 인본주의 학문이 큰 흐름을 바꿔놓았다. 결국, 기독교 신학과 교회가 변질해 버렸다. 알베르 까뮤는 무신론을, 니체는 사신론을, 싸르뜨르는 실존주의를 확산시켰다. 하버드, 옥스퍼드, 튀빙겐 대학교 등에서는 종교개혁의 신학 사상과 그 정신을 계승한 복음적인 교훈들을 철저히 비판했다. 예를 들면, 성경 무오성의 변천된 "역사"를 다루면 박사 학위를 받을 수 있어도, 성경 무오성 그 자체를 "옹호"하는 경우에는 박사 학위를 받을 수 없게 되어버렸다. 현대 신학자들은 성경을 인간이 저술한 고전 문서들 중에 하나로 취급하면서, 저작자의 진위여부를 따지는 고등비평, 본문 내용의 역사성과 정확성을 다루는 하등비평, 전승비평, 역사비평 등으로 여러 가지 독창적인 연구가능성을 전개하였다.[127] 대단히 안타까운 것은 "복음주의" 신학자들 중에서도 상당수가 불신자들과 비기독교 철학자들이 세워놓은 해석학적인 논리와 체제와 분석 방법을 무비판적으로 채용하고 있다는 점이다. 결국 불신자들의 자료를 사용하고, 불신자들의 논리 체계와 방법론과 철학적 이해에 기대어서 예수 그리스도의 유일성과 역사성을 다루게 되면, 결과는 성경본문과 본문에 담긴 의미들을 충분히 풀어낼 수 없게 된다.

성경을 통해서 하나님이 주시는 지혜는 영원한 지침이다. 지금 세상 사람들은 하나님을 거부하고, 세상에 있는 것들로 채워보려고 한다. 사람이 갖고자 염원하는 모든 것들을 다 가지고 있는 사람이 있다 하더라도, 부자나 권세자나 외모를 갖춘 사람이나 그 어떤 사람이라도 전혀 부러워 할 대상이 아니다시 49:7-9. 인간사에 관하여 실상을 가르쳐 주

127　John Riches, *The Bible: A Very Short Introduction* (Oxford: Oxford University Press, 2000). 23,37.

는데도, 어리석은 사람들은 도리어 하나님에 대한 것들을 거부하며 무시한다고전 3:19. 진실이 없는 과학, 윤리와 도덕이 없는 기술혁명은 죄의 도구들로 전락될 뿐이다. 결국은 사람들의 마음을 황폐케 하는데 도구로 사용될 뿐이다. 심지어 예술과 문화라는 이름으로 인간 중심주의를 내세우고 있지만, 과장된 포장에 불과하다.

세계의 주요 교단들과 그에 속한 교회들이 개혁주의 신학의 전통 위에 서 있지만, 동시에 현대 복음주의자들의 운동에서 강조한 것들을 받아들이고 있고, 소위 가장 목회적으로 성공했다고 하는 미국 복음주의 교회들로부터 영향을 받았다. 미국에서 대형 교회로 급부상한 복음주의자들은 빌리 그래함을 최고의 지도자로 따르고 있으며, 그 후 세대로는 새들백 교회의 릭 워런과 시카고 빌 하이벨스 등이 큰 교회를 이루었다. 그러나 이들 복음주의 교회들도 결국 사람의 한계를 노출하고 말았다. 목회자의 비윤리적 행동들, 가정의 문제들이 폭로되었고, 신뢰가 추락하고 말았다.

특히 "복음주의 좌파"라는 이름으로 일컬어지는 신학자들의 허망한 논지들이 미국 신학계에서 이미 심각한 논쟁과 대립을 야기했기에, 무작정 받아들이지 말고 경계심을 가지고 분별해 보아야만 한다. 복음주의 좌파는 기본적으로 복음주의 신학에서 강조한 교리들, 즉 성육신, 속죄, 부활, 그리고 교회를 위한 말씀의 권위 등을 받아들인다. 그러나 대다수의 복음주의 교회들과는 달리, 성경 비평학과 진보적인 기독교 신앙의 해석을 위해서 개방적이다. 정치와 복지 정책에서도 보다 개방성을 강조하고, 무기 소지를 통제할 것과 사형제 폐지와 평화주의를 주장하는데, 상당 부분은 재세례파의 사회적 전통에서 영향을 받았다.

침례교 조직신학자 에릭슨은 "복음주의 좌파"라는 명칭을 과감하게 사용하여 성경관과 구원론에 있어서 절대주의를 버리고 상대주의를 채택하는 좌파적인 학자들을 "과연 복음주의라는 이름으로 불러도 좋은 것인가?"냐고 혹독하게 비판하였다. 결국, 미 국복음주의신학회 Evangelical Theological Society, ETS에서도 "열린 신론"을 주장한 피녹과 그 관계된 학자들을 Bernard Ramm, Stanley Grentz, Roger Olson, Clark Pinnock, James McClendon 등을 제명 처분했다.[128] 반대로 이들 과도한 좌파들은 세계적인 복음주의 신학자들을 Erickson, Kevin Vanhoozer, Wayne Grudem 등 "복음주의 우파"로 규정하고 격렬하게 공격했다. 이들 좌파적이며, 극렬한 인간사상가들은 복음주의라는 폭넓은 신학노선에서 마저도 동료로 인정하면서 함께 교회를 위해서 신학활동을 할 수 없다고 판단되어서 제명을 당했던 것이다. 복음주의가 아니라 급진적인 이념적 편향성을 드러냈던 것이고, 정통 기독교의 가르침을 왜곡하고 있다는 것이 정확한 진단이다.

> 너희 중에 지혜와 총명이 있는 자가 누구냐 그는 선행으로 말미암아 지혜의 온유함으로 그 행함을 보일지니라. 그러나 너희 마음 속에 독한 시기와 다툼이 있으면 자랑하지 말라 진리를 거슬러 거짓말하지 말라 이러한 지혜는 위로부터 내려온 것이 아니요 땅 위의 것이요 정욕의 것이요 귀신의 것이니 시기와 다툼이 있는 곳에는 혼란과 모든 악한 일이 있음이라 오직 위로부터 난 지혜는 첫째 성결하고 다음에 화평하고 관용하고 양순하며 긍휼과 선한 열매가 가득하고 편견과 거짓이 없나니 화평하게 하는 자들은 화평으로 심어

---

128 Mark Thomas Edwards, *The Right of the Protestant Left: God's Totalitarianism* (New York: Palgrave Macmillan, 2012). Brantley W. Gasaway, *Progressive Evangelicals and the Pursuit of Social Justice* (Chapel Hill: University of North Carolina Press, 2014). David R. Swartz, *Moral Minority: The Evangelical Left in an Age of Conservatism* (Philadelphia: University of Pennsylvania Press, 2012). Shawn David Young, *Gray Sabbath: Jesus People USA, the Evangelical Left, and the Evolution of Christian Rock* (New York: Columbia University Press, 2015).

의의 열매를 거두느니라(약3:13-18).

한국 교회가 열정적으로 받아들인 미국 복음주의만 하더라도, 그 안에는 여러 사상적인 편견들이 가미되어 있어서 면밀히 살펴야 한다. 일부 진보주의를 내세우는 복음주의 신학자들 가운데는 참되고 순수한 기독교 복음을 혼란스럽게 만들었다.[129] 한국에서는 장로교회, 감리교회, 성결교회, 오순절과 순복음 교회, 침례교회 등에서 이들 신학자들의 저서들의 번역본을 사용하고 있는데, 문제점을 정확하게 파악했는지 걱정하지 않을 수 없다. 교회마다 성도의 적극적인 열정과 참여, 영적인 부흥과 체험을 강조하는 부흥 운동의 요소들이 기본적으로 전파되고 있는데, 개교회의 양적인 성장에만 집착하는 모습은 거의 비슷하다. 열정과 부흥이 필요한 것이지만, 단지 집회 시간에만 감정적 결단과 회심 운동을 위주로 경쟁하듯이 강조하게 되면, 세상의 빛과 소금이 되어야 할 사회적 책임과 모든 생활의 영역에서 예수 그리스도의 주권을 높이는 종합적인 안목이 무시당하고 만다.

성경에 대한 신학적 해석을 통해서 하나님의 지혜를 깨우치고, 예배에서 온전히 경배를 올리며, 세상에 나아가서 증거하는 교회가 되어야 한다. 시대의 흐름에 흔들리지 않으려면, 시행착오를 거듭하지 않고 왜곡된 생각에서 벗어나려면, 한국 교회에 가장 필요한 것이 예수 그리스도의 지혜이다. 위로부터 오는 지혜는 많은 것을 배우고 공부한 학자들의 전유물이 아니다. 참된 지혜와 지식의 원천은 하나님을 경외하는 데서 나온다. 한국 신학계에서 활동하는 일부 현대 신학 전공자들은

---

[129] Millard Erickson, *The Evangelical Left: Encountering Postconservative Evangelical Theology* (Grand Rapids: Baker, 1997).

서양 신학의 흐름을 여과 없이 직수입하고 있다. 신학은 교회를 위한 학문이요, 경건이 없으면 무용지물이 된다. 한국 신학자들의 논문이나 저술을 살펴보면, 학문적 우수성과 탁월성을 주장하는 경우가 많다. 해산의 수고를 통해서 만들어진 것들은 한국 교회에 유익한 결실을 맺게 하지만, 본인들도 충분히 소화하지 못한 채 내놓는 것들은 그저 지식의 자랑으로 그칠 뿐이다. 수많은 신학자들의 학설들이 물거품처럼 사라지고 말았다. 신학자들이 메마른 이론에만 매달려서 교회의 혼란을 부채질하는 일은 하지 말아야 한다.

세계 복음주의 운동은 자유주의 신학에 대항하는 이름으로는 건전한 신학이 작용하고 있었지만, 모호하고 타협적인 한계를 극복하지 못하였다. 결국 복음주의 내부에서도 어떤 복음주의 전통을 따르느냐를 놓고서 극렬하게 분열되었다. 더구나 복음주의 운동의 한 축을 형성해 오던 오순절 교파들과 은사 운동의 저급한 변칙으로 파생되어 나온 신사도 운동과 예언 운동은 기존 교회를 허무는 자들로서 성경에서 벗어난 "직통계시 운동"을 펼치고 있다.

7. 교회의 변질에 대한 통찰

교회는 세상 속에 있지만, 이 세상을 지배하는 권세와는 타협할 수 없다. 그러나 오직 하나님을 향해서 구원의 방주로서 사명을 다 해야 할 교회가 국가 권력 앞에서 탄압을 받아 무너지곤 했다. 로마서 13장에 보면, 국가는 하나님으로부터 권위를 부여받는다. 모든 권세는 다 하나님으로부터 나오는 것이다. 그러나 이러한 하나님의 뜻을 거역하고, 오직 통치자의 절대적 권위만을 주장하는 자들이 너무나 많다.

로마의 총독 빌라도는 예수 그리스도를 향해서 "내가 너를 십자가에 못 박을 권세도 있고, 놓아줄 권세도 있는 줄 알지 못하느냐?"고 으름장을 놓았다. 예수님께서는 "위로부터 너에게 주지 아니하였다면, 너는 나를 해할 권세가 없다"요 19:10-11고 대답하셨다. 이처럼, 교회 위에 군림하는 세속 권세자들로 인해서, 신성하게 설립된 교회가 수난을 당하곤 했다. 권력자들, 정치가들과 시대적인 흐름과 사조가 교회의 임무를 왜곡했던 사례들은 너무나 많다. 왕권 통치 시대를 지나서 시민 정부의 시대로 넘어온 이후로도 정치 신학자들에 의해서 교회의 초자연적 본질이 심각한 훼손을 당하고 말았다.

이 땅 위에 여러 나라들에서는 기독교의 가르침과 교회를 핍박하는 곳들이 많다. 모슬렘과 이방 종교의 숭배 국가들, 무신론에 젖어있는 자들은 교회를 타도해야 할 대상으로 삼고 있다. 지상의 교회는 성경의 체계적인 진리를 펼치면서 공중의 권세를 잡은 어두움의 세력과 보이지 않는 전쟁을 하고 있다. 더구나 교회가 그 자립 기반을 정립하는데 있어서, 각 시대와 지역에 따라서 세상을 지배하는 자들과의 사이에 큰 어려움을 겪었다.

예수님께서 자신이 세운 교회에 약속하신 성령을 보내셔서 진리 가운데도 인도하신다. 교회를 향하신 주 예수님의 초자연적인 인도하심과 원리를 모독해서는 안 된다. 교회가 발전해야 하지만, 전적으로 성령의 인도하심 안에서 조명을 받아야 한다.

"진리의 영이 오시면 그가 너희를 모든 진리 가운데로 인도하시리라"요 16:13).

1) 독일 루터파 교회의 변질

정치 권력의 압박으로 교회의 이미지가 치명타를 입었다. 특히 독일에서 확산된 이성 중심의 휴머니즘과 인본주의 신학들이 유럽 교회에 뿌린 왜곡된 사상들로 인해서 종교개혁의 유산과 전통을 잃어버리게 되었다. 가장 결정적으로 독일 루터파 국가교회가 인간중심의 정치 신학으로 오염되고 말았다. 독일과 유럽의 엄청난 정치적 소용돌이 속에서 현대 교회가 과연 성경적인 교훈들을 받아왔는가를 생각해 보자. 우리는 슬프고도 가슴 아픈 역사를 직시해야만 한다. 현대 유럽의 교회들이 철저히 외면을 당하게 되었는지를 철저히 검토하여 보고, 반성하지 않으면 안 된다.

필자가 앞에서 여러 차례 독일 교회의 몰락 현상을 서술했는데, 그렇게 되기까지에는 독일의 정치적인 신학 사상의 변질이 광범위하게 확산되었음을 잊어서는 안 된다. 루터파 교회가 전체 독일의 국가교회로서 16세기부터 20세기 초반까지 사회 전반에 엄청난 영향력을 발휘하였었다. 그러다가 히틀러의 독재치하에서 교회가 극심한 정치적 탄압을 당하는 일이 벌어졌다. 1940년대 전후에 히틀러와 나치당이 주도한 국가사회주의가 붉은 군대 깃발을 교회와 로마 가톨릭 성당, 유대인 회당 등 모든 종교기관의 정면 단상 위에 전시하도록 강압했던 적이 있었다. 거의 모든 독일 교회들이 정치적 탄압 아래서 타협하고 말았다.

독일 개신교회들은 전체주의 통치자들의 강압적인 조치들로 인해서 엄청난 기독교의 왜곡을 경험했다. 비록 한 세대였지만, 히틀러가 지배하던 독일 공화국이 사회주의적 전체주의에 휩싸여 있을 때에, 로마 가톨릭이나 개신교회나 모두 다 엄청난 변질을 받아들여야 했었다. 히틀러는 각 지역의 다양한 개신교회들은 권역별로 하나의 단체로 통합시키고 나치즘에 충성하도록 조종했었다. 교회당 전면 강단 양 옆에 깃발을 세웠는데, 하나는 기독교를 표방하는 것이었으나, 다른 쪽에는 나치즘을 상징하는 꺽쇠 모양의 형상을 넣은 것이었다. 교회가 이런 압박을 당했지만, 그러한 치욕을 모두 다 견디고 있었다. 모든 사람들은 서로 인사할 때에, "하일 히틀러!"라고만 해야 했었다. "아리안주의" 즉, 독일인들의 인종적 우월주의에 사로잡힌 히틀러는 유대인들을 학살했을 뿐만 아니라, 성경에서 구약은 유대인들의 역사이기에 삭제하라고 명령했다. 1933년 7월, 루트비히 뮐러가 통합된 개신교회의 대표로 선출되었는데, 그는 오직 나치즘에 충성하는 교회가 되어야 한다고 역설했다.[130] 대부분의 독일 개신교 교회들은 뮐러와 나치즘에 동조했다. 인종적 차별주의가 사람을 구분하는 척도가 되어서, 유대교에서 개신교로 개종한 자들도 인정하지 않았다.

그러나 독일 내에서도 소수의 성도들과 본 회퍼가 속한 "고백교회"는 나치즘의 교회 정책에 맞섰다. 오직 "교회는 교회로만 남아야 한다"고 주장하면서, 정치와 나치즘 정권에 복종하는 기독교 교회가 되지 말아야 할 것을 주장했다.[131] 고백교회에서는 나치즘에서 강요하는 것들을 대부분 거부하였다. 루터파 교회의 지도자 니묄러 Martin Niemöller, 1892-1984는 히틀러에게 무조건 충성한다는 문서에 서명을 거부하였고, 다른 두 명의 주교와 함께 칠 년 동안 감옥살이를 했다.[132] 히틀러 암살

---

130 "Directives of the Church Movement German Christians (Movement for a National Church) in Thuringia, 1933," in *The Nazi Years: A Documentary History*, ed. Joachim Remak (Prospect Heights, IL: Waveland Press, 1990), 95-96.

131 Doris L. Bergen, *Twisted Cross: The German Christian Movement in the Third Reich* (Chapel Hill, NC: University of North Carolina Press, 1996), 12.

132 William L. Shirer, *The Rise and Fall of the Third Reich – A history of Nazi Germany* (N.Y.: Simon

모의에 가담한 죄목으로 복음적 개혁주의 신학자 본 회퍼는 사형을 당했다. 오늘날 본 회퍼의 교훈들은 재평가를 받아서 높이 칭송되고 있다. 그러나 본 회퍼는 에큐메니즘을 찬성했고, 정통 개혁주의 신학을 공유하지 않았었다. 그의 개인적인 희생은 숭고하지만, 필자는 그의 신학 사상에는 동의할 수 없다.[133] 히틀러의 시대가 마감되고 난 후, 오 십여 년이 지나는 동안에 다시 회복된 독일 루터파 교회는 서독과 동독이 재통합하는 과정에서 긴밀히 상부상조했고, 마침내 독일은 하나로 연합되는데 보이지 않는 큰 기여를 하였다.

소련 연방제를 내세우고 러시아 공산주의가 무력으로 동유럽 국가들을 침략하여 무려 70여 년 동안이나 지배했었다. 헝가리, 체코슬로바키아 등 여러 나라들은 개신교회가 압도적이었으나, 소비에트 연맹 국가를 지배하는 전체주의는 공산당 집단주의에 협조하는 자들만이 교회의 지도자가 되도록 조작했다. 공산당에 비협조적인 성도들은 비밀경찰의 추적을 피해가면서, 몰래 지하교회 운동을 펼쳤다. 1989년 베를린 장벽의 통행이 허용되기까지, 공산당 정부에 아첨하는 어용 목사들은 공산주의와 기독교의 병행노선을 강조했었다.

한국 교회는 일본 제국주의 강점 시기에 천황 숭배를 강요당하면서, 크게 훼손당했다. 대다수의 목회자들은 신사 참배를 우상 숭배로 규정하고 거부하였으나, 집요한 박해에 굴복했다. 주기철 목사를 비롯한 소수의 성도들은 목숨을 잃으면서도 끝까지 신앙을 지켰다. 일본 제국주

& Schuster, 2011), 235. Harold Marcuse, *Legacies of Dachau: The Uses and Abuses of a Concentration Camp, 1933–2001* (New York: Cambridge University Press, 2001), 278, 517 note 12.

133 William Macleod, "Bonhoeffer – A Reliable Guide?," *Banner of Truth* (Sep. 23, 2016), Javier Garcia, "Bonhoeffer and Reformation Ecclesiology," *Journal of Reformed Theology*, vol. 12 (2018):164–189.

의로부터 해방을 한 후, 신사 참배를 행한 목회자들의 지위를 제지하는 방안을 놓고서 안타깝게도 의견들이 달랐고, 마침내 교단이 분열되는 아픔을 겪었다. 그 후에도 화해가 이뤄지지 못한 채, 주요 장로교회 교단들이 나뉘어져 있다.

2) 중국 삼자교회와 가정교회

현대 교회는 그 이전의 시대가 경험하지 못했던 새롭고도 변형된 세속 권세자들의 강압적인 통치에 농락을 당하고 있다. 중국에서는 사회주의 공산당의 종교정책으로 "삼자교회"라는 것을 세워놓았다. 겉으로 종교 자유를 표방하기 위해서 만들어 놓은 거짓 교회이다. 정부가 설교자에 대한 지침을 제시하는 대로 복종해야 한다. 순수한 기독교 신앙의 내용들을 전하지 않기 때문에, 대부분의 성도들은 "가정교회"에 나가고 있다. 교회의 모든 목회 활동과 조직을 공개적으로 드러낼 수 없는 "지하교회"는 목회자의 교육이나 훈련이 전혀 신학적인 면에서는 낮은 수준에 머물고 있다. 공안 당국자들의 감시와 핍박을 당하고 있지만, 놀라운 은혜의 체험들을 통해서 나름대로 강력한 신앙의 힘을 체험하게 된 분들도 많다.

하지만, 핍박을 당하고 있다는 조건 하나만 가지고, 모든 지하교회들과 가정교회들이 반드시 다 올바른 진리를 추구하고 있다고 평가받을 수 있을까? 중국 지하 교회에서는 워치만 니 1903-1972년 처럼 감옥에서 고난을 당한 목회자가 영웅처럼 존경을 받고 있다. 그러나 과연 우리가 소위 "지방교회"라는 이름으로 알려진 그의 신앙을 모두 다 수용할 수 있을까? 일반인들에 비교해 볼 때에, 그는 시대에 조류에 휩쓸리지 않고, 권세와 명예를 따라가지 않으면서 순결한 교회를 지키려 옥고를 치렀으니 참으로 대단한 분이다. 그러나 그의 신학 사상은 영국 성공회에서 다소 변형된 내용들을 전수 받아서 중국화한 것들이라서 필자는 전적으로 동의할 수 없다.

공산당의 지침을 따라가야 하는 삼자교회든지, 지하 가정교회든지, 중국에 있는 교회들은 참된 그리스도의 복음을 이해하고 실천하기에는 너무나 열악한 상태에 놓여있다. 초대 교회처럼 순결한 교회라고 하기에는 너무나 열악하고, 안타까운 모습들이 함께 뒤섞여 있다.

전 세계 현대 교회들 가운데서 모슬렘 세력이 압도적인 나라에서도 교회가 제 역할과 모습을 드러내지 못하고 있다. 모슬렘 정권은 끊임없이 교회에 박해를 가하고 있다. 아랍과 중동 국가들만이 아니라, 동남아시아 여러 나라들, 인도네시아, 파키스탄, 인도, 네팔 등 모슬렘이 광범위하게 영향을 발휘하고 있는 지역에서는 정상적인 교회를 세울 수 없다. 이러한 지역에서 목회한 경험이 없는 사람이라면, 외적인 모습이 갖춰지지 않은 교회에 대해서 함부로 평가를 할 수 없을 것이다. 전혀 현장감이 없는 메마른 비판, 혹은 이론적인 탁상공론에 불과할 것이다.

3) 업적을 홍보하는 상업적인 교회

한국 교회에서는 거의 대부분 교회 설립을 기점으로 하여 창립을 기념하는 책을 출판하고 있다. 교회를 목양하는데 전적으로 헌신하였거나, 복음의 확산 사역을 감당하고 있는 진정한 목회자라야만 교회론을 세울 수 있기에, 매우 소중한 자료이다. 열정과 소명 의식과 애착심을 가지고 한 지역에 구체적 교회를 개척하여 눈물과 땀을 흘려서 양떼들을 돌보았던 체험들이 있어야 교회론을 세우는 기본 자세가 갖추어졌다고 말할 것이다. 현장에서의 체험들은 교회의 본질을 풀이하는 데 큰 유익을 줄 수 있다.

각기 교회가 자신들의 역사를 발간하고 있는데, 때로는 그 모든 비용이 헌금을 낭비하는 일이 되기도 한다. 어떤 교회의 창립 목회자가 증언하는 교회의 발전 과정을 담아놓은 것이라 하더라도, 특수한 자기 확신에 사로잡혀서 항상 자기주장과 생각만을 강조한다거나, 자기 체험만을 기록하는 것은 공정한 교회론이 될 수 없다. 교회를 통하여 자신의 업적을 자랑하는 회고록이나 자서전이 교과서가 될 수 없는 것이다.

대부분의 교회가 창립기념일을 계산하여서, 그럴듯한 표지와 함께 교회 역사책을 출판하고 있다. 그런데 교회 창립 기념 책자들이 그저 개교회 중심주의에 사로잡혀서 자기 자랑에 여념이 없는 듯 하다. 그 시대와 지역 사회를 위해서 노력하지 못했던 일들에 대해서 뼈아픈 반성과 진솔한 평가를 제시하지 못하는 경우가 대부분이다. 그저 오래된 일들을 미화하는 작업에 그치고 만다. 각 교회가 처한 환경적인 요소들에 중점을 두게 되면, 그런 개교회 중심의 교회관이 작동하게 된다. 한마디로 인간적인 오판을 벗어날 수 없다. 때로는 자기가 처한 시대적 상황 속에서 교회를 설명하려다가 허물에 대한 자기변명에 그치는 경우도 발생한다. 교회론은 사람의 진술에 의존할 것이 아니라, 오직 성경에서 가르쳐 주는 것으로만 세워져야 한다.

교회가 예배하는 하나님의 존재는 오직 믿음으로 그가 계신 것과 스스로 자존하시고, 독립적이며, 영원토록 완전하신 분이심을 고백하는 것이다. 이처럼 초월적으로 신비롭게 선재하신 하나님께서는 인간의 언어로 정확하고 완전한 계시를 제시해 주셨다.[134] 물론 성경 안에는 인간의 저자들이 남긴 체험적인 내용들이 핵심적이지만, 그 속에 참된 저자는 하나님 자신이기에 오류나 실수가 없다. 참된 지혜와 생명을 주시는 양식과 샘물이 하나님으로부터 나오기 때문에, 성경에는 먼저 하나님을 아는 지식을 중심적으로 가르치는 것이다.

교회론을 비롯하여 기독교 진리 체계의 정립은 어떤 천재가 나와서 자신의 통찰력과 총명함으로 세상에 널리 퍼져있는 지식들을 활용해서 세울 수는 없다. 사람의 지식과 지혜를 가지고는 하나님의 뜻을 대체시킬만한 교리를 세울 수 없다. "너희가 서로 사랑하라"고 새 계명을 밝혀주시는 예수 그리스도의 교훈을 어떻게 사람의 머리로 만들어 낼 수 있을까? 하나님의 사랑, "아가페"를 실천하시고자 오신 예수 그리스도의 도리는 그 어떤 종교에서도 나오지 않는다. 그와 비슷한 용어를 사용하고 있다 하더라도 본질상 완전히 다르다. 그리스도 안에서 나타난 하나님의 뜻과 지식은 이 세상에 있는 사람의 명상이나 통찰이나 탐구로 가능한 것이 아니다 고전 3:19. 하나님께서 친히 계시로 알려주신 것을 따르지 않으면, 하나님에 관련된 지식 체계를 세울 수 없다. 성경 전체가 하나님에 대한 참된 지식을 가르치고 있다. 하나님은 의롭고 지혜로우며 완전한 지식을 가지고 있고, 예수 그리스도를 보내사 사람들에게 하나님을 밝혀주셨으며, 성령을 통하여 교회 공동체에 알려주셨다.[135]

이 세상의 학문들, 특히 철학과 과학은 성경적 지식을 무시하지만, 그것들도 역시 잠정적 가설과 임시적인 설정에 따라가고 있을 뿐이다.

---

134 Cornelius Van Til, *An Introduction to Systematic Theology* (Phillipsburg: P&R, 1974), 1.
135 Herman Bavinck, *Our Reasonable Faith* (Grand Rapids: Baker, 1956), 20.

영구불변하는 절대적인 지식과 지혜는 그 어떤 과학자에게서도, 철학자에서도 발견되지 않았다.[136] 인간의 자율적인 이성을 최고로 높였던 독일 철학자 임마누엘 칸트는 계시로서의 성경을 받아들이지 않았다. 칸트는 이 세상 안에 있는 현상들 속에는 하나님의 계시가 직접적으로 들어올 수 없다고 주장했다. 그는 단지 인간이 실제적으로 도덕 기준을 세우기 위해서 필요하기 때문에, 하나님이라는 개념을 간접적으로 정립했다고 주장하였다. 계몽주의 철학자들에게 교회란 절대적인 진리의 기둥과 터가 될 수 없었던 것이다. 그 밖에도 현대 지식인들은 세상에서 널리 돌아다니는 문화 현상과 풍조들로부터 자신의 확고한 신념이 되는 것을 찾아내어서 소신이라고 내세우기도 한다.

하나님이 주시는 계시로서의 참된 지혜는 인간이 세운 지식들과는 전혀 차원이 다르다. 그 지혜는 값비싼 그 어떤 보석보다도 귀하다. 지혜있는 자의 교훈은 생명의 샘이요, 사망의 그늘에서 벗어나게 한다잠 13:14. 하나님에 대한 지식은 세상 지식들과는 차원이 다르고, 성격이 다르다. 하나님에 대해서 기술하는 모든 신학적 지식들도, 철저히 오직 성경에만 의존하지 않는 한, 언제나 오류로 뒤섞여 있다. 인간의 지식으로는 하나님에 대한 증거와 모든 질문에 대한 결정적인 해답을 찾아낼 수 없다. 하나님께서는 자신의 완성된 계시인 성경을 통해서만 하나님을 알 수 있도록 충분하게 예비해 놓으셨다.

가장 온전한 교회론은 성경 속에 증거를 드러내신 하나님의 영광을 높이고, 경외하면서 사람을 향하신 긍휼하심을 드러내려는 목적으로 정립된다잠 1:7. 성경이 하나님의 말씀이라는 권위를 받아들이는 사람은

---

136 Vern S. Poythress, *Redeeming Science: A God-Centered Approach* (Wheaton: Crossway, 2006), 35.

타락한 인간의 구원과 관련하여 예비된 모든 하나님의 언약을 가르치는 체계적인 교훈들을 마땅히 받아들이게 된다. 성령으로 인하여 중생한 새생명의 원리를 삶의 모든 영역에서 남달리 인생의 목적을 다시 세울 수 있게 된 자들이기 때문이다.

서구 유럽인들 중에서 중년층이나 노년층에 해당하는 사람들은 어린 시절부터 어떤 형태로든지 자신이 출생한 국가 안에 존재하는 교회와 관련해서 살아왔다. 1945년 제 2차 세계 대전이나, 1970년대에 마친 월남 전쟁, 1988년에 끝이 난 러시아의 동구 유럽 지배 등. 그러나 젊은 층들은 최근 2천 년대 이후로 포스트모더니즘의 기류와 사상에 영향을 받았다. 극도의 개인주의 문화에 익숙한 현대 서구 유럽의 젊은이들은 기독교 신앙과 상관이 없는 상태로 초등학교부터 종교 다원주의 사상을 학습해왔다. 게다가 중동 지역 이민자들이 대거 유입되어서 모슬렘 문화가 낯설지 않게 되었다.

성경에 담긴 언약적 개요 안에 담긴 하나님과의 인격적 관계 속에서 살아가는 기독교 신자들은 지금 세상에 속한 가치관이나 세계관을 초월하는 차원을 믿음으로 신뢰하고 있다. 그러나 기독교인이 아닌 사람들은 자신에게 주어진 상황 속에서 성공과 만족을 지향할 뿐, 초월하신 하나님께서 예수 그리스도를 믿음으로 신뢰하면서 성령의 임재하심 가운데서 살아가는 기독교인의 삶의 방식을 전혀 맛보지 못하였다.

유럽의 어느 도시를 가더라도, 가장 중심부에는 기독교 교회가 우뚝 솟아있다. 모든 도시마다 가장 유명한 건물이 교회다. 그 교회가 로마 가톨릭이든지, 루터파 교회이든지, 영국 성공회든지, 동방정교회이든지, 혹은 종교개혁 이후로 개혁교회로 넘어온 예배 당이든지 깊은 인상을 금할 수 없다. 지금까지 독일 퀼른 대성당이 가장 높은 예배 당이고, 로마 바티칸이 가장 크고 넓은 면적을 차지하고 있고, 런던 웨스트민스터 예배 당이 가장 많은 역사를 포함하고 있다. 이러한 거대한 교회 건물들을 마주 대하게 되면서, 지난 시대에는 존경심을 가졌었다. 그러나 현대인들은 어떤 생각을 하고 있는가? 현대 개인주의 문화에 익숙해진 젊은이들은 탈권위주의를 외치고 있기 때문에, 자신들의 이해관계와 결연과는 전혀 상관없다고 생각하면서 그냥 무심히 지나친다. 교회란 세상에서 전혀 불필요한 조직이라고 불평하면서 지나갈 수도 있을 것이다. 그러나 유명한 인물들의 장례식이나, 결혼식이나, 어떤 모임이 개최될 때에야 비로서 교회가 유익하구나 생각을 하게 될 것이다.

이웃에 술집보다는 그래도 교회가 더 많아야 한다고 말하는 사람들에게 고마워해야 할 상황이다. 술집이 많이 늘어나면, 빈번하게 여러 가지 사고들도 많이 발생하는 것을 목격하기에 그렇게 말할 수 있을 것이다. 그러나 그런 말을 한 사람이라 하더라도 교회에 출석하지 않는다면, 개인적으로는 아무런 상관이 없게 된다. 현대 수많은 사람들은 주위에 아무리 많은 교회가 있을지라도, 자신과 관계를 맺어야만 하는 절실한 대상으로 간주하지는 않는다. 그래서 서구 유럽의 교회가 텅 빈 건물이 되고 말았다. 교회에 대한 거부감, 강한 반발심, 무관심이 팽배해졌다. 교회에는 가지 않고, 술집에만 몰려가는 사람들이 훨씬 더 많아서, 아예 교회를 술집으로 간판을 바꿔 달게 되었다. 술집이 교회보다 붐비는 곳이고, 그 숫자와 종류도 엄청나게 많다.

"술 취하지 말라 이는 방탕한 것이니, 오직 성령의 충만을 받으라"엡 5:18라고 바울 사도는 교회를 향해서 권면했다. 술집에도 가고, 교회에도 나가는 사람이 있다면, 과연 인간의 삶에 대해서 어떤 관점이나 어떤 이해를 갖고 있느냐를 밝혀보아야 한다. 성령의 인도하심과 충만하심으로 유지되는 교회는 술과 상관이 없는 곳이다. 술을 좋아하는 사람이라면, 과연 그가 가진 신념이나 신앙이나 종교 심리가 무엇인가에 대해서 변명할 여지가 없을 터이다. 지금 자신의 삶을 지탱하는데 있어서, 나름대로 믿고 살아가는 것이 무엇인가에 대해서, 즉 믿음의 역할에 대해서 다시 측정해야만 할 것이다.

교회란 무엇인가? 교회를 귀하게 여기지 않는 마음에는 무엇이 자리하고 있기에 그러할까? 믿음으로 살아가는 성도의 인생관을 가지지 않는다면, 교회에 대한 생각도 정립될 수 없다는 말이다. 건전한 구원의 도리를 이해하는 사람들에게, 결코 자신의 구원만을 쟁취하기 위해서 홀로 이기적인 생활을 하는 것이 아니다. 이웃을 위하여 받은 구원의 축복을 생동감 있게 발휘해야만 한다. 구원받은 성도들은 교회라는 공동체 모임을 통해서 하나님을 역시 건강한 교회에 관련된 가르침을 공유하고 또 실천해 나가도록 되어 있다.

예수 그리스도에 대한 신앙을 갖고서 있으면서 성경적인 구원관을 가진 성도는 반드시 교회에 대한 가르침을 받아서 자신에게 적용하게 되어 있다. 인간의 구원을 이해하고자 한다면, 결국 각각 사람됨의 본질과 죄에 대한 고백이 있어야 하고, 인류를 죄에서 건지시고자 오신 예수 그리스도를 구세주로 신뢰하여야 한다. 성령의 감화와 감동을 통해서 구원의 혜택들, 즉 소명, 중생, 믿음, 회개, 칭의, 성화, 성도의 견인, 양자됨, 영화에 이르는 은통을 주 예수 그리스도와 연합됨으로서 영원토록 얻게 된다. 이것은 모두 다 그리스도의 영으로 오신 성령의 적용 사역이자, 연결시키는 신비로운 작동으로 성도들에게 주어진다. 역시 동일한 성령께서는 구원의 확신과 감동을 가진 성도들을 모아서 교회를 이루어 놓으셨다. 구원론이 없는 사람에게는 교회론도 정립되지 않는다. 구원론을 정립하는 데에는 올바른 인간론과 성경적인 기독론이 필수적으로 그 배면에 깊이 연계되어져 있다. 궁극적으로는 성도의 심령에는 하나님을 아는 지식, 즉 하나님을 향한 경외심이 전제가 된다는 말이다.

20세기 중반에 확산된 루톨프 불트만의 신약 해석의 전제와 방법들은 거짓된 가설이었다.[137] 그와 함께 등장한 소위 실존주의자들의 접근 방법은 신학적 회의론을 불러일으켰다. 불트만, 틸리히, 퀼러 Kähler 등은 신약 성경에서 "사도적 선포"에 담겨있는 역사적 요소들을 밝혀내려는 것을 피해버렸다. 결국에는 하나님의 주관하시는 세계 역사와 계시된 말씀에 담긴 구절들과 그 의미에 대한 해석적 해답을 제공한 것이 아니다.[138] 불트만은 새로운 해석학이라고 주장하면서 해괴한 이론을 퍼트렸다. 그는 신약 복음서 저자들이 신학자도 아니요, 역사가도 아니라고 주장한다. 복음서의 기록들은 역사적인 것이 아니라고 비판한다. 다양한 신약 저자들의 차이점에 대해서, 독일 튀빙겐 학파와 콘젤만은 신약 저자들의 개성을 더욱 강조하는가 하면, 복음서 저자들 각자가 순수한 복음을 오염시켰다고 주장한다. 바울 사도의 지성적 은사가 야고보와

---

[137] Roger A. Johnson, ed., *Interpreting Faith for the Modern Era* (Philadelphia: Fortress, 1991), 21-22. James C. Livingston and Francis Schussler Fiorenza, *Modern Christian Thought: The Twentieth Century* (Minneapolis: Fortress, 2000), 153-59.

[138] Richard C. Gambler, *The Whole Counsel of God*, vol. 2, *The Full Revelation of God* (Phillipsburg: P&R, 22018), 5.

같은 평범한 가르침보다 더 뛰어나게 보인다는 식으로 해석했다.

그러나 불트만의 이념주의 해석에 반대한다는 신학자들이 온전한 복음을 회복했던 것도 아니었다. 예를 들면, 미국에서 가장 최고의 학문을 자랑하는 하버드 대학교를 잠시 살펴보자. 이 학교는 원래 걸출한 목회자들을 배출하고자 청교도들이 설립하였지만, 현대 신학이 확산된 이후로는 종교다원주의자들의 온상이 되고 말았다. 불트만의 동시대에 철학적 실재론을 제시한 하버드 신학부의 스텐달Stendahl 교수는 또 다른 이론을 내놓아 교회를 혼란에 빠트리는데 앞장을 섰다. 그는 성경 본문들 속에 있는 진짜 "정경"을 추적해야 한다고 주장했다. 결국 이들 두 교수들은 성경을 버리고, 자신들의 주관적 해석과 학설들에서 한치도 벗어나지 못했다. 오히려 복음주의 신학자 구스리는 신약저자들이 각각 개별적으로 저작을 남기도록 하는 것이 매우 중요했음을 강조한다.[139]

8. 포스트모더니즘의 성혁명

현대 교회가 정말로 깨어서 기도하면서, 헛된 속임수에 빠진 시대의 상황을 똑바로 인식하고 대처해야만 하겠다. 지금 세상을 바꾸려는 자들은 "성의 혁명"sexual revolution에 열을 올리고 있는데, 이것이 교회를 갈라놓고 있다. 소수자에 대한 배려이자, 인권 정책이라는 명분을 내세우면서 진행되는 혁명의 주제는 "성적 차별의 철폐"zender issues이다. 한국에

---

139 Donald Guthrie, *New Testament Theology* (Downers Grove: IVP, 1981), 37-48.

서는 "차별금지법"이라는 이름으로 시민들에게 호소력을 발휘하고 있다. 그러나 이러한 구호들은 정치적 권력자들과 함께 힘을 발휘하고 있다. 이들은 시민운동라고 하면서 건전성을 가장하고 있고, 성경에 위배되는 성생활이라는 개인의 지극히 은밀한 정서와 내밀한 부분을 정치 쟁점화시켜 놓았다. 기존의 교회가 가르치던 신념들을 거부하는 자들의 전략 전술에서 나온 것이다. 유럽과 미국 등 선진 국가에서 진행되고 있는 "성의 혁명"은 역사 속에 있었던 대부분의 혁명들처럼 교회를 거부한다.

지구 상에서 일어난 모든 "혁명"은 교회의 모든 것들을 철저히 파괴하고, 무너뜨렸다.[140] 18세기 혁명은 그 이전의 교회가 품어온 진리들을 내팽개쳤다. 프랑스 혁명과 계몽주의자들의 철학이 대두된 후에, 교회는 전통적인 신앙의 유산을 지켜내기가 어려웠다. 프랑스 대혁명, 마르크스 유물론적 공산주의, 러시아 볼세비키의 노동자 혁명, 중국 공산당이 주도한 문화 혁명, 반문화 혁명, 등등. 모든 혁명은 수많은 젊은이들의 에너지를 동력으로 삼아서, 교회를 공격하였다. 지금은 동성애자들과 옹호 단체들의 주장들도 역시 "쟁점 사항들"만 다를 뿐이지, 성의 혁명을 도모하고 있다. 그 이전에 있었던 각종 혁명들처럼, 성의 혁명도 교회를 무너뜨리는 결과를 낳고 있다.

네델란드 개혁주의 신학자 아브라함 카이퍼 1837-1920는 유럽 국가들이 전개하던 인본주의 계급 혁명에 맞서서 "반혁명당"을 결성하고 집권한 뒤, 세속 정부의 권력적 파괴 행위를 중지시키려 노력하였다.[141] 카

---

140 E. Brooks Holifield, *Theology in America: Christian Thought from the Age of the Puritans to the Civil War* (New Haven: Yale University Press, 2003), 10-12.
141 A. Kuyper, *Antirevolutionair ook in uw huisgezin* (Amsterdam: J.H. Kruyt, 1880). idem, *Het Calvinisme, Oorsprong en waarborg onzer constitutioneele vrijheden: Calvinism, the Origin and*

이퍼는 정치가들이 집권을 향해서 첨예하게 대립할 때에, 혁명의 허망한 본질을 갈파하였다. 다행히 그와 함께 했던 기독교인들의 성원이 있었기에, 적어도 네델란드에서는 공산주의 혁명이 일어나지 않았다. 그러나 시대가 바뀌고 말았다. 이제는 더 이상 카이퍼의 신학을 지켜오던 네델란드 교회가 아니다. 제 2차 세계 대전을 전후로 해서, 네델란드 신학계는 완전히 혁명적인 변화가 일어났기 때문이다. 에큐메니즘과 포용주의를 주장하던 벌카워Gerrit Cornelis Berkouwer, 1903-1996 등이 영향력을 발휘하였고, 결국 개혁주의 정통 신학을 버리고 중도적 교회로 변질되고 말았다. 가장 먼저 네델란드 교회들이 동성애를 허용하였고, 영국 성공회도 받아들였다. 성의 혁명을 주장하는 자들은 동성애 홍보와 교육을 대대적으로 전개하고 있다.[142] 처음에는 동성애자들의 결혼식을 교회에서 허용할 것인가를 놓고 대립했다. 후에는, 동성애자를 목회자로 안수할 것인가를 놓고서 첨예하게 갈등하다가, 수많은 교회들이 역사적 교단과 공동체로부터 탈퇴하고 있다.

수십 년을 끌어온 갈등과 대립으로 인해서 마침내 비극적인 사태로 종결되었다. 2015년에 미국 연합 장로교회가 동성애 찬성파와 반대파로 분열하였다. 똑같은 문제로 미국 연합감리교회가 진통을 겪었고, 미국의 그리스도의 연합교회라는 교단도 역시 분열했다. 미국 최대 개신교단이라고 할 수 있는 두 단체의 분열은 이처럼 세속화된 사상의 침

Safeguard of Our Constitutional Liberties (Armsterdam: Van der Land, 1874). Luis E. Lugo, ed., *Religion, Pluralism, and Public Life: Abraham Kuyper's Legacy for the Twenty-First Century* (Grand Rapids: Eerdmans, 2000), xii.

142   D. Mader, "Toleration, acceptance, integration: the experience of Dutch Reformed churches with homosexuality and homosexuals in the church," *J Homosex*, vol. 25-4 (1993):101-19. T. Fetner, "Ex-gay rhetoric and the politics of sexuality: the Christian antigay/pro-family movement's "truth in love" ad campaign," *J Homosex*, vol. 50-1 (2005): 71-95.

투가 얼마나 무서운가를 보여준다. 2021년 2월, 대부분의 미국 내 한인 교회들은 동성애자들의 요구를 받아들이지 않는 쪽으로 결정하였지만, 교단 탈퇴 등으로 고통을 당하고 있다. 이렇게 되면, 양쪽 교회의 성도들은 실망과 혼란, 불만과 대립 구도 속에서 결국 교회에 대한 신뢰심과 충성심을 잃게 된다. 지금도 미국 개혁주의 교회 내에서 이 주제로 대립이 지속되고 있다.[143]

2021년 2월, 새롭게 출범한 미국 민주당 정권에서는 트랜스젠더를 한 사람들도 군입대를 받아들인다고 발표했다. 놀라운 일들이 벌어지고 있음을 단적으로 보여주는 사례이다. 태어날 때의 성별을 자기 마음대로 바꾼 후에, 새로운 성별을 가지고 군대 복무를 하겠다는 것은 무엇을 말하는 것일까? 정부 관료가 되는 것처럼, 젊은이들에게는 군대 복무가 애국심으로 자원하는 직업이 될 수도 있고, 의무감으로 참여하지만 국가를 향한 충성심의 발로이기도 하다. 오히려 정치인들이나 고위 관료들 집안에서는 자녀들 중에서 아들들에게 군대 복무를 함으로써 애국자의 기본정신을 함양하고 있다. 이런 군대에 지원하는 숫자가 줄어들어서, 할 수 없이 트랜스젠더를 받아들이라는 것인지 참으로 놀라운 발상이 나오고 있는 실정이다.

21세기 급진적 진보주의자들은 성의 혁명을 정치적 쟁점으로 점화시켰다. 2천년대 초반에는 "동성애"결혼 문제에 대해서 절대 다수가 반대했었는데, 그 후 20년이 지나면서 "성소수자"에 대한 차별철폐가 대세로 바뀌고 말았다.[144] 확장일로에 있는 이들에 대해서 인정해 주는 것

---

143 미국 개혁주의 교단의 총회자료를 참고할 것. https://www.crcna.org/sites/default/files/human_sexuality_report_2021.pdf.
144 김재성, "하나님의 창조 질서를 거스르는 동성애" 『동성애와 21세기 문화충돌』 (킹덤북스, 2016): 389-413.

이 진보의 전략전술이 되었다. 다시 말하면, 이 기간 동안에 교회의 출석률은 줄어들고 쇠퇴를 거듭하고 있었던 반면에, 성의 혁명은 무서운 기세로 확산되었다. 새로운 혁명을 이끌고 있는 자들의 선전술에 넘어갔다는 말이다.

지금 세계 교회가 침몰에 직면하고 있도록 만들고 있는 급진적인 사상은 성적인 쾌락과 왜곡된 성적 자아상을 확산시키는 무리들이다. 이들은 일찍이 기존에 세워진 모든 권위와 규칙들을 해체하기를 주장하는 극단적인 포스트모더니즘에서 나온 것이다. 포스트모더니즘이라는 현대 사조는 극심한 개인주의에 사로잡혔는데, 그 결과로 남자와 여자라는 성적 정체성마저 혁명적으로 해체시켜 버렸다. 마치 이 전에 데카르트, 니체, 마르크스, 다윈 등이 자신들의 이론으로 만들어낸 가짜 인간상을 퍼트렸듯이, 현대인들은 결국 성 정체성을 파괴해 버렸다.[145] 동성애와 트랜스젠더를 받아들이는 것이 열린 진보라고 주장한다. 어떤 군인은 "나는 남자의 신체를 가진 여성이다"라고 주장할 수 있을까? 어떻게 해서 이런 주장이 가능할까? 데카르트처럼 말하자면, "나는 여자라고 생각한다, 고로 나는 여자이다"라는 것이 과연 타당하냐는 것이다.

포스트모더니즘의 사회심리학자, 테일러는 현대인들이 "사회적 상상력"에서 영향을 받아서, 개인주의적인 생각을 하고 판단한다고 주장한다.[146] 사회학적 이론으로 영향을 받는 것이 아니라, 자신을 둘러싸고 있는 사회적인 이미지에 영향을 받는다는 것이다. 사회이론은 소수의 사람들만이 갖는 것이지만, 사회적 상상력은 다수의 사람들이 나누고

---

145 C. Truman, *The Rise and Triumph of the Modern Self*, 163.
146 Charles Taylor, *A Secular Age* (Cambridge: Harvard University Press, 2007), 171-2.

있는 것이라고 주장한다. 과거에는 상상조차 할 수 없었던 이들 "성적인 혁명"sexual revolution을 도모하는 자들은 정상적인 가정과 교회를 파괴할 뿐만 아니라, 아름다운 인간의 성적인 본질을 심각하게 왜곡하고 변질시키고 있다. 포르노 영상물이나 사람의 나체 사진을 갖고 다니는 것을 전혀 죄라고 생각하지 않으며, 남들의 판단에 따르지 않는다는 식으로 합리화를 하려고 한다.

가장 먼저 언어를 가지고 왜곡된 주장들을 강요하고 있다. 가장 보편적인 문화의 장르였던 영화와 단막극, 연극과 오페라 등에서 거침없이 동성애와 성적인 표현들을 확산시키고 있다. 모든 언어의 중심주제는 자극적인 성 생활에 관련되어 있다. 어떤 사람이 성적인 쾌락에 소극적이면, 총체적인 인간성이 결여된 사람으로 취급해 버린다. 하나님이 없는 자들의 윤리는 완전히 파멸에 이르고 말았으니, 결혼과 가정을 벗어난 성생활이 죄악이라고 하는 전통 윤리는 있을 수 없으며, 강압적인 압박이라고 거부한다. 성적인 혁명만이 참된 혁명이라고 하면서, 도덕적인 세계를 완전히 뒤집어 버렸다.

개인별로 각자 자아the self에 대한 개념이 정립되어 있다. 인간은 자아의식을 기본적으로 가지고 있다. 각자의 삶을 영위하면서 개인적으로 가진 목표가 무엇인가를 말할 때에 자아의식이 작용을 한다. 선한 삶을 구성하는 것이 무엇인가에 대해서 가치판단을 할 때에도 자아상이 반영된다. 내가 나 자신에 대해서 어떻게 이해하고 있느냐 하는 것이 내 주변에 다른 사람들과의 관계에서나, 세상과의 관계에서 작동하는 것이다.

현대 포스트모더니즘은 전 세계적으로 규정하는 형이상학이나 체계적인 원리, 일반화를 거부하면서, 각 개인의 심리적인 작동을 너무나 극단적으로 몰아가고 말았다. 우리는 감정이나 느낌이나 직관, 혹은 통찰력을 발휘해서 나름대로 자신의 목표를 결정했고, 그것을 바라보면서 살아간다. 그런데 내적으로나 외적으로나 사람을 행복하게 만드는 것이 무엇이냐에 대해서 각자 자아의 판단을 가지고 무엇인가 대답하려고 할 것이다. 그러나 포스트모더니즘은 일반화를 거부하고, 개별화를 주장하기에, 무엇이 행복이냐에 대해서 보편적 진리라는 것은 없다고 말한다.

포스트모더니즘은 극단적인 개인주의라는 혼란에 빠져 있다. 사회와 개인 사이의 관계는 역사적인 발전 과정을 거쳐서 오늘에 이르렀는데, 공통의 합의가 없다고 한다면 어떻게 국가를 유지하고, 통합된 사회 구조를 지탱해 나갈 수 있을 것인가? "각각 개인별로 분리된 자아"가 판단하고 생각하는 것만이 "참된 진리"라고 한다면, 성경에 기록된 원리를 추구하는 기독교와는 결코 동행할 수 없다. 문제는 개인주의를 주장하는 자들이 더 타당한 듯 선전하고 있고, 그러한 자들이 더 많아서 정치적 결정에 있어서 기독교가 소수로 전락하고 말았다는 것이다.

교회는 결코 이러한 정치적 상황의 변화와 세상 풍조의 급변을 결코 과소 평가해서는 안 된다. 서구 사회가 세속화된 비기독교 문화에 영향을 받은 이후로 정치 지도자들로 나선 사람들 중에 동성애자들도 많다. 각종 중요한 문제를 다루는 자들이 동성애자들이라면, 교육의 가치와 가정의 행복을 어떻게 건설해 나갈 것인지 참으로 암담하다. 니체처럼, 행복은 그저 감각의 문제요, 권력을 조장하려는 싸움이 될 뿐이다. 육체적 쾌락을 즐기려는 에로티즘은 보편적인 윤리를 거부하고, 공감 능력과 동정심에 호소하고 있다.

마르크스는 변증법적 유물론을 기초로 삼아서 지나간 역사를 억압의 상속이라고 규정하고, 실제 영웅들은 피해를 입는 이야기로 전락시켰다고 비판했다. 포스트모더니즘은 성을 정치쟁점으로 부각시켰는데, 그 중심적인 뿌리에는 시그문드 프로이드1856-1939가 있다. 오스트리아의 정신과 의사였던 프로이드는 무의식에 담겨있는 정신분석 이론을 제시했다. 어린아이 시절에 성적인 정체성이 형성 되어질 때가 어떠했느냐를 가장 중요한 분석 대상으로 삼는다. 프로이드는 여성과 여성의 성적 자의식에 대한 이론을 제시했으나, 논쟁의 대상이 되고 말았다. 프로이드 이후로, 문제를 해결하는 방안 중에 하나가 성적인 쾌락을 만족케 하려는 에로티즘이 모든 문화를 장악해 버렸다. 대중음악과 영화들, 인기 상품들과 의상 등 더욱 성적인 자극을 앞다투어 제시했다.

포르노 영상물을 즐기는 포스트모더니즘은 성적인 인습타파sexual iconoclasm를 주장한다. 에로티즘의 승리를 위해서 성적인 행위의 한계와 겸손한 개념을 제거했다. 급진파들은 역사적이며 정치적인 동맹을 유지하면서 성의 혁명을 위해서 야심찬 계획들을 진행하고 있다. 트랜스젠더, 성정체성의 변경을 주장하는 자들은 여성주의자들 가운데서 강력한 지원을 얻어가고 있다.

지난 오백년 동안 다양한 변화와 도전 속에서도 종교개혁의 유산과 신학이 명맥을 유지해 오고 있었다. 그러나 세속화의 거친 풍랑이 몰아닥치면서, 거의 모든 교회가 변질되고 말았다. 찬란한 개혁 정신은 자취를 감추고 말았다. 특히 청교도의 전통을 계승한 아브라함 카이퍼와 헤르만 바빙크가 세워놓은 네델란드 개혁교회가 변질되었다는 것은 정말로 충격적이다.

1990년대 이후로, 컴퓨터를 사용하는 정보화와 산업화의 과정을 거치면서, 엄청난 황금만능 사상과 물질주의에 의해 세속화되었고, 세상의 모든 학문과 사상이 다 인간 중심주의와 이성 중심으로 변질되었다. 이러한 일련의 과정에서 종교개혁의 신학 사상에 대해서도 파괴적 비판이 강력했고, 결국 교회가 무너져 내리고 말았다.

9. 교회 밖, 부흥 운동들과 선교적인 갈등

19세기에는 선교 운동이 전 세계적으로 활발했었다. 그 일환으로 많은 선교사들이 1884년부터 한국 땅에 들어오게 되었던 것이다. 각종 선교운동으로 교회가 세워지게 되었지만, 선교 단체들이 난립하게 되면서 복음 전파의 임무를 수행하던 데서 벗어나서 변질되었다. 20세기에는 2차 세계 대전 이후의 영혼 치유를 위해서, "교회 밖에 있는 교회 운동"para-church movement이 활성화 되었다. 전통적인 교회보다는 따로 조직체를 결성한 그리스도인들의 모임이나 단체가 너무나 다양해졌다.

교회를 향한 변화의 바람은 새로운 형태의 대체 세력을 형성하게 되었다. 기존의 전통적인 예배와 목회방식을 고수하는 교회를 기피하는 형식파괴가 시도되었다. 교회를 중심으로 살아가면서 자신의 신앙과 가족들의 애경사를 해결해 오던 시대가 지나가 버렸다. 교회에서 가르치는 대로 헌신하기 보다는 교회 밖에서 따로 모이는 집단 운동이 확산되었다. 기존 교회가 취급하지 못하던 운동과 행사를 중점적으로 개발하는 기독교적인 재단이나 모임들이 큰 영향력을 발휘하기 시작했다.

기독교적인 형태의 법인이나, 비영리 공동체 운영, 소규모 신앙적인 결사체의 구성, 소규모로는 "기도의 집," "기도원," "선교원," "하나님의 집" "교제 공동체", "소그룹 성경 모임", "다락방", "목장" "자선 및 구호 단체" "선교 재단" "기독교 대안학교" "인터넷과 동영상을 활용하는 단체", 도서 출판, 방송 매체, 국제적인 선교네트워크 등등 그 형태들도 각양각색이다. 이들 교회 밖에 있는 각종 단체들은 다양한 활동과 프로그램을 가지고 있으나, 교회와 대립적이 되고 말았다. 각종 기독교 단체들은 교회를 통한 성장과 봉사를 강조하지 않았다. 결국 교회론이 없는 기독교 운동이 지향하는 곳은 각각 자신들의 모임일 뿐이다. 참되고 좋은 교회가 제공하는 내용과는 다소 거리가 있다. 교회가 아닌 기독교인들의 단체에 대해서, 성도들은 엄밀한 분별력을 갖고 검토해야만 하는 것이다.

참된 교회는 그 머리가 되시는 예수 그리스도만을 따르며, 그의 은혜 가운데서 점차 풍성한 지식을 넘치게 받아서 감사하면서 영광을 돌리는 공동체이다.

> **오직 우리 주 곧 구주 예수 그리스도의 은혜와 그를 아는 지식에서 자라가라**
> (벧후 3:18).

교회에는 성도들로 하여금 그리스도를 아는 지식으로 충만하도록 위로부터 내려주시는 각종 성령의 은사들이 부어진다. 간혹, 미혹하는 자들이 나타나서, 성령의 사역을 빙자하여 교회를 허물어버린다. 베드로 사도는 "무법한 자들의 미혹"에 휘말리지 않도록 하라고 경고했다(벧후 3:17).

지난 2천 년의 교회가 경험한 역사 속에서 가장 부패하고 타락한 교회가 중세 말기에 로마 가톨릭 교회였다. 로마 교황청에서는 그때도 그랬고, 지금까지도 신자가 먼저 스스로 사랑을 실천하는 선행과 공로를 쌓아서 구원받기에 합당한 자가 되도록 노력하라고 가르쳤다.[147] 그러면, 성례를 통해서 은총이 추가적으로 주입된다는 것이다.

교회는 지상에서 하나님의 나라를 대행하는 기관이다. 지금도 정치 권력의 탄압에 짓눌려서 지하에 숨어있어야 하고, 모슬렘 등 경쟁하는 종교들의 압박 하에 목숨을 내걸어야만 하는 경우도 많다. 교회의 황금시대는 자연스럽게 주어진 것이 아니다. 한국에서처럼, 종교 자유를 강조하는 미국 등 여러 나라에서는 무한대한 자유를 누리는 것 같지만, 여전히 교회와 갈등하는 세력들이 상존해있다.

'코로나 바이러스'가 무차별적으로 확산된 상황에서, 교인 수가 감소한 한국 교회는 무엇을 어떻게 해야 하는가? 2020년 11월부터 12월 3일까지 "대한예수교 장로회"합동 측 목회자 6백여 명을 대상으로 수집한 자료가 보도된 바 있다. 교회 개혁의 가장 중요한 과제는 "교회예배의 본질 회복과 재정립"이라고 보았다. 가장 중요한 개혁 대상으로는 목회자 자신의 경건 생활 회복, 교회 중심에서 성도들의 신앙 교육 강화라고 집약하였다. 당연한 결과이고, 과히 어려운 일도 아닌 듯 보이지만, 한국 교회의 본질 회복은 어디에서 어떻게 시작해야 할지 난감한 과제이다. 이 설문의 결론에 보면, 교회의 주체이자 대상이 되는 사역자가 과연 자신의 부족함에 대해서 절실한 심정으로 새로워지려고 하느냐에

---

147 Alister McGrath, *Reformation Thought: An Introduction* (Wiley-Blackwell, 4th edition 2012), 3. idem, *Iustitia Dei: A History of Christian Doctrine of Justification* (Cambridge: Cambridge University Press; 1986, 4th edition, 2020).

달려 있다고 강조했다.

우리 한국 교회가 더욱 더 영향을 발휘해야 할 시대적 사명을 자각해야 한다. 안타깝게도 서구 유럽 지역에서는 교회가 무너지고 말았다.

베트남 전쟁이 지난 후에, 세계 교회는 어떤 방향과 비전을 향해서 나아갔던가?

은사운동의 바람도 이미 흙탕물을 일으킨 후, 흘러가 버렸다. 미국에서는 1970년대에 복음주의 교회들이 소위 목회 성장을 주도했었다. 오순절 은사주의 설교자들이 텔레비전과 대형 집회를 이끌었고, 해외에서는 침례교회 빌리 그래함 목사가 세계 방방곡곡에 다니면서 복음화 운동을 추진했었다. 지금까지도 빌리 그래함 목사의 영향력은 전 세계 곳곳에 남아있다. 그렇지만, 그가 역동적으로 이끌던 대중 집회를 추진해 오는 그 다음 세대는 현저하게 변질되고 말았다. 빌리 그래함처럼 대중과 매스컴의 조명을 받았던 스타급 목사들이 대거 등장했다. 한동안 은사와 능력 운동으로 유명하다 했던 텔레비전 부흥사들은 도덕적으로 타락해서 스스로 거의 다 무너졌다. 너무나 많아서 일일이 이름을 열거할 수 없을 정도이다. 아나하임에 있던 수정교회 로버트 슐러의 적극적 사고방식도 역시 몰락했다. 시카고 윌로우크릭 교회의 빌 하이벨스와 캘리포니아 남쪽 새들백 교회의 릭 워렌으로 대표되는 초교파 독립 개교회가 주도하던 목회적 프로그램들도 수많은 문제점을 드러내고 말았다.

미국 복음주의 신학자, 나탄 해치는 "복음적인 지도력의 개념과 권위가 교회로부터 나온 것인가, 아니면 시장에서 나오는 것인가?"라는 통찰력 있는 질문을 던졌다.

"복음주의자들에게 오랫동안 주어진 질문은 과연 어떤 종류의 목자들을 따라갈 것이냐이다. 우리가 교회 자체만 잘되기를 바라는 지도자들을 바라보고 나갈 것이냐의 문제다. 그런 사람들은 신학적으로는 천박하고 역사적으로는 지식이 부족하며, 교회가 모든 차원에 대응하도록 충분히 파악하지 못한 사람들인데 단지 교회 부흥에만 성과를 내고자 과도한 집착을 하고 있는데도 말이다."[148]

1980년대, 1990년대에는 전 세계 석학들의 강의실에 한국 유학생들을 비롯해서 많은 신학생들이 있었다. 그러한 당대 저명한 신학자들의 영향을 받아들인 후, 박사 학위를 취득하고 한국 신학계로 돌아와서 활동한 교수진들이 늘어났다. 곳곳에 기독교 대학을 표방하는 신설 대학이 세워졌고, 기독교 관련 학과들도 확장했었다. 그런데, 양적으로 팽창한 신학대학과 엄청 늘어난 교수진들이 과연 참된 교회를 세우고, 더욱 더 복음 전파에 앞장을 섰던가? 한국 교회가 다양한 현대 신학자들의 이론들을 알게 되었으나, 선한 영향을 받았던가? 더욱 더 하나님을 알게 되고, 온전하고 순수하게 목양에 관련한 사역들을 활발하게 발전시켰던가?

그렇지 않다. 21세기로의 전환이 일어난 후, 도리어 한국 교회는 세속화의 물결에 휩싸여서, 선명한 거룩성을 잃었다. 기독교 지도자들이 사회를 이끌어가지 못하였고, YMCA와 같은 기독교 단체들은 지리멸렬했으며, 구태의연하게 정체되고 말았다. 이어서 한국 교회 내부의 혼탁한 정치와 교회 세습, 교회 내부의 성추행 등이 사회적으로 언론의

---

148 Nathan O. Hatch, *Wheaton College Alumni Magazine* (Summer, 1999), 10-11.

비난 대상이 되면서 젊은이들에게 희망을 불어넣지 못하고 있다. 이런 여러 가지 이유들 때문에, 다음 세대에 복음을 위하여 헌신하려는 젊은이들이 현저히 줄어들고 말았다.

또한 급속한 인구 감소의 여파가 몰고 온 것이 바로 신학생 감소와 신학대학의 위축이다. 이미 전 세계적으로도 기독교 신학을 전공해서 목회자로 헌신하려는 젊은이들이 현저히 줄어들었다. 전 세계적으로 저명한 신학대학과 대학원들이 급속히 위축되었고, 학생의 감소로 심지어 통폐합하거나 아예 학교의 문을 닫고 있는 실정이다. 예를 들면, 피터 바이어하우스 박사가 튀빙겐 대학교에서 은퇴하였는데, 그 뒤를 이어갈 새로운 선교학 교수를 채용하지도 않았다.

필자는 세계복음주의 연맹의 신학위원으로 20여 년 동안 참여하면서, 매년 개최된 연례 신학자 회의에서 세계 여러 지역의 신학자들과 교류를 지속해왔다. 다른 말로 하면, 유럽에서 교회가 무너져 내리는 현상들을 지난 이 십여 년 동안 가까이서 지켜보아 왔다고 말할 수 있을 것이다. 필자와 오랜 기간 함께 활동했던 거의 대부분의 저명한 신학자들은 거의 대부분 서거하거나 은퇴하였다. 독일, 호주, 영국, 미국, 캐나다, 네델란드, 남아프리카 공화국 등에서 복음적인 신학을 강의했던 분들은 머지않은 후대에 다가올 교회의 몰락을 걱정했다. 그 찬란했던 서구 교회들이 무너진 후에, 각 나라에서 그들 후손들의 교회가 과연 어떻게 될 것인지, 탄식과 우려를 함께 전해주었다.

현대인들의 생각을 대변하는 단어가 "포스트모더니즘"이다. 절대적 "확실성"certainty를 부정하고, "상대적 확실성"을 주장하는 현대 포스트모더니즘은 영구적인 진리가 없다고 주장한다.[149] 오스트레일리아 젊은 목회자 마크 새이어스가 『사라지는 교회』를 통해서 참신한 진단을 제시하였다. 그는 유럽이 직면한 현대 사회와 문화의 문제점을 "자아 중심의 복음"the gospel of self이라고 지적했다.[150] 포스트모더니즘이 요구하는 대로 교회가 따라가고 있다는 것이다.

아직까지는 한국 교회와는 사뭇 다른 현상이라고 할지 모르지만, 우리 한국 젊은 세대들에게도 "싱글"로 살아가는 이들이 너무나 많아졌다. 따로 혼자서 밥을 먹고, 홀로 재택근무 하면서 성과를 내는 등 이미 이러한 풍토가 확산 되었음을 부인할 수 없게 되었다. 다만 한국에서는 하나님의 은혜로 인하여서 교회를 찾아오는 성도들이 살아있기에 참으로 다행이라고 할 것이다. 분명한 것은 조만간에 자아중심의 풍조가 더 거세게 몰아 닥쳐올 것이라는 점은 부인할 수 없다!

상상조차 하기 싫지만, 현장 취재를 통해서 보도된 바에 따르면, 영국에서 성공회 건물이 술집으로 팔렸거나 모슬렘의 사원으로 넘어갔고, 독일에서 성당이 체육관으로 바꿔졌거나, 네델란드에서 개혁교회들이 건물 유지를 할 수 없어서 문을 닫아가고 있다. 관광지로서 수입이 없는 예배 당들은 건물을 관리할 수 없어서 폐쇄되고 있다. 앞선 세대 선조들이 기도와 헌신의 피눈물을 흘리면서 세웠던 역사적인 예배당 건물들이 교회로서의 기능을 잃어버렸음은 무엇을 의미하는가? 교회가 더 이상 현대인들에게 무용지물이 되었다는 것은 누구의 문제가 더 크다고 해야 할까? 누가 가장 책임을 져야 할 문제일까? 어제 오늘의

149　John Frame, *A History of Western Philosophy and Theology* (Phillipsburg: P&R, 2015), 584.
150　Mark Sayers, *Disappearing Church: From Cultural Relevance to Gospel Resilience* (Chicago: Moody Publishers, 2016), 53.

일이 아니라면, 어디에서부터 교회와 현대 문화가 서로 갈라지게 되었을까? 다시금 올바른 교회를 세워야만 한다는 염원을 품고, 그 방안을 살펴보려 한다면, 정확한 문제의식이 있어야 할 것이다.

서구 유럽에서는 진리의 최종 권위를 무시하고, 확정된 신앙을 부정하는 시대에 접어들었다.[151] 교회에 관하여 올바른 이해를 추구하는 성도라고 한다면, 무엇보다도 먼저 성경에서 가르치는 교훈들을 진지하게 살펴보아야 한다. 그러기 위해서는, 무엇보다도 먼저 성경의 내용들에 관해서 올바른 관점과 안목을 가져야만 한다. 과연 성경 본문을 어떻게 이해하느냐, 또한 전체 구원의 역사를 어느 관점에서 해석하느냐가 중요한 요소가 된다. 확고한 성경적인 관점이 기초가 되지 않는다면, 비록 교회론을 장황하게 세워놓았다고 해도, 교회에 유익을 주지 못하는 학설들을 나열하는 것에 불과하기 때문이다.

맺는 말

우리는 최근에 정통 개혁주의 교회론을 왜곡하고, 교회를 분열케 만든 사람들과 단체를 기억해야만 한다. 이미 앞에서 충분히 설명했지만, 한국 교회를 분열시킨 "세계교회협의회"W.C.C.와 "에큐메니즘"교회일치 운동은 지금 어디로 사라져 버렸는가? "신학적 포용주의"를 내세운 에큐메니즘 운동 때문에, 한국 교회의 맥을 유지해 오던 대한예수교 장로회

151　Carl F. H. Henry, *God, Revelation, and Authority*, vol. 1, *God Who Speaks and Shows, Preliminary Considerations* (Wheaton: Crossway, 1999), 1: "No fact of contemporary Western life is more evident than the growing distrust of final truth and its implicable questioning of any sure word."

가 1959년 총회에서 합동 측과 통합 측으로 분열되었다. 이 후로, 한국 교회는 교단 정치가들에 의해서 교파가 나뉘는 일들이 반복되었다. 현대 교회론에서 가장 논쟁적인 주제는 교단들과 교회들의 일치운동을 강조하는 초교파적으로 추진된 "에큐메니즘"이었다.[152] 교회론의 치명적인 손상을 가져온 에큐메니즘 운동과 그 중추기관이던 "세계교회협의회"W.C.C.가 몰고 온 엄청난 손실을 결코 잊어서는 안 된다.

유럽의 초강대국이 대결했던 제 1차 세계 대전으로 유럽 교회들은 엄청난 충격과 파괴를 당했다. 유럽 교회를 지배하던 낭만주의가 무너지고 말았다. 유럽의 교회들은 급진 계급주의와 각종 무신론의 도전에 크게 무너졌다. 19세기 신학의 대표자 쉴라이에르막허가 제기한 자유주의 신학은 혁명의 시대를 거치면서 니체Friedrich Wilhelm Nietzsche, 1844-1900의 도발로 확대되었다. 그는 교회에 결정적인 타격을 입혔다. 『자라투스트라는 이렇게 말했다』라는 문학작품에서 한 광인을 등장시켜서 교회를 향해 모욕하면서, "신은 죽었다"고 선언했다. 그런데 니체의 아버지와 할아버지는 루터파 목회자들이었다. 그러나 니체는 진화론을 확신했었다.[153]

독일의 히틀러가 주도한 제 2차 세계 대전은 유럽의 교회에 막대한 타격을 가져왔다. 기독교를 도덕적인 종교로 전락시킨 릿츨의 자유주의 신학은 아돌프 폰 하르낙에서 이르러서는 나찌당과 히틀러를 숭배

---

152 Howard C. Kee et al., *Christianity: a Social and Cultural History*, 2nd ed. (Upper Saddle River, N.J.: Prentice Hall, 1998), 379-81. Michael Kinnamon, *Can a Renewal Movement be Renewed? Questions for the Future of Ecumenism* (Grand Rapids: Eerdmans, 2014). Nicholas Lossky, et al., *Dictionary of the Ecumenical Movement* (Grand Rapids: Eerdmans, 2002). John A. Mackay, *Ecumenics: The Science of the Church Universal* (Englewood Cliffs, N.J.: Prentice-Hall, Inc.: 1964). Eric Lionel Mascall, *The Recovery of Unity: a Theological Approach* (London: Longmans, 1958).

153 John Frame, *A History of Western Philosophy and Theology*, 329.

하기까지 변질되었다. 독일 루터파 진영에서는 하나님의 나라보다도 독일의 문화와 정신이 더 위에 있었다.

까뮤Albert Camus, 1913-1960가 주장하던 허망한 구호들이 탁월한 혜안처럼 회자되었다. 전쟁으로초토화한 사람들에게 실존주의자들이 내놓은 호소들과 기독교 신앙에 대해서 제기하는 비난들이 삽시간에 힘을 발휘했었다. 에른스트 블로흐1885-1977는 칼 마르크스의 유물론을 지지하던 튜빙겐 대학의 철학 교수로, 『희망의 원리』를 펴냈는데, 몰트만으로 이어받아서 하나님 없는 희망의 미래만을 하나의 철학적 개념으로 주장했다. 인격적인 하나님을 배제한 채, 그냥 막연하게 아직 도래하지 않은 미래가 희망을 가져올 수는 없는 것이다. 따라서 두 차례의 세계 대전은 유럽의 정통 신학을 완전히 변질시켰고, 교회의 존립을 위태롭게 하고 말았다. 이제 우리가 겪고 있는 "코로나 바이러스"라는 재앙은 전쟁보다 훨씬 더 무섭게 인류의 삶을 파괴하고 있다.

한국에서도 몇 교단들이 연대하여 활동하고 있지만, 정작 연합을 하겠다고 엄청난 힘을 쏟아 부었던 일부 교단들 사이에도 교회의 일치에 대한 성과가 없다. 한국 기독교 장로회한국신학대학교와 통합 측장로회 신학대학교 교단, 감리교회와 성공회 등 교회협의회를 구성하여 소위 일치 운동을 표방하여 왔지만, 지난 칠십 여년 동안에 전혀 교회협의회가 일치된 교회로 발전되지 않았다. 서로 다른 역사 속에서 형성된 교회들이라서, 강조하는 교리와 제도가 다르고, 교회에 대한 개념과 이상이 각각 다르기 때문이다. 에큐메니즘 운동이 집중해온 연합운동의 과제들은 독재 정권 하에서의 인권 문제, 민주 정부 수립을 위한 투쟁, 빈곤과 문맹 퇴치, 여성차별 철폐, 공산주의와의 대화 등이었다. 초기 한국 교회의 신앙유산들에 대해서도, 순교와 신사 참배 거부 운동 등 별로 큰

가치를 두지 않는다.[154]

　교회란 과연 무엇인가? 교회의 조직과 운영을 어떻게 할 것인가? 교회는 각 나라마다 대두된 정치와 사회 문제를 우선순위로 다루도록 해야 할 것인가? 아니면, 복음의 본질, 예수 그리스도의 말씀과 사역을 먼저 증거해야 할 것인가? 민주 국가도 타락하고, 공산주의와 사회주의 국가들도 부패하는데 교회가 무엇에 치중을 해야만 하는가? 이런 것들을 결정짓는 내용이 교회론이다.

　교회와 관련된 주제들과 참된 교회 자체에 관한 교리들은 큰 변화가 없었다고 할 수 있다. 다른 신학의 주제들처럼 그렇게 심각한 논쟁이 많지 않았다. 종교개혁의 시대에는 구원론과 함께 교회론의 정립이 가장 시급하고도 중요한 주제였다. 하지만 그 후 세대들은 교회론에 대해서는 다루지 않아도 될 정도로, 개혁주의 교회를 지켜나가는 신앙전통이 정착되었다. 16세기 이후로는 교회론에 대해서는 주목할만한 신학 서적이 나오지도 않았다. 그러나 현대 신학자들은 성경에 대해서나 신학의 방법론에서나, 삼위일체를 다루는 신론이나, 예수 그리스도의 역사성과 속죄를 다루는 기독론, 죄 문제를 심각하게 다루지 않는다. 현대 신학자들은 종교개혁자들의 유산인 구원론, 자유 의지를 놓고서 격돌하였던 인간론 등에 대해서는 쟁점을 부각시켰다. 하지만, 현대 신학자들이 교회론의 정립에 기여한 바는 거의 없다.

154　신사 참배를 거부한 한국 교회의 순교신앙을 소중한 유산으로 삼고 있는 한국 교회에 대해서 신학 사상이 미천하다고 비판한다. 그러나 서구 유럽의 신학적인 이론들만이 과연 고상하고 수준높은 신학 사상일까? 김정준, "신학의 아레오바고, 신학 사상 창간에 부쳐," 「神學思想」제1집 (1973), 4: "우리의 신학 연조는 길고도 짧다. 1901년 평양신학교가 설립된 당시부터 치면 이미 70여 년의 세월이 흘러갔다. 그러나 우리 교회가 진정한 의미에서의 신학적인 반성을 한 것이 60년대 이후라 할 때, 우리 한국 신학운동은 이래 겨우 12년을 조금 남짓한 소년의 시기를 마지하고 있다. 열두 살 된 소년에게 무슨 思想이 있을 것인가." 참고, "김정준, 연세신학을 중흥하다," 「인물로 보는 연세신학 100년」(동연출판사, 2015): 402-424.

따라서 현대 교회가 쇠퇴하게 되었다는 말은 교회론의 문제점들, 교회에 관한 교리와 규칙들이 잘못되어서 신앙의 왜곡이 초래된 것이 아니라는 말이다. 교회의 제도상의 문제도 아니다. 교회의 체제와 구조와 예배가 문제되었던 것이 아니다. 교회를 이끌어 나가는 안목과 그것에 기초한 설교가 왜곡되어졌기 때문이다. 목회자들의 신학 사상이 변질된 까닭에, 교회에 관한 조항들도 부수적으로 따라가게 되었다. 지난 2천 년 기독교 역사 속에서 결정적으로 교회를 망가트린 핵심은 변질된 신학 사상들이다. 말로 다 표현할 수 없는 왜곡과 거짓말이 난무했다.

교회론은 사람의 눈에 보이는 조직과 제도로서 체험되는 성도들의 집합체를 다루는 분야이다. 교회를 어떤 조직과 구조로 운영해 나가느냐의 문제를 정리하는 분야이다. 그런데 교회론은 성도들이 어떤 신앙을 고백하느냐에 따라서 영향을 받게 되어진다. 교회의 운영 규칙을 세우고, 예배의 내용들을 바르게 규정했다 하더라도, 그 안에서 어떤 메시지를 전파하느냐에 따라서 교회의 위상과 역할을 크게 달라질 수 있다. 같은 교회라 하더라도, 목회자에 따라서 결정적으로 영향을 받는다.

신학 사상이 더 중요하고, 교회론은 그저 종속변수다라는 뜻은 결코 아니다. 교회론을 어떻게 세우느냐에 따라서 지상에 있는 성도들의 신앙생활에 큰 영향을 주게 된다. 동방정교회나 로마 가톨릭 교회의 조직과 예배 등을 비교해 보고, 자세히 살펴보면 교회론이 얼마나 중요한가를 곧바로 파악할 수 있을 것이다. 교회가 주관하는 예배 의식과 성례, 그리고 사역자들과 직분자들에 관한 규칙들, 일년 동안의 절기 행사 등 모두 다 공적인 예배와 직결되어 있다. 매일 어떻게 신앙생활을 하느냐를 다루는 것이다. 종교개혁자들은 로마 가톨릭의 일곱 가지 성례들을 거부하였다. 이것들은 하나님께 신성 모독을 하는 것들이요, 가장 나쁜 왜곡으로 간주되었다. 이들 형식적인 예식들보다는 성도의 마음을 살아 움직이게 하는 경건과 생동감을 가져다주는 말씀과 성령의 사역이 더 본질적인 것들이기 때문이다.

교회론은 로마 가톨릭과 개신교회 사이의 차이가 극명하게 다를 뿐만 아니라, 프로테스탄트 교회들 사이에서도 쟁점들이 많다. 복음주의 안에서도 장로교회, 성공회, 침례교회, 감리교회 등이 통일된 교회론을 세우기란 쉽지 않지만, 우리가 다 같이 공감하는 성경적 교회를 함께 건설해 나가야 한다. 현대 교회가 어떤 특정한 문제에 대해서 어떤 입장을 취할 것인지, 성직자들의 직제와 교회의 구조와 조직에 대해서도 역시 다양한 논의가 많다. 세대주의 혹은 "플리머쓰 형제단", "퀘이커파," "재세례파"라고 알려진 소규모 독립적인 기독교인들의 모임에서는 조직된 교회에 대항하여 더 많은 논쟁점들을 제기할 것이다. 일부 선교 단체나 기독교 조직체에서는 교회의 영적인 성격만을 강조하고, 교회 직분자들의 필요성을 전혀 인정하지 않는다. 한국에서 한동안 영향을 끼쳤던 한 선교 단체에서는 "목사"는 타락한 직책이니, 모든 헌신자들은 "목자"로 살아가야 한다고 주장했다. 그러면서도 정규 신학대학원에 진학해서 실력을 쌓으려는 요구를 거부하는 만용을 부렸다.

로마 가톨릭에서는 예수 그리스도의 계승자, 교황을 통해서 교회가 운영된다고 주장하지만, 성공회에서는 주교를 통해서라고 외친다. 그러나 종교개혁자들은 성령의 임재 가운데 있지만, 사람의 눈에는 "보이지 않는 교회"invisible church가 더 본질적이라고 강조하였다.[155] 동시에 지

---

155 E. L. Mascall, *Corpus Christi* (London: Longmans, Green & Co., 1953), 13.

상에 가시적인 교회visible church로서 교회의 통일성은 조직체로서 드러난다. 예수님께서 사도들을 세우셨는데, 그 사도들은 여러 명칭으로 계승자들을 양성했다. 일반 성도들과는 구별되는 지도자들은 "장로" "감독" "목사" 등으로, 회중들이 선출하도록 했다. 교회론에 가장 중요하게 논의되는 성례론, 세례와 성찬에 대한 성경적인 해석에서도 상당한 견해 차이가 존재한다. 너무나 현격하게 차이가 나는 여러 신학자들의 주장들 사이에서, 경건한 마음으로 점검하고 결정하는 시간들을 진지하게 가져야만 한다.

현대 한국 사회에서나, 개발도상 국가들의 현실 속에서, 오랜 세월 유지되어 오던 "씨족 공동체"의 관습과 문화 형태가 완전히 사라졌다. 지난 날 농어촌에서 대다수의 의식주를 해결하던 시대는 지나가고, 대도시 문화가 자리를 잡았다. 대가족들이 함께 '마을'에서 살았으나, 그 세대들은 이미 무덤 속으로 사라지고 말았다. 이와 비슷하게, 유럽 각 지역에서 교회가 지역사회의 공동 구심점이던 시대의 교회론이 작동하지 않게 된 것이다. 참으로 필자와 같이 세대가 느끼는 사회변화와 교회환경이 슬프기도 하고 야속하기만 하다. 인도의 캘커타, 남아프리카 공화국의 요하네스버그, 중국의 홍콩, 한국의 서울과 같은 대도시들은 시골에서 '마을'에 살았던 사람들에게는 전혀 낯선 곳들이다. 사회가 바뀌었고, 경제 수단들도 달라졌으며, 모든 공동체도 달라졌다.

현대 문명은 불행한 발전을 도모하고 있다. 도시, 도시 주변들, 농어촌에서 추구하는 행복은 돈과 관련된 것들이다. 현대인들은 직업병과 두려움에 진정한 휴식을 느끼지 못하는 사람들이 많아졌다. 프랑스어로 "라브리"L'Abri, 즉 '쉼터'the Shelter가 없어서, 하나님과 인간의 삶에 관한 질문과 대답을 나누는 사색과 여유가 없게 되었다.[156] 자기 만족을 위하고, 오직 홀로 추구하는 만족과 행복을 바라는 개인중심주의가 대세를 이루는 세상으로 변화가 극심해서, 심지어 복잡한 식당이나, 공동체나, 모임과 집회를 싫어한다. 결국, 전 세계적으로 결혼과 자녀출산이 급속히 감소하는 등, 극도의 개인주의와 개별적인 쾌락주의가 만연하고 말았다.

앞에서도 지적한 바와 같이, 전쟁은 교회를 처절하게 무너뜨렸다. 전쟁으로 무너진 교회를 건설한다는 신학자들이 추진했던 일은 어떤 결과를 낳았는가? 깊이 생각해보라. 오히려 걸출한 신학자들로 알려진 교수들이 내놓은 것들은 헛된 욕망과 야심에 그치고 말았다. 20세기에 교회의 대안이라고 세계 신학자들이 주장하던 "에큐메니즘" 운동과 이를 주도하던 세계교회협의회WCC는 정치화된 단체로 변질되었다. 로마 가톨릭의 주도하에 펼쳐진 정책들은 2차 세계 대전 직후, 가난한 나라에 아무런 도움도 주지 못했다. 교황청과 루터파와 영국 성공회가 주도하던 종교 간의 대화 모임에서 종교다원주의와 신학적인 관용주의를 채용했고, 정치적 주제들을 신학과 교회의 과제로 내세웠지만, 더 이상 세계 모든 교회가 추구해야 할 대안을 제시하지 못하고 말았다.

성경으로 돌아가는 방법 외에는 대안이 없다.

루터와 칼빈이 성경에서 해답을 찾아서 중세 말기의 로마 가톨릭 교회를 개혁한 것처럼, 우리 세대의 교회를 새롭게 세워나가는 방법도 하

---

[156] 프란시스 쉐퍼가 1955년에 스위스에 세운 공동체로, www.labri.org.를 참고할 것. Jerram Barrs, "Eight Biblical Emphasis of the Francis Schaeffer Institute," *Covenant Magazine* 32 (2020), from Covenant Theological Seminary, 39-42.

나님이 주신 계시의 말씀 속에 있다. 아직 세 번째 대전은 시작되지 않았지만, 지금 세계 교회는 엄청난 격랑 속에서 큰 상처를 입었다. 2020년과 2021년에 코로나 바이러스의 대유행으로 모이는 공적 예배가 무너지고 말았다. 인류 사회는 재앙을 맛보고 있는 가운데서도, 하나님의 재앙을 깨닫지 못하고 있다. 엄청난 물 부족 현상처럼, 크든지 작든지 기존의 규모를 유지할 자원들이 고갈되고 있다. 이런 모든 현상들은 하나님을 거역하고, 이 세상 왕국에서의 쾌락에 빠져있는 전 인류를 향한 재앙이라고 생각한다. 수많은 죽음 앞에서 의학이나 과학의 대안을 모색해 왔지만, 완전히 해결할 방안도 없다. 별 수 없는 인간들은 오직 살아계신 하나님께 회개하고 돌아서는 길 밖에 없다.

지금 전 세계 교회는 존폐의 위기에서 벗어날 방안을 찾고 있다. 이미 서구 유럽 교회들은 무너졌다고 해도 과언이 아닐 정도이고, 미국을 비롯한 몇 나라에서만 교회가 국가 전체적으로 영향력과 지도력을 발휘하고 있다. 한국 교회도 역시 비슷한 현상을 겪고 있는데, 대도시의 초대형 교회가 앞장서서, 사회 속에서 복음의 능력을 발휘해야만 한다. 모든 교회가 복음을 전하고 목양을 통해서 성도들의 양육에 힘쓰면서, 밖으로는 선교하고 봉사하는 사명을 감당해야 한다. 그동안 하나님께서 한국을 축복하셔서 유수한 교회들을 세울 수 있었고, 세계 선교의 한 축을 담당하여 왔었다. 그러나 "코로나19"로 인해서 모이는 예배가 치명상을 입고 난 후, 장차 믿음을 보겠는가는 탄식이 나온다.

한국 교회를 살리는 길

1. 최초 새벽기도의 눈물과 감동을 회복하자

필자는 한국 교회의 미래가 기도에 달려있다고 믿는다. 무엇보다도 한국에서 시작된 새벽기도가 살아있는 한, 한국 교회가 든든히 서게 될 것이라 확신한다. 새벽기도는 그냥 막연한 기도의 프로그램이나 행사가 되어서는 안 된다. 하나님과의 영적인 교통이 생동감 있게 느껴지며, 그리스도로 충만하는 깊은 체험이 연속되는 현장이어야 한다. 한국 교회 초창기 교인들은 새벽마다 하나님께 살려달라고 부르짖었다. 해방 후, 한국 교회의 목회자들은 강단에 엎드려서 매달렸고, 선하신 하나님의 응답을 받았다. 열악한 개척 교회가 사느냐 죽느냐를 놓고서, 새벽마다 부르짖을 때에 그 처절한 실존적 기도의 응답을 받았다. 지금까지 한국 교회는 기도를 통해서 하나님의 특별한 은혜를 체험하였다. 기도의 응답으로 받은 보화들이 너무나 많다. 짧은 역사 속에서 엄청난 부흥을 경험했고, 성장을 거듭하여 세계 선교에 이바지하는 교회가 되고 있다. 그 동력이 바로 새벽기도에 있었다.

여기에서 필자는 한국 땅에서 시작된 최초 새벽기도에 관련한 역사적 사실들을 추적하여 설명하고자 한다. 지난 2013년 5월 9일, 총신대학교에서 개최되는 "세계 개혁주의 장로교회 국제세미나"에서, 한국에 개혁신학이 어떻게 심어졌는가를 영어로 발표해 달라는 부탁을 받았다. "한국에서의 개혁신학, 그 근원과 초기정착 과정" Reformed Theology in Korea, Its Trans-plantation and Settlement 이라는 글을 준비하면서, 그 당시 한국에 주재하던 선교사들의 보고서들을 검토하였다.[157] 초기에 한국에서 사역하던 여러 선교사들의 보고서를 읽던 중에, 평양에서 최초의 새벽기도회 소식을 보도했던 "코리아 미쎤 필드"1909년 11월호를 읽게 되었다. 비록 짧은 보도문이었지만, 마치 직접 현장에 있는 것처럼, 충분하게 그 현장의 정황들을 그려볼 수 있었다.

최초 새벽기도회의 감격을 "코리아 미쎤 필드"에 기고한 선교사는 당시 평양신학교 교수로 있던 스왈론William L. Swallen, 한국명 소안론선교사였다. 그는 먼저 조선에 온 새무얼 모펫Samuel A. Moffett, 한국명 마포삼열 선교사와 함께 평양신학교에서 사역하였다. 필자는 스왈론 선교사가 보고한 내용들 중에서, 1909년 가을에 최초의 새벽기도회에 관련된 기록을 확인할 수 있었다. 그러나 어떤 책에는 길선주 목사가 1905년부터 박치록 장로와 함께 새벽 기도회를 시작하였다고 하고, 또 다른 책에서는 1906년부터 새벽기도를 했다고도 하는데, 아마도 개인적인 기도 생활의 기록이 아닌가 한다. 공식적으로, 교회가 새벽기도 시간을 광고하고, 선교사들의 인정 하에 교회의 공적인 모임으로 알려진 것은 1909년 10월 경이다.

최초 새벽기도회에서 간절히 기도하는 일이 벌어진 당시 평양의 상황을 잠시 살펴보자.

오늘날 우리가 편안하게 생활하면서, 잠을 쫓아내고 모이는 새벽기도회가 아니었음을 기억해야만 한다.

1890년 1월에 한국에 들어온 후, 만주 심양에까지 돌아보면서 전도

---

157 Jae Sung Kim, "Reformed Theology in Korea, Its Origin and Transplantation," in *Revival and Unity of Reformed Churches*. International Congress of Reformed and Presbyterian Churches. (Seoul: Chongshin University, 2013), 186-219. 김재성, "한국의 개혁신학, 그 근원과 초기 선교사들의 신학 사상," 「월간목회」 2013년 9월호, 26-41.

할 방안을 찾아서 여러 차례 여행했던 모펫 선교사는 평양을 거점으로 삼아서 선교하기로 결정했다. 1894년 1월에 평양에서 한석진 전도사의 도움으로 "널다리 교회"를 개척했다. 그 해, 7월에 "청일전쟁"이 벌어질 줄은 꿈에도 몰랐다. 이 전쟁은 일본의 승리로 일단락이 되었지만, 그 과정에서 전쟁터의 중심에 있던 평양 주변의 지역은 초토화 되고 말았다. 양측의 군대들이 격돌해서 수많은 병사들이 죽었고, 공포에 질린 민간인들도 엄청난 피해를 입었다. 평양 근처에는 버려진 병사들의 시체가 나뒹굴었다. 이러한 형편에서 교회의 문이 열렸고, 의지할 곳을 찾던 수많은 영혼들이 찾아왔다. 하나님께서는 찢겨진 심령의 피난처로 "널다리 교회"를 마련했던 것이다. 그러나 그 당시에는 이런 역사의 배면에 숨겨진 섭리를 그 누구도 몰랐던 것이다.

평양에 최초의 교회가 세워진 것은 단순히 모펫 선교사의 개인적인 판단에 따른 것이 아니었다. 그는 각 지역을 여행하면서 만나는 성도들을 통해서 장차 평양에 교회가 정착될 가능성을 기대했을 뿐이다. 하나님께서는 교회와 함께 한국을 살려내는 엄청난 일대의 계획을 바로 모펫의 선교지 평양에서 진행하도록 섭리하셨던 것이다. 모펫은 평양에다가 숭실중학교, 숭실여학교, 숭실대학을 차차 세워서 젊은이들을 길러냈고, 평양신학교를 통해서 정통 개혁주의 신앙을 뿌리내리게 하였다. 이들 학교들을 통해서 영혼의 목자들만이 아니라, 장차 한국을 이끌어나갈 독립운동의 선각자들이 배출되었다. 모펫은 한국 교회의 실질적인 아버지가 되는 사역을 전개했다. 매년 모이는 성경사경회에서 성도들의 신앙을 견고히 하도록 훈련시켰고, 곳곳에서 대부흥 집회를 개최했다. 매일 수 십명, 매달 수 백명의 새신자들이 세례를 받았고, 각 지역에 수 십 개의 교회가 세워졌다. 그야말로 전도 폭발이 지속되었다.

밀려드는 성도들을 감당하고자, 1903년에 평양 중심부로 집회 장소를 옮기고 "장대현교회"로 개명하여 큰 건물을 새로 지었다. 정부도, 관리도, 군대도 의지할 수 없었던 가련한 영혼들이 매일 같이 꾸역꾸역 교회로 모여들었다.

어떻게 해서, 평양 장대현 교회에 그토록 짧은 기간에 수천 명이 모일 수 있었을까? 그리고 누가 어떤 역할을 해서 평양 대부흥 운동을 경험하게 된 것일까? 성령님께서는 가련한 백성들에게 남다른 은총을 베풀어 주셨다. 콜레라 등의 죽음과 전쟁의 공포에서 해방되고자 하던 청중들이 물밀듯이 교회로 밀려왔다. 1894년 7월부터 다음 해 4월까지 청일전쟁이 평양 주변에서 벌어졌다. 선교사들과 교회 지도자들은 모두 서울로, 지방으로 피신했다가, 일본의 승리로 끝이 난 후에야 복귀할 수 있었다. 청나라와 일본, 두 나라로부터 강탈당한 조선 백성들의 참상을 말로 다 할 수 없었다. 1895년 10월 8일에는 명성황후를 살해하는 "을미사변"이 일어났다. 조선은 풍전등화와 같았다. 군사적 대환란을 당한 평양 주변에서는 미국 선교사들이 가르치는 교회로 몰려들었다. 성도들이 급속히 증가하였고, 하나님을 향한 기도의 몸부림이 처절하였다. 성령의 감동으로 대부흥 운동이 일어나게 된 것이다.

평양에서는 최초로 한국에 세워진 교역자 양성소인 "평양신학교"와 숭실대학, 장대현 교회를 모태로 하는 일단의 선교팀들이 엄청난 복음의 역사를 일궈냈다. 평양신학교는 미국 시카고 맥코믹 신학교 출신들이 가르치는 교수진의 주축을 이뤘는데 모펫 선교사를 중심으로 하여, 그와 8년 동안 대학교와 신학원을 수학한 절친 동기생 윌리엄 베어드 William M. Baird, 한국명 배위량와 그래함 리 Graham Lee, 한국명 이길함가 동역했다. 사무엘 기포드 Samuel L. Gifford, 한국명 기보와, 사무엘 무어 Samuel F. Moore, 한국명 모삼열, 스왈른William L. Swallen, 한국명 소안론, 아담스James E. Adams, 한국명 안의와, 번하이젤Charles F. Bernheisel, 한국명 편하설, 블레어William N. Blair, 한국명 방위량, 바레트 William M. Barrett, 한국명 박위렴, 클락Charles A. Clark, 한국명 곽안련 등 맥코믹 출신들이 평양을 "제2의 예루살렘" 혹은 "한국의 예루살렘"으로 만드는 선교 사역의 동역자들이었다. 이들 선교사들이 동참하여 평양신학교가 든든히 세워졌다. 1901년 마포삼열 선교사 자택에서 신학반이 시작되었고, 차츰 신학교 체제로 발전되었다. 시카고의 거부 맥코믹 여사가 막대한 헌금을 보내주어서 학교를 새로 지었고, 3백 여 명의 목회자들이 배출되었다. 하지만 일제의 신사 참배 강요로 인해서, 이를 거부하면서 저항하다가 결국 1938년에 문을 닫고 말았다. 평양신학교를 통해서 한국 교회는 순수한 개혁주의 청교도 신앙을 물려받았다. 한국 교회의 신학은 그 뿌리에 가장 성경적인 정통 신학을 공급해 준 미국 뉴잉글랜드 청교도 신앙이 자리하고 있는 것이다. 한국 기독교인들이 가진 성경적인 신앙은 결코 하루 아침에 생겨난 것이 아니다.

한반도에서 반만년 동안 착하게 살아오면서 남의 나라를 침략한 적이 없었던 조선은 총칼로 무장하여 쳐들어온 일본군대 앞에서 무너졌다. 무자비한 일본의 검객들에게 짓밟힌 채, 강제로 체결한 "을사늑약"1905년 11월으로 조선은 독립 국가로서의 외교적 자주권을 상실했다. 그 후 급속히 진행된 일본의 강압 통치에 속절없이 당하고 말았다. 이미 만주 지방과 한반도를 삼키려고 하는 "러일 전쟁"에서 승리한 일본의 침략이 갈수록 노골화되고 있었다. 1904년 2월 8일에 일본함대가 뤼순항旅順港을 기습공격하였고, 한반도 북부지방에서는 수많은 전투가 벌어졌다. 1905년 9월 5일에 일본군이 러시아의 발트함대를 격파하였다. 이 "러일 전쟁"의 패배로 러시아에서는 레닌과 볼세비키 혁명 운동이 진행되었고, 일본은 한국에 대한 지배권을 확립하고, 만주까지 지배하게 되었다.

최초의 새벽기도 운동을 이해하려면, 또 하나의 사건이었던 『평양 대부흥 운동』을 기억해야만 한다. 최초의 새벽기도는 그 이전에 있었던 "평양 대부흥 운동"의 연장 선상에서 일어난 성령의 역사였다. 이들 두 가지 특별한 집회들이 모두 다 평양 장대현 교회에서 연속적으로 일어났다. 먼저는 한국 교회가 세계 기독교 역사에 길이 남을 은혜의 체험을 하게 되었던 사건으로, 1907년 1월에 일어난 평양 대부흥 운동이다. 평양 장대현 교회에서는 겨울철 농번기를 이용해서 1907년 1월 초, 집중적으로 성경 공부를 하는 모임을 개최했는데, 각 지역 교회에서 올라온 남자 성도들이 약 800명 정도 모였다. 밤에는 대중 집회를 열고, 평양 시내의 교인들도 참석케 했는데, 1,500여 명이나 되었다.

평양 대부흥 운동은 어떤 특정한 지도자가 주도적을 만들어낸 사건이 아니다. 분명히 교회사적 사건이지만, 전혀 사람의 계획에서 나온 것이 아니었다. 여기에 관여된 선교사들과 한국 교회의 초기 성도들은 꿈에도 상상치 못한 감동을 경험하면서 회개 운동을 지속했던 것이다.

첫 날 저녁 집회부터 뜨겁게 역사하는 성령의 불길이 참석자들을 충만케 하였다. 첫날 집회에서는 블레어 W. N. Blair, 방위량 선교사가 "너희는 그리스도의 몸이요 지체의 각 부분이다"라는 설교를 하였는데, 서로를 인정하지 못하였던 지난 날을 회개하는 기도가 터져나왔다. 저녁 집회에 모인 성도들은 마치 세례 요한의 설교를 듣고, 애통하면서 죄를 회개하던 성도들처럼 눈물로 통곡했다. 자신들의 사랑이 부족하다는 사실을 자복하는 일이 벌어졌다. 이날 밤, 외국인과 한국인 사이의 차별을 내려놓았고, 성도들 사이의 장벽이 무너졌다. 예수 그리스도 안에서

한 형제요, 자매"임을 확인하였다.

　1907년 1월 14일에는 그래험 리G. Lee, 이길함 선교사가 다시 "나의 아버지여!"라는 말씀을 전하자, 또 다시 회중들은 두 손을 들고 회개 기도를 올렸다. 모든 참석자들이 성령의 역사를 체험하였다. 마지막 날인 1월 15일에 길선주 전도사의 설교가 있었고, 각기 집으로 돌아가라고 하였다. 그러나 일부 600-700명의 성도들이 뜨겁게 회개하는 기도를 계속하였다. 길선주 전도사도 자신의 감추인 죄를 드러내서 회개했고, 다른 선교사들도 서로 미워했던 일을 고백하면서 마룻 바닥에 뒹굴면서 회개하였다. 성도들은 결코 남에게 드러낼 수 없는 음란한 생활, 증오의 죄악들을 낱낱이 고백하면서 온통 눈물로 참회했다. 이러한 평양의 소식을 듣게 된 각 지역 교회에서도, 부흥사경회를 개최하고 회개 기도를 지속해 나갔는데, 서울을 거쳐서 부산까지 전파되었다.

　평양 대부흥 운동이 지나고 난 후, 약 2년 반이 흘러갔다. 1909년, 가을이 되면서, 당시 평양 장대현 교회를 담임하고 있던 길선주 목사는 자신의 마음이 마치 돌처럼 차갑게 되었다고 느꼈다. 이웃에 대한 사랑이 식어지고, 열정이 감퇴했다고 생각했다. 그는 이미 2 년 여 전, 1907년 1월 15일 경에 일어난 평양 대부흥 운동의 현장에서 모든 사람들이 눈물로 죄를 회개하는 성령의 감동을 체험하였었다. 가슴을 쥐어짜면서, 통회 자복하던 놀라운 현장을 가장 감동적으로 체험한 분이 바로 길선주 목사였다. 당시 그 평양 대부흥 운동은 모든 한국 교회를 감동 시켰다. 당시 현장을 목격한 선교사들은 앞다투어서 성령의 불길이 붙었었다고 보고하였다. 그런데 2년이 지난 후에는 어떠하였는가? 부흥회의 열정은 식었고, 차츰 마음이 냉랭해지고 말았다.

　길선주 목사吉善宙, 1869-1935는 1907년에 평양신학교 1회 졸업생으로,

같은 해 안수를 받은 최초 한국인 목사 7인 목사 중에 한 사람이다. 훗날 삼일운동에 참여한 기독교계 지도자들의 중심에 있던 분이다. 그는 1897년 모펫 선교사의 전도를 받아들여서 기독교인 되었고, 남다른 학문적 성취와 함께 큰 지도력을 발휘하였다. 어렸을 때에 이미 한학에 입문해서 사서삼경을 공부했고, 기본적으로 탁월한 한문 지식을 갖추고 있었다. 또한 시와 서화에도 조예가 깊었다. 성경을 이해하는 데에도 남다른 진보를 나타냈고, 탁월한 언변으로 부흥회를 인도하러 가는 곳마다 큰 감동을 주었다. 모펫 선교사가 이러한 자질을 인정하여 최초의 지도자로 그를 양육했다. 그는 이러한 선교사들의 기대에 충분히 만족할 만큼 성과를 내었다. 또한 남다른 체험신앙을 가진 분인데, 백내장으로 시력을 잃어가던 중에도 믿음을 포기하지 않고 기도했다. 이를 안타깝게 여긴 모펫 선교사가 주선해서 미국에서 온 의료 선교사 파이팅의 수술로 완전히 회복되었다.[158] 키가 훤칠하게 큰 마포삼열 선교사와 함께 서 있는 길선주 목사의 사진을 볼 때마다, 체격은 작지만 건장하면서도 매우 근엄한 선비의 풍모를 발견하게 된다. 평양에서 한약방을 경영하면서 장로로 피택되었고, 자신의 거의 전 재산을 장대현교회에 바친 후에, 목회자가 되었다. 당시 평양 장대현교회는 출석 교인이 약 2-3천 명에 도달할 정도로 대부흥을 경험하고 있었다.

평양 대부흥 운동을 체험했던 길선주 목사님은 마음속에 사랑이 식어져 버렸다는 절망감에 사로잡혀서, 새벽 미명에 일찍 일어나서 교회에 나아가 기도를 드렸다. 그러자 장로님 한 분과 함께 둘이서 열심히 은혜의 회복을 위해서 기도하였다. 두 어 달 동안 기도하는 중에 소문

---

158 박성배, 강석진, 『한국 교회의 아버지, 사무엘 마펫』 (킹덤북스, 2020), 220.

이 퍼져나가서 다른 사람들이 모여들었다. 아예 새벽 4시 30분에 모두 모이라는 종을 쳤다. 5시에는 평양으로 출입하는 사방의 문이 열린다. 그러자 무려 7백 명의 성도들이 참여하였다. 그래서 한국 교회에 첫 새벽기도가 시작되었다. 매일 같이 올려지는 눈물의 기도를 통해서 한국 교회는 새 힘을 얻었고, 성령의 역사는 지속되었다.

평양의 선교사들은 즉각 이 기도회를 어찌할 것인가를 놓고서 회합을 가졌다. 이 새벽기도회를 전도와 선교의 방법으로 받아들이기로 결정하였다. 이들 선교사들은 이미 시카고에서 무디 선생의 기도 운동에 참여한 경험이 있었기에, 자신들이 가르친 길 목사가 주도하는 방법이지만 열린 마음으로 존중하였다. 더구나 스왈론 선교사는 다음과 같이 권고하였다:

> "여러분들의 교회에도 이와 같은 문제가 있으면, 길선주 목사님이 하고 있는 이 새벽기도의 방법을 채택하시오."

한국의 새벽기도는 이 때부터 성령의 능력을 체험하고, 기도의 응답을 받는 강력한 은혜의 수단이 되었다. 그냥 하는 기도의 습관이 아니었다. 생명이 충만한 현장이었다. 가슴이 뜨거워지고, 형제를 사랑하게 되고, 전도의 열심히 일어나는 부흥의 시발점이었다. 무관심과 냉랭함을 씻어버리는 치유와 회개의 역사를 일으켰다. 평양 장대현 교회의 새벽기도 부흥은 마침내 놀라운 결실을 맺게 되었다. 바로 다음 해 1910년, "백만명 구령운동"을 구호로 내세우고 대대적인 전도운동에 열정을 다 바쳤다. 일제하에서 나라를 빼앗기면서 소망이 없던 사람들이 예수 그리스도의 나라에서 희망을 찾게 되었다. 아무도 도와주지 않는 조선 땅에서 일제의 침탈 속에 내일을 모르고 살아가던 성도들에게 이른 새벽 미명에 울부짖는 기도는 희망에의 몸부림이었다.

기도는 성령이 발동하는 믿음의 역사이자, 믿음의 연습이요 활동이다. 은혜는 지속되어야 하고, 심령의 부흥도 계속되어야 한다. 뜨거운 성령의 체험과 은혜를 체험하였지만, 지속적으로 간직하는 것은 쉽지 않다. 1894년 청일전쟁으로 평양은 양국 군인들 수 만명이 죽고 다치는 피바다가 되었다. 1905년 "러일 전쟁"에서 일본이 승리하고 1910년 조선을 강제 합병하기까지 조선은 무기력한 정치인들로 인해서 불안과 두려움의 연속이었다. 그런 가운데 하나님께서는 1907년 평양 대부흥운동의 놀라운 은혜를 쏟아부어 주셨던 것이다.

가련한 조선의 초신자들에게 격려와 위로로 가득히 채워주셨다. 이른 새벽에 모여서 눈물로 기도를 올리고 돌아가는 심령마다, 하늘의 소망과 은혜로 채워주셨다. 사랑의 하나님께서는 결코 기도하는 자들을 외면하지 않으셨다. 마리아와 마르다의 기도를 들으신 예수님께서는 죽은 나사로를 다시 살려주셨다. 마치 죽은 나라와 같았지만, 서서히 회복시켜 주셔서, 마침내 한강의 기적을 이루게 하시고, 이제는 일본과 대등한 국력을 가질 수 있도록 모든 면에서 성장케 해 주셨다.

우리가 가진 신앙은 이처럼 하루 아침에 생겨나는 것이 아니다. 누군가 기도로 하나님의 은혜를 사모하면서 간구를 올린 결과이다. 그리고 누군가 찾아와 복음의 말씀을 전해 주어서 내게 전파된 것이다 롬 10:17. 그래서, 한국 땅에서 내가 교회를 통해서 배우고 터득한 믿음의 가르침들은 기초에는 많은 분들의 노고가 담겨 있다. 특히 조선시대에 척박한 땅을 향해서 찾아온 초기 선교사님들의 노고에 대해서 감사를 드리지 않을 수 없다.

한국에 전해진 개혁신학이 어떤 과정을 통해서 정착했는가를 살펴보면서, 필자는 초기 선교사들의 헌신과 수고, 사랑의 희생에 대해서 새삼 감격하지 않을 수 없었다. 필자가 알고 있던 것보다 훨씬 더 어려운 여건에서 복음을 전하고자 노력하였다. 한국 땅을 찾아와 복음을 전해준 수백 명의 초기 선교사들에 대해서 감사하는 마음을 새롭게 갖게 되었다. 그들은 모두 다 자기 나라에서도 출중한 엘리트들이었다. 우리가 한국 교회에서 배운 신앙은 그저 하늘에서 내려온 것이 아니라, 조선 땅을 찾아온 선교사들이 가르쳐주면서 풀어준 것이다. 성경을 읽으면서 배우는 중요한 가르침들은 개신교 신학자들이 연구하고 토론하여 물려준 것이다.

우리 한국에는 최초의 주재 선교사로 알렌이 1884년 9월에 들어오면서, 정식으로 복음의 문이 열렸다. 그 이전에 만주를 통해서 비밀리에 복음이 들어왔지만, 피로 물들이는 민족사의 비극들이 계속되고 있었다. 그 후 십여 년 동안은 암흑기였다. 조선의 지배권을 놓고서 청나라와 일본과 러시아가 전쟁을 벌였다. 조선은 친일파와 수구파로 갈려서 조정에서 쟁투가 일어났다. 흥선대원군이 나라를 흔들고 있을 때에 동학농민혁명이 발생했다. 이를 진압하려는 친일파가 득세했다. 일본은 한국을 지배하려는 야욕을 노골적으로 드러냈다. 청일 전쟁과 러일 전쟁에서는 일본이 프랑스에서 가져온 함대 기술과 우수한 무기를 내세워서 이겼다. 그러나 그 가운데서 고통을 당한 것은 조선의 불쌍한 시민들이었다.

신앙의 초석을 놓기까지 모세는 광야에서 사십 년의 세월을 흘러 보내면서, 때로는 무료하고 한심스럽게 갈고 닦아야만 했다. 그는 또 사십 년을 광야에서 하나님의 은혜를 체험하게 된다. 그래야만 모세 오경과 같은 놀라운 책이 나오는 것이다. 신앙은 때로 가족도 없이 야곱이나 요셉처럼 고난의 세월을 보내는 동안에 정금같이 빚어지기도 한다. 그저 나온 것이 아니라, 여러 가지 사건과 세월 속에서 되새기고 또 반복하면서 연단 속에서 정금같이 단련된 우리의 믿음이 견고하게 되는 것이다. 하나님의 섭리 가운데서 한량없이 베풀어 주시는 은혜로 한층 한층 믿음의 역사가 다져지는 것이다. 그 은혜가 오늘도 새벽기도회에 내려지고 있다.

2. 상한 심령을 위로하시는 하나님

하나님께서는 상한 심령을 외면하지 않으신다. 사람의 외모가 아니라 중심을 보시는 하나님께서는 부서지고, 찢어진 영혼들을 어루만지신다. 비록 허물이 있을지라도, 진심으로 통회하는 마음을 멸시치 않으신다시 51:17. 자신의 죄를 스스로 해결할 수 없는 자임을 절감하며 겸손한 마음을 가진 사람을 위로해 주신다.

필자는 초기 한국 선교를 담당했던 여러 선교사들의 글에서 "상한 심령"을 언급하고 있음을 찾아볼 수 있었다. 평양 대부흥 운동의 현장에서 폭발적인 반응을 일으키는 설교를 했던 당사자, 윌리엄 블레어 선교사는 처음 한국인들을 만나고 난 후에 "찢어진 가슴"broken heart을 가지고 살아가던 불쌍한 사람들이었다고 여러 차례 술회한 바 있다.[159]

159　William Newton Blair, *Gold in Korea* (Topeka; H. M. Ives & Sons, Inc., 1957), 12, "I am merely trying to show conditions and how these conditions have conspired in God's providence to work out salvation to Korea. The simple truth is that the Korean people have been a broken-hearted people. ... Korea's great preparation for the Gospel of Jesus Christ has been the

에모리 대학교 총장 캔들러W. C. Candler가 구한말 기울어가는 조선을 방문한 후에 쓴 글에서도 "찢겨진 심령"이 다음과 같이 언급되어 있다.

> 여러분은 마음이 깨진, 심령으로 애통하는 나라를 본 일이 있습니까? 애통하는 기도자를 만나지 못하였다면, 한국을 아직 못 보았을 것이 분명합니다. 나는 여기 오기 전에 심령으로 애통하는 남녀를 본 일은 있습니다. 하지만, 한국을 보기 전까지는 온 겨레가 온통 그 뿌리에서부터 좌절한 모습을 보지는 못하였었습니다. 한국은 이제 희망이 없는 것 같습니다. 적어도 그들은 안팎에서 완전히 절망하고 있는 것 같습니다. ...
> 세기를 두고 추구한 일본의 야망이 성취되고, 한국은 그 마지막 독립의 희망을 잃고 말았습니다.[160]

찢겨진 심령으로 좌절과 절망에서 허덕이던 나라. 희망이란 완전히 사라진 나라에 복음이 울려 퍼졌다. 최초의 서양 선교사 알렌이 1884년 9월 20일 기울어가던 조선 땅에 입국하였다. 구한 말에 들어온 기독교의 복음은 혼돈 속에서 방황하던 한국 땅에 예수 그리스도의 빛을 비춰주었다.[161] 한국 기독교인들이 가진 성경적인 신앙은 결코 하루아침에 생겨난 것이 아니다.

이스라엘 민족이 약속된 땅에서 신앙의 초석을 놓기까지 무수한 시행착오를 경험했었다. 우리에게 비록 과오가 많았을지라도 다시 성령

---

preparation of a broken heart. The sacrifices of God are a broken heart spirit: a broken and contrite heart, O God, thou wilt not despise."

160　"A Broken Hearted Nation Turning to Christ," *Atlanta Journal*, An Eminent Opinion, *The Korean Review*, vol. 6, No. 12 (1906), 457. 민경배, 「한국기독교회사」, 254-255에서 재인용.
161　김재성, "초기 한국 개신교 선교의 역사적 의의: 알렌의 의료 선교 활동을 중심으로," 「국제신학」 16권 (2014):49-72.

의 무한한 위로와 충만을 향해서 희망과 소망으로 나가야만 한다. 모세는 광야에서 사십 년의 세월을 흘러 보내면서, 때로는 무료하고 한심스럽게 갈고 닦아야만 했다. 그는 또 사십 년을 광야에서 하나님의 은혜를 체험하게 된다. 그래야만 모세 오경과 같은 놀라운 책이 나오는 것이다. 신앙은 때로 가족도 없이 야곱이나 요셉처럼 고난의 세월을 보내는 동안에 정금같이 빚어지기도 한다. 그저 나온 것이 아니라, 여러 가지 사건과 세월 속에서 되새기고 또 반복하면서 믿음은 하나님의 은혜로 한층 한층 다져지는 것이다. 성령의 위로와 말씀의 감화하시는 은혜가 오늘도 성도들의 회개기도에, 특히 새벽기도회에 함께 하고 있다.

1998년 서울에서 개최된 "제 8차 세계 칼빈 학술대회"에서 로버트 킹던 박사는 매우 인상적인 고백과 역사적 증언을 남겼다. 그분의 외할아버지 죠지 샤논 맥퀸George Shannon McCune, 윤산온, 1872-1941 박사께서 일제 하에 평양 숭실학교 교장으로 재직하시다가 신사 참배를 거부하고 저항하였다. 결국 숱한 고난을 당한 후에 추방되었던 역사를 상세히 발표하였다.[162] 필자는 그 강연을 들으면서 한국 교회에 면면히 흐르고 있는 신앙유산을 다시 한번 일깨우는 계기를 가졌었다. "과연 칼빈주의자로 살았던 내 할아버지가 세속 권세에 저항했던 것이 올바른 선택이 아니었던가? ... 한국은 과연 그러한 칼빈과 종교개혁자들의 신앙전통을 지켜나오고 있는가를 여러분들이 결정해야만 할 것이다. 우리가 사람을 기쁘게 할 수 없으며 오직 하나님만을 기쁘시게 해야 한다."[163]

---

162 George S. McCune, "The Korean Shrine Question," *The Presbyterian Tribune*, January 20, 1938. 안종철, "식민지 시기 윤산온 선교사의 활동과 그의 가족의 한국학 연구「한국기독교역사」70호 (2005년 4월): 29-41.

163 Robert McCune Kingdon, "Calvin and Calvinists on Resistance to Government," in *Calvinus Evangelii Propuganaor: Calvin, Champion of the Gospel*, International Congress on Calvin Research, Seoul, 1988. Eds., D. Wright, A.N.S. Lane, J. Balserak (Grand Rapids: Calvin Studies

이 강연을 들은 후로, 필자는 한국 교회가 고난과 역경을 이겨낸 체험적 역사에 대해서 주목해 보았다. 한국 교회의 초기 지도자들이 걸어간 자취 속에는 세상의 핍박과 현실적인 고난을 이겨내고자 수고를 아끼지 않았던 흔적들이 남아있다. 필자는 1988년도에 한국에서 개최된 세계 칼빈학회에서 킹던 박사의 발표 직후에 이어지는 토론에 참여하였다. 일본의 저명한 칼빈 학자 와타나베 교수가 신사 참배를 거부한 한국 교회에 대해서 국가의 법을 어긴 사람들이라고 매우 부정적으로 평가하였다. 이에 필자는 일본의 식민지 지배와 신사 참배는 우상 숭배이기에 받아들일 수 없음을 강력하게 피력하여, 심각한 의견충돌을 했었다.[164]

1919년 3.1운동이 일어나자, 당시 한반도에 거주하고 있던 약 400여 명에 미국 선교사들은 식민지 상황을 인정하면서 현재 권력과 권세에 복종할 것은 대체로 받아들이고 있었다. 일본의 식민정책을 총괄하던 조선총독부 휘하에서 조선감리교 감독이었던 웰치Herbert Welch는 1920년 2월 총독부의 방침에 협조적이어야 한다는 입장으로 일관하였다. 그러나 맥큔 선교사와 소수의 일부 선교사들은 당시 한국의 자주적인 통치와 발전의 능력을 믿고 격려하였다.

킹던 박사가 한국 교회의 신사 참배 거부 운동과 고난에 대해서 높이 평가를 하는 논문을 발표한 지, 거의 사십 여년의 세월이 흘렀다. 필자는 칼빈과 그의 동시대인들이 어떻게 세계교회와 한국 교회에 영향을 미치고 있으며, 오늘에 어떤 의미를 가지는가를 돌이켜 보았다. 종교개혁자들이나, 한국에 온 초기 선교사들이나, 일제 치하에서 고통당

Society, 2006), 54-65.
164　양현혜,「한일 관계사 속의 기독교」(이화여자대학교출판부, 2009), 112.

하며 살았던 한국 초대 교회의 성도들이나 고난과 박해 속에서 살았다. 하나님께서는 극심한 환란 속에서도 한국 교회를 사랑하여주셨고, 오늘날의 번영과 성장으로 복을 내려 주셨다.

하나님께서 한반도에 내려주신 가장 역사적인 축복이자 특별한 은혜는 1907년 평양 대부흥 운동과 1909년 새벽기도 운동에서 찾아볼 수 있었다. 하나님께서는 18세기에 미국 대각성 운동에 은혜를 부어주셨던 것처럼, 때마다 곳곳에 성령의 충만함과 기름 부음을 베풀어 주셔서 교회를 소생시켜주셨다.[165]

필자는 한국에서 벌어진 두 가지 영적인 운동들과 이런 신앙을 계승한 분들이 신사 참배 거부 운동을 통해서 우상 숭배를 거부한 일련의 사건들이 한국 교회의 신앙적 유산이라고 확신한다. 특히 회개 기도 운동이 사경회와 부흥회, 성경 공부 모임과 기도 모임을 통해서 갖가지 형태로 발전되어 지금까지 한국 교회의 젖줄이 되었음을 지적하고자 한다. 한국 교회의 근본에 자리하고 있는 뿌리깊은 신학 사상은 고난과 역경 속에서 믿음으로 울부짖던 기도 운동, 순교 신앙과 우상 숭배 거부, 참회 운동이 중요한 요소들이다. 이런 일련의 한국 교회가 체득한 신앙 유산들은 고난과 핍박 속에서 살았던 한국 교회 신앙 선진들에게 주셨던 성령의 위로와 체험을 통해서 창조적인 열매들을 풍성하게 맺었다.

한국 교회는 전 세계 그 어느 교회에서도 그 유래를 찾아볼 수 없을 만큼, 지난 140여 년의 역사 속에서 엄청난 교회의 부흥과 선교적 결실

---

165 D. G. Hart, *Calvinism: A History* (New Haven: Yale University Press, 2013), 172-174. Douglas A. Sweeney, *The American Evangelical Story: A History of the Movement* (Grand Rapids: Baker Academics, 2005), 27. Keith J. Hardman, *Seasons of Refreshing: Evangelism and Revivals in America* (Wipf & Stock Pub., 2006).

들을 만들어냈다. 한국 교회가 누려온 이 모든 축복들은 선조들의 기도에 대한 하나님의 응답이요, 은혜라고 확신한다. 한국 교회의 초기 지도자들이 희생적으로 감당해온 모든 유산들이 오늘날 한국 교회의 신학적 뼈대로 자리하고 있는 것이다. 다시 한국 교회가 살아나는 길은 오직 예수 그리스도만을 바라보고 살았던 위대한 신앙의 선조들의 자취를 따라가는 것이라고 확신한다.

3. 뜨거운 심장으로 복음을 전하자

한국 교회를 다시 살리는 길은 복음 전파의 열정을 어떻게 다시 되살려 내느냐에 달려있다. 한반도에 처음 복음을 들고 찾아왔던 언더우드 선교사도 초기에는 너무나 열악한 환경 속에서 전혀 열매를 맺지 못해서, 몇년 만에 한국 선교를 포기하려고 했었다. 교회를 세워나가는 일에는 항상 좌절과 실패감이 앞길을 가로 막는다. 그러나 결코 포기해서는 안 된다. 때를 얻든지 못 얻든지, 복음을 전파하는 의지와 사명을 결코 팽개쳐서는 안 된다. 성령께서 함께 하시는 일이라서, 전도는 효과가 있다. 비록 결실이 늦어지더라도, 열심히 전하는 일에 매진해야 한다. 그러한 전도자들의 확신과 헌신이 있다면, 한국 교회는 반드시 다시 살아날 것이라고 확신한다.